U0102585

考 古 学 专 刊

甲种第三十三号

中 国 考 古 学

三国两晋南北朝卷

中国社会科学院考古研究所　编著

中国社会科学出版社

2018

图书在版编目（CIP）数据

中国考古学·三国两晋南北朝卷 / 杨泓，朱岩石主编；中国社会科学院考古研究所编著 .—北京：中国社会科学出版社，2018.10（2022.2 重印）

ISBN 978−7−5161−8726−5

中国考古学（九卷本）

Ⅰ.①中…　Ⅱ.①杨…②朱…③中…　Ⅲ.①考古—研究—中国—三国时代②考古—研究—中国—魏晋南北朝时代　Ⅳ.①K87

中国版本图书馆 CIP 数据核字（2016）第 182726 号

出 版 人　赵剑英
责任编辑　郭　鹏
特约编辑　张　静
责任校对　李　莉
责任印制　李寡寡

出　　版　中国社会科学出版社
社　　址　北京鼓楼西大街甲 158 号
邮　　编　100720
网　　址　http://www.csspw.cn
发 行 部　010−84083685
门 市 部　010−84029450
经　　销　新华书店及其他书店

印刷装订　北京君升印刷有限公司
版　　次　2018 年 10 月第 1 版
印　　次　2022 年 2 月第 4 次印刷

开　　本　787×1092　　1/16
印　　张　43.75
插　　页　21
字　　数　1015 千字
定　　价　380.00 元

ARCHAEOLOGICAL MONOGRAPH SERIES
TYPE A   NO. 33

CHINESE ARCHAEOLOGY

The Three - Kingdoms to the Southern and Northern Dynasties Periods

By

The Institute of Archaeology
Chinese Academy of Social Sciences

China Social Sciences Press
Beijing
2018

《中国考古学》（九卷本）为

国家"九五"社会科学基金资助重点项目

中国社会科学院重点研究课题

"十五"国家重点图书规划项目

内 容 简 介

　　三国两晋南北朝时期，起始于东汉建安年间曹魏、蜀汉、孙吴三个政权实际形成，自此古代中国从大一统进入长期分裂混乱的格局，直到隋朝重新统一全国，长达四个世纪之久。此时也正是自汉至唐之间的漫长的过渡时期。在这段历史时期，从三国分立到隋朝统一，中间只是在西晋王朝灭吴后有 36 年短暂的统一，其余时间都在分裂和战乱之中。同时出现了史无前例的由民族迁徙引起的移民狂潮，众多古代少数民族内迁中原北方地区，北方的汉族又大举渡长江南徙，挤压许多江南古代民族向东南移动。还有西域人士经由丝路内迁归附华土。汉族传统文化与内迁的众多古代民族文化，甚至外来文化，不断接触、碰撞、争斗乃至溶合，使中华文明步入更加灿烂光辉的新阶段。辉煌的汉文化，经过这一段漫长、痛苦而又生机勃勃的过渡时期，孕育出更加辉煌的站立在当时世界文化巅峰的唐文化。三国两晋南北朝考古学，正是用田野考古获得的有限遗迹和考古标本，努力反映和解析这一伟大历史过渡期的历史与文化。

　　《三国两晋南北朝卷》是《中国考古学》（九卷本）的第七卷，这卷的内容，主要是综合介绍 20 世纪、主要是 1949 年中华人民共和国成立以来迄今，三国两晋南北朝时期田野考古调查发掘和研究的成果。重点介绍关于三国两晋南北朝时期城市（以都城为代表）遗迹的考古新发现和研究，究明其在中国古代都城发展历史中的重要地位。对这一时期的墓葬发掘工作，也进行了全方位的介绍，还对壁画墓的艺术价值予以特别关注。由于这一历史过渡时期在文化上与前不同的特点，佛教考古与石刻和简牍文书的研究，在本卷中进行了仔细的梳理和阐述。并选择从考古标本能够阐明的几个侧面，阐述了三国两晋南北朝生产技术和社会生活。本卷尽量依据有限的考古发掘成果，构筑三国两晋南北朝考古的学科体系。对三国两晋南北朝这一汉唐之间的过渡阶段的历史，特别是物质文化的发现，进行还原和解析。

　　本书适合研究历史、考古、文博和艺术史的专业人员及广大历史、考古爱好者阅读。

《中国考古学》编辑委员会（按姓氏笔画排名）

王 巍　王立邦　王仲殊　乌 恩　卢兆荫　白云翔　任式楠
刘庆柱　齐肇业　安志敏　杨 泓　张长寿　张显清　陈星灿

《中国考古学》编辑出版工作组

组 长　白云翔

副组长　巩 文　张 静　李 淼

组 员　张孝光　韩慧君　刘 方　季连琪

《中国考古学·三国两晋南北朝卷》主编

杨 泓　朱岩石

《中国考古学·三国两晋南北朝卷》撰写者（按姓氏笔画排名）

王飞峰　韦 正　孔祥星　朱岩石　齐东方　刘振东　汪 勃
沈丽华　陈 凌　杨 泓　李 肖　李裕群　郑 岩　赵永洪
赵 超　段鹏琦　魏存成

《中国考古学》总序

　　20世纪是考古学传入并诞生于中国的时代，是中国考古学的形成、发展和继续发展的时代。20世纪90年代中期，中国社会科学院考古研究所的领导和学者们，曾经就20世纪中国考古学的发现、研究及其在21世纪的进一步发展，进行过多次讨论，大家认为：中国社会科学院考古研究所及其前身——中国科学院考古研究所，是中国考古学学科历史发展的主要参与者、见证者。在世纪之交，中国社会科学院考古研究所作为当今中国国家级惟一的考古科研机构，将百年来考古学在中国的发展历史作一回顾、总结和研究，并对新世纪的中国考古学作一展望，是我们义不容辞的学术责任。基于上述考虑，1996年我们考古研究所审时度势，提出编著《中国考古学》计划，通过充分论证，这一计划先后被批准为国家社会科学基金项目和中国社会科学院重点课题项目，以及"十五"国家重点图书规划项目。

　　《中国考古学》各卷分别对不同时代中国考古学发展历程，进行了回顾、研究。从总体来看，20世纪以来的中国考古学发展，大致划分为近代考古学传入时期和中国考古学诞生时期、形成时期、发展时期与继续发展时期等几个阶段。

1. 近代考古学传入时期（19世纪后半叶至20世纪20年代）

　　19世纪后半叶至20世纪初，随着外国殖民者对中国的政治、经济侵略，文化渗透也接踵而来。这种文化渗透的表现之一，就是外国人到中国的"寻宝"活动。他们采取的形式大多是以探险队、考察队名义进行活动，其中欧美国家的探险队或考察队多在我国新疆、甘肃、内蒙古等西北地区活动，日本的探险队、考察队多在我国东北地区和台湾等地活动。上述活动，一方面使大量中国古代珍贵历史文物被劫掠到国外，另一方面考古学作为一门科学也随之传入中国。

　　这一时期近代考古学传入中国和"殷墟甲骨""汉晋简牍""敦煌文书"的重大发现，成为中国学术史从传统学术向近代学术转变、从传统史学向现代史学转变的重要契机；使从"层累地造成的中国史"走出的"疑古"学者们，看到了"释古"（历史文献与考古资料结合的"二重证据法"）、"考古"的科学曙光。考古学成为学术界倍加关注的新科学。

2. 中国考古学诞生时期（20世纪20年代至30年代）

　　从学术发展史来看，近代考古学传入中国促使中国传统的"金石学"发展为"古器物学"，继之"古器物学"又发展为考古学。

　　考古学在中国的诞生有着深层次的历史原因。辛亥革命推翻了清王朝，埋葬了两千多年的封建专制统治，1919 年的五四运动又给中国带来了科学与民主的思想，这为此前传入中国的考古学的诞生奠定了重要的思想基础。

从科学史来看，考古学是在近代科学发展的基础之上诞生的，更具体地说考古学的出现是近代地质学、生物学等自然科学发展的产物。在当时"科学救国"思想影响下，近代中国科学，尤以地质学、古生物学成就最为突出。由于地质学、古生物学与考古学学科之间的密切关系，当时已有一批在国外学有所成，在国内业绩卓著的中国地质学家、古生物学家，成为了最早涉足中国考古学的科学家；还有一批中国学者，虽然其学术背景不尽相同，但他们都积极投身中外合作考古活动或中国人独立主持的考古发掘。这些都为考古学在中国诞生创造了人才条件。同时，一些受聘于中国科研机构或政府管理部门的国外著名地质学家、古生物学家、考古学家等，通过与中国学者合作开展的田野考古工作，把西方考古学的方法和理论介绍、传播到中国，从而为考古学在中国的诞生创造了科学条件。

这一时期的考古发现众多，如旧石器时代北京周口店遗址的发掘和北京猿人头盖骨的发现，山西夏县西阴村、河南渑池仰韶村、山东历城龙山镇等史前遗址的发掘，河南安阳殷墟遗址的大规模勘探与发掘等。1928 年由中国国家学术机构负责、中国学者独立主持的河南安阳殷墟遗址的考古发掘，成为中国考古学诞生的标志。通过大量田野考古工作的开展，西方考古学中的地层学、类型学在中国考古学中得到运用和发展，一些自然科学技术在考古发掘和研究中得以应用。由于当时中国境内的不少考古工作采取了国际合作的方式，使刚刚在中国诞生的考古学获得了"跨越式"发展。

3. 中国考古学形成时期（20 世纪 30 年代至 40 年代）

20 世纪 20 年代考古学在中国诞生之后不久，中国学者就成为了本国考古学的主力军。这一时期开展的北京周口店遗址、河南安阳后冈遗址（小屯文化、龙山文化、仰韶文化三叠层遗址）、安阳殷墟宫庙基址和王陵区的大规模考古发掘，获得重大学术成果，为建立黄河中下游史前文化和早期国家的考古学文化框架奠定了基础。从学术的时空两方面来说，它们为中国考古学向早晚两方面的拓展和由中原向周边地区的发展，寻找到了科学的支撑点。中国考古学家在安阳殷墟的长时期、大规模的成功的考古发掘，为东亚和东北亚地区古代都城遗址、大型建筑遗址的考古发掘，探索出一条成功经验。

中国考古学在其幼年时期取得的成果，成为中国马克思主义史学诞生的科学基础。马克思主义历史学家郭沫若，正是利用安阳殷墟考古资料和两周金文资料，完成了中国第一部马克思主义历史学著作《中国古代社会研究》。

4. 中国考古学的发展时期（20 世纪 50 年代至 70 年代）

1949 年新中国的成立，使中国考古学的发展面临极好的机遇。在以历史唯物主义和辩证唯物主义为基石的马克思主义指导下，中国考古学坚持以田野考古为基础，使学科得到健康发展。中央政府设立了专门的文物考古行政管理机构，成立了国家考古科研学术机构——中国科学院考古研究所（1977 年更名为中国社会科学院考古研究所），在北京大学设立了考古专业。中国科学院考古研究所、文化部文物局与北京大学应全国考古工作急需，联合举办了四届全国考古工作人员训练班，为新中国考古事业的发展提供人才保证。作为中国考古学学术园地的"三大杂志"——《考古》《文物》开始创办，《考古学报》更名复刊，它们为中国考古学的发展提供了重要的学术平台。

全国各地的考古工作者主动配合国家大规模的基本建设，积极开展文物保护、考古勘探与发掘，积累了极为丰富的考古资料，为此后中国考古学学科时空框架的建立，考古学方法、理论的发展，奠定了坚实的科学基础。

这一时期旧石器时代的云南元谋人和陕西蓝田人等考古发现，使古代人类在中华大地上的活动历史上溯了百万年，活动地域大大扩展。新石器时代半坡遗址、姜寨遗址的发掘，丰富了仰韶文化内容，成为中国考古学史上史前聚落考古方法、理论的最早的成功探索；山东大汶口文化的发现，找到龙山文化源头；冀南、豫北的磁山—裴李岗文化，河南的庙底沟二期文化，山东的北辛文化、岳石文化的发现，使黄河中下游的新石器时代文化向早晚两方面延伸。长江下游河姆渡遗址、良渚遗址的发掘，引发了中国考古学文化多元理论认识上的飞跃。河南偃师二里头遗址、郑州二里冈遗址等中国早期国家都城遗址的考古勘察与发掘，使以殷墟遗址为代表的晚商文化以前的早商文化和夏文化，得以确认。春秋战国时代和秦汉至元明时代的都城、王陵的考古调查与发掘，连同先秦及新石器时代考古发现，再现了绵延数千年的中国古代文明，构建起了中国考古学学科的基本框架。

夏鼐领导的中国科学院考古研究所，率先积极、主动地将科学技术应用于考古学，其中尤以碳十四实验室的建立和年代学的成果最为突出，在体质人类学、古动物学等方面也取得了令人瞩目的成就。与此同时，考古学家与冶金、陶瓷、古植物学等方面的科学家合作，在古代遗存的物质结构分析、古代作物的研究等诸多方面多有收获。

十年"文化大革命"，使朝气蓬勃发展的新中国考古学受到严重挫折。但是，人类发展的历史往往是在遭到巨大的破坏之后，人们对过去认识得更深刻，对未来审视得更清晰，人类社会将出现更大、更快的进步。20世纪70年代后半叶的中国考古学，在学科建设、考古学方法和理论发展等诸多方面，为中国考古学其后的"起飞"准备了条件。

5. 中国考古学的继续发展时期（20世纪80年代至今）

20世纪70年代末80年代初，中国的改革开放带来了中国科学技术发展的春天，同样也吹响了中国考古学继续发展的号角。尊重科学，尊重人才，科学工作者的聪明、智慧和创造性得到空前的发挥，国家对科学研究的经济支持力度大大增强，国际科学文化合作与交流的良好环境已经出现。这一切为中国科学的发展，自然也包括为中国考古学的发展，提供了前所未有的历史机遇。

这一时期的重要考古发现主要有：在安徽、重庆、河北等地，早期旧石器时代文化发现了更多的石器出土地点，个别地点还出土了人骨化石。这使中国境内的旧石器时代可望上推到距今200万年左右。广西、湖南、江西、河北、北京等地的距今1万年左右的早期新石器时代文化的发现，使中国境内的早期新石器时代推进至距今10000～12000年。内蒙古敖汉旗兴隆洼、河南舞阳贾湖等新石器时代中期一些大型史前聚落遗址的发现或发掘，极大地丰富了对这一时期考古学文化的认识。辽宁、浙江、湖北、四川、安徽、河南、山西、湖南等地的新石器时代晚期聚落遗址、祭祀遗址或城址的考古勘察和发掘，对探索中华民族的多元考古学文化和中国古代文明形成有着重要意义。早期夏文化的探索，偃师商城遗址的发掘，四川三星堆遗址的发现，夏商周断代工程的开展等，使20世纪80年代、90年代的"三代考古"学术成果异彩纷呈。秦汉至元明时期的考古发现，如帝王陵墓及陵寝建筑遗址、历代都城遗址、石窟寺与佛教寺院遗址、古代瓷窑遗址等勘察与发掘，使秦汉至元明时代的考古学内容更为充实，学科框架更为完整。这一时期中国境内周边地区广泛进行的考古勘察、发掘，使不少地方的考古学文化序列得以初步建立。一些周边省区已经建立了较完整的考古学文化谱系，学科框架得以基本构建。

20世纪80年代以来，中国考古学家们在总结了半个多世纪考古工作的基础之上，在中国考古学学科框架、谱系基本建立起来的情况下，以考古学的地层学、类型学为基本方法，吸收国际考古学界的先进方法、理论，大规模地开展了聚落考古、城址考古、祭祀遗址群考古以及与经济活动密切相关的手工业遗址考古和古代大型建设工程遗址考古等。与此同时，考古学广泛利用现代自然科学技术，如多种测年手段的使用，DNA遗传技术的应用，食性分析的探索，环境考古学的引进与创立，计算机技术在考古学研究中的普及等，这些又使田野考古发掘和研究更加"微化"、更加"细化"、更加"量化"、更加"深化"，也就是考古学的更加科学化、现代化。考古发掘与研究向"大"和"小""广"和"深"两极的发展，使考古学从宏观和微观两个方面，在科学研究的学术舞台上充分地确立了中国考古学的重要地位。

通过《中国考古学》对20世纪中国考古学发展的回顾、研究，使我们看到考古学百年来在中国的发生、发展，看到考古学在中国所取得的辉煌学术成就，看到年轻的中国考古学的发展为世界所倍加关注的现实。中国考古学已成为我国人文社会科学领域中最具影响力的学科之一。但是我们还应该看到，新世纪的中国考古学任重道远。本书进一步指出，中国考古学在21世纪要取得更大发展、进步，我们还必须全面、准确、科学地把握21世纪中国考古学的发展方向，必须明确新世纪我们的学术使命。

中国是世界上惟一的具有数千年延续不断的古代文明国家，中国有着丰富的历史文化遗产，已有的考古发现只是我国历史文化遗产中的很小的一部分，还有更多、更重要的考古工作等待着我们去开展。已经进行的考古工作在各地区的发展也不平衡，不同时代的考古学学科进展也不一样。至于自然科学技术在考古学中的应用方面，我们与世界发达国家的考古学相比，还有一定的差距。多年来，由于考古工作者把主要精力投入到配合国家大规模基本建设的考古发掘工作，相应的考古学理论、方法的研究也有待进一步加强。

加强中国考古学学科理论建设是目前及今后中国考古学学科继续发展的重要条件。学科的发生、发展是与学科理论建设密切相关的，学科成熟的前提是其理论的完备与彻底。学科在发展，学科理论也在发展，因而学科的成熟、理论的完备与彻底也都是相对而言的。学科的存在和发展，决定了学科理论的存在与不断发展。理论是对学科科学规律的探索，对学科过去而言是学科的科学总结，对学科未来而言是学科的科学假设。学科理论涉及学科的诸多方面问题，如人类起源的一元与多元问题，人类起源一元说与基于传统的地层学、类型学研究所形成的考古学文化的科学整合问题，古代文明形成、国家出现模式问题，早期国家功能问题，人类社会发展与环境关系问题，社会生产分工问题，考古学文化与血缘集团（血缘社会单位）、民族、国家关系问题等。

学科的发展离不开方法论的创新，所谓"工欲善其事，必先利其器"。考古学要不断发展，就要不断创新其学科"方法论"。地层学、类型学是近代考古学将当时的地质学、生物学学科基本方法"移植"过来的，一百年多年来，它们对于考古学的发展功不可没。但是，正如现代地质学、生物学的发展是伴随着碳十四、热释光、古地磁和 DNA 等现代科学技术的应用而获得进步一样，地质学、生物学的科学研究，如果至今仍然仅仅停留于使用地层学、类型学方法上，现代意义上的地质学、生物学则无从谈起。既然考古学的地层学、类型学是源于地质学、生物学的，那么借鉴现代地质学、生物学的发展经验，对于当今考古学的发展，学科方法的现代化、科学化、多样化同样是至为重要的。

21 世纪，现代科学技术在考古学中的更加广泛应用，将使基于"考古学文化"提出的"相对"时空框架、谱系，加速向"绝对"的时空框架、谱系发展。诸如碳十四断代及AMS、古代树木年轮、古地磁法（PM）等断代技术，生物遗存分析和物理、化学对古代遗物的物种、物质成分的分析技术等，都使考古学资料的时空研究提高到更高的科学层次，其中不少是传统考古学方法所无法解决的。我们应看到各种自然科学技术在考古学中的应用所带来的考古学研究的革命性变化。考古学作为一门交叉学科、边缘学科，其进一步深入发展还必须加强与其他相关人文社会科学的结合。对于 21 世纪中国考古学而言，多学科结合、多种方法应用是新世纪中国考古学学科发展的基础和方向。

考古学文化主要以"特定类型的器物"——陶器与相关物质遗存所构成的"特定关系组合遗存"，体现人们的生产活动、物质生活。自然环境和地理是考古学文化形成、发展的主要条件和背景。马克思曾针对这种由于自然环境、条件的不同而导致的差异指出："不同的共同体，是在各自的自然环境内，发现不同的生产资料和不同的生活资料的。所以，它们的生产方式、生活方式和生成物是不同的。"（《资本论》第一卷，人民出版社，1957 年）我国国土广大，各地自然环境、地理条件不同，有的差别很大。在这种背景下形成了各地不同的考古学文化。从这个角度来看，自然地理环境的多样性决定了考古学文化的多元性。因此，对于 21 世纪中国考古学而言，在考古学研究方法上必须更加关注环境与人的关系以及"人地关系"。

20 世纪以后的中国考古学发展，还涉及许多考古学理论、方法问题，都是极具时代挑战性的，有的已在本书中进行了探讨。至于以田野考古为基础的中国考古学学科的自身发展，要做的工作就更多了，如学科在时空两方面都存在着一定的发展不平衡性问题，即不同地区的考古工作开展的不同，不同时代考古学研究的情况不同，等等，在本书的相关部分也会谈到，此处不再赘述。

《中国考古学》共设九卷，包括《绪论卷》《旧石器时代卷》《新石器时代卷》《夏商卷》《两周卷》《秦汉卷》《魏晋南北朝卷》《隋唐卷》和《宋辽金元明卷》，各卷分之可独立成书，合之为一有机整体。参加撰写的学者多达五十多位，其中大多为中国社会科学院考古研究所的科研人员，同时我们还聘请一些所外专家，参与了本书的部分撰写工作。作为一项集体性项目，本书涉及全国的考古发现与研究，因此我们要求作者在现有的考古资料和研究成果基础之上，在撰写中要突出科学性、全面性、客观性，同时更要有创新性。鉴于考古学著作编写出版的复杂性和难度，我们专门设立了编辑出版工作组，协助编委会负责有关技术性和事务性工作，以求把本书编写出版为精品。尽管如此，对于这样一部几十人参与撰写，又涉及时代如此之长、地域如此之广、内容如此之泛、问题如此之复杂的庞大著作，其中的不足或错误是在所难免的，我们诚挚地希望得到大家的批评、指正。

《中国考古学》的编写出版，是在本书编委会的直接领导下进行的。在编写出版过程中，我所的老领导、老专家自始至终给予了我们亲切的关怀、热情的鼓励和悉心的指导，全国各地的考古、文博单位以及中国社会科学出版社给予了我们无私的帮助、大力的支持。在《中国考古学》付梓之际，我们向所有在本书编写出版期间，关心、支持、帮助过我们的同志们，向全国各相关兄弟单位的朋友们表示衷心感谢！

刘庆柱

2003 年 10 月 8 日

目　　录

插 图 目 录

图 版 目 录

1-1　金虎台遗址

1-2　南城墙下潜城门遗址

1-3　铜爵台遗址出土石螭首

1　三国、十六国邺城遗址及出土遗物

2-1　山西大同北魏明堂遗址西夯土台北半部遗迹

2-2　山西大同操场城北魏一号建筑遗址

2　北魏平城遗址

3　北魏洛阳城宫城阊阖门遗址

4 北魏洛阳城宫城建筑遗址概观

5-1　塔基遗址

5-2　菩萨头像

5-3　僧头像

5-4　笼冠文吏头像

5　北魏洛阳城永宁寺塔基遗址及出土泥塑

6 东魏北齐邺城朱明门遗址

7-1　遗址概观

7-2　塔基刹柱础石

7-3　塔基砖函

7　东魏北齐邺城赵彭城北朝佛寺塔基遗址

8　十六国至北朝长安城宫门遗址

9-1　河南安阳西高穴 2 号墓前室内景

9-2　河南洛阳孟津大汉冢曹休墓外观

9　三国时期墓葬

10-1　河南洛阳吉利区 M2490 外观

10-2　山东临沂洗砚池西晋墓外观

10　西晋墓葬

11-1　辽宁北票喇嘛洞墓地鸟瞰

11-2　陕西咸阳平陵 M1 墓室器物出土情况

11　十六国墓葬

12-1　山西大同云波里墓东壁壁画

12-2　山西大同宋绍祖墓石椁（复原后）

12　北魏平城时期墓葬

13-1　河北磁县元祐墓俯视

13-2　河北磁县茹茹公主墓门墙彩绘朱雀

13　东魏邺城地区墓葬

14-1　河北磁县湾漳壁画墓墓道西壁壁画局部

14-2　河北磁县湾漳壁画墓墓室内景及陶俑出土情况

14　北齐邺城地区墓葬

15-1　山西太原娄睿墓墓道东壁壁画局部

15-2　山西太原徐显秀墓墓室北壁壁画

15　北齐晋阳地区墓葬

16–1　宁夏固原田弘墓封土及墓道

16–2　陕西西安北周史君墓
　　　石椁（石堂）出土情况

16　北周墓葬

17-1　江苏南京上坊大墓后室及木棺出土情况

17-2　江苏南京上坊大墓后室石棺座

17　南京孙吴墓葬

18-1　江苏南京西善桥墓拼镶砖画嵇康像

18-2　江苏南京油坊桥南朝墓人物画像砖

18-3　河南邓县墓"凤凰"画像砖

18　南朝拼镶砖画和画像砖

19　长沙走马楼出土三国吴简

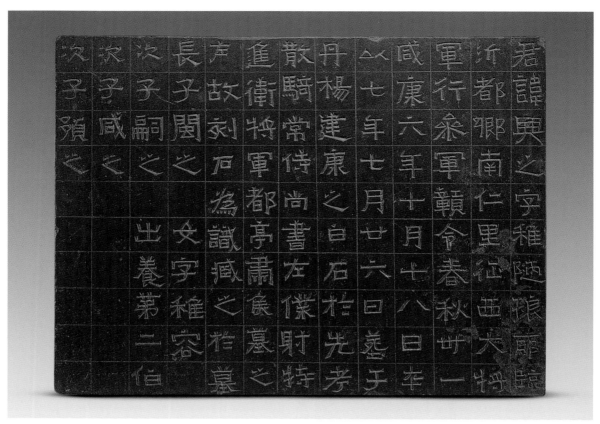

20-1　江苏南京人台山王兴之石墓志

20-2　江苏南京仙鹤观高崧砖墓志

20　南京出土东晋墓志

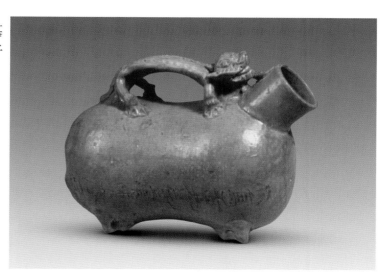

21-1　江苏南京赵士岗孙吴墓
　　　赤乌十四年铭青瓷虎子

21-2　江苏南京清凉山孙吴墓甘露元年铭青瓷熊座灯

21-3　江苏南京长岗村 M5 釉下彩青瓷盘口壶

21　六朝瓷器

22-1 湖北鄂州佛像夔纹铜镜

22-2 湖北鄂州 M2115 鎏金铜镜

22 六朝铜镜

23-1 甘肃敦煌莫高窟第 285 窟
壁画椅子

23-2 新疆克孜尔石窟第 14 窟
壁画束腰圆凳

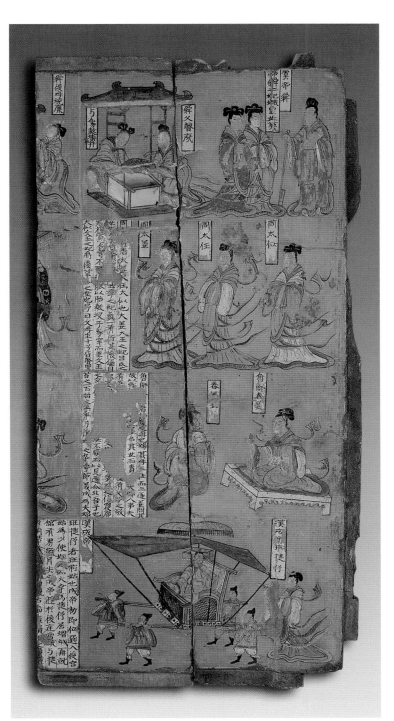

23-3 山西大同北魏司马金龙墓木屏风屏板漆画

23 南北朝时期家具

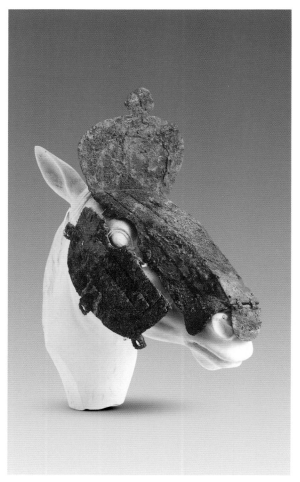

24-1　辽宁朝阳十二台乡88M1铁马面帘

24-2　湖南长沙西晋墓装有马镫的青瓷骑俑

24-3　辽宁北票北燕冯素弗墓鎏金铜包片木芯马镫

24　西晋、十六国时期马具装和马具

25-1　山西大同云冈石窟第 18 窟内景

25-2　河南洛阳龙门石窟宾阳中洞主尊

25　北朝石窟造像

26-1　新疆克孜尔石窟从第82洞口
　　　眺望谷东区石窟

26-2　甘肃敦煌莫高窟外景

26　克孜尔石窟和敦煌石窟

27-1　河北临漳北吴庄东魏天平四年
智徽造石观世音像

27-3　山东青州龙兴寺北齐石佛立像

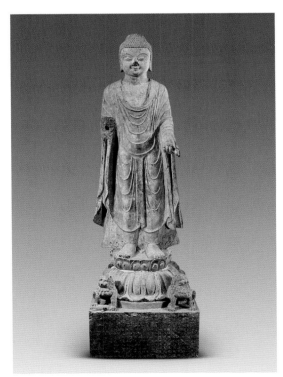

27-2　河北曲阳修德寺东魏元象二年
惠照造石思惟菩萨像

27-4　陕西西安北周大象二年张子闻造释迦
立像

27　北朝佛教石刻造像

28-1　四川成都商业街齐建武二年
　　　释法明造石观世音成佛像

28-2　四川成都西安路梁太清五年
　　　柱僧逸造石育王像

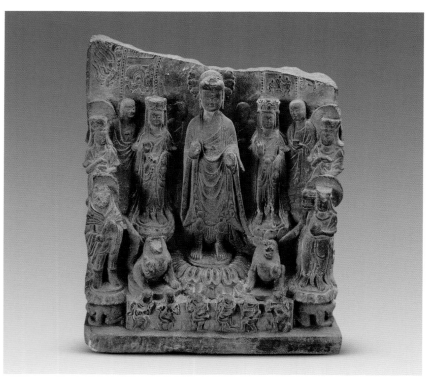

28-3　四川成都万佛寺
　　　梁普通四年
　　　康胜造石释迦像

28　南朝佛教石刻造像

29-1　辽宁桓仁五女山城远景

29-2　吉林集安太王陵

29　高句丽山城和王陵

30-1　故城鸟瞰

30-2　塔林遗址

30　新疆交河故城

31-1　辽宁北栗北燕冯素弗墓玻璃鸭形器

31-2　江苏南京象山 7 号墓杯

31-3　宁夏固原北周李贤墓碗

31　东晋十六国北朝墓玻璃器

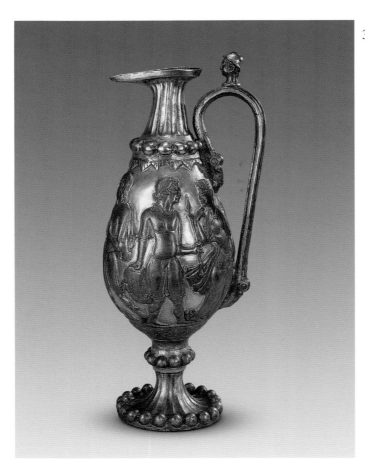

32-1　宁夏固原北周李贤墓鎏金银壶

32-2　甘肃靖远
　　　鎏金银盘

32　中国出土西来金银器

绪　　论

一　三国两晋南北朝考古研究概况

三国两晋南北朝考古田野调查发掘和研究工作的大规模开展，始于中华人民共和国成立以后的 20 世纪 50 年代。此前，自 20 世纪初，曾有不少外国的探险家或学者进入新疆、甘肃等地，对这一时期的城址、墓葬区、石窟寺等进行调查和盗掘，掠去大量古代遗物。以后，在日本帝国主义入侵中国时被日军占领的东北、华北地区的一些城址、墓葬区、石窟寺也遭到日本人的调查或发掘。中国学者对三国两晋南北朝时期遗迹的考古勘察和发掘，始于 20 世纪 20 年代，较重要的有中瑞科学考察团黄文弼在新疆对有关城址、墓葬区、石窟寺等遗迹的考古勘查[1]。到抗日战争时期，处于大后方的中国考古学者，在艰苦的条件下，仍在四川、甘肃等地开展田野考古发掘工作，"中央研究院"等单位的西北科学考察团在甘肃敦煌发掘了魏晋墓[2]，勘测了敦煌莫高窟[3]。上述局限于少数省区的考古调查发掘项目，当然难与 20 世纪 50 年代以后，随着中华人民共和国文物考古事业的蓬勃发展，三国两晋南北朝考古之田野考古调查发掘得以大规模开展相比。

现将中华人民共和国成立以来三国两晋南北朝考古学研究，分城址、墓葬、宗教遗迹和中国境内发现的外国文物等项分别概述于下。

（一）三国两晋南北朝时期城市考古

对三国两晋南北朝时期的城市考古研究，自 20 世纪 50 年代初开始。考古工作者在各地进行了有关城市遗址的普查，并在河南、陕西、新疆等省区对重要的都城遗址等做重点勘查。当时以勘查地面尚存的城垣等遗迹为主，然后结合有关文献初加考定。如 1954 年对汉魏洛阳城址的踏勘[4]，粗略地确定了城址的平面轮廓。有关三国两晋南北朝时期其他都城的考古工作，当时还没有开展，仅只在 1957 年对河北临漳三国时期邺北城遗址进行了踏勘，并对邺北城的城垣做了推测复原[5]。此外，还对当时周边地区一些少数民族政权的都城遗址进行过勘

---

[1] 黄文弼：《吐鲁番考古记》，中国科学院，1954 年；《吐鲁番考古记》，科学出版社，1958 年；《罗布淖尔考古记》，北平研究院史学研究所中国西北科学考查团理事会，1948 年；《塔里木盆地考古记》，科学出版社，1958 年。

[2] 夏鼐：《敦煌考古漫记（一）》，《考古通讯》1955 年第 1 期；《敦煌考古漫记（二）》，《考古通讯》1955 年第 2 期。

[3] 石璋如：《莫高窟形》，"中央研究院"历史语言研究所田野工作报告之三，1996 年。

[4] 阎文儒：《洛阳汉魏隋唐城址勘查记》，《考古学报》第 9 册，1955 年。

[5] 俞伟超：《邺城调查记》，《考古》1963 年第 1 期。

查。例如坐落在今陕西靖边的十六国时期大夏赫连勃勃的都城统万城址[1]。

20 世纪 50 年代末期，考古工作者开始在汉唐其他都城遗址如汉长安、唐长安等遗址，除踏勘地面尚存的遗迹外，还广泛利用钻探技术，探寻保存在地下的遗存，以准确地测绘出古代城址城垣的平面图。进而确定城门的位置，以及通过城门向内延伸的主要街道。并结合古代文献、地图、石刻等资料，在今时测绘的地图上，标出古代城市的探测复原图[2]。但对三国两晋南北朝都城遗址的上述工作，则迟到 20 世纪 70 年代以后。考古工作者依据田野考古收获，结合历史文献，探究中国三国两晋南北朝至隋唐城市特别是都城发展的历史。其中，以对河北临漳邺北城遗址的勘探和发掘最为重要。邺北城是东汉建安年间曹操封魏王时的王都，于 1983 年开始由中国社会科学院考古研究所和河北省文物研究所共组邺城考古工作队进行勘探和发掘，至 1986 年已完成对邺北城的城垣、城门、城内道路及宫殿区的勘探和重点发掘，勘明了邺北城的平面布局，已能确定四面城垣和 7 座城门中 6 座的位置[3]。由东垣建春门通往西垣金明门的东西大道将全城分成南、北两部分，道南为里坊区，道北部分又自西向东纵向分为三区，分别相当于文献记载中的铜爵园、宫殿区和戚里。还探明了由南城垣中央的中阳门至宫殿区的中轴大道。这种将宫殿区与里坊区分开并出现中轴线的城市布局，表明正是由秦汉时期城市逐步向发展成为完备的封闭式里坊制的城市的开始，在中国古代都城发展史上具有重要意义[4]。对北魏时期的洛阳城遗址的考古勘查，从 1985 年开始进行其郭城以及郭城内主干道和水道系统的勘查[5]，这一考古成果证明北魏洛阳城规模的扩大，东至西、南至北俱已达到 10 公里；又表明随着城市扩大城内布局有新变化，原来汉晋洛阳城变成了内城，是宫城、宗庙和中央衙署的所在，扩大出的郭城内则成为主要居民里坊区和工商市场所在地。因而内城已具有如同后来隋唐都城内皇城的性质。同时，还对北魏洛阳城的一些遗迹进行了重点发掘，先后发掘了永宁寺[6]和东城垣的建春门[7]、西北角的金墉城[8]等遗址。进入 21 世纪以后，考古

〔1〕 陕北文物调查征集组：《统万城遗址调查》，《文物参考资料》1957 年第 10 期。

〔2〕 宿白：《现代城市中古代城址的初步考查》，《文物》2001 年第 1 期。

〔3〕 中国社会科学院考古研究所、河北省文物研究所　邺城考古工作队：《河北临漳邺北城遗址勘探发掘简报》，《考古》1990 年第 7 期。

〔4〕 A. 徐苹芳：《中国古代城市考古与古史研究》，《中国历史考古学论丛》，台北允晨文化实业股份有限公司，1995 年。

　　 B. 徐光冀：《曹魏邺城的平面复原研究》，《中国考古学论丛——中国社会科学院考古研究所建所 40 年纪念》，科学出版社，1993 年。

〔5〕 中国社会科学院考古研究所洛阳汉魏城工作队：《北魏洛阳外廓城和水道的勘查》，《考古》1993 年第 7 期。

〔6〕 中国社会科学院考古研究所：《北魏洛阳永宁寺——1979～1994 年考古发掘报告》，中国大百科全书出版社，1996 年。

〔7〕 中国社会科学院考古研究所洛阳汉魏城工作队：《汉魏洛阳城北魏建春门遗址的发掘》，《考古》1988 年第 9 期。

〔8〕 中国社会科学院考古研究所洛阳汉魏故城队：《汉魏洛阳故城金墉城址发掘简报》，《考古》1999 年第 3 期。

工作者对北魏洛阳的考古发掘有了新进展。主要发掘工作集中在宫城范围内，先后发掘了宫城正门阊阖门[1]，宫城内的二号建筑遗址[2]、三号建筑遗址[3]和五号建筑遗址[4]。北魏分裂为东魏和西魏以后，分别以邺和长安为都城。东魏自洛阳迁于邺，在原曹操所建邺城（习称为"邺北城"）以南另建新城（习称为"邺南城"），以后延续为北齐的都城。自 1983 年以来，在勘查发掘邺北城遗址同时，对与之相连接的邺南城遗址也进行了全面勘探和部分发掘。已经确定了四周城垣、马面、护城河等遗迹，探明了南垣、西垣和垣上诸门的位置。东垣因在现沙地与漳河道内，故只能探明南侧一门，其余城门位置难以确定。北垣则沿用邺北城的南垣[5]。还对南垣的朱明门遗址进行了发掘，该门有三个门道，门前左、右两侧伸出双阙，这是在考古发掘中首次揭露出带有前出双阙的城门遗址[6]。经探查，还确定了城内 3 条南北大道和 3 条东西大道的位置，以及宫城和宫城内主要宫殿基址的位置。表明邺南城已具有以朱明门、朱明门大道、宫城正南门至宫城主要宫殿形成的中轴线，纵横大道垂直交错，道路网络呈棋盘格状分布，显示它是沿袭北魏洛阳对都城布局的成功规划，也是后来隋唐都城规划的直接渊源。西魏迁都长安，是沿用十六国时期在汉长安旧址营建的都城，后亦为北周都城。在发掘汉长安直城门、宣平门等门址时，就发现过十六国时期仍使用的遗迹[7]。进入 21 世纪以后，更在原汉长安城内东北发掘了十六国至北朝时期的宫城遗址[8]，揭开了全面探究十六国至北朝时期的长安城的序幕。此外，对于在山西大同的北魏前期都城平城城址，考古工作者进行过局部试掘，发现了位于南郊的一处大规模的礼制建筑基址，保留有夯土台基及直径超过 300 米的石砌环形水渠等遗迹，可能是太和初所建明堂的遗址[9]。

在南方的六朝时期都城遗址，经过考古勘查可以明确城址平面布局的，有湖北鄂州境

[1] 中国社会科学院考古研究所洛阳汉魏故城队：《河南洛阳汉魏故城北魏宫城阊阖门遗址》，《考古》2003 年第 7 期。

[2] 中国社会科学院考古研究所、日本独立行政法人国立文化财机构奈良文化财研究所　联合考古队：《河南洛阳市汉魏故城新发现北魏宫城二号建筑遗址》，《考古》2009 年第 5 期。

[3] 中国社会科学院考古研究所、日本独立行政法人国立文化财机构奈良文化财研究所　联合考古队：《河南洛阳市汉魏故城发现北魏三号建筑遗址》，《考古》2010 年第 6 期。

[4] 中国社会科学院考古研究所、日本独立行政法人国立文化财机构奈良文化财研究所　联合考古队：《河南洛阳市汉魏故城发现北魏宫城五号建筑遗址》，《考古》2012 年第 1 期。

[5] 中国社会科学院考古研究所、河北省文物研究所　邺城考古工作队：《河北临漳县邺南城遗址勘探与发掘》，《考古》1997 年第 3 期。

[6] 中国社会科学院考古研究所、河北省文物研究所　邺城考古工作队：《河北临漳县邺南城朱明门遗址的发掘》，《考古》1996 年第 1 期。

[7] 王仲殊：《汉长安城考古工作的初步收获》，《考古通讯》1957 年第 5 期；《汉长安城考古工作收获续记》，《考古通讯》1958 年第 4 期。

[8] 中国社会科学院考古研究所汉长安城工作队：《西安市十六国至北朝时期长安城宫城遗址的钻探与试掘》，《考古》2008 年第 9 期。

[9] 王银田、曹臣明、韩生存：《山西大同市北魏平城明堂遗址 1995 年的发掘》，《考古》2001 年第 3 期。

内的孙吴时期的武昌城[1]，该城遗址尚存有平面呈矩形的夯土城垣，城内北部原似有子城，大约是武昌宫的所在，城西有郭城遗迹，再西为武昌港口樊口。武昌故城形势险要，又有良港，是当时控制长江中游的军事重镇。孙吴时的长沙郡址在今湖南长沙，1996 年在长沙市中心走马楼发现了窖藏竹、木简牍约数万枚[2]，为东汉献帝建安二十五年（公元 220 年）至吴大帝孙权嘉禾六年（公元 237 年）长沙郡的部分档案，涉及政治、经济、军事、文化、租税、户籍、司法、职官等多方面的内容，为研究孙吴的历史提供了重要资料。

　　自 20 世纪 70 年代以来，依据田野考古资料结合历史文献，考古工作者已经可以对曹操魏王都邺城（邺北城）、北魏后期都城洛阳城、东魏至北齐的都城邺城（邺南城）等各代都城的平面布局，进行较准确的复原研究，在此基础上更推进了对这一时期都城发展的历史的研究。曹操邺北城城市规划的特点是：魏王宫的宫城在城内北部中央，西为铜爵园和金虎、铜爵（雀）、冰井三台，东为贵族居住区戚里，中央官署集中于宫城前司马门外。东起建春门、西至金明门的一条横街，将全城分为南北两部分，横街以北为宫苑、戚里和中央官署，横街以南为里坊。宫苑区与里坊在全城面积中的比例为 1/2 强比 1/2 弱。城市规划中出现了中轴线，从南城垣中央城门中阳门经止车门、端门至文昌殿，这是外朝；内朝的听政殿在其东侧，内外朝东西并列[3]。铜爵园中的三台，不仅是游乐之地，也带有军事性质，是全城的制高点。这样的平面布局，与汉长安城是宫殿的组合体很不相同，开隋唐时封闭式里坊制城市之先河。此后北魏迁都于洛阳时，虽然利用东汉以来的旧城改建为内城，但其城市规划则仿效邺北城又有所发展，废弃原东汉洛阳的南宫，重新改建北宫，但由邺北城将内朝与外朝并列改为前后布置，外朝太极殿置于前，中隔横街，其后布置内朝诸殿，故宫城向纵深发展。城中的中轴线虽因旧城改造而略偏西，但设置更为明确，由南垣的宣阳门经铜驼街、阊阖门至太极殿，将中央官署和太庙、太社布置在铜驼街两侧，还在中轴线旁为皇家大寺预留了位置（后在此建永宁寺）。更应注意的是在内城外围修建了郭城，在郭城内规划了 320 坊，每坊一里，坊开四门，坊内辟十字街，这是目前了解的封闭式坊制的最早的材料。随后修筑的东魏、北齐时邺南城，它的形制基本上是延续着北魏洛阳，但设计更为规整，宫城正居全城中央，城内纵横道路网络呈棋盘格状分布，均衡对称，外有郭城，是后来隋唐都城规划的直接渊源，在中国古代都城发展史上具有承上启下的过渡作用。

（二）三国两晋南北朝时期墓葬考古

　　对三国两晋南北朝时期墓葬的考古研究，自 20 世纪 50 年代至今，大致可以 70 年代为界分为两个阶段。

---

[1] 蒋赞初、熊海堂、贺中香：《湖北鄂城六朝考古的主要收获》，《中国考古学会第四次年会论文集》，文物出版社，1985 年。

[2] 长沙市文物工作队、长沙市文物考古研究所：《长沙走马楼 J22 发掘简报》，《文物》1999 年第 5 期。

[3] 徐光冀：《曹魏邺城的平面复原研究》，《中国考古学论丛——中国社会科学院考古研究所建所 40 年纪念》，科学出版社，1993 年。

　　20 世纪 50 年代至 60 年代是第一阶段。

　　自 20 世纪 50 年代开始，随着各地的文物考古工作普遍开展，三国两晋南北朝时期的墓葬不断被发现，使学术界开始对这一时期的墓葬有了初步了解。50 年代以前，缺乏对三国时期墓葬的认识，50 年代以后，对北方的曹魏墓和南方的孙吴墓都有所认识。洛阳地区的曹魏时期墓葬，多沿袭东汉晚期旧制，时代特征不明显，1956 年在洛阳涧西发现葬有正始八年（公元 247 年）铭铁帐构的墓葬[1]，为认识曹魏墓提供了依据。还在山东东阿鱼山发现了曹植的坟墓，墓砖铭有魏明帝太和七年（公元 233 年）纪年及"陈王陵"等，是所发现的曹魏墓中死者身份最高的一座[2]。在江苏南京地区通过对墓中出土的纪年铭瓷器等遗物，如赤乌十四年（公元 251 年）铭虎子、甘露元年（公元 265 年）铭熊灯等的研究，对孙吴时的墓葬有了初步认识[3]。在湖北武昌区的孙吴墓中，又发现有黄武六年（公元 227 年）、永安五年（公元 262 年）买地铅券[4]。以后，又不断在江西等省发现孙吴时的墓葬[5]。这些发现，为研究孙吴时期的物质文化，特别是青瓷工艺的发展提供了大量实物资料。对西晋时期墓葬的认识，也是开始于 20 世纪 50 年代，在洛阳市基建工程中发掘了元康九年（公元 299 年）晋惠帝贾皇后乳母美人徐义等墓葬，获得了石墓志、随葬陶俑、青瓷器、铜镜等遗物[6]。在江南也发现了重要的西晋墓群，1953 年对江苏宜兴周墓墩西晋周氏家族墓进行第一次发掘[7]，清理了平西将军周处和他亲族的两座坟墓，获得青瓷器、铜器、银带饰等遗物，周处墓砖铭有"周前将军砖""议曹朱选""将工吏杨春""工杨普作"等字样，可见这些砖是地方官工特为营建周处墓而烧造的。在湖南长沙地区西晋墓的发掘[8]，获得了大批造型古拙生动而具有地方特色的青釉俑，其中永宁二年（公元 302 年）墓出土骑俑塑出马镫，对研究马镫起源极为重要[9]。

　　西晋覆亡，琅邪王司马睿以建康（今江苏南京）为都城建立东晋，形成南北对峙的格局。自 1958 年在南京老虎山发现颜含家族墓地[10]以后，20 世纪 60 年代又在象山发现王氏家族墓地[11]，在戚家山发现谢氏墓地[12]。这类大族墓葬多为大中型砖室墓，并常放置有石质或砖质的墓志。这些大族都是东晋政权统治的主要支柱，对研究当时士族门阀制

[1]　洛阳市文物工作队：《洛阳曹魏正始八年墓发掘报告》，《考古》1989 年第 4 期。

[2]　刘玉新：《山东省东阿县曹植墓的发掘》，《华夏考古》1999 年第 1 期。

[3]　江苏省文物管理委员会：《南京近郊六朝墓的清理》，《考古学报》1957 年第 1 期。

[4]　A. 武汉市文物管理委员会：《武昌任家湾六朝初期墓葬清理简报》，《文物参考资料》1955 年第 12 期。

　　B. 湖北省文物管理委员会：《武昌莲溪寺东吴墓清理简报》，《考古》1959 年第 4 期。

　　C. 程欣人：《武汉出土的两块东吴铅券释文》，《考古》1965 年第 10 期。

[5]　秦光杰：《江西南昌市郊吴永安六年墓》，《考古》1965 年第 5 期。

[6]　河南省文化局文物工作队第二队：《洛阳晋墓的发掘》，《考古学报》1957 年第 1 期。

[7]　罗宗真：《江苏宜兴晋墓发掘报告——兼论出土的青瓷器》，《考古学报》1957 年第 4 期。

[8]　湖南省博物馆：《长沙两晋南朝隋墓发掘报告》，《考古学报》1959 年第 3 期。

[9]　杨泓：《关于铁甲、马铠和马镫问题》，《考古》1961 年第 12 期。

[10]　南京市文物保管委员会：《南京老虎山晋墓》，《考古》1959 年第 6 期。

[11]　南京市文物保管委员会：《南京人台山东晋兴之夫妇墓发掘报告》，《文物》1965 年第 6 期；《南京象山东晋王丹虎墓和二、四号墓发掘简报》，《文物》1965 年第 10 期。

[12]　南京市文物保管委员会：《南京戚家山东晋谢鲲墓简报》，《文物》1965 年第 6 期。

度、丧葬制度等具有重要价值。有人还据墓志文字的书体，挑起所谓兰亭序文字真伪的论辩[1]。东晋南朝时期的帝王陵墓，在南京和丹阳地区也有发现。1964 年南京富贵山发现的大型砖室墓，附近曾发现晋恭帝玄宫石碣[2]。1965 年至 1968 年，丹阳的胡桥和建山又发现几座大型砖墓，前设安置双重石门的长甬道，墓室内两侧壁面拼嵌多幅大型砖画，画面包括日月、狮子、龙虎、仪卫及竹林七贤和荣启期的画像[3]。其中艺术水平最高的是竹林七贤和荣启期的画像，每壁一幅，各绘四人坐像，每幅长度达到 240 厘米，人物造型生动，是了解东晋南朝绘画艺术的重要资料[4]。

　　北方十六国时期的墓葬也有发现，以 1965 年辽宁北票西官营子发现的冯素弗夫妇墓最为重要[5]，该墓同家异穴，设内壁绘彩色壁画的石椁。冯素弗为北燕天王冯跋之弟，该墓的发现对了解当时中原与北方民族的文化关系颇为重要。关中地区的十六国时期的墓葬，有西安草厂坡 1 号墓[6]，出土陶俑中出现骑马鼓吹和甲骑具装俑，显示出时代特色。北朝时期的墓葬，在山西、河北等地不断被发现，1965 年在山西大同发掘的北魏孝文帝延兴四年（公元 474 年）至太和八年（公元 484 年）琅琊王司马金龙夫妇合葬墓[7]，出土遗物丰富，其墓的形制和室内布置，继承了魏晋时中原地区传统，但随葬俑群中大量甲骑具装俑和马、驼模型，以及部分陶俑的胡人面型和鲜卑族服饰，又显示出游牧经济和北方民族军队的特色。墓中出土木屏风上的彩色漆画，更是少见的艺术珍品，可以看到东晋顾恺之画风对北方的影响。同一年在河南洛阳清理的常山王元邵墓[8]，随葬陶俑塑制精细，是迁都洛阳后北魏晚期墓葬的代表。北魏分裂为东魏（后为北齐所取代）和西魏（后为北周所取代）以后的墓葬，20 世纪 50 年代在邺城附近民间传为曹操七十二疑冢中发掘了两座，均为北齐墓，一座为太宁二年（公元 562 年）比丘尼垣墓，另一座为佚名北齐壁画墓[9]。在山西太原发现了天保十年（公元 559 年）张肃俗墓[10]。陕西咸阳底张湾发现

[1]　《兰亭论辩》，文物出版社，1973 年。

[2]　A. 南京博物院：《南京富贵山东晋墓发掘报告》，《考古》1966 年第 4 期。
　　　B. 李蔚然：《南京富贵山发现晋恭帝玄宫石碣》，《考古》1961 年第 5 期。

[3]　A. 南京博物院：《江苏丹阳胡桥南朝大墓及砖刻壁画》，《文物》1974 年第 2 期；《江苏丹阳县胡桥、建山两座南朝墓葬》，《文物》1980 年第 2 期。
　　　B. 姚迁、古兵：《六朝艺术》，文物出版社，1981 年。

[4]　南京博物院：《试谈"竹林七贤及荣启期"砖印壁画问题》，《文物》1980 年第 2 期。

[5]　黎瑶渤：《辽宁北票县西官营子北燕冯素弗墓》，《文物》1973 年第 3 期。

[6]　见陕西省文物管理委员会的《西安南郊草厂坡村北朝墓的发掘》（《考古》1959 年第 6 期），该墓应为十六国墓葬，简报断代有误。

[7]　山西省大同市博物馆、山西省文物工作委员会：《山西大同石家寨北魏司马金龙墓》，《文物》1972 年第 3 期。

[8]　洛阳博物馆：《洛阳北魏元邵墓》，《考古》1973 年第 4 期。

[9]　河北省文物管理委员会：《河北磁县讲武城古墓清理简报》，《考古》1959 年第 1 期。

[10]　见山西省博物馆的《太原圹坡北齐张肃墓文物图录》（中国古典艺术出版社，1958 年），书中将"张肃俗"误为"张肃"，应更正。

了北周建德元年（公元 572 年）壁画墓〔1〕。这些发现有助于对北朝晚期墓葬制度的进一步了解。

在这一阶段，也曾对已发现的三国两晋南北朝墓葬资料进行梳理，在《新中国的考古收获》中，对三国两晋南北朝墓葬做了初步分析。指出三国两晋南北朝时豪门士族的族葬及墓葬形制、随葬遗物的变迁〔2〕。

20 世纪 70 年代以后，进入对三国两晋南北朝墓葬考古研究的第二阶段。

在这一阶段，对北方西晋和北朝帝陵的勘查发掘有重大进展。对西晋帝陵的探寻，到了 20 世纪 80 年代有了重要的线索，经考古勘查，推断坐落在洛阳以南的南蔡庄以北邙山上的峻阳陵墓地，可能是晋武帝峻阳陵；推断南蔡庄以东杜楼村北邙山上的枕头山墓地，可能为晋文帝崇阳陵。两座墓地东西相距数公里，处于同一高程，墓地内的墓葬排列有序。崇阳陵墓地周围还残存有陵垣及建筑遗迹，曾对墓地中的两座被认定是陪葬墓的墓葬进行了试掘〔3〕。通过对枕头山墓地和峻阳陵墓地的勘查，对过去困扰不明的西晋诸陵位置问题，寻得初步线索。对北魏帝陵的勘查和清理，有山西大同方山的永固陵和万年堂〔4〕，以及河南洛阳邙山的宣武帝景陵〔5〕。永固陵是文成帝文明皇后冯氏的陵墓，保留有高度超过 22 米的坟丘，墓室石门两侧龛柱雕有口衔宝珠的朱雀和手捧莲蕾的赤足童子，是北魏石雕的精品。宣武帝景陵是洛阳北魏诸陵中唯一被发掘的陵墓，可惜墓内遗物被盗扰，墓道保持素土壁，甬道、后室砖筑，甬道北口建石门。墓砖全部为青砖，表面涂有一层黑彩，整个墓室充溢着庄严肃穆的气氛。在墓冢前还清理出一件石翁仲。景陵的发掘，为研究北魏陵墓制度提供了实物资料。北朝晚期的帝陵也有发现，在河北磁县湾漳发掘的佚名北朝大墓〔6〕，规制宏伟，壁画精湛，陶俑众多，应是北齐的一座帝陵。陕西咸阳底张镇陈马村发现了北周孝陵，是北周武帝宇文邕和皇后阿史那氏合葬的陵墓〔7〕，为带有长斜坡墓道五个天井的土洞单室墓，出土有帝后陵志、十三环玉带、大玉璧等以及数量众多的随葬陶俑群，对研究北朝陵墓制度十分重要。此外，还分别在河北、山西、河南、山东等东部地区以及陕西、宁夏等西部地区发掘清理过多座东魏、北齐或西魏、北周时期王公和高官的坟墓〔8〕，许多墓中有精美的壁画，人物、牲畜均写实生动，其中以河

〔1〕　全国基本建设工程中出土文物展览工作委员会：《全国基本建设工程中出土文物展览图录》，中国古典艺术出版社，1955 年。

〔2〕　中国科学院考古研究所：《新中国的考古收获》，文物出版社，1961 年。

〔3〕　中国社会科学院考古研究所洛阳汉魏故城工作队：《西晋帝陵勘察记》，《考古》1984 年第 12 期。

〔4〕　大同市博物馆、山西省文物工作委员会：《大同方山北魏永固陵》，《文物》1978 年第 7 期。

〔5〕　中国社会科学院考古研究所洛阳汉魏城队、洛阳古墓博物馆：《北魏宣武帝景陵发掘报告》，《考古》1994 年第 9 期。

〔6〕　中国社会科学院考古研究所、河北省文物研究所：《磁县湾漳北朝壁画墓》，科学出版社，2003 年。

〔7〕　陕西省考古研究所、咸阳市考古研究所：《北周武帝孝陵发掘简报》，《考古与文物》1997 年第 2 期。

〔8〕　段鹏琦：《河北、山西、河南的东魏、北齐墓》，《新中国的考古发现和研究》，文物出版社，1984 年。

北磁县湾漳佚名大墓、山西太原北齐娄睿墓[1]和山东临朐北齐崔芬墓[2]的壁画绘制得最为出色，是研究北朝壁画历史的珍贵资料。江南的孙吴、西晋、东晋及南朝时期的墓葬也有新发现。孙吴时期的墓葬不断在江苏、湖北、江西、安徽等省境内被发现和发掘，其中所葬死者身份最高的一座，是安徽马鞍山发现的孙吴右军师、左大司马朱然的坟墓[3]，出土物中最引人注意的是大批蜀郡产绘彩漆器，制工精美，反映出三国时制漆工艺的水平和时代风尚。对江苏宜兴周墓墩周处家族墓，1976 年又进行了第二次发掘[4]。1991 年在湖南安乡发现镇南将军刘弘墓[5]，出土的玉器、金器制工精美，其中墓室前壁右侧放置的璧、佩、璜等成组玉饰，有助于研究当时官服佩玉的组合情况。南京地区的东晋墓继续有新发现，象山王氏家族墓在 1970 年和 1998 年又经两次发掘[6]，已发掘墓葬达到 10 座。1984 年至 1987 年，在司家山发掘了谢氏家族墓，已发掘其中东晋至南朝墓葬 7 座[7]。此外，还在仙鹤观发掘高氏家族墓[8]和在吕家山发掘李氏家族墓[9]。获得更多的石质或砖质墓志、金银器、青瓷器等，墓志书体除隶书外，有的隶书体带篆意，有的隶书体中带有楷风，可见当时书法为各种风格并存。

　　20 世纪 70 年代以后，对三国两晋南北朝时期墓葬的研究步入新阶段。1974 年在北京大学三国两晋南北朝考古讲义[10]中，开始对这一时期的墓葬进行分区和分期研究。分为中原地区、南方地区、东北地区、北方地区和新疆地区共 5 区。在每区中选取标准器物进行分期，以中原地区为例，选取的分期的标准器物有罐、樽、多子槅、灶、男俑、女俑、武士俑和镇墓兽等 8 种，据其形制演变分期，再主要靠有绝对年代的随葬器物（有纪年铭的器物、墓志、买地券等）进一步推定该期年代；然后在各期中，依据墓室结构和大小、随葬品种类和数量等进行分型。因此将以河南洛阳为重心的中原地区墓葬分为四期四型，第一期为魏末晋初，约当公元 3 世纪；第二期为西晋，约起于 3 世纪末，迄于 4 世纪初；第三期约当十六国至北魏迁洛以前，即自 4 世纪初迄于 5 世纪末；第四期为北魏迁洛以后的北朝时期，即自 5 世纪末迄于 6 世纪中。从而廓明从曹魏至北朝晚期中原地区墓葬形制和随葬物品的发展演变规律，反映出当时社会政治、经济各方面的情况，即曹魏为了重建

---

[1]　山西省考古研究所、太原市文物考古研究所：《北齐东安王娄睿墓》，文物出版社，2006 年。

[2]　临朐县博物馆：《北齐崔芬壁画墓》，文物出版社，2002 年。

[3]　安徽省文物考古研究所、马鞍山市文化局：《安徽马鞍山东吴朱然墓发掘简报》，《文物》1986 年第 3 期。

[4]　南京博物院：《江苏宜兴晋墓的第二次发掘》，《考古》1977 年第 2 期。

[5]　安乡县文物管理所：《湖南安乡西晋刘弘墓》，《文物》1993 年第 11 期。

[6]　南京市博物馆：《南京象山 5 号、6 号、7 号墓清理简报》，《文物》1972 年第 11 期；《南京象山 8 号、9 号、10 号墓发掘简报》，《文物》2000 年第 7 期。

[7]　南京市博物馆、雨花区文化局：《南京南郊六朝谢珫墓》，《文物》1998 年第 5 期；《南京南郊六朝谢温墓》，《文物》1998 年第 5 期；《南京司家山东晋、南朝谢氏家族墓》，《文物》2000 年第 7 期。

[8]　南京市博物馆：《江苏南京仙鹤观东晋墓》，《文物》2001 年第 3 期。

[9]　南京市博物馆：《南京吕家山东晋李氏家族墓》，《文物》2000 年第 7 期。

[10]　宿白：《三国—宋元考古（上）》，北京大学历史系考古教研室铅印讲义，1974 年。

封建体制严禁厚葬、西晋严格的等级制度的发展、拓跋鲜卑上层进入汉族集居区以后的急骤汉族士族化并在文化形态上同汉族发生融合。通过初步的类型工作，又反映了在这时期的前半段（三国两晋），保存着一定的东汉传统，后半段（南北朝）又孕育了隋唐大一统的因素，说明三国两晋南北朝在考古学方面，是汉唐两大时代的过渡时期。对北方地区墓葬研究的重点是鲜卑族的墓葬，特别是从黑龙江上游额尔古纳河畔以迄内蒙古河套东部有关拓跋鲜卑墓葬的考古发现，从呼伦贝尔盟陈巴尔虎旗完工墓群、新巴尔虎右旗札赉诺尔墓群、巴林左旗南杨家营子墓群等拓跋鲜卑早期墓群，到和林格尔北的盛乐城遗址，将上述鲜卑遗迹连成的路线，正好重现《魏书·帝纪·序记》记述的拓跋鲜卑由其发源地自东北向西南迁徙的路线。接续下来是呼和浩特美岱村北魏初期墓葬，山西大同北魏迁洛以前的墓葬，其中的典型墓例是司马金龙墓。再发展下去就是迁洛后的北魏墓，即前述中原地区第四期墓葬。以此为基础，结合有关城市遗迹等方面进一步研究，在 1977 年到 1978 年，宿白以鲜卑遗迹辑录为题连续发表了 3 篇论文，分别是《东北、内蒙古地区的鲜卑遗迹》和《盛乐、平城一带的拓跋鲜卑——北魏遗迹》以及《北魏洛阳城和北邙陵墓》[1]。他依据考古学遗迹，与文献相结合，全面研讨了鲜卑族主要是拓跋鲜卑南迁，由部落联盟迅速进入封建制，直至建立统一中国北方的北魏王朝。指出魏晋以来，原住边远地区的少数民族陆续内迁，十六国以后迄整个北朝时期达到了高潮。这个高潮前后连续将近 3 个世纪，其间各族人民相互影响、融合，较为曲折地发展了汉魏时期的封建制，出现了不少和以前不甚相同的新的制度和习俗。这些新的制度和习俗，从考古遗迹方面观察，以汉族为主的各民族和逐步南迁的鲜卑民族在相互影响、融合的过程中所形成的内容，应是其中的重要来源之一。这个来源，至少在形式上还影响了其后隋唐的某些制度和习俗，如都城设计、里坊制度、陵墓布局、衣冠服制等。对鲜卑遗迹的考古工作和进一步分析整理，可以使我们从考古与文献相结合来对于中国多民族历史的形成，以及汉族是长时期内许多民族混血形成的历史特征加深认识。这不仅是研究鲜卑民族历史所必需，也是研究三国两晋南北朝隋唐时期中华民族历史的一个重要方面。

20 世纪 80 年代，在编写《中国大百科全书·考古学》的分支学科"三国两晋南北朝至明考古"时，通过条目的框架结构全面梳理了三国两晋南北朝考古的发现和研究，在《三国两晋南北朝考古》[2]中再次确定了综述三国两晋南北朝考古，采取分区组织的方式是可行的。中原和南方是两个主要地区；北方和东北、新疆也各具特点；青藏高原和四川西部应另分一区，但因考古发现较少，个别遗址暂附于南方地区。考古学者对中原地区墓葬分期作了调整，将原分四期改为三期，即将原第一、二两期合并为一期。第一期为魏西晋（即公元 3 世纪至 4 世纪初），第二期为十六国迄北魏迁洛以前（即公元 4 世纪初至 5 世纪末），第三期为北魏迁洛以后迄北齐北周（即公元 5 世纪末至 6 世纪 80 年代）。南方

[1]　宿白：《东北、内蒙古地区的鲜卑遗迹——鲜卑遗迹辑录之一》，《文物》1977 年第 5 期；《盛乐、平城一带的拓跋鲜卑——北魏遗迹——鲜卑遗迹辑录之二》，《文物》1977 年第 11 期；《北魏洛阳城和北邙陵墓——鲜卑遗迹辑录之三》，《文物》1978 年第 7 期。

[2]　宿白：《三国两晋南北朝考古》，《中国大百科全书·考古学》，中国大百科全书出版社，1986 年。

地区墓葬，因地域辽阔，经济发展不平衡，所以地方特点比中原地区突出，依据墓葬形制和随葬器物的不同，可将其分为长江中下游、闽广和川滇三区。其中长江中下游一直是南方地区的政治、经济、文化的中心，墓葬资料多，系统清楚，具有一定的典型意义。长江中下游墓葬，可分四期，第一期为东汉末至吴初（即公元 3 世纪初至 3 世纪中），第二期为吴中期至东晋初（即公元 3 世纪中至 4 世纪初），第三期为东晋至刘宋（即公元 4 世纪初至 5 世纪中），第四期为齐、梁、陈三朝（即公元 5 世纪中至 6 世纪）。与中原地区墓葬分期对应，第一期与第二期相当于中原第一期，第三期相当中原第二期但结束时间略早，第四期相当中原第三期但开始年代较早，这或许是当时南方在文化艺术方面的发展领先于北方的反映。对三国两晋南北朝墓葬全面的分区分期研究，为研究这一时期墓葬制度的演变、等级制度和社会生活的变化奠定了基础。

　　除了对三国两晋南北朝墓葬全面的分区分期研究外，20 世纪 80 年代以后也对墓中出土遗物及墓室壁画等分专题进行探研。对三国两晋南北朝的铜镜进行了分区分期研究[1]，从地区上可以划分为南方和北方两个不同的系统，分期则与中原墓葬分期相同。第一期是三国至西晋，南方铸镜业兴盛，流行神兽镜和画像镜，铸镜中心在吴地的山阴（今浙江绍兴）和武昌（今湖北鄂州），也生产东汉以来的旧式镜，有方格规矩镜、夔凤镜、盘龙镜等。北方铸镜业衰微，除生产东汉以来的旧式镜，还流行"位至三公镜"，因铜镜衰落以致铁镜流行。第二期东晋、十六国至南北朝前期，南方与一期同，但图纹趋减，工艺渐粗糙，出现铁镜。北方铜镜衰落到几近绝迹。第三期是南北朝后期，不仅北方，连南方的铜镜铸造业也处在全面退化的状态之中。还对东晋、南朝墓拼镶砖画和北朝墓壁画的源流及演变，北朝陶俑的源流、演变及其影响，均进行了系统研究[2]。并据北朝墓和隋至唐初墓中壁画、随葬俑群等的比较研究，探讨隋唐造型艺术的渊源[3]。

（三）三国两晋南北朝时期宗教遗迹考古

　　对三国两晋南北朝时期宗教遗迹的考古工作，主要是对佛教遗迹的勘察、发掘和研究，已进行的工作有下列三项：第一，寺院遗址和佛塔塔基地宫的考古发掘；第二，石窟寺院的调查、勘测和发掘；第三，废弃佛像埋藏坑的发掘。分述于下。

　　佛教在两晋南北朝时期极为兴盛，东晋十六国至南北朝时期各代都城中佛寺林立，在当时人的社会生活中占有重要位置，对文化艺术发展影响深远，历史文献多有记述，但是在近半个世纪的田野考古发掘中，佛教寺院遗址并未得到应有的重视，几乎找不到一处经

---

〔1〕　徐苹芳：《三国两晋南北朝的铜镜》，《考古》1984 年第 6 期。

〔2〕　杨泓：《东晋、南朝拼镶砖画的源流及演变》，《文物与考古论文集》，文物出版社，1986 年；《南北朝墓的壁画和拼镶砖画》，《中国考古学论丛——中国社会科学院考古研究所建所 40 年纪念》，科学出版社，1993 年；《北朝陶俑的源流、演变及其影响》，《中国考古学研究——夏鼐先生考古五十年纪念文集》，文物出版社，1986 年。

〔3〕　杨泓：《隋唐造型艺术渊源简论》，《唐研究》第 4 卷，北京大学出版社，1998 年。

全面揭露的古代寺院的实例，目前只有对北魏洛阳城中永宁寺遗迹的发掘，揭露面积较大，已大致了解寺院的平面布局。永宁寺坐落在北魏洛阳宫城以南御道西侧，始建于北魏孝明帝熙平元年（公元516年），是由灵太后胡氏主持修建的皇家大寺，永熙三年（公元534年）遭火灾毁废。自1979年以来，经中国社会科学院考古研究所多次发掘[1]，究明全寺平面呈规整的长方形，以著名的九层木塔为中心，塔后建殿，周绕围墙，四垣设门，显示出以塔为主、前塔后殿的时代特征。木塔的塔基大致保存完好，是由地下至地面的多层的巨大夯土台基，上层台基四面包砌青石，台基之上保存分五圈排列的方形柱础，总计124个。在自外数第二圈柱础内，用土坯垒砌实心方柱体，方柱体的南、东、西三面各有5座弧形佛龛，北壁不设龛，或许原设登塔木梯。在对永宁寺塔基的发掘中，获得数量多达1560余件塑制精美的彩塑残件，是探究北魏晚期佛教造型艺术风格源流的珍贵资料。此外，在东魏北齐邺南城遗址，也已发现有规模较大的佛寺遗址，对赵彭城北朝佛寺遗址的勘查和发掘目前还在进行中[2]，已发现环绕寺院的围沟，发掘了中央的塔基和东南角和西南角的两座院落。北魏建都平城时在文明太皇太后冯氏永固陵前的"思远灵图"遗址，1976年被重新进行调查。遗址为周绕长方形院墙的方形佛塔，现存塔基中部可看出方形塔柱，塔柱附近出有影塑佛像和菩萨像残体[3]，但院墙内没有其他殿堂遗址。比思远灵图略迟修建于龙城的"思燕佛图"的基址，1989年在勘察朝阳北塔的塔基时被发现，揭露出夯土台基和两圈础石[4]，估计也应如思远灵图之例，其主要建置即此方塔。这些以塔为中心或前塔后殿的平面布局，结合当时的石窟寺院与有关文献，已能初步探明当时佛寺布局的主要形制[5]。有关南北朝时期佛塔塔基的考古发现，目前只有河北定县北魏太和五年（公元481年）塔基，在塔基夯土中埋藏装有舍利等的刻铭大石函[6]。这也是目前发现的纪年明确的时代最早的瘗埋舍利的塔基遗迹。

　　有关石窟寺的考古发现和中国石窟寺考古学的创建，是两晋南北朝考古的一项重要成就。自20世纪50年代以来，中国石窟寺考古研究可分为前、后两大阶段。前一阶段由20世纪50年代至1966年，主要进行了对全国各大石窟的初步普查和重点复查，并开始用考古学方法全面考察石窟寺。早在1950年，就分别调查了山西大同云冈石窟[7]和辽西义县万佛堂石窟[8]。以后又于1951年全面勘查了甘肃敦煌莫高窟

[1]　中国社会科学院考古研究所：《北魏洛阳永宁寺——1979～1994年考古发掘报告》，中国大百科全书出版社，1996年。

[2]　中国社会科学院考古研究所、河北省文物研究所　邺城考古队：《河北邺城遗址赵彭城北朝佛寺与北吴庄佛教造像埋藏坑》，《考古》2013年第7期。

[3]　北京大学考古学系所藏平城思远灵图采集的泥塑残件，曾于1995年在日本出光美术馆展出（1995『中国の考古学展：北京大学考古学系發掘成果』 图版118　出光美術館）。

[4]　张剑波、王晶辰、董高：《朝阳北塔的结构勘察与修建历史》，《文物》1992年第7期。

[5]　宿白：《东汉魏晋南北朝佛寺布局初探》，《庆祝邓广铭教授九十华诞论文集》，河北教育出版社，1997年。

[6]　河北省文化局文物工作队：《河北定县出土北魏石函》，《考古》1966年第5期。

[7]　《雁北文物勘查团报告》，中央人民政府文化部文物局，1951年。

[8]　阎文儒：《辽宁义县万佛堂石窟调查及其研究》，《文物参考资料》1951年第9期。

的损毁等情况[1]，并勘查了甘肃永靖的炳灵寺石窟[2]，1953 年勘查了甘肃天水麦积山石窟[3]。此后，四川、云南、河南、河北、山西、山东、江苏、浙江、内蒙古、新疆等省和自治区，也都展开了对本地区石窟及摩崖龛像的普遍勘查[4]。20 世纪 50 年代末 60 年代初，又对一些重点石窟进行复查。其中的新收获，如在炳灵寺石窟第 169 窟发现西秦建弘元年（公元 420 年）的墨书题记[5]，它是目前中国境内各石窟寺中已知年代最早的题记。也是从 20 世纪 50 年代末开始，将考古学的方法用来研究石窟寺遗迹。在宿白的指导下，北京大学考古专业师生先是在河北响堂山石窟[6]，继之在敦煌石窟，开始了石窟寺考古学方法的实验。宿白在对石窟的历史、分期和题材研究方面，主要是通过校注《大金西京武州山重修大石窟寺碑》对云冈石窟历史材料进行整理研究[7]，依据对敦煌石窟第 285 窟的考古勘察进行敦煌魏洞的分期[8]。刘慧达还对北魏石窟中的"三佛"题材[9]及石窟与禅[10]进行了研究。此外，中国科学院考古研究所在工作人员业务学习教材中，还组织学者编写了学习石窟寺知识的教材[11]。

  20 世纪 70 年代以后，中国石窟寺考古学进一步发展，先后完成了对云冈石窟的分期研究[12]、对凉州模式进行探讨[13]、对南朝龛像进行考察[14]等考古勘察和研究，并将碳

[1] 勘查工作者赵正之、莫宗江、宿白、余鸣谦，报告整理执笔者陈明达：《敦煌石窟勘察报告》，《文物参考资料》1955 年第 2 期。

[2] 《炳灵寺石窟》，中央人民政府文化部社会文化事业管理局，1953 年。

[3] 文化部社会文化事业管理局：《麦积山石窟》，文物出版社，1954 年。

[4] 段鹏琦：《石窟寺考古的新发现和研究》，《新中国的考古发现和研究》，文物出版社，1984 年。

[5] 甘肃省文化局文物工作队：《调查炳灵寺石窟的新收获——第二次调查（1963 年）简报》，《文物》1963 年第 10 期。

[6] 1957 年对响堂山石窟的考古勘查，是宿白指导北京大学历史系考古专业 53 班学生（刘勋、孙国璋、杨泓）进行的，考古报告由刘慧达编写，后刘慧达去世，资料因故流失。

[7] 宿白的《〈大金西京武州山重修大石窟寺碑〉校注——新发现的大同云冈石窟寺历史材料的初步整理》，原刊于《北京大学学报（人文科学版）》1956 年第 1 期，后经作者校注，收入《中国石窟寺研究》（文物出版社，1996 年）。

[8] 宿白：《参观敦煌第 285 号窟札记》，《文物参考资料》1956 年第 2 期。

[9] 刘慧达的《北魏石窟与禅》（《考古学报》1978 年第 3 期）于"文化大革命"前送交《考古学报》编辑部，因故未刊出；后按审查意见修改，1978 年刊出时，作者已去世。1996 年，重补 5 处引文后，收入宿白的《中国石窟寺研究》（文物出版社，1996 年）。

[10] 刘慧达：《北魏石窟中的"三佛"》，《考古学报》1958 年第 4 期。

[11] 阎文儒：《石窟寺艺术》，《考古学基础——中国科学院考古研究所工作人员业务学习教材》，科学出版社，1958 年。

[12] 宿白：《云冈石窟分期试论》，《考古学报》1978 年第 1 期。

[13] 宿白：《凉州石窟遗迹和"凉州模式"》，《考古学报》1986 年第 4 期。

[14] 宿白：《南朝龛像遗迹初探》，《考古学报》1989 年第 4 期。

十四年代测定应用于石窟寺年代的断定，编写出版了新疆克孜尔石窟考古报告的第一卷[1]。江南的南朝佛教石窟遗存，最重要的是南京栖霞山千佛崖，已对一区第13窟进行了考古勘察，从而观察到南北龛像相互影响的重要现象[2]。在这阶段，中国石窟寺考古学的内容和方法已趋于完备，它有四个研究程序：一为考古学的清理和记录；二为洞窟、造像和壁画的类型组合与题材的研究；三为分期分区的研究；四为关于社会历史的、佛教史的和艺术史的综合研究。因此，把中国石窟寺是否纳入考古学的研究范畴，便成了现代中国石窟寺研究是否符合科学的唯一标准[3]。

被废弃的佛教石造像埋藏坑，常发现于古代佛寺遗址，多与中国历史上诸次毁佛事件有关。20世纪50年代以来，不断有南北朝隋唐时期的废弃佛教石造像埋藏坑被发现，最早引起学者注意的是1954年"全国基本建设工程中出土文物展览"展出的两处，一处是河北曲阳修德寺废址出土的石造像，另一处是四川成都万佛寺废址出土的石造像[4]。曲阳修德寺废弃石造像埋藏坑经过1953年和1954年两次清理[5]，获得残损石造像总数超过2200件，其中有纪年铭记的247件，以北魏晚期、东魏、北齐的数量最多，也有隋唐造像，纪年最早的一件为北魏神龟三年（公元520年），最迟的一件为唐天宝九年（公元750年）。对这批造像的艺术风格与特征做过分析[6]。曲阳为古定州地域，20世纪50年代后又陆续在定州地域发现石造像埋藏坑，较重要的有1978年在河北藁城建忠（中）寺旧址出土的造像[7]，多有纪年铭记，包括东魏武定和北齐天保、皇建、河清、天统、武平等年号，有些像保存大致完好，镂雕精细，绘彩贴金犹存，是比曲阳修德寺窖藏佛像更精美的雕刻作品。此外，还在定州市、正定县、行唐县出土有石造像[8]，有的有东魏、北齐纪年。通过上述发现，大致可以了解北朝晚期定州地区佛教石造像的概貌。成都万佛寺废址自清末即有造像出土，到20世纪30～50年代又陆续有发现，多被收藏于四川省博物馆，总数超过200件[9]，造像纪年铭刻多见南朝梁武帝普通、中大通、大同、中大同等年号，还有益州归入北周后出现的北周天和二年（公元567年）等铭记，也有晚至唐代开元、大中等纪年造像[10]。20世纪50年代以后，成都地区又陆续发现造像埋藏坑，

[1] 北京大学考古学系、克孜尔千佛洞文物保管所：《新疆克孜尔石窟考古报告（第一卷）》，文物出版社，1997年。

[2] 林蔚：《栖霞山千佛崖第13窟的新发现》，《文物》1996年第4期。

[3] 徐苹芳：《中国石窟寺考古学的创建历程——读宿白先生〈中国石窟寺研究〉》，《文物》1998年第2期。

[4] 宿白：《展览会中的一部分美术史料》，《文物参考资料》1954年第9期。

[5] A. 罗福颐：《河北曲阳县出土石像清理工作简报》，《考古通讯》1955年第3期。

B. 李锡经：《河北曲阳修德寺遗址发掘记》，《考古通讯》1955年第3期。

[6] 杨伯达：《曲阳修德寺出土纪年造像的艺术风格与特征》，《故宫博物院院刊》总第2期，1960年。

[7] 程纪中：《河北藁城县发现一批北齐石造像》，《考古》1980年第3期。

[8] A. 夏长生：《中国全臂维纳斯——定州发现一批东魏石造像》，《文物天地》1994年第4期。

B. 王巧莲、刘友恒：《正定收藏的部分北朝佛教石造像》，《文物》1998年第5期。

[9] 冯汉骥：《成都万佛寺石刻造像》，《文物参考资料》1954年第9期。

[10] 刘志远、刘廷壁：《成都万佛寺石刻艺术》，中国古典艺术出版社，1958年。

1995 年在成都市西安路埋藏坑出土了南齐永明八年（公元 490 年）弥勒成佛像，还有梁天监、中大通、大同等纪年造像，其中太清五年（公元 551 年）阿育王像是较罕见的标本[1]。此外，在 20 世纪 80~90 年代还对刻于四川绵阳平杨府君阙（或称平阳府君阙、杨府君阙）的佛教造像小龛进行实测记录，其中有南朝梁大通等年号题记[2]。综合上述考古发现，可以对南北朝晚期益州地区佛教石造像有概括了解。除上述两个地区有多批废弃佛教石造像埋藏坑被发现外，20 世纪 80~90 年代，在以山东青州为中心的古青州地区，不断在一些古代佛寺废址发现废弃佛教石造像埋藏坑，最重要的一处是 1996 年在青州市龙兴寺遗址中轴线北部大殿后的埋藏坑[3]，出土造像 400 余件，其中主要是北朝北魏晚期至东魏、北齐的石造像，贴金绘彩保存较好，少数有纪年铭记，最早的是北魏永安二年（公元 529 年）韩小华造弥勒像。此前已在青州市原兴国寺废址、七级寺废址等处发现过贴金绘彩的北朝石造像[4]，也有一些青州造像流失出中国大陆[5]。此外，在临朐、诸城、博兴、广饶、高青等县也不断发现过北朝造像[6]，其中以 1988~1990 年诸城兴修体育中心时发现的废弃佛教石造像埋藏坑最重要[7]，先后出土石造像残体超过 300 件，有的像上残存贴金绘彩，有的像上有纪年铭记，分别为东魏武定和北齐天保年间所雕刻。综合上述发现，已能初步了解北朝晚期青州地区佛教石造像的概貌。2012 年河北邺城遗址北吴庄佛教造像埋藏坑的发掘[8]，获得近 3000 件（块）造像，其中有许多纪年造像，时代以东魏北齐时期的为主，也有北魏、北周和隋唐时期的造像。除此，在山西、陕西、宁夏、河南等地也有佛教石造像被发现，但或为零散出土或缺乏较正式的报告，难与上述资料相比。

曲阳修德寺造像埋藏坑于 20 世纪 50 年代被发现后，由于其中出土有数量较多的纪年造像，据以进行标型排比，得以较清楚地认识了自北魏晚期经东魏、北齐至隋定州一带佛教石造像造型特征及发展演变规律，但当时对这组造像显示出的地方特征尚认识不足。当 20 世纪 80 年代在山东青州一带大量发现佛教石造像后，开始对北朝晚期造像有了更全面的了解，既可以看出北朝晚期造像共有的时代特征，也可以从材质、技法到题材等方面看

---

[1] 成都市文物考古工作队、成都市文物考古研究所：《成都市西安路南朝石刻造像清理简报》，《文物》1998 年第 11 期。

[2] 孙华：《四川绵阳平杨府君阙阙身造像——兼谈四川地区南北朝佛道龛像的几个问题》，《汉唐之间的宗教艺术与考古》，文物出版社，2000 年。

[3] 山东青州市博物馆：《青州龙兴寺佛教造像窖藏清理简报》，《文物》1998 年第 2 期。

[4] A. 夏名采、庄明军：《山东青州兴国寺故址出土石造像》，《文物》1996 年第 5 期。

   B. 青州市博物馆 夏名采、刘华国、杨华胜：《山东青州出土两件北朝彩绘石造像》，《文物》1997 年第 2 期。

   C. 青州博物馆：《山东青州发现北魏彩绘造像》，《文物》1996 年第 5 期。

[5] 故宫博物院编辑委员会编：《雕塑别藏——宗教编特展图录》，1997 年。

[6] 杨泓：《关于南北朝时青州考古的思考》，《文物》1998 年第 2 期。

[7] A. 诸城市博物馆：《山东诸城发现北朝造像》，《考古》1990 年第 8 期。

   B. 杜在忠、韩岗：《山东诸城佛教石造像》，《考古学报》1994 年第 2 期。

[8] 中国社会科学院考古研究所、河北省文物研究所 邺城考古队：《河北邺城遗址赵彭城北朝佛寺与北吴庄佛教造像埋藏坑》，《考古》2013 年第 7 期。

出当时青州地区和定州地区的地方特征[1]。对于青州造像的研究[2]，全面揭示了青州城和龙兴寺的历史，指出青州造像到北齐时佛衣贴身、质薄透体、衣纹简疏、肌体隐现的造像新风，明显带有中印度秣菟罗艺术风格。这种风格的造像于5世纪前期曾一度影响到河西走廊，到5世纪中叶才出现于甘肃以东诸石窟和散存的铜石造像中，但是北魏孝文帝中后期就逐步消失，为褒衣博带服饰的造像所取代。在沉寂了近半个世纪以后，6世纪中叶薄衣佛像却又以多种样式普遍地再现于东方。看来高齐佛像的新趋势，大约不是简单的前此出现的薄衣形象的恢复，而与6世纪天竺佛像一再直接东传，高齐重视中亚诸胡伎艺以及高齐对北魏汉化的某种抵制等似皆有关。6世纪初叶再次迎奉天竺佛像之风源自南朝，与梁武帝大力倡导更关联密切，北朝青州地区薄身佛像盛行，或与青州地区的地理位置及历史文化背景有关[3]，可以与南方通过水路等渠道进行密切的文化交往。

（四）三国两晋南北朝时期遗迹中的外国物品

随着丝绸之路等古代国际商路的畅通，许多外国的货币以及物品流传入中国。20世纪50年代以来，在中国各地两晋南北朝时期的遗址或墓葬中，常可发现由中亚、西亚及至地中海地区传入的金属铸币和各种质料的工艺品，也有些物品来自古代东亚诸国，都是古代中国与世界交往的实物例证。

在三国两晋南北朝时期的遗址或墓葬中出土的外国金属铸币，主要来自西方的波斯萨珊朝和罗马—拜占庭（东罗马）帝国。在中国境内出土的萨珊式货币，都是银币。这种银币的单位是"德拉克麦"（drachm），平均重量每枚约4克。20世纪一二十年代，在新疆吐鲁番的高昌古城和阿斯塔那墓地零星发现过波斯萨珊银币，20世纪50年代以后陆续在新疆地区的城址和墓区发现萨珊银币，在青海西宁也有发现[4]，并在陕西西安、山西太原、河南洛阳和陕县等地的隋唐墓中出土有萨珊银币，其中以在新疆乌恰山中发现的一批数量最多，达947枚[5]。20世纪60年代到70年代初，在新疆等地有所发现，特别是在河北、陕西等省发掘的北朝隋唐时期舍利塔基中，常有作为宝物随舍利瘗藏的波斯萨珊银币，河北定县北魏塔基出土舍利石函中瘗藏的萨珊银币多达41枚[6]。同时出土地区也从西北和北方地区扩展到东南沿海一带，在广东英德、曲江等地南朝墓[7]中都有波斯萨珊银币出土。据20世纪70年代初统计，全国各地共出土波斯

---

[1] 杨泓：《论定州北朝石造像》，《保利藏珍——石刻佛教造像精品选》，岭南美术出版社，2000年。

[2] 宿白：《青州城考略——青州城与龙兴寺之一》，《文物》1999年第8期；《龙兴寺沿革——青州城与龙兴寺之二》，《文物》1999年第9期；《青州龙兴寺窖藏所出佛像的几个问题——青州城与龙兴寺之三》，《文物》1999年第10期。

[3] 杨泓：《关于南北朝时青州考古的思考》，《文物》1998年第2期。

[4] 王丕考：《青海西宁波斯萨珊朝银币出土情况》，《考古》1962年第9期。

[5] 李遇春：《新疆乌恰县发现金条和大批波斯银币》，《考古》1959年第9期。

[6] 河北省文化局文物工作队：《河北定县出土北魏石函》，《考古》1966年第5期。

[7] 广东省文物管理委员会、华南师范学院历史系：《广东英德、连阳南齐和隋唐古墓的发掘》，《考古》1961年第3期。

萨珊银币 33 批，达 1174 枚之多[1]。20 世纪 70 年代以后，全国各地陆续有波斯萨珊银币出土，在南方除广东遂溪又有新发现外[2]，在江苏南京也有波斯萨珊银币出土[3]。西北地区除新疆等地外，又在宁夏固原的北朝墓中发现波斯萨珊银币，以及波斯银币的仿制品[4]。夏鼐对于中国境内出土的波斯萨珊银币的研究[5]，已指出波斯萨珊银币的出土地点，绝大多数在"丝路"沿线和当时各代的都城附近。"丝路"在中国境内的路线，从前一般认为是由兰州经过河西走廊而进入今日新疆的。由于青海西宁发现一批和金条共藏于岩石缝的共计 76 枚波斯萨珊卑路斯银币，仔细研究这一发现，再查考中国史书上的记载，认为从 4 世纪末至 7 世纪初，西宁是在中西交通的孔道上的。这条比较靠南的交通路线，它的重要性有一时期（公元 5 世纪）可能不低于河西走廊。同时在广东公元 5 世纪南朝墓中发现的萨珊朝波斯银币，表明据波斯人与阿拉伯人记载当时波斯曾控制波斯湾至锡兰岛（今斯里兰卡）之间的贸易，并通过锡兰至中国东南沿海的古代商路的存在。特别是在这些银币中，有些入藏的年代上距铸币的年代仅有 10 年左右，例如定县北魏塔基的舍利函是太和五年（公元 481 年）埋入的，函中放置的波斯萨珊银币中有一枚是卑路斯在位十四年（公元 470 年）的铸币，其间相距仅 10 年，这种情况更说明中伊两国交往的密切程度，也可以推想当年两国之间贸易往来的频繁和广泛。在发现的一枚耶斯提泽德二世的银币边缘，压印有一行呗哒文字的戳记，故有些银币可能是经由呗哒而流传到中国来的，反映出当时波斯、呗哒和中国三者的关系。至于在中国境内发现的波斯银币的用途，在当时某些地区（例如高昌）曾流通使用过。

　　中国境内出土的拜占庭金币及其仿制品，其数量无法与波斯萨珊银币相比，因为没有发现过成批窖藏出土的，常是单枚、至多两三枚被放置于墓葬内，多是穿孔后作为装饰品佩饰的。中国出土的拜占庭金币，也是中西交通和文化交流的重要物证。在河北赞皇东魏李希宗夫妇墓出土的 3 枚拜占庭金币中[6]，1 枚是狄奥多西斯二世（公元 408～450 年在位）的金币，另 2 枚是查士丁一世和查士丁尼一世舅甥共治时（公元 527 年）金币，这 3 枚金币是在李希宗妻崔氏尸骨旁发现的，崔氏入葬的时间是北齐武平六年（公元 575 年），证明在 6 世纪时中国和拜占庭两国交通往来频繁，其中查士丁一世舅甥共治的公元 527 年

〔1〕　夏鼐：《综述中国出土的波斯萨珊朝银币》，《考古学报》1974 年第 1 期。
〔2〕　遂溪县博物馆：《广东遂溪县发现南朝窖藏金银器》，《考古》1986 年第 3 期。
〔3〕　《南京文物精华》编委会：《南京文物精华·器物编》第 223 页，上海人民美术出版社，2000 年。
〔4〕　宁夏回族自治区固原博物馆、中日原州联合考古队：《原州古墓集成》，文物出版社，1999 年。
〔5〕　夏鼐的《中国最近发现的波斯萨珊朝银币》（《考古学报》1957 年第 2 期）、《青海西宁出土的波斯萨珊朝银币》（《考古学报》1958 年第 1 期）、《新疆吐鲁番最近出土的波斯萨珊朝银币》（《考古》1966 年第 4 期）、《河北定县塔基舍利函中波斯萨珊朝银币》（《考古》1966 年第 5 期）收在《夏鼐文集（下）》（社会科学文献出版社，2000 年），其中前两篇据作者自存校正本进行过校正。
〔6〕　夏鼐的《赞皇李希宗墓出土的拜占庭金币》（《考古》1977 年第 6 期）收在《夏鼐文集（下）》（社会科学文献出版社，2000 年）。

的两枚铸币，下距埋入年代还不到 50 年。

　　自中亚、西亚及至地中海地区传入的精美工艺品，主要是玻璃制品和金银器皿。早在 20 世纪 50 年代，人们已注意到河北景县封氏墓群出土的淡绿色波纹玻璃碗[1]。以后陆续在河北、陕西、辽宁、湖北、江苏、宁夏等省区获得两晋南北朝时期的玻璃器，其中 1965 年辽宁北票西官营子北燕冯素弗墓出土的一组玻璃器特别引人注意，包括造型奇特的鸭形器以及碗、杯、钵和残器座。学者对中国出土的早期玻璃器皿进行过分析[2]，指出北燕冯素弗墓出土的无模自由吹制成形的鸭形器、南京象山东晋王氏墓出土的磨花圜底筒形杯、景县封氏墓出土的波纹碗等是典型的罗马钠钙玻璃器。湖北鄂城五里墩西晋墓出土磨花碗、宁夏固原北周李贤墓出土腹部有上下两周椭圆形凸饰的碗[3]，是波斯萨珊玻璃器皿。外国玻璃器的输入，与外国金银铸币一样，为东西交通的路线提供了可靠的证据。同时西亚玻璃技术通过丝绸之路传入中国，也对中国的玻璃制造业产生了一定影响。

　　20 世纪 50 年代以来，不断在三国两晋南北朝时期的遗址和墓葬中发现金银器，多为由中国西方输入的金银器。其中的精品有山西大同北魏遗址出土的罗马—拜占庭产品鎏金铜高足杯[4]、甘肃靖远出土的拜占庭金花银盘[5]、山西大同北魏封和突墓出土波斯萨珊狩猎野猪图像金花银盘[6]和宁夏固原北周李贤墓出土人物图像金花银胡瓶[7]、青海上孙家寨晋墓出土粟特银壶[8]等物。这些金银器显示了与粟特、波斯萨珊、罗马—拜占庭的交往。

二　三国两晋南北朝考古学的时代特征

　　三国两晋南北朝考古，属于历史考古学范畴。所研究的历史时期跨越了近 4 个世纪，上起公元 3 世纪初三国鼎峙时，经曹魏西晋、东晋十六国至南北朝，止于隋开皇九年（公元 589 年）灭陈，中国重归统一。东汉末年由黄巾起义引致的社会大动乱，导致东汉王朝覆亡，也标志着中国古代历史上高度兴盛的秦汉文化的终结。此后，出现魏、蜀、吴三个分立的政权鼎峙的政治格局，中国历史开始进入大分裂、大动荡的时期，其间虽有西晋王朝短暂的统一，但接着迎来的是更加动荡混乱的东晋十六国时期，以后是长期的南北对

[1]　张季：《河北景县封氏墓群调查记》，《考古通讯》1957 年第 3 期。
[2]　A. 安家瑶：《中国的早期玻璃器皿》，《考古学报》1984 年第 4 期。
　　　B. 建筑材料研究院、清华大学、中国社会科学院考古研究所：《中国早期玻璃器检验报告》，《考古学报》1984 年第 4 期。
[3]　安家瑶：《北周李贤墓出土的玻璃碗——萨珊玻璃器的发现与研究》，《考古》1986 年第 2 期。
[4]　《无产阶段文化大革命期间出土文物展览简介·山西省·大同南郊北魏遗址》，《文物》1972 年第 1 期。
[5]　甘肃省博物馆　初师宾：《甘肃靖远新出东罗马鎏金银盘略考》，《文物》1990 年第 5 期。
[6]　A. 马玉基：《大同市小站村花圪塔台北魏墓清理简报》，《文物》1983 年第 8 期。
　　　B. 夏鼐的《北魏封和突墓出土萨珊银盘考》（《文物》1983 年第 8 期）收在《夏鼐文集（下）》（社会科学文献出版社，2000 年）。
[7]　宁夏回族自治区博物馆、宁夏固原博物馆：《宁夏固原北周李贤夫妇墓发掘简报》，《文物》1985 年第 11 期。
[8]　青海省考古研究所：《上孙家寨汉晋墓》，文物出版社，1993 年。

峙，一直延续到隋朝统一方告结束。连年战乱和政权不断更迭，使社会经济屡遭破坏，传统的礼制也遭到极大破坏，并掀起了空前的移民高潮，引起不同地区、不同民族间文化的不断流动、碰撞乃至融合。同时，这一时期又是中外文化互动的高峰期，特别是伴随着域外宗教的传入和扩散，许多新的域外文化艺术在中国产生深远影响。所有这一切都导致这一时期社会物质文化不断发生变化，文化的交融互动孕育着新的文化高峰的来临。也可以说三国两晋南北朝时期正是由汉文明，向更加辉煌的唐文明的漫长的过渡时期。因此，三国两晋南北朝考古学的研究，不仅对中国考古学具有重要意义，丰富了史学研究的内容，而且在世界文化史上也占有一定的位置。反映着上述时代特征，三国两晋南北朝考古学显示出以下特点。

（一）开启具有宫城、皇城、郭城的里坊制都城平面布局

对历史时期都城的考古研究，特别是对于都城的平面布局方面研究，三国两晋南北朝时期的都城平面布局具有重要位置。自秦汉至隋唐，主要城市特别是都城的平面布局发生了很大变化。秦都咸阳、西汉都城长安和东汉都城雒阳，都以宫殿群为主。以西汉长安为例，是先筑宫殿，各宫的修筑缺乏整体规划，大略说来以未央宫为中心，然后才修建城垣[1]，将已筑成并已使用的各座宫殿均围护其中，城内总面积的2/3都为宫殿所占据，同时为了迁就已存在的宫殿群，又碍于地形地貌的限制，所以四面城垣走向并不规整[2]。虽然已将一般民居的闾里和经商的市场包容在城垣内[3]，但所占面积很少，除贵胄的住宅外，一般民居多偏居城东北角低洼之处[4]。城内的各类建筑和设施，从设计到使用功能，主要都是为皇帝和皇室贵族高官服务的。东汉都城雒阳，宫殿所占面积较西汉长安略有减少，主要有以西汉旧宫扩建的南宫，以及明帝时营建的北宫，其间还连以复道，还有北宫北面的永安宫和北宫西侧的濯龙园，以上宫苑总面积已占全城面积的一半。城内还有中央的衙署，除上东门内有贵族高官居住区外，一般居民多只能居住在城外，常聚集在城门附近地区。

---

[1] 西汉初建长安，以秦时旧宫兴乐宫建长乐宫。据《史记·高祖本纪》：高祖八年（公元前199年）"萧丞相营作未央宫，立东阙、北阙、前殿、武库、太仓"。次年未央宫建成。以后又在未央宫北建北宫。到惠帝三年（公元前192年）"方筑长安城，四年就半，五年六年城就"。前后约计四年时间（见《史记·吕太后本纪》）。

[2] 西汉长安城四面城垣的修筑进程，大概是从城的西北方起，先筑西垣，然后依次筑南垣、东垣和北垣，受已存在的宫殿和地貌影响，四垣走向不规整，特别是南垣和北垣出现多处折曲之处，汉代以后曾被认为像星斗。见王仲殊《汉代考古学概说》（中华书局，1984年）第一章。

[3] 徐苹芳：《中国古代城市考古与古史研究》，《中国历史考古学论集》，台北允晨文化，1995年。

[4] 关于西汉长安城内闾里问题，据何清谷撰《三辅黄图校释》（中华书局，2005年）："长安闾里一百六十，室居栉比。门巷修直。有宣明、建阳、昌阴、尚冠、修城、黄棘、北焕、南平、大昌、戚里。"此外，据云未央宫北阙附近多贵族甲第。但目前对长安城的考古勘察尚难弄清闾里情况，又在有关平面图如《中国大百科全书·考古学》（中国大百科全书出版社，1986年）第159页"西汉长安城平面图"上北阙南为未央宫，北为桂宫、北宫，无可容贵族甲第处。目前这些问题均有待新的考古工作予以解决。

　　到东汉末三国时期开始，都城的平面布局发生变化。从目前已经考古勘探发掘的三国两晋南北朝时期的几座都城遗址——三国时期邺城（邺北城）[1]、北魏洛阳城[2]、东魏北齐邺城（邺南城）[3]来看，城市平面布局的变化日趋明显。三国时期的邺城（邺北城），是曹操被封魏王后营建的魏王都，其平面布局与两汉都城明显不同之处是城中宫殿由分散到集中，面积明显减少，坐落在城内北部居中位置，首次出现居中纵贯全城的中轴线，同时出现横贯全城的大路，将全城分为南北两区，路北为宫殿衙署，路南为居民里坊，里坊区约占全城一半面积[4]。邺城的平面布局特点，对曹魏改建东汉洛阳为都城时，产生了深远影响。后来北魏迁都洛阳，更在魏晋洛阳的基础上，加强了宫城的规制，并修建了郭城，安排民居里坊。还在城内大规模修建宗教寺院。东魏修筑邺南城时，更延续北魏洛阳传统，且因系新建城市，故设计更为规整，宫城居城内北侧中央，由南城墙居中的正门朱明门、朱明门大道、宫城正南门至宫城内主要宫殿形成纵贯全城的中轴线。城内三纵三横大道垂直交错，使道路网络呈棋盘格状分布。

　　综观自三国时期邺城（邺北城），经北魏洛阳到东魏、北齐邺城（邺南城）的城市布局的创新、发展与演变，其特征主要有下述诸项。

　　其一是都城内宫殿所占比例日渐减小，宫城坐落在都城内北部居中的重要位置。从曹操时内朝与外朝并列，北朝时改为内朝诸殿在后，外朝前置。出现纵贯城区的中轴线，从南垣正门直达宫城正门，入宫城直对正殿，将都城纵分为二。中央官署逐渐集中分置宫城前中轴线两侧。

　　其二是一般官员和居民所居住的里坊面积日增，由三国时期邺城占南半部近全城 1/2 面积，到北魏洛阳更增设郭城 320 坊，开中国中古时期封闭式里坊制城市之先声。城内纵横大道垂直交错，道路网络呈棋盘格状分布，再划分方正整齐的里坊，都市平面规划日益规整。

　　其三是随着佛教的日益兴盛，都城中开始营建宗教寺庙。在北魏迁都洛阳时，已规划有皇家大寺的位置，地当宫城以南御道西侧，后来在此修筑永宁寺[5]。以后宗教寺庙在

---

[1]　中国社会科学院考古研究所、河北省文物研究所　邺城考古工作队：《河北临漳邺北城遗址勘探发掘简报》，《考古》1990 年第 7 期。

[2]　洛阳市文物局、洛阳白马寺汉魏故城文物保管所编：《汉魏洛阳故城研究》，科学出版社，2000 年。

[3]　A. 中国社会科学院考古研究所、河北省文物研究所　邺城考古工作队：《河北临漳县邺南城遗址勘探与发掘》，《考古》1997 年第 3 期。

　　　B. 中国社会科学院考古研究所、河北省文物研究所　邺城考古工作队：《河北临漳县邺南城朱明门遗址的发掘》，《考古》1996 年第 1 期。

[4]　A. 徐光冀：《曹魏邺城的平面复原研究》，《中国考古学论丛——中国社会科学院考古研究所建所 40 年纪念》，科学出版社，1993 年。

　　　B. 关于邺北城的平面复原，有学者认为中阳门大道应直对司马门，直至听政殿，为城市的中轴线，见傅熹年主编的《中国古代建筑史》第二卷《两晋、南北朝、隋唐、五代建筑》（中国建筑工业出版社，2001 年）第 2～5 页。

[5]　中国社会科学院考古研究所：《北魏洛阳永宁寺——1979～1994 年考古发掘报告》，中国大百科全书出版社，1996 年。

城中大量涌现，居民宗教生活日趋繁荣，呈现出汉代都城没有的新景象。

其四是商业活动虽仍受官方控制，但商业区即"市"的重要性日益凸显。

其五是三国至北朝战争不断，基于军事需要，城防工事更趋完备，特别注意城防制高点的控制。三国时期邺城西北角构筑的三台，不只为观赏园林，更在发生战事时起着制高点的作用。北魏洛阳在西北角的金墉城[1]，具有同样的作用。

总体来看，宫殿的集中和民居里坊的发展，宗教的兴盛和商业的繁荣，反映出自秦汉至隋唐城市的性质正在发生变化。宫殿所占城市总面积的比例大幅度缩减，但集中后的宫殿，以其在城市布局中所据有的重要位置，加上皇城与民居里坊的严格分界以及中轴线的设置，反而进一步凸显出皇权的威严。三国至南北朝都城平面布局的变迁，最终发展成为隋大兴和唐长安的平面布局，成为典型的封闭式里坊制城市，并对以后中国历代都城的平面布局有着深远的影响。

不过，由于受到此前田野考古勘查发掘工作的局限，三国两晋南北朝时期重要的都城遗址的考古工作还未能深入进行，更有多座都城遗址的工作尚待进一步开展，包括六朝故都的建业—建康城，北魏的平城，西魏、北周的长安等，都为今后三国两晋南北朝考古工作留下了困难的重要课题。

（二）三国两晋南北朝时期葬俗的三次变化

自秦汉至隋唐，埋葬习俗发生了很大的变化。在三国两晋南北朝时期，中国的埋葬习俗至少发生过三次大的变化。

首先是曹魏时期发生的埋葬习俗的大变化。突出表现是帝王力主薄葬，代表人物是曹操和曹丕父子，不仅下令薄葬，而且他们自己也是身体力行。早在曹魏建国之前，曹操于公元205年已下令禁止厚葬[2]，并禁立碑[3]。曹操生前选瘠薄之地为寿陵，不封不树[4]。死前遗令埋葬时"敛以时服，无藏金玉珍宝"[5]。当时曹操改革秦汉厚葬礼制，实行薄葬，主要原因有二：一是经汉末大动乱及群雄混战，社会经济凋敝，统治集团无力如东汉时花费巨资经营丧事。二是曹魏统治集团在亲历的战乱中，见到前代厚葬的陵墓遭

---

[1]　中国社会科学院考古研究所洛阳汉魏故城队：《汉魏洛阳故城金墉城址发掘简报》，《考古》1999年第3期。

[2]　《三国志·魏书·武帝纪》：建安十年（公元205年）春正月"令民不得复私雠，禁厚葬"。

[3]　《宋书·礼志》："建安十年，魏武帝以天下雕敝，下令不得厚葬，又禁立碑。"

[4]　《三国志·魏书·武帝纪》：建安二十三年（公元218年）"六月，令曰：古之葬者，必居瘠薄之地，其规西门豹祠西原上为寿陵，因高为基，不封不树"。

[5]　A.《三国志·魏书·武帝纪》。

　　B.《晋书·礼志》："魏武以礼送终之制，袭称之数，繁而无益，俗又过之，豫自制送终衣服四箧，题识其上，春秋冬夏，日有不讳，随时以敛，金珥珠玉铜铁之物，一不得送。文帝遵奉，无所增加。及受禅，刻金玺，追加尊号，不敢开埏，乃为石室，藏玺埏首，以示陵中无金银诸物也。汉礼明器甚多，自是皆省矣。"

到毁灭性的破坏[1]，感触极深，总结历史教训，引以为戒。对此，魏文帝曹丕在"终制"中曾详加论述："自古及今，未有不亡之国，亦无不掘之墓也。丧乱以来，汉氏诸陵无不发掘，至乃烧取玉匣金缕，骸骨并尽，是焚如之刑，岂不重痛哉！祸由乎厚葬封树。'桑、霍为我戒'，不亦明乎？"所以他规定"寿陵因山为体，无为封树，无立寝殿、造园邑、通神道。……无施苇炭，无藏金银铜铁，一以瓦器，合古涂车、刍灵之义。棺但漆会三过，饭含无以珠玉，无施珠襦玉匣，诸愚俗所为也"。他特别强调葬后应不被后人发现，说"夫葬也者，藏也，欲人之不得见也。……故吾营此丘墟不食之地，欲使易代之后不知其处"[2]。皇帝主节葬，贵戚官员将帅也同样有感于亲身所见以及遵从曹魏法制，多行薄葬[3]。正由于薄葬，不封不树，因此后世确实难以勘察到曹氏父子的陵墓所在地点[4]。曹魏薄葬，中止了东汉末年社会上普遍流行的丧葬豪华奢侈的风气，东汉时皇帝和皇室勋贵享用的特殊殓服"玉匣"被彻底废弃，地面上的石碑、神道石刻及石祠，地下修筑的豪华的大型多室砖墓，以及满布墓室壁面的壁画或画像石，还有大量贵重的随葬品，都从曹魏统治中心的中原地区消失[5]。目前在曹魏都城洛阳近郊发现的曹魏墓，砖筑墓室只具前堂（或左右带侧室）和后室（棺室），因禁止坟上立祠，因之出现在墓室前堂设帐放脯酒致奠的习俗[6]。

其次是西晋时期，埋葬习俗发生了第二次变化。创立西晋王朝的司马懿和司马炎

---

[1] 当时为了从陵墓中获取金宝以充军费，或为获取战争中有用的物资，群雄军队都公开盗墓，曹操也不例外。陈琳为袁绍所作檄文中，曾对曹操盗掘汉王陵予以揭露："操帅将吏士，亲临发掘，破棺裸尸，掠取金宝。"不仅如此，曹魏军中还设专职掘墓的官员，檄文又说："操又特置发丘中郎将、摸金校尉，所过隳突，无骸不露。"（《文选》卷四四载陈孔璋《为袁绍檄豫州》一首，中华书局影印胡刻本，1977年）军队掘墓，除掠取珍宝，还为取棺椁充制攻战具的木料。魏将郝昭遗令薄葬，原因为："吾数发冢取其木以为攻战具，又知厚葬无益于死者也。"（《太平御览》卷五五四引《魏略》，中华书局影印本，1960年）

[2] 《三国志·魏书·文帝纪》。

[3] 魏文帝郭后之姐去世，姐子孟武欲厚葬其母起祠堂，郭后止之曰："自丧乱以来，坟墓无不发掘，皆由厚葬也，首阳陵可以为法。"（《三国志·魏书·文德郭皇后传》）《三国志·魏书》中多记诸臣死前遗命薄葬，如司马朗、贾逵、徐晃、裴潜、徐宣、韩暨、王观、高堂隆等。

[4] 民间多传今河北磁县分布的大土冢，邻近曹操邺城遗址，为曹操疑冢。陶宗仪《南村辍耕录》（中华书局，1980年）卷二六"疑冢"条，已认为"曹操疑冢七十二，在漳河上"。又引宋俞应符诗："人言疑冢我不疑，我有一法君未知，直须尽发疑冢七十二，必有一冢藏君尸。"陶宗仪甚赞俞诗，认为是"诗之斧钺也"。实际该诗人缺乏历史常识，因为疑冢云云只是乡人误传，那些大冢与曹魏无关，皆东魏北齐时大墓，参看马忠理《磁县北朝墓群——东魏北齐陵墓兆域考》（《文物》1994年第11期）。曹操疑冢传说也是历来文学作品的题材，著名的如蒲松龄《聊斋志异》卷十《曹操冢》（人民文学出版社，1992年）。

[5] 三国时除曹魏外，蜀汉和孙吴厚葬陋习仍未改变，但一些名臣如蜀汉诸葛亮，"遗命葬汉中定军山，因山为坟，冢足容棺，敛以时服，不须器物"（《三国志·蜀书·诸葛亮传》）。又如孙吴张昭，"遗令幅巾素棺，敛以时服"（《三国志·吴书·张昭传》）。

[6] 洛阳随葬曹魏正始八年（公元247年）铁帐构墓，见李宗道、赵国璧《洛阳16工区曹魏墓清理》（《考古通讯》1958年第7期）、洛阳市文物工作队《洛阳曹魏正始八年墓发掘报告》（《考古》1989年第4期）。

父子仍主薄葬[1]，正因西晋帝陵不坟不树，又无碑兽石刻，且有关文献记录又颇简略，所以与曹魏帝陵一样，西晋帝陵所在也是考古难题。现经仔细勘察，已在洛阳邙山南麓探查到两处墓地——峻阳陵墓地和枕头山墓地[2]，发现了探寻晋陵的新线索。两处墓地探出的都是排列有序的带有长斜坡墓道的土洞墓，在枕头山试掘的两座墓，原生土挖出的墓室周壁未加任何粉饰，仅地面铺砌青砖，安装素面石门。枕头山墓地还发现了陵垣残迹。由这些土洞墓，确可显示出西晋时期节葬之风。西晋初皇帝主节葬，故当时一些名臣也随之主张节葬[3]，但当全国统一以后，西晋上层统治集团生活奢靡之风日盛，自然也影响到丧葬习俗方面。同时，西晋皇帝虽主节葬，但对重臣去世时却予厚赐[4]，自然助长厚葬之风的重新抬头。不过西晋再次出现的厚葬之风，并非恢复东汉旧俗，而是依照曹魏薄葬规制产生的新变化，概言之有下列几项。第一是在墓室形制方面，并未恢复豪华的大型多室墓，而是单室（少数为双室，具前堂和棺室），但为表示身份，常采取增大墓室，加砌砖室，并在四隅砌砖柱，还加长甬道，更增长墓道，有的斜坡墓道长度超过 37 米[5]。实际并不需要如此长的墓道，据估计有的墓道所用工程量超过墓室工程 10 倍之多[6]，明显是为表现身份地位的奢侈行为。第二是因禁止立碑，所以将原竖在地面的墓碑小型化而埋放于墓室内。其上铭刻死者姓名家世和生平事迹，开墓内安放墓志之先河[7]。第三是出现了新的随葬俑群的组合内容，与两汉俑群有较大差异。反映了晋时高官豪门出行以乘牛车为贵的时代风习，俑群的中心是供墓内死者出行的牛车和具备鞍辔马具的乘马，还有男女侍仆，以及庖厨用器和家禽家畜模型，此外有为镇墓除邪的镇墓甲胄武士和牛状镇墓

---

[1]　《晋书·宣帝纪》："预作终制，于首阳山为土藏，不坟不树；作顾命三篇，敛以时服，不设明器，后终者不得合葬。一如遗命。"又《宋书·礼志》："晋武帝咸宁四年，又诏曰：'此石兽碑表，既私褒美，兴长虚伪，伤财害人，莫大于此。一禁断之。其犯者虽会赦令，皆当毁坏。'"

[2]　中国社会科学院考古研究所洛阳汉魏故城工作队：《西晋帝陵勘察记》，《考古》1984 年第 12 期。

[3]　《晋书·石苞传》，石苞曾豫为《终制》："自今死亡者，皆敛以时服，不得兼重，又不得饭唅，为愚俗所为。又不得设床帐明器也。定窆之后，复土满坎，一不得起坟种树。"又，王祥、杜预等亦均遗命节葬，见《晋书·王祥传》和《晋书·杜预传》。

[4]　王祥和石苞死后，晋帝均厚赐东园秘器、朝服一具、衣一袭、钱三百万、布百疋。见《晋书·王祥传》和《晋书·石苞传》。

[5]　河南省文化局文物工作队第二队：《洛阳晋墓的发掘》，《考古学报》1957 年第 1 期。

[6]　如洛阳发掘的墓 8（元康九年美人徐义墓），墓道长达 37.36 米，上口宽 5.1 米，深 12.2 米，两侧自上而下递减五层，形成台级，估计土方量约达 1000 立方米，大于墓室工程的 10 倍以上。见《洛阳晋墓的发掘》（《考古学报》1957 年第 1 期）。

[7]　洛阳出土元康九年美人徐义石墓志为圭首碑形，两面刻铭。太康八年残志亦圭首碑形，且碑额有圆穿。永宁二年士孙松女志则为长方形。均见《洛阳晋墓的发掘》（《考古学报》1957 年第 1 期）。又，罗振玉《石交录》云："晋人墓志皆为小碑，直立圹中，与后世墓志平放者不同，故无盖面有额。若徐君夫人管氏，若处士成君，若晋沛国张朗三石，额并经署某某之碑，其状圆首，与汉碑形制正同，惟大小异耳。"有关分析请参看赵超《中国古代石刻概论》（文物出版社，1997 年）第 41 页。

兽〔1〕。墓内放置的明器概以陶质为主〔2〕，依曹魏以来"一以瓦器"之规定。不过西晋的埋葬习俗的新变化，因为西晋王朝的短命而中断。北方情况混乱，只有江南东晋的墓葬还保留部分西晋旧制。

最后是到南北朝时期埋葬习俗发生第三次变化。在南方，南朝政权恢复了由碑、柱、神兽组合的神道石刻〔3〕，但是造型与两汉有极大不同。地下墓室虽仍为单室，但大量装饰代替壁画的拼镶砖画，同时出现有时代特征的竹林七贤等新题材〔4〕。在北方，拓跋鲜卑统一了北方后加速了汉化的进程，融汉魏传统、民族习俗、南方新风于一体，在迁都洛阳后形成了埋葬习俗的新规制，当北魏分裂为东魏—北齐和西魏—北周以后，虽然分别在一些局部出现地方特色——特别是在陶俑的具体造型方面，但基本规制相同，其特征有以下几项。第一是墓葬形制，仍沿袭西晋以来长斜坡墓道单室墓的基本形制，但在墓道上开始设置天井〔5〕，形成多天井多过洞的形制。设有石门。在墓道和甬道两侧和墓室内绘制彩色壁画。在地面上起高大的封土，冢前神道石刻仅存石人立像〔6〕。第二是随葬有数量众多的陶俑，有的墓内超过千件。俑群基本沿袭西晋俑群的四组内容，但有较大发展。第一组，一对铠甲武士形貌镇墓俑（常左手按长盾）和一对镇墓兽（一人面、一兽面），其体高明显高于其余陶俑。第二组，以牛车和鞍马为中心的出行仪卫俑群，具有时代特征的是大量的甲骑具装俑，以及负物的驴和骆驼。第三组，男女侍仆及舞乐俑。第四组，庖厨用具和操作俑，以及家畜家禽模型。不同地区的俑，形体和细部刻划有些差异，但基本组合相同〔7〕。北朝随葬俑群的组合和造型特征，对隋唐时期的随葬俑群影响深远。第三是在墓室内放置墓志已成定制。墓志以石材刻制，志石平面近正方形，志文竖刻，上盖覆斗形志盖，盖心刻铭，

〔1〕　杨泓：《北朝陶俑的源流、演变及其影响》，《汉唐美术考古和佛教艺术》，第 126 页，科学出版社，2000 年。

〔2〕　晋·贺循记明器，除漆屏风、屦、展、手巾等外，唾壶、樽、杯盘、烛盘、奁、灶、香炉、釜、甑、盥盘等皆瓦器，见《通典》（中华书局影印十通本，1984 年）卷八六礼四六引文。

〔3〕　现存南朝神道石刻，年代最早的是宋武帝刘裕初宁陵前一对石神兽，见姚迁、古兵编《六朝艺术》（文物出版社，1981 年）图版一三。

〔4〕　杨泓：《东晋、南朝拼镶砖画的源流及演变》，《汉唐美术考古和佛教艺术》，科学出版社，2000 年。

〔5〕　洛阳北魏建义元年（公元 528 年）元邵墓斜坡墓道长 10.35 米，设 1 个天井，见洛阳博物馆《洛阳北魏元邵墓》（《考古》1973 年第 4 期）。到北周建德七年（公元 578 年）武帝孝陵斜坡墓道长 31.5 米，设 5 个天井，见陕西省考古研究所、咸阳市考古研究所《北周武帝孝陵发掘简报》（《考古与文物》1997 年第 2 期）。

〔6〕　在洛阳北魏宣武帝景陵和孝庄帝静陵前都存有石人立像，见中国社会科学院考古研究所洛阳汉魏城队、洛阳古墓博物馆《北魏宣武帝景陵发掘报告》（《考古》1994 年第 9 期）、黄明兰《北魏洛阳景陵位置的确定和静陵位置的推测》（《文物》1978 年第 7 期）。河北磁县湾漳北朝大墓前也存有石人立像，见中国社会科学院考古研究所、河北省文物研究所 邺城考古工作队《河北磁县湾漳北朝墓》（《考古》1990 年第 7 期）。

〔7〕　杨泓：《北朝陶俑的源流、演变及其影响》，《汉唐美术考古和佛教艺术》，科学出版社，2000 年。

四杀和立沿刻装饰纹样[1]。第四是墓内葬具以木棺为主，有的有画像石棺或房屋形状的石椁。时见朝服葬，遗存有佩玉。第五是常将西来的金银器、玻璃器随葬墓中，还有西方的贵金属铸币，主要是拜占庭金币和波斯萨珊朝银币。这些金银币或含于口，或穿孔成为装饰品，多未做货币使用。

三国两晋南北朝时期埋葬习俗的三次变化，也正标示出埋葬习俗由秦汉向隋唐演变的三个阶段，最终孕育出隋唐时期新的埋葬制度。

（三）佛教建筑和佛教艺术的发展

宗教遗迹，主要是佛教遗迹的大量涌现，是三国两晋南北朝考古学的又一特点。虽然佛教早在东汉末年已传入中国内地[2]，也发现一些受到佛教艺术影响的遗物[3]，但是佛教真正成为在社会上广泛传播的宗教，获得从皇帝贵胄到平民百姓虔诚崇信，还是在这一历史时期。现已经过考古勘察和发掘的南北朝时期的佛教遗迹，主要是北朝的遗迹，包括寺院遗址、舍利塔基和石窟寺，还有在寺院遗址中发现的佛像埋藏坑。田野考古勘察发掘中获得大量北朝佛教遗迹和遗物，应与佛教北统重在宗教行为有关[4]。也与十六国以来各古代少数民族先后进入中原北方建立政权，成为统治民族密切相关[5]。目前保留下来的山西大同云冈石窟、河南洛阳龙门石窟、河北邯郸响堂山石窟等处重要的大型北朝洞窟，其凿建均与皇室有关[6]。皇帝虔信佛教，更助长了佛教在中国的发展。同时，佛教在中国传播发展的过程，也是这一外来宗教逐渐中国化的过程，从已被勘察和发掘的有关佛教遗迹和遗物可以清楚地反映出来。中国早期佛寺的平面布局，以佛塔为中心[7]，但

---

[1]　赵超：《中国古代石刻概论》，文物出版社，1997年。

[2]　任继愈主编：《中国佛教史》第一卷第二章，中国社会科学出版社，1981年。

[3]　关于受佛教艺术影响的遗物的论述，见杨泓《四川早期佛教造像》（《汉唐美术考古和佛教艺术》，科学出版社，2000年）。

[4]　汤用彤指出："及至晋末宋初，拓跋氏自代北入主中原。秦凉佛教颇受兵残。自后政治上形成南北之对立，而佛教亦且南北各异其趣。于是南方偏尚玄学义理，上承魏晋以来之系统。北方重存宗教行为，下接隋唐以后之宗派。"见《汉魏两晋南北朝佛教史》（中华书局，1955年）第十四章《佛教之北统》。

[5]　当时一些古代少数民族的统治者比汉族上层更容易接受外来的佛教，汤用彤校注本《高僧传·晋邺中竺佛图澄》（中华书局，1992年）第352页记后赵石虎时以中书著作郎王度为代表，认为"佛出西域，外国之神，功不施民，非天子诸华所应祠奉"。以"华戎制异"为由，要求禁止佛教。石虎下书曰："度议云：佛是外国之神，非天子诸华所可宜奉。朕生自边壤，忝当期运，君临诸夏。至于飨祀，应兼从本俗。佛是戎神，正所应奉。"

[6]　云冈石窟开创，即是沙门统昙曜为皇室所开，《魏书·释老志》："昙曜白帝，于京城西武州塞，凿山石壁，开窟五所。镌建佛像各一。高者七十尺，次六十尺，雕饰奇伟，冠于一世。"又，龙门石窟宾阳三洞，原亦北魏皇室所开凿，《魏书·释老志》："景明初，……于洛阳伊阙山，为高祖、文昭皇太后营石窟二所。……永平中，中尹刘腾奏为世宗复造石窟一，凡为三所。从景明元年至正光四年已前，用功八十万二千三百六十六。"但除中洞外，工程未完工。

[7]　宿白：《东汉魏晋南北朝佛寺布局初探》，《庆祝邓广铭教授九十华诞论文集》，河北教育出版社，1997年。

佛塔并非印度佛教原有的覆钵式样的塔，而是中国的重楼阁道形貌[1]。已发掘的北魏洛阳永宁寺遗址，正是以塔为中心的平面布局，寺庙遗址中心尚保存巨大的塔基[2]，原为高九级的方形楼阁式木塔。建塔瘗埋舍利的习俗，传入中国后最迟在北朝时也开始中国化[3]，目前已发掘的纪年最早的舍利塔基，是河北定州北魏孝文帝于太和五年（公元 481 年）修建的五级舍利塔基遗迹，塔基夯土中瘗埋的舍利已置放于中国式的刻铭盝顶石函之中[4]。石窟的窟形和佛像造型，也从较多效仿外来样式逐渐中国化，窟形从效仿印度草庐式的马蹄形平面、穹隆顶[5]，逐渐改为仿效佛殿佛坛的样式，窟外崖面也雕成门廊或庑殿顶佛殿的形貌[6]。佛像也由较多仿效印度原貌，改向中国褒衣博带服制[7]，明显接受当时江南流行的艺术造型新风的影响[8]。

（四）绘画和雕塑艺术划时代的新成就

考古勘查和发掘所获得的三国两晋南北朝时期遗迹和遗物，反映出绘画和雕塑艺术在这一历史时期的发展势头迅猛，出现划时代的新成就，其中以东晋南朝时期最为突出，并对当时北方和以后隋唐时期造型艺术有深远影响。自西晋覆亡，中原汉族大量南迁，促进了南方经济的开发。南渡的中原世族，也进一步带去了传统的汉晋文化。江南地区在三国时已达到相当高度的孙吴文化，在西晋短暂统一江南时仍然保持着持续发展的势头，这时就与南渡的传统的汉晋文化相汇合，融成新的东晋文化。持续的动乱和长途搬移，又为突破汉晋文化的一些陈旧保守的樊篱提供了条件。现实社会政治条件的险恶，经学衰微，玄学勃兴，随之崇尚自然，反抗名教，乃至避世颓废，放浪纵欲之风蔓延于世族文人之间。从北方长途迁徙到江南，新的地区的自然景观的刺激，同样能激起人们艺术创作的激情。通过中西文化互动引入的域外文化艺术，特别是随着佛教的传播，佛教文化和造型艺术又为中国传统文化注入新的养分。凡此种种，均为艺术领域的创新提供了有利的土壤。加之到东汉末年，上层社会人士已经从事绘画活动[9]，到东晋南朝时期出身世家大族的文人进行书画创作已蔚然成风，出现了专为艺术欣赏的绘画作品，同时出现对绘画的创作理论

[1] 目前所知中国最早的楼阁式佛塔，见《三国志·吴书·刘繇传》，笮融大起浮图祠，"以铜为人，黄金涂身，衣以锦采，垂铜槃九重，下为重楼阁道，可容三千余人"。

[2] 中国社会科学院考古研究所：《北魏洛阳永宁寺——1979～1994 年考古发掘报告》，中国大百科全书出版社，1996 年。

[3] 徐苹芳：《中国舍利塔基考述》，《中国历史考古学论集》，上海古籍出版社，2012 年。

[4] 河北省文化局文物工作队：《河北定县出土北魏石函》，《考古》1966 年第 5 期。

[5] 仿效印度草庐作穹隆顶平面马蹄形的窟形，以云冈石窟昙曜五窟（第 16～20 窟）为代表。见宿白的《云冈石窟分期试论》（《中国石窟寺研究》，文物出版社，1996 年）。

[6] 杨泓：《中国古代佛教石窟的窟前建筑》，《汉唐美术考古和佛教艺术》，科学出版社，2000 年。

[7] 杨泓：《试论南北朝前期佛像服饰的主要变化》，《考古》1963 年第 6 期。

[8] 宿白：《北朝造型艺术中人物形象的变化》，《中国石窟寺研究》附录二，文物出版社，1996 年。

[9] 据张彦远《历代名画记》（俞剑华注释本，江苏美术出版社，2007 年）所记历代能画人名，西汉六人皆为画工，东汉六人仅刘旦、杨鲁二人为画工，余皆官员文人，为赵岐、刘褒、蔡邕、张衡。

的探讨，以及对画家和绘画的评论[1]。绘画创作的繁荣，同样带动了雕塑艺术和书法艺术的发展，出现了在中国古代艺术史中的一些划时代的代表人物，如绘画领域的顾恺之，书法领域的王羲之、王献之父子，雕塑领域的戴逵、戴颙兄弟，由于他们对艺术的贡献，顾恺之、王羲之被后人尊为"画圣"和"书圣"。以后自刘宋至萧梁，南方的画风不断变化，其代表人物由陆探微转为张僧繇，画法用笔由密转疏，所绘人像也由"瘦骨清像"转向丰腴得体。南方绘画新风迅速北传，对北朝艺术创作影响深远。虽然自唐代以来画史中对东晋南北朝的画家及其作品多有记述，但除少数后代模本外，并无当时真迹传世[2]，因此近年来的有关考古发现，才让人们得以从一个侧面窥知当时绘画艺术的真貌。南京、丹阳等地南朝大墓中的竹林七贤和荣启期拼镶砖画[3]，北魏墓屏风漆画[4]和北齐墓壁画高士屏风画[5]，不仅反映出当时的画风，而且说明了南方画风对北方的影响。在佛教雕塑方面，北魏洛阳永宁寺塔基出土泥塑残像[6]，更表明萧梁初年兴起的艺术新风迅速北渐的情景[7]。凡此种种，从有关的考古发现可以进一步探究两晋南北朝时中国美术发展的历史原貌。

（五）中西文化交流引致社会生活习俗的变化

两晋南北朝时期，虽然政权更迭频繁，战乱不断，但是通过丝路的中西文化互动从未停息，其中对中国文化影响最为深远的是佛教文化的传播，前已述明。此外，祆教（拜火教）也随着一些原居中亚的民族流寓中原而有所传播，在这一时期的考古发现中也可看到有关祆教的艺术品，如陕西西安北周安伽墓门楣彩绘和石棺床围屏彩绘石雕[8]，还有曾任职于北齐而死于隋初的虞弘墓中的石棺雕刻[9]，显示了祆教美术的特色，对当时中国

---

[1]　《历代名画记》（俞剑华注释本，江苏美术出版社，2007 年）尚保存有顾恺之有关绘画的三篇论述，即《论画》《魏晋胜流画赞》和《画云台山记》，以后南齐谢赫的"画有六法"，更对古代绘画创作有深远影响。

[2]　以顾恺之为例，除传为其画作的后代摹本外，并无真迹传世。有学者指出，今日人们通常对顾恺之的整体认识，实是明代后期鉴藏家们构筑的"知识"。请参阅尹吉男《明代后期鉴藏家关于六朝绘画知识的生成与作用——以"顾恺之"的概念为线索》（《文物》2002 年第 7 期）。

[3]　杨泓：《东晋、南朝拼镶砖画的源流及演变》，《汉唐美术考古和佛教艺术》，科学出版社，2000 年。

[4]　山西省大同市博物馆、山西省文物工作委员会：《山西大同石家寨北魏司马金龙墓》，《文物》1972 年第 3 期。

[5]　杨泓：《山东北朝墓人物屏风壁画的新启示》，《文物天地》1991 年第 3 期。

[6]　中国社会科学院考古研究所：《北魏洛阳永宁寺——1979～1994 年考古发掘报告》，中国大百科全书出版社，1996 年。

[7]　宿白：《北朝造型艺术中人物形象的变化》，《中国石窟寺研究》附录二，文物出版社，1996 年。

[8]　陕西省考古研究所：《西安北周安伽墓》，文物出版社，2003 年。

[9]　山西省考古研究所、太原市文物考古研究所、太原市晋源区文物旅游局：《太原隋虞弘墓》，文物出版社，2005 年。

绘画艺术产生影响[1]，但其文化影响自难与佛教文化相比。同时自中亚、西亚及至地中海地区传入的生活用品，也影响着当时人们的社会生活，甚至改变了固有的生活习俗。在东传的生活用品中，最受当时社会上层人士垂青的是精美的金银制品和玻璃制品，主要是产自波斯萨珊朝和罗马—拜占庭（东罗马）等地，它们有的被发现于当时的遗址中，如大同北魏遗址出土的鎏金铜高足杯和银八曲长杯[2]，更多的是因受物主生前喜爱遂于死后随葬墓中，如东晋南京象山王氏墓随葬有罗马玻璃黄绿色磨花圜底筒形杯[3]，北燕冯素弗墓随葬的无模自由吹制成型的罗马玻璃鸭形器、碗、杯和钵[4]，北魏封和突墓随葬的波斯萨珊狩猎野猪图像金花银盘[5]，北周李贤墓随葬的人物图像金花银胡瓶和圆形凸饰玻璃碗[6]，等等。此外，在南北朝遗存和墓葬中也常见拜占庭和波斯萨珊朝的金银铸币，但看来它们并不是作为货币，而是被视为珍宝或穿孔作装饰品。与上述被社会上层视为珍奇的奢侈品的金银制品和玻璃制品不同，对广大民众日常生活习俗产生深远影响的则是日用家具中西来的高足坐具，它们可能是伴随着佛教文化传入中国内地的。在敦煌莫高窟北朝洞窟壁画中已可看到椅子和方凳、束腰圆凳（筌蹄）、胡床（折叠凳）等高足坐具的画像[7]。高足坐具进入人们日用家具的行列，除西来的影响外，也与连年战乱和少数民族不断建立政权，改变传统的风俗习惯，使汉魏以来的传统席地起居习俗和礼制受到极大冲击有关，从而萌生出新的社会习俗。高足坐具的使用和普及，最终导致席地起居习俗被垂足高坐所取代，南北朝以后由桌椅为代表的高足家具日渐成为中国家具的主流，促使中国古代生活习俗发生了全新的变更。

[1] A. 荣新江：《粟特祆教美术东传过程中的转化——从粟特到中国》，《汉唐之间文化艺术的互动与交融》，文物出版社，2001 年。

B. 郑岩：《青州北齐画像石与入华粟特人美术——虞弘墓等考古新发现的启示》，《汉唐之间文化艺术的互动与交融》，文物出版社，2001 年。

[2] 《无产阶级文化大革命期间出土文物展览简介·山西·大同南郊北魏遗址》，《文物》1972 年第 1 期。

[3] A. 南京市博物馆：《南京象山 5 号、6 号、7 号墓清理简报》，《文物》1972 年第 11 期。

B. 安家瑶：《中国的早期玻璃器皿》，《考古学报》1984 年第 4 期。

[4] 黎瑶渤：《辽宁北票县西官营子北燕冯素弗墓》，《文物》1973 年第 3 期。

[5] A. 马玉基：《大同市小站村花圪塔台北魏墓清理简报》，《文物》1983 年第 8 期。

B. 夏鼐：《北魏封和突墓出土萨珊银盘考》，《文物》1983 年第 8 期。

[6] A. 宁夏回族自治区博物馆、宁夏固原博物馆：《宁夏固原北周李贤夫妇墓发掘简报》，《文物》1985 年第 11 期。

B. 安家瑶：《北周李贤墓出土的玻璃碗——萨珊玻璃器的发现与研究》，《考古》1986 年第 2 期。

[7] 杨泓：《敦煌莫高窟与中国古代家具史研究之一——公元 5～6 世纪中国家具的演变》，《汉唐美术考古和佛教艺术》，科学出版社，2000 年。

第一章　三国至北朝都城

第一节　三国魏至北朝洛阳城

在社会大动荡的三国两晋南北朝时期，洛阳城同样经历了一场历史暴风雨的洗涤。自公元 220 年魏文帝曹丕逼汉室让位立国，魏、晋两朝相继以之为国都。永嘉（公元 307～313 年）之乱葬送西晋王朝，结束了司马氏对广大江北地区的统治，此城先后为刘曜、石勒占据，偏居江南的东晋穆帝、南朝宋武帝又曾有以收复此城为目的的北伐之举，洛阳一直处于争战不休的境地。北魏统一北方，自太和十九年（公元 495 年）孝文帝迁洛，此城复为北魏的国都。待到北魏晚年，统治阶级内部斗争白热化，以至于在永熙三年（公元 534 年）分裂为东、西魏，并分别迁都于邺城和长安，洛阳再次沦为兵家纷争之地。此后，虽有周宣帝移相州六府于洛州、隋文帝于此置河南道行台省等事，但于城市建设并无大作为，始终未能挽回此城的颓势。逮至贞观六年（公元 632 年），唐廷将洛阳县由此迁往隋唐洛阳城，此城终遭遗弃，成为一片废墟。

在三国魏至北朝洛阳城作为一代国都存在的 130 余年里，历代朝廷，尤其是曹魏和北魏，都对备受战乱摧残的前代旧都进行过大规模营缮和改建，使之成为适应历史发展要求的繁华帝都。新营建起来的洛阳城，不仅规模不断扩大，出现了一批富有时代特征的城市建筑，而且城市的基本布局也发生了较为深刻的变化。

一　形制、布局的显著变化

魏晋北朝时期的洛阳城，是在原东汉洛阳城的基础上发展法变而成。与东汉洛阳相比，三国魏至北朝时期的洛阳城在形制、布局方面的显著变化，约可概括为以下三项：由南北宫制过渡到单一宫制；在汉城西北隅营建金墉城；北魏时又于城外修筑郭城。

（一）由南北宫制过渡到单一宫制

汉代洛阳城有南、北二宫，这是不争的历史事实，而北魏洛阳城只有一处宫城，也已为多年的考古勘察所证实。显而易见，至迟在北魏迁洛阳时，该城业已完成从南宫、北宫并立向单一宫制的转化，实行单一宫制。

据勘探，北魏宫城位居内城（即汉至晋代洛阳城）的北中部（图 1-1），地当东阳门（汉中东门）　西阳门（北魏新置）大道以北，原先或为汉北宫故地。其平面略作长方形，南北长 1398 米，东西宽 660 米，面积约为内城的 1/10。东、南、西三面城垣地面虽无残壁

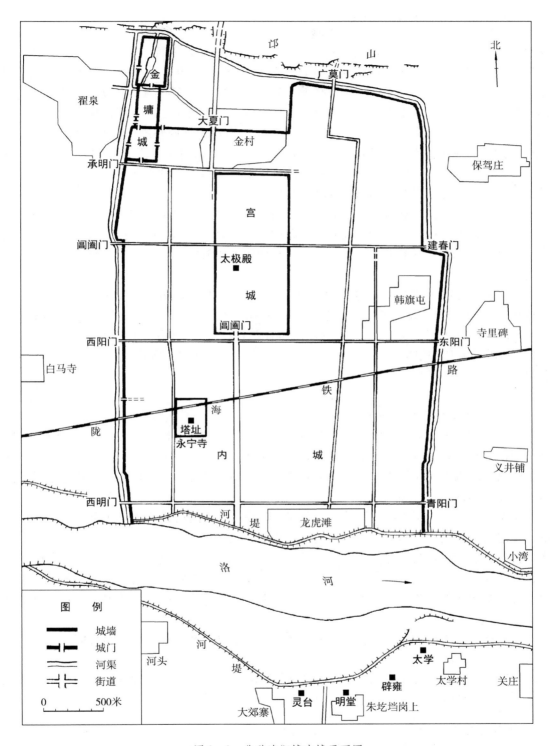

图1-1 北魏洛阳城内城平面图

保存，但墙基尚可探到。城垣上主要探到四门：南面一门，西面二门，东面一门。南门，即宫城正门阊阖门，位于南垣中偏西处，门洞缺口宽达 46 米，是全城最大的一座城门建筑。西垣北数第一门，居于西垣中部稍偏北处，与宫城东门东西相对，应是宫城西面的正门，内城之建春门（汉上东门）—阊阖门（汉上西门）大道正经此二门而横穿宫城。宫城内殿址密集，已发现夯土台基二三十处，主要殿基均建于宫城阊阖门直北的南北一线上。正对阊阖门的一座长方形殿基，东西长 100 米，南北宽 60 米，基址高出地面约 4 米，周围有成组的殿基拱卫，应是宫城中主体建筑太极殿的遗基。宫城以北直至内城北垣，建筑遗址较少，或即北魏及其以前历代朝廷禁苑所在地[1]。

　　然而，结合文献记载进行的研究表明，该城由南北宫制向单一宫制的转化，似不始自北魏迁洛，而有可能肇始于继东汉末年洛阳城遭受毁灭性破坏之后、在旧城废墟上重建国都的曹魏立国时期，其间尤其值得注意的，是魏明帝曹叡继位后在洛阳大兴土木、广建宫室之时[2]。

　　南宫废弃之后，宫殿区集中于城之北中部，从而大大扩大了城内居民区的面积。为着改善交通状况，北魏迁洛即堵塞了以往通向南宫的汉雍门，而辟建西阳门。据勘探，北魏西阳门位于内城西垣汉雍门北约 500 米处，与内城东垣东阳门直对，其间并有大道贯通，道宽 41 米[3]。至此，内城各主要城门间已皆有直通大道，以它们为主干，形成纵横道路网络，使城内交通变化得更为便利。

（二）城西北隅营建金墉城

　　依据文献，于汉城西北隅营建金墉城一举，当始于曹魏明帝在位时期[4]。城西北隅，背倚邙山，是全城地势最高的部位，据此可以俯瞰宫城，在此营建金墉城（图 1-2），显为加强宫城防御的重要措施之一。学术界认为，此举应是曹操于邺城西垣上营造铜爵等三台这种做法的继承和发展。

　　金墉城建成后，备受历代统治者的重视。除作为重要防御设施外，还是魏晋废帝废后的居住之所，故而又有西宫、永昌宫之称；北魏迁洛之初，宫城营缮工程尚未告竣，孝文帝又曾驻跸于此，号为金墉宫，待日后迁入宫城，此处又成了他的避暑之地；北魏诸帝之妃嫔夫人如文成帝夫人于仙姬、献文帝成嫔、宣武帝第一贵嫔夫人司马显姿、贵华夫人王普贤等也都曾居住金墉。正因为如此，各代对金墉城皆有营缮活动，其工程规模应以北魏为最大[5]。

　　关于魏晋金墉城的建筑情况，文献记载甚少，而对北魏金墉城，《水经注・谷水》却

〔1〕　中国科学院考古研究所洛阳工作队：《汉魏洛阳城初步勘查》，《考古》1973 年第 4 期。
〔2〕　段鹏琦：《汉魏洛阳城的几个问题》，《中国考古学研究——夏鼐先生考古五十年纪念论文集》，文物出版社，1986 年。
〔3〕　中国科学院考古研究所洛阳工作队：《汉魏洛阳城初步勘查》，《考古》1973 年第 4 期。
〔4〕　北魏・郦道元原注，陈桥驿注释：《水经注・谷水》，浙江古籍出版社，2013 年。
〔5〕　段鹏琦：《汉魏洛阳城的几个问题》，《中国考古学研究——夏鼐先生考古五十年纪念论文集》，文物出版社，1986 年。

留下了如下一段宝贵记述："皇居创徙，宫极未就，止跸于此。构宵榭于故台，所谓台以停停也。南曰乾光门，夹建双观，观下列朱桁于堅，以为御路。东曰含春门，北有趨门，城上西面列观，五十步一睥睨，屋台置一钟以和漏鼓，西北连庑函荫，墉比广榭。夏炎之日，高祖常以避暑，为绿水池一所，在金墉者也。"

据考古勘察，金墉城由三座南北毗连的小城组成，最南一小城位居原汉城内西北隅，另二小城，则处于汉城之外。三小城彼此有门道相通，总平面略呈目字形。南北长约 1048 米，东西宽约 255 米，面积共约 26 万平方米。城垣夯筑，厚且坚实，垣宽 12～13 米。共探出城门八座：最北一城，西垣、南垣各一门；中间一城，西垣二门；南面一城，四面各开一门。各门缺口狭窄，均为一个门洞。城内发现二十余处夯土建筑台基及一些道路、水池遗迹[1]。遗址现状，大体与《水经注·谷水》的记述相仿。近年来对诸城垣的解剖进一步显示，金墉城的三个小城，并非同一时期的建筑，最南一城确为魏晋遗构，而另二小城，始建年代皆不早于北魏，可见其整体规模是伴随历史发展而不断扩展形成的[2]。

实物资料形象地表明，金墉城实为一座自成一体、相对独立的城堡式建筑。但应该指出的是，这座防御性城堡式建筑，只是当时洛阳城完整防御体系的一个重要组成部分，不仅其城址与大城紧密相连，而且主要道路及有关防御设施等也是同大城作为一个整体而统一安排布置的。紧临金墉城南门曾勘察发现一条东西大道，东达宫城，西至大城西垣外 250 米处，穿城垣处并有一个门址。此门址，当即北魏新开之承明门；这条道路应是由金墉城交通宫城

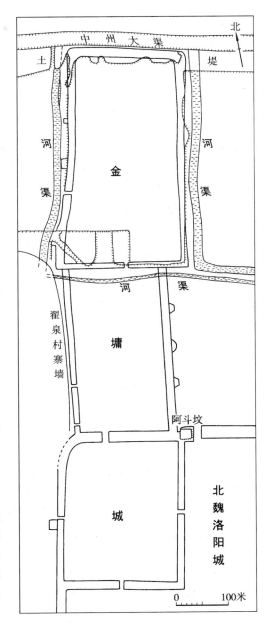

图 1-2　北魏洛阳城金墉城平面图

---

[1]　中国科学院考古研究所洛阳工作队：《汉魏洛阳城初步勘查》，《考古》1973 年第 4 期。

[2]　中国社会科学院考古研究所洛阳汉魏城队：《汉魏洛阳故城金墉城址发掘简报》，《考古》1999 年第 3 期。

和城西王南寺的主干道路〔1〕。在金墉城城垣外壁还曾发现附建马面遗迹 11 座〔2〕，外是绕城渠水。这些马面的形制、分布规律与大城西垣北段、北垣东段发现的同类建筑毫无二致，显属同一系统，而绕城渠水，更与大城外兼作护城河用的渠道贯通，无疑是环绕洛阳城之阳渠的一个有机组成部分。

（三）北魏修建郭城

关于北魏洛阳郭城，文献仅有少量比较笼统的记载。《洛阳伽蓝记》卷五有"京师东西二十里，南北十五里"一语，说明其时洛阳城的规模较汉洛阳城大得多。从前面的记述已经知道，北魏洛阳内城除新营金墉城外，基本上是承袭了汉洛阳城的规模，可见汉至北魏时期洛阳城市规模的又一次扩大，只能是发生在北魏迁洛以后的事。考诸文献，北魏都洛期间确有扩城之举。《魏书·广阳王嘉传》说，元嘉曾"表请于京师四面筑坊二百二十，各周一千二百步，乞发三正复丁以充兹役，虽有暂劳，奸盗永止。诏从之"。同书"世宗纪"就同一事记曰，景明二年（公元 501 年）"九月丁酉，发畿内夫五万人，筑京师三百二十三坊，四旬而罢"。此役既是于京师四面筑坊，那就意味着它应属于在汉至晋代洛阳城外建设郭城的性质。至于当时是否修建郭城城垣，文献没有明确记载，只在《洛阳伽蓝记》卷二"城东建春门外崇义里条"留下这样一条记事："崇义里东有七里桥，以石为之，中朝杜预之荆州出顿之所也。七里桥东一里，郭门开三道，时人号为三门。离别者多云：'相送三门外'。京师士子，送去迎归，常在此处。"依此不能完全肯定其时曾修建郭城城垣。因此，唯有靠考古勘察始能解决这一历史遗留下来的悬案。

考古勘察表明，北魏确曾在故洛河北岸修建郭城城垣，但在洛南地区迄无城垣遗迹发现〔3〕。已发现的郭城城垣遗迹全部埋没于今地面以下（图 1-3）。其东垣约距汉至晋代洛阳城（北魏洛阳内城）东垣 3500 米，地当纵穿今偃师市首阳山镇之后张、白村的南北一线，残存长度约 1800 米，垣宽 8～13 米；西垣沿今白马寺镇西部的分金沟（即晋张方沟）东岸修建，城垣曲曲折折不成直线，距汉至晋代洛阳城西垣 3500～4250 米，残存长度约 4400 米，垣宽 7～12 米；北垣位于今孟津县金村村北的邙山南坡最高处，距汉至晋代洛阳城北垣的最近距离约为 850 米，残存长度约 1300 米，垣宽约 13 米。

依此测量北魏洛阳城的范围（图 1-4），东西确为二十里，如以故洛河为南界，南北亦合十五里之数；假如加上故洛河南的四夷馆、四夷里，其南北长度也应是二十里。

北魏修建郭城之后，原汉至晋代洛阳自然成了它的内城。据勘探，郭城内的主干道路，皆为内城纵横主干道路的延伸。南郭城的主干道路应为四条，均呈南北向。其中平

---

〔1〕　中国社会科学院考古研究所洛阳汉魏城工作队：《北魏洛阳城外廓城和水道的勘查》，《考古》1993年第 7 期。

〔2〕　中国科学院考古研究所洛阳工作队：《汉魏洛阳城初步勘查》，《考古》1973 年第 4 期。

〔3〕　中国社会科学院考古研究所洛阳汉魏城工作队：《北魏洛阳外廓城和水道的勘查》，《考古》1993年第 7 期。

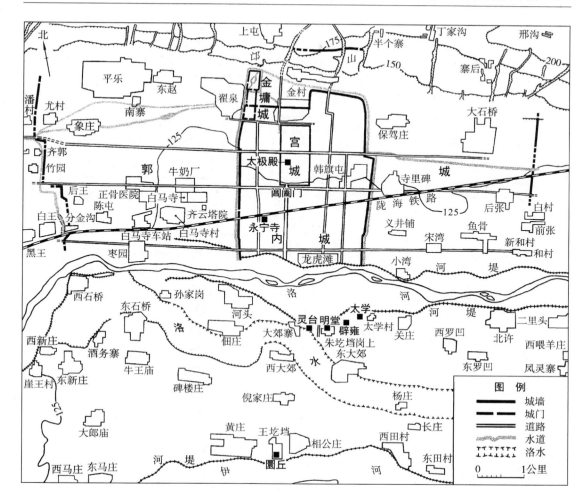

图 1-3　北魏洛阳城平面图

昌门外大道、开阳门外大道，仍用汉晋故道，分别穿行于灵台与明堂、明堂与辟雍遗址之间[1]，另外两条大道即宣阳门外大道和津阳门外大道，迄今尚未发现，有待于日后进一步探寻。北郭城的主干道路只有两条，它们分别自大夏门和广莫门向北，穿过郭城城垣后彼此靠拢、至邙山顶天皇岭村西南合为一道，然后翻越邙山往孟津旧城方向延伸，应是指向黄河上的河桥。东、西郭城的主干道路，分别为三条和四条，皆作东西向，除前述西郭城承明门外大道西行 250 米即中止外，其余各道均一往直前、穿过郭城城垣。在西阳门外大道、阊阖门外大道和东阳门外大道通过郭城城垣处，并有门址发现。以上主干道路的确定，为今后探查、研究北魏洛阳郭城的基本建筑布局提供了重要基础条件。

　　北魏洛阳郭城的出现，显为适应历史发展的必然结果。早在汉、魏、晋时期，洛

---

[1]　中国科学院考古研究所洛阳工作队：《汉魏洛阳城初步勘查》，《考古》1973 年第 4 期。

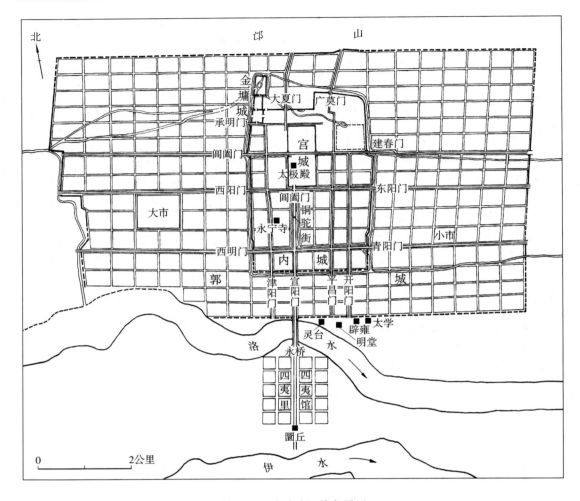

图1-4　北魏洛阳城复原图

阳城外已经聚居着越来越多的居民。且不说灵台、明堂、辟雍、太学所在的城南地区人口定然不少，其他关厢地带也都是人口集中的区域。《洛阳伽蓝记》记载，汉上东门（北魏建春门）外，不但有牛马市这一热闹非常的商市，而且在七里桥以西，犹可看到自西向东排列的四个里坊的名字。在城西有著名寺院白马寺和东汉权臣梁冀范围广大的私家园林。城北之广莫门外上商里，在汉代已有民居，时称商里。北魏迁洛，城市人口急剧增加，朝廷又要按照一定的原则安置居民，景明二年（公元501年）在汉至晋代洛阳城外广筑里坊、修建郭城城垣便成了时务之所需。

郭城建成之后，北魏洛阳城确实发生了一些令人注目的变化。这一点，从《洛阳伽蓝记》记述的不完全资料即可看得明白。

首先看看内城。为着满足宫城安全和统治阶级队伍扩大、机构不断增多的要求，撤除了皇宫城西侧的市场金市；内城除保留几座与皇室密切相关的寺院外，其余大量寺院悉数置于郭城。与这一趋势相反，内城官署、池沼、园林的面积却在与日俱增。宫南沿铜驼街两侧有左卫府、右卫府、太尉府、司徒府、宗正寺、将作曹、护军府、九级府以及御史台、昭玄曹等中央衙署和太庙、太社；宫东有翟泉，又有河南尹和勾盾、典农、籍田三署，籍田南为司农寺，更南有太仓、导官二署；宫西有濛汜池，还有武库、乘黄二署和太仆寺；宫北则为禁苑芳林园。这样，不仅使宫城处于百官衙署和皇家禁苑的拱卫之中，而且城之南部也成了以官府为主体的区域。

其次看看郭城。这里迅速发展成为北魏洛阳的主要居民区。三大市场全部位于其中：大市在西郭城城，包括市场及其周边十个里坊的广大地域；小市在东郭城，旁侧也有与市相关的坊里；四通市在南郭，临近洛河永桥和四夷馆、四夷里，是伊河、洛河水产及海外奇珍贸易中心。此外，郭内其他地方，还有一些工商业相当发达的地区。建春门外故常满仓处，北魏辟为租场，成为天下贡赋聚蓄之地。诸里坊内，建有众多的寺院、官署和官僚贵族宅第，著名的宗室成员聚居地寿丘里，即处于西郭城的最西部。郭城已成为北魏洛阳的重要组成部分，在政治、经济、文化生活中具有举足轻重的地位。

这种新型城市布局的形成，使北魏洛阳城的以下两个倾向变得更加突出：一是内城南部的居民里坊区日益迅速地向百官衙署区过渡，至北魏晚期已显示出某些如同后世皇城那样的性质；二是随着宫城周围园林、池沼、官府、衙署的增多和郭城的兴建，金墉城在加强宫城防卫方面的作用越来越小，而作为离宫别馆的功用日益提高，在都城中居于仅次于宫城的特殊地位。

北魏洛阳城的上述突出特点，对后世的都城布局产生了积极影响。我们认为，隋大兴唐长安的城市布局正是由北魏洛阳城发展演变而成，隋唐洛阳城将宫城置于大城西北一隅的做法，则可能是受了汉魏洛阳之有金墉城的启发。

二 重要建筑遗址

三国魏至北朝时期洛阳城的建筑遗址，门类纷繁，业已进行考古勘察者，有城门及城防设施、水道系统与漕运航道、宫殿建筑、礼制建筑、官府、商市、文化教育设施诸类。

（一）城门及城防设施

在这一历史时期，魏晋洛阳城（不含金墉城）应有城门十二座，因南城垣为洛河改道冲毁，南垣四门无存，考古勘探仅探出城门址八座：西垣三座，北垣二座，东垣三座。门址一仍东汉之旧而门名多有改换，据《洛阳伽蓝记》所载，从西垣南数第一门起、以顺时针方向为序依次为：（西垣）广阳门、西明门（汉时雍门）、阊阖门，（北垣）大夏门、广莫门，（东垣）建春门、东阳门、清明门。北魏迁洛，因晋西明门斜出而堵塞之，并于其北新辟西阳门，又于阊阖门北开辟承明门，其他门址一仍魏晋之旧，且多沿用魏晋门名，唯将广阳门改为西明门，清明门改为青阳门。诸城门门楼皆两重，去地百尺，唯大夏门造三层楼，去地二十丈，甍栋干云。北魏郭城虽有郭门遗迹发现，但在文献中找不到关于门名的记述。

上述诸城门遗址业经发掘者只有建春门。此门为东垣三门中最北一门，位于城垣北段向东转折处。城门基址整体呈长方形，南北长30米，东西宽（进深）约12.5米。门之南北两侧，横截城垣夯土以为壁，其间布置两道东西向夯土隔墙，构成一门三洞的形制（图1-5）。各门洞本皆有大道穿过，然因后世流水冲刷，中门洞道路已荡然无存。从尚存之南、北二洞看，各门洞建筑结构一致：门洞正中为车道，辙间距1.25～1.4米；车道两侧，依门洞壁设础石以为立柱；门扉安装在门洞中部稍偏东处。显然，其门洞是采用了靠夯土壁及排叉柱支撑的大过梁式建筑形式。南、北二门洞路面上都曾清理出大片大片的白灰墙皮，有的墙皮上存红色线条，说明门洞壁表原曾以白灰膏精心粉饰，并在某处加绘红彩线条，呈现出古朴典雅的建筑风貌[1]。

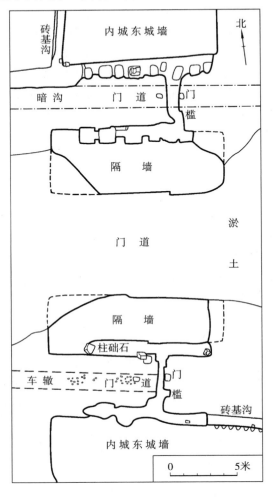

图1-5 北魏洛阳城内城建春门遗址平面图

北门洞车道路土之下曾发现暗沟一条，沟宽1.8米，沟底铺石，石面低于门洞车道路土约2.8米。由沟内种种遗迹、遗物判断，它原系排水设施，很可能始建于汉代，最晚沿用至魏晋，北魏时已填塞废弃[2]。北魏的排水设施，或已改置于门侧某处。它向人们暗示，中国古代城市排水设施的设置位置，此时或已发生了划时代的变化，应该特别予以关注。

在城门南侧城墙头（即南门洞南壁）东段、城门北侧城墙头（北门洞北壁）西段和西侧，沿城垣基部各清出一条残砖基沟，沟宽0.7～1米，沟内砖基严重扰乱，砖能保持原置样式者寥寥无几，但在靠城垣侧沟壁上，尚存一层层排列有序、上下层之间错落分布的小方洞，且发现一长方砖之一端正插入小方洞中，砖为魏晋物[3]。它表明，此砖基沟实为城墙包砖的基槽，而于城门

〔1〕 中国社会科学院考古研究所洛阳汉魏城工作队：《汉魏洛阳城北魏建春门遗址的发掘》，《考古》1988年第9期。

〔2〕 中国社会科学院考古研究所洛阳汉魏城工作队：《汉魏洛阳城北魏建春门遗址的发掘》，《考古》1988年第9期。

〔3〕 中国社会科学院考古研究所洛阳汉魏城工作队：《汉魏洛阳城北魏建春门遗址的发掘》，《考古》1988年第9期。

两侧包砌青砖，当系魏晋时期所为，是为迄今所见城门处壁表包砖的最早实例。

这里所说的城防设施，专指城垣外壁附建之后世称作"马面"的建筑遗迹。此类遗迹全部分布在魏晋洛阳城即北魏内城的西垣北段、北垣东段及金墉城诸垣。共发现 18 座，间距为 110～120 米，平面均呈长方形，面积大小不一，大的 19.5 米×12.5 米，小的 18.3 米×8.3 米[1]。业经发掘者，只有北垣一号马面一处。此马面由基础和地上部分两部分构成。基础部分，系就原地层土挖出方形基槽，然后逐层填土夯筑而成。南端宽 15.8 米，北端宽14.4 米，南北长 12.4 米，夯土总厚 2.3 米。地上部分，系在基础之上，东、北、西三面分别向内收缩 0.6～1.3 米，然后逐层版筑而成，残高 2.1 米。底大顶小，侧壁陡直而上部略内收。现存马面并非同一时期的建筑遗存，而是北魏以经修整的魏晋马面为内核，复于周壁增筑夯土形成，不同时期的马面夯土且与相应时期的城垣夯土连为一体[2]。由此例看，此类建筑遗迹的时代当属魏晋至北魏，而其始建年代，无疑可判为魏晋时期。如此说来，此又是中国内地都城遗址使用马面这类城防设施的最早实例。

（二）水道系统和漕运航道

众所周知，古今中外的任何时代，水源都是城市建设中至关重要的问题。由于生产力发展水平的限制，中国古代城市用水，通常主要依靠地上河流而以井水为辅。三国汉至北朝魏洛阳城，北有千里黄河，南有伊、洛二川，涧谷水、瀍水又从其西面流过，水资源尚属充足。如何将这些相对分散的水源，最大限度地纳入城市规划中去，使之为城市的繁荣、发展服务，变成了历代统治者至为关心的大事。

鉴于伊水、瀍水、涧谷水等自然河流距城较远，城南之洛河河道又地势低下，无一可直接用为城市用水的水源，故而为解决城市用水和漕运问题，不得不因地制宜，采用引谷入洛、通洛入谷的办法。所谓引谷入洛，是自东周王城西北开人工渠道千金渠，引涧谷水、瀍水向东，直抵洛阳城下，以为洛阳城市用水的主要水源。此渠在洛阳城附近，文献多称之为阳渠或谷水。通洛入谷，又称堰洛，是指修建堰洛工程，逼令部分洛河水汇入阳渠（谷水），提高其水量，用以为漕运航道。堰洛工程之所在，被认为在今洛河北折之东新庄（见图 1-3）一带[3]。这是一项综合性大型水利工程，东汉开始实施并取得初步成果，经历曹魏、西晋、北魏而更加趋于完善。

关于人工渠道的行经路线以及阳渠绕城或分流入城的流布情况，《水经注·谷水》已有较详尽记述，兹不重复，这里仅简要摘述考古发现的有关遗迹。

据勘探，千金渠引谷水东来，系自北魏内城阊阖门外南侧进入郭城，入郭城后，穿过大道，迤逦东北行而至于内城之西北隅，全长 3500～3800 米。入郭城前先与分金沟（古

〔1〕 中国科学院考古研究所洛阳工作队：《汉魏洛阳城初步勘查》，《考古》1973 年第 4 期。
〔2〕 中国社会科学院考古研究所汉魏故城工作队：《洛阳汉魏故城北垣一号马面的发掘》，《考古》1986年第 8 期。
〔3〕 段鹏琦：《汉魏洛阳与自然河流的开发和利用》，《庆祝苏秉琦考古五十五年论文集》，文物出版社，1989年。

名长分沟）交会，渠道原宽 16 米，至此骤然展宽至 40 米。分金沟南通洛河（见图 1-3），当是洪水季节用以泄洪入洛的分水渠，在沟内勘探，曾发现一处夯土基址，约为有关建筑设施的遗址。渠道进入郭城后，分为南北两支，南渠宽 20～30 米，北渠宽 10～15 米，至接近内城西北隅时，两支复合而为一[1]。目睹此一现象（见图 1-4），自然使人联想到《后汉书·王梁传》的一段记载：建武五年（公元 29 年）王梁代欧阳歙为河南尹，穿渠引谷水（即涧谷水）注洛阳城下，东泄巩用，及渠成而水不流。若此段渠道确与这一记事有内在联系，那么，两支渠中很可能只有一条是当年的实用渠道，而另一条应为废渠。

引谷水渠道至城内西北隅后，分为三支：一支经金塘城及内城西垣外侧南去，直达今洛河北岸，宽 18～28 米不等，深 3 米以至 4 米以上；勘探（内城西垣）阊阖门时，于门址下探到一处东西向砖筑遗址，宽约 5 米，残长 50 米，有可能是文献所谓渠水于诸城门处支分入城的进水涵洞之一。又一支向东，穿过金塘城之居中小城，折向东南，从大夏门东侧进入内城。另一支向北，经金塘城西垣和北垣外屈而东南，再历经内城广莫、建春、东阳、青阳诸门外，直至今洛河，宽 20～40 米不等，深亦为 3 米以至 4 米以上[2]。按记载，支分入城之水，出城后皆又汇入此渠，前述建春门遗址北门洞下发现的排水暗沟，当即魏晋及其以前的渠水出城涵洞之一。

依《水经注·谷水》记载，阳渠（谷水）绕城后经两条渠道向东并汇入洛河：一条由内城东南隅东去，沿线形成多处园林景区；另一条由建春门外东去，成为当时的漕渠。由内城东南隅东去的渠道，似已为洛河改道后形成的今洛河所夺，而由建春门外东去的渠道遗迹，却是可以探知的。据勘探，此渠道初与建春门外大道平行而东，渠在道北，距道 15 米左右。渠道较宽，一般为 90 米，最宽处 100 米，深度以今地表起算可达 6.5 米以上。行至距建春门约 800 米处，渠道南折，穿过建春门外大道向东偏南方向延伸，出郭城东垣而继续向东。这段渠道宽度为 35～60 米，深度以今地表起算当在 10 米以上[3]。由建春门外东去的渠道，既宽且深，这显然是和它充当漕运航道的功能相适应的。

引谷入洛和通洛入谷工程的完成，给三国魏至北朝洛阳城带来巨大的经济效益和社会效益。既为宫廷和城内外公私园林提供了充足水源，又为漕运提供了良好航道。洛河因有堰洛工程而得到一定的控制，为在河南开辟里坊区奠定了基础。引水工程还为居民从事粮食加工、凿井汲水以满足生活需要，创造了方便条件。引水渠道四面绕城，又可兼做护城河，更有增强都城防卫能力的作用。

成功实施引谷入洛和通洛入谷工程，为开发、利用自然河流服务于城市建设，积累了十分宝贵的经验。认真考察、研究隋唐都城，便不难看出它对日后的城市建设所产生的积极影响。

（三）宫殿建筑

北魏宫城的城门得以发掘者，唯有宫城正门阊阖门遗址（图 1-6；图版 3）。它由双阙和

[1]　中国社会科学院考古研究所洛阳汉魏城工作队：《北魏洛阳外廓城和水道的勘查》，《考古》1993 年第 7 期。

[2]　中国科学院考古研究所洛阳工作队：《汉魏洛阳城初步勘查》，《考古》1973 年第 4 期。

[3]　中国社会科学院考古研究所洛阳汉魏城工作队：《北魏洛阳外廓城和水道的勘查》，《考古》1993 年第 7 期。

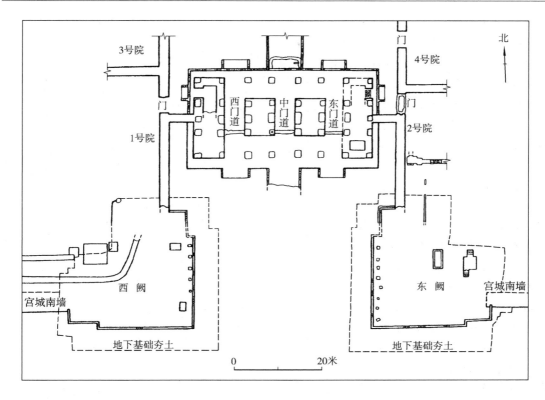

图 1-6　北魏洛阳城宫城闾阖门遗址平面图

城门建筑组成。双阙筑在宫城南墙缺口两端，阙台长 29 米余，宽 29 米，由一母阙和向北、向东（西）的两个子阙构成，其间相距 41.5 米。往北连着两条土墙，城门即坐落在由短墙相连接的东西向大型长方形台基上。台基东西 44.5 米，南北 24.4 米，由南北各三条、东西各一条漫道，以供上下；其上，布置城门建筑；东西二墩台，前、后庭及三座城门道。东、西二墩台，各长 19 余米、宽 6 余米，有 10 柱，两端两柱间距较大，其他间距较小；对北端漫道开一门，房内残长 9.6 米，宽 3.2 米，它们极有可能是上下城门楼的楼梯间。三个门道，分别位于东、西二墩台与中间两个隔墙之间，面阔一间。门道宽度基本相同，均为 4.8 米；长度，与中间三柱相同，深 2 间。正对南北的各三个漫道。其余柱及地面，则为前、后庭，其中前庭东西长 28 米，宽 5.5 米，而后庭长同，宽却为 5 米。看来，这座城门，是面阔七间有三个门道的殿堂式建筑[1]。

　　宫城内，宫殿建筑十分密集，以至于难以用勘探方法将殿址区分清楚，故而勘察简报只能笼统地说，勘查发现的夯土台基约有二三十处，并有上下叠压关系（图 1-7；图版 4）。这些宫殿基址，大都集中在宫城西部，而东部仅探出寥寥数座夯土台基和一处椭圆形

〔1〕　中国社会科学院考古研究所洛阳汉魏故城队：《河南洛阳汉魏故城北魏宫城闾阖门遗址》，《考古》2003 年第 7 期。

水池，两者之间并有一堵南北向夯土墙隔开[1]。说明当初宫城内建筑可能是按照东西两部分规划位置的，西部为主要宫殿区，东部则透露出较为浓厚的园林气息。

对宫殿建筑，迄今得以进行试掘或清理者，仅有太极殿和"羊冢"等处。

太极殿遗址，当地群众称为金銮殿或朝王殿，南对宫城阊阖门，是宫内最重要的殿堂遗址。其夯土基址东西长约102米，南北宽59～64米，今仍高出四周地表约2米。于四面开探沟试掘显示：基址夯筑而成，顶部已严重残损，柱础等建筑已无存；东西两侧为直壁，犹高2米余，壁表原或为包砖；南侧破坏也较严重，似有坡道残存；北侧保存较好，壁高1米余，壁表以青砖包砌，壁根犹存砖铺散水，以及由殿基向北的砖铺小路。在小路西侧，发现已残之长方形铺地青石板一块，原大约如铺地方砖，石面平整光滑。殿基东西两侧，还曾清出夯土台基及青石柱础等建筑遗迹，两翼当有廊道类建筑与大殿相连[2]。由此看来，此殿应是一座坐北面南、北部

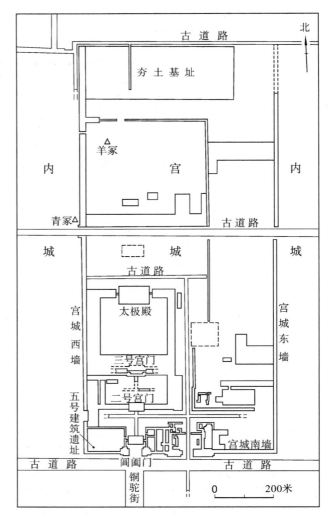

图1-7　北魏洛阳城宫城平面图

地势高、南部地势低、居高临下的宏伟建筑，风格朴实而壮丽。在主殿基东、西两侧还有建筑遗址，推测或为太极东堂和太极西堂，目前工作正在进行中。

"羊冢"，是当地群众对一处突兀于宫城西部之方形夯土建筑台基的称呼。此台基南距横穿宫城之阊阖门—建春门大道约300米，西距宫墙约65米，土台面积约25米×25米，台顶高出四周地表约2.5米。20世纪60年代中期，因配合当地修建水利而实施发掘，仅于方形夯土台基中部清理出一个建于夯土台内的圆筒形建筑，对于方形台基四周未做大面

[1]　中国科学院考古研究所洛阳工作队：《汉魏洛阳城初步勘查》，《考古》1973年第4期。

[2]　中国社会科学院考古研究所洛阳汉魏故城队：《河南洛阳市汉魏故城发现北魏宫城四号建筑遗址》，《考古》2014年第8期。

积发掘清理。此外，在宫城的西墙外，有一座面积不大的台基，高出地面约 1.5 米，当地群众称为"青冢"。

圆筒形建筑，周壁以长方形青砖平铺丁砌，内径 4.9 米，外径 5.62 米，砖壁保存最高处为 3.60 米。壁面保存较好部分，残存竖柱槽 4 个。柱槽横截面呈矩形，长 0.11～0.18 米，宽 0.05 米，下端各与一长方形横向壁洞相接。壁洞口面宽 0.20～0.28 米，高 0.30～0.36 米，深 0.31 米，洞下面距圆筒形建筑铺地砖面约 0.36 米。壁洞的水平方向并不与圆筒形建筑壁面垂直，而与相对应的壁洞方向一致，二者同处于同一条直线上。依残存遗迹推断，整个圆筒形建筑应有这种竖柱槽和壁洞 8 个，借此适可在竖柱槽的下方设置井字形梁架。圆筒形建筑底部，也以长方形青砖平铺。其铺法是，先按正方向铺出十字形砖地面，再随意补铺四角，形成一个完整的圆形地面。在铺底砖面上，残存有规律排列的柱洞 37 个，加上已破坏部分，当有 40 个。这些柱洞与前述井字形梁架有密切的对应关系，适宜栽植支撑梁架的短柱。圆筒形建筑的砖铺底面，四周高而中间低，并在中心部位，砌出一个内径 0.70 米的圆形砖池，池壁残高 0.20 米[1]。

依据发掘资料，古建筑学家对圆筒形建筑的结构做了复原，并认为"羊冢"应是北魏宫内的清暑殿遗址，而圆筒形建筑本身则属于为取得冷气在该殿基内修建的藏冰设施[2]。对"羊冢"是否北魏清暑殿，也有研究者持不同看法，认为就其所在部位看，当为凌云台的遗基[3]。我们以为，"羊冢"确为清暑殿或凌云台，固然有待于今后对周围建筑布局的全面考察，但此遗址作为北魏宫城中构思新颖、设计巧妙的宫殿建筑遗存，在古代建筑史上的地位，还是值得肯定的。

（四）城南礼制建筑

魏、晋、北魏时期洛阳城的礼制建筑，率皆沿用东汉洛阳城南礼制建筑的旧址。据考古资料并结合文献记载考察，灵台和辟雍约可沿用至魏晋，唯明堂一直沿用到北魏时期。

灵台遗址上哪些属于魏晋建筑遗迹已难以辨别[4]，但分布在辟雍、明堂遗址上的魏晋或北魏建筑遗迹却是显而易见的。

东汉辟雍遗址基本建筑的中心为一较大型长方形殿基；中心殿基四面，各有一组由双阙和一"门屏"式构筑物组成的建筑；最外围为"环水"。在清理中心殿基以北的建筑物时发现，汉代之"门屏"式构筑物似曾被掩盖，而以其中段夯基为依托，向南垫土，形成两块相距数米的方形房基，房基南缘尚存几方石柱础。二方形房基之间，被建为门道，犹存门砧石及车辙痕迹[5]。这组建筑颇为简陋，当系魏晋时期所为。

关于明堂遗址，东汉明堂遗址的勘探和发掘结果是：平面略呈方形，四周建有夯筑围

〔1〕　冯承泽、杨鸿勋：《洛阳汉魏故城圆形建筑遗址初探》，《考古》1990 年第 3 期。

〔2〕　冯承泽、杨鸿勋：《洛阳汉魏故城圆形建筑遗址初探》，《考古》1990 年第 3 期。

〔3〕　钱国祥：《汉魏洛阳故城圆形建筑遗址殿名考辨》，《中原文物》1998 年第 1 期。

〔4〕　中国社会科学院考古研究所洛阳工作队：《汉魏洛阳城南郊的灵台遗址》，《考古》1978 年第 1 期。

〔5〕　中国社会科学院考古研究所：《汉魏洛阳故城南郊礼制建筑遗址》，文物出版社，2010 年。

墙；围墙之内，中心部位为一平面呈圆形的建筑；圆形建筑基址中心，因原建较高建筑而今已被削平，未发现任何建筑遗迹，但在其周围曾清理出有规律排列的二十多组方形大柱础槽和一些方形小柱础槽，大柱础槽间并有底部铺黄沙的方形沙坑，大、小柱础槽内多无柱础石残存；在圆形建筑基址外缘，还发现有原曾包砌青石的环状沟槽遗迹。根据多年发掘汉魏时期各类建筑所取得的认识，此圆形建筑基址，夯土坚实而纯净，无疑为东汉明堂主体建筑的旧基；基址上的方形沙坑，形制、大小与永宁寺等北魏大型建筑的柱础槽相类，而槽底铺沙则是北魏时期的通行做法，一些小柱础槽经夯打的回填土内又夹杂有素面瓦片，这些迹象表明，它们主要应是北魏时期的建筑遗存，并为北魏时期沿用汉晋旧基重建明堂提供了实物佐证[1]。

　　东汉洛阳城的圜丘建于伊水之阳，对此文献有明确记载，20世纪50年代老一代考古学家还曾在伊河北岸看到过它的遗迹，似无疑问可言，但魏晋洛阳的圜丘在哪里？却是一个需要花力气探求的学术问题。关于曹魏之营建圜丘，《三国志·魏志·明帝纪》有言曰：景初元年（公元237年）冬十月“乙卯，营洛阳南委粟山为圜丘。十二月壬子冬至，始祀。”依此知，曹魏圜丘不再处于伊水之阳，而是因委粟山而建。委粟山地属阴乡，《魏氏春秋》曰：“有委粟山，在阴乡，魏时营为圜邱。”其地当在大山之北，按今日之地望估猜，应在故洛阳城南熊耳山北麓。1983年秋考古工作者沿熊耳山北麓进行调查，于大谷关西北，今偃师市李村乡南宋沟村北两三百米处，发现一座独立存在的小山峰，名为禹宿谷堆。此山孤峰凸起，传为大禹治水时的歇息处所，其南不远即是熊耳山支脉万安山。禹宿谷堆，略呈方锥形，底部最大径约50米，高才50米左右，表面多为黄土或杂草覆盖，部分山坡和山顶山岩裸露。山顶略呈平台状，方圆20米左右，旧有一座禹王庙，今庙已不存，唯见一件残碑座。由山顶向下看，山坡上隐约显现出层层平台的样子。在山顶和山北坡，曾捡到绳纹板瓦、绳纹筒瓦、斜绳纹砖、席纹砖残块等汉晋遗物[2]。据以判断，此山即曹魏圜丘所在之委粟山。理由是，其山形如粟堆，且处于万安山之北，与阴乡的地望相符；其处有汉晋遗物，说明其地曾有过汉魏时期的建筑；从语言方面分析，禹宿与委粟似有一定的渊源关系：委，可作堆积、遗弃解，且在土语中，遗、禹音近，粟、宿同音，故而将委粟讹转为禹宿是完全可能的。如果这一推断不错，那么曹魏的圜丘恰在当时洛阳平城门至大谷关这条南北轴线的西侧，距城约25公里。至晋代，情况似乎发生了变化，按《晋书·礼上》的说法，是晋武帝泰始二年（公元266年）十一月，“是月庚寅冬至，帝亲祠圆丘于南郊。自是后，圆丘、方泽不别立”。此所谓南郊，很可能是指故东汉圜丘处。

（五）官府建筑遗址

　　迄今在城址范围内发现并进行过一定发掘工作的官府建筑遗址，共2处。一处在魏晋洛阳城南，另一处在魏晋洛阳城内。

〔1〕 中国社会科学院考古研究所：《汉魏洛阳故城南郊礼制建筑遗址》，文物出版社，2010年。
〔2〕 中国社会科学院考古研究所：《汉魏洛阳故城南郊礼制建筑遗址》，文物出版社，2010年。

城南官府建筑遗址，位于今偃师市佃庄镇太学村西，北对魏晋以降太学，西与辟雍遗址为邻。遗址处地势高隆，南端早年已遭破坏，现存部分略呈长方形，东西长约 78 米，南北残长 67 米。东、北、西三面均有夯筑围墙残基，各宽 2～3 米，显为一处独立存在的院落。在此院落内，共探出夯土建筑基址 3 块：第一块在东北隅；第二块在北墙内侧中部偏西处；第三块在现存西墙内侧的最南部。对现存西墙内侧最南部之夯土建筑基址的发掘，不仅表明它由南北相邻的二建筑组成，南为殿堂，北为廊道，其间相距 1 米余，而且由建筑基址的形制、结构及出土绳纹板瓦、筒瓦残块上保留下来的数十例"官"或"南甄官瓦"戳印文字，可以进一步断定，此一建筑群无疑为汉晋时期的一所官府[1]。官府的名称虽无由得知，但由其所在位置推测，当与辟雍或太学有内在联系。

北魏洛阳内城官府建筑遗址，位于今偃师市首阳山镇龙虎滩村村北，地当北魏洛阳内城宫前南北大道铜驼街东侧，距铜驼街不到 200 米。1963 年配合当地水利建设在此钻探发现房舍基址 4 处，同年秋，对其中的一处进行了发掘，编为一号房址[2]。

此一号房址，建于时代稍早的夯土旧址上。房址现状，平面近方形，东西长而南北短，方向 5 度。其西端已被破坏，建筑遗迹无存，所存者仅是房舍的东墙和南、北二墙之残段。三墙皆素土夯筑而成，墙体宽厚而坚实，残高约 0.8 米。东墙厚 2.1 米，全长 11.8 米（墙长以室内长度计，下同）；北墙厚 1.8 米，残长 12.2 米；南墙内壁向室内有两处曲折，最大厚度约 13.7 米。三墙内壁均残存三层石灰墙皮，每层厚 0.06～0.08 米；外层墙皮为朱红色，色彩鲜艳，里面两层墙皮，颜色已褪；现残存者，多为处于里层之淡红色墙皮。这种现象，显为壁面曾经过多次粉饰的见证。室内充满厚约 0.8 米的砖瓦堆积，堆积层下即是以黄褐土垫平的地面，垫土层厚约 0.3 米。垫土地面上，未见铺地砖及柱础石等建筑遗存。现存三面房墙上，皆未发现门址。

在清理过程中发现，此房址并不是孤立的。其南墙仍在向东延伸，并残存着一段与其相连的墙体，墙体内壁以及一号房址东墙外壁同样粉饰朱红色石灰墙皮。距一号房址西端不远，还有另一间房址，它同一号房址当有密切关系。据此，发掘者推测，一号房址可能是一组建筑的一间配房，其门址或设在西墙南段某处。

一号房址出土砖瓦类建筑材料较多，主要是北魏大型建筑遗址习见之细绳纹长方砖、花头素面板瓦（檐瓦）、齐头素面板瓦、素面筒瓦、扁平菱角状长柄瓦钉、莲花纹瓦当、兽面纹瓦当、兽面纹雕塑砖、陶鸱尾等，另外，还有铁钉、铜钱。素面板瓦、素面筒瓦，表面砑磨光滑并有黑色光泽，不少瓦件上刻有与当时手工业管理制度有关的文字。兽面纹雕塑砖，见有大、小两件。小的，长 43 厘米，宽 34 厘米，厚 5 厘米；大的，长 57 厘米，宽 45 厘米，厚 6 厘米。兽面纹神态凶猛，竖耳怒目，张口吐舌，獠牙外露，二眼珠上各留一圆孔，用以穿钉将其固定于建筑物上，砖面光滑有黑色光泽。这些表面砑磨光滑并有黑色光泽的优质砖瓦构件，原有烧造工艺，似同《营造法式》所载，应属此类砖瓦件的早

[1] 中国社会科学院考古研究所：《汉魏洛阳故城南郊礼制建筑遗址》，文物出版社，2010 年。
[2] 中国科学院考古研究所洛阳工作队：《汉魏洛阳城一号房基和出土的瓦文》，《考古》1973 年第 4 期。

期产品，而其中的兽面纹雕塑砖，更堪称北魏建筑雕塑的上乘佳作。

由壁面粉饰及所用建筑材料判断，一号房址应是一座颇为豪华、庄严的建筑，属于官署府庙一类建筑的遗存。以其位置与《洛阳伽蓝记》关于铜驼街两侧重要建筑的记载比照，发掘者认为，它可能是北魏宗正寺或太庙建筑遗址的一个组成部分。

（六）大市遗址

北魏大市遗址，位于西郭城内。按《洛阳伽蓝记》的记载，是在西阳门外四里御道南，周回八里。市东有通商、达货二里，里内之人尽皆工巧，屠贩为生，资财巨万。市南有调音、乐律二里，里内之人丝竹讴歌，天下妙伎出焉。市西有延酤、治觞二里，里内之人多醞酒为业。市北慈孝、奉终二里，里内之人，以卖棺椁为业，赁辆车为事。别有准财、金肆二里，富人在焉。考其地点，当在白马寺以西、今白马寺镇一带。

近年因配合城乡基本建设，对这一地区进行了较大面积的考古勘探和发掘，发掘地点大多处于本地区的中偏西部。在这里，除一些里坊道路残迹外，发现的主要建筑遗迹，有房舍、窖穴、水井三类。房舍多为方形、半地穴式，分布分散，结构简陋，入地深浅不等，面积大小不一，壁面不加任何粉饰，室内多掏挖卧式或竖式储物洞穴。窖穴多与房舍为邻，形制或圆或方，有的呈竖井式，有的则作袋形。以既大且深者居多；有的窖穴内残留较厚的绿色腐殖土，似与存放谷物有关。水井分布密集，靠近房舍、窖穴，多为圆形竖井。出土物主要为青瓷器、釉陶器和陶器残件，尤以北朝瓷器和模仿西亚玻璃器之釉陶器引人注目。这批北朝瓷器，胎厚釉薄，器形简单，品种较为单一，仅有碗、盏、钵、盂、高足盘等数类，而以碗、盏、高足盘数量居多[1]，且有一处遗址出土十数件或更多的例子[2]。此外，还集中出土过数以千计的玻璃珠。大量的瓷器和玻璃珠，似非陋舍居民的日常生活遗弃物，应与相关商业活动有密切联系。

（七）太学遗址

魏晋以降，太学坐落在东汉太学遗址的东南部，系利用部分东汉大学校舍营缮而成。地跨今洛河南堤，东西宽 150 余米，南北长 220 米，平面呈长方形。四周筑建夯土围墙，院内黉舍密布。黉舍大多袭用东汉太学诸生房舍旧制，整体作长方形，一栋有十间甚至十数间，长达数十米[3]。一排排黉舍布列规整有序，栋间距多为 5 米左右。院中部有一栋长条形房舍，系就一座"冖"字形房舍改建而成，居中一室内，建有一个砖瓦砌就的圆池，约为太学校内的沐浴设施[4]。魏晋以降，太学规模显较东汉太学为小，然最盛时犹有生员万人之多。

---

[1]　中国社会科学院考古研究所洛阳汉魏城队：《北魏洛阳城内出土的瓷器和釉陶》，《考古》1991 年第12 期。

[2]　中国社会科学院考古研究所洛阳汉魏城工作队资料。

[3]　中国社会科学院考古研究所洛阳工作队：《汉魏洛阳故城太学遗址新出土的汉石经残石》，《考古》1982 年第 4 期。

[4]　中国社会科学院考古研究所：《汉魏洛阳故城南郊礼制建筑遗址》，文物出版社，2010 年。

西晋咸宁四年（公元278年）所立"大晋龙兴皇帝三临辟雍皇太子又再莅之盛德隆熙之颂"碑，称其生源覆盖面"东越于海，西及流沙"，仅按碑阴所刻参与行礼之太学师生名录的生员籍贯统计，他们即来自15个州、70多个县，且有4个西域人[1]。

《元河南志》载，太学在国学东二百步。《太平御览》卷589碑条引戴延之《西征记》曰：国子堂前有列碑，南北行三十五枚，刻之表里，书春秋经、尚书二部，大篆、隶、科斗三种字，碑身八尺。此国学遗址当在辟雍以北。在此曾发现如同汉晋太学黉舍那样的长条形房舍，20世纪二三十年代发现之三体石经残石，也多是在这一带出土[2]。

据孙海波《魏三字石经集录》[3]所载，1949年以前出土魏石经残字约2400～2500字。（散落于民间而不曾面世者，自不包括在此数之内）。1949年以后，西安出土两块、洛阳汉魏故城出土一块[4]。计80余字（每字无论存三体或一体皆按一字计）。魏石经，主要形式是一字三体直下式，即经文之每一个字，都是从上到下依次用古文、篆、隶三种书体；此外也有三种书体作品字形排列，或者每字用两种书体甚至一种书体者。一字三体直下式经碑，当是魏正始年间之初刻，而一字三体作品字形排列或一字二体甚至一体者，必为正始或稍后所刻。刻魏石经所据经本，是其时始立于学官的古文经。魏石经之经数，属正始初刻者，只有《尚书》《春秋》二经。正始或稍后补刻之三字石经中，尚有春秋左氏传文。王国维考证认为，所刊左氏传当是"至庄公中叶而止"，非为全书。魏石经经碑数目，除去品字式、二体、一体等等外，仅一字三体直下式尚书、春秋二经，应为28碑。

（八）永宁寺遗址

北魏永宁寺遗址，位于北魏宫前铜驼街西第二列坊内，东邻太尉府，西对永康里，南界昭玄曹，北有御史台。该寺系孝明帝熙平元年（公元516年）灵太后胡氏所立，是北魏洛阳城内最著名的寺院之一。遗址平面呈长方形，南北长301米，东西宽212米。四周建有夯筑围墙，每面各开一门（北门已无存）（图1-8～1-10）。对寺内建筑，《洛阳伽蓝记》卷一记述颇详，说是中有九层浮图一所，架木为之；浮图北有佛殿一所；另有僧房楼观一千余间。考古勘察和发掘虽未能发现僧房楼观，但知九层木塔塔基位于寺院中部，且与寺南门和东、西二门直对，基址处出土大量不同规格的佛、菩萨、弟子残塑像，各种供养人残像和其他塑像残件，证明木塔确为灵像之所在。佛殿建于塔基正北，距塔基约60米，除出土少量残砖瓦外，未见什么能够说明其用途的遗物。由《洛阳伽蓝记》的记述看，它或为各类游行用佛像的存放处。显然，九层木塔应是该寺的主体建筑和寺内各项宗教活动的主要场所。这就从建筑上为我们形象地展现了一种以多层木塔为主、以佛殿为辅的佛寺平面布局。这种

〔1〕 顾廷龙：《大晋龙兴皇帝三临辟雍皇太子又再莅之盛德隆熙之颂跋》，《燕京学报》1931年第10期。
〔2〕 中国社会科学院考古研究所：《汉魏洛阳故城南郊礼制建筑遗址》，文物出版社，2010年。
〔3〕 孙海波辑：《魏三字石经集录》，考古学社影印本，1937年。
〔4〕 A. 刘安国：《西安市出土的"正始三体石经"残石》，《人文杂志》1957年第3期。
　　 B. 中国社会科学院考古研究所洛阳汉魏城工作队资料。

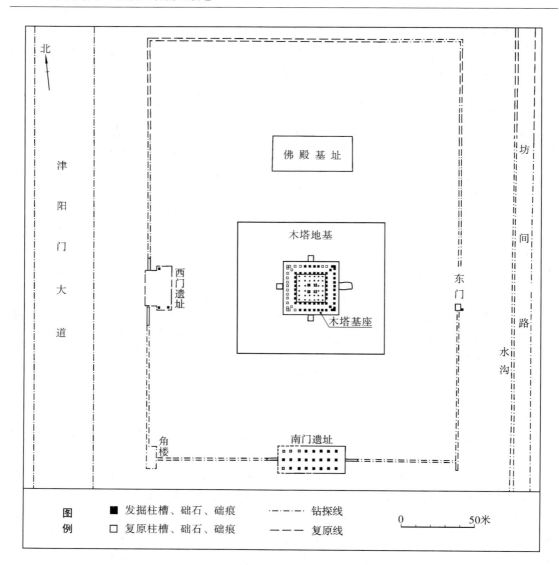

图 1-8　北魏洛阳城永宁寺遗址平面图

平面布局，在当时应具有较大的典型意义[1]。

　　永宁寺的各类建筑异常壮丽辉煌，几可与皇宫相媲美。《洛阳伽蓝记》称，其"寺院墙皆施短椽，以瓦覆之，若今宫墙也"。"南门楼三重，通三道，去地二十丈，形制似今端门"。塔北佛殿，"形如太极殿"。那一千余间僧房楼观，也是"雕梁粉壁，青璅绮疏，难

[1]　A. 中国社会科学院考古研究所洛阳工作队：《北魏永宁寺塔基发掘简报》，《考古》1981 年第 3 期。
　　　B. 中国社会科学院考古研究所：《北魏洛阳永宁寺——1979～1994 年考古发掘报告》，中国大百科全书出版社，1996 年。

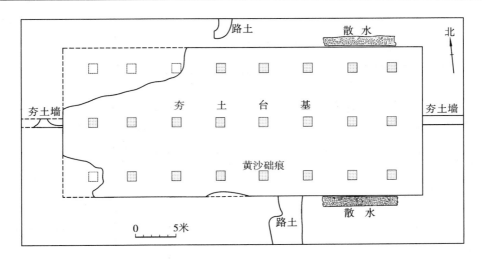

图1-9　北魏洛阳城永宁寺南门遗址平面图

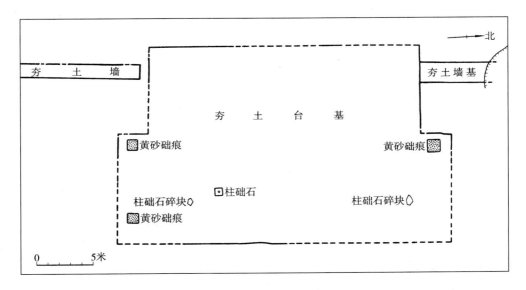

图1-10　北魏洛阳城永宁寺西门遗址平面图

得而言"。这些建筑无一不可以视为其时同类建筑的代表作。然而最为今人所关注的还不是
它们，而是被视为中国建筑史上奇迹的九层木塔。据载，九层木塔"举高九十丈，有刹，
复高十丈，合去地一千尺。去京师百里，已遥见之"[1]。刹上宝瓶、承露盘皆金制。塔之
上不少部位皆悬金铎，合上下有一百二十铎。浮图有四面，面有三门六窗，门皆朱漆。每

---

[1]　《水经注·谷水》（浙江古籍出版社，2013年）又云："自金露盘下至地四十九丈。"学者多以为此
　　数比较可信。

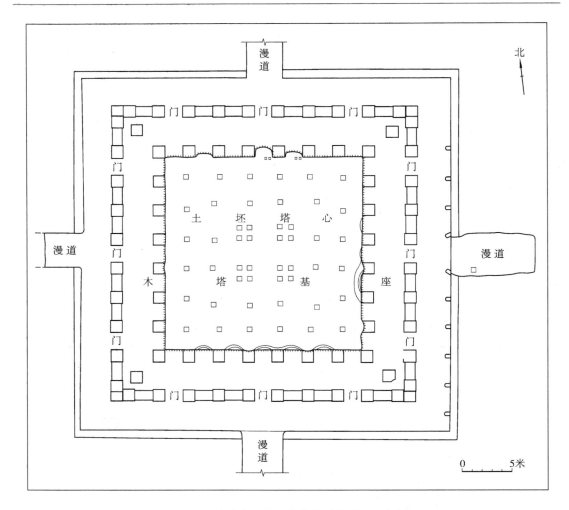

图 1-11　北魏洛阳城永宁寺塔基遗址平面复原图

扉五行金钉，合有五千四百枚，复有金环铺首。"殚土木之功，穷造形之巧。佛事精妙，不可思议"。发掘塔基（图 1-11；图版 5-1）知道，此塔建于大约百米见方的夯土基础中部。基座作正方形，长、宽各约 38.2 米，高约 2.2 米，内为夯土，四壁以青石包砌。四面各建一漫道，以供上下。顶面周边装置螭兽和栏杆。基座之上，犹存木塔初层建筑的遗基。此遗基，由布满塔基顶面的方格形柱网和以木柱、土坯混作的方形实心体构成。方格形柱网，共有 124 柱，分五圈排列。最外圈为柱檐，每面 10 根，且于四角各增 2 柱。从第四圈至第二圈，每面木柱数目依次递减，分别为 8 根、6 根、4 根。最内圈与他圈不同，实由以四柱为一组的四组木柱组成，以充担都柱的功能。第四圈木柱以内，即是木柱与土坯混砌之方形实心体的面积。因承重的需要，除最外圈木柱为一层础石外，其余各柱之下，础石皆为三层叠置，总厚可达 1.8 米。在檐柱和方形实心体之间，形成一条宽约一间的环形廊道，方形实心体的东、南、西三面各设 5 个壁龛，以供神像；北面无龛，留作架设

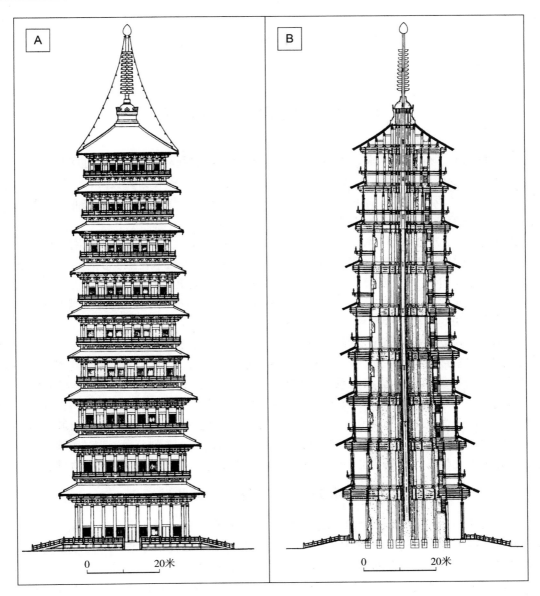

图 1-12 北魏洛阳城永宁寺塔复原图

A. 正立面图 B. 剖面图

登塔木梯之用。檐柱间曾发现檐墙残基，依其分布规律推断，每面确为三门六窗的形制[1]。这份发掘资料，为研究复原这一历史上的建筑奇迹（图 1-12），提供了可靠的科

[1] 中国社会科学院考古研究所：《北魏洛阳永宁寺——1979～1994 年考古发掘报告》，中国大百科全书出版社，1996 年。

学依据[1]。

塔基出土的泥塑残件（图版 5-2~4），是当时艺术水平最高的雕塑品，赢得了国内外美术史家的高度重视。

第二节　三国魏至北朝邺城

邺城据河北、河南之襟喉，贯通南北，为中原地区的战略要地。战国时期此地为邺县治所，邺县县令西门豹、史起先后在此兴修水利、沟渠，引漳水灌溉农田，当地农业经济得以发展。历经战国、秦汉时期持续开发、建设，这里成为当时中原地区农业经济最发达的区域之一，为豪强称雄必争之地。

邺城遗址，位于河北临漳西南约 20 公里处，由南北毗连的邺北城和邺南城组成。东汉末年，曹操占据邺城后，对邺城进行了全面的规划和建设。曹丕称帝后始为三国曹魏（公元 220~265 年）的"五都"之一。此后又为后赵（公元 335~350 年）、冉魏（公元 350~352 年）、前燕（公元 357~370 年）、东魏（公元 534~550 年）、北齐（公元 550~577 年）诸王朝的国都，故也称之为六朝古都。

邺城平面规划在中国城市发展史上的独特地位，一直受到中外学术界的关注。1957 年俞伟超曾到邺城遗址进行短期踏查，发表了概略的复原图[2]；1976~1977 年河北省及临漳县文物考古机构在邺城遗址培训文物干部的同时，对遗址进行过部分实地调查与勘探[3]。1983 年，中国社会科学院考古研究所与河北省文物考古研究所合作组成邺城考古工作队，开始邺城遗址的全面勘查、发掘和研究。重要的考古工作包括：1986 年发掘邺南城朱明门遗址；1993~1994 年配合京深高速公路建设发掘邺城西部地区一系列墓葬、遗迹；2002~2012 年发掘赵彭城北朝佛寺塔基及佛寺建筑遗迹；2012 年发现、清理北吴庄佛教造像埋藏坑等。

一　三国魏至十六国邺城（邺北城）

建安五年（公元 200 年）官渡之战，曹操击败了袁绍，并于建安九年（公元 204 年）攻克邺城，占据了这一统治华北平原的中心。此后曹操以邺城为统治中心，一切政令均发自邺城，邺城实际取代汉帝所在的都城洛阳，成为中国北方的政治中心。此时曹操开始营建的邺城是魏王之王城的规模，黄初元年（公元 220 年）曹丕称帝建魏，因邺城是"王业之本基"，遂成曹魏五都之一。此后，十六国时期后赵、冉魏、前燕三个王朝再以邺城为都城，这与邺城的地理位置、文化底蕴密切相关，邺城的优势成为十六国时期控制华北平原，并逐步向关中、河淮地区扩展的不二选地。从出土遗物观察，后赵、前燕这些北方骑马民族建立的王朝

[1]　钟晓青撰写了《北魏洛阳永宁寺塔复原探讨》（《文物》1998 年第 5 期）。本书图 1-12，即引自该文图七、图八，中心刹柱部分略改。

[2]　俞伟超：《邺城调查记》，《考古》1963 年第 1 期。

[3]　河北省临漳县文物保管所：《邺城考古调查和钻探简报》，《中原文物》1983 年第 4 期。

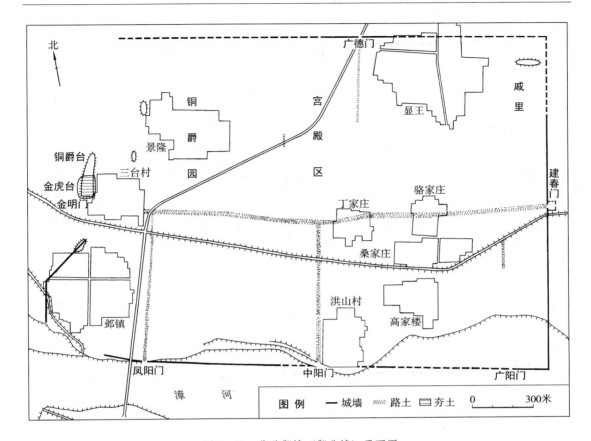

图 1-13 曹魏邺城（邺北城）平面图

在都城建筑技术、装饰风格方面极尽奢华，邺城也成为南北民族融合、多元文化碰撞的
舞台。

曹魏邺城（邺北城）历经人为破坏与自然毁坏，古城遗迹几乎全部埋没于地下，现地表仅
存铜雀三台局部。《水经注·浊漳水》记载，曹魏邺城，"东西七里、南北五里"。通过普遍勘探
结合探沟发掘，逐步确认了曹魏邺城的城墙、城门、道路、主要宫殿等遗迹，可知其平面大致
呈横长方形，东西长 2400～2620 米，南北宽 1700 米（图 1-13），与文献记载大体吻合[1]。

（一）城墙、城门

城墙系夯土筑成，现已全部埋于地下，现存宽约 15～18 米。东城墙现钻探出 1300
米，发掘的一处宽度为 15.35 米，北城墙探出 350 米；西城墙南段探出约 300 米；南城墙
探出约 1400 米，发掘的一段宽度为 16.35 米。

曹魏邺城共七门，据《水经注》南城墙有三门，正中曰中阳门，向北直抵端门、文昌

---

〔1〕 中国社会科学院考古研究所、河北省文物研究所 邺城考古队：《河北临漳邺北城遗址勘探发掘简
报》，《考古》1990 年第 7 期。

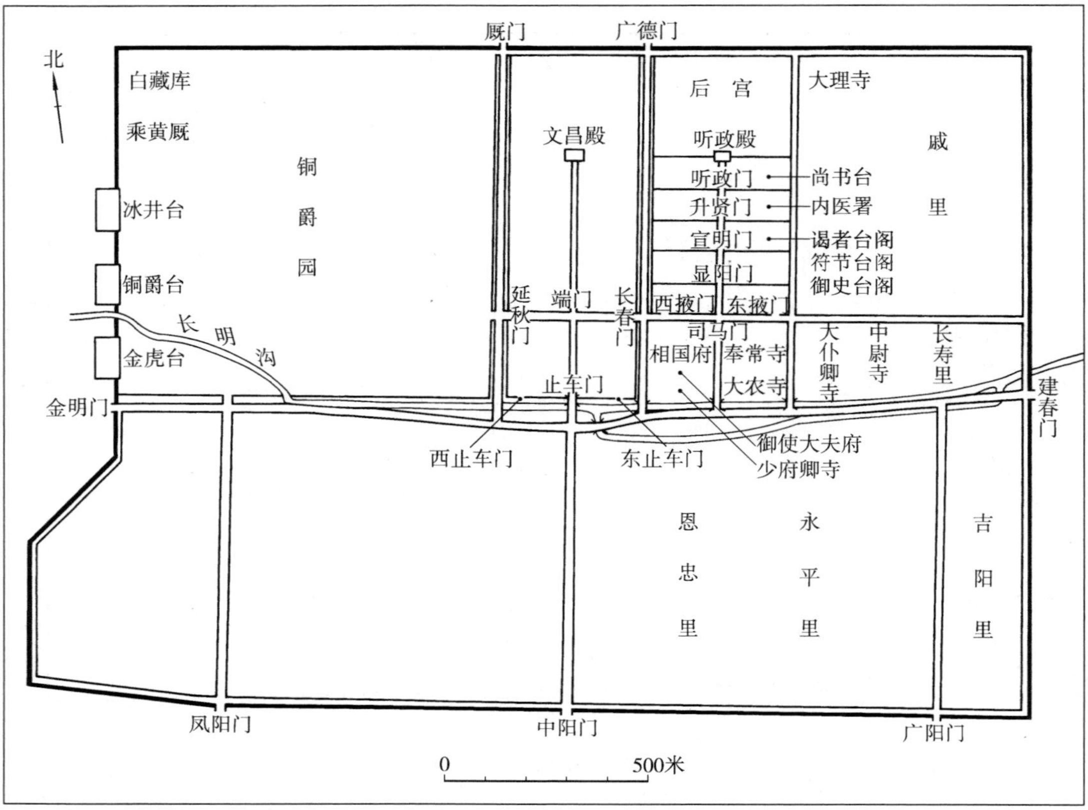

图 1-14 曹魏邺城（邺北城）平面复原图

殿。中阳门之东曰广阳门，中阳门之西曰凤阳门。东城墙有一门，曰建春门。西城墙有一门，曰金明门。北城墙共有二门，东曰广德门，西曰厩门（图 1-14）。经钻探在东城墙和北城墙各确认一处城门址，其中东城墙门址距离东南城角约 800 米，当为文献中的建春门，门道缺口处宽度为 22 米。南城墙中阳门西侧曾发掘出城墙下潜城门（图版 1-2），其年代最晚属于十六国时期，这在都城防卫系统上是一重要的设施。

曹魏邺城的防卫系统中独具特色的是沿城墙建筑的高台建筑群。举世闻名的铜爵台、金虎台、冰井台并称三台，依次分布于西墙偏北，与城墙连为一体。三个高台以空中阁道相连，彩画精美，气度非凡，犹如空中彩虹。"施则三台相通，费则中央悬绝"。邺北城地处华北大平原，20 余米高的三台不但成为全城的制高点，而且可将邺北城附近情势悉收眼底。三台之上的宫殿群，功能不一，尤其是冰井台之上有丰富的储备，以预防和抵御突发事件，三台既各自独立，同时又以阁道连为一体，成为曹魏邺城防卫系统的核心。

（二）道路

经考古调查，曹魏邺城（邺北城）内共发现了六条大道，东西大道一条，南北大道五条。

其中三条南北大道位于东西大道南侧，两条位于东西大道北侧。此外，城垣内侧还有顺城道路。我们结合所发现的城门遗址以及六条大道，可以大体勾勒出邺北城的道路交通系统。

建春门至金明门大道是钻探出的最长的一条大道，也是全城唯一的东西大道，已探出部分长 2100 米，路面宽约 13 米。它将邺北城分为南、北两部分，北半部主要建筑宫城、衙署、铜爵园等，南半部主要分布一般官署和里坊，建春门、金明门大道成为邺北城的横向辅助轴线。

东西大道以南共三条南北大道。中央为中阳门大道，东侧为广阳门大道，西侧为凤阳门大道。中阳门大道位于全城正中，南起中阳门，北部与东西大道垂直交接，全长 730 米，宽 17 米。中阳门大道向北的延长线上有宫城正南门端门以及文昌殿等核心建筑，中阳门大道及其向北的延长线正是邺北城都城规划的中轴线。广阳门大道仅钻探出约 150 米长的一段，宽约 13 米。凤阳门大道全长 800 米，南起凤阳门，北抵东西大道，宽约 13 米。广阳门大道与凤阳门大道分处于中轴线东西侧对称的位置。

东西大道以北有两条南北大道。东侧为广德门大道，北起广德门，现仅钻探出北段，长约 450 米，宽约 13 米。西侧为厩门大道，仅钻探出很少一部分，其长约 70 米，宽约 13 米。广德门大道和厩门大道分别居于中轴线东西两侧对称的位置。

可见曹魏邺城（邺北城）的道路规划采用传统的经纬垂直网络系统，平面布局相当整齐。中轴线大道和东西大道构成道路网络的核心，将全城均匀地分割为不同的功能空间。其他南北大道以中轴线大道为基准，对称分布在东西两侧。除中轴线大道宽 17 米外，其余均宽 13 米。这是与东汉洛阳城完全不同的道路交通网络格局。邺北城六条主要大道和顺城街构成的框架首次采用了中轴对称的手法，不难想象城内的次要道路亦应因循这一手法，以道路划分出的里第区域是对称整齐的。

因此，在曹魏邺城的都城规划中共通系统空间不再处于从属地位，它作为和宫殿、宫城、苑囿、城垣等同时考虑的要素被纳入都城规划，加之中轴对称贯穿于曹魏邺城规划的诸方面，可以说邺城的都城规划翻开了中国古代都城规划史中新的一页。

邺北城城垣基本兴筑于曹魏时期，到西晋时期由于永嘉元年（公元 307 年）八王之乱，邺北城遭到严重破坏。直至十六国时期，后赵石勒迁都邺城后，都城宫殿进行了大规模的修建，其中重点修缮三台、太武殿、凤阳门等，并在原铜爵园的位置兴建九华宫。在都城总体规划格局方面，并无大的改变。

（三）夯土建筑基址与宫城区

曹魏邺城的宫城墙没有发现，但在邺北城东西大道以北、城址中部，发现了 10 座夯土建筑基址，建筑基址分布集中，因此应是曹魏邺城的宫殿区[1]。结合有关文献记载，曹魏邺城宫城基本可以复原[2]。

---

[1]　中国社会科学院考古研究所、河北省文物研究所　邺城考古队：《河北临漳邺北城遗址勘探发掘简报》，《考古》1990 年第 7 期。

[2]　徐光冀：《曹魏邺城的平面复原研究》，《中国考古学论丛》，科学出版社，1993 年。

推测曹魏邺城宫城的位置为，南宫墙在东西大道以北，北宫墙在北城墙以南，东宫墙在广德门大道东约 400 米，西宫墙位于厩门大道以东。

宫城内以文昌殿为核心，该宫殿作为宫城正殿位于全城北部正中，复原的位置是广德门大道以西，即宫城的西半部。《魏都赋》李善注云："文昌殿前直端门，端门之前，南当南止车门，又有东西止车门。端门之外，东有长春门，西有延秋门。"文昌殿是外朝正殿，凡朝会宾客、宴享群臣等国家大典均在这里举行。文昌殿、端门、止车门、正南城门中阳门呈一条南北向直线排列，这条贯穿曹魏都城的南北纵线即规划全城的中轴线。

曹魏邺城将魏王日常理政的听政殿规划在文昌殿之东，将一系列中央官署规划于听政殿之南，很好地解决了诸多不便。从曹魏邺城的都城规划看出它对营国制度是继承和发展并重，内外朝的东西格局是改革、是发展，听政殿北有寝宫、南有官署的布局，是继承了"前朝后寝"制度。宫城正殿文昌殿中轴线与全城中轴线是吻合的，这也是遵循了营国制度中以宫为中心的传统。

因此，曹魏邺城唯一宫城的形成、全城中轴线的形成以及宫城正殿与全城中轴线的统一，它为中国都城规划的发展演变注入了活力，并为此后历代都城所继承。

（四）铜爵三台建筑群

曹魏邺城的都城规划中建设铜爵台、金虎台和冰井台三个高台式建筑群，成为其都城营造的一个特点。

关于记载铜爵台、金虎台和冰井台的文献主要见于左思《魏都赋》的李善注[1]、郦道元《水经注》等，在《魏都赋》中有这样的描绘："飞陛方辇而径西，三台列峙以峥嵘。亢阳台于阴基，拟华山之削成，上累栋而重霤，下冰室而沍冥。"张载注曰："铜爵园西有三台，中央有铜爵台，南则金凤台，北则冰井台。"参考《三国志·魏书》等文献，铜爵台建于建安十五年（公元 210 年），"爵"与"雀"相通，故也称为铜雀台；金虎台建于建安十八年（公元 213 年），十六国后赵时期为避皇帝石虎之讳，改"金虎台"为"金凤台"；冰井台建于建安十九年（公元 214 年）。在三个高台建筑中铜雀台最为高大，达十丈高，其余二台均为八丈。关于上面的建筑，金虎台有屋百九间，铜雀台有屋百余间，冰井台有屋百四十五间。其中又以冰井台建筑和功能较为特别，冰井台上有冰室，室内有数井，用来保存冰和石墨，此外冰井台还有粟窖和盐窖。三台之间，做阁道如浮桥，阁道施则三台相通，废则中央悬绝。铜爵三台的军事堡垒功能可见一斑，这也是与三国时期战争频繁形势密切关系的。曹魏邺城的防卫系统包括了通过考古工作确认的城墙、城门和城墙上的高台建筑等，其中独具特色的就是沿城墙建筑的三个高台建筑群。

铜爵三台遗迹位于今临漳县三台村之西、邺镇村之北，是目前曹魏邺城遗址仅存于地面的遗存。三台基址西侧流沙层极深，距地表深约 8 米处依然为沙层，这里应是漳河改道河水切割冲刷所致，故现存三台基址之西侧均被冲毁或破坏。

金虎台居三台最南，推测位于西城门金明门之北、西城墙之上，其夯土台基目前保存

---

〔1〕 高步瀛：《文选李注义疏》卷六，中华书局，1985 年。

较好，台基南北 120 米，东西 71 米，高 12 米（图版 1-1）。台基西侧立面夯土陡峻，夯层明显可见，能够观察到的夯层厚度约为 12 厘米。台基东侧呈现两个大的台阶状，一般认为位于中腰部的台面，是自然破坏和人为破坏的结果。但也不应排除是有意而为之的遗留，即可能高台面向城内的立面呈现高低错落的几个层次，不同台面有建筑物，共同构成金虎台建筑群。当然，具体情况需经全面发掘才能确定。

铜爵台位居三台中间，南距金虎台 83 米。铜爵台已被严重破坏，仅存台基东南角，夯土台基现存南北 50 米，东西 43 米，高 4～6 米。

冰井台则完全被漳河的洪水吞噬殆尽，具体位置迄今无法确认。

铜爵三台之所以举世闻名，不仅仅是因为它的军事功能，更重要的是这巍峨宏伟的宫殿建筑群在中国建筑史上留有一席之地，在这里，文学家曹植等留下了不朽的文学佳作；在这里，蔡文姬的胡笳十八拍旋律萦绕于殿阁楼宇之间。三台建成之初，曹操在台上宴飨群臣，曹操命其子和群臣当场赋诗赞美三台。曹植才思敏捷，出口成章："建高门嵯峨兮，浮双阙乎太清；立中天之华观兮，连飞阁乎西城；临漳水之长流兮，望园果之滋荣……"三台建筑和其东侧紧邻的皇家园林铜爵园相辅相成，引发了文学家们的无限遐思。

根据考古勘探试掘，推断铜爵园位置应在金明门至建春门东西大道之北、宫城之西，西抵铜爵三台、北达北城墙的范围内，这一范围内曾发现有若干夯土基址。《魏都赋》中有这样的描述："右则疏圃曲池，下畹高堂，兰渚莓莓，石濑汤汤。弱菱系实，轻叶振芳。奔龟跃鱼，有瞟吕梁。驰道周曲于果下，延阁胤宇以经营。"

东汉末年，曹操依托铜爵三台和宫城西侧铜爵园的美景，时常宴享宾客。当时文学家们留下了《公宴诗》，对曹操宴请宾客的活动进行了文学描绘。这其中也包括了建安文学的代表人物"建安七子"王粲、陈琳、应玚、刘桢、徐干等人。刘桢的《公宴诗》中写道："辇车飞素盖，从者盈路旁。月出照园中，珍木郁苍苍。清川过石渠，流波为鱼防，芙蓉散其华，菡萏溢金塘。"建安文学在中国古典文学史上具有重大影响，其代表人物曹氏父子三人（曹操、曹丕、曹植）与建安七子等人之间意趣相投，亲密无间，他们饮酒赋诗，慷慨言志。这个时期建安文人频繁的聚会，直接促进了建安文学的发展与繁荣。有的学者认为，这里酝酿了中国文学史上最初的文人集会，邺城铜爵园林、三台胜景激发了东汉末期文学家们思想的萌动，他们遗留下的崇尚自然、直抒真情的诗篇成为永恒。

（五）平面布局特征

曹魏邺城的平面格局整齐、空间规划合理。南起中阳门大道的中轴线是全城规划的核心，这种早已运用于中国传统建筑的中轴对称规划思想，第一次在都城规划中全面地实施，曹魏邺城中唯一的东西大道把全城划分为南北两区，北区突出政治空间功能，该区域中央规划出全城唯一的宫城，西侧为皇家园林铜爵园，东侧则有戚里等勋贵住宅区等；南区突出经济功能和日常生活功能。城内不同功能空间呈现对称、均匀的格局。

曹魏邺城的都城规划严谨合理，创立了贯穿全城中轴线的规划思想；确立了都城单一宫城制度；设计、建设的道路网络，分割出形态规整、功能有别的不同形态空间。中轴对称、单一宫城、功能区分这三项规划设计理念，为以后历代都城所沿袭。

二　东魏北齐邺城（邺南城）

永熙三年（公元 534 年）北魏分裂为东魏、西魏，大丞相高欢立年仅 11 岁的元善见即帝位，即东魏孝静帝，同年 11 月迁都邺城。这是邺城在前燕王朝灭亡 160 余年后再为国都，邺北城此时已经残破，加之自洛阳迁来"户四十万"之众，都城的扩建、新建非常紧迫[1]。天平二年（公元 535 年）在曹魏十六国邺城之南增筑南城，"其规模为东西六里，南北八里六十步"[2]，又称为邺南城。据考古调查钻探，邺南城内城呈长方形，东西宽 2800 米，南北长约 3460 米（图 1-15）。东、南、西城垣为新筑，北垣借用邺北城之南垣。邺南城的营构由尚书令右仆射高隆之负责，主要参与施工设计的还有辛术、李业兴、张熠等人，邺南城的建设规划"上则宪章前代，下则模写洛京"[3]，其中北魏洛阳不但被"模写"，其宫殿的建筑材料等还拆运到邺南城使用。参与过北魏洛阳城建设的设计者们，在新建的邺南城时，因较少受到旧城之局限，故邺南城都城规划（图 1-16），比北魏洛阳城更能充分表达设计者们的意图，因此邺南城的布局亦更加规整完善。

（一）城墙、马面、城门、护城壕等设施

邺南城内城呈长方形。其城墙均系黄土夯筑，东、南、西城垣为新筑，且新筑城垣并非直线，而是有几处曲度。城墙东南角、西南角的拐角呈圆角形状，形制新奇。城墙宽约 7～10 米。出于防御目的，东、南、西城垣外侧均匀地分布着马面设施，现共钻探出 50座。内城东垣外马面的间距一般为 85 米左右，南垣、西垣外马面的间距一般为 95 米左右。马面的平面呈长方形，宽约 18 米，凸出城墙的长度约 12 米。

据记载，新筑城门 11 座，即东、西城墙各四城门，南城墙三城门[4]。南垣正中为朱明门，其东为启夏门，其西为厚载门；东垣自南而北为仁寿门、中阳门、上春门、昭德门；西垣自南而北为上秋门、西华门、乾门、纳义门。此外北垣城门系沿用原邺北城南垣的三个城门，中为永阳门，东为广阳门，西为凤阳门。经考古钻探，全城的 14 座城门的位置基本得以确定。在诸城门中南垣正中的朱明门规格最高、气势宏伟，其"东西二十四门，朱柱白壁，碧窗朱户，仰宇飞檐，五色晃耀……"[5]通过1986 年的发掘，了解了其规模结构（图 1-17；图版 6），朱明门为三门道，城门外两侧有高大的阙楼。

邺南城内城的城墙外环绕有护城壕，基本与城墙平行，与东、南城垣距离约 120 米，

---

〔1〕《北齐书·神武帝纪》。

〔2〕 明·崔铣：《嘉靖彰德府志·邺都宫室志》，《天一阁藏明代方志选刊》第 45 册，上海古籍出版社，1964 年；上海古籍出版社，1982 年影印。

〔3〕《魏书·李业兴传》。

〔4〕 明·崔铣：《嘉靖彰德府志·邺都宫室志》，《天一阁藏明代方志选刊》第 45 册，上海古籍出版社，1964 年；上海古籍出版社，1982 年影印。

〔5〕 明·崔铣：《嘉靖彰德府志·邺都宫室志》，《天一阁藏明代方志选刊》第 45 册，上海古籍出版社，1964 年；上海古籍出版社，1982 年影印。

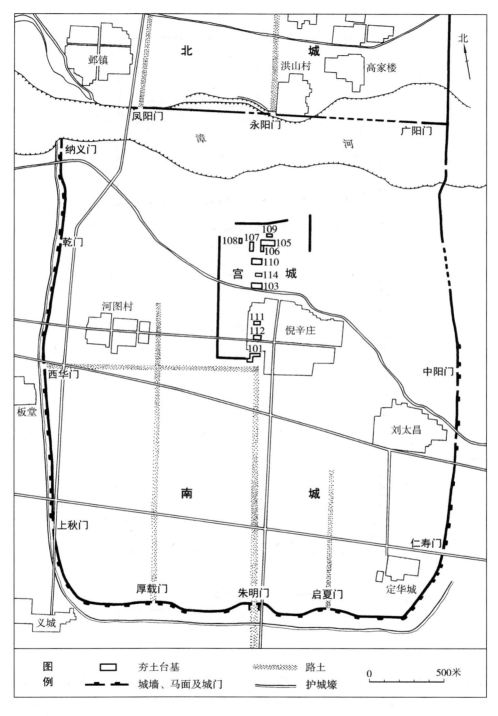

图 1-15　东魏北齐邺城（邺南城）平面图

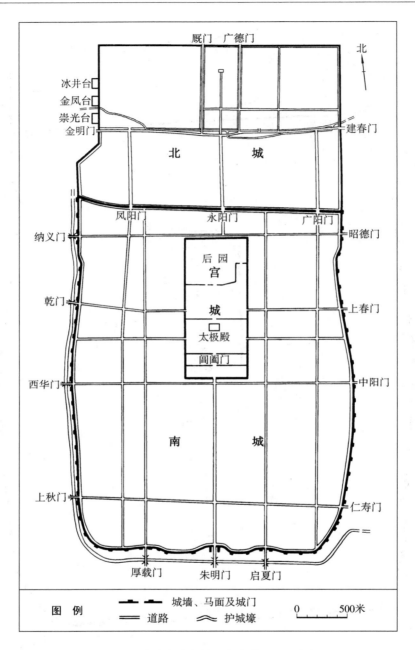

图1-16 东魏北齐邺城（邺南城）平面复原图

与西城垣距离较近，约28米。护城壕现存宽约20米，深约1.8米。在东南、西南隅的护城壕内岸与城墙平行呈圆弧形，其外岸近方形，于是在这两处分别形成宽达百米以上的水面，具有较大的蓄水能力。

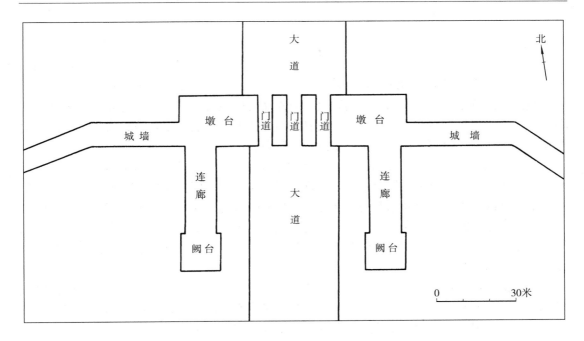

图 1-17　东魏北齐邺城（邺南城）朱明门遗址平面复原图

在建造邺南城时曾有一神龟的传说，据记载[1]，建造邺南城时，挖到一个大逾方丈的神龟，于是被认为这是一种吉象，城垣便筑成了龟形。这一晚期文献记载已无从印证，或许是一种附会之说，但缓曲、圆角的邺南城外形确实很像龟形。这种与龟形相近的城垣以及马面、护城壕等构成了邺南城坚固实用、特色独具的防卫体系。

1986 年发掘的邺南城正南城门朱明门遗址，使我们更加肯定已知邺南城的性质属于内城，朱明门遗址规模宏伟，它是全城唯一建有双阙楼的城门，同时朱明门的建筑形式在双阙楼式城门演变中具有重要的意义。邺南城使用阙楼的城门仅见于正南城门朱明门，其形式不再属于独立式双阙楼，城门和阙楼由行廊连接为一体，构成连体式双阙楼城门。东西阙楼相距 56.5 米，行廊长约 34 米，东西阙楼的台基约 15 米见方。城门夯土台基的整体范围东西达 84 米，南北约 70 米。朱明门前形成一个由阙楼和城门三面围合的空间，面积近 2800 平方米，既增强了城门的防卫功能，又突出了内城正南城门的礼仪功能。

纵观南北朝以前的历代都城，郭城城门外侧尚无设置双阙楼的实例，从东魏北齐邺城以后历代都城中连体式双阙楼城门使用情况进行逆推，也可以进一步认识朱明门的建筑形式所独具的封建礼仪，这也是进而推知已知的邺南城属于东魏北齐邺城内城的证据之一。

---

[1]　明·崔铣：《嘉靖彰德府志·邺都宫室志》，《天一阁藏明代方志选刊》第 45 册，上海古籍出版社，1964 年；上海古籍出版社，1982 年影印。

（二）道路

邺南城内城道路交通系统亦采用了传统的经纬垂直网络形式。在该道路网络中，以全城中轴线——朱明门大道为纵向基轴，西华门至中阳门大道的东西大道为横向的轴线，两条轴线的交点位于宫城正南门外，同时这一交点还是内城的正中心。在此处发现大面积的路土，这里应当是宫城前广场，这一空间具有明显的礼仪功能，是隋唐长安城宫前广场的祖型。邺南城内城道路是以此为坐标系进行规划设计的。

根据文献记载的城门，推测东魏北齐邺城应有南北大道 3 条，东西大道 6 条，即内城有 9 条主要大道。目前根据钻探发掘，已确认了 6 条大道，即南北向的朱明门大道、启夏门大道、厚载门大道，以及东西向的上秋门至仁寿门大道、西华门至中阳门大道、乾门大道。东西大道中的上春门大道、纳义门大道、昭德门大道尚未发现。在已发现的大道中朱明门大道规模最大，其现存长 1920 米，宽约 38.5 米。其他大道现存宽度一般为 6～11 米。

邺南城内城道路以朱明门大道为中轴线基本东西对称，西华门至中阳门大道将内城对等分为南、北两部分，北半部主干道路密度高于南半部。内城大道笔直通达，道路网络整齐。文献还记载，朱明门大道两旁植大槐树，十步一株，树木茂盛阴翳，树下沟渠流水汤汤。这条大道向北的延长线上有止车门、端门、阊阖门、太极殿、朱华门、昭阳殿、五楼门等重要的宫城建筑，形成全城中轴线。从朱明门大道的规划设计，也可以窥视设计者将全城中轴线置于最重要的地位。

（三）宫城

邺南城宫城位于中部偏北，据《邺中记》记载，其"东西四百六十步，南北连后园，至北城，合九百步"。宫城大半处于漳河河道中，夯土基址上覆盖着很厚的流沙，为详细了解其布局带来困难。经钻探已知，宫城东西约 620 米，南北约 970 米。宫墙亦为夯土建造，宽约 7 米。东宫墙破坏较严重，东、南、西宫墙的走向呈直线，北宫墙的东段向北偏折。正南宫门的位置已经确定，在南宫门外有大面积的路土，推测为宫城前广场[1]。宫城内发现建筑基址约 15 座，其中 5 座位于南宫门正北面，整齐地排列为一条直线，在此直线上的 103 号基址恰恰是宫城的正中心，其东西长 80 米，南北宽 60 米。宫城面积不到内城面积的 1/10。

结合文献记载，对已经钻探到的宫城内建筑基址可以进行复原（图 1 - 18）。现已钻探出的南宫门即是止车门，其形制比较特殊，似为连体式双阙楼宫门。103 号基址的面积巨大，它的位置不仅居于宫城正中央，而且它与 111 号基址之间有宽广的空间可以利用，因此推测 103 号基址即宫城正殿太极殿，其南为举行大典朝会的殿前广场。110 号基址是邺南城中轴线上最北端的宫殿建筑，它的面积与 103 号基址相同，亦为东西长 80 米，南北

---

〔1〕　中国社会科学院考古研究所、河北省文物研究所　邺城考古工作队：《河北临漳县邺南城朱明门遗址的发掘》，《考古》1996 年第 1 期。

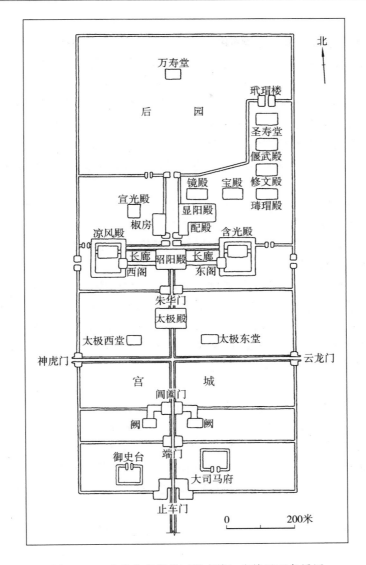

图 1-18　东魏北齐邺城（邺南城）宫城平面复原图

宽 60 米，故该建筑应是昭阳殿。再北面的建筑基址布局比较自由，可能属于内寝区。

邺南城宫城平面布局对称，宫城正殿中轴线、宫城中轴线与内城中轴线完全吻合，宫城正南城门、宫城前广场、内城正南城门连体式双阙楼的朱明门均坐落在中轴线之上，都城的中轴线成为全城规划的核心，新设计的宫前广场和朱明门的建筑形式等都体现出中轴线上建筑物唯一、至尊的最高封建礼仪，并对历代都城产生了深远的影响。邺南城的都城规划将宫前广场置于内城的正中心，将太极殿置于宫城的正中心，显然在规划中宫城是内城的核心区，而太极殿作为封建集权的标志又成为核心区的重心。这种规划思想无非一次又一次地强调邺南城都城空间中至高无上的封建皇权。

（四）外郭区的考古遗迹与遗物

有关东魏北齐邺南城郭城虽无明确的记载，但某些零星的文献记载也值得注意。如文献记载中提及，东市位于东郭，西市位于西郭；其中东市的位置和邺南城石桥的位置在文献中还可互证。石桥在"王城东五里……元象二年（公元 539 年）仆射高隆之造。当时以桥北为东市，即古万金渠也"[1]。这里的"王城"应当指的是东魏北齐邺城之内城，石桥之北的东市则西距内城为五里，内城以西五里与东市对称的区域很可能有西市。邺南城东西市的格局，渊于北魏洛阳城大市、小市的布局，而隋唐长安城的东西市的布局则应直接承袭了邺南城。

东魏北齐邺城里坊的坊名已无文献记载，但通过历年出土墓志还可以了解到 50 余个里坊的名称。特别是发现的一些佛教遗迹、遗物，为确定郭城的存在提供了重要资料（图 1-19），因此至少可以推定，东魏北齐邺城存在承载大量都城人口的外郭区[2]。

1. 散见遗物出土地点

近年来在邺南城内城周边出土的遗迹、遗物，为我们确定郭城的存在及分布范围提供了极大的启示。邺南城时期佛教极其兴盛，邺城范围内的佛寺竟达近 4000 所，因而出土的佛教遗物也很多。1980 年在邺南城内城西的栗辛庄村东出土一尊佛像，该出土地点距内城东南角约 2800 米。这是一尊高 95 厘米的一佛二菩萨汉白玉雕像，同时出土的还有邺南城时期的莲花瓦当、常平五铢等[3]。

在邺南城内城南张彭城村西曾同时出土 3 尊石佛造像，其中一尊有"武定四年"（公元 546 年）的纪年铭文。该出土地点位于朱明门南约 450 米处[4]。

在内城西墙外的河图棉站西曾同时出土了 12 尊石佛造像，其中 4 件有"天保""河清""天统"等北齐年号。这一出土地点距西墙仅 100 余米[5]。

1985 年于内城西上柳村附近出土了 8 件铜佛造像，其中 7 件为鎏金铜佛。出土地点西距内城西墙约 1500 米，此后对出土地点及其附近进行了考古钻探，发现有夯土基址，或许与寺院遗迹有关[6]。

除了出土佛教遗物的地点以外，以下的一些地点也值得重视。

20 世纪 70 年代在西太平村西北在农民取土时，大量出土了东魏北齐时期的瓦片，其中有莲花瓦当、兽面瓦等。兽面瓦长约 33 厘米，宽 27 厘米。该地距内城西墙约 3100 米，

[1] 明·崔铣：《嘉靖彰德府志·邺都宫室志》，《天一阁藏明代方志选刊》第 45 册，上海古籍出版社，1964 年；上海古籍出版社，1982 年影印。
[2] 朱岩石：《鄴城における皇家園林機能と意義》，《国学院大学大学院紀要》，第 29 辑，1997 年。
[3] 河北临漳县文物保管所：《河北邺南城附近出土北朝石造像》，《文物》1980 年第 9 期。
[4] 河北临漳县文物保管所：《河北邺南城附近出土北朝石造像》，《文物》1980 年第 9 期。
[5] 河北临漳县文物保管所：《河北邺南城附近出土北朝石造像》，《文物》1980 年第 9 期。
[6] 中国社会科学院考古研究所、河北省文物研究所　邺城考古队：《河北临漳邺城遗址出土的北朝铜造像》，《考古》1992 年第 8 期。

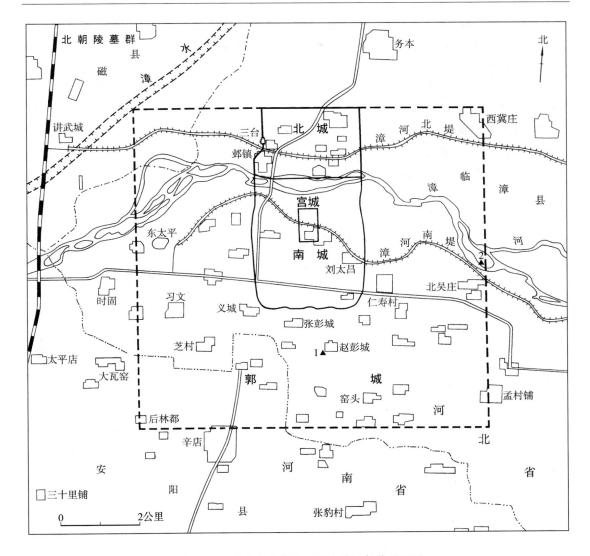

图 1-19　东魏北齐邺城（邺南城）郭城平面图
1. 赵彭城北朝佛寺遗址　2. 北吴庄佛教造像埋藏坑

这一地点在邺南城时应有规格较高的建筑[1]。

　　1971 年在内城东南的赵彭城村东平整土地时，发现了排列整齐的柱础石，其中最大的石柱础上圆下方，边长为 120 厘米，高 57 厘米。同时还出土有大量东魏北齐时期的瓦片[2]。

　　1994 年为配合京深高速公路工程，在邺南城西约 500 米处、全长 4300 米的南北一线

[1]　河北省临漳县文物保管所：《邺城考古调查和钻探简报》，《中原文物》1983 年第 4 期。
[2]　河北省临漳县文物保管所：《邺城考古调查和钻探简报》，《中原文物》1983 年第 4 期。

进行了钻探和发掘，在钻探发掘中了解到丰富的东魏北齐遗迹，内城西墙西部包括有夯土台基式建筑（官衙?）、道路、水渠、砖瓦窑等遗迹，内城西南部出土了陶器作坊、砖瓦窑以及道路遗迹等[1]。

2002 年发现赵彭城北朝佛寺遗迹。当地人称之为"曹奂冢"，后经发掘确认该夯土台实际为东魏北齐佛寺塔基。

2. 赵彭城北朝佛寺遗址

位于邺南城南郭城区中轴线东侧，北距正南城门朱明门约 1000 米。

2002 年，邺城考古队首先勘探和发掘了佛寺塔基遗迹（图 1-20），塔基遗迹位于赵彭城村西南 200 余米处[2]。

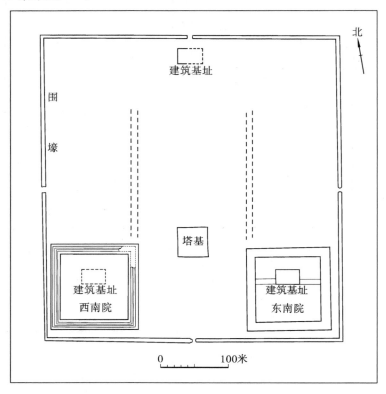

图 1-20　东魏北齐邺城（邺南城）赵彭城北朝佛寺遗址平面图

2003～2004 年，围绕佛寺塔基，勘探和试掘了寺院外部围壕、西南院四周廊房式建

〔1〕　贾金标、赵永洪：《邺城遗址及墓群的发掘》，《中国考古学年鉴（1995）》，文物出版社，1997年。

〔2〕　中国社会科学院考古研究所、河北省文物研究所　邺城考古队：《河北临漳县邺城遗址东魏北齐佛寺塔基的发现与发掘》，《考古》2003 年第 10 期。

筑遗迹等[1]。2010年，勘探和试掘了寺院围壕的东通道及东南院东、西、北三处廊房式建筑遗迹。2011～2012年，全面揭露了佛寺东南院北部大型建筑遗迹和围壕南通道，并试掘了东南院南侧廊房式建筑遗迹及寺院中轴线北部大型建筑遗迹[2]。

通过历年工作，赵彭城北朝佛寺独特的平面布局与形制逐渐呈现出来：寺院坐北朝南，以边长450米左右的方形围壕界定了寺院范围。高大的方形木塔位于正方形寺院中轴线的中央偏南。寺院东南隅和西南隅各有一座平面近方形大型院落，院落由廊房式建筑围合，边长约117米，院落中央偏北均发现大型殿堂式建筑基址。自东南院落西北角、西南院落东北角向北，各有一组夯土建筑向北延伸，分列于塔基之东西两侧。塔基正北方、寺院中轴线近北端发现一处大型殿堂式建筑。经考古勘探，在寺院北部还发现了小规模的夯土建筑基址、路土遗迹、灰坑等。赵彭城北朝佛寺，整体格局中轴对称，呈现出以佛塔为中心、多院落、多殿堂的布局特征。

（1）佛塔

地面残存有部分夯土，残高约4.5米[3]。

塔基（图1-21；图版7）包括地面以上的夯土台基和地下的夯土基槽，两部分主要为夯土、少量辅以砖石构筑，平面均呈正方形。当时地面之上的台基部分，受到后期较严重的破坏，但其形制基本可以复原；当时地面之下的基槽部分，除舍利砖函被盗掘外，其余部分保存完好。

佛塔台基部分现存有：塔心实体与台基夯土、台基南侧斜坡踏道、台基南侧砖铺散水等。塔心实体与台基夯土上残存有柱础石、柱础坑、承础石、刹柱础石等遗物、遗痕。柱础石仅发现2个残块，为方座覆盆式；可确认的置放础石的柱础坑共计10处；与柱础坑对应的正下方一般有承础石；夯土台基保存最高处有一盗坑，在深约3.5米的坑底发现了刹柱础石，刹柱础石底座近正方形，上部为覆盆形，边长约1.2米。台基南侧有斜坡踏道，并处于塔基南北中轴线之上，宽约2.3米，两侧包砖。斜坡踏道两侧有砖铺散水，散水南北宽度约3米。

根据上述遗物、遗痕可以复原佛塔的柱网结构和台基构造。赵彭城佛塔台基为正方形，推测台基边长约30米。佛塔台基以刹柱础石为中心，可以确认3圈同心正方形分布的柱网，柱础石间距均一，础石中心之距离约4米。

据此推测：该佛塔应为面阔7间、进深7间的方形木塔，佛塔台基有青石栏干、砖石包边，四面中央设踏道。赵彭城佛寺塔基总体结构与洛阳北魏永宁寺塔基结构非常相似。

当时地面以下的基槽部分有佛塔夯土地基和瘗埋舍利的砖函。佛塔夯土基槽为正方形，边长约45米，深约6米。基槽夯土的夯层坚实、均匀，近底部用卵石层和夯土层交

[1]　中国社会科学院考古研究所、河北省文物研究所　邺城考古队：《河北临漳县邺城遗址赵彭城北朝佛寺遗址的勘探与发掘》，《考古》2010年第7期。

[2]　中国社会科学院考古研究所、河北省文物研究所　邺城考古队：《河北邺城遗址赵彭城北朝佛寺及北吴庄佛教造像埋藏坑》，《考古》2013年第7期。

[3]　中国社会科学院考古研究所、河北省文物研究所　邺城考古工作队：《河北省临漳邺城遗址东魏北齐佛寺塔基遗迹的发现与发掘》，《考古》2003年第10期。

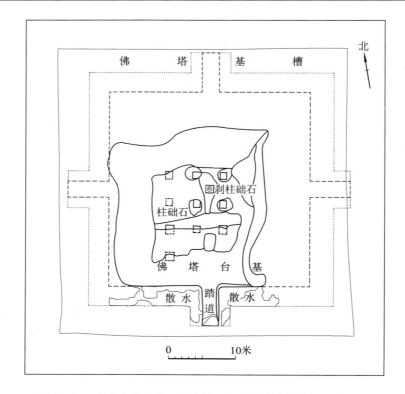

图 1-21　东魏北齐邺城（邺南城）赵彭城北朝佛寺塔基平面图

替构筑。在夯土基槽最上层、塔基刹柱础石的正下方，建造有与瘗埋舍利宝物相关的砖函，砖函近正方体，长、宽、高均约 70 厘米。赵彭城佛寺塔基的两个早期盗洞的终点都是砖函，砖函内遗物被洗劫一空，砖函也被部分破坏。

（2）寺院围壕

寺院的四至边界以壕沟环绕。壕沟截面呈倒梯形，口大底小，沟边较陡，无包砌痕。上口宽 5～6 米，保存深度不等，保存较好处还深达 3 米左右，壕沟内地层包括多层灰褐色淤土和废弃后填土，部分沟边还可见到垮塌痕迹。围壕西南角呈直角拐弯。东、南、西、北围壕的中点设有通道，原来此处可能敷设管道沟通两侧壕沟的蓄水。如南围壕正中的通道经发掘发现，通道中部现存一条不规则长方形浅沟，可与东、西两侧寺院围壕连接，两侧围壕保存较好，沟内均有多次淤积痕迹，近沟底处还发现有较多呈一定规律的陶瓦片堆积。虽该通道破坏严重，但推测其为下部埋设管道的路桥式通道，复原宽约 7 米；寺院正南通道附近暂未发现门址等建筑迹象。

围壕内地层的出土物为残碎的砖瓦、莲花瓦当、灰陶片、青瓷片等，没发现晚于北朝晚期的遗物。根据地层和出土遗物，确认了壕沟的时代属性和作为寺院外围界限的功能。

（3）东南院、西南院及相关建筑遗迹

东南院

平面近方形，四面由各长约 117 米的廊房式建筑围合而成，院落中轴线北部有一座大型殿堂式建筑，其两侧通过连廊式建筑与四周廊房相连。该大型殿堂式建筑基址东西长36.6米，南北宽23.4米。

殿堂式建筑

由地上夯土台基和地下夯土基础两部分组成。地上台基部分破坏较严重，夯土台基尚有部分残留，但未发现柱础石或础石坑遗留。地下夯土基础，由四周呈"回"字形的边框夯土和中部六道南北向平行的条形夯土构成，每道条形夯土宽2.5～3.5米，计入边框东西两侧的夯土基础，可视为东西向排列有八道条形夯土，显然条形夯土应与地上柱础位置相对应，故推测该建筑原为面阔七间的大型殿堂。该建筑基址东西两侧的南半有连廊式建筑向东、西延展，并与东南院的东、西廊房相连接。连廊式建筑东西长约28米，南北宽约7.5米，仅存地下夯土基础部分。连廊基础由两道宽2～2.5米的条形夯土构成，西连廊南北两侧也发现了对称分布的11个柱洞，相邻柱洞间距4.5～6米。

四周廊房建筑

东南院四周的建筑遗迹大多仅存夯土基础部分，仅个别区域还保存了部分地上夯土台基。夯土基础结构比较特殊，是由2～4道平行条形夯土基槽组合而成。综合发掘数据，发现东南院四周建筑的夯土基槽组成情况虽有数量差异，但内外两道夯土基槽的外边缘距离均接近13米，且呈现出较一致特征：内外侧夯土基槽较宽深，夯层明显，夯土质量较好；中间夯土基槽则较窄浅，夯土硬度、密度略差。根据条形夯土的数量、深度和跨度，初步推测其结构为进深3间的廊房式建筑。另考虑到西南院廊房范围内出土有较多的陶瓷碗、瓶、豆盘类生活用品，可以认为东南院与西南院同为北部中央建大型佛殿、四周环绕僧房及廊道的建筑群[1]。

西南院

经过了小面积试掘，该院落平面呈正方形，四边由长约110米的建筑围合而成；院落北部中央勘探发现一座大型夯土建筑遗迹，其建筑格局、体量等应与东南院完全对称。

（4）寺院中轴线北端大型建筑基址

2012年在赵彭城北朝佛寺中轴线北端、南距塔基约240米处，发现一处大型夯土建筑基址，这是塔基以北寺院中轴线上目前发现的唯一大型建筑基址。

经局部发掘，可知该建筑由地上夯土台基和地下夯土基础两部分组成，原地面之上的长方形夯土台基已被严重破坏；地面以下的夯土基槽保存完整，其东西长约38米，南北宽约24.2米；台基边侧发现残留铺砖痕迹。

寺院中轴线北端大型建筑基址的规模、建造技术等方面与东南院中央大型建筑基址基本一致，显示了同时代、同等级的特征，这一建筑在赵彭城北朝寺院中应具有重要的功能。

3. 北吴庄佛教造像埋藏坑

早在2004年，邺城考古队曾在东郭城区、今漳河主河道内抢救清理出若干汉白玉佛像残块，并在常巷村一线勘探寻找东郭城墙痕迹，最终无突破性进展。2012年1月上旬，邺城考古队在习文乡北吴庄村北漳河滩沙地内发现了埋藏佛教造像的遗迹，经抢救发掘出

---

[1]　中国社会科学院考古研究所、河北省文物研究所　邺城考古队：《河北临漳县邺城遗址赵彭城北朝佛寺遗址的勘探与发掘》，《考古》2010年第7期。

土了大量佛教造像。北吴庄佛教造像埋藏坑位于东魏北齐邺南城内城东城墙东约 3 公里处，即邺城考古队研究推测的东郭城区内。

埋藏坑内出土佛教造像数量众多，测量并编号的出土佛教造像共 2895 件（块），另有造像碎片 78 袋，数量近 3000 块（片）。出土造像绝大多数为汉白玉造像，极少数为青石造像和陶质造像，埋藏之初佛像堆放密集，佛像之间未有明显分层或用土间隔的迹象，因此其中部分汉白玉佛像在坑内被挤压碎裂。

经初步整理和统计，这批造像的年代绝大多数为东魏北齐时期，个别为北魏晚期和隋唐。除河北地区常见的中小型白石背屏式造像外，还有部分体型在 120 厘米以上的中大型单体圆雕像。此次发现造像数量众多，造型精美，题材丰富。部分造像表面还保留着绚丽的贴金彩绘。最重要的是：有题记的造像达 230 件左右，为研究邺城地区北朝佛教造像的分期，以及题材和样式的演变提供了可靠的标尺[1]。邺城佛教初兴于十六国后赵时期，西域高僧得到后赵皇室的特别尊崇，东魏北齐时期达到顶峰。邺城"都下大寺略计四千，见住僧尼仅将八万……"这批资料显示出邺城佛教具有独自而深远的传统，从佛寺格局到造像样式，上承北魏佛教，下启隋唐宗派，形成了"邺城模式"[2]，在中国佛教史上占据着极其重要的地位。

（五）平面布局特征

邺南城作为东魏北齐都城的时候，邺北城同时也在使用。东魏北齐邺城的都城规划继承了曹魏邺城中轴对称、单一宫城、功能区分这些规划设计思想，同时还直接受到北魏洛阳城的影响，成为由宫城、内城、郭城构成的三重结构都城。当然，东魏北齐邺城郭城还需要最终在田野考古上发现、确认。

东魏北齐邺城人口众多，文化面貌多元，西方文化因素、佛教艺术等影响深远。东魏北齐邺城是东西文化交流大通道丝绸之路上的重要节点，东魏北齐时期，丝绸之路北线经平城（今山西大同）继续向东北亚地区延伸，中线则经敦煌、长安到达洛阳等重要都市，邺城作为国都正处于连接两条丝路的南北通道之上。这里水陆畅衢，经济繁荣，商业发达，在社会生活中也体现出东西文化交流和南北民族融合的特色。邺城都城的营造，前承秦汉，后启隋唐，是中国古代都城发展史上的里程碑之一。

第三节　三国吴至南朝建康城

建康城遗址是三国孙吴、东晋和南朝宋、齐、梁、陈六朝的都城遗址，位于江苏南京。三国吴黄龙元年（公元 229 年），孙权在武昌（今湖北鄂州）称帝后还都建业（今江苏南

---

〔1〕　中国社会科学院考古研究所、河北省文物研究所　邺城考古队：《河北邺城遗址赵彭城北朝佛寺及北吴庄佛教造像埋藏坑》，《考古》2013 年第 7 期。

〔2〕　何利群：《从北吴庄佛像埋藏坑论邺城造像的发展阶段与"邺城模式"》，《考古》2014 年第 5 期。

京），开始对建业城进行都城建设。公元 311 年，永嘉之乱后，晋室南迁，司马睿在建康[1]建立东晋政权。东晋初期仍沿用孙吴旧城，到晋成帝咸和五年（公元 330 年）才开始在建业城的基础上重新进行都城规划和建设。此后南朝宋、齐、梁、陈四朝则均因袭东晋建康城，并相应进行了一些建设与改造。隋开皇九年（公元 589 年），韩擒虎、贺若弼率军攻破建康，俘获陈后主，陈朝灭亡。在占领建康后，为了削弱其政治地位和军事地位，破除王气，隋文帝对建康城池宫阙"诏并平荡耕垦"[2]，至此作为都城长达 320 余年的六朝建康繁华殆尽。

六朝建康城的都城建设开始于孙吴时期。孙吴都城"周二十里一十九步"[3]，早期宫城以太初宫为主，后期增建昭明宫、苑城以及中央官署等。东晋南朝建康城因袭孙吴之旧，增辟城门，新建宫城（又称台城），逐步形成宫城、内城和外郭区环绕的三重城形式（图 1-22）。东晋南朝建康向来被视为汉族文化传统正朔之所在，是当时南中国的政治中心、经济中心、文化中心和军事中心，东晋建康城经过南朝诸王朝的改建、扩建而成为当时一流都市，对于北朝都城、隋唐都城都有深刻的影响，是研究中国古代都城时不可忽视的。

20 世纪初以来，以朱偰、蒋赞初、罗宗真、郭湖生等为代表的一些学者们曾结合实地踏查和文献记载，对建康城位置、范围和平面布局等问题进行过探讨[4]。由于历史上战争的破坏、现代大都市的叠压，建康城遗址的考古工作开展极为困难，迄今尚未能确定建康城遗址的准确位置、范围和城市平面格局。20 世纪 90 年代以后，伴随城市基本建设的大规模开展，建康城遗址考古工作有所突破，其中以 1999～2000 年发现钟山南朝祭坛类建筑遗存[5]和 2001～2008 年发现大行宫地区夯土城墙和道路等遗迹[6]最为重要。

为讨论研究之便，下文按外郭区、内城、宫城的顺序依次进行论述。

---

[1]　西晋末，为避愍帝（名司马邺）讳，改建业为建康。

[2]　《隋书·地理志》。

[3]　A. 唐·许嵩《建康实录》（中华书局，1986 年）卷七《显宗成皇帝》咸和五年条引《地舆志》。

　　B. 也有学者认为"二十里一十九步"的规模在孙吴时期并不存在，而是东晋成帝重建建康城时的规制，见张学锋的《六朝建康城的研究、发掘与复原》（《蒋赞初先生八秩华诞颂寿纪念论文集》第 287 页，学苑出版社，2009 年）。

[4]　A. 朱偰：《金陵古迹图考》，商务印书馆，1936 年；中华书局，2006 年再版。

　　B. 蒋赞初：《南京史话》，江苏人民出版社，1980 年；南京出版社，1995 年。

　　C. 罗宗真：《六朝考古》，南京大学出版社，1994 年。

　　D. 郭湖生：《六朝建康》，《建筑师》第 54 期，1993 年；《台城辩》，《文物》1999 年第 5 期。

[5]　A. 贺云翱：《南京钟山六朝祭坛建筑遗迹》，《2001 中国重要考古发现》，文物出版社，2002 年；《发现最早的地坛遗存——南京钟山六朝坛类建筑遗存》，《2000 年中国年度十大考古新发现》，生活·读书·新知三联书店，2005 年。

　　B. 南京市文物研究所、中山陵园管理局文物处、南京大学历史系考古专业：《南京钟山南朝坛类建筑遗存一号坛发掘简报》，《文物》2003 年第 7 期。

[6]　A. 王志高：《南京大行宫地区六朝建康都城考古》，《2003 中国重要考古发现》，文物出版社，2004 年。

　　B. 王志高、贾维勇：《六朝古都掀起盖头》，《中国文物报》2004 年 3 月 10 日第 1 版。

　　C. 南京市博物馆：《探秘——六朝建康城》，《中国文物报》2008 年 6 月 6 日第 8 版。

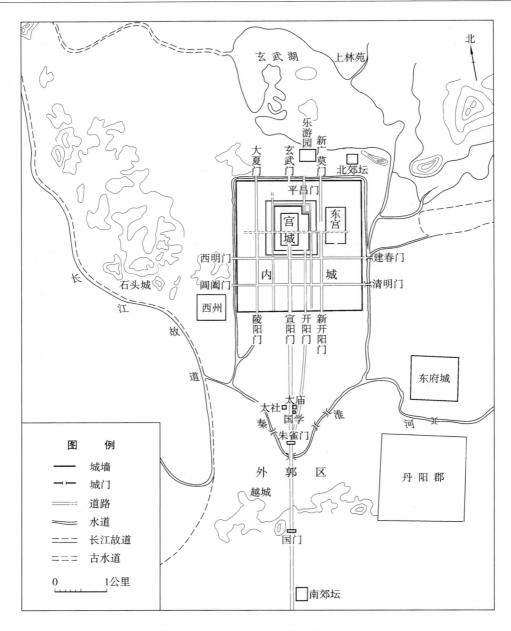

图 1-22　东晋南朝建康城平面复原图

一　外郭区

　　东晋南朝建康城的外郭城迄今尚未勘探确认。东晋在规划郭城时，一方面出于实际要求，另一方面继承了孙吴建业的某些传统，以全城规划轴线——御道为基准，在御道东设计了庙社、太学、东府城以及士大夫居住区等，这一区域突出了政府的色彩。御道西侧主要设置市场、手工作坊和居民闾里等，这一区域保持了郭城的传统功能。东晋建康城的外郭区的功能逐渐趋于综合性，它从传统的一般居民日常生活与经济活动空间逐渐向政治、文化、经济兼顾的空间转化，为革新传统的城郭分工规划概念，做出了新的探索。

东晋建康城在外郭区规划中有一值得注意的现象，即将庙社置于外郭区东西对称的位置，该区域具有单独的功能。这样的布局，在迄今为止的古代都城中尚无先例，属于东晋建康城都城规划的新尝试。与礼制建筑相关的还有：东晋成帝在覆舟山下建的北郊坛，在秦淮河南建立的太学等，在南郊建造的朱雀门和朱雀浮航则是礼仪功能和实用功能兼备的。此外，作为国家重要礼制建筑之一的明堂在孙吴和东晋时期均无建置。南朝刘宋孝武帝大明五年（公元461年）依太庙之制，"起明堂于国学南、丙巳之地"[1]，此后齐、梁、陈三朝相继因袭。2006年5月南京大学历史系及文化与自然遗产研究所的考古工作者在南京老飞机场南侧一建筑土堆中发现一批南朝砖瓦及其他遗物，其中部分砖上模印有"大明五年明堂壁"等铭文，经追查获知遗物出土地为市区中山南路东侧三山街"王府园"三期工程建设工地[2]。由于调查发现的砖铭纪年与文献记载相互对应，因此这一地点的发现为确定南朝明堂位置提供了重要线索。

由于建康城外郭区包括了具有政治功能、文化功能、经济功能、日常生活功能的空间，故有必要加强安全防卫。目前没有发现郭城城垣，但建康城周围分布的城邑及堡垒对外郭区具有拱卫之功能。秦淮河南岸的丹阳郡城、城北的白石垒等建造于孙吴时期，东晋安帝（公元397～418年）时在青溪桥东建造了东府城，以居宰相。此外还有冶城、越城等。这些城垒设施对建康城内城和宫城形成环卫之势，提高了建康城的防御能力。通过文献记载的历次建康战争，也可看出这些城垒的军事作用，其功能并不亚于郭城城垣。上述城邑、堡垒以内的范围就是外郭区。

南朝建康城外郭区的布局无显著变化，基本是在东晋建康城外郭区的基础上进行的改造和修筑。其中宋、梁两代的都城建设较多，在外郭区方面的主要建设有：在玄武湖北兴建上林苑；在覆舟山兴建乐游园并迁建北郊坛；大肆兴建佛寺；在越城之南建造国门等。

南朝建康城的外郭区具有浓郁的佛教特色，这是古代都城中为数不多的。孙吴时期在秦淮河南岸建造佛寺，此乃建康城佛寺兴盛的发端。东晋南迁，佛教逐渐流行，建康城佛寺数量亦随之增长。南朝佛教极为兴盛，佛寺建设亦与日俱增，几成为建康城市建设之重要项目，宋较东晋又发展了一大步，而梁代佛寺建设尤为风靡一时，因南朝佛寺建设繁盛，于是流传了"南朝四百八十寺"的说法，例如梁武帝曾敕拆除淮水南岸市侧民户数百家，以扩展瓦官寺，可见当时兴盛的佛教所具备的影响力，居然可以局部地改变建康都城规划。

在外郭区之外，还分布有郊坛、石头城、帝王陵寝和大型寺庙等重要建筑区。1999～2000年，南京市文物研究所等单位在南京市东郊钟山主峰南麓发现两处大型坛类建筑遗址和一处

---

〔1〕　A.《宋书·礼志》。

　　　B.《南史·宋本纪》。

〔2〕　贺云翱、路侃：《南京发现南朝"明堂"砖及其学术意义初探》，《东南文化》2006年第4期。

附属建筑遗址。三处遗址呈南北一线排列，绵延近 300 米，占地面积约 2 万平方米（图 1-23）。其中二号坛位于最北端，一号坛在二号坛正南，两坛平面距离约 20 米，附属建筑遗址位于一号坛南侧山坡上，北距一号坛南端约 50 米[1]。坛体均直接建造在山体基岩上或生土层上。一号坛为正南北向，平面近方形。北面依山，东、南、西三面各有 4 个坛层，每个坛层内外各被石墙所围护。主坛体内下部填以块石和碎石片，上部填以纯净的砂土和黄土。坛体表面用较纯净的土堆筑 4 个小台，各台略作方形覆斗状，4 个小台皆正南北向，中轴对称布置[2]。二号坛亦作正南北向，平面呈方形，总高 7.9 米。北面倚山，东、西、南三面以石块垒砌 5 道墙体，内填大小石片和黄土，主坛面东西长约 22 米，中部有一圆形大坑，坑底有人工砌石遗迹。附属建筑遗址顺坡而建，平面略呈长方形，南北长 119 米，东西宽 41～47 米，四面由东西 2 道石墙和上下 5 道挡土石墙构成，形成一个相对封闭的空间[3]。发掘出土遗物包括砖、板瓦、筒瓦、莲花纹瓦当、青瓷片和石雕莲花纹器座等。发掘者推测该遗址为刘宋孝武帝大明三年（公元 459 年）移建的北郊坛遗址，但也有一些学者提出了不同意见，如宋孝武帝大明七年（公元 463 年）新筑通天台[4]，元嘉十二年（公元 435 年）营建定林上寺、戒坛式土塔等[5]。

石头城位于南京城西清凉山一带。20 世纪

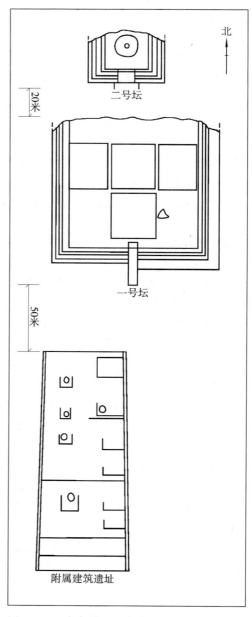

图 1-23　南京钟山坛类建筑遗址平面示意图

---

〔1〕 贺云翱：《南京钟山六朝祭坛建筑遗迹》，《2001 中国重要考古发现》，文物出版社，2002 年。

〔2〕 南京市文物研究所、中山陵园管理局文物处、南京大学历史系考古专业：《南京钟山南朝坛类建筑遗存一号坛发掘简报》，《文物》2003 年第 7 期。

〔3〕 贺云翱、王前华、邵磊、廖锦汉：《南京钟山六朝祭坛又获重大发现》，《中国文物报》2001 年 5 月 30 日第 1 版。

〔4〕 邹厚本主编：《江苏考古五十年》，南京出版社，2000 年。

〔5〕 张学锋：《论南京钟山南朝坛类建筑遗存的性质》，《文物》2006 年第 4 期。

90 年代，南京市文物研究所曾对石头城遗址进行考古调查和试掘工作。1998～2001 年，为配合清凉山石头城遗址公园的建设，南京大学历史系及文化与自然遗产研究所和南京市博物馆组成联合考古队在清凉山公园、国防园内进行考古勘探和发掘工作，发现六朝时期的城墙、砖砌护坡等，对石头城范围建立了比较清晰的认识。据初步工作了解到，石头城北垣长约 1100 米，东垣长约 650 米，西垣长约 820 米，南垣长约 450 米，周长合约 3000 多米，与南朝《舆地志》所载"环七里一百步（合 3194 米）"较为接近[1]。

二　内城

东晋迁都后，内城中的宫城沿用了孙吴旧宫。东晋建康城内城开设了六座城门，南垣三门，东、西、北城垣各一门，内城规模仍孙吴旧城，并未扩大。成帝时苏峻叛乱，宫室遭到毁坏。咸和五年（公元 330 年）在内城北半部中央略东的位置修建新宫——建康宫（亦称台城）。新宫部分利用孙吴时苑城，建为太仓。建康宫周回八里，较吴宫大，有二重宫垣，较孙吴太初宫的位置略偏东北，即位于内城建春门至西明门的东西横街之北。宫城东北有御苑华林园。孝武帝（公元 372～396 年）时，尚书仆射谢安以宫石朽坏为由，启作新宫，内外殿宇大小 3500 间，于宫城东南还兴建了太子东宫。至此内城之中的宫殿庙坛格局渐臻完备。

建康城内城规划在一定程度上保持了孙吴建业平面布局，但由于新建的建康宫仿效西晋洛阳宫，导致内城的布局做出相应的调整。建春门至西明门东西大道以北为宫城区，北半部的宫城区以建康宫为中心，另有御苑、东宫等。东西大道的南半部平面布局对称，居中的南北向御道两侧分布有中央御署。此外东晋的庙社区迁至外郭御道东、秦淮河西的地域，御道以东建立了属于达官显贵的邸宅区。这些规划也适度地改变了内城格局，但内城的建设均限定在一定范围，总体的平面布局及内城功能并未发生本质性的变化。

建康城融合孙吴建业城及魏晋洛阳的规划传统于一体，并在这一传统规划的基础上进行了诸多新探索。一方面，郭城逐渐转化为政治、文化、经济生活互相结合的多重功能的都市空间；另一方面，内城进一步强化了皇家和政府使用空间的色彩。这一发展趋势为中国都城内皇城的出现积累了有益的经验。

三　宫城

东晋南朝建康城宫城全部压在今南京市之下，迄今的复原研究鲜有考古学成果可以利用，基本均是依据文献资料进行的[2]。

东晋政权定都建康城后，沿用了孙吴建业之旧为内城，其周长仍为"二十里一十九步"。宫室则借用了西晋广陵度支陈敏的府舍，并未立即兴建新宫城，该位置与孙吴的太

---

〔1〕　贺云翱、邵磊：《南京石头城 1998～1999 年勘探试掘简报》，《东南文化》2012 年第 2 期。

〔2〕　关于建康城复原研究综述，可参考张学锋的《六朝建康城的研究、发掘与复原》（《蒋赞初先生八秩华诞颂寿纪念论文集》，学苑出版社，2009 年）、《汉唐历史与考古研究》（生活·读书·新知三联书店，2013 年）。

初宫基本一致。咸和五年（公元330年）部分利用孙吴的苑城营建新宫城，即建康宫，又称显阳宫或台城，旧苑城中的仓城还被改作太仓，建康宫的位置较孙吴太初宫更偏东北。宫城有内、外两重宫墙，正殿太极殿处于内城北部中央，而宫城全体则处于内城北部偏东。南朝建康城宫城的基本规模是沿袭了东晋建康宫，宋、齐两代在宫城建设方面仅限于对某些宫室、园囿的重建与增建，梁武帝时期宫城格局有所变化，宫墙增建为三重。

宫城为方形，每边长2里，在外重宫墙共开五门，南墙设二宫门，西侧为正南门大司马门（亦称章门）；东侧为间阖门（南朝称南掖门）。东、西、北墙各设一宫门，东墙为东掖门（南朝之东华门），西墙为西掖门（南朝之西华门），北墙为平昌门（北掖门）。南朝时北宫墙的北掖门之西又开设大通门。第二重、第三重宫墙的东、南、西三面各设一门，分别与东掖门、大司马门、西掖门相对，而北面不设宫门。大司马门南对内城正门宣阳门，两门相距二里，该御道向南直线延伸及至秦淮河北岸的朱雀门，这也是建康城的中轴线。

如前所述，东晋成帝依据西晋洛阳城的宫室制度建造建康宫，宫城的平面布局从此基本确定下来。宫城的中心建筑太极殿用作大朝，东晋时太极殿面阔12间，以象征年中12个月，萧梁时天监十二年（公元513年）重建的太极殿改制13间，以像闰数。太极殿东、西两翼还建有东堂和西堂，东、西二堂用于日常听政、召见大臣。太极殿后有帝寝和后宫，这一格局完全依循了前朝后寝之制。太极殿与正南门大司马门相对，处于全城中轴线的北端。太极殿东为尚书省，在此保存有文书档案等，系皇帝近臣的办事机构。尚书省内的朝堂为日常议政之所，皇帝在太极东堂为同姓皇族王公举哀，为异姓公侯重臣举哀则在朝堂，这也显示出两处建筑的不同等级。宫城东北有华林园，园中的天渊池系引玄武湖之水汇聚而成，园内还建有许多殿堂楼台，如作为天文观测台的通天观，著名科学家祖冲之等就在园内工作。此外宫城内还有太仓、武库、左右卫之驻地等。

建康宫是建康城都城规划的核心。宫城的南北轴线即为全城规划结构之中轴线，该轴线上建造有宫城正殿太极殿以及帝寝、后寝正殿、宫城正南门大司马门等重要建筑。称其为"宫城南北轴线"而不称为"中轴线"的原因是该轴线偏于宫城西侧，这一现象今后如能被考古钻探发掘所证实，将是非常有意思的，因为它与曹魏邺城、北魏洛阳城的宫城轴线偏西相似，故对这三个时代衔接的都城具有的特殊现象，无法用巧合、偶然来解释，显然这与宫城布局和功能密切相关，是三国两晋南北朝时期宫城制度的产物。

建康城全城中轴线自太极殿经宫城大司马门、内城正南门宣阳门，一直延伸到外郭城的朱雀门，全城的区域规划则依据此轴线而布置，内城的南半部尤其整齐对称。梁武帝天监七年（公元508年）在宫城正南门端门、大司马门外建造神龙阙和仁虎阙，两阙位于中轴大道两侧，属于独立式双阙楼；同年在秦淮河南岸的越城之南设立国门，可能这里是中轴线的南端。可见建康城的中轴线不断得到突出和加强。

为探寻六朝建康宫城遗址，南京市博物馆于2002~2008年期间在配合大规模基本建设过程中，分前、后两个阶段进行了考古工作。前一阶段工作重点放在今东南大学和成贤街地区，先后对原老虎桥监狱工地等7个地点进行了考古工作，发现这一地区六朝文化层较为浅薄，且未发现任何与六朝建康宫城相称的遗存。后一阶段工作重点放在今大行宫地区，先后对南京图书馆新馆工地等 20 多个地点进行了考古发掘，发现大量和宫城遗址有关的遗迹和遗物，主要包括城墙、城壕、道路、桥梁、夯土建筑基址、砖构房址以及砖砌排水设施和砖井等[1]。现择要介绍如下。

2002～2003 年，在长江路南侧南京图书馆新馆工地西北侧发现一段东西向夯土城墙，夯土城墙外包砌砖墙。从地层关系看，这段城墙的使用可分为三个阶段，其中早期城墙基槽宽 12.4 米，残深 1.4 米。晚期城墙残高 0.7 米，城墙基础中间发现一些木桩，城墙内侧勒角处则填筑有一层未经修整的大石块。经勘探确认这段东西向城墙东延后向北折拐，折拐后的南北向夯土城墙亦可分为三个阶段，从早至晚逐渐增宽。晚期夯土城墙宽 13.15 米，残高 0.1～0.45 米，墙体外侧有一段长 11.5 米的包砖墙保存完好，采用双砖纵向平铺和单砖立砌的方法砌筑。由于晚期阶段夯土城墙东侧扩展部分加筑在早期路沟之上，土质松软，故其基础下每隔四五米设一夯土墩台，已发现 4 个墩台平面均呈凸字形。东西向夯土城墙外侧发现两个时期壕沟，其中早期壕沟宽 9.75 米、深约 2 米，壕岸两侧有护岸木桩。晚期壕沟宽 5.6 米、深 1.1 米，局部发现护岸砖墙。发掘者根据城墙规模、结构及周围有关遗迹现象推测：这两段城墙是台城内第二重城垣或第三重城垣的东南折拐点。

2003 年，在利济巷西侧的长发公司工地东部又发现一段南北向城墙，可分为四个阶段。最晚期城墙宽达 24.5 米，墙体残高 0.15 米，墙基深 0.7～1.4 米；城墙中部为较纯净夯土，含极少量砖瓦，两侧均有包砖墙。内侧包砖墙破坏较严重，外侧底部一段包砖墙保存较好，宽约 0.6 米，残高 0.27 米。各段城墙外均有城壕，其中早期城壕宽 17.25 米，深 2.5 米。发掘者结合文献记载认为，这处夯土包砖城墙是台城外重城垣的东墙[2]。

2007～2008 年，在邓府巷东侧工地发现夯筑城垣和城壕遗迹，城壕为南北向，可分为几个时期。其中早期城壕西延至邓府巷道路之下，宽度不明。晚期城壕西侧尚存零星碎石垒砌护岸遗迹，宽约 18.5 米。城壕东侧还有同时期夯筑城垣痕迹，并有保存较好包砖墙。

2001～2003 年，在大行宫地区还先后发现南北向道路 4 条和东西向道路 1 条。其中位于大行宫东南角新浦新世纪广场工地的道路最为重要，这条道路为南偏西 25 度，向北跨越今中山东路，延伸至南京图书馆新馆工地，上下叠压孙吴至南朝几个时期砖砌路面，各时期道路两侧对称分布有宽窄不等的砖砌路沟。早期道路为孙吴时期，路面最窄，宽 15.4 米，两侧排水沟上口宽超过 5 米、深逾 2 米，路面中央以两条浅土沟分成三部分。晚期道路为南朝时期，路面最宽，宽 23.3 米，两侧砖砌路沟宽约 2 米、深约 0.6 米。中期道路从砖侧发现铭文推测，应铺筑于东晋成帝和康帝时期，中期道路亦分为三个部分，中间为夯土路面，两侧为砖铺路面，路面保存有清晰的车辙痕迹。发掘表明，这条道路东西方向有所摆动，东晋道路在孙吴旧路基础上向西位移约 6 米，南朝道路又在东晋旧路基础上向东扩展近 10 米。东西向道路与南北向道路垂直，亦上下叠压孙吴至南朝多个时期路面。其中早期阶段南侧路面被晚期遗迹破坏，宽度不明。晚期道路保存完好，路面宽约 20 米，

〔1〕 南京市博物馆：《探秘——六朝建康城》，《中国文物报》2008 年 6 月 6 日第 8 版。

〔2〕 杨国庆、王志高：《南京城墙志》，凤凰出版社，2008 年。

两侧砖砌路沟宽约 0.85 米。此外，在利济巷西侧、洪武路东侧、中山东路北侧工地各发现一条南北向道路，其中中山东路北侧工地发现道路路宽超过 17 米。东西向道路位于长江路南侧的南京图书馆新馆工地北部，与东西向道路垂直，亦上下叠压孙吴至南朝多个时期路面，其中南朝路面保存较好，宽约 20 米，两侧砖砌路沟宽约 0.85 米。

此外，在长江后街发现的夯土建筑基址南北长 50 米、东西宽 38.4 米，规模宏大，有在早期夯土遗迹基础上向外增筑痕迹，并发现大型础石两件，推测应为与宫殿有关遗迹。在长江路南侧的南京图书馆新馆工地还发现一座单孔木桥，另有十余座砖构房址以及砖砌排水沟和砖井等遗存。

大行宫地区陆续发现的这些重要遗迹，多数位置特殊、规模宏大，应当属于六朝建康城宫城核心区的重要组成部分，为今后确认建康城宫城范围、平面布局提供了重要线索。据此，有一些学者依据最新考古发现对建康城的复原问题进行了探讨[1]，但是需要注意的是目前考古发现较零散、揭露范围有限，由此产生的一些判断还只是一种推测，因而以少量考古发现推证文献史料的不确还为时过早[2]。与同时期其他都城遗址相比，建康城考古工作还任重而道远。

第四节　十六国至北朝长安城

西汉在秦渭河南岸离宫基础上兴建的长安城，不仅是西汉 200 多年的名都（包括王莽新朝和更始帝刘玄政权），而且东汉献帝（公元 190～195 年）、西晋愍帝（公元 313～316 年）等也将这里作为临时之都。此后，十六国的前赵（公元 318～329 年）、前秦（公元 351～394 年）、后秦（公元 384～417 年）和北朝的西魏（公元 535～557 年）、北周（公元 557～581 年）都在此建都，直到隋代迁大兴城后，这座古老的城市才被废弃。在长达近 800 年的历史中，随着时代的变迁，都城的形制布局也发生着变化。

据文献记载，在东汉、曹魏和西晋时期，长安城作为汉室旧都和西部重镇，仍然具有重要的地位，也进行了一些小规模的营建，但总体上没有改变西汉长安城原有的形制布局。几经战乱的毁坏，西晋时期的长安城甚为残破，据《晋书·孝愍帝纪》记载："（愍）帝之继皇统也，属永嘉之乱，天下崩离，长安城中户不盈百，墙宇颓毁，蒿棘成林。"

十六国北朝时期，经过多个政权更替，长安城的面貌有何变化，一直是学术界关注的重大问题。20 世纪 50 年代通过发掘汉长安城的城门遗址，了解到一些城门在汉代以后的

〔1〕　A. 贺云翱：《六朝瓦当与六朝都城》，文物出版社，2005 年。
　　　B. 张学锋：《六朝建康城的发掘与复原新思路》，《南京晓庄学院学报》2006 年第 2 期；《六朝建康城的研究、发掘与复原》，《蒋赞初先生八秩华诞颂寿纪念论文集》，学苑出版社，2009 年；《汉唐历史与考古研究》，生活·读书·新知三联书店，2013 年。
　　　C. 王志高：《六朝建康城遗址考古发掘的回顾与展望》，《南京晓庄学院学报》2008 年第 1 期。
　　　D. 杨国庆、王志高：《南京城墙志》，凤凰出版社，2008 年。
〔2〕　罗宗真：《六朝陵墓和城市考古的一些思考》，《南京博物院集刊》10，文物出版社，2008 年。

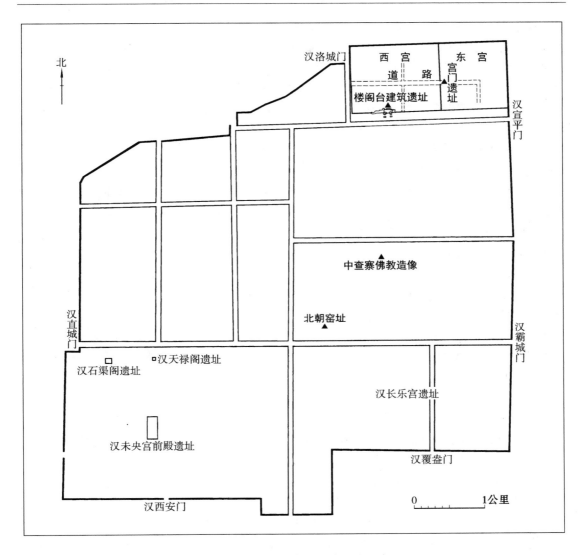

图 1-24 十六国北朝长安城遗址分布图

沿革状况。近年来，在城的东北部钻探发现了十六国北朝的宫城遗址，发掘了一座宫门遗址，在城的东南部钻探发现、发掘了一批北朝的陶窑遗址，另外还在多个地点发现北朝的佛教造像，这些考古发现为研究十六国北朝长安城提供了重要的实物资料（图 1-24）。

一 大城

十六国北朝长安城分大城和小城，大城即外城，小城即内城，也就是宫城。该时期长安城的大城沿用了西汉故城的城墙，只在局部进行了修缮，因此，城市的规模与西汉时期基本相同。

通过对东城墙上宣平门、霸城门以及西城墙上直城门、南城墙上西安门的发掘，可以得知这些城门建筑在汉末被毁以后的使用情况[1]。在东汉至隋代的长时期内，霸城门发掘时仅存的南门道已废弃不用，直城门原有的三个门道仅北侧的一个还在使用，西安门现存的中央和东侧二门道虽然仍在使用，但城门之上没有重建门楼。只有宣平门经过多次重修，第一次是东汉时期，门道规模与西汉时期相差不大；第二次是后赵时期，门道变得更窄；第三次在后赵到隋之间，推测应是北周时期，中央门道用夯土墙封堵，剩下南北两个门道。虽然城门形制发生了变化，但宣平门自西汉开始，一直作为一个完整的城门使用到了隋代。宣平门的沿革折射出了长安城兴衰的历史。

不仅城门大多没有恢复到西汉时期的建制，通过试掘城墙的西南角遗址，得知西汉时期城角之上修建的角楼，在汉末被毁后一直没有得到重建[2]。因此可以说，十六国北朝长安城的城墙、城门、城壕等城市防御设施，虽然沿用了西汉旧制，但其防御能力是无法与西汉时期相比的。

该时期长安城的街道系统，因为城门的位置没有变化，所以连通城门的街道网络也基本维持西汉时期的状况，只是城门大多已非三个门道，街道也就不会像西汉时期分成三股道了。另外，在西汉长乐宫遗址内钻探到两条大道，一条东西向，宽 30～50 米，向东通霸城门，另一条南北向，宽 30 米，向南通覆盎门。考虑到作为长乐宫的宫内道路不会如此宽阔，所以推测它们应是在长乐宫废弃后的十六国至北朝时期形成的城内大街[3]。这是已知城内街道系统的一点变化。

二　小城——宫城

据长期以来汉长安城考古工作积累的资料，在未央宫中发掘的多座建筑遗址不见汉代以后的地层，在长乐宫中发掘的多座建筑遗址被成片分布的北朝窑址或个别十六国至北朝时期的墓葬打破，比邻未央宫和长乐宫的西安门、直城门、霸城门以及城墙西南角楼等建筑，在汉末被毁后没有恢复原有的建制。这些情况反映出，汉代以后建都长安的几个朝代，都没有将作为城市中心的宫城放在西汉未央、长乐二宫的位置。另外，宣平门之所以在汉代以后一直作为一个完整的城门使用到隋代，是与十六国北朝长安城的宫城转移到城的东北部相关联的。

2003 年 4～7 月，在长安城东北部汉宣平门大街以北、洛城门大街以东区域内钻探发现了两个东西并列的宫城遗址，初步探明了宫墙、宫门和宫内道路等基本情况[4]。

---

〔1〕　王仲殊：《汉长安城考古工作的初步收获》，《考古通讯》1957 年第 5 期；《汉长安考古工作收获续记——宣平城门的发掘》，《考古通讯》1958 年第 4 期。

〔2〕　中国社会科学院考古研究所汉长安城工作队：《西安市汉长安城城墙西南角遗址的钻探与试掘》，《考古》2006 年第 10 期。

〔3〕　刘振东、张建锋：《西汉长乐宫遗址的发现与初步研究》，《考古》2006 年第 10 期。

〔4〕　中国社会科学院考古研究所汉长安城工作队：《西安市十六国至北朝时期长安城宫城遗址的钻探与试掘》，《考古》2008 年第 9 期。

（一）西宫城

平面呈东西长方形。北墙利用汉长安城的北墙，长 1214 米，现存部分宽 6～8 米（原宽在 10 米以上）。西墙长 974 米，北段利用汉长安城洛城门西侧的南北走向城墙，南段在地面上已看不到，墙基宽 8 米。南墙长 1236 米，宽 9～10 米。东墙长 972 米，宽 8 米。南墙和东墙在地面上仍有存留。

宫城内探明东西向、南北向道路各一条，呈"十"字形交叉。东西路宽约 64 米，南北路宽约 28 米。在东墙上探出一个宫门遗址。

在宫城南墙中部偏西处现存一座大型高台建筑遗址，因临近楼阁台村，被称为楼阁台建筑遗址。遗址由北部的大殿、中部的东西二阁及连接二阁的廊道、南部的东西二阙组成。大殿的夯土基址东西长 128 米，南北宽 41 米。东西二阁地势最高，分别与东西二阙南北相对。西阁西连南宫墙，南与西阙相距 36 米，夯土基址东西 22 米，南北 34 米；东阁东连南宫墙，南与东阙相距 30 米，夯土基址东西 18 米，南北 36 米；东西阁之间廊道的夯土基址东西长 72 米，南北宽 12～16 米。东西二阙相距 74 米，西阙夯土基址东西长 24 米、南北宽 10 米，东阙夯土基址东西长 24 米、南北宽 16 米。遗址现存最高处达 10 米余。

（二）东宫城

平面略呈方形。北墙利用汉长安城北墙最东一段，长 988 米。西墙即西宫城的东墙，长 972 米。南墙是西宫城南墙向东的延伸，长 944 米，宽 8～10 米。东墙利用汉长安城东墙最北一段，长 990 米。

宫城内发现东西向、南北向道路各一条，东西路宽 40～42 米，南北路宽约 40 米。

经过在楼阁台遗址以东的西宫城南墙北侧试掘，得知南墙可能修建于十六国时期，沿用至北朝时期。

（三）宫城门

东、西宫城之间隔墙上的宫城门遗址，位于今西安市未央区汉城街道办事处惠东、惠西二村之南。2008 年 11～12 月对之进行了发掘清理，揭露面积 333 平方米[1]。

宫城门遗址整体保存较好（图版 8）。门道呈东西方向，约为 87 度，东西进深 13.2～13.3 米，东口和西口南北宽 4.4 米，中间宽 4.6 米。门道南北侧的墙垛由夯筑而成，夯层厚 9～10 厘米，大多保存有一定高度。夯土外包砖局部残存。据现存础石以及掘走础石留下的土坑，可复原南北墙垛原各有 12 个壁柱。北侧墙垛的西部存有 4 个砖砌的壁柱槽，槽下均有础石，础石中央有一卯眼。壁柱槽并非垂直，而是自下而上向东倾斜，说明当时的立柱是倾斜的。经测量，相邻二础石卯眼中心间距 1.1 米，柱间距约 0.72 米。

---

[1] 刘振东：《十六国至北朝时期长安城宫城 2 号建筑（宫门）遗址发掘》，《2009 中国重要考古发现》，文物出版社，2010 年。

考古工作者在门道以东处进行了解剖，共清理出 4 层路面，下面 3 层路面上均发现有车辙遗迹，车辙间距 1.25～1.3 米。

在门道中部、与南北墙垛西数第 7 个柱础坑相对应的位置清理出一个土坑，推测这里可能是埋置门限石的地方。

发掘出土了大量建筑材料，其中多数为北朝时期的砖、板瓦、筒瓦和瓦当等，也有十六国时期的戳印绳纹砖等遗物。由此结合存在四层路面的情况，初步推断此宫门在北朝（西魏、北周）至隋代被长期使用，其始建或可上溯到十六国时期。

据文献记载，十六国前赵、前秦和后秦时期，长安城有东、西二宫，西宫为皇宫，东宫为太子宫。前秦和后秦时期的西宫设有四门（另有掖门），太极前殿是宫内最重要的建筑，此外还有其他殿、堂、厩、库、苑等。城内设市，礼制建筑有社稷、宗庙、灵台等。后秦时期改"长安"为"常安"，汉宣平门被称为青门。

北朝时期的长安城，因北周是代西魏而立，所以西魏、北周用的应是同一宫城。北周时期设有太子东宫，可能也为二宫之制。宫内有许多殿，如露寝、乾安殿、正武殿、大武殿、大德殿、延寿殿、紫极殿、麟趾殿、天德殿、宣光殿、清徽殿、文安殿、会义殿、崇信殿、含仁殿、云和殿、思齐殿等。城内设市，礼制建筑有圆丘、方丘、明堂、太学、太社、太庙等。该时期最重要的宫殿应是露（路）寝，露（路）寝设有露（路）门，是举行朝会的地方[1]。汉宣平门被称为青门或青城门。

综合考古和文献资料，新发现的东西宫城应是自十六国前赵以来，经前后秦、北朝直到隋初长安城的东西宫城遗址，东宫为太子宫，西宫为皇宫。楼阁台建筑遗址应是皇宫内最重要的建筑——前后秦时期太极前殿、北周时期露（路）寝的旧址，而楼阁台建筑遗址的两阙之间，或者就是露（路）门的所在。

三　陶窑遗址

21 世纪以来，在对西汉长乐宫遗址进行考古勘探的过程中，主要在长乐宫的北半部发现了大量成片分布的陶窑遗址。从已发掘的 15 座窑址看，它们的时代基本相同，都属

---

[1] 中国古代都城中最重要的建筑，周为路寝，秦汉为前殿，曹魏以后多为太极殿。北周武帝崇尚古制，兴复古之风，所以于保定三年（公元 563 年）"八月丁未，改作露寝"，到天和元年（公元 566 年）春正月，"辛巳，露寝成，幸之"《周书·帝纪第五·武帝上》。此后，露寝成为皇帝大会百官及宾客、蕃客之地。武帝于建德六年（公元 577 年）五月下诏毁撤露寝等建筑，但宣帝于大象元年（公元 579 年）"帝御路寝，见百官"《周书·帝纪第七·宣帝》，说明宣帝时路寝又得以修复。关于露（路）门，北周第一个皇帝闵帝就于"元年（公元 557 年）春正月辛丑，即天王位。柴燎告天，朝百官于路门"《周书·帝纪第三·孝闵帝》。武帝于武成二年（公元 560 年）"冬十二月，改作露门、应门"。"（天和）六年（公元 571 年）春正月己酉朔，废朝，以露门未成故也"《周书·帝纪第五·武帝上》，说明露（路）门确是举行朝会之地，另外还多在此宣布改元和大赦天下。此后，武帝于建德三年（公元 574 年）"朝群臣于路门"《北史·周本纪下》，宣帝于大象元年（公元 579 年）"受朝于露门"《周书·帝纪第七·宣帝》。

于北朝时期[1]。

陶窑虽然在平面形状和大小上存在差异，但构造基本相同，都由前室、火门、火膛、窑室和排烟设施组成。陶窑大多是在地下掏挖而成，从当时的地面通往前室需修建一条坡道。由于装填瓦坯和出运成瓦均要经过前室，所以前室一般面积较大，形状不太规则，也有两个窑共用一个前室的情况。从火膛残存的炭灰看，当时用于烧窑的燃料应是草木类。窑室有大有小，有的窑床上残留有分火墙设施，有的还残留有尚未烧成的板瓦的半成品，由此可知窑的用途主要是烧制板瓦等建筑材料。

从陶窑的成片分布、数量众多、布局密集等特征分析，它们应是受控于中央政府的官窑群。这些陶窑北距北朝时期长安城的宫城等城市中心区域不远，因此，这里可能是向城市中心区域供应建筑材料的基地。

四　佛教遗物

2004 年 11 月，在西宫城西南约 2 公里处、今西安市未央区汉城街道办事处中查寨村北，发掘出土了一批青石佛教造像，共 31 件，有立佛 14 件、坐佛 1 件、立菩萨 13 件、残莲花座 3 件。造像表面大多施以彩绘、贴金。从造像的造型及装饰风格看，时代应为北周。佛像出土地与西宫城的位置关系同北魏洛阳城内永宁寺相对于宫城的位置相仿，这里应该有一座重要的佛寺。另外，历年来，考古工作者还在宫城之西、之南的多个地点，如中官亭、后所寨、窦寨、西查寨和雷寨等地出土北周时期的石佛像，说明当时城内分布着不少佛寺[2]。北周时期在武帝灭佛以前的长安也算得上是一座充满佛教色彩的都市。

总之，在十六国北朝时期，长安城的大城虽然仍沿用西汉长安故城，但随着宫城转移到城的东北一隅，其他城市建筑也相应地分布在宫城的南面和西面，城市比较中心的区域大致在西汉厨城门大街以东、霸城门大街以北。

第五节　北魏平城

平城遗址是北魏前期的都城遗址，位于山西大同市区及其附近，是一个古今叠压型的都城遗址。天兴元年（公元 398 年）北魏道武帝建都于平城，至太和十八年（公元 494年）魏孝文帝迁都洛阳为止，平城凡 96 年一直作为北魏都城，孝昌二年（公元 526 年）六镇起义军破平城，此后逐渐废弃。平城是当时中国北方的政治、军事、经济和文化的中心。

北魏平城由宫城、郭城组成。其宫城建于天兴二年（公元 399 年）；泰常七年（公元

[1]　中国社会科学院考古研究所汉长安城工作队：《汉长安城长乐宫二号建筑遗址发掘报告》，《考古学报》2004 年第 1 期。
[2]　中国社会科学院考古研究所：《古都遗珍——长安城出土的北周佛教造像》，文物出版社，2010 年。

422 年）明元帝"筑平城外郭、周回三十二里"[1]。迄今平城遗址宫城和郭城的城垣四至还未确定准确位置，内部的城市平面格局也有待今后的考古工作。北魏平城遗址的考古工作可以上溯至 20 世纪 30 年代；20 世纪 90 年代之后，始有较大规模的考古发掘，其中包括北魏平城明堂辟雍遗址[2]、操场城一号建筑基址[3]等。

一　早年调查的遗迹与遗物

在抗日战争时期，大同被日本人侵占。日本京都大学人文科学研究所的水野清一等人于 1938 年开始对云冈石窟进行考古测绘与调查，同年 5 月在大同城周边也进行了考古调查。调查的重要遗迹包括：北关郊外的供水塔遗址、位于操场城西北部的北关遗址、位于今御河东岸的古城村遗址、位于今安家小村的北墙遗址等[4]。

在 1938 年发掘的供水塔遗址，位置在现在的大同火车站东侧。在供水塔东侧发现了两排柱础石，础石东西向排列，中心距约 5 米，每排 7 个，石质为砂岩，附近发现少量波状纹装饰的沿头板瓦。据相关研究与推算[5]，该遗址位于操场城北魏一号建筑遗址北偏东 7 度，二者相距 1900 余米。在供水塔遗址的西南不远处有北关遗址，调查发掘发现这里出土了同心圆纹瓦当、云纹瓦当、绳纹灰陶片等，这说明此处曾有汉代的建筑遗存。从厚达 2 米的北魏文化层堆积分析，这里应该是居住时间较长而形成的文化层。北关遗址在操场城十字街的西北部位，据相关研究与推算，该遗址距离位于其东南的操场城北魏一号建筑遗址约 390 米。遗憾的是上述两处遗址均没有全面科学地发掘过，建筑遗迹的规模、形制难以准确推断。

从大同火车站向南抵明清大同城北墙一带，时常出土北魏灰黑色瓦片、"富贵万岁"瓦当、"忠贤贵永"瓦当等遗物，结合供水塔建筑遗址出土排列整齐的建筑础石等资料，一般推测该区域可能是北魏平城宫城、衙署的范围。

二　都城礼制建筑

大同北魏平城明堂辟雍遗址位于大同市明代府城南约 2 公里的向阳东路中段、柳航里。1995 年 5 月由大同市博物馆、山西省考古研究所、大同市考古所联合考古队对遗址进

〔1〕《北史·魏本纪第一》。
〔2〕 A. 王银田、曹臣明、韩生存：《山西大同市北魏平城明堂遗址 1995 年的发掘》，《考古》2001 年第 3 期。
　　 B. 刘俊喜、张志忠：《北魏明堂辟雍遗址南门发掘简报》，《山西省考古学会论文集》（三），山西古籍出版社，2000 年。
〔3〕 山西省考古研究所、大同市考古研究所、大同市博物馆、山西大学考古系：《大同操场城北魏建筑遗址发掘报告》，《考古学报》2005 年第 4 期。
〔4〕 水野清一，長廣敏雄 1951－1956 『雲岡石窟·補遺附録 大同近傍調査記』 京都大學人文科學研究所雲岡刊行會
〔5〕 王银田：《试论大同操场城北魏建筑遗址的性质》，《考古》2008 年第 2 期。

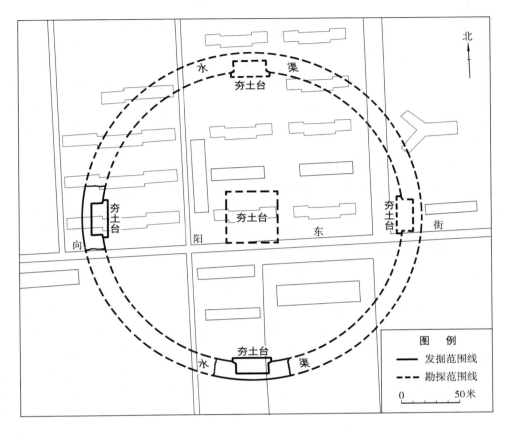

图 1-25 北魏平城明堂遗址平面图

行了全面钻探和部分发掘[1]。经考古钻探可知，明堂辟雍遗址平面形制为体量宏大的正方形夯土建筑基址居中，其外围环绕一周巨大的水渠。环形水渠所环绕的正方形的夯土台基址现存边长 42 米，夯土厚度尚存 2 米余，其轴线方向为 4 度。环形水渠的外缘直径为289～294 米，内缘直径为 255～259 米，水渠宽约 18～23 米。整个建筑的南北纵轴线、东西横轴线与环形水渠的交点处，各有一个"凸"字形夯土台，夯土台长 29 米，宽 16.2米。内侧岸边的四面分别有一个厚 2 米多的"凸"字形夯土台，凸出的部位伸向渠内。其余四个夯土台的东、西两边与中间夯土台的方向一致（图 1-25；图版 2-1）。

考古发掘地点主要包括已暴露并被破坏的西夯土台及部分水渠等。

"凸"字形夯土台，东西宽 16.2 米，南北长 29 米，西半部的南、北两边各向内收缩约 1 米并凸入渠内。夯土台收缩的南、北两边分别长 9.9 米和 10.3 米，这部分边缘以及台基西边缘均临水，如此一来，夯土台西半部便伸入水渠之中。

水渠内外两壁用夯土、毛料砂岩石块和较规整的砂岩石块垒砌而成。从西夯土台的北

---

[1] 王银田、曹臣明、韩生存：《山西大同市北魏平城明堂遗址 1995 年的发掘》，《考古》2001 年第 3 期。

面残留可知，水渠石壁共三层，每层是用厚 0.2 米、宽 0.3～0.55 米、前后长 0.65～0.95
米的砂岩石块砌成。每块石料除后背之外其余五个面均雕凿研磨得规整平齐，石块间几乎
不见有大的缝隙，偶而出现的小缝隙则用小石片填塞，至今未渗入泥土；石坝后与夯土台
面的空间由绿淤泥填实；石坝后与生土岸之间较大的空间用五花土填平夯实。残存石坝的
石块最长 0.95 米。石坝前缘与后面的夯土台壁面距离为 1 米，所以推测砌成后的石坝前
后长约 1 米。石壁完成后，水渠底部再做防渗处理。从遗迹的剖面看，应先是在石坝之间
的沟槽底部沙地上向下再挖 0.3 米，然后填五花土夯实，这样就形成了能够防止渗水的水
渠底面。

水渠修成后放水，经过一段时间的使用后，渠底形成了 0.1 米厚的淤泥。在这层淤泥上
又铺设一层碎石，是用大小不到 0.6 米厚的白色砂岩碎片，在水底淤泥上平铺一层，排列得
很密集。水渠位于夯土台两侧的宽度为 16.5 米，西夯土台正西侧收窄，宽仅 6 米余。

发掘的出土遗物有北魏时期的瓦当、筒瓦和板瓦等残件。这些瓦为黑灰色，凸面磨
光，凹面有布纹。有的上面或刻、或印有文字。

从遗迹形制、地层关系以及出土遗物的年代，可以推断该遗址即北魏平城的明堂辟雍
遗址。《魏书·高祖纪》记载：太和十五年（公元 491 年）夏四月“己卯，经始明堂、改
营太庙。……冬十月庚寅……明堂、太庙成”。《魏书·李冲传》记载：“冲机敏有巧思，
北京（此时已迁都洛阳，故称平城为北京）明堂、圜丘、大庙，及洛都初基，安处郊兆，
新起堂寝，皆资于冲”，明堂、辟雍、灵台是在李冲主持下历经半年，于太和十五年（公
元 491 年）冬落成的。次年春正月，孝文帝“宗祀显祖献文皇帝于明堂，以配上帝。遂升
灵台，以观云物，降居青阳左个，布政事”，同年“九月甲寅朔，大序昭穆于明堂，祀文
明太皇太后于玄室”。明堂作为都城重要的礼制性建筑，是平城定都后建设的最后一批建
筑物，到太和十七年（公元 493 年）秋七月，孝文帝以南征萧齐为名南迁洛阳，至太和十
九年（公元 495 年）“六宫及文武尽迁洛阳”，平城最终结束了近一个世纪的都城史，明堂
也随之失去了作为都城礼制性建筑的作用。

明堂位于北魏平城南郊是毫无异议的，作为平城遗址建筑中首座能够明确地理坐标的
建筑，对平城准确位置的认定，对郭城南其他建筑的推定及对整个北魏平城文化的研究，
都具有十分重要的意义。

平城遗址之北魏明堂是唯一既有文献记载，又经过考古发掘的遗迹。遗迹中心为一方
形夯土台，边长 42 米，应为明堂；四周有整齐的条石构筑的环形水道，即所谓辟雍。明
堂是平城南郊重要的礼制建筑，它是迄今人们认识平城遗址的重要基点。

三　宫城建筑遗址

2003 年 4 月山西省考古研究所等在大同市区操场城街大同四中北侧抢救发掘了“大同操
场城北魏一号建筑遗址”[1]。一号建筑遗址位于大同市操场城街的东侧，夯土台基的西边缘

---

[1]　山西省考古研究所、大同市考古研究所、大同市博物馆、山西大学考古系：《大同操场城北魏建筑遗
址发掘报告》，《考古学报》2005 年第 4 期。

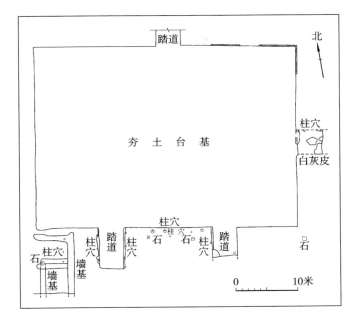

图 1-26 大同操场城北魏一号建筑遗址平面图

西距操场城街 89 米，台基南缘距大同四中北墙 18 米，距明清大同府城北墙 550 米，北侧距离大同火车站 1350 米。

该夯土台基平面呈长方形，坐北朝南，北方向 7 度。从台基东、南两侧保存情况看，当时地表以上尚残高 0.1～0.85 米，台基东西 44.4 米，南北 31.5 米。夯土台基南侧有踏道 2 条，北侧正中有 1 条踏道（图 1-26；图版 2-2）。此外，从台基东西两侧残迹分析，也可能各有踏道通往两侧。

台基周边北、东、南三面发现有黄泥墙皮、台基包砖、台基周围地面等遗迹。夯土台基自原地表下还开挖了基槽，深 1～1.6 米。夯土台基的厚度、深度可以从一些晚期灰坑及个别近现代扰坑中了解到，夯土基槽和台基是向上逐层起夯，从底至顶现存夯土台基总厚 1.7～2.5 米。出土遗物以建筑材料为主，出土数量巨大，但成堆的瓦砾集中位于夯土台基的东侧和南侧，除了少量战国、汉代遗物外，主要为北魏时期遗物，以建筑材料中的板瓦与筒瓦碎片为主，集中位于夯土台基的东侧和南侧。北魏板瓦和筒瓦以表面压光呈黑色者居多，还出土有石柱础、石雕残片、磨光青砖、花纹砖、绘红彩的白灰泥皮、黑灰色的陶制鸱尾残件以及陶器、瓷器、铜币、箭镞等。各种建筑用瓦、构件等均已残破，并有被焚烧的痕迹，种种迹象表明，该遗址是一座大型宫殿建筑遗迹。综合出土遗物特征，从该遗迹的地层堆积分析，该台基下有北魏早期遗址和汉代遗址。台基本体的南面踏道和台基前地面，可以明显分为上、下两层，下层踏道两侧分布有较均衡的柱穴，上层踏道又覆盖了下层踏道，在台基前的地面上下两层之间还有一层黄土，黄土上下都出土北魏建筑材料。这些表明，该建筑曾经长期使用，并有过修建工程。

　　从建筑材料看，确有时间早晚的差别。发掘者推断，该建筑建造的年代上限应为北魏定都平城一段时间之后，但具体时间尚难确认。该建筑使用时间的下限，或与明堂接近，即在北魏末期。据文献记载，北魏末期，各族人民大起义，平城被烧为灰烬[1]。从该建筑遗迹出土各种磨光黑瓦和瓦当观察，有相当大的一部分已被烧成了砖红色或土黄色，台基东侧亦有大面积红烧土层堆积，中间夹杂着被烧变色的瓦片。这种火灾迹象或许能与该建筑使用的时间下限及文献记载联系起来。

　　在该建筑遗迹表面、周边地层及灰坑废弃堆积中除了一般的北魏时期出土遗物外，"大代万岁""皇□□岁""永□寿长""传□□□"等文字瓦当及黑灰色鸱尾等建筑构件残片提示我们，该建筑应为皇家宫殿性质。该建筑台基东西面阔44.4米，进深31.5米，至少为面阔7间、进深5间的建筑物。据发掘报道，该建筑西侧还有类似的大型建筑遗迹[2]。从这些出土建筑构件等级较高、建筑体量形制宏大等因素可以推断，操场城一号建筑基址属于一座宫殿级别的建筑台基。这一北魏皇家大型建筑遗址的发现，为确认、寻找北魏平城宫殿遗址提供了十分重要的线索。

　　北魏平城建都近百年，平城遗址附近出土的一些西方传入中国的金银器，还反映出当时东西文化频繁交流的史实。都城北方山为皇陵区，陵园包括永固陵、万年堂、永固堂、思远浮图、方山石窟、灵泉池、灵泉宫以及御路等。都城东南还发现了北魏贵族司马金龙墓，城南、城西有平民墓葬，其中司马金龙墓规模宏大，出土了大量陶俑以及漆屏风、青瓷器等，是中国古代雕塑、绘画艺术的珍贵资料。北魏平城遗址还有待今后深入开展考古工作，其都城规划对此后的北魏洛阳城、东魏北齐邺城都有直接影响。

---

[1]　唐·李吉甫撰，贺次君点校：《元和郡县图志》，中华书局，1983年。

[2]　A. 张庆捷、刘俊喜、左雁：《大同操场城又发现北魏重要建筑遗址》，《中国文物报》2008年9月26日第5版。

　　　B. 张庆捷：《大同操场城北魏太官粮储遗址初探》，《文物》2010年第4期。

第二章 北方的三国两晋墓葬

第一节 洛阳和邺城的三国西晋墓葬

一 洛阳和邺城的三国时期墓葬

公元 220 年，曹丕取代东汉政权，改元黄初，建国号魏，正式开启了中国历史上的三国时代。但是在这以前，东汉政权实际在其父曹操控制之下，领有长江以北的广阔疆域。且自赤壁之战（公元 208 年）以后，领有江南的孙权和占据西蜀的刘备虽未称帝建国，但已与曹操控制的东汉形成天下三分、鼎足而立的态势。因此本卷在论述北方的三国时期墓葬时，将东汉建安年间曹操实际控制当时汉朝中央政权时期的墓葬包括在内。在称曹魏墓葬时，上限仍以魏文帝黄初元年（公元 220 年）为准。

在曹魏都城洛阳地区发掘的墓葬，目前纪年明确的只有随葬有正始八年（公元 247 年）铭铁帐构的涧西 16 工区 M2035[1]，可以确定这座墓下葬的年代应在曹魏齐王芳正始八年或稍迟。这座墓为砖室墓，大致是坐西朝东方向，前有水平长 23.5 米的墓道，墓室具甬道、前堂、通道和后室（图 2-1）。墓道呈长斜坡形状，上宽下窄，南北两侧壁各有 5 层阶梯。甬道砖筑券顶，进深 1.62 米，高 1.88 米，通往前堂的墓门安装有青石门额和门框，设两扇青石门扉。前堂平面接近正方形，面阔 3.25 米，进深 3.38 米，顶部塌陷，原状不明。后室平面长方形，面阔 1.95 米，进深 3.2 米，券顶。前堂与后室以长 1.02 米的通道相连。在前堂的左右两侧各有一平面近方形的券顶侧室。各室均以砖铺地面。墓室总长 9.22 米，加上墓道全长近 33 米。因此有人曾推测它是曹魏时期陵墓之一[2]。因遭盗掘，后室已空无一物，原应安葬棺木。前堂和左右侧室还保留一部分遗物。在前堂中出土有一组计 9 件铁帐构，复原后应为斗帐。还有玉杯、铜熏炉、铜锏、陶灯盏等遗物，表明原来前堂居中设有坐帐，前设熏炉、玉杯等饮食具和用具，可能为下葬时在墓内致奠之所。同时模拟墓主人阴宅的前堂，而安葬棺木的后室则为后寝。左耳室内随葬有陶灶、井、磨、碓等模型及男女陶俑，还有陶猪圈和鸡、犬等家畜、家禽模型，应是模拟庖厨。右耳室至少放置了 7 个大型陶罐，应是模拟仓储之所。类似平面布局的曹魏时期砖室墓，在偃师杏园村也发现

---

[1] A. 李宗道、赵国璧：《洛阳 16 工区曹魏墓清理》，《考古通讯》1958 年第 7 期。

　　B. 洛阳市文物工作队：《洛阳曹魏正始八年墓发掘报告》，《考古》1989 年第 4 期。

[2] 罗宗真：《魏晋南北朝考古》第 77 页，文物出版社，2001 年。

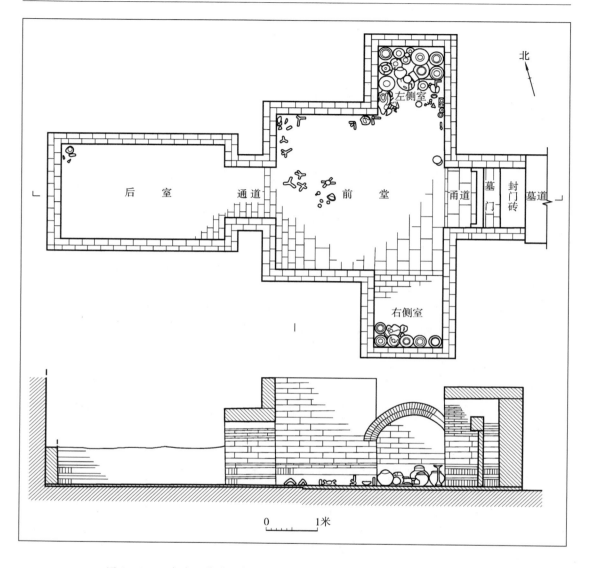

图 2-1　河南洛阳曹魏正始八年墓（涧西 16I 区 M2035）平面、剖视图

过[1]。杏园 M6 方向大致是坐东朝西，前有两壁 4 层阶梯的斜坡墓道，长 12 米。墓室具有前堂、后室，前堂平面近方形，左、右各有侧室；后室呈狭长的长方形，在前部右侧有一小耳室。墓室全长约 16 米，加上墓道通长约 28 米。因遭严重盗扰，虽残存遗物不多，尚能观察各室的功能，前堂右侧室残存铜衔、镳明器，原应模拟车库。左侧室尚存多件陶瓮、罐等器，应模拟仓储之所。后室右侧耳室及附近，散布有陶鸡、猪及猪圈等明器，或

[1]　中国社会科学院考古研究所河南第二工作队：《河南偃师杏园村的两座魏晋墓》，《考古》1985 年第8 期。

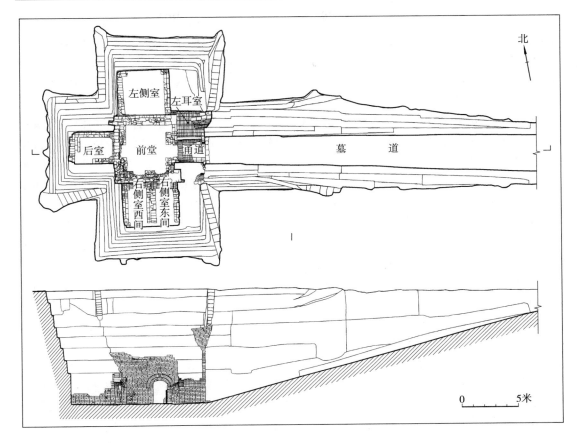

图2-2　河南孟津曹休墓（ZM44）平面、剖视图

为圈饲家畜家禽之处。与之对应的后室左前角，有捧盆操作的坐姿陶俑、陶灶及一些食案、方盒、鼎等陶器，应为备餐之所。后室后部为陈放棺木的后寝。

在洛阳地区发掘的曹魏时期墓葬中，可以确知所葬死者姓名者只有洛阳孟津大汉冢ZM44[1]，清理时在后室发现了一方印文为"曹休"的桥纽铜印，表明该墓埋葬的是大司马、壮侯曹休。该墓方向亦坐西朝东，其平面布局，亦是前有水平长35米的斜坡墓道，两侧壁各有7层阶梯（图2-2；图版9-2）。墓室砖筑，具甬道、前堂和后室，前堂设左、右侧室，右侧室纵隔成东、西两间，还在前壁墓门左侧有一耳室，甬道、前堂、后室总长10.6米，甬道和各墓室均为拱券顶。前堂面阔略大于进深，面阔4.25米，进深3.5米。后室纵长方形，面阔2米，进深3.55米，面积与前堂不相称，特别是后室右壁（南壁）与土圹间有长4.05米、宽0.85米的空隙，似原设计后室面阔较大，但后来改成现在的情况。曹休于明帝太和二年（公元228年）征吴失利后痈发背病故，因此该墓入葬时间早于涧西16工区M2035二十来年。因遭严重盗扰，在前堂、后室和前堂右侧室西间都发现一

---

〔1〕　洛阳市第二文物工作队：《洛阳孟津大汉冢曹魏贵族墓》，《文物》2011年第9期。

些残存的人骨，据鉴别可能分属三个个体，一男二女。还在前堂右侧室西间发现有棺木遗痕及铁棺钉、铜铺首等物，表明原来在后寝和前堂右侧室西间都葬有棺木。出土遗物除曹休铜印外，还有陶器、铁镜、铜钱和一些原嵌器物上的小金属配件。陶器多饮食、盛储用器，如耳杯、酒樽、碗、盘、盆、罐等，还有熏炉和灯，符合魏文帝《终制》中随葬"一以瓦器"的规定。

在东汉建安年间曹操经营的魏王都邺城遗址附近，还没有发现过曹魏墓，但是发现过三国时期的墓葬。在河南安阳安丰乡西高穴村的一处东汉末期的墓地，曾进行过考古发掘，其中的2号墓[1]，是一座坐西朝东的具有前堂、后室并附四个侧室的大型砖室墓（图2-3），墓室用青石铺地。墓道长39.5米，斜坡状，两侧壁分别有7层阶梯，并在墓道与墓门交接处两侧砌有护墙。墓门拱券顶，前砌三重封门砖。甬道亦拱券顶，长2.85米。前堂平面近方形（图版9-1），面阔3.87米，进深3.85米，四角攒尖顶。在左、右各设一间拱券顶侧室。左侧室纵长方形，面阔2.4米，进深3.6米；右侧室横长方形，面阔2.79米，进深1.83米。前堂与后室间有长2.45米长的拱券顶通道，宽1.68米。后室平面亦近方形，面阔3.82米，进深3.85米，亦四角攒尖顶。在左、右两侧亦各设一间拱券顶侧室，两间侧室平面均为纵长方形，面阔1.9～1.92米，进深3.6米。全墓各室及通道均以青石铺地，有些石材利用了早年的残画像石。墓室自甬道至后室全长近13米，加上墓道总长超过50米。该墓曾遭严重盗扰，尚可推测后室曾葬有木棺，在后室的左右侧室中也葬有木棺。遭盗扰后的墓内，仍清理出铁剑、镞、弩机构件及铠甲片等兵器装具，并零星出土一些玉石器及残铁镜、帐构等杂物以及许多陶瓷器残件。值得注意的是其中有石圭、璧等礼器残件以及超过50件上刻铭文的石牌，铭文多为衣物名称及数量，大致分为两组：一组形体略大，首呈圭形，铭文以"魏武王常所用"开头，如"魏武王常所用挌虎大戟""魏武王常所用挌虎短矛"等，多发现于前堂前部右侧处；另一组形体略小，呈六边形，铭文仅记器名及数量，如"镜台一""书案一""黄绫袍锦领袖一"等，集中出土于后室通往右侧室的通道附近。另发现有4枚东汉五铢钱。墓中残存的人骨，可辨出3个个体。在后室发现散落的部分骨骼和两具头骨，初步鉴定均为女性，一为50岁左右，另一为20岁左右[2]。在前室靠近甬道处发现一具头骨，经鉴定为男性，为60岁左右。从墓葬形制及出土遗物大致可以判断墓葬的年代，为东汉末建安年间的三国时期的墓葬，也就是曹操以邺为魏王都时期的墓葬。因石牌铭中有"魏武王"，按曹操于东汉献帝建安二十五年（公元220年）正月死于洛阳，谥"武王"。当年，汉献帝改建安二十五年为延康元年。曹丕于延康元年十月代汉称帝，改元黄初，十一月癸酉追尊曹操为"武皇帝"，这都是在公元220年一年中发生的事。所以称曹操为"魏武王"，只有该年二月至十月

〔1〕　A. 河南省文物考古研究所、安阳县文化局：《河南安阳市西高穴曹操高陵》，《考古》2010年第8期。

　　　B. 河南省文物考古研究所：《曹操高陵考古发现与研究》第1～13页，文物出版社，2010年。

〔2〕　据此王素发表了《从"曹操墓"谈当时的夫妻合葬制》一文（原刊《中国文物报》2010年4月2日第7版，后收入《曹操高陵考古发现与研究》，文物出版社，2010年）。

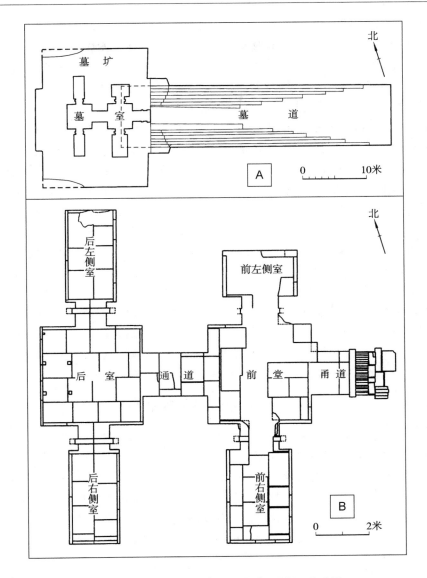

图 2-3 河南安阳西高穴 2 号墓（M2）平面图

A. 墓葬 B. 墓室

短短 8 个月，因此西高穴 2 号墓葬入的时间，应在这 8 个月之间。

目前发掘的曹魏墓中，确知所葬死者且身份最高的是曹操之子东阿王曹植的坟墓。但曹植死后没有葬在邺城或洛阳近郊，而是葬于山东东阿县鱼山[1]。

综合洛阳地区和邺城地区的三国时期至曹魏时期的墓葬资料，可以看出当时地下墓室平面布局的特征，均具有前堂、后室，并在前堂左、右各设侧室，墓室门前设长斜坡墓

[1] 刘玉新：《山东省东阿县曹植墓的发掘》，《华夏考古》1999 年第 1 期。

道，墓道两侧壁均有多级阶梯，常达 4～7 级之多。从纪年明确的涧西 16 工区 M2035 来看，应表明这种具有平面近方形的前堂和纵长方形后室，前堂附左、右侧室，前有侧壁阶梯形的长斜坡墓道的布局，是曹魏时颇具时代特征的典型平面布局。这种平面布局在三国时期已经形成，如西高穴 M2。从洛阳和邺城已发现的三国到曹魏时期的墓葬来观察，反映着墓内所葬死者身份高低的标识，表现在墓室的和墓道的规模方面，以涧西 16 工区 M2035、偃师杏园 M6 两座墓与洛阳孟津 ZM44、邺城西高穴 M2 两座墓相比，后两座墓在墓室及墓道的规模方面明显高于前两座墓。涧西 16 工区 M2035 墓道长度超过 20 米、5 层阶梯。杏园 M6 则只有 12 米、4 层阶梯。而孟津 ZM44 与西高穴 M2 的墓道长度都超过 35 米，有 7 层阶梯。涧西 16 工区 M2035 墓室全长 9.22 米、杏园 M6 为 16 米，因其后室为狭长方形。孟津 ZM44 为 10.6 米、西高穴 M2 为 13 米。前两座墓的墓道和墓室总长分别为 33 米和 28 米，后两座墓的总长则分别达 45 米和 52.5 米。而且孟津 ZM44 的墓砖有制工铭记，西高穴 M2 地铺石材，且其后室也设左、右侧室。综上所述，孟津 ZM44 和西高穴 M2 所葬死者的身份明显高于前两座墓，因孟津 ZM44 已知为魏大司马、壮侯曹休墓，因此可知这类规模的墓葬应为三国至曹魏时的王侯墓。涧西 16 工区 M2035 和杏园 M6 两者规模相当，大约死者生前身份亦相近，应为当时高官的墓葬。而且涧西 16 工区 M2035 纪年明确，已是正始八年（公元 247 年）或稍迟，属曹魏王朝统治的中期，其墓室平面结构，即具甬道、前堂与后室，在前堂左、右设侧室，前设两侧壁阶梯形长斜坡墓道，已形成一定的范式，可视为中原曹魏墓葬的典型平面布局。

二　洛阳地区的西晋墓葬

对洛阳地区西晋墓葬的发掘工作，始于 20 世纪 50 年代，开始是在西晋时期都城洛阳遗址以西地区的洛河北岸邙山南坡发掘了 54 座墓[1]。以后在今洛阳市及其周围如偃师、孟津、巩义、新安、伊川等地直到郑州市一带陆续有所发现，总数已近 200 座[2]，并发现内葬有多座墓葬的陵园[3]。从已发现的西晋墓葬来观察，当时的墓葬承袭此前曹魏时期薄葬规制，虽仍有少数尚沿袭曹魏时前堂后室附有侧室的形制，但主流已改为单室。墓室平面多近方形，或以砖构，或为土洞，前设甬道和斜坡墓道，地面不设土冢。依照墓葬规模大致可以区分为大、中、小三型。

大型的墓葬中砖构的单室墓，可举元康九年（公元 299 年）葬的美人徐义墓（墓 8）为例[4]。该墓是具有长斜坡墓道的单室砖墓（图 2-4-A）。方形墓室面阔 5.5 米，进深 5 米，其四壁砌成外凸的弧线形，墓室四隅均砌出内凸的起棱线的角柱，穹隆顶。墓门开在前壁略偏左侧处，前接长 2.37 米的甬道，在甬道口和甬道中部各设一重石门。甬道前

---

〔1〕　河南省文化局文物工作队第二队：《洛阳晋墓的发掘》，《考古学报》1957 年第 1 期。

〔2〕　据 1996 年统计，已近 200 座，见朱亮《新中国建立以来洛阳秦汉魏晋北朝考古的发现与研究》（《洛阳考古四十年——一九九二年洛阳考古学术研讨会论文集》，科学出版社，1996 年）。

〔3〕　中国社会科学院考古研究所洛阳汉魏故城工作队：《西晋帝陵勘察记》，《考古》1984 年第 12 期。

〔4〕　河南省文化局文物工作队第二队：《洛阳晋墓的发掘》，《考古学报》1957 年第 1 期。

是长达 37.36 米的斜坡墓道，两侧壁自上而下递减，形成 5 级阶梯，深 12.2 米。在墓室
内前壁左侧立有圭首碑形石墓志，隶书，正面首行题"晋贾皇后乳母美人徐氏之铭"，美
人姓徐名义，"元康元年拜为美人"，依汉制，"美人视二千石，比少上造"[1]。因此其墓
葬至少也应相当于二千石官员身份的规制。由于墓室早年被盗，原置随葬遗物不详，仅残
留有制工精致的金花，以及铜铞、铁刀、石帐座等物。与墓 8 同时发掘的墓 1（图 2-4-
C），也同样是大型的砖构单室墓，在墓室四隅砌出角柱，甬道口安装石门。与墓 8 不同，
其墓室的四壁平直没有弧线，墓门开在前壁中央。墓室内出土有圭首带穿碑形残墓志，纪
年为"太康八年"（公元 287 年）。2002 年在洛阳首阳山镇香峪村北四方砖厂清理的 M1
（02YXM1）[2]，方向坐北面南，长斜坡墓道两侧壁有 7 层阶梯，长 35 米，上口宽 9.5
米，底宽 2.44 米，口至底最深 11.8 米。甬道砖筑，拱顶，面阔 2.44 米，进深 2.7 米，
高 2.7 米，底部铺砖。甬道外有封门砖，呈外凸弧形。甬道内临近墓室处原装青石门，现
仅存门槛和门砧。墓室平面长方形，砖构，券顶，四壁砌法是二顺一丁，券顶用楔形砖，
面阔 3.9 米，进深 6.4 米，高 2.7 米，底部高于甬道底 0.2 米。棺木原置于近后部右侧，
因盗扰严重，现仅存棺灰残迹及零星人骨。残存随葬遗物零散发现于填土中，有陶钵、
盘、铜刀、铺首、铁刀、铲、金箍、圆片、石板、绿松石珠等。还有 1 件漆器残片，髹黑
漆，上存隶体朱书"泰始二年造　朱涑工"八字。

　　大型的墓葬中土洞墓室的单室墓，可举枕头山 M4 为例[3]。墓葬坐北朝南方向 188
度，墓室呈纵长方形，面阔 1.9 米，进深 4.7 米，是就原生土挖成的拱顶土洞，周壁未
作任何粉饰，高 1.9 米，以青砖铺底（图 2-5-A）。前壁中央开墓门，安有青石门额、
立颊和门槛，设两扇素面石门，每扇高 1.8 米，宽 0.75 米。门前有拱顶土甬道，面阔
2.5 米，进深 2.6 米，高 2.8 米，底部铺砖，在距墓门约 1 米处设青石门槛。甬道内正
对墓门有 1 具猪骨，门西有 1 具狗骨，东侧有牛大腿骨，应与封墓前祭奠仪式有关。甬
道前接斜坡墓道，长 26.3 米。上口宽 6.3 米，在两侧壁从墓道口每下掘 1 米，向内留
有宽 0.4 米的阶梯，共下掘 5 个阶梯，深 7.8 米，至墓道底，宽度缩为 2.1 米。自地表
至墓道底深 7.8 米。全墓总长 33.6 米。在墓室内右侧纵置一漆棺，棺长约 2.5 米，宽
约 0.8 米，原葬一人，因惨遭盗掘，骨殖零乱，性别不明。墓葬遭多次盗扰，随葬遗物
只残存涂朱陶盘、涂朱陶碗、灰陶碗、石板、涂彩蚌片、残铜扣等物。同时发掘的枕头
山 M5，亦坐北朝南方向 190 度，墓道长 24.5 米，甬道长 2.7 米，墓室进深 4.3 米，全
墓总长 31.5 米。经铲探，枕头山墓地另 3 座墓的尺寸如下：M1 墓道长 46 米，墓室进
深 4.5 米；M2 墓道长 18 米，墓室进深 5.5 米；M3 墓道长 22 米，墓室进深 4.5 米。均属

---

[1]《汉书·外戚传》。颜师古注："二千石，月得百二十斛，一岁凡得一千四百四十石耳。少上造，第
　　十五爵。"

[2] 洛阳市第二文物工作队、偃师市文物局：《河南偃师市首阳山西晋帝陵陪葬墓》，《考古》2010 年第
　　2 期。

[3] 中国社会科学院考古研究所洛阳汉魏故城工作队：《西晋帝陵勘察记》，《考古》1984 年第 12 期。

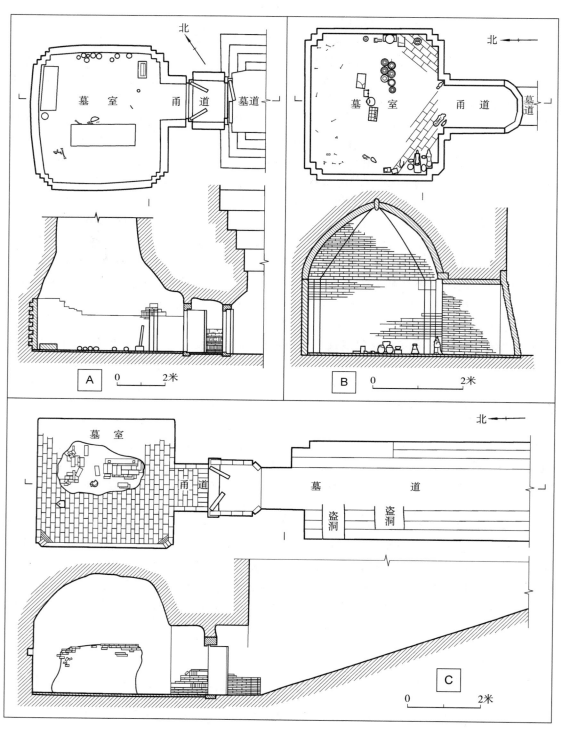

图 2-4　河南洛阳西晋墓葬平面、剖视图

A. 美人徐义墓（墓8）　B. 春都路Ⅰ M1568　C. 太康八年墓（墓1）

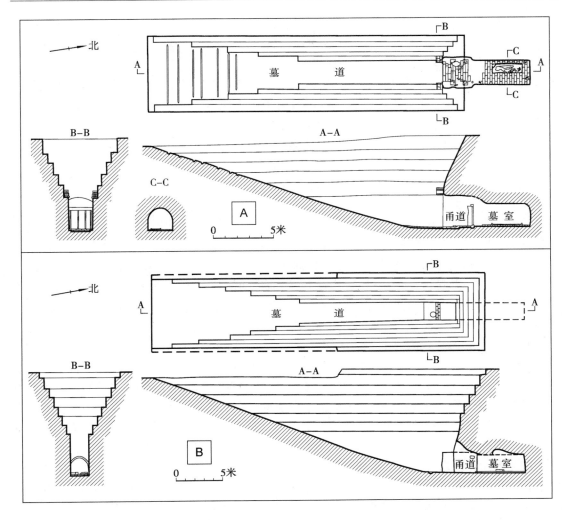

图 2-5　河南西晋墓葬平面、剖视图
A. 枕头山 M4　B. 新庄村 08YXM4

大型土洞单室墓。2008 年在首阳山镇新庄村北清理的 M4（08YXM4）[1]，也是大型单室土洞墓（图 2-5-B），方向坐北朝南，墓室为土洞，拱顶，平面狭长方形，面阔 2 米，进深 5.5 米，高 2.1 米，底铺砖。前接甬道，土洞，拱顶，面阔 2.1 米，进深 1.42 米，高 2.1 米，底铺砖，后端有长方形横沟槽，可能为原装石门处，在甬道口外两侧存生土台，可能为原封门处，其前墓道中间有不规则圆坑，推测为原置小石碑处，现圭首小石碑已被弃至墓室中。甬道前接长斜坡墓道，残长 36 米，口宽 8.8 米，两侧壁有 7 级阶梯，后壁

〔1〕　洛阳市第二文物工作队、偃师市文物局：《河南偃师市首阳山西晋帝陵陪葬墓》，《考古》2010 年第　2 期。

是 5 级阶梯，口至底最深 11.4 米。墓室后部存纵置的棺痕，约长 2.2 米，宽 0.8 米，从残片看为髹黑漆木棺。因遭受严重盗扰，仅散见少量人骨，还有一些残存的随葬遗物，除陶罐、盘、碗、盘口壶、瓮等外，还有铜削、叉形饰、铺首，以及玉猪、金片、云母片、琉璃片等。被弃置于墓室内的小型圭首青石碑，呈四方体，正面磨制平整，其余各面仅上部磨制规整，下部仍为原来的粗糙石面，通高 102.3 厘米，底边长 21.5 厘米，但碑面平素无文字。在甬道铺地砖中发现有一砖侧存隶书"游击"二字。

由上面列出的墓例，可以看出大型墓葬不分砖构墓室或土洞墓室，都应属同一等级。

西晋时以新兴的单室墓为主流，但也有少数尚沿袭曹魏时具前堂后室附有侧室形制的大型墓葬，特别是远离都城洛阳的地区尚有保留，如山东邹城永康二年（公元 301 年）刘宝墓[1]，即沿袭曹魏时具前堂、后室，前堂具左右侧室。在洛阳地区，一些祔葬墓也常构筑多室[2]，有关墓例或可举 20 世纪 50 年代发掘的墓 22[3]。该墓为土洞墓室，坐西朝东，具有平面近方形的前堂，并于前堂右侧设一侧室，以通道连通纵长方形后室。前堂前壁居中开门，前接甬道，甬道口设石门。门前是两侧壁形成 5 级阶梯的斜坡墓道。在甬道、前堂和通往后室的通道底部铺砖。其总的平面布局还是曹魏墓具前堂后室并在前堂两侧设侧室的传统，只是减去了前堂的左侧室。在前堂左侧靠前壁处出土一方石志，志文 11 行，隶书，所葬为"晋前尚书郎北地传宣命妇、秦国士孙松字世兰，翊军府君之女"[4]，29 岁死，葬于永宁二年（公元 302 年）九月。志文又说："新妇前产二子，长名婴齐，次名黄元，皆年二岁不育。……遂以祔于其母焉。"可知墓内所葬为士孙松（世兰），并祔葬有她早殁的两个孩子，但该墓曾遭严重盗扰，在前堂和后室都遗有残人骨。残存的遗物有青瓷杯、盏和残片，还有铁剪、铁刀、铜铃、铜勺等，特别是有 1 件残骨尺，两面刻度寸长 2.4 厘米，一面的寸内界成 10 分，复原尺长 24 厘米。剪刀、骨尺等随葬品，表明这确是以女性为主的墓葬。在墓志内记明是祔葬墓的还有元康三年（公元 293 年）裴祗墓[5]。该墓坐西朝东，砖构墓室，具有方形前堂和纵长方形后室，前有甬道和长斜坡墓道。在前堂右侧筑有一个与后室面积相近且面阔更宽的大型侧室，且在这个侧室左侧另筑较小的方形侧室。青石墓志呈碑形，有座，正面志文 6 行，死者为大司农关中侯裴祗，年六十七，死于元康三年七月四日。背面志文四行，为"太夫人柩止西箱。府君柩止北箱西面。夫人柩止北箱东面。女惠庄柩止北箱东入"。可知原来裴祗之母葬于后室，裴祗夫妇葬于前堂的右侧室，

〔1〕　山东邹城市文物局：《山东邹城西晋刘宝墓》，《文物》2005 年第 1 期。

〔2〕　齐东方：《三国两晋南北朝时期的祔葬墓》，《考古》1991 年第 10 期。

〔3〕　河南省文化局文物工作队第二队：《洛阳晋墓的发掘》，《考古学报》1957 年第 1 期。

〔4〕　该墓志在《洛阳晋墓的发掘》（《考古学报》1957 年第 1 期）中定名"孙世兰女墓志"，误。后《洛阳出土历代墓志辑绳》（中国社会科学出版社，1991 年）定名为《晋前尚书郎故命妇（世兰）墓志》，亦不够准确。按"士孙"为复姓，见《汉书·儒林·梁丘贺传》："充宗授平陵士孙张仲方"，颜师古注："姓士孙，名张，字仲方"。故该志为士孙松的墓志，世兰是士孙松字。故该志可称《晋士孙松墓志》或《晋前尚书郎故命妇士孙松（世兰）墓志》。

〔5〕　黄明兰：《西晋裴祗和北魏元暐墓拾零》，《文物》1982 年第 1 期。

该侧室左的小室葬装祇的女儿惠庄。由此可以看出建墓时保留有传统的致奠的前堂，而将原置随葬遗物以模拟仓储庖厨的侧室，扩大后安排为葬人的墓室，并在石志中记述明晰，是较特殊的例子。

中型的墓葬，从 20 世纪 50 年代发掘的西晋墓来看，均为单室墓，拱顶，多用小砖封门，前多设斜坡墓道，深在 10 米以内。其墓室亦有砖构和土洞之分，墓室和甬道的总面积，一般不超过 10 平米。例如墓 52 [1]。墓室内后壁前原横置棺木，现仅余残骨，并随葬一铜镜，其余随葬品皆陶器。在墓门处有镇墓武士俑，门内右侧有马、犬、鸡、鸭等家畜家禽和陶楼模型，门内左侧有井、灶模型及仆从俑，墓室前部置槅、盘、酒樽、勺等食器。还可举春都路 I M1568 为例（图 2 - 4 - B）[2]。该墓方向坐北朝南，砖构单室，平面近方形，四隅砌角柱，穹隆顶，墓室面阔 3.2 米，进深 3.1 米，高 3.44 米。墓门开在前壁正中处，前接长 1.32 米的券顶甬道，以砖封门，前为长 12.1 米的斜坡墓道。该墓未被盗扰，遗物基本保存原位。墓室内后壁前横放木棺，死者头向西，棺内随葬铁镜、银簪、粉块和铜钱。其余随葬品除一套铜釜、甑外，均系陶器，在墓门口内两侧置镇墓俑，左为镇墓武士俑，右为镇墓兽。墓室右侧放置鞍马和男仆、牛车和女侍，还有鸡和猪舍圈，还有一具小狗的骨架。左侧放置井、灶、碓、磨和铜釜、甑，并横置两排 7 件带盖四系罐，其中一罐中装有谷子。室内中部放置盘、槅、樽、耳杯等食器。这类中型墓葬，有的也安装有石门，如关林皂角树 C7M1874 [3]，方向坐南朝北，砖构墓室，平面方形，面阔 2.7 米，进深 2.74 米，穹隆顶，在前壁偏左开门，前接长 1.32 米的拱顶甬道，安有石门。门前是长 8.1 米的斜坡墓道。墓室右侧并排纵置两具棺木，头南足北，左男右女，为夫妇合葬。女棺中随葬内置铜镜、银簪等的方漆盒，还有银戒、铜戒、铜簪、水晶珠、铜钱等物。男棺中有铜镜。墓室内随葬遗物皆陶器，包括饮食日用器、随葬俑群和模型。这类中型墓葬，占洛阳地区已发掘的西晋墓的大多数。中型墓也有祔葬墓，可举吉利区 M2490 和 M2491 [4]。M2490 为前有斜坡墓道和拱顶甬道的平面方形的穹隆顶砖室墓（图版 10 - 1），墓门安装石门，在砖室后又筑一拱顶土洞祔葬墓室，砖室内葬一具人骨，土洞内葬两具人骨，长度分别为 1 米和 1.1 米，祔葬的应是两个未成年人。M2491 土洞墓室，墓门也安装石门，在墓室右侧又筑一拱顶祔葬墓室。

小型墓葬，则只有仅可容棺的土洞墓室，前有竖井墓道。更小的墓室为长方形竖穴，内容木棺，如 20 世纪 50 年代发掘的墓 4，长方形竖穴内放一木棺，尸骨头南向，棺内随葬有铜镜和数枚铜钱，棺前土壁掏一土龛，放置随葬的陶碗和陶罐。墓 51 内葬具为陶棺，墓 15 则仅用小砖垒成"砖棺"。发掘报告作者认为："所有的竖穴墓葬，除陶棺一座属于未成年的幼童外，其余全应属于劳苦人民的墓葬，有的尚能粗具木棺或以砖代棺，有的只

〔1〕　河南省文化局文物工作队第二队：《洛阳晋墓的发掘》，《考古学报》1957 年第 1 期。
〔2〕　洛阳市第二文物工作队：《洛阳春都路西晋墓发掘简报》，《文物》2000 年第 10 期。
〔3〕　洛阳市文物工作队：《洛阳关林皂角树西晋墓》，《文物》2007 年第 9 期。
〔4〕　洛阳市文物工作队：《洛阳吉利区西晋墓发掘简报》，《文物》2010 年第 8 期。

是置尸于土穴中。"[1]

关于西晋时墓葬陵园和茔域的情况，在田野考古调查发掘中也获得了一些资料。首先是在田野考古发掘中注意到有些墓葬之间的关系，早在 20 世纪 50 年代时就曾发现"墓 9 出城北与墓 1（太康八年）前后相应，距离仅 40 米，同为南向平行。根据汉、魏以来家族合葬的习惯，二墓似有同茔同宗之可能"[2]。后来发掘的西晋墓地，如 2005 年发掘的关林皂角树墓地，发掘清理了西晋墓 13 座，还钻探出 8 座同一时期的墓葬，"这批墓葬分布较密集，规模较大，排列较规整"，因此被"推断这里可能是一处贵族家族墓地"[3]。更值得注意的是在洛阳孟津大汉冢西晋墓地发现的"围沟"[4]。围沟平面呈方形，大致为南北方向，东西宽 33.85 米，南北长 34.9～35.05 米，沟口宽度一般超过 0.5 米，沟深 0.45～0.95 米。东、北、西三面闭合，南面正中留有宽 3.35 米的通道。在围沟内南北纵向排列 3 座前带天井的长斜坡墓道的墓葬，其中 M55 为单室土洞墓，M56 墓室为砖构券顶，左、右附有侧室。M57 墓室砖构，方形前堂后有较小的后室。由于 M56 的部分墓道伸出围沟北面以外，可知围沟的构筑迟于墓葬。也就是在三墓葬入后，再修筑围沟将三墓围护在内，起到茔域围墙的作用（图 2-6）。目前所知洛阳地区保留有围墙的西晋墓群，只有后杜楼村北的枕头山墓地，围护墓群的陵垣，平面呈北窄南宽的梯形，南北总长度约为 330 米，南面最宽处约为 250 米，西、北、东三面的陵垣都能寻到部分遗存，南垣则已无迹可寻。在陵垣东北角和西垣外各存有 1 处夯土基址，应是与陵区守卫有关的两处建筑遗迹。陵垣内分布两列共 5 座具有长斜坡墓道的大型单室土洞墓[5]。其中的 M1 在 5 座墓中规模最大、规格最高，墓道长 46 米，宽 11 米，墓室进深 4.5 米，面阔 3.7 米，高 2.5 米。它位于墓地东部，位置稍偏前，占据尊位。其余的 M2～M5，分布于墓地西部，与 M1 相距约 50 米，分前后两排，前排为 M4、M5，后排为 M2、M3。4 座墓的规模都比 M1 小，一般墓道长 18～24 米，宽 6～7 米，墓室进深 4.5～5 米，面阔 3～3.8 米，高 2～2.5 米。这处墓地的墓葬都遭到过多次盗掘，很难能够从中取得完整的墓葬资料。峻阳陵墓地位于南蔡庄北 2.5 公里的山坡上，背靠鏊子山，面朝伊洛平原，墓地分布着 23 座墓葬（M1～M23），均坐北面南，都是具有长斜坡墓道的单室土洞墓，布局主次分明，排列有序。M1 位于墓地东部，位置稍偏前，居于尊位，规模大于其他墓葬，墓道长 36 米，宽 10.5 米，墓室面阔、进深 5.5 米，高 2 米。在 M1 的西侧相距约 40 米处，分四排逐层在山坡上由下向上排列，第一排是 M22 和 M23，共 2 座；第二排是 M16～M21，共 6 座；第三排是 M12～M15，共 4 座；第四排是 M2～M11，共 10 座。各墓的间距，也是从下向上一排小于一排，第一排间距 26 米，至第四排两墓之间的间距仅为 2～3 米。这 22 座墓规模都小于 M1，墓道一般长 17～22 米，宽 6～8 米，墓室面阔 2.5～3 米，进深 4.5～6.5

〔1〕 河南省文化局文物工作队第二队：《洛阳晋墓的发掘》，《考古学报》1957 年第 1 期。

〔2〕 河南省文化局文物工作队第二队：《洛阳晋墓的发掘》，《考古学报》1957 年第 1 期。

〔3〕 洛阳市文物工作队：《洛阳关林皂角树西晋墓》，《文物》2007 年第 9 期。

〔4〕 洛阳第二文物工作队：《洛阳孟津大汉冢西晋围沟墓发掘简报》，《文物》2011 年第 9 期。

〔5〕 中国社会科学院考古研究所洛阳汉魏故城工作队：《西晋帝陵勘察记》，《考古》1984 年第 12 期。

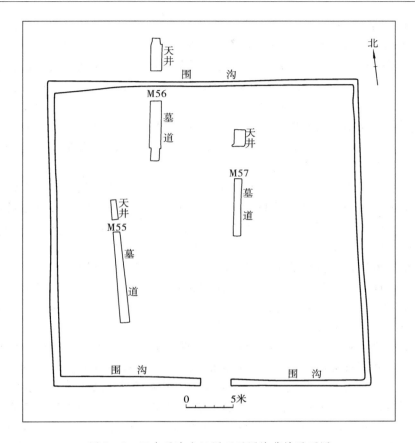

图 2-6　河南孟津大汉冢西晋围沟墓地平面图

米，高1.5～2米。可以看出墓内所葬死者的身份越高，墓葬所排位置越靠下排，墓与墓的间距越宽；身份越低，墓葬所排位置越靠上排，间距也越窄。在这处墓地四周没有探到墓垣，可能是墓垣已毁，也有可能当年以自然山峰、山梁为墓地边界，而并没有另筑墓垣。

三　三国西晋墓埋葬制度的变化

东汉末年曹操当政后，在埋葬制度方面进行了划时代的改革[1]。突出表现是帝王力主薄葬，代表人物是曹操和曹丕父子，不仅下令薄葬，而且他们自己也是身体力行。早在曹魏建国之前，曹操于建安十年（公元205年）已下令禁止厚葬[2]，并禁止立碑[3]。曹操在建安二十三年（公元218年）六月下令："古之葬者，必居瘠薄之地，其规西门豹祠

〔1〕　杨泓：《谈中国汉唐之间葬俗的演变》，《文物》1999年第10期；《汉唐美术考古和佛教艺术》，第10页，科学出版社，2000年。

〔2〕　《三国志·魏书·武帝纪》。

〔3〕　《宋书·礼志》。

西原上为寿陵，因高为基，不封不树。"[1]在他死前还遗令埋葬时"敛以时服，无藏金玉珍宝"[2]。当时曹操改革秦汉厚葬礼制，实行薄葬，主要有两个原因：一个原因是经过汉末大动乱及群雄混战，社会经济凋敝，统治集团无力如东汉时花费巨资经营丧事。另一个原因是曹操和曹丕父子在亲历的战乱中，见到前代厚葬的陵墓遭到毁灭性的破坏，感触极深，总结历史教训，引以为戒。对此，魏文帝曹丕在《终制》中曾详加论述："自古及今，未有不亡之国，亦无不掘之墓也。丧乱以来，汉氏诸陵无不发掘，至乃烧取玉匣金缕，骸骨并尽，是焚如之刑，岂不重痛哉！祸由乎厚葬封树。'桑、霍为我戒'，不亦明乎？"所以他规定死后"寿陵因山为体，无为封树，无立寝殿、造园邑、通神道。……无施苇炭，无藏金银铜铁，一以瓦器，合古涂车、刍灵之义。棺但漆际会三过，饭含无以珠玉，无施珠襦玉匣，诸愚俗所为也"。他特别强调葬后应不被后人发现，说"夫葬也者，藏也，欲人之不得见也。……故吾营此丘墟不食之地，欲使易代之后不知其处"[3]。皇帝主薄葬，贵戚官员将帅也同样感于亲身经历以及遵从曹魏法制，多行薄葬。

因之在东汉末年，也就是献帝建安年间，特别是曹操于建安十年下令禁止厚葬以后，中止了原来东汉社会上普遍流行的丧葬豪华奢侈的风气，东汉时皇帝和皇室勋贵享用的特殊殓服"玉匣"（金缕、银缕、铜缕）被彻底废弃，地面上的石碑、神道石刻及石祠，地下修筑的豪华的大型多室砖墓，以及满布墓室壁面的壁画或画像石，还有数量众多的贵重的随葬品，都从曹操实际统治中心的中原地区消失。代之流行的是较为简朴的墓葬平面布局：前置甬道，墓室具有前堂、后室，并在前堂左、右各设一间侧室的砖室墓。随葬遗物也以陶制品为主，地面上不再设立豪华的墓园和神道碑石。当墓内所葬死者身份较高时，则在后室两侧也各设一间侧室，例如葬于东汉建安末年即三国时期的河南安阳西高穴乙号墓，正是这样平面布局的砖室墓。到曹魏建国以后，墓葬具有前堂、后室，并在前堂左、右各设侧室，更成为颇具时代特征的典型平面布局，代表的墓例是洛阳涧西发掘的 16 工区 M2035 砖室墓[4]。墓内随葬有魏正始八年铭铁帐构，因此确定这座墓下葬的年代应在曹魏齐王芳正始八年（公元 247 年）或稍迟。类似平面的曹魏时期砖室墓，在偃师杏园村也发现过[5]。涧西 16 工区 M2035，前有水平长 23.5 米的阶梯形墓道，甬道、前堂、通道、后室总长 9.22 米，加上墓道全长近 33 米，且甬道通往前堂的墓门还安装有石门。因此有人曾推测它是曹魏时期陵墓之一[6]。近年在洛阳发掘了孟津 ZM44，为大司马、壮侯曹休的墓葬。墓的平面布局，亦是前有水平长 35 米的墓道，墓葬具甬道、前堂和后室，前堂设左、右侧室，并在门侧有一耳室，甬道、前堂、后室总长 10.6 米。以之与涧西 16

〔1〕《三国志·魏书·武帝纪》。

〔2〕《三国志·魏书·武帝纪》。

〔3〕《三国志·魏书·文帝纪》。

〔4〕 A. 李宗道、赵国璧：《洛阳 16 工区曹魏墓清理》，《考古通讯》1958 年第 7 期。

　　 B. 洛阳市文物工作队：《洛阳曹魏正始八年墓发掘报告》，《考古》1989 年第 4 期。

〔5〕 中国社会科学院考古研究所河南第二工作队：《河南偃师杏园村的两座魏晋墓》，《考古》1985 年第 8 期。

〔6〕 罗宗真：《魏晋南北朝考古》第 77 页，文物出版社，2001 年。

工区 M2035 相比，两者规模相当，大约死者生前身份亦相近。再将二墓与东汉建安末年的安阳西高穴 M2 相比，后者规制略高于 16 工区 M2035 和孟津 ZM44。或者可以认为从汉末三国时期到曹魏，中原墓葬的平面布局，高官的坟墓具甬道、前堂与后室，在前堂左、右各设侧室。规制更高的墓，除前堂设左、右侧室外，在后室左、右也设侧室。

三国时期曹魏节葬之风对江南吴地的影响极小，除名臣中少数主张死后薄葬，如张昭外，当时朝野仍厚葬成风。甚至还保留着以人殉葬的恶习，如吴大帝孙权时陈武去世，"权命以其爱妾殉葬"[1]。但是中原墓葬的平面布局，却由于孙吴政权接受曹魏封号等因素，其影响扩展到江南。湖北武昌黄武六年（公元 227 年）郑丑墓和永安五年（公元 262 年）校尉彭卢墓、鄂州孙将军墓[2]，江西南昌高荣墓[3]，都是具甬道、前堂和后室，并在前堂两侧设左、右侧室的形制。其中孙将军墓最大，全长达 9.03 米；高荣墓最小，全长仅 6.08 米。南京江宁上坊 2006NJSM1 墓，推测应为孙吴帝王陵墓，其平面具甬道、前堂和后室，并在前堂和后室两侧皆设有左、右侧室，全长达 20.16 米[4]。表明当时孙吴墓的平面布局亦遵曹魏规制。

曹魏具甬道、前堂与后室，在前堂左右各设侧室的平面布局，对关中、河西及辽东地区，也都有深远影响。陕西西安郭杜镇曹魏景元元年（公元 260 年）墓，虽为土洞墓，但其平面为具甬道、前堂和后室，前堂左、右设侧室的形制。河西地区的魏晋时期多室壁画墓，平面布局亦多具长斜坡墓道、甬道、前堂和后室，有时还有三进墓室。但是在墓门上部保持有结构复杂的高大门楼，则是遵从关中汉墓的地方习俗。在辽东半岛，魏明帝景初二年（公元 238 年）辽东归入曹魏版图以后，现知属曹魏时的墓例只有辽阳三道壕巍（魏）令支令张君墓，该墓虽是石灰板岩砌筑的壁画石墓，仍沿袭公孙氏统治时壁画石墓的旧制，但是平面布局已改为前堂、后室，前堂两侧各设侧室，与中原地区官员的墓室平面近同，只是后室被纵隔成三间。

西晋建国之初，司马氏父子仍与曹操父子一样，力主节葬。由于皇帝力主节葬，故当时一些名臣也因之主张节葬[5]。但当全国统一以后，司马氏皇族和其所依靠的世家大族的势力极度膨胀，生活豪华奢侈。由于生前奢靡之风盛行，而且要凸显死者族第权势，因此并不满足节俭的丧葬制度，力图再转向厚葬。同时，开国之初西晋皇帝虽崇尚薄葬，但对重臣的丧事则给赐丰厚，除赐秘器、朝服外，还常赐钱数百万[6]，实际也起到鼓励厚葬的作用。还有的重臣持功为自己厚葬，如平吴名将王濬，死后"葬柏谷山，大营茔域，葬垣周四十五里，面别开一门，松柏茂盛"[7]。到惠帝时，昏庸无度，世风更趋奢靡，厚葬更形成风气。西晋重兴的厚葬之风，也并非恢复东汉故俗，而是依照曹魏规制下的新变

〔1〕《三国志·吴书·陈武传》注引《江表传》。
〔2〕鄂城县博物馆：《鄂城东吴孙将军墓》，《考古》1978 年第 3 期。
〔3〕江西省历史博物馆：《江西南昌市东吴高荣墓的发掘》，《考古》1980 年第 3 期。
〔4〕南京市博物馆、南京市江宁区博物馆：《南京江宁上坊孙吴墓发掘简报》，《文物》2008 年第 12 期。
〔5〕《晋书·石苞传》《晋书·王祥传》《晋书·杜预传》等。
〔6〕《晋书·王祥传》《晋书·石苞传》。
〔7〕《晋书·王濬传》。

化，从中力求豪华。概括起来有以下诸项。首先在墓室形制方面，其追求豪华并未恢复汉代的大型多室墓，仍以单室为主（少数为双室或具前堂和棺室），但为表示身份，采取的方法通常是加大墓室，加砌砖室，并在室的四隅加砌砖柱，还加长甬道，更增长墓道，有的长斜坡墓道的长度超过 37 米，修筑墓道的工程量大大超过墓室的工程量，明显是一种表现身份地位的奢侈行为。其次是墓志的兴起。西晋时沿袭曹魏禁止立碑的禁令，晋武帝于咸宁四年（公元 278 年）再次诏令强调禁断"石兽碑表"。于是高官士族采取变通办法，将原置地面的碑石，缩小体积后改立于地下墓室之中，开墓志滥觞之先河。所以早期的墓志仍常制成石碑的形貌，或圭首，或圆首，还常在首部设圆穿，立置墓中，下面又常承以石座。志石上铭刻死者官职姓名家世和生平事迹。这些石志的纪年，多在太康以后，迟于咸宁四年（公元 278 年），表明晋武帝再次禁断碑石，促使墓室内放置石志之风日益增长。从此开始形成自南北朝至隋唐宋元乃至近代，在墓内安放墓志的习俗。再次是随葬遗物虽然仍依曹魏以来"一以瓦器"之规定，也沿袭曹魏时在墓内致奠的习俗。但是还是设法将贵金属及珠玉等装饰品以及铜镜、铁镜等，放置在死者的棺木之中。目前发现的西晋大型墓葬中的随葬遗物，因均遭严重盗掘，故保存很少。只有一些中型墓葬，在历史上免遭盗扰，基本保留了随葬遗物在墓中的原位。因此目前对西晋时随葬遗物的认识尚存在一定的局限性。从已知的西晋墓中的随葬遗物来看，除石质或砖质的墓志外，以陶制品（瓦器）为主，罕见金属器，常只在棺中随身葬有铜镜、铁镜和贵金属装饰品等物，女性又常置骨尺和铁剪刀。随葬遗物以陶制品为主，也正与《通典》所引晋时贺循所述明器以瓦器为主相吻合[1]。随葬墓中的陶制品，约略可以分为日用器皿和明器模型两类（图 2-7）。日用器皿与此前三国到曹魏时期的物品相比，新出现的器形主要有方形多子格的陶榼。还有四系罐和下设三足的酒樽、空柱盘，以及一种酱釉的小罐。此外就是常见的饮食器，圆案、耳杯、盘、碗、勺等，还有豆形灯、香熏等。明器模型主要是随葬俑群和庖厨及家畜家禽模型，但与两汉墓葬随葬俑群有较大差异，呈现出了新的组合内容。随葬俑群大致分为四组：第一组，镇墓俑，一般包括两种，一种为四足作行走姿态的牛形镇墓兽，低头昂角，背上鬃毛成撮前伸；另一种作甲胄武士状，头戴竖有高缨的兜鍪，身穿箭袖铠，其上多作鱼鳞甲纹，也有的不着铠甲，左手持盾，右手上举，原似持有环首刀等兵器。一般每墓有镇墓兽和甲胄武士俑各一，置于墓门处，以驱邪祟。如墓系夫妇合葬，则常置两组。第二组，出行的车马模型，一般有备有鞍具、四足伫立的马一匹，以及一马夫；牛车一乘，以及一御车奴。第三组，侍仆俑，通常是男仆、女侍各一，皆端立姿态。第四组，庖厨明器和家畜家禽模型，庖厨明器有井、灶、磨、碓等；家畜家禽模型，常有犬、猪和鸡。这些俑和模型体量不大，制工也不精致[2]。西晋的随葬俑群，以墓主人出行的牛车为中心，反映着晋时高官豪门出行以乘牛车为贵的时代风习。由此可见，西晋时从

〔1〕　杜佑：《通典》，中华书局影印十通本，1984 年。

〔2〕　杨泓：《北朝陶俑的源流、演变及其影响》，《中国考古学研究——夏鼐先生考古五十年纪念文集》，文物出版社，1986 年；后修改配图后收入《汉唐美术考古和佛教艺术》，科学出版社，2000 年。

图2-7　河南洛阳春都路西晋墓葬出土遗物

1. 陶樽　2. 陶盘　3. 陶罐　4. 铜釜、甑　5. 陶榻　6. 陶勺　7. 陶井　8. 陶磨　9. 陶耳杯　10. 陶厕　11. 陶灶
12. 铜钗　13. 陶镇墓兽　14. 陶鞍马　15. 陶镇墓俑　16. 陶车伕俑　17. 陶女侍俑　18. 陶犬　19. 陶鸡　20. 陶牛车

墓葬平面布局到墓内的随葬遗物，都形成了与前不同的新的规制，所以有人将其归纳称为"晋制"[1]。

西晋时期都城洛阳的墓葬平面已改变成前有长墓道的单室，并辐射影响周边地区。但是晋祚短暂，所以其推行的"晋制"，影响极为有限，除都城洛阳周边区域外，其他地区仍常循曹魏旧制，目前在北京、山东、辽宁、陕西、甘肃等地发掘的西晋墓，很少能看到如洛阳晋墓那样的长墓道的单室墓，墓内的随葬遗物，例如随葬俑群，也鲜见完全与洛阳晋墓相同。也有的是平面布局不同而俑群相近似，或是仅只在随葬的陶器中出现比较具有西晋时代特征的器物，例如带有多子格的陶榭，或是具有特点的釉陶小罐等。例如山东邹城永康二年（公元301年）使持节安北大将军领护乌丸校尉都督幽并州诸军事刘宝墓[2]，仍保持具有甬道、石墓门、前堂、后室，前堂两侧设左、右侧室的平面布局。但是随葬俑群的组合和造型，则遵照洛阳西晋墓规制。辽阳地区的晋墓，如辽阳上王家村晋墓，平面仍旧与魏令支令墓近同，具前堂、后室，前堂两侧各设侧室，后室也纵隔成两间。西安田王村西晋元康四年（公元294年）墓，平面仍遵曹魏具甬道、前堂和后室，前堂有左、右侧室旧制，随葬也还是造型简单的俑及井、灶、磨和鸡、犬、猪等明器模型，不见洛阳"晋制"随葬俑群中最具时代特征的镇墓兽、镇墓俑和牛车。长安韦曲北原、西安曲江雁南二路等处发掘的西晋墓，虽为土洞墓，其平面也与田王村元康四年墓相同。陕西发掘的另一些西晋墓都是规模很小的土洞墓。只是在出土陶器中，可以见到具有西晋时代特征的陶榭。甘肃河西地区的西晋墓，更是沿袭当地汉魏墓传统，随葬遗物中多见当地流行的有纪年的解注瓶，却不见洛阳规制的随葬俑群，只是能见到具有西晋时代特征的陶榭。所以都城洛阳初步确立的所谓"晋制"，并没有能在全国范围真正推行。至于江南的西晋墓，更是仍旧沿袭着孙吴墓的传统。不久西晋王朝覆亡，到十六国时期，北方各地的墓葬中，已经难觅洛阳"晋制"的身影。表明随着西晋这个短命王朝的消失，洛阳"晋制"的命运也同样短暂。经过十六国时期的纷争，当北魏重新统一北方以后，不同于魏晋时期的新的墓葬规制又应运而生。

四　曹魏西晋帝陵的探寻

正由于曹操父子力主薄葬，不封不树，因此自宋代以降，世人已弄不清楚曹操所葬高陵的位置。以致自宋以后民间"曹操七十二疑冢"的传闻甚嚣尘上，多年来更误指磁县地区的大型封土墓为曹操疑冢。但近年的田野考古调查发掘，早已明证磁县地区那些巨大的墓葬封土，都是东魏北齐时期的坟墓[3]。故此在邺城附近的考古勘查中，探寻魏武帝曹

---

[1]　俞伟超《汉代诸侯王与列侯墓葬的形制分析——兼论"周制""汉制"与"晋制"的三阶段性》（《先秦两汉考古学论集》，文物出版社，1985年）认为："约从三国西晋时期开始，除河西等较为边远的地区仍大体沿用东汉后期的旧制外，许多身份极高的贵族之墓，往往变成单室砖墓。墓形制度从此又进入一个新阶段：'汉制'已被赶出历史舞台，'晋制'出现了。""可以认为，'汉制'是'周制'的继续而发生了相当的变化，它同'晋制'明显地应分属两大阶段。"

[2]　山东邹城市文物局：《山东邹城西晋刘宝墓》，《文物》2005年第1期。

[3]　关于漳河边被误认为曹操疑冢的那些大型墓葬封土丘，均系东魏北齐时墓葬，见马忠理《磁县北朝墓群——东魏北齐陵墓兆域考》（《文物》1994年第11期）。

操的陵墓，多年来一直是引人注意的考古课题。目前由于安阳安丰乡西高穴墓地的发掘，引起人们对魏武帝曹操陵墓所在地这一难解的考古学之谜，展开了新的探索。对时代属东汉末年即三国时期的西高穴 2 号大墓，不少人认为即是曹操所葬"高陵"[1]。主张这座墓就是曹操高陵的代表性论点，举出的论据主要可归纳为下列 5 项：1）以西高穴 2 号墓的形制与规格和东汉晚期诸侯王墓及三国时期孙吴高级贵族墓相比较，该墓应为"王陵"。且其地望亦当古邺北城西偏南约 30 里的位置，与文献所记曹操墓相符。2）由于该墓形制规格与东汉晚期诸侯王墓基本相同，墓内发现 3 枚东汉五铢钱及"魏武王"铭刻石牌（图 2-8），所以由考古发现遗迹和遗物可判断该墓时代为东汉晚期至曹魏初期。3）出土"石牌"的文字用语，以及文字绝大多数为汉隶，亦即"八分体"，均东汉晚期至曹魏时所流行。4）墓中出土男性头骨，经鉴别年龄约 60 岁，又与《三国志·魏书·武帝纪》所记曹操死于六十六岁基本吻合。5）出土记有"魏武王"的铭牌。因此推断西高穴 2 号墓无疑是曹操死后所葬"高陵"。认为上述论证还应慎重地认真进行学术探研的人，一方面认为西高穴 2 号墓从其形制及出土遗物，将那座墓认定为东汉建安末年即三国时期的坟墓，应无问题。另

图 2-8 河南安阳西高穴 2 号墓出土"魏武王常所用"铭石牌

一方面对将其认定为曹操的墓葬，认为论据不足，故提出不同的看法，归纳起来有下列问题：1）据《三国志·魏书·武帝纪》，东汉建安二十一年（公元 216 年）五月，汉献帝晋封曹操为魏王。过了两年，在建安二十三年（公元 218 年）六月，魏王曹操令曰："古之葬者，必居瘠薄之地。其规西门豹祠西原上为寿陵，因高为基，不封不树。《周礼》冢人掌公墓之地，凡诸侯居左右以前，卿大夫居后，汉制亦谓之陪陵。其公卿大臣列将有功者，宜陪寿陵，其广为兆域，使足相容。"[2]说明在建安二十三年魏王曹操已按汉制王陵为自己营建"寿陵"，并且要使其陵墓"广为兆域"以安排他的大臣列将有功者陪葬。故此魏王"寿陵"的规制，应按东汉王陵的规制，但因其主节葬，只表现在"不封不树"及不立碑柱。又过了两年，在建安二十五年（公元 220 年）正月，曹操死于洛阳，遗令中唯嘱咐要"敛以时服，无藏金玉珍宝"[3]。二月，归葬邺城"高陵"。由于在曹操死前两年他已按东汉王陵规制建造陵墓，所以其平面布局应与已知东汉王侯陵墓相同或近似。只是依其遗令，敛以时服，废去东汉王陵中的玉匣及金玉珍宝。但是目前西高穴 2 号墓的平面布局，明显不及东汉王陵的规制，特别是缺少回廊等结构，甚至还不如一些相当二千石官员的墓室平面布局。特别是在洛阳发现他的子侄辈分的壮侯曹休墓以后，将西高穴 2 号墓

〔1〕 河南省文物考古研究所：《曹魏高陵考古发现与研究》，文物出版社，2010 年。

〔2〕 《三国志·魏书·武帝纪》。

〔3〕 《三国志·魏书·武帝纪》。

与之相比，前者面积 550 平方米、占地面积 1067 平方米，竟大于后者。仅只曹休墓以砖铺地，而西高穴 2 号墓以不规则的石材铺地等，有些差异，但两者明显属于同样的规格。魏王曹操的下属特别是其子侄晚辈，把自己的墓建造得与魏王同一规制，当是明显的僭越行为，在当时绝无可能。所以曹休墓的发现，并不像有人认为的可以证明西高穴 2 号墓为曹操"高陵"，反而引导人们要更深入地去思考西高穴 2 号墓的问题。2）关于墓中出土的刻铭石牌。虽然西高穴 2 号墓曾遭严重盗扰，但如果仔细观察墓葬平面图，仍可看出原来墓内在不同位置放置有两类石牌，一类器形略小，呈六边形，牌铭仅标明物品的名称和数量，如"黄绫袍领袖一""书案一"等；另一类器形稍大，牌铭除标明物品名称外，前面加注"魏武王常所用"字样，如"魏武王常所用挌虎大戟"等。前一类占多数，发现于后室，多集中于后室右侧室门口通道处；后一类占少数，散见于前堂内。两者明显有别。按先秦至汉代的传统习俗，墓内随葬的记述墓内随葬遗物的"遣策"及附于遗物上的签牌，均不会书写墓内死者官职姓名，因墓室即死者阴宅，谁也不会将家中物品标写上官职姓名还写明为自己"常所用"的。但是文献中常见帝王常所用的物品，赏赐臣下，这是一种特殊的恩宠之举，所以被赐者极感荣光，甚至死后还会把这些物品带至阴宅，还要特书其本为帝王"常所用"之物。同时史官知悉某人曾受此恩宠，也要在其传记中特记一笔，以传之后世。所以墓中出现书明"魏武王常所用"的牌铭，恰好说明其非魏武王之墓。3）在西高穴 2 号墓中男性尸骨被鉴定为 60 岁左右，墓中发现的两具女性尸骨，据说经鉴定一位是 50 岁左右，另一位只有 20 岁左右。但据《三国志·魏书·后妃传》，魏武帝曹操的卞后，逝世于太和四年（公元 230 年），已是曹操死后 10 年，但"合葬高陵"。史载卞后生于东汉延熹三年（公元 160 年），死时已 71 岁。所以墓内的女性均与卞后不合。所以墓中出现不是卞后的两个女尸，史书无据，与理不合，难说是曹操的坟墓。因此对西高穴 2 号墓所葬究竟是谁，还无确证，也有可能是曹操"高陵"的一座陪葬墓亦未可知[1]。此外，有人还以西门豹祠和鲁潜墓志为认定西高穴 2 号墓为曹操墓的地理坐标。但是历史上传闻的西门豹祠有多处，现在被认定的是其中位于安阳丰乐镇的西门豹祠遗址，现在仅存宋代及更晚的石碑，虽曾在地表采集到汉代及北朝的瓦片，但无法确认即曹操所说的西门豹祠，尚待进一步的认真的田野考古工作予以确证。至于"鲁潜墓志"，是在砖厂取土时所发现，但并没有发现"鲁潜"的墓，所以与墓已分离的墓志，已丧失了作为地标的基本条件，只有等到将鲁潜墓找到后，计量其与"高陵"相距的方位和里程，才能起到确认曹操墓地标的作用。综上所述，安阳西高穴三国时期墓葬的发现，对曹操墓的学术探寻是极为重要的考古发现，但这一学术课题的最终解决还有待考古学者继续努力。

创立西晋王朝的司马懿和司马炎父子与曹操父子相同，也是力主薄葬[2]，西晋帝陵

---

[1]　徐光冀：《"曹操高陵"的几个问题——〈河南安阳西高穴曹操高陵〉读后》，《中国考古学会第十四次年会论文集（2011）》，文物出版社，2012 年。

[2]　《晋书·宣帝纪》："预作终制，于首阳山为土藏，不坟不树，作顾命三篇，敛以时服，不设明器，后终者不得合葬。一如遗命。"又《宋书·礼志》："晋武帝咸宁四年，又诏曰：'此石兽碑表，既私褒美，兴长虚伪，伤财害人，莫大于此。一禁断之。其犯者虽会赦令，皆当毁坏。'"

仍不封不树，也无碑兽石刻，而且有关文献记录又颇简略，所以西晋帝陵与曹魏帝陵一样，后代一直不甚清楚。准确地寻找到西晋诸帝陵寝的所在，同样也是田野考古面临的难题。在1917年和1930年，晋中书侍郎荀岳和晋武帝贵人左棻的两方墓志相继出土，荀岳墓志记其"陪附晋文帝陵道之右"，左棻墓志记其"葬峻阳陵西徼道内"，为确定晋文帝崇阳陵和武帝峻阳陵的地望提供了重要线索。但是这两方墓志当年都是偶然被掘出，无法准确地记明其出土方位，只知都出土于洛阳汉魏故城以东10里的蔡庄村，更不清楚是否确实自墓中掘出，以及那两座墓的确切位置[1]。也就是说失去了本来能够确定两座陵墓的准确坐标，所以人们还是只能进行一些推测[2]。虽然历经多年仔细勘察，于20世纪80年代初，在洛阳邙山南麓探查到两处西晋时期的大型墓地：峻阳陵墓地和枕头山墓地[3]，初步认为这两处可能是晋武帝司马炎峻阳陵和晋文帝司马昭崇阳陵所在。两处墓地的地面均无任何痕迹，经铲探在峻阳陵墓地探出23座排列有序的坐北面南的土洞墓，均有既长且宽的长斜坡墓道，但是周围还没有发现陵园痕迹（图2-9-A）。枕头山墓地共探出5座墓，亦坐北面南，形制、布局与峻阳陵墓地相近似，并且在墓地周围发现有陵垣残迹，以及两处可能与陵区守卫有关的建筑遗迹（图2-9-B）。还在枕头山墓地试掘过两座墓，都是带有长斜坡墓道的土洞墓，原生土挖出的墓室周壁未做任何粉饰，仅室内地面铺砌青砖，墓门安装素面石门。由于早经盗掘，仅出土了少量陶器及一些零星物品。总体看来，墓室构造与洛阳地区现已发现的大型西晋墓相比较，颇显简朴，如美人徐义墓，"美人"仅是宫内女官中相当于二千石官员，其墓室是砖室进深5米，较之枕头山M1的土洞墓室进深4.5米，规格明显要高些。徐义墓的墓室、甬道和墓道总长达44.73米，略比M1总长50.5米短，但比M4的33.5米和M5的31.5米明显长得多。而峻阳陵墓地中M1总长41.5米，为土洞墓室，亦逊于徐义墓的总长44.73米和砖室。至于墓室的面积，都是砖室的徐义墓和四方砖厂M1，前者为27.5平方米，后者为24.9平方米。而同为土洞墓的枕头山M1和峻阳陵M1，前者为16.7平方米，后者为16.5平方米。明显两座砖室墓大于两座土洞墓。如果认定枕头山墓地M1和峻阳陵墓地M1为帝陵，上述现象还难以解释，或许显现出西晋帝陵节葬之风和葬制礼仪，到晋惠帝时已不复存在，才有可能让宫中"美人"职位的人的坟墓的规格，可以僭越晋文帝和晋武帝的陵墓，亦未可知。因此枕头山墓地和峻阳陵墓地的发现，对西晋帝陵的探寻虽然已取得了十分可喜的阶段性成果，但是仍然缺乏明确的文字证据和文献的支撑，因此还需要更为深入细致的后续工作，以期获得完满的结论。

〔1〕　荀岳和左棻两方墓志发现情况，可见郭玉堂的记述（《洛阳出土石刻时地记》第9～10页，大华书报供应社，1941年），云见左棻墓志为"民国十九年阴历十二月，偃师城西四十五里蔡庄村鲍姓自地中掘出，地在洛阳故城东十里，誌石大如寻常用砖，表里刻字，重七斤十二两"。荀岳墓碣为"民国七年阴历六月，洛阳故城东十里蔡庄村人掘井得之"。
〔2〕　蒋若是：《从"荀岳""左棻"两墓志中得到的晋陵线索和其他》，《文物》1961年第10期。
〔3〕　中国社会科学院考古研究所洛阳汉魏故城工作队：《西晋帝陵勘察记》，《考古》1984年第12期。

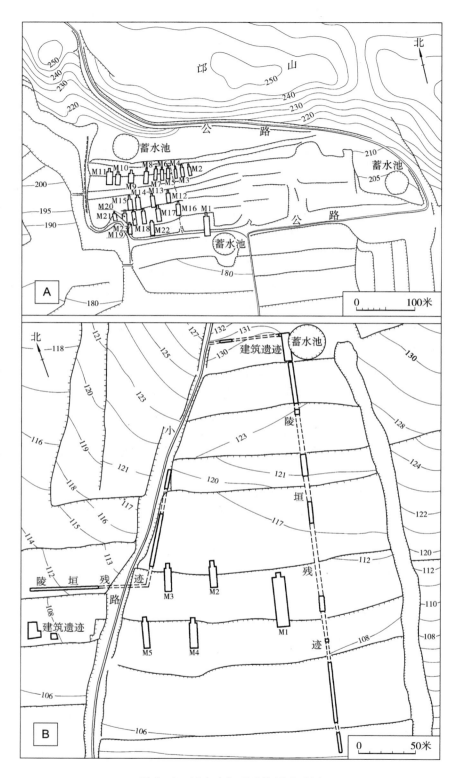

图 2-9　河南洛阳西晋陵园平面图

A. 峻阳陵墓地　B. 枕头山墓地

第二节　北方、东北、山东、关中地区的魏晋墓葬

除都城洛阳及其周围地区的魏晋墓外，在北京、辽宁、山东、陕西等地也发现过一些魏晋时期的墓葬。

一　北京和辽宁地区

北京发现的西晋墓葬，值得注意的有石景山八角村魏晋墓[1]和西郊王浚妻华芳墓[2]。石景山八角村魏晋墓，是具前堂和后室的砖室墓，券顶，前堂面阔2.15米，进深2.19米，后室面阔1.93米，进深2.19米。两室间以长1.08米的通道相连。前堂门朝东，前设长1.08米长的甬道，墓门安有两扇石门，石门上栏雕执戟武士，下栏雕三角纹饰。在前堂的左侧建一石龛，由后壁、左右两壁、顶板、底板共5块石板构成，龛高115厘米，后壁板宽136厘米、厚5.5厘米，左、右两壁各宽85厘米，厚5.5厘米，顶板雕成庑殿顶，前檐面阔136厘米，高9厘米，上雕5个兽头和5个圆形图案。石龛内三面壁面均绘壁画，后壁绘墓主人正面坐帐中，前凭三足隐几，右手执饰兽面的麈尾。身侧左、右各立一女侍。右壁上栏绘牛耕，下栏绘乘车出行。左壁画面漫漶，仅能看清有上置物品的曲足案。石龛穹顶，东、西分绘圆日和满月，日内有三足乌，月内有蟾蜍。墓内遭严重盗扰，后室安葬的木棺已腐朽，仅存约50枚铁棺钉。尸骨被抛至前堂，为60岁以上的男性[3]。残存的随葬遗物有铜弩机、铜铃、马状石兽、彩绘陶俑、陶灶、陶勺、釉陶九支灯、釉陶壶和一些陶器残片。还有200余枚铜钱，其中有战国燕刀币1枚、货泉1枚、货布6枚和直百五铢1枚，余皆汉五铢。

西晋华芳墓，坐落在北京西郊八宝山，是一座南北向的单室砖墓，墓室平面长方形，面阔2.7米，进深5.6米，墓顶由四壁向内拱，近似盝顶。墓门偏右，前接拱券顶砖甬道，长5.7米，宽1.2米，高1.4米，设两道石门和4道封门砖墙。石门均青石质，双扇对开，门中部装铁门环。漆棺纵置室内后部，长2.6米，宽0.8米，高1.1米，棺盖长于棺体，长3.1米。墓葬早年即遭盗掘，黑漆棺已被推倒，尸骨被拖出，骨架已分离。墓内残存的随葬遗物有骨尺、漆盘、铜熏炉、铜弩机、银铃、玻璃杯、陶罐等，还有200余枚铜钱，包括五铢、剪轮五铢和綖环钱。出土长方形碑状青石墓志1方，高131厘米，宽57厘米，厚7厘米，双面及两侧均刻铭，阳面刻铭18行515字，左侧面刻铭2行、84字，阴面刻铭21行、989字，右侧刻铭2行42字，全志共1630字。首题"晋使持节侍中都督幽州诸军事领护乌丸校尉幽州刺史骠骑大将军博陵公大原晋阳王公故夫人平原华氏之铭"，叙明所葬死者的丈夫是王浚，其父

---

〔1〕　石景山区文物管理所：《北京市石景山区八角村魏晋墓》，《文物》2001年第4期。

〔2〕　北京市文物工作队：《北京西郊西晋王浚妻华芳墓清理简报》，《文物》1965年第12期。

〔3〕　潘其风：《北京石景山区八角村魏晋壁画墓出土人骨的观察研究》，《文物》2001年第4期。

王沉，《晋书》卷三九有传。死者华芳，死时 37 岁，亦出魏晋名门，她曾祖父是华歆，《三国志·魏书》卷一三有传。

辽宁发现的曹魏西晋时期墓，重要的有辽阳三道壕魏令支令张君墓[1]和上王家村晋墓[2]。东汉末公孙氏割据辽东，以襄平（今辽宁辽阳）为中心。据《三国志·魏书·公孙度传》："始度以中平六年据辽东，至渊三世，凡五十年而灭。"[3]由汉中平六年（公元 189 年）至魏景初二年（公元 238 年），时间长达半个世纪。曹操当政时，曾于建安九年（公元 204 年）"表度为武威将军，封永宁乡侯，度曰：'我王辽东，何永宁也！'藏印绶武库。"他当时"乘鸾路，九旒，旄头羽骑"，以帝王自居[4]。目前在辽阳地区发现的汉魏之际的墓葬，死者身份较高的多为壁画石墓。以北园墓[5]与棒台子 1 号墓[6]的平面布局为例，墓室全部用石灰板岩砌筑，中部建棺室，四周环绕回廊，前端两侧筑左右侧室，还在迴廊左右和后部设有小室。在棒台子 1 号墓内，右侧室和左侧室均有坐在后置曲尺形矮屏床上宴饮的墓主像，而将伎乐百戏表演的画像布置在前堂前壁墓门两侧。将车马出行绘于迴廊周壁。北园墓和棒台子 1 号墓的墓室平面，明显模拟中原等地东汉时的王陵，例如河南淮阳北关1 号墓[7]、河北定县北庄汉墓[8]、山东济宁普育小学汉墓[9]等。淮阳墓和定县墓，都是砖石结构，外面是近方形的石砌外墙，内为迴廊，迴廊内居中设甬道、前堂和后室，淮阳墓还设有左、右侧室。济宁墓为石墓，具横前堂和后室，前堂两侧设左右侧室，在后室左、右和后侧设回廊。值得注意的是该墓后室顶部用石材抹角叠涩砌成藻井，并刻有星象图像。可以看出公孙氏领有辽东时的大型石室墓，除石材为当地取材外，其平面布局是模拟自中原北方东汉王陵。及至魏明帝景初二年（公元 238 年），辽东归入曹魏版图以后，辽东墓葬仍沿袭公孙氏统治时壁画石墓的旧制，现知的曹魏时期的墓例，只有 1953 年清理的辽阳三道壕魏令支令张君墓。墓室题铭有："［巍］令支令张□□"，"巍"同"魏"，说明为曹魏时墓葬。该墓仍是石灰板岩砌筑的壁画石墓，但平面布局为前堂、后室，前堂两侧各设侧室，与中原地区官员的墓室平面近同，只是后室被纵隔成三间（图 2－10－A）。全墓总面阔 3.62 米，进深 3.44 米，墓门在前壁中部，正中方石柱顶托栌斗，上承门楣，将门分成左、右两个门洞，用两扇石门板封闭。室内地面铺石板。二棺室内地面铺 1 厘米厚的石灰层，右棺葬二人，左棺一人，仰面直肢，头北足南。在前堂和右

〔1〕 李文信：《辽阳发现的三座壁画古墓》，《文物参考资料》1955 年第 5 期。
〔2〕 李庆发：《辽阳上王家村晋代壁画墓清理简报》，《文物》1959 年第 7 期。
〔3〕 《三国志·魏书·公孙度传》。
〔4〕 《三国志·魏书·公孙度传》。
〔5〕 李文信：《辽阳北园壁画古墓记略》，《国立沈阳博物馆筹备委员会汇刊》1947 年第 1 期。
〔6〕 李文信：《辽阳发现的三座壁画古墓》，《文物参考资料》1955 年第 5 期。
〔7〕 周口地区文物工作队、淮阳县博物馆：《河南淮阳北关一号汉墓发掘简报》，《文物》1991 年第 4 期。
〔8〕 河北省文化局文物工作队：《河北定县北庄汉墓发掘报告》，《考古学报》1964 年第 2 期；《定县北庄汉墓出土文物简报》，《文物》1964 年第 12 期。
〔9〕 济宁市博物馆：《山东济宁发现一座东汉墓》，《考古》1994 年第 2 期。

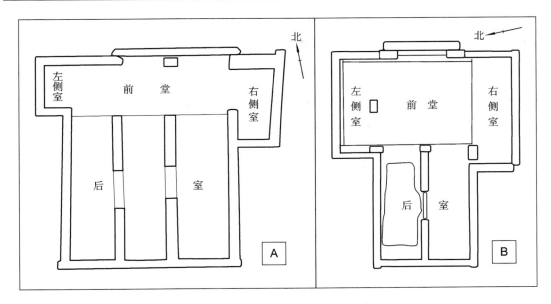

图 2-10　辽宁辽阳魏晋墓葬平面示意图
A. 三道壕魏令支令张君墓　B. 上王家村晋墓

侧室发现陶罐和陶釜，右棺床有铜带钩。在前堂的右侧室的前、右、后三壁存有壁画，各壁图像上下都绘朱色界栏。画用墨线为廓，填以朱、黄、赭、紫、粉红、淡黄各色，有的画面尚鲜明，有的已漫漶不清。前堂左壁上仅存朱墨痕迹，图像不明。右侧室前壁分上下三栏，上栏绘鞍马 6 匹和马夫 2 人。右壁及后壁绘墓主夫妇坐像，以双柱分为三间，上垂帷帐，下设床榻，男主人居右，身后竖矮屏，女主人二人依次面对男主人端坐，三人身侧都立有执物男侍女婢，共 5 人。男主人身侧题铭"［魏］令支令张□□"，最左一位女主人身侧亦有题铭，为"公孙夫人"。

　　辽阳上王家村晋墓，平面也仍与魏令支令张君墓近同，具前堂、后室，前堂两侧各设侧室，后室也纵隔成两间，墓门朝东，用方石封堵（图 2-10-B）。墓顶除用石材平铺外，前堂顶部"是用四行石板，互相抹角叠压，成平顶方形天井"。发掘者指出这在辽阳地区墓葬中是首次发现。全墓面阔 4 米，进深 5 米，高 2.5 米。相隔后室左、右两间的石壁中央有窗式过门，可通连。每间内各纵置木棺，已朽，从棺钉位置推知棺长约2.3 米，宽 0.6～0.7 米，死者头东足西仰身直肢，男右女左。男棺内随葬有以绢包裹的铁镜和青瓷虎子，女棺内随葬置于朱漆圆镜盒内的铁镜，两棺内共出土铜钱 70 枚，包括五铢、剪轮五铢和货泉。在前堂右侧室内砌供台，台上尚存 2 件灰陶盘，其中 1 件陶盘底部刻一"徐"字。台后壁面绘墓主画像，是正面的坐帐形态，惜只存残画的线描图，但能看清坐帐顶饰仰莲，角饰龙衔流苏，墓主身后是左折的曲尺形矮屏。在矮屏的后面和两侧共 5 人侍立，在墓主左侧一人躬身执笏，头旁有墨书榜题"书佐"二字。左侧室后壁绘牛车出行，牛车黑轮，前驾黄牛，旁有人牵牛，主人坐车内，车前有 8 骑前导。右壁画面已漫漶，原似为房宅。棺前柱石绘流云。以朱、墨、黄、白等色绘画，以朱为主，墨勾轮廓，线条粗放。

在辽阳三道壕发现的小型石椁木棺西晋墓也值得注意，位于魏令支令张君墓西北 78 米处，共发现 3 座[1]。椁室平面呈长方形，以大小厚薄极不规整的南芬页岩石板砌筑，用石灰勾缝。其中第七号墓椁室宽 0.81 米，长 2.56 米，深 0.59 米，头向朝南。椁内置木棺，已朽，约宽 0.6 米，长 1.94 米，下放两块长方形石块垫棺。棺内葬一女性死者，直肢仰卧，头枕石灰枕。棺中头前随葬有红漆镶水晶饰件的圆形镜盒，内盛一"长宜子生"铭内弧花纹铜镜。此外，棺内还出土铜钗两件和 1 枚货泉、3 枚五铢钱。在死者足下放置 1 枚圆瓦当，上有反书阳文"太康二年八月造"等文字。太康为西晋武帝年号，二年为公元 281 年。在棺外头前，随葬有陶罐和陶盒。

二　山东地区

山东发现的魏晋墓，最重要的是东阿王曹植墓，葬于东阿县鱼山。建墓使用的墓砖，发现有魏明帝太和七年（公元 233 年）纪年及"陈王陵"等砖铭[2]。该墓是前有甬道的方形的砖室墓，壁面涂白灰。棺木放置墓室中部，据说棺内下铺木炭，中层铺朱砂，上层铺剪成日、月、星形的云母片，尸骨安置在云母片上。曹植墓早被盗掘，清理时尚存部分陶器、铜器和玉石器，共 132 件。其中有青玉璜 4 件，还有青玉珠、红玛瑙球、石圭、石璧等，其余多为陶器和陶明器。至于铜铁器多为小饰件和棺钉等，可见随葬品仍依制以"瓦器"为主。由出土玉璜看，似为朝服葬。

除东阿王曹植墓外，值得注意的有邹县刘宝墓[3]和临沂洗砚池晋墓[4]。1974 年在山东邹城独山村发掘的永康二年（公元 301 年）使持节安北大将军、领护乌丸校尉、都督幽并州诸军事刘宝墓，墓葬平面布局仍循曹魏旧制，保持具有甬道、石墓门、前堂、后室，前堂两侧设左右侧室的形制（图 2-11）。该墓保存有高 12.4 米、直径 40 米的高大封土。墓葬坐北朝南。前堂平面近方形，面阔 2.75 米，进深 2.9 米，高 2.7 米，四壁用砖三顺一丁上砌 3 组后起券。方砖铺地。左、右两侧室平面皆近长方形，尺寸大致相同，右侧室面阔 1.1 米，进深 1.5 米，高 1.15 米。后室平面长方形，面阔 2.75 米，进深 3.5 米，高 2.7 米。前堂与后室间仅以墙在两侧相隔，墙厚 0.4 米。前堂门前接长 2.2 米的拱顶甬道，在甬道中部安装石门，门宽 1.4 米，上有石门楣，下为两扇石门，门上刻铺首衔环，门高 1.45 米，厚 0.09 米。在石门前甬道口又砌一道封门砖墙，墙面抹石灰。甬道前接长 18.2 米的斜坡墓道。后室内左右各纵置木棺，已朽，仅留棺痕及铁棺钉，因墓室遭盗掘，骨架均已散乱。右侧棺痕长 2.1 米，宽 1.3 米，骨架头骨经鉴定为男性；左侧棺痕长 1.9 米，宽 1.1 米，骨架为女性。在男性骨架附近尚遗有一些随葬遗物，有铜弩机、刀和金饰片，女性骨架附近有银钗、金环、饰片和钱币，此外后室还出土有陶灯、罐、碗，瓷四系罐，釉陶小壶。在前堂右前角放置碑状石墓表。在

[1]　王增新：《辽阳三道壕发现的晋代墓葬》，《文物参考资料》1955 年第 11 期。
[2]　刘玉新：《山东省东阿县曹植墓的发掘》，《华夏考古》1999 年第 1 期。
[3]　山东邹城市文教局：《山东邹城西晋刘宝墓》，《文物》2005 年第 1 期。
[4]　山东省文物考古研究所、临沂市文化局：《山东临沂洗砚池晋墓》，《文物》2005 年第 7 期。

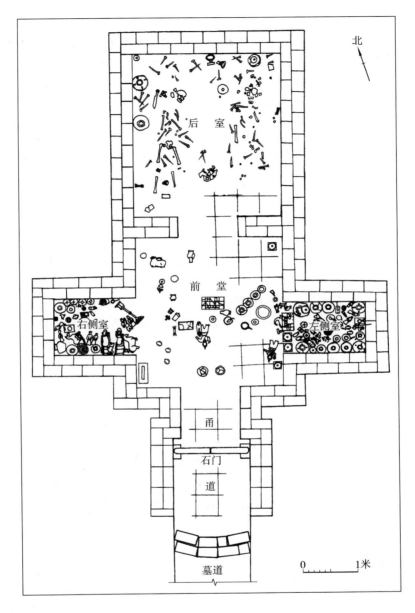

图 2-11　山东西晋刘宝墓平面图

前堂中原设坐帐，现存的 4 件砖帷帐座已散乱，还有陶榼、壶、耳杯，瓷樽、勺、虎子，铜镌斗、洗、熏炉，铁镜等食具及生活日用器，表明仍遵汉魏在前堂设帐致奠习俗。墓内放置的随葬俑群与洛阳西晋墓随葬俑群形制相同，镇墓武士俑和镇墓兽放置在前堂。右侧室内所随葬的物品应是为男性死者享用，随葬的陶俑群包括出行的鞍马、轺车和牛车，随行的车夫、马夫，也有井、灶、仓、磨等及厕圈、猪、鸡等厨炊与家禽家畜模型。还有高足铜灯、铁提梁炉、瓷四系罐等。左侧室内放置的随葬物品应是为女性死者享用，随葬的陶俑群包括出行的牛车、男女仆婢俑，灶、井、碓、厕圈、猪、鸡、狗等。有骨尺、铁剪、陶盒内有 310 枚围棋子（黑子 145 枚、白子 165 枚）、铁镜、砚石、漆奁、青瓷狮形烛台，以及陶榼、樽、勺、扁壶、耳杯，釉陶小壶、瓷罐等。在前堂顶券砖中有 1 块砖上刻铭："元康八年七月六日张世陵"。元康八年为公元 298 年，早于墓表纪年三年，或为制砖匠师所刻。墓表石灰岩质，故局部剥蚀，为圆首碑形，下设方座，以榫卯插立于座上，石表高 44 厘米，宽 22 厘米，厚 5.5 厘米，座高 17 厘米。圆首上篆书题"晋故" 2 字，表身隶书 7 行、行 9 字，部分字迹漫漶不清，首题志文为"晋故侍中、使持节安北大将军、领护乌丸校尉、幽并州诸军事、关内侯高平刘公之墓表。公讳宝，字道真，……永康二年正月……"晋惠帝永康二年，为公元 301 年。

　　临沂洗砚池晋墓发掘于 2003 年，是 1 座比较特殊的并列两个墓室的砖石结构墓，前壁为两个墓室共用，封门砖亦连成一体，但两个墓室之间墓壁相隔 0.97 米。两墓室的前壁面阔 8.2 米，壁高 3.4 米，两室分别开门，各装两扇青石门，各宽 1.2 米，高 1.22 米，厚 0.11 米，素面无纹。门外以砖砌封门墙。前壁两侧还砌有前伸的挡土墙（图版 10-2）。两墓室的平面均呈长方形，大小相同，每室面阔 2.95 米，进深 3.75 米，高 2.49 米。墓室地面由四周向中央隆凸，以砖铺地。两壁砌法是砌 4 组二顺一丁砖后再顺砌两层然后起券。由于墓室内积水严重，棺木及随葬遗物多漂动移位，且木棺及部分漆器多已朽毁。右墓室内原葬一具黑漆木棺，棺内葬一人，骨架经初步鉴定为儿童。左墓室内原葬两具小黑漆木棺，骨架经初步鉴定，均为幼儿，一个为两岁左右，另一个尚不满周岁。两个墓室内出土的随葬遗物共达 273 件（套），在棺内随葬的多贵金属装饰品。左室不满周岁的幼儿棺中，在腰、手部有金环两对，此外还有银铃 5 件；两岁幼儿棺中腰、手部有金环两对，两侧有大小银铃 7 件。除棺内的随葬遗物外，在墓室中还随葬有铜器、漆器、瓷器、陶器，还有铁镜和云母片等。右室木棺内的随葬遗物更多，发髻上有金簪、金钗，胸佩金串珠（金珠 54 颗），双手各有 1 对镯和 11 枚金戒指，周围还有金珰、金铃等饰物，左、右各佩 1 件环首铁刀。棺内还有铜弩机、铁镜、围棋子及一些瓷器、漆器和铜器。在墓室内随葬有更多的瓷器、漆器、铜器、陶器，以及铁镜、玉剑璏和铜钱。在封门墙上层中央处，还置有青瓷四系罐、瓷砚滴、陶羊、铜钱、蚌壳等物。墓中出土漆器底部有的有朱书铭记，如"大康七年李次上牢""大康八年王女上牢""十年李平上牢"等，铜弩机上还有曹魏"正始二年"（公元 241 年）纪年。"大康"即"太康"，为晋武帝年号，七年为公元 286 年、八年为 287 年。"十年"，应系太康十年（公元 289 年），表明该墓应葬于太康十年以后。从墓中随葬的青瓷制品来看，也有可能迟到东晋初。

三　关中地区

　　陕西发现的魏晋墓，纪年明确的有西安郭杜镇曹魏景元元年墓[1]、田王村西晋元康

---

[1]　A. 西安市文物保护考古所：《西安三国曹魏纪年墓清理简报》，《考古与文物》2007 年第 2 期。
　　　B. 张全民：《曹魏景元元年朱书镇墓文解读》，《考古与文物》2007 年第 2 期。

四年墓[1]，值得注意还有 1985 年在长安韦曲北原清理的晋墓[2]，以及 2004 年在西安南郊曲江庙坡头发掘的 3 座西晋墓[3]。

西安郭杜镇曹魏墓，编号 M13，附近还有 M14，其时代应与 M13 相同。M13 为前有斜坡墓道的土洞墓，具有以砖构筑的拱券顶甬道，方向坐北朝南（图 2 - 12 - A）。墓道仅残存长 5.2 米，原长不详，侧壁上部有不规则阶梯。甬道以砖砌两壁起砖券顶，面阔 0.7 米，进深 1.15 米，高 1.05 米，以两层砖封门。土洞墓室为相连的前堂和后室，前堂平面呈方形，面阔 2.38～2.6 米，进深 2.8 米，顶坍塌，原为穹隆顶，推测高 2 米。后室呈长方形，面阔 1.3～1.5 米，进深 2.7 米，顶坍塌，原为拱顶，估计高 1.56 米。木棺 1 具，纵置后室，已朽，仅余铁棺钉。内葬尸骨两具，均朽，可观察出头向墓门。前堂中央有个用砖垒的方形小台，边长仅 0.32 米，高 0.32 米。前堂出土有陶罐、镇墓瓶、盘、耳杯、盆、勺、樽、甑和灶、井、鸡、猪、狗等，后室出土 2 件铜镜（变形四叶镜、昭明镜）、2 件铜镯和 1 件铁器。镇墓瓶（解注瓶）出土 2 件，为泥质灰陶，内存蛋壳残片，1 件瓶上铭文已无迹，另 1 件瓶上朱书铭文部分已漫漶不清，但可辨认纪年为"景元元年十二月己卯朔十八日丙申"，景元为曹魏元帝年号，为公元 261 年。附近的 M14，亦为斜坡墓道、砖筑拱顶甬道的土洞墓，墓葬平面是曹魏时盛行的方形前堂、长方形后室、前堂左右各附侧室的形制，亦坐北朝南。斜坡墓道仅残存 1.85 米。拱顶砖甬道面阔 0.9 米，进深 1.65 米，高 1.12 米。前堂方形，面阔 2.12～2.32 米，进深 2.4～2.5 米，穹隆顶已残，推测原高在 1.8 米以上，在墓内四角高 1 米处均以平砖斜砌出灯台。后室长方形，面阔 1.5 米，进深 2.7～2.8 米，拱顶坍塌，原高约 1.5 米。前堂左右两侧室均在两壁偏前处，皆近方形，边长 1.1～1.3 米，拱顶，均已坍塌。前堂出土的遗物有釉陶罐和陶罐、圆案、碗、盘、耳杯、盆、甑、釜等，还有陶灶、井、鸡、狗。左侧室出土有银镯 2 件、玻璃串饰 2 件、玻璃耳珰 1 件和铁镜 1 件。后室纵置 3 具木棺，左侧棺较小，棺内各葬 1 人，仰身直肢，头向北。各棺内头部均置有铜镜，右棺出 2 件，为神兽镜和变形四叶镜；中棺出 1 件连弧纹镜；左棺出 1 件双虎纹镜。

西安田王村西晋墓群，共清理 5 座墓，其中 2 座为单室（M460、M454），另 3 座具前堂后室（M456、M561、M462），5 座墓东西平行排列，均南北向，可能是同族墓地。因盗扰严重，M460、M454 中随葬遗物已无存。M462 是前有长斜坡墓道、甬道具前堂和后室的土洞墓，前堂还附有右侧室（图 2 - 12 - B）。墓道两壁有两级阶梯，长 17.35 米，底宽 0.9～1 米。甬道原有木门，已朽，仅存遗痕。前堂平面方形，面阔 2.85 米，进深 2.85 米，高 2.3 米，穹隆顶。在前堂顶前侧直到甬道口上部墙壁 0.7 米范围内绘北斗七星图像，并隶书榜题"元康四年（公元 294 年）地下北斗"；左壁后端绘圆月，并榜题"月"字。前堂右侧室

[1] 陕西省考古研究所配合基建考古队：《西安东郊田王晋墓清理简报》，《考古与文物》1990 年第 5 期。
[2] 陕西省考古研究所配合基建考古队：《陕西长安县 206 基建工地汉、晋墓清理简报》，《考古与文物》1989 年第 5 期。
[3] 陕西省考古研究所、西北大学文博学院：《西安南郊西晋墓发掘简报》，《文物》2007 年第 8 期。

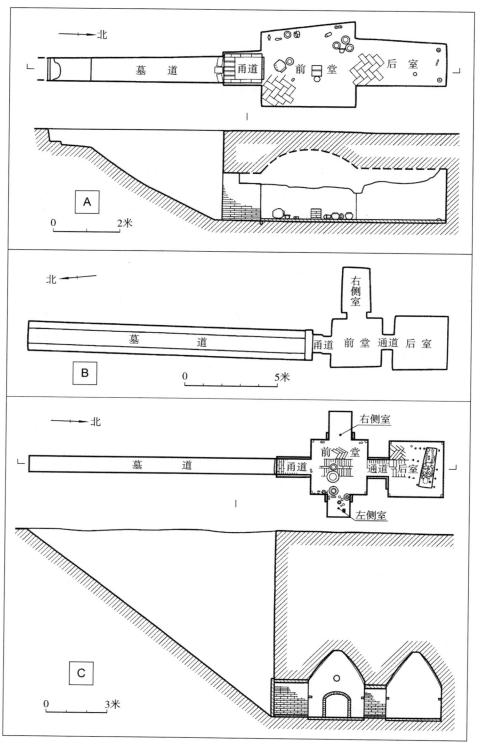

图 2-12　陕西西安魏晋墓葬

A. 郭杜镇曹魏墓（M13）平面、剖视图　B. 田王村西晋墓（M462）平面图　C. 曲江雁南二路西晋墓（M1）平面、剖视图

面阔 1.5 米，进深 2.51 米，高 1.4 米，拱顶。后室面阔 3.15 米，进深 3 米，高 2.3 米，穹隆顶。前堂与后室间有平顶通道相连，长 0.7 米，宽 0.9 米，高 1.4 米。后室纵列 2 棺，棺木及尸骨已朽，仰身直肢葬，右侧尸骨头部尚存铜簪和陶罐，左侧尸骨胸、手部有铜钱，足部有铁器。在前堂右侧室内也有 1 具尸骨，足部出有铜锁。在前堂中还随葬有陶罐、盆、勺、槅、耳杯等器，以及陶俑、马、猪、鸡、鸭、犬和灶、磨、井、楼等明器。

长安韦曲北原清理的 3 座晋墓（M12、M17、M19）都是中小型的具有斜坡墓道的土洞墓，具有前堂和后室。如 M12，面东坐西，墓道长 14.4 米，甬道拱顶，长 1.6 米，宽 0.8～1.15 米。前堂面阔 3 米，进深 2.65 米，顶已坍塌，为穹隆顶，室内四角各放 1 块土坯。后室面阔 1.35 米，进深 2.75 米，拱顶，高 1.7 米。后室葬 1 人，随葬有桥钮方形铜印，印文篆体白文为"军假侯印"。M17、M19 的方向与 M12 不同，为南北向。3 座墓中共出土陶器 58 件，主要为生活用具，如罐、盆、钵、瓶、盘、耳杯、勺、甑和槅；还有明器，如俑、鸽、猪、犬和灶、磨等。出土铜钱有五铢和剪廓五铢，铜镜有位至三公镜、日光大明镜和龙虎镜，还有铜弩机、簪、镇、削等，以及一些残铁器。

西安曲江雁南二路西晋墓[1]，也是具有前堂和后室、前堂左右有侧室的土洞墓，坐北朝南，但是甬道及前堂和后室间的通道则用砖筑（图 2-12-C）。斜坡墓道长 11.6 米。甬道面阔 0.87 米，进深 1.6 米，高 1.62 米，砖砌拱券顶，底铺砖。前堂土洞，穹隆顶，面阔 2.56 米，进深 2.66 米，高 3.2 米，四角距地面高 0.76 米处嵌出半块砖为灯台，在左前角灯台上还置有泥灯盏，地面铺砖。在左、右两壁各有侧室，均拱顶土洞，面阔 0.96 米，进深 1.4 米，高 1.14 米，砖券门。通道面阔 0.8 米，进深 1 米，高 1.4 米，砖砌拱券顶，底铺砖。后室土洞，穹隆顶，面阔 2.7 米，进深 2.52 米，高 3.2 米，四角亦嵌半砖灯台，地面铺砖。在前堂后室壁面刷一层薄白灰，局部有用墨线勾画的简单壁画，可见前堂两侧室券门上墓壁有圆圈，应系象征日、月。后室顺后壁横置木棺，已朽，内葬一人，骨殖已朽。棺内头侧随葬铜昭明镜，右臂侧有铜弩机，还散布有 101 枚铜钱及 1 根铁条。棺外有铜铃。前堂迎门处有朱书陶罐，惜朱书仅存痕迹。其余随葬陶器主要放置在左侧室处，有罐、瓮、槅、盘、耳杯等，还有灶、井、磨等和陶俑，前堂内还有陶猪、犬、鸡等家畜家禽模型。

西安曲江庙坡头发掘的西晋墓，也是较小型的土洞墓，M1 为单室，M2 和 M3 具有前堂和后室，但两者相接无通道，方向坐东面西。M1，墓道残长 1.88 米，宽 0.7 米，甬道长 1.14 米，宽 0.74 米，甬道口用砖封门。墓室平面近方形，面阔 2.54～2.6 米，进深 2.77 米，顶残，残高 1.2 米。墓室后部横砌高 8 厘米的砖棺床，上置两具木棺，已朽，每棺葬一人，仰身直肢，头北足南，内侧棺中尸骨头部随葬铜镜、铜钗，体侧有铜镯、残铁器；外侧棺中尸骨头部有铜环、铜钗、铜钱。室内出土的随葬遗物还有陶罐、钵、甑、勺等，还有陶俑和陶猪。M2，墓道残长 2.44 米，甬道长 1.58 米，宽 1～1.08 米，用砖封门。前堂面阔 2.56～2.76 米，进深 2.24 米，顶残。后室平面长方形，面阔 1.6～1.64 米，进深 2.92～3.04 米，顶残。在后室内斜置 1 具木椁，内有木棺，均朽。棺内尸骨已朽，葬式不明。棺内出土遗物有铜弩机、铜镜和铜钱。前堂

---

[1]　西安市文物保护考古所：《西安曲江雁南二路西晋墓发掘简报》，《文物》2010 年第 9 期。

四角都放置有随葬遗物，皆陶器，右前角有陶猪、陶鸭；左前角有陶罐、盆和陶犬；右后角有陶罐、陶仓；左后角有陶罐、碟、耳杯、榼、勺等，还有陶井和灶，陶灶旁还有两件陶俑站在灶的两侧。M3平面布局与M2相同，被盗严重，葬具尸骨无存，仅在前堂出土有陶灶和陶鸭。3座墓依次排列，时代相同，也可能为同族墓地。

四　河西地区

东汉末年，中原动乱，中原士族避往相对平静的中国西北隅河西地区，凉州（今武威）、敦煌一带社会经济、文化都有很大发展。迨至西晋，河西秩序安定，经济丰饶，既为中州人士避难之地，复是流民移徙之区。不仅经济繁荣，还沿袭和保留了汉族传统文化。西晋时敦煌经学繁盛，还出现了大书法家索靖。在经济、文化繁荣的背景下，河西地区魏晋墓的构筑也颇显繁盛，并一定程度上保存有东汉时的传统，大型的具有多达三进墓室的壁画墓，在三国时期仍然盛行，只是将东汉时整壁绘制的壁画，改为由多个单幅的砖画组合成同一题材的新形式。并且承袭关中汉墓在墓门外壁砌筑影壁式门楼的做法，在墓门外砌筑结构复杂的高大的门楼。由于接受了中原曹魏墓葬的影响，出现与洛阳曹魏墓形制相同的平面布局，具有前堂、后室，前堂左、右设侧室。到西晋时，有的墓虽然由多进墓室改为单室，但仍保留了砌筑门楼和室内嵌砌砖画的地方特色。

河西地区魏晋时期的多进墓室的大型墓葬，主要发现于酒泉、武威、敦煌等地，以酒泉嘉峪关新城墓区为例，已经发掘的魏晋墓葬超过10座（编号M1～M8、M12、M13）[1]，都是具有二进或三进墓室的壁画墓，有长斜坡墓道，地面有圆形或截顶方锥形封土。有的墓毗邻排列，有的还保留有围护茔域由沙砾堆筑的方形"坟圈"，如M1和M2、M4和M6，这两组墓都各有"坟圈"围护，同一坟圈围护的茔域内所葬的墓，应属于同一家族。已发掘的墓葬中，两进墓室的墓总长度一般超过8.5米，加上墓道长度超过30米，可以M1为例。三进墓室的墓总长度在12米，加上墓道长度达38～41米，可以M3为例。如将以上这些墓的总长与当时都城洛阳的墓葬相比，与洛阳的大中型曹魏墓相当，两进墓室的墓总长近于涧西16工区M2035，三进墓室的墓总长近于孟津三十里铺ZM44。显示出当时河西地区豪族权势之强盛。

M1方向坐南朝北，封土高2米，斜坡墓道长28米，墓门前门楼高4.2米，面阔1.6米。具有平面近方形的前堂，覆斗状盝顶。前堂左右各有平面长方形的侧室，以通道连接后室。后室平面长方形，拱券顶（图2-13-A）。前堂面阔2.96米，进深2.8米，通道长0.8米，后室面阔2.7米，进深4米。铺地砖分上下两层，下层用条砖，上层铺方形花

---

〔1〕 A. 嘉峪关市文物清理小组：《嘉峪关汉画像砖墓》，《文物》1972年第12期。

B. 甘肃省博物馆、嘉峪关市文物保管所：《嘉峪关魏晋墓室壁画的题材和艺术价值》，《文物》1974年第9期。

C. 甘肃省文物队、甘肃省博物馆、嘉峪关市文物管理所：《嘉峪关壁画墓发掘报告》，文物出版社，1985年。

D. 嘉峪关市文物管理所：《嘉峪关新城十二、十三号画像砖墓发掘简报》，《文物》1982年第8期。

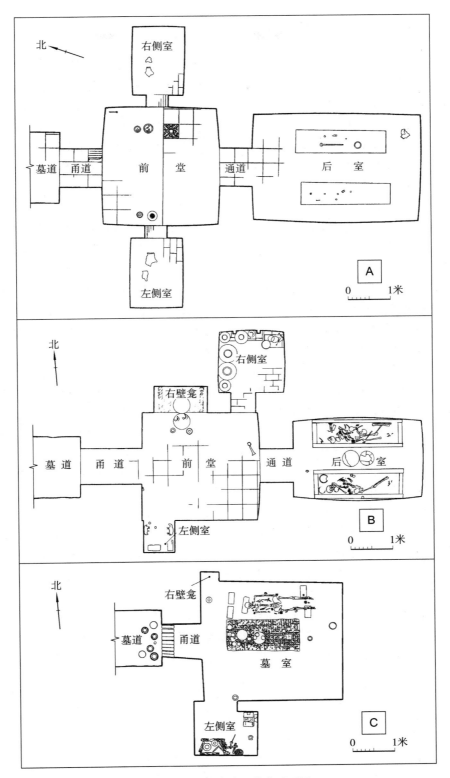

图 2-13 甘肃魏晋墓葬平面图

A. 嘉峪关新城 M1　B. 敦煌佛爷庙湾 M133　C. 敦煌祁家湾 M210

纹砖。死者葬于后室，纵置两具前宽后窄的彩绘木棺，前后挡绘连璧图案，侧壁绘蛇躯人首的日月神图像。保存下来的随葬遗物有壶、罐、盆、甑等陶器，井、仓等陶模型器，盘、钗等铜器，以及铁镜和金饰。在陶壶上有朱书纪年，为"甘[露]二[年]"，应为曹魏甘露二年（公元 257 年）。墓内墓主进食画像有"段清""幼絜"榜题，可知所葬死者为段清（幼絜）及其妻子。在前堂四壁和后室后壁都分布有画砖，前堂以宴饮、庖厨、耕种、放牧、狩猎等生活生产题材为主。后室则为侍女、衣物、丝束等题材，以示为家居的后寝，故棺木安放其中。

M3 方向亦坐南朝北，封土高 2 米，斜坡墓道长约 29 米，墓门前门楼残高 2.44 米，面阔 2.3 米。具有平面近方形的前堂和中室，以及平面长方形的后室，在前堂左右各有两个侧室，只有左后侧室较大，平面呈长方形。并在前堂左右两壁靠上部各砌两个小门，以两块立砖砌成，上绘衔环铺首，后壁也砌有一个同样的小门。前堂面阔 3.06 米，进深 2.98 米，通往中室的通道长 1.1 米，中室面阔 2.62 米，进深 2.6 米，通往后室的通道长 1.1 米，后室面阔 1.8 米，进深 3.34 米。铺地砖两层，下用条砖，上用方形花纹砖。在前堂左右各侧室券门均有榜题，右壁的两侧室分别为"牛马[廐]"和"车庑"，左壁分别为"炊内"和"藏内"，可惜该墓盗扰严重，除左后侧室内残存两件陶罐外，其余侧室均空无一物。后室内原置棺木也未能保存，在前堂和中室也只有少量陶器和残铁刀等物遗留下来。前堂和中室四壁和后室的后壁都分布有画砖，前堂前壁还有小幅的壁画。画像的内容，前室大致以男墓主的军旅生涯和庄园畜产及宴饮为主，中室则主要表现女墓主家居、庖厨和出行的犊车等内容，后室为后寝，只绘出盛物的奁和丝束、绢帛等财物。从前堂前壁所绘步卒和骑兵出行及营垒图像，表明死者生前应是当地统领军队的官员。

具有前堂和后室两进墓室的墓葬，有的在前堂两侧没有构筑侧室，墓内也没有画砖，而以黑、白等色涂于砖表，构成菱形等连续图案作为装饰，如嘉峪关观蒲 M9[1]。该墓坐南朝北，前有长 30 米的墓道，前堂与后室平面均呈方形，四壁微外弧，覆斗形顶。前堂面阔 3.35 米，进深 3.18 米，后室面阔 4.04 米，进深 4 米。前堂壁面以黑、白两色涂于砖面，组成上下 5 列交错排列的菱形连续图案，布满整个壁面。顶部则以黑、白两色涂成横山形图案。后室壁面没有涂成图案，只以墨点洒满全墙以为装饰。后室葬两具前宽后窄的黑漆木棺，素面，有鎏金铜棺饰。棺内前后有白灰枕垫，尚存两具尸骨，头向与墓向同。右侧棺中出土鎏金银印章一方，龟纽，印文为白文"武乡亭侯"。该墓曾遭严重盗扰，残存的随葬遗物有陶器（壶、罐、樽、盘）、绛釉小陶壶、石灯台、鎏金铜帐构、云母片、玉石片、桃形金叶片等，还有模型器：陶仓、陶井、木猪、木羊。与观蒲 M9 墓室装饰相同的还有武威雷台墓[2]，该墓是具有三进墓室且有侧室的墓葬，在前堂、中室和后室的壁面，都布满用黑、白两色涂绘的菱形、横山形和条带形的图案。三室盝顶中心方砖上则

---

[1] 甘肃省博物馆：《酒泉、嘉峪关晋墓的发掘》，《文物》1979 年第 6 期。

[2] A. 甘肃省博物馆：《武威雷台汉墓》，《考古学报》1974 年第 2 期。

    B. 关于该墓的时代，请参阅吴荣曾的《"五朱"和汉晋墓葬断代》（《中国历史文物》2002 年第 6 期）。

用红、白、黑三色绘莲花图案。还在墓道两侧壁用黑彩绘花树图案。

可以看出上述诸墓中嘉峪关新城 M1 应属曹魏时期的坟墓，其余诸墓可能略迟于新城 M1，时间在曹魏到西晋初。

进入西晋以后，虽仍有多进墓室的墓葬继续构建，但接受中原西晋墓流行单室的影响，单室墓逐渐成为主流。在敦煌等地发掘的西晋墓葬，表现得尤为明显。在敦煌地区发掘的西晋墓，可以分为砖室墓和土洞墓。敦煌佛爷庙湾发掘的 6 座墓[1]，有 3 座是砖室墓，另 3 座是土洞墓，只在砖室墓中有一座筑有两进墓室，其余都是单室。各墓都有长斜坡墓道，除两座遭严重盗掘的土洞墓外，在墓门上方都有砖砌的门楼，门楼上嵌砌有画砖。在砖室墓中有的壁面亦嵌砌有少量画砖。M133 是有前堂和后室的砖室墓（图 2-13-B），坐东朝西，前堂平面近方形，以通道连接长方形的后室，在前堂左右筑有侧室，但右大左小，位置也不对称，总体仍保留中原曹魏墓的平面布局，但在右壁前侧还开有一大型浅龛。墓道长 24.6 米，甬道长 1.48 米，前堂面阔 2.72 米，进深 2.9 米，通道长 0.8 米，后室面阔 1.86～2.06 米，进深 3.12～3.18 米。在前堂右侧浅龛后壁绘出覆斗状顶的坐帐，施涂红彩，在覆斗顶两角各立一鹦鹉，帐前柱两侧绘有二龟。帐前砖砌台面铺席，上陈陶圆案（无足），台前亦置一陶圆案（无足），上置陶附盘耳杯两套，案前又放有陶灯和陶壶。坐帐内虽未绘墓主画像，但明显是遵循汉魏以来墓内设帐祭奠的习俗。左侧室内放置小漆盒、草编长方筐盒和草编牛形，或象征牲畜圈。甬道门内左侧，放置明器银马衔、马镳各一，应象征马厩。前室右侧室内以条砖搭摆成条案、灶台、厨阁，放置陶罐、釜、甑、樽、钵、耳杯等炊具食器，还有铜刀、叉、钩和草编食篓，应象征庖厨所在。后室棺床上原置木棺罩，均已朽乱。死者均头向墓门安葬，左男右女。在两个棺床之间放有两个陶圆案，左棺床前还有一个陶耳杯。男棺内死者头左侧随葬有整套文具，包括石板砚、石研、毛笔（头、管已分离）和铁削。左髋部置一木梳，右手处置五铢钱 83 枚。女棺内头前放置内盛铁镜和铜戒指的漆奁，颈原带料珠项链，已散乱。右肘部放有陶耳杯和钵，右股处又置陶钵，右手处有五铢钱 59 枚。M37 是单室的砖室墓，坐东朝西，墓门上方有满嵌画砖的门楼。墓室平面近方形，右壁有侧室，左壁仅有一小龛。墓道长 23 米，甬道长 1.28 米，墓室面阔 3.58 米，进深 3.5 米。在前壁上端左、右各嵌有两组绘成仓廪门扉的砖画，其下又有进食、撮粮、车和牛等生活题材的画砖，还在四壁居中各嵌一卧羊画砖。两具木棺纵置于墓室内左右侧，棺内葬尸骨头向墓门。在两棺间靠后壁横砌长方形祭台，祭台上后壁彩绘覆斗状顶坐帐，覆斗顶两端各绘一鹦鹉，顶下沿两角各绘伸出的龙首。在台前摆置上托碟、钵的大陶盘。表明这里是向所葬死者致奠的位置。在左壁小龛中随葬 3 件木俑。右壁侧室内以条砖摆成灶台，上放陶釜、甑、盆和铁釜，室内还随葬有陶樽、罐、灯等器物，应象征庖厨。M39 与 M37 葬在同一茔域内，墓室平面结构与 M37 相同，但祭台后壁面未绘坐帐，且室内葬三人。在敦煌佛爷庙湾西晋墓门楼上所嵌画砖，以龙、虎、力士和各种珍禽、神兽为主，但也出现由两块画砖形成的组合，如由骑士和猛虎组合成的骑士弯弓射虎，有的骑士画砖还有"李广"榜题。还有由弹琴人物和听琴人物形

〔1〕　甘肃省文物考古研究所：《敦煌佛爷庙湾西晋画像砖墓》，文物出版社，1998 年。

成组合，应是伯牙抚琴、子期听琴故事。与前述嘉峪关诸墓的画砖相比较，显示出两地不同的地域特色。

敦煌祁家湾墓群中的西晋墓[1]，同样显示出当时单室墓日益成为主流的现象。被认定为西晋墓的41座墓均为土洞墓，其中只有两座具有较规范的前堂和后室，前堂一般只在左侧有侧室。明确是单室的墓葬，则多达30座，占绝大多数。以M210为例（图2-13-C），墓室平面近方形，面阔3米，进深3.5米，穹隆顶。在左壁前侧设侧室，右壁对称位置只开一浅龛。室内右侧纵置尸床，上葬一男性，仰身直肢，头向墓门，头下有泥枕，身上撒铜钱163枚。随葬的陶斗瓶有朱书纪年，为元康六年（公元296年）。随葬遗物主要是陶器，还有铜弩机和小刀等少量铜器。在侧室内砌有砖灶并放有木案，置有铜刀、陶罐、陶壶、编织食篓等物，应象征庖厨。在棺床一侧纵置长方形苇席，上置陶食具，有盘、碟、碗、钵、壶、樽等，还有漆耳杯和陶灯。在墓门口，当门摆放有5件陶罐、1件樽和2件斗瓶，应是当地的特殊葬俗。M332是单室，没有侧室或壁龛，墓室平面略呈长方形，面阔前宽2.4米，后宽2.8米，进深3.1米。以土坯封门。室内沿左、右两壁各葬一人，骨架均已扰乱，葬具仅存木板痕迹。随葬遗物多出土于墓室中间，有陶器和小件铜器（刀、叉），陶器存碗、盘、壶、灯、甑、小钵和斗瓶。或表明这一墓地所葬死者的身份，低于前述佛爷庙湾诸墓。

第三节　北方十六国墓葬

一　关中地区

关中地区的十六国墓葬，最早发现于20世纪50年代。1953年，在陕西西安市南郊草厂坡村，发掘了草厂坡1号墓[2]。该墓坐北朝南，是具有前、后两进墓室的土洞墓，在墓门前甬道前方两侧各有1个长方形侧室，甬道前接长斜坡墓道（图2-14-A）。前堂平面近方形，面阔3米，进深3.2米。后室平面亦近方形，面阔3.1米，进深3米。墓室上部已残毁，室壁仅存1米余，故顶部结构不明，四壁的壁面敷刷有一层白灰。墓道已遭破坏，清理出长约13.4米。因遭扰乱，葬具和葬式等情况不明。墓内残存遗物有铜器13件和陶器158件。铜器除1件带钩外均为饰件。陶器有日用器皿和一组随葬俑群。日用器皿有案、盘、槅、耳杯、勺等。随葬俑群由出行仪卫、伎乐及家畜、庖厨模型组成，分别出土于两侧室和前堂之中。出行仪卫俑群，应以两乘牛车和鞍马为中心，以步行仪卫和骑马仪卫为前导，侍仆在车后随从。两乘牛车中，一乘为无盖无棚的辎车，另一乘有圆拱顶车棚，均前驾一牛，或分供男、女墓主人乘用。两件牵马俑，左肩搭马鞭，鞍马两匹，一匹为乘马，具备鞍、辔、障泥等马具，另一匹为战马，身披具装铠。骑马仪卫包括一组骑马鼓吹乐队，吹角和击鼓伎乐各两骑；另一组是人、

〔1〕　甘肃省文物考古研究所：《敦煌祁家湾——西晋十六国墓葬发掘报告》，文物出版社，1994年。
〔2〕　陕西省文物管理委员会：《西安南郊草厂坡北朝墓的发掘》，《考古》1959年第6期。

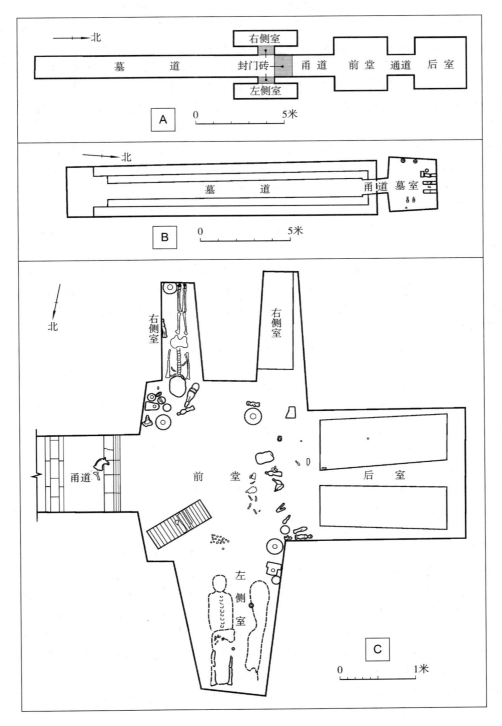

图 2-14 陕西十六国墓葬平面图

A. 西安草厂坡 1 号墓　B. 咸阳北塬文林小区 M49　C. 咸阳师院 M5

马都披铠甲的重装骑兵——甲骑具装，骑兵双手前拱，上有孔洞，原应插有所执长柄兵器，出土时均已无存，可能原为马矟。马尻处亦有孔洞，原应插置有"寄生"。步行仪卫有伎乐（击金、鼓者各一）、披铠甲的步兵和挎弓囊的步兵，还有原执有仪仗的仪卫。还有两件俑的左肩上有供扛抬物品的孔洞，所抬物品不详。伎乐俑均女俑，坐姿，有的弹琴，有的唱歌。庖厨模型有井和灶各一件，还有鸡、犬等家畜家禽模型。由于墓中出土遗物中没有纪年明确的标本，因此发表考古简报时推定为"北朝早期"。后经学者对墓葬结构和出土遗物进一步分析，认为原来推定的时代过迟，应改定为十六国的墓葬[1]。此后研究者已将该墓视为十六国的典型墓例，但是该墓缺乏纪年明确的标本，终究令人感到缺憾。直到西安草厂坡1号墓发现后近半个世纪，通过有关这一历史时期墓葬的考古新发现，这一缺憾终于得到了解决。1999年在陕西咸阳文林小区49号墓中，出土了前秦建元十四年（公元378年）的纪年砖铭，从而为关中地区十六国墓葬的辨识和分期研究，树立了可以依据的标尺。

自20世纪90年代以来，不断在陕西咸阳市发现十六国的墓葬，比较集中发现十六国时期墓群的地区有两处，一处集中在咸阳市的北塬一带，在咸阳师院操场、文林路以南、文林小区、平陵等地，总数超过20座。另一处分布在咸阳市渭城区，主要是配合机场扩建工程进行的考古发掘，发现的十六国墓葬的总数也超过了20座。再加上过去的一些零散的发现，关中地区的十六国墓葬现已发现50余座。

咸阳北塬一带的十六国墓葬，都是前设斜坡墓道的土洞墓，墓室有单室与多室之分，有的墓室两侧还设有侧室。墓道有的两侧呈阶梯状，有的开有天井。墓门多以土坯或用砖封门。墓内随葬品以陶器为主，多见陶罐、灯、钵、盆、小壶、虎子等，随葬俑群包括男女侍俑、庖厨模型和家畜家禽模型，特别是出现了以牛车、鼓吹、甲骑具装等组成的出行仪从队列。也有少量铁镜、铜镜和钱币。其中文林小区发掘的9座应属同一家族的墓葬，并于其中的M49出土有纪年铭文砖[2]。

北塬一带十六国墓中的单室墓，可举文林小区M49为例（图2-14-B），坐北朝南，长斜坡墓道平面近梯形，上口长17.5米，宽2.9~3.2米，侧壁设两级阶梯。墓室平面近方形，面阔2.7米，进深2.85~3.25米，高2.2米，穹隆顶。前有长1.4米长的平顶甬道与墓道相接。沿墓室后壁横置由6块砖铺成的棺床，棺木已朽毁无痕。在棺床西端前侧横放一块铭文砖，砖面竖刻两行16字："建元十四年二月十二日张氏女　朱妃妇"（图2-21-3）。墓室右侧随葬2件陶罐，左侧有2件陶女侍俑和1件陶灶，棺床上和棺床前散布有3枚五铢铜钱、1件铜镯、12枚铜叶片和1件铁镜。由砖铭可知墓内所葬死者为女性，葬于前秦苻坚建元十四年（公元378年）。与M49同一墓群发掘的另8座墓，形制大致与之近似，也都是前有两侧壁呈阶梯的长斜坡墓道的单室土洞墓，只是有两座墓的墓室右侧壁附有小侧室（M44、M61）。这9座墓方向一致并自西向东顺序排列，且M49西侧顺序排列的M44、M35、M20等墓内均有铭文

〔1〕　宿白：《三国宋元考古（上）》，北京大学历史系考古教研室讲义，1974年。
〔2〕　咸阳市文物考古研究所：《咸阳十六国墓》，文物出版社，2006年。

砖出土。M44 内葬三人，出土铭文砖 3 方，为 "朱卿" "朱苟"（砖阴亦刻有 "朱□"）、"朱□"。M35 出土铭文砖 1 方，砖阳刻铭为 "朱丈北至首"，砖阴刻 "东至庙门"。M20 出土铭文砖 1 方，刻铭为 "朱卿"。说明 4 座墓中所葬死者皆为朱姓，表明这里应是朱姓家族的茔地。

　　单室墓中值得注意的还有平陵 M1，是一座坐北朝南的单室穹隆顶土洞墓，前设带有一个天井的长斜坡墓道。木棺横陈于墓室后壁前，尸骨头朝东，棺底存有草木灰，原应铺有编织物，上撒放铜钱，多达 130 枚。墓内的随葬俑群，分列在左、右两侧，左侧有 2 匹披具装的乘马，以及由 16 骑组成的骑吹乐队，陈列为前后两排，前排 5 骑击鼓、3 骑吹角；后排 5 骑吹角、1 骑吹排箫、2 骑击鼓。右侧有车 3 乘，中间是驾马的轺车，两侧各 1 乘牛车，3 车左右各立 1 女侍俑。车的右侧又放置一组坐姿女伎乐俑（共 4 件，其中 1 件被放在车左侧），演奏的乐器有鼓、筝、阮及 1 件吹奏乐器。此外有鸡、犬、猪等家禽家畜模型和井、灶、仓等庖厨模型。除俑群外，还有陶罐、壶、灯，铜指环、铺首、铃、镶斗、釜、吊灯，银钗、镯，以及 1 件长 36 厘米的铁矛（图版 11 - 2）。出土铜钱有各式五铢、大泉五十、布泉，其中有 4 枚蜀汉五铢。

　　带有长斜坡墓道的多室墓，多具有前后两室，其中有的还设有侧室。在咸阳师院墓区发掘的 10 座墓，有 7 座是多室墓，其中具前后两室的墓如 M10，坐西朝东，在平面近方形的前室后壁，联接开凿平面近梯形的后室，其间没有通道，后室不设前壁，只是与前室相连的开敞的门。在前室和后室各放置一具木棺。遗留的随葬陶器，仅在后室门口有 2 件罐。前室棺中人骨头部有一铜指环，人口中含一个内置五铢钱的贝壳。后室棺内女性人骨头部有 2 件铜钗，右手处有 2 副 4 件铜镯和 1 副 2 件铜指环。具前后两室并在前室左右均设侧室的墓如 M5，在前堂右侧开有两个侧室、左壁有一个侧室，后室亦在前堂后壁联接开凿（图 2 - 14 - C）。全墓共安置 3 具棺木还发现有 3 具人骨，可见原葬多人。出土遗物有 4 件陶罐，一组随葬陶俑，有男侍、女侍和鞍马，家畜家禽模型有鸡、犬和猪，庖厨模型有灶、井和仓。还有泥质的男女侍俑和井、灶模型。还有铜镯、指环、盘、勺，以及铁镰、玉圭。出土铜钱 24 枚，除各式五铢和货泉外，值得注意的是有两枚丰货，它是十六国后赵的铸币，是表明这座墓的葬入时间的物证。

　　在咸阳市渭城区发掘的十六国墓葬中，以 2009 年在柏家嘴村发掘的 M298 最重要，是目前发现的关中地区十六国墓中规制最高的一座[1]。该墓方向较为特殊，为坐南朝北，全墓总长达 75.25 米。长斜坡墓道水平长 36.85 米，两侧壁有 4 级阶梯，设有两个天井和两个过洞。过洞是拱顶土洞，在过洞上方留有生土方台，第一过洞方台上还保留有在土上刻出的 3 个直棂窗，并有彩绘痕迹，似原模拟门楼。该墓以条砖封门，在封门砖顶上将土壁雕出门楼建筑。甬道进深 3.15 米，宽 1.2～1.5 米。前后两个墓室均大致呈方形，面宽及进深均为 3 米多，其间以通道相连。在前后两室的壁面均满绘壁画，使用红、黄、黑、赭等色彩，惜残毁严重，仅有局部残存，可以看出

〔1〕　刘呆运、李明、尚爱红：《陕西咸阳底张十六国至唐代墓葬》，《2010 中国重要考古发现》，文物出版社，2011 年。

原在室顶绘有星象、云气，在前堂前壁残存执戟武士像，前堂左壁和后室后壁，都残存有头梳十字形髻的女侍图像。这也是首次在关中地区十六国墓中发现的壁画遗迹。在后室横置髹漆木椁木棺，所葬死者为女性。在前堂入口及中部发现有狗骨。出土遗物超过 120 件，有陶质和铜质的日用器、金银饰，还有铁剪、骨尺和铜钱。骨尺上分刻 10 寸，全长 25.2 厘米。随葬陶俑的陶质有灰陶和红陶两种，家畜家禽及庖厨器模型均为灰陶质，武士、鞍马、牛车及伎乐俑亦灰陶质，男、女侍俑有灰陶质的也有红陶质的。坐姿的女伎乐俑均为灰陶质，共 19 件，分为两组，一组 12 件，演奏 6 种乐器，每种二人，分别是鼓、箫、排箫、笙、琴和阮；另一组 7 人，形体略小于前一组，其中二人击掌，余五人分别演奏鼓、箫、排箫、琴和阮。

此外，关中地区身份较高的死者的墓葬还常置有石刻墓表，目前已发现有后秦吕他墓表，可惜是未经正式考古发掘的偶然发现，墓葬情况不明。后秦吕他墓表是在咸阳渭城区密店发现的[1]，沙石质，圆额碑形，有座，以榫卯接合，通高 65 厘米，厚 9 厘米。圆额横题"墓表"二字，表文 5 行 35 字："弘始四年十二月乙未朔廿七日辛酉，秦故幽州刺史略阳吕他葬于常安北陵，去城廿里。"（图 2-21-6）据《晋书・吕光载记》，吕他为吕光子，后归附后秦姚兴。"弘始"，后秦姚兴年号，四年为公元 402 年，即东晋安帝大亨元年。

综观关中地区已发现的十六国墓葬，大致可以看出都是前设长斜坡墓道的土洞墓室，墓道两侧壁常设阶梯，或有天井和过洞，以砖封门。可分为单室墓和多室墓，后者多具前、后两室，又常设有侧室。其规制大小应与死者的身份地位有关，一般民众使用单室或附有侧室的单室墓；身份略高的除单室外可用具前后两室的墓葬；高等级的死者则用带有多个侧室的多室墓，墓道长而侧壁阶梯多，有天井和过洞，墓室绘彩色壁画，如前举 M298。

关中地区十六国墓葬中获得的有明确纪年的考古标本还极罕见，只有文林小区 M49 出土有纪年铭文砖，明确其葬入年代为前秦建元十四年（公元 378 年）。另外就是有的墓中随葬有后赵铸造的铜丰货钱，如咸阳师院 M5。以它们为标尺，表明关中地区十六国墓葬至少可以分为前赵和前秦两个时期。

二　辽西地区

东晋十六国时期，在辽西地区建立的割据政权，先后有慕容鲜卑族建立的前燕、后燕和由冯跋建立的北燕，有人将他们习惯称为"三燕"。自鲜卑慕容皝于公元 337 年在大棘城称燕王，建立前燕政权，又于公元 342 年迁都龙城（今辽宁朝阳），经后燕至北燕灭亡（公元 436 年），1 个世纪之久龙城一直是辽西地区的统治中心。自 20 世纪 50 年代以来，不断在围绕龙城的辽宁朝阳、北票一带发现和发掘了十六国墓葬。

---

[1]　李朝阳：《吕他墓表考述》，《文物》1997 年第 10 期。

其中有埋葬纪年和死者身份明确的墓葬，如朝阳姚金沟后燕昌黎太守崔遹墓[1]、北票西官营子北燕天王冯跋之弟冯素弗夫妇墓[2]，还有锦州市前燕李廆墓[3]。1982年，在辽宁朝阳袁台子发掘了1座石室壁画墓[4]，应为前燕时的墓葬，但是墓内壁画榜题残泐过甚，年代不明。及至20世纪90年代以后，在朝阳、北票一带，陆续发掘了大规模的十六国墓葬群，其中较重要的发现有朝阳十二台乡砖厂[5]和北票喇嘛洞[6]两处。北票喇嘛洞墓地居中有一条冲积沟，将墓地分为沟东、沟西两区，自1993年至1998年先后进行过五次发掘。1998年第五次发掘时，在沟西区（占地面积6600平方米左右）发掘的十六国墓葬，沿山坡自西北向东南横向依次排列，约略可看出纵向有六七列，每列有四五十座，排列颇为规整，似乎整个墓地曾经有整体规划（图版11-1）。目前已发掘的墓葬数量达355座，并已将其中的16座进行过重点整理，发表了发掘报告[7]。此外还对沟东区（Ⅰ区）的3座墓（ⅠM3～ⅠM5）中出土的铁铠甲进行过复原研究[8]，除复原了战士使用的铁铠和兜鍪外，还首次对战马装备的铁具装铠主要部分，基本进行了复原，大致可恢复其原貌。

目前已发掘的十六国墓葬主要有两种类型。

第一种类型目前发现的数量占多数，为土圹竖穴，土圹平面为长方形，有的头宽足窄略呈梯形。圹内构筑石棺椁，或是在圹内置木制棺椁。在北票喇嘛洞墓地发掘的墓葬，就都是这种类型的，且土圹竖穴内置木棺椁的墓又占绝大多数，以喇嘛洞西区（Ⅱ区）的墓葬为例，其占墓葬总数90%以上。土圹竖穴平面呈长方形，一般长3～4米，宽1～1.7米，深0.45～1.8米。内置木棺也呈长方形，前后大致等宽，棺与圹壁之间为熟土二层台。随葬遗物放置在棺内。内置木棺的土圹竖穴墓，一般每座墓内葬一人，如M202（图2-15-A），棺内所葬为男性，仰身直肢，随葬遗物分置头前和足下，头前出土有银钗、铜釜、陶罐、漆盒等和一些铁器，应系服饰物品和生活器用；足下出土有1副铁马鞍桥包片、铜泡套管摇叶、铜镳、铁衔、铁带扣和铁矛、斧等器，主要是马具、兵器和工具。此外，在尸骨胯下还出土有铁剑。也有的在墓穴内设较宽大的木椁，椁内并排葬两人，如

〔1〕　陈大为：《辽宁朝阳后燕崔遹墓的发现》，《考古》1982年第3期。

〔2〕　黎瑶渤：《辽宁北票县西官营子北燕冯素弗墓》，《文物》1973年第3期。

〔3〕　辛发：《锦州前燕李廆墓清理简报》，《文物》1995年第6期。

〔4〕　辽宁省博物馆文物队、朝阳地区博物馆文物队、朝阳县文化馆：《朝阳袁台子东晋墓》，《文物》1984年第6期。

〔5〕　辽宁省考古研究所、朝阳市博物馆：《朝阳十二台乡砖厂88M1发掘简报》，《文物》1997年第11期。

〔6〕　张克举、田立坤：《辽宁发掘北票喇嘛洞鲜卑贵族墓地》，《中国文物报》1996年12月22日第1版。

〔7〕　辽宁省文物考古研究所、朝阳市博物馆、北票市文物管理所：《辽宁北票喇嘛洞墓地1998年发掘报告》，《考古学报》2004年第2期。

〔8〕　白荣金、万欣、云燕、俊涛：《辽宁北票喇嘛洞十六国墓葬出土铁甲复原研究》，《文物》2008年第3期。

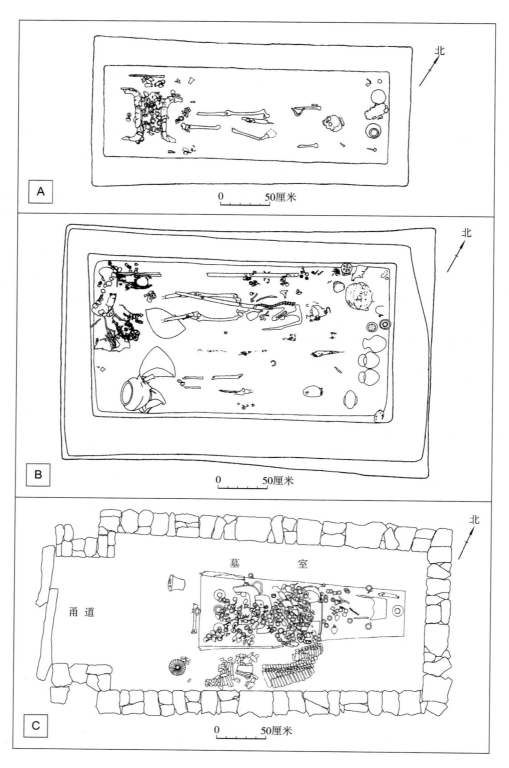

图 2-15　辽宁十六国墓葬平面图

A. 北票喇嘛洞 M202　B. 北票喇嘛洞 M266　C. 朝阳十二台乡砖厂 88M1

M266（图2-15-B）。椁内左侧安葬的可能
是男性，头饰有金钗、金耳坠，颈带金管、铜
管、玛瑙珠等组成的串饰。随身右侧带有铁环
首刀，双腿间有铁剑，左胫骨下置铁犁镜，腹
部置铜卧鹿形饰和铁削。头前放置生活器用，
有铜釜、灯、甑等和若干漆器。足下置马具和
兵器，有铁鞍桥包片和铜镫各1副，还有铜泡
饰、摇叶和带扣等，以及铁矛、镞。椁内右侧
可能是女性，头上存铅饰残件，手腕套银钏2
件、手指戴银指环7件。头前随葬的生活器用
有陶壶、漆耳杯等，足下放置的铁工具有犁
铧、犁镜、镰、锸、砍刀、斧、凿、矛和镈
等，还有3枚五铢钱。

　　喇嘛洞西区发掘的墓葬中，土圹竖穴内设
石棺的墓葬数量较少，又分两种。一种是在竖
穴内用石板铺底并砌成四壁，葬入尸体后再用
不规则的石板铺盖成棺顶，如M290，棺内所
葬为男性，仰身直肢，头前放置有陶罐和铅
器，左腿外侧有铁铲、叉和带扣。在石棺盖顶
还置有1件陶罐。另一种石棺的四壁有的立置
石板，有的用石片叠砌，如M108，其石棺的
头、足两壁用石板立置，而左、右两侧壁则用
石片叠砌，底铺石片，用白灰抹缝，上面用较
大的石板片封盖。

　　虽然喇嘛洞墓地中的土坑竖穴石棺墓的数
量少而且规模小，但是总观辽西地区发掘的十
六国墓葬中，许多身份地位较高的人，死后采

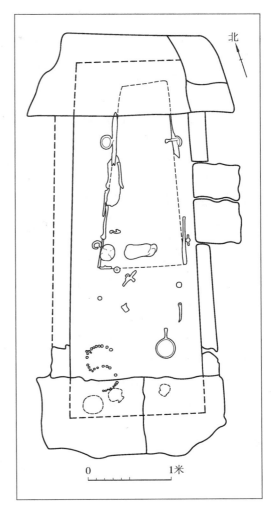

图2-16　辽宁朝阳后燕崔遹墓平面图

用土坑竖穴石椁墓，表明这类型的墓在丧葬中应占有重要的位置。重要的有以下两例。一
是1979年在朝阳十二台四家子发现的后燕崔遹墓[1]，也是一座土圹竖穴石椁墓
（图2-16）。土圹平面长方形，坐北朝南，长5.8米，宽3.95米。石椁平面呈梯形，前
（南）宽后（北）窄，前高后低，长4米，前宽1.64米，后宽1.15米，前高1.52米，后
高1.44米。石椁四壁用石板立支，前、后两边各用石板2块，左、右两侧各用石板5块，
上铺盖石板5块为椁顶。椁内后部顺置木棺，从残迹观察也是前宽后窄、前高后低的形
制，两侧壁棺板外表面各装有一对铁棺环。棺木用铁钉钉合，尚存大小铁棺钉30余枚。
棺内葬一人，头南足北，头下枕椭圆形石灰枕。随葬遗物放置在棺前地面，有陶罐、陶

〔1〕　陈大为：《辽宁朝阳后燕崔遹墓的发现》，《考古》1982年第3期。

钵、铜魁、铜刀、铜带钩、铁镜、银环、石砚等，还残存有一些漆器，以及五铢、货泉铜钱各1枚。石椁前部出土两方绿砂岩质的墓表，一方刻铭3行15字，为"燕建兴十年昌黎太守清河武城崔遹"（图2-21-2）。另一方刻铭3行16字，在"武城"前有"东"字。建兴为后燕慕容垂所建年号，十年为公元395年。崔遹出自清河崔氏，在《魏书》《北史》有传，附于其弟《崔逞传》后[1]，记其曾"为慕容垂尚书左丞、范阳昌黎二郡太守"。与墓表所记相合。

二是目前发现的十六国时期墓，所埋死者身份最高、墓葬规模最大的是1965年在北票西官营子发掘的北燕冯

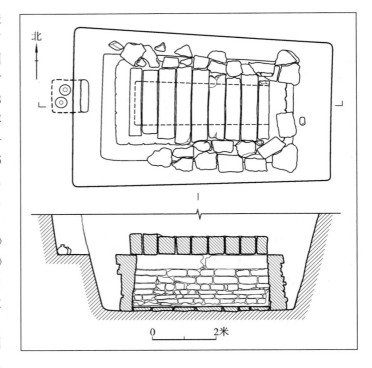

图2-17　辽宁北票北燕冯素弗墓平面、剖视图

素弗夫妇异穴同坟墓[2]，就是土圹竖穴石椁木棺墓，在同一封土内并排设两个土圹竖穴，坐东面西，圹边最近处仅20厘米。土坑竖穴内均筑石椁内设木棺。第一号墓（图2-17）内所葬死者为男性，墓中随葬4方印章：龟钮金质"范阳公章"一方，龟钮鎏金铜质"甲骑大将军章"一方，鎏金铜质"大司马章"和"辽西公章"各一方，与《晋书·冯跋载记附冯素弗传》所记北燕天王冯跋之弟冯素弗官爵符合，证明所葬的是冯素弗，他死于北燕太平七年（公元415年）[3]。旁边的第二号墓，所葬为女性，应为冯素弗的妻属。以冯素弗墓为例，系在平面长方形的土圹内，用石块和石板叠筑椁室，圹椁之间填土夯实。土圹口长8.1米，宽4.46～5.2米，深3.8米，平面稍呈前宽后窄的梯形。在土圹西壁设小龛，内放釉陶罐、牛股骨、牛肋骨和鱼等物。椁内壁涂白灰，彩绘壁画，椁顶绘天象图，有日、月、星和流云，四壁绘墓主人家居、出行等画面。石椁内置长方体柏木画棺，前宽后窄，前高后低，长约2.1米，前宽0.9米，后宽0.6米，前高1.1米，后高0.65米，壁厚0.1米，两侧壁下部各装两个铁

〔1〕　A.《北史·崔逞传附逞兄遹传》。
　　　B.《魏书》同，但误"遹"为"遹"。
〔2〕　黎瑶渤：《辽宁北票县西官营子北燕冯素弗墓》，《文物》1973年第3期。
〔3〕　《晋书·冯跋载记附冯素弗传》。

环。木棺外髹朱漆，并绘有羽人、屋宇、云气等图像。冯素弗墓中随葬遗物数量很多，470余件，包括服饰用具、仪仗、印章、兵器铠甲、马具、工具、文具和日用器物。这些物品中有些反映时代特征的大量锻制或铸造的铁工具、兵器、铠甲和马具装铠（但铠甲和具装铠已散乱成零散甲片，尚未复原），还有显示游牧民族习俗的头插步摇的金冠饰、成套马具（包括铁马衔、木芯鎏金铜马镫等），以及具有镂孔高足的铜镶、提梁铜罐等炊煮器。也有显示传统的汉文化特征的物品，如冠上的金蝉珰、各种仪仗用的鎏金铜具、铁质车器、漆案、各种铜、漆食具和用具，以及石砚和丸墨等文具。墓中出土金冠饰上锤揲有佛像，显示当地佛教流行。还有5件质薄透明、闪淡绿色或深绿色的玻璃器（包括鸭形水注、杯、碗），应是由西方输入的罗马玻璃制品[1]，表明当时北燕最高统治集团对域外工艺精品的喜爱，也表明当时虽战乱不断，但是联系中西交往的商路一直没有中断。

第二种类型是以砖石构筑墓室的墓葬，特别是石室壁画墓。

用砖石构筑墓室，应是沿袭自这一地区的魏晋墓，前燕时期的高官常在死后安葬于石室壁画墓。典型的墓例是1982年在朝阳十二台营子袁台子发掘的石室壁画墓[2]，该墓的榜题中原曾记有年月，可惜已残泐，仅存"二月己"等字[3]。该墓是附有左侧室的长方形单室墓，前设墓道，在左、右两侧和后壁共设4个小龛（图2-18-A）。墓室面阔前为3米，后为1.8米，进深4米，左侧室面阔1.6米，进深1米。以绿砂岩石板和石条构筑，后壁和两侧壁用石板立支，前壁设墓门，两侧立设门柱，上承门楣。在墓壁四角上承抹角石，横置3石梁，上以石板覆盖成墓顶。室内地面用大小不一的石板铺地。墓门用一块方形石板封堵，门前设长斜坡墓道。在墓室内石壁上先涂草拌泥，再施抹白灰，形成厚1.5～2厘米的地杖层，然后以红、黄、绿、赭、黑等色绘制壁画。壁画保存不佳，但仍可以看清墓顶绘流云天象，尚存日、月图像。门内两侧绘立姿门吏，四壁绘家居、庖厨、宴饮、出行、狩猎及四神，墓主人端坐帐内的画面绘在墓室右前小龛正壁。该墓曾遭盗掘，原陈置于墓室后部的棺木已朽毁无存，墓内随葬遗物被盗严重，但还有部分遗物保存原状，特别是墓室前部陈设的坐帐的4个石础仍保持原位，只是帐架木柱已朽毁，故其上装的鎏金铜帐构已散落，由帐构上粘附的紫色绢残片，可知原张有丝织的紫色坐帐。同时帐内前侧陈放的漆案亦存原位，漆案上的漆盘、瓷碗、瓷钵等多种食具也都保持原状。表明当时仍延续着魏晋时在墓室前堂设帐致奠的习俗。在左侧室内陈放的整套马具也保存较完好，有鞍、镫、衔镳和装饰于胸带、鞦带等上面的百余件铜铃饰。此外还出土有玛瑙杯和漆器、陶器、铁器、铜器、木箱等，以及7枚五铢钱。

---

[1] 安家瑶：《中国的早期玻璃器皿》，《考古学报》1984年第4期。

[2] 辽宁省博物馆文物队、朝阳地区博物馆文物队、朝阳县文化馆：《朝阳袁台子东晋墓》，《文物》1984年第6期。

[3] 据田立坤的《袁台子壁画墓的再认识》（《文物》2002年第9期）考证，该墓很可能葬于东晋永和十年（公元354年）。

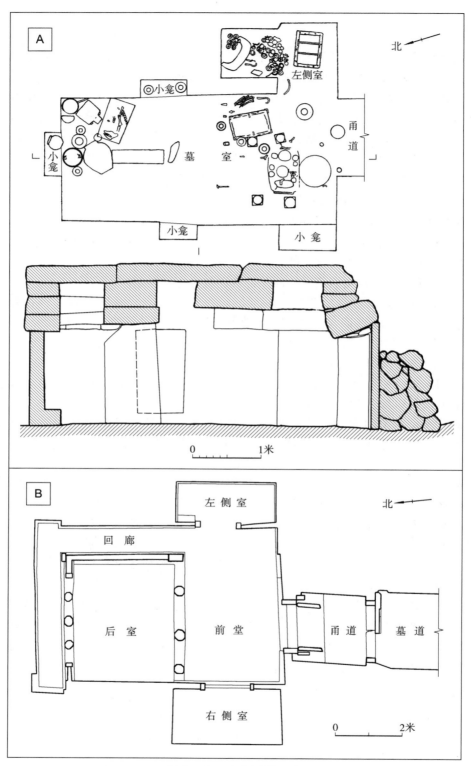

图 2-18　十六国壁画墓

A. 朝阳袁台子墓平面、剖视图　B. 冬寿墓平面图

出逃到高句丽境内的原慕容皝司马冬寿的墓葬[1]，葬于东晋永和十三年（即升平元年，公元 357 年），为石室壁画墓，仍遵从前燕延续的魏晋旧制[2]。平面布局特征是具有甬道、前堂、回廊、后室，并在前堂两侧设左、右两个侧室（图 2-18-B）。采用石材抹角叠涩上置方形顶石的藻井。在墓室壁画的布置上，将正面端坐的墓主坐帐像绘在前堂左侧室正壁，旁侍属吏。前堂前壁绘伎乐。前堂藻井绘天象。墓室内柱头栌斗正面绘兽面。明显承袭着中原北方汉末魏晋墓葬传统。同样情况的还有葬于公元 408 年的辽东太守镇墓[3]。

1988 年在朝阳十二台乡砖厂发掘的 88M1 可算是另一类石室墓，也或者可以算是一座特殊的大型的土坑竖穴石椁墓，该墓在平面近梯形的土坑竖穴内，用形状不规则的绿砂岩石块，砌筑平面亦近梯形的墓室（图 2-15-C），壁高仅 1.4 米，墓顶最高处亦仅高 1.7 米，但前壁砌有长 0.6 米的短甬道，高 1.4 米，宽 1.15 米，甬道口两旁各立石条成墓门的门柱，用两块大石块封门。墓室底以不规则石板铺砌，铺石表面抹白灰。墓室面阔前宽 1.7 米，后宽 1.49 米，进深 3.3 米。周壁石块间缝以石灰灌堵，室内壁面和顶部都是先抹涂一层黄泥，上面再涂抹一层白灰。室内中部偏后处顺置髹漆绘彩木棺，已朽散，据残存棺板可推知原应前高后低、平面呈梯形，长 2.15 米，前宽 0.8 米，后宽 0.48 米，残板漆面多已剥落，已难了解彩绘内容。棺内所葬死者内穿丝织物衣裤，外套皮袍，腰间有包银铁方带扣、两侧有包银铁铸环。头上方放置釉陶小罐、夹砂陶罐、漆盘、漆勺等物，足下放箭箙，身下压着成套马具。随葬遗物多散布在棺盖、棺前和棺的左侧，棺前有牛腿骨，棺左放置成套的铁铠甲、兜鍪和马具装铠。棺盖放置有鎏金铜鞍桥、铁环首刀、木杆、铜泡、步摇等遗物，值得注意的是鞍桥上覆盖有一层厚约 1 厘米的毛麻织物，其上散布着被火烧过的碎银片，发掘简报认为这应是当时"毁器""烧以送之"的葬俗[4]。

以砖构筑墓室的墓葬，发掘资料不多，目前可知有 1992 年在锦州凌河区发掘的前燕李庑墓[5]。该墓为两侧壁外弧的砖筑单室墓，拱券顶，墓壁用一顺一丁砌法，拱券正中用楔形砖压实，墓底地面铺砖。面阔 1.32 米，进深 4 米，高 1.48 米。葬具与骨架已朽，仅存铁棺钉。出土遗物有陶壶、钵、灯盏，铜镜、釜、甑、魁，铁多枝灯，银环、钗，以及铜钱（五铢、剪轮五铢、货泉）。墓内放置砖志一方，刻铭 3 行 15 字："燕国蓟李庑永昌三年正月廿六日亡"（图 2-21-5）。"永昌"为东晋元帝年号，无三年，应系"太宁二

〔1〕　A. 宿白：《朝鲜安岳所发现的冬寿墓》，《文物参考资料》1952 年第 1 期；《魏晋南北朝唐宋考古文稿辑丛》，文物出版社，2011 年。
　　　　B. 洪晴玉：《关于冬寿墓的发现和研究》，《考古》1959 年第 1 期。
〔2〕　杨泓：《冬寿墓再研究——为祝贺宿白先生九十华诞而作》，《中国考古学会第十四次年会论文集（2011）》，文物出版社，2012 年。
〔3〕　安志敏：《德兴里壁画墓》，《中国大百科全书·考古学》第 89 页，中国大百科全书出版社，1986 年。
〔4〕　辽宁省考古研究所、朝阳市博物馆：《朝阳十二台乡砖厂 88M1 发掘简报》，《文物》1997 年第 11 期。
〔5〕　辛发：《锦州前燕李庑墓清理简报》，《文物》1995 年第 6 期。

年"，即公元 324 年。出此误差，因前燕虽仍奉东晋年号，但路途阻隔，信息难通之故。

三　中原北方、河西、新疆地区

中原北方的十六国墓葬发现资料很少。1974 在河南安阳孝民屯发掘了一十六国墓葬〔1〕，共 5 座（74AGM154、165、195～197），均为土圹竖穴墓，南北向，内置木棺，所葬死者均仰身直肢，头南向。在头前圹壁开小龛。随葬遗物放置于小龛中，或放置于棺内，多为陶、瓷器和牛骨（有肩胛骨、腿骨）。其中最值得注意的是 M154（图 2-19），土圹长 2.6 米，南宽 0.9 米，北宽 0.85 米。南壁距地表深 1.25 米处开小龛，龛口宽 0.71 米，高 0.32 米，龛深 0.33 米，内置瓷四系罐、陶瓶和牛腿骨。圹内木棺纵置，头宽足窄，长 2 米，头宽 0.56 米，足宽 0.5 米，已朽，高度不明。内葬一人，头南向。在棺内随葬全套马具，放置在棺底，死者尸体安葬在马具之上，头枕马鞍，鞍下压辔具，后鞴銮饰压在身下。在棺外西北角，发现有马头骨、狗头骨及狗爪骨，显示当时以牲畜随葬的习俗。出土马具，铜质表面鎏金，有前后鞍桥、镫（仅 1 件）、当卢、镳，饰于辔、胸带、鞴带、腹带等的垂饰、球形銮饰、扣环等，共计 123 件。对马具已进行了复原〔2〕。这组墓葬与前述辽西地区十六国时期的鲜卑族墓葬相似，也应是十六国时期进入中原的鲜卑族的墓地。

在北方，发现的十六国纪年墓，有内蒙古乌审郭家梁大夏二年（真兴二年，公元 420 年）田㼤墓〔3〕。田㼤墓是具有前、后两室的土洞墓，前设长斜坡墓道，墓道具有一个天井和一个过洞

〔1〕　中国社会科学院考古研究所安阳工作队：《安阳孝民屯晋墓发掘报告》，《考古》1983 年第 6 期。

〔2〕　中国社会科学院考古研究所技术室的《安阳晋墓马具复原》（《考古》1983 年第 6 期）所述复原大致无误，唯在复原图中据清代马鞍将鞍下腹带复原成两条，实误，因目前所见自西晋至南北朝时陶俑或壁画中所模写的马具，鞍下均只用一条腹带。

〔3〕　内蒙古自治区文物考古研究所、鄂尔多斯博物馆、乌审旗文物管理所：《内蒙古乌审旗郭家梁大夏国田㼤墓》，《文物》2011 年第 3 期。

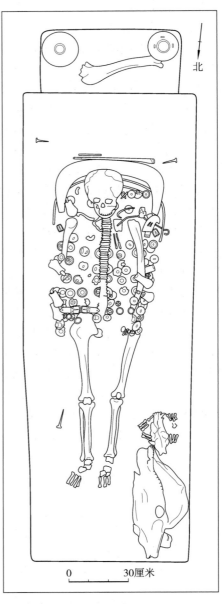

北

0　　　30厘米

图 2-19　河南安阳孝民屯十六国
M154 平面图

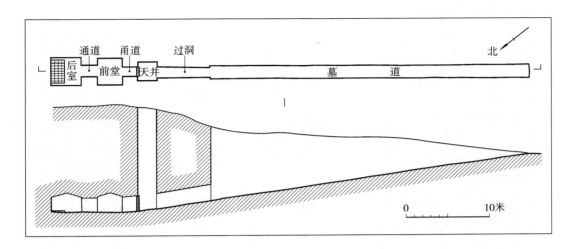

图 2-20 内蒙古乌审大夏田𪩘墓平面、剖视图

（图 2-20）。两个墓室的平面均近方形，后室略大，面阔 3.4 米，进深 3.6 米；前堂稍小，面阔 3.2 米，进深 2.9 米。两室顶部均为居中起脊，前、后两面斜坡的式样，墙高 1.82 米，脊高 2.3 米。室内壁面粉刷白灰，以红色影作立柱、梁、椽，以模拟木构建筑。前堂和后室之间以长 1.9 米的拱顶通道相连。墓葬方向不正，墓门朝向西南，门前有长 1.7 米的拱顶甬道，前接方形天井。天井前为长 6.25 米的拱顶过洞，通向长 38.2 米的斜坡墓道。在后室后部横砌砖棺床，横长 2.87 米，宽 1.64 米。其上原陈放木棺，已朽毁，仅余部分棺板残迹和 3 枚铁棺钉。棺内尸骨无存，只发现一串泥钱。棺床前迎门放置砖墓志，砖志右侧随葬有陶壶、陶罐、漆盘和内盛食物的铜钵。前堂左前角放置陶釜、陶甑和盛放有牛肋骨的陶盆，象征这里是庖厨所在。通向后室的通道门前，原放置有铁器，已锈蚀不辨器形。砖墓志以两砖叠置，均方形灰砖，边长 53 厘米，厚 4 厘米。下砖无文，上砖刻铭，隶书，6 行 53 字，字口涂朱。志文为："唯大夏二年岁庚申正月丙戌朔廿八日癸丑，故建威将军、散骑侍郎、凉州都督、护光烈将军、北地尹、将作大匠、凉州刺史武威田𪩘之铭"（图 2-21-1）。赫连勃勃建大夏时建元龙升，即帝位后改元昌武，次年又改真兴，二年为庚申，正月丙戌朔，与志文合，可证志文"大夏二年"即真兴二年（东晋恭帝元熙二年，公元 420 年）。

甘肃河西走廊地区，在十六国时期政权虽屡经更迭，但战乱影响较小，经济形势比中原北方仍较稳定，保存汉代中原之文化学术，能不失坠[1]。因此这一地区的墓葬习俗，大致沿袭着当地魏晋墓葬，变动不大。1960 年，在敦煌新店台发掘过十六国时期的前凉墓[2]，在 60M1 中，随葬有升平十三年纪年的陶"五谷瓶"，瓶上墨书铭为："升平十三年闰月甲子朔廿一日壬寅张弘妻氾心容盛五谷瓶"。升平为晋穆帝年号，原仅五年，但前凉

〔1〕 陈寅恪：《隋唐制度渊源略论稿》第 19 页，中华书局，1963 年。
〔2〕 敦煌文物研究所：《敦煌晋墓》，《考古》1974 年第 3 期。

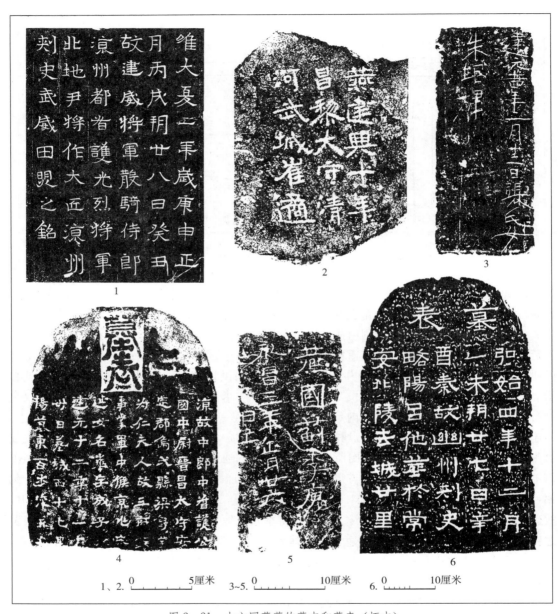

图 2-21　十六国墓葬的墓志和墓表（拓本）

1. 大夏田嫛砖墓志　2. 后燕崔遹石墓表　3. 前秦朱圯妇铭文砖　4. 前秦梁舒及夫人石墓表
5. 前燕李庑砖墓志　6. 后秦吕他石墓表

奉东晋正朔，自升平五年"奉升平之号"，以后因路遥阻隔不知改元仍一直沿用，升平十三年为公元 369 年（东晋废帝太和四年）。该墓为前有长斜坡墓道的土洞单室墓，坐东面西，墓室平面方形，覆斗顶，前壁墓门左、右各设一小龛。墓道设有一个天井和一个过洞（图 2-22-A）。墓室内沿右壁顺置木棺。随葬遗物以陶器为主，除两件带铭五谷瓶外，

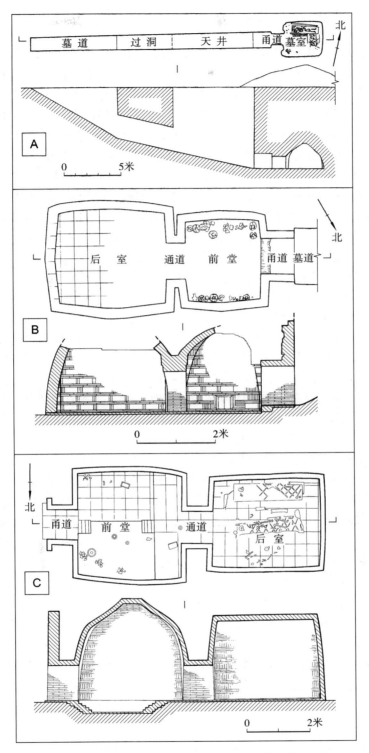

图 2-22　甘肃十六国墓葬平面、剖视图

A. 敦煌新店台 60M1　B. 玉门金鸡梁 M6　C. 酒泉丁家闸 5 号墓

有圆榻、罐、仓、钵、碗、灯座，还有金饰、铜饰、铁剪、云母片饰和铜钱。墓葬形貌和随葬遗物皆沿袭当地西晋墓制。该墓与另4座墓南北向依次排列，外围有砾石堆垒的方形茔圈，南壁开茔门，门前还修有通道。1985年发掘的敦煌祁家湾西晋十六国墓葬地，规模较大，共发掘117座墓葬[1]，除41座认定为西晋时期的墓葬外，其余均属十六国时期。据墓内随葬的陶斗瓶上的纪年，包括前凉建兴、升平，前秦建元，北凉神玺、玄始，西凉建初等年号。其中最早的是前凉沿用西晋的建兴九年（东晋元帝大兴四年，公元321年），最迟是北凉玄始九年（东晋恭帝元熙二年，公元420年），跨度达1个世纪。但是这一墓地所葬墓葬的形制，仍是前设长斜坡墓道的土洞墓，盛行家族成员依序埋葬，有的族葬墓的周围筑有茔圈。随葬遗物虽有变化，但仍前后延续，如随葬陶斗瓶的葬俗自西晋至北凉，在这一墓地沿袭百余年之久。说明当地虽屡经政权更迭，也有动乱，但是社会尚基本稳定，不像同时期中原战乱对下层百姓的生活有那么大的影响。

比敦煌地区的一般民众身份高的十六国墓葬，还沿袭着具有前堂后室的砖室墓的形制。2009年玉门金鸡梁发掘的十六国墓葬群，发掘了24座墓，地面存高0.5～1.74米高的丘形封土，墓室前开有斜坡墓道，墓道西向，墓门上筑有照墙。14座是在砾石层开掘的单室土洞墓，其中3座在室内地面铺砖。有10座是砖室墓，其中规模较小的6座仅筑单室，规模较大的4座是具有前堂和后室的砖室墓[2]。这些墓多分组依次排列，但没有围护茔圈，似为家族墓地。一般在一组墓中排在最左边的是砖室墓，最右边的是单室土洞墓，中间的单室土洞墓地面铺砖，且砖室墓不仅规模较大，墓中的随葬遗物也较丰富，应表明所葬死者的身份较高。M5～M8为一组墓葬，由左向右依次排列，其中M5出土有建兴卅八年纪年木封检和木衣物疏各1件，衣物疏有"大女赵年□"等铭文，可推知这组墓葬应为十六国前凉时期赵姓族葬墓地。M6排在M5右侧，为具有前堂后室的砖室墓（图2-22-B），地面封土存高1米，两座墓室平面均略近方形，四壁外弧，覆斗顶，墓壁用砖"二顺一丁"砌法，丁砖在一组2～3块砖端朝内砌后，继之砌一块砖面朝内的砖，与嘉峪关魏晋画砖墓相同，但砖面并未绘画，仅只在前堂两侧壁发现有小幅画迹，见红彩边框，但图像不明。前堂面阔2.25米，进深1.94米，高2.14米；后室面阔2.68米，进深2.84米，顶残；两室间通道面阔0.96米，进深0.54米，高1.14米，拱顶。均用穿壁纹方砖铺地，砖边长34厘米，厚4厘米。前堂前设长0.86米长的拱顶甬道，墓门拱形，上砌照壁，已残。前接斜坡墓道，水平长16米，宽1.5米，最深达7.46米。出土遗物沿前堂两侧壁放置，多为陶质，左侧有罐、壶、樽、盘、盆等，右侧除容器外还有甑、井，以及铜灶和铜钱。

在酒泉一带，魏晋时盛行前设斜坡墓道的砖筑多室壁画墓，十六国时期也依然沿用，但画像内容随时代有所变化。其中最典型的墓例是丁家闸5号墓[3]，是具有前堂和后室的砖室墓（图2-22-C），东西方向，以方形模印花砖铺地。在墓室壁面先薄施一层草拌

〔1〕　甘肃省文物考古研究所：《敦煌祁家湾——西晋十六国墓葬发掘报告》，文物出版社，1994年。

〔2〕　甘肃省文物考古研究所：《甘肃玉门金鸡梁十六国墓葬发掘简报》，《文物》2011年第2期。

〔3〕　甘肃省文物考古研究所：《酒泉十六国墓壁画》，文物出版社，1989年。

泥，表面再粉刷一层土黄色泥皮，然后彩绘壁画。前堂盝顶中心绘一朵正视的大莲花，在圆莲房周围伸出两重18瓣莲瓣。墓顶四披，居中绘倒垂龙首，下面云气缭绕，底绘鸟兽出没的重重山峦连绵周绕四壁，中部东绘内立三足乌的红日和东王公；西绘内有蟾蜍的满月和西王母，西王母前有九尾狐和三足乌，身旁侍立手执华盖的女侍；南绘玉女、神鹿；北绘飞驰的天马。前堂西壁（后壁）上栏绘墓主人家居宴饮，面前表演乐舞杂技；下栏墓门两侧分绘车库和牛车出行。其余诸壁分绘庖厨、坞堡、农耕、林木，唯有南壁下栏绘有一株大树下的裸女图像。后室仅后壁绘有壁画，上栏为云气，下栏上层是装有财物的箧、奁、弓箭、方扇等物品；下层是成束的丝和成捆的绢帛。画中从事劳作的人，服饰和面相，似与汉族有异，或许反映当时当地民族关系的变化。墓顶壁画的布局和题材，又与敦煌莫高窟早期洞窟藻井壁画艺术，有相近似之处，或应是反映着相同的地区艺术风格[1]。

十六国时期，在河西地区的十六国时期上层人士墓中，也已出现石墓表。1975年在武威赵家磨发现前秦建元十二年梁舒及夫人墓表[2]。墓表石质，圆首碑形，有座。石墓表高37厘米，宽26.5厘米，厚5厘米。以长方形覆莲座相承，座高9厘米，长40厘米，宽18.2厘米。圆额直题"墓表"，表文9行32字。记梁舒曾任"凉故中郎中督护公国中尉晋昌太守"，葬于"建元十二年十一月"，前凉于公元376年为前秦所灭，时当前秦苻坚建元十二年（东晋孝武帝太元元年），梁舒应即葬于该年（图2-21-4）。

与河西地区大致相近似，在新疆吐鲁番地区发现的十六国墓葬也还是沿袭当地魏晋墓葬，如1959年在吐鲁番阿斯塔那北区发掘的墓305。该墓坐东朝西，是带有长斜坡墓道的单室土洞墓（图2-23-A），以土坯封门。墓室平面近方形，盝顶。该墓为夫妻合葬，尸骨横陈，头朝西南，男外女内。男女尸体都穿绢制斜领右衽衣，下着裙，男尸脚旁出土有蓝色麻布鞋，女尸脚穿麻底织成鞋，鞋面以黄色、红色、绛色及原色丝线织成兽面纹，内衬麻织物里。在女尸衣领内所衬纸，为建元二十年（公元384年）残文书。在两尸胸前衣内还各放一纸衣物券，女尸的衣物券保存较好，上记衣物有缁覆面、白缣裈、缥缯袴、紫碧帩、白缣袜、白缣被等，惜尸体上所着衣物残损过甚，难以对应研究。墓中随葬内装有粟的灰陶罐1件，底有烟炱，口残，应为实用器。还有灰陶碗1件、单耳木杯1件、木梳2件、五铢钱4枚，以及粟和黑豆等粮食[3]。

在阿斯塔那墓地还发现了北凉沮渠蒙逊夫人彭氏墓[4]。该墓编号为79TAM383，是一座前有斜坡墓道的单室土洞墓（图2-23-B），墓室平面近梯形，平顶微弧，面阔前壁2.5米，后壁2.9米，进深2.7米，高4.15米。室内顺后壁留有宽1.2米，高0.1米的生

〔1〕 关于丁家闸5号壁画墓的年代，发掘者推测在后凉至北凉之间（《酒泉十六国墓壁画》，文物出版社，1989年）。也有人认为应在前凉，见韦正《试谈酒泉丁家闸5号壁画墓的时代》（《文物》2011年第4期）。

〔2〕 武威地区文化馆 钟长发、宁笃学：《武威金沙公社出土前秦建元十二年墓表》，《文物》1981年第2期。

〔3〕 新疆维吾尔自治区博物馆：《新疆吐鲁番阿斯塔那北区墓葬发掘简报》，《文物》1960年第6期。

〔4〕 吐鲁番地区文物保管所：《吐鲁番北凉武宣王沮渠蒙逊夫人彭氏墓》，《文物》1994年第9期。

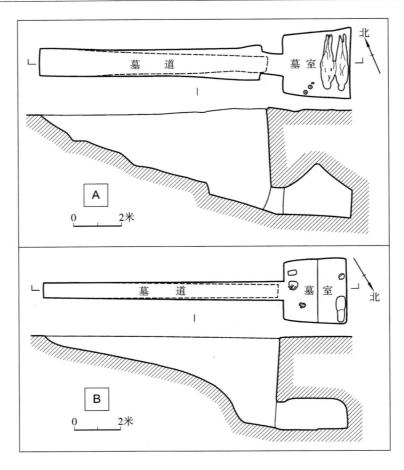

图 2-23 新疆吐鲁番阿斯塔那十六国墓葬平面、剖视图
A. 墓 305 B. 北凉沮渠蒙逊夫人彭氏墓

土棺台，台面原铺苇席上置木棺，因被盗，已残碎散乱，仅存 66 块残片。墓内尚存一具成年女性干尸，保存不好，身首已分离。被盗后残存的随葬遗物多散乱棺台上，有绢衣物疏、鸡鸣枕、木梳、木握手、铜鱼形刀、铜耳挖、象征性小卷成匹丝绸（69匹），还有一些铅明器，有刀、尺、剪、熨斗和铅人。在棺台前地面上遗有残绵背心和残绵披肩各 1 件，还有绢画残片，上绘有星座。衣物疏原以小木轴卷成小卷，木轴长 13 厘米，直径 0.5 厘米。衣物疏展开后，前端略残，纵 11.4～12 厘米，横 58 厘米，由两块素绢粘联而成，上存墨书 38 行，列出衣物名称，并书明"大且渠武宣王夫人彭□随身衣被杂物疏"，纪年为"大凉承平十六年岁在戊戌十二月庚子朔十八日丁巳"。"承平"为北凉亡后沮渠牧犍弟弟无讳、安周据高昌地区时先后沿用的年号，承平十六年为公元 459 年。

除了以吐鲁番阿斯塔那墓地流行于十六国带有斜坡墓道的单室土洞墓以外，2007 年在库车友谊路发掘的魏晋时期砖室墓，其年代下限也应延续到十六国时期[1]。

在河西地区十六国墓葬已使用的石墓表，在新疆也有发现，如吐鲁番阿斯塔那 M117 出土的承平十三年（公元 455 年）且渠封戴墓表[2]。

四　十六国墓葬的特征和埋葬制度

西晋覆亡，晋室南渡，另建朝廷，以建业（今南京）为都城，史称"东晋"，国力难达长江以北。原生活于北方和西北的少数民族，纷纷内迁中原、关中，或在辽东、河西，先后建立割据政权，此起彼伏，征伐不断。先后出现的政权多达十余个，史家取其概数，称为"十六国"时期或"五胡十六国"时期。在这一时期中，西晋时的政治经济文化中心都城洛阳遭战火彻底破坏，此后近一个半世纪的时间里丧失了原有的中心地位，所谓十六国中再也没有哪个政权选它为都城。直到北魏统一北方后孝文帝迁都洛阳时，才又让它重现辉煌。而西晋王朝推行的新的墓仪规制，虽在以洛阳地区为中心的地区勉强盛行一时，甚至被后人视为可与汉制比肩的晋制，实际即便是在西晋时也没能全国推行，及至西晋覆亡，刚在洛阳一带站稳脚跟的西晋墓制也就随之消失。目前所获得的有关十六国墓葬的发掘资料，已找不到仍旧沿袭洛阳西晋墓规制的标本。各地区墓葬差异突出，显示出强烈的民族特色和地方特色，同时又与当地原存的汉魏旧制相结合，产生出新的墓葬类型，其后随着各政权的更迭变化，不断碰撞融汇，到北魏统一北方后，特别是孝文帝迁都洛阳后，集汉魏旧制、民族传统及南来新风于一体，终于形成新的规制。所以十六国时期，正是一个墓葬规制大变革的过渡转变阶段。

辽西地区是慕容鲜卑建立的诸政权统治重心，目前已发现的十六国墓葬，概括来看主要有两类，一类是民族、地区特点突出的土坑竖穴墓石棺葬，随葬遗物最突出的是大量马具和兵器甲胄。另一类是明显承袭辽东汉魏旧制的石室壁画墓，随葬遗物中虽有马具兵器，但也保持前堂张帐设奠等汉魏旧俗。因为昌黎棘城鲜卑人慕容廆建前燕后，其"法制同于上国"，"时二京倾覆，幽冀沦陷，廆刑政修明，虚怀引纳，流亡士庶多襁负归之。廆乃立郡以统流人，冀州人为冀阳郡，豫州人为成周郡，青州人为营丘郡，并州人为唐国郡，于是推举贤才，委以庶政，……于是路有颂声，礼兴矣。"[3]慕容廆还多次遣使东晋，并接受东晋官爵。八年慕容廆卒，东晋"遣使者策赠大将军、开府仪同三司，谥曰襄"[4]。可以想见前燕虽是由鲜卑族慕容氏建立的地方割据政权，但最高统治集团在理政和礼制上仍然保持晋朝传统，在墓仪规制方面也应如此。但是由于辽东地区民族关系复杂，且前燕政权的统治民族又是鲜卑族，其军队的核心力量是鲜卑等族慓悍的骑兵，主力更是骑士和战马都披铠甲的重装骑兵——甲骑具装。所以沿袭鲜卑族葬俗的墓葬，在朝阳、北票一

---

[1]　新疆文物考古研究所：《新疆库车友谊路魏晋十六国墓葬 2007 年发掘简报》，《文物》2013 年第 12 期。

[2]　新疆文物考古研究所：《阿斯塔那古墓群第十次发掘简报》，《新疆文物》2000 年第 3、4 期合刊。

[3]　《晋书·慕容廆载记》。

[4]　《晋书·慕容廆载记》。

带大量存在，其特征之一就是随葬有大量马具与钢铁兵器，特别是铁铠甲与马具装[1]。目前虽然还缺欠有关前燕帝王陵墓的考古发现，但是在魏晋旧制影响之下的高官的墓葬，已有一些发掘资料，在辽阳地区如袁台子壁画石墓，而纪年与墓主都明确的就是亡命高句丽的原慕容皝司马冬寿的墓葬，以及葬于公元 408 年的辽东太守□镇墓。而以冬寿墓最具典型性。

关中地区的十六国墓葬，大致仍沿袭当地汉魏墓葬土洞墓室前设长斜坡墓道的传统，一般多单室，身份高的人或具前堂后室，有的还设有侧室，同时墓道设天井和过洞开始流行。在出行俑群中，除了传统的备有鞍具的乘马和牛车外，开始出现披有具装铠的乘马，出行仪卫俑群，包括大量新出现的步兵、骑兵和骑吹乐队，特别是模拟重装骑兵的甲骑具装俑，军事色彩浓郁，也显示出时代特征。这些都开启了时代新风，也显示了关中地区的地域特色，对此后北朝墓葬影响深远。同时首次在发掘咸阳柏家嘴 M289 时发现墓室壁画，虽然残损过甚，但已可显示其上接汉魏、下启北朝的作用，值得重视。

河西五凉统治地区，与中原北方和关中相比较，大致相对稳定，"是中原人户逃避战乱的一个地区，也是保持中原文化传统的一个地区"[2]，自西晋末文化发展即较繁盛。现已发现的十六国墓葬，大体沿袭汉魏旧制而有新的发展。

北魏太武帝拓跋焘时统一北方，先是始光四年（公元 427 年）收长安攻统万，次年俘夏主赫连昌，关中地区尽入北魏。太延二年（公元 436 年）灭北燕，辽西地区入北魏。太延五年（公元 439 年）伐北凉，北凉灭亡，河西地区入北魏。统一北方以后，屡迁凉州等地人民至都城平城，连同当地学术文化对平城影响深远。表现在墓葬规制、壁画、俑群诸方面，明显汇聚了来自河西、关中、辽西、山东等不同地区不同墓葬文化的诸多新元素，导致公元 5 世纪后半叶，北魏平城后期的墓葬不断有新变化，为北魏洛阳时期新的墓葬规制的形成，准备了必要的条件。

[1]　田立坤：《三燕文化墓葬的类型与分期》，《汉唐之间文化艺术的互动与交融》，文物出版社，2001年。

[2]　何兹全主编：《中国通史》第五卷《中古时代·三国两晋南北朝时期（上）》第 247 页，上海人民出版社，1995 年。

第三章 南方的三国两晋南朝墓葬

南方的三国两晋南朝墓葬，跨越的历史时间，包括东汉末建安年间孙吴政权实际控制南方的"三国时期"，到吴孙权建国，经西晋短暂的统一，再到东晋偏安江左，至南朝四代：宋、齐、梁、陈，终结于公元589年隋灭陈，前后延续近4个世纪。对南方的三国两晋南朝墓葬，又习惯称为"六朝墓葬"，但应注意史学所称"六朝"，实指以建康（今南京）为都城的吴、东晋和南朝四代：宋、齐、梁、陈，并不包括东汉末建安年间的"三国时期"和西晋，而本章所述"六朝墓葬"则包括"三国时期"和西晋。从地域上，南方的三国两晋南朝墓葬，主要分布于江苏、安徽、湖北、湖南、江西等省，以及东南沿海的福建、广东、广西，西南的四川、云南、贵州，最北可伸延到豫南和陕西汉中等地。

第一节 分布状况

六朝墓葬比较集中地分布在重要的城市和交通沿线附近。今南京、镇江、绍兴、鄂州、武汉、长沙、广州、成都等是当时的重要城市，这些城市及其附近都发现了数量较多的六朝墓葬。重要的交通线上发现六朝墓葬的主要地点如下。

1）南京至苏州一线，在茅山分为南北两叉，相会于太湖附近，发现六朝墓葬的地点有句容、金坛、溧阳、宜兴、丹阳、常州、无锡等。

2）南京至杭州一线，发现六朝墓葬的地点有溧阳、高淳、郎溪、广德、宣城等。

3）浙江金衢盆地一线发现六朝墓葬的地点有诸暨、金华、东阳、衢州、江山等。

4）浙江福建沿海发现六朝墓葬的地点有温州、黄岩、瑞安、平阳、霞浦、连江、福州、闽侯、福清、晋江、南安等。

5）安徽青弋江附近发现六朝墓葬的地点有繁昌、芜湖、南陵、青阳等。

6）闽江上游发现六朝墓葬的地点有闽江支流建溪沿线的浦城、松政、建瓯、南平，富屯溪沿线的将乐等地。

7）赣江主干线发现六朝墓葬的地点有清江、新干、峡江、吉水、吉安、永丰、泰和、兴国、赣州、大余，在赣江支流修水沿线的靖安，袁水沿线的宜春，鄱江沿线的波阳，信江沿线的余干，抚河沿线的抚州，贡水左近的宁都、会昌、安远等地也都发现六朝墓葬。

8）湘江主干线发现六朝墓葬的地点有株州、衡阳、衡东，在湘江支流耒水沿线的资兴、耒阳，资水沿线的邵阳、益阳，沅水沿线的常德等地也都发现六朝墓葬。

9）珠江的三条支流中北江沿线发现六朝墓葬的地点最多，数量也最多，主要地点有韶关、始兴、乳源、曲江、英德等；其次是西江，墓葬数量不及北江，但发现地点过之，有兴安、桂林、永福、融安、恭城、钟山、贺县、梧州、苍梧、藤县、罗定、肇庆、高要、四会等地；东江附近的和平、梅县等地也都发现六朝墓葬，揭阳附近发现的六朝墓葬大概也可以归入东江地区。

10）成都至广元一线发现六朝墓葬的地点有彭县、德阳、绵阳、昭化等地。

11）发现六朝墓葬的云南昭通、姚安、大理和贵州清镇、平坝都位于蜀、滇、黔之间的交通要道上。

12）汉水沿线的房县、老河口等地墓葬具有明确的六朝特色，汉中、安康、襄阳等地则发现了一些兼具南北朝特征的墓葬。

长江是六朝交通的动脉，长江沿线发现六朝墓葬的地点很多，尤其是近年来在三峡工程过程中集中发现了不少六朝墓葬，但这些地点没有特别的意义，故不一一列举。

以上是近四百年间六朝墓葬的总体分布状况，这种状况具有相当的稳定性。同时，六朝是南方地区急剧变化的四百年，墓葬分布状况同样也经历了一定的变化，将六朝墓葬按照早、中、晚三期（分别相当于东晋早期之前、东晋中期至刘宋中期、以萧梁为中心的南朝中后期）分别标示在地图上（图3-1～3-3），可清楚地看其中的变化。尽管已经发现的六朝墓葬的地点有一定的偶然性，但是对比三张分布图，可以看到这样一些变化与相关历史记载大致吻合。

1）江苏苏南中部地区六朝中后期才出现一些六朝墓葬，这样的地点有丹阳、常州、无锡、张家港等，这个状况与这个地区六朝早期草莱未辟有直接关系。从地图中还可以看出，虽然东晋南朝苏南中部地区有了一定的发展，但与茅山西侧相比仍然有明显差距，整个六朝时期，连接南京与苏州之间的重要走道在茅山西侧而不在东侧。

2）马鞍山芜湖以西的皖南长江沿岸和青弋江流域发现不少六朝早期的墓葬，但六朝中后期墓葬近乎没有发现。据文献记载可知，这些地区随着六朝历史的发展，开发程度逐渐加深，六朝墓葬本该发现更多，现在显示的这种"反常"情况，需要考虑是否六朝早期这里曾一度受到突然的外力作用，目前看来，这个外力有可能是孙吴时期对沿江地带的高度重视与投入。皖南沿江地区和青弋江流域的六朝早期墓葬可能为早年活动于此的人士遗留，吴亡之后，这一带的重要性明显下降了。

3）江西东南部与广东东北部，即贡水与东江的上游地带发现了较多的六朝中后期的墓葬。在南岭两侧地区，这个区域的六朝墓葬的增长数量是最快的，证明这个地区的开发速度要超过其他地区，这与赣江和北江通道的迅速发展相一致。从孙恩、卢循起兵广州，沿北江、赣江北上，到六朝晚期南方土豪洞主势力的兴起，再到陈霸先依靠南方土豪洞主夺取建康政权，南岭东部地区不仅发展日益迅速，而且与中央的联系日益紧密，墓葬分布情况或可做一辅助说明。

4）湖南沅江流域六朝早期墓葬仅见于常德，六朝中晚期则没有发现六朝墓葬。武陵郡所在的沅江流域曾发现众多西汉墓葬，东汉以来日渐减少，六朝墓葬状况是东汉时期的继续发展。武陵郡境内发现的一些墓葬具有很强的地方特点，不排除是六朝墓的可能性，但墓葬面貌与常见的六朝墓葬区别很大，有可能是当地土著的墓葬。根据文献记载可知，从东汉以来，这里的武陵蛮的活动就十分活跃，六朝时期不见衰减，陶渊明《桃花源记》的背景就设定在这个地区，正可见这里与外界之隔绝。

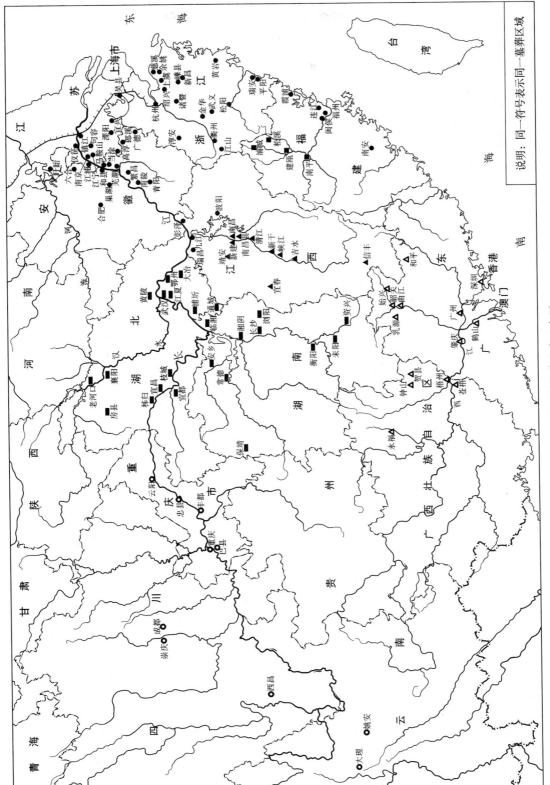

说明：同一符号表示同一墓葬区域

图 3-1 六朝早期墓葬分布示意图

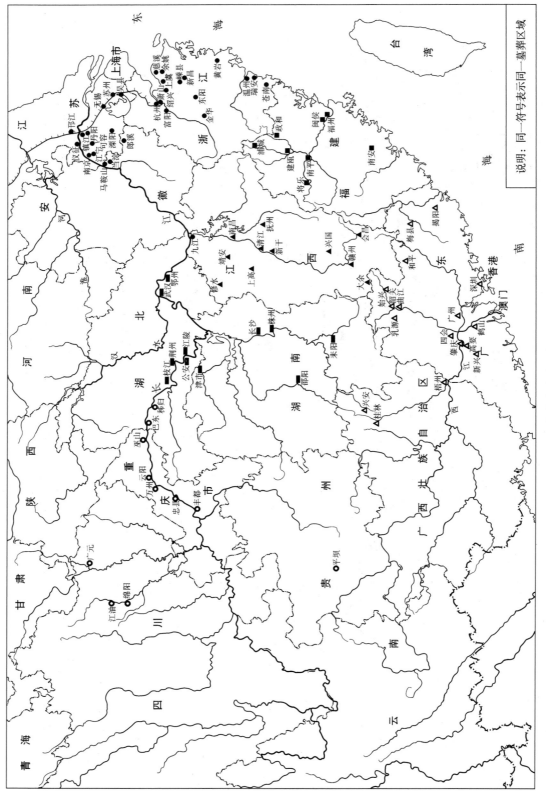

图 3-2 六朝中期墓葬分布示意图

说明：同一符号表示同一墓葬区域

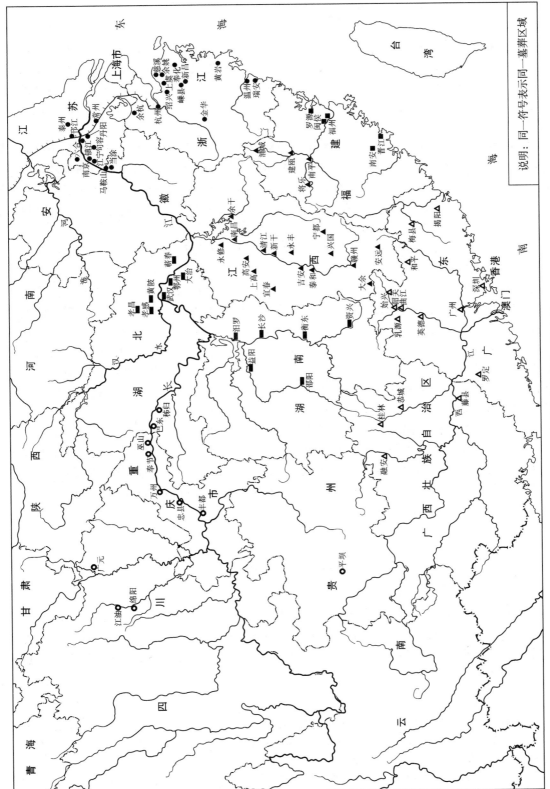

图 3-3 六朝晚期墓葬分布示意图

说明：同一符号表示同一墓葬区域

　　5）云南发现的六朝墓葬的地点不多，而且时代基本集中在六朝早期，这与云南地区六朝时期的变化有直接关系。蜀汉西晋时期云南一带数度叛乱，但与四川和中央的关系尚属紧密，从西晋晚期开始，云南一带与四川的关系趋于松弛，而且四川也陷入连续不断的动乱之中。东晋政权在建康的建立，使得云南一带与中央的关系更形疏远，这里的夷化程度迅速加深。

　　6）成都及其周围地区六朝墓葬发现的主要集中在蜀汉西晋，东晋南朝墓葬几乎没有发现，这与成都地区发生的一系列变化有直接联系。西晋灭蜀后，先将非益州籍贯的蜀汉重要文武官员，几乎全部移出益州，以成都为中心的益州受到沉重打击。西晋之后，先有李氏据蜀，李氏为桓温灭亡不久，又有苻秦入蜀，东晋末年谯纵变乱，百十年间，成都周围可谓几无宁日，直接影响到居民的生业以及墓葬的形成。

　　7）汉水中上游地区汉中、安康、襄阳等地六朝早中期墓葬发现甚少，六朝晚期突然出现一批墓葬规模较大、随葬品精美的墓葬。这些墓葬不但兼具南北朝特征，而且还有明显的地方特色。这个情况与六朝晚期南北形势有直接关系。进入南朝后，四川和长江中游地区的相对稳定和发展，为南方因素输入汉水中上游准备了条件。特别是长江中游地区的军事中心、政治中心及文化中心由荆州移向雍州，即由今天江陵向襄阳地区转移的迹象，对后者的手工业和文化艺术水平的提高都应有显著的影响。北魏迁都洛阳，加强了对汉水流域的争夺，特别是在公元 6 世纪初期攻占汉中地区后，北方因素得以源源不断地进入这个地区。这个地区的土著豪强在南北双方的拉拢纵容下，一时之间势力不见衰退反而有所增长，乃至形成杂糅南北的文化形式。

　　不排除特定的政治、民族等因素的影响，中心城市的辐射力与交通线路是影响六朝墓葬分布状况的两个经常发生作用的主要因素，人口的迁徙和墓葬文化因素的传播，主要受到这两个因素的制约。因此，在一定的地域范围内的墓葬，往往能够形成某些共同特征，不仅构成与其他地域墓葬的显著差异，而且还具有独特的研究价值，这样的不同的地域范围便构成了考古学意义上的墓葬分区。

第二节　分区

　　六朝墓葬具有较为明确的地域特征，根据现有材料，结合以往的研究成果[1]，可以将六朝墓葬分为长江下游、长江中游、赣中南闽西北、福建沿海、两广、西南六区。又按历史时段分成早期（东晋早期之前）、中期（东晋中期至刘宋中期）、晚期（以萧梁为中心

---

[1]　主要参考文献有：

　　A. 蒋赞初：《关于长江下游六朝墓葬的分期和断代问题》，《中国考古学会第二次年会论文集》，文物出版社，1982 年；《长江中游六朝墓葬的分期和断代——附论出土的青瓷器》，《中国考古学会第三次年会论文集》，文物出版社，1984 年。

　　B. 广东省文物考古研究所编：《乳源泽桥山六朝隋唐墓》结语，文物出版社，2006 年。

的南朝中后期）三期[1]（见图3-1~3-3）。需要着重指出的是，六朝四百年间，南方地区经济发展迅速、人口频繁移动，墓葬的形成必然深受此影响，这决定了墓葬分区的总体的稳定性和边缘或局部地区的不确定性。对稳定性和不确定性的客观叙述，才有可能提供比较完整的分区图画。就此而言，以上六区中，西南地区最为稳定，长江下游、长江中游、两广地区次之，而赣中南闽西北、福建沿海地区变化较大。

西南地区东界三峡，南包云贵。长江下游地区西起赣北，东至海滨，北起苏皖长江北岸，南括浙江全部，六朝早期还曾达到以闽东北为主的福建地区，那里出土的瓷器等具有明确的浙江地区瓷器的特征。长江中游地区主要就是今湖南、湖北二省的范畴，孙吴早期湘南地区别属两广。两广地区基本就是今二省的范畴，孙吴早期一度包括湘南，那里的硬陶与两广地区一致。

赣中南闽西北、福建沿海地区的情况明显有别于其他几个地区。赣中南闽西北区在东晋之前只指赣中南，南朝中晚期始指全部。中心范围从南昌至樟树之间，扩及建瓯一带。六朝早期赣中南墓葬形制多双室墓，不少带砖柱，多为券顶。瓷器总体上同长江下游，但种类较少，釉色豆青或偏蓝，不同于其他地区。六朝中期以单室墓和砖柱间隔的双室墓为主。器物多鸡首壶、斜壁碗，稍晚阶段出现了长颈瓶、鼎盘、带把鼎形炉、莲花纹碗等。南朝中晚期闽西北地区的墓葬特点与赣中南地区趋同，带砖柱墓葬发达，有些还修成二节的"凸"字形。除长颈瓶、鼎盘、带把鼎形炉、莲花纹碗外，瓷盘、五盅盘、扁锥腹唾壶、托盘、灶等十分流行。赣中南和闽西北的墓葬特点是对赣中南刘宋早、中期特点的直接继承和发展，它们已经属于同一个墓葬区。

以沿海为主的福建地区几经变化，西晋和东晋早期只指闽西北，东晋中期扩及沿海地区，大约在刘宋晚期又失去了闽西北地区。福建西北部六朝早期偏晚阶段有一些券顶双室墓。多腹部鼓圆的盘口壶、深腹钵、斜壁碗。六朝中期前后闽西北地区的墓葬特征扩展到福建沿海一带，墓葬形制多为"凸"字或刀形单室墓。主要器物有小口四系罐、腹部圆鼓的盘口壶、鸡首壶、深腹钵、盘、碗、鼎盘、五盅盘、单杯盘。南朝中晚期，随着赣中南地区墓葬因素进占闽西北地区，福建沿海地区的区域范围真正名实相符了，墓葬特点也起了一些变化，流行刀形墓。器物流行长鼓腹的盘口壶、花蕾状的博山炉、多孔插器、烛台、虎子等。

六朝墓葬区域的变动，有其必然的历史原因。以下按时间顺序，对区域的变动做些诠释。由于文献记载的不足，只能从大的历史背景或历史事件中加以推测，无文献可征者暂付阙如。

---

[1]　这三个时段是人为设定的三个历史时期，其目的是简洁地叙述出分区的过程和结论。设定哪几个时间段，并不是完全随意的。分区是选择一定的时间段落对材料进行集中叙述。由于各个区域的发展通常不是均衡划一的，有必要选择最佳的时间段落切入材料，换言之，分区和分期其实是同时进行的，分期以分区为基础，分区的表述必须考虑到分期，合理的时间段落可以避免各地材料被切割得过于零碎，也为叙述本身提供方便。在实际的研究中，还得考虑各地材料的多寡不一，选择墓葬材料最为丰富的地区，以这个地区墓葬面貌发生较大变化的时间断面切入材料，能够达到以简驭繁的目的。现在选取的三个时间段主要是根据长江下游的材料，并参考其他地区的情况而得出的。

1）孙吴早期，湖南南部属两广地区。这是这一带东汉后期墓葬面貌与两广地区一致性的延续。如众所知，东汉建初六年（公元 81 年），为了加强两广与洛阳的联系，郑弘开通了湘桂峤道，引发两广墓葬因素大量进入今湖南地区，不仅几乎将湘南地区同化，如资兴东汉墓、耒阳西郊墓[1]，还渗入今湖南北部，如长沙北山东汉墓、常德东汉墓[2]中一些器物。孙吴建立之后，逐渐构筑起以建业为中心的交通网络，湘江流域因为距离建业较远，湘桂峤道的重要性不及东汉了。至于孙吴中期开始，湘南与两广的墓葬面貌差异性增大，可能还有尚不清楚的具体原因。

2）西晋至东晋早期，福建沿海，主要是东北部属长江下游地区。有三个原因。第一，这里是海上交通线，原来文化十分落后，与其最为邻近的浙江地区能够直接向这里输出文化。东冶是这个地区的中心地，东汉郑弘开通湘桂峤道之前，这里是交趾向中央贡献的要道。之后仍很重要，三国时许靖曾经由东冶赴广州[3]。第二，孙吴在这里设立典船校尉和温麻船屯，孙权派卫温、诸葛直浮海求夷、亶二州[4]，这里可能是基地。第三，晋惠帝元康元年（公元 291 年）立江州之前，这里基本上属于扬州的会稽郡、建安郡或晋安郡[5]。

3）东晋中期至刘宋，福建沿海地区墓葬面貌与福建西北部趋同。原因不甚清楚。有可能是这里属于江州一段时间之后，引起了这种变化。福建沿海地区与江州中心地带的沟通必须经建安郡所在的福建西北部。海上通道仍然十分重要，但东晋、刘宋政权远不及孙吴对福建沿海地区的经营。所以长江下游的因素远不及以前。

4）福建西北部与赣中南并为一区。原因也不甚清楚。文献中有较多的梁末陈初今福建与江西通过武夷山关口交通的记载[6]。隋朝的临川郡包括邵武和临川、南城、崇仁四县[7]，可能就是考虑到武夷山两侧联系紧密。历史地理学的研究表明，六朝闽西北地区人口主要是浙江西南部和江西东部的移民，六朝中后期来自江西东部的移民远远多于浙江西南部[8]。

今福建地区墓葬区划的演变状况与江州的设立关系甚大。虽然江西和闽西北、福建沿海的交通十分不易，海上通道也一直存在着。但行政上的联系，也许应再加上移民因素，带动墓葬因素犹如接力棒式地，由江西东部传向闽西北，由闽西北传向福建沿海。南朝中后期福建沿海地区的墓葬面貌在文化意义上获得独立，并在后来一直维持，或许表示这个地区的文化已经达到一定的高度，不再十分需要从外地输入，行政区划的意义因此就减轻了。

〔1〕 湖南省文管会：《耒阳西郊古墓清理简报》，《文物参考资料》1956 年第 1 期。

〔2〕 A. 长沙市文物工作队：《长沙县北山区东汉砖室墓清理记》，《湖南考古辑刊》第 3 辑，岳麓书社，1986 年。

　　　B. 湖南省博物馆：《湖南常德东汉墓》，《考古学集刊》第 1 集，中国社会科学出版社，1981 年。

〔3〕 《三国志·蜀书·许靖传》。

〔4〕 《三国志·吴书·孙权传》。

〔5〕 《晋书·地理志下》《宋书·州郡二·江州》《南齐书·州郡上·江州》。

〔6〕 《陈书·陈宝应传》《陈书·周迪传》《陈书·章昭达传》《陈书·韩子高传》《陈书·谢㟏传》等。

〔7〕 《隋书·地理志下》。

〔8〕 汉斯·比伦斯泰因著，周振鹤译：《唐末以前福建的开发》，《历史地理》第 5 辑，1987 年。

　　总体说来，六大区域的总范围和中心区域的变化并不大。同一区域内不同时期的墓葬面貌之间还存在继承和发展的关系，彼此之间的联系远远大于不同区域之间。换言之，六朝时期不同历史阶段墓葬情况的变化没有引起墓葬地理区域频繁而重大的变化，六朝墓葬的总体变化主要通过各个区域的内部变化而实现，各地墓葬面貌的变化没有冲破所在区域的樊篱。正是基于这一点，才有可能将六朝作为一个整体，在这个整体之中，进行各区的分期研究。

　　在以上划定的区域之内，墓葬既有密集疏朗之别，也还存在一定的差异，随着材料的积累，将来有可能进行更加细致的划分。

第三节　分期

一　长江下游地区

(一) 墓葬形制

　　本地区墓主身份可考的墓葬有数十座，其中属皇帝、诸侯王的墓葬明显有别于常人，单列为第一类。其他身份的墓葬比较难以把握，墓室规模与数量不总是一个可靠的标准，身份相近者的墓葬规模有时也相差甚远。常见的封建官员与庶民的墓葬规格上的差异，在长江下游地区依靠现有材料无法直接归纳出来。不过，单就有官有爵者的墓葬来看，除个别墓葬如南京西善桥南山顶 M1 的规模与军司马的身份极不相称外[1]，其余官员身份者的墓葬几乎皆长 4 米以上，一般不使用长方形这种形制。所以，可以 4 米上下作为墓葬分类的一个尺度，这个尺度以上的列为第二类。4 米以下的列为第三类，墓主大概是平民直至社会最底层人物，长方形墓葬占绝大多数。

　　下面对三类墓葬略作分析（图 3 - 4）。

　　(1) 第一类，宏大的单室墓，皆券顶。根据墓葬平面形状，可分两类。

　　1) 平面为 "凸" 字形。长 7～8 米，宽 4～5 米。甬道中设置两道门槽。墓壁无灯龛、直棂窗。也无棺床。墓例有南京大学北园墓[2]（图 3 - 4 - 1）、南京富贵山墓[3]（图 3 - 4 - 2）、南京汽轮机厂大墓[4]。三墓皆疑为东晋帝陵，下举北园墓与富贵山墓为例。

　　南京大学北园墓（图 3 - 5 - A），是带有左侧室的大型单室砖墓，坐北朝南，墓室总长 8.04 米，甬道面阔 1.5 米，进深 3.04 米，甬道设有两道门槽，原应设二门，墓门用砖封堵。墓室面阔 4 米，进深 4.4 米，墓顶已毁，推测为穹隆顶。左壁前部设长方形侧

---

[1] 该墓进深 2.89 米，面阔 1.71 米，用砖墙隔成二室，出土 "军司马印" 铜印等物品，见李蔚然《南京西善桥六朝墓的清理》（《考古》1958 年第 4 期）。
[2] 南京大学历史系考古组：《南京大学北园东晋墓》，《文物》1973 年第 4 期。
[3] 南京博物院：《南京富贵山东晋墓发掘报告》，《考古》1966 年第 4 期。
[4] 南京市博物馆：《南京北郊东晋墓发掘简报》，《考古》1983 年第 4 期。

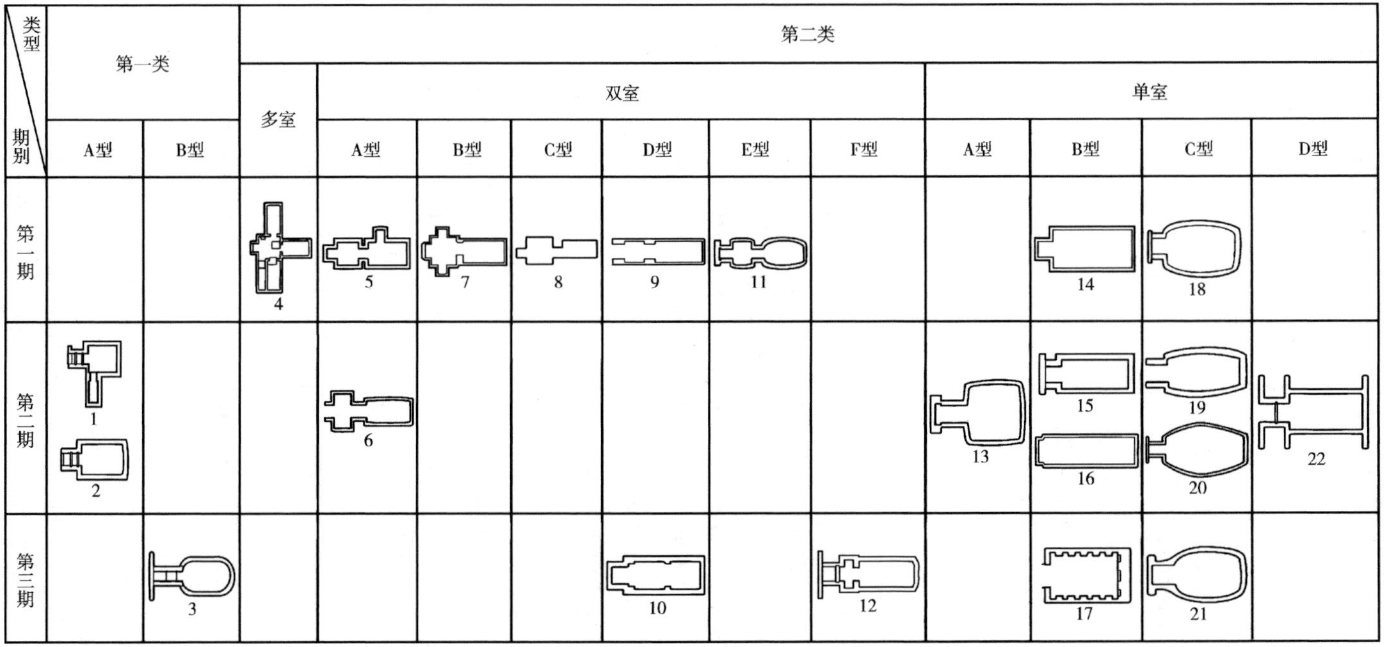

图 3-4　长江下游地区六朝墓葬分期示意图

1.南京大学北园墓　2.南京宝贵山墓　3.南京王化冲M2　4.南京西桥油坊村墓　5.安吉天子岗M3　6.镇江池南山墓　7.南京郭家山M7　8.瑞昌马头墓　9.马鞍山桃花冲M2　10.金华古方M33　11.宜兴周墓墩M4　12.南京未善桥砖瓦厂墓　13.吴县何山墓　14.南京安德门墓　15.江宁上湖墓　16.九江蔡家洼墓　17.南京油坊桥墓　18.宜兴周墓墩M111　19.芜湖蒲山M6　20.句容陈家村M2　21.常州田舍村墓　22.南京幕府山M1

类型＼期别	第一类 A型	第一类 B型	多室	双室 A型	双室 B型	双室 C型	双室 D型	双室 E型	双室 F型	单室 A型	单室 B型	单室 C型	单室 D型
第一期			4	5	7	8	9	11			14	18	
第二期	1、2			6						13	15、16	19、20	22
第三期		3					10		12		17	21	

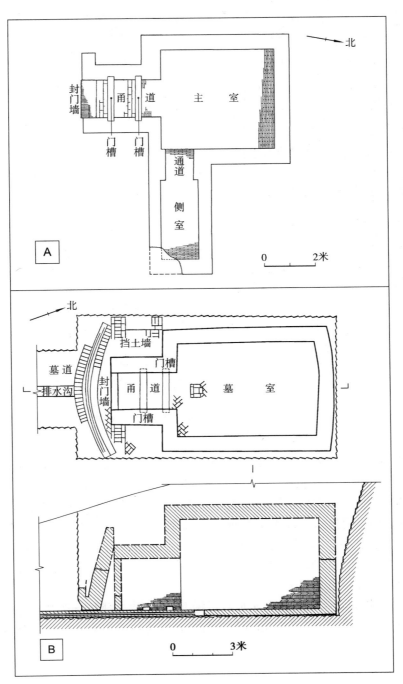

图 3-5 长江下游地区六朝单室墓

A. 南京大学北园东晋墓平面图　B. 南京富贵山墓平面、剖视图

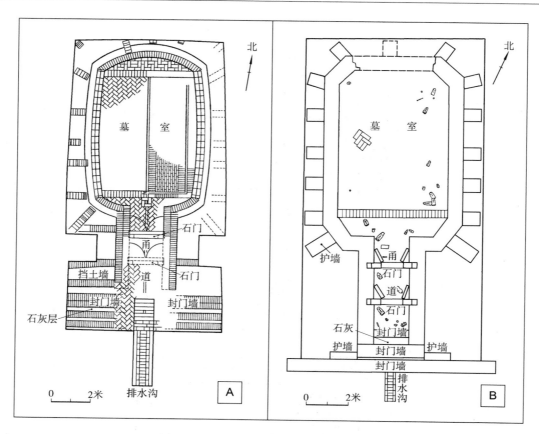

图 3-6　长江下游地区六朝单室墓平面图

A. 丹阳胡桥鹤仙坳墓　B. 丹阳胡桥吴家村墓

室，面阔 1.46 米，进深 3.5 米。

南京富贵山墓（图 3-5-B），是前设甬道的长方形单室砖墓，修建时先在山南麓距地面约高 9 米处开凿墓坑，坑长 35 米，底宽 6.85 米，口宽 7.5 米，深 4.3～7 米。然后在墓坑中建筑墓道、甬道和墓室。墓道为长方形露天坑道，长 13.5 米，上宽 4.3 米，深 4.3～5 米，直壁，底凿设排水沟。甬道券顶，面阔 1.68 米，进深 2.7 米，复原高 3.35 米，底铺砖，墓门用砖封堵，甬道中有两道"门槽"，原应设二门。墓室面阔 5.18 米，进深 7.06 米，残高 2.4 米，复原高 5.15 米。墓底铺砖 7 层，最上层为平砖斜铺成席纹。距此墓约 400 米处曾出土晋恭帝玄宫石碣[1]。

2）平面为椭圆形或委角"凸"字形。进深 9～14 米，面阔 3～7 米。甬道中设置一或两道门槽。墓壁两侧多有"凸"字形或桃形灯龛，灯龛以下或有直棂窗。墓例有南京西善桥油坊村墓[2]（图 3-4-3）等。

〔1〕 李蔚然：《南京富贵山发现晋恭帝玄宫石碣》，《考古》1661 年第 5 期。

〔2〕 罗宗真：《南京西善桥油坊村南朝大墓的发掘》，《考古》1963 年第 6 期。

诸墓中设两道门槽者疑为帝陵，一道门槽者疑为王陵。丹阳胡桥鹤仙坳[1]，墓葬坐北朝南，墓前510米处有一对神道石兽。为带甬道的大型单室砖墓（图3-6-A）。甬道前筑两道封门墙。甬道面阔1.72米，进深2.9米，券顶，高2.92米。甬道设两道石门，第二道石门尚存石门坎和石门拱额，拱额雕人字栱。墓室平面长方形，面阔4.9米，进深9.4米，穹隆顶已毁，复原高4.35米。墓底铺砖9层，最上层成席纹。墓室壁面用花纹砖砌筑，并嵌镶多幅大型拼镶砖画。1968年又在丹阳胡桥吴家村和建山金家村各发掘一座南朝大型单室拼镶砖画墓[2]，吴家村墓在鹤仙坳墓西北约4公里，金家村墓在鹤仙坳墓东南约2公里。金家村墓前600米有水塘，水塘前200米有一对神道石兽。两墓皆为带甬道的大型单室砖墓。吴家村墓（图3-4-12，图3-6-B）墓室内四角抹角，使平面略呈长八角形，面阔5.19米，进深8.20米，残高5.10米。两墓室壁均嵌镶多幅大型拼镶砖画。学者认为这些前有神道石刻、室内嵌镶拼镶砖画的大型砖室墓，是当时帝王的陵墓。关于南京丹阳地区帝王陵墓的神道石刻在本书第七章第一节有详细论述，墓内拼镶砖画在第五章第一节论述，此处从略。

（2）第二类，通常长度在4米以上。分多室、双室、单室三种情况。

1）多室墓，长度一般在8米左右。皆有一个中心墓室，其余墓室或分布于其后部，呈前堂后室的布局。其中规模最大的是南京江宁上坊墓[3]，上坊墓为具有前堂、后室的双室砖墓（图3-7），前堂、后室的左右两侧均筑有侧室，前有甬道和斜坡墓道。墓道残长10.5米，底设排水沟。甬道券顶，面阔2.37～2.45米，进深5米，甬道口前筑封门墙，甬道口设石门。前堂平面近方形，面阔4.44米，进深4.48米，墓壁四角近顶处嵌牛首形石雕。墓室残高5.36米，四隅券进式穹隆顶。两侧室对称分布，平面长方形，券顶，面阔1.7～1.72米，进深2.48米。后室平面长方形，两侧壁微向外弧凸，面阔4.56米，进深6.03米，顶残，应也是穹隆顶，墓壁四角亦嵌牛首形石雕。两侧室亦对称分布，平面长方形，面阔1.8米，进深2.49米，高1.91米，券顶。墓底铺砖，前堂和后室最上层铺大方砖。后室后部地面安置陈放棺木的石棺座，横陈2列3组6件（内1件已残），长146厘米，宽24～26厘米，高26厘米，两端雕凿虎头，头下有虎的前爪（图版17）。其上原纵陈3具木棺，均已残毁。这座墓规制宏大，其平面布局亦与北方曹魏帝王陵墓近同，应为孙吴时帝王陵墓。

有些多室墓，将各墓室分布于前堂左右两侧和后面，呈"十"字形布局。前堂多四面积顶或四隅券进顶，后室多为券顶，间有四隅券进顶。或每个墓室皆有一个砖台，或数个墓室共用一个砖台。墓例有南京西岗墓[4]（图3-4-4）等。

2）双室墓，长度通常在7～10米，也有长达13米者。墓室平面形制多样，方形、长方形、椭方形、带耳室者均有。墓顶形制也多样，券顶、四面积顶、四隅券进顶皆有，间有叠涩顶。根据墓室的平面形状，以及侧室、砖柱等设置，可分为若干型。

〔1〕　南京博物院：《江苏丹阳胡桥南朝大墓及砖刻壁画》，《文物》1974年第2期。

〔2〕　南京博物院：《江苏丹阳县胡桥、建山两座南朝墓葬》，《文物》1980年第2期。

〔3〕　南京市博物馆、南京市江宁区博物馆：《南京江宁上坊孙吴墓发掘简报》，《文物》2008年第12期。

〔4〕　南波：《南京西岗西晋墓》，《文物》1976年第3期。

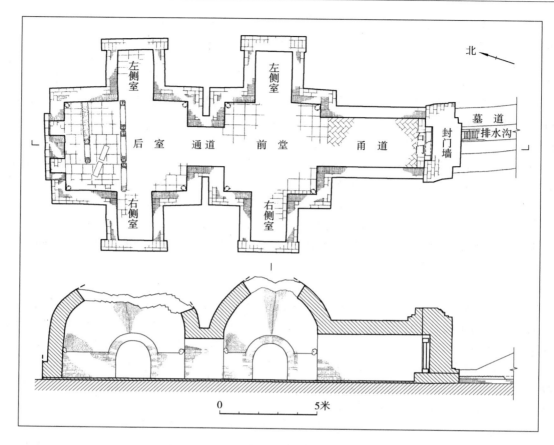

图3-7　长江下游地区六朝多室墓南京江宁上坊孙吴墓平面、剖视图

　　有墓壁平直或微弧的双"凸"字或"十"字形墓，如浙江安吉天子岗M3[1]，是具有前堂后室的双室砖墓（图3-4-5，图3-8-A），方向坐南朝北，前有甬道，后室右侧设有侧室。甬道面阔1.04米，进深1.2米，残高1.2米。前堂平面近方形，面阔2.42米，进深2.48米，残高2.12米，券顶。后室平面长方形，面阔2.46米，进深4.38米；右壁的侧室面阔0.96米，进深1.37米，高1.2米，券顶。还有镇江池南山墓[2]（图3-4-6）。安徽马鞍山孙吴朱然墓[3]，是一座前带阶梯形墓道的双室墓（图3-8-B），坐北朝南，前堂与后室间不设通道，只以墓壁相隔。前堂平面近方形，面阔2.78米，进深2.76米，高2.94米，四隅券进式穹隆顶。前堂后壁偏左开门通往后室，门宽1.2米，高1.64米。后室平面长方形，面阔2.30米，进深4.08米，高2.25米，拱券顶。所用

〔1〕　安吉县博物馆　程亦胜：《浙江安吉天子岗汉晋墓》，《文物》1995年第6期。

〔2〕　镇江市博物馆：《镇江东晋画像砖墓》，《文物》1973年第4期。

〔3〕　安徽省文物考古研究所、马鞍山市文化局：《安徽马鞍山东吴朱然墓发掘简报》，《文物》1986年第3期。

墓砖模印钱纹及吉语，如"富且贵 至万世""富贵万世"等。前堂和后室各安葬1具黑漆木棺，后室木棺较大，应为墓主葬具，均遭盗扰。从墓中出土木名刺及木谒，知死者为孙吴右军师左大司马当阳侯朱然。这是目前发掘的孙吴墓中死者姓名清楚身份最高的一座。

有前堂带对称侧室，如南京郭家山M7[1]（图3-4-7）；有后室狭长者如瑞昌马头墓[2]（图3-4-8）；有以砖柱间隔前堂后室，如马鞍山桃花冲M2[3]（图3-4-9）和金华古方M33[4]（图3-4-10）。有前堂后室全部或其一呈弧形，如宜兴周墓墩M4[5]（图3-4-11）；有带横长方形狭窄的前堂者，如南京东善桥砖瓦一厂墓[6]。

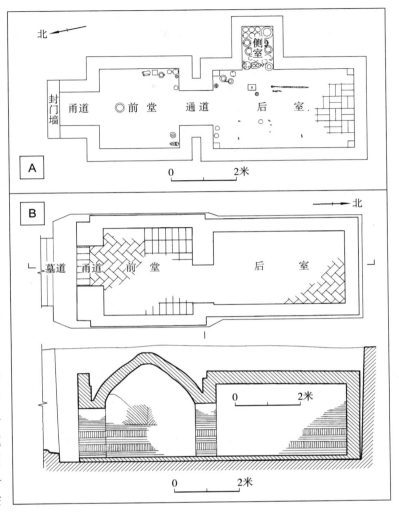

图3-8 长江下游地区六朝双室墓
A. 浙江安吉天子岗M3平面图 B. 安徽马鞍山朱然墓平面、剖视图

3）单室墓，长度通常为5～9米，墓葬基本样式为"凸"字形，墓室平面形制多样，方形、长方形、长方形

〔1〕 南京市博物馆：《江苏南京市北郊郭家山东吴纪年墓》，《考古》1998年第8期。

〔2〕 江西省博物馆：《江西瑞昌马头西晋墓》，《考古》1974年第1期。

〔3〕 马鞍山市文物管理所、马鞍山市博物馆：《安徽马鞍山桃花冲三座晋墓清理简报》，《文物》1993年第11期。

〔4〕 金华地区文管会：《浙江金华古方六朝墓》，《考古》1984年第9期。

〔5〕 南京博物院：《江苏宜兴晋墓的第二次发掘》，《考古》1977年第2期。

〔6〕 南京市博物馆：《江宁东善桥砖瓦一厂南朝墓发掘简报》，《东南文化》1987年第3期。

微弧、椭长方形、双"凸"字形、刀形、带侧室者均有。墓顶形制也多样，券顶为主，有一些为四隅券进顶，还有一些四面积顶的穹隆顶，间有覆斗形顶。多在棺木位置前设置砖台。根据墓室平面形状，以及侧室、砖柱、挡土墙等设置与否可分为若干型。

有墓室近方形四壁略外弧的"凸"字形，如吴县何山墓[1]（图3-4-13）和江宁上湖墓[2]（图3-4-15）；有四壁平直或微弧的"凸"字形，如南京安德门墓[3]（图3-4-14）；有带小耳室的"凸"字形，如衢县街路村墓[4]；有弧壁"凸"字形，顶部多由四面合围而成，如宜兴周墓墩M6[5]（图3-4-18）、常州田舍村墓[6]（图3-4-21）、芜湖赭山M111[7]（图3-4-19）；有的两侧壁外弧较大，如句容陈家村M2[8]（图3-4-20）；有带挡土墙的"凸"字形，如南京幕府山M1（图3-4-22）[9]；有带砖柱的"凸"字形，如九江蔡家洼墓（图3-4-16）[10]和南京油坊桥墓[11]（图3-4-17）；有双"凸"字形，如余姚湖山M1[12]；还有刀形，如淳安新安江水库M11[13]。

（3）第三类，通常长度在4米以下。皆长方形墓葬。或有仅在墓底铺一层墓砖者。墓顶式样有券顶、叠涩顶、平顶。

根据纪年或比定年代，以上墓葬可划分为三大期：孙吴中期至西晋、东晋至刘宋中期、刘宋晚期至陈。如图3-4所示。第一期墓葬形式多样，流行四隅券进式顶、多在墓室四壁设灯台，基本无棺床、小龛之类的设置。第二期几乎为清一色的单室墓，券顶成为主流，多有小龛、直棂窗、棺床之类的设置，基本不见灯台。第三期仍以券顶单室墓为主，多小龛、直棂窗、棺台之类的设置，但小龛多由"凸"字或长方形变为桃形，棺床之上或有石棺台，墓门也或以石板制成。流行莲花纹为主的花纹砖，还用多块花纹砖拼镶成大幅人物、动植物壁画。其中第二期的前后阶段还有一些差异，前一阶段尚保留第一期流行的四隅券进式顶，棺床也不甚流行；后一阶段墓葬形制明显多样化，棺床比较普遍，挡土墙、画像砖都是新生事物。所以，第二期可划分为前、后两个阶段。

[1]　南京博物院：《江苏吴县何山东晋墓》，《考古》1987年第3期。
[2]　南京市博物馆：《南京江宁县上湖东晋墓》，《文物》1990年第8期。
[3]　南京市博物馆：《南京雨花台区四座西晋墓》，《东南文化》1989年第2期。
[4]　衢县文化馆：《浙江衢县街路村西晋墓》，《考古》1974年第6期。
[5]　南京博物院：《江苏宜兴晋墓的第二次发掘》，《考古》1977年第2期。
[6]　常州市博物馆、武进县博物馆：《江苏常州南郊画像、花纹砖墓》，《考古》1994年第12期。
[7]　王步艺：《芜湖赭山古墓清理简报》，《文物参考资料》1956年第12期。
[8]　江苏省文物管理委员会：《江苏句容陈家村西晋南朝墓》，《考古》1966年第3期。
[9]　华东文物工作队：《南京幕府山六朝墓清理简报》，《文物参考资料》1956年第6期。
[10]　九江县文物保护管理所：《江西九江县清理一座东晋墓》，《江西文物》1990年第1期。
[11]　南京市博物馆：《南京油坊桥发现一座南朝画像砖墓》，《考古》1990年第10期。
[12]　鲁怒放：《余姚市湖山乡汉—南朝墓葬群发掘报告》，《东南文化》2000年第7期。
[13]　新安江水库考古发掘队：《浙江淳安古墓发掘》，《考古》1959年第9期。

（二）随葬品

本地区的随葬品以瓷器为主，陶器始终有一定的数量。陶瓷器都可以分为实用器、明器两类。陶器除极少数与瓷器有所区别外，绝大多数与瓷器相似，演化规律也相同。陶俑，包括一些瓷俑，是比较特殊的器物，具有较强的时代特色，但数量和种类还不足以进行类型学的分析。其他种类的随葬品，如漆器、铜器、玉石器，以至花纹砖，都有一定的数量和特点，但它们基本不具备完整的演化轨迹，它们的某些局部的演化规律，主要是在得出陶瓷器的演化规律之后附属产生。

常见的陶瓷器有罐、盘口壶、鸡首壶、碗（钵）、唾壶、槅、虎子、熏、砚等。罐的类型有小口罐、大口罐、侈口罐、盘口罐、双耳罐、筒口罐、四系直腹罐等若干种。盘口壶的类型有鼓肩、圆肩、折肩等。鸡首壶有腹较扁、腹较长两大类。唾壶的类型有大平底、带圈足等类型。槅可分为圆形、长方形两大类。虎子可分为圆形、茧形两类（图3-9）。

以上器物随时代有所变化，其共同的规律是器物装饰由复杂渐趋简单，器形由矮胖逐渐升高，这一规律也见于其他地区。根据墓葬纪年和比定时代，可将本地区陶瓷器分为三期：孙吴中期至东晋早期、东晋早期至刘宋中期、刘宋晚期至陈。第一期的结尾、第二期的开端均放在东晋早期，这是由于缺乏足够的这个阶段纪年墓葬材料进行充分的分析。第一期的常见器物还有青瓷狮形水注、蛙形水盂、洗、镰斗、犀牛形镇墓兽，陶或瓷质地的五联罐、魂瓶，仓、井、灶、猪、羊、鸡圈等炊厨牲畜明器。还流行青瓷男女对俑。瓷器的总体造型比较矮胖，多模印网格纹、水波纹、联珠纹、铺首、仙人骑瑞兽图案。部分器物制成肖形器，或捏塑出鸡首、虎首。常见的其他种类器物有买地券、铜镜、铜镰斗等。墓砖花纹有地域差别，大致说来，流行叶脉纹、米字纹、菱形纹、半圆圈纹、钱纹、方胜纹以及青龙、白虎、鱼纹等。第二期的常见陶瓷器还有陶凭几、耳杯，陶或瓷质的盘、杯盘、魁等。陶瓷器的种类较前期大为减少。瓷器造型趋高，装饰简单，通常只有几道弦纹和一些点彩。瓷俑绝迹，陶俑早期流行胡俑，晚期以汉俑为主。铜器很少见，但常有玉、石、金质服饰用品。墓砖纹饰种类大大减少，偶见一些叶脉纹、菱形纹、钱纹和刻划符号，较晚时候出现四神等灵异类画像砖。以凭几为中心的棺前器物组合比较稳定，一般包括青瓷鸡首壶、盘口壶、碗、唾壶、砚、陶盘、槅、魁等。还有砖刻墓志。大型墓中，还有放置这些陶瓷器物的陶案。第三期的常见陶瓷器还有瓷托盘、鼎盘、陶小鼎、凭几、牛车、仓屋、灶、井、犀牛状镇墓兽等。陶俑明显瘦长，女俑多着半月形覆额，男俑多着小冠。瓷器的种类仍然不多，陶的种类有所增加。大多数瓷器形体修长。莲花纹是这个时期瓷器的主要装饰。其他种类的常见随葬品有石质的马、凭几、方形或龟趺墓志。墓砖纹饰异常丰富，以莲花纹为主，大型墓中还流行拼镶壁画。器物组合基本同前个时期。

（三）分期

以上从墓葬形制和随葬品角度将本地区的墓葬分为三期。二者的差异在于对东晋早期的处理。由于缺乏足够的东晋早期的纪年墓葬材料，由于新、旧时代之间墓葬现象之

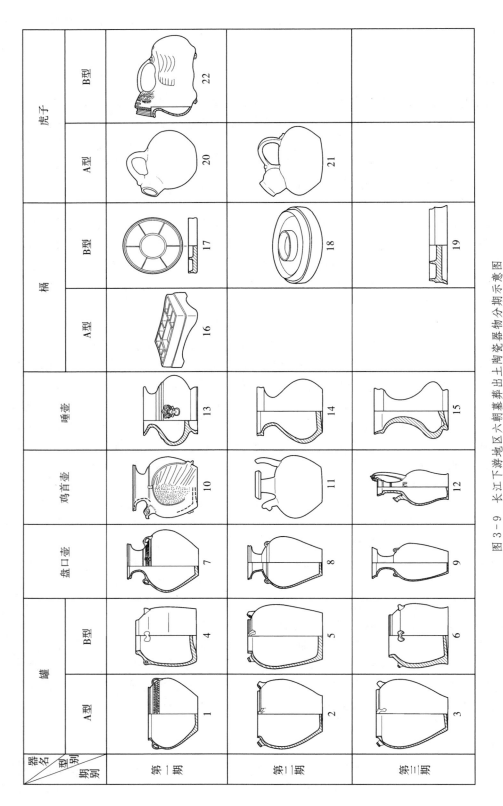

图 3 - 9　长江下游地区六朝墓葬出土陶瓷器物分期示意图

马鞍山朱然墓　2. 黄岩秀岭水库 M49　3. 瑞安桐溪 M104　4. 嵊县棠头溪墓　5. 黄岩秀岭水库 M37　6. 南京夹岗门墓　7. 衢县街路村墓　8. 南京汽轮机厂墓　9. 南京家山墓　10. 南京石闸湖墓　11. 九江干休所墓　12. 南京甘家巷蔡家塘 M1　13. 瑞昌马头墓　14. 南京富贵山 M6　15. 瑞安芦蒲 M159　16. 宜兴周墓墩 M2　17. 嵊县大塘岭 M95　18. 南京西善桥建宁砖瓦厂墓 M39　19. 南京尧化门老米荡墓　20. 江宁县化门彭山墓　21. 镇江阳彭山墓　22. 霞浦眉头山 M1

间往往存在一个过渡阶段，所以，以随葬品为主，将第一期断在东晋早期或许更能反映历史事实。在第二期的前后阶段的划分上，墓葬形制又较随葬品更能说明问题。因此，最终将本地区的墓葬划分为三期：孙吴中期至西晋、东晋至刘宋中期、刘宋晚期至陈。东晋至刘宋中期以东晋中期为界划分为前后两段。

二　长江中游地区

（一）墓葬形制

本地区墓主身份可考的墓葬有十多座，可以 4～6 米作为官、民墓葬的区别界限而分为两大类。官吏、平民墓葬都有随时代发展而增大的趋势。

（1）第一类，长度通常在 4～6 米以上，可分为若干型。近方形墓、多室墓、双室墓的主室或前室的墓顶，或作四面积顶的穹隆顶或四隅券进的穹隆顶。其他墓葬顶部多为券顶，有少数为平顶或叠涩顶。

多室墓通常长度 10 米以上，墓例有黄陂滠口墓[1]。

前室带侧室的双室墓，墓例有鄂州孙吴孙将军墓[2]，是具有前堂、后室的双室墓（图 3-10-A），前堂左、右均设侧室。因墓内出土有瓷坞堡模型，上有铭刻："孙将军门楼也"，故名。该墓甬道面阔 1.46 米，进深 1.62 米，高 1.44 米，券顶。前堂平面呈横长方形，面阔 4.5 米，进深 2.73～2.8 米，高 1.44 米，横券顶。前堂内左右均筑高 0.15 米的矮砖台。右侧室面阔 1.22 米，进深 1.61 米，高 1.68 米，券顶。左侧室面阔 1.19 米，进深 1.71 米，亦高 1.68 米，券顶。后室平面长方形，面阔 2.54～2.67 米，进深 4.37 米，高 2.4 米，券顶。在后室左侧砌高 0.15 米的长方形砖棺床。葬具、人骨皆朽。孙将军墓平面布局与北方的曹魏墓大致相同，可见曹魏墓制对南方孙吴地区的影响。

不带侧室的双室墓，墓例有鄂城铁 M105；长条形墓，墓例有宜都陆城的两座墓葬[3]。

带甬道的近方形单室墓，墓例有安乡刘弘墓[4]。湖南安乡黄山头西晋刘弘墓为单室砖墓（图 3-10-B），墓室前接甬道和斜坡墓道，墓道残长 6.2 米，宽 1.4～1.6 米。甬道砖筑，券顶，前设 3 层封门砖，厚达 1.14 米。墓室平面方形，面阔 3.6 米，进深 3.6 米，高 4.2 米，四隅券进式穹隆顶。墓底铺砖两层，成"人"字纹，中央横砌两平砖高的砖棺床，长与壁宽同，宽 0.86 米。其上棺木及尸骨均已无存。出土"镇南将军章"金印、"宣成公章"金印和"刘弘""刘和季"双面玉印。可知为西晋刘弘墓，刘弘《晋书》有传。为南方地区发掘的西晋墓中死者身份较高的一座。

---

〔1〕　武汉市博物馆：《武汉黄陂滠口古墓清理简报》，《文物》1991 年第 6 期。

〔2〕　鄂城县博物馆：《鄂城东吴孙将军墓》，《考古》1978 年第 3 期。

〔3〕　A. 宜昌地区博物馆、宜都县文化馆：《湖北宜都陆城发现一座东汉墓》，《考古》1988 年第 10 期。

　　　B. 宜昌地区博物馆、宜都县文化馆：《湖北宜都发掘三座汉晋墓》，《考古》1988 年第 8 期。

〔4〕　安乡县文物管理所：《湖南安乡西晋刘弘墓》，《文物》1993 年第 11 期。

"凸"字形单室墓，墓例有郴州燕泉中路墓[1]；刀形墓，墓例有鄂州石山 M1[2]；方形墓，墓例大冶金龟山 M1[3]。

（2）第二类，长度通常在 4～6 米以下。多为券顶，少数为叠涩顶。

平面形状有长方形外框的"凸"字形墓，墓例有资兴 M385[4]；刀形墓，墓例有蒲圻赤壁墓[5]；长方形墓，墓例有大冶河口镇墓[6]。

以上墓葬，根据纪年比定时代，可以归为三期：孙吴至东晋早期、东晋中后期、南朝。第一期多室墓和双室墓盛行，券顶、四面积顶的穹隆顶、四隅券进顶并存。多有砖台，棺床不常见。第二期多室墓基本消失，有少量的双室墓葬和平面近方形的单室墓。棺床已较为流行。第三期清一色的单室墓，带砖柱墓比较多。砖台、棺床较常见，还有直棂窗。

（二）随葬品

本地区随葬品以瓷器为主。陶器始终占有一定的数量，数量多少随时代而变化。常见陶瓷器有罐、盘口壶、鸡首壶、碗（钵）、唾壶、榼、鼎、虎子、熏、瓶。罐的类型有深腹罐、矮腹罐、大口罐、小口罐等。盘口壶可分扁腹和圆腹两类。鸡首壶分为圆肩和鼓肩两类。鼎盘分为钵形鼎和盆形鼎两类。瓶分圆腹、

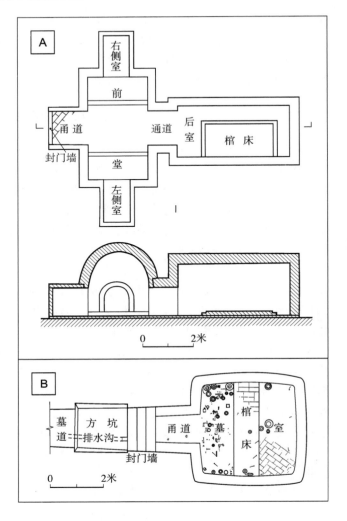

图 3-10　长江中游地区六朝墓葬

A. 鄂州孙吴孙将军墓平面、剖视图　B. 安乡西晋刘弘墓平面图

〔1〕 郴州地区文物工作队：《湖南郴州晋墓》，《东南文化》1991 年第 5 期。

〔2〕 湖北省博物馆：《鄂城两座晋墓的发掘》，《江汉考古》1984 年第 3 期。

〔3〕 大冶市博物馆：《大冶河口镇六朝早期墓》，《江汉考古》1999 年第 2 期。

〔4〕 湖南省博物馆：《湖南资兴晋南朝墓》，《考古学报》1984 年第 3 期。

〔5〕 蒲圻赤壁西晋考古队：《蒲圻赤壁西晋纪年金氏墓》，《江汉考古》1992 年第 4 期。

〔6〕 大冶市博物馆：《大冶河口六朝早期墓》，《江汉考古》1999 年第 2 期。

短腹两类。

本地区器物变化的规律同下游地区，即器物装饰由复杂渐趋简单，器形由矮胖逐渐升高，根据墓葬纪年和比定时代，本地区陶瓷器可分为四期：孙吴早期、孙吴中期至东晋早期、东晋中期至刘宋早期、刘宋中期至梁。第一期中还有不少陶器，如灰陶罐、井、灶等。器物组合不详。第二期中瓷器占大多数，瓷坞堡、房屋、俑、动物、牛车等较为常见。器物组合除碗、盘、罐外，其他不详。第三期的器物与第一、二期相比种类大大减少，俑类很少。大致存在以凭几为中心，包括鸡首壶、唾壶、碗等的器物组合。第四期中陶器重新出现，如碗、盘、魁、灯、唾壶、凭几、榻等，还有相当数量的陶俑、陶屋。瓷器多用莲花纹装饰。器物组合大致同第三期，盘增多，鸡首壶少见。以莲花、忍冬纹、人物纹为主题的画像砖特别发达。除长方形墓砖外，方形墓砖也较多地使用。

（三）分期

以上从墓葬形制和随葬品角度，分别将本地区的墓葬分为三期和四期。二者的主要差别在于对孙吴早期至东晋早期的处理。随葬品第一、二期的差别相当大，从长江下游地区的情况可知，第二期的许多因素来于此。将第一、二期分别开来，能够更加准确反映长江中游的实际情况。所以，现将本地区的墓葬分为四期：孙吴早期、孙吴中期至东晋早期、东晋中期至刘宋早期、刘宋中期至梁。将第三期的下限设在刘宋早期，也是考虑到本地区的实际和结合长江下游的情况而定的。

三 赣中南闽西北地区

（一）墓葬形制

本地区墓主身份可考的有十几座，官吏的墓葬皆为双室和多室墓，长度下限在 4～5 米。4～5 米恰好也是单室墓和非单室墓的区别界限，这个界限大概表示了官民之别。因此，可以 4～5 米为界限将本地区墓葬分为官、民两大类。

（1）第一类，非单室墓。可分为若干类型，多为券顶。

前室带侧室的双室墓，墓例有南昌高荣墓[1]。江西南昌孙吴高荣墓为双室砖墓（图3-11-A），坐北朝南，有甬道、前堂和后室，前堂有左、右侧室，总长 6.18 米。甬道面阔 1.2 米，进深 1.55 米，高 1.2 米，券顶。前堂平面呈横长方形，面阔 2.84 米，进深 1.35 米，高 2.2 米，横券顶。左、右侧室大小相等，面阔 0.6 米，进深 1.09 米，高 0.65 米，券顶。前堂与后室间不设过道，直接相通连。后室平面长方形，面阔 1.63 米，进深 3.25 米，高 1.45 米，券顶。在前堂和后室均纵置有朱漆木棺，前堂一具，后室两具并列。

前堂带侧室的双室墓，四壁有砖柱，墓例有福建建瓯木墩南朝梁墓[2]，为券顶双室

---

[1] 江西省历史博物馆：《江西南昌市东吴高荣墓的发掘》，《考古》1980 年第 3 期。

[2] 许清泉：《福建建瓯木墩梁墓》，《考古》1959 年第 1 期。

砖墓（图3-11-B），通长8.45米，高2～3.37米。在墓室内壁每隔20厘米，加砌一宽40厘米、厚20厘米的砖拱，形制独特，具地方特色。出土砖铭有反文"天监五年作""太岁丙戌七月"等，天监五年为公元506年。

方形后室的双室墓，墓例有南昌火车站M5[1]；中间带过道的"吕"字形双室墓，墓例如南昌叠山路M4[2]；长方形外框，砖柱间隔为双室，墓例有南昌永安六年墓[3]；中间以砖柱间隔的"凸"字形墓，墓例有靖安虎山M1[4]。

（2）第二类，单室墓。多为券顶，个别为叠涩顶。墓室平面形状有"凸"字形、长方形、刀形等多种。

以上墓葬，根据纪

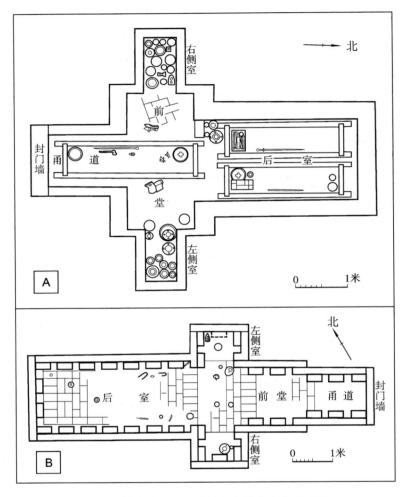

图3-11 赣中南、闽西北地区六朝多室墓平面图
A. 江西南昌孙吴高荣墓 B. 福建建瓯南朝梁墓

年或比定年代，可分为三期，时代分别相当于孙吴西晋、东晋、南朝。东晋与孙吴西晋的主要差别是带侧室墓和"吕"字形墓的消失，南朝与东晋的主要差别是带侧室墓和刀形墓的出现，砖柱更加发达。

[1] 江西省文物考古研究所、南昌市博物馆：《南昌火车站东晋墓葬群发掘简报》，《文物》2001年第2期。

[2] 唐昌朴：《江西南昌东吴墓清理简记》，《考古》1983年第10期。

[3] 秦光杰：《江西南昌市郊吴永安六年墓》，《考古》1965年第5期。

[4] A. 陈定荣、李科友、文士丹：《靖安虎山西晋、南朝墓》，《南方文物》1985年第2期。
　　　B. 江西省文物工作队：《江西靖安虎山西晋、南朝墓》，《考古》1987年第6期。

（二）随葬品

本地区漆器有几次集中的发现，但能够充分反映时代变化的仍然是陶瓷器，常见器物有罐、盘口壶、鸡首壶、灯、碗、唾壶、槅、鼎盘、杯盘。罐的类型有小口深腹罐、小口矮腹罐等。盘口壶类型多样，腹部形状即有球形腹、扁腹、椭圆腹之别。鸡首壶由矮变高的变化轨迹十分显著。灯有带盘柱状灯和带把手浅盘灯两类。唾壶有垂腹、扁腹、扁锥形腹三类。槅为圆形，变化表现在底部逐渐变高。鼎盘的变化也是托盘底部由低变高。杯盘的耳杯由平口变为船形口。

以上陶瓷器中，根据墓葬纪年和比定年代，可分为四期：孙吴前期、孙吴后期至东晋早期[1]、东晋中后期、南朝。孙吴墓中较常见的器物还有陶仓、井、镶斗、牲寮、瓷四系扁罐、釜、虎子等，陶器数量较多。西晋至东晋早期墓中较常见的器物还有瓷洗、盂、井、仓、灶、牲寮等，瓷器已占多数。东晋中后期的器物种类大致如上。南朝墓葬中较常见的器物还有瓷盘、瓶、砚、灶等。

（三）分期

上面从墓葬形制和和陶瓷器角度，将本地区墓葬分别分为三期和四期。二者的差异在于孙吴到东晋早期的处理。孙吴前期器物与此后又有较大的区别，将孙吴前期和孙吴后期至东晋早期区别开，更能反映历史的变化，所以，现将本地区的六朝墓葬最终划分为四期：孙吴前期、孙吴后期至东晋早期、东晋中后期、南朝。

四 福建沿海地区

（一）墓葬形制

本地区墓葬数量较少，墓葬形制也不复杂，皆为券顶砖室墓，类型有双室墓，如浦城吕处坞七坊山 M2[2]；四壁带砖柱的双室墓，如晋江霞福墓[3]；"凸"字形墓，如闽侯

---

[1] 本地区的纪年墓葬材料多集中在南朝。东晋纪年墓虽不多，但尚属典型。孙吴西晋时期只有一座南昌南郊的吴永安六年墓葬，但仅出土两个瓷碗。据此，只有通过本地区孙吴西晋前后和其他地区的墓葬来断定时代。南昌高荣墓是基本可以肯定的孙吴早期墓葬，既出土了直百五铢和富有新时代特征的青瓷器物群，部分器物又有东汉晚期遗风。确定其他几座孙吴早期墓葬的依据就是高荣墓。毋庸讳言，这种断定是需要继续检验的。因为这些墓葬中还出有很典型的东汉器物，如南昌徐家坊墓的陶壶，南昌小兰花乡墓的陶盘口壶、V式青瓷罐、陶仓，清江山前墓的仓等。在基本可以确定为东汉晚期的南昌青山湖墓葬中（《南昌市郊东汉墓清理》，《考古》1965 年第 11 期），器物特征是与南昌徐州、小兰乡墓很一致的。尽管如此，不管孙吴早期是否能与东汉晚期准确区别开来，作为六朝开端的孙吴早期确实是与后来不同，在六朝时限内的墓葬分期中，孙吴早期划为一个单独的阶段应该是可以的。孙吴后期和西晋墓葬的推定主要是依靠其他地区而来的，可靠性却比几座推定的孙吴墓要大。

[2] 福建省博物馆、浦城县文化馆：《福建浦城吕处坞晋墓清理简报》，《考古》1988 年第 10 期。

[3] 福建省泉州市文管办、福建省晋江市博物馆：《福建晋江霞福南朝纪年墓》，《南方文物》2000 年第 2 期。

南屿墓[1]；刀形墓，如浦城吕处坞七坊山 M1[2]；长方形墓，如霞浦古县村古 M9[3]。

　　根据墓葬纪年和比定年代，以上墓葬可以划分为三期：西晋至东晋早期、东晋后期至刘宋、南朝中后期。第一期有双室墓，刀形墓数量不多。第二期，双室墓消失。出现棺床，棺床之前的条砖之上用木板搭建成台子。第三期，新出现带砖柱的双室墓，刀形墓最为流行。棺床普遍流行，器物直接放置在棺木前。

（二）随葬品

　　本地区随葬品以瓷器为主，陶器数量很少。常见的器类有罐、盘口壶、鸡首壶、碗。罐可分为带流罐、小口罐、折肩罐、圆肩环耳罐等几类。盘口壶可分为浅盘粗颈和深盘细颈两类。鸡首壶的发展规律是由矮变高。

　　根据墓葬纪年和比定时代，陶瓷器可分为四期：西晋至东晋早期、东晋中后期至刘宋早期、刘宋中后期、南朝中后期。第三期器物开始明器化，第四期器物明器化进一步发展。第一期的器物还有圆形虎子、托盘、盖钵、狗圈等。器物组合不明确。第二期的器物还有圆形虎子、砚台等。器物组合不明确。第三期的器物还有鼎盘、五盅盘、托盘等。碗、盘、单耳杯盘、鼎盘、盘口壶大致构成器物组合。第四期的器物还有博山炉、镶斗、四孔插器、烛台、虎子、托盏等。碗、盘、五盅盘、博山炉、插器、烛台大致构成器物组合。

（三）分期

　　以上从墓葬形制和随葬品角度分别将本地区的墓葬分为三期和四期。二者的差异在于对西晋至刘宋早期的处理。由于东晋中后期至刘宋早期与刘宋中后期器物的区别很大，鼎盘、五盅盘、托盘等具有新时代的特征，所以现将本地区的六朝墓葬分为四期：西晋至东晋早期、东晋中期至刘宋早期、刘宋中后期、南朝中后期。

五　两广地区

（一）墓葬形制

　　本地区墓葬数量不大，形制也不复杂。多为砖室墓，墓顶除少数长方形小墓为叠涩顶外，其余皆为券顶。根据墓葬的平面形状，可分为若干类型，具体而言，有前堂带侧室，或前后室之间有过道的双室墓，如广州沙河镇狮子岗墓[4]；前后室之间无过道的双室墓，如广州东山梅花村 M9[5]；外框为长方形的双室墓，如韶关市郊 M10[6]；"凸"字形

---

[1]　福建博物馆：《福建闽侯南屿南朝墓》，《考古》1980 年第 1 期。

[2]　福建省博物馆、浦城县文化馆：《福建浦城吕处坞晋墓清理简报》，《考古》1988 年第 10 期。

[3]　福建省博物馆：《福建霞浦两晋南朝唐墓》，《福建文博》1995 年第 1 期。

[4]　广州市文物管理委员会：《广州沙河镇狮子岗晋墓》，《考古》1961 年第 5 期。

[5]　广州市文物考古研究所：《广州东山梅花村九号墓清理简报》，《广州文物考古集》，文物出版社，1998 年。

[6]　广东省博物馆：《广东韶关市郊古墓发掘报告》，《考古》1961 年第 8 期。

墓，如桂林尧山永明五年（公元 487 年）墓[1]；刀形墓如揭阳揭仙狗 M1[2]；长方形墓如深圳南红M1[3]。

根据纪年或比定年代，以上墓葬可分为三期：孙吴至东晋中期、东晋刘宋、南朝中晚期。第一期一些墓葬已经出现以简单砖柱间隔墓室的做法。发达的砖柱是第二期的显著特征[4]，有些较大型的墓壁已经出现直棂窗的做法。第三期砖柱仍时有可见，但已经不如第二期那样严密规整，假窗棂的设置较为普遍，一些小墓中也出现了假窗棂。此外，第一、二期，相当一部分墓葬砌出棺床，个别墓葬则在墓葬地面与棺床之间砌出若干节台阶。第三期，砌台阶的做法已经较为普遍。

（二）随葬品

本地区随葬品以瓷器为主，种类不多，胎、釉结合较差。早期墓葬中，有一些陶器，多为硬陶。还有一些陶瓷俑和模型明器。陶瓷器的主要类型有罐、鸡首壶、碗、唾壶、盘。罐类型较多，可分为折腹罐、溜肩罐、圆肩罐、近椭圆形腹罐、直筒罐、扁腹罐等。鸡首壶不仅逐渐由矮变高，而且下腹逐渐外撇。唾壶可分为鼓腹和扁锥形腹两类。盘可分为斜直壁平底和浅圈底两类。

根据墓葬纪年和比定年代，陶瓷器可分为四期：孙吴至西晋中期、西晋晚期至东晋中期、东晋晚期至刘宋、齐梁。第一期具特征的器物还有硬陶罐、夹砂陶釜等，看不出明显的器物组合。第二期具特征的器物还有耳杯盘、槅、带盖盉、大口斜壁的碗、牛车、仪仗俑、仓、犁田模型等。罐、盘、碗、唾壶构成基本的器物组合。第三期具有特征的器物还有槅、鼎盘，罐、碗、鸡首壶构成基本的器物组合。第四期罐、碗、盘构成基本的器物组合，其中广东、广西略有所区别，广西地区另有内底刻花纹的盘等。

（三）分期

以上从墓葬形制和随葬品角度将本地区的墓葬分为三期和四期。二者的差异在于对孙吴至东晋中期的分与合。第一期随葬品与本地区东汉晚期的器物特征有密切的联系，第二期随葬品较第一期有较大的区别，根据对其他地区的分析，许多新因素是从别处传入的，并且代表了新的时代特征。因此，从随葬品角度出发的四期划分法更能反映历史的实际。所以，两广地区的六朝墓葬可分为四期：孙吴至西晋中期、西晋晚期至东晋中期、东晋晚期至刘宋、齐梁。

---

[1] 黄增庆、周安民：《桂林发现南齐墓》，《考古》1964 年第 6 期。

[2] 广东省博物馆、汕头地区文化局、揭阳县博物馆：《广东揭阳东晋、南朝、唐墓发掘简报》，《考古》1984 年第 10 期。

[3] 深圳博物馆：《深圳市南头东晋南朝隋墓发掘简报》，《深圳考古发现与研究》，文物出版社，1994年。

[4] 这个认识是根据现有的材料得出的，与其他地区不一致。福建、长江中游地区砖柱的流行时间是南朝。两广早期的墓葬材料发表不完全，如广州塘望冈 M3、茶亭 M1（《考古通讯》1956 年第 3 期），给判断时代带来难度。南朝时期砖柱的流行情况究竟如何，有待进一步的观察。

六　西南地区

西南地区六朝墓葬的分布状况很不均匀，其中三峡地区近年积累了一批墓葬材料，能够据此建立初步的序列。不过，三峡地区的墓葬面貌也不划一，特别是三峡东西部的墓葬形制和葬俗存在比较明显的差异，由于这个现象主要是对历史因素的继承，而且主要表现在墓葬形制方面，在随葬品方面并没有明确的区别，所以暂且将三峡地区视为一个整体进行处理，下面集中分析三峡地区的墓葬材料。

（一）墓葬形制

本地区以砖室墓为主，有一定数量的崖洞墓、石室墓、砖石混筑墓以及很少的土坑墓或土洞墓，但墓室结构没有因为建筑材料、建筑方式的差异而产生很大变化。崖墓多继承东汉时期的做法，顶部凿成"人"字坡，有的墓室还凿出壁龛。砖墓则为普通的券顶。

本地区缺乏墓主身份明确的墓葬，纪年墓葬也不多，但墓葬的形制和规模之间有一定的对应关系，双室墓的规模相对较大，"凸"字形与刀形次之，但两者之间无明显差别，长方形墓则明显要小得多。双室墓例，如四川忠县涂井卧马凼崖墓 M5[1]（图 3-12），方向大致坐北朝南，前有甬道和墓道。墓道长 5.04 米，宽 1.62 米，中部砌上盖石板的排水沟。甬道面阔 1.24 米，进深 1.06 米，高 1.14 米。甬道前门用石条封堵两层。两室共用一弧形顶，前堂平面近方形，面阔 3.36 米，进深 3.34 米，高 1.70 米，右壁偏后开一面阔 1.72 米、进深 0.52 米、高 0.8 米的小壁龛。后室偏于前堂左侧，平面长方形，面阔 2.72 米，进深 2.93 米，高 1.69 米。墓内出土铜钱有"平五铢""太平百钱"与"蜀五铢"，故定为蜀汉时期墓。

"凸"字形墓例，如万州大地嘴墓[2]；刀形墓例，如巴东老屋场泰和四年墓[3]；倒"凸"字形墓例，如丰都汇南 M12[4]；长方形墓例，如万州大坪 M86[5]。

根据纪年墓葬和比定的年代，这批墓葬大致可分为三期：六朝早期至东晋早期、东晋中期至南朝早期、南朝中后期。其中较为明显的变化是，六朝早期至东晋早期崖洞墓有一定的数量，东晋前后还存在一定数量的处于退化之中的双室或砖室墓，南朝中后期似乎只见单室墓。

〔1〕　四川省文物管理委员会：《四川忠县涂井蜀汉崖墓》，《文物》1985 年第 7 期。
〔2〕　青海省考古研究所、南京师大文博系、万州市文管会：《万州大地嘴墓地发掘报告》，《重庆库区考古报告集（1999 卷）》，科学出版社，2006 年。
〔3〕　黑龙江考古研究所：《巴东老屋场墓群发掘报告》，《湖北库区考古报告集》第 1 卷，科学出版社，2003 年。
〔4〕　四川省文物考古研究所、丰都县文管所：《丰都汇南墓群发掘报告》，《重庆库区考古报告集（1998 卷）》，科学出版社，2003 年。
〔5〕　重庆市文物局、重庆市移民局编：《万州大坪墓地》，科学出版社，2006 年。

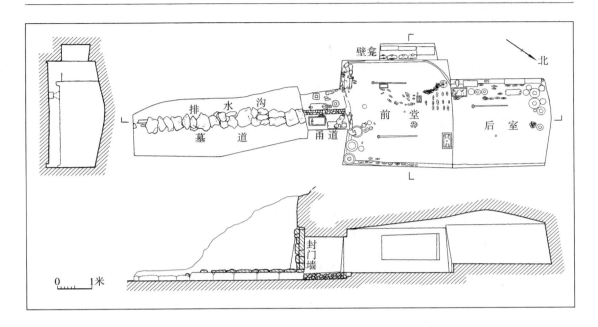

图 3-12　西南地区六朝双室墓　四川忠县蜀汉崖墓 M5 平面、剖视图

（二）随葬品

本地区的随葬品呈现一定的复杂性。陶瓷器是主要的随葬品，其中陶器拥有相当的数量，这是本地区一个重要的特点。六朝早期阶段墓葬中的陶器的数量较多，晚期要少些，不过，陶器的种类与形态基本保持东汉时期的状况，没形成明显的六朝时期的特色，这样，虽然陶器数量的变化可以作为区别时代差异的因素，但在类型学上得不到充分的反映，因此，本地区仍然主要以瓷器作为划分时代的标准器，种类有罐、盘口壶、鸡首壶、唾壶、碗。罐可分为深腹罐、矮腹罐、溜肩侈口罐、大口广肩罐、圆肩罐等类型。盘口壶可分为鼓腹和鼓肩两类。对应盘口壶的形态，鸡首壶也可以分为鼓腹和鼓肩两类。唾壶分为腹部较鼓、较扁、扁锥状三类。

根据纪年和比定年代，以上瓷器可分为三期：六朝早期至东晋中期前后、东晋中期至南朝早期、南朝中后期。六朝早期至东晋中期其他的特征性器物还有仓屋井碓类模型明器、陶动物、陶俑、多种样式的陶器、数量较多的铜器等。东晋中期至南朝早期瓷器的数量明显超过陶器，陶器的种类固定为甑、釜、罐等数种。南朝中后期延续东晋中期至南朝早期的情况。

（三）分期

从墓葬形制和随葬品两方面，都可以将三峡地区的六朝墓葬划分为相近的三期：六朝早期至东晋中期前后、东晋中期至南朝早期、南朝中后期。这三期就是本地区六朝墓葬的最终分期结果。

七　小结

现将以上分析结果制成表 3-1。

表 3-1　　　　　　　　　　南方三国两晋南朝墓葬的分区与分期

分期／时代　分区	孙吴	西晋	东晋	刘宋	齐	梁	陈
长江下游地区		一	二	三			
长江中游地区	一	二	三	四			
赣中南闽西南地区	一	二	三	四			
福建沿海地区		一	二	三	四		
两广地区	一	二	三		四		
西南地区	一		二		三		

由以上各节分析可知，各个地区的墓葬形制、随葬品皆有本地区独特的阶段性的特点。同区不同时期的墓葬形制和随葬品之间存在着明确的继承和发展关系。不能忽视的是，各个地区的墓葬形制、器物种类，特别是器物造型和器物装饰的总体情况和变化趋势存在着共同性。单室墓取代双室墓或多室墓，券顶取代穹隆顶，器物类型的减少，器物形体的趋高，莲花纹的日渐流行，是大多数地区的共同现象。正是由于这个缘故，大多数地区的分期断限相差不远，孙吴早中期、东晋早期、刘宋早中期是三个主要的断限，越是各个地区的中心地带越是这样。

第四章　北朝墓葬

第一节　北魏墓葬

一　北魏帝陵

北魏王朝自登国元年（公元386年）道武帝拓跋珪建国始，至永熙三年（公元534年）分裂为东魏、西魏止，在将近150年的时间内，数次迁都平城和洛阳，再加上自公元3世纪中期拓跋力微曾一度居于盛乐（今内蒙古和林格尔县北），使得北魏王朝的统治中心地带涉及内蒙古、山西、河南等地，而其皇陵所在地也随之一再迁移。

北魏建都盛乐和平城时期的诸帝陵墓，据文献记载，均云葬于"云中金陵"，其地望大约在盛乐附近，然具体情况不明。而建都平城时期的文明太皇太后冯氏则未葬于金陵，而是葬于平城之北的方山上，称永固陵，已被发掘。目前发掘的北魏陵墓，还有与永固陵在一处的孝文帝虚宫万年堂和位于洛阳北邙的宣武帝景陵。

永固陵墓主人冯氏，为北魏文成帝拓跋濬之妻，在文成帝死后，她先后两次执政，控制北魏王朝政权，其陵墓位于大同市北25公里的西寺儿梁山（古称方山）的南部，1976年由大同市博物馆和山西省文物工作委员会联合发掘[1]。

永固陵现存地面封土高大，封土现高22.87米，呈圆形，基底方形。南北长117米，东西宽124米。根据北魏郦道元《水经注》记载，永固陵前原建有石室，即永固堂[2]。据勘测，永固陵墓冢前方约600米处现存一平面长方形的建筑遗迹，分布有柱础和砖瓦等建筑材料，还有原竖碑用的石龟趺，这处遗址前方200米处，又有一座周绕围廊的方形塔基遗址，此或为永固堂和思远灵图的遗迹[3]。永固陵地宫为砖砌多室墓结构，建于封土中心下方，由墓道、前堂、甬道、后室四部分组成。墓道仅发掘了靠近墓门处的一段，墓道南端直达封土堆外沿，在靠近墓室处，为防止两壁土层塌陷，在东、西两侧有石块垒砌长5.9米的石墙，墙高5米。墓道北端靠近墓门处宽度为5.1米。该墓为砖砌墓室结构（图4-1），其前堂结构较特殊，平面梯形，长4.2米，宽3.85米。券顶结构，其南侧并

---

〔1〕　大同市博物馆、山西省文物工作委员会：《大同方山北魏永固陵》，《文物》1978年第7期。

〔2〕　北魏·郦道元著，王国维校：《水经注校》第423～424页，上海人民出版社，1984年。

〔3〕　A. 大同市博物馆：《大同北魏方山思远佛寺遗址发掘报告》，《文物》2007年第4期。

　　　B. 胡平、解廷琦、焦强：《大同思远佛寺遗址考古发掘成果斐然》，《中国文物报》2004年10月1日第2版。

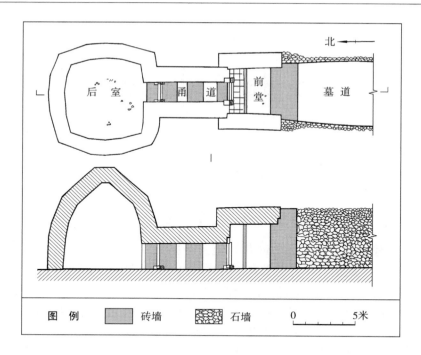

图 4-1　山西大同北魏方山永固陵平面、剖视图

无南壁，而是开放式，只是以一道砖墙封堵，砖墙厚 2.1 米，为五层砖平铺垒砌而成，其中二层在券门内，三层在券门外的墓道内。甬道在前堂、后室之间，长 6.98 米，宽 1.70 米，券顶结构，高 2.20 米。甬道南端和靠近北端处各有石门一道。石门由尖拱门楣、门柱、门槛、兽头门墩和门扇组成，门无轴，不能开合，是嵌入尖拱门楣内的。南端石门制作精致，拱形门楣两侧下端各浮雕一孔雀，孔雀立于圆顶束腰状物上。门柱下方为石门墩，墩体前部雕成兽头状，中间凿孔嵌门柱，后部嵌入壁内（图 4-2）。后室为该墓主室，平面近方形，东西 6.83 米，南北 6.40 米，四壁呈外凸的弧线形，由下向上逐渐向内收缩。墓顶为四角攒尖式，顶中间嵌一块白砂石，上雕莲花纹图案。墓室和甬道地面原铺砖，由于后代破坏，仅甬道南端石门前的封门墙下和前室东南角的封门墙下发现部分铺地砖，余均被拆走。铺地砖下为夯打结实的地面，并铺有一层薄薄的细沙。该墓砖室结构总长达 17.6 米，墓壁系以三个横平砖相接，厚 1.30 米，据测算，用砖达 20 余万块。

永固陵历史上曾多次被盗，至今墓壁上还有金"正隆""大定"字样的题记。墓中随葬品几乎被盗一空，仅发现少量铜簪、骨簪、铁箭镞、铁矛头、残石俑、料环、纺织品残片、陶器残片等。其中的石雕武士俑一件，出土于墓道中部的盗洞中，其头部残失，应戴风帽，身穿窄袖长衣，双手于胸前握剑。此外墓中还出土石雕兽腿残件和铜马腿。陶器残片可看出的器形有壶、罐、盆、碗等。

永固陵无论地面布局还是墓室建筑均特点鲜明，其地面墓地与佛寺结合在一起的做法，与冯氏生前信仰佛教有很大关系，冯氏系北燕冯弘的孙女，生前推崇佛法，在平城和北燕故都龙城（今辽宁朝阳）等地大起佛寺，建有著名的思燕浮图和平城永宁寺。永固陵

图 4-2　山西大同北魏方山永固陵后室石门

陵地系冯氏生前自择，陵园的兴建又是冯氏听政时期，因此整个陵墓的设计者当系冯氏本人。拓跋鲜卑保存了相当多的原始时代的礼制，母系家族特殊权势长期存在，这也是冯氏陵墓制度逾常的原因。

　　文献记载，孝文帝"于永固陵东北里余，豫营寿宫，有终焉瞻望之志。及迁洛阳，乃自表瀍西以为山园之所，而方山虚宫至今犹存，号曰万年堂云"[1]。今永固陵北不足 1 公里处的另一座墓葬与文献记载吻合。该墓地表封土堆高约 13 米，呈圆形，基底为方形，每边约 60 米，墓室结构与永固陵相同，由墓道、前堂、甬道和后室组成，前堂和甬道大部分已被拆除，甬道只残存北端和东侧基础的一部分。甬道高 2.51 米，宽 2.46 米，残长

---

〔1〕《魏书·文成文明皇后冯氏传》。

10 余米，顶作拱形，甬道前、后各有一道石券门，现残存二节石门框，其中保存较好的南门西侧门框正面浮雕一武士像，像高 1.32 米，侧身向左，身佩长剑，右手紧握剑柄；东侧门框残损严重，推测雕刻也应为一武士。该墓前室和甬道另设有三道封砌砖墙。后室平面为方形，东西 5.69 米，南北 5.68 米，四壁呈弧形外凸，墓顶为四角攒尖式，高 6.97 米，顶中间嵌一块雕有莲花纹图案的白石。

这两座陵墓的墓室结构较为特别。首先，在魏晋以后的砖室结构墓葬中，鲜有甬道长度在 7 米以上者，尤其是前后室之间的甬道更短，而永固陵和万年堂甬道长度分别为 6.98 米和 10 余米。而永固陵前堂无南壁，为开放式，顶部为券顶，不似墓室，称之为外甬道或许更合适；万年堂之前已遭破坏，但其甬道内设两重石门的做法只见于同时期的南朝帝陵，如江苏丹阳胡桥鹤仙坳南齐景帝萧道生陵的甬道内即有两重石门结构。该陵时间应在公元 480 年前后，与永固陵的修建时间相同或略早。尤其值得注意的是，萧道生陵内也出土两件侍臣装束的残石俑，与永固陵所见石俑相近，这种做法应是受到南朝墓葬形制的影响。

永固陵和万年堂的甬道并未开在墓室南壁正中，而是稍偏东，此当是因为棺置于室内西壁下的缘故，二陵未见棺床痕迹，当是直接于地面上置棺椁。墓室四壁外弧的做法和四角攒尖顶结构系魏晋以来中原地区流行的做法，而其墓室结构又受西北地区魏晋墓葬影响，如墓顶所嵌砌的莲花图案白石雕刻做法与酒泉、嘉峪关晋墓中墓室顶部彩绘莲花的做法相同，只是表现方式一为绘画，另一为雕刻。永固陵所出铜马腿，据简报称似为铜奔马，随葬铜奔马的例子此前只见于西北地区的汉晋墓葬中。

永固陵墓室内石材上浮雕佛教题材图像的做法在这一时期陵墓中是鲜见的，与同时的平城西郊云冈石窟的雕刻技法、题材相同。

孝文帝虽然于永固陵之北营建了自己的寿陵——万年堂，但由于迁都洛阳而未使用，万年堂成为虚宫。为了表示扎根中原的决心，孝文帝乃"自表瀍西以为山园之所"[1]，而北魏随后的几代皇帝、勋臣、贵族多葬于洛阳北邙。经过多年的细致工作，确定了孝文帝长陵、宣武帝景陵、孝明帝定陵和孝庄帝静陵的位置[2]，同时对宣武帝景陵做了发掘[3]。景陵位于洛阳市北郊邙山乡冢头村，洛阳古墓博物馆西侧，1991 年发掘。该陵北距孝文帝长陵约 5 公里，其地势高亢。地表封土为圆形，直径 105～110 米，现存高度 24 米，平顶。墓冢采用黄土夯筑，夯层厚度一般 10～15 厘米，封土南神道西侧尚存一石雕武士像，其头部残失，残高 2.89 米，身穿广袖袍服，双手平举胸前挂剑。

景陵墓室结构由墓道、前甬道、后甬道、墓室四部分组成（图 4-3），全长 54.8 米，

〔1〕《魏书·文成文明皇后冯氏传》。

〔2〕 A. 河南省文化局文物工作队：《洛阳北魏长陵遗址调查》，《考古》1966 年第 3 期。

B. 洛阳博物馆　黄明兰：《北魏洛阳景陵位置的确定和静陵位置的推测》，《文物》1978 年第 7 期。

C. 洛阳市第二文物工作队：《北魏孝文帝长陵的调查和钻探——"洛阳邙山陵墓群考古调查与勘测"项目工作报告》，《文物》2005 年第 7 期。

〔3〕 中国社会科学院考古研究所洛阳汉魏城队、洛阳古墓博物馆：《北魏宣武帝景陵发掘报告》，《考古》1994 年第 9 期。

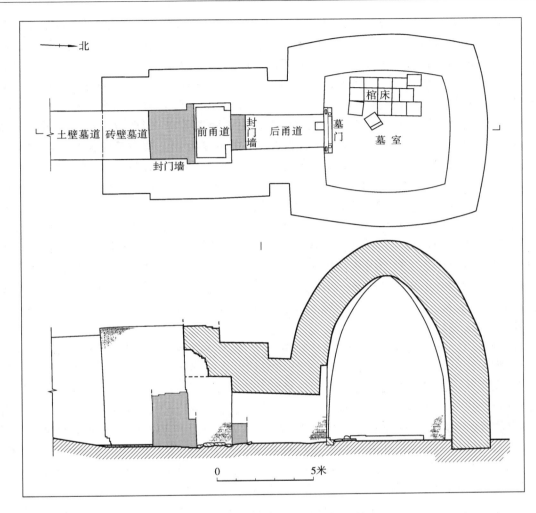

图 4-3 河南洛阳北魏景陵平面、剖视图

方向 177 度。斜坡墓道系由原地面直接下挖，全部为墓冢所覆盖，水平长度 40.6 米，上口宽 2.85 米，坡度 11 度，底部宽 2.7～2.8 米，北端连接甬道处上距原地面 6.35 米。墓道南段 36.1 米长的一段为土壁墓道，二侧壁壁面及斜坡地面经过修整，并用草拌泥将表面抹平。墓道底部生土面上，铺有很薄的一层细黄土，质地坚实。墓道北段为长 4.5 米的砖壁墓道，其地面及东西两壁皆以青条砖铺砌，东、西二砖壁厚度均为 2 米，表皮与土壁墓道壁面取齐，壁顶超出墓道土壁 0.45 米，总高度达 6.8 米。

该墓前甬道南接砖壁墓道且较墓道略宽，宽度 3.38 米，进深 2.35～2.40 米，拱券顶，顶高 3.78 米。甬道地面满铺青石板。甬道券顶前端上方有压券墙，此墙兼做墓道北壁，也是砖砌，与墓道同宽，顶与墓道砖平齐。

后甬道是连通前甬道和墓室之间的通道，结构与前甬道相同，宽 1.94 米，进深 5.12 米，拱券顶南北两端高度略有差异，南端高 2.64 米，北端高 2.80 米。

　　墓道和甬道内的封堵设施包括封门砖墙两道以及石门一道。第一道封门墙位于砖壁墓道北端，并深入前甬道内40厘米，此道封门墙厚度达2.44米，由六排砖组成。第二道封门墙位于后甬道的南端，厚0.78米，由两排砖砌就。石门安装在后甬道北端，由门楣、门额、立颊、门下槛、门扇等青石构件组成。门楣与门额系用一块大石板加工而成，门额为半圆形，直径1.9米；门楣长方条状，全长2.45米，两端各有一圆形穿孔，用于安装控制石门上门轴的铁质套环；立颊为长方柱形，上下两端各有一个长方形榫头，全长2.2米；门下槛为长条形，长2.75米，置于甬道北口外的墓室内，紧贴墓室南壁，断面呈阶梯形，最高处两端凿有长方形榫眼以安放立颊，低处两端各凿一圆形门轴窝；门扇两件，高2.36米，宽1米，上下两端有圆柱形门轴，二门扇中段近内侧边沿处各有一穿透的圆孔，以安装铺首或门环。石门各部件均素面无纹。

　　后甬道北接墓室，墓室平面近方形，四壁中部稍向外弧，南北6.73米，东西6.92米，面积约64平方米，墓顶作四角攒尖式，高9.36米。墓室地表铺砌石板，由于被盗，石板已被揭取殆尽。从墓室内残存状况看，西半部为石棺床，棺床作南北向的长方形，长3.86米，宽2.2米，高0.16米，用15块方形石块拼砌而成，棺床与南、西、北三壁的距离分别为1.32米、0.42米、1.38米。棺床石面平整，四边整齐，四角原各有一个帐构石质插座，现仅存其中一个。

　　景陵在历史上曾遭多次盗掘，墓中随葬器物绝大多数被窃去，仅存少量残碎的青瓷器、釉陶器、陶器、石器和铁器等。12件可复原的青瓷器胎色灰白，用料纯净，釉色均匀，莹润光泽。器形包括龙柄盘口壶、龙柄鸡首壶、四系盘口壶、唾盂、钵等，具有浓厚的南方青瓷风格。陶器包括罐、盆、钵、杯、碗、盏托、圆盒、方形四足砚等。此外还有一件动物模型残块，似为动物模型颈至腹部的残片，显示墓中原应随葬有此类模型。同时还出土石灯残件和帐构插座各一件。帐构插座下部呈方形，边长29厘米，通高18厘米，上部作覆盆状，直径20.8厘米，中心有一圆形竖孔，为适合实际需要，裁去石座之一角，形成一个12厘米见方的缺口，此石座应置于棺床一角，另外三件已被盗去。

　　景陵的发掘，使我们对于迁洛前后的北魏帝陵制度有了更深入的认识。太和十四年（公元490年），孝文帝下诏："山陵之节，亦有成命，内则方丈，外裁掩坎，脱于孝子之心有所不尽者，室中可二丈，坎不得过三十余步。今以山陵万世所仰，复广为六十步。"按北魏之二丈约合今之5.6米，30步约合50米，以此度之，永固陵与景陵的墓冢、墓室规格均合于制度。永固陵的修建年代为太和五年至太和八年，早于太和十四年诏书时间，但是可以看出当时有关陵墓制度在太和初期即已初步形成。

　　从永固陵和景陵的比较可知二者有许多雷同之处。首先墓葬由墓道、前甬道、后甬道、墓室组成，砖砌结构，规模庞大，接近甬道处的墓道均经过特殊加工，永固陵为石砌，景陵为砖壁。甬道为券顶，墓室四角攒尖顶结构；均有砖砌封墙和石门设施。然而又有一些细微的差别，如景陵前甬道较墓道稍宽，且外部上方砌了压券门墙。景陵地面铺砌方形石板，同时在墓室内铺砌石棺床，而永固陵地面铺砖，也未见棺床痕迹。景陵甬道在墓室南壁位置正中，而永固陵甬道北口则稍偏东。景陵墓内封堵设施较永固陵稍逊，砖砌封墙为两道，而后者为三道。景陵石门也减为一道，且石门为开合式，而永固陵两道石门。

永固陵和景陵墓壁均无壁画，然景陵外壁稍加修饰，即在所有墓壁、墓顶表层砖的外露面上涂抹了一层均匀、黝黑、光亮的颜色，从色调上强调了这一特定建筑的性格特征。而永固陵墓室建筑中的石雕装饰则不见于景陵，这些具有浓郁佛教色彩的装饰应是崇信佛教的冯氏永固陵的一个特例。

根据永固陵和景陵中残存的器物看，其随葬器物都是陶、瓷、铜、铁质器物和小件装饰品，说明当时较严格地遵守了礼制的规定。永固陵中出土的与南朝同时期帝陵内石刻相同的石雕武士俑以及景陵出土的具有浓厚南方风格的青瓷器皿，说明北魏定都平城以后，与南方的关系得到加强，且在文化特征上逐步接受汉文化。

二 北魏墓葬的地方特征

(一) 大同地区

北魏祖先拓跋鲜卑在 3 世纪中期拓跋力微为首领时开始强大起来，当时的主要活动区为漠南匈奴领地，即今阴山河套一带。公元 258 年，迁于定襄之盛乐（今内蒙古和林格尔县北）。西晋时，首领猗卢被晋怀帝封为代王，此后的一段时间内，拓跋部中衰。公元 338 年，什翼犍成为拓跋部的首领，在繁峙（今山西浑源西北）即代王位。公元 376 年，新兴的代国为前秦所灭。淝水之战以后，前秦败亡，什翼犍之孙拓跋珪于 386 年纠合旧部，在牛川（今内蒙古呼和浩特东）即代王位，重建代国，不久改国号为魏，称登国元年，北魏正式建立。天兴元年（公元 398 年），拓跋珪建都平城（今山西大同），在此建都时间近百年，直到太和十八年（公元 494 年）迁都洛阳。在这百余年时间里，盛乐、平城一带成为北魏王朝统治的中心地区，发现了大量的北魏墓葬，迁都洛阳以后的北魏墓葬也有零星发现。此外在东北的辽宁一带也发现了零星的北魏灭燕后的墓葬。

这一区域目前发掘的北魏墓葬有属于山西的大同司马金龙墓[1]、元淑墓和高琨墓[2]、封和突墓[3]、宋绍祖墓[4]、杨众庆墓[5]、破多罗太夫人墓[6]、梁拔胡墓[7]、尉迟定州墓[8]、叱干谒侯墓[9]、南郊电焊器材厂北魏墓群[10]、齐家坡北魏墓[11]、金属镁厂北魏

---

[1] 山西省大同市博物馆、山西省文物工作委员会：《山西大同石家寨北魏司马金龙墓》，《文物》1972年第 3 期。

[2] 大同市博物馆：《大同东郊北魏元淑墓》，《文物》1989 年第 8 期。

[3] 大同市博物馆：《大同市小站村花圪塔台北魏墓清理简报》，《文物》1983 年第 8 期。

[4] 山西省考古研究所、大同市考古研究所：《大同市北魏宋绍祖墓发掘简报》，《文物》2001 年第 7 期。

[5] 大同市考古研究所：《山西大同七里村北魏墓群发掘简报》，《文物》2006 年第 10 期。

[6] 大同市考古研究所：《山西大同沙岭北魏壁画墓发掘简报》，《文物》2006 年第 10 期。

[7] 张庆捷：《大同南郊北魏墓考古新发现》，《2009 中国重要考古发现》，文物出版社，2010 年。

[8] 大同市考古研究所：《山西大同阳高北魏尉迟定州墓发掘简报》，《文物》2011 年第 12 期。

[9] 大同市考古研究所：《山西大同迎宾大道北魏墓群》，《文物》2006 年第 10 期。

[10] 山西省考古研究所、大同市博物馆：《大同南郊北魏墓群发掘简报》，《文物》1992 年第 8 期；《大同南郊北魏墓群》，科学出版社，2006 年。

[11] 王银田、韩生存：《大同市齐家坡北魏墓发掘简报》，《文物季刊》1995 年第 1 期。

墓群〔1〕、智家堡北魏墓群〔2〕、雁北师院北魏墓群〔3〕、田村北魏墓〔4〕、云波里路北魏壁画墓和文瀛路北魏壁画墓〔5〕，大同县湖东北魏一号墓〔6〕、国营粮场北魏墓〔7〕、陈庄北魏墓〔8〕，阳高县下深井乡北魏墓群〔9〕，怀仁县北魏丹扬王墓〔10〕以及太原辛祥夫妇合葬墓〔11〕、曲沃秦村李诜墓〔12〕和榆社方兴墓〔13〕等。属于内蒙古和林格尔三道营乡北魏壁画墓〔14〕、西沟子村北魏墓〔15〕、另皮窑村北魏墓〔16〕、鸡鸣驿北魏墓〔17〕，呼和浩特美岱村北魏墓群〔18〕、大学路北魏墓〔19〕，土默特左旗讨合气村北魏墓〔20〕和国营苗圃北魏墓〔21〕，包头姚齐姬墓〔22〕

〔1〕　韩生存、曹承明、胡平：《大同城南金属镁厂北魏墓群》，《北朝研究》1996 年第 1 期。

〔2〕　A. 王银田、刘俊喜：《大同智家堡北魏墓石椁壁画》，《文物》2001 年第 7 期。
　　　B. 刘俊喜、高峰：《大同智家堡北魏墓棺板画》，《文物》2004 年第 12 期。

〔3〕　大同市考古研究所：《大同雁北师院北魏墓群》，文物出版社，2008 年。

〔4〕　大同市考古研究所：《山西大同南郊区田村北魏墓发掘简报》，《文物》2010 年第 5 期。

〔5〕　大同市考古研究所：《山西大同云波里路北魏壁画墓发掘简报》《山西大同文瀛路北魏壁画墓发掘简报》，《文物》2011 年第 12 期。

〔6〕　山西省大同市考古研究所：《大同湖东北魏一号墓》，《文物》2004 年第 12 期。

〔7〕　山西省考古研究所：《大同县国营粮食原种场北魏墓》，《三晋考古》第三辑，山西人民出版社，2006 年。

〔8〕　陕西省考古研究所、大同市考古研究所：《山西大同市大同县陈庄北魏墓发掘简报》，《文物》2011 年第 12 期。

〔9〕　A. 大同市考古研究所：《山西大同下深井北魏墓发掘简报》，《文物》2004 年第 6 期。
　　　B. 张庆捷：《阳高县管庄北魏墓葬》，《中国考古学年鉴 2011》，文物出版社，2012 年。

〔10〕　怀仁县文物管理所：《山西怀仁北魏丹扬王墓及花纹砖》，《文物》2010 年第 5 期。

〔11〕　代尊德：《太原北魏辛祥墓》，《考古学集刊》第 1 集，中国社会科学出版社，1981 年。

〔12〕　杨富斗：《山西曲沃县秦村发现的北魏墓》，《考古》1959 年第 1 期。

〔13〕　王太明、贾文亮：《山西榆社县发现北魏画像石棺》，《考古》1993 年第 8 期。

〔14〕　苏俊、王大方、刘幻真：《内蒙古和林格尔北魏壁画墓发掘的意义》，《中国文物报》1993 年 11 月 28 日第 3 版。

〔15〕　乌兰察布盟文物工作站、和林格尔县文物管理所：《内蒙古和林格尔西沟子村北魏墓》，《文物》1992 年第 8 期。

〔16〕　内蒙古自治区博物馆、和林格尔县文化馆：《和林格尔县另皮窑村北魏墓出土的金器》，《内蒙古文物考古》1984 年第 3 期。

〔17〕　李强：《和林格尔县鸡鸣驿北魏遗址群》，《中国考古学年鉴 2011》，文物出版社，2012 年。

〔18〕　A. 李逸友：《内蒙古土默特旗出土的汉代铜器》，《考古通讯》1956 年第 2 期。
　　　B. 静宜：《对“内蒙古土默特旗出土的汉代铜器”一文的商榷》，《考古通讯》1956 年第 4 期。
　　　C. 李逸友：《关于内蒙古土默特旗出土文物情况的补正——兼答静宜同志》，《考古通迅》1957 年第 1 期。
　　　D. 内蒙古文物工作队：《内蒙古呼和浩特美岱村北魏墓》，《考古》1962 年第 2 期。

〔19〕　内蒙古博物馆：《内蒙古呼和浩特北魏墓》，《文物》1977 年第 5 期。

〔20〕　伊克坚、陆思贤：《土默特左旗出土北魏时期文物》，《内蒙古文物考古》1984 年第 3 期。

〔21〕　内蒙古文物考古研究所：《土默特左旗国营苗圃北魏墓清理报告》，《内蒙古文物考古》2008 年第 1 期。

〔22〕　郑隆：《内蒙古包头市北魏姚齐姬墓》，《考古》1988 年第 9 期。

、固阳城南北魏墓群[1]和补卜代墓地，兴和县叭沟村北魏墓群[2]，察右中旗七郎山墓地和察右前旗乌肃墓群[3]，正镶白旗北朝墓[4]，乌审旗巴图湾水库墓群[5]、翁滚梁北魏墓[6]和郭家梁村北魏墓[7]等。

这一地区的北魏墓依墓葬形制可分为砖室墓、土洞墓和竖穴土圹墓三类。

砖室墓一般为较大型墓葬，主要发现于大同地区，有司马金龙墓、元淑墓、丹扬王墓、封和突墓、宋绍祖墓、破多罗太夫人墓、梁拔胡墓、尉迟定州墓、湖东北魏一号墓、陈庄北魏墓以及和林格尔三道营乡北魏壁画墓等，曲沃李氏墓等为小型砖室墓，此外呼和浩特也发现几座小型砖室墓，有大学路北魏墓、美岱村墓和包头姚齐姬墓等。

司马金龙墓、丹扬王墓及和林格尔壁画墓为大型多室砖墓，以司马金龙墓规模最大。该墓位于大同南郊石家寨，墓主司马金龙，为西晋宣帝司马懿之弟司马馗的九世孙，其父司马楚之，原系东晋高官显贵，泰常四年（公元419年）降于北魏，封琅琊王，司马金龙后袭爵，太和八年（公元484年）卒，其妻姬辰为太尉、陇西王源贺之女，卒于延兴四年（公元474年），与司马金龙合葬。

司马金龙墓由墓道、甬道、前堂、侧室、通道、后室组成，全长超过45米（图4-4-A）。墓道为斜坡状，在平地上直接挖掘而成，北段两壁以条砖垒砌长13.7米的护墙，此做法与永固陵墓道北段以石砌护墙的做法相同。护墙北端靠近墓门处的一段墙砌成券顶结构，高4.1米，券顶上部嵌砌石质司马金龙墓表，墓门以砖封砌。该墓前堂、后室、侧室平面都近方形，后室为主室，东西6.01米、南北6.12米，四壁呈外凸的弧线形，顶为四角攒尖式，高5.2米。前堂平面近方形，四壁平直，东西4.43米，南北4.56米，顶部也为四角攒尖式。侧室结构与后室相同，东西2.9米，南北2.83米。甬道与通道形制相同，均为长条形券顶结构。砌墓所用砖为青灰色，一面有细绳纹，横端一侧有阳文"琅琊王司马金龙墓寿砖"10字，整个墓葬用砖约50000块，应是为建墓特制的。后室靠近西壁处南北向放置石棺床一铺，由6块浅灰色细砂岩石板拼成，东侧一块雕刻精美图案，棺木被弃置在棺床东侧，墓志出土于通道内。该墓虽早年被盗，但仍出土了大量精美文物，主要集中在前堂和侧室，陶俑为一大宗，数量达400件，另有零星木俑。后室内出土4件花纹精

〔1〕　包头市文物管理处：《包头固阳县发现北魏墓》，《考古》1987年第1期。

〔2〕　兴和县文物普查组：《兴和县叭沟村鲜卑墓葬》，《内蒙古文物考古》1992年第1、2期合刊。

〔3〕　魏坚：《内蒙古地区鲜卑墓葬的发现与研究》，科学出版社，2004年。

〔4〕　刘洪元：《锡林郭勒盟正镶白旗北朝墓葬》：《中国考古学年鉴2011》第182页，文物出版社，2012年。

〔5〕　陆思贤：《巴图湾水库区的古墓》，《内蒙古文物考古》1981年第1期。

〔6〕　内蒙古自治区博物馆、鄂尔多斯博物馆：《乌审旗翁滚梁北朝墓葬发掘简报》，《内蒙古文物考古文集》第二辑，中国大百科全书出版社，1997年。

〔7〕　内蒙古文物考古研究所：《内蒙古乌审旗郭家梁村北魏墓葬发掘简报》，《中原文物》2012年第1期。

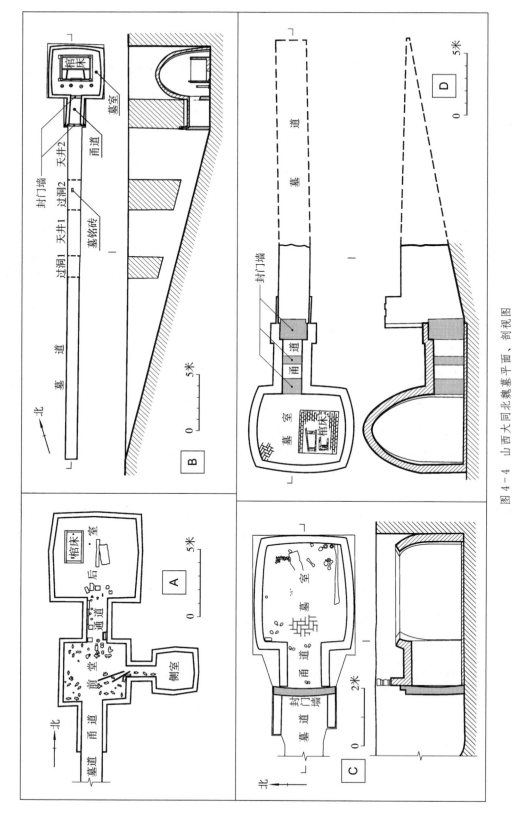

图 4-4　山西大同北魏墓平面、剖视图

A. 司马金龙墓平面图　B. 宋绍祖墓平面、剖视图　C. 破多罗太夫人墓平面、剖视图　D. 元淑墓平面、剖视图

致的石雕柱础以及一些木板漆画，这些组成一个完整的漆屏风。此外，还有木栏杆、贴金木兽头等木器残件，应是坐榻式床帐类的部件，抑或与屏风为同一组构件。另外还有陶瓷器等生活用具。

怀仁县丹扬王墓也是座大型多室砖墓，由主室和东西二侧室组成，墓道口绘有壁画，墓砖大多有纹饰，有成组人物、四神、莲花、忍冬等，且砖上有"丹扬王墓砖"字样。考北魏丹扬王共有5位，大多数生活在定都平城时期，其中的刘昶，系南朝降将，为南朝宋文帝刘义隆的第九子明帝刘彧之弟，卒于太和二十一年（公元497年），该墓墓砖花纹及砖铭有较多南方风格，因此墓主以刘昶的可能性较大。

湖东北魏一号墓和陈庄北魏墓均为前后室双室砖墓，湖东北魏一号墓被施工破坏严重，仅存墓葬底部，墓室平面均呈弧边方形，前堂边长3.82米，后室边长4.2米。陈庄北魏墓地表保存有高大完整的封土，封土平面呈不规则圆形，高5.5米，直径为33～40米，这一现象在大同地区仅见于方山永固陵。陈庄北魏墓坐北朝南，墓葬全长45.1米，甬道前立面彩绘仿木结构门楼，甬道前端设一道砖砌封门墙和一道石门，石门上彩绘拄仪刀武士形象；墓室平面呈弧边方形，前堂长4.86米、宽4.4米、高5.6米，后室长4.28米、宽4.18米、高4.87米，墓室四壁及顶部简单彩绘木结构建筑和忍冬、莲花等纹饰。墓葬周边勘探发现多处墓葬，以坐北朝南、坐西朝东两种形式埋葬，简报认为这是一处北魏晚期属于不同家族的大型墓葬区。

和林格尔三道营乡北魏壁画墓为前堂后室砖墓，据发掘者报道，前堂后室为两次分别修建，后室面积5平方米，为四角攒尖顶，其修建时间早于前堂；前堂为正方形，面积近20平方米。前堂及甬道两壁均绘有精美壁画，题材有狩猎图、燕居行乐图和四神图像等。狩猎图画面庞大，气势壮观，内容包括人物、山川、河流、林木、动物等，再现了中国早期山水画的风采；燕居行乐图中的杂技场面，人物众多，有指挥、鼓手、笛手、抛丸手和撑杆手等，具有浓厚的生活气息。

其他砖室墓多为单室墓，又可分为带甬道单室砖墓和竖穴单室砖墓两类。前者规模较大，有元淑墓、封和突墓、宋绍祖墓、梁拔胡墓、破多罗太夫人墓、尉迟定州墓、呼和浩特大学路北魏墓、姚齐姬墓和曲沃秦村李诜墓等。

元淑墓和封和突墓是北魏迁都洛阳后的平城墓葬。孝文帝迁都洛阳之后，自表瀍西为陵园之所，并严令鲜卑贵族死后不得归葬平城。封和突系景明二年（公元501年）卒于洛阳，葬于正始元年（公元504年），其时距孝文帝之死5年，这大约是卒于洛阳的鲜卑贵族归葬平城的较少例子。元淑系北魏平城镇将，卒于正始四年（公元507年），他葬于平城是顺理成章的。

封和突墓和元淑墓均为带甬道的单室砖墓。封墓墓室全长12.2米，甬道总长7.4米，其前甬道有一定坡度，推测墓道也应是斜坡状。甬道为砖砌券顶结构，在外甬道和内甬道南端各有一道砖砌封墙，均单砖厚度。墓室近方形，四壁弧形外凸，东西约4.8米、南北约4.6米，墓顶已塌毁。墓室和甬道均有两层铺地砖，未见棺床痕迹。墓室中部有棺木及棺钉、棺环残迹。墓志置于墓室西南角。由于被盗，仅残存波斯鎏金银盘、银耳杯、银高足杯、石灯台、青瓷片、陶器残片等。

　　元淑墓墓上尚保存封土残迹，东西 63 米、南北 79 米，残高 5 米，原有形状不明，封土未经夯打。墓葬全长 34.1 米，墓道即占 22.75 米，上宽下窄，上口宽 2.4 米、下端宽 1.8～2 米。墓道北段两壁为砖砌，北连甬道，甬道为券顶，亦分前、后两段，前甬道长 1.3 米，高 2.7 米，其南端券顶上砌挡土墙，挡土墙高出券顶 3.3 米，与墓道北端两壁防护砖墙的高度持平，这是目前所见北魏墓葬甬道外券顶上方挡土护墙的最早的实例。后甬道长 4.4 米，高 2.3 米。该墓甬道内设 3 道封门砖墙，自南起第一道封门墙位于甬道南端，共五重砖砌成，其中四重位于外甬道内，将外甬道填实，一重在墓道北端，第一道封门墙总厚度为 1.65 米；第二道封门墙位于内甬道中部，厚 0.65 米，由两重砖砌成；第三道封门墙位于内甬道北端，厚 1.2 米，由三重砖砌成。该墓封砌结构中较为特殊的是在墓道北端与甬道券顶等高处的填土上铺有一层残砖，可能为防盗而设。在此层砖之上的墓道东北、西北两角，各置平砖一垛，用以支护东西墓道砖壁及挡土墙。

　　元淑墓墓室平面为长方形，四壁呈弧形外凸，东西最宽处 6.75 米，南北最宽处 5.7 米，甬道位于墓室南壁正中偏东处（图 4-4-D）。墓顶为四角攒尖结构，顶高 7 米。墓室和甬道地面均铺砌砖。墓室西侧有砖砌棺床，东西 2.9 米，南北 3.4 米，高 0.32 米，外围砌砖，内填黄土。棺床上铺撒白灰，上置一椁二棺，棺椁由于遭破坏，形制不明。墓志一通，置于靠近棺床东南角的甬道北口处。墓室内的随葬器物多遭盗掘，仅余少量陶器、石器、木器、铁器和骨器等。陶器十余件，器形有带把陶壶、陶壶、陶器盖、陶六足砚、陶钵、陶匙等；石器为石托杯一套；竹木器有木雕鸠鸟、木梳、木架形器等，此外还有小骨环、铜“货泉”、小铜箍、铁合页、铁棺环、小铁环等。属于此类带甬道单室砖墓的还有包头市的姚齐姬墓，时间为太和二十三年（公元 499 年），墓室方形，边长约 3 米，墓室西侧置棺床，仅出陶罐一件。

　　宋绍祖墓为长斜坡墓道单室砖墓，带两个过洞和两个天井，墓室平面呈弧方形，长 4.24 米，宽 4.13 米，四角攒尖顶，墓顶高 4.7 米（图 4-4-B）。墓室中央葬具仅存一石椁，为仿木构三开间单檐悬山顶式殿堂建筑（图 4-5；图版 12-2），石椁顶部东西长 3.48 米，南北宽 3.38 米。石椁顶板从西往东第三块瓦垄内阴刻题记一行，共 15 字，为“太和元年五十人用公三千盐豉卅斛”。石椁内设石棺床，平面呈“凹”字形，北侧长 2.39 米，宽 1.88 米，高 0.31 米。棺床上雕刻忍冬纹、水波纹、花卉和动物等。石椁内部东、西、北三壁均彩绘壁画，但因潮湿淤泥的长期腐蚀，壁画漫漶不清，剥落严重，内容依稀可辨为舞蹈、奏乐人物等。墓中出土陶镇墓兽、武士俑、甲骑具装俑、男女侍俑、动物模型、牛车、陶罐等 170 余件。墓道北过洞填土内出土墓铭砖一块，长 30 厘米、宽 15 厘米、厚 5 厘米，砖面阴刻 3 行 25 字，字体涂朱，内容为“大代太和元年岁次丁巳幽州刺史敦煌公敦煌郡宋绍祖之柩”。宋绍祖墓是迄今发现时代最早，且有明确纪年的长斜坡墓道带天井和过洞墓葬，也是平城地区为数不多出土仿木构式石椁葬具的墓葬，此外仅智家堡墓和尉迟定州墓曾出土石椁葬具。

　　破多罗太夫人墓为带斜坡墓道的单室砖墓，墓室位于甬道东部，平面呈弧方形（图 4-4-C），东西长 3.42 米，南北宽 2.86 米，墓葬被盗扰严重，仅出土陶壶、陶罐、铜帐构等 27 件器物，墓葬中残留了大量破损严重的彩绘漆皮，漆皮应属漆木棺的遗留，其表面图案文字清晰可辨，有夫妇并坐、庖厨操作、打场等画面。关于墓葬年代和墓主人身份的确认即来源于其中一块残留漆皮上的隶书题记。该漆皮宽 18.5 厘米，高 24 厘米，文字外

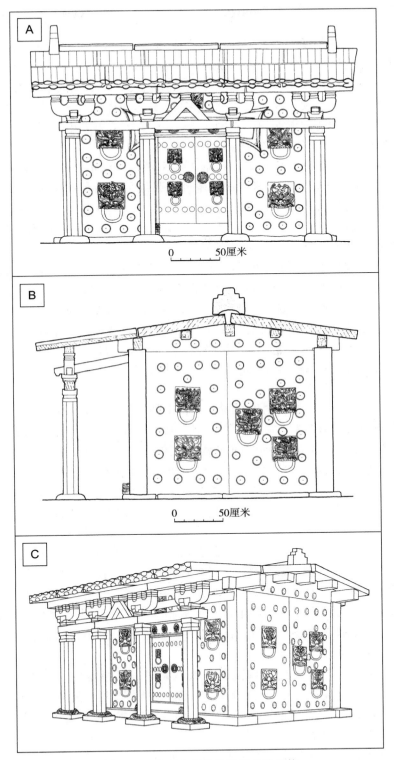

图 4-5　山西大同北魏宋绍祖墓石椁

A. 正立面图　B. 右侧立面图　C. 透视图

围与男女主人并坐图案相近，墨书三行，可辨识 73 字，内容为："□元年岁次豕韦月建中吕廿一日丁未侍中主客尚书领太子少保平西大将军□破多罗太夫人……"据考证知墓主人为死于太延元年（公元 435 年）的破多罗太夫人及其丈夫。墓室四壁和甬道均彩绘壁画，保存完整，主要是出行仪仗、家居生活以及墓主人并坐等内容。破多罗太夫人墓是平城地区迄今发现纪年最早的北魏壁画墓，此外和平二年（公元 461 年）梁拔胡墓、云波里路 M1、文瀛路 M1 等也发现有壁画残留。

呼和浩特大学路北魏墓时代较早，该墓墓道未清理，甬道长 1.39 米，券顶结构，墓室近方形，东西 1.94 米，南北 2 米，四壁呈外凸弧线形，四角攒尖顶，墓砖侧面有忍冬纹、莲花纹、波纹等装饰。墓室内靠西壁有砖砌棺床。墓中出土 15 件陶俑及 10 件陶牲畜、家禽模型，还有陶罐、灯座、仓、灶、井、磨、碓、牛车等明器，其时代应早于司马金龙墓，为 5 世纪北魏定都平城后的墓葬。

曲沃秦村李诜墓为带斜坡墓道的小型砖室墓，斜坡墓道上靠近甬道处还有一天井；甬道和墓道均为砖砌，甬道两壁和墓室地面发现有砖雕，主要为猪、羊、犬、马、牵马人、牛、鸡等形象。墓室方形，边长 2.63～2.66 米，墓室后半部分为砖砌棺床，墓室四角砌有砖雕兽头及莲花等装饰，穹隆顶正中又置一较大的莲花装饰；墓室左、右两壁各有一侧室，侧室较小，长 1.4 米，宽 0.8 米，且高出墓室地面 40 厘米。该墓棺床上有人骨架两副，侧室又各有人骨骼发现，显示其侧室实为祔葬棺室的性质，该墓无论墓葬形制还是装饰、葬法均属该地区之孤例。

其他较小型单室砖墓一般无甬道设置，如朝阳刘贤墓和包头固阳县蒙族学校工地砖室墓均为近东西向的长条形墓室，墓门向东。刘贤墓平面近似舟形，内顺置棺木一具，墓中出土一件完整的龟趺墓志，其下葬时间应是北魏文成帝拓跋濬在位期间（公元 452～465年）。其舟形当是继承朝阳一带三燕墓葬传统，如锦州前燕李廆墓（公元 324 年）即与之形制相近。固阳的两座砖室墓均为长方形券顶单室，墓中各出长颈敞口灰陶壶一件。

呼和浩特美岱村北魏墓为竖井砖室结构，虽有墓道设置，但未发现墓门。墓室为梯形券顶，东西向，长 3 米，宽 1.13～1.48 米，高 2.62 米。墓内置木棺一具，棺前宽后窄，长 2.4 米，宽 0.76～1.04 米。墓中出土器物有铜镜、铜勺、铜钩形器、金戒指、金小铃、菱形金片、陶罐、带流陶壶、短颈陶壶、粗颈陶壶、铁剑、铁环、棺钉等。该墓时代应为迁都平城前后的北魏墓。而距此墓仅 200 米的另一座古墓，20 世纪 50 年代曾遭盗掘，亦为砖室，然形制不明，墓中出土物甚丰，有金戒指、金手镯、菱形金片、铜镜、铜镳斗、铜勺、铜虎符、铜牌饰、镀金小铜兽、铜灯、"大泉五十"铜币、陶罐、粗颈陶罐、细颈陶壶、铁棺环、棺钉等。

土洞墓是这一地区较常见的北魏墓葬类型，大同市电焊器材厂工地墓群中土洞墓达149 座，其中又可分为斜坡墓道土洞墓和竖井墓道土洞墓两类。此外，大同市南郊区齐家坡村北魏墓，马辛庄 M10，迎宾大道 M37、M51 和 M69，雁北师院 M7、M9、M12、M18、M19 和 M24，七里村 M19、M28、M30 和 M36，国营粮场墓群等也是斜坡墓道土洞墓。其他地点发掘的北魏墓中，内蒙古和林格尔西沟子村的两座墓葬和乌审旗郭家梁村两座墓葬等也属此种形制。

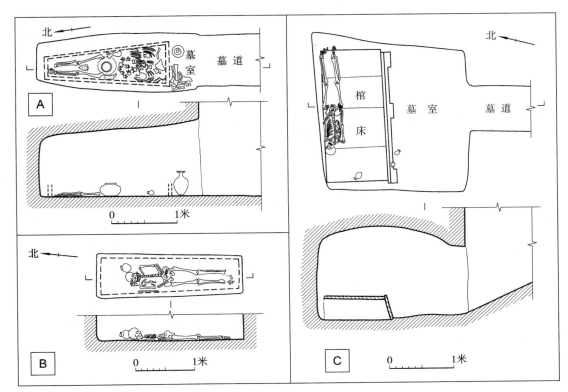

图 4-6 山西大同北魏土洞墓平面、剖视图
A. 南郊 M6　B. 南郊 M211　C. 南郊 M112

大同电焊器材厂北魏墓群中长斜坡墓道土洞墓 95 座，均为小型墓，斜坡墓道长度 5～10 米，宽度 1 米左右，少数墓道的两侧壁扩有棺道，即以墓门上下缘为限，沿墓道底坡平行向两壁外扩约 10 厘米，此种棺道的设置概因墓道过窄而无法使棺木下葬才施用的。土洞墓墓底一般距地表 5 米以上，墓顶自前向后倾斜，墓室平面可分梯形窄室、刀把形偏室、方室等 12 类。梯形窄室墓数量最多，墓室长度 3 米左右，宽 1 米以上，有的在一壁或两壁设置小龛，置放随葬品；刀把形偏室墓的墓道偏向一侧，墓室长约 3 米，最宽处 1.5～2 米，墓内置单棺或双棺；方室墓数量较少，墓室平面近方形，边长 2 米以上，有的墓室内横置石质棺床。这些墓葬的墓门封堵一般用木板，少量用砖石。

土洞墓中发现棺床的仅 M112 一例（图 4-6-C），该墓为一方室墓，石棺床横置于墓室北半部，棺床前部为倒"山"字形，由两块石板拼接，接缝处有暗榫卯。石板表面雕刻忍冬纹、水波纹、净瓶和铺首衔环等纹饰，床面用 4 块不太规则的石板平铺，总长 2.1 米，棺床内填黄土。

大同市齐家坡发掘的一座北魏墓也是斜坡墓道土洞墓，规模较大，墓道长 18 米，宽 0.9 米，墓室平面呈不规则的长方形，长 3.08 米，宽 2.16 米，墓底距现地表 8 米，该墓墓室规整，应是平城时期北魏洞室墓的标准类型。墓中出土木棺一具，保存较好，其形制为前挡宽大后挡窄小，前挡顶部较高，棺长 1.92 米，顶部斜面长 2.1 米，前挡高 0.6 米，后挡高 0.34 米。每块棺板外表四周有铜泡钉一周，右棺板中部偏前一侧的下端还饰铜铺首衔环和铁棺环各一枚。木棺内髹黑漆，外侧裱帛一层。电焊厂土洞墓木棺均已朽烂，但根据残痕可看出其形制与齐家坡墓相同，有的棺外饰柿蒂形铺首衔环和铜泡钉，有的棺板上还有精美的彩绘，棺板之间以榫卯相连。

竖井墓道土洞墓形制较简单（图 4-6-A），墓道平面为长方形，直壁竖井式，底部一般为缓坡状，向墓门方向倾斜。墓门宽度与墓道相同或相近。墓室平面一般为梯形，底部平坦，顶部由墓门处向后倾斜，有的在靠近墓门处设有壁龛。墓室大小一般仅容一棺。随葬品置于棺前后或两侧，或壁龛中，有的置于棺上。

在包头固阳县蒙族学校工地发掘的北魏墓葬形制较为特别，为长方形土坑竖穴的一端开挖阶梯式墓道，土坑竖穴两侧有二层台，二层台下为棺坑，仅容一棺，棺前土坑为开放式，以土坯夹土封堵，封堵墙的高度与二层台平齐。此种形制应介于斜坡墓道土洞墓与竖穴土坑墓之间。

竖穴土圹墓是北魏墓中规模最小、形制最简单的，大同电焊厂发掘这类墓葬 17 座（图 4-6-B），多为长方形平面，有的近似梯形，墓口一般比墓底略大，四壁规整，底部平坦，长约 2.5 米、宽约 1 米、深约 2 米，仅容一棺，棺前置放随葬品，多为陶器。

（二）洛阳地区

北魏自孝文帝迁都洛阳后直至北魏分裂，其都城一直设在洛阳，且将皇陵区也设在洛阳城北的邙山上，这里就成为当时重要的陵墓区，而洛阳周围的其他地带也陆续发现一些重要的北魏墓葬，纪年墓中主要有洛阳太和十二年（公元 488 年）董富妻郭氏墓[1]、正始三年（公元 506 年）寇猛墓[2]、正始五年（公元 508 年）偃师杏园 4031[3]、永平四年（公元 511 年）元阉墓[4]、永平四年（公元 511 年）司马悦墓[5]、熙平元年（公元 516 年）元睿墓[6]、正光三年（公元 522 年）郭定兴墓[7]、正光五年（公元 524 年）侯掌墓[8]和吕达（通）墓[9]、正光六年（公元 525 年）元怿墓[10]、孝昌二年（公元 526

[1]　石战军：《北魏董富妻郭氏墓》，《中原文物》1996 年第 2 期。

[2]　侯鸿钧：《洛阳西车站发现北魏墓一座》，《文物参考资料》1957 年第 2 期。

[3]　中国社会科学院考古研究所河南二队：《河南偃师县杏园村的四座北魏墓》，《考古》1991 年第 9 期。

[4]　310 国道孟津考古队：《洛阳孟津邙山西晋北魏墓发掘报告》，《华夏考古》1993 年第 1 期。

[5]　孟县人民文化馆：《孟县出土北魏司马悦墓志》，《文物》1981 年第 12 期。

[6]　中国社会科学院考古研究所河南二队：《河南偃师县杏园村的四座北魏墓》，《考古》1991 年第 9 期。

[7]　洛阳市第二文物工作队：《洛阳纱厂西路北魏 HM555 发掘简报》，《文物》2002 年第 9 期。

[8]　洛阳市文物工作队：《洛阳孟津晋墓、北魏墓发掘简报》，《文物》1991 年第 8 期。

[9]　洛阳市文物工作队：《河南洛阳市吉利区两座北魏墓的发掘》，《考古》2011 年第 9 期。

[10]　徐婵菲：《洛阳北魏元怿墓壁画》，《文物》2002 年第 2 期。

年）元乂墓〔1〕和染华墓〔2〕、武泰元年（公元 528 年）元暐墓〔3〕、建义元年（公元 528 年）元邵墓〔4〕、太昌元年（公元 532 年）王温墓〔5〕、普泰二年（公元 532 年）吕仁墓〔6〕，其他较重要的墓葬有偃师杏园 M1101、M926〔7〕，偃师南蔡庄 M4〔8〕，偃师联体砖厂 M2〔9〕，偃师前杜楼北魏石棺墓〔10〕、洛阳衡山路北魏墓〔11〕、孟津朱仓北魏墓〔12〕、沁阳县北魏画像石棺床墓〔13〕等。

　　洛阳地区北魏墓墓葬形制主要可以分为土洞墓和砖室墓两类。

　　土洞墓主要有太和十二年（公元 488 年）董富妻郭氏墓、正光三年（公元 522 年）郭定兴墓、正光五年（公元 524 年）侯掌墓、孝昌二年（公元 526 年）染华墓、武泰元年（公元 528 年）元暐墓、建义元年（公元 528 年）元邵墓（图 4 - 7 - A）、太昌元年（公元 532 年）王温墓、普泰二年（公元 532 年）吕仁墓、偃师杏园 M4031 及 M1101、孟津朝阳村 M14 及 M15、偃师前杜楼石棺墓、衡山路北魏墓、朱仓北魏墓群等。这些墓葬朝向一般均向南，仅杏园 M4031 和朱仓 M51 向西。这些墓葬的墓道部分大多没有完整发掘，但是依发掘部分看，其墓道结构不尽相同，可分为三类。第一类为斜坡墓道，如杏园 M4031，墓道水平长度约 7 米，最深处距地表 11.8 米，坡度很陡。该墓未发现甬道，墓道直接连接墓室，此种结构极为少见。第二类为带天井和过洞的斜坡墓道，如郭定兴墓、染华墓、元暐墓、元邵墓、杏园 M1101、朝阳村 M15、前杜楼石棺墓、朱仓 M57 等，天井数量一两个，仅一个天井的为郭定兴墓、染华墓、元邵墓、朝阳村 M15、前杜楼石棺墓、朱仓 M57 六座。郭定兴墓天井长 2.3 米、宽 1.1 米，染华墓天井长 3.1 米、宽 0.7～1.22 米，元邵墓天井长约 1 米、宽仅约 0.6 米，朝阳村 M15 的天井长 4 米、宽 1 米，前杜楼石棺墓天井长 5.84 米、宽 0.84 米，朱仓 M57 天井长度不详、宽 1 米。六墓的天井均北接甬道，然墓道底部情况多不相同，郭定兴墓、染华墓和前杜楼石棺墓斜坡墓道一直延伸到甬道口处；而朝阳村 M15 的斜坡墓道在天井南侧过洞南端处开始坡度趋缓，至甬道口处方变为水平；元邵墓墓道则在天井南侧过洞南端处开始变为水平，高度与墓室和甬道持平，元邵墓天井宽元暐墓和杏园 M1101 度也与

〔1〕　洛阳市博物馆：《河南洛阳北魏元乂墓调查》，《文物》1974 年第 12 期。
〔2〕　偃师商城博物馆：《河南偃师两座北魏墓发掘简报》，《考古》1993 年第 5 期。
〔3〕　黄明兰：《西晋裴祇和北魏元暐两墓拾零》，《文物》1982 年第 1 期。
〔4〕　洛阳博物馆：《洛阳北魏元邵墓》，《考古》1973 年第 4 期。
〔5〕　洛阳市文物队：《洛阳孟津北陈村北魏壁画墓》，《文物》1995 年第 8 期。
〔6〕　洛阳市文物工作队：《河南洛阳市吉利区两座北魏墓的发掘》，《考古》2011 年第 9 期。
〔7〕　中国社会科学院考古研究所河南二队：《河南偃师县杏园村的四座北魏墓》，《考古》1991 年第 9 期。
〔8〕　偃师商城博物馆：《河南偃师南蔡庄北魏墓》，《考古》1991 年第 9 期。
〔9〕　偃师商城博物馆：《河南偃师两座北魏墓发掘简报》，《考古》1993 年第 5 期。
〔10〕　洛阳市第二文物工作队：《偃师前杜楼北魏石棺墓发掘简报》，《文物》2006 年第 12 期。
〔11〕　洛阳市第二文物工作队：《洛阳衡山路北魏墓发掘简报》，《文物》2009 年第 3 期。
〔12〕　洛阳市文物考古研究院：《洛阳孟津朱仓北魏墓》，《文物》2012 年第 12 期。
〔13〕　邓宏里、蔡全法：《沁阳县西向发现北朝墓及画像石棺床》，《中原文物》1983 年第 1 期。

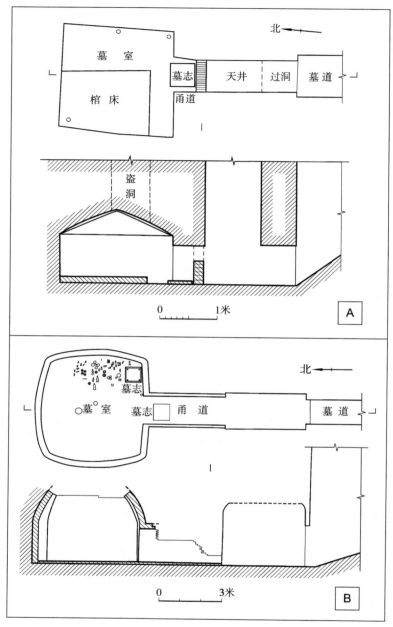

图 4-7 河南洛阳北魏墓葬平面、剖视图
A. 元邵墓 B. 吕达（通）墓

　　另外两墓做法不同，其天井宽与甬道相同，而较墓道要窄许多。似乎是天井开在长甬道之上了。

　　各有两个天井，元暐墓两天井规格一致，长3.5米、宽1.25米，杏园M1101靠近甬道的天井较大，长3.1米、宽1.15米，而南侧的天井长2米、宽1.15米。两墓墓道底部斜坡坡度一致，均直达甬道口处。第三类墓道形制较特殊，如位于孟津的侯掌墓和王温墓。侯掌墓墓道为竖井状，平面略呈梯形，长 2.24 米，宽 1.2 米，墓道底部为水平状，与甬道持平；王温墓墓道仅发掘 1.8 米长，该段宽 0.8 米，底部也为水平状，与甬道地面持平，但墓道宽度较甬道略窄，此为孤例。

土洞墓的甬道均为平面方形或长方形的拱顶式过洞，一般在甬道南端或墓道北端以砖墙封堵。

这些土洞墓墓室与甬道接口一般在南壁中部或稍偏东侧。墓室平面一般为方形或长方形，仅杏园 M4031 平面不够规则；四壁一般较平直，仅朝阳村 M15 四壁微外弧；除杏园 M4031 墓顶为拱形外，其余墓葬墓顶均为穹隆状。墓室地面一般与甬道地面持平，但也有特例，侯掌墓的墓室高出甬道 30 厘米。甬道和墓室地面一般不铺砖，唯杏园 M1101 甬道和墓室铺砖。除元邵墓外，其余诸墓未见棺床痕迹，元邵墓的棺床位于墓室西侧，长 3.5 米、宽 2～2.38 米。其余诸墓的棺也置于墓室西侧，杏园 M4031 由于墓向西，故其棺木位于墓室北侧。

洛阳北魏砖室墓主要有正始三年（公元 506 年）寇猛墓、永平四年（公元 511 年）元囧墓和司马悦墓、熙平元年（公元 516 年）元睿墓、正光五年（公元 524 年）吕达（通）墓、正光六年（公元 525 年）元怿墓、孝昌二年（公元 526 年）元义墓、联体砖厂 M2、南蔡庄 M4、杏园 M926、朱仓 M4 和 M11 以及沁阳西向石棺床墓等。墓葬也由墓道、甬道和墓室组成。其中元囧墓、吕达（通）墓（图 4-7-B）、元怿墓、元义墓、联体砖厂M2、南蔡庄 M4、朱仓 M4 和 M11 为斜坡墓道，没有天井设置。而元睿墓、杏园 M926 为长方形竖井墓道，底部为水平状，与甬道和墓室基本持平。元睿墓墓道长 4.5 米、宽 1.6米，杏园 M926 墓道长 4.7 米、宽 1.8 米。司马悦墓墓道较特殊，简报称该墓由甬道向南开出两个岔道，此种做法仅属特例，而当初的发掘似乎也未将墓道清理。沁阳西向石棺床墓的墓道情况不明。

砖室墓甬道和墓室均用砖砌筑，除联体砖厂 M2 用砖几乎全部遭盗拆外，其余诸墓甬道和墓室结构尚较清楚。甬道为长方形砖券结构，南端以砖墙封堵，北接墓室，一般开口在南壁正中。洛阳北魏墓可确定用石门封堵现象较少，元怿墓甬道中部发现一道石门框，应该设有石门；偃师南蔡庄 M4 在清理被盗扰的甬道时发现被砸碎的青灰色石门残块，显示该墓似乎原有一道石门封堵。

洛阳北魏墓墓室平面一般为方形或近方形，除司马悦墓和沁阳西向石棺床墓四壁平直外，其余诸墓四壁微外弧，墓顶一般为四角攒尖状的穹隆顶，大多已遭自然破坏或人为破坏而顶部塌毁。甬道和墓室地面一般以砖铺地，唯杏园 M926 甬道未铺砖，其高度低于墓室地面少许。这些墓中，除沁阳西向棺床墓外，其余诸墓均未见棺床痕迹。南蔡庄 M4 在墓室正中砖砌并联的两个椁室，椁室为券顶结构，隔墙上开相通的窗洞两个，椁室南壁也以砖墙封堵。司马悦墓和沁阳西向石棺床墓棺木置于墓室后壁下，其余诸墓棺木置于墓葬西壁下，与洞室墓做法相同。沁阳西向墓的棺床在墓中为横向放置，而司马悦墓棺木为顺向放置。

洛阳北魏墓葬发现有墓室壁画的有元怿墓、元义墓、王温墓和前杜楼石棺墓等。元怿墓墓室及甬道原均绘有壁画，甬道壁画保存较好，为挂剑武士形象，墓室壁画破坏无存。元义墓墓室四壁壁画中仅可看出四神图案残迹，但是穹隆顶上的星象图却保存完整，上绘星辰约 300 颗，所表现的应是一个实际的星空，此星象图是目前发现时代较早、画幅较大、星数较多的一幅星象图，是研究古代天文学的珍贵资料。王温墓仅东壁保存较好，主要表现墓主人夫妇对坐宴饮形象。前杜楼石棺墓墓室内壁涂有白灰地仗，顶部塌落的大片土块中清理出部分星象图，但绝大部分已无存。

随葬品中，陶俑是较普遍见到的，但是有几座墓未见陶俑，如董富妻郭氏墓、寇猛墓、元囵墓、司马悦墓、杏园 M4031 和 M926、沁阳西向石棺床墓等。这几座墓主要随葬少量青瓷器、陶容器、铜器皿、铜镜等。从随葬品以及墓葬形制来观察，结合几座有确切墓主人的墓葬的时代，可以确定这类墓葬在时代上较早，前节所述景陵出土物中也是类似的特征，由此可知洛阳北魏墓葬中至少早于宣武帝时期的墓葬似不随葬陶俑和模型明器，这基本上与都平城时期的葬俗相近。这几座墓葬的出土物中间偶有早期墓葬的特征物，如杏园 M4031 中出土的朱书镇墓陶罐，此做法显然承袭汉末以及魏晋时期随葬的特征；杏园 M926 中出土神兽镜也是魏晋时期较常见的东西。

元睿墓是目前洛阳北魏纪年墓中较早发现随葬陶俑的墓葬，该墓发现两具棺木，因此推定为夫妻合葬墓，由墓志文字看，似乎并非一同葬入。该墓出土陶俑数量不多，主要有挂剑武士俑、文吏俑、男女侍俑、镇墓兽、胡俑以及马、驼、牛车、鸡、狗等模型，还有灶、井、碾、灯等明器以及陶质器皿，瓷器仅见青瓷碗。不过由于该墓二死者并非一同葬入，且墓中发现的陶俑并无其他确切时代墓葬同型陶俑作为比对，故还不能断定墓中发现的陶俑是目前发掘洛阳北魏墓中时代最早的。而郭定兴墓由于为单人葬，故陶俑时代较明确，为正光三年（公元 522 年），从随葬俑的种类和造型来看，是目前可确定葬俑中最早的。此外，正光五年（公元 524 年）侯掌墓也是可明确较早随葬陶俑的典型墓葬。

（三）河北、山东地区

河北、山东地区北魏墓发现不多，且较为分散，主要是北京房山皇兴三年（公元 469 年）黄鉴墓和太和十一年（公元 487 年）墓；河北曲阳正光五年（公元 524 年）高氏墓[1]、崔楷墓[2]，景县北朝封氏墓群中的正光二年（公元 521 年）封魔奴墓[3]、河间邢氏墓群中的延昌四年（公元 515 年）邢伟墓[4]，吴桥正光六年（公元 525 年）封龙墓[5]、罗屯 M1[6]，无极正光六年（公元 525 年）甄凯墓[7]，赞皇永熙三年（公元 534

[1] 河北省博物馆、文物管理处：《河北曲阳发现北魏墓》，《考古》1972 年第 5 期。
[2] 曲阳县文物保管所：《曲阳北魏崔楷墓》，《文物春秋》2009 年第 6 期。
[3] 张季：《河北景县封氏墓群调查记》，《考古通讯》1957 年第 3 期。
[4] 孟昭林：《记后魏邢伟墓出土物及邢蛮墓的发现》，《考古》1959 年第 4 期。
[5] 卢瑞芳、刘汉芹：《河北吴桥北魏封龙墓及其相关问题》，《文物春秋》2005 年第 3 期。
[6] 河北省沧州地区文化馆：《河北省吴桥四座北朝墓葬》，《文物》1984 年第 9 期。
[7] 孟昭林：《无极甄氏诸墓的发现及其有关问题》，《文物》1959 年第 1 期；《记后魏邢伟墓出土物及邢蛮墓的发现》，《考古》1959 年第 4 期。

年）李仲胤墓、李翼墓等[1]；山东德州神龟二年（公元519年）高道悦墓[2]，寿光孝昌
元年（公元525年）贾思伯墓[3]，淄博永熙三年（公元534年）傅竖眼墓[4]，临淄崔氏
墓群中的延昌四年（公元515年）崔猷墓（M15年）[5]，孝昌元年（公元525年）崔鸿墓
（M1）、M10、M16、M17[6]等。

　　河北、山东地区发现的北魏墓葬，仅少数几座为正规发掘，其余均为遭盗扰后的抢救
性清理。所以在发表的简报或报告中对于整个墓葬情况的描述就很有限了。而且除北京黄
鉴墓、吴桥罗屯M1、临淄M1和M10等外，其余墓葬均未附平面、剖面图，这对于墓葬
形制的类比增加了难度。

　　目前，这一地区发现的北魏墓多数为砖室墓或石室墓，也有少量土洞墓和竖穴土坑
墓，砖室墓主要集中在河北地区，山东寿光贾思伯墓也是砖室。这些砖室墓均为单室，以
吴桥罗屯M1为例，该墓有砖砌券顶短甬道，甬道两端各有一道封门砖墙，墓室平面做圆
角长方形，长4.25米、宽4.05米，顶部已残，墓室内未见铺地砖，墓门位于南壁正中。
墓室内出土男性头骨一个、女性头骨两个，应为夫妻合葬墓，该墓出土一些陶俑、动物模
型和模型明器。邢伟墓墓室也略作方形，穹隆顶，墓门开在南壁正中偏东的位置，墓中发
现三具人骨，根据墓志记载，推测应为墓主邢伟与夫人封氏和继夫人房氏，该墓出土物主
要为少量青瓷器和陶质器皿。封魔奴墓也为单室，近方形，墓门位于南壁正中，墓室内西
侧置放骨架一具，墓志位于南壁下偏西处头骨前方，墓内出土一组铜器，有瓶、托杯、
釜、洗、盘、镣斗、香熏、器座、铜镜及少量青瓷碗等。曲阳高氏墓也为单室，出土物有
少量单模陶俑和瓶、灯、镣斗、碗、碟、盅等铜器。

　　贾思伯墓是山东发现北魏墓中唯一的砖室墓，该墓平面圆角方形，边长约4.5米，穹
隆顶，墓室壁面原有壁画，惜已漫漶不清。墓室地面铺砖，棺床位于墓室西北角，双层砖
铺成，该墓出土较多陶俑、动物模型和陶质器皿，但大部分已经因火候过低而破碎。

　　临淄崔氏墓群中的墓葬均为石块垒砌而成，其中可确定为北魏墓的有M1（图4-8-A）、
M10、M15、M16（图4-8-B）、M17。M1为崔鸿及其夫人的合葬墓，崔鸿葬于孝昌元
年（公元525年），其妻合葬于东魏天平四年（公元537年）。该墓墓室平面呈圆形，墓门
开在南壁，门向外凸出。墓壁以不规则条石斜砌垒叠而成，穹隆顶，墓室内径5.8米，高
7.3米，墓室中部用碎石砌成棺床，棺床纵向，外端近似"凸"形。墓门由两门柱和上方
的门楣组成，门洞内用四块方石上下并排封堵。该墓曾遭盗掘，出土少量单模陶俑、动物
模型、陶质器皿和明器等。M10与M1墓葬形制相同，但无墓志，出土少量陶俑，包括十
二生肖俑、武士俑的造型都是前所未见的。此外还有陶质生活器皿、明器、钱币以及云

〔1〕　中国社会科学院考古研究所河北工作队、北京大学考古文博学院：《河北赞皇西高北朝家族墓地考
　　　　古发掘与收获》，《中国文物报》2011年3月25日第4版。
〔2〕　秦公：《释北魏高道悦墓志》，《文物》1979年第9期。
〔3〕　寿光县博物馆：《山东寿光北魏贾思伯墓》，《文物》1992年第8期。
〔4〕　张光明：《山东淄博市发现北魏傅竖眼墓志》，《考古》1987年第2期。
〔5〕　临淄市博物馆、临淄区文管所：《临淄北朝崔氏墓地第二次清理简报》，《考古》1985年第3期。
〔6〕　山东省文物考古研究所：《临淄北朝崔氏墓》，《考古学报》1984年第2期。

母金箔等。M15 墓主为崔猷，墓中出土物有青瓷
水盂、青瓷碗、青瓷杯、素烧带盖瓷罐、铜印和
铜镳斗等，发掘简报称 1983 年发掘的包括 M15
在内的五座墓中均发现泥俑，因过于破碎而无法
取出。M16 和 M17 均未发现墓志等文字资料，
M16 出土有瓷盘口壶、双鼻罐和五铢、泥俑等，
M17 出土有十二生肖俑和素烧瓷盘等，根据出土
遗物可断定这两墓时代为北魏。

　　从这些墓葬出土随葬品来看，赞皇太和二十
年（公元 496 年）李元茂墓[1]是纪年最早随葬
陶俑的墓葬，陶俑类型和风格均与平城北魏早期
墓葬较为一致。其他纪年较早的邢伟墓和封魔奴
墓均未见陶俑，而以铜器和陶瓷器为主，这与同
一时期洛阳地区北魏墓随葬品的习俗基本接近。
其余几座墓葬时间很接近，从陶俑类型和风格来
看，可确定为单人葬的曲阳高氏墓以及合墓葬中
的崔鸿墓、贾思伯墓的陶俑似可确定为一次葬
入，其共同的特征是一般都有镇墓类的镇墓兽和
镇墓武士俑，唯贾思伯墓在可复原的俑中未见镇
墓武士俑。吴桥罗屯 M1 虽出土陶俑数量不多，
也有镇墓兽和镇墓武士俑，这些镇墓武士俑的基
本特征接近，均为戴胄披甲、右臂下垂执物、左
臂上举握拳的姿态。高氏墓和罗屯 M1 出土的镇
墓兽均为人面、兽面各一，而崔鸿墓和贾思伯墓
各出土一件镇墓兽，前者头部已失，后者为兽
面。这些武士俑和镇墓兽虽具有接近的造型，表
明在制作上似有一个蓝本，但在细部的表现上则
有较大的随意性。其他类型的陶俑各墓一般出土
不多，主要有身着裤褶、头扎巾或头戴帻、身穿
袴褶的文武侍从俑以及胡俑、女俑等。罗屯 M1
出土的这些俑中，同一类俑可分为几种不同的造

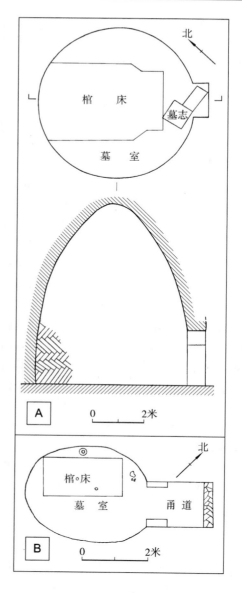

图 4-8　山东临淄北魏崔氏墓葬
A. M1（崔鸿墓）平面、剖视图　B. M16 平面图

型或在服饰上有所区别，由于属于合葬墓，令人对其是否一次葬入表示怀疑。

　　临淄 M10 出土的随葬品较为独特，该墓墓葬形制与崔鸿墓相同，但未发现墓志，其
出土陶俑的制作方法与洛阳永宁寺塔出土影塑风格接近，而十二生肖俑及那种姿态的镇墓

［1］　中国社会科学院考古研究所河北工作队、北京大学考古文博学院：《河北赞皇西高北朝家族墓地考
　　　古发掘与收获》，《中国文物报》2011 年 3 月 25 日第 4 版。

武士俑也是首次发现。永宁寺的创建年代为北魏熙平元年（公元 516 年），但是文献中并无佛塔竣工时间的记录，因此塔上影塑的制作年代不敢妄断，但由塔基一次出土大量风格相同的影塑来看，似应在建塔之初就已制作。临淄 M10 时代虽比临淄 M15 稍晚，但由于M15 发现的泥俑无法复原，因此该墓这组陶俑在目前河北山东地区发掘的北魏墓中可算是时间最早的。

（四）关中及以西地区

关中地区北魏墓葬发现不多，主要有西安任家口正光四年（公元 523 年）邵真墓[1]、永熙二年（公元 533 年）韦辉合墓、永熙三年（公元 534 年）韦乾墓[2]，长安县韦曲镇两座北魏墓[3]，华阴熙平二年（公元 517 年）杨舒墓[4]；宁夏彭阳新集两座北魏墓[5]、固原雷祖庙北魏墓[6]以及甘肃张家川"大赵神平二年"（公元 529 年）王真保墓[7]等。

这一地区的北魏墓葬形制主要有土洞墓和砖室墓两类，土洞墓包括西安韦辉合墓、韦乾墓，长安县韦曲镇和彭阳新集北魏墓等 6 座墓葬，均为带有天井的长斜坡墓道的土洞墓结构。

除韦辉合墓、韦乾墓和新集 M1 外，其余三座墓葬墓道两壁均非直壁，而是分别留有若干个，其中新集 M2 的墓道及生土台的设置更接近于洛阳枕头山西晋陵园内 M4 的结构[8]，然而两壁并不对称，东壁四层，西壁三层；墓道及的北端为最南端的 1 号过洞。

韦曲镇两座墓的墓道开口则将天井及过洞全部包括在内，这两座墓的墓道细部结构仍有差别，M1 的长斜坡墓道有三层，然而其第三层土台向北仅抵达过洞南壁。M2 的墓道仅两层，斜坡墓道南端开始为几层台阶，向北连接坡道。这两座墓均只有一个天井，天井开口在墓道北端，为窄长形状，直壁，其宽度一般与墓道最下层宽度接近，纵向则较长。天井南侧各有一过洞，过洞上方及其南侧壁均有土刻建筑模型。M1 的过洞上方之房屋模型坐落于过洞上的生土方台上（图 4-9），东西 2.8 米、南北 2.3 米，建筑结构为四阿式，四角略带飞檐，房屋面阔三间，正面刻出门、直棂窗，屋檐下彩绘枋、檩头、斗栱等。过洞南壁由上而下作三层向外凸出，每层外壁各雕刻一建筑模型的正面。在天井北侧相当于甬道正上方的位置，也有一土刻建筑模型，其形制与过洞上方建筑模型相同。这两座墓葬的墓室均为前堂后室，其甬道前端即为天井的北壁向下位置，韦曲镇 M1 墓室所在轴线与墓道不同，而是向西偏折，前堂后室平面均近方形，四壁平直，高度不明，前堂东西 2.9～3.2 米，南北 3.1 米；后室东西 3.1～3.4 米，南北 3 米。M2 墓室也为前堂、后室，

[1]　陕西省文物管理委员会：《西安任家口 M229 号北魏墓清理简报》，《文物参考资料》1955 年第 12 期。

[2]　西安市文物保护考古所：《西安南郊北魏北周墓发掘简报》，《文物》2009 年第 5 期。

[3]　陕西省考古研究所：《长安县北朝墓葬清理简报》，《考古与文物》1990 年第 5 期。

[4]　陕西省地方志编纂委员会编：《杨舒墓》，《陕西省志·文物志》第 101 页，三秦出版社，1995 年。

[5]　宁夏固原博物馆：《彭阳新集北魏墓》，《文物》1988 年第 9 期。

[6]　宁夏固原博物馆：《固原北魏墓漆棺画》，宁夏人民出版社，1988 年。

[7]　秦明智、任步云：《甘肃张家川发现"大赵神平二年"墓》，《文物》1975 年第 6 期。

[8]　中国社会科学院考古研究所洛阳汉魏故城工作队：《西晋帝陵勘察记》，《考古》1984 年第 12 期。

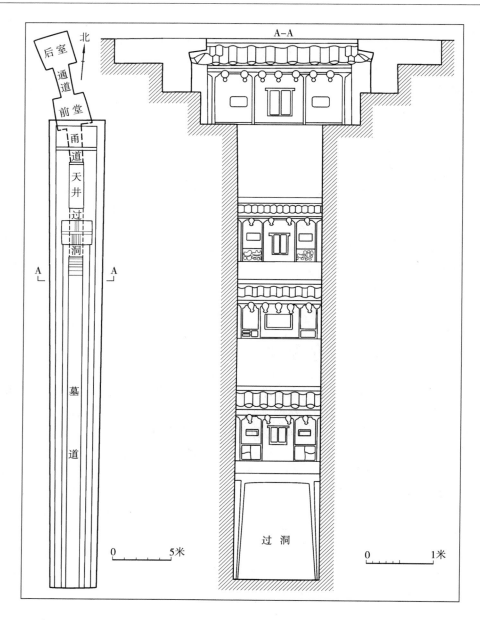

图 4-9　陕西长安韦曲镇 M1 平面、剖视图

墓室基本呈方形,在前堂东壁有一侧室,进深 1.8 米、面阔 0.6 米,前堂西壁下还有一约 1 米见方的生土台,高 0.3 米。

彭阳新集 M2 是具有双天井的墓,其两侧带生土台的斜坡墓道结构与洛阳枕头山西晋陵区 M4 墓道结构相似。墓道水平长度 38.5 米,其北端下方为第一过洞的南端位置。第一天井宽 2.5 米,长 3.8 米,在距天井底部约 1 米处,两壁上各开一小龛,小龛底部距墓道底部有一定距离。该墓墓室顶部塌毁,墓室部分与第二天井连在一起,已看不出甬道痕迹，墓室平面略呈梯形，北壁较宽，南北 2.6 米，东西 4～4.7 米。

新集 M1 也为双天井设置，该墓墓道两壁没有倒土台，所以天井宽度与墓道宽度基本相同。其第二天井的结构较特殊，该天井开口处为一较大的长方形土圹，长 11.8 米，宽 6.48 米，深 1 米。土圹南部为一座长方形土筑房屋模型，仅靠近土圹的后半部分，可见前低后高的瓦垄痕迹；土圹北部为一保存较完整的长方形土筑房模型，长 4.84 米，宽 2.9 米，高 1.88 米，为三开间两面坡式结构。土圹南北两端的房屋模型之间为第二天井开口，长 6.2 米，宽 4.6 米，天井四壁向下内收两次，底部长 3.35 米，宽 1.28 米。第一天井较简单，为直壁结构，但是因开口处不平整，故不甚规整。该墓墓道斜坡坡度一直延伸到第二天井南侧，第二天井底部地面为水平状，与甬道和墓室持平。甬道位于第二天井和墓室之间，较短，高 1 米，宽 0.56 米，长仅 0.56 米，甬道内有土坯封门残迹。墓室由于已经塌毁，结构无从得知。四壁壁面不甚规整，现存墓室为狭长条形，两头宽中间窄，南北 6.6 米，最宽处 3.15 米，最窄处 2.62 米，发掘者推测该墓原应为前堂后室。

韦辉合墓和韦乾墓坐北朝南，墓道呈长斜坡状，均只有一个天井，天井位于靠近甬道处，与墓道、甬道等宽，但天井底部与斜坡墓道保持同一斜度，也即斜坡墓道直到甬道口处截止。韦辉合墓墓室平面呈横长方形，长 4.4 米，宽 3.6 米。韦乾墓墓室平面略呈梯形，南窄北宽，长 3.6 米，宽 3.64～3.8 米。

这几座土洞墓除新集 M2 外，其余均出土有陶俑，韦曲镇两座墓出土的陶俑则较少，且种类简单，不过都有镇墓武士俑这一类型，且造型高大，M1 还有数件男女侍俑，造型接近晋墓风格。而这两座墓其他随葬品大致相同，M1 出土有陶碗、灶、井、仓、灯、牛、羊和车等。M2 有陶罐、甑、鸽、犬、猪、马、鸭、磨、臼、仓、灯、车等。

彭阳新集两座墓中，M2 被盗一空，M1 出土物较丰富，主要为 100 余件陶俑，包括军卒武士俑、风帽仪仗俑、文吏俑、鼓乐俑、男女侍仆俑、甲骑具装俑等，以及犬、鸡等动物模型，仓、磨、碓、灶、井等模型明器，陶罐、盆、甑、钵、灯盏等日用陶器，还有敞棚牛车和卷棚牛车陶模型各一套。

韦辉合墓出土陶俑和陶模型器 80 件，包括镇墓兽、武士俑、风帽俑、骑马俑、男女侍俑等以及仓、井、磨、骆驼、牛车等陶模型器。韦乾墓出土陶俑数量更多，达到 129 件，其组成情况与韦辉合墓基本一致。

关中地区发现的砖室墓也不多，且无大型墓，均为单室结构，宁夏固原雷祖庙漆棺画墓是目前发现的北魏迁洛之前关中地区唯一一座砖室墓，该墓为斜坡墓道单室墓，有甬道设置，墓道长 16 米，甬道长 2.9 米，高 1.45 米，宽 1.06 米，券顶结构。墓室方形，边长 3.8 米，顶高 3.9 米，叠涩穹隆结构。该墓出土物有陶器皿和铜镰斗、壶、钫、炉等以及棺饰，铁工具、兵器，而彩绘漆棺则是北魏画迹的重要发现。

杨舒墓位于陕西华阴县，也是斜坡墓道单室砖墓，甬道外端上方有仿木结构砖砌门楼，甬道内有两道封门砖墙，墓室为 4.4 米见方，四角有砖砌角柱，墓室西部设砖砌棺床，地面铺砖。该墓出土物绝大多数为陶瓷器皿，有瓷盘、唾壶，陶盘、碗勺、盆、豆、长颈瓶、盘口壶等，还有陶仓、灶、磨、碓等模型明器以及鸡、犬等动物模型，还有马车模型等。墓主杨舒为北魏弘农杨氏家族成员，死时为北魏镇远将军、华州刺史，葬于熙平二年（公元 517 年）。

西安任家口邵真墓葬于正光元年（公元 520 年），该墓规模很小，砖砌单室，穹隆顶，墓中出土数件陶俑，其中有镇墓武士俑和镇墓兽，是关中地区北魏墓中较早的例子。

另一座发现于甘肃张家川的"大赵神平二年"王真保墓，由墓道、甬道和墓室组成，甬道和墓室为砖砌，甬道券顶结构，高 1.55 米，宽 1.2 米，长 2.5 米；墓室横长方形，东西 3.56 米，南北 2.55 米，顶高 3.4 米。墓中出土物有陶罐、碗、壶等器皿，铜壶、镶斗、铁灶、铜釜甑以及银碗、铜镜、铁刀、铜幡首等。该墓出土墓志并未放置在墓室内，而是在墓门外券顶上部。根据墓志文字分析，墓志题刻的"大赵神平二年"应为北魏永安二年（公元 529 年），而墓主王真保的卒年应稍早，约在北魏孝文帝和宣武帝时期，即公元 515 年之前，而其所葬之年也应在这一时期。

第二节　东魏北齐墓葬

（一）河北、河南地区

邺城作为东魏北齐的都城，其西北的皇陵区是主要墓葬区，此皇陵区位于河北磁县境内漳河与滏阳河之间的区域内，目前仍有不少高大的封土，已知有墓葬 130 余座，被称为"磁县北朝墓群"。该墓群包括当时东魏元氏和北齐高氏的陵区以及周围一些勋臣、贵族的族葬墓地[1]。但是在 20 世纪初以前的相当长的一段时间内，这些墓群被传说为曹操的"七十二疑冢"。20 世纪二三十年代，随着京汉铁路的修建，这里的墓葬遭到大肆盗掘，许多随葬品被盗运国外，墓中出土了许多墓志，证明这些墓葬属东魏北齐皇室贵族。墓志大多流散国内，也有些目前保存在辽宁省博物馆等地。20 世纪 50 年代当地文物部门配合铁路改道工程，开始对这里进行调查，并抢救发掘其中几座墓，有的还出土了墓志，如1957 年发掘的北齐太宁二年（公元 562 年）齐故司马氏太夫人比丘尼垣南姿墓等[2]，进一步确证这里为东魏北齐墓葬区。此后将近二十年的时间内这里并无其他墓葬发掘，迨至20 世纪 70 年代，又发掘几座墓葬，如 1974 年发掘的东魏武定五年（公元 547 年）赵胡仁墓[3]，1975 年发掘的北齐天统三年（公元 567 年）尧峻墓[4]，1975 年发掘的北齐武平七年（公元 576 年）文昭王高润墓[5]，1978～1979 年发掘的东魏武定八年（公元 550年）茹茹公主墓[6]，1978 年清理的北齐天保四年（公元 553 年）元良墓[7]和武平元年

［1］　马忠理：《磁县北朝墓群——东魏北齐陵墓兆域考》，《文物》1994 年第 11 期。
［2］　河北省文物管理委员会：《河北磁县讲武城古墓清理简报》，《考古》1959 年第 1 期。
［3］　磁县文化馆：《河北磁县东陈村东魏墓》，《考古》1977 年第 6 期。
［4］　磁县文化馆：《河北磁县东陈村北齐尧峻墓》，《文物》1984 年第 4 期。
［5］　磁县文化馆：《河北磁县北齐高润墓》，《考古》1979 年第 3 期。
［6］　磁县文化馆：《河北磁县东魏茹茹公主墓发掘简报》，《文物》1984 年第 4 期。
［7］　磁县文物保管所：《河北磁县北齐元良墓》，《考古》1997 年第 3 期。

（公元 570 年）李胜难墓[1]，1983 年清理的北齐武平二年（公元 571 年）元始宗墓[2]以及 1987～1989 年发掘的湾漳北朝壁画墓[3]。进入 21 世纪以后，为配合南水北调中线工程建设，2005～2012 年先后发掘了 M63[4]、M72[5]、M001[6]、M002[7]、M26[8]，东魏天平四年（公元 537 年）元祜墓（M003）[9]和北齐高孝绪墓（M39）[10]等。

除了属于东魏北齐皇陵区内的墓葬外，位于当时漳河南岸、现主要属于河南安阳境内区域也发掘了一些东魏北齐墓葬，如 1971 年在安阳县洪河屯发掘的北齐武平六年（公元 575 年）范粹墓[11]、1971 年在安阳县清峪村发掘的北齐武平七年（公元 576 年）文宣帝高洋妃颜玉光墓[12]以及 1975 年发掘的北齐天统四年（公元 568 年）和绍隆夫妇墓[13]。2005～2007 年，河南省文物考古研究所为配合南水北调中线工程建设在安阳县安丰乡固岸墓地发掘了一大批东魏北齐墓葬，据报道其中有东魏墓葬 50 座、北齐墓葬 92 座[14]。2006～

[1] 张利亚：《磁县出土北齐愍悼王妃李尼墓志》，《文物春秋》1997 年第 3 期。

[2] 元始宗墓的资料至今未发表，马忠理在《磁县北朝墓群——东魏北齐陵墓兆域考》（《文物》1994 年第 11 期）一文中有记述："齐外兵参军元始宗墓位于讲武城乡北孟庄村南百余米处，编号 M87。1983 年清理发掘，出土彩绘陶俑、青瓷器、玉猪、常平五铢及墓志一合"。

[3] A. 中国社会科学院考古研究所、河北省文物研究所 邺城考古工作队：《河北磁县湾漳北朝墓》，《考古》1990 年第 7 期。

B. 中国社会科学院考古研究所、河北省文物研究所：《磁县湾漳北朝壁画墓》，科学出版社，2003 年。

[4] 朱岩石、何利群：《河北磁县北朝墓群发掘 M63 及十六国窑址》，《中国文物报》2007 年 7 月 27 日第 2 版。

[5] 河北省文物研究所：《河北考古重要发现（1949～2009）》，科学出版社，2009 年。

[6] 徐海峰、佟宇喆、王法岗：《河北磁县又发掘一座东魏皇族墓葬》，《中国文物报》2008 年 5 月 9 日第 5 版。

[7] 该墓为目前发现磁县北朝墓群中位置最南墓葬，具有重要地标意义。资料存磁县文物保管所。

[8] 资料存河北省文物研究所。

[9] A. 朱岩石、何利群：《河北磁县发现东魏皇族元祜墓》，《中国文物报》2007 年 7 月 11 日第 2 版。

B. 中国社会科学院考古研究所河北工作队：《河北磁县北朝墓群发现东魏皇族元祜墓》，《考古》2007 年第 11 期。

C. 朱岩石、何利群、沈丽华：《河北磁县北朝墓群发现东魏元祜墓》，《2007 中国重要考古发现》，文物出版社，2008 年。

[10] 张晓峥、张小沧：《河北磁县北齐高孝绪墓》，《2009 中国重要考古发现》，文物出版社，2010 年。

[11] 河南省博物馆：《河南安阳北齐范粹墓发掘简报》，《文物》1972 年第 1 期。

[12] 安阳县文教局：《河南安阳县清理一座北齐墓》，《考古》1973 年第 2 期。

[13] 河南省文物研究所、安阳县文管会：《安阳北齐和绍隆夫妇合葬墓清理简报》，《中原文物》1987 年第 1 期。

[14] 综合报道的文章有：

A. 潘伟斌：《河南安阳固岸墓地考古收获大》，《中国文物报》2007 年 3 月 16 日第 5 版。

B. 潘伟斌、聂凡、裴涛：《河南安阳固岸北朝墓地考古发掘的重要收获及认识》，《中国文物报》2007 年 12 月 7 日第 5 版。

C. 中国社会科学院考古研究所、河北省文物研究所、河南省文物考古研究所：《河北磁县东魏元祜墓与河南安阳固岸东魏北齐墓地》，《中国文物报》2008 年 4 月 11 日第 7 版。

D. 河南省文物考古研究所：《河南安阳固岸墓地考古发掘收获》，《华夏考古》2009 年第 3 期。

2008 年，安阳市文物考古研究所为配合南水北调工程安阳段的建设项目也发掘了一批东魏北齐墓葬[15]，其中不乏明确纪年者，如东魏天平三年（公元 536 年）赵明度墓[16]、北齐天统五年（公元 569 年）元宝□墓、武平元年（公元 570 年）薛将军妻叔孙多奴墓、武平三年（公元 572 年）贾进墓[17]和刘通墓、武平四年（公元 573 年）刘贵墓和贾宝墓，以及武平六年（公元 575 年）李华墓等。此外，这一地区东魏北齐墓还包括 1958 年河南濮阳发掘的北齐武平七年（公元 576 年）李云墓[18]和 2005 年清理的武平七年（公元 576 年）李亨墓[19]以及 2011 年河北永年发现的东魏元象元年（公元 538 年）游松墓[20]等。

东魏北齐盛行族葬制度，不少世家大族人士死后都归葬故里，目前属于河北境内的若干东魏北齐墓葬也属于以邺城为中心的墓葬分布区之内，主要墓葬有景县东魏天平四年（公元 537 年）高雅墓[21]，吴桥东魏武定三年（公元 544 年）封柔与其妻毕氏、崔氏合葬墓[22]，景县武定五年（公元 547 年）高长命墓[23]，景县封氏墓群中的东魏兴和三年（公元 541 年）封延之墓[24]、北齐河清四年（公元 565 年）封子绘墓[25]，吴桥北齐武平二年（公元 571 年）常文贵墓[26]、吴桥罗屯四座北朝墓中的 2 号和 3 号墓[27]，赞皇东魏武定二年（公元 544 年）李希宗夫妇合葬墓[28]，平山北齐天统二年（公元 566 年）崔昂墓等[29]。

　　　　其中 M51 和 M2 已发表简报：
　　A. 河南省文物管理局南水北调文物保护办公室、河南省文物考古研究所：《河南安阳市固岸墓地Ⅱ区 51 号东魏墓》，《考古》2008 年第 5 期。
　　B. 河南省文物考古研究所：《河南安阳县固岸墓地 2 号墓发掘简报》，《华夏考古》2007 年第 2 期。
〔15〕河南省文物局：《安阳北朝墓葬》，科学出版社，2013 年。
〔16〕河南省文物管理局南水北调文物保护办公室、安阳市文物考古研究所：《河南安阳县东魏赵明度墓》，《考古》2010 年第 10 期。
〔17〕A. 孔德铭：《河南安阳发现完整的北齐贾进墓》，《中国文物报》2008 年 11 月 21 日第 2 版。
　　B. 河南省文物管理局南水北调文物保护管理办公室、安阳市文物考古研究所：《河南安阳县北齐贾进墓》，《考古》2011 年第 4 期。
〔18〕周到：《河南濮阳北齐李云墓出土的瓷器和墓志》，《考古》1964 年第 9 期。
〔19〕张文彦：《濮阳县达河寨北齐李亨墓发掘报告》，《濮阳考古发现与研究》，中国科学技术出版社，2005 年。
〔20〕乔登云：《魏赠骠骑大将军冀州刺史游松墓志铭考释》，《文物春秋》2012 年第 6 期。
〔21〕河北省文管处：《河北景县北魏高氏墓发掘简报》，《文物》1979 年第 3 期。
〔22〕张平一：《河北吴桥县发现东魏墓》，《考古通讯》1956 年第 6 期。
〔23〕河北省文管处：《河北景县北魏高氏墓发掘简报》，《文物》1979 年第 3 期。
〔24〕张季：《河北景县封氏墓群调查记》，《考古通讯》1957 年第 3 期。
〔25〕张季：《河北景县封氏墓群调查记》，《考古通讯》1957 年第 3 期。
〔26〕沧州地区文化局：《黄骅县北齐常文贵墓清理简报》，《文物》1984 年第 9 期。
〔27〕河北省沧州地区文化馆：《河北省吴桥四座北朝墓葬》，《文物》1984 年第 9 期。
〔28〕石家庄地区革委会文化局文物发掘组：《河北赞皇东魏李希宗墓》，《考古》1977 年第 6 期。
〔29〕河北省博物馆、河北省文物管理处：《河北平山北齐崔昂墓调查报告》，《文物》1973 年第 11 期。

目前发现的以邺城为中心的东魏北齐墓葬，土洞墓发现近300座，占墓葬总数的90%以上，中大型墓葬仅有元祐墓、元良墓、比丘尼垣墓、贾进墓、范粹墓和李华墓等，其余如固岸 M2、M23、M48、M57 等多数为小型土洞墓。

元祐墓是磁县北朝墓群目前发现纪年最早且为数不多的东魏时期墓葬之一，该墓未被盗掘，地表原残存封土，高约1.8米，墓葬由斜坡墓道、过洞、天井、甬道和墓室组成（图版13-1），全长约25.5米。墓葬中设置天井在邺城地区较为少见，元祐墓天井位于过洞与甬道之间，天井开口部形状不甚规则，有曾经坍塌的迹象，底部为斜坡状，与过洞地面坡度一致。天井南北长2.95~3.5米，东西宽0.65~1米，深8.6~9.2米。天井北端、甬道南北两侧各有一道封门墙，由三重砖构成。甬道全长2.7米，宽0.83米，高1.75米。土洞墓室平面近方形，东西长4.5~4.7米，南北宽4.3~5米，地面平铺青砖，墓室地面距北朝地面深达9.2米，墓室顶部塌落无存。元祐墓过洞入口立面、甬道入口上方和墓室四壁均残存壁画，内容包括仿木构门楼、青龙、白虎、仪卫和围屏坐榻等。墓室中发现完全朽坏的一棺一椁，棺椁位于墓室西侧，棺内有一具人骨。棺椁之东分布有随葬的陶俑、模型明器、陶瓷器、墓志等各类遗物190余件，其中彩绘陶俑有144件，种类有镇墓兽、仪仗侍卫俑、镇墓按盾武士俑、甲骑具装俑、家内侍仆俑等。出土墓志记载："公讳祐，字保安，河南洛阳人……葬于邺都城西、漳河之北皇宗陵内"，明确了北朝墓群中东魏皇宗陵的地域所在，是进行磁县北朝墓群布局研究的一个重大突破。小型墓如固岸 M2 由斜坡墓道、甬道和墓室组成，全长10.75米，墓室平面呈梯形，长2.6~2.9米，宽2.1米，棺木横放于墓室北部，出土遗物以陶器为主，也有部分瓷器、铜器、铁器和骨器等。

邺城地区发现带斜坡墓道的砖室墓有30余座，虽然数量不多，但多为大型墓葬。墓葬结构以单室砖墓为主，双室砖墓仅李希宗墓和高长命墓两例。单室墓中较为特殊的是高雅墓，在北壁和东壁上各开一壁龛以为棺室，内各容棺木一具。

单室砖墓因墓主身份不同而规模差别较大，其中规模最大的当属湾漳北朝壁画墓，该墓由斜坡墓道、甬道和墓室组成（图4-10），全长52米，斜坡墓道水平长度37米，上口宽3.38米，下底宽3.36~3.62米，坡度14度，墓道南端高0.36~0.42米，北端连接甬道处深8.86米，墓道两壁系用土坯垒砌而成，土坯外抹草拌泥，再抹草拌泥和白灰。墓道地面还在白灰地面上彩绘地画。因该墓墓道规模巨大，为了防止塌毁，在抹白灰墙皮之前，于两壁设对称的长条形撑板，中间以柱支撑，墓道内共设撑板8个，这样在两壁各留下8个对应的长条形板痕，板痕部位没有白灰和壁画。磁县北朝墓群中墓道发掘较完整的还有茹茹公主墓（图4-11），该墓是目前发现规模仅次于湾漳墓的，其墓道全长22.79米，上口宽3.9米，下底宽2.8米，连接甬道处深6.70米，因墓道两壁坡度较湾漳墓稍大，且墓道较短，故未见加固措施。高润墓墓道未作发掘，简报中仅称墓道长约50米。河北地区其他东魏北齐墓的墓道多未发掘，故其具体结构不明。

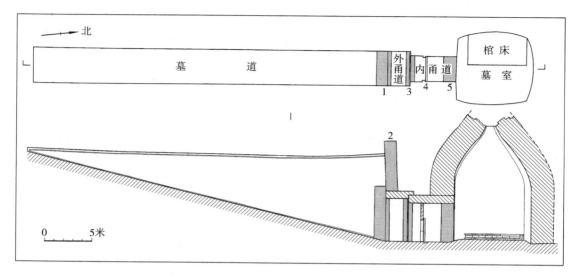

图 4-10   河北磁县湾漳北朝壁画墓平面、剖视图
1. 封门墙   2. 门墙   3. 封门墙   4. 石门   5. 封门墙

湾漳墓甬道南接墓道，为直壁券顶砖砌结构，全长 6.7 米，可分为内、外两段，外甬道进深 2.22 米，宽 3.53 米，高 4.34 米；内甬道进深 4.48 米，宽 2.65 米，高 3.9 米。外甬道南端券顶之上有砖砌压券门墙，该门墙高出券顶 5.06 米，宽 6 米，厚 1.25 米，门墙顶部超出墓道上方高度，门墙正面正对墓道，墙面抹白灰，并绘有壁画。茹茹公主墓的甬道结构与湾漳墓相同，其内外甬道总长 5.76 米，其中外甬道所占比例较小。茹茹公主甬道外也有一道压券门墙设置，门墙高 1.98 米，宽 4.34 米，其顶部与墓道口部平齐，较为特殊的是，该门墙往北 1.82 米在甬道券顶之上还砌有一道较矮的腰墙，这种结构是其他墓中没有见过的。其他墓葬的甬道部分均无内外甬道之分，如高润墓甬道为长方形券顶结构，进深 5.62 米，宽 1.86 米，高 2.55 米，甬道南端外也有砖砌压券门墙一道，宽 4.05 米，厚 0.7 米，残高 1.15 米。

甬道内的封堵设施，各墓也不尽相同，以湾漳墓和茹茹公主墓最为复杂，两墓在外甬道南端、内外甬道交接处和内甬道北端各设封堵砖墙一道，同时在内甬道中部还有封门一道。湾漳墓的外甬道口封门位于墓道和甬道衔接处，以四层砖顺向垒砌而成，其中墓道内三层砖，甬道内一层砖，总厚度达 1.6 米，砌于墓道内的封砖高度超出甬道券顶。中部封门墙位于内外甬道衔接处，在内外甬道中各有一层砌砖，厚度 0.88 米；最北的封门墙北段与甬道北口平齐，为三层砖砌就，厚度 1.25 米。茹茹公主墓三道封门墙分别为三层砖、二层砖和三层砖。高润墓甬道内有两道封堵砖墙设置，分别位于距甬道南口 1.02 米和甬道北口 0.3 米处。

湾漳墓石门位于内甬道中段，由半圆形门楣、立颊和门扇组成，门楣与甬道券顶之间的缝隙之间以砖封填。门楣上有彩绘，石门上各有一个鎏金铁门环，门扇上以朱红色彩绘，并有 5 排门钉标示。在石门外甬道两壁上各有一个相对的方形孔槽设施，参照太原娄睿墓结构可知此当为封闭石门之用。茹茹公主墓的封门也设置于内甬道中部，由半圆形石

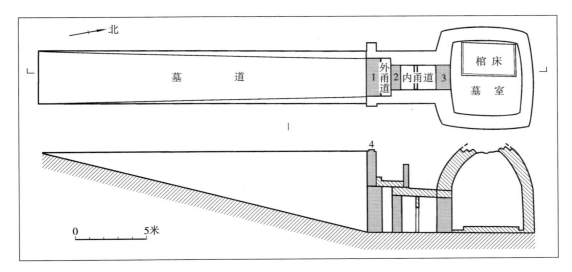

图 4-11　河北磁县东魏茹茹公主墓平面、剖视图

1~3. 封门墙　4. 门墙

门楣和两根方形立颊组成，门外甬道两壁也各有一个封门所设孔槽，但是该墓未发现门扇，使得封门成为虚设。高润墓在两道封墙之间也有石质封门一道，由半圆形石门楣和两扇石门组成，并无立颊设置，门楣两段直接插入甬道的砖壁间。磁县发掘的北齐元良墓也有石门设置。

　　磁县尧赵氏墓和尧峻墓显然规格稍低，二墓墓道均未发掘，甬道均为长方形砖砌券顶结构，但尧峻墓甬道内南北高度差异较大，南端高 1.74 米，北端高 2.28 米，此种情况很少见。尧峻墓甬道南端外也设有压券门墙，门墙高 2.95 米，正面白灰墙上彩绘壁画。尧赵氏墓和尧峻墓均在甬道南口处设置封堵砖墙，尧赵氏墓封墙为二层砖砌结构，尧峻墓为三层砖砌封墙。尧峻墓在甬道内还有石质封门一道，由半圆形石门楣、立颊和石门扇组成，惜已遭破坏。

　　磁县境内的几座东魏北齐大墓墓室均为近方形穹隆顶结构，四壁稍外弧，如湾漳墓墓室东西 7.4 米，南北 7.56 米，内部残高 11.8 米，复原高度 12.6 米；茹茹公主墓为东西 5.58 米、南北 5.23 米，因墓顶被破坏，高度不详。高润墓为东西 6.45 米，南北 6.4 米，因墓室顶部结构被破坏严重，情况不详；尧赵氏墓为东西 4.26 米，南北 4.8 米，高 4.36 米；尧峻墓为东西 4.52 米，南北 4.38 米，高度不明。各墓墓壁厚度不一，湾漳墓墓壁厚度 2.2 米，由五层砖砌就，是目前发现北朝墓葬墓壁最厚的；高润墓墓壁下部以单砖垒砌，穹隆顶处加为双砖，厚 62 厘米；尧峻墓为单砖砌壁，厚度约在 36 厘米。

　　磁县各墓墓室和甬道地面均以石板或砖铺砌，且大多有棺床设置。湾漳墓墓室和甬道均以方形石板铺砌，极为考究，墓室西侧有须弥座石质棺床，棺床紧贴墓室西壁，长 5.82 米，宽 3~3.8 米，高 0.615 米；棺床以青石围边，内铺白色或灰白色石板，棺床上面用朱红色单线勾绘一八瓣仰莲；须弥座立面饰以白、红、绿色彩绘忍冬纹和连环纹等图案。高润墓墓室和甬道内砖砌地面，墓室内靠近西壁处有单层石板砌就的长方形棺床，棺床以青石围边，内砌以砖，棺床高出墓室地面 23 厘米。尧赵氏墓和尧峻墓墓室地面也均铺砖，尧赵氏墓未见棺床，但在距西壁 45 厘米处，有一长1.76 米、宽 0.48 米的南北向白灰带，应为放置棺木之处；尧峻墓的砖砌棺床设置在墓室北部靠近西北角处，东西向横向设置，长 3.38 米，宽 1.75 米，高 0.28 米，这一位置设置棺床在东魏北齐墓中较为罕见。

磁县境内墓葬中的棺椁等葬具因保存情况太差而多不存，目前仅湾漳墓和元祜墓发现棺椁，为一椁一棺，其中湾漳墓椁的规模巨大，椁板长度达 5.2 米。

在磁县发掘的墓葬中，大多遭早年盗扰，随葬品的位置凌乱。这些墓中出土物以陶俑和模型明器为主。湾漳墓中除两件大门吏俑位于甬道石门外左、右两侧外，其余随葬品均置于墓室中，陶俑数量达 1800 余件（图版 14-2），其中可确定原有位置的为镇墓武士俑和镇墓兽，置于靠近甬道口的左、右两侧，此外四件石灯分别置于墓室四角，其余随葬品均散置墓室各处，该墓未见墓志。茹茹公主随葬品也散置墓室各处。高润墓随葬品主要散置在墓室南部，其中可以确定位置未遭太大扰动的有墓室四角的石灯以及位于靠近甬道口的镇墓兽和镇墓武士俑，高润墓志置于棺床南侧靠近甬道口处。赵胡仁墓随葬品主要散置于墓室中部，墓志置于墓室西侧靠近甬道口处。尧峻墓三方墓志置于棺床南侧，南北向一字排列，陶俑等随葬品散置其周围。

磁县北朝墓群目前发掘的墓中大多有壁画，其中以湾漳墓壁画最具规模，壁画满布于墓道、甬道、门墙和墓室内，以墓道壁画保存最好，东、西两壁壁画总面积约 320 平方米，两壁画面构图基本对称。壁画的中心内容是各由 53 人组成的仪仗队列，东壁的仪仗队列前绘朱雀、神兽和青龙等，西壁与青龙相对的位置绘白虎，青龙、白虎通长 4.5 米。每壁出行队列可分为前、中、后三段，前段人物手执戟盾、鼓杖等，人物穿着为士卒装扮；中段人物手执为旌幡、伞盖、幢等仪仗，人物装束为头戴笼冠或平巾帻，身穿袴褶服或朝服，足穿屦履（图版 14-1）；后段队列人物仅 5 人，面向墓道站立，头扎巾，外披风衣，内穿军服，手执伞幢，人物身后为一面阔五间的廊式建筑。在仪仗队伍上方的天空位置，绘有神兽 7 种共 35 个，做向前飞翔或狂奔状，动感极强。神兽之间点缀流云、莲花等。斜坡墓道地面上的图案分为三纵列，以红色宽带间隔，中列绘间距相等的 14 朵复瓣仰莲，每朵莲花直径 1.35 米。两侧花纹带较窄，绘缠枝忍冬、莲花的二方连续装饰纹带，整个坡道地画犹如一幅巨大的地毯，其图案面积超过 120 平方米。该墓甬道上方门墙正中彩绘一正视形象的大朱雀，朱雀展翅伫立，姿态雄健，其通高近 5 米。朱雀左、右各绘一神兽和羽兔，四周空隙饰以莲花、流云等图案。甬道内壁画保存很差，在石门南侧的内甬道侧壁可辨有头戴平巾帻、身穿裤褶的侍卫形象，甬道顶部零星可辨有莲花、流云等。墓室内由于早年遭盗墓者烟熏以及长年积水浸泡，使得墓壁积存一层深褐色的物质，尤以下部为甚，使得壁画漫漶不清。墓室内壁画保存最好的是墓顶的天象图，以蓝灰为底色，绘有白色的银河，并有星宿分布于天空。天象图下四壁各有一栏分九个方格，每格内绘一动物形象，其下还有两栏壁画，上下栏以朱红色栏框相间隔，上栏壁画隐约可辨神兽、朱雀等形象；下栏壁画似以人物图像为主，但具体内容无法得知。

茹茹公主墓壁画保存较好，墓道壁画格局与湾漳墓相近，但是规模较小，且青龙、白虎之前没有朱雀和神兽图像，仪仗行列也并非向前行进的状态，而是每壁绘 14 位面向墓道、手执仪仗或兵器站立的人物，但是人物中没有如湾漳墓墓道仪仗队伍前段那一组军卒装束的。每壁的 14 位人物中，有 8 位身高相近，而在第 7 与第 14 人之间为面阔六间的廊式建筑，廊内绘 6 位执槊持盾而坐的侍卫人物。墓道壁画人物上方绘神兽、羽人、凤凰各一，做向前狂奔状，画面中间装饰莲花、流云等。甬道外的门墙正面也彩绘正视的朱雀，朱雀两侧各绘一神兽，画面四周以莲花、流云缀饰（图版 13－2）；甬道内拱券部分彩绘莲花、流云图案，惜大多漫漶不清；甬道两直壁上各彩绘人物 4 个，身份有门吏、驭手、属官等。墓室顶部壁画已全部塌毁，但是根据残片可知顶部内容为天象图。墓室壁画靠中下部保存较好，可分两栏，以红色宽带间隔。上栏依方位绘四神形象，仅北壁的玄武、西壁的白虎保存较好。下栏东壁、西壁、北壁均绘人物，北壁 7 人，中间应为墓主形象，其余为手执羽葆、伞盖、团扇等物的侍女，东、西二壁各绘 10 人，西壁为女性，东壁为男性，应为墓主人的属吏、侍女和伎乐等形象。

高润墓由于墓道未发掘，故壁画内容不详，仅知靠墓道开口处有莲花等装饰图案；甬道壁画漫漶过甚，无法看清；墓室四壁壁画中，东壁、北壁、西壁靠下部保存稍好。北壁正中帷帐之内端坐一人，应是墓主形象，帷帐两侧各有侍从人物 6 人，或手执羽葆、华盖，或腰间佩剑、袖手肃立，这些人物装束均为头扎巾，身穿窄袖袍服。东壁壁画靠近墓室地面处残毁较多，但是可以看出为羽葆、华盖簇拥的篷车场景，车前面有驭手一人。西壁壁画多已漫漶，仅知靠近北端有侍从人物二名，装束与北壁侍从相同。

高孝绪墓墓道两壁彩绘手执仪仗人物，甬道门墙绘宝相莲花、忍冬、莲花柱和仪卫等图案，墓室四壁壁画破坏严重，仅存人物的靴子图像，具体内容不详。

尧赵氏墓壁画均漫漶不清；尧峻墓也仅存甬道外门墙壁画，壁画中部为一正视形象的朱雀，其东侧为一羽人形象，对应的西侧壁画剥落，不知内容为何，推测与东壁相同，画面中间点缀流云、莲花图案。

1956 年于磁县曹家庄东北发掘的第 56 号墓，也是斜坡墓道的砖室墓，规模较小，该墓甬道外也有砖砌门墙一道，高约 2 米，原应绘有壁画；墓室内也有壁画残存，可看出有人物、车辆、桥梁、树木和莲花等，每幅画的周边钩有红廓线，壁隅并影作斗栱。其中壁画上的桥梁和壁隅的影作斗栱是罕见的。

河北境内发现的其他东魏北齐墓葬均为较简单的砖筑甬道和墓室结构，其中李希宗墓和高长命墓为前堂后室结构，二墓均为东魏墓葬。李希宗墓全长 23.64 米，斜坡墓道开口部位呈前宽后窄的梯状，南端宽 1.84 米，北端宽 1.46 米，水平长度 11.74 米。前堂外的甬道为长方形券顶结构，进深 1.94 米，宽 1.46 米，高 2.04 米，甬道南口和中段各设一段封堵砖墙。甬道外券顶之上原有砖砌矮墙和砖刻仿木结构，此种结构在河北境内北朝墓中为孤例。前堂后室之间也设一通道，位置正当前堂北壁和后室南壁中部偏西，该通道进深 1.9 米，宽 1.4 米，高 1.88 米，其南口原来也有砖砌封墙一道。前堂后室平面均近方形，四角攒尖顶，除后室南壁平直外，其余墓壁均略向外弧。前堂东西 4.04 米，南北 3.71 米，因墓顶塌毁，高度不详；后室东西 4.5 米，南北 4.39 米，顶高 6.25 米，墓顶超出原地面 0.82 米。墓室和甬道全部侧铺砖，除前室铺成席纹外，其余地面均未顺向铺砌。

该墓直接于后室靠东壁处顺向放置两具木棺，棺下铺有石灰和木炭灰；在后室靠近东壁、北壁、西壁三处发现染有彩色的木炭灰，推测应是木质彩绘屏风朽烂后的痕迹。该墓随葬品大部分置于前堂中，后室主要有陶、瓷、铜质器皿等，其中在东南角有一些瓷碗，木棺西南侧靠近西壁下有一组器皿，包括铜盘内盛放的鎏金铜壶、银环、鎏金铜镰斗、瓷碗等，墓中出土的几件金币、金戒指等散落在棺木西侧，估计是遭盗墓者扰动所致。该墓出土6件砖刻灯座，其中4件分别置于后室四角，另2件置于前堂西北角和东北角。前堂出土墓志两盒，分别位于南甬道口内左右两侧，东为李希宗墓志，西为其妻崔氏墓志。前堂的随葬品也分为两部分，分别位于东西壁下。这些随葬品以陶俑为主，另有陶质明器等，东侧随葬品数量较多，主要为仪仗类陶俑，并有陶马、骆驼等；西侧陶俑数量较少，多女侍、女仆等，还有盛放衣物的描金木箱。从陶俑制作风格看，东、西两组陶俑各不相同，东侧的生硬呆板，西侧的较为生动，根据李希宗和崔氏分别葬于东魏武定二年（公元547年）和北齐武平七年（公元576年）来看，这两批器物应为不同时期放置，无疑是研究当时合葬习俗及器物演变的重要资料。

被推定为东魏武定五年（公元547年）高长命墓的景高M1，也是双室砖墓，前堂、后室均为圆角近方形平面，前堂南端有甬道，前堂后室之间有通道。据简报称，墓门门楼砌有三层门额，这大约是指甬道外上方的门墙结构，与李希宗墓做法相似。墓门两侧各彩绘一门卒形象，门卒武士头戴缨盔，身披铠甲，手执"骨朵"状兵器，券门之上，彩绘两个神兽，并有火焰纹等装饰，此神兽当与湾漳墓和茹茹公主墓壁画中的神兽相同。

景县高氏墓群中的天平四年（公元537年）高雅墓是目前发掘的东魏北齐墓中形制最为独特的一座。该墓由甬道、主室和两个棺室组成，甬道前脸有仿地面建筑的墓门，顶部楞砖起脊，下砌飞檐。其甬道很短，但是在甬道南北两端各砌封堵砖墙一道。墓葬主室为四壁外弧的长方形，两棺室分别位于北壁和东壁正中，每个棺室仅容一棺。墓室地表铺砖，但未见棺床。共葬尸骨四具，两棺室各葬一具，主室内靠西壁残存木棺一具，葬二人，棺木南侧置墓志1方。根据墓志记载，这四具人骨分别属于高雅夫妇、其子高德云、其女高元仪，高元仪本是北魏孝明帝的嫔妃，其死后归葬并与父母葬于同一墓穴内，实在罕见。

平山北齐崔昂墓墓葬形制是河北地区北齐墓中较特殊的，该墓发掘于1971年，为一斜坡墓道单室砖墓，斜坡墓道水平长度10米，宽4米。墓道与墓室之间有甬道，甬道前端安装石门，石门由门楣、门柱、门限和两扇石门组成，门楣为山字形，上阴刻卷草纹。墓室平面圆形，直径10米左右。该墓墓顶为穹隆顶，墓顶距墓室地面8米左右，墓室周壁以白灰涂抹，上绘人物、鸟兽等图案。在墓室北半部围绕墓壁有半圆形砖砌的棺床，棺床上并排人骨三具，根据墓志记载可知为崔昂与其前妻卢修娥、后妻郑仲华。随葬品除墓志外，余均位于棺床上人骨架的脚下。

属于河北地区的北齐墓还有北京发现的两座，其中墓主明确的为怀柔县武平二年（公元571年）傅隆显墓，该墓于20世纪60年代被发现，墓室形制不详，据称出土数件女俑，但均残碎。另外在西城区王府仓发现的一座，未出土墓志资料，发掘者根据出土的一枚"常平五铢"，确定为北齐墓。此墓为砖室，平面半圆形，此种平面为孤例。墓顶已塌陷，可能为穹隆顶，墓门在南壁正中偏东处，墓室与墓道之间有短甬道，甬道为券顶结构；墓道未清理，结构不详。墓室可能原有壁画，发掘时已剥落。该墓出土物主要为陶质器皿。

（二）山西地区

山西地区的东魏北齐墓葬主要发现于太原地区，目前未有明确东魏纪年墓葬资料发表，北齐墓主要有天保三年（公元 552 年）夏侯念墓[1]、天保四年（公元 553 年）贺拔昌墓[2]、天保六年（公元 555 年）（侯）莫陈墓[3]、天保七年（公元 556 年）柳子辉墓[4]、天保十年（公元 559 年）张肃俗墓[5]、天保十年（公元 559 年）窦兴洛墓[6]、皇建元年（公元 560 年）贺娄悦墓[7]、河清元年（公元 562 年）库狄回洛墓[8]、河清二年（公元 563 年）刘贵墓[9]、河清三年（公元 565 年）狄湛墓[10]、天统元年（公元 565 年）张海翼墓[11]、天统三年（公元 567 年）库狄业墓[12]、天统三年（公元 567 年）韩裔墓[13]、天统四年（公元 568 年）韩祖念墓[14]、武平元年（公元 570 年）娄睿墓（图 4－12）[15]、武平二年（公元 571 年）徐显秀墓（图 4－13）[16]、

[1]　山西省考古研究所、太原市文物考古研究所、晋源区文物旅游局：《太原西北环高速公路建设墓葬发掘简报》，《三晋考古》第三辑，山西人民出版社，2006 年。

[2]　A. 王立斌、李非：《北齐砖室墓葬》，《文物世界》2002 年第 2 期。
　　B. 太原市文物考古研究所：《太原北齐贺拔昌墓》，《文物》2003 年第 3 期。

[3]　山西省考古研究所：《太原西南郊北齐洞室墓》，《文物》2004 年第 6 期。

[4]　王玉山：《太原市南郊清理北齐墓葬一座》，《文物》1963 年第 6 期。

[5]　山西省博物馆：《太原圹坡北齐张肃墓文物图录》，中国古典艺术出版社，1958 年。

[6]　山西省考古研究所、太原市文物考古研究所、晋源区文物旅游局：《太原开化村北齐洞室墓发掘简报》，《考古与文物》2006 年第 2 期。

[7]　常一民：《太原市神堂沟北齐贺娄悦墓整理简报》，《文物季刊》1992 年第 3 期。

[8]　王克林：《北齐库狄回洛墓》，《考古学报》1979 年第 3 期。

[9]　常一民、彭娟英：《太原地区发现的北齐墓》，《山西省考古学会论文集（四）》，山西人民出版社，2006 年。

[10]　太原市文物考古研究所：《太原北齐狄湛墓》，《文物》2003 年第 3 期。

[11]　李爱国：《太原北齐张海翼墓》，《文物》2003 年第 10 期。

[12]　太原市文物考古研究所：《太原北齐库狄业墓》，《文物》2003 年第 3 期。

[13]　陶正刚：《山西祁县白圭北齐韩裔墓》，《文物》1975 年第 4 期。

[14]　常一民、彭娟英：《太原地区发现的北齐墓》，《山西省考古学会论文集（四）》，山西人民出版社，2006 年。

[15]　A. 山西省考古所、太原市文物管理委员会：《太原市北齐娄睿墓发掘简报》，《文物》1983 年第 10 期。
　　B. 山西省考古研究所、太原市文物考古研究所：《北齐东安王娄睿墓》，文物出版社，2006 年。

[16]　A. 山西省考古研究所、太原市文物考古研究所：《太原北齐徐显秀墓发掘简报》，《文物》2003 年第 10 期。
　　B. 太原市文物考古研究所：《北齐徐显秀墓》，文物出版社，2005 年。

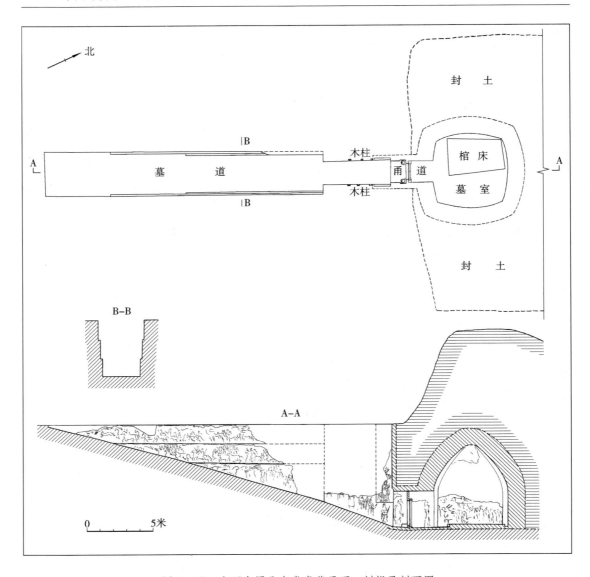

图 4-12　山西太原北齐娄睿墓平面、剖视及剖面图

武平三年（公元 572 年）□憘墓[1]以及太原南郊热电厂北齐壁画墓[2]和朔州水泉梁北齐壁画墓[3]等。

〔1〕　常一民、彭娟英：《太原地区发现的北齐墓》，《山西省考古学会论文集（四）》，山西人民出版社，2006 年。

〔2〕　山西省考古所、太原市文物管理委员会：《太原南郊北齐壁画墓》，《文物》1990 年第 12 期。

〔3〕　山西省考古研究所、山西博物院、朔州市文物局、崇福寺文物管理所：《山西朔州水泉梁北齐壁画墓发掘简报》，《文物》2010 年第 12 期。

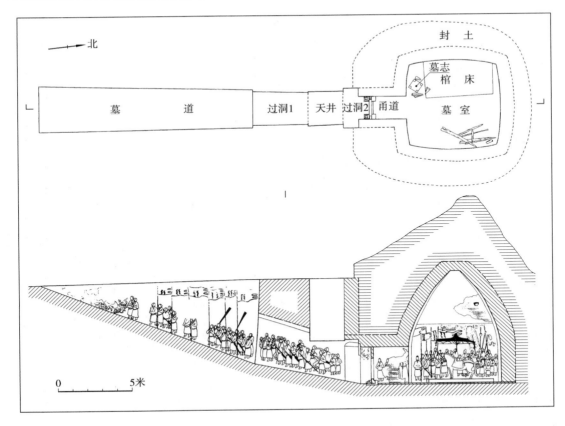

图 4-13　山西太原北齐徐显秀墓平面、剖视图

　　山西地区北齐墓葬有砖室墓和土洞墓两类。砖室墓有贺拔昌墓、柳子辉墓、厍狄回洛墓、韩裔墓、韩祖念墓、娄睿墓、徐显秀墓、□憘墓、太原南郊热电厂北齐壁画墓和朔州水泉梁北齐壁画墓等 10 座。墓葬的墓道仅厍狄回洛墓、韩裔墓、娄睿墓、徐显秀墓和朔州水泉梁北齐壁画墓等五座墓进行了较仔细的清理，均为斜坡状墓道，而以娄睿墓和徐显秀墓墓道结构较为特殊，均设置有 1 个天井。娄睿墓墓道可分南中北三段，南段斜坡坡度15 度，水平长度 21.3 米，上阔下窄，上口宽 3.55 米，两壁向下内收两次，形成两层阶梯状，每阶内收 10～12 厘米，第一阶梯处宽 3.2 米，第二阶梯处宽 2.9 米，墓道底宽 2.8米。中段较南段窄约 1 米，即南段北端两壁呈直角内折成两个各宽 50 厘米的东西短墙，中段墓道保存较差，两壁上部已塌毁，底部斜坡坡度变陡，为 22 度，两壁结构与南段相同，由残存部分可以看出该段前半部为露天坡道，后半部贴两壁立木柱，上承瓦顶，现尚存木柱三对，间距 0.6～1 米，瓦顶已毁，墓道中发现残瓦、条形绳纹砖、朽木、白灰等。北段南接中段，北连甬道，其宽度比中段及甬道宽 40 厘米，呈方筒状，底部坡度与中段相同，两壁用砖砌就。该墓发掘报告中将墓道的中段确定为甬道的前段，上部修建的瓦顶的性质尚待研究，而将后段定义为天井。徐显秀墓墓道为斜坡式，坡度 23 度，长 15.2 米，墓道南宽北窄，南部宽 3.35 米、北部宽 2.75 米。墓道北接过洞 1，过洞 1 长 3.5 米，宽 2.2～

2.3 米。过洞 1 北接天井，天井长 2.3 米，宽
2.5 米。天井北部接过洞 2，过洞 2 长 1.07 米，
宽 2.8 米。墓道斜坡一直延续到过洞 2 与甬道
的衔接处截止，只是自过洞 1 开始至过洞 2 结
束段的斜坡较墓道斜坡平缓，坡度 13 度。

这几座墓葬的甬道部分均为券顶结构，地
面为水平状，用砖铺地面。娄睿墓甬道南端上
方有砖砌照壁，照壁顶部高度与墓道开口部位
持平。徐显秀墓墓道北壁彩绘仿木构建筑的门
楼图案。厍狄回洛墓甬道南端上方有很短的照
墙。韩裔墓甬道南端上方为砖雕仿木结构的门
楼结构，其两侧为平砖铺砌的立柱，立柱承托
双券双伏的券顶，券顶上方为平铺的六层砌砖，
其上有三个斗拱，中间为一斗三升，两侧各一
人字拱。斗拱上承托椽子和飞子，再上面又有
坡状屋顶，屋檐有勾头和滴水结构。最上面为
屋脊，两端的鸱尾做鱼尾状。

这五座墓甬道内均有砖砌封门墙和石门结
构。娄睿墓在甬道两端各有一道封门砖墙，每
道封门墙各由两层砖顺向侧立砌就。南端封门
墙外侧一层砖位于甬道外侧的墓道北端。在甬
道中段有石门一道，石门由半圆形门额、门框、
门限、门砧和两扇石门合成，石门扇上施以彩
画，每扇上面有门环一个。石门上满是雕刻，
门额上正中雕刻兽面形象，两侧彩绘金翅鸟；
门楣上雕五朵莲花门簪，门楣之下和门框正侧
两面各雕束枝莲花若干朵，门砧石为面目狰狞
的怪兽。石门外侧甬道壁面上各有一对应的方
孔，门的锁闭方法系由铁链将两扇门上的门环
连接，铁链另一端连接一大铁环，由一根直径
11 厘米的锻铁门闩穿过此铁环，两端插入东西
两壁的方孔中（图 4-14）。

徐显秀墓甬道南北各有一道封门墙，石门
位于甬道中部偏南位置，由半圆形门额、门楣、
门框、门砧和两扇石门等组成，门额正中雕刻
一怪兽、两边各有一口衔莲花神鸟，门楣上浮
雕五个彩绘莲花纹门簪，门扇上浮雕彩绘青龙、

0　　　　　　　1米

图 4-14　山西太原北齐娄睿墓墓门
及照壁正立面图

白虎、凤鸟和植物花卉等形象，门砧石雕刻狮头形象上施彩绘。

库狄回洛墓墓道中的封门砖墙仅一道，位于甬道外的墓道北端，系单砖纵向垒砌而成。甬道内南端有石门一道，石门由半圆形门额、门楣、门框、门限、门砧和两扇石门组成，门楣上有三朵雕刻成莲花形的门簪。这组石门较独特之处在于石门安装在门框外侧，门轴上端套在门楣两侧固定的铁环内，下端套在门限外侧的门砧上臼窝内，门扇上各有一铁环，上横挂鎏银铁锁一把。石门、门额上均有彩绘壁画，其余部位施以赭红色。

韩裔墓甬道两端各有封门砖墙一道，北端砖墙位于甬道外。甬道中间有石门一道，由门额、门楣、门框、门限和两扇石门组成。门额为半圆形，正面雕刻一正视的兽面形象，门楣上雕刻三个圆涡形图案。

朔州水泉梁北齐壁画墓甬道南端有封门墙一道，中部偏南处有石门一道，由门框、门槛、门砧石和两扇石门组成。

贺拔昌墓、韩祖念墓和太原南郊热电厂北齐壁画墓的甬道均为简单的砖砌券顶结构，甬道外端以两层砖顺向封砌为封门墙，没有石门设置。

几座较大墓葬的墓室均为方形平面单室结构。徐显秀墓墓室弧方形，长 6.65 米，宽 6.3 米，顶高 8.1 米，墓壁三顺一丁青砖砌筑，在 2.7 米处起券回收叠涩，形成四角攒尖顶。墓室西部砖砌棺床，长 4.45 米，宽 2.4～2.65 米，高 0.32 米。墓室内葬具盗扰严重，仅存一些木块和棺钉散落在墓室东北部，有少量头骨、下颌骨、牙齿、颈椎残留。

娄睿墓墓室东西 5.7 米，南北 5.65 米，四壁中部稍向外弧，墓壁在高 2.8 米处开始向内叠涩，逐步聚合成四角攒尖结构，顶高 6.58 米，墓室外壁为三层砖砌就，厚度 1.55 米。墓室地面以砖铺砌，其西半部分有砖砌棺床，棺床平面为不规则的矩形，最长 4.25 米，最宽处 2.9 米，棺床高出地面 20 厘米。墓室内的葬具遭毁坏，散乱叠压在一起，经分析应为一椁二棺，木椁呈前高后低的矩形，椁盖为卷棚式。墓内人骨已朽烂破碎，不可辨认，但根据有双棺来判断，当葬有两具人骨。

库狄回洛墓墓室全部塌毁，平面近方形，东西 5.44 米，南北 5.42 米，复原高度约 4.6 米，也应为四角攒尖结构。墓室地面以砖铺砌。该墓未设棺床，而是在墓室中部偏西处设屋宇式木椁一具，椁室平面长方形，东西 3.82 米，南北 3.04 米，高约 1.2 米。因墓室塌毁，故椁室也遭压毁，仅存许多木质建筑构件。椁室内有长方形木匣状木棺一具，长 2.3 米，宽 1.28 米，高 0.73 米，内置人骨三具。

贺拔昌墓墓室平面为弧边方形，边长 4.8 米，残高 5.54 米，四角攒尖顶。由于盗扰和水蚀，葬具葬式不明。

韩裔墓墓室平面为弧边方形，边长约 4.5 米，墓顶已毁坏，也应为四角攒尖结构，墓壁为双砖厚度，厚约 0.68 米。墓室地面铺砖。没有棺床设置，葬具情况不详。

朔州水泉梁北齐壁画墓墓室平面为弧边方形，边长约 4.5 米，双层四角攒尖顶，墓顶内高 5.3 米，外高 6.38 米。墓壁三顺一丁垒起，至 2.9 米叠涩起券砌作内、外两层攒尖顶，顶部用青砖封砌。墓顶两层攒尖顶间空隙用较纯净黄土填充，厚约 40 厘米，但未填满。

太原南郊热电厂北齐壁画墓墓室也为弧边方形[1]，边长2.68米。墓壁在距地面1.2米处内收，顶部为穹隆顶结构，墓顶残高3.2米。较为特殊的是，墓室四角各砌一方形角柱，角柱宽0.17米，高1.28米，柱顶以砖砌、抹灰加彩绘的手法，做成仿木斗栱结构，斗栱正面与两侧壁成45度角，这种角柱及斗栱装饰在北齐砖室墓中尚属罕见。墓室地面以砖铺砌，在墓室后半部分砖砌棺床，棺床占据墓室北半部，宽1.18米，高0.5米，棺床南侧面为须弥座结构，中间以砖砌成破子棂状装饰。棺床上未见葬具，仅见一具已成粉末状的人骨。

太原南郊双塔乡北齐柳子辉墓为一小型砖室墓，墓室长3米，宽1.54米，墓室地面铺砖，墓顶结构不详，似有墓道，但未做清理。该墓为夫妇合葬墓，葬具已朽烂无存。

土洞墓目前共发现9座。其中张肃俗墓、贺娄悦墓、刘贵墓、狄湛墓和张海翼墓等墓葬的报道中对于墓室结构的报道极为简略，如贺娄悦墓由于遭施工破坏，仅根据墓地未发现有砖而推断为土洞墓，具体结构不明；张肃俗墓土洞墓室为长方形单室结构，长2.9米，宽0.9米，墓顶仰视如轿顶形状，墓门用不规则的石灰岩封堵，墓室内木棺一具，内盛一具人骨。夏侯念墓、侯莫陈墓和厍狄业墓均为长斜坡墓道带1个天井形制墓葬，天井均位于墓道北部与墓门衔接处，夏侯念墓天井长2.4米，宽0.8米，天井处地面平坦，北接一短甬道，长0.6米，宽1米，高1.8米，墓门用大块鹅卵石封堵，墓室平面近方形，长3.6米，宽3.4米，墓室顶部塌落无存。侯莫陈墓天井长1.7米，宽0.5米，天井处地面与墓道保持同样斜度，北接短甬道长0.42米，宽1.4米，用鹅卵石填塞以做墓门，墓室平面略呈梯形，长2.6米，宽1.9～2.7米，墓室四隅上部残留有折角，推测为四角攒尖顶。厍狄业墓天井不同于前两座墓葬，呈横长方形，长1.4米，宽0.65米，天井北部设置有石门，石门制作粗糙，无任何榫卯结构，只是拼对而成，门框、门槛、门墩均为素面，门额近似半圆形，门楣上雕刻出简单的门簪，石门两扇，每扇石门上正面雕刻三排十二个乳丁状门钉。石门北接甬道，长0.8米，宽1.1米，高2.2米。墓室平面呈梯形，长4.2米，宽2.1～2.6米，墓室顶部塌落无存。窦兴洛墓亦为长斜坡墓道，未发现天井设置，墓门亦用鹅卵石封堵，墓室平面呈圆角长方形，长3.2米，宽2.83米。

各墓的随葬品主要置于墓室内，而娄睿墓的随葬品置放较特别，该墓的870余件随葬品中，300余件置于南段墓道北端两侧、墓道中北段地面及甬道内石门与外封门墙之间。其中石门外两侧置镇墓兽各一，正中有一陶马，墓道内放置的陶俑有武士俑、文吏俑、女俑、骑俑等，另有陶厕一个。墓室内棺床以东发现有石质柱础八个以及石狮八个，应为帷帐的构件，柱础为帷帐立柱的柱础，石狮则用来牵引帷帐绳子。陶俑及牲畜、陶瓷器皿、模型明器等随葬品则遍布墓室地面各处，棺床上残留玉佩及少量陶俑和瓷器。该墓出土陶俑总数共608件，是山西地区北朝墓葬中出土陶俑数量最多的，包括镇墓武士俑、镇墓兽、武士俑、文吏俑、笼冠俑、女侍俑、役夫俑、骑马武士俑、骑马文吏俑、骑马乐俑等，动物模型42件，有马、骆驼、牛、猪、羊、犬、鸡等，陶质明器16件，包括仓、碓、磨、灶、井、厕等。釉陶器数量众多，达76件，灯、盘、贴花瓶、罐、龙凤壶、托

---

[1]　该墓墓葬平面图上显示墓壁并没有弧度。

杯、扣盒、碗等，还有 1 件二彩盂。陶器 15 件，包括罐、瓶、壶、碗等。装饰有玉璜、玉佩、金饰、琥珀兽、蚌饰、珠饰及残铜铁饰等。墓志，出土于棺东、西、南隅。根据墓志文字记载，娄睿卒于北齐武平元年二月（公元 570 年），同年五月葬于旧茔，该处应为其家族墓地。

库狄回洛墓在棺内骨架周围发现玉器、骨饰、金饰、玛瑙琥珀饰品和纺织品等。木椁的东侧也发现四个石质柱础，此处原来也设有帷帐，在此区域内发现一些鎏金铜器，有镳斗、三足炉、瓶、壶、唾盂、高足杯、碗、盒等共计 11 件，另有响铃、挂钩及若干铜饰，应属帷帐的装饰构件。陶俑 120 余件，置于椁室内外，其中两件镇墓武士俑分别置于墓门口左右两侧；椁外南侧摆放 33 件釉陶器；陶质器皿和动物模型共 9 件，出土于椁室内外。三盒墓志摆放于墓室南部靠近甬道口处。根据墓志记载可知，该墓所葬为库狄回洛、夫人斛律昭男及郡君尉氏。其中库狄回洛卒于北齐大宁二年（公元 562 年）二月，于河清元年（公元 562 年）八月葬于该处。斛律氏卒于武定三年（公元 545 年），尉氏则卒于北齐太保十年（公元 559 年），二人早卒，当先另葬别处，河清元年与库狄回洛合葬于此。

韩裔墓墓室内出土随葬品有陶俑 120 余件、瓷龙凤壶 3 件、陶质器皿及模型明器数件，和一盒墓志散置于墓室南半部。根据墓志可知，墓主韩裔于北齐天统三年（公元 567 年）卒于青州治所，葬时未作交代，当距此时不远。

太原南郊热电厂北齐壁画墓的随葬品有陶俑 40 余件，瓷器 1 件，陶器皿 10 件，动物模型 5 件及陶车 1 组，均置于墓室南半部，棺床上人骨周围发现常平五铢铜币 2 枚。

山西地区北齐墓葬中发现壁画的有娄睿墓、库狄回洛墓、徐显秀墓、韩祖念墓、□憘墓、太原南郊热电厂壁画墓和朔州水泉梁壁画墓等，以娄睿墓和徐显秀墓壁画规模最大，保存最完好。娄睿墓壁画分布于墓道两壁及甬道和墓室全部，总面积达 220 平方米。墓道前段壁画根据其墓壁结构的上、中、下三部分，分为三层，上层和中层主要绘出行和归来的画面（图版 15-1），根据画面中人物集中的情况分为 28 幅，其中以鞍马场面占多数，西壁上层还有一幅女主人骑马场面，两壁上层各有一幅驼队场面。墓道南段下层以及中段、北段下部为鼓乐仪仗场景；墓道北段上方壁画大部残毁，仅可看出有仙人等图像。甬道两壁绘侍立的门吏及属吏人物。墓室内壁画可分上、中、下三栏，上栏为天象内容，中栏为四神、十二生肖及獬豸、雷公等神兽；下栏绘现实人物，其中保存较好的西壁绘牛车出行的场景，南壁下层墓门两侧绘属吏人物。该墓墓门除雕刻外，另配合有彩绘，两扇石门分别绘龙虎，门额正面的兽面雕刻配以彩绘装饰，其两侧各绘一曲颈振翅的金翅鸟；门楣和门框上，配合雕刻花纹，也满是装饰彩绘。徐显秀墓壁画分布于墓道、过洞、天井、甬道和墓室内，总面积 326 平方米。墓道、过洞、天井内为仪仗队列，墓道北壁绘仿建筑门楼，甬道口及两壁绘执鞭、佩剑仪卫，墓室壁画分墓顶和墓壁两部分，墓顶绘天象图，墓室四壁绘出行车马与墓主人宴饮等内容（图版 15-2）。

库狄回洛墓由于墓室塌毁，壁画内容不详，仅知甬道两壁彩绘有人物形象，西壁尚存人物 4 个，南端一人身穿裤褶，外披两当，拱手而立；其北侧两人头扎巾，身穿圆领窄袖长袍，着靴，双手合拢腹前；最北侧的人物，为袒胸露腹、手舞足蹈的杂技人物形象。东壁人物形象与西壁雷同。墓门门额正面保存彩云围绕朱雀图像一幅，门额背面绘忍冬图案一幅；两扇石门上绘龙、虎各一。

太原南郊热电厂北齐壁画墓壁画保存较好，该墓甬道没有壁画，墓室内侧满绘壁画，发掘时南壁壁画已经全毁，西壁仅存局部，北壁和东壁虽有残缺，但是基本可看出画面内容和布局。该墓墓室壁画可分上、中、下三层，上层（包括顶部）为星辰天象，已脱落殆尽；中层为四神及羽人神仙形象等，目前可看出西壁的白虎形象、北壁中层的千秋万岁和怪兽形象及东壁中层的羽人导引、仙人乘龙图像，图像周围点缀着流云和莲花等装饰图案；下层为墓主人世俗生活场景，仅北壁和东壁尚存，北壁所表现的为幔帐内并坐的三人物，均为女性，其背后为屏风，幔帐两侧各有一棵树，树前各侍立二人，男女各一。东壁北侧绘三个侍立人物，人物南侧绘羽葆、伞盖、牛车及驭手、侍女等人物。

朔州水泉梁北齐壁画墓绘画水平较娄睿墓和徐显秀墓逊色，但也表现出一定的艺术特点。壁画主要分布于甬道和墓室内，甬道两壁绘文吏、仪卫及骑行马队，墓室内墓顶绘天象、四神、十二时图，墓壁绘墓主人宴饮和车马出行图等。

（三）山东地区

山东地区发掘的东魏北齐墓葬有济南东郊东魏天平五年（公元 538 年）崔令姿墓[1]、马家庄北齐武平二年（公元 571 年）道贵墓[2]、东八里洼壁画墓[3]、冶源北齐天保二年（公元 551 年）崔芬墓[4]、临朐北朝画像石墓[5]，高唐兴和三年（公元 541 年）房悦墓，乐陵天统元年（公元 565 年）刁翔墓[6]，历城武平七年（公元 576 年）赵奉伯、傅华合葬墓[7]，临淄崔氏墓群中东魏天平四年（公元 537 年）崔鸿墓和崔鹔墓（M14）、元象元年（公元 538 年）崔混墓（M3）、北齐天统元年（公元 565 年）崔德墓（M5）、北齐武平四年（公元 573 年）崔博墓（M12）[8]，在青州还发现一座北齐武平四年（公元 573 年）线刻画石室墓[9]。此外，在济南东八里洼还发掘过北朝陈三、陈苏父子墓[10]。

这些墓葬结构的共同特征就是除房悦墓为砖室墓、刁翔墓形制不清外，余均为石室墓，墓道部分仅济南市的两座墓葬经过清理，其中东八里洼墓葬墓道开口为长方

〔1〕 济南市博物馆：《济南市东郊发现东魏墓》，《文物》1966 年第 4 期。

〔2〕 济南市博物馆：《济南市马家庄北齐墓》，《文物》1985 年第 10 期。

〔3〕 山东省文物考古研究所：《济南市东八里洼北朝壁画墓》，《文物》1989 年第 4 期。

〔4〕 A. 山东省文物考古研究所、临朐县博物馆：《山东临朐北齐崔芬壁画墓》，《文物》2002 年第 4 期。

　　 B. 临朐县博物馆：《北齐崔芬壁画墓》，文物出版社，2002 年。

〔5〕 宫德杰：《山东临朐北朝画像石墓》，《文物》2002 年第 9 期。

〔6〕 李开岭、刘金亭：《山东乐陵县出土北齐墓志》，《考古》1987 年第 10 期。

〔7〕 韩明祥：《释北齐宜阳国太妃傅华墓志铭》，《文物》1985 年第 10 期。

〔8〕 A. 山东省文物考古研究所：《临淄北朝崔氏墓》，《考古学报》1984 年第 2 期。

　　 B. 淄博市博物馆、临淄区文管所：《临淄北朝崔氏墓地第二次清理简报》，《考古》1985 年第 3 期。

〔9〕 山东省益都县博物馆：《益都北齐石室墓线刻画像》，《文物》1985 年第 10 期。

〔10〕 A. 山东省文物考古研究所：《前进中的十年 1978—1988 年山东省文物考古工作概述》，《文物考古工作十年》第 173 页，文物出版社，1991 年。

　　 B. 房道国、李铭：《济南发现北齐陈三墓》，《中国文物报》1998 年 6 月 28 日第 1 版。

形，可分前、后两段，前段为斜坡状，水平长度约 5 米，坡度 28 度；靠近墓门的部分墓底变为水平状，此段长度 0.9 米。济南马家庄道贵墓墓道为竖井式，平面为梯形，上口长 4.5 米，宽 0.8～1.3 米，底部水平状，长 4 米，宽 1.2～1.5 米，墓道深 4.2 米。

东魏崔令姿墓为双室墓，该墓为石块砌建，平面呈"8"形，前堂后室平面均近似圆形，直径分别为 3.1 米和 4.5 米。墓壁在 1.8 米处开始内收为穹隆顶，内收处有砾岩石棚，后室顶高约 5 米，前后室之间的通道及前室外面的甬道均为石砌圆拱形顶。甬道口用乱石封堵，人骨葬于后室。随葬品很简单，后室仅铁剪、铁镜，前室发现有墓志、陶质器皿以及滑石人、犬、柱础、磨、臼等明器。

单室墓墓室平面有方形、梯形和圆形三种。方形平面墓室有崔芬墓（图 4-15-A）和崔德墓两座。北齐崔芬墓外有斜坡状墓道[1]，墓门在南壁正中，宽 1.3 米，高 1.7 米，外有长 1.26 米的甬道，甬道南北端各有石门一道，每道石门由门框、门限和两扇石门组成。外端石门素面无雕饰，内侧石门门扇上雕刻莲花和门钉等装饰。墓室边长 3.6 米，在北壁和西壁各有一长方形壁龛，北壁壁龛宽 1.45 米，高 1 米，进深 0.8 米，西壁壁龛宽 1.42 米，高 0.87 米，进深 0.77 米，墓壁以大型条石砌建为直壁，在高约 1.7 米处向内斜收成盝顶式，墓顶距墓室地面 3.32 米。墓室地面铺砌石条，西部有长方形石棺床。棺椁已朽烂，残存的棺板上可见彩绘卷云纹。该墓因遭破坏，出土物仅铜镜、青瓷鸡首壶、罐、碗、豆和泥钱等。

北齐崔德墓墓室前有短甬道，甬道长 2 米，宽 1.04 米，甬道两端各有石门一道，墓室平面方形，边长 3 米，四壁高 2.8 米，墓壁用规整的宽长石板叠砌，东、西、南三壁的中部各有一方形长石柱竖立壁间，以加固墓壁。墓门开在北壁正中，宽 1.2 米，高 1.4 米。墓室顶部塌毁，从残迹看系使用内边为斜坡状的长条石板错缝叠砌而成，四角攒尖顶结构。甬道两端的石门，外端石门为素面无雕饰，内侧石门门扉以安装门环的方孔为中心浅浮雕莲花及忍冬纹，门扉上等距离浮雕四道菱形凸起和圆形忍冬纹。该墓出土物主要为少量陶瓷器皿和"常平五铢"铜币。

北齐贵墓墓室前有长方形甬道，甬道长 1.8 米，宽 1.2 米，甬道所用材质不详，似为土壁，甬道外端以三块不规则石板封堵，甬道北壁与墓室连接处有石门一道，石门由门额和门框组成，该墓墓室平面为梯形（图 4-15-C），北壁宽 2.8 米，南壁宽 3.3 米，进深 3.4 米，墓壁用不规则的页岩平铺砌筑，在高 1.5 米处叠涩内收，顶部为穹隆状，墓顶距墓室地面 3.2 米，墓室地面铺砌石板。该墓出土物仅少量陶瓷器皿和"常平五铢"铜币等。

其余几座墓葬均为圆形墓室或近似圆形。济南东八里洼壁画墓的墓道与墓室之间有一很

---

[1] 吴文祺在《临朐县海浮山北齐崔芬墓》（《中国考古学年鉴 1987》第 174 页，文物出版社，1988 年）对该墓的介绍中提到墓道有天井设置，但是简报中未曾提及。

短的甬道，宽2.1米，进深0.6米，因上部已
遭破坏，原高度不详，甬道两壁以条石叠砌，
顶为券顶结构，甬道内以乱石填充作为封堵。
墓室连接甬道，平面近似长方形，四壁呈弧状
突出，四角抹圆，墓室南北长3.9米，东西宽
3.4米，高2.3米，墓壁系以不规则石块以
"人"字形垒砌而成，在距墓室地面1米处开始
叠涩内收，形成穹隆顶结构。墓室地面也以不
规则的石块铺砌。临淄崔氏墓中这类圆形墓室
结构较为常见，崔混墓（图4-15-B）、崔鹏
墓和崔博墓均为此类，崔鹏墓墓室右侧还另加
一侧室（壁龛），但是崔鹏墓未见随葬品，而其
余几座圆形墓室的墓葬出土物则较多，且均有
陶俑出土。东八里洼壁画墓出土物最多，陶俑
达58件，包括镇墓武士俑、镇墓兽、持盾甲胄
武士俑、两当甲俑、负箭箙俑、男女侍俑、风
帽俑、女仆俑，还有马、驼、牛、驴、猪、犬、
羊等动物模型，仓、灶、井、碓、厕、车等模
型明器，少量陶质器皿以及鎏金铜灯盏、"永安
五铢"铜币等。该墓出土陶俑造型与同一时期
河北地区陶俑风格基本相同。崔混墓出土陶俑
数量也较多。种类大致与东八里洼壁画墓出土
相同，但是陶俑和陶动物模型的风格则迥异，
崔混葬于东魏元象元年（公元538年），陶俑的
时代似与此时代风格不符，墓中出土的青瓷四
系罐也非东魏初年之物，此现象值得进一步探
究。崔博墓是这类圆形墓室中唯一发现有棺床
的，棺床位于墓室内右侧，以石板平铺砌成，
墓室内左壁下还设有方形石案一个，该墓出土
陶俑、陶瓷器皿、动物模型等，陶俑中的跪拜
俑、连体俑、人首蛇尾俑造型奇特，在北朝墓
陶俑中尚属孤例。

　　山东东魏北齐墓中发现墓室壁画的有崔
芬墓、道贵墓、东八里洼壁画墓和崔博墓四
座。其中以崔芬墓壁画规模最大，也最为完
整。该墓甬道石门各有一身穿铠甲的彩绘武
士形象，而在绘制之前，在石门壁上原各雕

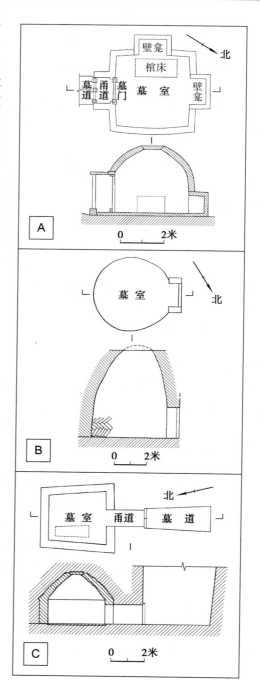

图4-15　山东北齐墓葬平面、剖视图
A. 临朐冶源崔芬墓　B. 临淄崔氏墓群崔混墓
C. 济南马家庄道贵墓

刻一头戴平巾帻、身穿袴褶的门吏形象。墓室壁画可分上中下三层，上层为天象图，由于墓顶遭毁坏，所以仅靠近墓顶的下方还可见有少量星宿残留。中层为四神及日、月等图像，其中东、西、北三壁各以青龙、白虎、玄武为中心，东壁主要画面为仙人乘龙、羽人导引，前方有太阳，太阳中有金乌形象，青龙后面有怪兽狂奔，画面周围的空隙点缀树木、流云等；西壁为仙人骑虎的形象，前方有月亮，月中有蟾蜍，白虎身前后有怪兽狂奔，画面空隙处也点缀树木、流云等；北壁中层画面在中部一直延伸到北壁龛上沿，为骑坐玄武之上、手执刀的仙人形象，两侧各有三个狂奔状的怪兽形象，远处还有树木点缀；南壁朱雀图像由于有墓门的限制，而将朱雀绘制在墓门西侧南壁上，其位置实际上已经相当其他三壁的下层。东、西、北三壁下层绘制屏风画，其中东壁为七幅，北壁在壁龛两侧各两幅，西壁壁龛左右也各有两幅，而壁龛上的长方形条石上绘制一幅一群侍婢簇拥着墓主人夫妇的场景。总共 15 幅屏风画中有 8 幅为席地而坐的饮酒人物，每幅一人，侍婢于旁侧站立，身后点缀有树木，这应是属于"竹林七贤"题材。其余诸屏风画中，东、西两壁每壁靠南侧的两幅树木山石内容，西壁壁龛北侧一幅为鞍马形象，北壁最东侧一幅为胡旋舞图像，东壁最北一幅为役夫牵马内容。南壁墓门东侧墓壁上有两幅画的余地，已画好外框，但是未绘壁画。

东八里洼壁画墓的墓顶和墓壁上均抹有一层白灰膏，在东、西、北三壁均绘有壁画，东、西两壁画面已漫漶不清，隐约可分辨出似用墨线粗率勾画出的侍女形象，每壁绘两人。北壁壁画保存较完整，在北壁及与东壁转角处，绘三足八扇赭石色屏风，屏风全长3.4米、高1.5米，其上部绘垂帐，两侧绘帷幕，装饰华丽。中间的四扇屏风每扇上各绘一个人物，均宽袍大袖，袒胸跣足坐在席上，做狂饮状，身后装饰树木，其中一幅后面还有侍童站立，这也应属"竹林七贤"题材。

北齐道贵墓虽规模较小，但是墓室内壁画保存基本完整，该墓甬道外口上方相当于门墙的土壁上绘有一正视的兽面形象，旁边还绘出足趾。其余壁画均绘制于墓室四壁白灰面上，壁画按照分布可分上下两层，上层即穹窿顶部，四方各绘日、月星宿，北壁绘北斗七星，南壁绘南斗六星，西壁绘赭色太阳，日中绘金乌，东壁绘月亮，月内绘蟾蜍、桂树和玉兔捣药。墓室的直壁部分为壁画下层，下层与上层之间有一些流云装饰。下层壁画中，南壁墓门两侧各绘一拄刀而立的侍吏形象；东西两壁北段各绘二侍者，东壁为拄剑而立的男性，西壁为女性，两壁南段各绘车马，东壁南段绘二驭手牵马待发，西壁南段绘一驭手和卷棚车图像。墓室北壁，背景为九扇屏风，屏风两端延长至东西壁的北端，屏风上以墨线绘山峦流云，屏风前正中端坐墓主人，两侧各一人侍立。该墓壁画虽绘制粗糙，在人物装束和器用的表现上很不写实，但是作为保存完整的墓室壁画，对于研究这一地区北朝晚期壁画风格是很重要的。

临淄崔博墓室内墓门的左、右两侧也曾发现各绘一武士形象，但保存情况很差，这是临淄北朝墓群发现的唯一的壁画线索。

第三节　西魏北周墓葬

　　西魏北周建都长安，目前发现的这一时期墓葬主要集中在长安附近的咸阳和西安南郊韦曲一带。西魏墓葬目前发现的纪年墓有：大统元年（公元 535 年）姬买勋墓[1]，大统十年（公元 544 年）侯义（侯僧伽）墓[2]，大统十二年（公元 546 年）邓子询墓[3]，大统十四年（公元 548 年）长孙儁墓[4]，大统十六年（公元 550 年）白兴墓[5]、谢婆仁墓[6]、韦彧夫妇墓[7]，元钦元年（公元 552 年）史军墓[8]。此外，陕西汉中崔家营发掘的一座墓葬，发掘者将其时代定为西魏[9]。

　　北周墓葬在 20 世纪 50 年代即有发现，咸阳底张湾发掘了建德元年（公元 572 年）步六孤氏墓[10]、建德五年（公元 576 年）独孤罗和杜欢墓[11]。1958 年北京大学考古实习队在陕西华县发掘一座土洞墓，出土"五行大布"钱币 2 枚，其时代初定为北周。

　　从 20 世纪 80 年代开始，北周墓葬多有发现，1983 年，在宁夏固原南郊乡深沟村发掘了北周天和四年（公元 569 年）李贤夫妇墓[12]。1986～1990 年，在配合咸阳国际机场建设工程的考古发掘中，发掘北周墓葬 13 座，其中有墓志的墓葬 7 座，包括叱罗协墓、王德衡墓、若干云墓、独孤藏墓、尉迟运墓、王士良墓和侯子钦墓等，均为北周重臣或显

[1]　茹世安、何汉南：《西安地区考古工作中的发现》，《考古通讯》1955 年第 3 期。
[2]　咸阳市文管会、咸阳博物馆：《咸阳市胡家沟西魏侯义墓清理简报》，《文物》1987 年第 12 期。
[3]　A. 全国基本建设工程中出土文物展览会工作委员会：《全国基本建设工程中出土文物展览图录》，中国古典艺术出版社，1956 年。
　　B. 郑振铎：《在基本建设工程中保护地下文物的意义与作用》，《文物参考资料》1954 年第 9 期。
[4]　张全民、郭永淇、辛龙：《陕西西安长安韦曲高望堆西魏北周长孙家族墓》，《2011 中国重要考古发现》，文物出版社，2012 年。
[5]　赵大伟：《西安发现西魏墓葬》，《沈阳日报》1999 年 7 月 1 日第 3 版。
[6]　刘卫鹏：《咸阳西魏谢婆仁墓清理简报》，《考古与文物》2003 年第 1 期；《咸阳西魏谢婆仁墓》，《文博》2004 年第 1 期。
[7]　田小利、孙新民、穆晓军：《长安发现北朝韦彧夫妇合葬墓》，《中国文物报》1999 年 11 月 14 日第 1 版。该墓葬较为特殊，墓主人为韦彧及夫人柳氏，韦彧葬于北魏孝昌二年（公元 526 年），柳氏葬于西魏大统十六年（公元 550 年），为合葬墓，随葬品也呈现北魏、西魏两个时代风格，故此属于二次葬墓葬。
[8]　阮新正：《陕西蓝田县发现的西魏纪年墓》，《考古与文物》2006 年第 2 期。
[9]　汉中市博物馆：《汉中市崔家营西魏墓清理记》，《考古与文物》1981 年第 2 期。
[10]　安志敏：《一九五三年我国考古的新发现》，《考古通讯》1955 年第 1 期。
[11]　A. 全国基本建设工程中出土文物展览会工作委员会：《全国基本建设工程中出土文物展览图录》，中国古典艺术出版社，1956 年。
　　B. 郑振铎：《在基本建设工程中保护地下文物的意义与作用》，《文物参考资料》1954 年第 9 期。
[12]　宁夏回族自治区博物馆、宁夏固原博物馆：《宁夏固原北周李贤夫妇墓发掘简报》，《文物》1985 年第 11 期。

贵，是北周墓葬的一次重要发现[1]。同时在咸阳市渭城区渭城乡坡刘村清理了北周保定四年（公元 564 年）拓跋虎夫妇墓[2]。1994～1995 年，在咸阳底张镇陈马村东南又发现了北周武帝宇文邕孝陵[3]。此外，20 世纪 80 年代还发现了北周韦孝宽夫妇合葬墓[4]。1993 年，在咸阳机场工程建设中还发掘了北周建德七年（公元 578 年）谯国公宇文俭墓[5]。2000 年以后，西安市北郊大明宫乡先后发现多座来自中亚的粟特移民及其后裔的墓葬，它们包括：2000 年在炕底寨村发现的大象元年（公元 579 年）同州萨宝安伽墓[6]，2003 年在井上村发现大象二年（公元 580 年）凉州萨宝史君墓[7]，2004 年在炕底寨村西北、安伽墓北约 150 米处发现天和六年（公元 571 年）康业墓[8]，2005 年在南康村发现保定四年（公元 564 年）婆罗门后裔李诞墓[9]。此外，2001 年配合咸阳国际机场二期扩建工程，清理发现三座北朝时期大型高等级墓葬，分别是：天和七年（公元 572 年）冀国公宇文通墓、同年迁葬的宇文通之母乌六浑氏墓和宇文俭之母谯国太夫人权白女墓[10]。2007 年配合咸阳国际机场专用高速公路建设，先后发现建德五年（公元 576 年）改葬的武功郡守郭生墓[11]和建德元年（公元 572 年）独孤宾墓[12]。2009 年在西安长安区韦曲街道夏殿村西发现宣政元年（公元 578 年）莫仁相和建德六年（公元 577 年）莫仁诞父子墓[13]。2010 年在西安南郊南望村发现保定五年（公元 565 年）长孙绍远墓[14]。

[1]　负安志：《中国北周珍贵文物——北周、初唐、盛唐、中晚唐考古发掘报告系列之一》，陕西人民美术出版社，1993 年。

[2]　咸阳市渭城区文管会：《咸阳市渭城区北周拓跋虎夫妇墓清理记》，《文物》1993 年第 11 期。

[3]　陕西省考古研究所、咸阳市考古研究所：《北周武帝孝陵发掘简报》，《考古与文物》1997 年第 2 期。

[4]　戴应新：《北周韦孝宽夫妇合葬墓》，《文博》1991 年第 5 期。

[5]　A. 刘呆运：《北周谯忠孝王宇文俭墓彩绘陶俑》，《收藏家》1999 年第 3 期。
　　　B. 陕西省考古研究所：《北周宇文俭墓清理发掘简报》，《考古与文物》2001 年第 3 期。

[6]　陕西省考古研究所：《西安北郊北周安伽墓发掘简报》，《考古与文物》2000 年第 6 期；《西安发现的北周安伽墓》，《文物》2001 年第 1 期；《西安北周安伽墓》，文物出版社，2003 年。

[7]　A. 西安市文物保护考古所：《西安市北周史君石椁墓》，《考古》2004 年第 7 期；《西安北周凉州萨保史君墓发掘简报》，《文物》2005 年第 3 期。
　　　B. 西安市文物保护考古院：《北周史君墓》，文物出版社，2014 年。

[8]　西安市文物保护考古所：《西安北周康业墓发掘简报》，《文物》2008 年第 6 期。

[9]　程林泉、张小丽、张翔宇、李书锁：《陕西西安发现北周婆罗门后裔墓葬》，《中国文物报》2005 年 10 月 21 日第 7 版；《西安北郊北周李诞墓》，《2005 中国重要考古发现》，文物出版社，2006 年。

[10]　A. 邢福来、李明：《咸阳发现北周最高等级墓葬——再次证明咸阳北原为北周皇家墓葬区》，《中国文物报》2001 年 5 月 2 日第 1 版。
　　　　B. 邢福来：《咸阳市北周皇家陵园》，《中国考古学年鉴 2001》，文物出版社，2002 年。

[11]　陕西省考古研究院：《北周郭生墓发掘简报》，《文博》2009 年第 5 期。

[12]　陕西省考古研究院：《北周独孤宾墓发掘简报》，《考古与文物》2011 年第 5 期。

[13]　陕西省考古研究院：《北周莫仁相、莫仁诞墓发掘简报》，《考古与文物》2012 年第 3 期。

[14]　张全民、郭永淇、辛龙：《陕西西安长安韦曲高望堆西魏北周长孙家族墓》，《2011 中国重要考古发现》，文物出版社，2012 年。

2010 年在西安长安区韦曲街道高望堆村西发现天和二年（公元 567 年）张猥家族墓 4 座[1]。固原作为北周西部重镇，这一地区也不断发现北周墓，除李贤墓外，1994 年在固原南郊乡王涝坝发掘了北周保定五年（公元 565 年）大将军宇文猛墓[2]，1996 年，又发掘建德四年（公元 575 年）柱国大将军田弘墓[3]（图版 16-1）。

此外，在河南西部的陕县刘家渠也曾发现北周墓葬，为北周保定四年（公元 564 后）刘伟夫妇合墓葬[4]。

西魏侯义墓为单室土洞结构，由墓道、甬道和墓室组成（图 4-16-A）。墓道由于绝大多数被破坏，故仅发掘了靠近墓门处约 3 米长的一段，发掘部分为斜坡台阶式，墓道内填土经过夯打。墓道北端以条砖砌筑单层封门墙，高 1.8 米，宽 1.2 米，墙底有 0.1 米厚的垫土。封门墙下部涂朱红色，紧挨封门墙内、外的东西两壁也涂朱红色。封门墙内为甬道，平顶，长 1.85 米，宽 1.2 米，高 1.22~1.78 米，甬道两壁均涂白灰，上面用黑、红两色绘壁画，现多已剥落。在甬道两壁靠近墓室处，还隐约可见用黑色画的花草树木及人、马。甬道北端紧接墓室处设有墓门，墓门宽 1.18 米，高 1.22 米，为券门结构，券门处原竖立木板以为封门。木板外以一长 1.4 米、直径 0.06~0.12 米的木棍斜插入两壁上的小洞中。墓室平面略呈不规整长方形，抹角、穹隆顶。墓室长 2.74 米，宽 2.80~3.0 米，高 1.55 米，四壁和顶部均涂白灰，上彩绘壁画，惜多已剥落，仅顶部可见有朱红色星座图残迹。墓室四角从底部向上涂有宽约 0.3 米的朱红色条带。墓室西部有宽 0.92~1.1 米、高 0.09 米的生土棺床，棺床上置砖三排，其间充填木炭末，上部铺一层白灰，棺床上置放木棺，木棺已朽。棺内发现一颅骨和一些残碎骨骼。墓室地面亦铺白灰，并经夯打。

谢婆仁墓与侯义墓相似，为斜坡墓道单室土洞墓。墓室平面呈圆角方形，南北宽 2.87~3.04 米、东西长 2.4~2.66 米，属于小型墓葬，墓中仅发现随葬品 2 件。墓室淤土中出土墓志砖 1 块，长 32.6 厘米，宽 16 厘米，厚 6.5 厘米，砖面楷书"大统十六年七月九日，谢婆仁铭，住在谢营中"。史军墓为砖瓦厂施工推土发现，墓葬形制遭到破坏，亦为土洞墓，据墓志记载墓葬年代为元钦元年（公元 552 年），是目前发现纪年最晚的西魏墓葬。

目前发掘的北周墓葬，仅咸阳国际机场尉迟运和贺拔氏夫妇合葬墓墓前有石刻遗存，计有石人 3、石羊 2、石虎 2。石人中有一件保存完整，另两件头部残缺；虎、羊亦各有一件残损。从石刻出土的位置看，均排列放置在墓道竖井部分的前面，其排列顺序是：最南面为对称的石人，其次为石羊、石虎。

---

〔1〕　A. 西安市文物保护考古所：《西安南郊清理两座小型北周墓》，《文博》2011 年第 2 期。
　　　B. 杨军凯、辛龙、郭永淇：《西安北周张氏家族墓》，《2012 中国重要考古发现》，文物出版社，2013 年。
〔2〕　宁夏文物考古所固原工作站：《固原北周宇文猛墓发掘简报》，《宁夏考古文集》，宁夏人民出版社，1996 年。
〔3〕　罗丰：《北朝、隋唐时期的原州墓葬》，《原州古墓集成》，文物出版社，1999 年。
〔4〕　黄河水库考古工作队：《一九五六年河南陕县刘家渠汉唐墓葬发掘简报》，《考古通讯》1957 年第 4 期。

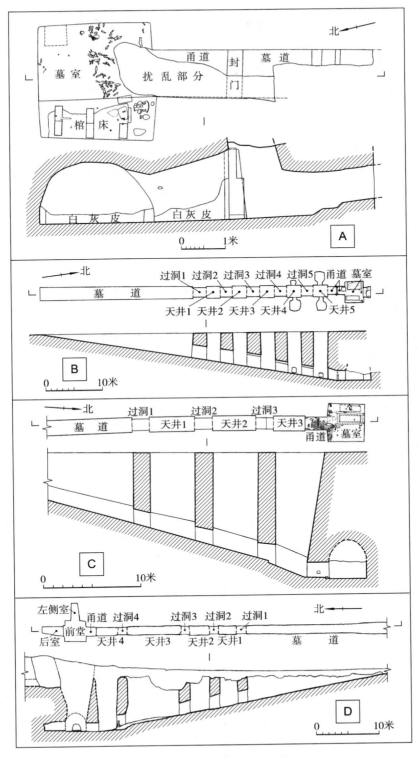

图 4-16 西魏北周墓葬平面、剖视图

A. 陕西咸阳西魏侯义墓 B. 陕西咸阳北周宇文孝陵 C. 宁夏固原北周李贤墓 D. 宁夏固原北周田弘墓

　　咸阳机场北周墓墓上封土均已不存，当时有些可能即无封土。而固原发掘的3座墓均残存封土，位于墓室正上方。李贤墓封土基本上呈圆形，底径12.5米，高5米，顶部呈不规则的圆形，封土为逐层夯筑，夯层厚8～12厘米；宇文猛墓封土堆残高4.6米，底径12米，顶部呈馒头形，夯筑，夯层厚7～10厘米，上层较松软，下层十分坚硬；田弘墓封土情况大致与前二墓相同。

　　现已发掘的北周墓葬除王士良与董氏合墓葬外，其余均为长斜坡墓道带天井的土洞墓。一般由墓道、天井、过洞、甬道、墓室组成，总长度一般在20米以上，其中宇文邕孝陵总长度68.4米，叱罗协墓全长68.25米，是目前发掘的规模最大的北周墓葬。

　　斜坡墓道开在墓室南部，一般在原地面上直接开挖，开口宽度一般为1～1.5米，斜坡墓道底部南段与开口宽度相同，接近隧道处有的稍加宽。

　　过洞和天井南接斜坡墓道，其底部与墓道坡度相同，唯咸阳机场3号墓，其斜坡墓道在接近过洞处陡然变深，使得墓道前端坡度与过洞顶部处于同一直线上，形制较特殊。李贤墓过洞部分在第三天井部位向下稍深。有的墓过洞部分坡度在靠近甬道处变缓或变陡，前者有王德衡墓，后者如田弘墓，而田弘墓和咸阳机场3号墓在靠近甬道的最后一个天井处，其底部变为水平。

　　过洞一般直接在生土上掏成拱券形，其宽度比墓道稍窄，少数与墓道宽度相同，如王德衡墓。过洞的顶部坡度一般与底坡平行，且同一墓葬内几个过洞的顶部坡度相同，但有的墓过洞开挖不甚规整，如宇文猛墓第二过洞顶高度较其他几个稍大。

　　天井开口与墓道开口相同。各墓天井数量不等，叱罗协墓有天井6个，是已知北周墓葬天井数量最多的；而宇文邕孝陵天井为5个，其他大型北周墓葬天井为3个、4个或5个。天井形制一般分两类，一类如王德衡墓，为直壁竖井形，口部与底部尺寸相同；另一类如叱罗协墓，为口大底小的斗形。斗形天井有的一壁陡直、一壁斜收，有的南北两壁均斜收。天井底部的宽度一般均稍宽于口部。同一墓葬的天井大小及相邻天井间的距离一般相近。但靠近墓室的天井，其侧壁斜收幅度比靠南的天井要大，这与这里的天井深度较大有关。个别墓中天井大小悬殊，如王德衡墓的三个天井中，第一、二天井长度分别为2.3米和2.8米，而靠近墓室的第三天井长仅1.02米，该天井的宽度则较第一、二天井宽出少许。此最末天井稍小的情况同样见于若干云墓。田弘墓中第三、四天井之间的过洞由于在营建进程中塌毁而取消，使得第三、四天井连为一体，因而这座本应有5个天井的墓葬，看起来只有4个。

　　李贤墓的3个天井中，每个天井东、西两壁靠近南端各有一排半圆形脚窝，脚窝间距0.2～0.4米，有踩踏痕迹，应是营建墓葬过程中开挖天井时所留，这对研究天井开挖方法无疑会有帮助。

　　宇文邕孝陵、叱罗协墓和宇文猛墓的天井下部分发现有壁龛设置。宇文邕孝陵的壁龛分别开凿在第四和第五天井的底部，东、西两壁各开凿壁龛两个，且两两对应，龛口均以土坯封堵。第四天井西壁壁龛未完成，其余三个形制、规模大体相同，龛为"凸"字形，以第五天井西壁龛为例，该龛进深2.8米，宽2～2.2米，高0.8～1.2米，平顶；第四天井西壁壁龛未能完工就封堵，其余三个壁龛中置放随葬品。叱罗协墓的四个壁龛分别开凿在第五和第六天井的底部，东西两壁各开壁龛两个，两两相对，相对的壁龛形制相同。龛底水平，高出过洞坡底 0.3～0.5 米。第五天井的两个壁龛为"凸"字形，龛口呈方形，龛顶略呈拱券形，高 0.7 米，宽 0.65 米，进深 0.34 米，龛口用砖封堵，龛室宽 1.3 米，进深 1.1 米，顶高 0.9 米，平顶。第六天井下两个壁龛口部为边长 0.65 米的方形，龛室平面略呈梯形，口部也用砖封堵。宇文猛墓的壁龛只有 1 个，开凿在最北部第五天井西壁下方，距隧道底 0.4 米，宽 1.4 米，进深 1.7 米，高 0.9 米，顶部拱券形。

北周墓葬的墓道、天井、过洞中均填土夯实。固原几座墓葬夯土上部范围超出了墓道开口，如李贤墓墓道夯土超出地面 0.3～0.5 米，天井上口处超出 0.6～0.8 米；宇文猛墓夯土超出墓道开口 0.4 米。李贤墓墓道、天井的填土均经夯实，上部夯层较薄，0.2～0.3米，夯土坚硬干燥；向下夯层逐渐加厚，0.5～0.7 米，夯土松软潮湿。宇文猛墓墓道夯土情况与李贤墓相近。然而李贤墓的特别之处还在于其三个隧道过洞内均用土坯夹砖横向错缝而砌，第三过洞中间底部用砖砌出高 20 厘米、宽 18 厘米的台阶；田弘墓在第四、第五天井之间的隧道过洞中以数层条砖砌出厚达 1.45 米的封墙，砖墙下部垫以 0.2 米厚的填土，此做法与西魏侯义墓封墙做法相近。

北周墓中墓道形制较为特殊的是咸阳机场王士良与董氏合葬墓，其墓道为长方形竖井式，南北 4.5 米，东西 1.9 米，深 11 米，在东南角的东、南二壁上各开 22 个脚窝，脚窝为椭圆形，每个脚窝间距 20～40 厘米不等，作为上下而用。

北周墓甬道紧接墓葬最北的天井，形制为拱顶形土洞式，平面一般为长方形，极个别的形制较特殊，如叱罗协墓的甬道为南宽北窄的梯形。甬道底部一般为水平状地面，少数甬道地面仍有一定坡度，如若干云墓即为此种做法。但宇文邕孝陵甬道较特别，其甬道分为前、后两段，外段宽 1.6 米，内段宽 1.7 米，从墓葬剖面图上看，外甬道地面为过洞坡度的延伸，而内甬道地面水平。咸阳机场北周墓甬道均未铺砖，但相距不远的宇文邕孝陵则地面铺砖，平铺成斜向人字纹。李贤墓和田弘墓的甬道地面平铺条砖，与墓室砖面高度相同。甬道地面未铺砖的一般也与墓室地面在同一水平高度上，仅个别墓甬道高于墓室地面。

甬道的封砌方法一般采用砖或土坯墙与木（或石）门双重封堵的方法。砖（或土坯）墙在甬道口南端，以砖封堵的做法仅见于叱罗协、宇文猛和王德衡三墓，其他北周墓包括孝陵均以土坯封堵，由于后来遭受盗墓者破坏和水浸，使得许多土坯墙形制不清。李贤墓的封墙系在甬道口外用多层土坯横竖平砌封堵，其高度超过了甬道顶。

甬道内设置封门的做法在北周墓中较普遍，仅若干云、王士良、尉迟运和侯子钦墓未见封门痕迹。封门一般距甬道南端的砖（或坯）封墙很近，但宇文邕孝陵的封门位于内外甬道之间。封门中仅王德衡墓为石门，石门包括门框柱、门额、门槛、门墩和门扇。门框柱为四棱柱体，框柱之上为长条形门额，其两端铆有两个大铁环；门槛也是长条形，其两端设有两个长方形石门礅；门礅上各有一臼窝作安装石门之用；石门扇为长方形，门上有凸雕的圆形门钉，每扇 16 枚。此墓石门关闭后用铁锁锁闭，发掘时铁锁仍然留在上面。以木门封闭的则保存较差，木门多已朽烂，独孤藏墓木门保存较好，木门包括门扇、门框、门额、门槛和门墩，均为木制，形制同于石门。木门扇上饰有铁门钉、铁包页，门上原安装铁锁。

甬道内设置壁龛的做法仅李贤墓一例，壁龛设置于甬道西壁，南距甬道口1.25米，下距甬道地面0.4米，已经塌毁，但可看出系先在墙上开挖后又用土坯在边沿砌筑，进深不明。

北周墓葬除安伽墓和李诞墓为砖室墓外，余均为土洞墓，但形制复杂，可分为单室墓和多室墓两类。单室墓有宇文邕孝陵（图4-16-B）、李贤墓（图4-16-C）、宇文猛墓、王德衡墓、尉迟运墓、史君墓、康业墓、莫仁相墓、莫仁诞墓以及张猥家族墓等。李贤墓、宇文猛墓和南里王14号墓平面近方形，甬道北口位于墓室南壁正中；另三墓为横长方形，王德衡和独孤藏墓甬道北口位于墓室南壁正中稍偏东位置，而宇文邕孝陵甬道北口位于墓室南壁正中稍偏西处，为特例，更特别的是，孝陵墓室北壁处还开凿一小后室（后龛），后龛位于北壁中部偏东，平面梯形，前小后大，宽1.96～2.36米，进深约1.2米，地面未铺砖，龛内置放随葬品。单室墓墓室规模大致相近，如李贤墓为东西4米，南北3.85米；孝陵为东西3.8米，南北5.5米（包括后龛）；王德衡墓为东西4.35米；南北3.06米；尉迟运墓为东西3.7米，南北3.4米；宇文猛墓为东西3.6米；南北3.5米。

其余北周墓葬均有后室，有的还附有一两个侧室，仅有一个后室的墓有叱罗协墓、若干云墓、王士良墓，另一个侧室的有独孤藏墓和田弘墓（图4-16-D），均为前堂东壁开挖侧室；而侯子钦墓前堂的东、西两壁各有一个侧室。多室的前堂一般近方形，四壁平直，仅李贤和王德衡墓连接甬道的南壁稍向外弧。有的墓室顶部已经塌毁，形制不明，保存较好的有叱罗协墓、王德衡墓、若干云墓和独孤藏墓，其四壁靠近顶部处向上内收，呈盝顶式，有的墓顶前部较后部稍高。

墓室地面一般与甬道平齐，王德衡墓墓室比甬道低0.36米。墓室地面多未铺砖。叱罗协墓前堂铺砖，与后室连接处未铺砖，后室为棺床，未铺砖，而是设置土质棺床，棺床高出前堂10厘米。若干云墓前堂未铺砖，但在前堂中部以五块长条砖铺砌成"凸"字形，似为供桌，后室地面铺一层砖。田弘墓前堂、后室、侧室地面均铺砖，后室和侧室地面高出前堂地面一层砖的厚度。其他作为棺室的后室或侧室一般均高出前堂地面，似作为棺床之用。单室墓中孝陵和李贤墓地面铺砖，但未见棺床迹象。其他几座墓中，宇文猛墓和南里王14号墓在墓室后部横砌长方形棺床，而王德衡墓和尉迟运墓均在墓室西侧修造土质棺床，王德衡墓棺床较矮，仅高出墓底地面2厘米。

单室墓的棺床均置于墓室内，孝陵和李贤墓直接将棺椁置于铺砖地面上，其余无铺砖的单室墓则将棺木置于地上。李贤墓双棺靠西壁并列顺放。孝陵双棺分别顺置于东西壁下。王德衡墓和尉迟运墓虽各葬二人，但是均置于一棺之中。孝陵和李贤墓主棺均为一棺一椁结构，显示其地位的特殊。有后室和侧室的墓葬中，除田弘墓侧室外，其余皆放置有木棺，有的在棺木下铺白灰和木炭防潮。王士良墓虽仅为前堂后室，却放置了3具棺木，均顺向放置。田弘墓前堂和后室内各置一棺。

北周墓葬随葬品的放置情况较复杂，天井内有壁龛的孝陵和叱罗协墓，在壁龛内放置俑、陶器、模型明器及铜、玉、铁器等随葬品，孝陵后龛内也置放一批铜器。其余墓葬的随葬器物主要置于墓室中，主要为陶俑和陶瓷器皿、模型明器、钱币等，墓志一般置于墓室靠近甬道口处。棺椁之内也发现墓主人的随身物品，由于大部分已遭盗掘，因此出土物中基本上没有贵重随葬品。

北周大型墓葬中的壁画较为普遍，但是保存情况不一。固原几座墓壁画保存情况相对较好。从总体看来，墓道、过洞、天井、甬道、墓室内均有壁画发现，其中保存最好的是李贤墓，该墓在第一过洞和甬道口外上方正壁各有用红、黑两色粗线条画出鸱吻、屋脊、瓦垄，以红彩绘制立柱、柱头斗栱、栏额、栏杆及"人"字栱。上层屋顶为庑殿式，正面三开间，柱头承托栏额，柱头斗栱结构与上层同，也是三开间，下部无栏杆，四立柱直接绘于过洞拱券上，拱券外沿及两侧画红色边框。在第二、第三过洞口外上方各绘单层门楼图一幅，画面高 0.6 米、宽 1.4 米，用色及门楼建筑与双层门楼图上层相同，只是没有绘下层，而将栏杆直接绘在过洞拱券红色边框上。叱罗协墓在每个过洞的南口外均绘红色宽带纹，过洞口外部顶上彩绘形似楼阁的壁画，此应与李贤墓门楼图相同。

李贤墓的墓道、天井两壁涂抹距地面 1.8 米高的白色灰浆，上下两边绘与墓道平行的红色宽带，作为墓道和隧道壁画的上下边框，其间以黑彩勾画人物衣纹线条，然后以红色在人物面部和衣服边缘起褶处晕染。叱罗协墓墓道和隧道的绘法与之相同，然除红色宽带外，其间的壁画已全部剥落。独孤藏墓墓道也见二红色宽带，壁画内容也已不清。

李贤墓壁画分别绘制于墓道、过洞、天井的东西两壁，位置左右对称。墓道内的武士图现存 2 幅，绘制于第一过洞口外东西两壁，两壁画面相同。武士画像高 1.6～1.7 米，头戴平巾帻，圆脸，络腮胡须，身穿裤褶服，足穿履，手拄仪刀，作站立守卫状，神态庄严。隧道内壁画绘制于天井下方两壁，原有 12 幅，即每个天井每壁各 2 幅，现存天井武士壁画 10 幅。所绘武士面相丰满，留三绺胡须，头戴平巾帻，身穿两当，腰束带，内穿裤褶服，衣衫飘拂，足穿履，手执仪刀侍立，仪态肃穆。过洞内壁绘有武士图 6 幅，相对绘制于每个过洞的东西两壁上，因过洞高度仅 1.4 米，这些武士俑形象的衣冠服饰、姿态动作与天井内所绘基本相同。

宇文猛墓墓道所绘壁画与李贤墓大致相同，由于遭水浸破坏，仅第五天井东壁靠近南侧过洞口处留下一幅站立的武士壁画，人物高 90 厘米，面向北侧身站立，头戴平巾帻，身穿红色褶服，下穿大口裤，面部表情庄重，双手置于胸前紧握仪剑，仪剑为黑色。

北周墓墓室壁画保存情况较差，目前仅李贤墓和田弘墓墓室内发现绘有人物形象。李贤墓因墓顶和大部分墓壁塌毁，画面也多被毁坏，根据现存情况来看，壁画也是个体人物形象。画幅均以红色绘制边框，高约 1.75 米，宽 0.6～0.9 米。墓室北壁原有 6 幅人物画，东、西两壁各有 5 幅，南壁墓门两侧原各有 2 幅，现除西壁南端 2 幅和南壁东端 1 幅保存较完整外，其余的或存头部，或仅存半身，或仅存腿、脚。西壁南端第一幅绘一名侍女，长圆脸，双发髻，着宽袖衫，右手持拂尘状物，左手腹前持一物，人像高 1.46 米。第二幅亦绘一名侍女，其造型、服饰与前一幅相似，左手执团扇，右手持物屈至上腹前，人像高 1.46 米。南壁东端绘一女伎乐，头顶稍残，身着宽袖衫，腰束带，右侧画一鼓，双手执锤击鼓，头部向左偏转，神情自若；此外，东壁南端一名女伎乐残存部分身体，着长裙，腰束带，腰前挂一细腰鼓，左手拍击鼓面。

　　田弘墓前堂内南、东、北三壁各有门的两侧绘制 2 幅侍立人物画，人物周围为红色边框间隔，人物均头戴平巾帻，身穿红色袴褶，裤子的膝部系缚，手执仪剑或其他仪仗物；西壁则为 6 位并列的仪仗人物，南侧为一组人物头像，由于壁面塌毁，所以服饰不明，从残存情况看，应有袴褶和胡服两种。田弘墓后室和东侧室壁面可见以红色宽带分隔成的屏风式画面，但是其中并无其他图像。咸阳国际机场诸大型北周墓中一般也都有墓室壁画，可惜都已漫漶不清，仅个别墓室壁底部可见红色宽带纹。

第四节　西域来华人士墓葬

　　十六国北朝时期，许多西域人士来华，其中更以《隋书·西域传》所记"昭武九姓"诸国如康、安、石、史、曹等国人士为多，常是几代定居中国。近年在陕西、山西等地不断发现北朝时期定居华土的西域来华人士墓葬，主要有陕西西安发掘的北周天和六年（公元 571 年）康业墓[1]、大象元年（公元 579 年）安伽墓[2]、大象二年（公元 580 年）史君墓[3]，还有保定四年（公元 564 年）罽宾国来华的婆罗门种人李诞墓[4]，上述诸墓中康业墓和李诞墓的葬制、葬具图像均同于北周墓，但安伽墓和史君墓葬具上图像具有特色，同时山西太原发掘的来自鱼国的虞弘墓[5]葬具图像亦具有同样特色，虽葬入时间已迟至隋开皇年间，因《北史》中将隋代亦列为北朝，故将虞弘墓在此节一并叙述。

　　陕西安伽、史君墓的发现令人耳目一新，两人均为定居中国的粟特人后裔，特殊的身份和文化背景，使墓内的石刻图像展示了前所未有的内容，独特的表述和审美取向引起了学界对图像的阅读顺序、内容含义、时代背景、制作者的族属等展开了讨论，发表的意见颇多[6]。

---

〔1〕　西安市文物保护考古研究所：《西安北周康业墓发掘简报》，《文物》2008 年第 6 期。

〔2〕　陕西省考古研究所：《西安北周安伽墓》，文物出版社，2003 年。

〔3〕　西安市文物保护考古研究院：《北周史君墓》，文物出版社，2014 年。

〔4〕　程林泉、张小丽、张翔宇、王磊、李书锁：《西安北郊北周李诞墓》，《2005 中国重要考古发现》，文物出版社，2006 年。

〔5〕　山西省考古研究所、太原市文物考古研究所、太原市晋源区文物旅游局：《太原隋虞弘墓》，文物出版社，2005 年。

〔6〕　A. 陕西省考古研究所：《西安北周安伽墓》，文物出版社，2003 年。

　　B. 西安市文物保护考古所：《西安北周凉州萨保史君墓发掘简报》，《文物》2005 年第 3 期。

　　C.《法国汉学》丛书编辑委员会：《粟特人在中国》，中华书局，2005 年。

　　D. 姜伯勤：《中国祆教艺术史研究》，生活·读书·新知三联书店，2004 年。

　　E. 邢福来：《北朝至隋初入华粟特贵族墓围屏石榻研究》，《考古与文物》2002 年汉唐考古增刊。

　　F. 杨军凯：《北周史君墓石椁东壁浮雕图像初探》，《艺术史研究》2003 年第 5 辑。

图 4-17　祆教祭司和火坛图像

1. 北周安伽墓石门额　2. 北周史君墓石椁正面　3. 隋虞弘墓石椁座前壁下栏

最令人关注的图像是出现了祭祀的场面，基本元素是都有戴着口罩（padam）的人物守护着一个火坛。安伽墓雕刻在门额上（图 4-17-1），史君墓出现在石椁正面两侧窗下（图 4-17-2）。还有史君墓石椁东壁第 1 幅中的长桥、祭司和动物队列（图 4-18）以及墓门楣正中、石椁南壁的四臂神（图 4-19）和各种神兽，这类图像在西亚和中亚美术也可以见到，与外来的祆教信仰有关。那些祭司主持祭奠仪式等画面，是粟特人所信奉的祆教经典《阿维斯塔》（Avesta）图像化的诠释，呈现了来华定居的粟特人安伽、史君死后的丧葬中保持着自己的信仰和风俗。

安伽、史君墓相距约 2.2 公里，都经过现代考古学的科学发掘，出土地点、共存遗物清楚。

安伽墓位于西安市北郊未央区大明宫乡炕底寨村西北。墓葬坐北朝南，由斜坡墓道、天井、过洞、甬道和墓室组成，全长 35 米。墓室平面近方形，南北长 3.5 米，东西宽 3.7 米，顶高 3.3 米（图 4-20）。天井东西两壁及过洞、甬道入口上方原绘壁画，大部剥落毁

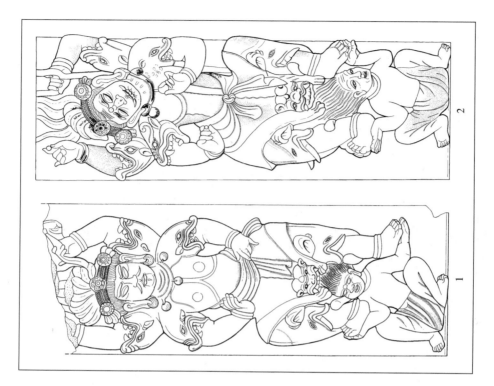

图 4 - 19　陕西西安北周史君墓石椁南壁四臂神像
1. 右侧　2. 左侧

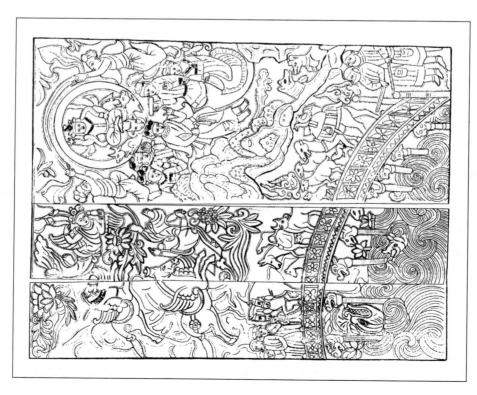

图 4 - 18　陕西西安北周史君墓石椁东壁第 1 幅图像

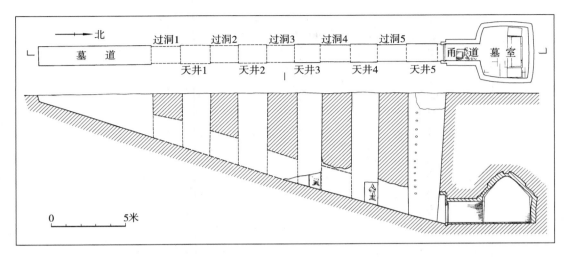

图 4 - 20　陕西西安北周安伽墓平面、剖视图

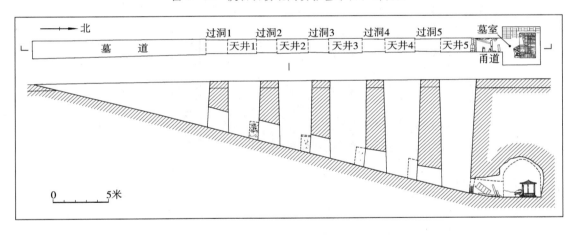

图 4 - 21　陕西西安北周史君墓平面、剖视图

坏，可辨识出拄剑武士形象、红彩莲花图案。石墓门的门额、门楣及门框刻有图案，门墩上各有一蹲狮。墓室中放置围屏石榻，长 2.28 米，宽 1.03 米，高 1.17 米，上面满饰浅浮雕贴金彩绘，内容十分丰富。甬道内出土石墓志一盒，墓志盖书"大周同州萨保安君之墓"。

　　史君墓位于西安未央区大明宫乡井上村东，墓葬坐北朝南，由长斜坡墓道、天井、过洞、甬道和墓室组成，全长 47.26 米。墓室平面近方形，东西长 3.7 米，南北宽 3.5 米（图4-21）。墓道和甬道之间有石门，门楣和两侧立柱上均浮雕缠枝葡萄、忍冬、伎乐、天王。门扉均饰彩绘贴金。墓室内有石椁（或称石堂），长 2.46 米，宽 1.55 米，高 1.58 米（图 4-22；图版 16-2）。四壁装饰丰富的彩绘和鎏金浮雕，描绘着宴会、狩猎、旅行、商队、怪兽神像等。石椁正中上部为一块整石，刻有粟特文和汉文文字，可知墓主人为"史国人也，本居西土，……授凉州萨保"。于"大象元年（公元 579 年）薨于家，年八十六。妻康氏"。

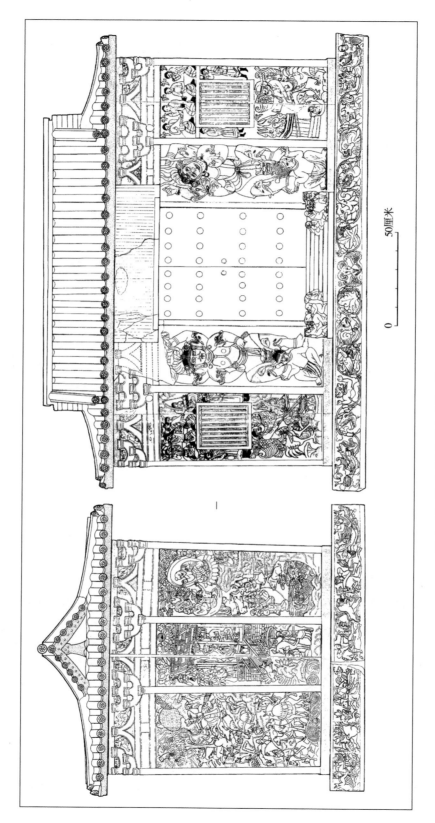

图 4 - 22　陕西西安北周史君墓石椁正立面、侧立面图

史君、安伽是今中亚阿姆、锡尔两河流域昭武九姓即粟特人后裔。粟特人信仰祆教，善于经商，南北朝时大批徙入中国，对中西文化的沟通、交流起到过至关重要的作用。安伽、史君都曾担任过的"萨保"，在粟特文中最初的含义为"商主""商队首领"，北朝领域内居住的粟特人首领"萨保"成为官职，负责管理粟特人聚落和祆教事务。

两墓的图像具有浓厚的外来风格，然而图像只是墓葬遗存中的一部分，从墓葬整体来看，十分明确的是：1) 两座墓都是带斜坡墓道、甬道的单室弧方形砖墓，这是中国特色的墓葬；2) 发现了汉字书写的墓志铭和刻铭，这是中国汉晋以后墓葬中特有的现象；3) 葬具中的石椁和围屏石榻，完全是中国仿木结构建筑和家具的模型。

丧葬活动要在墓葬形制、葬具、随葬器物、图像等的组合中，体现当时社会普遍遵循的理念。安伽、史君虽然是粟特人，他们的墓葬却与中亚祆教徒死后禁止土葬，将尸体曝露让鹰鹫等吃掉血肉，然后将骨骼收集起来放入藏骨器中保存的丧葬习俗格格不入，在丧葬活动的主要方面采用了中国的埋葬方式。图像中有祆教信仰的内容，还有更多的宴饮、商队、狩猎、出行、会客等画面，独具特色的表现方式揭示出丝绸之路畅通后，粟特移民通过图像超越时间和空间讲述自身的生活和信仰，构建了粟特人的历史风貌。同时也反映出他们尽管试图固守自己的文化之根，却难以摆脱中国文化的强烈影响。

宴饮图像较为多见。安伽墓、史君墓有很多宴饮场面，背景环境、人物表情、动态关系等采用了欢快、严肃、平静等不同的处理手法，有的像是在美妙温馨的家庭中夫妇对坐饮食交谈，有的带有呼朋唤友式的喜庆热闹，有的表现出亲切祥和的接触，有的似乎是充满敌意的谈判。这些图像没有北朝墓葬宴饮图中那种庄严供奉的礼仪气氛，而带有叙事性特征，也与粟特本土壁画所见的持杯饮酒的宴饮场面不同。

史君墓石椁北壁左起第2幅，背景是葡萄园，没有特别突出的主要人物。画面偏上方的中心有一个很大的圆毯，上面坐着五名男性，一人伸手做讲话状，另四人举杯畅饮（图4-23-2）。围绕圆毯还有两位侍奉者和五位奏乐者。下方是另外一组宴饮者，为女性五人，也围绕着侍奉、奏乐者，前面还有莲花盛开的水池。从北朝到唐初，文献中提到葡萄常与外来事物相联系，葡萄种植的东传和葡萄纹样的出现可视为外来文化的传播[1]，葡萄架下的这场聚餐，把人们带到了遥远的中亚。

史君墓石椁西壁左起第2幅宴饮图像，主角是一男一女，其余是歌舞、侍奉之类，场景是在中亚式的建筑内外展开（图4-23-1）。

安伽墓正面屏风第3幅，主要人物也是一男一女，坐在中国式建筑中的榻上（图4-24-1），男女主人都是平和的坐姿，下面的女性手中还拿着团扇，场面很像是家内生活。

安伽墓正面屏风第6幅，两位主要人物服饰装束不同，一人举杯，一人拜谢，其他为侍奉歌舞，像是送别或迎客（图4-24-2）。所有人物都是外族人形象，但背景建筑却是

〔1〕 童丕：《中国北方的粟特遗存——山西的葡萄种植业》，《粟特人在中国》，中华书局，2005年。

图 4-23　陕西西安北周史君墓宴饮图像
1. 石椁西壁第 2 幅　2. 石椁北壁第 2 幅

有斗栱、"人"字栱的中国样式。与之相似的是右侧屏风第 2 幅，两位共同举杯、服饰装束不同的人物之外，有侍奉、歌舞和观望者。背景建筑是圆拱式，左下还有围屏，里面有搬动或制作食品的人（图 4-24-3）。

　　安伽墓左侧屏风第 3 幅，圆顶帐篷中有三人，帐外是手持器皿的侍奉者，下部是山岳树木和各种动物，似乎是途中生活（图 4-24-4）。正面屏风第 1 幅，共十五人，主要人物坐在一个中亚式建筑中的地毯上，两边有演奏乐器者和手执器皿的人，后排六人似乎在唱歌，前方有五人捧食物、瓶罐和舞者，是接待客人的场面（图 4-24-5）。

　　正面屏风第 4 幅（图 4-24-6）被称为"宾主相会博弈图"，人物形象端重，场面严肃，上面的两个骑马人物各自身后的随从分别握刀持剑注视对方，下面两个谈话人各自的身后两随从警惕而紧张的对峙。全然没有欢乐的气氛，还带有争斗的意味，犹如一场严肃的谈判。

　　就题材而言，中国壁画石刻中的宴饮图大约在西汉末年出现，画面为人物、酒食、乐

图 4－24　陕西西安北周安伽墓宴饮图像

面屏风第 3 幅　2. 正面屏风第 6 幅　3. 右侧屏风第 2 幅　4. 左侧屏风第 3 幅　5. 正面屏风第 1 幅　6. 正面屏风第 4 幅

舞、庖厨，东汉中晚期有些场面盛大。到了北朝时宴饮图的主角为墓主夫妇以正面端坐的形式出现，载歌载舞的场景多被手持乐器的乐伎取代，欢快娱乐的气氛淡化[1]。通常认为是表示家内生活。安伽、史君墓的宴饮图中即便主要人物是夫妇，也不是端坐的姿态，还配合着交谈等人物之间的相互呼应，表现手法上和中国的宴饮图相差很大。粟特本土的瓦拉赫沙、阿弗拉西阿卜和片冶肯特邸宅建筑壁画中的宴饮场景[2]，通常绘制在帷幔和篷帐下，画面中主要人物形体较大，衣着华美，多盘膝而坐，一字排开，人物手持饮器或权杖。仆从身材较小，穿插于主要人物间，服饰简单朴素，有的手持器物，服侍一旁。以多人聚饮为主，也可见两人或三人的对坐宴饮。安伽、史君墓的宴饮场景从构图和人物组成，甚至使用器物与粟特本土图像也有差异。

这些被笼统地称为宴饮图的场面，至少可区分为家居宴饮、园林宴饮、会客宴饮、旅途宴饮等，又以谈判、迎接或送别、聚会中动态呼应为特征，带有故事性，意在表现粟特人的历史。图像借用了中国传统的夫妇宴饮的形式，又改变了北朝夫妇对坐的呆板，表现出制作工匠按照雇主的要求及自身理解，对中外相关图像进行了抽取和重新设计，保持传统又附和了现实。

狩猎图像也比较多。狩猎图像在安伽墓出现三处，史君墓出现五处。猎取野兽用于祭祀、食用是狩猎题材的一般意义，在古代世界许多地区都可以见到，中亚、西亚的图像却有"捕杀"和"搏斗"的区别。"捕杀"图像中人物居主导地位，追捕着逃窜的动物。"搏斗"图像中人与兽不分主次，双方都在攻击。"搏斗"图像中的猎手是各类人物的化身，隐含着其他象征意义。

安伽墓围屏石榻左侧屏风第2幅，是四名猎手追赶野猪和羚羊的场面，还有一只狗在助猎。右侧屏风第1幅，共五位猎人一起驱马攻击狮、鹿、虎、兔，猎人手持绳索、短刀或棍棒，唯有狮子在反扑（图4-25-1）。正面屏风第2幅下部是射杀狮子和刺杀野猪，人与兽具有强烈的对抗性（图4-25-2）。这三幅"狩猎"场面都与中国传统的狩猎图不同，画面一旦出现狮子、野猪，场面就异常激烈。如右侧屏风第1幅，面对狮子凶猛地扑来，坐骑竟然是转身躲避状，骑者只能转身用剑对付狮子。正面屏风第2幅中狮子和野猪都是挺身冲向猎手，毫无退缩之意。史君墓石椁边饰中有四幅图像，分别是：一骑手与野猪搏斗；两骑手分别与狮子搏斗两猎手追杀羚羊；一猎手射杀大角鹿。（图4-26）。凡人与狮子共同出现，便是双方搏斗的场面。

这些与野猪、狮子搏斗的场面带有浓厚的波斯萨珊艺术特征，深受其影响的粟特美术也有类似的图像。粟特本土的瓦拉赫沙古城公元7世纪末至8世纪初宫殿遗迹的壁画中有人物乘象与虎豹争斗的图像，内容不是通常的狩猎，而带有宗教善恶斗争的色彩和歌颂帝王的特定含义。

中国古代没有狮子可猎。安伽、史君墓将人与狮子处理成搏斗场面，显然与异域文化

[1] 杨泓：《北齐墓室壁画》，《汉唐美术考古和佛教艺术》，科学出版社，2000年。
[2] Azarpay, Guitty et al (1981), *Sogdian Painting：The Pictorial Epic in Oriental Art*. Berkeley, Calif.：Univ of California Press.

图 4-25　陕西西安北周安伽墓狩猎图像
1. 右侧屏风第1幅　2. 正面屏风第2幅

有关，但无论是"狩猎"还是"搏斗"，画面处理、细节表现等更接近中国图像系统，陪衬、点缀的山石树木在粟特乃至波斯艺术中极少见到，而且带有"人大于山，水不容泛"等中国早期绘画的特点，表明粟特人在新的生活环境中，不可避免地与中国同类题材整合而发生了变异。

　　出行图像有特点。对于在华定居的粟特人来说，要突出表现自身的文化，无非本土的生活和迁徙的历程，安伽、史君墓石刻图像的"出行图"便是一种体现。安伽围屏石塌左侧屏风第1幅，上方一人引路，一人牵牛，一人手执伞盖拥簇着牛车。下方为四人骑马而行，两女性着汉服（图4-27-1）。右侧屏风第3幅，上方为两侍从执伞盖侍奉一骑马者，中部为一人牵引牛车。下部七人，一女性带一小孩，后随两侍者欲过小桥，旁边三男性驻足观看（图4-27-2）。史君墓石椁北壁第3幅出行图像，出现在野外山林之中，人物多达十人，分上、下两部分，上部是男性，下部是女性，男女主人都有侍者执伞盖护送（图4-27-3）。

　　安伽、史君墓的出行图像既不同于中国的构图样式，也难在粟特壁画中寻根。汉唐高官贵族墓葬壁画中的出行场景几乎是必不可少的题材，汉代用出行车辆的数量、种类以及人员配备来表达等级差异，北朝隋唐延续这一传统的同时，内容变成了以鞍辔齐备的马和牛

图 4 - 26　陕西西安北周史君墓石椁边饰中的狩猎图像

图 4-27　陕西西安北周安伽墓、史君墓出行图像
1. 安伽墓左侧屏风第1幅　2. 安伽墓右侧屏风第3幅　3. 史君墓石椁北壁第3幅

车为中心的人物出行队列为主，配以旌旗伞盖。相比之下，安伽、史君墓石刻上的出行图像，构图以"满"为特色，罕见空白，画面中的妇女儿童、小桥流水等充满生活的气息，与中国庄重严肃的仪仗行列不同。粟特本土的撒马尔干建筑遗迹也曾发现著名的"大使出行图"，场面带有浓重的宗教色彩，祭司、祭品都出现在画面中。北朝与粟特壁画出行图画面构成的基本元素不同，反映着截然不同的文化传统。

安伽、史君墓的出行图像中有牛车、伞盖，牛车不适合于沙漠戈壁中行走，粟特图像中几乎没有牛拉车的现象。中国自西晋始，高官贵族以乘牛车为尊[1]，墓葬壁画、随葬陶俑中屡见以牛车为中心的出行仪仗队列。安伽墓石刻图像中强壮的牛拉着两轮车，车箱前部下垂幔帘，顶部前出长檐，或车顶呈椭圆形，前有方形门，车厢周围立栏杆、立柱。这种牛车在北朝壁画、陶俑中常见。伞盖也是当时仪仗队列的重要组成部分[2]，

[1]　《晋书·舆服志》载："古之贵者不乘牛车，汉武帝推恩之末，诸侯寡弱。贫者至乘牛车，其后稍见贵之。自灵、献以来，天子至士庶遂以为常乘，至尊出朝堂举哀乘之。"

[2]　A.《晋书·石季龙载记下》："乘大辂，羽葆、华盖，建天子旌旗，十有六军，戎卒十八万，出自金明门。"

B.《南齐书·曹虎传》亦载："元宏率十万众，从羽仪华盖，围樊城。"

图 4-28　陕西西安北周安伽墓、史君墓商旅图像
君墓石椁西壁第 1 幅　2. 史君墓石椁北壁第 5 幅　3. 安伽墓正面屏风第 5 幅

几乎每一幅出行图像中都有。安伽、史君墓的出行图像应是采用中国图像中常见的牛车、伞盖等表现手法，而忽略它们承载的等级标识等文化意义，融入带有绵绵亲情的出行之中。

商旅图像也不少。安伽、史君墓多次出现商旅图像，人物、道具和行为方式都选择了商旅活动中具代表性的细节和瞬间，并通过山石树木等背景手法，暗示着规模的庞大。

史君墓石椁西壁第 1 幅，有马、骆驼和驴。队伍的最前面有两骑马男子，其中一位腰上悬挂着箭袋，其后是两头驮载货物的骆驼，最后是一骑在马上的男子，右手握望筒正在瞭望。上方有一持鞭的男子正在驱赶两匹马和一头载货的驴前行（图 4-28-1）。

史君墓石椁北壁第 5 幅，下面是一人牵马，两骆驼卧地休息，两个形象、服饰不同的人在交谈，一人驻足观看（图 4-28-2）。安伽墓正面屏风第 5 幅与史君墓的商旅图异曲同工，不过载货驴、驼在休息的上方是两人在圆顶帐篷内商谈，两人物在外面地毯上对话，下方三人在观望（图 4-28-3）。

粟特本土艺术中没有表现商旅驼队的场景，中国北朝以后却是频频出现的题材，甚至石窟佛经故事画中也有商旅的图像，陶俑中也有胡人掌控的载货骆驼等。人们钟情于这一题材，是歌颂、赞美丝绸之路上商旅们探险、开拓、征服的精神，无论是图像还是陶俑都

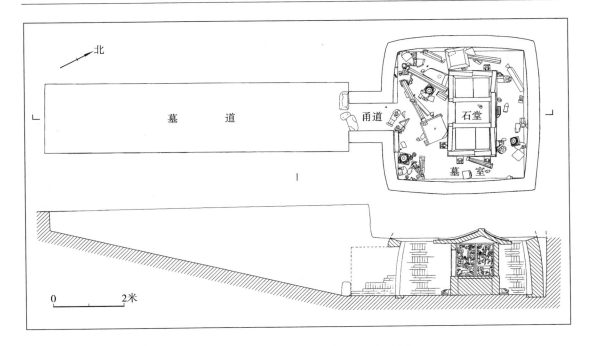

图 4-29 山西太原隋虞弘墓平面、剖视图

很程式化[1]。安伽、史君墓的商旅图像是在野外。商队漫长的旅途不可能携带所需的全部食物，途中要通过打猎获取食物补充，旅途中还要不断从事商业活动。作为粟特移民后裔的安伽、史君，无论是自己继续经商，还是回忆祖先经商的经历，对自身民族都有深刻的历史记忆，对这一生活十分熟悉，图像中的野外山林虽然带有"人大于山"的中国画风，但把商旅和狩猎、宴饮相结合，详细、生动地表现出人物所具有的民族特点。

安伽、史君墓的图像将世俗传说和宗教故事展示在中国式的围屏石榻和石椁上，尽管他们"不同流俗，不杂嚣尘"（安伽墓志语），却不可能在移居地再造一个本土式的家园，也无法保持自身文化的纯粹，于是在回忆遥远而逝去的自身历史时，以歌颂赞美的心情创作了这些"图说移民史"，在表现方式上不时流露出对中原文化模式化、符号化图像的借用，异国漂泊数代后的粟特人在信仰依旧、环境巨变的矛盾中，对中外传统图像进行抽取和拼砌时也显现出某些混乱。文献中关于粟特人的记载很少，安伽、史君墓图像的发现，直观明确，内容丰富，展示出来华的粟特人随着身份的改变，努力从边缘进入主流。在这个进程中，他们的墓葬形制和葬具都接受了中国当地的基本礼俗，墓葬图像所展示的正是丝绸之路上不同文化掺杂、改造后的融合。

虞弘墓更有特点。山西太原发现定居中国的外国人虞弘墓，出土墓志记载他生前也曾担任过萨保。该墓由墓道、甬道、墓门、墓室几部分组成，总长 13.65 米。墓室为单室方形，边长 3.8 米×3.9 米（图 4-29）。墓中出土了三开间、歇山顶仿木构建筑的汉白玉石椁，

---

〔1〕 齐东方：《丝绸之路的象征符号——骆驼》，《故宫博物院院刊》2004 年第 6 期。

图 4 - 30　山西太原隋虞弘墓石椁壁狩猎图像

1. 第 3 幅　2. 第 4 幅　3. 第 6 幅

椁上满饰浮雕和绘画，内容包括宴饮乐舞、火坛、骑射、人狮搏斗，还有带翼鱼尾神马、系绶鸟、狮子噬牛等场面。随葬品除瓷器、陶器残片和石灯外，有 16 尊石俑，包括男女伎乐和侍奉俑，俑脚下带榫，插入莲花座中。

　　椁座前壁下栏中间是燃烧的火坛，左、右两边是人首鹰身的祭司，头上戴冠，带有口罩。一手捂嘴，一手伸出抬着火坛一侧，一副小心翼翼的样子（图 4 - 17 - 3）。

　　石椁壁第 3 幅图像是骑骆驼斗狮，骑者带头光、卷发，身穿紧身衣裤，骑在一匹健壮的骆驼上，转身弯弓射杀扑来的雄狮。骆驼咬住了另一头狮子的腰背，一只狗扬头张口扑向狮子（图 4 - 30 - 1）。椁壁第 4 幅的骑者长发披肩，穿一件长袍半臂衫，持弓反身射杀后面扑来的狮子，骆驼被前方狮子咬住了的脖颈，驼身下方有一只狗，跃起扑向雄狮（图 4 - 30 - 2）。整个画面是猎人、猎狗和骆驼相互配合、抵抗狮子袭击的场景。

　　石椁壁第 6 幅图像是骑象搏杀狮子（图 4 - 30 - 3）。三头狮子从三个方向向大象和主人发起围攻，骑象的男子两手握剑，转身奋力向后方扑来的狮子劈去，大象用长鼻迎击前面袭来的另一头狮子，画面下方还有一头狮子试图咬住象腿，而又被狗追逐。

　　象、骆驼与人物共同与狮子搏斗的奇特场面在中国前所未见，属西亚中亚图像中的题材。有胡须、头光、戴王冠，穿着花边裤的乘象者的形象，常见于波斯萨珊朝银盘上的帝王。波斯美术中勇壮的帝王与凶猛野兽格斗的主题，代表了光明与黑暗、正义与邪恶之争，颂扬国王的权威和勇猛，有着浓厚的宗教色彩。虞弘墓的这类图像无疑与西方图像的创作意图吻合。

　　还有人狮搏斗图像（图 4 - 31 - 1），雄狮扑向武士，前爪抓住武士的胸膛，张着大口把武士的头完全咬在口中。武士尽管头部已被雄狮咬入口中，却依然身体前冲，右手握剑

图 4-31　山西太原隋虞弘墓石椁座搏斗图像

1. 人狮搏斗　2. 狮马搏斗　3. 狮牛搏斗

尽力将剑插入狮腹。在雄狮下方，一条猎狗扑向狮子后腿，画面甚为惨烈。狮马搏斗图像（图 4-31-2），马的前肢生翼，后肢化为鱼尾状，奋起前蹄，撞向扑来的雄狮。狮牛搏斗图像（图 4-31-3），狮尾竖立，扑在牛背上撕咬，牛夹尾弓身，试图用犄角顶挑狮子。人与兽、兽与兽之间的争斗是波斯图像中悠久的题材，早在阿契美尼德时期的宫殿基墙壁面上就雕刻出狮子袭击牡牛的场面。萨珊时期的摩崖浮雕、银盘上也有帝王用短剑刺杀狮子的图像，代表着这一地区的文化传统[1]。

　　虞弘墓石椁壁第 2 幅是酿制葡萄酒图像，在葡萄树下一个台箱上有三个男子手臂相挽、且歌且舞。台箱下左侧有二男性，有头光，黑色短发紧贴头后，深目高鼻，耳下戴着耳环，肩后飘着丝带。一个人双手在胸前抱着一大坛子（图 4-32）。不出产葡萄的中国黄土地上出现葡萄纹样，与丝绸之路上的外来文化有关，而西方酿制葡萄酒的场景更是难得一见。

　　虞弘墓石椁壁第 5 幅是宴饮图像，背景是葡萄枝和系绶鸟，庐帐内后面的背屏有幔幛，前面的矮床上坐着一男一女，男子卷发浓须，头戴有日月形饰物、带飘带的波斯式王冠。颈部有一联珠项圈，身穿圆领窄袖长袍，腰系联珠腰带，下身穿紧腿裤。右手端着一只多曲酒碗。女子头戴花冠，耳下有串饰，颈部有项链，身着半臂裙装，胸前有短飘带，举一高脚酒杯。两人之间摆放着盛满食物的大盘，相对饮酒。两侧各有男女侍者，下方是七人歌舞场面（图 4-33-1）。

　　还有几幅饮酒图像出现在椁座上，一组是两个有头光

图 4-32　隋虞弘墓石椁壁
酿制葡萄酒图像

〔1〕　林良一，并河万里 1978 年『ペルシアの遺宝 1　雕刻・建築』　新人物往来社

图 4-33　山西太原隋虞弘墓宴饮图像
1. 石椁壁第 5 幅　2. 石椁座　3. 石椁座

的人，右边的人握着一个来通饮酒，左边的人与他相对而坐，右手高举一个碗，中间放置一个大酒坛（图 4-33-2）。另一组也是一对饮酒者，右边的人手握一来通，左边的人与他相对而坐，右手端一酒碗（图 4-33-3）。又有一组是两人站立，一人左手端一大碗，右手握一单耳瓶，另一人左手卡在胯上，右手端一酒碗。还有一组是两个人手握来通相对饮酒。所有的饮酒图像没有严肃与矜持，神态悠闲，酣对尽欢，甚至醉态十足，有脱尘绝俗的感觉。

虞弘墓石椁壁第 7 幅，骑马者气宇轩昂，深目高鼻，多须髯，戴波斯王式王冠、有头光和飘带。右手端一碗举于面前，马前面一人双手捧着一个盛满果实的盘子，高举着献给骑马者。马后还有一个年轻随从（图 4-34-1）。虞弘墓石椁壁第 9 幅，一位高贵的骑马人，头后有光环，头上戴有日月形饰物的王冠，后的侍者执伞盖，前面的侍者执物（图 4-34-2）。骑马的人物表现出了与众不同的神情与穿着，似乎是旅途中的情形。

石椁壁第 8 幅场面休闲，戴王冠，有头光，身形高大的主人，神态安详地坐在一个红色束帛座上，右手握一白色高足大口杯。前面一个黑色短发、深目高鼻的仆人，正单腿跪地双手捧一装满果实的果盘。仆人身后，站着一个怀抱琵琶的人，在拨弦演奏，像是行旅休憩图像（图 4-34-3）。

虞弘墓图像中的人物，被认定有粟特人、突厥人、波斯人，并认为图像至少包括了波

图 4 - 34　山西太原隋虞弘墓人物图像
1. 石椁壁第 7 幅　2. 石椁壁第 9 幅　3. 石椁壁第 8 幅

斯、突厥甚至印度文化因素，或认为带有希腊、斯基泰、突厥、粟特遗风。但整体图像中反复出现头戴波斯王冠的主要人物，每一幅大画面中都有系绶鸟以及搏斗图像紧张的气氛等，都显示出浓厚的波斯艺术特征，搏斗等场景的构图和表现手法与萨珊图像中的帝王与狮子等搏杀场面相似，连人物转身向后而射的姿势也几乎是波斯艺术中特有的。此外所有的人物、动物、飞禽表现的都是侧面和半侧面，也是波斯的艺术特征。整体与细节的表现，并非一般人可以凭空想象，这可能和墓志所载虞弘早年曾出使波斯，更了解祆教和西亚的风俗文化有关。虞弘为"鱼国尉纥驎城人"。其祖父任鱼国领民酋长。关于鱼国有各种推测，应是西方一个小国[1]。虞弘于文宣帝高洋时出使北齐，并留在北齐任官，历经北齐、北周、隋三朝，北周时是"检校萨保府"，死前为"仪同三司，敕领左帐内，镇压并部"，于开皇十二年（公元 592 年）去世，开皇十八年与夫人合葬于太原城郊。虞弘的墓葬形制是纯粹中国式的，葬具石椁也是汉式的，完全遵循中国的礼仪制度，石椁上富有异域风情的浮雕和绘画，在祆教发源地波斯和中亚均未发现，内容丰富繁杂，远远超出了墓主人的个人生活所能涵盖的范围。因此那些如骑骆驼、骑象与猛狮搏斗等图像等不是现实生活的写照，应是在回忆想象被夸大并带有一些神秘的异国他乡的古老故事。

〔1〕　A. 林梅村：《稽胡史迹考——太原新出隋代虞弘墓志的几个问题》，《中国史研究》2002 年第 1 期。
　　　　B. 余太山：《鱼国渊源臆说》，《史林》2002 年第 3 期。
　　　　C. 罗丰：《一件关于柔然民族的重要史料——隋虞弘墓志考》，《文物》2002 年第 6 期。
　　　　D. 荣新江：《中外关系史：新史料与新问题》，科学出版社，2004 年。

第五节　北朝埋葬制度研究

一　北朝帝陵制度

北朝时期由于朝代更迭频繁，且都城一再迁徙，故作为与都城密切关联的帝陵制度也较为复杂。北朝时期帝陵分布地点主要有云中金陵、平城永固陵、洛阳北邙陵墓区、磁县东魏北齐皇陵区以及咸阳北周帝陵。

北魏前期帝陵所在的金陵，埋葬着北魏定都盛乐和平城时期的七位皇帝、皇后、宗室贵族和大臣等，金陵位于北魏早期都城盛乐附近，盛乐城位置在今内蒙古和林格尔县城北10公里处，已做过考古工作，然而对于金陵的具体位置仍不能确定。有学者认为应在盛乐城北方，历年来在土默特旗发现一些北魏时期墓葬，出土一些金银器等珍贵文物，同时近年在这一带发掘有北魏壁画墓，据研究可能与金陵有关。然而也有一说认为金陵应位于盛乐城南，20 世纪 80 年代，考古工作者在与和林格尔交界的山西右玉进行的考古调查中，在境内发现较多位于山顶上的墓葬，墓上均有方形或圆形石砌基座，基座上为圆形封土，地面可采集陶片等遗物，这也为金陵地望提供了重要线索，可惜迄今尚未对这些墓葬进行发掘，所以还不敢妄断[1]。

北魏建都平城后期的永固陵和万年堂，是北魏迁洛之前的两座陵墓，其中万年堂虽未葬人，但其规制严格按照帝陵营建，因此对于研究这一时期陵墓制度具有重要意义。

太和十四年（公元 490 年），孝文帝下诏："山陵之节，亦有成命，内则方丈，外裁掩坎，脱于孝子之心有所不尽者，室中可二丈，坟不得过三十余步。今以山陵万世所仰，复广为六十步。"按北魏之二丈合今之 5.6 米，30 步合 50 米，以此度之，永固陵与景陵的墓冢、墓室规格均合于制度。永固陵的修建年代为太和三年（公元 479 年）至太和八年（公元 484 年），早于太和十四年诏书时间，但是可以看出当时有关陵墓制度在太和初年即已初步形成。

北朝陵墓地面遗迹所做工作不多，永固陵周边现存遗址分为山顶和南山坡下两个部分，山顶为永固陵园的主体部分，包括永固陵、万年堂、永固堂、斋堂等遗迹。永固陵地面封土上圆下方，基底方形，边长南北为 117 米，东西 136 米，高 22.87 米。万年堂位于陵园中轴线之东，地面封土亦为上圆下方，边长 60 米，高约 13 米[2]。永固陵正南略偏

---

〔1〕　李俊清：《北魏金陵地理位置的初步考察》，《文物季刊》1990 年第 1 期。

〔2〕　永固陵遗址，早在 1925 年，美国人 A.G. 温莱等人即进行过调查，并于 1945 年发表了测绘结果（《文明太后与方山永固陵》，《佛瑞尔艺术馆随笔》，1947 年 2 月 1 日。中译本见《北朝研究》第五辑，2005 年）。日本人水野清一在 20 世纪 40 年代初期也曾调查永固陵（水野清一、长广敏雄：《云冈报告·西历五世纪中国北部佛教窟院考古学的调查报告》第 15～16 卷上，京都大学人文社会研究所研究报告，1955～1956 年）。1976 年山西省文管会和大同市博物馆进行了抢救发掘和调查（大同市博物馆、山西省文物工作委员会：《大同方山北魏永固陵》，《文物》1978 年第 7 期）。这三次调查均发表有具体测绘数据，但均有较大出入，文中所用为发掘简报中数据。

西有一组建筑遗迹，北距永固陵约 400 米（?）处，有一平面长方形的建筑遗迹，目前仍可见分布有风化严重的柱础和砖瓦等建筑材料，还有树碑用的石龟趺，此或为永固堂遗迹。该建筑西侧还有两处建筑遗址，一处平面呈长方形，南北长 40 米，东西宽 35 米，另一处只发现地表残留建筑材料，面积不清。有学者认为是"思远灵图"和"斋堂"遗迹。此外，在万年堂西北数百米处发现一座直径约 20 米、高 10 余米的墓葬，被认为是陪葬墓。永固陵南部、山顶南端和东西角，发现碎石垒砌的园墙遗迹，但在永固陵之北的山顶东、西两侧，均未见园墙遗迹[1]。

永固陵南山坡下，北距永固陵直线距离约 200 米处，又有一座周绕回廊的方形塔基遗址，此或为思远佛寺的遗迹。据文献记载，思远佛寺始建于北魏太和三年（公元 479 年）。1981 年大同市博物馆对该遗址进行了正式发掘，2002～2003 年又两次进行了补充工作。佛寺遗址坐北朝南、依地势建筑在坡地上。遗址平面布局整体呈长方形，从南往北由一、二层平台和踏道、山门、回廊式塔基基址、佛殿基址和僧房基址等部分组成。遗址第一层平台平面呈长方形，南北长 87.8 米，东西宽 57.4 米，用浮石包边堆砌成 45 度斜坡，中间回填玄武岩、浮石和三合土。踏道位于第一层平台南部，分两层，第一层踏道东西向、斜坡形，坡度 10 度，全长 26 米。第二层踏道南北向，阶梯状。第二层平台平面呈长方形，南北长 45.8 米，东西宽 38 米，高 2.5 米。用玄武岩加工成的石条包边，错缝垒起，中间回填三合土分层夯实。根据地表迹象分析，地面用条砖、方砖平铺。踏道位于第二层平台南部中间位置，南北向长 12 米，宽 4.8 米，阶梯状。山门位于第二层平台南部凸出小平台位置，是进出佛寺的唯一出入口，平台东西长 8.8 米，南北宽 3 米，发现覆盆式柱础两个，间距 3.5 米。回廊式塔基是佛寺的主体建筑，位于第二层平台南部中央位置，坐北朝南，主要包括塔心实体和回廊建筑两部分。塔心实体用未加工过的玄武岩石块和三合土分层夯筑而成，平面呈正方形，南北残长 12.05 米，东西残长 12.2 米，残高 1.25 米。回廊建筑分布于塔心实体四周，根据柱础分布情况可知，塔基回廊四面，每面五开间，共计二十间，开间面阔约 3.3 米，当心明间为回廊入口。佛殿基址位于第二层平台北部，坐北朝南，与塔基处于同一中轴线上，东西长约 21 米，南北宽约 6 米，从柱础分布情况可知，佛殿面阔七间、进深二间。僧房基址位于第一层平台西北部，清理发现灶台、灶洞等遗迹[2]。此外，永固陵东南约 3.5 公里有一处遗址，南北 150 米，东西 250 米，地势低注，地表残存北魏时期砖瓦等建筑构件，有可能是《水经注》记载的"灵泉宫池"遗迹。总之，永固陵开创了帝陵陵寺结合的先例，深刻影响了北朝及以后陵墓的规划与设计。然而尽管文献记载丰富，永固陵却迄今尚未全面做过陵园布局的调查与测绘，因此，关于陵园平面布局、陵园园墙的有无、思远灵图的确切位置等相关问题还有很多工作要做。

太和迁洛之后，孝文帝自表瀍西作为陵园之所，从而北魏皇陵区迁到洛阳，北魏定都

---

[1] 张庆捷：《北魏永固陵的调查与探讨》，《洛阳汉魏陵墓研究论文集》，文物出版社，2009 年。

[2] 关于思远佛寺遗址，《文物》2007 年第 4 期刊载的《大同北魏方山思远佛寺遗址发掘报告》晚于 2004 年 10 月 1 日第 2 版《中国文物报》所载的《大同思远佛寺遗址考古发掘成果斐然》，执笔为同一人，但在遗址描述中尺度方面互有出入，本文暂以简报描述为准。

洛阳的几位皇帝死后都埋在这一陵墓区内，该陵区内还埋葬了许多皇室贵族和高官的陪葬墓。洛阳北魏帝陵地上遗迹仅孝文帝长陵于 2004 年进行了大规模勘探。长陵位于孟津县朝阳乡官庄村东约 0.8 公里处瀍河西岸，陵园平面近方形，东西长 443 米，南北宽 390米，面积 17 余万平方米。陵园四周构筑有夯土垣墙，垣墙宽 2～3.8 米，西垣保存较好。垣墙正中开设陵门，钻探仅发现西门址和南门址，南门保存较好，为三门道式。垣墙外侧四周建围壕，壕沟宽 2～4 米，深 0.2～1.8 米，距垣墙约 0.5～3 米。陵园内共有 2 座陵寝，属异穴合葬，孝文帝陵（大冢）封土位于中轴线偏北部，平面圆形，现存最大直径103 米，高约 21 米。封土南侧 21 米处有 2 个对称的石墩，为石翁仲基座，再向南 46 米有2 个对称的长方形竖条坑。墓道完全叠压于封土之下，方向 179 度。墓道、石墩、方坑位于同一轴线上，应为神道位置。文昭皇后陵（小冢）位于孝文帝陵西北约 106 米处，平面圆形，现存直径 42 米，高约 15 米。墓道位于封土南侧，未发现明显神道遗迹。1946 年该墓中被盗掘出土"魏文昭皇太后山陵志"，这方志石对于长陵位置和平面布局的确认具有重要意义。此外，陵园内还发现建筑基址 3 座、建筑堆积 1 处，均位于大冢和小冢东南方60～90 米处，但性质均有待进一步确认。

景陵封土经钻探为圆形，直径 105～110 米，封土前还发现一石人，位于封土南约 10米处的神道西侧，"其头部残失，颈部以下基本完好，连座残高 2.89 米，身穿广袖袍服，双手平举胸前柱剑"。此应为神道石刻之一。此外在洛阳北魏皇陵的北魏孝庄帝静陵前也曾发现石人一伴。1976 年出土于洛阳市郊区邙山公社上砦村村南大冢前，身高 3.14 米，底有榫，当站立一石座上，与此石人同时出土的还有一石人头，面部造型与该石人相同，根据位置推测该冢为孝庄帝元子攸的静陵。该石人的装束与景陵所出相同。

东魏北齐皇陵区位于当时都城邺城的西北，漳河与滏阳河之间，这里目前发现墓葬120 余座，根据已发掘的墓葬和地面留存的墓碑、以往被盗出的墓志线索，可知东魏皇陵区和北齐皇陵区基本上是南北相连的，元氏墓群中发掘的墓葬有东魏元祜墓、北齐元良墓和元始宗墓等，高氏墓群发掘墓葬有东魏茹茹公主墓、北齐湾漳壁画墓、高润墓、李胜难墓和高孝绪墓等，目前元氏墓群可确定墓葬的墓主还有元暐和元景植等，高氏墓群中可确定墓主的墓葬还有葬于东魏年间的高翻、高盛、高欢、高澄，北齐的高肃、襄乐王妃等，根据墓葬位置可知东魏磁县北朝墓群中原来的中心地带为元氏葬地，而高氏墓群当时处于陵区的陪陵地位，只是在高欢下葬时，才开始重视高氏墓群的规划，仍采取长辈居南，晚辈居北，同辈自东向西、以东为尊的排列原则。但由于高氏墓群北面紧邻滏阳河，已无发展余地，再加上作为皇陵的高氏墓群在规模上的扩大，所以后来的墓葬转向西北和西南，被推定为高洋陵墓的湾漳壁画墓就位于高欢和高澄陵墓西北方的位置。

湾漳壁画墓上封土经钻探得知为圆形，直径 110 米，墓前神道西侧发现石人一件，高约 3.28 米[1]，破坏严重，面部被凿毁，但仍能看出头戴笼冠，身穿朝服，双手胸前挂剑而立（图 4-35）。据称石人原有两件，另一件早年被打碎埋入地下，已无法找寻。

西魏北周陵墓地上遗迹线索更少。陕西富平县西魏文帝元宝炬永陵前石虎一对，石虎

---

[1] 发掘报告数据有误，详见徐光冀《田野考古摄影两题》（《中国文物报》2007 年 3 月 2 日第 7 版）。

图 4-35　河北磁县湾漳北朝壁画墓前石人像

为立姿，体形精壮，高约 1.90 米，长 1.80 米，昂首挺立，头类狮虎，身躯四肢类似骡马，前后腿部有浮雕火焰纹。而咸阳地区北周墓葬地面多数没有遗迹线索，武帝孝陵地表就未发现封土，然而咸阳机场发现的北周尉迟运与夫人贺拔氏合葬墓前却发现有石刻，计有石人 3、石羊 2、石虎 3。石人高 1.75 米，"头梳高髻，身穿宽襟长袍，衣纹密细，脚穿履，双手拄剑。有须，面目清秀，下有方形座石"。石羊通高 1.2 米，"头有双角，踞卧状，下有方形座"。石虎高 1.25 米，"张口裂齿，圆眼，前腿直立，后腿曲卧，突胸，形似猛兽，下有方形石座"。

目前发现的四座北朝帝陵中，除北周武帝宇文邕孝陵为长斜坡墓道带天井的土洞墓外，其余三座均为砖室墓，从永固陵、景陵和湾漳壁画墓的比较可知三者有许多雷同之处。首先墓葬由墓道、前甬道、后甬道、主室组成，砖砌结构，规模庞大，北魏二陵接近甬道处的墓道均经过特殊加工，永固陵为石砌，景陵为砖壁，而湾漳墓壁画墓道均以土坯砌建。甬道为券顶，墓室四角攒尖顶结构；均有砖砌封墙和石门设施。然而又有一些细微的差别，如景陵和湾漳壁画墓前甬道较墓道稍宽，且外部上方砌了压券门墙；景陵、湾漳壁画墓地面铺砌方形石板，同时在墓室内铺砌石棺床，而永固陵地面铺砖，也未见棺床痕迹；景陵和湾漳壁画墓甬道在墓室南壁位置正中，而永固陵甬道北口则稍偏东。景陵墓内封堵设施较湾漳墓和永固陵稍逊，砖砌封墙仅为两道，而后者为三道。景陵和湾漳壁画墓石门均减为一道，且石门为开合式，而永固陵设两道石门。

永固陵和景陵墓壁均无壁画，然景陵外壁稍加修饰，即在所有墓壁、墓顶表层砖的外露面上涂抹了一层均匀、黝黑、光亮的颜色，从色调上强调了这一特定建筑的性格特征。但永固陵墓室建筑中的石雕装饰则不见于景陵，这些具有浓郁佛教色彩的装饰应是崇信佛教的冯氏墓的一个特例。湾漳壁画墓则墓道、甬道和墓室满绘彩色壁画，这应是北魏都洛后期开始出现的墓室壁画的发展和延续。

宇文邕孝陵是发掘的唯一一座北周帝陵，该墓墓葬形制具有典型西魏北周墓葬的特征，即为斜坡墓道带天井的土洞墓，其规模在目前发掘的北朝墓葬中是最大的，该墓有 5

个天井，天井下部有壁龛设置，四个壁龛分别开凿在第四和第五天井的底部两侧，其中三个里面有随葬品。该墓甬道形状特别，甬道分为前后两段，地面均铺砖，甬道口以土坯封堵，而在甬道中部内外甬道中间封门为木质，已毁损。该墓墓室平面为"凸"字形，在后壁有壁龛，内放置随葬品，主室为棺室，地面铺砖，但无棺床设置。

根据永固陵和景陵中残存的器物看，二陵随葬器物主要是陶、瓷、铜、铁质器物和小件装饰品。说明当时较严格地遵守了礼制的规定。永固陵中出土的与南朝同时期帝陵内石刻相同的石雕武士俑以及景陵出土的具有浓厚南方风格的青瓷器皿，说明北魏定都平城以后，与南方的关系得到加强，且在文化特征上逐步接受汉文化。湾漳壁画墓出土器物众多，其中陶俑则是北魏二陵所没有的，北魏时期墓葬随葬陶俑的传统在这一时期才在帝陵中开始流行起来。宇文邕孝陵随葬品主要置于壁龛内，宇文邕墓中陶俑也是主要随葬品，数量达 150 余件，在北周墓葬出土陶俑中虽非最多，但是其制作工艺是较高的。不过宇文邕孝陵中出土的志石是北朝帝陵中唯一的，因为帝陵中一般是不使用墓志的。

二　北朝墓葬类型演变

根据目前发现的北朝墓葬的规模、形制和结构以及出土物，将北朝墓葬分为三期。

第一期为北魏迁洛之前的这一时期，即公元 4 世纪末至 5 世纪末。

第二期为北魏太和十八年（公元 494 年）迁洛以后至永熙三年（公元 534 年）分裂为东西魏。

第三期为天平元年（公元 534 年）北魏分裂为东西魏后至北朝灭亡（公元 589 年）。

由于北朝墓葬近年发现较多，且种类复杂，在分型方面难度较大，因此需将土洞墓与砖室墓、石室墓分别来进行墓型的划分。

北朝砖室墓和石室墓发现较多，主要集中在东部地区，根据规模和出土物，可分为 5 型。

Ⅰ型，单室墓墓室长度 6 米以上，或双室墓中后室长度在 5 米以上者。属于第一期的有司马金龙墓、永固陵、万年堂等，属于第二期的有景陵、司马悦墓、元乂墓和丹扬王墓等，属于第三期的有湾漳壁画墓、高润墓、徐显秀墓和崔昂墓[1]等，此型墓葬属帝陵、皇室成员中地位较高者或地位显赫的官吏。

Ⅱ型，单室墓墓室边长在 5～6 米或双室墓的后室边长在 4～5 米者，没有属于第一期的，属于第二期的有元淑墓、陈庄 M1、偃师联体砖厂 M2、元昞墓和崔鸿墓等。属于第三期的有茹茹公主墓、李希宗墓、高雅墓、高长命墓、吴桥罗屯 M2 和 M3、厍狄回洛墓、娄睿墓。此型墓墓主人一般为三品以上的高级官吏。

Ⅲ型，单室墓墓边长在 3～5 米者，属于第一期的有梁拔胡墓、宋绍祖墓、固原雷祖庙北魏漆棺画墓，属于第二期的有元睿墓、封和突墓、偃师杏园 M926、偃师南蔡庄 M4、

---

[1]　从崔昂墓发掘简报来看，当时对于该墓墓葬结构未进行仔细的测量和绘图，所谓墓室直径约 10 米不是很确切。

贾思伯墓、辛祥墓、沁阳西向石棺床墓、邢伟墓、吴桥罗屯 M1 和王真保墓等，属于第三期的赵胡仁墓、元良墓、尧峻墓、和绍隆墓、韩裔墓、贺拔昌墓、崔混墓、崔德墓、东八里洼壁画墓、道贵墓、崔芬墓等。该型墓墓主人一般为七品以上的官吏或家属。

Ⅳ型，单室墓墓室长度在 3 米以下者，属于第一期的有呼和浩特北魏墓、大同雁北师院 M1、M3 和文瀛路 M1 等，属于第二期的有山西曲沃太和二十三年墓，属于第三期的有崔德墓、太原南郊热电厂北齐壁画墓、太原柳子辉墓、北京王府仓北齐墓等。该型墓墓主一般为低级官吏或士庶。

Ⅴ型，竖穴砖室墓。一般规模较小，属于该型的第一期墓葬有刘贤墓、呼和浩特美岱村北魏墓、包头固阳北魏墓，属于第二期的暂缺，属第三期的也暂缺。该型墓墓主人一般为平民。

北朝土洞墓发现数量也很多，主要集中在关中地区，东部地区的平城、洛阳、邺城地区也有较多发现。可分为 5 型。

Ⅰ型，长斜坡墓道带五六个天井的单室墓，墓葬总长超过 40 米。墓室单室或有一两个侧室，主室边长一般超过 3.5 米。该型墓目前发现于第三期，包括宇文邕孝陵、叱罗协墓、尉迟运墓、韦孝宽墓、田弘墓和宇文猛墓等。该型墓墓主人为皇帝或皇室重要成员以及统治集团重要人物。

Ⅱ型，长斜坡墓道带 2～4 个天井的单室墓或双室墓，单室墓侧壁或带有 1～3 个棺室，其主室长度一般在 3 米以上，或连带后棺室的墓室总长度在 5 米以上。该型墓第一期有长安县韦曲镇两座北魏墓和彭阳新集北魏墓等，第二期的有元暐墓、偃师杏园 M101 等，第三期有李贤墓、王德衡墓、若干云墓、独孤藏墓、王士良墓、侯子钦墓、咸阳机场 M14 等。该型墓墓主人一般为三品或七品以上的高官。

Ⅲ型，长斜坡墓道带 1 个天井的单室墓，墓室长度在 3 米以上；或长斜坡墓道没有天井的单室墓或双室墓，墓室边长在 2.5 米以上。属于第一期的有七里村 M25、国营粮场 M1 等，属于第二期的有元邵墓、王温墓、染华墓、侯掌墓、孟津朝阳村 M15、偃师前杜楼石棺墓和辛祥墓等，属于第三期的有元祜墓、元良墓、范粹墓、颜玉光墓、夏侯念墓和窦兴洛墓等。该型墓墓主人一般为中高级官吏。

Ⅳ型，带斜坡墓道或竖井道的单室土洞墓，没有天井设置，墓室规模较小，一般 3 米以下，第一期的有大同市电焊器材厂的一批北魏墓、大同齐家坡北魏墓等，第二期的有偃师杏园 M4031、洛阳衡山路北魏墓等，第三期的有张肃俗墓、洛阳天统五年墓、咸阳机场 M13 等，该型墓墓主人一般为下级官吏或士庶。

Ⅴ型，竖穴土圹墓或土坑竖穴墓一端开挖阶梯式墓道。规模较小，属于第一期的有大同电焊器材厂竖穴土圹墓、包头固阳北魏墓。第二、第三期该型墓葬未发现。该型墓墓主人一般为普通平民。

第一期墓葬中的Ⅰ型墓只有砖室墓，即永固陵、司马金龙墓和万年堂，其中司马金龙为高级官吏，由于这一时期墓葬等级制度尚未完全建立起来，因此造成其墓葬规模甚至超过万年堂的情况。前已述及，北魏太和十四年（公元 490 年）颁布陵墓制度，永固陵和万年堂的制度与制度基本吻合。而司马金龙墓由于营建时代更早，因此其规模过大是可以理解的。这些Ⅰ型墓中出土物共同之处就是陶瓷器皿和模型明器，但由于永固陵被盗过甚，故器物发现很少，而万年堂因未葬人，故无随葬品。司马金龙墓出土物较丰富，除陶瓷器皿和模型明器外，还出土了数量较多的陶俑和陶动物模型，显示在北魏定都平城时期已经受到其他地区影响，而在都城出现随葬陶俑的现象。此外，该墓还出土诸如石棺床、石雕柱础等精美雕刻。

第一期的Ⅱ、Ⅲ型土洞墓和砖室墓都较少，目前发现的主要集中于关中和平城地区。宁夏的几座第一期墓均不知墓主身份，从出土物来看，砖室墓和土洞墓区别较大。雷祖庙北魏墓出土有陶罐、盆等器皿以及镰斗、壶、钫、灶等铜器，铁工具、兵器、马具以及棺饰等，其中的铜器是北朝墓葬中时代较早的，具有鲜明的前代特征；该墓出土的漆棺保存较好，是研究其墓主人身份及时代的重要物证。彭阳新集M1显然是第一期较典型的斜坡墓道带天井的土洞墓，其墓葬形制与长安县韦曲镇两座土洞墓有着明显的继承关系，而且该墓出土物较完备，包括罐、盆、瓿、钵等日用陶器，仓、磨、井、灶、碓等模型明器，武士、风帽、文吏、鼓乐、甲骑具装、男女侍仆等共计100余件陶俑以及陶鸡、狗和两套陶牛车模型。该墓时代据推测较Ⅰ型中的司马金龙墓要早，对于研究北朝墓葬随器物种类和发展变化很重要。

第一期的Ⅳ型墓葬中砖室墓较少，主要有呼和浩特大学路北魏墓、大同雁北师范学院M1、M3和文瀛路M1等，呼和浩特大学路北魏墓墓室宽约2米见方，出土物全为陶质，有罐、灯等器皿，仓、灶、井、磨、碓等模型明器，马、驼、羊、猪、犬、鸡等动物模型，牛车模型一套以及武士俑、舞乐俑、女俑等，其中的大型镇墓武士俑是北朝墓所见最早的镇墓武士形象。

第一期的Ⅴ型墓葬发现了较多的土洞墓和竖穴土坑墓，主要为集中发现在平城城郊的电焊器材厂工地墓群，这些均为北魏都平城时期的平民墓葬，墓葬规模很小，以土洞墓为主，墓道有斜坡和竖井两类，墓室多见窄室，一般仅容一棺，许多墓葬设有壁龛，以放置随葬品。随葬品以陶器为主，包括罐、壶、钵、盆等，具有鲜明的鲜卑文化陶器特色。

第二期墓葬中的Ⅰ型墓有景陵、司马悦墓、元乂墓和丹阳王墓四座，景陵作为都洛时期发掘的唯一一座帝陵，是当时规模最大的墓葬，该墓由于多次被盗，仅出土少量陶瓷器皿，以及陶动物模型，这对于当时帝陵随葬品组合的研究是个缺憾。司马悦官品并不很高，且非元氏皇族，但是其墓室规模较特殊，这大概与其战死并得到皇家特殊体恤有关，不过其墓道结构较特殊，惜发掘简报对此未交代清楚。元乂墓是北魏都洛后期的墓葬，墓主虽为赐死，但是据墓志记载，其丧事得到皇家重视，因此如此规模可以理解，该墓出土一些陶瓷器，并有上百件陶俑。尤为重要的是墓室壁画，虽不完整，但作为迄今为止发现北魏都洛时期最高级别的壁画墓，对于研究当时墓室壁画的发生发展至关重要。

第二期中的Ⅱ型墓主要发现在洛阳一带，有元暐墓、元阳墓、偃师杏园M1101、偃师联体砖厂M2以及发现于平城的元淑墓、陈庄M1和山东的崔鸿墓等，墓主均应为当时的皇室重要成员或重臣，由于元暐墓和元阳墓早年被盗，所以随葬品组合已不清楚，元淑墓是都洛时期较早阶段的墓葬，随葬品以陶器皿为主，并无明器和陶俑及动物模型等，这应是北魏都洛前期丧葬制度的真实反映。偃师杏园M1101和联体砖厂M2均无墓志出土，

M1101 出土较多的是陶质器皿，并有牛车、镇墓武士俑、未见模型明器。联体砖厂 M2 出土陶俑较多，有镇墓武士俑、镇墓兽、甲士俑、鼓乐俑、骑马俑等，另有较多的青瓷器皿，但是未见陶质器皿和模型明器。

　　第二期的 III 型墓数量较多，其分布主要在洛阳一带，或其他世家大族墓地中，该型墓墓主人一般是当时中高级官吏，稍早一点的墓葬一般仅随葬陶瓷器皿，有的还有少量铜器，如封和突墓，偃师杏园 M926、辛祥墓、邢伟墓等，属于封氏墓群的封魔奴墓实际上也应属于此期该型墓，但是由于调查报告并未交代其墓葬尺寸，所以暂不归入。北魏末年的墓葬则普遍出现陶俑、陶动物、模型明器，如元邵墓、王温墓、染华墓、贾思伯墓和侯掌墓，其中元邵墓较为特殊，本来按照身份，它的墓葬规模应该更大一些，稍小的原因可能与其死于河阴之役，仓促埋葬有关。王温墓是洛阳地区发现的两座壁画墓之一，虽仅残存一壁，但是对于研究当时这一级别的墓室壁画内容也是很重要的。

　　属于第二期的 IV 型和 V 型墓葬目前发现很少，山西曲沃太和二十三年（公元 499 年）李氏墓墓葬形制较为特殊，该墓发现一些砖雕作品作为墓室装饰，而且墓顶的莲花石雕，具有魏晋遗风，可惜为孤例。

　　第三期墓葬中的 I 型墓无论砖室墓还是土坑墓均发现数量较多，砖室墓中有湾漳壁画墓、高润墓、徐显秀墓和崔昂墓等，其中湾漳壁画墓墓主人已确定为皇帝，无论是墓室规模、壁画还是随葬品，都可作为这一时期帝陵制度的标尺，其随葬品中陶瓷器皿、模型明器、陶俑和陶动物，不但种类齐全，而且数量众多。高润墓作为当时皇室重臣，更兼为皇族，其墓葬如此大的规模是符合的，而且由于其下葬时间为北齐末年，因此壁画内容和随葬品类型对于研究当时的演变都是至关重要的，可惜该墓墓道壁画未经发掘，这对于研究墓道壁画的演变是一个重要缺憾。崔昂的实际身份无论如何也达不到 I 型标准的，而且就其墓葬发掘简报中可知发掘调查中并未对墓葬尺寸进行认真测量和记录，所以其报道墓室直径 10 米左右当不可信，虽将其划入 I 型墓，但不做讨论和比较。

　　该期 I 型墓中的土洞墓数量较多，均为北周时期的墓葬，墓主除宇文邕为皇帝外，其余均为北周统治集团的重要成员。而宇文邕和叱罗协墓葬规模最大，其墓葬总长达 70 米左右，且每个墓都在天井下方发现两组壁龛，从随葬品的品类和数量来看，也是北周墓葬中最为齐全的，北朝墓葬随葬品中的陶质器皿、模型明器、陶俑和动物模型在墓中均已很完备。其他几座墓葬规模也不亚于这两座，只是随葬品数量较少。

　　第三期中的 II 型墓数量很多，墓主人大多为当时统治集团的高级成员或皇室皇族，地位最低的也贵在三品以上，除少数被盗严重的墓外，其余墓葬的随葬品的种类上均很完备。这些墓葬中茹茹公主墓、娄睿墓、李贤墓壁画保存较好，对于研究当时墓室壁画水平和地域特点以及在北朝末期的早晚演变很重要。

　　第三期中的 III 型墓葬主要发现于东魏北齐境内，且主要在当时各地世家大族墓地之内，墓主一般为当时中高级官吏及其家属，从随葬品数量来看，发现于河北、山西、河南的数座该型墓随葬品数量较多，品类也较完备，但较之 II 型墓来看则体现了明显的等级差别，而 I 型墓和 II 型墓有些在随葬品上的差别并不甚突出。这些墓葬中较特别的是范粹墓和颜玉光墓，这两座墓墓葬规模与身份不相符，随葬品也较少，如范粹墓主要为瓷器和陶俑，而颜玉光墓几乎没有随葬品，究其原因，大概与两人下葬时的北齐末年的战乱和财力有关。

山东崔氏墓群的崔混墓、崔德墓、济南东八里洼墓、道贵墓和临朐崔芬墓在墓室规模上较其他地区的Ⅲ型墓要小些，且均为石室墓，随葬品种类也不够齐全，数量也较少，反映了这一地区在随葬品方面与当时统治中心地区的不同特征。值得注意的是，这一地区该型墓中数座有墓室壁画，而且其壁画题材内容具有自身特点，以屏风画和竹林七贤内容最为突出。

属于第三期的Ⅳ型墓葬发现不多，主要有临淄北朝墓群中的崔德墓、太原南郊热电厂北齐壁画墓、张肃俗墓、太原柳子辉墓、洛阳涧西天统五年戴氏墓、北京王府仓北齐墓等。墓主一般为当时的官宦子弟或士庶平民，墓葬规模较小，随葬品一般不够完备，只有太原张肃俗墓和南郊电厂北齐壁画墓随葬品较多，包括各类陶俑、陶动物、陶瓷器皿等，但均缺乏模型明器。崔德墓则无陶俑，仅有陶瓷器皿。其余诸墓则未见陶俑，仅少量陶器而已，太原柳子辉墓除陶器之外还有一件陶井，但其造型似稍早。

三　北朝族葬制度

北朝墓葬中盛行族葬制度，目前发现的许多墓葬都属于当时的家族墓地。较为重要的如下。

河南洛阳北魏元氏家族墓群

北魏迁都洛阳之后，孝文帝卜宅长陵，位于洛阳西北邙山之上，瀍水之西，随后的北魏几位皇帝均葬于该陵区，目前已确定孝文帝长陵、宣武帝景陵、孝庄帝静陵的位置以及孝明帝定陵所在的大体区域，其中长陵、景陵和静陵位于瀍水之西，自北向南依次排列，而定陵则位于瀍水之东。这些陵墓位置的确定，在很大程度上是根据历年在这一带出土的陪葬墓墓志的文字记载，这些墓葬中除较少为异姓高官勋贵之外，绝大多数墓主是元氏贵族，反映了北魏洛阳北邙陵墓区具有的家族墓地的性质，目前这一带发掘的墓葬数量不多，因而对于这一庞大的墓群中陪葬帝陵与家族墓葬的关系尚待进一步研究。

河北磁县北朝元氏墓群

位于磁县北朝墓群的西半部和南部，埋葬于东魏至北齐时期。东魏于天平元年迁都邺城后，即开始在此营建皇陵区，除相继卒于邺城的元氏贵族被葬于该墓地外，有些原葬于洛阳的也迁葬于此。20世纪以来，元氏墓群的墓志被盗出很多，有些墓志的出土地点尚可确定，但有些已不可考。而真正经过考古发掘的墓葬数量很少，不过根据当地留存墓碑线索以及可以确定地点的出土墓志记载，可以大体确定元氏墓群的中心区域，在讲武城乡东小屋村一带，但是东魏王朝唯一的皇帝孝静帝元善见的陵墓位置目前尚不能确定，虽然有学者推测应为申庄乡前港村的"天子冢"，但仅为推测，尚无确证。

河北磁县北朝高氏墓群

位于磁县北朝墓群的北半部分，此部分原为东魏时期高氏家族墓地，当时实际上属于元氏皇陵的陪葬区域，高齐代魏后，该墓群规模得以扩大，并向西、南方向扩展。高氏墓群中埋葬较早的为东魏时期的高盛和高翻墓，位于申庄乡东李庄村东，其次为这两座墓之北，也为南北排列的高欢、高澄父子墓葬以及茹茹公主墓，在高氏父子墓葬以西发掘的湾漳壁画墓，被推定为北齐开国皇帝高洋的陵墓，这一陵墓区还发掘了高润墓，同时可以确定墓主的高肃墓则位于偏南的刘庄村东。高氏墓群虽正式发掘了几座，但是其余墓葬由于较重要的墓志出土较少，因而对于其中皇帝陵墓的位置以及家族埋葬之关系，尚有待今后进一步研究。

河北景县北朝封氏墓群

位于县城东南 7 公里处，这里地面尚存十余个高大的封土，1948 年被当地农民将那些墓葬大部分掘开，并将其中四座尚未塌陷的墓中的文物取出，出土一批墓志和其他大量文物。后经文物工作者调查并征集出土文物，得知这四座墓葬分别属于北魏正光二年（公元521 年）封魔奴墓、东魏兴和三年（公元 541 年）封延之与其妻开皇九年（公元 589 年）崔氏合葬墓、北齐河清四年（公元 565 年）封子绘与其妻王氏开皇三年合葬墓以及"魏故郡君祖氏墓"。根据墓志记载可知墓主均为北魏至隋代封氏家族成员的墓葬，其生前均在外地做官，其中封魔奴死在平城，封延之死在晋阳，封子绘死在邺城，但死后均归葬故里，埋入家族墓地中，足见当时对于族葬制度的重视。根据北朝史书，封氏家族系较为清楚，而这一墓群中尚未发掘的墓葬，当葬有其他封氏家族成员。

河北景县北朝高氏墓群

景县为北朝时期的渤海修，是北朝望族高氏的故乡，位于景县城南 15 公里处的葛庄、大高义村和野林庄一带，为北魏至隋代的高氏家族葬地，20 世纪 70 年代曾对这一墓群做了初步调查，并发掘了其中三座墓葬。根据发掘出土墓志资料，结合以往这里出土的墓志，可以确定这里是当时高氏家族的族葬地。由于这一组庞大家族墓地现存封土 16 个，可分为三组，其中葛庄村西 5 座，大高义村西 6 座，野林庄村北 3 座，故每组挑选一座进行发掘，初步确定为高氏家族的旁支，根据史书记载可以初步排列出其世系，但是这些旁支在墓群中的相对关系及每一支系中墓葬的排列规律尚待进一步厘清。

河北赞皇北朝李氏墓群

位于西高村南，2009～2010 年发掘，共发掘墓葬 9 座，除 1 座墓葬被盗掘一空外，其余 8 座墓葬均出土墓志。据出土墓志记载，可知有北魏太和二十年（公元 496 年）李元茂墓、神龟二年（公元 519 年）李叔胤墓、永熙三年（公元 534 年）李仲胤墓、李弼迁葬墓、李翼迁葬墓、李藉之迁葬墓和北齐天保三年（公元 552 年）李秀之墓等。9 座墓葬均坐西朝东，分东西两排，东侧一排为父辈墓葬，西侧一排为子辈墓葬。依长幼尊卑顺序排列，各墓葬间距离大致相当，其中同一排的父辈墓葬，依长幼顺序排列，间距 70～80 米；同一排的子辈墓葬自北向南依年龄长幼、长子在前的原则依次排列，间距 30～50 米。东侧一排的父辈墓葬与西侧一排子辈墓葬间距约 70 米。赞皇西高墓地是河北乃至北方地区第一次科学全面发掘的北朝大族墓群，墓葬排列遵循的是长辈居前（东侧一排），以左为尊的原则。1975 年发掘的李希宗墓位于西高墓群东南约 5 公里处，其周边还有 3 座墓葬，除 1 座据被盗墓志知为李希宗弟李希礼外，余均未经发掘墓主不详，故对于墓地排序问题仍以推测为主。此外在太行山东麓、今河北赵县、元氏、临城、高邑一带，也曾陆续发现一些赵郡李氏各支家族墓葬，如李祖牧家族墓等，但都未经正式考古工作，平面布局并不清晰。

山东临淄北朝崔氏墓群

位于大武乡窝托村南，1973 年和 1983 年分别进行发掘清理，共发掘墓葬 19 座，根据出土墓志资料可知有北魏延昌四年（公元 515 年）崔猷墓、孝昌元年（公元 525 年）崔鸿夫妇合葬墓、东魏天平四年（公元 537 年）崔鹔墓、东魏元象元年（公元 538 年）崔混墓、北齐天统元年（公元 565 年）崔德墓、武平四年（公元 573 年）崔博墓。根据出土墓志得知该墓群为北朝至隋代清河崔氏家族墓地，这是北朝家族墓地发掘墓葬最多的一个，可惜未发表墓地平面图。

陕西华阴北魏杨氏家族墓地

弘农杨氏是汉魏南北朝时期的世家大族，其地位于陕西华阴和潼关一带，近年来发现了许多杨氏家族墓葬，出土了一批墓志，其中包括一批非常重要的北魏墓志。根据墓志资料可知这一带从秦代开始就是杨氏家族的葬地，已有学者根据墓志资料梳理出其中北朝杨氏家族谱系，这对于研究当时的族葬制度非常重要。

陕西长安北朝韦氏家族墓地

位于韦曲镇北原上，这里是魏晋至隋唐时期韦氏家族的葬地，历年来已发现不同时代的韦氏家族成员墓，如 1986 年发掘的两座墓葬，其中 M2 出土有墓志砖。1989 年发掘的韦孝宽夫妇合葬墓，1999 年发掘的韦彧夫妇合葬墓等，为这一延续时间很长的家族葬地的研究提供了重要线索。

其他还有一些较为重要的北朝家族墓地，仅发现一两座墓葬，或仅知葬地，但并未经过正式发掘，列举如下。

河北磁县北朝尧氏墓地

位于申庄乡东陈村西北，这里有距离较近的四座墓葬封土，20 世纪 70 年代对其中两座进行发掘，确定墓主人分别是东魏尧赵胡仁与其子尧峻，其余两座推测也是尧氏家族的墓葬，尧氏墓地紧邻磁县北朝高氏墓群虽非高齐皇陵的陪葬墓性质，但是作为磁县北朝墓群中的小型家族葬地，对于研究这一时期皇陵区埋葬制度具有重要意义。

河北河间北朝邢氏墓群

位于南冬村东，20 世纪 50 年代这里还有四个高大的封土，1956 年当地农民挖开其中一座，发现一批文物和邢伟墓志，邢伟墓为邢伟与其妻封氏和后妻房氏的合葬墓。根据邢伟墓志中称其葬于其兄车骑公邢蛮墓之右，可知其东侧的封土应为邢蛮之墓，这也应是一个北朝时期一个较小的家族墓地。

河北无极甄氏墓群

位于北苏乡一带，这里是汉唐甄氏家族的墓地，20 世纪 50 年代地面上还有 30 余个封土，后来有些墓葬相继被破坏，并发现了东汉甄谦墓、北魏甄凯墓，其中甄凯墓葬于正光六年（公元 525 年），出土少量随葬品。报道者曾根据甄凯墓的位置以及当地文献中记载的其父甄琛墓的位置，对该家族墓地地望等问题进行讨论，并发现文献记载中的疑点，而对这一墓群的进一步研究，无疑会为当时的族葬制度带来新资料。

山东临朐北朝崔氏墓群

位于冶泉海浮山上，1986 年发现并发掘了北齐天保二年（公元 551 年）崔芬墓，而且这一带还发现其他几座墓葬，但是未发掘。崔芬所在家族属于北朝清河崔氏的一支，其家族墓地对于研究当时家族墓葬制度以及南北关系具有重要意义。

以上列举的北朝时期族葬墓地，虽均有重要线索，但是多数墓地未进行过系统全面的调查勘探和发掘工作，甚至有发掘墓葬数量较多的墓地的报道中连各墓的位置关系也未做交代。因而目前对于当时族葬墓地的诸多问题仍不明晰，主要为墓群中诸墓的昭穆顺序，这在目前已知的各墓群中似乎并不一致，而这种不同的原因迄今尚未进行探究。此外对于当时家族墓地地上遗迹问题以及当时袝葬墓问题也需要深入探讨，北朝由于墓志的普遍，可知夫妇合葬墓中很多并非一同葬入的，那么墓中发现随葬品很多有可能属于两个时间分别放入，但是目前为止仅极少数墓葬这两个时间的随葬品得以甄别，如李希宗墓，而对于其他许多合葬墓的随葬品，在确定时代时一般均以第一个墓主人下葬的时间为依据，这就造成有些随葬品确定的年代偏早的现象，因为北朝晚期有些夫妻合葬墓中，两位死者下葬的时间差距可以达到几十年，有些墓葬后葬入者的下葬时间实际上已经到了隋代，而对于这一问题的深入研究无疑对于研究各类文物的准确年代尤其是瓷器的时间有重要意义。

四　北朝墓葬陶俑

北魏立国之初，定都盛乐，仍保持了较多的鲜卑习俗，尤其体现在埋葬制度上。但随着北魏势力向中原的推进，与汉族文化的交往逐渐增多。迁都平城前后，出现了有明显中原和南方特点的墓葬，随葬陶俑开始出现。迁都平城后的北魏墓葬中，陶俑种类和数量增多。先后做过北朝首都的平城、洛阳、邺城、长安以及当时的重镇固原、晋阳等地均发现随葬大量陶俑的大型墓葬。由于北朝盛行族葬制度，故在许多世家大族的族葬地也发现许多此类墓葬，为研究这一时期原埋葬制度提供了重要材料。

根据各地出土陶俑类型，一般将北朝陶俑分为以下四组内容：1）镇墓俑；2）出行仪仗俑；3）侍仆舞乐俑；4）庖厨操作俑[1]。

北魏墓葬中出土陶俑目前所知时代最早的为内蒙古呼和浩特北魏墓[2]，发掘者确定该墓时代为北魏定都平城前后，其主要依据是墓中出土的武士俑显然承袭了中原地区西晋墓武士俑的特点，而且墓中随葬陶罐等物与呼和浩特美岱村北魏初期墓中出土陶罐一致[3]。然而据笔者观察，该墓时代似不应如发掘者所推测的那样早，而应与大同司马金龙墓（公元 484 年）的时代较为接近或稍早。墓中出土的武士俑虽具中原西晋墓的特点，然其所着甲胄却接近北魏中后期的式样，墓中乐舞俑与司马金龙墓陶俑及宁夏固原北魏墓漆棺画人物服饰相近，陶马马具亦为北魏后期马具的特点，从陶俑的制作来看，其制作朴

〔1〕　杨泓：《北朝陶俑的源流、演变及其影响》，《中国考古学研究——夏鼐先生考古五十年纪念论文集》，文物出版社，1986 年。

〔2〕　内蒙古博物馆：《内蒙古呼和浩特北魏墓》，《文物》1977 年第 5 期。

〔3〕　内蒙古文物工作队：《内蒙古呼和浩特美岱村北魏墓》，《考古》1962 年第 2 期。

拙，与司马金龙墓陶俑作风极类。至于墓中随葬器类型，在北魏时代跨度较大，前述宁夏固原北魏墓年代为太和年间（公元 477～499 年），墓中出土陶器亦与之相同[1]，以此作为断代依据应较为慎重。

司马金龙墓随葬陶俑无论从数量和制作技术等方面都是呼和浩特北魏墓所无法相比的[2]。它显然带有中原及南方汉族文化的特点又融合了鲜卑民族的服饰特征，这从司马金龙的家世亦可窥其端倪，司马金龙家族本为西晋帝世后裔，其父司马楚之为东晋显贵，后降于北魏，历世显官。

尽管司马金龙墓中出土了较多种类的陶俑，但仍有一些北朝后期见到的陶俑类型在该墓中未出现，显然这未出现的陶俑应带有其明显的时代特征，然而地域原因也是非常重要的一点，孝文改制以及迁都中原对于北魏墓葬随葬陶俑的影响是相当深的。以往不少研究者对于这些陶俑等文物中究竟何属中原汉族文化特征，何为鲜卑自身特点，往往搞得较为含混，这对于确定时代及一系列问题显然不利。

北魏迁都洛阳之始的墓葬目前发现资料较少，其随葬陶俑的情况尚不清楚，这便造成北朝陶俑序列上的一个重要缺环，无疑是相当遗憾的，相信随着考古工作的不断深入，这一问题会得到解决。

史载，孝文改制后，革其本族衣冠制度是在太和十八年（公元 494 年），第二年会见群臣并班赐百官冠服，以易胡服。然而这一服制上的改革并不是一朝一夕所能完成的，如《资治通鉴·齐纪》记载："魏主谓任城王曰：'朕离京以来，旧俗少变不'，对曰：'圣化日深'。帝曰：'任城此何言也，必欲使满城尽著邪'叱。"因此迁洛之初的服饰特征定是胡汉混杂，无有定例，这一情况一定会在随葬陶俑上体现出来。

目前洛阳地区及各地发现的北魏晚期墓葬多为正光（公元 520 年）以后的，从墓中出土陶俑种类来看，北朝后期陶俑类型已基本齐备，然而各墓因等级不同及时间差异而有一定区别，不过从总体来看，北朝后期各等级墓葬中随葬陶俑的种类和数量似无严格定制，这给陶俑研究造成一定的难度。

镇墓俑在北朝墓葬自始至终都可以见到，显然其初期承袭了魏晋传统。魏晋所见镇墓俑主要为武士俑和镇墓兽，然而各墓并无定制，或仅有一种，或二者皆备。北魏孝文改制及其以前镇墓武士俑在特征上显然与前代相近，如呼和浩特北魏墓中随葬的两件形体高大的武士俑，其姿态与执刀扬盾的西晋武士俑很接近，不过其面部特征及服制有了很大变化。镇墓兽也是如此，目前北魏墓中发现的最早的镇墓兽的形象是司马金龙墓中的那件，然而其形态也有了很大变化。前已提及，魏晋镇墓兽均做低头行走状，不过有一件镇墓兽形象极为重要，填补了魏晋与北朝之间的缺环，这就是 1996 年在西安市未央区董家村发掘的十六国时期后秦墓中出土的镇墓兽[3]，该件镇墓兽可视为镇墓兽由伏走状向蹲踞状

[1]　宁夏固原博物馆：《固原北魏墓漆棺画》，宁夏人民出版社，1988 年。

[2]　山西省大同市博物馆、山西省文物工作委员会：《山西大同石家寨北魏司马金龙墓》，《文物》1972 年第 3 期。

[3]　西安市未央区董家村十六国时期后秦墓中出土的镇墓兽，刊载于《考古与文物》1998 年第 5 期封面。

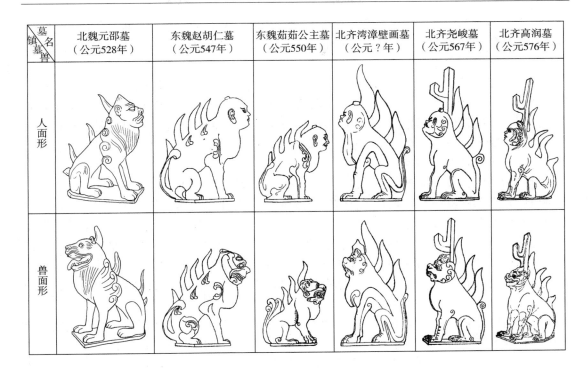

墓名 镇墓兽	北魏元邵墓 （公元528年）	东魏赵胡仁墓 （公元547年）	东魏茹茹公主墓 （公元550年）	北齐湾漳壁画墓 （公元？年）	北齐尧峻墓 （公元567年）	北齐高润墓 （公元576年）
人面形						
兽面形						

图 4-36　北朝墓葬镇墓兽比较图

演变的过渡形式，因而具有重要价值。司马金龙墓中的镇墓兽则全然为蹲踞姿势，而另外一个重要的变化是该镇墓兽为人首，此变化究竟是否与鲜卑本民族的习俗有关，尚待进一步研究。

迁洛之后的北魏墓中，镇墓兽普遍出现，一般在墓中成对出土，人面和兽面各一，其背部出现了鬃毛。洛阳地区北魏墓中较早的镇墓兽形象为正光五年（公元524年）侯掌墓和孝昌二年（公元526年）染华墓。侯掌墓出土人面兽身和兽面兽身各一件，均呈蹲踞状，背上有三束鬃毛[1]。染华墓出土仅一件，为人面形，背竖三束鬃毛，前肢上部两侧长卷曲呈翼状。另一座与之时代接近的偃师联体砖厂二号墓中出土的镇墓兽为一兽面形，张口露齿，舌头外伸，背部三束鬃毛较短，呈三角状[2]，与此同时的另一些墓葬中的镇墓兽与之略有差异[3]。总体来看，北朝后期墓葬中随葬人面、兽面两类镇墓兽的制度形成的初期，其制作较为随意，这一方面可能说明在当时还没有严格的范本，另一方面表明这时制作陶俑的专门机构尚不完备，此外，这种不规范还应有地域限制的原因，在不少地区，即使到了北魏末年，其镇墓兽仍是极原始的造型。

从北魏后期到东魏、北齐镇墓兽造型日趋规范（图4-36）。目前所见北魏后期较为规

〔1〕　偃师商城博物馆：《河南偃师两座北魏墓发掘简报》，《考古》1993年第5期。

〔2〕　偃师商城博物馆：《河南偃师两座北魏墓发掘简报》，《考古》1993年第5期。

〔3〕　河北省博物馆、文物管理处：《河北曲阳发现北魏墓》，《考古》1972年第5期。

范的镇墓兽造型为建义元年（公元528年）元邵墓出土的两件[1]，人面、兽面各一，其身体各部位比例匀称，背部三束鬃毛较长，且与身体基本垂直，身体两侧的翼状长毛及胡须以浮塑形式表现出来。

东魏时期的镇墓兽形象更加规范，比较典型的为河北磁县茹茹公主墓（公元550年）和赵胡仁墓（公元547年）中所见[2]。其人面者面部表情平和，兽面者面部特征更接近于狮形。这一时期的镇墓兽与北魏的区别还在于除背部三束鬃毛外，其身体各部位的毛发装饰以阴线刻辅以彩绘或贴金来表现，以代替原来的浮塑表现。有的人面镇墓兽的头顶部还出现了一个较矮的小圆柱。

北齐时代的镇墓兽形象与东魏的区别在于其兽面者的头顶部位出现了尖戟状饰，最早出现时较短，如磁县湾漳壁画墓中所见，稍晚的镇墓兽头顶之戟逐渐变高，并出现分叉，如磁县东陈村尧峻墓和东槐树村高润墓及太原南郊娄睿墓中所见[3]。这类镇墓兽的形象一直延续到隋代，如安阳张盛墓和太原斛律彻墓所出土的镇墓兽，与当地北齐晚期墓中的形象相似[4]，然而另一些级别较低的墓葬中所见镇墓兽制作则较为粗劣，身体各部比例不匀称，且无头顶的戟状饰，反映了隋代陶俑制作水平的衰退，如安阳隋墓出土的镇墓兽[5]。

关中地区北朝墓葬所见镇墓兽的形象则是另外一种风格，这一地区所见最早的镇墓兽出土于正光元年（公元520年）邵真墓中[6]，为半卧于地的造型，背部有几束鬃毛，这显然与西晋镇墓兽造型更为接近，原报告中称其形似獾，然观其形象，二者面部似有区别，有趣的是，其背部鬃毛一前倾，另一后斜。葬于西魏大统十年（公元544年）的侯义墓出土的镇墓兽已完全伏卧于地了，也是人面、兽面各一，其头部稍向前伸，人面者面向上仰[7]。然而同是属于西魏的陕西汉中崔家营墓葬中出土的镇墓兽则为一蹲踞的人面兽状，颇令人不解[8]。北周早期的镇墓兽与西魏极相似，侯义墓中的人面镇墓兽头顶部位的头发呈尖状凸起，进入北周以后，此部位开始降低并逐渐消失，而代之以贴于脊部的双角状物，因北周陶俑造型较为粗劣，加之俑身上的彩绘表现多已剥落，所以这部位的详细

〔1〕 洛阳市博物馆：《洛阳北魏元邵墓》，《考古》1973年第4期。

〔2〕 磁县文化馆：《河北磁县东魏茹茹公主墓发掘简报》，《文物》1984年第4期；《河北磁县东陈村东魏墓》，《考古》1977年第6期。

〔3〕 A. 磁县文化馆：《河北磁县北齐高润墓》，《考古》1979年第3期。
　　 B. 山西省考古研究所、太原市文物管理委员会：《太原市北齐娄睿墓发掘简报》，《文物》1983年第10期。

〔4〕 A. 考古研究所安阳发掘队：《安阳隋张盛墓发掘记》，《考古》1959年第10期。
　　 B. 山西省考古研究所、太原市文物管理委员会：《太原隋斛律彻墓清理简报》，《文物》1992年第10期。

〔5〕 中国社会科学院考古研究所安阳工作队：《安阳隋墓发掘报告》，《考古学报》1981年第3期。

〔6〕 陕西省文物管理委员会：《西安任家口M229号北魏墓清理简报》，《文物参考资料》1955年第12期。

〔7〕 咸阳市文管会、咸阳博物馆：《咸阳市胡家沟西魏侯义墓清理简报》，《文物》1987年第12期。

〔8〕 汉中博物馆：《汉中市崔家营西魏墓清理记》，《考古与文物》1981年第2期。

情况不明。镇墓兽身体彩绘纹饰多为虎皮纹，有的饰以鳞纹。其造型虽无太大变化，但是镇墓兽的头部由西魏的向前倾而逐渐后缩的变化是显而易见的。陕西咸阳机场的发掘中发现数座北周高级贵族的墓葬[1]，为北周陶俑的研究增加了新的资料。关中地区隋代墓葬中仍有不少这类镇墓兽出现，如李和墓中所见[2]，显然是北周遗风，但同时也出现了东魏北齐风格的镇墓兽形象，如咸阳国际机场十四号隋墓中的两件蹲踞式镇墓兽[3]。

北朝墓葬中随葬镇墓武士俑习俗显然应源于西晋墓葬中的武士俑，然而又赋予了它新的含义。西晋墓中的镇墓武士俑较之其他类型陶俑形体高大的特点在北朝墓中被沿袭下来。呼和浩特北魏墓中的武士俑是目前所见北朝时代最早的武士俑形象，其高度达39厘米，而墓中其他种类的陶俑高度均在20厘米以内，从其造型来看，俑身穿甲胄，面目狰狞，双臂张扬，原应执有盾及刀剑等物，与西晋墓中造型接近。由于目前缺乏十六国墓葬资料，故这一时期镇墓武士俑的情况不明，至于西安草厂坡十六国墓出土的武士俑，系代表当时军队中战士形象的，不属镇墓俑之列。不过与十六国同时的东晋墓中有武士俑出现，如江苏南京石门坎东晋墓中出土的一件执盾武士俑显然继承了西晋武士俑的造型特征，只是俑身穿为袴褶服，非甲胄，当系南方这一时期的特点。

北魏墓葬中随葬武士俑的制度较为混乱。司马金龙墓中未见此类俑，而洛阳地区不少墓葬中的武士俑在数量上似无定制，且其造型也不规范，已不见呼和浩特北魏墓中那种双臂扬起的形象，而改为一手下垂握兵器，另一手抬起执盾的动作，俑的面部表情生动，颇具动态，如曲阳北魏高氏墓中所出即是一例，这种形象还见于山东临淄崔鸿墓[4]、偃师南蔡庄北魏墓[5]、侯掌墓中，但这种形象与北朝后期常见的那种按盾武士俑在造型上还有一点区别，即前者之盾为木质，出土时均已朽烂，而后者所按之盾浮塑出来。洛阳地区正光以后的墓中已经出现这种按盾武士俑，如元邵墓中所见，但同时还存在另外一种武士俑造型，即如元邵墓和染华墓中所见，俑身穿甲胄，外披风衣，双手拱于胸前，手扶仪剑。这类武士俑出现较少，且仅见于洛阳地区，在东魏北齐墓葬中未再见到。北魏镇墓武士俑的形象在墓葬出土的陶俑中虽较为突出，但比例并不悬殊，武士俑一般高30厘米左右，而其他种类的陶俑高度在20厘米左右。

从武士俑的面部特征来看，西晋及呼和浩特墓葬中的这类俑面部狰狞，表情凶恶，甚至露出獠牙，然而其人种特征并不明显。而洛阳北魏墓中这类陶俑的面部形象则明显带有胡人特征。

东魏北齐墓中所见镇墓武士俑形象较为规范，且变化不大，如茹茹公主墓和湾漳壁画墓中所见，其形象显然直接承袭北魏晚期特征。然而与墓中其他种类陶俑相比，身高悬

[1]　负安志：《中国北周珍贵文物——北周、初唐、盛唐、中晚唐考古发掘报告系列之一》，陕西人民美术出版社，1992年。

[2]　陕西省文物管理委员会：《陕西省三原县双盛村隋李和墓清理简报》，《文物》1966年第1期。

[3]　负安志：《中国北周珍贵文物——北周、初唐、盛唐、中晚唐考古发掘报告系列之一》第139页，陕西人民美术出版社，1992年。

[4]　山东省文物考古研究所：《临淄北朝崔氏墓》，《考古学报》1984年第2期。

[5]　偃师商城博物馆：《河南偃师南蔡庄北魏墓》，《考古》1991年第9期。

殊，武士俑高度一般达到40～50厘米，而其他陶俑仍为20余厘米。

关中地区所见最早的镇墓武士俑的形象是西安任家口北魏正光元年邵真墓中，共两件，头戴兜鍪，身穿两当甲，持盾而立，其造型接近同时期洛阳地区的同类型俑，而与其后西魏墓葬中的镇墓武士俑造型区别较大。由于这一地区陶俑制作较为粗劣，身体比例不够匀称，尤其在北魏和西魏墓中所见，面目狰狞、扭曲，北周制作开始变得精细，面目亦不那么狰狞可怖，身体比例也较为匀称了。与东部地区一样，早期这类武士俑的高度与其他种类陶俑比例差距不大，后来逐渐加大。

第五章　三国两晋南北朝墓葬壁画

三国两晋南北朝是壁画墓发展的一个重要阶段，这一时期墓葬壁画的内容、风格、材质和技术，均呈现出新的面貌。除了彩绘壁画，部分地区的墓葬中还采用彩绘画像砖、模印画像砖和画像石装饰墓壁，其内容与彩绘壁画有较多共同之处；此外，一些葬具上也有内容丰富的画像，在此一并加以介绍。

第一节　三国两晋南北朝墓葬壁画的主要发现

三国两晋南北朝墓葬壁画的发现可以追溯到清代末年，光绪三十二年（公元 1906 年）修订的《怀仁县新志·艺文志》记载了同治十三年（公元 1874 年）发现的山西怀仁县"丹阳（扬）王墓"的墓砖。1991 年的发掘证明，该墓是一座北魏壁画墓。20 世纪初，外国学者在中国进行考古活动时，也曾发现这一时期的墓葬壁画。1915 年，英籍考古学家斯坦因（Aurel Stein）在新疆阿斯塔那墓地发掘 4 座十六国时期的壁画墓[1]。日本人1919～1920 年盗掘的辽宁辽阳迎水寺墓[2]、1941～1944 年盗掘的辽阳南林子墓[3]等均发现壁画，年代大致在汉魏之际。1944 年，中国西北科学考察团历史考古组在甘肃敦煌佛爷庙湾发掘魏晋时期的翟宗盈墓，在墓中发现彩绘画像砖[4]。据传抗日战争期间，浙江上虞还曾发现东晋太宁年间（公元 323～326 年）的墓葬壁画[5]。中华人民共和国成立后，随着田野考古工作的开展，三国两晋南北朝墓葬壁画的资料日益丰富。以下按照区域对有关发现加以介绍。

---

[1]　A. Stein, Sir Aurel (1928), *Innermost Asia*. Oxford: Clarendon Press. Vol. 2. p. 631; pp. 660—1.
　　B. 奥雷尔·斯坦因著，巫新华译：《亚洲腹地考古图记》第二卷第 917、929、931 页，广西师范大学出版社，2004 年。
[2]　八木奘三郎 1944 『满洲考古学』增補版 287—326 頁 荻原星文館
[3]　原田淑人 1943.4 『遼陽南林子の壁画古墳』『国华』692 號
[4]　A. 阎文儒：《河西考古简报（上）》，《国学季刊》第 7 卷第 1 期，1950 年 7 月。
　　B. 夏鼐：《敦煌考古漫记（一）》，《考古通讯》1955 年第 1 期。
　　C. 殷光明：《西北科学考察团发掘敦煌翟宗盈画像砖墓述论》，《敦煌文献·考古·艺术综合研究——纪念向达先生诞辰 110 周年国际学术研讨会论文集》，中华书局，2011 年。
[5]　王伯敏：《中国绘画史》第 107～108 页，上海人民美术出版社，1982 年。

一　东北地区

在今辽宁辽阳、朝阳、北票地区，发现几批曹魏至十六国墓葬壁画[1]。

辽阳在秦汉时期是辽东郡治襄平城所在地。曹魏时公孙氏割据辽东，该地区局势较为安定，墓葬壁画得以在汉代的基础上延续。已发现的壁画墓有 1951 年发掘的三道壕第四窑场墓（车骑墓）[2]，1953 年发掘的三道壕窑场第二取土区令支令张氏墓（图 5-1）[3]，1955 年发掘的三道壕窑场第二取土区 1 号和 2 号墓[4]，1957 年发掘的棒台子 2 号墓[5]和南雪梅 1 号墓[6]，1959 年发掘的北园 2 号墓[7]，1974 年发掘的三道壕 3 号墓[8]，1975 年发掘的鹅房 1 号墓[9]和 1995 年发掘的南环街墓[10]。这些墓葬的年代在汉魏之际到魏晋之际，多以石板和石条构筑墓室，以彩墨绘制壁画。壁画很大程度上延续了东汉的题材和风格，流行在侧室中绘墓主像，一些规模较大的家族合葬墓中发现多套墓主像，此外还有车马出行、楼阁、朱雀等题材。1958 年发掘的辽阳上王家村墓可能晚至西晋[11]，其右侧室绘墓主手执麈尾的正面像（图5-2），左侧室绘牛车出行和房宅。此外，辽

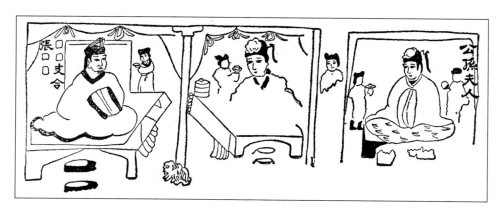

图 5-1　辽宁辽阳三道壕曹魏张氏墓图像

---

〔1〕　关于东北地区高句丽墓葬壁画的介绍，见本书第九章第一节。
〔2〕　李文信：《辽阳发现的三座壁画古墓》，《文物参考资料》1955 年第 5 期。
〔3〕　李文信：《辽阳发现的三座壁画古墓》，《文物参考资料》1955 年第 5 期。
〔4〕　A. 沈新：《辽阳市北郊新发现两座壁画古墓》，《文物参考资料》1955 年第 7 期。
　　　　B. 东北博物馆：《辽阳三道壕两座壁画墓的清理工作简报》，《文物参考资料》1955 年第 12 期。
〔5〕　王增新：《辽阳市棒台子 2 号壁画墓》，《考古》1960 年第 1 期。
〔6〕　王增新：《辽宁辽阳县南雪梅村壁画墓及石墓》，《考古》1960 年第 1 期。
〔7〕　辽阳市文物管理所：《辽阳发现三座壁画墓》，《考古》1980 年第 1 期。
〔8〕　辽阳市文物管理所：《辽阳发现三座壁画墓》，《考古》1980 年第 1 期。
〔9〕　辽阳市文物管理所：《辽阳发现三座壁画墓》，《考古》1980 年第 1 期。
〔10〕　辽宁省文物考古研究所：《辽宁辽阳南环街壁画墓》，《北方文物》1998 年第 3 期。
〔11〕　李庆发：《辽阳上王家村晋代壁画墓清理简报》，《文物》1959 年第 7 期。

图 5-2　辽宁辽阳上王家村西晋墓墓主像

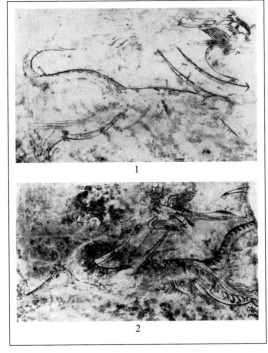

图 5-3　辽宁朝阳袁台子前燕墓壁画
1. 白虎　2. 青龙

阳峨嵋墓[1]、冶建化工分厂墓[2]、玉皇庙 4 号墓[3]、道西村墓[4]等也都发现壁画，其年代有可能晚至两晋之际[5]。

辽西地区的壁画墓主要是慕容鲜卑的遗存，有 1965 年发掘的北票西官营子北燕冯素弗墓[6]、1973～1978 年发掘的朝阳大平房村 1 号墓[7]和北庙村 1 号墓[8]、1982 年发掘的朝阳袁台子墓[9]。前燕时期的袁台子墓所见壁画有门吏、墓主像、庭院、庖厨、狩猎、牛车出行、日月、四神（图 5-3）等。北燕冯素弗墓以石块构筑椁室，椁室四壁壁画大部脱落，椁顶盖石上绘日、月、星宿等。该墓木棺上也发现彩画残迹。北燕时期的大平房村墓和北庙村 1 号墓均用石块垒砌，发现有墓主夫妇像、侍女、庖厨、牛耕等。这些壁画从多

〔1〕　刘未：《辽阳汉魏晋壁画墓研究》，《边疆考古研究》第 2 辑，科学出版社，2004 年。
〔2〕　刘未：《辽阳汉魏晋壁画墓研究》，《边疆考古研究》第 2 辑，科学出版社，2004 年。
〔3〕　刘未：《辽阳汉魏晋壁画墓研究》，《边疆考古研究》第 2 辑，科学出版社，2004 年。
〔4〕　刘未：《辽阳汉魏晋壁画墓研究》，《边疆考古研究》第 2 辑，科学出版社，2004 年。
〔5〕　刘未：《辽阳汉魏晋壁画墓研究》，《边疆考古研究》第 2 辑，科学出版社，2004 年。
〔6〕　黎瑶渤：《辽宁北票县西官营子北燕冯素弗墓》，《文物》1973 年第 3 期。
〔7〕　朝阳地区博物馆、朝阳县文化馆：《辽宁朝阳发现北燕、北魏墓》，《考古》1985 年第 10 期。
〔8〕　A. 朝阳地区博物馆、朝阳县文化馆：《辽宁朝阳发现北燕、北魏墓》，《考古》1985 年第 10 期。
　　　B. 陈大为：《朝阳县沟门子晋壁画墓》，《辽海文物学刊》1990 年第 2 期。
〔9〕　辽宁省博物馆文物队、朝阳地区博物馆文物队、朝阳县文化馆：《朝阳袁台子东晋壁画墓》，《文物》1984 年第 6 期。

个方面表现出汉文化与鲜卑文化交融的特征。

二　西北地区

西北地区的墓葬壁画主要分布在甘肃河西走廊和新疆吐鲁番等地。

河西的壁画墓集中在古代酒泉、敦煌二郡，在武威郡和张掖郡也有少量发现。酒泉郡比较重要的有嘉峪关新城墓群和丁家闸墓群。1972～1979 年在新城墓群发掘 9 座带彩绘画像砖的墓葬[1]，年代多在曹魏时期，较晚的或可迟至西晋。2002 年又在该墓地南区发掘一座晋墓，发现有彩绘砖雕等[2]。1977 年发掘的丁家闸 5 号墓规模较大，早年断为西凉或北凉墓[3]，新近有学者认为其年代可能早到魏晋[4]。2000 年又在丁家闸墓地发掘了小土山墓[5]。资料已发表的还有 1956 年发掘的酒泉下河清 1 号墓[6]，1957 年发掘的永昌双湾东四沟墓[7]，1971 年发掘的下河清五坝河墓[8]，1972 年发掘的嘉峪关牌坊梁墓[9]，1973 年发掘的酒泉崔家南湾 1 号和 2 号墓[10]，1974 年发掘的酒泉石庙子滩墓[11]，1977 年发掘的酒泉观蒲 9～11 号墓[12]，1989 年出土的酒泉总寨三奇堡画像砖[13]，1993 年发掘的酒泉西沟 4 号、5 号和 7 号墓[14]，1993 年发掘的张掖民乐县八挂营 1～3 号墓[15]，1993 年发掘的酒泉高闸沟墓[16]，1993 年发现的酒泉丰乐三坝湾和屯升马

[1]　A. 甘肃省文物队、甘肃省博物馆、嘉峪关市文物管理所：《嘉峪关壁画墓发掘报告》，文物出版社，1985 年。

　　　B. 嘉峪关市文物管理所：《嘉峪关新城十二、十三号画像砖墓发掘简报》，《文物》1982 年第 8 期。

[2]　嘉峪关长城博物馆：《嘉峪关新城魏晋砖墓发掘报告》，《陇右文博》2003 年第 1 期。

[3]　甘肃省文物考古研究所：《酒泉十六国墓壁画》，文物出版社，1989 年。

[4]　韦正：《试探酒泉丁家闸 5 号壁画墓的时代》，《文物》2011 年第 4 期。

[5]　肃州区博物馆：《酒泉小土山墓发掘简报》，《陇右文博》2004 年第 2 期。

[6]　甘肃省文物管理委员会：《酒泉下河清第 1 号墓和第 18 号墓发掘简报》，《文物》1959 年第 10 期。该简报误将酒泉下河清 1 号墓年代定为东汉。

[7]　张朋川：《河西出土的汉晋绘画简述》，《文物》1978 年第 6 期。

[8]　张朋川：《河西出土的汉晋绘画简述》，《文物》1978 年第 6 期。

[9]　张朋川：《河西出土的汉晋绘画简述》，《文物》1978 年第 6 期。

[10]　张朋川：《河西出土的汉晋绘画简述》，《文物》1978 年第 6 期。

[11]　张朋川：《河西出土的汉晋绘画简述》，《文物》1978 年第 6 期。

[12]　甘肃省博物馆：《酒泉、嘉峪关晋墓的发掘》，《文物》1979 年第 6 期。

[13]　岳邦湖、田晓、杜思平、张军武：《岩画及墓葬壁画》，敦煌文艺出版社，2004 年。

[14]　4 号墓的报道见于岳邦湖、田晓、杜思平、张军武的《岩画及墓葬壁画》（敦煌文艺出版社，2004 年）；5 号和 7 号墓的报道见甘肃省文物考古研究所的《甘肃酒泉西沟村魏晋墓发掘报告》（《文物》1996 年第 7 期）。

[15]　施爱民、卢晔的《民乐清理汉代壁画墓》（《中国文物报》1993 年 5 月 30 日第 1 版）将这三座墓的年代定为汉代，对比其他材料来看，应可晚至魏晋时期。

[16]　A. 岳邦湖、田晓、杜思平、张军武：《岩画及墓葬壁画》，第 57～59 页，敦煌文艺出版社，2004 年。

　　　B. 徐光冀主编：《中国出土壁画全集》第 9 卷第 20～27 页，科学出版社，2012 年。

营画像砖[1]，2003 年发掘的酒泉三坝湾 10 号墓[2]和孙家石滩 2 号墓[3]等。在武威和张掖郡范围内的永昌县东四沟[4]、武威师范学校[5]、武威臧家庄[6]、武威西关[7]等地也发现装饰彩绘画像砖的墓葬。高台县在 20 世纪 90 年代初以来，已发掘 13 座彩绘画像砖墓。高台骆驼城始建于汉武帝元鼎年间（公元前 116 年至前 111 年），在曹魏和西晋时属张掖郡，前凉在此地置建康郡，后凉、北凉因之，北周时郡废，并入张掖郡。这一带的发现主要包括1994 年调查的骆驼城墓[8]，1999 年和 2002 年发掘的许三湾古城一带的多座墓葬[9]，2001 发掘的骆驼城 2 号墓[10]，2000 年发掘的苦水口 1 号墓[11]，2003 年发掘的南华镇 1 号墓[12]，2007 年发掘的河西地埂坡 1～4 号墓[13]等。这些墓葬的年代多在魏晋时期，较晚的墓葬出土有前秦建元年间（公元 365～385 年）的砖铭、简帛和棺板题记[14]。

河西地区墓葬中发现的彩绘画像砖富有地域特色，以砖为单位绘制人物、动物、车马、树木、坞堡等，四周绘有红色边框。墓室中成排的画像砖互相关联，上下排列在同一面墙壁上，表现相关的主题（图 5-4）。以嘉峪关新城墓地的双室墓为例，其前堂以右壁为中心描绘庄园内的生产活动，以左壁为中心描绘庖厨等场面。前堂上部的假门可能象征着粮仓。后室正壁绘墓主的贴身用品。在高台许三湾遗址西南出土的画像砖上，还发现"采帛机""卧具""亭灯""炭卢（炉）""镜奁""相（箱）""合缋"等题记，殊为难得。

酒泉丁家闸 5 号墓坐西朝东，墓内绘制通栏壁画，形式与上述画像砖不同。其前室四壁由下而上第一层四角各绘一龟，第二层绘农桑畜牧等生产活动，南壁的社树可能与祈求丰产的祭祀有关，第三层西壁绘墓主欣赏乐舞百戏的场面，其他三壁描绘坞堡和农夫耕种

[1]　岳邦湖、田晓、杜思平、张军武：《岩画及墓葬壁画》第 48 页，敦煌文艺出版社，2004 年。
[2]　甘肃省文物考古研究所：《甘肃酒泉三坝湾魏晋墓发掘简报》，《考古与文物》2005 年第 5 期。
[3]　甘肃省文物考古研究所：《甘肃酒泉孙家石滩魏晋墓发掘简报》，《考古与文物》2005 年第 5 期。
[4]　张朋川：《河西出土的汉晋绘画简述》，《文物》1978 年第 6 期。
[5]　武威地区博物馆：《武威臧家庄魏晋墓清理简报》，《陇右文博》2001 年第 2 期。
[6]　武威地区博物馆：《武威臧家庄魏晋墓清理简报》，《陇右文博》2001 年第 2 期。
[7]　威武市文物考古研究所：《威武市西关魏晋墓发掘简报》，《陇右文博》2006 年第 2 期。
[8]　张掖地区文物管理办公室、高台县博物馆：《甘肃高台骆驼城画像砖墓调查》，《文物》1997 年第 12 期。
[9]　俄军、郑炳林、高国祥：《甘肃出土魏晋唐墓壁画》第 435～470 页，兰州大学出版社，2009 年。
[10]　甘肃省文物考古研究所、高台县博物馆：《甘肃高台骆驼城墓葬的发掘》，《考古》2003 年第 6 期。
[11]　A. 徐光冀主编：《中国出土壁画全集》第 8 卷第 48～55 页，科学出版社，2012 年。
　　　B. 俄军、郑炳林、高国祥：《甘肃出土魏晋唐墓壁画》第 171～478、479～486 页，兰州大学出版社，2009 年。
[12]　甘肃省文物考古研究所：《甘肃省高台县汉晋墓葬发掘简报》，《考古与文物》2005 年第 5 期。
[13]　关于 1、2 号墓的报道，见甘肃省文物考古研究所、高台县博物馆撰写的《甘肃高台地埂坡晋墓发掘简报》（《文物》2008 年第 9 期）。关于 3、4 号墓的简要报道，见吴荭撰写的《甘肃高台发掘地埂坡墓群魏晋墓葬》（《中国文物报》2008 年 1 月 16 日第 2 版）及《甘肃高台地埂坡魏晋墓》（《2007 中国重要考古发现》，文物出版社，2008 年）。
[14]　寇克红：《高台许三湾前秦墓葬题铭小考》，《高台魏晋墓与河西历史文化研究》，甘肃教育出版社，2012 年。

图 5-4   甘肃酒泉嘉峪关 7 号曹魏墓前室西壁壁画

收获（图 5-5）。前室穹隆顶绘东王公、西王母、日月、玉女、天马、神鹿、山峦、流云等。后室西壁绘奁、盒、扇、拂、弓箭等。高台河西地埂坡 4 座晋墓为前后室的土洞墓，所见壁画有耕作、奉食、宴饮、角骶、击鼓、放牧、狩猎、门吏等人物活动，以及四神、日月和建筑等，风格较为粗犷。武威雷台墓斜坡墓道两壁有三组红色树状花纹，前、中、后三室顶部正中嵌彩绘莲花，四壁有墨和白粉涂绘的几何图案[1]。该墓年代旧说为东汉，后定为西晋前后[2]，当以新说为是。

在嘉峪关新城墓群、高台地埂坡墓群，还发现多具装饰画像的木棺。如新城 1 号墓木棺内面朱绘伏羲、女娲，6 号墓棺上浅刻两位正面端坐的人物，疑为东王公和西王母，12 号墓男棺盖板上绘有东王公、西王母，女棺盖板绘伏羲女娲。地埂坡 3 号墓和 4 号墓的棺板都绘有女娲画像。

古敦煌郡范围内的墓葬壁画主要集中在今敦煌祁家湾和佛爷庙湾两处墓地。1985 年发掘的祁家湾西晋至十六国墓为洞室墓，只在 301 号、310 号、369 号墓中发现 3 块画像砖[3]。除了早年发掘的翟宗盈墓，佛爷庙湾墓群 20 世纪 80 年代以后又有新发现，其中最重要的

〔1〕　甘肃省博物馆：《武威雷台汉墓》，《考古学报》1974 年第 2 期。

〔2〕　A. 何双全：《武威雷台汉墓年代商榷》，《中国文物报》1992 年 8 月 9 日第 3 版。

　　　B. 吴荣曾：《"五朱"和汉晋墓葬断代》，《中国历史文物》2002 年第 6 期。

〔3〕　甘肃省文物考古研究所：《敦煌祁家湾——西晋十六国墓葬发掘报告》，文物出版社，1994 年。

图 5-5　甘肃酒泉丁家闸 5 号曹魏墓前室北壁壁画

是 1987 年发掘 133 号墓和 1995 年发掘的 5 座墓，其年代均为西晋[1]。1991～1992 年发掘的佛爷庙湾 1 号西晋墓后室发现一幅宽 1.65 米、高 1.14 米的墓主宴饮壁画，该墓所出土的画像砖则多见墨书题记[2]。1999～2002 年，该墓地又发掘了数座魏晋至十六国时期的画像砖墓[3]。佛爷庙湾墓室内部画像砖数量大为减少，只是以粮仓为中心，描绘收获和燕居的内容。这些墓葬照墙部分保存较好，以画像砖与砖雕组合，表现天门、祥瑞等内容（图 5-6）。

〔1〕　甘肃省文物考古研究所：《敦煌佛爷庙湾西晋画像砖墓》，文物出版社，1998 年。
〔2〕　殷光明：《敦煌西晋墨书题记画像砖及相关内容考论》，《考古与文物》2008 年第 2 期。
〔3〕　有关报道见李永宁《敦煌佛爷庙湾魏晋至唐代墓群》（《中国考古学年鉴 2002》第 391 页，文物出版社，2003 年）；2001 年发掘的一座见张瑞峰撰写的《甘肃敦煌再次出土西晋画像砖》（《中国文物报》2001 年 8 月 19 日第 2 版），殷光明撰写的《敦煌出土画像砖综述》（《高台魏晋墓与河西历史文化研究》第 111 页，甘肃教育出版社，2012 年），张掖地区文物管理局、高台县博物馆编写的《张掖文物》（甘肃人民出版社，2009 年），徐光冀主编的《中国出土壁画全集》第 8 卷第 117～120 页（科学出版社，2012 年）。

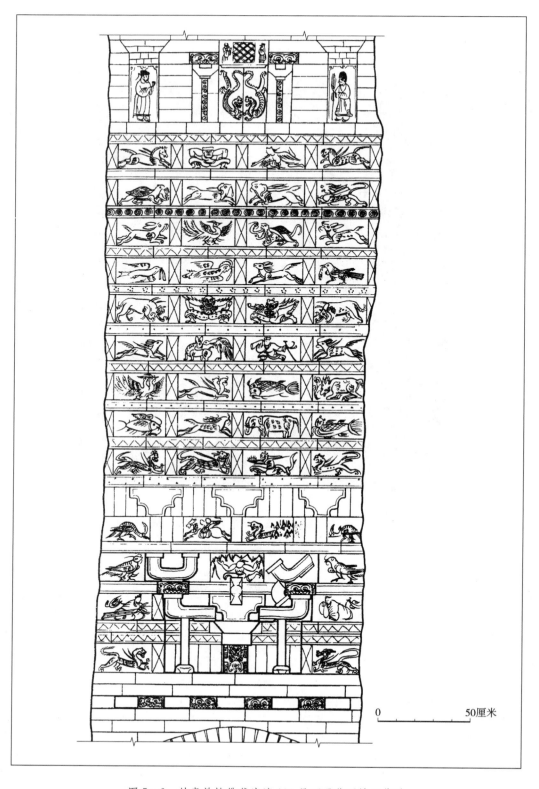

图 5-6　甘肃敦煌佛爷庙湾 133 号西晋墓照墙画像砖

图 5-7 新疆阿斯塔那 605 号前凉墓正壁壁画

敦煌市博物馆还收藏有部分历年来出土的西晋墓画像砖[1]。此外，2001 年发掘的安西县旱湖垴 4 号墓[2]、2009 年发掘的敦煌李家墩村墓[3]，也在古敦煌郡范围内。

新疆墓葬壁画的资料较为零散，主要见于吐鲁番、若羌、库车等地。吐鲁番盆地的发现集中在高昌故城附近的阿斯塔那与哈拉和卓两处墓地。除了早年斯坦因盗掘的十六国壁画墓，1964 年在阿斯塔那 13 号墓发现 6 块小纸拼合而成的纸画，贴于墓室墙壁上，绘墓主夫妇帐下坐像，两侧绘鞍马、马夫、田地、大树、农具、婢女和炊事等，上部绘日月星斗[4]。2004 年发掘的阿斯塔那西区十六国苛尊锺及其妻令狐阿婢墓，正壁绘墓主与妻属坐于帐下，旁边还有北斗、牛车、树木、葡萄园、践碓、酿酒[5]。2006 年发掘的阿斯塔那 605 号前凉墓正壁也绘有墓主及庄园画像（图 5-7）[6]。1975 年在哈喇和卓墓地发掘 5座北凉墓[7]，其正壁绘有壁画，这些壁画由几个小幅的画面组成，四周以墨线勾框，主

[1] 俄军、郑炳林、高国祥：《甘肃出土魏晋唐墓壁画》第 513～529、537～556 页，兰州大学出版社，2009 年。

[2] 甘肃省文物考古研究所：《甘肃安西旱湖垴墓地、窑址发掘简报》，《考古与文物》2004 年第 4期。

[3] 资料未发表，有关介绍见殷光明撰写的《敦煌出土画像砖综述》（《高台魏晋墓与河西历史文化研究》第 111 页，甘肃教育出版社，2012 年）。

[4] 新疆社会科学院考古研究所：《新疆考古三十年》图 108，新疆人民出版社，1983 年。

[5] A. 吐鲁番地区文物局：《新疆吐鲁番地区阿斯塔那古墓群西区 408、409 号墓》，《考古》2006 年第 12 期。

B. 李肖：《吐鲁番新出壁画"庄园生活图"简介》，《吐鲁番学研究》2004 年第 1 期。

[6] A. 鲁礼鹏：《吐鲁番市阿斯塔那晋唐墓葬》，《中国考古学年鉴 2007》第 481 页，文物出版社，2008 年。

B. 徐光冀主编：《中国出土壁画全集》第 9 卷第 210～211 页，科学出版社，2012 年。

[7] 新疆博物馆考古队：《吐鲁番哈喇和卓古墓群发掘简报》，《文物》1978 年第 6 期。

要描绘墓主、女侍、男仆、田地、骆驼、马、牛车、果树、磨、炉灶等器具以及日月等。

2003 年在若羌县铁干里克东约 320 公里处发掘一座长斜坡墓道洞室墓[1]，年代在三四世纪之际，墓主为鄯善王国时期楼兰城附城 LE 城周围的贵族，墓葬前后室均有壁画，前室墓门左右侧绘人物和牛，东壁绘 6 人宴饮场面，写有佉卢文墨书题记，西壁绘对咬的骆驼，北壁绘人马等；后室绘有星团状的莲花。这些壁画中人物形体秀颀，色彩艳丽，富有地方特色。

2007 年在库车县友谊路发掘一批西晋至十六国时期的砖室墓[2]，其 2 号、3 号墓照墙砌有建筑构件以及天禄、四神等雕砖。这两座墓与 8 号墓墓室墙壁上还残存彩绘痕迹。这些特征显示出与河西魏晋壁画墓的关联。

三　中原地区

曹魏政权实行薄葬，故中原地区未发现这一时期的墓葬壁画。西晋墓葬壁画也不多见，1988 年发掘的陕西西安东郊田王元康四年（公元 294 年）462 号墓墓室顶部及甬道口上方绘月亮和北斗七星[3]，2003 年发掘的西安长安区羊村二十所雷达测试中心西晋墓也发现有壁画残迹[4]。1997 年发掘的北京石景山区八角村墓石椁内绘有壁画，其北壁绘手持麈尾怀拥凭几的墓主像，西壁绘牛耕、牛车出行，东壁绘侍女、几等，顶部绘日月[5]。发掘者认为其年代可能属魏晋，也有学者认为晚到西晋晚期至十六国初期[6]，甚至北魏时期[7]。

北魏迁洛之前的墓葬壁画有部分发现。1993 年发掘的内蒙古和林格尔榆树梁墓前室四壁和甬道两壁绘有壁画，内容有燕居、出行、游乐、狩猎、升仙和四神等[8]。山西大同是北魏首都平城所在地，近年来，在这一地区发现数座北魏早期壁画墓，包括 2002 年发掘的迎宾大道 16 号墓[9]、2005 年发掘的沙岭太延元年（公元 435 年）任侍中、平西大将军等职的破多罗氏父母墓[10]、2008 年发掘的马辛庄和平二年（公元 461 年）散骑常

〔1〕 张玉忠：《楼兰地区魏晋墓葬》，《中国考古学年鉴 2004》第 410～412 页，文物出版社，2005 年。

〔2〕 新疆文物考古研究所：《新疆库车友谊路魏晋十六国时期墓葬 2007 年发掘简报》，《文物》2018 年第 12 期。

〔3〕 陕西省考古研究所配合基建考古队：《西安东郊田王晋墓清理简报》，《考古与文物》1990 年第 5 期。

〔4〕 刘呆运、李明：《长安区二十所西晋及隋墓》，《中国考古学年鉴 2004》，文物出版社，2005 年。

〔5〕 石景山区文物管理所：《北京市石景山区八角村魏晋墓》，《文物》2001 年第 4 期。

〔6〕 倪润安：《北京石景山八角村魏晋墓的年代及墓主问题》，《故宫博物院刊》2012 年第 3 期。

〔7〕 田立坤：《袁台子壁画墓的再认识》，《文物》2002 年第 9 期。

〔8〕 A．王大方：《内蒙古首次发现北魏大型砖室壁画墓》，《中国文物报》1993 年 11 月 28 日第 1 版。

　　 B．苏俊、王大方、刘幻真：《内蒙古和林格尔北魏壁画墓发掘的意义》，《中国文物报》1993 年 11 月 28 日第 3 版。

〔9〕 A．大同市考古研究所：《山西大同迎宾大道北魏墓群》，《文物》2006 年第 10 期。

　　 B．古顺芳：《大同北魏墓葬图像资料研究》，2006 年山西大学硕士学位论文第 3～4 页。

〔10〕 大同市考古研究所：《山西大同沙岭北魏壁画墓发掘简报》，《文物》2006 年第 10 期。

侍选部尚书安乐子梁拔胡夫妇墓[1]、2009 年发掘的云波里路墓[2]和 2009 年发掘的文瀛路墓[3]等。

　　迎宾大道 16 号墓是一座单砖室墓,壁画保存不佳,有门吏、宴饮、车马、狩猎等内容。破多罗氏父母墓为单室墓,坐东朝西,东壁绘墓主夫妇像,周围绘大树、车马、人物等,南壁绘庖厨、宴饮,北壁绘牛车出行,上部残留有神兽和瑞禽,西壁左右两侧各绘一武士。墓室顶部已毁。甬道两侧各绘一守门武士和人面兽身的神怪,顶部绘伏羲、女娲等。梁拔胡夫妇墓为长斜坡墓道单室墓,坐北朝南,其北壁绘墓主正面像及侍者,东壁绘山林狩猎,西壁绘农作、庖厨等,甬道两壁绘镇墓神兽,甬道东侧有和平二年的题记。云波里路墓为长斜坡墓道单砖室墓,坐东朝西,墓室顶部已毁,四壁和甬道以红、黑、蓝三色绘壁画,人物服饰具有鲜明的鲜卑民族特色。墓室东壁绘墓主夫妇屋宇内的正面坐像,残留的右侧屋宇内绘两位侍者,屋宇以外绘宴饮的宾客和乐工(图版 12-1)。南壁以"V"字形的河流为界,中央绘山峦之间两人及马匹在树下休憩,左右为山林间的狩猎场面。西壁近墓门处残留一人物的腿和足。甬道南壁残留侍女的衣裙及龙和凤鸟等。文瀛路墓也是一座长斜坡墓道单砖室墓,坐北朝南,保存部分壁画。墓室东北部券顶绘星象图,其下为彩绘的横枋、斗栱及人字栱。北侧棺床立面绘胡人牵驼和执杵托举的力士,棺床前的踏步平面绘莲花,立面绘火焰纹。西侧棺床立面绘火焰纹及一力士,已残。两棺床间的矮墙立面绘一侍者。甬道东壁绘卷发三目长耳、手执兵器的神人。云波里路墓和文瀛路墓的年代可能都在迁洛之前的太和年间[4]。

　　清同治十三年(公元 1874 年)发现的山西怀仁大运公路东七里村丹扬王墓在 1991 年进行了发掘,该墓由前、后室及左、右侧室组成,墓道口两侧绘有壁画,均为三头六臂的神人形象。墓室内发现较多人物、瑞兽、莲花、忍冬图案的花纹砖[5]。关于该墓墓主,学者们有不同的看法[6]。

　　部分平城时代的北魏墓葬具上见有图像装饰。1973 年发现的宁夏固原雷祖庙墓漆棺上绘有东王父、西王母、天象、墓主像和孝子故事(图 5-8)等[7]。1997 年大同智家堡墓出土的殿堂式石椁北壁中央绘墓主夫妇正面坐像及男女侍者,两侧壁绘恭立的男女和羽人,南壁绘鞍马、牛车和树木,封门石板内面绘两侍女,顶部盖板内面绘花卉[8]。2000 年发掘的大同曹夫楼村太和元年(公元 477 年)宋绍祖墓殿堂式石椁外壁刻有高浮雕的铺

〔1〕 张庆捷:《大同南郊北魏墓考古新发现》,《2009 中国重要考古发现》,文物出版社,2010 年。
〔2〕 大同市考古研究所:《山西大同云波里路北魏壁画墓发掘简报》,《文物》2011 年第 12 期。
〔3〕 大同市考古研究所:《山西大同文瀛路北魏壁画墓发掘简报》,《文物》2011 年第 12 期。
〔4〕 张庆捷、刘俊喜:《大同新发现两座北魏壁画墓年代初探》,《文物》2011 年第 12 期。
〔5〕 怀仁县文物管理所:《山西怀仁北魏丹扬王墓及花纹砖》,《文物》2010 年第 5 期。
〔6〕 A. 王银田:《丹扬王墓主考》,《文物》2010 年第 5 期。
　　　B. 李梅田:《丹扬王墓考辨》,《文物》2011 年第 12 期。
　　　C. 倪润安:《怀仁丹阳王墓补考》,《考古与文物》2012 年第 1 期。
〔7〕 宁夏固原博物馆:《固原北魏墓漆棺画》,宁夏人民出版社,1988 年。
〔8〕 王银田、刘俊喜:《大同智家堡北魏墓石椁壁画》,《文物》2001 年第 7 期。

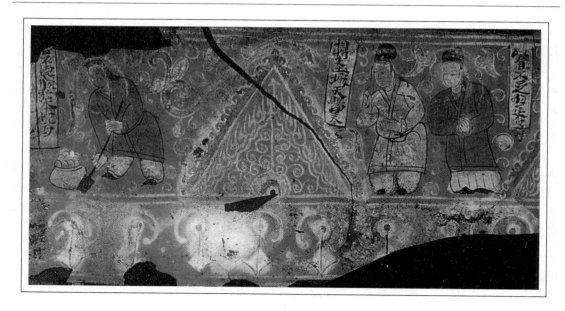

图5-8　宁夏固原雷祖庙北魏墓彩绘漆棺画

兽衔环和门钉等，内壁东、西、北三面有彩绘壁画，残存舞蹈、奏乐等内容[1]。此外，上文提及的大同沙岭墓、迎宾大道16号墓、1986～1987年发掘的大同湖东1号墓[2]、1988年发掘的大同南郊张女坟电焊器材厂墓地185号、229号、238号、253号墓[3]、1997年发掘的大同智家堡村北沙场墓[4]，以及近年发掘的大同安留庄墓[5]、大同二电厂27号墓[6]等均出土彩绘漆木棺，画像内容包括墓主像、庖厨、狩猎、出行等。此外，1965～1966年发掘的大同石家寨延兴四年至太和八年（公元474～484年）琅琊康王司马金龙夫妇墓出土的漆画木屏风，彩绘列女、孝子等故事[7]，与这时期墓葬壁画及棺画上所见图像风格迥异，可能受到南方画风的影响。

　　已发现的北魏迁都洛阳以后的壁画墓，有1974年调查的河南洛阳北向阳村孝昌二年（公元526年）江阳王元乂墓[8]、1965年和1992年两次调查的洛阳洛孟公路东侧正光六

〔1〕　大同市考古研究所：《大同雁北师院北魏墓群》第71～182页，文物出版社，2008年。
〔2〕　山西省大同市考古研究所：《大同湖东北魏一号墓》，《文物》2004年第12期。
〔3〕　山西大学历史文化学院、山西省考古研究所、大同市博物馆：《大同南郊北魏墓群》第84、86、316～319、323～325、332～334页，彩版二至七，科学出版社，2006年。
〔4〕　刘俊喜、高峰：《大同智家堡北魏墓棺板画》，《文物》2004年第12期。
〔5〕　古顺芳：《大同北魏墓葬图像资料研究》，2006年山西大学硕士学位论文第14～15页。
〔6〕　古顺芳：《大同北魏墓葬图像资料研究》，2006年山西大学硕士学位论文第16页。
〔7〕　A. 山西省大同市博物馆、山西省文物工作委员会：《山西大同石家寨北魏司马金龙墓》，《文物》1972年第3期。
　　　　B. 志工：《略谈北魏的屏风漆画》，《文物》1972年第8期。
〔8〕　洛阳博物馆：《河南洛阳北魏元乂墓调查》，《文物》1974年第12期。

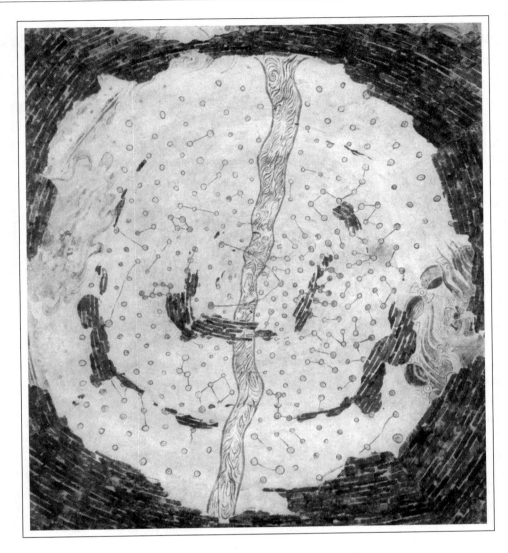

图 5-9　河南洛阳北魏元乂墓墓室顶部天象壁画

年（公元 525 年）清河郡王元怿墓[1]，以及 1989 年发掘的洛阳孟津北陈村太昌元年（公元
532 年）安东将军王温墓[2]等。元乂墓甬道彩绘保存较好，但未作发掘，墓室四壁仅上栏存四
神、雷公画像残迹，顶部绘银河与星象（图 5-9）。元怿墓壁画甬道东西两壁的两名守门武士
保存略好。王温墓东壁壁画保存较好，其中部绘一房屋，屋内帷帐下绘墓主夫妇坐像，房屋两
侧各绘侍者三人以及树木山石等。此外，1979 年发掘的洛阳金家沟村孝昌三年（公元 527 年）

〔1〕　徐婵菲：《洛阳北魏元怿墓壁画》，《文物》2002 年第 2 期。
〔2〕　洛阳市文物工作队：《洛阳孟津北陈村北魏墓葬壁画》，《文物》1995 年第 8 期。

元暐墓发现壁画残迹[1]。据说洛阳邙山永安三年（公元530年）孝庄帝静陵也发现壁画[2]。

　　2010年发掘的大同陈庄墓也是北魏迁都洛阳之后的墓葬，该墓为长斜坡墓道双砖室墓。石门板外面以红、白、黑三色各绘一手拄环首长刀的武士。前室正壁近后甬道口部以红色绘束莲柱和交龙。墓室四角以红色绘柱子，四壁上下及墓顶四披结合处绘边框，墓顶中心绘莲花。后室四角亦以红色绘柱子，四壁上下绘边框，墓顶中心绘莲花，四披绘天象图[3]。此外，1956年发现的内蒙古准格尔羊市塔区墓[4]、1969年发现的山东德州胡官营四小队村神龟二年（公元519年）迁葬的高道悦墓[5]和1973年发掘的山东寿光李二村孝昌元年（公元525年）贾思伯墓[6]等均发现壁画残迹。

　　洛阳邙山出土较多北魏晚期石葬具，主要有棺和棺床两种，其中棺又分为殿堂式和匣式。这些葬具上多见阴线刻画像，有墓主像、鞍马牛车出行、孝子故事、庖厨以及仙人等题材，有的还残留贴金和彩绘。这些葬具早年多流散海外，中华人民共和国成立后又有部分新发现。见于报道的主要有1972年河南沁阳县西向粮管所出土石棺床[7]、1977年洛阳北郊上窑沪河东砖瓦厂出土石棺[8]、洛阳古代艺术馆所藏龙虎画像石棺[9]、洛阳博物馆藏飞仙画像棺盖[10]、开封市博物馆所藏画像石棺[11]、首都博物馆藏石棺床[12]、美国波士顿美术馆（Museum of Fine Arts，Boston）藏1931年洛阳故城北半坡出土孝昌三年（公元527年）魏横野将军甄官主簿宁想石室[13]、美国明尼阿波利斯美术馆（Minneapolis

[1]　黄明兰：《西晋裴祗墓和北魏元暐两墓拾零》，《文物》1982年第1期。

[2]　徐婵菲《洛阳北魏元怿墓壁画》（《文物》2002年第2期）说："静陵发掘工作中途停止，但已确知墓道、墓室中有壁画。"

[3]　山西省考古研究所、大同市考古研究所：《山西大同市大同县陈庄北魏墓发掘简报》，《文物》2011年第12期。

[4]　汪宇平《内蒙古准格尔旗羊市塔区破坏壁画古墓一座》（《文物参考资料》1957年第9期）判断该墓为北魏墓葬，证据似不充分，存此备考。

[5]　A. 秦公：《释北魏高道悦墓志》，《文物》1979年第9期。

　　　B. 赖非：《北魏高道悦墓地调查及其墓志补释》，《德州考古文集》，百花州文艺出版社，2000年。

[6]　寿光县博物馆：《山东寿光北魏贾思伯墓》，《文物》1992年第8期。

[7]　周到主编：《中国画像石全集·石刻线画》图79～图85，河南美术出版社、山东美术出版社，2000年。

[8]　洛阳博物馆：《洛阳北魏画像石棺》，《考古》1980年第3期。

[9]　洛阳博物馆：《洛阳北魏画像石棺》，《考古》1980年第3期。

[10]　洛阳博物馆：《洛阳北魏画像石棺》，《考古》1980年第3期。

[11]　黄明兰：《洛阳北魏世俗石刻线画集》第24～29页，人民美术出版社，1987年。

[12]　滕磊：《一件海外回流石棺床之我见》，《故宫博物院院刊》2009年第4期。

[13]　A. 郭玉堂：《洛阳出土石刻时地记》第35页，洛阳大华书报供应社，1941年。

　　　B. Tomita，Kojiro（1942），"A Chinese Sacrificial Stone House of the Sixth Century A. D." *Bulletin of the Museum of Fine Arts* 40（242）：98—110.

　　　C. 近年来，多数学者认为该石室为葬具，林圣智《北魏宁懋石室的图像与功能》（《美术史研究集刊》第十八期）考为祠堂。

　　　D. 此前研究者多将与石室同出的墓志中死者姓名读作"宁懋"，最近曹汛的《北魏宁想石室新考订》（《中国建筑史论汇刊》第4辑，清华大学出版社，2011年）主张读作"宁想"，与其字"阿念"互训。

Mu-seum of Art）藏同期出土的正光五年（公元 524 年）赵郡贞景王元谧石棺[1]、美国纳尔逊—阿特金斯美术馆（Nelson-Atkins Museum of Art）藏孝子画像石棺[2]和孝子画像石棺床围屏[3]、1995 年芝加哥美术馆（The Art Institute of Chicago）入藏的一套石棺床围屏[4]、分藏于日本天理参考馆和美国旧金山亚洲美术馆（Asian Art Museum，San Francisco）的一套石棺床围屏[5]、日本大阪府和泉市久保惣纪念美术馆藏北魏正光五年（公元 524）匡僧安墓石棺床[6]、卢芹斋旧藏石棺床围屏[7]等。近年深圳博物馆入藏的 6 具从海外回流的比较完整的石棺床[8]可能也是北魏晚期的遗物。此外，1976 年发现的山西榆社河洼村神龟年间（公元 518～520 年）绥远将军方兴石棺[9]采用浮雕技法，刻墓主夫妇像、墓主出行、青龙、白虎、百戏、射猎等内容，风格与洛阳地区不同。

　　东魏墓葬壁画主要发现于东魏都城邺城及其附近地区，见于报道的有 1956 年发现的河北吴桥小马厂村武定四年（公元 546 年）平东将军开府咨议参军事封柔墓和一座墓主不明的墓[10]、1973 年发掘的河北景县野林庄武定五年（公元 547 年）左光禄大夫雍州刺史高长命（？）墓[11]、1974 年发掘的河北磁县东陈村武定五年（公元 547 年）西荆南阳郡君赵胡仁墓[12]、1976 年发掘的河北赞皇南邢郭村武定二年（公元 544 年）东魏司空李希宗墓[13]、1978～1979 年发掘的磁县大冢营村武定八年（公元 550 年）茹茹邻和公主闾叱地连墓（图 5-10）[14]、2006～2007 年发掘的磁县县城南天平四年（公元 537 年）皇族徐州刺史元祐墓[15]和 2007 年发掘的磁县孟庄元氏墓[16]等。

　　闾叱地连墓壁画保存较好，该墓为带长斜坡墓道的单砖室墓，坐北朝南，墓道东西两壁前端绘青龙、白虎，其后下层绘仪卫及廊屋、兵栏列戟，上层绘羽人、怪兽、瑞鸟、忍冬、莲花、流云，地面绘花草图案。门墙绘正面朱雀、怪兽等。墓室北壁绘墓主及持盖、

[1]　黄明兰：《洛阳北魏世俗石刻线画集》第 30～39 页，人民美术出版社，1987 年。
[2]　黄明兰：《洛阳北魏世俗石刻线画集》第 1～10 页，人民美术出版社，1987 年。
[3]　长广敏雄 1969 『六朝時代美術の研究』 187—224 頁图 17—28、43—56 美術出版社
[4]　资料未发表。
[5]　长广敏雄 1969 『六朝時代美術の研究』 145 頁图 29—34、38、39 148 頁图 41 美術出版社
[6]　『久保惣紀念美術館』 図 13
[7]　长广敏雄：《六朝时代美术の研究》图 39，美术出版社，1969 年。
[8]　赵超：《由深圳博物馆〈"永远的北朝"石刻艺术展〉谈北朝石床与石屏风》，稿本。
[9]　王太明、贾文亮：《山西榆社县发现北魏画像石棺》，《考古》1993 年第 8 期。
[10]　张平一：《河北吴桥县发现东魏墓》，《考古通讯》1956 年第 6 期。
[11]　河北省文管处：《河北景县北魏高氏墓发掘简报》，《文物》1979 年第 3 期。
[12]　磁县文化馆：《河北磁县东陈村东魏墓》，《考古》1977 年第 6 期。
[13]　石家庄地区革委会文化局文物发掘组：《河北赞皇东魏李希宗墓》，《考古》1977 年第 6 期。
[14]　磁县文化馆：《河北磁县东魏茹茹公主墓发掘简报》，《文物》1984 年第 4 期。
[15]　中国社会科学院考古研究所河北工作队：《河北磁县北朝墓群发现东魏皇族元祐墓》，《考古》2007 年第 11 期。
[16]　徐海峰、佟宇喆、王法岗：《磁县北朝墓群 M001 号墓》，《中国考古学年鉴 2008》第 161～163 页，文物出版社，2009 年。

扇的侍女，东壁绘众侍者，西壁绘众侍女，南壁不详。四壁人物上方绘四神，顶部绘星象。元祐墓为带长斜坡墓道的土洞墓，坐北朝南，墓道北端过洞上方有彩绘的建筑。墓室四壁的壁画保存不佳，北壁绘墓主像，其背后立七扇屏风。东壁南段绘青龙，北段绘一官吏。西壁绘白虎和一官吏。南壁墓门两侧各有一人物。墓室北、东、西壁还绘有梁柱和人字栱等建筑构件。此外，2005 年发掘的河南安阳固岸东魏谢氏冯僧晖墓出土一具石棺床，其围屏刻画墓主夫妇像、鞍马、牛车以及孝子故事等[1]。

已发现的北齐壁画墓有 1957 年发掘的磁县讲武城太宁二年（公元 562 年）比丘尼垣司马南姿墓与 56 号墓[2]、1971 年发掘的河北平山三汲村天统三年（公元 567 年）祠部尚书赵州刺史崔昂墓[3]、1971 年发掘的河南安阳洪河屯村武平六年（公元 575 年）骠骑大将军开府仪同三司凉州刺史范粹墓[4]、1971 年发掘的安阳清峪村武平七年（公元 576 年）文宣帝弘德夫人颜玉光墓[5]、1973 年发掘的山西寿阳贾家庄太宁二年（公元 562 年）定州刺史太尉公顺阳郡王库狄迴洛墓[6]、1973 年发掘的山东临淄窝托村武平四年（公元 573 年）徐州长史崔博墓[7]、1973 年发掘的北京王府仓墓[8]、1975 年发掘的磁县东陈村天统三年（公元 567 年）骠骑大将军赵州刺史开府仪同三司中书监开国侯尧峻墓[9]、1975 年发掘的磁县东槐树村武平七年（公元 576 年）左丞相文昭王高润墓[10]、1982 年发掘的山西太原小井峪村天统四年（公元 568 年）大将军武功王韩祖念墓[11]、1986 年发掘的山东临朐冶源海浮山天保二年（公元 551 年）东魏威烈将军南讨大行台都军长史崔芬墓[12]、1978 年发掘的磁县申庄武平元年（公元 570 年）济南愍悼王妃比丘尼等行墓[13]、1979～1981 年发掘的太原王郭村武平元年（公元 570 年）右丞相东安王娄睿

〔1〕　河南省文物考古研究所：《河南安阳固岸墓地考古发掘收获》，《华夏考古》2009 年第 3 期。

〔2〕　河北省文物管理委员会：《河北磁县讲武城古墓清理简报》，《考古》1959 年第 1 期。

〔3〕　河北省博物馆、文物管理处：《河北平山北齐崔昂墓调查报告》，《文物》1973 年第 11 期。

〔4〕　河南省博物馆：《河南安阳北齐范粹墓发掘简报》，《文物》1972 年第 1 期。

〔5〕　安阳县文教局：《河南安阳县清理一座北齐墓》，《考古》1973 年第 2 期。

〔6〕　A. 王克林：《北齐库狄迴洛墓》，《考古学报》1979 年第 3 期。

　　　B. 潘絜兹、丁明夷的《山西壁画艺术》（《山西文物》1978 年第 1 期）提到 1973 年寿阳县白家庄发现一座北齐河清三年（公元 564 年）墓葬壁画，有青龙、白虎、朱雀和人物等内容，面积 12 平方米，部分脱落。目前未见关于该墓的其他报道，疑为库狄迴洛墓之误。

〔7〕　山东省文物考古研究所：《临淄北朝崔氏墓》，《考古学报》1984 年第 2 期。

〔8〕　北京市文物管理局：《北京王府仓北齐墓》，《文物》1977 年第 11 期。

〔9〕　磁县文化馆：《河北磁县东陈村北齐尧峻墓》，《文物》1984 年第 4 期。

〔10〕　磁县文化馆：《河北磁县北齐高润墓》，《考古》1979 年第 3 期。

〔11〕　渠传福：《徐显秀墓与北齐晋阳》，《文物》2003 年第 10 期。

〔12〕　A. 山东省文物考古研究所、临朐县博物馆：《山东临朐北齐崔芬壁画墓》，《文物》2002 年第 4 期。

　　　B. 临朐县博物馆：《北齐崔芬壁画墓》，文物出版社，2002 年。

〔13〕　张利亚：《磁县出土北齐愍悼王妃李尼墓志》，《文物春秋》1997 年第 3 期。

墓〔1〕、1984 年发掘的山东济南马家庄武平二年（公元 571 年）祝阿县令□道贵墓〔2〕、1986 年发掘的济南东八里洼墓〔3〕、1987 年发掘的太原南郊第一热电厂墓〔4〕、1987～1989 年发掘的磁县湾漳墓（图 5-11）〔5〕、2000～2002 年发掘的太原王家峰武平二年（公元 571 年）司空武安王徐显秀墓〔6〕、2001 年发掘的太原龙堡村武平三年（公元 572 年）北肆州六州都督仪同三司□憘墓〔7〕、2008 年发掘的山西朔州水泉梁北齐墓〔8〕和 2009 年发掘的磁县刘庄北齐修城王高孝绪墓〔9〕等。

北齐都城邺城附近的墓葬壁画以磁县湾漳墓、高润墓、尧峻墓为代表。湾漳墓规模宏大，可能是帝陵。该墓坐北朝南，墓道长达 37 米，两壁前端绘青龙、白虎，其后下层是各由 53 人组成的仪仗队列（图 5-12），末段仪仗人物身后绘廊屋，上层绘各种神禽异兽以及莲花、忍冬、流云等，地面有莲花、忍冬等图案。甬道两壁绘侍卫形象。墓门正上方绘正面朱雀。墓室四壁被烟熏黑，正壁可见帐幔、羽扇，南壁可见绘一对朱雀，东壁有怪兽残迹，四壁上部绘三十六禽（？）和建筑残迹。墓室顶部绘星象。高润墓坐北朝南，只有少部分壁画保存下来，其中墓道东壁上部绘有莲花、忍冬、流云等，墓室北壁绘墓主坐于帷帐中的正面像，帷帐两侧各有侍者 6 人，持伞盖等物，东壁残存牛（？）车、伞盖、扇等，西壁残存侍者 2 人。尧峻墓的壁画只有门墙部分保留下来，中央绘正面朱雀，两侧绘羽人、莲花、流云等。

山西太原是掌握北齐军政权力的高欢家族的根据地晋阳之故地，这一带所发现的北齐墓葬壁画比较典型的有厍狄迴洛墓、娄睿墓（图 5-13）、徐显秀墓和南郊第一热电厂墓。这些壁画的题材和布局与邺城地区的壁画大同小异，如厍狄迴洛墓甬道两壁绘侍卫；娄睿墓墓室北壁绘墓主端坐帐中，东壁绘鞍马羽葆，西壁绘牛车伞盖，顶部绘四神和星象；徐显秀墓墓室北壁绘墓主夫妇像和男女侍从（图 5-14；图版 15-2），东壁绘牛车，西壁绘鞍马，墓顶绘天象、神兽，墓门两侧和甬道绘门吏，墓道两壁为仪仗鼓吹和神兽；南郊第一热电厂墓北壁绘墓主像，东西两壁绘鞍马牛车，顶部绘四神与星象。另外，该地区的壁

〔1〕　山西省考古研究所、太原市文物考古研究所：《北齐东安王娄睿墓》，文物出版社，2006 年。

〔2〕　济南市博物馆：《济南市马家庄北齐墓》，《文物》1985 年第 10 期。

〔3〕　山东省文物考古研究所：《济南市东八里洼北朝壁画墓》，《文物》1989 年第 4 期。

〔4〕　山西省考古研究所、太原市文物管理委员会：《太原南郊北齐壁画墓》，《文物》1990 年第 12 期。

〔5〕　中国社会科学院考古研究所、河北省文物研究所：《磁县湾漳北朝壁画墓》，科学出版社，2003 年。

〔6〕　山西省考古研究所、太原市文物考古研究所：《太原北齐徐显秀墓发掘简报》，《文物》2003 年第 10 期。

〔7〕　渠传福：《徐显秀墓与北齐晋阳》，《文物》2003 年第 10 期。

〔8〕　山西省考古研究所、山西省博物馆、朔州市文物局、崇福寺文物管理所：《山西朔州水泉梁北齐壁画墓发掘简报》，《文物》2010 年第 12 期。

〔9〕　A. 河北省文物考古研究所　张晓峥、张小沧：《河北磁县发现北齐皇族高孝绪墓》，《中国文物报》2010 年 1 月 15 日第 4 版

　　　B. 张晓峥：《河北磁县北齐高孝绪墓》，《2009 中国重要考古发现》，文物出版社，2010 年。

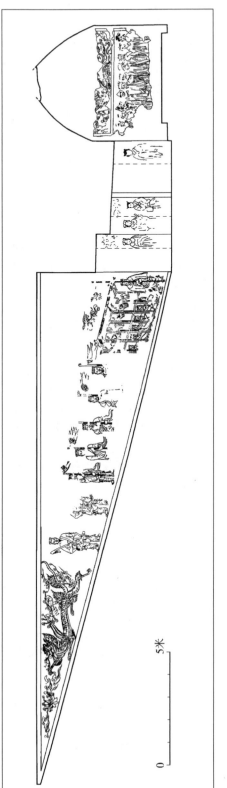

图 5—10 河北磁县东魏茹茹公主墓墓道至墓室西壁壁画

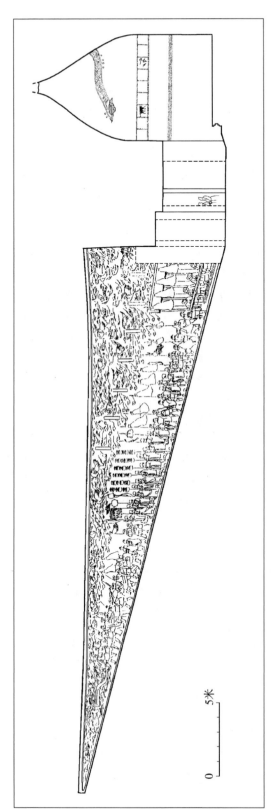

图 5—11 河北磁县湾漳北齐墓墓道至墓室西壁壁画

图 5 - 14 山西太原北齐徐显秀墓北壁壁画

画也有一些不同于邺城的特点，如娄睿墓墓道西壁和东壁按水平方向分为三栏，分别绘出行和回归的行列（图 5 - 15；图版 15 - 1）；娄睿墓、厍狄迴洛墓、徐显秀墓的门扉上均有青龙、白虎等装饰，娄睿墓门楣上绘兽面，厍狄迴洛墓门楣上绘侧身的朱雀；娄睿墓墓室顶部还绘有十二时和雷公像等。

朔州水泉梁墓墓道和甬道中无壁画，墓室北壁绘墓主夫妇帐下的坐像，东西壁除了绘鞍马、牛车，还以较小的尺度分别绘出行和归来的马队，南壁绘鼓吹，顶部绘天象和十二时，甬道绘守门武士及出行和归来的马队。朔州在北齐时属北朔州广安郡招远县，墓主可能为北朔州地区军政官员。该墓壁画绘制较为粗率，但从题材和布局看，与邺城及并州的共同性十分明显。

山东地区的北齐壁画墓均为石室墓，壁画主要见于墓室和甬道。□道贵墓北壁绘墓主正面像，东西两壁绘鞍马与牛车，南壁墓门两侧绘侍卫，墓顶绘星象，墓门上方装饰兽面。崔芬墓甬道两壁以阴线刻出执仪刀的门吏，又以彩绘武士覆盖；墓室四壁绘屏风（图 5 - 16），其中八扇绘坐在树下的高士，每位高士身旁有一侍者；其他屏风上还绘有鞍马、舞者和树木山石等。西壁小龛上部横额绘墓主夫妇在侍女扶持下出行的场面（图 5 - 17）。北壁小龛上部横额绘玄武及持刀武士，墓顶东、西披分别绘神人骑青龙和白虎，周围绘怪兽、树木、日、月、星辰、流云等。南壁西侧绘一朱雀。屏风绘高士的做法还见于东八里洼墓北壁。

与上述彩绘壁画墓不同，1971 年山东青州傅家村出土一批北齐武平四年（公元 573

年）的线刻画像石，原墓葬已被破坏，墓室结构不详。画像中有墓主与胡人会见、鞍马牛车出行、胡人牵驼马、大象、送葬等内容[1]。2000 年发掘的临朐下五井东村墓是一座北朝画像石墓，墓中发现浮雕的四神[2]。

此外，1988 年发掘的山东临沂金雀山南朝墓出土有四神和人物画像砖[3]，1997 年发掘的临朐县魏家庄刘宋元嘉十七年（公元 440 年）砖室墓出土人物持伞扇、车马出行等内容的画像砖[4]。这一地带在南北朝时曾属刘宋之徐州和青州，故受到南北两方面文化的影响。

1984～1985 年发掘的陕西咸阳胡家沟大统十年（公元 544 年）太师开府参军事侯义墓[5]是目前所见唯一的一座西魏壁画墓。该墓为单室土洞墓，其封门墙下部及墙内外东西两壁涂朱红色，在甬道两壁近墓室处可见有黑色花草树木与人马残迹，墓室顶部有星象残迹。

已发现的北周壁画墓有 20 世纪 50 年代初发掘的陕西咸阳底张湾建德元年（公元 572 年）墓[6]、1958 年发掘的陕西华县 58H.C.M4[7]、1983 年发掘的固原县深沟村天和四年（公元 569 年）柱国大将军原州刺史河西公李贤墓[8]、1988 年发掘的咸阳底张湾建德五年（公元 576 年）使持节仪同大将军王德衡墓[9]、宣政元年（公元 578 年）大都督武平县开国公金州刺史独孤藏墓[10]、大成元年（公元 579 年）尉迟运墓[11]、王士良董荣晖合葬墓[12]、1989～1990 年发掘的咸阳北斗乡建德四年（公元 575 年）骠骑大将军开府仪

[1]　A. 山东省益都县博物馆　夏名采：《益都北齐石室墓线刻画像》，《文物》1985 年第 10 期。
　　　B. 夏名采：《青州傅家北齐线刻画像补遗》，《文物》2001 年第 4 期。
　　　C. 郑岩的《魏晋南北朝壁画墓研究》（第 241～246 页，文物出版社，2002 年）曾认为这些石刻是一具石棺的构件，但现在看这个问题还值得进一步推敲。
[2]　宫德杰：《山东临朐北朝画像石墓》，《文物》2002 年第 9 期。
[3]　临沂市博物馆：《山东临沂金雀山画像砖墓》，《文物》1995 年 6 期。
[4]　宫德杰、李福昌：《山东临朐西晋、刘宋纪年墓》，《文物》2002 年第 9 期。
[5]　咸阳市文管会、咸阳博物馆：《咸阳市胡家沟西魏侯义墓清理简报》，《文物》1987 年第 12 期。
[6]　A. 郑振铎：《在基本建设工程中保护地下文物的意义与作用》，《文物参考资料》1954 年第 9 期；《文物参考资料》1954 年第 10 期，图版 98。
　　　B. 茹士安、何汉南撰写的《西安地区考古工作中的发现》（《考古通讯》1955 年第 3 期）说当时发现的建德元年、建德五年的两座纪年墓，一座无纪年的墓，均为长斜坡带天井的墓道和土洞墓室，墓道和墓室壁上有人物壁画。
[7]　宿白：《宁夏固原北周李贤墓札记》，《宁夏文物》总第 3 期，1989 年。
[8]　宁夏回族自治区博物馆、宁夏固原博物馆：《宁夏固原北周李贤夫妇墓发掘简报》，《文物》1985 年第 11 期。
[9]　负安志：《中国北周珍贵文物》第 36～59 页，陕西人民美术出版社，1993 年。
[10]　负安志：《中国北周珍贵文物》第 76～93 页，陕西人民美术出版社，1993 年。
[11]　该墓发掘时间不详（《中国北周珍贵文物》第 93～109 页，陕西人民美术出版社，1993 年）。
[12]　董荣晖葬于北周保定五年（公元 565 年），王士良身份为使持节上大将军并州刺史广昌郡开国公，葬于隋开皇三年（公元 583 年），故墓葬营建时代应为北周（《中国北周珍贵文物》，第 109～131 页，陕西人民美术出版社，1993 年）。

图 5-16 山东临朐北齐崔芬墓东壁壁画

图 5-17 山东临朐北齐崔芬墓西壁小龛上部壁画

同三司大都督南阳开国公叱罗协墓[1]、
1993年发掘的固原王涝坝村保定五年（公元
565年）大将军大都督宇文猛墓[2]、1996
年发掘的固原大堡村建德四年（公元575
年）柱国大将军田弘墓[3]、1999～2000年
发掘的咸阳北原天和六年（公元571年）冀
国公宇文通墓[4]、2000年发掘的陕西西安
北郊炕底寨大象元年（公元579年）同州萨
保安伽墓[5]、2003年发掘的西安井上村大
象二年（公元580年）凉州萨保史君墓[6]
和2004年发掘的西安上林苑住宅小区基建
工地天和六年（公元571年）曾任车骑大将
军大天主等职的康业墓[7]等。

图 5-18　宁夏固原北周李贤墓
第一过洞上方门楼壁画

　　上述北周墓葬只有宇文猛墓、李贤墓、
田弘墓、安伽墓和宇文通墓的部分壁画保存
下来。这几座墓均为长斜坡墓道多天井土洞
墓。李贤墓的壁画保存较多，甬道、过洞、
天井两壁，墓室四壁均发现壁画，主要色彩
为红、黑两色，形象较为粗率。第一过洞和
甬道口外上方绘双层门楼（图5-18），第三、
四过洞上方绘单层门楼。墓道和天井两壁上
部绘红色条带，墓道、过洞和天井东西两壁
绘18名武士。墓室四壁绘侍从伎乐，其中北
壁原有6人，东西两壁原各有5人，南壁墓
门两侧原各有1人，现仅存3人形象较完整。
田弘墓前堂北壁通往后室的门两侧各绘两门
吏（图5-19）；东壁残存两文官形象；西壁

图 5-19　宁夏固原北周
田弘墓前堂北壁壁画

[1]　负安志：《中国北周珍贵文物》第10～36页，陕西人民美术出版社，1993年。
[2]　宁夏文物考古所固原工作站：《固原北周宇文猛墓发掘简报》，《宁夏考古文集》第134～147、216页，
　　　宁夏人民出版社，1996年。
[3]　原州联合考古队：《北周田弘墓》，文物出版社，2009年。
[4]　陕西省考古研究院：《壁上丹青——陕西出土壁画集》上第171～174页，科学出版社，2009年。
[5]　陕西省考古研究所：《西安北周安伽墓》，文物出版社，2003年。
[6]　西安市文物保护考古所：《西安北周史君石椁墓》，《考古》2004年第7期；《西安北周凉州萨保史
　　　君墓发掘简报》，《文物》2005年第3期。
[7]　西安市文物保护考古所：《西安北周康业墓发掘简报》，《文物》2008年第6期。

北段绘仗剑武士数人，南段有塌落下的人物面部。后室东西两壁用红色绘纵向条带。侧室和甬道两侧也有壁画残迹。安伽墓墓道第三、四天井东西两壁四周有深红色边框，正中均以墨线绘挂剑武士。第四过洞入口上方残留有忍冬花。墓室四壁有红色条纹带，原来可能绘有壁画。

部分北周葬具上见有线刻或浮雕画像，外施彩绘贴金，除了上文提到的康业墓、安伽墓和史君墓出土有石棺床和石椁外，见于报道的还有早年出土的匹娄欢墓石棺[1]、1982年甘肃天水石马坪文山顶墓石棺床[2]、2005年西安北郊南康村保定四年（公元564年）李诞墓石棺[3]以及2004年在纽约展出的一套石棺床[4]。

匹娄欢墓石棺盖面以阴线刻伏羲女娲，侧面刻青龙白虎等。2004年在纽约展出的石棺床是近年从西安附近盗掘贩运出境的，其床腿部分有浮雕彩绘贴金的怪兽等，围屏上有阴线刻的墓主像、鞍马牛车以及孝子故事。在康业、安伽、史君等粟特人的墓葬以及来自罽宾的婆罗门李诞的墓葬中，均发现图像内容丰富的石葬具。这类葬具还有多批流散于海外，关于这些材料的介绍，见本书第四章第四节，此不赘述。

四　南方地区

在秦岭、淮河以南六朝所控制的区域，气候湿润，彩绘壁画不易保存，墓葬壁画发现较少。1989年发掘的江苏南京西善桥砖瓦场陈侍中、中权大将军黄法氍（公元517～576年）墓墙壁上残留红、黄、绿等色彩，推测原有彩绘[5]。1963年发掘的云南昭通后海子东晋霍承嗣墓是该地区目前所见唯一保存较为完整的彩绘壁画墓[6]。该墓坐北朝南，北壁绘墓主人手执麈尾的正面像、两侧有侍从和仪仗架（图5-20），上方有太元十□年（公元386～394年）墨书题记。东壁绘执幡的仪仗和甲骑具装队列。西壁绘汉彝部曲。南壁绘屋宇、持刀武士等。墓顶绘四神、玉女、金女、鹿、楼阙、云气、莲花、骑马者、兔、鸟等，并有部分题记。1981年发掘的贵州安顺梅旗镇八番布依族村寨后山1号砖室墓顶部有星象图，墓壁上有四神残迹，也是六朝时期的壁画墓[7]。

与特殊的自然环境相适应，这一地区多见模印的花纹砖、画像砖墓和拼镶砖画，有的还施

〔1〕　A. 武伯纶：《西安碑林述略——为碑林拓片在日本展出而作》，《文物》1965年第9期。
　　　B. 王子云：《中国古代石刻画选集》图版一七，中国古典艺术出版社，1957年。
〔2〕　天水市博物馆：《天水市发现隋唐屏风石棺床墓》，《考古》1992年第1期。
〔3〕　A. 程林泉、张小丽、张翔宇、王磊、李书锁：《西安北郊北周李诞墓》，《2005中国重要考古发现》，文物出版社，2006年。
　　　B. 程林泉、张翔宇、张小丽：《西安北周李诞墓初探》，《艺术史研究》第7辑，中山大学出版社，2005年。
〔4〕　Juliano, Annette L., Judith A. Lerner (2004), "Stone Mortuary Furnishings of Northern China." In *Ritual Objects and Early Buddhist Art*. Brussels: Gisele Croes. pp. 15—57.
〔5〕　南京市博物馆：《南京西善桥南朝墓》，《东南文化》1997年第1期。
〔6〕　云南省文物工作队：《云南省昭通后海子东晋壁画墓清理简报》，《文物》1963年第12期。
〔7〕　熊永富：《安顺八番六朝星象图壁画墓清理简报》，《贵州田野考古四十年（1953～1993）》，贵州民族出版社，1993年。

图 5-20　云南昭通后海子东晋霍承嗣墓北壁壁画

有彩绘[1]，其中长江下游是发现这类画像的核心区域。长江下游的孙吴墓中多见花纹砖，除了几何图案外，还有各种动物形象。1987～1988 年发掘的浙江嵊县大塘岭孙吴太平二年（公元257 年）101 号墓有仙人持节的画像砖[2]。1957 年发掘的南京万寿村东晋永和四年（公元 348年）墓中有龙、虎、兽面等内容的画像砖，其中带有"虎啸丘山"题记的画面印在三块砖的端面[3]，开启了拼镶砖画的先河。1972 年发掘的江苏镇江南郊畜牧场二七大队池南山东晋隆安二年（公元 398 年）墓出土的画像砖内容有四神、千秋万岁像、兽首人身神怪、食蛇神怪、虎头戴人首蛇怪兽等，多为一砖一画，采用浅浮雕的技法[4]。2000 年发掘的南京铁心桥王家山东晋墓除装饰花纹砖外，一块墓砖上还有阴线刻的胡人形象[5]。2003 年发掘的南京雨花台区姚家山东晋 3 号墓出土青龙、白虎、男女侍者等内容的画像砖[6]。

　　南朝大中型墓葬集中在南京和江苏丹阳两地，墓内多装饰模印拼镶砖画，包括 1960 年发掘

〔1〕　A. 花纹砖多见几何图案、植物纹样、青龙、白虎以及少部分简单的人物图像。花纹砖和画像砖之间没有严格的界限，在此只介绍图像较为复杂的画像砖。
　　　　B. 有关六朝墓葬花纹砖和画像砖的综合研究，详见韦正《六朝墓葬的考古学研究》第 242～267页，北京大学出版社，2011 年。
〔2〕　嵊县文管会：《浙江嵊县大塘岭东吴墓》，《考古》1991 年第 3 期。
〔3〕　南京市文物保管委员会：《南京六朝墓清理简报》，《考古》1959 年第 5 期。
〔4〕　镇江市博物馆：《镇江东晋画像砖墓》，《文物》1973 年第 4 期。
〔5〕　贺云翱、邵磊：《南京铁心桥王家山东晋晚期墓的发掘》，《考古》2005 年第 11 期。
〔6〕　南京市博物馆、雨花台区文化广播电视局：《南京市雨花台区姚家山东晋墓》，《考古》2008 年第 6 期。

的南京西善桥宫山墓[1]、1961～1962 年发掘的西善桥油坊村墓[2]、1965 年发掘的丹阳仙圹湾鹤仙坳墓[3]、1968 年发掘的丹阳建山金家村墓[4]和丹阳胡桥吴家村墓[5]等 5 座。这些墓葬在甬道和墓室两壁装饰大幅拼镶砖画，画像原有彩绘但多已不存。西善桥宫山墓的年代可定在刘宋时期[6]。该墓南北两壁有长 240 厘米、高 80 厘米的竹林七贤与荣启期拼镶砖画，由上百块砖拼合而成（图 5－21）。南壁由外而内依次为嵇康（图版 18－1）、阮籍、山涛、王戎，北壁自外而内依次为向秀、刘灵（刘伶）、阮咸、荣启期。这些人物或奏乐，或饮酒，或长啸，均题有姓名，画面两端和人物之间各有一树。鹤仙坳墓、金家村墓和吴家村墓的年代在南朝中后期，两侧壁也装饰竹林七贤与荣期启画像，但不及宫山墓所见精彩，题记多有错乱。这些墓中还增加了其他画像，如鹤仙坳墓、金家村墓甬道两壁有蹲伏的狮子和手扶长刀的披铠武士，顶部为太阳与月亮。墓室两壁分为上、下两栏，上栏前段为仙人引导的青龙、白虎（图 5－22），后段为竹林七贤与荣启期画像，下栏每侧各有仪卫卤簿画像。油坊村墓只在甬道两壁装饰大幅的狮子拼镶画。多数研究者认为这些墓葬为南朝帝王陵墓[7]，也有学者认为宫山墓属王侯一级[8]。

　　长江下游比较重要的南朝画像砖墓还有 1976 年发掘的江苏常州戚家村墓[9]、1978 年发掘的南京铁心桥王家洼墓[10]、1978 年发掘的江苏邗江包家 1 号和 2 号墓[11]、1984 年发掘的常州田舍村墓[12]、1987 年发掘的南京油坊桥贾家凹墓[13]、1987 年发掘的浙江余杭庙山墓[14]、1987～1988 年发掘的浙江嵊州四村大坟山吴永安六年（公元 263 年）95 号墓[15]

〔1〕　南京博物院、南京市文物保管委员会：《南京西善桥南朝大墓及其砖刻壁画》，《文物》1960 年第 8、9 期合刊。

〔2〕　罗宗真：《南京西善桥油坊村南朝大墓的发掘》，《考古》1963 年第 6 期。

〔3〕　南京博物院：《江苏丹阳胡桥南朝大墓及砖刻壁画》，《文物》1974 年第 2 期。

〔4〕　南京博物院：《江苏丹阳县胡桥、建山两座南朝墓葬》，《文物》1980 年第 2 期。

〔5〕　南京博物院：《江苏丹阳县胡桥、建山两座南朝墓葬》，《文物》1980 年第 2 期。

〔6〕　关于该墓的断代有不同的意见，韦正的《六朝墓葬的考古学研究》（北京大学出版社，2011 年）第 214～217 页，结合墓内所出土陶俑，判断其年代在刘宋中晚期。

〔7〕　罗宗真：《六朝陵墓埋葬制度综述》，《中国考古学会第一次年会论文集（1979 年）》，文物出版社，1980 年。

〔8〕　冯普仁：《南朝墓葬的类型与分期》，《考古》1985 年第 3 期。

〔9〕　常州市博物馆：《常州南郊戚家村画像砖墓》，《文物》1979 年第 3 期。

〔10〕　姚迁、古兵：《六朝艺术》图版 224～233，文物出版社，1981 年。

〔11〕　扬州博物馆：《江苏邗江发现两座南朝画像砖墓》，《考古》1984 年第 3 期。

〔12〕　常州市博物馆、武进县博物馆：《江苏常州南郊画像、花纹砖墓》，《考古》1994 年第 12 期。

〔13〕　南京博物馆：《南京油坊桥发现一座南朝画像砖墓》，《考古》1990 年第 10 期。

〔14〕　杭州市文物考古研究所：《浙江省余杭南朝画像砖墓清理简报》，《东南文化》1992 年第 3、4 期合刊。

〔15〕　A. 张恒、陈锡淋：《古剡汉六朝画像砖》第 24～26 页，浙江人民出版社，2010 年。
　　　 B.《古剡汉六朝画像砖》资料丰富，对于未注明发掘年份的墓葬以及个人收藏的画像砖，此处略而不论。

图 5 - 21　江苏南京西善桥南朝墓拼镶砖画

和吴太平二年（公元 257 年）101 号墓〔1〕、1989 年发掘的嵊州莲塘村西晋元康四年（公元 294 年）106 号墓〔2〕、1990 年发掘的嵊州浦口街道四村东晋太康十年（公元 289 年）和十一年（公元 290 年）墓〔3〕、1993 年发掘的江苏六合樊集墓〔4〕、2005 年发掘的江苏江宁山水华门工地墓〔5〕、2006 年发掘的江宁胡村墓〔6〕和南京雨花台 84 号墓〔7〕和 2009 年发掘的嵊州上高村东晋永嘉四年（公元 310 年）墓〔8〕等。

　　常州戚家村墓画像砖的内容包括武士、侍女、飞天、青龙、白虎、朱雀、狮子、千秋万岁、托举神怪和兽面等。南京铁心桥王家洼墓画像砖的内容有朱雀、千秋万岁、莲花、莲叶、忍冬等。邗江包家 1 号、2 号墓的画像砖与花纹砖分为高浮雕和浅浮雕两种，题材有男女侍从、朱雀、兽首蛙身神怪、人兽鸟身像、莲花化生等。常州田舍村墓画像由多块砖拼镶而成，画面为高浮雕，有狮子、飞仙、牛车鞍马出行、仙女骑龙、凤鸟（图 5-23）等。南京油坊桥贾家凹画像砖墓画像砖中的人物均印在砖侧面，一砖一画（图版 18-2），并列在墓壁上，组合为规模较大的队列。余杭庙山墓内发现用数块或十数块砖拼镶的砖画，对称排列在墓室左右两壁，自外而内依次为挂仪刀的武士、对谈的侍从、双手合什或持手炉的 4 位僧人、对谈的侍从，人物以上为两两相对展翅的 6 组朱雀，再上层为莲花纹样。后壁有两排成对的朱雀，上排 2 组，下排 4 组。六合樊集墓发现有侍女画像砖。江宁山水华门工地墓装饰有莲花、忍冬纹画像砖，以及模印侍女的壁龛砖。江宁胡村墓出土神兽、天人和男女侍者画像砖，并以画像砖及其他花纹砖等在后壁砌出三座佛塔的外形。南京雨花台 84 号墓出土贵族男女分别骑马、乘牛车出行的画像砖，画面以阳线构成，别具一格（图 5-24），同时，该墓也出土模印侍女的壁龛砖。在嵊州所发现的花纹砖中，从吴天纪四年（公元 280 年）开始出现的佛像，一直延续到梁天监二年（公元 503 年）。

　　南方其他区域的画像砖墓分布比较分散，较重要的有 1958 年发掘的河南邓县学庄墓〔9〕、1972 年发掘的武昌吴家湾墓〔10〕、1984 年发掘的湖北襄阳贾家冲墓〔11〕、1999 年

〔1〕　张恒、陈锡淋：《古剡汉六朝画像砖》第 26～27 页，浙江人民出版社，2010 年。

〔2〕　张恒、陈锡淋：《古剡汉六朝画像砖》第 35～37 页，浙江人民出版社，2010 年。

〔3〕　A. 张恒、陈锡淋：《古剡汉六朝画像砖》，第 34～35 页，浙江人民出版社，2010 年。
　　　 B.《古剡汉六朝画像砖》未将两墓出土的材料分开介绍。

〔4〕　南京市博物馆、六合县文物保管所：《江苏六合南朝画像砖墓》，《文物》1998 年第 5 期。

〔5〕　许长生：《南京江宁开发区发现大型南朝画像砖墓》，《中国文物报》2006 年 3 月 31 日第 2 版。

〔6〕　南京市博物馆：《南京市江宁区胡村南朝墓》，《考古》2008 年第 6 期。

〔7〕　南京市博物馆、雨花台区文化广播电视局撰写的《南京市雨花台区南朝画像砖墓》（《考古》2008 年第 6 期）简报认为是南朝梁、陈时期的墓葬，韦正《六朝墓葬的考古学研究》（第 323 页，北京大学出版社，2011 年）认为可以早到南齐，甚至更早一些。

〔8〕　张恒、陈锡淋：《古剡汉六朝画像砖》第 39～42 页，浙江人民出版社，2010 年。

〔9〕　河南省文化局文物工作队：《邓县彩色画象砖墓》，文物出版社，1958 年。

〔10〕　武汉市革委会文化局文物工作组：《武昌吴家湾发掘一座古墓》，《文物》1975 年第 6 期。

〔11〕　襄樊市文物管理处：《襄阳贾家冲画像砖墓》，《江汉考古》1986 年第 1 期。

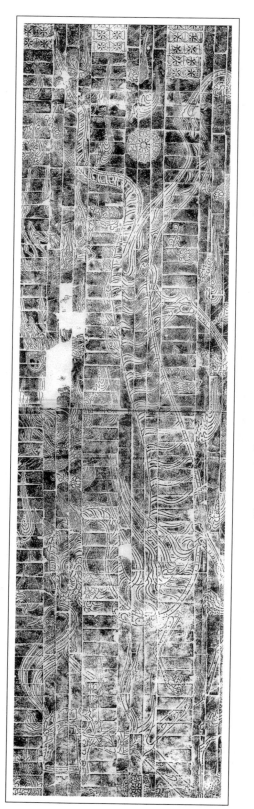

图 5 - 22 江苏丹阳金家村南朝墓拼镶砖画

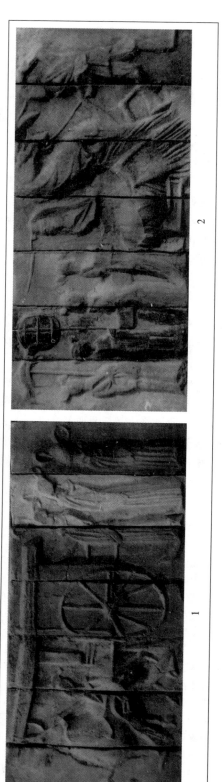

图 5 - 23 江苏常州田舍村南朝墓拼镶砖画
1. 牛车出行图 2. 鞍马出行画

图 5-24　江苏南京雨花台 84 号南朝墓画像砖
1、2. 鞍马出行图　3. 牛车出行图

发掘的湖北谷城肖家营 40 号墓[1]和 2007 年发掘的湖北襄樊麒麟村墓[2]等。

　　邓县学庄墓是一座彩绘壁画和画像砖并用的砖室墓，许多画像砖敷有颜色。甬道券门外壁绘有兽面、飞仙和挂仪刀的武士。甬道和墓室内砖柱下部为多砖拼镶的武士，甬道两壁的砖柱中部发现狮子画像砖，墓室砖柱中部砌有鼓吹仪仗画像砖（图 5-25），上方有麒麟等画像砖，后部砖柱上方砌有郭巨和老莱子两种孝子故事画像砖，墓室后壁中部发现有玄武画像砖。此外，还采集到南山四皓、王子乔与浮丘公、飞仙、千秋万岁、青龙、白虎、凤凰（图版 18-3）、天马、麒麟等内容的画像砖。襄阳贾家冲墓出土有怪兽、备马出行、郭巨故事、兽面、持节羽人、飞仙净瓶、小佛像、供养人、捧丹鼎羽人、捧博山炉羽人、侍女、龙、虎等题材的画像砖。谷城肖家营 40 号墓出土的画像砖有仕女、仙人、瓶花、双龙、青龙、朱雀以及各种莲花纹等题材。襄樊襄城区麒麟村清水沟墓出土的画像砖与贾家冲墓有较多的共

〔1〕　襄樊市考古队、谷城县博物馆：《湖北谷城县肖家营墓地》，《考古》2006 年第 11 期。
〔2〕　杨一：《襄城区麒麟村南朝画像砖赏析》，《襄阳日报》2009 年 2 月 13 日第 8 版。

图 5-25　河南邓县学庄南朝墓彩绘画像砖

性，有墓主骑马出行、墓主乘平肩舆出行、郭巨埋儿、孝子侍饮、王子乔吹笙、飞仙等内容。

　　在长江下游以外的地区部分南朝墓葬出土的花纹砖上也有较为复杂的图案，如 1957 年发掘的福建泉州南安丰州 11 座南朝墓中有钱纹、鱼龙、佛像、人面画像砖以及元嘉四年（公元 427 年）文字砖[1]；1975 年发掘的福建闽侯南屿南齐墓的花纹砖有侍者、供花僧人、诵经僧人、狮子、青龙、白虎、飞天、飞鱼、飞鹤、宝瓶，以及莲花、忍冬宝相花等[2]；1986 年发掘的湖北武昌东湖三官殿梁普通元年（公元 520 年）墓内装饰画像砖和花纹砖，画像砖中有青龙、朱雀、男女侍者等，其中朱雀画像砖左右有日月，中央有一雷公，较为少见[3]。1998 年发掘的福建晋江南齐隆昌元年（公元 494 年）墓有人物、青龙、白虎、日、月、团花等[4]。

　　四川、重庆地区蜀汉时期的墓葬少部分有画像石和画像砖发现，例如，1988 年发掘的大邑县董场乡墓出土了 28 方画像砖，有六博乐舞、车马出行、西王母、交龙、建木、天仓、天阙等内容，同时还发现十枚魏文帝黄初二年（公元 221 年）及魏明帝时期（公元 227～239 年）所铸"五铢"钱[5]。这一地区蜀汉时属益州蜀郡，出土曹魏钱币意味蜀汉和曹魏政权某种形式的交流。这些砖上的画像主题与汉代所见无异，但不再采取浮雕的形式，而是阳刻的单线。

〔1〕　福建省文物管理委员会：《福建南安丰州东晋、南朝、唐墓清理简报》，《考古通讯》1958 年第 6 期。

〔2〕　福建省博物馆：《福建闽侯南屿南朝墓》，《考古》1980 年第 1 期。

〔3〕　武汉市博物馆：《武昌东湖三官殿梁墓清理简报》，《江汉考古》1991 年第 2 期。

〔4〕　福建省泉州市文管办、福建省晋江市博物馆：《福建晋江霞福南朝纪年墓》，《东南文化》2000 年第 2 期。

〔5〕　大邑县文化局：《大邑县董场乡三国画像砖墓》，《四川考古报告集》，文物出版社，1998 年。

第二节　三国两晋南北朝墓葬壁画的研究简况

　　围绕三国两晋南北朝墓葬壁画的考古发现，有关研究主要包括以下几个方面。

　　1）三国两晋南北朝墓葬壁画时空关系的综合研究。研究者综合分析三国两晋南北朝墓葬壁画在时代和地域上的联系与差别[1]，或者集中探讨其在一个区域内或时段内的特征[2]使得墓葬壁画的研究纳入考古学的轨道，也为壁画图像的讨论奠定了较为扎实的基础。但由于目前的材料存在较大的缺环，这方面的探索仍是初步的。

〔1〕　A. 町田章 1987 『古代东アジアの装飾墓』　190—210 頁　同朋舍

　　　B. 汤池：《汉魏南北朝的墓葬壁画》，《中国美术全集·墓葬壁画》第 9～15 页，文物出版社，1989 年。

　　　C. 杨泓：《美术考古半世纪——中国美术考古发现史》第 191～207 页，文物出版社，1997 年。

　　　D. 郑岩：《魏晋南北朝壁画墓研究》，文物出版社，2002 年。

　　　E. 蘇哲 2007 『魏晉南北朝壁画墓の世界－－繪に描かれた群雄割拠と民族移動の時代』　白帝社

　　　F. 李梅田：『魏晋北朝墓葬的考古学研究』，商务印书馆，2009 年。

〔2〕　A. 罗宗真：《六朝陵墓埋葬制度综述》，《中国考古学会第一次年会论文集（1979 年）》，文物出版社，1980 年。

　　　B. 宿白：《太原北齐娄叡墓参观记》，《文物》1983 年第 10 期。

　　　C. 冯普仁：《南朝墓葬的类型与分期》，《考古》1985 年第 3 期。

　　　D. 黄河舟：《浅析北朝墓葬形制》，《文博》1985 年第 3 期。

　　　E. 杨泓：《东晋、南朝拼镶砖画的源流及演变》，《文物与考古论文集》，文物出版社，1986 年；《南北朝墓的壁画和拼镶砖画》，《中国考古学论丛——中国社会科学院考古研究所建所 40 年纪念》，科学出版社，1993 年。

　　　F. 曾布川宽 1991 『南朝帝陵の石兽と磚画』『東方學報』63 册

　　　G. 杨爱国：《东晋南朝墓室建筑装饰略论》，《东南文化》1994 年第 1 期。

　　　H. 武翔：《江苏六朝画像砖研究》，《东南文化》1997 年第 1 期。

　　　I. 林少雄：《古冢丹青——河西走廊魏晋墓葬画》，甘肃教育出版社，1999 年。

　　　J. 唐仲明：《试论北朝墓室壁画的内容与布局特征》，《山东大学学报》（哲学社会科学版）2000 年第 1 期。

　　　K. 杨效俊：《东魏、北齐墓葬的考古学研究》，《考古与文物》2000 年第 5 期。

　　　L. 刘未：《辽阳汉魏晋壁画墓研究》，《边疆考古研究》2 辑，科学出版社，2004 年。

　　　M. 张庆捷：《山西汉代、北魏、北齐墓葬壁画探研》，《艺术学：问题域和焦点的扫描》，中国社会科学出版社，2005 年。

　　　N. 韩小囡：《论北朝墓壁画的艺术风格》，《中原文物》2005 年第 3 期。

　　　O. 姚义斌：《六朝画像砖研究》，江苏大学出版社，2010 年。

　　　P. 北村永 2010 『河西地方における魏晉画像磚墓の研究－－その現状と展望』『佛教芸術』311 號　每日新聞社

　　　Q. 孙彦：《河西魏晋十六国壁画墓研究》，文物出版社，2011 年。

　　　R. 郭永利：《河西魏晋十六国壁画墓》，民族出版社，2012 年。

2）重要墓葬案例的研究。有的研究围绕几座大中型墓葬的壁画展开，如娄睿墓、李贤墓、湾漳墓、徐显秀墓、邓县学庄墓等，都有较多论文发表。这些论文的角度、方法各不相同，结论也不尽一致。

3）绘画史的研究。三国两晋南北朝墓葬壁画的出土为研究这一时期绘画艺术提供了丰富的资料，有学者专门就邓县学庄墓、嘉峪关魏晋墓、徐显秀墓等重要发现的艺术风格加以探讨。还有许多学者讨论了娄睿墓壁画和竹林七贤与荣启期砖画的作者问题[1]。也有学者对这一时期绘画题材与风格的文化背景进行了讨论[2]。

4）还有一些研究者通过对这一时期墓葬壁画内容的分析，讨论了经济史、政治制度史、思想史、物质文化史等方面的问题，凸显出图像材料的史料价值。

总的说来，由于三国两晋南北朝墓葬壁画的主要材料多是近几十年的新发现，因此相关研究并没有全面深入地展开。近年来随着田野考古材料持续增加，相关学科之间交流日益活跃，国内外学术合作不断展开，学者们问题意识逐步增强，理论思考日渐深入，研究方法趋于多元化，对于三国两晋南北朝墓葬壁画的研究产生了积极影响。

第三节　三国两晋南北朝墓葬壁画的时代特征

结合历史背景、文化传统和自然环境等因素，可以对三国两晋南北朝墓葬壁画的时代特征做初步的归纳。

一　区隔与互动

从空间的角度看，三国两晋南北朝墓葬壁画在题材、配置和绘画风格等方面均表现出明显的区域性特征。从理论上讲，文化变革与政权更替并不总是同步；但是，这一时期政权的更替时常伴随着都城迁移和人口流徙，政权的改易和对立的确在墓葬壁画的历史上留下了明显的印记。三国两晋南北朝墓葬壁画集中分布在各个政治和文化中心，与当时的政治地图基本一致。

东汉末年的黄巾暴动和持续混战，使中原地区传统的丧葬制度和习俗受到冲击，加上曹魏、西晋统治者对于薄葬的倡导，墓葬壁画艺术处于衰微的低谷。与此同时，墓葬壁画

---

〔1〕　A. 史树青：《从娄叡墓壁画看北齐画家手笔》，《文物》1983 年第 10 期。

　　　B. 南京博物院、南京市文物保管委员会：《南京西善桥南朝墓及其砖刻壁画》，《文物》1960 年第 8、9 期合刊。

　　　C. 林树中：《江苏丹阳南齐陵墓砖印壁画探讨》，《文物》1977 年第 1 期。

　　　D. 南京博物院：《试谈"竹林七贤及荣启期"砖印壁画问题》，《文物》1980 年第 2 期。

　　　E. 金维诺：《中国美术史论集》第 83～89 页，人民美术出版社，1981 年。

〔2〕　如梁庄爱论（Ellen Johnston Laing）就竹林七贤题材探讨了玄学对绘画的影响。Laing, Ellen Johnston (1974), "Neo－Taoism and the 'Seven Sages of the Bamboo Grove' in Chinese Painting." *Artibus Asiae* 36 (1/2): 5—54.

的传统却在东北和西北地区得以延续。辽东从东汉晚期到西晋的墓葬壁画前后联系密切，自成系统。辽西的三燕墓葬可能受辽东影响，也流行绘制壁画。西北的凉州等地在魏晋时期政局稳定，形成了以彩绘画像砖装饰墓室的风尚。南方地区的花纹砖、画像砖和规模不等的拼镶砖的材质和技术则受到自然环境影响，其中大型拼镶砖画像的流行，与政治经济秩序的恢复与稳定有着密切的关系。中原地区墓葬壁画的再次盛行与北魏政权的崛起有关，特别是随着北魏政权的汉化，北魏贵族墓葬装饰壁画渐成风气。北魏分裂后，中原墓葬壁画的分布和风格差异，也与政权分立、各地方经济与政治势力的发展密不可分。不同的历史背景和自然条件，使得各地区的墓葬壁画在题材、材质、技术、形式风格和空间组合等方面呈现出各不相同的特点。

但是还应注意，墓葬壁画的区域差异是相对的，各个地区之间又有着彼此影响、相互牵动的复杂关系。这种动态谱系的形成与水陆交通、政权迁移、军事征伐、人口流徙等背景，有着不同程度的关联。例如。河西地区在汉魏和西晋永嘉之乱以后，有大量中原流民迁入；北魏灭北凉后，又有部分民众被迁移到平城；这一带又是中原与西域交通的要道。所以，河西的墓葬壁画既受到中原文化的影响，反过来也影响到中原乃至西域地区。东北地区魏晋墓葬壁画也可能对中原的墓葬壁画产生影响，如北魏、北齐墓葬中所流行的墓主画像，与东北地区所见墓主像具有相似的格局。又如北魏、东魏、北齐壁画逐步与死者的身份、等级关联在一起，形成制度化的特征，而"中原士大夫望之以为正朔所在"的南朝墓葬模印拼镶砖壁画也与墓主的身份有着密切的关联，南北之间的关系值得进一步研究。

在同一个政权的统治范围内，各个不同的小区之间的墓葬壁画也具有不同的特征，同时又处在彼此的联系中。军事格局的变化也影响到壁画的内容，例如，南北双方争夺的青州地区曾有半个世纪处于刘宋统治下，该地区济南八里洼北齐墓和临朐北齐崔芬墓出现的树下人物画像，明显仿效南朝[1]。又如，河南邓县也曾是南北争夺的地区，因此邓县学庄南朝墓画像的内容明显地具有南北两方面的文化因素。邓县地区后来由南朝并入西魏版图，在北周李贤墓壁画中，门吏、仪卫的形象及其在墓葬中的布局，与邓县墓所见极为相似[2]，或许与政治地理格局的变化有关。

二　传承与转变

从时间的角度看，三国两晋南北朝墓葬壁画具有承上启下的过渡性特征。这时期的墓葬壁画是在两汉墓葬壁画的基础上进一步发展的结果，东北与西北地区魏晋墓葬壁画的题材、布局与风格，都不难看到汉代的影响。甚至北朝晚期墓葬壁画中的墓主像、侍仆仪卫、天象、龙虎等内容，都可以间接地在汉代壁画中找到其源头。南方地区的拼镶砖画，也延续了汉代以来传统的龙、虎等，显现出古代丧葬图像与观念的连续性。

这种延续性并不意味着全盘照搬汉代墓葬壁画，而是基于时代需要进行选择的结果。两汉时期是墓葬壁画发展的第一个高峰，壁画的题材包罗万象，所反映的观念较为芜杂。

---

〔1〕　杨泓：《山东北朝墓人物屏风壁画的新启示》，《文物天地》1991年第3期。
〔2〕　杨泓：《美术考古半世纪——中国美术考古发现史》第230页，文物出版社，1997年。

相比较而言，三国两晋南北朝墓葬壁画的题材范围相对较小，主题更为明确。例如河西地区的魏晋墓葬壁画多承袭了汉代生产、出行、燕居、饮食以及神仙等内容；北朝墓葬壁画强调的则是与死者身份地位相关的内容。更为重要的是，三国两晋南北朝壁画又有新的转变与创造，这既反映在器用、服饰等物质文化的改易方面，更表现在新题材和图像新规制的确立上。与两汉时期绝大多数壁画出现于社会中层墓葬的情况不同，南北朝帝陵和贵族墓葬中大量装饰壁画，壁画内容与布局规制化的现象应与墓主身份的变化有直接关系，这是中国古代墓葬壁画发展史上一个重要的转折。例如，南朝中后期竹林七贤与荣启期砖画与龙虎、天人、卤簿仪仗等内容比较固定的组合，已具有制度的特征；在北朝后期的邺城地区东魏北齐的贵族墓葬中，壁画的题材和布局也形成较为固定的规制；西魏—北周系统的壁画与长斜坡带天井的土洞墓形制相适应，则形成了另外的组合体制。

三国两晋南北朝墓葬壁画的过渡性特征还表现于对后世的影响。例如，山东嘉祥英山开皇四年（公元584年）隋驾部侍郎徐敏行墓壁画继承了北齐传统，宁夏固原小马庄大业六年（公元610年）隋右领军骠骑将军史射勿墓壁画，则继承了北周传统，而初唐时期的墓葬壁画很明显是将北齐与北周两方面的内容拼合在一起[1]。

三　宗教影响与各民族文化的交融

在三国两晋南北朝时期，域外传入的佛教广泛流行，本土起源的神仙思想与道教也获得更大的发展，各种宗教在不同程度上影响到墓葬的设计。如南朝拼镶砖画、画像砖、花纹砖中出现的佛像、狮子、天人、僧侣、供养人、宝瓶、莲花，以及墓室后壁砖砌的佛塔[2]等，北朝墓葬壁画中也常见莲花、忍冬等图案，也或有佛像出现，但这些图像的出现，与佛教思想及理论并无系统性的关联。与神仙信仰相关的题材早在汉代就已出现于墓葬中，这些内容随着道教的成熟和流行而被强化，但神仙观念在三国两晋南北朝墓葬壁画中的体现仍较为简单，既不反映系统的教义或仪式，更没有宗门派别的印记。近年来在中原地区发现的粟特人等中亚移民的墓葬中，有的保留有部分富有民族特色的图像，甚至有诸如火坛等与祆教有关的内容。这些图像材料的发现，对于研究西域民族的历史与文化具有重要的意义。但是必须注意到，这些西域移民的墓葬和葬具的形制已采取汉地的制度，与其原有的葬俗大相径庭，即使在装饰图像中保留了一些祆教的成分，也有了不同程度的改变。在研究这些图像时，应充分认识到其复杂性。

从总体上看，中国古代丧葬观念自成系统，具有较强的稳定性和延续性。迄今为止，尚未见到三国两晋南北朝时期的墓葬壁画完全从属于某一特殊的宗教。南齐张融遗命死后入殓时"左手执《孝经》《老子》，右手执《小品》《法华经》"[3]，这些不同性质的经典混杂在一起，寄托了死者避邪求福的愿望，却很难体现原有的宗教思想。同样，墓葬壁画是

---

〔1〕　杨泓：《汉唐美术考古和佛教艺术》第157~161页，科学出版社，2000年。

〔2〕　Shi, Jie (2014), "To Die with the Buddha: The Brick Pagoda and Its Role in the Xuezhuang Tomb in Early Medieval China?." *T'oung Pao* 100 (4—5): 363—403.

〔3〕　《南齐书·张融传》。

丧葬观念的反映，而不是宗教思想的图解。壁画中出现一些与宗教相关图像母题，说明墓葬并不是一个绝对封闭的文化系统，但是对于墓葬与各种宗教的关系的讨论，却不应限于局部图像的辨识上，而要从这一时期丧葬制度、习俗和观念的变化等更深的层次去探究。

不同民族之间的文化彼此交融，三国两晋南北朝时期重要的特征之一。例如，辽西地区的三燕墓既出土有马具等具有地域特色的随葬品，又有魏晋文化传统的壁画。远在云南昭通的东晋霍承嗣墓，既绘有汉族和彝族的部曲，又有正面的墓主像、四神等内容。鲜卑民族汉化的轨迹同样也反映到墓葬壁画中，如北魏早期墓葬壁画中多见狩猎等内容，很可能受到游牧民族现实生活的影响；迁洛以后北魏墓葬壁画则多绘仪卫、家居人物和天象，更接近于汉代以来的传统。至于这一时期各民族在物质文化方面的彼此影响，也在墓葬壁画中披图可鉴。

第四节　三国两晋南北朝美术研究的新视野

唐人张彦远《历代名画记》一书对三国两晋南北朝时期的绘画史事有较多记载，但是该书所提到的这一时期的绘画作品却无一保存下来，流传至今的只有少数后世的摹本。墓葬壁画的出土在一定程度上改变了三国两晋南北朝美术研究中实物材料缺乏的状况。

研究者将"双重证据法"进一步扩展为文献和图像的结合，获得了可喜的成果，尤其在风格、样式等问题的研究上收获最为显著。例如，在南北朝晚期，由陆探微瘦骨清像画风向张僧繇面短而艳风格的过渡，正与南朝拼镶砖画和北朝墓葬壁画的盛行同时，因此画史上记述的以张僧繇为代表的，始自南齐末而盛行南梁，后影响到北方的绘画新风，便可以从壁画中人物的面相窥见一斑[1]。依据北齐娄睿墓、湾漳墓、徐显秀墓中的壁画，我们对于北齐画风也获得了较为具体的了解。在此基础上，研究者对于美国波士顿美术馆所藏《校书图》时代特征也有了新的认识[2]。

这种研究倾向的合理性在于，画史所载三国两晋南北朝时期的专业画家，与地下出土的墓葬壁画同属于一个时代，因而二者有可能具备相同或相近的风格。一些著名画家的作品和画风，在一定时期内，也会影响到社会多个层面，成为一个时代所共有的风格。墓葬壁画中的某些题材，也是专业画家们所擅长和喜爱的主题。例如画史记载，东晋顾恺之、史道硕、戴逵，宋陆探微，南齐毛惠远等画家都曾画过七贤，而临朐北齐崔芬墓墓主画像的构图竟与传为顾恺之所作《洛神赋图》中曹植的形象相当接近。

当然，如果将墓葬壁画与专业画家作品之间的关系理解得过于简单，也难免产生偏颇的结论。有的学者以文献记载的画家事迹与壁画作品进行直接比照，来推断壁画的作者，将竹林七贤与荣启期砖画的画稿考证为顾恺之、陆探微或戴逵的手笔，将娄睿墓壁画考为杨子华的作品。但是，文献既没有留下专业画家从事墓葬壁画创作的记载，迄今所见的壁

---

〔1〕　杨泓：《美术考古半世纪——中国美术考古发现史》第231页，文物出版社，1997年。

〔2〕　金维诺：《中国美术史论集》上册第123页，黑龙江美术出版社，2004年。

画中也无一署有画家的姓名，这种推断到目前为止只能停留在假设的层面。

实际上，将墓葬壁画的研究价值仅仅局限于补充和"证实"文献记载，将这些作品仅仅看作一部文献所构成的绘画史的插图或注脚，还是远远不够的。我们有必要对这些材料进行多角度的分析，一座墓葬中，既是建筑、雕塑、绘画等多种艺术形式的集合体，也可以被看作人们在生死这个最大的、最具有普遍意义的哲学命题下，以物质的材料、造型的手法、视觉的语言，所营造的具有终极价值的综合性的艺术作品，在一定观念支配下营建的墓葬不可能是孤立的，一座墓葬与另一座墓葬之间、一个区域和另一个区域之间、一个时代与另一个时代之间，都可以建立起时间和空间的联系。因此，利用考古学方法对这些材料进行分区分期研究，可以在很大程度上复原这种艺术形式的演变轨迹和空间网络，从而使得这些材料成为美术史研究中一批系统的，而不是零散的材料。因为墓葬的营建与丧葬观念、思想潮流以及各种宗教有着复杂的联系，也与政治制度、社会习俗有一定的关联。因此，在分区与分期的基础上，我们还有可能将墓葬壁画的研究与历史背景进行有机的、具体的结合。

与文献所建立的画史相比，墓葬壁画涵盖了更广大的时空范围。例如，张彦远写作《历代名画记》时已无法看到较多三国时期的画迹，而在嘉峪关、辽阳等地则有这一时期的壁画发现。又如，与南朝相比，《历代名画记》所记载的北朝画家事迹和作品极少，而北朝墓葬壁画却相当丰富，正可弥补文献的不足。在一些材料集中的地区，我们甚至可以借助墓葬壁画的材料，进行区域美术史的初步研究。

在三国两晋南北朝时期，专业画家的出现、卷轴画的成熟和绘画理论的初步系统化，标志着中国艺术的重大转型，而墓葬壁画这一艺术形式，仍是传统功能性艺术的延续。正因为如此，墓葬壁画的大量发现，为我们展现了专业画家以外另一个不同层面的美术。如果我们不是将美术史狭隘地理解为专业画家的历史，那么，这些材料就具有与专业画家作品同样重要的意义。结合这类材料，我们可以获得这个时期的美术在社会生活中更为立体的形象。

除了作者的问题，围绕着墓葬壁画，还有死者、死者的家庭和各种社会关系，甚至观者等多方面"人"的因素存在，这些因素构成了绘画作品的社会语境。例如，两汉以来，帝王陵墓中一般不装饰壁画，而在南北朝时期的帝王、贵族墓葬中却大量装饰壁画，这是墓葬制度的一个大变化。这种变化的背景还不十分清楚，我们推测，东晋以后艺术的转型、上层社会对艺术作品态度的变化应与之有一定的关系。

墓葬壁画不像传世的卷轴画那样经过多次临摹，而更多地保留了"原生"的形态，因此，通过仔细的观察，还可以了解当时壁画创作过程中的一些规律。例如，研究者注意到，壁画的创作可能使用了现成的画稿。娄睿墓右侧门吏与湾漳墓西壁武士的头像的角度、脸形、五官和胡须的用笔，几乎完全一致[1]。南京丹阳建山金家村墓与西善桥宫山

---

[1]　金维诺：《中国美术史论集》上册第 231 页，黑龙江美术出版社，2004 年。

墓模印砖画像的许多部分出自同一印模，并补加了当时已经失去的部分[1]，丹阳胡桥吴家村墓则依据金家村的画像重新制模，线条较粗疏。在北齐徐显秀墓中，正面朝前姿态的墓主、墓主夫人、侍从、伎乐，不论男女，面相特征都千篇一律，只是画匠将最重要的墓主像画得较仔细[2]。同一画稿在不同的墓葬被利用时，往往根据需要进行改造，甚至同样的构图可以表现不同的主题。画稿和固定的图像程式甚至可以超越墓葬壁画的范围而与其他艺术形式发生复杂的关系，许多宗教艺术的构图、图像单元可以脱离其原有的主题，被借用到墓葬壁画中[3]。济南马家庄北齐道贵墓只是用赭色的线条大致画出壁画的草稿，尚未及着色，由此我们可以观察到壁画制作的具体过程。有时我们甚至可以看到画工在创作时的疏漏[4]。

三国两晋南北朝墓葬壁画的发现，为考古学和美术史的研究提供了全新的材料和视角。同时也要意识到，由于材料的局限，我们对其总体面貌的把握还不十分完整，相关研究的广度和深度都有很大的局限。随着今后材料的积累和方法的完善，相关的研究定当日益走向深入。

---

[1] Hearn, Maxwell K. (2004), "Seven Sages of the Bamboo Grove." In Watt, James C. Y. et al [eds], *China: Dawn of a Golden Age*, 200—750 AD. New York, NY: Metropolitan Museum of Art; New Haven: Yale University Press. pp. 206—9.

[2] 郑岩：《北齐徐显秀墓墓主画像有关问题》，《文物》2003 年第 10 期。

[3] 郑岩：《崔芬墓壁画初探》，《北齐崔芬壁画墓》第 23~32 页，文物出版社，2002 年。

[4] 杨泓：《中国墓葬壁画和中国美术史研究》，《中国史研究》第 35 辑，2005 年 4 月。

第六章 三国两晋南北朝生产技术和社会生活

第一节 瓷器工艺的成熟与繁荣

三国两晋南北朝是传统手工业门类发生重要变革的时期，青铜器和漆器制造业在三国两晋时期尚能维持汉代的面貌，此后就处于不断的衰落之中，瓷器、金银器制造业扮演越来越重要的角色，特别是瓷器工艺日趋成熟与繁荣。但是因长期分裂，南方和北方手工业产品的面貌和社会风尚，从而形成一定差异，制瓷业的发展状况亦极不平衡。南方地区终六朝之世青瓷器流行不衰，北方地区陶器长期使用，在南方的影响下，北朝晚期才具备自主生产瓷器的能力，成功烧造出瓷器并逐渐普及。

一 南方地区

南方地区的制瓷业承袭东汉制瓷业而迅猛发展。到六朝早期，在南方除西南地区外，其余各地都已经生产了具有地域特色的瓷器。其中浙江是发展较早、考古发现较多的地区，并且借助定都建康的优势，对其他地区产生有力影响。两广地区始终以自身特色的瓷器为主，在南朝时还将影响扩及云贵地区。福建地区虽曾受到浙江和江西地区的影响，但自身特色的瓷器从未中断。大约在南朝晚期，四川地区可能也具有生产瓷器的能力。

孙吴至南朝时期瓷窑遗址已经发现多处，可以概括出以下特点。

1）集中分布在依山傍水地区，兼得瓷土、燃料、交通之利，如浙江的曹娥江、江西的赣江、湖南的湘江流域瓷窑遗址特别丰富。

2）部分瓷窑址是早先陶瓷生产的延续，无论是浙江境内的越窑、德清窑、婺州窑，还是江西的洪州窑、湖南的岳州窑、福建的怀安窑等，历史上多是原始瓷或硬陶制造业的发达之地，具有发展瓷器的良好基础。

3）窑场分布范围大。瓷器生产技术在较短的时间内在一定的地域范围内迅速流传。随着时间的推移，为了寻找新的原料、燃料，旧的瓷窑被废弃，新的作坊被建立，生产中心地逐步发生变动，但移动的范围一般都不很远。这样，留存到今天的瓷窑经常在江河湖泊沿岸形成数公里乃至数十公里的聚集群落。

4）瓷窑的分布与区域开发进程有一定的关联。如南朝福建地区的开发加速，对瓷器的需要剧增，在发展程度最高的闽江下游出现了怀安窑，在晋江流域出现了磁灶窑。

因自然条件、技术传统的差异，各地瓷窑的产品有一定的地方特征，有些瓷窑的产品能够与墓葬或城市遗址中的出土瓷器大体对应，但这只是其中的一部分，有些地区如湖北、广东发现大量瓷器，但没有发现可对应的窑址；有些地区六朝时期不同阶段瓷器面貌变化很大，现在只发现其中某一阶段的窑址，如四川、广西和福建都分别只发现南朝时期的窑址。

下面略述各地区瓷器的基本特点和瓷窑状况。

（一）长江下游的苏浙地区

孙吴西晋时期是长江下游瓷器业最为繁盛的时期，瓷器种类十分丰富，生活用品、文房用具、仓厨牲畜明器以及俑、动物形器应有尽有，还有一些性质特殊的器物，如堆塑罐。生活用品中既有碗（钵）、盘、罐、盆、盘口壶、唾壶、灯、虎子等生活必需品，也有耳杯、烛台、槅（多子盒）、樽、熏炉、扁壶等高级用品。文房用具不仅有笔筒、砚台，还有书刀、毛笔等。仓、碓、井、灶、磨、鸡笼、猪圈等仓厨牲畜明器的流行程度，超过本地区东汉时期墓葬。动物形器是这个时期的一大特色，狮形水注、蛙形水盂、羊形尊、鸟形杯、辟邪形虎子、鸡首罐等都是比较常见的器形，还有抱熊形灯（图版21-2）、熊形尊、神兽尊等罕见物品。俑的数量不太多，但是颇能反映当时的社会状况，有些瓷俑出土于墓室前部的坐榻之上，周围还有帷帐座，可知这类瓷俑象征着墓主人；有些瓷俑面貌虽不类胡人，但是头戴尖帽，可知道当时有汉人效仿胡服的现象；有些瓷俑高鼻深目，头戴高帽，骑着狮子或有翼神兽，形象与普通的尖帽子胡俑不同，所从事的似乎是与巫术相关的职业。堆塑罐（魂瓶）是由东汉时期的陶五联罐演变而来的一种专门用于随葬的物品，自名为"罍"。上部塑造亭台楼阁、胡人、佛像、飞鸟、走兽等形象，表现的场景有晤谈、鼓吹、送葬等；罐身多贴塑小动物、瑞兽、胡人骑兽、佛像、铺首，还常常专门留出一至数个小孔，有人认为是供灵魂出入的，所以这类器物又被称为魂瓶（图6-1）。不少堆塑罐上部有龟趺圭形碑形象。孙吴西晋时期器物总体上釉层较厚，釉色青绿，胎釉结合牢固。器形不高，肩宽底小，给人以稳重之感，堆塑、贴塑等装饰手法之外，还普遍在日用器皿的肩部装饰细方格纹、联珠纹、铺首、弦纹等组成的纹饰带，使器形、釉色和装饰相得益彰（图6-2）。孙吴至东晋早期还流行釉下彩器物，类型有罐、盘口壶、洗等，在墓葬和南京六朝早期城址中都有发现，图案十分丰富，有折线、卷云纹、龙纹、持节仙人、珍禽瑞兽、芝草等（图6-3；图版21-3）。

东晋政权建立不久，长江下游地区的瓷器面貌发生巨大的变化，器类急剧减少，常见器物只有盘口壶、罐、盘、耳杯、槅、唾壶等不过十余种，器物装饰以素面为主，或者只有数道弦纹、寥寥数点褐斑点彩而已。可能是北方士大夫的南下和清谈之风的蔓延，影

图6-1　江苏南京石闸湖西晋
永宁二年墓出土瓷堆塑罐

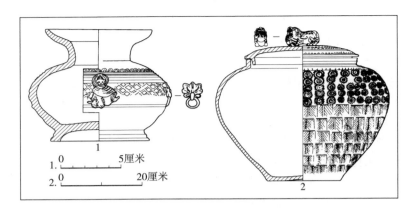

图 6-2　江苏南京孙吴墓出土瓷器

1. 唾壶（南京仙鹤山 M7：2）　2. 钱纹罐（南京上坊 M1：20）

响到了瓷器的面貌。东晋瓷器的釉层普遍变薄，釉色绿中泛黄，晶莹滋润感不足。

　　南朝瓷器的种类与东晋时期相比没有大的变化，但器物形态明显变得瘦高起来，器物的曲线柔和优美，仿佛是士大夫子弟秀骨清像的写照。莲花纹大量用于器物装饰，反映了佛教在这个时代的极度盛行。南朝瓷器一部分保持东晋时期釉层偏薄偏黄的特点，另有一部分瓷器釉层虽薄但釉色翠绿，与莲花纹完美地结合在一起。

　　长江下游地区窑址较多，其主要者有以下五窑。

　　越窑

　　越窑是集中分布在浙江东部的窑场的总称，是六朝时期最重要的窑场，中心在上虞、慈溪、宁波一带，上虞境内曹娥江两岸、慈溪境内的上林湖、宁波境内的东钱湖是三处规模巨大的中心窑场。越窑是我国最先形成的地区分布范围广大、窑场众多、产品风格一致的瓷窑体系。上虞一地已经发现的孙吴西晋时期窑址近百处，东晋窑址仅约 30 余处，南朝窑址的规模数量与东晋相仿。

　　大概为三国时期的窑址在浙江上虞鞍山被发现，保存基本完整，全长 13.32 米，由火膛（燃烧室）、窑室、烟道三部分组成。火膛基本呈半圆形，宽与窑床同，中间最大径 80 厘米，底部用黏土铺成，比窑床低 42 厘米。窑头前有长方形操作面，也用黏土铺成，厚 4 厘米。火膛与窑室之间有一堵垂直的黏土墙，厚 11 厘米，朝窑室的一面有薄薄的窑汗。窑室形似圆拱形斜坡通道，长 10.29 米，宽 2.1～2.4 米，其中前段较宽较缓后段较窄较急，倾斜度分别为 13 度和 23 度。地面铺沙一层。窑墙用黏土筑成，高 30～37 厘米。窑顶为半圆形拱顶，用黏土和砖坯做成。在窑床的尾部筑黏土矮墙一道，高仅 10 厘米，顶平，两壁向下斜伸，墙面烧结坚硬。矮墙后 50～87 厘米处，有前后参差不齐的烟火柱五个，高 15 厘米，柱面有烧结层，说明柱上无墙。黏土柱间有六个排烟孔。柱后有黏土堆，是烧窑时为调节窑内的火焰流速而临时封堵的（图 6-4）。

　　上虞上浦镇尼姑婆山窑址是一处典型的越窑窑址，龙窑坡度与上虞鞍山窑相近，前后段分别为 12 度和 22 度。发掘出的产品十分丰富，有碗（钵）、罐、双唇罐、盘口壶、罍、

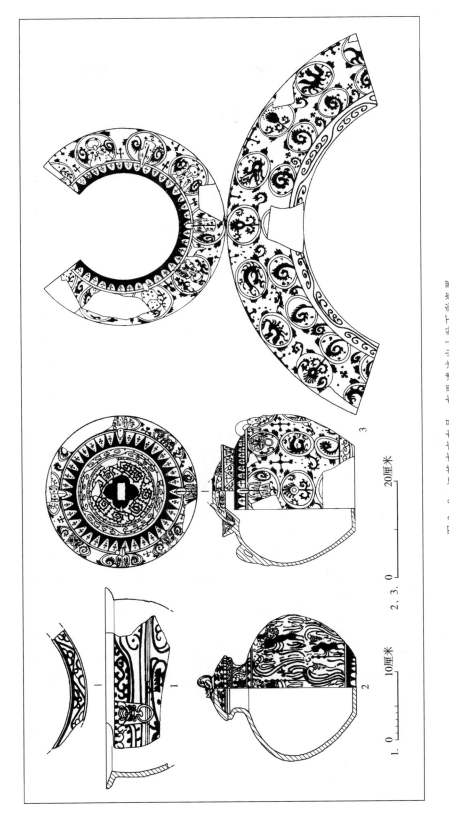

图 6 - 3 江苏南京东吴、东晋遗迹出土釉下彩瓷器

1. 盆 (02NXDT612H706：71) 2. 盘口壶 (南京长岗村 M5：1) 3. 双唇罐 (04NQHT04⑦B：30)

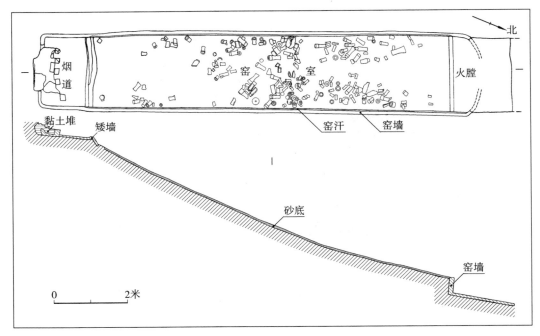

图6-4　浙江上虞鞍山三国龙窑平面、剖面图

水盂、三足圆砚、扁壶、虎子、三足樽、平底樽、洗、各式器盖。装饰题材多样，压印、戳印、刻划的纹饰主要有斜方格纹、联珠纹、花蕊纹、龙纹、栉齿纹、水波纹等，贴塑装饰有兽面铺首、佛像、麒麟、凤凰等。这些器物形体非常规整，釉层均匀，釉色多为青绿色、青黄色，胎质略灰而细腻，胎釉结合程度良好。反映出这个窑场制瓷工序严密，生产标准很高[1]。

　　越窑窑场众多，各地瓷窑产品的面貌，特别是釉的厚度和色泽方面不完全一致。比较明显的共同点是，瓷器的胎质不甚紧密，青灰色器胎上多有肉眼可见的细小气孔；釉层较厚，釉色较深，滋润感强于其他窑场；器物装饰精致繁复，在长江下游地区最具代表性。

　　越窑瓷器中的一批铭文为研究当时瓷器生产状况提供了宝贵的材料。南京光华门外赵士岗四号墓出土的一件青瓷虎子上有"赤乌十四年会稽上虞师袁宜作"十三字（图6-5-1；图版21-1）[2]；吴县狮子山西晋傅氏家族墓出土的两件堆塑罐的龟跌碑上分别刻有"元康二年润月十九日超（造）会稽""元康出始宁（今上虞南部），用此罍，宜子孙，作高吏，其乐无极"字样[3]；江苏金坛白塔公社惠群大队砖室墓出土的青瓷扁壶腹部一面刻"紫（此）是会稽上虞范休可作㮯者也"十三字，另一面写"紫是鱼浦七也"六字

〔1〕　郑嘉励、张盈：《三国西晋时期越窑青瓷的生产工艺及相关问题——以上虞尼姑婆山窑址为例》，《东方博物》第35辑，浙江大学出版社，2010年。
〔2〕　江苏省文物管理委员会：《南京近郊六朝墓的清理》，《考古学报》1957年第1期。
〔3〕　张志新：《江苏吴县狮子山西晋墓清理简报》，《文物资料丛刊》3，文物出版社，1980年。

图 6-5　江苏出土匠师铭瓷器

1. 孙吴"赤乌十四年会稽上虞师袁宜作"铭青瓷虎子（南京赵士岗 M4：4）　2."会稽上虞范
休可作"青瓷扁壶及铭文（金坛出土）

（图 6-5-2）[1]；余姚郑巷五联克山西晋墓出土堆塑罐龟趺碑上有"元康四年九月九日越州会稽"字样；温州市平阳县鳌江西晋墓出土堆塑罐上的龟趺碑上有"元康元年八月二日造会稽□□"字样；慈溪上林湖 Y102 出土的瓷灯把上有"……造此灯擎……七记之"字样，一件筒形垫具的外壁刻有"徐师"二字[2]。这些器铭都刻划或书写在高级瓷器之上，铭文内容有产地、时间。有一些瓷器有工匠名字，说明孙吴西晋在一定程度上延续汉代器勒工名的制度，大概也有商品宣传之意。

德清窑

窑场主要分布在德清旧县城乾元镇一带，余杭县大陆公社果园附近也有窑址发现。德清窑分布范围和规模都不及越窑，但是历史十分悠久，与越窑一样，在东汉时已创烧出成熟的瓷器，此后一直续烧到唐代。

德清窑的最大特色在于青瓷与黑瓷兼烧，以黑瓷为主。青瓷胎色胎质与越窑相似，多呈灰色，有些呈紫色，是瓷土含铁量较高的缘故。为了掩盖较深的胎色，经常在胎体表面抹一层白色的化妆土。黑瓷是瓷器工艺中的一朵奇葩，胎体有意选用含铁量较高的黏土或在瓷土中添加适当的紫金土，胎色呈砖红色、紫色或浅褐色。黑釉的主要着色剂是氧化铁，含量可高达 8％左右，这种釉料涂抹到器物表面经高温烧制，便形成漆黑的釉层，创造出与普通青瓷完全不同的效果。东晋德清窑瓷器装饰简约，釉层匀润饱满，是德清窑瓷器的高峰。

瓯窑

窑址在温州瓯海区、永嘉县、乐清县发现，规模也不及越窑。唐陆羽《茶经》引晋杜毓《荈赋》云："器择陶拣，出自东瓯"，瓯窑瓷器备受赞许。瓯窑生产出成熟瓷器的时间在东汉晚期，略晚于越窑和德清窑。

---

〔1〕　镇江博物馆：《介绍一件上虞窑青瓷扁壶》，《文物》1976 年第 9 期。

〔2〕　慈溪市博物馆：《上林湖越窑》第 18 页，科学出版社，2002 年。

瓯窑瓷器的显著特点是胎色较白，釉色淡青，透明度较高，可能是西晋潘岳《笙赋》所谓"倾缥瓷以酌酃"的"缥瓷"。孙吴西晋时期瓯窑产品的种类、装饰与越窑相似而有所不及，如没有发现佛像装饰，兽面铺首、联珠纹也极少使用。东晋是瓯窑瓷业的盛期，瓷器的胎质比孙吴西晋时期纯净洁白，釉色多为淡雅的灰绿色，器物类型除常见的罐盘之类外，还有一些造型别致的器物，如牛形灯、虎形灯座、点彩飞鸟碗、雌雄成对的鸡首壶等。点彩装饰常按照器物不同的部位组成不同的图案，构成瓯窑鲜明的与众不同之处。文学性的语句出现在瓷器上大概以瓯窑为最早，永嘉下瓦瓿山窑址出土的一件砚台直径达28厘米，底部用褐彩书写文字，尚存"山者文苑"四字[1]。南朝时期瓯窑产品在东晋的基础上继续发展，产生出新的器形，如竹节颈盘口壶、莲花纹盖罐、瓜形盖罐等，莲花瓣多用流畅的线条刻划而出，具有若隐若现的效果。

婺州窑

窑场在金华地区的武义、金华县等地发现。金华地区是两汉原始瓷和印纹硬釉陶最发达的地区之一，具备生产青瓷的优越条件，终于在东汉晚期烧造出成熟的青瓷。

金华地区瓷土资源比较匮乏，胎土杂质较多，胎釉结合不紧密，为了解决这个问题，从西晋时期开始，当地的陶瓷工匠们创造性地发明了化妆土，即在瓷器表面涂抹上一层细腻的白色瓷土，由此烧成的瓷器釉色滋润明亮，可与其他窑口媲美。这种技术很快被德清窑吸收，后又被传至其他地区。

孙吴西晋时期的婺州窑瓷器就有不少独特之处，小口直腹罐、双耳筒腹罐、带嘴罐、三足罐、水井、狗圈都是不见于其他窑口或形态不同的器物，堆塑罐与别处的差异最明显，这里仍以五联罐为表现的重点，人物动物形象不但质朴，而且较为杂乱。武义桐琴果园三国墓出土的堆塑罐很有特色，上部的五个罐都塑造成人物形象，中间人物较大，凹面高鼻圆眼，正视前方，左肩驮一小儿作抚面贴耳嬉戏状，四边人物略低且小，均左手托腮。东晋南朝时期婺州窑瓷器的地方特色依旧，东晋时期一些盘口壶的最大径靠近腹部，青瓷羊塑造出下颌的胡须，南朝鸡首壶的腹部呈椭圆状，都很有特点。刘宋年间出现的在颈部贴塑龙纹的盘口壶可算是后代龙纹瓶的鼻祖。

均山窑

位于江苏宜兴丁蜀镇，已经发现的窑址约有七八处，全都集中分布在均山附近。与越窑等窑场相比，均山窑的规模不大。在南京等地发现的有铭文的六朝青瓷器物多为浙江地区的产品，可见均山窑的生产能力也不强，是一处地方性的窑场。

均山窑的产品类型和装饰都与越窑相似，总体上质量似乎略逊一筹。但在某些方面有一些自身的特点，瓷胎较白而致密，釉色青绿或青黄皆有，胎釉的结合状况不稳定。有些瓷器如宜兴周墓墩出土的青瓷神兽尊、球形香熏不见于其他窑址和墓葬之中，很可能是均山窑的专门产品。这些器物的质量很高，从造型、装饰到胎釉的结合呈色，都近乎完美，说明均山窑瓷器同样可以达到很高的水平。

均山窑的烧造历史不长，大概在东晋初期已经停烧。有学者推测这与宜兴大族周氏、

---

〔1〕 温州博物馆：《温州古陶瓷》第 5 页，文物出版社，2001 年。

沈氏在东晋早期与北方士族的斗争失败有关[1]。

（二）长江中游的湖南、湖北地区

六朝早期可分为以鄂州为中心的东部和以长沙为中心的西部两个小区。东部小区可能原来没有瓷业基础，所以全盘接受了长江下游的瓷业系统，产品的种类、造型、装饰等特点都与长江下游地区十分接近，但是胎釉结合存在严重问题，许多瓷器脱釉殆尽。西部小区的瓷业基础良好，虽然也受到长江下游或通过鄂州受到长江下游地区的影响，但是许多产品仍然富有特点，西晋刘弘墓和长沙西晋墓中的瓷器可作为代表。刘弘墓的青瓷堆塑灯高达 41.2 厘米，肩部四系为四翼鸟形，其间饰二凤鸟和宝相花，圆柱形灯柱分为三段，上段贴塑双头鸟和兽首，中段贴塑兽首垂带及鸟、兽等，下段贴塑四个头戴冠、身着宽袖长袍的人像，其间有四兽。灯座环塑猪、鼠、犬、鳄、羊、龟、虎、鳖八种动物，这种灯座具有汉代摇钱树座特点，是不见于其他地区的精品。同墓所出的盘口壶、唾壶腹部肥硕，也很有地方特点。但这些瓷器脱釉严重，与鄂州地区没有两样。长沙西晋墓葬出土的一批瓷俑形式多样，骑马俑、对书俑、鼓吹俑、庖厨俑、劳作俑、胡俑等姿态各异，其中有些有白毫相，还有鄂州常发现的穿山甲，说明这些瓷俑与鄂州地区有一定的关系，但大多数是长沙本地的产品。骑马俑所乘之马的形体很稚陋，但当卢、辔头、鞍鞯等物基本具备，马前胸部都有方形的"当胸"，为目前所知最早者，是东晋十六国大量流行的具装俑的前身。在几件马鞍的左侧还发现了一个三角形的小镫，这是中国历史最早出现的马镫。这种简单的单马镫，只供上下马时以借力，不具备成熟马镫的控马作用。长沙永宁二年（公元 302 年）21 号墓在墓门入口处有两件骑马乐俑，门边的另一件所谓背物俑，从手中所持物来看，可能也是一件乐俑。这 3 件乐俑也是中国历史上最早正式出现的仪仗类乐俑，开十六国北朝大规模鼓吹乐俑之滥觞（图 6 - 6）。孙吴时期的政治中心位于长沙以东的鄂城和建业，但长沙凭借两汉的余势与邻近蜀汉的优势，又与中游重镇荆州近在咫尺，因此其发展未现颓势，西晋的统一虽然短暂，但是使长沙重新处于联系东西南北四方的枢纽位置上，这些瓷器的发现是对长沙吴晋时期地位的良好说明。这些瓷俑很多是部曲家兵形象，还有不少瓷俑属于仪仗俑，反映出吴晋时期长沙地区土著豪强力量的膨胀。

东晋时期长江中游地区的瓷器也进入一个品种减少、装饰朴素的时期。南朝时期长江中游地区制瓷业重又进入一个发展盛期。最能代表瓷业发展水平的是武汉武昌南朝墓中发现的青瓷莲花尊，已经知道的至少有四件，分别出于武昌 M526、M193、M335、M392 中，其中 M193 墓具有齐永明三年（公元 485 年）纪年（图 6 - 7），四件莲花纹尊基本能够构成一发展序列，南京南朝灵山大墓出土的莲花尊相当于这个序列的后期，可见长江中游地区的瓷器在南朝南方地区瓷业发展史上具有领先地位。南朝长江中游壶、罐等瓷器造型的显著特点是腹部呈椭圆形，三峡地区不少瓷器的特征与中游地区相似，可能是由中游输入。四川地区在南朝晚期发展出本地的瓷窑，器物的特征也与中游地区接近，甚至可以说

〔1〕　蒋赞初：《关于宜兴陶瓷发展史中的几个问题》，《中国古代窑址调查发掘报告集》，文物出版社，1984 年。

图6-6　湖南长沙西晋永宁二年墓出土瓷俑

1. 持盾武吏俑（22：14）　　2. 笼冠俑（21：?）　　3、4. 属吏俑（21：20、21：11）　　5. 骑马乐俑（21：1）

四川地区的制瓷业是在中游地区的直接影响下产生的。

长江中游的湖南、湖北地区目前所知确切的窑址只有湘阴窑。

湘阴窑

在流经湘阴县的湘江两岸近60公里的范围内，发现有16处古代窑址。这些窑址统称为湘阴窑，其中数处属魏晋南北朝时期[1]。今湖南湘阴县西南的安静乡青湖村青竹寺一

〔1〕　刘永池：《浅谈湘阴窑》，《中国古陶瓷研究》第九辑，紫禁城出版社，2003年。

带有近万平方米的东汉三国初期的窑址堆积，中层堆积出土的瓷器与本地区东汉中期墓葬出土的瓷器相似，堆积中还出土有"汉安二年"（公元143年）刻文的器物残片。可见湖南与浙江同是中国最早烧出青瓷器的地区。约当汉末吴初的瓷窑除青竹寺之外，还有湘阴樟树镇白枚窑下层、铁角嘴窑头山窑和望城县石门矶窑[1]。湘阴城关附近也有孙吴西晋时期的窑址堆积[2]。

东晋南朝时期的窑址堆积在湘阴县城西部紧邻湘江的河堤一带有所发现，这一带的窑址堆积北起水门，中经西外河街、许家山坟等地，直至洞庭庙旧址，南北长近700米，宽150米。东晋时期的湘阴窑瓷器面貌发生了较大的变化，器物种类大大简化，原来就不丰富的装饰，几乎仅剩褐斑点彩和弦纹两种了。瓷器质量有所提高，胎骨多为灰白色，较为细致紧密，火候高。釉色多为青绿釉或青黄釉。胎釉的结合状况比前期有所改善，但脱釉现象仍时有所见。瓷器主要都是日用器，有钵、盘、杯盘、罐、盘口壶、唾壶、鸡首壶、多子盒、熏炉等。罐类中的直腹罐下腹近直，大平底，与两广地区的同类器有联系。鸡首壶颈部较为细窄，肩部宽大，壶腹显得较扁，有矮墩稳实之感。

图6-7　湖北武汉齐永明三年
M193出土青瓷尊

湘阴窑在南朝进入兴盛期。胎骨厚薄适中，多近白色或灰白色，相当坚紧细致，火候很高。釉色以青绿色为主，釉层微厚，开均匀的小碎片纹，器物转折处和纹饰线条间的积釉常发碧色，使整个器物显得十分精致润泽。同时，由于匣钵的采用，瓷器的洁净程度得到显著的提高。器类有钵、盘、罐、鸡首壶、盘口壶、砚台、带盘三足炉、细颈瓶等，种类虽然没有增加很多，但形体和装饰都发生了明显的变化。盘口壶的口部较大，颈部粗细适中，腹部多呈椭圆形，桥形纽靠近上肩，壶体各部分比例协调。唾壶的腹部多呈椭圆形，桥形纽靠近上肩，壶体各部分比例协调。唾壶的腹部多为扁锥形，有时还微微上翘，给人以轻巧之感。带盘三足炉的炉体既有弧腹盆形的，也有口沿外撇的，有时在足的上部还塑出莲花，如资兴413号墓出土的一件[3]。罐类中最值得一提的是浮雕莲花罐，这种罐的口、底径基本相等，紧靠口沿的肩上部有六个桥形系，腹部浮雕二十瓣左右的莲花。碗、盘、盏托常用莲花纹装饰，多为线刻花纹，不似洪州窑那种浅浮雕式的。盘内底的莲花样式很丰富，有的花纹分三圈，内圈是莲心，中圈是莲蕊，外圈是宝装莲花瓣[4]。这

〔1〕　周世荣：《江南地区青竹寺窑、湘阴窑的青瓷和褐斑装饰》，《中国古陶瓷研究会94年会论文集》，《东南文化》增刊1号，1994年。

〔2〕　周世荣在《从湘阴古窑址的发掘看岳州窑的发展变化》（《文物》1978年第1期第76页）提到湘阴水门附近曾出土西晋盘口壶残片。

〔3〕　湖南省博物馆：《湖南资兴晋南朝墓》，《考古学报》1984年第3期。

〔4〕　湖南省考古研究所发掘资料，承裴安平见告。

些变化多端、细腻生动的装饰图案与规整的造型、晶莹的釉色，显示了湘阴窑的活泼生机，为后来岳州窑、长沙窑的发展奠定了坚实基础。

（三）长江中游的江西地区

本地区孙吴早期保持东汉末期的特色，生产褐釉瓷器，浅灰胎，器形有钵、盘口壶、双唇罐、卵形罐等，常见的装饰纹样为麻布纹、水波纹、斜方格纹、弦纹。器物肩部多有银锭状系纽。施釉不及底，多有泪痕状，脱落不甚严重。这些器物与长江中游同类器物的形制和纹饰都有明显区别。南昌高荣墓出土的几件瓷器表面为深色的蟹壳青，深浅不一，具有代表性[1]。

孙吴后期和西晋受长江下游直接或间接影响，改烧青釉瓷器。胎骨稍厚，呈青灰或灰白色。釉与胎骨之间的结合出现不稳定状态，不少器物的釉出土时已经脱落，胎釉结合状况反而不及前期。器类大大地丰富了，不仅有常见的钵、盏、洗、盆、盘、杯盘、托碗、勺、罐、盘口壶、鸡首壶、灯、虎子、砚台、狮形烛台，而且还有鸡、鸭、马、犬、仓、灶、井、厕等模型明器。一些器物由本地制造，形态则具有很强的本地特色，如南昌县小兰乡元康七年（公元297年）墓的瓷马、瓷猪，吉水饶元村墓的圆形立鸟谷仓，仓身近球形平底，上中下各有一道凸棱，顶部是一鸟形捉手，器身中部开一方形小门[2]。传统的麻布纹仍见于一些器物之上，更流行的是位于肩部的斜方格纹、联珠纹，还有铺首。点彩开始得到使用，多用于器物的口、肩等视线容易接触到的部位，南昌绳金塔西晋永安元年（公元304年）墓出土的鸡首罐上部有规则地点出六组褐彩，鸡首、尾部点彩更密集，特别点出了鸡的眼睛，罐底书写有"三日十"数字。同墓所出四系高领罐也不见于其他地区[3]。

东晋南朝早期瓷器的胎质灰白为主，较为细腻。釉色多青黄，有些器物胎釉结合得很好，有些则脱落得相当严重。瓷器种类和装饰都趋于简化，不仅模型明器消失，而且狮形水注、茧形虎子等拟形器也基本不见了。常见的器物种类是钵、盂、罐、果盘、香熏、唾壶、灯、鸡首壶等。弦纹是最常见的装饰，较晚阶段流行桥形耳。褐色点彩继续使用，经常见于碗钵类器物的口沿，比较疏朗。这个时期还有一些褐釉瓷器，如南昌小兰乡永和三年（公元347年）墓出土的褐釉盖钵，仍然是那种斑驳不匀的色调[4]。

南朝中后期瓷器胎骨多为灰白色，也有青灰色，少数瓷器的胎与釉之间可见白色化妆土。釉色多呈青绿或黄绿，釉层较厚，器底或下腹处有时可见积釉。除常见的钵、盘、

---

〔1〕　江西省历史博物馆：《江西南昌市东吴高荣墓的发掘》，《考古》1980年第3期。

〔2〕　A. 南昌县小兰乡元康七年墓材料，见江西省文物考古研究所的《尘封瑰宝——江西配合基本建设出土文物精品》（江西美术出版社，1999年）图版32、33。

　　　　B. 李希朗：《江西吉水富滩东吴墓》，《南方文物》1996年第3期。

〔3〕　A. 江西省博物馆：《江西南昌市郊的两座晋墓》，《考古》1981年第6期。

　　　　B. 张文江：《洪州窑》，文汇出版社，2002年。

〔4〕　江西省文物考古研究所：《尘封瑰宝——江西配合基本建设出土文物精品》图版36，江西美术出版社，1999年。

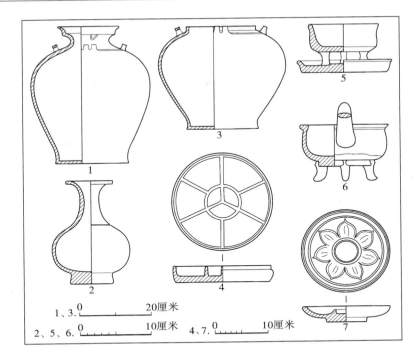

图6-8　江西南朝墓出土瓷器

1. 盘口壶（赣县白鹭宋墓）　2. 细颈瓶（清江樟树南朝墓M4∶1）　3. 四系罐（赣县白鹭宋墓）

4. 槅（清江山前南朝墓M12∶3）　5. 带托炉（清江山前南朝墓M13∶4）　6. 带把三足器

（清江山前南朝墓M6∶10）　7. 盘（清江山前南朝墓M7∶3）

槅、杯盘、唾壶、盘口壶、鸡首壶、罐、灯、砚台等外，还出现了托盏、托杯、带托炉、五盅盘、高足盘、六联罐、细颈瓶、镦斗、四管插器、博山炉等新器类（图6-8）。东晋时期绝迹的明器又开始烧造，并以新的形象出现。还创造了一些独特的器物，如瓷灶，一般呈三角船头形，中间置阶梯状的挡火墙，靠灶头一侧为锅台，设甑釜，旁边放勺、铲类炊具，锅台旁立女俑，着炊事服饰，作劳作状；另一端为灶门，内添柴火，旁有陶罐之类的贮藏器，间或也有司火的女子，形象惟妙惟肖。博山炉也制作得很秀丽，炉上部通常做成莲峰状，莲瓣上依势刻出线纹，不用燃香，已有烟雾缭绕之态。莲花纹普遍使用，常见于盘内底、碗外壁、罐和鸡首壶的上腹部，既有刻划的阴线，也有剔刻出的浅浮雕，莲瓣肥大，每一瓣中间有叶脉，相邻两瓣之间有小瓣，很有立体感。

长江中游的江西地区窑址目前所知者只有洪州窑。

洪州窑

窑场分布在今江西丰城县北境。已经发现的窑场遗址有31处，皆坐落于赣江或与赣江相通的小山溪旁，绵延约20公里。其中曲江镇的罗湖村、同田乡的龙凤村（即龙雾洲）是两处最重要的窑场。

洪州窑的发展有良好的历史基础。东汉末年，洪州窑已成功地烧造出褐釉瓷器，为以后的发展创造了良好的开端。东晋时期出现的匣钵烧造方法，保证了釉面的光洁，因此洪州在这个时期烧出了不少釉色清亮的瓷器。匣钵的使用还大幅度提高了产量，洪州窑从这个阶段开始进入它的盛期。

南朝中后期洪州窑进入更加兴旺的阶段。胎釉结合问题部分得到解决，釉面光洁、釉色清亮、釉胎结合牢固，是这个阶段相当一部分瓷器的基本特征。

（四）福建沿海地区

孙吴西晋墓葬出土的瓷器与其他地区不一致，应是在当地瓷窑中烧成，但现在发现的窑址是南朝时期的，而且仅在福建有所发现。

闽西北发现的孙吴至东晋时期的瓷器较多。器物胎骨不紧密，多呈灰红色或灰褐色，釉色多青绿泛黄，釉面光洁，但胎釉结合状况不稳定，多数器物的釉层脱落。常见的器形有盘口壶、钵，也有虎子、四系罐、杯盘、动物圈栏等。盘口壶最具有本地特点，盘口大而浅，颈短而粗，腹部扁鼓，底径与口径大致相等。福建沿海地区的瓷器与浙江地区有密切的关系。器形有盘口壶、鸡首壶、五联罐、羊形水注、蛙形水盂、动物模型、动物圈栏等。这些器物是浙江地区常见的器物，但形状多不及浙江地区精致，特别是动物模型的形态相当质朴，还有一些浙江地区不见的类型，如头有角、脊有鬃刺的怪兽[1]。闽侯一座东晋墓葬出土的五联罐釉色青灰，胎釉结合牢固，四个小罐之间各贴塑一持刀执盾的武士，与浙江地区的瓷器既有相似之处也有一定差别。

南朝时期闽西北瓷器面貌与江西地区雷同，可视为同一区域。胎质比前期有所进步，大部分为灰白色胎，较细腻坚硬，火候较高。釉色淡绿泛黄，施釉不及底，有开片、流釉和脱釉现象。常见器形有盘口壶、双系罐、四系罐、盘、盏托、杯盘、深腹钵形镳斗、细颈瓶、五盅盘、果盘、灯盏、带盘三足炉、砚台、钵等（图6-9）。盘口壶仍然继承早期圆鼓腹的特点，但总体上已较为高长。博山炉有两种，一种与洪州窑的相似，上部呈莲峰状；一种常见于福建沿海地区，整体呈球状，上半部贴塑若干小尖突，可能模拟香气缭绕的景象。灯盏很有地方特点，灯盘分内外两圈，内圈立柱上部附两小环。一些盘的内壁和钵的外壁有刻划的莲花图案，瓷盘的莲花图案与洪州窑如出一辙，莲实部分的大圈内用小同心圆表示莲子，外圈为宝装莲花瓣。瓷灶与洪州窑的很相近，都是中间立一堵阶梯状的隔墙，一边为釜甑，一边为女俑和盛水的容器，复杂程度不及洪州窑。这些器物造型规整，多见厚底器和假圈足器。福建沿海地区的瓷器也受到江西地区的影响，五盅盘、带盘三足炉、盏托等与闽西北地区的很相似。本地特色的器物也不少，如深口细颈的盘口壶、小口广肩的四系罐、多管插器、动物形虎子、花蕾状的博山炉、带花朵装饰的灯盏等。动物形的虎子多为变形的老虎状，类似的虎子在其他地区西晋之后几乎消失不见。多管插器在圆形或方圆的底座上并列四个左右的瓷管，具体用途不明。

福建沿海地区，瓷窑主要是福州的怀安窑，晋江磁灶窑也可以早到南朝，但破坏严重[2]。

---

[1] 黄亦钊：《霞浦发现西晋天纪元年墓》，《福建文博》1989年第1、2期合刊。

[2] 陈鹏、黄天柱、黄宝玲：《福建晋江磁灶古窑址》，《考古》1982年第5期。

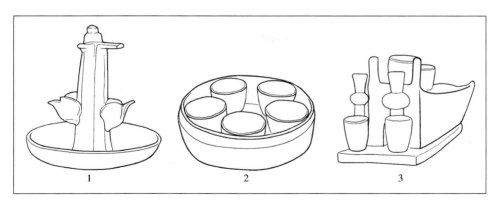

图 6-9　福建南朝墓出土瓷器
1. 灯台（闽侯荆山南朝墓）　2. 五盅盘（闽侯荆山南朝墓）　3. 灶（建瓯木墩梁墓）

怀安窑

位于福州西北十余公里处的建新镇洪塘怀安村。窑址的使用时间从南朝晚期到唐代。发现大量南朝时期的窑具，加工工具有蘑菇形的研磨杵、圆箍，绝大多数是烧制工具，支烧具多为倒喇叭状，高度 5～27.5 厘米不等。垫烧具可分为矮圈足、齿状、锥钉足三大类。不少窑具出土时还粘连在器物的内底或外底。出土的器物有盘口壶、罐、钵、杯、豆形盘、镶斗、三足盆、砚台、博山炉等。器胎多呈灰色，较为疏松。器表多施青灰釉或青黄釉，施釉多不及底。装饰除偶见莲花纹外，一般都是简单的弦纹。在一件支烧具的足部外壁刻划有"大同三年四月廿日造此长男刘满新"十五字。怀安窑发现的南朝材料不是很丰富，附近墓葬出土瓷器的质量明显高于窑址出土物，墓葬中的许多器类也没有出现在窑址中，看来怀安窑尽管有一定的特色，但不能代表当时福建地区的窑业水平。

（五）岭南的广西、广东地区

从广西贺县、钟山等地墓葬出土的瓷器看[1]，两广地区孙吴时期已经能够生产瓷器。孙吴时期的瓷器还保留本地东汉时期的器物特点。瓷器胎骨呈白色，施青绿釉或青黄釉，多开细小的冰裂纹，器物外壁施釉不及底，胎釉结合状况不稳定。器形有钵、罐、簋等。罐有两类，一类广肩大平底，表面施斜方格纹，一类溜肩折腹，肩部一般有四系。两晋时期瓷器可分为两部分，一部分仿制或来源于长江中下游地区，如四系扁罐、唾壶、狮形水注、杯盘、带盖钵、鸡首壶、虎子、槅、骑马瓷俑等。另一部分很有地方特点，最常见的是近直腹或椭圆腹的大平底四系罐，还有大口多系罐、带盖的圆桶形盅、深腹钵、灶等。本地瓷器胎骨和釉色大致同孙吴时期，但釉层稀薄透明，脱落现象较多。在有些器物的内底还粘连有三足支钉[2]。南朝时期胎骨和釉色与前期相比没有多少差别，釉层仍然比较稀薄，而且相当多器物的釉层斑驳不匀，类似于西瓜斑纹。形制方面地域特点很鲜明，常

〔1〕　A. 广西壮族自治区文物工作队：《广西贺县两座东吴墓》，《考古与文物》1984 年第 4 期。
　　　B. 钟山县文物管理所：《广西钟山县西门岭发现六朝墓》，《考古》1994 年第 10 期。
〔2〕　梧州市博物馆：《广西梧州市晋代砖室墓》，《考古》1981 年第 3 期。

见的器物有罐、钵、盘口壶、鸡首壶、唾壶、带盘三足炉等，罐和鸡首壶的腹部变长，下腹向外撇，是这个时期的重要特点。瓷器造型相当规整，多数器物匀称挺拔，表明成型工艺有所进步。深圳的沙田猪肉地和岗头山发现了四座馒头窑[1]，广西桂林郊上窑村和藤县马鹿头岭也发现两处窑址，采集的瓷器标本与六朝瓷器相同[2]，但具体情况没有详细报道。

（六）长江上游地区

窑场遍布长江上游支流的岷江、沱江、涪江流域支系的沿岸，包括以成都平原为中心的四川西部和南部地区的十多个市县，普遍始烧于南朝，产品的胎质、釉色、造型与纹饰多具有明显的共性。其中邛崃地区的窑址分布广面积大，品种丰富，质量上乘，最具有代表性，所以统称为"邛窑"。

从产品来看，四川地区在东晋时期已经具备生产能力，但没有相应的窑址发现，比较确定的南朝窑址有邛崃固驿瓦窑山窑、成都青羊宫窑、江油青莲九岭窑。青羊宫窑以青羊宫、四川省农展馆、四川省医院为中心，面积近2平方公里，器形有高足盘、杯、碗、壶等，豆青色釉、灰白胎、桥形纽都是南朝时期的特征[3]。江油青莲九岭窑的材料公布较多，窑场分布于扬柏河沿岸、江绵公路至陇西埝山山嘴等地的小山脚和平坝中，特别是钦家桥电灌站及九岭乡至八一乡右侧的化工厂附近的瓷片和窑具最为集中，器物种类有盘、盏、碟、杯、碗、多系罐、盘口壶等，淡青釉盘口壶残片，质量远胜于同时期四川其他瓷器，齿形窑具和桥形纽都是南朝瓷器的特征[4]。青莲窑还生产黑釉瓷，早年曾采集到多系罐残片。

二　北方地区

北魏迁都洛阳以后，北方地区已经具备瓷器生产能力。起步阶段的北方瓷器受到南方地区的一定影响，但很快就走上独具特色的发展道路，并勇于探索，青瓷之外，还创造出酱釉瓷、白瓷、彩瓷，虽然瓷业技术尚不稳定，但器物种类、器形、釉色、装饰等方面皆有成就，为隋唐南北方瓷器的并驾齐驱奠定了一定的基础。

（一）瓷器窑址的调查和发掘

北朝瓷窑发现不多，目前仅在河南巩义白河发现一处，部分学者认为上限可到北魏时期的窑址。其他窑址都属于东魏北齐时期，集中分布在冀南豫北和山东两地，窑址地点有冀南邢台西坚固、内丘县城关、临城县祁村、临漳县曹村、豫北安阳、山东淄博寨里、枣庄中陈郝。

[1]　文物编辑委员会编：《文物考古工作十年》，文物出版社，1991年。
[2]　覃义生：《广西出土的六朝青瓷》，《考古》1989年第4期。
[3]　翁善良：《成都青羊宫窑址调查》，《景德镇陶瓷》总第26期，1984年。
[4]　黄石林：《四川江油市青莲古瓷窑址调查》，《考古》1990年第12期。

巩义白河窑发现了窑炉遗迹和许多瓷器。2 号窑炉残长 13.7 米，由窑前工作坑、火膛、窑室和烟囱组成，出土大量被认为具有北魏特征的青瓷器物。窑址中还出土了一些被认为属于北魏时期的白瓷器[1]。洛阳和其他地区的北魏墓葬中发现了一些青瓷器，北魏都城洛阳附近存在瓷窑是可能的，但白河窑年代上限是否可到北魏时期，特别是其中是否有北魏时期的白瓷尚需要可靠的证据。

冀南豫北的邢台西坚固窑址上采集到青瓷碗、罐以及三足支钉、牙形垫具等窑具，时代当北朝晚期[2]。对磁县贾壁村窑的重新调查，确认这里烧造精、粗两类产品，时代最早也可到北朝晚期[3]。邯郸峰峰矿区临水窑部分遗物的时代属于北齐。临漳县曹村附近窑址位于邺城东、漳河河床上，窑具有三角形支钉、三叉形支柱等，瓷器有酱釉、青釉之别，与邺城附近北朝墓葬出土瓷器面貌相近，可能是邺城地区一处不一般的窑场[4]。安阳相州窑出土瓷器的时代都不早于隋朝，但安阳北朝墓葬出土瓷器的特征与相州窑产品十分接近，相州窑完全可能在北朝晚期已经开始生产[5]。

山东地区的淄博市寨里窑位于淄川区城东十余公里，窑址范围较大，延续时间较长。北朝晚期瓷器有褐釉和青釉两种。褐釉瓷颜色深浅不一，颜色深者接近黑瓷，釉面厚薄不均，甚至有铁锈斑点，胎厚重疏松，有气孔和黑斑，器类较简单，有碗、盆、器盖[6]。东魏元象元年（公元 538 年）崔混墓出土的碗和四系罐盖与窑址出土品形制相同。青釉瓷器胎骨较薄而坚硬，灰白细腻，颜色或为青褐色，或为淡青色，釉面光洁，几乎没有黑斑或渗出的釉点。器类有碗、盆、罐、高足盘、盒、瓶、贴花残片等（图 6-10）。碗具有北朝晚期的典型特征，腹底相接处有一条深深的轮旋纹，足削成外侈的斜面，足底面内凹，有些碗壁还刻有莲花纹。高足盘见于临漳崔氏墓葬，瓶的形状很接近河北景县封氏墓的玉壶春瓶。贴花残片属于莲花尊之类器物的颈肩交接部位，贴塑有莲花、宝相花、璎珞，半环形纽上还粘贴联珠人面纹，非常富于异域情调。贴花残片胎骨坚硬，釉色晶莹润泽，与封氏墓葬的出土物不相上下。在胎釉和装饰两方面，都可以认为寨里窑是当时重要的瓷器生产地。

中陈郝窑位于山东枣庄市西北 10 公里处，窑址最早的堆积属于北朝晚期，出土器物

〔1〕　A. 北京艺术博物馆：《中国巩义窑》，中国华侨出版社，2011 年。
　　　B. 赵志文、刘兰华：《河南巩义白河窑址发现北魏青瓷、白瓷和唐青花瓷器》，《发现中国——2008年 100 个重要考古新发现》，学苑出版社，2009 年。
〔2〕　河北省文物研究所、内丘县文物保管所、临城县文物保管所：《邢窑遗址调查、试掘报告》，《考古学集刊》14，文物出版社，2004 年。
〔3〕　冯先铭：《河北磁县贾壁村青瓷窑址初探》，《考古》1959 年第 10 期。
〔4〕　李江：《河北省临漳县曹村窑址初探和发掘简报》，《中国古陶瓷研究》第十六辑，紫禁城出版社，2010 年。
〔5〕　A. 河南省博物馆、安阳地区文化局：《河南安阳隋代瓷窑址的试掘》，《文物》1977 年第 2 期。
　　　B. 河南省文物考古研究所于 2006 年再次发掘了相州窑址。
〔6〕　山东淄博陶瓷史编写组、山东省博物馆：《山东淄博寨里北朝青瓷窑址调查纪要》，《中国古代窑址调查发掘报告集》，文物出版社，1984 年。

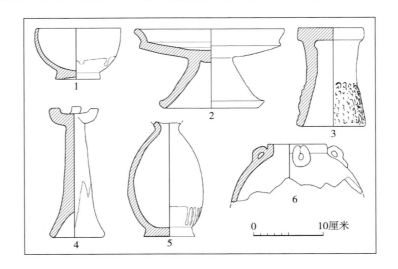

图 6-10　山东淄博寨里窑出土青瓷器和窑具
1. 碗　2. 豆　3. 垫柱　4. 支具　5. 瓶　6. 四系罐

主要是碗，质量精粗不一，青灰色胎，有的胎体厚重粗糙，含有沙粒，气孔显著，施青釉，不甚均匀，有的还夹杂铁锈斑；有的胎质稍细，釉色青中泛绿，稍有光泽。碗内施全釉，外施半釉，可见施釉方法有蘸釉与涮釉两种。部分碗实圈足外侈内凹，并削棱一周，既有北方瓷碗的共同性，又富于地方特色。出土的一件胡人头像，灰白色，胎细腻，施青釉，虽仅存头部，但高鼻深目，历历可辨，口部呈圆形，似乎刻画的是一胡人滑稽者的形象。发现的窑具有三足支钉、筒状支具和不规则支具。三足支钉为肉红色的粗胎，平面为圆角内弧边的三角形，三足较矮。类似的三足支钉在寨里窑址中也有发现，说明这种窑具是北朝晚期山东地区常见的样式。不规则支具的胎质均同三足支具，系随手捏成。碗底多留有三个支烧痕迹，应为三足支钉或不规则窑具所致。筒状支具胎质灰白。推测这个时期的装烧方法是在底层用筒状支柱支撑，上部叠放器物，器物之间以三足支钉或不规则窑具间隔的裸烧法[1]。

　　此外，徐州户部山发现的一处北朝晚期青瓷窑址保存虽然不佳，但系苏北地区首次发现的这个时期的窑址。窑址出土的北朝晚期瓷器种类有碗、高足盘，窑具有豆柄状支柱、三叉支钉、垫圈，一些支柱上粘有沙子，可知用沙子固定支烧具的方法在这处窑址中已经采用。瓷器胎质较为粗糙，在胎体之上敷有化妆土，釉色青绿或青黄。在户部山发现的青瓷器与徐州附近北朝晚期墓葬中出土的瓷器基本一致，这些墓葬瓷器的产地很可能就在徐州本地[2]。户部山窑址的窑具和瓷器与山东淄博、枣庄北朝晚期窑址的出土品相似，看来，在北朝晚期与南方邻近的苏北鲁南地区，瓷器制造也较为普遍地兴起了。

〔1〕　山东大学历史系考古专业、枣庄市博物馆：《山东枣庄中陈郝瓷窑址》，《考古学报》1989 年第 3 期。

〔2〕　徐州博物馆：《江苏徐州市户部山青瓷窑址调查简报》，《华夏考古》2003 年第 3 期。

（二）瓷器生产的开始与发展

1. 青瓷

北魏时期

河南洛阳大市遗址、洛阳阊阖门遗址，洛阳宣武帝景陵，偃师北魏墓、洛阳元邵墓、孟津北魏墓；河北河间邢伟墓、赞皇李叔胤墓和李弼墓中都发现青瓷器，其中前三处遗迹和李弼墓中出土瓷器较多。洛阳大市遗址出土青瓷器 53 件（图 6-11），其中 47 件为碗、杯、盏、盏托，其他为钵、高足盘、壶、砚台[1]，一定程度上反映了北魏时期日用瓷器的构成状况。这批瓷器多胎体粗糙厚重，呈灰黄色，釉质透明度差，缺乏光泽者居多，少数釉质清亮，胎釉结

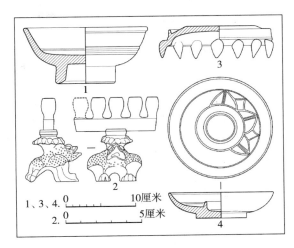

图 6-11　河南北魏遗迹出土瓷器

1. 高足盘（洛阳大市 85BDT12H2：1）　2. 烛台（偃师染华墓 M7：38）　3. 砚台（洛阳大市 85BDT4G2：3）

4. 盏托（洛阳大市 85BDT8H2：1）

合情况良好，脱釉者为少数。不施化妆土，施釉法以荡釉和蘸釉为主，烧制法以泥钉层叠仰烧为主。这批器物中的盘、壶很有特点，盘有高圈足，壶的器形虽然不明，但肩部的环形把手和三角形立体装饰皆为首次出现，而且也不见于南方。其他瓷器虽然与南方瓷器形态接近，但仔细辨别，仍有差异，碗、杯、盏实圈足微外侈，底面内凹，不同于南方的饼状圈足；多足砚的足部呈锥状，且有底板，不同于南方的蹄形足。孟津北魏墓的青瓷碗口沿有一圈凹棱，也有地方特色[2]。从这些情况来看，这批瓷器当为北方所生产，但与南方瓷器相比在工艺上尚有一定的差距。洛阳阊阖门遗址出土的灰胎或灰白胎壶和碗，火候较高，釉色不稳定，呈青绿色和青黄色，胎釉结合也不牢固[3]。洛阳宣武帝景陵出土青瓷器 12 件，鸡首壶 3 件、盘口壶 6 件、唾壶 2 件、钵 1 件。多数胎壁稍厚，胎色灰白，较纯净，质地坚硬，釉层均匀微厚，多呈豆青色或青绿色，晶莹润泽，玻璃感较强，有较细的冰裂纹。偃师杏园村孝昌二年（公元 526 年）染华墓出土有豆青釉蟾座烛台和青瓷碗，偃师南蔡庄联体砖厂墓出土有盘、盏、莲瓣纹碗和鸡首壶，这些器物皆胎质细腻坚硬，釉色清亮。宣武帝景陵和偃师北魏墓瓷器的造型和釉质釉色与南方瓷器很相近，而与洛阳大市遗址出土瓷器有显著区别，通常认为这两批瓷器为南方的舶来品，但是就一些细部特征，如鸡首壶的桥形复纽，与洛阳大市出土的碗盏相近的底部等方面观察，这些器物

〔1〕 中国社会科学院考古研究所洛阳汉魏城队：《北魏洛阳城内出土的瓷器与釉陶器》，《考古》1991年第 12 期。

〔2〕 310 国道孟津考古队：《洛阳孟津邙山西晋北魏墓发掘报告》，《华夏考古》1993 年第 1 期。

〔3〕 中国社会科学院考古研究所洛阳汉魏故城队：《河南汉魏洛阳故城北魏宫城阊阖门遗址》，《考古》2003 年第 7 期。

并不能肯定为南方产品。李弼墓出土的莲座五管烛台、莲瓣纹盏托、扁锥形腹唾壶胎质细白，釉色厚重晶莹，虽然窑口不明，但质量甚至超过同时期南方瓷器，北魏青瓷制造业可谓青出于蓝而胜于蓝。

山东地区发现北魏瓷器的墓葬有临淄崔氏墓[1]。崔猷墓出土青瓷杯 7 件之外，还有素烧瓷碗 4 件、盘 1 件、带盖罐 1 件。青瓷杯表面有开片，素烧瓷碗胎灰白色，较为疏松，带盖罐胎骨白色，较为细腻，盘胎较粗，呈褐色。崔鸿夫妇墓出土有素烧瓷碗和奁，质地坚硬。这两批瓷器的胎质参差不齐，带釉瓷器和素烧器物并存，表明这个阶段山东地区已经掌握瓷器烧造技术，但尚处于起步阶段。崔猷墓带盖罐在肩部偏上部有两个桥形纽，似乎不见于其他地区，说明山东地区的制瓷业起步时期就具有自身的特色。

东魏时期

冀南豫北地区的河北赞皇县李希宗墓（公元 540 年、576 年）、吴桥武定二年（公元 544 年）墓、景县武定五年（公元 547 年）高长命墓、磁县东魏茹茹公主墓（公元 550 年）都发现青瓷器。吴桥墓四件青瓷碗胎呈灰白色，釉色有黄绿与灰绿之别。李希宗墓出土青瓷器 18 件，胎土粗疏厚重，青绿色釉，釉色或浅或深，胎釉结合或好或差。茹茹公主墓出土一件青瓷罐，半球形盖面上凸塑仰莲两层，中央为方形纽，状若盛开的莲花；肩饰六个桥形纽，腹部浮雕一圈莲瓣。这件青瓷罐的产地目前尚不明确，但整体装饰风格与已经发现的数件北方青瓷莲花大尊一脉相承。从这三座墓葬看来，东魏时期冀南豫北地区的青瓷制造技术尚不成熟，选料、火候、胎釉结合等方面还没有充分掌握。

山东地区发现东魏瓷器的墓葬有临淄元象元年（公元 538 年）崔混墓、高唐兴和三年（公元 541 年）房悦墓和寿光武定二年（公元 544 年）贾思伯墓。崔混墓出土青瓷四系罐和碗各一件，胎质洁白细腻，釉有开片。四系罐在肩颈部有四个半环纽，实圈足底微外侈内凹，是这种类型的四系罐中最早的一件，它是一种新出现的器形，此后流行了很长时间。房悦墓出土青瓷器有盘口壶、盒、碗、灯，釉色泛黄，器形总体上与南方同类器接近，但细部如盘口壶的颈部、碗的底部有地方特征。贾思伯墓出土四系罐和碗各一件，青黄釉，灰白胎。四系罐下腹长而外侈，同类器物多见于南方两广地区，与山东邻近的长江下游地区并不常见。碗为大敞口，也很有地方特点。东魏时期山东地区已经不再出土素烧瓷，所出青瓷器南方特征和本地因素并存，表明这个地区的制瓷业处于不断的探索变化之中。

北齐时期

冀南豫北地区的平山崔昂墓、景县封氏、祖氏墓群以及赞皇李氏墓中有集中发现。崔昂墓青瓷器十余件，器胎有的白而细腻，有的粗而坚实，釉色有青灰、翠绿、翠黄等，器形有四系罐、盘、碗、唾壶等。四系罐是北朝墓中常见的直口近球腹罐，一件肩部对称安装方形和半环纽各二个，下腹部有附加绳索纹一圈；一件带盖，肩部有四个方纽，上腹部浮雕凸瓣莲花纹，每个莲瓣上刻划如意云纹。碗的底部特征与北魏东魏时期相似，都是微

---

〔1〕 A. 临淄市博物馆、临淄区文管所：《临淄北朝崔氏墓地第二次清理简报》，《考古》1985 年第 3 期。
B. 山东省文物考古研究所：《临淄北朝崔氏墓》，《考古学报》1984 年第 2 期。

外侈内凹。封氏和祖氏墓群青瓷器是北朝瓷器最重要的发现，出土的35件瓷器大多数属北齐时期，器形有尊、壶、盘、唾壶、四系罐、托杯、碗等，少数器形与南方相似，多数很有自身特色，说明北齐时期的青瓷已经完成对南方的扬弃，形成独立的器物组合。其中最具代表性的是四件青瓷莲花尊，不仅体形高大（最大的一件高达66.5厘米），造型宏伟挺拔，而且装饰瑰丽，层次分明。喇叭形口颈部由上至下用弦纹区分为三部分，上部为六个姿态各异的飞天，中部为宝相花图案，下部为四个兽面和两组蟠龙。颈肩交接部为六个竖立的半环纽。上腹部为三层莲瓣，层层递长，第一、第二层为宝装莲瓣，第三层为单瓣莲，瓣端向外卷翘，在第三层莲瓣上还加饰一瓣菩提叶；下腹为两层仰莲。上下腹莲瓣莲叶相互应和，浑然一体，豪放之中不失轻灵。高足部微向外撇，堆塑两层覆莲。整个器物以佛教性质的莲花、宝相花、菩提叶等为装饰图案，集中运用印贴、刻划和堆塑等艺术手段，通过对称、反复等手法，渲染出浓厚的佛教艺术氛围，达到造型与装饰的完美统一。如此硕大的器形和繁缛的装饰，从雕造到入炉烧制，需要一连串的精心设计，和对窑位火候等各方面的恰当安排。历经千余年后的这几件莲花尊，造型承袭发扬北方健美硕壮的传统，熔多种装饰技法于一炉，既无变形，也不脱釉，而且釉色透亮如初，在工艺上已经达到相当的高度，是中国陶瓷史上值得称道的成就（图6-12-1、2）。

山东地区青瓷器出土于临淄崔氏墓葬之中，天统元年（公元565年）的崔德墓和武平四年（公元573年）崔博墓都出土有高足盘和碗，釉色偏青黄或黄绿，有光泽和冰裂纹，

图6-12 河北、山东北朝墓葬出土青瓷莲花尊

1. 河北景县北齐封子绘墓　2. 河北景县封氏墓（中国国家博物馆藏品）　3. 山东淄博和庄北朝墓

碗底具有外侈内凹的典型北朝特征。高足盘是这个时期流行的器物，在许多北齐墓葬中以釉陶器的形式出现，瓷质的不多见。泰安市博物馆收藏一件青瓷四系罐，胎白质坚，釉色清亮透明，玻璃质感较强，肩部四朵模印贴花与四方系相间分布，上腹部有八朵模印贴花，腹部中间有附加莲瓣纹一周[1]。这件器物具有北齐时期的装饰特征，应是山东地区的产品。在淄博和庄北朝墓中，还出土过青瓷莲花尊（图6-12-3）。

2. 酱黑釉瓷

北魏平城时代的酱黑釉陶器已经相当成熟，随着北魏迁洛以后青瓷器生产的开始，酱黑釉瓷器也顺理成章地出现了。

偃师杏园村北魏墓出土的酱釉瓷罐侈口束颈，上腹部有数道弦纹，尚保留鲜卑陶器的特征[2]。洛阳大市遗址出土黑瓷器可以复原的达9件，器形有碗、杯、盂三种。灰黄色胎，较粗糙。釉色基本呈黑色，但有黑中显黑和黑中显绿之别，有一定的光洁度。纹饰只有弦纹一种，在施釉之后刮去，弦纹处露胎，形成宽弦纹，黑白分明，不仅匠心独运，还反映了北魏时期对黑瓷烧造的准确预见和控制。

东魏李希宗墓中发现一件器形不明的黑釉瓷器残片，釉色漆黑光洁，胎骨较薄呈青灰色，制作较为精细。景县高雅墓出土酱釉瓷碗和罐各一件，釉色均匀光亮，几可鉴人。山东兴和二年（公元541年）房悦墓出土有酱釉虎子、龙首三脚架、镰斗、唾壶等。虎子作咆哮状，眼、鼻、耳和前额皱纹施黑釉，形象十分生动。镰斗模仿青铜器，长柄，带流，三足作蹄状。

北齐黑釉瓷器发现不多（图6-13-1、4、7），平山崔昂墓中发现一件四系罐可以代表这个阶段的水平[3]。四系罐作广肩长腹形，肩部有四个高于口部的耳朵形环纽，底部微向外撇。类似的器物见于磁县东陈村东魏赵胡仁墓，但器形已变得更加优美成熟。这种四系罐的形制来源于南方地区，在山东寿光贾思伯墓中曾发现青瓷制品[4]，形象更接近南方。崔昂墓四系罐胎质坚硬，表里均施黑釉，莹亮深沉。它的不足之处是胎骨还不够纯净，发砖红色，釉色上部漆黑下部转淡，在工艺上还存在需改进之处。

3. 白瓷

白瓷的创烧不仅是北方而且是中国陶瓷史上的重大事件。白瓷与青瓷、黑瓷的原料与烧成方法并没有本质差别，关键在于釉和胎中的作色剂氧化铁的含量，氧化铁的含量越低，胎就越白，釉的透明度越高，反之，胎釉的颜色就越深，前者为白瓷，后者则为黑瓷，中间状态则为青瓷。与胎相比，釉色的意义要更大，胎的颜色可以通过化妆土进行改造，但釉中的氧化铁含量只有低于0.75%时，才能烧出白色釉。北方白瓷的早期阶段主要是通过仔细淘洗原料，减少氧化铁含量，提高胎釉的精度，以达到烧成目的；也有使用化

〔1〕 高晓燕：《北朝青瓷四系罐》，《考古与文物》2001年第2期。

〔2〕 中国社会科学院考古研究所河南二队：《河南偃师县杏园村的四座北魏墓》，《考古》1991年第9期。

〔3〕 河北省博物馆文物管理处：《河北平山北齐崔昂墓调查报告》，《文物》1973年第11期。

〔4〕 寿光县博物馆：《山东寿光北魏贾思伯墓》，《文物》1992年第8期。

图 6-13　河北、河南北朝墓葬出土酱釉瓷器、白瓷器
1. 黑釉瓷碗（景县东魏高雅墓）　2. 白瓷罐（安阳北齐范粹墓）　3. 白瓷四系罐（安阳北齐范粹墓）
4. 黑釉瓷四系罐（平山北齐崔昂墓）　5. 白瓷长颈壶（安阳北齐范粹墓）　6. 白瓷碗（安阳北齐范粹墓）
7. 黑釉瓷罐（景县东魏高雅墓）　8. 白瓷六系罐（濮阳北齐李云墓）

妆土的例子，如北齐高润墓的一件碗胎上有白色化妆土，外表未再施釉。

　　大概从北方具备瓷器生产能力的北魏洛阳时代开始，白瓷生产也就起步了。孟津北魏永平四年（公元 511 年）阳平王元䛒墓出土一件白瓷盘残片，釉呈灰白色，近底部釉层厚，略呈淡青色[1]。偃师南蔡庄北魏墓中出土器形不明的白胎浅绿釉瓷片若干[2]。河北吴桥一座大约北魏时期的墓葬中也有一件淡青釉的瓷碗[3]。北魏洛阳城大市遗址出土完整或较为完整的青瓷器数十件，其中 5 件瓷杯与其他瓷器迥然有别，胎质洁白坚硬，火候较高，薄胎薄釉，釉色淡青，略呈乳白色，釉质明亮，微透白色胎骨，具有白瓷的某些特征。以上数例说明，北魏洛阳时代白瓷的出现是一种有意识的产物，但尚带有一些青瓷器的特征，这个时期正处于白瓷与青瓷揖别的过程之中。东魏时期延续了上述过程，继续追求胎的白净和釉的透明。河北吴桥武定二年（公元

〔1〕　310 国道孟津考古队：《洛阳孟津邙山西晋北魏墓发掘报告》，《华夏考古》1993 年第 1 期。
〔2〕　偃师商城博物馆：《河南偃师南蔡庄北魏墓》，《考古》1991 年第 9 期。
〔3〕　河北省沧州地区文化馆：《河北省吴桥四座北朝墓葬》，《文物》1984 年第 9 期。

544 年）封思温墓的长颈四耳罐、六耳罐灰白色胎，淡青色釉[1]。经过北魏东魏的不懈努力，北齐时期终于生产出比较成熟的白瓷器。河南安阳北齐武平六年（公元 575 年）范粹墓出土了一批白瓷器（图 6-13-2、3、5、6），胎色较白，质地坚硬，釉色透明，呈白色或乳白色，有的有冰裂纹。其中两件三系瓷罐胎质洁白，质地细腻，肩部为三半圆纽，腹部为单瓣莲花，此外，由肩部至腹部垂有六条绿釉彩带，益显绿白之分明。三件四系罐造型与三系罐近似，腹部装饰宝装莲花。三件长颈瓶中一件全身施透明白釉，一件自肩至底间施翠绿釉带，给人以焕然一新之感。另有一件壶和两件碗，胎质不纯，但器物表面的乳白釉却很分明[2]。河南濮阳北齐武平七年（公元 576 年）李云墓出土两件六系罐，胎白质细，内外均施透明釉，微泛青色，肩部六系之间有圆圈缠绕图案，腹部弦纹带之间线刻小鸟、树木等（图 6-13-8）。四系罐两件，形制相似，仅有方纽和半圆纽之别，胎甚白，釉透明而有光泽，肩部弦纹带之间刻划忍冬纹，腹部浮雕宝装莲花，由肩至腹垂有六条绿釉带，与范粹墓三系罐的釉彩和做法极其相似[3]。李云墓和范粹墓都位于今河南北部，东魏北齐邺都附近，两墓白瓷有可能就是邺都附近瓷窑所生产。

这些白瓷与同时期的青瓷、黑瓷和釉陶器相比，具有明确的自身特征，是人为控制而不是偶然的产物，在白瓷的白釉之中添入绿彩等，更加表明制瓷工匠对胎、釉性质的充分认识和对烧造结果的胸有成竹。经过北魏迁洛以来数十年的探索和实践，白瓷的性质终于为人类所掌握，可以认为，从这个时期开始，白瓷开始作为一类瓷器正式登上历史舞台。当然，也应该看到，北齐白瓷的胎质还不完全精纯，白釉中的铁含量还是偏高，乳浊釉或结釉处往往呈绿色。对白瓷器的社会影响也不宜过高估计，李云与范粹的身份都不太高，北齐高级官员墓葬中流行的反而是釉陶器。

第二节　三国两晋南北朝铜镜

从三国鼎峙到隋朝统一以前，中国社会处于动荡时期，三国两晋南北朝的铜镜铸造业也处在中国古代铜镜发展史上汉唐两个盛期之间，被认为"是一个承前启后的转变阶段"，一般称其为"中衰时期"或"缓进阶段"。

中华人民共和国成立以来，三国、两晋、南北朝的考古工作取得了一定的成绩。以墓葬而论，至 1981 年，长江中下游地区发掘的六朝墓葬已有 2000 余座[4]，但是只要认真

---

[1]　张平一：《河北吴桥县发现东魏墓》，《考古》1956 年第 6 期。

[2]　河南省博物馆：《河南安阳北齐范粹墓发掘简报》，《文物》1972 年第 1 期。

[3]　周到：《河南濮阳北齐李云墓出土的瓷器和墓志》，《考古》1964 年第 9 期。

[4]　蒋赞初：《关于长江下游六朝墓葬的分期和断代问题》，《中国考古学会第二次年会论文集》，文物出版社，1980 年；《关于长江中游六朝墓葬的分期和断代——附论出土的青瓷器》，《中国考古学会第三次年会论文集》，文物出版社，1981 年。

搜集墓中出土的铜镜资料，就会发现，很多墓葬中未见铜镜，是原来就没有随葬或是墓葬被盗掘破坏，难以分辨。有的墓中虽然出土了铜镜，但腐蚀残破，加之一些发掘报告中没有列出图像资料或图像模糊，文字描述语焉不详。一些收录铜镜的著作，又明显将铜镜和出土铜镜的墓葬分割开来，影响了对这个时期铜镜的深入了解。

尽管如此，此前学者们的研究还是取得了一定的成果。王仲殊撰写了多篇论文，集中研究了"吴镜"，如他所说："通过对铭文的考释，进一步阐明东汉、三国和西晋时期吴郡铜镜铸造业的各个方面，包括作镜工匠的姓名、作坊所在的闾里、所作铜镜的种类、型式以及它们在地域上的流传范围，等等"[1]。徐苹芳则从宏观上概述了三国魏晋南北朝铜镜的发展状况[2]。南京大学历史系考古专业等编著的《鄂城六朝墓》收录了1956年至1983年发掘的394座墓葬出土以及采集的铜镜，划分类型、列出时代，本文有关鄂州墓葬出土铜镜数量统计即源自此书[3]，由于《鄂城六朝墓》并非铜镜专著，只列出了部分铜镜图像，对铜镜的分型分式名称与本文所定不同，因此本文在统计各类型流行情况时，参考《鄂城汉三国六朝铜镜》及《鄂州铜镜》[4]。王士伦编著、王牧修订的《浙江出土铜镜》（修订本）也收录了不少三国两晋铜镜[5]，可以说这些都是了解六朝铜镜的重要著作。

纵观中国古代铜镜发展史，三国两晋南北朝铜镜有下列十分显著的特点。

一　铜镜类型

根据考古发掘出土品和传世资料，这个时期铜镜的类型虽然不少，但创新品种不多，数量极不平衡。这种不平衡表现在流行的时代、流行的地区和各类型之间的比例上。如三国、西晋与东晋以后出土铜镜数量相差悬殊，南方与北方铜镜类型反差极大，某几类铜镜占了出土镜的绝大数量。

有的学者将它们直接归于"后汉（东汉）式镜"范畴，确切地说，其主要类型应是汉镜的延续、发展和变化。"延续"指的是先期镜的流传和按照汉镜类型铸制；"发展和变化"是指不同类型的发展趋势，如有的盛行，有的衰落。也指与汉镜类型相同，但在形制、纹饰、铭文等方面有所变化，显示出本时代的特点。因此，研究这个时期铜镜的类型首先要总结出它们与汉代铜镜在纹饰、铭文、形制和质量方面的变化，才能较科学地、客观地反映当时铸镜业的情况。至今，包括西汉铜镜在内的许多"汉式镜"在三国两晋南北朝都有出土，分析归纳一下，大致可以分为以下四类。

[1]　王仲殊：《"青羊"为吴郡镜工考——再论东汉、三国、西晋时期吴郡所产的铜镜》，《考古》1986年第7期。

[2]　徐苹芳：《三国两晋南北朝的铜镜》，《考古》1984年第6期。

[3]　南京大学历史系考古专业、湖北省文物考古研究所、鄂州市博物馆：《鄂城六朝墓》，科学出版社，2007年。

[4]　A. 湖北省博物馆、鄂州市博物馆：《鄂城汉三国六朝铜镜》，文物出版社，1986年。

　　　B. 鄂州市博物馆：《鄂州铜镜》，中国文学出版社，2002年。

[5]　王士伦编著，王牧修订：《浙江出土铜镜》（修订本），文物出版社，2006年。下文简称《浙江》。

（一）第一类

东汉中期始铸并流行，三国或西晋盛行，出土数量较多，流行地域较广，是当时铸造的主要铜镜。包括神兽镜类、变形四叶对鸟镜类和位至三公夔凤类镜。

神兽镜类

关于这类铜镜的定名，学者之间由于着眼点不同，各种名称甚多，其实一些名称很难反映该类型铜镜的特点，且易于造成型式的混乱，如过去最为流行的"环状乳神兽镜""半圆方枚神兽镜"以及"画文带神兽镜"等名称并不准确，因为"半圆方枚""画文带"甚至于"环状乳"在几种不同型式神兽镜中都能见到，不能将它们作为划分型式的名称标准。本书则根据主题纹饰的布局方式命名，分为重列式神兽镜、对置式神兽镜、同向式神兽镜、环绕式神兽镜、三区段式神兽镜（图6-14）。这些不同型式的神兽镜，如果以观察图纹的排列方式看，实际上只有重列式（只能从一个方向，自上而下观察图纹）和环列式（以钮为中心，从不同方向观察图纹）。前者包括重列式、同向式，后者包括对置式、环绕式。

重列式神兽镜

为东汉晚期"建安式"重列神兽镜的延续，由于有"黄武""黄龙""嘉禾""赤乌""五凤""太平""永安""天纪"等纪年镜，粗略对比，不难发现孙吴时期的此类镜与"建安式"镜在布局构图、纹饰内容、钮周铭文和艺术效果等方面出现了不少变化。

建安式镜神人居于主导地位，形象突出，身躯较大，刻划较精。以水平或微斜的线条自上而下划分为五个或三个阶段，五段式最多。总体构图整齐明朗，排列错落有序，留有一定的空间。钮上下多有直行铭文，如"君宜高官""君宜""高官"等。长方框直行铭文往往形成了纹饰布局的中心，如"建安六年"（公元201年）镜，除第三段圆钮两侧的神人（神仙和侍者）外，其他段的神人均在铭文周围，而禽兽都位于神人外侧。

孙吴时期流行的重列式神兽镜，最显著的一个变化是直行铭文消失，以双线式界栏划分阶段，虽然也是五段或六段，但区划图形变化明显，有的形成以钮为中心的正方形，其外又有各种长短不同的直道、曲折形状的界栏（图6-15-1）；有的则形成多层台、凸形、长方格式界栏。另一个重要变化是纹饰内容和布局的变化，这里不能详述，仅举几例。如整体构图明显繁复细密，神兽的数目有的增加较多，神人体形变小。汉镜中处于从属地位的青龙、白虎和禽兽，个体增大，十分突出，特别是青龙、白虎继续着建安末年的发展趋势，身躯瘦长，纵向配置，占据较多的空间。又如分段构图，最典型的是第四段，取代直行铭文的是一个或两个个体很小的神人，神人左右则是体态丰腴的瑞兽，完全改变了原来铭文框两侧是神人的布局（图6-15-2）。

对置式神兽镜

所谓对置式神兽镜，严格说来其布局方式是指四组图纹中，二组分别为一神二兽组合，隔钮相对，图纹比较规范，神人居中，两侧有龙凤或禽鸟，外侧为瑞兽，均头部向着神人，只有极少的铜镜瑞兽躯体上饰"环状乳"。与其相间的另二组区域虽然较窄，但配置的神兽却多有变化。镜缘区内侧有铭文带、画文带和无铭文无图纹的素圈带三种形式，

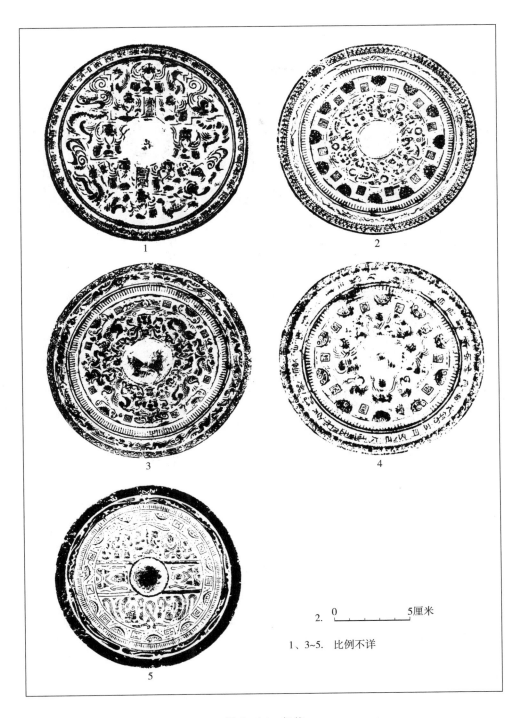

图 6-14 铜镜

1. 建安十年重列式神兽镜（罗振玉《古镜图录》） 2. 环绕式神兽镜（湖南常德郭家铺孙吴墓） 3. 对置
式神兽镜（《古镜图录》） 4. 同向式神兽镜（《古镜图录》） 5. 三区段式神兽镜（《古镜图录》）

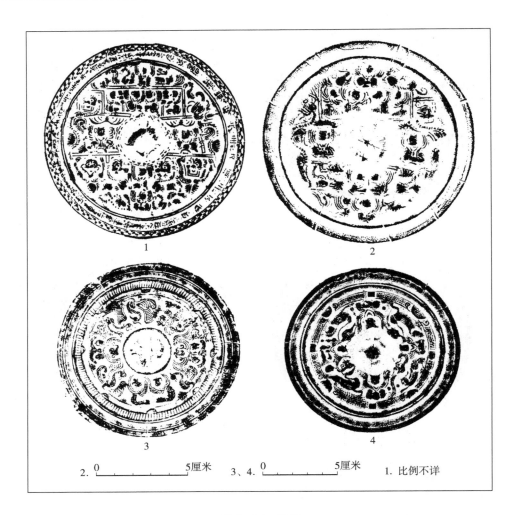

图 6-15　铜镜

1. 黄龙元年重列式神兽镜（广西贵港）　　2. 重列式神兽镜（湖北鄂州孙吴墓 M1004：8）

3. 对置式神兽镜（湖北鄂州吴晋墓 火 M1：3）　　4. 对置式神兽镜（安徽和县西晋太康九年墓）

铭文带和素圈带较多，画文带较少。铭文有纪年铭和其他铭文，中国古代铜镜中的纪年镜以三国孙吴神兽镜发现最多，其中对置式神兽镜又居多数。据不完全统计，纪年对置式神兽镜传世品在 50 面以上，仅《鄂州铜镜》收录的出土镜也近 20 面。从孙权称帝的黄武元年，到孙吴的最后一个天纪年号，包括了众多的孙吴纪年。

与汉代的对置式神兽镜比较，其发展变化呈现出两个明显趋势。一是一神二兽组合中，神人两侧体躯较小的龙凤图形向体躯较大的双禽变化。如有的铜镜中，两只禽鸟取代了瑞兽，位于神人两侧（图 6-15-3）。二是另两组由伯牙与钟子期（一组）、神人与鸟或二神人（一组）相对固定的模式向不同组合与多种形式变化。有的两组都是神人，但数量多少不等，有的两组均为禽鸟，如一组一鸟，一组一人面鸟，有的则出现了少见的图文

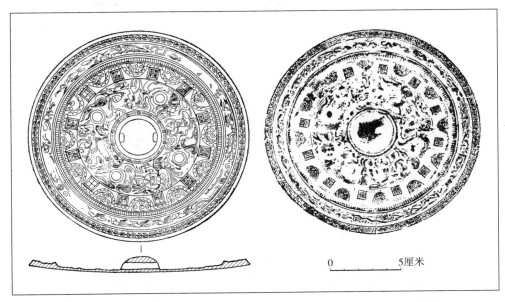

图 6 - 16　铜镜

四乳同向式神兽镜（河南偃师杏园村北魏墓 M926：1 及拓本）

（图 6 - 15 - 4）。另外，许多对置式神兽镜铸工粗糙，随意性强。

同向式神兽镜

《鄂城六朝墓》名为"三段重列神兽镜"，属于重列神兽镜大类中。此型镜与重列式神兽镜的布局方式一样，自上而下从一个方向观察图纹，但不少铜镜明显采用以钮为中心的四分法纹饰布局，且少有划分阶段的线条或界栏，一般是钮两侧各一神人。钮上为神兽组合，神人居中，左右各一兽，神人以二神并列最多，其次为一神、三神，四神极少。钮下神兽组合，神人居中，多为一神或二神，三神极少，左右各一兽。

东汉晚期至三国时期此类别镜纹饰内容变化不大，分析墓葬出土的资料，尚能看到一些变化趋势。如东汉晚期三国早期，镜钮上方的神人多为三神甚或有四神并列，较晚则流行二神或一神，很少见到多神并列的布局了。又如钮下方纹饰，一直流行一神或二神与兽的组合，但较晚时期出现了神鸟兽、鸟兽、三兽的图纹。河南偃师北魏时期墓出土镜则以四乳丁划分区间，甚为少见（图 6 - 16）。至于《鄂州铜镜》中命名的"混置式神兽镜"，其实是同向式神兽镜的变化，图纹内容与布局随意性较大。镜缘内侧有画文带、铭文带，铭文带占了绝大多数，画文带罕见。铭文镜中纪年铭文较少，为东汉建安和三国早期的年号镜，是三国时期纪年镜较少的神兽镜型。

环绕式神兽镜

纹饰布局是以钮为中心，神人与瑞兽相间，同向环绕。最流行的一种型式是所谓的"环状乳神兽镜"，四神四兽或三神三兽，瑞兽躯体上有两个非常突出的"环状乳"即凹面乳丁，此型镜一般铸制精美，图纹华丽，主纹外有"半圆方枚"，镜缘内侧多为画文带，少数是铭文带。东汉中晚期流行，三国魏晋时期少见。由于环状乳神兽的确是区别其他铜

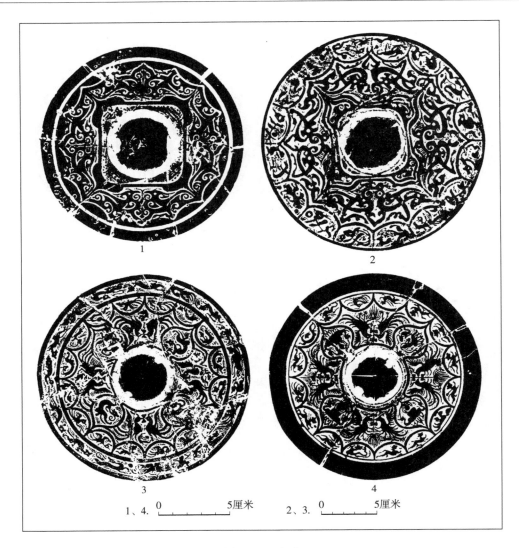

图 6-17　铜镜

1. 变形四叶对凤镜（湖北鄂州）　2. 变形四叶对鸟镜（江西瑞昌马头西晋墓）　3. 变形四叶对鸟镜
（江苏镇江）　4. 变形四叶佛像对鸟镜（湖北鄂州五里墩）

镜的最显著特点，因此环状乳神兽镜名称被许多学者认可。

　　另一种型式与环状乳神兽镜风格完全不同，四神四兽，瑞兽无环状乳装饰，铭文带，有"赤乌五年"（公元 242 年）或"赤乌六年"（公元 243 年）纪年。铸制粗略，为数甚少。

　　三区段式神兽镜

　　三区段式神兽镜比较特殊，各段中图纹的排列方向并不固定。

　　神兽镜是当时第一大镜种（图版 22-2）。从数量上看，在已出土的各种铜镜中数量最多。如湖北鄂州 278 面铜镜中，各式神兽镜就有 159 面，有 60 面是正式墓葬发掘资料。从时代上看，主要铸制流行于孙吴和吴晋之际。如鄂州出土的钮上下没有直行铭文的五段和六段重列神兽镜、同向式神兽镜、环列式神兽镜主要出自孙吴墓、吴晋之际或西晋墓，东晋墓就很少随葬了。从式别上看，对置式神兽镜盛行，同向式也成为主流模式。《鄂州铜镜》收录的对置式有38面，其中有孙吴纪年的有23面。同向式（含混置式）21面、重列式17面，几乎不见环绕式环状乳神兽镜。

江苏南京地区孙吴、两晋墓葬出土有对置式、重列式的，还有一些型式不明。镇江和扬州地区也多出自孙吴墓葬，有对置式、同向式和环绕式。浙江出土神兽镜较多，出自孙吴和吴晋之际墓葬的，以对置式、环绕环状乳式居多，西晋墓葬各式也均有出土。安徽马鞍山时代明确的均为孙吴时期墓葬。江西也多出自孙吴墓葬。广东则多属东晋南朝墓葬。北方地区出土的神兽镜数量很少，除河南淇县出土西晋太始九年环状乳镜外，西晋北朝墓葬共出土5面，4面环状乳环绕式，1面同向式。

变形四叶对鸟镜类

日本学者始称"夔凤镜"，其实这个称谓名不副实，完全不能表达这类镜的纹饰特点，它是属于变形四叶纹镜类的一种。从考古发现的资料看，东汉时期流行的变形四叶兽首、夔纹、对凤三种镜型中，三国魏晋时期以变形四叶对鸟镜数量较多。变形四叶对鸟镜最主要的特点是四叶间有相对的二鸟，但由于四叶、禽鸟、外圈的连弧形态的差异，形成了明显的两种风格。

第一种型式，钮外方形四角伸出四叶，有的叶瓣浅窄，平板素面，连弧弧度平缓，呈扁长条形，素面（图6-17-1）。有的叶瓣呈多层桃形，连弧呈半圆形，素面或有纹饰（图6-17-2）。方形四角多有铭文和装饰。剪纸式对鸟图案化浓郁。凹圈带外多平窄素缘。

第二种型式，钮外圆周伸出四桃形叶，叶内多饰瑞兽，还有佛像、飞天和禽鸟等。对鸟有较强的写实意味，华丽多姿。连弧圆弧较高圆润，其内主要饰灵异瑞兽。宽平素缘居多，也有画文带缘（图6-17-3）。

此种型式的神兽镜中有的在图纹中出现了与佛教有关的内容。形态与构图同上，其特征是主要在变形四叶纹的叶瓣里以及连弧纹中有佛、菩萨和飞天像（图6-17-4）。此外广西贵港三国墓出土的铜镜四叶间两组是二鸟相对、两组却是二鸟并列的图形（图6-18-1）。江西九江西晋太康六年（公元285年）镜四叶间各有一只凤鸟（图6-18-2），都反映出图纹的变异。

此类镜流行于孙吴西晋时期。湖北鄂州出土镜中，第一种型式5面出自孙吴墓，2面出自西晋墓，1面出自东晋墓、1面出自南朝墓。第二种型式2面出自孙吴后期墓，2面出自西晋前期墓。江苏南京、扬州出自孙吴西晋墓，浙江武义、绍兴亦出自孙吴墓和西晋墓，此外在武义、绍兴、金华、瑞安等地还有未标明是否墓葬出土的"三国吴"八凤镜5面，这些铜镜绝大多数属第二种型式。安徽马鞍山孙吴墓、湖南西晋墓、江西西晋墓、安徽东晋墓、广东东晋墓都有出土。佛像图纹八凤镜出土于湖北鄂州、湖南长沙、江苏南京、浙江杭州、武义和江西南昌等地，以吴墓出土为多。

夔凤（双夔）纹镜类

又有称双夔镜、双头龙凤镜的。其特点是钮两侧各一个躯体呈S形的夔凤逆向排列，钮

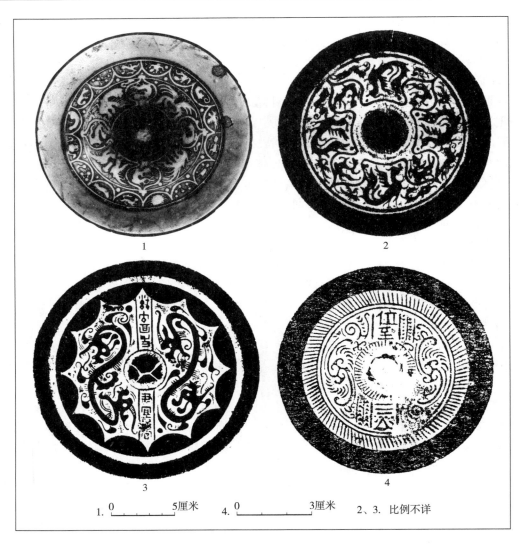

1.
0 ━━━━━ 5厘米　　4. 0 ━━━━━ 3厘米　　2、3. 比例不详

图 6-18　铜镜
1. 变形四叶八凤镜（广西贵港三国墓）　2. 变形四叶四凤镜（江西九江西晋太康六年墓）　3. "君宜高官"夔凤（双夔）镜（《古镜图录》）　4. "位至三公"夔凤（双夔）镜（河南洛阳晋墓 52∶27）

上下多有直行铭文（图 6-18-3）。这类铜镜中以被称为"位至三公镜"的直行铭文双夔（凤）纹镜最多（图 6-18-4），除常见"位至三公"外，还有"君宜""王至"等铭文。

位至三公镜西晋时期最为流行，如辽宁曹魏、西晋墓，河南、山东、北京、河北、山西西晋墓，安徽、湖北、湖南、江西三国西晋墓也有出土。河南洛阳 1953 年春至 1955 年 9 月发掘的 54 座晋墓中，共出土铜镜 24 面，其中"位至三公"夔凤（双夔）镜就有 8 面之多。

上述三大类铜镜，神兽镜类、变形四叶对鸟镜类在三国两晋时期虽然有所变化，但其主题纹饰和构图方式基本保留了汉代的特征，夔凤（双夔）纹镜类中的"位至三公"镜与汉镜相同，没有多少变化。

（二）第二类

汉代盛行的一些镜类，到了三国两晋南北朝时期已呈现衰落趋势，主题纹饰和图纹结构与汉镜有较大的变化。包括规矩镜、变形四叶镜类的兽首镜和变异兽首镜、内向连弧纹镜、龙虎镜等。

规矩镜类

又称博局镜，一般划分为四神、禽兽、禽鸟和简化规矩镜。西汉末年出现，王莽东汉早期最为流行，三国两晋南北朝仍有出土，但不同式别的数量有了变化。如汉代最为精美、十分流行的典型四神或禽兽规矩镜很少，另外主纹与规矩均简化，有的甚至很难再称其为规矩镜了。

禽鸟规矩镜

主题纹饰多由八禽鸟与 TLV 纹组成。是此时期出土的规矩镜中数量较多的镜式，辽宁沈阳魏晋墓、河南洛阳西晋墓、北京西晋墓、陕西西安晋墓都有出土（图 6-19-1）。

简化规矩及大方格纹镜

最明显的特点是钮外方格占据主要位置，方格四边与圈带留下的狭窄圆弧中，点缀 T 纹或乳丁或简单禽兽纹，显得草率粗劣（图 6-19-2）。鄂州简化方格规矩镜 2 面出自吴前期墓和东晋前期墓，简化方格纹镜分别出自吴前期、吴中期、吴晋之际、西晋前后期墓。

变形四叶兽首镜、变异兽首镜

兽首镜是蝙蝠形四叶分成四区，其间置兽首，基本形态同汉代兽首镜。如果把有"甘

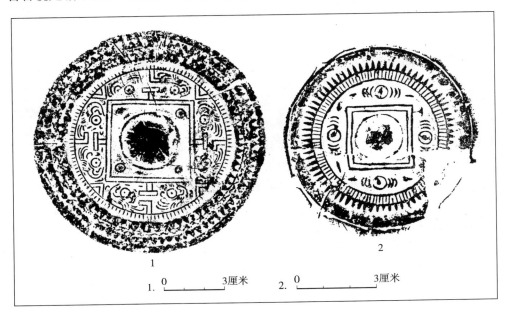

图 6-19　铜镜
1. 八禽规矩镜（陕西西安晋墓 M4：28）　2. 方格四乳镜（浙江黄岩晋墓）

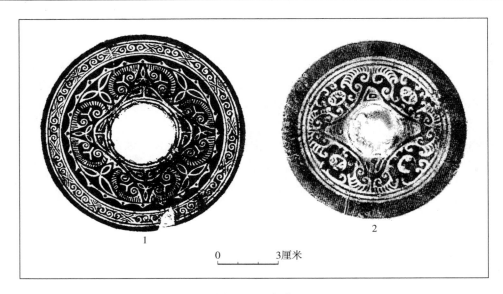

图 6 - 20　铜镜

1. 四叶变异兽首镜（湖北鄂州孙吴墓 M1005∶4）　　2. 变形四叶夔纹镜（陕西西安曹魏墓）

露"纪年铭的魏镜与汉镜比较，汉镜内向连弧缘弧度大，魏镜比较平缓。所谓变异兽首镜指四叶间为夔纹、凤鸟纹以及各种变异的纹饰，如卷云纹、叶片纹和难以确切称呼的图案化纹样。鄂州出土的某些"变异兽首镜"即属于此类（图 6 - 20 - 1）。

兽首镜、夔纹镜等除传世品外，陕西西安曹魏墓（图 6 - 20 - 2）、江苏南京吴墓、江西南昌六朝早期墓、广东连县东晋墓均有出土。鄂州变异兽首镜有 14 面，3 面正式发掘的均属孙吴墓葬。

内向连弧纹镜

汉代流行的内向连弧纹镜有云雷连弧纹、凹圈带连弧，一部分在钮外四叶间或连弧间有铭文，以"长宜子孙"系列为主。三国两晋南北朝时期出现了一些新的变化，如连弧不像汉代规范，有的圆弧加大，有的极为平缓，甚至各圆弧不相连接，连弧间或连弧外装饰乳丁纹。有的纹饰风格大变，可以称为变异连弧纹镜。

从考古出土资料看，这个时期凹圈带连弧镜数量较多，还有乳丁连弧及变异连弧镜。鄂州变异内向连弧镜都出土于孙吴墓（图 6 - 21 - 1），辽宁、河南、北京、陕西晋墓均有出土。河南洛阳西晋墓和陕西咸阳十六国前秦墓连弧间均为 4 个小乳丁（图 6 - 21 - 2）。

龙虎镜类

东汉流行的龙虎镜有龙虎对峙式、环绕式、盘龙（虎）镜等，三国两晋南北朝时期已不流行。目前除鄂州外，全国各地出土很少，墓葬出土的资料更少。有的虽然是汉镜纹样，但铸造质量拙劣；有的构图出现变化，如鄂州西晋早期墓出土的环绕式一龙一虎镜，图纹少见[1]。鄂州 12 面中，4 面出自孙吴中期西晋早期，1 面出自西晋后期。

---

[1]　湖北省博物馆、鄂州市博物馆：《鄂州铜镜》图 74，中国文学出版社，2002 年。

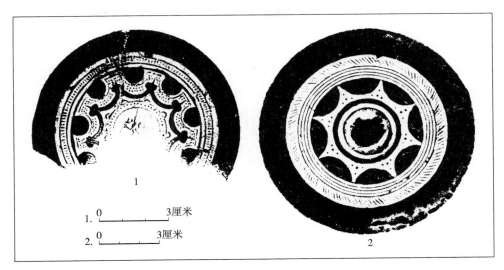

图 6-21　铜镜
1. 变异连弧纹镜（湖北鄂州孙吴墓 M2189：2：2）　　2. 乳丁连弧纹镜（陕西咸阳前秦墓 M113：13）

（三）第三类

汉代特别是东汉时期流行的一些镜类，此时期仍有零星出土，但多数是汉代旧式镜的流传，主题纹饰和形制没有明显变化。如连弧铭文镜、四乳禽兽镜、多乳禽兽带镜、四神或禽兽规矩镜等。

连弧铭文镜

镜径小、字数少的日光镜、昭明镜仍有出土，几乎不见铭文字数较多的单圈铭文镜如铜华镜、清白镜和双圈铭文镜。

四乳禽兽镜

四乳四螭镜，四乳间以 S 形四螭，但图纹简单，镜径小。其他还有四乳四鸟镜、四乳四兽镜。

多乳禽兽带镜

包括五乳五鸟、六乳六禽、六乳羽翅、七乳七禽、青盖七乳七禽等，多数纹饰简单。

（四）第四类

三国两晋南北朝时期铸制，带有自己的时代特点和地区特点的铜镜。出土数量不多或很少，铸制质量较差或很差，但应是反映这个时期铜镜铸造业水平和铜镜差异所在。上述第一类、第二类、第三类铜镜，既继承汉镜的传统，在三国两晋南北朝时期又产生新的变化。第四类列出一些变化明显的镜类，可以说完全离开了"汉式镜"的范畴。

多乳神人镜

钮外圆圈座乳丁，四枚、五枚、八枚不等，乳丁间各一神人，端坐，双臂多弯曲于胸前酷似双乳，造形拙劣。乳丁间以神人已脱离了神兽镜的基本构图模式。如

图 6-22　铜镜

1. 二兽镜（河南洛阳谷水晋墓 M5：43）　2. 四乳四鸟镜（河南洛阳衡山路西晋墓）

3. 八鸟镜（浙江黄岩东晋墓 DM118：15）

浙江新昌西晋太康元年墓、龙游东晋偏早墓、黄岩晋墓的四乳四神人镜[1]、义乌东晋太元十年（公元 385 年）墓的五乳五神人镜[2]、黄岩东晋永和十一年（公元 355 年）墓、鄂州西晋墓的八乳八神人镜[3]。

---

[1] A. 王士伦编著，王牧修订：《浙江出土铜镜》（修订本）图版 83、84，文物出版社，2006 年。

　　B. 浙江省文物管理委员会：《黄岩秀岭水库古墓清理报告》，《考古学报》1958 年第 1 期。

[2] 王士伦编著，王牧修订：《浙江出土铜镜》（修订本）图版 85，文物出版社，2006 年。

[3] A. 浙江省文物管理委员会：《黄岩秀岭水库古墓清理报告》，《考古学报》1958 年第 1 期。

　　B. 鄂州市博物馆：《鄂州铜镜》图 257，中国文学出版社，2002 年。

云纹镜

虽然都称为云纹镜，但纹饰与构图差别较大，有 S 形云纹、圆涡云纹[1]、乳丁云纹镜等。鄂州西晋早期墓、南京六朝墓、镇江东晋墓、洛阳西晋墓都有出土。

禽兽镜

主题纹饰为禽兽或变异禽兽，由于是各地区零星出土资料，目前难以形成明确的系列，因此纹饰及构图差别亦大。如浙江新昌东晋太元十八年（公元 393 年）墓出土的四乳四神镜[2]、鄂州孙吴晚期墓出土的凤纹镜[3]、鄂州西晋太康元年墓出土的变异禽兽镜[4]、广东韶关南朝墓出土的禽兽纹镜[5]、洛阳晋墓出土的二兽镜（图 6 - 22 - 1）等。

鸟纹镜

以禽鸟为主题纹饰，鸟的多少不同，构图亦有别。如浙江黄岩东晋咸和元年墓出土的八鸟镜（图 6 - 22 - 3），湖北公安吴墓[6]、河南洛阳西晋墓四乳四鸟镜（图 6 -22 -2）。

二　铜镜的区域特征

南北铜镜不平衡发展的第一个重要标志是东汉中晚期以来铜镜类型的差别更为明显。

南方地区，最流行的是神兽镜类，出土地域广，涵盖了湖北、浙江、江苏、安徽、江西、广东、广西、湖南、贵州、福建、四川等地的许多县市。出土数量多，在这个时期出土的铜镜中此类镜所占比例极大。如湖北鄂州出土和采集的 279 面铜镜中，各式神兽镜就有159 面，接近 57%。浙江、江苏也是出土镜中数量最多的，此外安徽、江西、广东也有不少出土。其次是变形四叶八凤镜，鄂州出土和征集的共有 34 面之多，浙江出土也较多。至于其他的镜类，鄂州出土和采集数量较多的还有变异兽首镜、龙虎镜、简化方格镜、四乳四螭镜、变异内向连弧纹镜等。其中龙虎镜和四乳四螭镜大多数是汉代旧式镜的流传，其他三种镜则可能是当时当地铸制的。鄂州以外出土的资料更为零碎，不能看出明确的发展趋势。

北方地区，西晋时期最流行的镜类首推"位至三公"镜，以河南出土最多。其次是连弧纹镜，多延续汉代的类型，但与南方地区流行的式别有所不同，以凹圈带连弧纹镜最多，其次是云雷纹，以乳丁装饰的连弧纹镜少。出土的规矩镜则以八鸟规矩镜为主，占 70% 以上，还有少量的四神、禽兽规矩镜，南方多见的所谓大方格及简化规矩镜发现很少。乳丁鸟纹镜发现较多，这也是北方流行镜类的重要趋势，包括四乳禽鸟和五至七乳禽鸟镜。此外连西汉中期开始流行的日光镜、昭明镜、四乳四螭镜、四乳禽兽镜也有一些出土。

神兽镜的出土数量虽然远不如南方地区，但陆续有出土的报道。如陕西西安三国曹魏墓、河南洛阳西晋墓、山东临朐西晋咸宁三年（公元 277 年）墓、洛阳北魏墓、陕西西安

[1]　湖北省博物馆、鄂州市博物馆：《鄂州铜镜》图 64，中国文学出版社，2002 年。
[2]　王士伦编著，王牧修订：《浙江出土铜镜》（修订本）图版 86，文物出版社，2006 年。
[3]　鄂州市博物馆：《鄂州铜镜》图 87，中国文学出版社，2002 年。
[4]　鄂州市博物馆：《鄂州铜镜》图 258，中国文学出版社，2002 年。
[5]　杨豪：《广东韶关市郊的南朝墓》，《考古学集刊》3，中国社会科学出版社，1983 年。
[6]　荆州博物馆：《荆东高速公路公安县大北山六朝墓葬发掘简报》，《江汉考古》2005 年第 4 期。

北魏末北周墓、临朐北齐崔芬墓都有出土，河南淇县还出土了"泰始九年"（公元273年）纪年神兽镜，如果加上洛阳烧沟东汉晚期墓、陕西西安未注明年代墓出土的神兽镜，已属于此地区出土较多的镜类了。这些铜镜除大多数是环状乳神兽镜，与南方地区此时期该镜式出土不多形成了鲜明的对照。与神兽镜不同，南方地区另一个主要流行的镜类变形四叶对凤镜，在此地区发现甚少。

　　比较了南北铜镜类型的差异后，总的来看，南方地区是继续发展了东汉晚期和三国吴初期的主要镜类，北方地区特别流行位至三公镜外，还保留了其他许多型式的汉镜，而且很少有创新。

　　南北铜镜不平衡发展的第二个重要标志是出土铜镜的数量相差较大。

　　有关南北出土铜镜数量，目前难以做出科学的统计，但从已发表的资料看，第一，南方的总数量远超北方。如鄂州394座墓出土铜镜115面，采集铜镜还有163面，共278面之多。浙江、江苏、江西、湖南、广东也有不少出土。北方地区除河南数量较多外，其他地区都少。第二，数量的差别显示出时代的波动性，西晋时期是分水岭。三国时期，吴国墓葬发现多，吴镜出土数量多，具有吴年号的纪年镜也多，主要流行的镜类明确，如鄂州墓葬正式发掘出土115面铜镜中，有50面为吴前期、中期、后期墓出土的。曹魏墓出土铜镜资料极少，目前尚难总结具有时代特征和地域特征的内容。但是到了西晋时期南北出土铜镜的趋势相同，出土铜镜数量相对较多。南方如鄂州铜镜，有5面吴晋墓出土、42面西晋墓出土的。北方出土铜镜数量多，分布地域也广，前述洛阳54座晋墓出土24面铜镜、北京顺义8座西晋墓出土8面铜镜即是证明。但是西晋以后有了很大变化，在南方，铜镜仍然有一定数量出土，但已现减少之势。鄂州铜镜仅有2面两晋墓、10面东晋墓、1面南朝墓出土。南京甘家巷38座墓中，7座吴墓出土铜镜4面、6座西晋墓出土3面，17座东晋墓、6座南朝墓均无出土。北方地区十六国北朝时期出土铜镜更少，如山西大同近290座北魏墓中，出土铜镜仅3面，铁镜有13面。

　　南北铜镜不平衡发展的第三个重要标志是铸镜中心的盛衰。

　　关于三国两魏晋南北朝的铜镜产地或铜镜铸造业中心，因目前尚未发现相关文献记载和这个时期的铸造遗址，只能从铜镜铭文中出现的年号、地名和工匠姓氏了解一些铸镜业的情况。不过我们认为铜镜出土数量较多且时代较为集中的某些地区应有自己的铸镜业。现在可以明确的是东汉晚期南方的几个铸镜中心，在三国西晋时期继续兴盛发展。

　　会稽山阴是东汉三国孙吴最重要的铜镜铸造中心。秦始皇二十五年（公元前222年）置会稽郡，治所吴县（今江苏苏州市）。东汉顺帝永建四年（公元129年）分会稽郡北部之地为吴郡，吴县成为吴郡的治所，会稽郡则移治山阴（今浙江绍兴），三国两晋沿袭不变。

　　神兽镜是会稽山阴镜的重要类型。目前发现的具有东汉三国年号和"会稽山阴""会稽"或山阴匠师姓氏的铜镜只有神兽镜，包括重列式、对置式和同向式，至少说明三国时期山阴还在铸制神兽镜的某些型式。

　　毋庸置疑，纪年镜、姓氏镜和地名镜是很少的，尽管铜镜出土地不一定是铸制地，但铜镜出土的种类、数量也可作为考虑的因素。汉代绍兴生产的铜镜被学者称为"会稽镜"，从出土的铜镜看，主要有画像镜、神兽镜、龙虎镜。

画像镜是真正意义上的会稽镜，是会稽镜内涵的集中体现。始于东汉早期，以中期最盛行，此后逐渐被神兽镜代替，晚期和三国吴时期已不是主流镜类，很有可能三国时期不再生产。至于浙江或传为浙江出土的几面有"吴向里"等铭文的画像镜，"吴"字后均没有"郡"字，很有可能是东汉顺帝永建四年前铸制的，"吴"表示会稽郡治所吴县。目前还没有会稽郡在三国时代继续铸制画像镜的明确根据。

画文带环状乳环绕式神兽镜代表了会稽神兽镜的最高水平，至今尚未发现有三国纪年铭文的。如《浙江出土铜镜》（修订本）收录了20余面环状乳环绕式神兽镜，均标明"东汉"，浙江和江苏六朝和孙吴墓有为数甚少的此类镜出土，但有可能是东汉镜的流传。

由于在一些铜镜上同时具有年号、铸镜地或铸镜匠师籍贯、匠师姓氏等，如鄂州出土的"黄初二年"（公元221年）同向式神兽镜中有"扬州会稽山阴师薛（或释"唐"）豫命作竟""黄武四年"（公元225年）重列式神兽镜有"鲍师扬名""黄武六年"（公元227年）重列式神兽镜有"会稽山阴作师鲍唐""黄龙二年"（公元230年）重列式神兽镜有"大师鲍豫而作明镜"等，可以知道三国时期会稽郡山阴的最著名工师是鲍氏、薛氏或唐氏。

江夏郡武昌（今湖北鄂州）是孙吴仅次于会稽山阴的又一个铸镜中心。数十年来在鄂州出土了许多汉三国时期铜镜，其中不少是墓葬出土资料。《鄂州铜镜》中仅纪年镜就有50余面，包括东汉年号10面、三国年号41面、西晋年号1面。《鄂州六朝墓》正式发掘和工地采集的铜镜共278面，分为13型，其中有各类神兽镜159面，变形四叶八凤镜36面，变形四叶兽首镜及变异兽首镜17面，龙虎镜12面。

许多带有孙吴年号的铜镜在鄂州出土，足以证明这里是孙吴时期的重要铸镜中心。铸制的铜镜种类以神兽镜中的对置式神兽镜为主要产品，还有同向式和重列式神兽镜。其次是变形四叶八凤镜。

一个值得思考的现象是，有"吴""吴郡"的铜镜大多出自浙江绍兴，江苏苏州不见；而有"会稽山阴"的则大多数出自湖北鄂州，绍兴反而未见。如上文所引具有会稽山阴匠师姓氏的铜镜均出自鄂州，这些铜镜虽是鄂城出土，但是是在会稽山阴铸造后来传到武昌，还是山阴匠师来武昌铸造的呢？难以判明。不过因为鄂州出土的"黄武六年（公元227年）"神兽镜中有"会稽山阴作师鲍唐……家在武昌思其少"的内容，被认为鲍氏、唐氏等是从会稽山阴征调来武昌的匠师。其实如果看一看鄂州出土的许多有汉建安五年至二十二年年号的神兽镜及其他东汉铜镜，有理由相信，东汉晚期鄂城已有自己的铸镜业，三国初年孙权迁都于此后更加兴盛起来。考古出土资料证明，这里出土的铜镜主要应是本地铸造的，也有来自会稽山阴的。

吴县（今江苏苏州）是东汉著名的铸镜中心。吴县自秦始皇设会稽郡至东汉顺帝吴（吴郡）会（会稽郡）分治，先后为两郡的郡治所在。关于吴县铸镜情况，与湖北鄂州和浙江绍兴出土大量汉三国晋铜镜相反，至今在江苏苏州几乎没有汉六朝铜镜出土资料的报道，目前我们只能依据铜镜铭文中有"吴""吴郡"和工匠姓氏分析认定。如绍兴出土的盘龙镜有"吴向里柏氏"、神人车马画像镜有"吴向阳周是"、环状乳神兽镜有"吴郡胡阳张元"、湖南衡阳出土的重列神兽镜有"唯此明镜，干出吴郡，张氏元公"等。具有这些铭文的铜镜数量极少，加上传世品不过十余面，但涉及的类型却较多，有画像镜、环状乳环绕式神兽镜、对置式神兽镜、七乳兽带镜、盘龙镜等，以画像镜最多。可以知道铸镜的匠师有栢氏、周仲、周是（氏）、张元等。

由于东汉顺帝前后吴县分别是会稽和吴郡的郡治，这类铭文镜除一面对置式神兽镜为西晋"太康二年"（公元281年）外，都没有纪年，因此难以确定它们是东汉时期还是三国吴时期的吴县的产品。正如前文所述，这些画像镜极有可能是东汉顺帝永建四年（公元129年）前铸制的。此外，大凡能确定铸镜中心的地区，一般出土铜镜较多，既然苏州地区缺乏可资分析的铜镜，因此在三国吴时期吴郡吴县究竟生产什么样的铜镜类型有待更多的资料证明。

北方的铸镜中心不像南方几个铸镜中心那样有镜铭实证，在日本出土的多面三角缘神兽镜上出现了"铜出徐州，师出洛阳"或"铜出徐州"的字样。如"新作明竟，幽律三刚，配德君子，清而且明，铜出徐州，师出洛阳，雕文刻镂，皆作文章，左龙右虎，师子右名，服者大吉，长宜子孙。"又如"吾作明竟，幽律三刚，铜出徐州，雕镂文章，配德君子，清而且明，左龙右虎，传世右名，取者大吉，保子宜孙。"在中国本土，"师出洛阳"铭的铜镜目前还未发现，仅在辽宁辽阳魏晋墓中出土的一面方格规矩镜铭中有"铜出徐州"的内容。

不论对"师出洛阳"的铭文怎样解读，河南洛阳是当时北方的一个重要铸镜中心无可置疑。众所周知，每个铸镜中心一定会有自己的主流产品，如西汉铸镜中心山东临淄虽然生产多种类型的铜镜，但最主流产品则是各种型式的草叶纹镜。洛阳出土的众多资料可以证明位至三公镜是其最主要产品。

对"铜出徐州"铭文，也有不同的看法，有的学者据此认为徐州很可能是中原地区铸镜手工业中心。的确"铜出徐州"铭文镜已超过10面，为数不少，尤其是在辽宁魏晋墓出土的"方格规矩镜"中出现，值得重视。仅从至今徐州市考古出土的汉代铜镜分析，有几类具有明显的地方特点，这些铜镜很可能就是汉代徐州本地铸造的，但是在三国两晋南北朝时期该地铸镜业的情况有待研究。

北方地区铸镜作坊及其匠师的情况不甚清楚，铜镜铭文证明在北方，地处黄河流域的曹魏，右尚方是掌管铸镜的重要机构。《通典》载："秦置尚方令，汉因之，后汉掌上手工作御刀剑玩好器物及宝玉作器……汉末分尚方为中左右尚方，魏晋因之。"传世铜镜中，甘露四年和五年兽首镜都有"右尚方师作竟清且明"铭，景元四年规矩花纹镜有"景元四年八月七日右尚方工作立"的字句，都表明是右尚方所作。可知魏晋的三尚方中，右尚方是掌管铸镜的机构。

三　铜镜分期

关于三国两晋南北朝铜镜的分期，王仲殊和徐苹芳都认为可以将建安年间并入三国时代。徐苹芳提出三个时期，两大系统：三国两晋南北朝时代的铜镜，可以分为三期：第一期是三国至西晋，大约相当于三世纪到四世纪初期（建安元年起到西晋建兴四年止，即自公元196～316年，共120年）。第二期是东晋、十六国至南北朝前期，大约相当于四世纪至五世纪后期（东晋元帝建武元年开始，到宋顺帝升明三年为止，相当于北方十六国时期至北魏孝文帝太和初年，即自公元317年至479年，共162年）。第三期是南北朝后期，大约相当于五世纪后期至六世纪后期（公元479年开始，至589年为止，共110年）。每一期的铜镜，从地区上又可以划分南方和北方两个不同的系统。

上述三期的划分只能说大体反映了当时社会和经济发展对铜镜铸造业的影响。实际上，除了第一期由于出土铜镜的数量较多，内涵较丰富外，其他两个时期，尤其是第三期，由于资料的缺乏很难看出明晰的分期根据。因此我们认为目前可将这个时期的铜镜分为二期较妥。第一期三国至西晋（公元220～316年），第二期东晋十六国南北朝时期（公元317～581年）。

第一期三国至西晋（公元220～316年），本期可分为两个阶段，三国时期为前段，西晋为后段。

前一段铜镜，学者们研究的文章较多。我们认为此时期南方、北方铜镜的铸造业和铜镜的流行情况实际上是无法加以比较的。由于能断定是曹魏墓出土铜镜数量实在有限，为数很少的曹魏年号的纪年镜尚存争议，因此三国时期魏国铜镜铸造业的状况究竟如何实难判明。相反，吴的铜镜铸造业继续发展，各铸镜中心仍在铸制有着时代特点和地区品牌的铜镜。神兽镜、变形四叶对鸟镜等主流镜在南方尤其是长江中下游地区出土最多。东汉晚期至三国神兽镜不同式别所占比重的变化，变形四叶对凤镜纹饰构图的变化，都意味着铜镜铸造业的缓慢发展。过去认为画像镜、龙虎镜是吴的主要镜类，但考古资料证明，吴墓几乎不见画像镜出土，龙虎镜很少。

后一段铜镜，曾有日本学者撰文研究。我们认为西晋时期是中国铜镜发展的一个重要阶段，此时期南方、北方都有不少铜镜出土，可资比较。明显看出东汉中期以后逐渐形成的南北铜镜不同体系的局面继续存在，各自的主流镜引领潮流。北方地区出土的数量远超曹魏时期，不仅有"位至三公"镜这样的主流镜，还有其他不少类型的铜镜，甚至南方的主流镜神兽镜也有一些出土。但总的来看，北方铸造的铜镜类型更多的是继续着汉镜传统。

南方地区，吴与西晋并存及西晋前期铸镜业仍在继续。前引鄂州吴、西晋铜镜数量相差不大是一佐证。但从类型上分析，主流镜还是有些变化。如按《鄂城六朝墓》作者的划分为据，神兽镜类中画像纹缘神兽镜，吴墓与西晋墓出土数量差不多。重列神兽镜，吴墓多于西晋墓几乎一倍。环列神兽镜，吴晋、西晋墓多于吴墓，以吴后期西晋前期墓居多。变形四叶对鸟镜吴墓比西晋墓多一倍，西晋出自前期墓葬。另外一些类型的铜镜除禽兽镜西晋墓出土较多外，其他镜吴和西晋墓出土的比例差不多。

第二期东晋十六国南北朝（公元317～581年）。尽管年代跨度很长，严格来说，本期铜镜分期的划分并不成熟，其主要原因是出土铜镜数量少，地域分散，难以支撑起铜镜分期的架构。

南方地区东晋墓出土的铜镜还算多一些，南朝墓就很少了。如湖北鄂州东晋墓出土铜镜10面、南朝墓1面。前引江苏南京甘家巷38座六朝墓中，17座东晋墓、6座南朝墓均无铜镜，镇江2001～2009年发掘的87座六朝墓仅出土铜镜3面。广东始兴39座东晋墓出土铜镜4面，广东韶关11座南朝墓出土铜镜3面。从类型看，东晋时期除神兽镜、变形四叶对凤镜外，其他铜镜虽有各种类型，但为数甚少。如鄂州东晋墓10面铜镜中，神兽镜、变形四叶对凤镜各有3面，其他为四乳四螭镜、简化规矩镜、位至三公镜和禽兽镜。南朝时期出土铜镜不多，但一些镜摆脱了汉式镜的传统纹样，如广东韶关南朝墓出土的禽兽纹镜、双龙纹镜、蔓藤纹镜纹饰均少见。

北方地区十六国出土铜镜资料太少，到了北朝时期，西晋时期特别兴盛的位至三公镜急剧减少，相反，神兽镜、规矩镜还有些出土，山西大同北魏墓出土的"青盖"七乳禽兽带镜、陕西西安北魏末北周墓出土的"青盖"环状乳神兽镜、山西太原北齐天保六年墓出土的三乳三龙镜也都少见。

因此，关于东晋十六国南北朝的铜镜，我们认为首先是要将各地墓葬出土的一面、两面的零星资料集中起来，加以总结，才能得出比较科学的看法。

综上所述，三国西晋时期，孙吴的铸镜业继续发展，尽管其铸镜工艺水平不如东汉，铜镜不如东汉镜精美，但在当时居于我国铸镜工艺的前列，在中国铜镜发展史上是处在一个重要时期。

第三节　家具的演变和生活习俗

三国两晋南北朝时期，是中国历上一个大分裂大动荡的时期。在长约 4 个世纪的漫长的历史时期，呈现在人们面前的是连年战乱和政权不断更迭；社会经济每每恢复而有所发展，又屡遭破坏；传统的礼制也遭到极大破坏，又在不断创新。并且掀起了一波又一波的移民高潮，引起不同地区不同民族间文化的不断流动、碰撞乃至融合。同时，这一时期又是中外文化互动的高峰期，特别是伴随着域外宗教（主要是源自古印度的佛教）的传入和扩散，许多新的域外文化艺术在中国产生深远影响。所有这一切都导致这一时期社会物质文化乃至生活礼俗不断发生变化。也正是在这一时期，随着汉族和各古代少数民族文化及中外文化的互动、碰撞和发展，孕育着新的文化高峰即将来临。可以认为，三国两晋南北朝时期正是由汉文明，向更加辉煌的唐文明的漫长的过渡期。在这一过渡期中，人们的社会生活和礼俗发生了很大的变化。主要表现在建筑技术的发展与家具的变化和日用器皿的变化等方面，其中日用家具的发展变化，又主要表现在由席地起居的家具向垂足高坐家具的转变，出现了许多魏晋以前从不流行的新品种和新器形。

一　建筑技术的发展为家具的发展创造了条件

1. 都城平面布局的变化和建筑技术的新进展

三国两晋南北朝时期，城市平面布局发生了与汉代不同的变化，始于东汉建安年间曹操封魏王所建魏王都邺城（习惯称为"邺北城"），经北魏都城洛阳到东魏、北齐都城邺城（习惯称为"邺南城"）形成规模。秦汉时期的都城，如秦都咸阳、西汉都城长安和东汉都城雒阳，城内都以宫殿群为主。虽然已将一般民居的里闾和经商的市包容在城垣内，但所占面积很少，又多偏居城隅处。城内建筑设施，从建筑到使用功能，主要为皇帝和皇室贵族高官服务。从三国时曹操魏王都邺北城，经过北魏洛阳[1]到东魏、北齐邺南城[2]的发展，宫殿区布置在城内北部正中位置，设置纵分全城的中轴线，城内由纵横大街垂直交错

---

〔1〕　杜金鹏、钱国祥主编：《汉魏洛阳城遗址研究》，科学出版社，2007 年。

〔2〕　中国社会科学院考古研究所、河北省文物研究所　邺城考古工作队：《河北临漳县邺南城遗址勘探与发掘》，《考古》1997 年第 3 期。

的道路网络，分隔成棋盘状，安置封闭式的里坊，设置了满布民居里坊的郭城。城内还出现了大量以佛教为主的宗教建筑，寺塔林立，反映出当时帝王乃至一般民众宗教生活盛行。可以看出都城内的建筑物，由秦汉时期主要为供帝王享用的宫殿群，转向在修建宫殿以外，更大量的建筑物是适于居住的居民住宅院落，以及供广大人群进行宗教活动的寺庙，建筑功能的多样需求，促进了建筑业的空前发展，也促进了建筑技术的新进展。

自魏晋至隋唐，建筑技术的新进展的标志，是木构架建筑逐渐替代了土木混合结构[1]。先看帝王的宫殿，汉代沿袭先秦传统，盛行以台榭建筑为宫室，其特点是夯筑高大的多层土台，主殿在最高的台顶，以实体夯土墙（有的墙体以壁柱加固）承重，中间有都柱，上承屋顶。夯土台四周的单坡辅助房屋，一般不能与台顶殿堂相通，均需经陛登台，才能上达。高台之间，以架空的木构阁道相通连。西汉长安城南郊礼制建筑遗址中最大的一座（大土门村遗址），台顶的主体建筑也是方形，中间有都柱，四周为用壁柱加固的夯土墙。三国西晋乃至北魏平城时期，可能仍以台榭为宫殿。但南迁江南的东晋，虽然主要宫殿建筑仍沿袭魏晋旧制，但全木构架建筑已有很大发展，特别是构筑佛寺的大殿。东晋太元四年（公元379年）桓冲为荆州牧时，邀翼法师度江建造东西二寺，"大殿一十三间，惟两行柱，通梁长五十五尺，栾栌重叠，国中京冠"。[2]可见是一座面阔13间、进深55尺的巨大木构佛殿。进入南朝时期，自宋孝武帝时起不但大修宫室，而且帝王贵胄大肆兴建佛寺，佛殿比拟帝王宫殿，又竞构高塔，极大地推进了建筑业的发展。在北方，北魏孝文帝推行汉化，以南朝为榜样构筑宫室，迁都洛阳以后，北魏皇室同样大建寺塔，著名的永宁寺就是典型的例证。永宁寺内建造的九级高塔，就是"架木为之"[3]，为木结构的高层楼阁式建筑。该塔在公元534年遭火灾焚毁，遗迹保留至今，现塔基已经考古发掘[4]，为由地下至地面的多层的巨大方形夯土台基，上层台基每边长38.20米，四周台壁包砌青石，其上有方形柱础124个，排列成内外5圈，形成内有开佛龛的夯土方柱、外有檐柱的方形塔体，层层向上构筑，蔚为壮观，"去京师百里，已遥见之。……至于高风永夜，宝铎合鸣，铿锵之声，闻及十余里"[5]。与永宁寺塔近似的东魏北齐时的佛塔遗迹，在邺南城遗址城南被发掘出土，同样是地上和地下两部分构成的巨大方形夯土台基，地下台基槽为正方形，边长约45米；地上部分边长约30米，尚存3圈柱础遗迹。中央发现刹柱础石，其下设砖函，可能原瘗藏舍利等，惜早遭盗掘一空。从遗迹保存情况，可以推知这是一座比永宁寺塔规模略小的方形木塔[6]。南朝和北朝竞建宏大的佛教寺庙和木构高层佛

[1]　傅熹年主编：《中国古代建筑史》第二卷《两晋、南北朝、隋唐、五代建筑》第二章第十一节，中国建筑工业出版社，2001年。
[2]　《法苑珠林》卷五二《伽蓝篇·营造部》，《四部丛刊初编缩本》缩印明万历刊本，第632页。
[3]　魏·杨衒之：《洛阳伽蓝记》卷一，《四部备要》本，第1页。
[4]　中国社会科学院考古研究所：《北魏洛阳永宁寺——1979～1994年考古发掘报告》，中国大百科全书出版社，1996年。
[5]　魏·杨衒之：《洛阳伽蓝记》，《四部备要》本。
[6]　中国社会科学院考古研究所、河北省文物研究所　邺城考古队：《河北临漳县邺城遗址东魏北齐佛寺塔基的发现与发掘》，《考古》2003年第10期。

塔，对建筑技术的发展起了极大的推进作用。据分析，在北朝的佛教石窟中雕绘出的建筑图像，较早的还多是反映着土木混合结构的房屋的形貌，而到孝文帝太和年间，云冈石窟第12窟前廊东壁浮雕的三开间殿堂，外廊部分已是模拟木构建筑而雕刻的，斗栱与柱子对位表明木构架由以纵架为主体向以横架为主体过渡。到迁都洛阳后雕造的龙门石窟中，古阳洞南壁有小龛刻出屋形，柱子上伸，直托檐槫，阑额下移分间插入柱身，在阑额与檐槫之间，每间面阔用一个叉手，作为补间铺作。随后在路洞浮雕出的建筑，其阑额由柱上下移至两柱之间，起柱列间支撑作用，柱头之上直托一斗三升斗栱，柱间在阑额上施叉手，分别形成柱头铺作和补间铺作，二者共同组成铺作层，上承屋檐、屋顶。明显模拟的是全木构架房屋，表明木构架已摆脱夯土墙的扶持，其时间约在北魏末东魏初[1]。至于东魏时邺南城宫城内主殿太极殿，据记载周迴用一百二十柱[2]，按所记柱数推算，它应是一座面阔13间、进深8间，中心部分长7间、深2间为内槽的木构架大殿[3]。

2. 斗栱的发展

建筑技术日趋成熟的重要例证之一是斗栱的发展。至迟在北朝晚期在柱头铺作已经使用了五铺作的斗栱，虽然有关的木构架建筑实物没有能保留至今，但是在石窟的窟檐石雕尚保存有北齐时雕造的实例。近年重新揭露出的河北邯郸响堂山石窟南响堂第1窟的窟檐[4]，在两侧的束莲八角立柱的柱头所雕柱头铺作，为五铺作出双抄斗栱。柱头施栌斗，斗口出二跳华栱，第一跳偷心，第二跳跳头之上托横栱（令栱），上承撩檐枋，横栱与外壁之间有枋子联结（衬方头），华栱和令栱拱头均作内颤式卷瓣（图6-23）。依据在南响堂窟檐雕刻所雕出的构件中没有出现阑额，因此推断此檐柱构架应是前后对应的承重构架，是以排架为主的结构形式，这种形式的木构架建筑南北朝时或曾流行于南方地

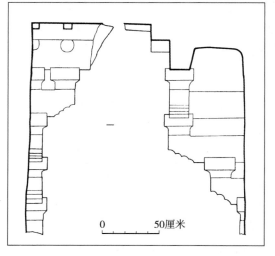

图6-23   河北邯郸南响堂山北朝石窟第1窟
窟檐柱头五铺作斗栱石雕正立面、侧立面图

---

〔1〕 傅熹年主编：《中国古代建筑史》第二卷《两晋、南北朝、隋唐、五代建筑》第281～289页，中国建筑工业出版社，2001年。

〔2〕 明《嘉靖彰德府志》，上海古籍出版社影印天一阁嘉靖刻本，1964年。

〔3〕 傅熹年主编：《中国古代建筑史》第二卷《两晋、南北朝、隋唐、五代建筑》第116页，中国建筑工业出版社，2001年。

〔4〕 邯郸市峰峰矿区文管所、北京大学考古实习队：《南响堂石窟新发现窟檐遗迹及龛像》，《文物》1992年第5期。

区[1]。在山西忻州九原岗北朝墓的墓门上方所绘门楼壁画，同样在立柱的柱头绘出柱头铺作也是前出两跳，应模拟自五铺作斗栱[2]。响堂山石窟等的发现使我们修正了过去认为类似的五铺作斗栱到唐代才出现的旧看法，表明南北朝晚期木构架建筑已趋成熟。斗栱的发展，使殿堂屋宇出檐更深远，利于遮蔽风雨，改善了采光条件，室内举高增加，空间增大，极大地改善了人们生活起居的条件。

二 礼俗的变化和家具的创新

都城布局的变化，特别是里坊取代宫殿占据了城内总面积的大部分，导致民居所占总面积成倍增长，使民居宅院也成为当时建筑业服务的重要对象。建筑技术的新进展，主要是木构架建筑的普及和斗栱的发展，不仅改变了宫殿和佛寺的面貌，也使得民居建筑改善了采光条件，室内举高增加，生活空间增大，更适合生活起居。室内空间增大，人们自然追求更舒适的生活，也就对生活日用品提出新要求。因此在三国两晋南北朝时期，日用家具的改良和更新具备了客观条件。

1. 传统礼俗遭受破坏

仅仅具备了家具改良和更新的客观条件，还难以改变人们的礼仪和与之紧密联系的传统生活习俗。因此只有政治环境的变化，导致礼仪乃至生活习俗的变更，才能为新型家具的出现提供决定性的条件。原来汉魏时期使用的传统的供席地起居的家具组合，本与先秦时期以来传统的礼俗紧密联系在一起，因此想改变席地起居的习俗绝非易事。早在汉代，经由丝绸之路传来的高足的域外家具，已经影响到今新疆地区，在那里的古代遗址留下一些踪迹，但是终于无法突破传统礼俗的关隘东传到中原地区。只有折叠凳是唯一的特例，它被称为"胡床"，在东汉末年被皇帝视为西来的稀奇物品，偶然出现在宫廷中，但仍被传统势力视为东汉灭亡前出现的"服妖"，而写入《续汉书·五行志》[3]。只有当西晋灭亡以后，许多古代民族（匈奴、鲜卑、羯、氐、羌等）从东北、北方和西北各地入居中原，并纷纷建立政权，在一个时期或一个地区成为统治民族，更使其本民族的礼俗传至中原，促使各民族文化和习俗不断碰撞、互动乃至融合，并且不断接受自丝路传入的域外新风，特别是佛教的兴盛，佛教文化也对世间礼俗有深远影响。因而在十六国至南北朝时期，能够突破了汉魏时期的传统礼俗，形成新的礼俗。这也使得日用家具得以突破仅供席

---

[1] 钟晓青在《响堂山石窟建筑略析》（《文物》1992年第5期）一文中指出：排架式结构形式的木构架建筑"现在已无实例可寻，但我国南方流行的穿斗架民居，是与之十分接近的一种建筑样式，在浙闽一带的宋代建筑中，可以见到这一形式经数百年演变之后的情形；日本飞鸟时期（7世纪）的木构建筑，如法隆寺三重塔、四天王寺金堂（重建）等，也有类似的柱头铺作形象，说明这种形式的木构建筑南北朝时或曾广泛流行于我国的南方地区。"关于日本飞鸟时期建筑与中国古代建筑的关系，见《傅熹年建筑史论文集》（文物出版社，1998年）第147～167页。

[2] 张庆捷、张喜斌、郭银堂：《山西忻州九原岗北朝壁画墓》，《2014中国重要考古发现》，文物出版社，2015年。

[3] 《续汉书·五行志》："灵帝好胡服、胡帐、胡床、胡空侯、胡笛、胡舞，京都贵戚皆竞为之。此服妖也。其后董卓多拥胡兵，填塞街衢，房掠宫掖，发掘园陵。"

地起居的传统模式，开始进入新的发展阶段。

2. 新礼俗的形成

新的礼俗形成的过程中，与传统的席地起居习俗相联系的跪坐坐姿受到的冲击最大。汉魏时被视为极不合礼法的蹲坐箕踞以及垂足跂坐，对惯于游牧生活的北方和西北的古代民族来说都属正常的坐姿，并不认为有什么失礼之处，不仅一般百姓如此认识，高官贵族甚至帝王也是如此。鲜卑拓跋氏建立北魏王朝统一北方以后，南朝人士用传统眼光去看北魏宫廷中生活习俗，有许多被视为不合礼数之处。《南齐书·魏虏传》记："虏主及后妃常行，乘银镂羊车，不施帷幔，皆偏坐垂脚辕中；在殿上，亦跂据。"[1]因此在汉魏时难以流传到中原地区的供垂足高坐的椅、凳等坐具，到十六国至北朝时期才得以流传。同时，佛教的流传，也促进了高足家具的使用。信徒在寺庙中礼拜的佛像，其坐姿并非汉魏传统的跪坐姿态，而是结跏趺坐、垂足倚坐，甚至是一腿下垂另一腿盘膝的思惟姿态，而且佛坐皆为高坐具，与传统的席地起居无涉。这些被顶礼膜拜的佛像的坐姿，对信徒来说当然是合于礼法，自会对人们的日常社会生活习俗产生深远影响。目前我们能观察到的北朝时期描绘有高足家具的图像资料，正是多数来自当时佛教的雕塑或绘画，特别是山西大同云冈石窟、河南洛阳龙门石窟、甘肃敦煌莫高窟等石窟寺内的雕塑和壁画。

在江南地区，东晋政权建立后，因战乱逃亡以致旧仪多已失传，甚至"朝臣无习旧仪者"。但东晋皇室仍力图恢复汉魏传统礼俗，只好由被认为"谙练旧事"的刁协、荀崧等"共定中兴礼仪"[2]。梁时沈约撰《宋书·礼志》时已指出当时"诸所论叙，往往新出。"虽然朝廷礼仪已非汉魏故制，但日常生活中仍维持席地起居的旧习俗。传统习惯的阻力，使东晋南朝的上层人士极力排斥垂足坐姿和高足坐具，南朝刘宋时为僧人可不可以"踞食"（垂足踞坐进食）还引起朝中大臣与名僧的大争辩[3]，仅只轻便的折叠凳——胡床时有使用[4]。但是到了梁代，"虏俗"还是冲破了传统的樊篱，梁武帝末年北朝降将侯景发动叛乱，夺取了梁政权，就随意改变朝廷礼俗，在上朝时"床上常设胡床及筌蹄，著靴垂脚坐"。甚至乘辇时也在辇上置筌蹄而垂脚坐[5]。这自然扩展了垂足坐姿和高足坐具在江南的影响。

基于上述原因，在魏晋南北朝时期的日用家具，一方面仍沿袭着秦汉旧俗，以供席地起居的家具组合为主。另一方面则出现了新的供垂足高坐的新式家具。同时在新式家具的冲击下，旧式的家具的形体也有日渐增高的新趋势。

---

[1] 《南齐书·魏虏传》。

[2] 《晋书·荀崧传》。

[3] 见梁·释僧祐辑《弘明集》中范泰《与王司徒诸公论沙门踞食书》、释慧义等《答范伯伦诸檀越书》、范泰《重答法师慧义等书》及《与生观二法师书》《论沙门踞食表（三首）》诸文，《四部备要》本卷一二，第3～6页。

[4] 《南齐书·刘瓛传》："瓛姿状纤小，儒学冠于当时，游诣故人，唯一门生持胡床随后，主人未通，便坐问答。"

[5] 《梁书·侯景传》。

三　传统家具的使用

魏晋时期，日用家具大致仍沿袭两汉时席地起居的家具组合，考古学所见的家具和家具图像，有供坐卧的席、床、榻，床上张帐的帐构，供放置物品的几、案，还有屏障用的屏风，直到十六国北朝时期高足家具出现后，传统家具也仍占主导地位，特别是大床和屏风，更是上层社会人士不可缺少的家具。现将有关考古发现分类简述于下。

席

自先秦时至秦汉，人们皆席地起居，室内铺筵[1]，人解履乃入室，于坐、卧处设席，随用随设，会客、宴请时亦按礼仪设席。考古发掘所获古席标本，曾见于湖南长沙马王堆一号西汉轪侯夫人墓中，共出 4 件，其中出土于西边箱中部竹笥上卷成筒状、以丝带束缚的 2 件，保存颇为完好，用莞草编织，以 53 根麻线为经，莞草为纬，周边包以绢或锦缘，用丝线缝缀，长 220 厘米、宽 82 厘米。在随葬的"遣策"简中记有"莞席二其一青掾（缘）一锦掾（缘）"，应指此二席[2]。三国两晋南北朝时期席仍普遍使用，虽未有实物出土，但多见人物在席上坐卧的图像。可举以下图例。

山东临朐北齐崔芬墓屏风壁画[3]高士坐席图像　崔芬曾任东魏威烈将军行台府长史，死于北齐天保元年（公元 550 年），次年安葬，墓葬位于今山东临朐县冶源镇海浮山南坡，是一座石砌单室墓。墓室的西壁、北壁和东壁绘分幅的屏风，屏面有 8 幅绘坐于树下的高士图像，应是受到南朝墓室中"竹林七贤"拼镶砖画影响而绘制的。壁画中所绘的高士神态怡然，或坐或卧于铺在树下地面的席上，旁边和身后有立姿侍者随侍。坐卧的席形制相同，平面呈长方形，四侧都包有较宽的席缘，其形制仍沿袭汉代旧制，应与上举马王堆西汉墓出土的莞席相似。说明南北朝时期传统的席仍普遍使用。

坐席也可用皮革制作。江苏南京、丹阳一带的南朝大型砖室墓中的"竹林七贤"拼镶砖画中，七贤在树下铺设的就是形近圆形的皮制品。可以南京西善桥南朝拼镶砖画竹林七贤坐席图像[4]为例。在圆形的皮质坐席上，还绘出兽皮上的斑纹和毛。或许这些画的粉本的作者，认为皮制的坐席更能显示高士的风度。

除了明确绘出坐席的绘画外，这一时期还有许多墓室内的壁画或画砖上表现的是席地起居的生活情景，特别是甘肃河西地区的魏晋时期的以一块砖作为一个绘画单元的画砖，如嘉峪关、骆驼城等地的魏晋墓[5]和敦煌的西晋墓[6]，都有大量这类表现席地起居生活

[1]　《周礼·考工记》："周人明堂，度九尺之筵，东西九筵，南北七筵，堂崇一筵，五室凡二筵。"中华书局十三经注疏本，1980 年。

[2]　湖南省博物馆、中国科学院考古研究所：《长沙马王堆一号汉墓》上册第 120～121 页，文物出版社，1973 年。

[3]　临朐县博物馆：《北齐崔芬壁画墓》，文物出版社，2002 年。

[4]　南京博物院：《南京西善桥南朝墓及其砖刻壁画》，《文物》1960 年第 8、9 期合刊。

[5]　甘肃省文物队、甘肃省博物馆、嘉峪关市文物管理所：《嘉峪关壁画墓发掘报告》，文物出版社，1985 年。

[6]　甘肃省文物考古研究所：《敦煌佛爷庙湾西晋画像砖墓》，文物出版社，1998 年。

情景的画砖。

大床

席地起居习俗时，矮足的大床是室内的重要家具，在办公及家居生活广泛使用。因与席地起居习俗相适应，所以床足极为低矮，自先秦至秦汉皆如此，例如考古发掘中获得的两件先秦大床标本，一出于河南信阳楚墓，床面长 225 厘米、宽 136 厘米，足高仅 17 厘米[1]。一出于湖北荆门包山二号楚墓，床长 220.8 厘米、宽 35.6 厘米，足高 18 厘米[2]。由于床足低矮，坐于床上与坐于铺在地面席上的人高差不大。床、席共用，形成席地起居时坐卧家具的基本组合，这一习俗一直延续到三国两晋南北朝时期。在宫室、衙署乃至家居的正式场合，都是在室内主要位置横陈大床，身份地位较高的人坐于床上。人世间生活如此，布置死后的墓室也是仿效生时情景，安放大床以葬死者。还常在墓室正壁所绘壁画中，绘出死者的正面画像，画中的死者夫妇也常是坐于横陈的大床之上，也是模拟着生时的情景。

墓室中陈尸（棺）的大床，习称为“棺床”，常以砖砌或石材制作，石材制作的棺床，有的雕琢精美，较能反映当时实用大床的形貌，由于目前缺乏南北朝时期的床的实物标本，所以这些石床也可用于了解当时实用大床的参考资料。南北朝时期的石棺床中较值得注意的标本，可举下述三例。

一是山西大同北魏太和年间司马金龙墓石床[3]。司马金龙出身于东晋王朝亡后北奔的东晋皇族，仕于北魏，死时为使持节侍中镇西大将军吏部尚书羽真司空冀州刺史琅琊康王，死于太和八年（公元 484 年）。其妻姬辰死于延兴四年（公元 474 年），比司马金龙早十年。合葬于今山西大同石家寨村，该墓具有前后两室，在后室西侧安放石床。石床长 241 厘米，宽 133 厘米，高 51 厘米。正面床面侧边雕刻缠枝忍冬纹边饰，其间分格雕出伎乐 13 身，中央是舞伎，其余皆为乐伎，所演奏的乐器有琵琶、曲颈琵琶、排箫、横笛、钹、鼓、细腰鼓等。除伎乐外，还雕有龙、虎、凤凰、金翅鸟、人头鸟等图像。正面床面下设三足，两角及中央各一，足上浮雕出力托石床的力士像，各足之间刻出壸门。石床雕制精美，床面下设三足和壸门的做法，也正显示着这一时期大床形貌，具有时代特征。发掘时还在床上和附近发现散乱的帷帐石础，以及散落墓室各处的漆画木屏板，表明原来在石床侧后曾陈设漆木屏风（屏风将在下文详述）。大床与屏风结合使用，也为当时风尚。

二是陕西西安北周安伽墓石床[4]。安伽死于北周大象元年（公元 579 年），生前任大都督同州萨保。虽墓志中自称为“姑藏昌松人，其先黄帝之苗裔”，实系来自昭武九姓诸国中的安国，至少其父辈已迁入中土，又在北周任职，所以从墓葬形制到葬具，均遵从华俗，墓室内亦安置石床，床长 228 厘米、宽 103 厘米，通屏高 117 厘米。床足间设壸门，正面床面侧边分格雕装饰纹样，床上侧后树立屏风，一如北魏司马金龙墓石床形制，只是

〔1〕　河南省文物研究所：《信阳楚墓》，文物出版社，1986 年。

〔2〕　湖北省荆沙铁路考古队：《包山楚墓》，文物出版社，1991 年。

〔3〕　山西省大同市博物馆、山西省文物工作委员会：《山西大同石家寨北魏司马金龙墓》，《文物》1972年第 3 期。

〔4〕　陕西省考古研究所：《西安北周安伽墓》，文物出版社，2003 年。

屏风亦改用石雕。但是由于安伽生前曾任掌管西域来华人士宗教事务的"萨宝",因此在葬具装饰图纹所用粉本,突出了具有祆教特征的图纹,特别是床侧后安置的石屏风的屏面上,浮雕并贴金绘彩的图纹,显示出西域与华风相混合的特征。

三是陕西西安北周康业墓石床[1]。康业死于北周天和六年(公元571年),本是来自昭武九姓中康国的王族,生前历任大天主、罗州使君、车骑大将军、雍州呼乐等职,死后被诏增为甘州刺史。他与安伽相比,虽为王族而身份更尊贵,但因他没有任过与宗教有关的萨宝职务,所以石床使用的装饰图纹,纯为华风。石床长238厘米、宽107厘米,床下前沿设三雕成蹲兽形的床足。康业尸体即安葬床上。

在墓室内绘墓内所葬死者(习惯称其为"墓主人")的正面坐床(或榻)画像,至少可追溯至东汉时期,如河北安平逯家庄熹平五年(公元176年)墓中右侧室绘有墓主人朱衣正坐的图像,下为坐榻,侧后附屏风,上张斗帐[2]。此后魏晋南北朝时期此风沿袭不衰,特别在北朝时期更是高官贵胄的墓室壁画中最重要的图像。可举下述二例。

一是山西大同沙岭北魏墓正壁壁画墓主夫妇共坐的大床[3]。据墓中所存残漆器铭文,该墓可能葬于太延元年(公元435年)。大床横陈室内,夫左妇右并排正坐床上,床后有矮屏,前有上陈食具的案,男主人还有三足隐几,隐几前面一足显露于膝前,作兽足形状。

二是山西太原北齐徐显秀墓墓室正壁(北壁)壁画墓主夫妇共坐的大床[4]。徐显秀为北齐太尉武安王,葬于武平二年(公元571年)。大床黑褐色,横陈室中,前沿床面下设三足,足与足间为壸门,床面上侧后置屏风。其形制与前述北周安伽墓等的石床同,更证明墓内葬具石床确为模拟生活中大床所制作。墓主夫妇正坐床上,夫左妇右,两人之间有堆积如小山的各色食具与食物,足见该床面之宽大。床上方覆以大型覆斗顶帐。

除壁画中墓主夫妇坐床外,在墓室所嵌画像砖及石棺上的图像中,也可看到大床的图像。如河南邓县画像砖[5]老莱子娱亲图像中,老莱子父母即同坐大床之上,该床下设四足,足间为壸门,床上张帐。又如传河南出土的北魏画像石棺上孝子图中,郭巨夫妇欲埋儿而得金后,回家侍奉老母,郭母即坐于四足大床之上。通过这些图像,可见当时家庭中大床使用之普遍。

在江南的东晋南朝墓内,随葬陶制明器中有时有大床的模型。由于是模型明器,所以尺寸较真床为小,常常在120厘米左右,但远比文献所记榻的尺寸(三尺五,约今84厘米)长得多。在江苏南京的南京大学北园东晋墓、象山七号墓、郭家山东晋墓等墓都有出土。以南京郭家山东晋墓(M13)六足陶床[6]为例:陶床灰陶质,床面长120.6厘米、

〔1〕　西安市文物保护考古研究所:《西安北周康业墓发掘简报》,《文物》2008年第6期。

〔2〕　河北省文物研究所:《安平东汉壁画墓》,文物出版社,1990年。

〔3〕　大同市考古研究所:《山西大同沙岭北魏壁画墓发掘简报》,《文物》2006年第10期。

〔4〕　山西省考古研究所、太原市文物考古研究所:《太原北齐徐显秀墓发掘简报》,《文物》2003年第10期。

〔5〕　河南省文化局文物工作队:《邓县彩色画象砖墓》,文物出版社,1958年。

〔6〕　南京市博物馆:《六朝风采》图版249,文物出版社,2004年。

宽84.2厘米，通足高24.2厘米。床下前后沿各有三足，两端各一足，居中一足，足间与床板边缘做出弧线形，形似壶门，床板下有隆起的隔梁，以模拟木制实物。南京大学北园东晋墓出土陶床与之形貌相同，尺寸略长一点，长125厘米、宽100厘米、高28厘米。象山七号墓出土陶床略短，长112厘米、宽65厘米、高21.4厘米[1]（图6-24-1）。在床上还放置一件三足隐几（图6-24-2）。

榻

除大床为室中正式坐具外，同样普遍使用的还有供一人独坐的榻。榻形似床但尺寸远较床为小。汉代床榻的尺寸，服虔

图6-24　江苏南京象山东晋7号墓出土陶家具模型
1. 床　2. 隐几

《通俗文》有记述："床三尺五曰榻，板独坐曰枰，八尺曰床。"[2]折合今日尺度，榻约长84厘米，床约长192厘米[3]，而枰应比榻更小，形近方形，仅能容一人独坐。狭长的坐榻，在三国两晋南北朝时期亦极流行。河西地区的魏晋至十六国时期的墓室画像中，多见主人坐榻进食的壁画或画砖，可据以观察当时坐榻之形貌。可举下列三例。

一是甘肃嘉峪关魏晋墓（M1）砖画坐榻[4]。绘出墓主人坐于榻上，侍仆正向他奉上串状食物，可能摹写的是肉串。坐榻足作壶门状。

二是敦煌佛爷庙湾西晋墓（M37）进食砖画坐榻[5]。绘出墓主人坐于榻上，侍仆双手捧酒樽向他走来。坐榻四足（图6-25-2）。

三是甘肃丁家闸十六国墓（M5）壁画坐榻[6]。绘出墓主人坐于室内榻上，身后有侍仆执曲柄伞盖，在他面前室外陈有食案，案侧是表演舞蹈的舞伎，以及伴奏的坐姿乐队。坐榻四足，足身向内弧曲，形貌与上述佛爷庙湾西晋墓所绘坐榻相同。

令人感兴趣的是在南京江宁上坊孙吴时期的大墓[7]中，出土有一件坐于榻上的青瓷

[1] 这两件陶床，发掘简报中曾称为"案"，分别见南京大学历史系考古组《南京大学北园东晋墓》（《文物》1973年第4期）、南京市博物馆的《南京象山五号、六号、七号墓清理简报》（《文物》1972年第11期）。后陈增弼发表《汉、魏、晋独坐式小榻初论》（《文物》1979年第9期）指明这两件标本不是案，而应是坐具，但认为是独坐的小榻。

[2] 唐·徐坚：《初学记》卷二五，第601页，中华书局，1962年。

[3] 床、榻尺寸的换算，依孙机《汉代物质文化资料图说》（文物出版社，1991年）第220页所载。

[4] 甘肃省文物队、甘肃省博物馆、嘉峪关市文物管理所：《嘉峪关壁画墓发掘报告》图版五八：1，文物出版社，1985年。

[5] 甘肃省文物考古研究所：《敦煌佛爷庙湾西晋画像砖墓》，文物出版社，1998年。

[6] 甘肃省文物考古研究所：《酒泉十六国墓壁画》，文物出版社，1989年。

[7] 南京市博物馆、南京市江宁区博物馆：《南京江宁上坊孙吴墓发掘简报》，《文物》2008年第12期。

1. 0 ————————— 10厘米　　2. 比例不详

图 6-25　孙吴西晋墓葬所见坐榻

1. 孙吴瓷俑及坐榻模型（南京上坊孙吴墓）　2. 西晋坐榻画像（甘肃敦煌佛爷庙湾西晋墓）

俑，得以形象地模拟出当时人们端坐于榻上的真实情景（图 6-25-1）。从简报所附实测图可知坐榻长度约与坐姿瓷俑的坐高相近似，所以它不是床而为坐榻，榻设四足，但榻底近中部还有个圆形支柱，可能是这件明器在制胎时为了牢靠添加的。在榻前陈设一张长度与榻长相近似的案，案面下两端各设下施横枨的三栅形案足。

辽东地区的东晋十六国墓葬中，也有坐榻壁画，从辽东奔往高句丽的原前燕司马冬寿，永和十三年（升平元年，公元 357 年）葬于朝鲜半岛的安岳。墓内壁画有冬寿及其夫人画像。冬寿正坐榻上，前拥三足隐几（凭几），榻的侧后附矮屏，上张斗帐，帐顶饰莲花。冬寿夫人亦坐于榻上，上张莲花顶饰斗帐[1]。

到南北朝时期，仍可看到墓主人坐榻的画像。如山西大同智家堡北魏石椁北壁壁画[2]，即绘墓主夫妇共坐一榻，榻后附矮屏，上张斗帐。

帐构

在叙述床、榻时，已说明魏晋南北朝时期人们通常在床和榻上张帐，支撑帐的帐架安装的金属件称为"帐构"或"帐镶"，先秦时开始以青铜铸制，汉以后出现了铁制品。三

---

[1]　洪晴玉：《关于冬寿墓的发现和研究》，《考古》1959 年第 1 期。

[2]　王银田、刘俊喜：《大同智家堡北魏墓石椁壁画》，《文物》2001 年第 7 期。

国时期的铁帐构，曾在河南洛阳的曹魏
墓中出土过，同样形制的曹魏时期的铜
帐构也在河南巩县出土过。两晋南北朝
时期的金属帐构，在河南、江苏、辽宁
等省都有出土。现举四例分述于下。

　　一是河南洛阳曹魏正始八年（公元
247 年）铭铁帐构[1]。出土于洛阳涧
西 M2035 墓，原安放在前堂后部居中
处，横陈。铁帐构一组 9 件，其中一件
有刻铭，纪年为"正始八年八月"，"正
始"为曹魏齐王曹芳年号，八年为公元
247 年（图 6-26）。这组帐构系由垂直

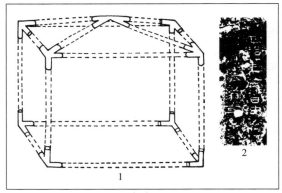

图 6-26　河南洛阳涧西 M2035
出土魏正始八年铭铁帐构
1. 帐构复原示意图　2. 铁帐构铭文拓本

或斜交的中空圆铁管构成，每节铁管各长 16 厘米、直径 4 厘米，中间形成圆鋬，以插入
帐杆。其中 4 件是由互相垂直的三管构成，它们是用于帐底四角的。另 4 件除了三向垂直
的三管外，再向上斜伸一管，与相对的垂管形成 109 度角，它们是用于帐顶四角的。最后
1 件由下斜的四管聚成尖顶，顶下中央镶一铁饼，用在全帐顶端。经复原以后，可以看出
是一具四角攒尖顶的斗帐。

　　二是河南新安西晋墓（C12M262）铜帐构[2]。出土于河南新安 C12M262 号西晋墓，
原横置于墓室正壁前面，据地面尚存的四角的砖座，原帐平面尺寸为长 260 厘米、宽 180
厘米，将死者棺木罩于帐下。帐构一组 8 件，各由互相垂直的三支长 11 厘米、直径 2.8
厘米的铜管构成，帐的四角上下各 1 件，合组成较宽大的平顶帷帐。在每件帐构上，都刻
有表示安装时位置的文字和序号，如"东角上　上一　上二"，其中东南西北四角上、下
各一件。

　　三是江苏南京南朝铜帐构[3]。出土于南京通济门外，只发现一组 5 件，铜管的直径
4.3 厘米。其中 4 件是用于帐顶四角的，另 1 件是用于顶端的。所有 5 件铜管交角向帐内
的里侧，全饰有造型优美的圆形莲花图案镂雕装饰。

　　四是辽宁朝阳袁台子十六国铜帐构[4]。出土于辽宁朝阳袁台子东晋十六国墓葬中，
该墓原有壁画，从残存部分看，应绘有墓主人坐帐的正面像。帐构铜质鎏金，一组 4 件，
原安装在一具平顶小帐的四角，该帐张设于墓内前堂之中，横陈，帐内放有满置食器的
漆案。

〔1〕　洛阳市文物工作队：《洛阳曹魏正始八年墓发掘报告》，《考古》1989 年第 4 期。
〔2〕　洛阳市文物工作队：《河南新安西晋墓（C12M262）发掘简报》，《文物》2004 年第 12 期。
〔3〕　南京市博物馆：《六朝风采》图版 1，文物出版社，2004 年。
〔4〕　辽宁省博物馆文物队、朝阳地区博物馆文物队、朝阳县文化馆：《朝阳袁台子东晋壁画墓》，《文物》
　　　1984 年第 6 期。

案

汉代时食案和庋物之几名目不同而且形制区分明显[1]，但后来几案常连称，概念互有交叉。魏晋南北朝时期，人们对几案名称并不刻意区分，或几案连称，或概称为案，如梁简文帝《书案铭》所云："刻香镂彩，纤银卷足"。按汉刘熙《释名》之规定，则该叫"书几"才是。因此进食庋物的家具，可概称为案，与床席组合使用，仍是日常不可缺少的家具。但是目前的考古工作中，只发现过魏晋南北朝时期案的陶制模型和壁画图像，尚缺乏实物标本。可举以下三例。

一是山东东阿曹魏曹植墓陶案[2]。陶案的案面长方形，长 50.4 厘米、宽 22.5 厘米。案高 16 厘米，两足为下施横枨的曲栅，与案面分制，插安于案面底面两端，因曲栅外侈，足距达 52.8 厘米。这种形制的曲栅状足的几案，已见于汉画像中，如山东沂南画像石墓[3]，到三国两晋南北朝时期成为当时流行的几案的主要形制。

二是江苏南京郭家山东晋墓（M10）陶案[4]。南京地区东晋南朝墓中常随葬有陶案，郭家山东晋 M10 号墓出土的标本保存较完好。案灰陶质，通高 29.5 厘米，案面长 124 厘米、宽 35 厘米、厚 3.5 厘米。两足为下施横枨的曲栅，与案面分制，插装成整体。

三是甘肃丁家闸十六国墓壁画案[5]。案绘于墓主人坐像面前室外处，案足为下施横枨的曲栅，曲栅足甚高。案上放有酒樽。

隐几（凭几）

魏晋南北朝时期，高层人士特别是文人安坐于床、榻或席上时，常在膝前拥绕隐几，亦称凭几，可将双臂凭于几上，以解疲乏。《三国志·魏书·毛玠传》，记曹操平柳城后，"班所获器物，特以素屏风、素冯（凭）几赐玠，曰：'君有古人之风，故赐君古人之服。'"[6]关于隐几的形貌，南齐谢朓在咏物诗《乌皮隐几》中有生动描写："蟠木生附枝，刻削岂无施。取则龙文鼎，三趾献光仪。勿言素韦洁，白沙尚推移。曲躬奉微用，聊承终宴疲"。《语林》曾描述凭几特征为"孤鹄蟠膝，曲木抱腰"。均清楚地说明这种家具的几面呈弧曲形状，下有三足，使用时弧曲的弧面向外，拥于人坐姿时腰部，三足中间一足在膝前居中处，左右两足分列两侧，以供人向前凭依。魏晋时隐几，不仅见于壁画图像及随葬模型明器，还有实物出土。现举下列三例。

一为北京石景山八角村魏晋墓石椁壁画隐几[7]。石椁正壁墓主人正坐画像，绘出前拥的隐几，只露出腹前的部分几面，以及膝前居中的一足。此外，魏晋南北朝时期墓室壁画中绘出的墓主人正坐于床（榻）帐的画像中，也常绘出隐几，如前引前燕司马冬寿墓壁画中冬寿坐帐像，也绘出隐几，中间一足伸在膝前，另外两足分绘于膝左右两侧。

---

[1]　汉时几、案之区分，见孙机《汉代物质文化资料图说》（文物出版社，1991 年）第 216～218 页。

[2]　罗宗真主编：《魏晋南北朝文化》第 215 页图七，学林出版社、上海科技教育出版社，2000 年。

[3]　曾昭燏、蒋宝庚、黎忠义：《沂南古画像石墓发掘报告》，文化部文物管理局，1956 年。

[4]　南京市博物馆：《六朝风采》图版 251，文物出版社，2004 年。

[5]　甘肃省文物考古研究所：《酒泉十六国壁画墓》，文物出版社，1989 年。

[6]　《三国志·魏书·毛玠传》。

[7]　石景山区文物管理所：《北京市石景山区八角村魏晋墓》，《文物》2001 年第 4 期。

二为安徽马鞍山孙吴朱然墓出土漆隐几[1]。马鞍山孙吴墓是一座具有前堂和后室的大型砖室墓，据出土木名刺和谒上的文字，知所葬死者为孙吴右军师左大司马当阳侯朱然，是目前发现的死者身份最高的孙吴墓。墓中出土有 1 件漆木隐几，应为当时实用家具。隐几木胎，遍体髹漆，有黑红两色，表面为黑色。几面呈扁平圆弧形，弦长 69.5 厘米、面宽 12.9 厘米。下设三足，均为外弧的兽足形状，在几面弧曲最凸出的中央部分设一足，另两足分别安装在几面左右两端，几高 26 厘米。在南昌火车站东晋墓（M5）中[2]，也出土过一件漆木隐几，惜已残损，形制与朱然墓隐几相同，几面弦长 66 厘米、宽 11 厘米，几足卯接于几面下，兽足形，居中一足已失，仅存两端二足，几通高 30 厘米。几上原髹漆均已脱落。

三为江苏南京象山 7 号东晋墓出土陶隐几[3]。该墓的墓室中，迎门正面横置陶床模型，床上放置陶隐几，还有陶盘、陶耳杯、陶砚及瓷香熏、青瓷唾壶等物。隐几弧形几面长 42 厘米，下设三兽足，几高 21.5 厘米（图 6-24-2）。此外，南京地区东晋南朝墓中自 20 世纪 50 年代以来不断有陶质隐几明器模型出土，前引出土陶床模型的南京大学北园东晋墓中，也出土有陶隐几，其形制与象山东晋墓完全相同。

隐几不仅在室内使用，也可放在牛车中，供乘车时凭靠。象山 7 号东晋墓出土陶牛车模型上，就放有一件陶隐几。江宁丁甲山一号六朝墓中，在陶牛车模型上，也放有一件陶隐几[4]。出土时是把弧曲的一面向后，或许这类家具也可用于靠背亦未可知。

屏风

魏晋南北朝时期，屏风是流行的家具之一。在古代文献中还有许多有关华美屏风的记述，如《邺中记》说十六国时期后赵石虎作"金银钮屈膝屏风"，高矮可以随意伸缩，最高可达八尺，次则六尺，也可缩短到四尺，"衣以白缣，画义士、仙人、禽兽之像，赞者皆三十二言"。但考古发掘的漆画屏风实物标本，仅有北魏司马金龙墓一例，现简述于下。

山西大同北魏司马金龙墓石础漆画木屏风[5]。前已述及司马金龙生前封琅琊王，官至"使持节、侍中、镇西大将军、吏部尚书、羽真司空、冀州刺史"，可证这种华美的漆屏风是当时最高统治集团享用的奢侈品。可惜该墓因遭盗掘等人为原因和自然原因，这具漆屏风已经朽毁，残件散落墓室各处，只有 5 块屏板还比较完整，板高 81.5 厘米。如把屏板合成整体，看来是适宜于床上使用的四尺屏风。整具屏风的形制，可以从它自身上的画面看出来，原来在屏板正、背两面都有彩画，朱底上分上下四栏，各画一组人物画，并

---

[1] 安徽省文物考古研究所、马鞍山市文化局：《安徽马鞍山东吴朱然墓发掘简报》，《文物》1986 年第 3 期。

[2] 江西省文物考古研究所、南昌市博物馆：《南昌火车站东晋墓葬群发掘简报》，《文物》2001 年第 2 期。

[3] 南京市博物馆：《南京象山五号、六号、七号墓清理简报》，《文物》1972 年第 11 期。

[4] 江苏省文物管理委员会：《南京近郊六朝墓的清理》，《考古学报》1957 年第 1 期图版壹：5。文中误将隐几称为陶靠背。

[5] 山西省大同市博物馆、山西省文物工作委员会：《山西大同石家寨北魏司马金龙墓》，《文物》1972 年第 3 期。

加榜题，人物形象生动，用笔朴素劲健，所绘内容有列女图（图 6-27）。其中"和帝后""卫灵公"与"灵公夫人"等画面中，都有在一人独坐的床榻后部和左右两侧屏障用的屏风，这些屏画中之屏风图像，也正是这具漆屏风自身的写照。屏板每块宽约 26 厘米，厚 2.5 厘米，上下有榫，两侧也有上下两个榫或卯口，可知原应与屏风边框相卯合。在墓中还发现一些宽 6.7～6.8 厘米，厚 4.5～4.6 厘米的木板漆画，板面绘连续的忍冬图案，或在忍冬图案中加绘人物、朱雀、虎、神兽等图像，在板侧也绘有忍冬图案，它们或可能是屏风的边框。如并联拼合 6 块屏板和边框，宽度应能超过 200 厘米，正好可以安放在墓内宽 241 厘米的石床上，两侧如各安 3 块屏板和边框，则全屏用 12 块屏板，共有 12 幅图像。可知北周安伽墓石床屏风图像，后面 6 幅，两侧各 3 幅，共 12 幅，完全是沿袭北魏屏风旧制。至于屏板安装在石床上的方法，可参考北魏墓出土的围屏石床。因此我们已可能复原司马金龙墓石床所装木制漆画屏风的形貌。

北魏司马金龙墓出土的漆画木屏风石床外，还出土有 4 件浅灰色细砂石精雕的小柱础，础高约 16.5 厘米，表明石床上还张有帐，小石础应是床帐的柱础。同样的小型石础，在山西、山东等省有所发现。在山西大同还发现过类似司马金龙墓石础的标本，但雕工稍逊。山东济南东魏天平五年（公元 538 年）崔令姿墓出土有 4 件素面的覆钵式滑石帐柱础[1]，形制较小，长 11 厘米，高 5.5 厘米。其中两件是将石础杀掉的四分之一角的做法，应是为更好地置于后侧两角处。

还应注意的是，东晋南北朝时期在屏风

[1]　济南市博物馆：《济南市东郊发现东魏墓》，《文物》1966 年第 4 期。

图 6-27　山西大同北魏司马金龙墓
木屏风屏板漆画

的屏面上，绘出的屏面画，已逐渐成为室内艺术装饰的重要内容。因为在东晋南北朝时期，艺术家的绘画创作主要有3种表现形式：第一种是手卷；第二种是在宫室或寺庙绘制壁画；第三种是在屏障上的绘画。其中第一种手卷，主要是为少数人在室内临几观赏。第二种，特别是佛寺内的壁画，则是一种向社会大众的艺术展示。第三种即屏风画，则陈设于人们生活或办公的居室或厅堂之中，六朝时已引起著名画家的重视，仅在《历代名画记》中，就记有孙吴时曹不兴作屏风画时误落笔点素，因而画为蝇状，孙权误以为真蝇的故事。还有记有东晋时荀勖有维摩诘像屏风、顾恺之有水鸟屏风、王廙有"村社齐屏风"等作品传世。著名画家参与屏风画的创作活动，从而促进了屏风画的繁荣与发展，也使屏风画成为六朝以来人们居室中陈设绘画艺术品的主要形式，对美化居室环境起着重要作用。

传世古代绘画中，保存了一些东晋南北朝时期绘画的后代摹本，主要有传东晋顾恺之所作《女史箴图》[1]、《列女仁智图》[2]、《洛神赋图》[3]的后代摹本，以及传北齐杨子华作《北齐校书图》[4]的后代摹本，绘出有席、大床、榻、案、胡床等家具。在《女史箴图》卷中，自右向左依次出现的家具有足作壶门形状的坐榻、下作覆盆状础的镜台、平铺地面的坐席、上张平顶帐的大床，在大床前放有与床同长的曲足案。比较特殊的是有人下床时先垂足坐于案上，一面回顾床上人对谈，一面伸足穿履，明显不是曲足案的传统用法。《列女仁智图》卷中在绘出的卫灵公和灵公夫人对谈画面中，二人均坐在平铺地面的坐席上，且在灵公坐席的左、后、右三侧以矮屏围护，屏面绘山水画。并在地上所放灯的左、后、右三侧以极小的屏风围护。《洛神赋图》卷中出现的家具只有足作壶门形状的独坐的坐榻。《北齐校书图》卷中绘出的家具有大床和胡床，大床上共坐有四人，床足作壶门形状。胡床的形貌绘画准确，施横木的顶端和交叉的床足都画得很清楚。将上述几件传世绘画中绘出的家具与前述考古发现的家具资料相比较，可以看出这些绘画中的家具虽经后人摹写多有变形之处，但仍表明画家作画时，确是按当时的实用家具模写而成，因此仍不失为了解三国两晋南北朝时期日用家具有用的参考材料。

虽然沿袭汉魏传统的席地起居家具到南北朝时期一直沿用不衰，但是自十六国时期开始不断受到高足家具新浪潮的冲击，一浪高过一浪，最终在五代北宋时被新浪潮所淹没，从人们社会生活的舞台上消逝，最终让位于高足家具的新组合。

---

〔1〕《女史箴图》卷现藏英国大英博物馆。

〔2〕《列女仁智图》卷现藏北京故宫博物院，见《中国历代艺术·绘画编（上）》（人民美术出版社，1994年）图109。

〔3〕《洛神赋图》卷现藏北京故宫博物院，见《中国历代艺术绘画编（上）》（人民美术出版社，1994年）图110。

〔4〕《北齐校书图》卷现藏美国波士顿美术馆。

四　十六国北朝时期高足家具

在从十六国到北朝时期，从有关考古资料中，主要是佛教的雕塑和绘画中，可以看到高足家具的图像。主要有束腰圆凳——筌蹄、方凳、胡床和椅子。

束腰圆凳（筌蹄）

在高足家具中，最常见的是一种束腰的圆凳（筌蹄）。在新疆克孜尔石窟的本生故事壁画中，经常可以看到这种以植物枝条编成的束腰圆凳，有的圆凳外面还包束有纺织品[1]。这种源于印度半岛的坐具传入中国后，因其形状类似竹编的捕鱼的筌，故人们借用了筌的名称，称其为"筌蹄"[2]。在后来的云冈石窟和敦煌莫高窟的雕刻和壁画中，也常可以看到束腰圆凳的图像。除了与佛教有关的图像外，在描述世俗生活的墓葬石椁所雕图像中，也已发现有束腰圆凳的身影。现将有关资料列举如下。

新疆克孜尔石窟第 14 窟本生故事壁画中束腰圆凳（筌蹄）图像（图版 23-2）。

云冈石窟第 9 窟束腰圆凳（筌蹄）图像。云冈石窟第 9 窟前室北壁明窗的两侧，各雕有一尊赤体的梵志像，都是作一腿下垂一腿盘膝姿态随意坐在束腰圆凳上。

云冈石窟第 6 窟佛本行浮雕中束腰圆凳（筌蹄）图像。在云冈石窟第 6 窟壁面浮雕佛传故事，其中许多图像中都有人物坐于束腰圆凳上，如阿私陀仙人为太子占相时，仙人即坐于束腰圆凳上。又如描述太子出四门遇到病人的图像中，所遇病人双手扶杖坐于束腰圆凳上[3]。

敦煌莫高窟第 275 窟壁画中束腰圆凳（筌蹄）图像。在第 275 窟北壁绘《月光王本生》故事画，画中所绘月光王裸身赤足只着短裤，垂足坐于绘有直条纹的束腰圆凳上，这种绘出条纹的圆凳看来是模拟着以植物支条编成的实物。第 275 窟应为北魏时期的洞窟，具体年代约与云冈第二期之初相同，具体年代在太和初年（公元 477 年）前后[4]。

敦煌莫高窟第 285 窟壁画中束腰圆凳（筌蹄）图像。在第 285 窟主室南壁中部绘《五百强盗成佛》连续故事画，其中描述受刑后的强盗们听佛说法的画面中，佛的坐具也是上覆白色织物的束腰圆凳（图 6-28），佛垂双足坐于凳上[5]。这座洞窟中有西魏大统年间的榜题，因此《五百强盗成佛》壁画也应是西魏时期的作品。

山东青州北齐石椁线雕中束腰圆凳（筌蹄）图像。山东青州（原益都县）傅家出土北齐石椁线雕画中（图 6-29），有一幅画出胡商赠给或出售给墓主珍贵物品的情景，胡商躬

---

〔1〕 北京大学考古学系、克孜尔千佛洞文物保管所：《新疆克孜尔石窟考古报告》彩色图版二一、二五，文物出版社，1997 年。

〔2〕 关于"筌蹄"名称的考证和确定，承王世襄见告。

〔3〕 山西省文物工作委员会、山西云冈石窟文物保管所：《云冈石窟》，图版 53、22，文物出版社，1977 年。

〔4〕 A. 宿白：《敦煌莫高窟早期洞窟杂考》，《中国石窟寺研究》，文物出版社，1996 年。
　　B. 有人不同意宿白的意见，特别是樊锦诗、马世长、关友惠撰写的《敦煌莫高窟北朝洞窟的分期》（《敦煌研究文集》，甘肃人民出版社，1982 年）。

〔5〕 敦煌文物研究所：《中国石窟·敦煌莫高窟（一）》，图版 14、132，文物出版社，1982 年。

图 6 - 28　敦煌莫高窟第 285 窟五百强盗成佛壁画西魏束腰圆凳图像

身立于右侧，墓主则垂足坐于左侧，所坐的坐具为束腰圆凳[1]，绘出的圆凳明显模拟的不是编织物，而是使用木材甚或石材等坚硬的材料所制作。该墓早遭破坏，据云出土墓志纪年为北齐武平四年（公元 573 年）。

　　方凳

　　敦煌莫高窟第 257 窟壁画中方凳。第 257 窟南壁下部东侧所绘《沙门守戒自杀缘品》故事画中，可以看到两种供垂足高坐的方凳的图像：一种是约与人的小腿高度相近的四足方凳；另一种是形如立方体的方墩，或可称为实体方凳[2]。第 257 窟应为北魏时期凿建的洞窟[3]。

　　胡床

　　除束腰圆凳和方凳外，东汉末已传入中原的交足折叠凳——胡床，这时已不仅是皇帝所喜好的稀有的外来的胡人坐具，而在社会上得到普遍使用。魏晋时期，胡床还主要被军

〔1〕　夏名采：《益都北齐石室墓线刻画像》，《文物》1985 年第 10 期。

〔2〕　敦煌文物研究所：《中国石窟·敦煌莫高窟（一）》，图版 43，文物出版社，1982 年。

〔3〕　宿白：《参观敦煌莫高窟第 285 窟札记》，《中国石窟寺研究》，文物出版社，1996 年。

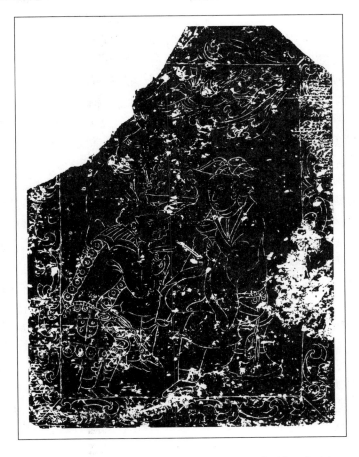

图 6-29　山东青州北齐石椁线刻画束腰圆凳图像（拓本）

中将帅用作行军中暂时休息的轻便坐具。如公元 211 年，魏武帝曹操西征，大军自潼关北渡，曹操即坐在胡床上指挥大军渡河，据《三国志·魏书·武帝纪》注引《曹瞒传》："公（曹操）将渡河，前队适渡，（马）超等奄至，公犹坐胡床不起。张郃等见事急，共引公入船"。也有时主将在战场上坐于胡床指挥战斗。如东晋十六国时期，前凉张重华将谢艾与敌将麻秋对阵时，"艾乘轺车，冠白帢，鸣鼓而行。秋望而怒曰：'艾年少书生，冠服如此，轻我也。'命黑矟龙骧三千人驰击之。艾左右大扰。左战帅李伟劝艾乘马，艾不从，乃下车踞胡床，指麾处分"[1]。在江南，军中将帅据胡床指挥战斗的事例亦屡见不鲜，事例如杨公则和王僧辩。公元 501 年，萧衍军攻至建业，其将杨公则"自越城移屯领军府垒北楼，与南掖门相对，尝登楼望战。城中遥见麾盖，纵神锋弩射之，矢贯胡床，左右皆失色。公则曰'几中吾脚。'谈笑如初"[2]。南北朝时期，胡床已普遍于家居日用，因为便

[1]《晋书·张轨传》附《张重华传》。
[2]《梁书·杨公则传》。

于携带和随时陈设，所以多用于庭院中随意安放，更是登高、出行时的便携坐具，也可在车、船中使用。如《北堂书钞》引《郭子》："谢万尝诣王恬，既至，坐少时，恬便入内，沐头散发而出，既不复坐，乃踞坐于胡床，在于中庭晒头，神色傲上了无惭怍相对，于是而还"〔1〕。又如南齐时张岱兄张镜，曾与颜延之为邻，"（延之）于篱边闻其与客语，取胡床坐听，辞意清玄，延之心服，谓宾客曰：'彼有人焉'"〔2〕。再如南齐刘瓛"姿状纤小，儒学冠于当时，……游诣故人，唯一门生持胡床随后，主人未通，便坐问答"〔3〕。船上坐胡床，如南齐张景真"白服乘画舴艋，坐胡床，观者咸疑是太子"〔4〕。随车携带胡床，见《世说新语·任诞篇》，王徽之路遇桓伊，请其吹笛，"桓时已贵显，素闻王名，即便回下车，踞胡床，为作三调。弄毕，便上车去，客主不交一言"〔5〕。到北朝晚期至隋朝时，胡床使用得更加普遍，不仅男子用胡床，妇女在家中也使用胡床，如郑善果的母亲"性贤明，有节操，博涉经史，通晓治方。每善果出听事，母恒坐胡床，于障后察之"〔6〕。甚至村中妇女也用为坐具，如北魏末年，尔朱敞逃避追骑，"遂入一村，见长孙氏媪踞胡床而坐，敞再拜求哀，长孙氏愍之，藏于复壁"〔7〕。

关于胡床的形制，南朝萧梁时庾肩吾《咏胡床应教》诗有极为形象的描述："传名乃外域，入用信中京。足攲形已正，文斜体自平。临堂对远客，命旅誓初征。何如淄馆下，淹留奉盛明"。其中"足攲形已正，文斜体自平"二句，正说明交叉的斜足，正是构成胡床形体的主要特点，也正因如此，后来隋炀帝时忌"胡"字，才把它改称"交床"。唐太宗曾在贞观四年（公元630年）讲过："隋炀帝性好猜防，去信邪道，大忌胡人，乃至谓胡床为交床，胡瓜为黄瓜"〔8〕。对此胡三省曾有详尽注释："交床以木交午为足，足前后皆施横木，平其底，使错之地而安。足之上端，其前后亦施横木而平其上，横木列窍以穿绳绦，使之而坐。足交午处复为圆穿，贯之以铁。敛之可挟，放之可坐；以其足交，故曰交床"〔9〕。胡床不仅敛之可挟，易于便携。且在室内不使用时，还可挂在墙壁或屋柱上。如三国曹魏裴潜"为兖州时，尝作一胡床，及其去也，留以挂柱"〔10〕。又如北齐武成皇后胡氏"自武成崩后，数出诣佛寺，又与沙门昙献通。布金钱于献席下，又挂宝装胡床于献屋壁，武成平生之所御也"〔11〕。

在北朝的墓室壁画和随葬陶俑所见胡床的图像，都是"敛之可挟"的形象，已发现有

〔1〕　唐·虞世南：《北堂书钞》，中国书店，1989年。

〔2〕　《南齐书·张岱传》。

〔3〕　《南齐书·刘瓛传》。

〔4〕　《南齐书·荀伯玉传》。

〔5〕　《世说新语·任诞篇》。

〔6〕　《隋书·郑善果母传》。

〔7〕　《隋书·尔朱敞传》。

〔8〕　《贞观政要》卷六，第196页，上海古籍出版社，1978年。

〔9〕　《资治通鉴》卷二四二，胡三省注，中华书局，1956年。

〔10〕　《三国志·魏书·裴潜传》注引《魏略》。

〔11〕　《北史·后妃传》。

以下三例。

东魏墓出土持胡床女俑。邺城地区东魏武定五年（公元 547 年）墓出土随葬俑群中，有一携带胡床的女侍俑，系将胡床敛合以后，挟于右侧腋下，可以看到露出臂外的胡床双足上下的横木。那座墓内所葬的死者赵胡仁就是一位妇女[1]。

北齐墓壁画持胡床侍从。太原北齐武平二年（公元 571 年）徐显秀墓西壁，在鞍马后面绘有一个持胡床的侍从（图 6-30）[2]。所持胡床形体显得比前述赵胡仁墓为大，所以不是将胡床挟于臂下，而是将敛合后的胡床上端横木扛于肩上，再将左臂从胡床双足间穿过，双手抱合于腹前。胡床装饰较华美，足与横木交接部分涂黄彩，表明饰有金铜饰件。在山西忻州九原岗北朝墓[3]的墓道和墓室的壁画中，各有一个持胡床的侍从，都与徐显秀墓侍从一样，将敛合后的胡床扛于肩上。墓道西壁画面保存完好，肩扛胡床的侍从随在一匹备好鞍具的马后。两墓壁画中持胡床侍从都跟随在出行鞍马后面，自然表示是为供路途中或射猎后，随时安放，以供主人坐下休息。

图 6-30　山西太原北齐徐显秀墓壁画侍者肩扛胡床图像

此外，前引传杨子华《北齐校书图》中所绘胡床，则是张放地上，有人踞坐于上，胡床交叉斜向的床足画得很清晰。

椅子

在有关高足家具的图像中，最值得注意的是出现了椅子的形象。最早是在克孜尔石窟壁画中，可以见到有类似椅子的带有靠背的坐具的图像。但在中原北方地区，椅子图像出现已迟至北朝时期。

敦煌莫高窟壁画椅子。在甘肃敦煌莫高窟第 285 窟西魏大统年间所绘壁画中，在窟顶北披下有一列坐于草庐中的禅修人像，其中有一位禅修者正跌坐在一张椅子上[4]。绘出的椅子形体清晰，四足，后有高靠背，两侧设扶手，这是目前所知有明确纪年的最早的椅子图像（图版 23-1）。表明至少在北朝晚期，这种新式的高足坐具已经出现在人们的生活中。

此外，美国堪萨斯的纳尔逊—阿特金斯博物馆中，藏有一通北朝造像碑，其上也有一

[1]　磁县文化馆：《河北磁县东陈村东魏墓》，《考古》1977 年第 6 期。

[2]　山西省考古研究所、太原市文物考古研究所：《太原北齐徐显秀墓发掘简报》，《文物》2003 年第 10 期。

[3]　张庆捷、张喜斌、郭银堂：《山西忻州九原岗北朝壁画墓》，《2014 中国重要考古发现》，文物出版社，2015 年。

[4]　敦煌文物研究所：《中国石窟·敦煌莫高窟（一）》，文物出版社，1982 年。

椅子图像[1]。

上述资料表明，东晋十六国到南北朝时期，随着民族习俗的变化和佛教的传播，高足家具已开始使用，不过应注意当时传统的席地起居的家具还是占据着主要位置。在山西大同北魏司马金龙墓[2]出土屏风漆画中，所绘家具还全是传统的席、床、榻和与之配合的低矮的屏风。而在敦煌壁画中大量出现的也还是传统的席、床、榻等家具。南朝墓中的"竹七贤与荣启期"拼镶砖画，所绘人物更是坐卧于林木之间地面上[3]。北齐崔芬墓屏风壁画所绘"七贤"图像，明显画出坐于铺在地面的席上。不过由于高足家具的使用，也促使传统家具随之出现造型和使用方面的变化，主有表现在下列两个方面。其一是坐具虽是传统的床、榻，但人的坐姿并不坚持传统的跪坐姿态。宁夏固原雷祖庙村北魏墓出土漆棺前挡，绘有鲜卑装人物坐于榻上，坐姿则是交脚垂足的姿态[4]。云冈石窟第 6 窟所雕维摩文殊对坐中的维摩和文殊都坐于四足的榻上，其坐姿都是垂足而坐。其二是随着高足家具的使用，传统的床、榻等坐具也有由矮变高的趋向。洛阳出土的北魏孝子石棺画像中的郭巨掘地得金后侍奉母亲时，郭母所坐大床四足颇高，约当立姿人像小腿的高度[5]，明显高于先秦至汉魏时床榻的高度[6]。

综上所述，十六国至南北朝时期，新出现的高足家具和垂足坐姿，显示出社会习俗变化的势头日渐增强，传统家具也不得不增加足高以迎合时代潮流，使中国古代家具的发展步入一个新时期。

第四节 马具的发展和甲骑具装

三国两晋南北朝时期，特别是西晋灭亡以后，在长江以北的广大国土上，由于许多古代民族的流动迁徙，各族的传统文化、社会习俗也不断碰撞、接触、互动乃至融合，在军队组建和兵器装备方面也同样发生新的变化。当西晋灭亡，晋室南迁，一些原以游牧经济

---

[1] 承杨晓能见告，在美国堪萨斯的纳尔逊·阿特金斯艺术博物馆藏有 1 件北朝造像碑，上面也有浮雕的椅子图像，其时代大致与敦煌壁画出现椅子图像相当。

[2] 山西省大同市博物馆、山西省文物工作委员会：《山西大同石家寨北魏司马金龙墓》，《文物》1972年第 3 期。

[3] 在南京地区南朝墓中至少发现 4 幅题材为竹林七贤与荣启期拼镶砖画，见姚迁、古兵《六朝艺术》（文物出版社，1981 年）。

[4] A. 固原县文物工作站：《宁夏固原北魏墓清理简报》，《文物》1984 年第 6 期。

B. 宁夏固原博物馆：《固原北魏墓漆棺画》，宁夏人民出版社，1988 年。

[5] 黄明兰：《洛阳北魏世俗石刻线画集》，图 8，人民美术出版社，1987 年。

[6] 先秦时的床高，如河南信阳楚墓出土大木床，足高仅 17 厘米，见河南文物研究所《信阳楚墓》（文物出版社，1986 年）。汉代的榻高，如河南郸城发现的"汉故博士常山太傅王君坐榻"，高 19 厘米，见曹桂岑《河南郸城发现汉代石坐榻》（《考古》1965 年第 5 期）。

为主的古代民族相继入主中原，或在各地建立政权，由于原来这些游牧民族武装，依靠剽悍的骑兵，建立政权以后组建军队，其主力兵种同样是骑兵部队。所以这一时期兵器发展的重点就集中在骑兵的兵器和防护装具方面。对战马的驾驭和保护，更给予极大关注，表现在马具的不断完善和战马防护装具的日趋完备两方面，显示出这一时期兵器发展的突出特点。因此在田野考古发掘时，尤其是在墓葬的随葬遗物中不断获得有关马具和铠甲的重要考古标本，使得研究这一时期的军事史和兵器史，有了充分的实物例证。

中国古代驾驭马匹的马具，最早用于驾车的辕马，在商殷、西周到春秋时期，套带在辕马头部的络头和镳、衔已趋于完备，从田野考古发掘所获得的考古标本可以清楚地阐明其发展演变的过程。到战国至秦汉时期，随着骑马习俗的普及和骑兵的发展，仅有完备的络头和镳、衔已无法胜任对马匹的驾驭，适于骑手跨骑的鞍具开始出现，并由早期简单的鞍垫发展到具有前、后鞍桥的真正的马鞍。但是马具的进一步完备，是到西晋时才告完成，其标志是高桥马鞍的普遍使用和马镫的发明。马镫的发明，是中国古文明对世界文明的一项重要贡献。目前所知世界上最早的马镫，是 1958 年湖南长沙南郊金盆岭西晋永宁二年（公元 302 年）墓发掘中获得的。该墓出土一组青釉俑，其中骑俑所跨马的前鞍桥左侧下垂一个三角形的镫（图版 24-2），右侧则没有，镫革颇短，骑士的脚垂在镫以下，看来那是为了使骑士迅速上马时蹬踏的，骑上以后就不再用了[1]。西晋骑俑陶马塑出的单镫虽外貌简陋，但其意义颇为深远，预示着骑马术将产生巨大变革，特别当战马披上厚重的护甲后，战士为了控御马匹和列阵、冲锋，以及做各种战术动作，就需要有完备的马具，主要是马镫。所以永宁二年墓马镫资料发表以后，立即受到中外学者的注意[2]。目前在河西地区埋葬时间早于长沙西晋永宁二年墓的嘉峪关魏晋墓彩绘壁画或单砖画像[3]中，以及敦煌佛爷庙湾等处发掘的西晋墓[4]单砖画像中，都没见到绘出马镫的实例[5]。而且在河南、山东等地西晋墓出土的陶鞍马上，目前也还没有发现有镫。表明西晋惠帝末年时马镫虽已发明，但其功能尚不够完备而且使用也还不够普遍。

---

[1]　湖南省博物馆：《长沙两晋南朝隋墓发掘报告》，图版拾壹：1、拾贰：3，《考古学报》1959 年第 3 期。

[2]　1961 年作者曾在夏鼐所长指导下与武伯纶讨论马镫在中国出现的时间问题，指出长沙西晋永宁二年（公元 302 年）墓陶骑俑乘马塑出的马镫是最早的实例，见杨泓《关于铁甲、马铠和马镫问题》（《考古》1961 年第 12 期）。

[3]　甘肃省文物队、甘肃省博物馆、嘉峪关市文物管理所：《嘉峪关壁画墓发掘报告》，文物出版社，1985 年。

[4]　甘肃省文物考古研究所：《敦煌佛爷庙湾西晋画像砖墓》，文物出版社，1998 年。

[5]　在甘肃武威南滩一座被推定为魏晋时的墓葬简报中，记述有 1 件"铁马蹬"，但未附图或照片，文中只记"另有铁马蹬及铁饰件各 1 件，均残甚"。只在墓葬平面图中绘一似月牙形物，见武威地区博物馆《甘肃武威南滩魏晋墓》（《文物》1987 年第 9 期，第 89 页）。该墓缺乏准确纪年，亦无其他与马具有关的遗物。因此无法将那件"残甚"的铁器视为马镫的实物标本。且目前所发现的早期马镫均为木芯包铜，而铁镫出现时间颇迟。当时《文物》编者未核实该资料，又不知马镫的发现在世界学术界的重要性，令人遗憾。因此在论文中引用这一资料认为是中国最早的马镫实物是不够严肃的。

西晋时期马镫发明以后，经过不断改进，到东晋十六国时期，配备着马镫的高鞍桥马鞍已得到普遍应用，同时马镫也完成了由单镫到双镫的转变。因此在田野考古发掘中，不断获得东晋十六国时期的马镫实物。最早被发现的标本是 1965 年在辽宁北票西官营子北燕冯素弗墓[1]出土的，该墓中随葬有一副两件马镫（图 6-31；图版 24-3），这也是首次从纪年明确的东晋十六国墓葬中获得的马镫实物。此后，在 20 世纪 70～80 年代，在河南、辽宁、吉林等地的东晋十六国墓葬中，不断发掘出随葬的马镫实物。1974 年河南安阳孝民屯 154 号墓出土了包镶鎏金铜片的高鞍桥马鞍、单马镫和全套马具[2]，还在吉林集安万宝汀 78 号墓中发现两副 4 件木芯包镶鎏金铜片的马镫和在禹山下 41 号墓发现一双木芯包镶铁片的马镫[3]。1976 年在七星山 96 号墓中发现鎏金铜鞍桥包片和一副木芯鎏金

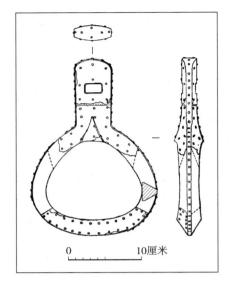

图 6-31　辽宁北票北燕
冯素弗墓出土马镫

铜马镫[4]。1982 年辽宁朝阳袁台子壁画墓出土了木芯包皮革髹漆高鞍桥马鞍和一双木芯包皮革髹漆马镫[5]。南方的东晋墓内，也发现有塑出全套马具的陶马，如 1970 年南京象山王氏家族墓群的 7 号墓中出土的陶马，清晰地塑出高鞍桥马鞍和双马镫（图 6-32），该墓所葬死者被推测为死于 322 年的王廙[6]。在新疆吐鲁番阿斯塔那墓群的东晋十六国墓葬中，也出土过上绘马镫的木马模型。依据上述考古发现，在 20 世纪 80 年代初，已可大致推到东晋十六国时期，在古代中国的中原地区、东北地区、关中地区、江南地区乃至西北地区，都已使用马镫，通过东北地区出土的马镫实物，也可大致明晰其发展的序列以及其对外影响[7]。只有装备了改进的高鞍桥马鞍和马镫，才有可能使身披重铠的骑兵能够控驭体披重铠的战马，才有可能组建以重装骑兵——甲骑具装为主力的军队。这正是决定在十六国时期各割据政权的军队，都以人披铠甲马披具装的重装骑兵为其军中主力的一个

〔1〕黎瑶渤：《辽宁北票西官营子北燕冯素弗墓》，《文物》1973 年第 3 期。

〔2〕A. 中国社会科学院考古研究所安阳工作队：《安阳孝民屯晋墓发掘报告》，《考古》1983 年第 6 期。
　　B. 中国社会科学院考古研究所技术室：《安阳晋墓马具复原》，《考古》1983 年第 6 期。

〔3〕吉林省博物馆文物工作队：《吉林集安的两座高句丽墓》，《考古》1977 年第 2 期。

〔4〕集安县文物保管所：《集安县两座高句丽积石墓的清理》，《考古》1979 年第 1 期。

〔5〕辽宁省博物馆文物队、朝阳地区博物馆文物队、朝阳县文化馆：《朝阳袁台子东晋壁画墓》，《文物》1984 年第 6 期。

〔6〕南京市博物馆：《南京象山 5 号、6 号、7 号墓清理简报》，《文物》1972 年第 11 期。

〔7〕A. 杨泓：《中国古代马具的发展和对外影响》，《文物》1984 年第 9 期；《汉唐美术考古和佛教艺术》，科学出版社，2000 年。
　　B. 齐东方：《中国早期马镫的有关问题》，《文物》1993 年第 4 期。

重要因素。但在汉末三国时期则是难以想象的。在曹操统军与袁绍对抗时，他的部队中装备的马铠还不足 10 具，而袁绍的上万的骑兵中装备有马铠的也不过区区 300 具而已，仅为 3% 左右。所以曹操在《军策令》中曾说："（袁）本初铠万领，吾大铠二十领；本初马铠三百具，吾不能有十具。见其少，遂不施也，吾遂出奇破之。是时士卒精练，不与今时等也。"[1]又如当时雄踞辽东的公孙瓒，军中以骑兵为主力，骑兵中又以"白马义从"为核心，这数千匹白马骑兵并没有装马铠[2]。这些都表明当时马铠还是罕见的较珍贵的防护装具，所以曹操赐给他的爱子曹植的名贵铠甲，有黑光、明光、两当、环锁等铠，其中就含有

图 6-32　江苏南京象山东晋 7 号墓
陶马塑出鞍、镫

一领马铠[3]。直到西晋初年，马铠仍是名贵物品，当司马炎称帝后，命卢钦为都督沔北诸军事、平南将军、假节，特赐给他"骑具刀器，御府人马铠"[4]。

　　从史籍中记载中可知，十六国时期在各个割据政权之间发生的纷争中，在东北、西北和中原地区的广阔原野上，日趋频繁地出现有重装骑兵——甲骑具装的身影，而且数量越来越众多。一次战斗后俘获敌方的具装战马（铠马）从以十以百计，发展到以千以万计，乃至数万计。重装骑兵成长壮大的历史，又与鲜卑族军队有着紧密的联系。如石勒在俘获鲜卑末杯的战斗中，夺得鲜卑军队的铠马 5000 匹[5]。在石勒大败鲜卑将姬澹（又作箕澹，是归附刘琨的鲜卑猗卢部将）时，俘获的铠马多达万匹[6]。又姚兴击败鲜卑乞伏乾归军时，"收铠马六万匹"[7]。以上诸例表明当时鲜卑族军队的主力兵种是战马披铠的重装骑兵。在东晋将桓石虔在管城与前秦苻坚荆州刺史梁成军战斗中，曾获具装铠 300 领[8]。

〔1〕《太平御览》卷三五六，中华书局，1963 年。
〔2〕《三国志·魏书·袁绍传》引《英雄记》："瓒每与虏战，常乘白马，追不虚发，数获戎捷，虏相告云'当避白马'。因瓒所忌，简其白马数千匹，选骑射之士，号为白马义从；一曰胡夷健者常乘白马，瓒有健骑数千，多乘白马，故以号焉。"如马披有具装铠，除马的四足处，则只能遥见具装色彩，可见《隋书·礼仪志三》，而不见马的毛色。
〔3〕《北堂书钞》（中国书店，1989 年）卷二一引曹植《先帝赐臣铠表》："先帝赐臣铠，黑光、明光各一领，两当铠一领，环锁铠一领，马铠一领。今世以升平，兵革无事，乞悉以付铠曹自理。"《太平御览》（中华书局，1963 年）卷三五六引，文字略同。
〔4〕《晋书·卢钦传》。
〔5〕《晋书·石勒载记》："鲜卑入屯北垒，勒候其阵未定，躬率将士鼓噪于城上。会孔苌督诸突门伏兵击之，生擒末杯，就六眷等众遂奔散。苌乘胜追击，枕尸三十余里，获铠马五千匹。"
〔6〕《晋书·石勒载记》。
〔7〕《晋书·姚兴载记》。
〔8〕《晋书·桓彝传附子石虔传》。

后来，刘裕率东晋军北伐南燕慕容超后，又将鲜卑重装骑兵收编入南方军中。义熙六年（公元410年），刘裕破卢循之役中，就出动鲜卑重装骑兵作战，曾"使宁朔将军索邈领鲜卑具装虎班突骑千余匹，皆披练五色，自淮北至于新亭，贼并聚观，咸畏惮之"[1]。

在各地的田野考古调查发掘中，目前也已获得了大量有关东晋十六国时期重装骑兵——甲骑具装的考古标本，包括两类：一类是实物标本，有人穿的铁铠、马披的铁具装铠及成套马具，伴同出土的还有数量众多的铁兵器。另一类是随葬明器中，模拟甲骑具装的陶俑。因为当时各民族和各地区的葬俗不同，所以有的地区的墓中随葬实物，而另一些地区的墓中只随葬模拟实物的明器。墓内随葬有甲骑具装实物的十六国墓葬，主要在东北辽宁地区，特别是在辽宁朝阳、北票等地，不断获得十六国时期前燕、后燕和北燕的铁质马具装实物。表明在鲜卑慕容氏的葬俗中，流行随葬战斗中实际装备军队的实用兵器和马具。墓中大量随葬的兵器和马具，又清楚地反映出当时领有辽东一带的鲜卑族慕容氏在马具和马具装铠的使用和发展方面的突出贡献。随葬有模拟甲骑具装形貌陶俑的十六国墓葬，主要发现于关中地区，在陕西的西安、咸阳一带，是前秦等政权统治时期的墓葬[2]。

目前在辽宁、北票等地发掘的十六国墓葬中，最早发现随葬有铠甲和马具的是北票西官

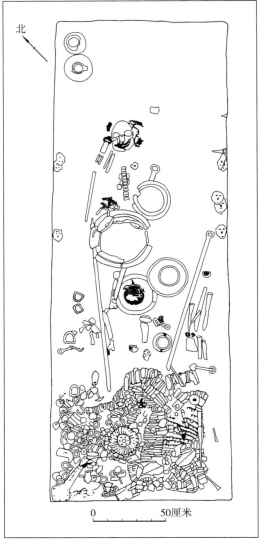

图6-33　辽宁北票喇嘛洞ⅠM5平面图所见铁马具装铠出土情况

---

[1]　《宋书·武帝纪上》。

[2]　A. 陕西省文物管理委员会：《西安南郊草厂坡村北朝墓的发掘》，《考古》1959年第6期。该墓应为十六国墓葬。

　　　B. 咸阳市考古研究所：《咸阳十六国墓》，文物出版社，2006年。

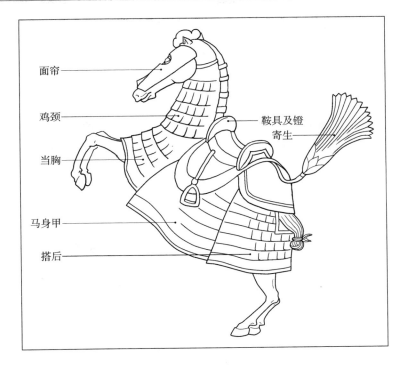

图 6-34　马具装铠示意图

营子北燕冯素弗墓，出土有大量已散乱的马具装铠铁甲片[1]。后来又在朝阳十二台乡[2]和北票南八家喇嘛洞[3]两处墓地都有出土，这两处墓地的时代都早于北燕冯素弗墓，应是前燕时期鲜卑慕容氏的遗物。朝阳十二台乡和北票喇嘛洞两处出土的铁铠甲和马具装铠都进行了复原研究，在十二台乡 88M1 中出土的铁马具装铠，仅是其中的面帘已复原（图版 24-1）。喇嘛洞墓群中Ⅰ区的 3 座墓（ⅠM3、ⅠM4、ⅠM5）中出土的铁铠甲（图 6-33）都进行了复原研究，特别是对ⅠM5 中出土的一组人铠和马具装铠都进行了复原[4]。

　　东晋十六国时期的铁质具装铠（图 6-34），结构完备，主要由 6 部分组成，一是"面帘"，用以保护战马头部；二是"鸡颈"，用以围护战马脖颈；三是"当胸"（荡胸），用以保护战马前胸；四是"马身甲"，用以保护战马躯干；五是"搭后"，用以保护战马后臀；六是"寄生"，树立在马尻部，用以保护马上战士后背，并起装饰作用。在这几部分中，以面帘最具时代特征，由大型的特殊甲板铆接成型，以朝阳十二台乡 88M1 出土铁马面帘

〔1〕　黎瑶渤：《辽宁北票县西官营子北燕冯素弗墓》，《文物》1973 年第 3 期。
〔2〕　辽宁省考古研究所、朝阳市博物馆：《朝阳十二台乡砖厂 88M1 发掘简报》，《文物》1997 年第 11期。
〔3〕　张克举、田立坤：《辽宁发掘北票喇嘛洞鲜卑贵族墓地》，《中国文物报》1996 年 12 月 22 日第 1 版。
〔4〕　白荣金、万欣、云燕、俊涛：《辽宁北票喇嘛洞十六国墓葬出土铁甲复原研究》，《文物》2008 年第3 期。

（图 6-35）为例，予以说明。面帘全长近 60 厘米、最宽约 30 厘米，正面的铁板，由上额下至鼻端形成一条居中的平脊，上阔下狭，为适应马面额至鼻的轮廓变化，在额下约 24 厘米处下折，形成 160 度钝角的折棱。在额上折接冠饰，大致呈圆弧花瓣形，居中又凸出一朵杏叶形花瓣，总体看来形成两侧较平缓而中瓣凸伸于上的三瓣花形。在左右两侧以合叶铁销联缀半圆形状的护颊板，目孔一半开在遮护马面部的铁板下缘，另一半开在护颊板上，上下拼合成圆形目孔。在面帘鼻端还缀垂一舌形小甲片，以垂护

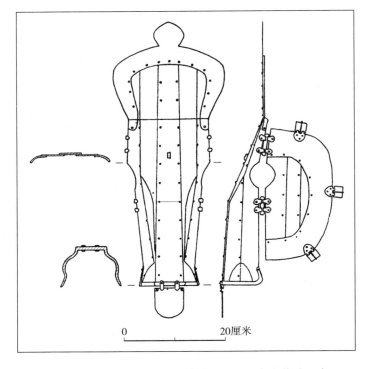

图 6-35　辽宁朝阳十二台乡砖厂 88M1 出土铁马面帘

马的鼻头。两侧护颊板的下缘，各安 3 个带扣，可扣系皮带自下将面帘固定在马头上，结构极为合理实用。北票喇嘛洞 IM5 出土铁马具装铠的面帘，与十二台乡 88M1 的面帘形制相同，由居中平脊、两侧半圆形护颊板和额顶花饰构成，面帘鼻端也缀垂舌形小甲片，面帘全长也近 60 厘米。在使用马面帘防护马头部以前，缀饰于马面的当卢也有防护马头的功能。如将十二台乡 88M1 马面帘居中平脊的平面轮廓，与该墓出土鎏金铜当卢相比较，其形制颇为接近。或可以认为面帘很可能是在当卢左右两侧加缀半圆形护板，逐渐演变发展而成。

　　鸡颈、当胸、马身甲和搭后等部分，则均由大小不等的甲片编缀而成，所用甲片一般比人铠为大，编缀方法基本相同，外缘以各种织物包边，为了使铁甲不致磨伤战马肌肤，甲片下要有较厚的衬垫。以北票喇嘛洞 I M5 复原的铁马具装铠为例：鸡颈用甲片 161 片，上下 7 列，每列 23 片，下列甲片压上列甲片，每列由当中向两侧叠压编缀；当胸用甲片 348 片，分为上下 6 列，上两列每列 88 片，下 4 列每列 43 片，编缀方法也是下列压上列，上两列甲片一律由右向左叠压，下 4 列则由当中向两侧叠压；马身甲由左右两部分组成，各由 280 片甲片编缀而成，分为上下 5 列，下列压上列，每列由前向后顺序叠压排列；搭后亦由左右两侧各上下 5 列，每列 28 片，两侧合计用甲片 280 片，编缀方法亦下列压上列、每列前片压后片排列[1]。

---

〔1〕　白荣金、万欣、云燕、俊涛：《辽宁北票喇嘛洞十六国墓葬出土铁甲复原研究》，《文物》2008 年第 3 期。

寄生也用金属制作，但目前在前燕墓发掘资料中还没有见到随葬的实物，从文献记载和有关图像，可知寄生最早呈竹枝状[1]，后来呈扇形。

另外又在逃至高句丽境内的原前燕司马冬寿墓（东晋永和十三年，即升平元年，公元357年）壁画中绘有甲骑具装的图像[2]，说明至迟在4世纪末，与慕容鲜卑相邻的高句丽族军队也已引进了重装骑兵的防护装具，所以吉林通沟地区的高句丽壁画墓中，如通沟12号墓、麻线沟1号墓和三室墓等都出现有甲骑具装的画像[3]。后来高句丽族政权跨越鸭绿江在朝鲜半岛由北向南发展，又将从慕容鲜卑引进的先进的马具（以马镫为代表）和装备重装骑兵的战马的具装铠，传播到朝鲜半岛南方诸古代国家，目前在朝鲜半岛南端古代加耶（伽耶、加罗、驾洛）地域内墓葬发掘获得的铁铠甲和铁马具装铠（特别是完整的铁马面帘），其特征正显示出是受到高句丽族影响的产物。再以朝鲜半岛为踏板，传入古代日本[4]。说明慕容鲜卑的马具（以马镫为代表）和马具装铠对东亚诸古代文化的深刻影响。

到南北朝时期，具装铠的使用更加普遍，不论是北方还是江南的墓葬中，在出土的俑群和砖画、画像砖中都可以看到有关马具装的图像。当拓跋鲜卑建立北魏以后，在平城（今山西大同）附近的墓葬中，随葬俑群内已出现大量的甲骑具装俑，在北魏迁都洛阳以后的墓葬中，在随葬俑群内同样有数量众多的甲骑具装俑。以后北魏分裂为东、西两个政权，在东魏—北齐、西魏—北周的墓葬中，仍旧随葬有大量甲骑具装俑[5]。在南方，远在西南的云南昭通后海子东晋太元十年至二十年（公元385～395年）的霍承嗣墓壁画中，已有甲骑具装图像[6]。江苏丹阳的南朝大墓拼镶砖画中[7]（图6-36）和河南邓县画像砖墓[8]的画像砖中，都有甲骑具装的图像。这些考古资料，充分反映出东晋十六国至南北朝时期军队中甲骑具装的真实面貌。遗憾的是随着埋葬习俗的变迁，已不再用具装铠随葬，因此目前尚缺乏这一时期的具装铠实物。从有关图像观察，南北朝时期的具装铠，基本结构与十六国时期相同，只是细部有些改进，主要是面帘部分，由原来的半面帘改为将马头全部套护的全面帘，从敦煌莫高窟第285窟西魏壁画看，也有用小甲片编缀而成的面

---

[1] 《南齐书·高帝纪》："……军容寡阙，乃编棕皮为马具装，析竹为寄生，夜举火进军，贼望见恐惧，未战而走。"可见当时寄生作竹枝状。

[2] 洪晴玉：《关于冬寿墓的发现和研究》，《考古》1959年第1期。

[3] A. 王承礼、韩淑华：《吉林辑安通沟第十二号高句丽壁画墓》，《考古》1964年第2期。
   B. 吉林省博物馆辑安考古队：《吉林辑安麻线沟一号壁画墓》，《考古》1964年第10期。

[4] 杨泓：《公元6世纪以前的东亚铁甲胄中国古代甲胄与朝鲜、日本古代甲胄之关系》，《国立历史民俗博物馆研究报告》第110集，第247～261页，2004年。

[5] 杨泓：《北朝陶俑的源流、演变及其影响》，《汉唐美术考古和佛教艺术》，科学出版社，2000年。

[6] 云南省文物工作队：《云南昭通后海子东晋壁画墓清理简报》，《文物》1963年第12期。

[7] 江苏丹阳胡桥鹤仙坳、吴家村和建山金家村等3座南朝大墓中都有甲骑具装拼镶砖画，金家村（金王陈村）大墓图像保存最好，见姚迁、古兵编著《六朝艺术》（文物出版社，1981年），图版二〇五、二〇六。

[8] 河南省文物工作队：《邓县彩色画象砖墓》，文物出版社，1958年。

图6-36　江苏丹阳金家村南朝墓拼镶砖画甲骑具装图像（拓本）

帘。同时寄生的形貌均呈扇状，装饰更显华美。北周武帝宇文邕孝陵出土的甲骑具装陶俑[1]，马具装铠的彩绘明显分为两类，一类绘出成排的甲片，应是模拟钢铁制作的、以甲片编缀的具装铠；另一类绘出类似虎斑的纹饰，应是模拟皮革制作的具装铠，正如文献所记"具装虎斑突骑"。反映了当时军中实战装备的具装铠，所用材质系有钢铁和皮革两类。至于帝王等高层人物用的豪华具装铠，或选用贵金属制作，如南齐东昏侯萧宝卷，"马被银莲叶具装铠，杂羽孔翠寄生"[2]，形貌华美异常，但仅为炫耀身份地位的象征物，并无实战意义。

　　由于东晋十六国至南北朝时期重装骑兵——甲骑具装的空前发展，并成为军中主力兵种，因此设计和制作适合甲骑具装的各种兵器和装备，就成为当时兵器制作业的主要任务。主要表现在矛盾的两个方面：一方面是制作更为适用的铠甲，改进其细部结构和防护性能，如将人铠由两当铠改为明光铠。另一方面是改进格斗兵器的效能，以期能穿透杀伤装备铠甲和马具装的战士和战马，骑兵的主要格斗兵器，逐渐由戟改为长刃的马矛——稍，又从改进材质入手增强钢刀的性能，发展强弩，等等。使得这一时期军队的基本装备呈现出与汉代不同的时代特征。

---

[1]　陕西省考古研究所、咸阳市考古研究所：《北周武帝孝陵发掘简报》，《考古与文物》1997年第2期。

[2]　《南齐书·东昏侯纪》。

第七章　三国两晋南北朝时期的石刻与简牍文书

第一节　石刻的发现与研究

一　石刻材料的存留与发现

在历史考古学涉及的各个历史阶段中，三国两晋南北朝时期显得尤为特殊而复杂。在延续了 400 多年的大一统汉族封建专制政权——汉朝灭亡后，300 多年间，除西晋王朝有过几十年的短期统一外，华夏大地始终处于众多地方政权割据的分裂状态中，从而使社会上长期存在着激烈的民族矛盾和权力争斗。南北征战不止，政权频繁更迭，时有复苏的生产力又不断遭到破坏。另外，这种动荡也造成了大规模的人口迁徙、民族融合与各种文化的交流，使中国文化在发展中不断增添众多新的因素。如原来文化经济相对落后的南方区域得到大力开发，成为新的经济文化中心；北方各游牧民族在入主中原的过程中逐渐汉化，扩大了汉族传统文化的影响；中原世家大族的影响与势力日益增大，左右了政治格局；佛教与其他外来文化因子融入中国传统文化，丰富了中原汉族的思想意识，等等。在考古发现中获得的三国两晋南北朝石刻资料中，这些变化都得到了充分的反映，帮助我们深入了解到三国两晋南北朝时期丰富多彩的社会面貌。

在这一时期，石刻这种文化的表现形式被运用得越来越普遍。众多专门的石刻品类在中原出现并定型。特别是由于受到古代南亚与中亚东部（即今日的印度、巴基斯坦、阿富汗等地）盛行的佛教石刻艺术影响，大量有关佛教的石刻被制作出来，极大地扩展了石刻的运用范畴，形成了包括石窟、造像、刻经等多种类型的大量石刻资料。在当时的墓葬建筑与纪念性建筑中也延续汉代以来的传统，越来越多地使用着石刻。从而使石刻成为一个包容广泛、内容丰富的考古研究资料重要门类，在三国两晋南北朝时期的考古学研究中占有重要的位置。

在秦汉时期的考古研究中可以看到，东汉晚期已经具备了比较完备的石刻体系，在墓葬和纪念性建筑等实用场合大量使用碑、画像石、雕像、摩崖等石刻材料。但是在三国时期，由于东汉末年的军阀混战对社会生产造成极大破坏，民生维艰，国力日衰，因此，魏、蜀、吴三国都曾经不同程度地禁止厚葬与立碑。这一时期社会上制作的石刻急剧减少，现在可以见到的只有曹魏官方与民间刻立的一些大型石刻，如魏正始石经、上尊号碑、黄初元年（公元 220 年）受禅表碑、黄初元年（公元 220 年）孔羡碑、曹真残碑等；以及孙吴的凤凰元年（公元 272 年）谷朗碑、天玺元年（公元 276 年）禅国山碑、天玺元年（公元 276 年）天发神谶碑等。总数不超过有限的十余种。这些石刻在宋代以来的金石学著作中就有了比较详细的记录与考证，其中尤以魏正始石经（三体石经）引人注意。清代以前金石著录中记载的存世正始石经残石大多已经遗失。而在清代末年，从洛阳汉魏太学遗址及周边陆续发现了一些新的正始石经残石。最大的一块残石上面保存了近 2000 字的长篇铭文，具有重要的研究价值。20 世纪 50 年代，在陕西西安还发现过一件正始石经残石[1]。这些石刻不仅保留了一定的历史资料，还会对有关遗址的调查与发掘有所帮助。

西晋时期，由于社会生产有所恢复，刊刻碑铭等纪念性石刻的风气也随之逐渐重新兴起。尽管西晋官方曾经多次发布诏令禁止立碑，但是保留至今的西晋石刻仍然数量可观，建造形制也比较规范，如泰始六年（公元 270 年）任城太守孙夫人碑、太康十年（公元 289 年）齐太公吕望碑、清代中期发现的泰始十年（公元 274 年）郛休碑等。有些碑刻制作精良，形制巨大，如 20 世纪 30 年代在洛阳出土，至今仍保存在偃师汉魏故城辟雍遗址的咸宁四年（公元 278 年）大晋龙兴皇帝三临辟雍碑颂。它保存完好，记录了晋武帝与太子多次到辟雍视察太学及参加礼制活动的经过。碑阴刻写当时太学的官员、博士、礼生与弟子名录。具有较高的史料价值。碑高 3.22 米、宽 1.1 米，蟠龙碑首，覆斗碑座。书体是端庄的八分隶书，给我们提供了一个晋代碑刻的标准式样。此外留存的晋代碑刻还有现存河南千唐志斋的元康元年（公元 291 年）处士成晃碑、晋祀后土碑等。2002 年，江苏徐州鼓楼区出土一件残损的晋碑，内容为有关建筑的记事，立石年代为□康七年二月廿日[2]。1983 年，在江西上犹双溪乡扬屋村北面发现了一处罕见的西晋摩崖题刻，发现者根据题记中"建兴二年"及楷书字体，推断为西晋建兴二年（公元 314 年）的石刻。题记内容为赞颂山川景色的四字韵文[3]。位于吉林集安县城东北，现为全国重点文物保护单位的高句丽好大王碑，又称广开土王碑，具体建碑年月不详，大体相当于晋代。据碑文可知，它是高句丽第 20 代的长寿王为纪念第十九代王谈德而建造的。该碑于清代光绪六年（公元 1880 年）首次被介绍出来，因其记录的高句丽史事而受到国内学界与日本、朝鲜等国的重视及深入研究。这件碑实际是比较原始的刻石形制，在方柱形的天然岩石块上略加修整即刻写铭文。石高 6.12 米、宽 1.40～1.85 米。碑文使用汉字隶书四面环刻，共 1800 余字。2012 年又在集安发现了一件高句丽碑的残件，记录的也是有关守陵烟户的情况[4]。

在西晋的墓葬中开始出现多种形制的墓中铭刻文字材料，如枢铭、小碑形的墓志、墓门刻字等，如 20 世纪初期在洛阳出土的永平元年（公元 291 年）管洛墓志、元康三年（公元 293 年）裴祗墓志、永康元年（公元 300 年）左棻墓志（图 7-1）等[5]。20 世纪 50 年代后，在对西晋墓葬的科学考古发掘中出土了一批比较重要的西晋墓志，表明在当

〔1〕刘安国：《西安市出土的"正始三体石经"残石》，《人文杂志》1957 年第 3 期。

〔2〕刘尊志：《徐州出土晋代记事碑及相关问题略考》，《中原文物》2004 年第 2 期。晋代有太康、元康、咸康等纪年，均有七年，故尚无法判定确切年份。

〔3〕李坊洪：《上犹县发现西晋摩崖题刻》，《江西历史文物》1984 年第 2 期。

〔4〕李东：《吉林集安新发现的高句丽碑》，《文物》2014 年第 10 期。

〔5〕赵万里：《汉魏南北朝墓志集释》，科学出版社，1956 年。

时的上层墓葬中已经比较多地采用了埋设墓志一类墓
中铭刻的随葬形式。如在河南洛阳发现的元康九年
（公元 299 年）贾皇后乳母美人徐义墓志、永康元年
（公元 300 年）故沛国相张朗之碑，在北京出土的永康
元年（公元 300 年）王浚故夫人华芳墓志以及在山东
邹城发现的永康二年（公元 301 年）刘宝墓志等[1]。
此外还存有一些传世的西晋神道、墓阙，如韩寿神道、
东晋隆安三年（公元 399 年）杨阳墓阙等。韩寿神道
仅存中段，形制完全沿袭汉代神道柱的式样，现存于
洛阳博物馆。杨阳墓阙据说出土于重庆巴县，现存于
故宫博物院。传世品中还有一件"魏故长安典农中
郎将谢府君神道"，长方形，仅见拓本，被前人定为
晋代石刻，应该是神道柱上的横额。这些石刻表明
在西晋墓葬建筑中仍沿袭着一定的汉代制度，有助
于了解西晋墓葬的建筑布局与丧葬礼仪。

图 7-1　河南偃师出土西晋永康
元年左棻墓志（拓本）

　　东晋与南朝四朝，被自宋代以来的史学家视作
中华正统所在，是中原礼仪文化的承继者，刊刻碑
石等铭刻材料的习俗也被保留下来，并且影响到一
些较偏远的地区。从现存传世品与考古发现的石刻资料中已可以反映出这一趋势。但
是南朝的石刻资料数量并不太多。有人曾经归结于南方土质具腐蚀性，使石刻的铭文
漫漶；历代破坏古墓比较严重；出土的石刻被改作他用等多种原因。如果不着重于数
量比较，而是从石刻的类型、完善程度与适用范围等方面来看，南方使用石刻的历史
始终没有中断，而且造就了众多新石刻类型，影响到北方的石刻发展过程。以墓志为
例来看，虽然南方出土的墓志不是很多，但使用墓志的人物身份差距比较大，从梁桂
阳王萧融这样的王侯一直到齐刘岱这样的普通士人。发现墓志的地域也比较广泛，除
作为统治中心的江苏南京一带以外，还在武汉等地发现了南朝的墓志。可见南朝使用
墓志的习俗还是比较普遍的。北方官员大量使用墓志，以及墓志形制的最终定型，应
该都是受到南方的文化影响。

　　现在尚可以见到的南朝石刻中，除分布在南京、丹阳等地的著名南朝陵墓石刻群之
外，还有东晋大亨四年（公元 405 年）爨宝子碑、爨君残碑、宋大明二年（公元 458 年）
爨龙颜碑、梁瘗鹤铭、梁天监十七年（公元 518 年）萧秀碑、梁普通三年（公元 522 年）
萧憺碑等重要碑刻，它们是南朝历史文化与政治制度的重要实证。爨宝子碑等还记录了有
关边疆少数民族的政治史料。此外，这些碑刻还一直受到书法艺术界的重视。近代出土品

中，则以大量墓志、造像等石刻丰富了对北朝文化的认识。

东晋南朝的墓志材料以往发现得较少。历代金石著录中仅记载过几件南朝墓志，都是皇族的用品。1949年后，随着考古发掘工作逐步深入，在南京等地陆续发现了一批东晋与南朝士人的墓志。东晋的墓志以砖刻为主，也有长方形的小型石刻。

如：1958年在江苏南京老虎山发掘的东晋永和元年（公元345年）颜谦妻刘氏墓志[1]，1964年在南京中华门外戚家山发掘的东晋太宁元年（公元323年）（卒）谢鲲墓志[2]。1965年在南京新民门外人台山发掘的东晋永和四年（公元348年）王兴之及妻宋和之墓志（图7-2；图版20-1）是石制成的。墓志正面是在咸康七年（公元341年）刻写的王兴之墓志，背面是在宋和之合葬时重刻的合葬墓志，表现了这种再次打开墓室合葬的葬俗[3]。在距王兴之墓不远的象山发掘了王兴之的亲属们的几座墓葬，出土有东晋升平二年（公元358年）王闽之墓志、升平三年（公元359年）王丹虎墓、太元十七年（公元392年）王彬继妻夏金虎墓志等[4]。王彬是南迁的中原大姓人士，《晋书》中有传记。琅琊王氏在东晋朝廷中占有重要地位，丞相王导是王彬的堂兄，著名书法家王羲之就是王彬的侄子。王兴之为王彬之子，王丹虎为王彬之长女，而王闽之则为王兴之长子。这一系列王氏墓志的出土，揭示了一个东晋的大族墓地，对于了解东晋的丧葬习俗与北方世族的族葬情况具有参考价值。1998年，南京市博物馆又在象山中段南侧发掘了3座东晋王氏墓葬，其中8号墓出土砖墓志，9号墓出土砖、石墓志共3件，1件砖质墓志出土于墓门上方墓坑内填土，这是在以往考古发掘中很少见到的；2件石质墓志出土于墓室前部左右两侧。10号墓出土石墓志1件，字迹已不存。8号墓中出土的墓志记载墓主为东晋丹阳令、骑都尉王企之，卒于泰和二年（公元367年）。9号墓出土墓志记载墓主为东晋振威将军、鄱阳太守、都亭侯王建之，卒于泰和六年（公元371年）[5]。1986年，南京司家山曾出土了另一支大族谢氏的几座墓葬，如东晋义熙三年（公元407年）去世的谢球墓志，谢球是丞相谢安的后人[6]。同时还出土了义熙十二年（公元416年）去世的谢球妻王德光墓志。王德光是王羲之的孙女。而在江苏溧阳果园发掘出东晋太元二十一年（公元396年）谢琰及妻王氏墓志。谢琰任溧阳令、驸马都尉，王氏是东晋皇室外戚王濛的女儿[7]。1984～1987年，南京市博物馆在南京雨花台区司家山发掘了7座东晋至南朝时期的墓葬，其中出土了一些砖墓志，已发表者有宋永初二年（公元421年）谢珫墓志、东晋义熙二年（公元406

〔1〕　南京市文物保管委员会：《南京老虎山晋墓》，《考古》1959年第6期。

〔2〕　南京市文物保管委员会：《南京戚家山东晋谢鲲墓简报》，《文物》1965年第6期。

〔3〕　南京市文物保管委员会：《南京人台山东晋王兴之夫妇墓发掘报告》，《文物》1965年第6期。

〔4〕　A. 南京文物保管委员会：《南京象山东晋王丹虎墓和二、四号墓发掘简报》，《文物》1965年第10期。

　　　　B. 南京市博物馆：《南京象山5号、6号、7号墓清理简报》，《文物》1972年第11期。

〔5〕　南京市博物馆：《六朝家族墓地考古有重大收获》，《中国文物报》1999年1月17日；《南京象山8号、9号、10号墓发掘简报》，《文物》2000年第7期。

〔6〕　阮国林：《南京市司家山东晋墓》，《中国考古学年鉴1987年》，文物出版社，1988年。

〔7〕　南京博物院：《江苏溧阳果园东晋墓》，《考古》1973年第4期。

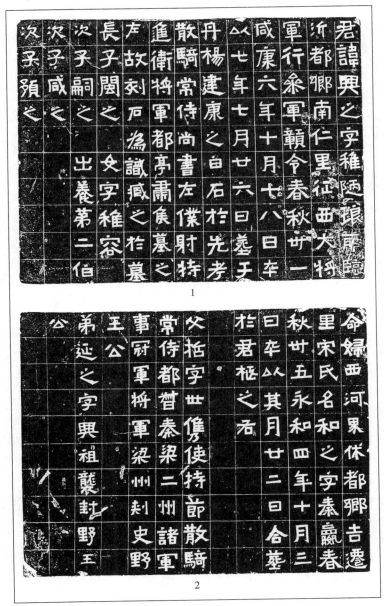

图 7-2　江苏南京人台山出土东晋夫妇墓志（拓本）
1. 咸康七年王兴之墓志（正面）　2. 永和四年宋和之墓志（背面）

年）谢温墓志等[1]，他们都是谢氏家族的家人。其中谢琬墓志形制尤为特殊（图7-3），它是由六块同样的长方形墓砖组成。铭文依次分别刻写在六块砖上，连成681字的墓志

---

[1]　南京市博物馆、雨花区文化局：《南京南郊六朝谢琬墓》《南京南郊六朝谢温墓》，《文物》1998年
　　　第5期。

图7-3　江苏南京司家山出土南朝宋永初二年谢珫墓志（拓本）

铭。此外还有 1999 年在南京市吕家山发现的东晋升平元年（公元 357 年）李缉、李摹及其妻子等人的墓志[1]。2001 年，在南京市又发现了东晋名族人士温峤的墓志[2]。1998年，南京市东郊仙鹤观的 2 号东晋墓中出土了 2 件砖墓志（图版 20 - 2），墓主为东晋侍中、建昌伯高崧，其人在《晋书》中有传，《世说新语》《建康实录》等文献中也记载了他的有关事迹。与以上所述各东晋墓葬不同，高崧不是北方避乱而来的世族，而是南方土著的世家大族人物。这说明在南方土著世族中也同样使用着墓志这种丧葬礼仪用品，较之上述各北方世族人物墓志具有更重要的典型意义[3]。1979 年，在江苏吴县张陵山还出土了一件东晋太宁三年（公元 325 年）的张镇墓志[4]。

南朝的墓志，同样主要在作为政治中心的建康（今南京）附近出土。表明墓志已经成为一种与封建葬礼制度相结合的定型器物。1972 年，南京太平门外尧晨果木场发掘出刘宋元徽二年（公元 475 年）明昙憘墓志[5]。此外，南朝的其他重要地区，如武昌，也有墓志发现。1956 年，湖北武昌周家大湾曾经出土南齐永明三年（公元 485 年）刘觊墓志，刘觊终官为刘宋武陵王前参军[6]。1969 年，江苏句容袁巷出土有南齐永明五年（公元487 年）刘岱墓志[7]。从铭文中看，刘岱也是南迁的官宦世家，大约从其曾祖刘爽任山阴令起就在这里定居。

从出土情况与礼制要求来看，在王侯一级的地下墓室中则应该使用大型石墓志陪葬。1980 年，在南京太平门外的石油化工厂附近出土了两方梁朝王侯墓志：天监元年（公元502 年）萧融墓志与天监十三年（公元 514 年）萧融太妃王慕韶墓志[8]。萧融是梁武帝的弟弟，后与长兄尚书令萧懿同时被齐东昏侯杀害。梁武帝即位后，赠抚军大将军，封为桂阳郡王。墓志为当时著名文臣任昉所作。王慕韶为萧融的妻子，她也是东晋丞相王导的七世孙女。由此可见王谢等世族大姓的势力影响在南朝延续了相当长的历史时期。结合以前的传世藏品梁普通元年（公元 520 年）永阳王萧敷墓志与普通元年永阳王太妃王氏墓志等形制严谨、文字精美的石刻来看，起码在梁代，王侯们在墓中就有大型墓志陪葬，并且对墓志的使用具有一定的礼仪制度规定。希望今后能有更多的出土发现来证实这种制度。

南京还发现了一些大型墓志，可惜由于漫漶严重，文字内容无法释读。如在燕子矶出土的普通二年（公元 521 年）某君墓志、周家山农场发掘的某君墓志等，它们的长宽尺寸都在 1 米左右，铭文可达 2000～3000 字，应该是地位很高的人物的墓志。在普通二年一件墓志上，还可以看出"辅国将军"，"曾祖谟，魏尚书左丞、司徒左长史、冀州〔下

---

[1] 南京市博物馆：《南京吕家山东晋李氏家族墓》，《文物》2000 年第 7 期。

[2] 南京市博物馆：《南京北郊东晋温峤墓》，《文物》2002 年第 7 期。

[3] 南京市博物馆：《六朝家族墓地考古有重大收获》，《中国文物报》1999 年 1 月 17 日。

[4] 《东晋张镇碑志考释》，《文博通讯》1979 年第 10 期。

[5] 南京市文物管理委员会：《南京太平门外刘宋明昙憘墓》，《考古》1976 年第 1 期。

[6] 湖北省文物工作队：《武汉地区一九五六年一至八月古墓葬发掘概况》，《文物参考资料》1957 年第 1 期。

[7] 镇江市博物馆：《刘岱墓志简述》，《文物》1977 年第 6 期。

[8] 南京市博物馆　阮国林：《南京梁桂阳王肖融夫妇合葬墓》，《文物》1981 年第 12 期。

残]"，"祖 [ ] 冀州刺史"，"父斌，本州别驾"等字样[1]。南京雨花区西善桥镇出土的一件陈代黄法氍墓志，为著名文人江总撰文，虽然多有残泐，但仍保存有较重要的史料，可与《陈书》对照[2]。这些墓志可能对我们正确认识南朝使用墓志的情况有所帮助。

北方地区在十六国时期战乱频繁，现在发现的这一时期石刻很少。但从现存的一些珍贵材料来看，十六国时期北方各地仍然在丧葬、宗教宣传、纪念活动等方面使用着各种文字石刻，如曾经在甘肃武威金沙公社赵家磨村出土过一件前秦建元十二年（公元 376 年）的梁舒妻宋华墓表。原石保存尚好，只是文字内容十分简略。梁舒的官职为"中郎中督护公国中尉晋昌太守"[3]。新发现的类似十六国墓葬志还有在辽宁出土的前燕永昌三年（公元 324 年）李庑墓志[4]、后燕建兴十年（公元 395 年）崔遹墓志[5]等。又如传世的著名石刻前秦建元四年（公元 368 年）广武将军□产碑、北凉承平三年（公元 445 年）沮渠安周造像碑、后秦弘始四年（公元 402 年）辽东太守吕宪墓表等。河南安阳安丰乡西高穴村发现了一件后赵建武十一年（公元 345 年）的太仆卿驸马都尉鲁潜墓志，是十分罕见的十六国墓志。志中记录墓地的具体所在，涉及魏武帝曹操的陵寝位置，颇具考古价值[6]，在近年安阳西高穴的东汉墓葬是否为曹操墓的讨论中多次被引用。

北魏统一北方地区后，学习南朝的文化政治制度，使社会经济与文化状况大为改观，一度甚至超过了自诩为礼仪所在的南朝。作为已经定型的封建社会丧葬礼仪用品的墓碑、墓志在北方也开始大量使用。成为近代以来出土数量十分庞大的一批铭刻资料。这一时期的大型石碑与摩崖材料很多，制作也十分精致，在装饰纹样、书法水平与保存的历史资料等方面都达到了相当的高度。传世品例如现在山东曲阜孔庙的北魏正光三年（公元 522 年）鲁郡太守张猛龙碑、山东掖县云峰山的郑道昭摩崖题记和郑文公碑、河南登封中岳庙的北魏太安二年（公元 456 年）嵩高灵庙碑、河南长葛的东魏兴和二年（公元 540 年）敬史君（显儁）碑、原在陕西澄城的北魏太和十二年（公元 488 年）宕昌公晖福寺碑、陕西褒城的石门铭摩崖、河北隆尧的北魏延昌元年（公元 512 年）杨翚碑、河北邯郸响堂山的北齐武平三年（公元 572 年）唐邕写经碑、河北磁县的北齐武平六年（公元 575 年）高肃碑（兰陵王碑）等。1949 年以后新发现的有山西灵丘出土北魏和平二年（公元 461 年）皇帝南巡碑的残石（图 7 - 4），这应该是记录北魏文成帝出巡山西各地的大型纪功碑[7]。1988 年在河北曲阳县北岳庙古井中出土了一件北魏和平三年（公元 462 年）邸府君碑[8]。20 世纪 50 年代在西安出土的司马芳残碑曾被认为是晋代碑刻，杨励三考证为北魏

---

[1] A. 南京市文物保管委员会：《南京郊区两座南朝墓清理简报》，《文物》1980 年第 2 期。

B. 南京博物院：《南京尧化门南朝梁墓发掘简报》，《文物》1981 年第 12 期 。

[2] 南京市博物馆：《南京西善桥南朝墓》，《文物》1993 年第 11 期。

[3] 钟长发、宁笃学：《武威金沙公社出土前秦建元十二年墓表》，《文物》1981 年第 2 期。

[4] 鲁宝林、吴鹏：《锦州前燕李庑墓清理简报》，《文物》1995 年第 6 期。

[5] 李宇峰：《朝阳十二台营子发现后燕崔遹墓志》，《辽宁文物》1980 年第 1 期。

[6] 邓叶君、杨春富：《安阳出土十六国后赵鲁潜墓志》，《中国文物报》1998 年 6 月 28 日。

[7] 山西省考古研究所、灵丘县文物局：《山西灵丘北魏文成帝〈南巡碑〉》，《文物》1997 年第 12 期。

[8] 西林昭一、陈松长：《新中国出土书迹》，文物出版社，2009 年。

图 7-4　山西灵丘出土北魏文成帝南巡碑碑额及碑文局部（拓本）

碑刻，而后路远再次考察藏在碑林的原碑，通过对碑文的梳理，认定建碑者为北魏宁远将军乐陵侯司马准，碑建立于北魏神䴥三年（公元 430 年）至兴光元年（公元 454 年）[1]。以上种种，说明在北魏至北齐时期碑刻使用得十分普遍。

　　北魏以及北朝墓志的搜集与辑录基本上是从清代才开始的，大规模的盗掘则兴起于

〔1〕　A. 段绍嘉：《司马芳残碑出土经过及初步研究》，《人文杂志》1957 年第 3 期。
　　　　B. 杨励三：《司马芳残碑》，《文物》1965 年第 9 期。
　　　　C. 路远：《〈司马芳碑〉刻立年代考辩》，《碑林语石：西安碑林藏石研究》，三秦出版社，2010 年。

清中期至 20 世纪 30 年代，具有很高文物价值的北魏太和二十年（公元 496 年）元祯墓志、永平元年（公元 508 年）元祥墓志、延昌二年（公元 513 年）元显隽墓志、神龟三年（公元 520 年）元晖墓志等皇族成员墓志，永平四年（公元 511 年）司马元兴墓志、正光四年（公元 523 年）常季繁墓志等官员墓志[1]都是在这一期间面世的。这时的盗墓者只顾盗取值钱的物品，对墓葬肆意破坏，而收藏墓志的官员学者也大多只注意墓志的文字内容，假手于商贾，缺乏实地调查，从而极大地丧失了出土墓志等石刻材料的考古学研究价值。

　　1949 年以来，随着科学的田野发掘工作日益深入，被发掘清理的北朝墓葬已占了较大比例，并且出土大量墓志，对北朝墓葬断代与有关考古学研究具有重要的意义，现已公布者达 100 余件。

　　较早清理出的墓志有北魏正光二年（公元 521 年）封魔奴墓志、东魏兴和三年（公元 542 年）封延之墓志、北齐河清四年（公元 565 年）封子绘墓志，以及隋开皇三年（公元 583 年）封子绘妻王氏墓志、开皇九年（公元 589 年）封延之妻崔长晖墓志，另外还收集到一件魏故郡君祖氏墓志盖。这些都是在清理河北景县县城东南的封氏家族墓地时出土的。该墓地旧称"十八乱冢"，1948 年曾被挖掘过，出土 300 余件器物。1955 年北京历史博物馆在此进行调查，收集到以上墓志。以后，河北等地文博单位又陆续进行过调查。据调查，出土墓志的墓葬均为砖室墓，石质墓志安放在死者的头前。出土的随葬品很考究，墓葬的规格是比较高级的，墓葬中出土的青瓷尊、玻璃碗等，都是具有重要研究价值的珍贵文物[2]。这一墓群的性质，由于这批墓志的发现而得到确认，从而为研究北朝大族墓葬提供了有价值的资料。1966 年，这里还出土了北周大象元年（公元 579 年）封孝琰墓志[3]。在河北吴桥新镇店村，1991 年出土了北魏正光四年（公元 523 年）封龙墓志[4]；在小马厂出土了东魏兴和三年（公元 541 年）封柔妻毕修密墓志与武定四年（公元 546 年）封柔墓志[5]。景县大高乐村出土东魏天平四年（公元 537 年）高雅墓志[6]。无极史村出土了正光六年（公元 525 年）甄凯墓志[7]。平山县上三汲发现了北齐天统二年（公元 566 年）崔昂墓志与其前妻卢修娥墓志，还有隋开皇八年（公元 588 年）崔昂后妻郑仲华墓志[8]。赞皇南邢郭发现东魏武定二年（公元 544 年）年李希宗墓志，武平七年（公元 576 年）李希宗妻崔氏墓志和李希礼墓志。磁县滏阳村簸箕冢在 1953 年就曾出土东魏兴和三年（公元 541 年）司马兴龙墓志[9]。

〔1〕　均见于赵万里《汉魏南北朝墓志集释》（科学出版社，1959 年）。
〔2〕　张季：《河北景县封氏墓群调查记》，《考古通讯》1957 年第 3 期。
〔3〕　河北省文物研究所墓志小组：《封孝琰及其妻崔氏墓志》，《文物春秋》1990 年第 4 期。
〔4〕　卢瑞芳、刘汉芹：《河北吴桥北魏封龙墓及其相关问题》，《文物春秋》2005 年第 3 期。
〔5〕　张平一：《河北吴桥县发现东魏墓》，《考古通讯》1956 年第 6 期。
〔6〕　河北省文管处：《河北景县北魏高氏墓发掘简报》，《文物》1979 年第 3 期。
〔7〕　孟昭林：《无极甄氏诸墓的发现及其有关问题》，《文物》1959 年第 1 期。
〔8〕　河北省博物馆、文物管理处：《河北平山北齐崔昂墓调查报告》，《文物》1973 年第 11 期。
〔9〕　郑绍宗：《北魏司马兴龙墓志铭跋》，《文物》1979 年第 9 期。

图 7-5　河北磁县出土东魏武定八年茹茹公主闾叱地连墓志（拓本）

在邺城地区出土了相当数量的北朝望族人士墓志，对研究北朝地域政治、民族关系等问题提供了可贵的历史资料。如磁县东陈村发掘的北齐墓中出土了天统三年（公元 567 年）尧峻墓志，尧峻妻吐谷浑静媚墓志与武平二年（公元 571 年）尧峻妻独孤思男墓志[1]。尧峻是《魏书》中有传记的北魏相州刺史尧暄的孙子，曾任怀州刺史。尧峻的妻子吐谷浑静媚，为吐谷浑第九代君主吐谷浑阿柴之后。阿柴死后，群子争立，吐谷浑静媚的曾祖父吐谷浑头颓（墓志中作头）失利，投奔东魏，被授汶山公，后代与东魏、北齐的各族官员相互联姻。而尧峻的另一个妻子独孤思男则是匈奴之后。这些墓志对于了解当时北方民族的文化融合情况具有重要的意义。也可以帮助我们理解当时墓葬中出土器物表现出来的多种民族文化现象。磁县东南大冢营村发掘的东魏茹茹公主墓是北朝考古的重要发现。墓中出土的一合武定八年（公元 550 年）高湛妻茹茹公主闾氏墓志（图 7-5）标明了墓主的重要身份，为解释墓中的大量壁画内容提供了背景，也对确定墓葬随葬品的等级，为北朝墓葬

〔1〕　磁县文化馆：《河北磁县东陈村北齐尧峻墓》，《文物》1984 年第 4 期。

分期断代提供了明确的时间证据[1]。1970 年，磁县东小屋还出土了东魏天平三年（公元536 年）北魏昌乐王元诞墓志[2]。李希宗孙女李尼的墓志在磁县出土，这件埋设于北齐武平元年（公元 570 年）的北齐悊悼王妃墓志规格较高，边长达 0.745 米，可能是其夫原为太子，后降为济南王的缘故[3]。临城县西镇村西北的北齐墓群中出土了一批李氏墓志，重要者有武平五年（公元 574 年）李祖牧墓志与其妻宋氏墓志，李祖牧是北齐大鸿胪卿、赵州刺史。另外一座墓中出土了武平五年（公元 574 年）李君颖墓志，李君颖任开府长史，是李祖牧的三儿子[4]。1998 年，磁县申庄乡西陈村出土的北齐天统三年（公元 567年）赵炽墓志也是等级较高的北齐官员墓志[5]。2007 年在磁县清理的一座壁画墓中发现东魏皇族元祐的墓志[6]。

山西大同附近，是北魏早期的都城平城所在。近年来这里出土了一些重要的墓志，如1965 年在大同石家寨发掘的太和八年（公元 484 年）司马金龙墓表与延兴四年（公元 474年）司马金龙妻姬辰墓志[7]。1981 年在大同小站村花圪塔台发掘的北魏正始元年（公元504 年）四月封和突墓志[8]。在大同小南头村出土有延昌三年（公元 514 年）高琨墓志，距此不远的东王庄出土了永平元年（公元 508 年）元淑墓志[9]。1973 年山西祁县白圭镇出土的北齐天统三年（公元 567 年）韩裔墓志，墓主韩裔曾任青州刺史，其父司空韩贤、子韩风，在《北齐书》中均有传记记载[10]。

太原附近，也是东魏北齐重要官员的墓葬所在。1979 年在太原南郊王郭村发掘的北齐丞相娄睿墓，是十分重要的北朝墓葬发现，墓中的 240 余平方米精彩壁画是古代美术史上的珍贵资料。而墓中出土的武平元年（公元 570 年）娄睿墓志为该墓及墓中壁画提供了确切的时代证据[11]。研究者曾根据娄睿的身份与他和朝廷的密切关系（娄睿是北齐神武帝高欢妻子神明皇后的侄子），推测这些壁画是当时朝廷专用的著名画师所作。类似的精美壁画墓还有 2002 年在太原市迎泽区王家峰村发现的北齐高官太尉、太保、尚书令、武安王徐显秀墓，出土有武平二年（公元 571 年）徐显秀墓志[12]。1975 年，太原南郊东太

〔1〕 磁县文化馆：《河北磁县东魏茹茹公主墓发掘简报》，《文物》1984 年第 4 期。

〔2〕 汤池：《河北磁县出土北魏昌乐王元诞墓志》，《文物资料丛刊》1，文物出版社，1977 年。

〔3〕 张利亚：《磁县出土北齐悊悼王妃李尼墓志》，《文物春秋》1997 年第 3 期。

〔4〕 李建丽、李振奇：《临城李氏墓志考》，《文物》1991 年第 8 期。

〔5〕 张子英：《磁县出土北齐赵炽墓志》，《文物》2007 年第 11 期。

〔6〕 中国社会科学院考古研究所河北工作队：《河北磁县北朝墓群发现东魏皇族元祐墓》，《考古》2007年第 11 期。

〔7〕 山西大同市博物馆、山西省文物工作委员会：《山西大同石家寨北魏司马金龙墓》，《文物》1972 年第 3 期。

〔8〕 大同市博物馆　马玉基：《大同市小站村花圪塔台北魏墓清理简报》，《文物》1983 年第 8 期。

〔9〕 大同市博物馆：《大同东郊北魏元淑墓》，《文物》1989 年第 8 期。

〔10〕 陶正刚：《山西祁县白圭北齐韩裔墓》，《文物》1975 年第 4 期。

〔11〕 山西省考古研究所、太原市文物管理委员会：《太原市北齐娄睿墓发掘简报》，《文物》1983 年第 10 期。

〔12〕 山西省考古研究所、太原市文物考古研究所：《太原北齐徐显秀墓发掘简报》，《文物》2003 年第 10期。

堡砖场出土了北魏神龟三年（公元 520 年）辛祥墓志与永平三年（公元 510 年）辛祥女李庆容墓志，辛祥祖父辛绍先在《魏书》中有传记[1]。1973 年，这里还曾经发现过一座北朝墓葬，但是已经被破坏殆尽，仅存墓志残石两块，原为一方墓志，保留有拓片。根据拓片可知原墓志是北魏正光三年（公元 522 年）胡显明墓志。胡氏为东安太守辛凤麟的妻子。郑村出土有天保七年（公元 556 年）柳子辉墓志，墓主曾任直荡大都督、白水县开国男[2]。在神堂沟的一座土洞墓中发现了北齐皇建元年（公元 560 年）贺娄悦墓志，他生前的官职是卫大将军、直荡正都督、礼丰县开国子[3]。太原附近出土的北齐墓志还有天保四年（公元 553 年）骠骑大将军贺拔昌墓志、河清三年（公元 565 年）车骑将军泾州刺史狄湛墓志、天统元年（公元 565 年）司马长安侯张海翼墓志、天统三年（公元 567 年）仪同库狄业墓志[4]等。除去这些重要官员的墓志以外，太原还出土了天保十年（公元 559 年）张肃俗墓志等平民的墓志[5]。而附近的寿阳县贾家庄，1973 年发掘了北齐定州刺史太尉顺阳王库狄迴洛的墓葬，出土了河清元年（公元 562 年）库狄迴洛墓志与同时合葬的库狄迴洛妻斛律夫人墓志，以及天保十年（公元 559 年）入葬的其妾尉氏墓志[6]。这些墓志都制作得比较精美，除有助于墓葬主人身份与年代的鉴定之外，还保存了一定的历史资料。

晋南的裴姓世族，在北朝与隋唐时期是著名的大姓，人物众多。近年在山西襄汾曾经出土东魏天平二年（公元 535 年）裴良墓志，裴良曾任御史中丞、太府卿[7]。运城地区也出土过北齐武平二年（公元 571 年）裴子诞墓志及裴子诞葬于隋代的两个弟弟裴子通、裴子休的墓志[8]。此外，1987 年，永济县蒲州镇侯家庄村南还出土了北魏正光五年（公元 524 年）赵猛墓志[9]。

山东出土的北朝墓志主要是当地的一些高级官员以及世家大姓的葬志。如 1969 年在山东德州出土的北魏神龟二年（公元 519 年）高道悦墓志，墓主高道悦是太子中庶子，被赠官营州刺史，由于当时高姓的族望在渤海郡修县，所以归葬在今山东原修县所在[10]。1983 年在临淄大武乡窝托村发掘的北魏延昌元年（公元 512 年）崔猷墓志、孝昌二年（公元 526 年）崔鸿墓志（图 7-6）、东魏天平四年（公元 537 年）崔鹔墓志、同年崔鸿妻

---

〔1〕　代尊德：《太原北魏辛祥墓》，《考古学集刊》1，中国社会科学出版社，1981 年。

〔2〕　王玉山：《太原市南郊清理北齐墓葬一座》，《文物》1963 年第 6 期。

〔3〕　常一民：《太原市神堂沟北齐贺娄悦墓整理简报》，《文物季刊》1992 年第 3 期。

〔4〕　A. 太原市文物考古研究所：《太原北齐贺拔昌墓》《太原北齐狄湛墓》《太原北齐库狄业墓》，《文物》2003 年第 3 期。

　　　B. 李爱国：《太原北齐张海翼墓》，《文物》2003 年第 10 期。

〔5〕　山西省博物馆：《太原圹坡北齐张肃墓文物图录》，中国古典艺术出版社，1958 年。

〔6〕　王克林：《北齐库狄迴洛墓》，《考古学报》1979 年第 3 期。

〔7〕　李学文：《山西襄汾出土东魏天平二年裴良墓志》，《文物》1990 年第 12 期。

〔8〕　运城地区河东博物馆：《晋南发现北齐裴子诞兄弟墓志》，《考古》1994 年第 4 期。

〔9〕　李百勤、陈继瑜、傅仁杰、吴钧、李汉英：《河东出土墓志录》，山西人民出版社，1994 年。

〔10〕　秦公：《释北魏高道悦墓志》，《文物》1970 年第 9 期。

图 7-6　山东临淄出土北魏孝昌二年崔鸿墓志（拓本）

张玉怜墓志、元象元年（公元 538 年）崔混墓志、北齐天统元年（公元 565 年）崔德墓志、武平四年（公元 573 年）崔博墓志等，是在北朝乃至隋唐时期具有相当影响的北方世族大姓崔氏一个重要宗支的家族墓葬中出土的[1]。崔鸿是《十六国春秋》的作者，任青州刺史。其墓志对于北魏文化史的研究有所裨益。1964 年在山东新泰宫里镇出土了北魏熙平元年（公元 516 年）羊祉墓志与孝昌元年（公元 525 年）羊祉妻崔氏墓志[2]。1985

[1]　A. 山东省文物考古研究所：《临淄北朝崔氏墓》，《考古学报》1984 年第 2 期。
　　　B. 淄博市博物馆、临淄区文管所：《临淄北朝崔氏墓地第二次清理简报》，《考古》1985 年第 3 期。
[2]　舟子：《羊祉与〈石门铭〉初考三题》，《文博》1989 年第 3 期。

年在山东乐陵杨家乡史家村出土北齐天统元年（公元 565 年）刁翔墓志，刁翔也是渤海当地大姓，本州主簿[1]。1982 年在山东淄博淄川区二里乡石门村出土北魏永熙三年（公元 534 年）傅竖眼墓志，墓主傅竖眼在《魏书》有传，任职都督相州诸军、车骑大将军[2]。在 1965 年，济南圣佛寺院村发掘了东魏天平五年（公元 538 年）邓恭伯妻崔令姿墓志，崔氏是崔琰之后，也是崔姓的重要宗支[3]。临朐冶泉发掘的东魏威武将军行台府长史崔芬墓中出土了北齐天保二年（公元 551 年）崔芬墓志[4]。1972 年在山东高唐城发掘的东魏兴和三年（公元 542 年）房悦墓志，墓主房悦任济州刺史[5]。1977 年在山东历城后周村出土的北齐武平七年（公元 576 年）赵奉伯妻宜阳国太妃傅华墓志[6]与赵奉伯墓志盖，墓主赵奉伯任齐州刺史。在寿光县发掘的北魏孝昌元年（公元 525 年）贾思伯墓志，墓主贾思伯任殿中尚书、安东将军、青州大中正等职，可以与现存孔庙的传世碑刻贾使君碑互相对证。同时出土有东魏武定二年（公元 544 年）贾夫人刘氏墓志。

　　除此之外，也有一些平民使用墓志，但他们可能也是地方上有势力的大姓子弟。济南八里洼小区出土的北齐武平五年（公元 574 年）正月十二日故处士陈□墓志就是一例[7]。该墓志采用小碑型，碑首雕刻有双龙图案，额题："陈三墓铭"。这种形式在北齐已经比较罕见。

　　河南是北魏墓志的主要出土地。虽然洛阳邙山一带的大量北魏墓葬早已遭到盗掘，但是近几十年来还有零散出土发现。1946 年，河南孟津官庄村东小冢出土了神龟二年（公元 519 年）文昭皇太后高氏墓志[8]。1956 年，洛阳西车站发掘了正始三年（公元 506 年）寇猛墓志，寇猛官职为步兵校尉、千牛备身、武卫将军、燕州大中正、平北将军、燕州刺史，根据《魏书》本传的记载，寇猛是北魏宣武帝的宠臣，千牛备身、武卫将军等职是其实任，燕州刺史等地方官职是死后的赠官[9]。1979 年，河南孟县斗鸡台发掘了永平四年（公元 511 年）司马悦墓志，司马悦是上述在山西大同出土的司马金龙墓志中记载的司马金龙次子，任征虏大将军、豫州刺史[10]。1965 年，河南洛阳盘龙冢村发掘出土武泰元年（公元 528 年）元邵墓志，元邵是北魏皇室，孝文帝之孙，在尔朱荣屠杀元魏大臣中被杀[11]。洛阳

[1]　李开岭、刘金亭：《山东乐陵县出土北齐墓志》，《考古》1987 年第 10 期。

[2]　张光明：《山东淄博市发现北魏傅竖眼墓志》，《考古》1987 年第 2 期。

[3]　济南市博物馆　王建浩、蒋宝庚：《济南市东郊发现东魏墓》，《文物》1966 年第 4 期。

[4]　山东省文物考古研究所：《前进中的十年——1978～1988 年山东省文物考古工作概述》，《文物考古工作十年》，文物出版社，1991 年。

[5]　山东省博物馆文物组：《山东高唐东魏房悦墓清理纪要》，《文物资料丛刊》2，文物出版社，1978 年。

[6]　韩明祥：《释北齐宜阳国太妃傅华墓志铭》，《文物》1985 年第 10 期。

[7]　房道国、李铭：《济南发现北齐陈三墓》，《中国文物报》1998 年 6 月 28 日。

[8]　河南省文化局文物工作队：《洛阳北魏长陵遗址调查》，《考古》1966 年第 3 期。

[9]　侯鸿均：《洛阳西车站发现北魏墓一座》，《文物参考资料》1957 年第 2 期。

[10]　孟县人民文化馆　尚振明：《孟县出土北魏司马悦墓志》，《文物》1981 年第 12 期。

[11]　洛阳博物馆：《洛阳北魏元邵墓》，《考古》1973 年第 4 期。

孟津出土过正光五年（公元 524 年）侯掌墓志[1]，这是从幽燕一带来到洛阳的中正、奉朝请、燕州治中从事史。1989 年冬季，洛阳孟津北陈村发掘的一座土洞墓中出土了太昌元年（公元 532 年）王温墓志。王温曾任使持节抚军将军、瀛州刺史[2]。偃师县杏园村发掘了四座北魏墓葬，其中一座单室砖券墓中出土有熙平元年（公元 516 年）元睿墓志，元睿为洛州刺史[3]。

北魏分裂成东魏、西魏两国后，东魏（以后是北齐）的统治中心移到邺城、晋阳一线。接近邺城的河南安阳一带也有较多的贵族官员居住，近年这里出土了不少北齐的墓志，如 1956 年安阳琪村出土的郑平墓志，郑平为魏镇远将军，卒于河清四年（公元 565 年），开皇十六年（公元 596 年）与其妻于氏合葬[4]。1975 年安阳张家村出土的武平四年（公元 573 年）和绍隆墓志与其妻元华墓志，和绍隆官至北齐使持节、都督东徐州诸军事、骠骑大将军、东徐州刺史[5]。1971 年安阳洪河屯发掘了武平六年（公元 575 年）范粹墓志。范粹为骠骑大将军、开府、仪同三司、凉州刺史[6]。同年安阳水冶镇清峪村发掘出武平七年（公元 576 年）高洋妃颜氏墨书墓志砖一件[7]。

此外，河南濮阳这河砦村曾经出土了武平七年（公元 576 年）李云墓志与卒于武定七年（公元 549 年）的李云妻郑氏墓志。李云官至北齐车骑大将军、银青光禄大夫、济南郡太守、顿丘男[8]。

陕西关中地区历来是中华文化的一个中心，虽然在魏晋北朝时期它的地位有所削弱，但仍然有一定的大姓势力存在，如华阴的杨氏。西魏与北周时期，这里又作为政治中心，聚集了一批官员贵族。他们定居在关中，死后也埋葬在这里，其礼仪制度与埋葬习俗仍然沿袭北魏的程式，从而也有一定数量的墓志出土。近年在陕西华阴五方村及潼关等地发掘的杨氏族葬墓地，出土了一批北朝的杨氏人物墓志，对了解这一地区的大姓世族生活状况有重要的参考价值。这批墓志有：在华阴五方村出土的北魏永平四年（公元 511 年）的杨阿难墓志、杨颖墓志、熙平元年（公元 516 年）杨播墓志（图 7-7），在华阴县南孟塬迪家出土的北魏熙平三年（公元 518 年）杨泰墓志，西魏大统十七年（公元 551 年）杨泰妻元氏墓志，在潼关管南出土的北魏神龟二年（公元 519 年）杨胤季女墓志等[9]。

[1] 洛阳文物工作队：《洛阳孟津晋墓、北魏墓发掘简报》，《文物》1991 年第 8 期。
[2] 洛阳文物工作队：《洛阳孟津北陈村北魏壁画墓》，《文物》1995 年第 8 期。
[3] 中国社会科学院考古研究所河南二队：《河南偃师县杏园村的四座北魏墓》，《考古》1991 年第 9 期。
[4] 周到：《河南安阳琪村发现隋墓》，《考古通讯》1956 年第 6 期。
[5] 李秀萍、于谷：《安阳北齐和绍隆夫妇合葬墓清理简报》，《中原文物》1987 年第 1 期。
[6] 河南省博物馆：《河南安阳北齐范粹墓发掘简报》，《文物》1972 年第 1 期。
[7] 安阳县文教局：《河南安阳县清理一座北齐墓》，《考古》1973 年第 2 期。
[8] 周到：《河南濮阳北齐李云墓出土的瓷器和墓志》，《考古》1964 年第 9 期。
[9] 杜葆仁、夏振英：《华阴潼关出土的北魏杨氏墓志考证》，《考古与文物》1984 年第 5 期。

图 7-7　陕西华阴出土北魏熙平元年杨播墓志（拓本）

1953 年，陕西咸阳底张湾北原出土了一位谯国夫人步六孤氏墓志，她卒于北周建德元年（公元 572 年），这件墓志应该是北周的作品。在咸阳，1986～1990 年曾清理了一批北周墓，出土了 9 件贵族官员及其配偶的墓志。其中有北周保定四年（公元 564 年）拓跋虎墓志，出土于咸阳市渭城区渭城乡坡刘村。拓跋虎为北周骠骑大将军、开府、仪同三司、大都督、云宁县开国公。他曾从征洛阳，攻克江陵，多次立下战功。北周建德四年（公元 575 年）叱罗协墓志出土于咸阳北斗乡蕲里村东，葬所是一座规模较大的斜坡形长墓道土洞墓，地面上原有高达 20 余米的封土冢。墓志的规格也较高，制作精美，边长73.3 厘米。叱罗协为北周开国元勋，《周书》中有传记。墓志记载：他官至柱国大将军、治中外府长史、治司会、总六府，后来又被任命为车骑大将军、仪同三司、屯田总监；死后被追赠使持节、骠骑大将军、开府、仪同三司、大都督、浙洛丰三州诸军事三州刺史、荆州南阳郡开国公。在咸阳底张湾发掘出土的北周建德五年（公元 576 年）王德衡墓志，记载王德衡为使持节、仪同大将军、新市县开国侯。1988 年，该墓附近发掘了其父王士良墓，出土了北周保定五年（公元 565 年）王士良妻董氏墓志与隋开皇三年（公元 583年）王士良墓志。王士良在《周书》及《北史》中有传记，曾被授予使持节大都督、广昌郡开国公、少司徒、并州刺史等，至隋代开皇三年才去世。1988 年，还在王德衡墓东南约 500 米处发掘了若干云墓，出土了北周宣政元年（公元 578 年）若干云墓志，其官至骠骑大将军、上开府、大将军、任城郡开国公、梁州刺史。若干云墓的东面约 49 米处，发掘了另一处墓葬，出土有北周宣政元年（公元 578 年）独孤藏墓志。独孤藏也是出身于贵族世家的武将，官至大都督、隆山太守、武平县开国公，赠金州刺史。在若干云墓与独孤藏墓的东北方约 500 米处，发掘了另一座北周末年的墓葬，墓中出土有两方墓志：北周大成元年（公元 579 年）尉迟运墓志与隋仁寿元年（公元 601 年）贺拔氏墓志。尉迟运官至上柱国、卢国公、秦渭成康文武六州诸军事、秦州总管，在《周书》及《北史》中均有传记。所记与墓志铭文基本相符。贺拔氏是贺拔岳的侄女，也是出身于北周上层统治者家庭[1]。1993 年，又在附近出土北周建德七年（公元 578 年）宇文俭墓志，墓主为上柱国、大冢宰、谯王[2]。这样大量的北周上层官员墓葬集中出土，是前所未见的。由墓志确定了墓主的身份，对于认识北周时期的上层葬俗，探查北周时期的大型墓地与帝王陵园所在起到了重要的作用。另据报道，咸阳附近还发现了北周武帝的墓志盖与隋开皇二年（公元582 年）埋设的北周武德皇后墓志[3]。

1955 年，西安市任家口发掘出一件北魏正光元年（公元 520 年）邵真墓志，墓主邵真为阿阳令、假安定太守[4]。1984 年在咸阳窑店胡家沟清理了西魏大统十年（公元 544年）侯义墓[5]。2000 年，在西安市北郊炕底寨发现了北周时期的外来粟特人士安伽墓葬，出土大象元年（公元 579 年）安伽墓志与具有明显祆教艺术特色的浮雕石棺床[6]。这是有关粟特文化的重要考古发现。墓志记载为确定墓主身份与年代提供了确证。类似的发现还有 2004 年出土的北周天和六年（公元 571 年）康业墓志[7]。

以上北朝历代统治中心地区由于聚集了大量官员贵族，产生了较多的具有较高规格的墓葬。而在南北朝时期丧葬礼仪制度的变化中，墓志已经成为了丧葬礼仪中表示等级身份

---

〔1〕　负安志：《中国北周珍贵文物——北周墓葬发掘报告》，陕西人民美术出版社，1993 年。
〔2〕　陕西省考古研究所：《北周宇文俭墓清理发掘简报》，《考古与文物》2001 年第 3 期。
〔3〕　A. 马先登：《北周武德皇后墓志》，《文物天地》1995 年第 2 期。
　　　B. 陕西省考古研究所、咸阳市考古研究所：《北周武帝孝陵发掘简报》，《考古与文物》1997 年第 2
　　　期。
〔4〕　陕西省文物管理委员会：《西安任家口 M229 号北魏墓清理简报》，《文物》1955 年第 12 期。
〔5〕　咸阳市文管会、咸阳博物馆：《咸阳市胡家沟西魏侯义墓清理简报》，《文物》1987 年第 12 期。
〔6〕　陕西省考古研究所：《西安北周安伽墓》，文物出版社，2003 年。
〔7〕　西安市文物保护考古研究所：《西安北周康业墓发掘简报》，《文物》2008 年第 6 期。

的一种重要标志。现在可以
见到的附有墓志的中原北朝
墓葬中，墓主绝大多数是太
守、刺史以上的高级官员及
其配偶，未曾入仕者也是皇
亲贵族或世族大姓子弟。其
他地方使用墓志的情况相对
较少，反映出当时礼仪制度
中对使用墓志已经存在有一
定的限制。

　　在其他地区发现的重要北
朝墓志还有：1965 年在辽宁
朝阳城北西上台发掘的北魏刘
贤墓志，该志作小碑形，螭
首，碑额刻写"刘贤墓志"四
字，下有龟座。铭文中没有刻
写年月，只是称："魏太武皇
帝开定中原，并有秦陇，移秦
大姓，散入燕齐。君先至营
土，因遂家焉。"由此看来，
刘贤墓志可能是北魏早期的石
刻，刘贤作为迁移到营州的关
中大姓子弟，被辟为中正，后
任临泉戍主、东面都督。可以
说是地方豪强[1]。他的墓志
使用碑形，可能还是沿袭中原
的丧葬习俗。

　　1972 年，甘肃张家川木
河出土了一件年号奇特的墓志
（图 7-8）。根据铭文记载，墓
主王真保曾被魏孝文帝策授广
武将军、城都侯，死后又被
"大赵"加赠使持节、大都督
西道诸军事、骠骑大将军、司
徒公、天水郡开国公、太原

图 7-8　甘肃张家川出土"大赵神平二年"
王真保墓志（拓本）

〔1〕　曹汛：《北魏刘贤墓志》，《考古》1984 年第 7 期。

王。刻记时间为"大赵神平二年岁次己酉十一月戊寅朔十三日庚寅"。根据记时干支推算，其年代应该是北魏永安二年（公元529年）。而"大赵神平"这一年号在史书中从无记载。根据《魏书》与《北史》中的有关记载，"武泰元年……高平镇人万俟丑奴僭称大位，署置百官。"[1]"初，高平镇城人赫贵连恩等为逆，共推敕勒酋长胡琛为主，号高平王，遥臣沃野镇贼帅破六韩仢黁。琛入据高平城，遣其大将万俟丑奴来寇泾州。……遣使人费律如至高平，诱斩琛。为丑奴所并，与萧宝寅相距于安定。宝寅败还。建义元年夏，丑奴击宝寅于灵州，禽之，遂僭大号。时获西北贡狮子，因称神兽元年。"[2]王真保所在地区，正是万俟丑奴反叛时占据的地区。永安二年（公元529年）也正是建义元年（公元528年）后面的一年。所以这个神平二年，很可能就是"神兽"后面改称的年号，或者文献中将"神平"误作"神兽"。这件墓志不仅向我们展示了西陲地区也在使用墓志的现象，还展示出了历史文献中阙载的一段陇上地方历史，恢复了万俟丑奴使用的国名与年号[3]。

1983年，宁夏固原深沟村发掘出两方重要的墓志：北周天和四年（公元569年）李贤墓志与西魏大统十三年（公元547年）李贤妻吴辉墓志。李贤在西魏与北周时都任原州刺史，是控制与西域往来的西北重镇原州的地方统帅。《周书》中有李贤的传记。墓志的内容详细叙述了李贤夫妇的身世与一生事迹，对史书记载有所补充。更为重要的是：墓志的出土，为确定该墓的时代提供了明确的证据，从而为北朝晚期墓葬的编年研究提供了一个墓主明确、时间清楚的标尺。李贤墓中还保存有大量壁画，借助墓志可以知道它们绘制的具体时间，对于了解北周绘画技艺以及考察隋唐壁画的源流都具有重大意义[4]。

在新疆的吐鲁番地区，自清代末年至民国初年就已发现有墓志的出土。王树枏《新疆访古录》中记载了"清朝宣统二年（公元1910年），清吐鲁番厅巡检张清在吐鲁番的三堡掘取古迹，得张怀寂墓志。"这件墓志属于唐代，是目前有记载的最早在吐鲁番出土的古代墓志。继此以后，由于清政府的腐败无能，西方探险家纷纷到西域进行探险活动，大量掠夺古代文物。其中如日本的大谷光瑞、橘瑞超等人于1912年在吐鲁番阿斯塔那地区发掘古墓，掠走墓志12件。1915年英国的斯坦因在阿斯塔那继续发掘，发现了17件墓志，掠走5件，剩下的12件丢失在墓地中，直至中华人民共和国成立后才被新疆维吾尔自治区博物馆考古队发现收藏。1930年，参加中瑞合作科学考察的黄文弼在吐鲁番西面的雅尔崖地区进行发掘，发现墓砖、墓碑120件，后来收集在他编写的《高昌砖集》一书中。这些墓志中包括高昌国与唐朝高昌郡两个不同时期的制品。其中高昌国前面近100年间相当于中原的南北朝时期，后40年左右相当于隋唐时期。出土墓志中，有相当一部分属于前一阶段的遗物。吐鲁番市的哈拉和卓古墓区、阿斯塔那古墓区与雅尔崖古墓区以及鄯善县的鲁克沁古墓区是新疆出土墓志较多的地区，1958年以来，新疆博物馆考古队曾

---

[1]　《魏书·孝庄纪》。

[2]　《北史·尔朱荣传》。《魏书》同。

[3]　秦明智、任步云：《甘肃张家川发现"大赵神平二年"墓》，《文物》1975年第6期。

[4]　宁夏回族自治区博物馆、固原博物馆：《宁夏固原北周李贤夫妇合葬墓发掘简报》，《文物》1985年第11期。

图 7-9　内蒙古鄂伦春嘎仙洞石壁北魏太平真君四年祭祀祝文（拓本）

多次在这些地区进行发掘，出土墓砖志、墓碑等一百多件。这些墓志铭文简单，大多用砖制作，在上面用墨或朱砂书写铭文，特别是仍然像晋代以下的一些墓志那样自称为墓表，表现了传之有序的地方文化特色。但是使用墓志的人大多是官员及其家属，平民较少，可能仍存在着一定的礼仪等级限制。2004 年以来，又在吐鲁番地区的高昌墓葬发掘中出土了大量砖志，如延昌十四年（公元 574 年）康氏墓志等[1]。

　　1980 年，在内蒙古鄂伦春的嘎仙洞中，有一件引人注目的发现。这就是北魏太平真君四年（公元 443 年）刻写的祭祀鲜卑石室的祝文（图 7-9）[2]。有关这件题记的内容与祭祀经过，在《魏书·礼志》中有过详细的记载。这次在洞中石壁上发现的题记，字迹清晰，内容与《魏书》中记录的原文基本相同，从而证实了文献记载中对鲜卑早期历史的记录是基本可信的。同时也有助于解决乌洛侯国等地的具体所在等历史地理问题。结合石室的考察，发掘出大量夹砂灰褐陶片及骨镞、石镞等，有助于证实扎赉诺尔遗址是鲜卑遗址的考古学研究成果。

　　石刻的广泛利用，在田野间留下了众多历史痕迹。在黄河沿岸的悬崖上，就留存有历代经由此地的商旅、游客写下的摩崖题记。记录了古代黄河船运的情况，对于了解黄河漕运是不可多得的宝贵资料。在河南陕县一带的调查，发现从汉代、南北朝、唐代到清代的摩崖题记约 100 多段，成为一笔可贵的文物财富[3]。在山西运城发现的一则北周刻石题

〔1〕　吐鲁番地区文物局：《新疆吐鲁番地区交河故城沟西墓地康氏家族墓》，《考古》2006 年第 12 期。
〔2〕　米文平：《鲜卑石室的发现与初步研究》，《文物》1981 年第 2 期。
〔3〕　中国科学院考古研究所：《三门峡漕运遗迹》，科学出版社，1959 年。

记有助于了解当时漕运的路线与山西运城的食盐外运情况，引起了学者的讨论[1]。

　　除此之外，在有关佛教摩崖刻经与题记的考古调查中有不少新的发现。如在河北、山东、山西一带发现了大量北朝时期刻写在山间崖壁上的佛经及有关题记（图7-10）。河北涉县中皇山中发现的北齐刻经《十地经》《思益梵天所问经》《佛垂般涅槃略说教戒经》《佛说盂兰盆经》《深密解脱经》《妙法莲华经》等，就是近年的一批重要发现，总计刻写经文达13万余字[2]。书体匀称美观，工程浩大，表现出当时佛教的强大影响力。山东平阴发现的《文殊般若波罗密经》与"大空王佛"等题记十余篇，也颇令人瞩目[3]。2003年，在河南焦作博爱县大佛山发现北魏永平二年（公元509年）完成的刻经《妙法莲华经普门品》[4]。2006年，在山东泰山经石峪发现有北朝刻写的摩崖《金刚经》[5]。1993年，河北曲阳西羊平村还发现了一

图7-10　山东邹城铁山北朝摩崖刻经及题记（拓本）

些刻在摩崖造像经龛内的佛经与题记，有《妙法莲华经普门品》《现在贤劫千佛名经》等[6]，根据题记，它们大多为隋代的铭刻。这些材料对于了解北朝晚期及隋代佛教在华北地区流行的状况与传教内容都是很好的参考资料。

　　佛教石窟，是古代文化中的珍贵遗产，对于石窟的研究是近代考古学中一个重要的方面，另有专门的介绍。这里仅将有关石窟中石刻造像题记的一些新发现简要介绍一下。

　　石窟造像题记，往往是考察一个石窟建造年代的重要依据，此外，造像题记还涉及当时的历史人物、社会风俗、佛教宗派等众多课题，因此，石窟题记与有关碑刻在佛教研究与石窟考古研究中，具有不可替代的重要作用。河南洛阳龙门石窟作为中国石窟中造像题记最丰富的一处，具有典型意义。在20世纪中，尤其是在近五十年中，文物工作者对龙门石窟进行了全面的调查与清理，发现了大量以前没有著录的造像与题记。1970年至1974年龙门文物保管所对龙门的所有石刻进行普查，共调查出造像题记2840品，比以往各种金石著录中收录的龙门题记总和还要多出411品。其中大部分为北魏至北齐、北周时

〔1〕　A. 卫斯：《关于山西运城发现的北周刻石题记》，《文物》2002年第6期。
　　　　B. 俞伟超：《也谈山西运城发现的北周刻石题记》，《文物》2002年第9期。
　　　　C. 张荣强：《山西运城北周刻石补释》，《文物春秋》1997年第3期。
〔2〕　马忠理、张沅、程跃峰、江汉卿：《涉县中皇山北齐佛教摩崖刻经调查》，《文物》1995年第5期。
〔3〕　乔修罡、青柏：《平阴发现北朝摩崖刻经》，《中国文物报》1995年7月16日第1版。
〔4〕　张雪芬：《河南博爱县青天河峡谷新发现北魏摩崖观世音像》，《华夏考古》2005年第1期。
〔5〕　山东省石刻艺术博物馆、德国海德堡学术院：《山东泰山经石峪摩崖刻经及周边题刻的考察》，《考古》2009年第1期。
〔6〕　刘建华：《河北曲阳八会寺隋代刻经龛》，《文物》1995年第5期。

期的题记。针对这些具有重要历史资料的造像题记，进行了多方面的考证与研究。此外，在对各地一些石窟的调查中，还新发现了多种北朝石窟题记，如 1995 年河南新安西沃村石窟发现三种北魏建塔开窟造像题记[1]，山西高平高庙山石窟发现 80 余则北朝造像题记[2]，1996 年山西平定开河寺石窟发现东魏与北齐造像题记[3]，2006 年山西高平石堂会村石窟发现多则北魏题记[4]。在山西乡宁县营里村千佛洞石窟发现的大量北周造像题记，共计 3500 多字，对了解北周的佛教供养人情况及社邑情况颇有裨益[5]。

　　1983 年至 1984 年，河南省古建保护所对具有特色的安阳宝山与岚峰山的佛教摩崖塔林进行了调查与保护工作。共发现塔龛 156 个，包括拱形龛、碑形龛与屋形龛等类型。龛内均有浮雕塔像，一部分塔的旁边刻有题记。这里是国内发现的最大的摩崖浮雕佛教塔林。它的发现，为中国古代石刻又增添了新的门类。

　　造像碑是这一时期新出现的重要石刻形式，北方各地都有精美多样的佛教造像碑存留下来，如山东青州的北齐武平四年（公元 546 年）青州刺史临淮王像碑、河南登封刘碑村的北齐天保八年（公元 557 年）造像碑等。现在陕西、山西、河南、山东、河北等省市博物馆以及一些重点文物保护单位中都有大量造像碑收藏。像陕西铜川耀县药王山文管所收藏的北朝等时期造像碑群，自 20 世纪初即由当地士绅开始汇集收藏，现在达到数百种之多，其中有著名的姚伯多造像碑等北魏早期碑刻。陕西省考古研究所与药王山文物管理局等对此进行了全面的整理测绘与研究[6]。

　　有人统计，在陕西关中、渭河流域散布的造像碑至今仍保存 250～300 件。其中有可贵的道教造像碑与佛道教混合造像碑 50 余件[7]。近年来的新发现如 1983 年在临潼征集到的北魏正始二年（公元 505 年）造像碑、神龟二年（公元 519 年）造像碑、正光四年（公元 523 年）造像碑、西魏大统六年（公元 540 年）吉长命造像碑等[8]。1981 年至 1983 年，在陕西洛川陆续发现了北魏李黑城造像碑、西魏法龙造像碑、北周郭乱颐、杨广娟、王子崇等造像碑，在黄陵发现西魏似先难及造像碑、北周符茂、任要好造像碑等，在长武也发现有一批佛教造像碑[9]。这些造像碑中的供养人题名内容丰富，反映了当时这些地区的民族分布与融合情况。其中如北魏杨阿绍造像碑、北周杨洪义造像碑等碑文题记，保留了大量氐、羌、匈奴、鲜卑、杂胡等少数民族人物姓名，是研究当时社会与民族

〔1〕　河南省古代建筑保护研究所：《河南新安西沃石窟勘测报告》，《文物》1997 年第 10 期。

〔2〕　李裕群、张庆捷：《山西高平高庙山石窟的调查与研究》，《考古》1999 年第 1 期。

〔3〕　山西省古建筑保护研究所、北京大学考古学系石窟调查组：《山西平定开河寺石窟》，《文物》1997 年第 1 期。

〔4〕　李裕群、衣丽都：《山西高平石堂会石窟》，《文物》2009 年第 5 期。

〔5〕　许文胜：《乡宁县营里千佛洞石窟调查简报》，《文物世界》2009 年第 2 期。

〔6〕　陕西省考古研究院、陕西省铜川市药王山管理局：《陕西药王山碑刻艺术总集》，上海辞书出版社，2014 年。

〔7〕　陕西省耀县药王山博物馆：《北朝佛道造像碑精选》，天津古籍出版社，1996 年。

〔8〕　赵康民：《陕西临潼的北朝造像碑》，《文物》1985 年第 4 期。

〔9〕　张燕、赵景普：《陕西省长武县出土一批佛教造像碑》，《文物》1987 年第 3 期。

状况的极好材料。有些造像碑还具有书法发展史上的参考价值，书体表现出相当的书法造诣，如北魏姚伯多造像碑等。

河南、山西等地也有相当数量的造像碑出土。它们雕刻精美，具有明显的时代艺术特征。如1957年在河南襄城西孙庄出土的北齐天保十年（公元559年）高海亮造像碑、天统四年（公元568年）张伏惠造像碑[1]等，1965年在河南洛宁出土的北周保定五年（公元565年）造像碑，以及河南孟津发现的北朝常岳造像碑[2]等。1958年，在山西沁源柏木乡的寺庙遗址出土了东魏天平三年（公元536年）王天扶等造像碑[3]。20世纪60年代，在山西沁县南涅水曾出土1000多件北魏至北宋时期的造像佛塔与造像碑。1976年在山东博兴出土了东魏武定五年（公元547年）郭神通等造像碑[4]等。其他如陕西耀县，山东巨野，河南焦作、洛宁，江苏淮安等地也有零星发现[5]。

值得注意的还有河北定兴保存的北齐大宁二年（公元562年）义慈惠石柱等形制奇特、雕刻精美的石刻，它们不仅历史价值高，还具有建筑艺术史方面的重要价值。

二　石刻材料的研究

（一）魏正始石经（三体石经）的研究

在三国两晋南北朝时期形制多样的各种石刻中，魏正始石经（三体石经）历来是学术界注重的研究对象（图7-11）。

东汉的熹平石经，是我国历史上首次用石刻形式公布的官方确定的儒家经典标准本。刻成后树立在东汉都城洛阳南郊的太学讲堂两侧，即今河南偃师佃庄乡内。自20世纪60年代以来，中国社会科学院考古研究所在洛阳汉魏故城进行了大规模的调查与发掘，80年代在对太学遗址的发掘中，出土了661块汉石经残石，其中有文字者为96块，证明了史籍记载的汉末董卓破坏太学及西晋后石经迭遭严重破坏的情况[6]。

魏文帝黄初元年（公元220年），北方初定，在洛阳重新建立了太学，为了弥补汉末遭破坏的熹平石经，便在正始二年（公元241年）再次刊刻石经，立于太学讲堂西侧。由于当时古文学派的影响较大，所以正始石经采用了古文、篆文和隶书三种字体同时书写，后人因此也称之为"三体石经"。根据三种书体书写时的排列方式，又有人把它分成"一

〔1〕　周到：《河南襄县出土的三块北齐造像碑》，《文物》1963年第10期。

〔2〕　河南省地方志编纂委员会：《河南省志·文物志》，河南人民出版社，1993年。

〔3〕　山西省考古研究所：《山西碑碣》，山西人民出版社，1997年。

〔4〕　常叙政、李少南：《山东省博兴县出土一批北朝造像》，《文物》1983年第7期。

〔5〕　A. 陕西省文物普查队：《耀县新发现的一批造像碑》，《考古与文物》1994年第2期。

　　　B. 周建军、徐海燕：《山东巨野石佛寺北齐造像刊经碑》，《文物》1997年第3期。

　　　C. 罗火金、周长明、李建兴：《焦作嘉禾屯居德寺佛教造像碑》，《中原文物》2002年第3期。

　　　D. 戴东方：《试释江苏淮安出土的东魏造像碑》，《东方艺苑（美术版）》1995年第3期。

　　　E. 徐蕊：《洛宁县北周兄弟三人造像碑》，《中原文物》2004年第1期。

〔6〕　中国社会科学院考古所洛阳工作队：《汉魏洛阳故城太学遗址新出土的汉石经残石》，《考古》1982年第4期。

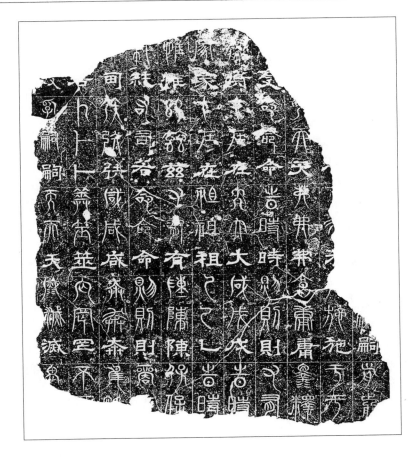

图7-11　1922年出土魏正始石经残石（拓本）

字式（三种书体上下一字排列）"和"品字式（三种书体上一下二排列）"两种类型，可见在当时书刻时并无同一的安排。由于魏晋以后的动乱，石经多次被破坏迁徙，至今仅存一些残石。

在《晋书·卫瓘传》附《卫恒传》、戴延之《西征记》[1]、郦道元《水经注·谷水》、杨衒之《洛阳伽蓝记》等有关文献中，都记载了正始石经的刊刻及沿革等情况。自宋代以来，陆续在洛阳等地发现了石经的残石。北宋洪适《隶续》中首先著录了魏正始石经的残石摹本。后人继之，不时有考证著录问世，其中尤以清末学者王国维的成就为最。他的《魏石经考》一文[2]，对正始石经的内容、碑数，每碑刻字的行数、字数，石经的书写人，石经的迁徙和保存情况，以及经石上古文字形体与经文校勘等有关石经的根本问题都做了详尽的考证，得出了科学的结论。稍晚于王国维的重要研究成果有孙海波的《魏三字

〔1〕《太平御览》碑部引文，中华书局，1963年。
〔2〕王国维：《魏石经考》，《观堂集林》第二十卷，中华书局，1959年。

石经集录》和马衡的《魏石经概述》[1]等。此外，吴维孝《新出汉魏石经考》也涉及了一些正始石经的内容及出土情况。

近年来，针对新出土的正始石经残石所做的考证，进一步确定了石经的刊立年代和碑数。

1. 研究的主要成果

（1）关于正始石经所刻经典总数

据《西征记》《洛阳伽蓝记》和《隋书·经籍志》等记载，正始石经所刻只有《春秋》《尚书》两部古代经典。王国维认为还有部分未刻完的《左传》。他在《魏石经考》中说："惟《旧唐书·经籍志》乃有……三字石经《左传》古篆书十三卷，……《隶续》录洛阳苏望所刊魏石经遗字，除《尚书》《春秋》外，亦有《左氏桓公七年传》九字，《桓十七年传》二十六字。然以古书所记魏石经石数参证之，则疑窦不一而足。……疑当时所刊《左传》实未得全书十之二三。"

而孙海波与马衡都不同意这种推测。孙海波认为《隶续》引录的正始石经《左传》原石已不存，"真赝以否尚待疑问"[2]。马衡则指出《隶续》所载的正始石经残字非正式经文，是当时刻工试刻的文字。然而出土石经残石多发现有《春秋·左传》的经文，可以支持王国维的意见。因此，这一问题尚有待于发现新的可靠证据来协助解决。

（2）关于碑石的总数

正始石经一共刻立了多少块碑石，在以往的文献记载中所说不一。《西征记》称35石，《水经注·谷水》称48石，《洛阳伽蓝记》称28石。王国维《魏石经考》中根据出土的正始石经残石字数、行数推算，认为35石之说为确。孙海波《魏三字石经集录》中考证："正始石经乃数次所刊刻，其第一次刊立之石，为《尚书》《春秋》二经，款识则三字直下，石数为二十八枚，而品字式以下诸体，当为以后续刻。……正始初刊之石经……其石数为二十八枚，其行款则每石表里约六十六行，行二十字，此其确无可疑者也。至以后补刻之石，若品字式，三字直下五字本、古篆二体、一体诸式及《左氏传》文。其石数虽不可确知，就其大体言之，非七八石不能尽，再加以三字直下之二十八石，庶或如《西征记》所记之数乎。"

马衡在《魏石经概述》中，对孙海波的说法及其复原的碑图（原碑上经文的排列顺序）表示怀疑，认为复原图与出土残石存在着矛盾，指出："此不能解决之问题，只可留待将来解决。"黄彰健在《经今古学问题新论·论魏石经》一文中也对孙海波的说法提出了疑义。所以关于石经总数及碑图的复原问题同样也是一个有待深入探讨的课题。

（3）关于碑石经文的书写者

以往文献中所记录的正始石经书人有三种说法：《晋书·卫恒传》中记载为卫觊（恒祖敬侯），《魏书·江式传》中称邯郸淳，《晋书·赵至传》及《世说新语·言语篇》注文中引嵇绍序均称嵇康。这些说法均不符实。章炳麟《新出三体石经考》中即考证出邯郸淳

---

〔1〕 马衡：《魏石经概述》，《凡将斋金石丛稿》，中华书局，1977年。

〔2〕 孙海波：《魏三字石经集录》，北平考古学社石印本，1937年。

与蔡邕同时，至正始年间应该已不在人世，即使尚存，也"老耄不能书丹"。王国维则认为正始石经源于孔壁古书的传摹本，可能是正始时的文字学家书写，品字式写法的三种字体则由三人分别书写。书人不同，文字也不统一。孙海波也赞同王国维的看法，指出："魏石经非一人所书，其亦非一时之力。"[1]

2. 其他相关研究

此外，学术界还就石经经文涉及的汉魏经学学派、石经拓本流传等问题进行了考证。

1945 年，西安市内曾经出土一块刻有《尚书·酒诰》的正始石经残石。1957 年 6 月，距这块正始石经出土地不远处，再次发现一块正始石经残石。此石的正面刻有《尚书·梓材》，存十行、三十字，左下方刻有"第十七石"（"石"字已残）四个大字，右侧刻有"始二年三"四字；背面刻了《春秋经》成公元年、成公二年经文的部分残字，存十行、十五字。这是现存正始石经中首次发现的石经碑石基部，不仅可以通过它了解正始石经的本来形制，而且对恢复石经的全貌具有重要的参考意义，借此可以推测正始石经的原碑数，并且可以确定其刻写的具体时间[2]。

魏正始石经的残石，不仅对有关汉魏故城、辟雍、太学遗址的考古发掘有所帮助，对研究有关历史也极富参考价值，尤其是在古文字学和古代文献学的研究上占有重要地位。在近年大批战国简帛文字出土之前，它与《说文解字》中的古文形体是研究战国古文字的重要桥梁。它里面的大量通假字异体，为古文字考证释读及古文献校勘提供了很大帮助。

（二）东晋和南朝时期帝王贵族陵墓石刻的研究

晋室南渡之后，中原传统的礼制文化由南迁的中原士族带到南方，得到保存和发展。南方经济的开发和社会的相对稳定，又给文化的发展提供了必要的物质条件，东晋和南朝时期，当时都城建康（今南京地区）的帝王贵族陵墓石刻就充分反映出这一点。

今江苏南京及附近的江宁、句容、丹阳等县境内，散布有宋、齐、梁、陈历代的陵墓建筑群，自古以来，就受到研究者的注意。唐、宋以来的金石地理著作，如《元和郡县志》《建康实录》《六朝事迹编类》等，均对南朝陵墓石刻有所记载，宋代王厚之《复斋碑录》一书中对齐、梁诸碑和神道记录尤为详细。但是这些记载也存在着互相传抄，与实地情况不尽相符的缺陷。清代同治年间，莫友芝《金石笔谈》介绍了南京周围的八处南朝陵墓石刻。清宣统末年，张璜《梁代陵墓考》中考证了梁代和宋、齐、陈代的陵墓共 14 处，其中仍有 4 处不尽可靠。1934 年，中央古物保管委员会朱希祖、朱偰父子等人开展了对六朝陵墓的调查，著成《六朝陵墓调查报告》一书，对陵墓所在地及尚存石刻做了深入的调查考证，共报道六朝陵墓 28 处。该报告中还对六朝陵墓的石刻做了深入考查研究。特别是对天禄辟邪、神道碑碣及有关的墓碑墓志等专门有所考证[3]。1949 年以后，南京市文物考古工作者通过考古调查，共发现六朝陵墓 31 处，其中有名目可以考证的达 23 处（表 7-1）。

〔1〕　孙海波：《魏三字石经集录》，北平考古学社石印本，1937 年。
〔2〕　田野：《魏三体石经在长安出土》，《文物参考资料》1957 年第 9 期。
〔3〕　朱希祖：《六朝陵墓调查报告》，中央古物保管委员会编辑委员会，1935 年。

表 7 - 1　　　　　　　　　　　　　南朝陵墓地面石刻一览表

陵墓名称	地面石刻	地点
宋文帝刘义隆长宁陵	麒麟 2	南京甘家巷南狮子冲
宋武帝刘裕初宁陵	麒麟 2	江宁县麒麟门麒麟铺
齐宣帝萧承之永安陵	麒麟 1、天禄 1	丹阳市胡家桥北狮子湾
齐高帝萧道成泰安陵	麒麟 1、天禄 1	丹阳市赵家湾
齐景帝萧道生修安陵	麒麟 1、天禄 1	丹阳市经山鹤仙坳
齐武帝萧赜景安陵	麒麟 1、天禄 1	丹阳市建山乡田家村
齐明帝萧鸾兴安陵	麒麟 1、天禄 1	丹阳市荆林乡三城巷
齐豫章文献王萧嶷墓	辟邪 2	江宁县江宁镇方旗庙[1]
梁文帝萧顺之建陵	麒麟 1、天禄 1	丹阳市荆林乡三城巷
	柱 2、柱础 2、龟趺 2	
梁武帝萧衍修陵	天禄 1	丹阳市荆林乡三城巷
梁简文帝萧纲庄陵	天禄 1	丹阳市荆林乡三城巷刘家庄
梁陵口石刻	麒麟 1、天禄 1	丹阳市陵口镇
梁桂阳简王萧融墓	辟邪 2	南京栖霞区张家库
梁安成康王萧秀墓	辟邪 2	南京甘家巷小学
	柱 1、柱座 1	
	碑 3、碑座 1	
梁临川靖惠王萧宏墓	辟邪 1	南京仙鹤门张库村
	柱 2	
	碑 2	
梁鄱阳忠烈王萧恢墓	辟邪 2	南京甘家巷西
梁始兴忠武王萧憺墓	辟邪 2	南京甘家巷西
	碑 1、碑座 2	
梁吴平忠侯萧景墓	辟邪 1	南京栖霞区十月乡太平村
	柱 1	
梁建安敏侯萧正立墓	辟邪 2	江宁县淳化刘家边
	柱 2	

---

〔1〕　罗宗真定为"萧嶷墓"（《中国大百科全书·考古学》，中国大百科全书出版社，1986 年），魏正瑾
　　称"失考墓"（《中国大百科全书·文物　博物馆学》，中国大百科全书出版社，1993 年）。有关南
　　朝陵墓的定名说法不一，今主要依据魏正瑾列表，不同之处略加说明，出处均同此。

续表 7 - 1

陵墓名称	地面石刻	地点
梁新渝宽侯萧暎墓	柱 1	南京栖霞区十月乡董家边
梁南康简王萧绩墓	辟邪 2	句容县石狮乡石狮村
	柱 2	
陈武帝陈霸先万安陵	麒麟 1、天禄 1	江宁县上坊石马冲
陈文帝陈蒨永宁陵	麒麟 1、天禄 1	南京栖霞区狮子冲
失考墓	柱 2	南京栖霞区尧化乡北家边〔1〕
失考墓	柱 1	南京栖霞区燕子矶乡徐家村〔2〕
失考墓	柱 2	江宁县淳化宋墅村
失考墓	辟邪 2	江宁县上坊侯村
	柱 1	
失考墓	柱 1	江宁县淳化耿岗村
失考墓	辟邪 2	丹阳市埤城镇水经山村〔3〕
失考墓	辟邪 2	丹阳市建山乡烂石弄〔4〕
失考墓	麒麟 1、天禄 1	丹阳市建山乡金王陈村〔5〕

　　南朝陵墓石刻包括有石兽、石柱和神道碑三种类型。石柱和神道碑上均刻写有铭文，是辨识陵墓主人及时代的重要依据。

　　石兽是排列在陵墓前神道两侧的仪卫性艺术石雕，一般称作天禄与辟邪。据近人研究，认为帝后陵前的石兽有角，双角者为天禄，单角者为麒麟；王侯墓前的石兽无角，称为辟邪。在汉代，已有刻写上名称的天禄、辟邪石兽〔6〕。南朝石兽则造型更加优美，具有极高的艺术价值。近代学者多认为这些有翼神兽的原型源于西亚一带，经波斯、西域传入中原。也有人认为有翼神兽的来源非一，希腊、印度也可能是原产地〔7〕。

　　石柱又称神道柱、华表等，分为柱础、柱身和柱首等部分。柱础多为方形，四面刻有浮雕，上面刻有立体的有翼神兽。柱首为圆形华盖或莲花座形，上面雕出蹲立的神兽。最值得注意的是柱身。圆形的柱身上，刻有突出的瓜棱形直线纹，上面浮雕出横向绑缚的绳

---

〔1〕　罗宗真称"梁建安郡王萧伟墓，在尧化门周家山"，当即此墓。
〔2〕　此墓罗宗真未列出。
〔3〕　罗宗真称"可能为废帝郁林王萧昭业墓，丹阳县东北经山北麓"。
〔4〕　罗宗真称"可能为废帝海陵王萧昭文墓，丹阳县东北经山北麓"。
〔5〕　罗宗真称"齐东昏侯萧宝卷墓或和帝萧宝融恭安陵"。
〔6〕　见《水经注·滍水》（中华书局，2007 年）与《后汉书·灵帝纪》"中平三年"条唐李贤注。
〔7〕　朱希祖：《六朝陵墓调查报告书》，中央古物保管委员会编辑委员会，1935 年。

图7-12　江苏南京甘家巷梁吴平忠侯萧景墓神道柱刻铭石版（反书，拓本）

索纹，有些在下半部改刻成凹下的多曲棱纹。柱身上部加有方形的刻铭石版（图7-12）。

柱身上特殊的纹饰与古代埃及、希腊等地的石柱纹饰十分相似。所以，滕固在《六朝陵墓石迹述略》中提出它们源于古希腊多利克式柱（Proto Dorische Saeule）的看法，认为它们反映了古代外来文化因素的影响[1]。这种观点曾被学术界普遍接受。20世纪80年代，何汉南提出了南朝陵墓石柱源于中国古代礼制中的凶门柏历的说法，考证详确，具有相当的说服力[2]。

南朝陵墓中的神道碑形制宏大，雕饰精美，但大多数的碑文已经漫漶无存。除《艺文类聚》等古代文献中录存的碑文外，现在唯一可以识读的碑文为贝义渊书丹的梁故侍中司徒骠骑将军始兴忠武王（萧憺）碑。萧憺为梁太祖第十子[3]，《梁书》有传。碑文所载，可与史书互为印证，并有大量内容可补充史载。萧憺碑的保存，为确定梁朝帝王墓葬，了解其地面建筑石刻的制度与形制提供了确凿依据。此外，它还是一件书法艺术珍品。

（三）南北朝墓志的研究

南京地区出土的南朝墓志，具有明确的纪年和墓主姓名，不仅为确定这一时期各类墓葬的特征，进行墓葬形制与随葬品的断代分期研究提供了决定性的证据，也引起了对志文内容及墓主的多方面研究。最先形成的一个研究焦点是有关古代书法演变及著名文物《兰亭序》真伪的讨论。

1965年，郭沫若在《文物》第6期上发表了《由王谢墓志的出土论到兰亭序的真伪》一文，根据南京地区出土的东晋咸康七年（公元341年）王兴之墓志、升平二年（公元

〔1〕　滕固：《六朝陵墓石迹述略》，《六朝陵墓调查报告》，中央古物保管委员会编辑委员会，1935年。
〔2〕　何汉南：《南朝陵墓石柱的来历》，《文博》1992年第1期。
〔3〕　《梁书·太祖武王传》称第十一子，误。

358 年）王闽之墓志、太宁元年（公元 323 年）谢鲲墓志等材料上的文字形体与行草相去甚远，提出现传世品《兰亭序》为后人伪造的观点，高二适随之在《文物》第 7 期及《光明日报》上发表了《〈兰亭序〉的真伪辩驳》一文，明确反对郭说，从而引起了有关《兰亭序》的讨论。这场讨论在当时影响很大，严北溟、启功、阿英、徐森玉、赵万里、史树青、商承祚等众多学者都参与了讨论。虽然赞同郭说的意见较多，但也没有确凿不疑的证据可以说服反对意见。因此，这一讨论尚未能形成定论。直至近年，马雍还根据对吐鲁番文书的整理结果，指出王羲之在世时已出现了行书，认为当时只有草隶而无行书的说法"似难成立"[1]。郭说的局限性已很明显。

近年来，对南朝墓志的研究又扩展到有关的历史、考古各方面的专题。如利用墓志补证史实、考证历史地理变迁，探讨当时的墓葬制度及南朝士族生活、侨置郡县变迁等，均取得了一定成果。特别是能将大量墓志综合利用，结合考古发掘予以研究，使研究层次不断深入。

在三国两晋南北朝时期的众多石刻（砖刻）文字材料中，占有重要地位并对后代产生过重要影响的，首先要提到墓志。作为中国古代墓葬制度中一项重要祔葬品的墓志，曾延续使用了近 2000 年，而其正式形成及流行，则是三国两晋南北朝时期丧葬制度改变的结果。

墓志这类器物的产生及形成，来源于用文字标识墓主的风俗习惯与礼制制度。根据现在能了解到的出土材料，这种志墓的风气在秦汉时期就已经存在，甚至可能上溯到更早的时期。如 1979 年 12 月秦始皇陵考古队在临潼县赵背户村发掘修建始皇陵的秦代工徒墓地时发现了 18 件刻在残瓦上的志墓文字[2]。这些瓦文上记录了建陵死者的籍贯身份与姓名等。从这一点上看，它已经具备了标示墓中死者的性质，可以说已形成了志墓的风气。有人将它们称为最早的墓志。但是它们并无固定的文体程式与器物形制，尚不宜称作正式的墓志。

沿袭着这种标示死者籍贯姓名的志墓形式在东汉时期出现了刑徒墓砖铭等墓中文字材料。这些墓砖铭大多出土于当时的首都洛阳附近。最早见于著录是在清代晚期。端方曾拣取百余件刑徒砖编入《陶斋藏砖记》一书，罗振玉也曾搜集洛阳地区出土的二百余种刑徒砖编成《恒农冢墓遗文》《恒农砖录》等书。20 世纪 50 年代以来，在洛阳地区的基建工程与考古发掘中曾经大量出土东汉刑徒砖[3]，说明当时给死亡刑徒志墓是一种固定的风习。

刑徒砖铭随意使用建筑用砖，临时仓促刻成。可见当时还没有形成墓志的固定形制及文体。但刑徒砖铭与后代正式定型的墓志相比，其作用及埋设方式已经十分接近，它对墓志的正式形成具有直接的影响。

在秦汉时期的官吏平民墓葬中，却很少发现过与墓砖铭同类的器物。在这些墓葬中发现过的一些具有标示墓主意义的器物有非砖石质地的告地状、铭旌以及后来刻在石上的柩

〔1〕　马雍：《吐鲁番出土高昌郡时期文书概述》，《文物》1986 年第 4 期。

〔2〕　始皇陵秦俑坑考古发掘队：《秦始皇陵西侧赵背户村秦刑徒墓》，《文物》1982 年第 3 期。

〔3〕　A. 黄士斌：《汉魏洛阳城刑徒坟场调查记》，《考古通讯》1958 年第 6 期。

　　　B. 中国社会科学院考古所洛阳队：《东汉洛阳城南郊的刑徒墓地》，《考古》1972 年第 4 期。

铭、墓门、墓阙题字、画像石题记等，它们也可能对墓志的产生起过或多或少的影响。

近年，有人将在河南偃师城关北窑村出土的一件墓中砖铭——东汉永平十六年姚孝经砖铭称作一件年代最早的墓志。实际上从其内容中可以认定它是买地券而不是墓志[1]。比较接近墓志意义的东汉墓中铭刻是延平元年（公元 106 年）马姜墓记、元嘉元年（公元 151 年）缪宇墓记[2]、熹平三年（公元 174 年）孙仲隐墓记[3]等。

对墓志的定型影响最大的是汉代后期十分流行的墓碑。它的文体格式与后代的墓志一脉相承。有学者注意到魏晋时期由于社会经济凋敝而多次禁止立碑的史实，指出由于官方的严禁，迫使墓碑缩小形制，埋入墓中形成了最早的墓志。考古发掘中多次出土仿照碑形立在墓内的晋代墓志，如洛阳出土的西晋贾皇后乳母美人徐氏之铭，就是这种变化的实证。1975 年在甘肃武威出土的前秦建元十二年（公元 376 年）梁舒及其妻宋华墓表[4]，在陕西咸阳出土的后秦弘始四年吕他墓表[5]，都是十六国时墓中的小碑形墓志实证。墓志转入地下后，由于立碑的方式不尽适合墓中使用，它的形制逐渐改变，由长方形变为正方形，尔后又吸收了盒、奁等明器的形制特点，形成了由志盖、志身二者合为一体的盝顶盒式墓志。文体也有了改变，内容日益增多，并且在宋大明三年刘怀民墓志铭内出现了"墓志"这一名称。

形制发展完备后的南北朝墓志，主要有以下三种类型。

1) 盒式墓志：由志盖与志身两块石质方形板材组成。志盖有方形和盝顶形两种。盝顶形志盖四边做成斜杀。在志盖侧面和四杀上，大多刻有精细的线刻纹饰，纹饰以云纹、花草纹、四象及神兽图像为主。志盖上面中央刻写志名，部分志盖上还装有铁环供提放使用。志身则上面磨平，刊刻墓志铭（图 7 - 13），部分等级高的墓志身侧边也刻有纹饰。

2) 板式墓志：只有一块方形板材志身，在上面刻写铭文。在西北地区，尤其是高昌地区，墓志为一块方砖，在上面用朱砂或墨书写墓志铭。这类墓志一般没有纹饰。

3) 异形墓志：个别墓志雕刻成一些独特的形状。如北魏延昌二年元显儁墓志，整体外形为一龟形，上部甲壳为志盖，下部龟腹为志身，上刻墓志铭，雕刻得十分精美。

墓志铭的文体，在北魏时基本形成了固定的格式。以叙述墓主的姓名、籍贯、官职、世系及一生经历为主，加以大量赞颂墓主品德、才学、功绩的词语，最后记载卒年、葬日，附有韵语组成的挽歌——"铭"。这种文体，成为中国古代文体中独特的一个类型。

在传统的金石学研究中，对墓志的研究著录开展得还是比较早的。除去历代文人文集（如《庾子山集》等）中集录了一些著名文人所撰写的墓志以外，北宋欧阳询《集古录》一书中就已经收录了出土的刘宋《宗悫母夫人墓志》和南齐《海陵王墓志》等南朝墓志，并对它们所涉及的史实进行了考证。宋人沈括的《梦溪笔谈》、黄伯思的《东观余论》

〔1〕 偃师商城博物馆：《河南偃师东汉姚孝经墓》，《考古》1992 年第 3 期。
〔2〕 南京博物院、邳县文化馆：《东汉彭城相缪宇墓》，《文物》1984 年第 8 期。
〔3〕 李储森、张晓光、孙建华：《山东发现东汉墓志一方》，《文物》1998 年第 6 期。
〔4〕 钟长发、宁笃学：《武威金沙公社出土前秦建元十二年墓表》，《文物》1981 年第 2 期。
〔5〕 李朝阳：《吕他墓表考述》，《文物》1997 年第 10 期。

图 7-13　河南洛阳出土东魏武定二年元显墓志（拓本）

等书中也都详细记录了南齐《海陵王墓志》的出土情况，可以说是最早的关于古代墓志出土的具体记录。到了北宋末年赵明诚编写《金石录》时，收集到的出土墓志就占了相当的比例，如《孙蔚墓志》《拓跋吐度真墓志》等都是当时新出土的。

　　以后，南宋陈思《宝刻丛编》、明代陶宗仪《古刻丛抄》等金石著录中都收录了大量出土墓志，历代金石学者对有关的墓志内容也作了大量的单件题跋，散见于这些学者的著作之中。

　　近代对魏晋南北朝时期墓志的著录研究工作中，最具代表性的是赵万里的《汉魏南北朝墓志集释》一书。在 1936 年，赵万里便编著了《汉魏六朝冢墓遗文图录》一书，由中央研究院历史语言研究所石印出版。该书以收集这一时期的墓志图版为主。在此之前，已有罗振玉《六朝墓志菁英》初编、二编，狄楚青《六朝墓志精华》等墓志图录出版，但所收内容均不及《汉魏六朝冢墓遗文图录》丰富。20 世纪 50 年代，赵万里又在《汉魏六朝冢墓遗文图录》的基础上，以北京图书馆所藏的精品善拓为主，补充了一些新出土的墓志拓本，编集整理成《汉魏南北朝墓志集释》一书。此书共收录汉代至隋代的墓志 609 件，可以说是基本上反映了当时汉魏南北朝墓志的出土情况及保存情况。

赵万里在该书的考释部分中，一一注明每件墓志的名称、拓本尺寸、行款、书体及出土地点等有关情况，然后对与墓志有关的历史问题和志文中的异体文字加以考证。考证后，还将前人金石著录中有关该志的重要题跋加以摘录，如涉及志文中史实考证，原石出土流传情况的内容必予引用，颇富参考价值。

赵万里的考证侧重于北魏宗室墓志。他把有关北魏宗室的墓志单独排列，按所出世系，分为平文、昭成、道武七王，明元六王，太武五王，景穆十二王，文成五王，献文六王，孝文五王等九支，加以综合考证，补正史载。如延昌三年元珍墓志条下云："志叙珍孝文时颇树战功。……志有'杨士中动，许叛伪齐。公屯兵淮浦，与陈伯支相拒，伯支败绩，寿春获存'等语；知珍亦预于淮南之役。此二事平文子孙传失载，赖志得知其详"。又天保二年元贤墓志条下云："志题'山鹿县开国伯洛川县开国子元使君'，案地形志……天保初其地当属西魏……贤由东魏入齐，不应以西魏辖地为封邑，盖遥领而非实授甚明"。再如正光五年元光墓志条下，对志中所记载的"小剑戍"的有关设置情况及北魏与梁在汉中地区的对抗做了详细考证。《汉魏南北朝墓志集释》一书，是传统金石学利用文献与铭刻互相校正，补证史实的典型成果。

由于 1949 年以前出土的北朝墓志绝大部分为盗掘所得，缺乏科学的出土情况记录，这一点给北朝考古造成的损失是难以弥补的。尚可补充了解到的一些北朝墓志出土情况是通过洛阳碑贾郭玉堂《洛阳石刻出土时地记》一书的记载得来的。该书简要记录了郭玉堂经手收买或知悉的北朝（主要是北魏）重要墓志的出土地点及部分随出器物等情况。

1949 年以后发现的北朝墓志中，相当一部分经过科学发掘。具有明确纪年的墓志为确定墓葬年代，判定器物的时代特征，进而为建立考古学分期体系提供了可靠的证据。在对墓志铭文的研究中，虽然与有关文献相互对证的做法还占有相当地位，但已有不少研究者对墓志中的史料加以综合利用，将一系列有关墓志联系起来考证其中反映出的社会政治、经济、部族、门阀、风俗等较重大的历史问题，取得了很大成果，特别是对古代文献中记载较少的中外交往、边疆少数民族政权等专题研究裨益匪浅。

将墓志及其他铭刻文字材料、文书写本等结合起来综合利用，以助于考古学上断代及其他研究工作，也是近年来出土文字材料研究中的新思路，突破了传统金石证史的习惯做法。宿白《东阳王与建平公》一文就是这一方向的突出代表〔1〕。文中综合了在敦煌写本经卷与北魏墓志中出现的有关北魏东阳王元荣和北周建平公于义二人的文字资料，对这二人的经历、佛教崇拜内容及有关活动做了全面考证，从而探讨这二位曾任瓜州刺史的重要

---

〔1〕　宿白：《东阳王与建平公》，《敦煌吐鲁番文献研究论集》第四辑，中华书局，1986 年。

人物在敦煌开凿佛窟的情况，判定 249 窟为元荣开凿，428 窟为于义开凿。由此为北朝时期的敦煌石窟断代提供了标准，也拓宽了铭刻文字的研究范围。

近来还陆续编集了多种新出土北朝墓志的图录，如《洛阳出土北魏墓志选编》[1]、《洛阳新获七朝墓志》[2]、《文化安丰》[3]等，但其中出自民间收藏的材料较多，需要认真考察辨伪。专门的墓志释文汇编有《汉魏南北朝墓志汇编》[4]、《新出魏晋南北朝墓志疏证》[5]等，有助于各方面使用这一时期的墓志史料。对南北朝石刻中的异体字研究也有很多进展，出版了多种论著[6]，有助于墓志铭文的释读工作。相比之下，对北朝墓志的形制及纹饰等方面的研究还比较薄弱。

（四）好太王碑的研究

好太王碑是魏晋南北朝时期碑刻研究中的又一个热点，由于它的内容涉及高句丽、百济、新罗乃至日本的古代历史，因此受到国际上的关注。自清代末年（光绪元年 1875 前后）此碑被重新发现以来，国内外有关它的研究论文及专著达两百余种，并且就碑文的释读、文义，碑石的发现时间、捶拓经过、各种拓本的真伪、造假手段及目的等有关问题进行了激烈的争论，在一些关键问题上始终未能得出一致的结论。

好太王碑所在地吉林集安，保存有高句丽国内城遗址及好太王陵遗址。国内城在公元 3 年至 427 年，一直是高句丽的王都。好太王陵是一座大型阶坛积石墓，位于今集安县城东 4.5 公里处。陵墓上曾经出土铭有"愿太王陵安如山固如岳"等文字的条砖。

根据《晋书·慕容盛载记》《梁书·高句骊传》等中国古代文献的记载，好太王是高句丽的第十九代王，名安。晚出的朝鲜史书《三国史记》称其名谈德，系同音异写。在好太王在位的公元 391～412 年，多次对外征战，扩大了疆域，故而死后被谥为"国岗上广开土境平安好大王"。他的儿子长寿王为了铭记他的功绩同时注明守墓烟户，在长寿王二年（东晋义熙十年，公元 414 年）于好太王陵东侧建立了这座大型石碑。

好太王碑为长方形，高 6.39 米。四面共刻有铭文 1775 字（图 7-14），由于年代久远，已残泐不可辨识者达 141 字。汉文隶书书写。碑文的内容大体分为三部分。

首先，碑中叙述高句丽国祖先创业的神话传说，先祖邹牟王、儒留王、大朱留王三代的业绩，简要介绍了好太王的生平。

〔1〕　朱亮主编：《洛阳出土北魏墓志选编》，科学出版社，2001 年。
〔2〕　齐运通：《洛阳新获七朝墓志》，中华书局，2012 年。
〔3〕　贾振林：《文化安丰》，大象出版社，2011 年。
〔4〕　赵超：《汉魏南北朝墓志汇编》，天津古籍出版社，1992 年。
〔5〕　罗新、叶炜：《新出魏晋南北朝墓志疏证》，中华书局，2005 年。
〔6〕　A. 毛远明：《汉魏六朝碑刻异体字研究》，中华书局，2013 年。
　　　B. 郭瑞：《魏晋南北朝石刻文字》，南方日报出版社，2010 年。
　　　C. 陆明君：《魏晋南北朝碑别字研究》，文化艺术出版社，2009 年。

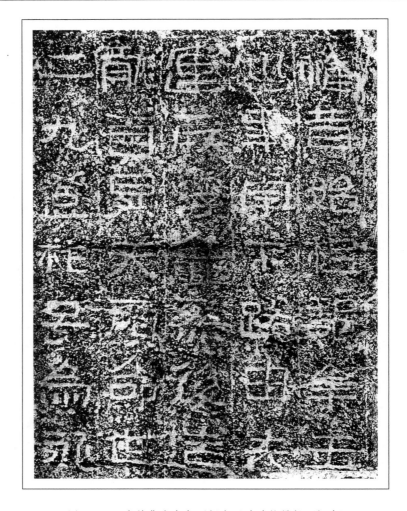

图 7-14　吉林集安高句丽好太王碑碑铭局部（拓本）

　　第二部分记录了好太王征伐高丽、百济、东扶余等地的经过，记载了夺取的城市村庄和掠取的生口等战利品。

　　第三部分是根据好太王的遗嘱对守墓烟户的来源、家数作了详细记录，并记叙了好太王也曾为先王墓立碑记明烟户，并申明对守墓烟户不得更相转卖的制度。

　　在光绪初年怀仁县书启关山月发现好太王碑并捶拓部分拓本散入内地后，当时金石学界便开始了对好太王碑的调查与研究。著名金石学家潘祖荫、吴大澂、陆心源、傅云龙、郑文焯、叶昌炽、罗振玉、杨守敬、顾燮光、刘承干等都曾大力访求该碑拓本，调查碑石情况，并对所得所见拓本加以考证，在碑文的释读、有关史实考订、地名的解释等方面都取得了不少成果。另外，曾在东北任官，较早接触到好太王碑或拓本的谈国桓、王志修等人在他们的有关考证中，也提出了一些有见地的看法，记录了一些有价值的早期考察情况。20 世纪

30 年代，对好太王碑继续进行研究考证的，还有刘节、金毓黻、罗福颐等人[1]。

国外对好太王碑的研究中，以日本开展得最早，大约在 1884 年，但直至 20 世纪中叶，日本国内的研究大多是出于侵略的目的，为征服朝鲜寻找证据，缺乏实事求是的科学态度，从而对碑文的解说存在着严重的错误。20 世纪初，法国人沙畹（E. Chavannes）和库兰特（M. Courant）也对好太王碑进行了调查和论述，将其介绍到欧洲学术界[2]。

20 世纪 50 年代以来，日本学术界对好太王碑的研究转到比较客观的角度上来，并且对军国主义影响下的错误观点进行了批判。朝韩学者也在一系列论著中开展了对好太王碑的专题研究[3]。这些研究与中国考古学界对该碑的重新调查、摹拓、识读、考证等工作，将好太王碑的研究推向新的高潮。讨论焦点集中在对碑文中辛卯、戊戌、己亥等条内容的理解和释读上。

这几条碑文内容涉及好太王对百济作战的经过，多处提及倭人，所以是关系日本、朝鲜古代关系的重要资料，由于断句方法及释义上存在不同看法，兼以文字残缺，造成了多种相对立的意见。下面仅将主要的看法介绍出来，供进一步探讨。

争议较大的"辛卯"条碑文为："百残、新罗，旧是属民，由来朝贡；而倭以辛卯年来，渡海破百残□□□罗，以为臣民。以六年丙申，王躬率水军，讨伐残国。"

"罗"前面的一个残字，右边尚存部分"斤"字，所以一直被释为"新"。在此之前的两个缺字，有人推测为动词，是"胁降""随破""兼伐"一类的词；也有人认为是名词，乃"任那""加罗"一类地名；还有人认为原来就没有刻字。这一条的关键问题在"而倭

[1] A. 陆心源：《高句丽广开土好大王谈德纪勋碑跋》，《仪顾堂续跋、续跋》，中华书局，1990 年。
B. 郑文焯：《高句丽永乐太王碑释文纂考》，平湖朱氏注经斋刻本，1949 年。
C. 叶昌炽：《语石》，《语石、语石异同评》，中华书局，1994 年。
D. 罗振玉：《唐风楼碑录》，罗振玉自刻本。
E. 顾燮光：《梦碧簃石言》，上海科学仪器馆，1925 年。
F. 刘承干：《海东金史苑补遗》，《嘉业堂金石丛书》，文物出版社影印，1982 年。
G. 谈国桓：《手札》，《辽东文献征略》，1927 年。
H. 刘节：《好太王碑考释》，《古史考存》，人民出版社，1958 年。
I. 罗福颐：《满洲金石志》，满日文化协会，1937 年。
[2] A. 横井忠直『高丽古碑考』
B. 菅政友 1891『高句丽好太王碑铭考』『史学会杂志』九至十二期
C. 三宅米吉 1898『高丽古碑考』『考古学杂志』一至七期。
D. 沙畹：《朝鲜古王国高句丽的遗迹》，《通报》第二卷第九号。
[3] A. 水谷悌二郎『好太王碑考』『书品』100 号
B. 郑寅普：《广开土境平安好太王陵碑文释略》，《白乐濬博士还甲纪念国学论丛》，思想界社，1955 年。
C. 朴时亨：《广开土王陵碑》，「광개토왕릉비」，社会科学院出版，1966 年。
D. 前泽和之『広开土王陵碑文における二三问题——辛卯年部分を中心に—』『続日本纪研究』159 号
E. 李进熙：《広开土王陵碑の研究》，吉川弘文馆，1972 年。

以辛卯年来，渡海破百残□□□罗”的断句与解释上。日本学者多读作“而倭以辛卯年来，渡海破百残□□□罗”，解释为倭人渡海入侵朝鲜半岛各国。韩国学者则针锋相对，将其读作“而倭以辛卯年来。渡海破。百残□□□罗”，解释为倭人入侵后，高句丽渡海打败了倭人。中国学者王健群把“来”解释为“以来”的意思，认为“渡海破”的主语仍是“倭人”[1]。王仲殊引《三国志·魏书·倭人传》“其行来渡海诣中国”一句证明当时有“来渡海”联用的例子，释为“而倭以辛卯年来渡海，破百残、（任那或加罗）、新罗”[2]。综上所述，虽然在具体断句上释义上还有异义，但这句话是说明倭人入侵百济等地则应予确认。

又如“九年己亥”一条中，记录了多处“安罗人戍兵”。日本学者曾认为它是专用名词，是任那日本府的雇佣兵，表明日本在朝鲜半岛上设有任那日本府。这一说法遭到了批评。王健群认为，“安”是动词，这句话的主语是高句丽军队，意为：高句丽军队攻占一城后“安置新罗军队戍守”。

类似的意见分歧在碑文的解释上还存在着很多处。由于碑石残泐，有些文字可能永远无法确释，但是在深入研究的过程中，结合其他考古资料与文献资料，一定会逐步得出更加合理的结论。

（五）宗教石刻的研究

十六国南北朝时期的宗教石刻，尤其是佛教石刻具有很大数量，主要的文字铭刻有造像题记、造像碑、刻经等几大类型，在这一时期的佛教考古中起着重要的作用。

在佛教石窟中刊刻的造像题记（或墨书题记）往往具有明确的年月日和造像人名记录，为确定石窟建造的年代，判断石窟及造像的时代特征，从而进行石窟造像分期研究提供最可靠的证据。如甘肃炳灵寺石窟169窟中北壁墨书造像发愿文中有“建弘元年（公元420年）岁在玄枵三月廿四日造”等字，是国内现存最早的石窟造像题记。它证实了169窟内龛像的塑造时间，为十六国末期石窟的断代提供了重要的标尺。又如甘肃麦积山石窟早期78窟中，有供养人画像题名，其中一条有“仇池镇”字样，由于仇池镇设立于北魏太平真君七年（公元446年），则可以借此推测建窟的时间。麦积山石窟中“大代景明三年（公元502年）九月十五日”张元伯发愿文的发现，也为判断北魏时期石窟形制特征提供了证据。至于云冈、龙门、敦煌等石窟中的大量造像题记，更为石窟研究不可或缺的重要资料。1970～1974年，龙门文物保管所对龙门石窟的造像题记进行普查，共得到题记2840品，并进行了汇编与考释，是造像题记研究工作的一大成果[3]。

造像题记形制多样，有附刻在佛像、供养人像旁边的，也有单独刻成小碑形的。书体精劣不一，但都具有较明显的时代特征，如草隶、魏碑体等，是断代的重要根据之一。

造像题记的内容一般比较简单，主要是造像施主的姓名、官职、造像名称、年月日

---

〔1〕 王健群：《好太王碑研究》，吉林人民出版社，1984年。

〔2〕 王仲殊：《关于好太王碑文辛卯年条的释读》，《考古》1990年第11期。

〔3〕 龙门石窟研究所　刘景龙、李玉昆：《龙门石窟碑刻题记汇录》，中国大百科全书出版社，1998年。

等，文字较多的题记中加有一些赞颂佛教、祈求福祉的发愿文，而文字最少的题记仅十余字，如"房进机为忘（亡）父母造佛一区"[1]。孙贯文《龙门造像题记简介》一文中首先就题记中各种资料所反映的造像事由与愿望、造像主的身份地位、造像的名称与区数、具有时代特色的称谓、姓氏、常用名字、别体文字等问题加以综合考证，深入分析[2]。以后，李玉昆又更广泛地归纳了出资营造石窟人物的身份、造像原因、造像题材、吉祥语、造像特点等[3]。通过龙门题记的内容，研究龙门石窟的开凿历史、佛教史等，也是龙门题记的珍贵价值所在。通过题记可以看出，龙门石窟开凿后，当时大多没有专门的名称，只是用当时所在地附近的寺院作为石窟所在地段名称，从而有助于研究龙门石窟的开凿历史与确切时代。如利用孙秋生造像记记录的时间来确定古阳洞的开凿时间。此外还可以通过总结题记中的历史资料，了解当时洛阳的社会状况与当时的风俗习惯等。

其他如对山西大同云冈石窟中的北魏题记与云冈开凿时间的研究，对麦积山石窟中北朝题记的考证等，都是有关石窟寺研究中的重要收获。它们对于有关石窟的开凿时间与建造石窟的供养人身份等问题都起到了重要的参考作用。

由于佛教石窟、造像的供养人来自上至王公贵族、下至妓女贩夫的广大社会阶层，所以，在造像题记简单的文字中仍然蕴含了丰富的历史资料，从中可以对当时社会的宗教风俗、经济、城市阶层、职官、民族等状况予以综合研究，已引起学术界的注意，并有一批优秀的研究成果问世。如马长寿《碑铭所见前秦至隋初关中部族》一书，通过所收集到的前秦至隋代的碑和造像题铭，分析上面的姓氏、官爵、里居和亲属关系，阐明关中古代部族的名类渊源、地域分布、姓氏变迁、婚姻关系、阶级分化、部族融合以及其他关于北朝官制和地理沿革的问题，对了解北朝时期关中各民族、部族的分布，各部族聚族而居的状况以及各部族之间的杂居情况、民族融合情况都有很大帮助[4]，同时，也有助于关中地区北朝考古的发掘与研究工作。

造像碑是在北朝时期兴起的宗教石刻，它把佛（道）像雕刻与传统的中国碑式结合在一起，形成一种新的佛（道）教艺术形式。现在所发现的北朝造像碑大多分布在甘肃、陕西、山西、河南等地。据《金石录》记载，曾有前赵光初五年（公元322年）浮图澄造释迦像碑，是现知年代最早的造像碑。从现存实物来看，以东魏、西魏、北齐、北周纪年者为多，说明流行最盛时在北朝晚期。

造像碑以佛教题材为主，陕西关中地区也有一定数量的道教（或佛道混合）题材的造像碑。造像碑一般在碑体上部凹刻出像龛，龛内圆雕（或高浮雕）佛像，下部刊刻铭文，有些还在供养人题名侧线刻供养人画像等。碑侧、碑阴或雕佛龛，或刻绘佛教经变图画等。根据其外部形制，可以大致分为碑形与四方柱形两大类。道教造像碑的形制与布局基

〔1〕　龙门石窟题记，见陆增祥《八琼室金石补正》（文物出版社影印本，1985年）第十三卷。
〔2〕　孙贯文：《龙门造像题记简介》，《考古与文物》1983年第6期。
〔3〕　李玉昆：《龙门碑刻的研究》，《中原文物》1985年特刊；《龙门碑刻及其史料价值》，《龙门石窟碑刻题记汇录》，中国大百科全书出版社，1998年。
〔4〕　马长寿：《碑铭所见前秦至隋初关中部族》，中华书局，1985年。

本上仿照佛教造像碑，只是神像的发髻、衣饰与手持物品有所不同。

造像碑的像龛形式与石窟寺相同，可以说它就是一个简化了的小石窟寺，所以，它的内容、题材、雕刻手法都与同时期的石窟寺十分接近。其铭文内容也与石窟中的造像题记相同，一般把它与造像题记放在一起研究。

自20世纪以来，在陕西、河南、山西、山东、四川等地都多次出土及征集到造像碑与造像。在陕西耀县药王山、临潼，河北曲阳，山东青州，四川成都等地都有较大量的集中收藏。河北曲阳、山西沁县、四川成都、陕西长武、山东青州等地的造像窖藏与造像碑的出土都是比较重要的考古发现。尤以河北曲阳与山东青州的造像窖藏引人注目。它们为北朝佛教与佛教艺术研究提供了丰富的资料[1]，但是这些造像上面较少发现文字题记。

第二节　简牍文书的发现与研究

虽然在汉代已经出现了纸，但是直到魏晋时期，竹木制作的简牍仍然是主要的书写材料。在这一时期遗址墓葬的考古发掘中曾经多次出土数量惊人的简牍材料，构成古代简牍这一近代考古学重大发现的重要组成部分。

在西晋咸宁五年（公元279年），汲郡（今河南汲县）曾经有过一次我国历史上最重要的古代简牍出土[2]。根据《晋书·束皙传》的记载，当时汲郡有一个名叫不准的人去盗掘陵墓，从墓中发掘出大量写有文字的竹简。由于盗墓者在掘墓时点燃这些竹简照亮，使得出土的简牍多为"烬简断札，文既残缺，不复诠次"。所盗陵墓，据记载为战国时期魏襄王或者是魏安釐王的墓葬。墓中出土竹简达数十车。

这批竹简后归入官府，晋武帝下令秘书监整理竹简内容，将其改写为今文。当时的著名学者如束皙、荀勖、和峤、傅瓒、卫恒、王庭坚等人都参加了整理研究。经过长期努力，整理出古代著作75篇，其中包括魏国的史书——《纪年》13篇，《易经》2篇，《易繇阴阳卦》2篇，《卦下易经》1篇，《公孙段》2篇，《国语》3篇，《名》3篇，《师春》1篇，《琐语》11篇，《梁丘藏》1篇，《缴书》2篇，《生封》1篇，《大历》2篇，《穆天子传》5篇，《图诗》1篇，以及《周食田法》《周书》《论楚事》等杂书19篇。此外，还有7篇无法确定书名的残坏简书。这就是后人所说的"汲冢竹书"。虽然由于条件所限，当时的简牍实物未能保存下来，甚至整理出来的书籍也大多佚失，但它仍是中国考古学史上的一件大事，表明在近2000年前，我国已经成功地对出土简牍进行了缀合、释读及有关研

---

〔1〕　A.《河北曲阳城西南发现大批石造像》，《文物参考资料》1954年第1期。

　　B. 冯汉骥：《成都万佛寺石刻造像》，《文物参考资料》1954年第9期。

　　C. 郭同德：《山西沁县南涅水的北魏石刻造像》，《文物》1979年第3期。

　　D. 张燕、赵景普：《陕西省长武县出土一批佛教造像碑》，《文物》1987年第3期。

　　E. 夏名采、庄明军：《山东青州兴国寺故址出土石造像》，《文物》1996年第5期。

　　F. 青州市博物馆：《山东青州发现北魏彩绘造像》，《文物》1996年第5期。

〔2〕　《晋书·束皙传》。

究工作。

此外，据《南齐书·文惠太子传》记载，南齐建元初年（公元 479~482 年），有一座"楚王冢"在襄阳（今湖北襄樊）被盗掘，墓中也出土了大量"青丝编简"。据当时学者王虔度考证，内容为《周礼·考工记》，是后代传本《周礼》中阙佚的部分。

在魏晋时期，简牍材料还有所使用，同时，用绢帛、纸等材料书写的文书卷子日益普遍地流行开来。文书卷子由于材料不便保存，在中原各地较少发现。而在西北地区，由于气候干燥，对简牍文书的保存较为有利，特别是在一些被沙漠侵蚀了的古代遗址中，往往有重要的简牍文书出土，为研究有关地区魏晋南北朝时期的历史状况提供了有力的证据。新疆尼雅、楼兰遗址发现的魏晋简牍，甘肃敦煌发现的北朝文书写本，新疆吐鲁番发现的高昌文书等，都是近代考古工作中有关魏晋南北朝简牍文书的重大收获。

（一）新疆尼雅、楼兰遗址发现的魏晋简牍

由于清政府的腐败无能，20 世纪初中国西北几项震惊世界的考古发现，都是由欧洲帝国主义国家的所谓"探险家"获得的。他们发现的简牍文书，大部分也被劫掠至国外，至今仍流散于一些国家的博物馆中，给国内考古学研究造成了不便。有关研究只能依靠国外发表的报告。以往尼雅和楼兰二地出土的简牍文书就是如此。

英籍匈牙利人斯坦因（Marc Aurel Stein）是首先在我国西北地区发现简牍的"探险家"。他在当时英属印度政府的指派下，于 1900~1901 年，1906~1908 年，1913~1916 年三次到中亚和我国西北地区进行考察。1901 年 1 月，斯坦因从西面进入今新疆民丰县北、塔克拉玛干大沙漠南的尼雅遗址。这次探险的起因，是考察队员在尼雅村民易卜拉欣手中发现了写有佉卢文字的木牍。于是，斯坦因雇用易卜拉欣为向导，于 1 月 29 日到达尼雅遗址，进行了两周的发掘调查，出土了 40 余枚汉文简牍和 524 枚佉卢文木牍[1]，以及建筑物上的装饰品、家具、毛织物等。斯坦因就这些考察的结果撰写了《古代和田》等大型报告。以后，这些材料与斯坦因在第一次中亚探险中所获的其他文字材料都委托给法国学者沙畹（Edouard Chavannes）研究释读。沙畹先在 1905 年的《亚洲人杂志》（*Journal Asiatique Series*）上发表了研究成果，1907 年出版《丹丹乌里克、尼雅、安迪尔发现的汉文文书》（*Chinese Documents from the Sites of Dandan-vilig，Niya and Endere*）一文，附于《古代和田——中国土耳其斯坦考古调查报告》（*Acient Khotan：Detailed Report of Archeaological Exploration in Chinese Turkestan*）中，正式发表了这批简牍。

1906 年 10 月 15 日，斯坦因在第二次中亚探险中再次发掘尼雅遗址，在一座建筑遗址（N. XI V）的驼马厩垃圾中，清理出一个木箱，出土汉文文书木简十余件，另外一处建筑中清理出大量佉卢文木牍。这些资料由沙畹编入《斯坦因在东土耳其斯坦沙漠中发现的汉文文书》（*Les Documents Chinois Decouvertspar Aurel Stein dans Les Sables du Turkestan Oriental*）一书中，于 1913 年出版。

稍晚于斯坦因对尼雅遗址的首次发掘，瑞典考察队的斯文·赫定（Sven Hedin）于

---

[1] 长泽和俊：《楼兰王国》第四章《佉卢文书》，第三文明社，1976 年。

1901 年 3 月发掘了罗布泊北岸的楼兰遗址。该遗址早在 1900 年 3 月就被斯文·赫定的向导若羌村民艾尔迪克发现。当时斯文·赫定正准备去考察东藏，所以对楼兰遗址的发掘延后了一年。在发掘中，获得了大批汉文木简与纸文书残片，总数达 277 件。1903 年，斯文·赫定发表《中亚和西藏》（Central Asia and Tibet towards the Holy City of Lass），首次介绍了他在罗布泊地区发现楼兰遗址的情况。这次考察的正式报告《1899—1902 年中亚考察的科学成果》（Scientific Results of a Journey in Central Asia 1899—1902）于 1905 年在斯德哥尔摩出版，其第二卷《罗布诺尔》公布了楼兰遗址的发掘情况。这批简牍文书后来由斯文·赫定委托德国学者希姆莱（Karl Himly）予以研究，以后因希姆莱逝世，转交给另一位德国学者孔拉第（August Conrady）研究。1920 年，孔拉第发表了《斯文·赫定在楼兰发现的汉文写本及零星物品》（Die Chinesischen Handschrifeen und Sonstigen Kleinfunde Sven Hedin in Lou-Lan）一书，公布了这批材料。

1906 年 12 月，斯坦因在第二次中亚探险中来到楼兰遗址，并进行了系统发掘，查清了楼兰遗址全貌，出土了汉文简牍文书及佉卢文文书。1913 年，斯坦因在他的第三次中亚探险中再次来到楼兰。据后人统计，这两次探险中，斯坦因共得到汉文文书 349 件，其中木简牍约 302 件，以魏晋简牍为主。斯坦因在第三次中亚探险中获得的汉文文书原交给沙畹整理，因沙畹在 1918 年逝世，改由他的学生马伯乐（Henri Maspero）研究整理。马伯乐将斯坦因在第三次中亚探险中于楼兰、敦煌、高昌等地获得的 930 件文件认真加以选择，除去无法释读者，选出 607 件，经释读后整理成《斯坦因第三次中亚考察所获汉文文书》（Les Documents Chinois de La Troisieme Expedition de Sir Aurel Stein en Asia Central）一书，由于马伯乐在"二战"期间受到纳粹的迫害，此书直至 1953 年才获出版。

1909 年，楼兰遗址再次遭到日本大谷探险队的洗劫。考察队成员橘瑞超在楼兰地区的海头故城发现了著名的"李柏文书"和其他 5 枚晋代简牍。他在《中亚探险》一书中，介绍了发现"李柏文书"的经过。1915 年，大谷光瑞发表了《西域考古图谱》一书，公布了该探险队在西域获得的魏晋简牍，包括楼兰地区出土的文书简牍，共 44 件。

从 20 世纪初以来，中国和英、法、德、日等国学者对尼雅和楼兰等地出土的简牍文书及其他文物进行了多学科的综合研究，揭开了一个被流沙掩埋了 1600 多年的古代王国——鄯善的真面目。尤其是自 20 世纪 70 年代以来，中国新疆社会科学院考古研究所等单位对楼兰地区进行了科学考察及发掘，采用正规的科学考古方法，取得了新的资料，促进了出土简牍研究的新进展。中国科学院新疆分院罗布泊综合考察队对这一地区的综合考察，提供了罗布泊自然环境及历史地理变迁的科学证据，有助于对出土简牍的理解和诠释[1]。

尼雅与楼兰之间相距近千里，虽然同属鄯善，却有着不同的文化特色。根据《汉书·西域传》中的有关记载和近代学者对斯坦因等人在尼雅发现的佉卢文书的研究，可以得知：尼雅遗址属于汉代西域精绝国的故地。《后汉书·西域传》记载："（至东汉初年）小

---

〔1〕　A. 新疆楼兰考古队：《楼兰古城址调查与试掘简报》，《文物》1988 年第 7 期。

　　　B. 楼兰文物普查队：《罗布泊地区文物普查简报》，《新疆文物》1988 年第 3 期。

　　　C. 中国科学院新疆分院罗布泊综合考察队：《罗布泊科学考察与研究》，科学出版社，1987 年。

宛、精绝、戎庐、且末，为鄯善所并。"从现存尼雅遗址的文化特色中看出，它具有西方犍陀罗艺术的明显特征，受古印度文化的影响较大。这里出土的简牍中，汉文文书仅58件，用佉卢文记述印度西北地区语言的文书却多达764件，表现了这一地区与西方的频繁交往。

在尼雅遗址南北25公里，东西7.2公里的范围内分布着古代寺院、官署、住宅群、冶铁等手工作坊、种植园、花园及墓地等遗迹，很多已被风沙掩盖。这里曾经出土了"司禾府印"的东汉封泥，说明自东汉起就在这里建立了汉朝的官署，设立屯田。

尼雅遗址中发现的汉文文书大部分属于西晋年间。其中包括一些互致问候的信件，如"太子美夫人叩头谨以琅玕致问/夫人春君"（N ⅩⅣ 1）等。更重要的是，这里有晋泰始五年敦煌太守文书、晋西域长史转发的鸿胪送至的中央政府诏书、关于捕捉罪犯的告示、晋朝给西域鄯善、焉耆等国国王的诏书抄件以及敦煌太守给往来客商发的通行证——"过所"等。如：

"晋守侍中大都尉奉晋大侯亲晋鄯善焉耆龟兹疏勒""于寘王写下诏书到☒"（N. V. Nxv. 93a. b 及 73）

"西域长史营写鸿胪书到，如书罗捕，言会十一月廿日。如诏书律令。"（N. V. Nxv. 75）

"月支国胡支柱年卅　九中人黑色□"（N. V. Nxv. 53）

它们有力地证明了西域地区与中原的紧密联系，表明直至西晋，中原中央政府仍对这里行使着有效的统治，实施着与内地相同的行政制度。

楼兰地区与内地的交往则比尼雅地区更为紧密。位于今新疆巴音郭楞若羌县内的楼兰遗址，正处于著名的丝绸之路上。从沟通西域与内地的交通孔道——敦煌西行，出玉门关，穿越白龙堆，即进入楼兰。

根据《史记·匈奴列传》的记载，孝文帝四年，匈奴单于遗汉书中称："今以小吏之败约故，罚右贤王，使之西求月氏击之。……定楼兰、乌孙、呼揭及其旁二十六国，皆以为匈奴。"汉武帝征伐匈奴，将其赶向西方，《史记·大宛列传》中载："而楼兰、姑师小国耳，当空道，攻劫汉使王恢等尤甚。……于是天子以故遣从骠侯破奴将属国骑及郡兵数万，至匈河水，欲以击胡，胡皆去。其明年，击姑师，破奴与轻骑七百余先至，虏楼兰王，遂破姑师。"汉武帝于敦煌置酒泉都尉，从敦煌到盐水（即楼兰所在地区）设立了亭障，并开展屯田，"置使者护田积粟"[1]。西汉还在这里设置了西域都护、戊己校尉等官府。东汉安帝延光二年（公元123年），开始在这里设置西域长史，驻节柳中（今鄯善县境内）。以前一直不能确定魏晋西域长史的驻地，直至楼兰遗址及其中的大量文书被发现后，才得知魏晋时期，西域长史就设在楼兰这一地区[2]。

根据《南齐书·芮芮虏传》的记载，"先是益州刺史刘悛遣使江景玄使丁零，宣国威德。道经鄯善、于阗。鄯善为丁零所破，人民散尽"，楼兰古城的废弃可能就在公元5世纪末的这一时期。现在这一地区存留的烽燧遗址、屯田遗迹等，都是西汉领有这一地区以

---

〔1〕《史记·大宛列传》。

〔2〕黄文弼：《古楼兰国历史及其在西域交通上之地位》，《史学集刊》1947年第5期。

后的历史遗存。

斯文・赫定首先来到楼兰时，在罗布泊西岸发现了一座被风沙埋没的古城。而后，斯坦因又调查发掘了这座被他编号为 LA 的古城，并在 LA 的周围相继发现了十余座遗址，包括寺院、城址、住宅院落和墓地等，其中七处遗址（包括一处墓葬）中发现了汉文文书。这一区域中出土的文书以汉文文书为主，计 670 件，而佉卢文文书仅有 48 件。遗址的建筑方式及遗物多表现出强烈的中原汉文化色彩，与尼雅遗址明显不同，说明这里是汉族政权在西域的一个统治中心。

楼兰地区出土的汉文简牍文书中，绝大多数为魏晋时期的遗物，其中近百件简牍文书上写有明确的纪年，时间包括三国魏国嘉平四年（公元 252 年）、景元四年（公元 263 年）至咸熙三年（即西晋泰始二年，公元 266 年），西晋泰始二年至泰始六年（公元 270 年）、永嘉四年（公元 310 年）至永嘉六年（公元 312 年），前凉建兴十八年（公元 330 年）等。根据这些纪年文书的形制、书体特征，可以判断其他文书的大致年代。

根据残存的简牍文书内容，可以将它们大致归纳为以下几个方面的材料。

1）官府的诏令、往来公文及其他法律文书。如：

"☑☑平四年三月司徒府癸丑书署军

　　　　　　　☑二年正月戊寅诏

　　　　　　　☑熙三年十一月癸"（LA.Ⅱ.ⅱ）

"西域长史承移今　初除月廿三日当上道从上邽至天水"（LA.Ⅱ.ⅱ014）

2）官府的户籍簿册。如：

"　　　　　　　　　妻婿申金年廿☑

薄？宝成年卅　　　　息男薄笼年六死

薄？榆林年卅　　　　妻司文年廿五

　　　　　　　　　息男皇可笼年五

薄？澟支年廿五　　　妻温宜☑年廿

薄？☑☑曾年七十二　☑死

　　　　　　　　　息男奴斯年卅五☑死

　　　　　　　　　　☑年卅☑

　　　　　　　　　☑☑☑年☑死

　　☑☑葛奴年五十　妻勾文年？

　　　　　　　　　息男公科年廿五

　　勾文☑安生年？　死

　　　五十三除　　　十一

　　　年？☑"（LM.Ⅰ.ⅰ.018）

3）官府及屯田部门的财会粮食器物账簿。如：

"建兴十八年三月十七日粟☑胡楼☑

一万石钱二百（正面）

功曹　主簿　（背面）"（LA.Ⅰ.ⅲ.1）

"豺二斛八斗当麦一斛四斗稟削工伍佰领下马下　李卑等五人日食八升起六月十一日尽十七日　泰始四年六月十一日受仓曹掾曹颜吏令狐承付　（正面）

功曹史赵伦主簿梁鸾录事掾曹监量掾阚　伍佰穆成　消工郭受　马下穆取　领下张丰（背面）"（LA. Ⅵ. ⅱ. 0188）

"□入胡铁大锯一枚"（LA. Ⅴ. ×. 014）

4）屯田军队的劳务记录报告。如：

"将张金部见兵廿一人　大麦二顷已截廿亩　下？九十亩　溉七十亩　小麦卅七亩已截廿九亩　禾一顷八十五亩溉廿亩葑九十亩（正面）

将梁襄部见兵廿六人　大麦六十六亩已截五十亩　下？八十亩溉七十亩　小麦六十二亩溉五十亩　禾一顷七十亩葑五十亩溉五十亩（反面）"（LA. Ⅵ. ⅱ. 0107）

"□□加饶种菜豫作冬储□"（LA. Ⅵ. ⅱ. 0135）

5）邮传传递文书信件的记录。如：

"出　长史白书一封诣敦煌府簿书十六封具　十二封诣敦煌府，二诣酒泉府，二诣王怀、阚颀　泰始六年三月十五日□楼兰从掾位马厉付行书□□孙得成"（LA. Ⅱ. ⅱ）

"泰始三年二月廿八日辛未言书一封水曹督田掾鲍湘张雕言事使君营以邮行"（LE. 1.2）

6）公私往来信件。其中有私人互致问候、交代事务的信函，也有各级官员与中原政府和西域各地的往来书信，包括以前被定为在 LK 遗址发现的著名的前凉"李柏文书"。"李柏文书"共有四件，一表三信，其中两件书信较完整（图 7-15）。如：

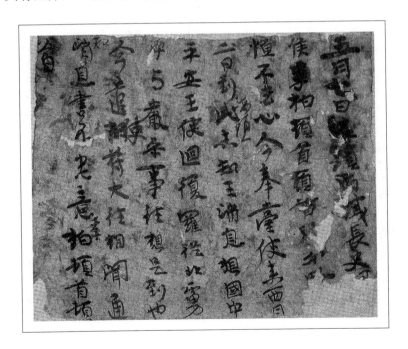

图 7-15　新疆楼兰 LK 遗址出土前凉"李柏文书"

"五月七日海头西域长史□□侯李柏顿首顿首　别□□□恒不去心今奉台使来西月二日到此（海头）未知王消息想国中平安王使迴复罗从北房中与严参事往想足到也今遣使苻大往相闻通知消息书不悉意李柏顿首顿首"（LK）

私人信函内涉及的内容也很广泛，身体健康，亲属情况，债务买卖等都是常见的信文。如："三月一日楼兰白书济逞白违旷遂久思企委积奉十一月书具承动静春日和适伏想御其宜"（LA.Ⅱ.ⅱ）

7）各种古代书籍的抄本残件，有字书《急就篇》《春秋·左传》《战国策》（图7-16）、《孝经》等。如：

"急奇觚与众异罗列诸物名姓字分别部居不杂厕用曰约少诚快意勉力务之必有熹……"（LA.Ⅱ.ⅹ.04）

"□夏四月辛亥哀（公）缢干徵师赴于楚且告有立君公子胜愬之楚人执而杀之公留奔郑书曰陈侯（之）弟招杀陈太子匽师罪在招也楚人执陈（行）人干徵师杀之罪不在（行）人也……"（LM.Ⅰ.ⅰ.016）

8）练习书写的废稿及其他内容不能确定的残简。如：LA.Ⅱ.ⅱ一件共写了十余个"别"字及三个"具示"的文书和一件写了"敦煌煌煌煌煌寰煌（？）皇奉奉如四写"等字样的文书。

在楼兰和尼雅出土的大量佉卢文及一些粟特文、婆罗米文文书同样蕴含了丰富的历史资料，表现了楼兰古国与西域各国及印度等地的密切联系。从一些佉卢文书中，还可以较详尽地了解到鄯善国的部分历史。如佉卢文文书中多次提到一支叫做 Supi 的部族，是鄯善西境的主要威胁，曾多次侵扰精绝、且末、凯一带的居民。研究者一般认为 Supi 是汉文史料（如《隋书·西域传》）中记载的苏毗人。苏毗人在六世纪时曾占有青藏高原的中部及北部，与鄯善故地邻近。《南齐书·芮芮虏传》载，鄯善被北方的丁零（高车）所灭；而佉卢文文书的记载极大地补充

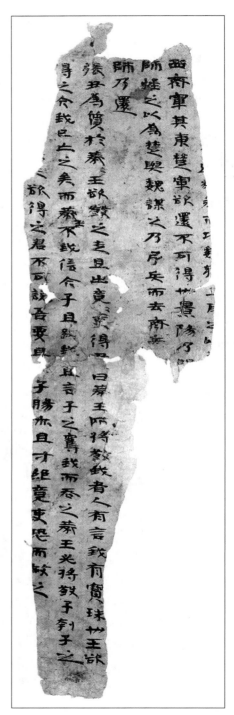

图7-16　新疆楼兰 LA 遗址出土
《战国策·燕策》抄本残件

了有关史实，给鄯善历史做出了新的解释[1]。

自楼兰、尼雅二地的出土简牍文书公布于世以来，有关研究主要集中在通过释读缀合这些简牍文书了解鄯善国的政治、经济状况，地理建置以及鄯善地区与中原政府之间的关系，以及通过这些汉文文书中出现的官职名称来复原魏晋时期西域长史所辖的行政系统等，进而勾勒出鄯善国及楼兰地区历史的构架。上述通过出土文书判定楼兰古城是西晋时西域长史驻地，魏晋时期在此大规模驻兵屯田，以及概括出简牍中反映的当地风俗、医药、文化教育、邮传、商业、手工业状况等研究成果，都填补了这一地区历史的空白。

尼雅遗址出土的"晋守侍中大都尉奉晋大侯亲晋鄯善焉耆龟兹疏勒""于寘王写下诏书到"等二简，是关于西晋时西域各国状况的真实记录。王国维在《罗布淖尔东北古城所出晋简跋》一文中考证，"晋守侍中大都尉奉晋大侯亲晋"十三字是当时鄯善、焉耆、疏勒、龟兹、于寘等五国国王通用的尊号。因为西域各国已有左右都尉、左右侯，所以称为"大都尉""大侯"以示区别。这五国大概就是西晋西域长史所能统辖的国家。西域诸国，西汉时大约五十余国，东汉时并吞为十余国，魏时仅余六七个大国。《魏略》云："且末、小宛、精绝、楼兰皆并属鄯善，戎卢、扜弥、皮穴皆并属于寘，尉犁、危须山五国皆并属焉耆，姑墨、温宿、尉头皆并属龟兹，桢中、莎车、竭石、渠沙、西夜、依耐、蒲犁、亿若、榆令、捐毒、休脩并属疏勒，且弥、单桓、毕陆、蒲陆、乌贪诸国皆并属车师。"车师国后部当时被鲜卑控制，西晋西域长史控制的正是简牍中所见的五国[2]。

楼兰遗址出土的"李柏文书"是最引人注目的史料，曾引起十分热烈的讨论。讨论的焦点集中在其出土地点及其名称、书写时代和文书内容等方面。

据记载，1909年，橘瑞超在楼兰古城西南近50公里处发现了一处古城遗址，并获得了"李柏文书"等文书简牍材料。1910年，大谷光瑞带着橘瑞超到伦敦拜访斯坦因。斯坦因仅根据"李柏文书"的字体，就将"李柏文书"的出土地判定为他发掘过的LA遗址，即楼兰古城。

王国维在编纂《流沙坠简》一书时，首先对以上说法提出疑问。虽然王国维并未到过鄯善地区，但他根据所见文书照片"今奉台史来西，月二日到此"一句中"此"字被圈去、改写上"海头"的现象，加以考证，指出"李柏文书"的出土地应在古代的海头城，LA不是楼兰。

王国维的根据有两点：1）当地出土的简牍中有三枚提到楼兰，如："八月二十八日楼兰白疏悑惶恐白……"（LA.Ⅵ.ⅱ.065）等。依照简牍书信的惯例，起首在人物姓名前要写上发信的地点，所以这些书信是从楼兰发出的，那么，出土地显然不应该是楼兰；2）从地理学上考察，《水经注·河水》记载："河水……又东径楼兰城南面东注。……河水又东经于泑泽。即《经》所谓蒲昌海也"蒲昌海，"自西方来者，则呼曰牢兰海"，古代"牢""楼"二字音同通假。海头临于蒲昌海，当与楼兰相距甚远。"李柏文书"出土于海

〔1〕　林梅村：《楼兰尼雅出土文书》，文物出版社，1985年。

〔2〕　王国维：《罗布淖尔东北古城所出晋简跋》，《观堂集林》卷十七，中华书局，2004年。

头，那么楼兰古城应在距离较远的另一个地区[1]。

黄文弼也支持王国维的意见，否定 LA 遗址为楼兰古都[2]。

王国维等人只是根据文书内容认为 LA 遗址不是楼兰城，并未否定"李柏文书"出土于 LA，而且他用来论证 LA 不是楼兰的三枚简牍也确实是出土于 LA 遗址，兼以其根据《水经注》判定的海头与楼兰之间的位置关系也有错误，因此，"李柏文书"出土于 LA（即楼兰古城）的看法在半个世纪内没有大的异议。

但是，在 20 世纪 50 年代，日本学者森鹿三根据橘瑞超提供的一张照片，发表《李柏文书的出土地点》一文，认为照片上的"李柏文书"出土地正是斯坦因报告中的 LK 遗址[3]，在学术界引起了关于"李柏文书"出土地的争论。这场争论关系到对 LK 古城的时代、性质，楼兰地区自然环境的改变，楼兰地区的历史等一系列重要问题的看法，成为楼兰地区魏晋简牍文书研究中的热点。

森鹿三的论文发表后，有不少研究者赞同这一意见，并且有人结合实地调查论证这一意见。如 1980 年，新疆社会科学院考古研究所调查队深入楼兰地区，对 LK、LA、LE 等遗址重新进行考察测定，调查到 LK 遗址位于牢兰海北端，邻接海头河，是古代水源充足的地区，又是楼兰向西南到鄯善去的交通要道。侯灿据此说明 LK 为海头，并据楼兰出土木简指出，楼兰城的废弃，主要原因是古代塔里木河下游河道的变迁，使晋官府士卒口粮日减，兼以东晋势力减弱，要使西域长史治所选择一个水源充足，便于耕作，又能避开前秦威胁的地方，海头城便代替了楼兰的位置[4]。

近年来，孟凡人针对森鹿三的说法予以反驳。他根据楼兰地区的考古调查情况指出，LK 遗址中没有发现佛教遗迹，根据鄯善地区考古材料中反映的情况，佛教大约是在公元 2 世纪中叶传入这一地区的，所以，LK 古城应该是在公元 2 世纪中叶前废弃的。此外，LK 的城墙构筑形式比较原始，城中也未发现过其他的佉卢文及魏晋汉文简牍文书。这些情况表明"李柏文书"不可能出土于 LK 遗址。他又根据排比 LA（楼兰故城）中出土简牍文书的结果，发现有些文书与"李柏文书"中的一些残件有一定关系，判定"李柏文书"应出于 LA 遗址（楼兰故城），海头是楼兰的别称[5]。这些讨论，将楼兰简牍文书的研究推上一个新的高度，有助于有关问题的彻底解决。

文书中的李柏，是北方十六国时期的前凉西域长史，事见《晋书·张骏传》。王国维在《罗布淖尔北所出前凉西域长史李柏书稿跋》中考证李柏文书写于张骏称王之后，即东

[1] 王国维：《流沙坠简序》《罗布淖尔东北古城所出晋简跋》等，《观堂集林》卷十七，中华书局，2004 年。
[2] 黄文弼：《古楼兰国历史及其在西域交通上之地位》，《史学集刊》1947 年第 5 期。
[3] 森鹿三：《李柏文书の出土地点》，《龙谷史坛》第 45 期。
[4] A. 侯灿：《楼兰遗址考察简报》，《历史地理》创刊号，1981 年 11 月。
　　B. 侯灿、奚国金：《李柏文书出土于 LK 析疑——兼与孟凡人同志商榷》，《考古与文物》1985 年第 3 期。
[5] 孟凡人：《论李柏文书的年代和出土地点》，《中国历史博物馆馆刊》第 13、14 期合刊，1989 年。

晋永和元年（公元 345 年）之后[1]。近年来孟凡人结合史载，提出该文书应书写在张骏正式称王之前，大约在公元 325 年[2]。文书的内容记述的是有关准备攻打赵贞的活动情况。

（二）各地发现的魏晋南北朝时期简牍

近 50 年来，随着考古发掘工作的不断深入，在中原各地也陆续发现了大量魏晋南北朝时期的简牍材料，特别是在湖南长沙发现的三国时期吴国官方档案材料，数量最为巨大。这些简牍极大地丰富了中国古代简牍文字材料的宝库，给有关研究提供了重要的资料。已经公布的主要发现有以下几处。

1) 1955 年，湖北武昌任家湾发现了一座六朝砖墓，编号 M13，从中出土了 3 枚木牍，长 18.8～21.5 厘米，宽 3.5 厘米，文字多模糊不清，其中的一枚上面书写有"道士郑丑再拜"等文字。当即墓主人使用的"刺"[3]，即拜谒时递交的名片。

2) 1974 年，江西省博物馆考古队在江西南昌东湖区永外街清理了一座晋代墓葬，出土木"刺"5 枚、木方 1 枚，上有墨字楷书。木刺的大小相等，均为长 25.3 厘米，宽 3 厘米，厚 0.6 厘米。其中 3 枚文字相同，为"弟子吴应再拜，问起居，南昌，字子运"。另 2 枚，1 枚文字为："豫章吴应再拜，问起居，南昌，字子运"；1 枚为"中郎豫章南昌都乡吉阳里吴应年七十三，字子运"。木方长 26.2 厘米，宽 15.1 厘米，厚 1.2 厘米，为随葬衣物的记录，即遣策[4]。

3) 1978 年 11 月，安徽南陵麻桥公社东风大队发现 4 座砖室墓，其中 2、3 号墓出土有 3 枚木方，是记录随葬品的衣物疏。3 枚木方上第一枚书写 116 字，第二枚书写 156 字，第三枚 45 字。根据 1 号墓中出土的铅买地券记载，该墓为孙吴赤乌八年（公元 245 年）十二月建。其他墓葬的时代可能与之相近。由于当时墓葬被破坏，墓葬的形制与随葬品具体情况无法得知[5]。

4) 1979 年，江西南昌阳明路中段清理了一座孙吴早期墓葬，为带甬道的前后室砖墓，有朱漆棺三副。在后室一具棺内的一个长方形漆盒中出土木简 21 枚，另外还发现木牍 2 枚。木简大小均相同，长 24.5 厘米，宽 9.5 厘米，厚 1 厘米。上面书写的文字也全都相同，为："弟子高荣再拜，问起居，沛国相字万绶"（图 7-17），可以看出它们是日用的名刺。木牍大小相同，长 24.5 厘米，宽 9.5 厘米，厚 1 厘米，其中一枚文字模糊，另一枚两面书写，记录了随葬器物[6]。

5) 20 世纪 80 年代初，在湖北鄂城的鄂城水泥厂工地发现了一座孙吴时期的竖穴砖

〔1〕 王国维：《罗布淖尔北所出前凉西域长史李柏书稿跋》，《观堂集林》卷十七，中华书局，2004 年。
〔2〕 孟凡人：《论李柏文书的年代和出土地点》，《中国历史博物馆馆刊》第 13、14 期合刊，1989 年。
〔3〕 武汉市文物管理委员会：《武昌任家湾六朝初期墓葬清理简报》，《文物参考资料》1955 年第 12 期。
〔4〕 江西省博物馆：《江西南昌晋墓》，《考古》1974 年第 6 期。
〔5〕 安徽省文物工作队：《安徽南陵县麻桥东吴墓》，《考古》1984 年第 11 期。
〔6〕 江西省历史博物馆：《江西南昌市东吴高荣墓的发掘》，《考古》1980 年第 3 期。

室墓，因被盗掘，残存器物仅 35 件，其中有在墓室地面散落的木牍 6 件。这些木牍也是名刺，长 24～25 厘米，宽 3.3 厘米，厚 0.4 厘米，隶书，文字为："童子史绰再拜，问起居，广陵高邮浇瑜"，"广陵史绰再拜，问起居"等[1]。

6）1984 年，在安徽马鞍山雨山乡安民村发现孙吴朱然墓，该墓为多室墓，曾经盗掘。经清理，出土残存器物 140 余件，里面有 14 枚木牍与 3 枚木谒。木牍应名为"刺"，均长 24.8 厘米，宽 3.4 厘米，厚 0.6 厘米，墨写隶书，为"弟子朱然再拜，问起居，字义封"，"故鄣朱然再拜，问起居，字义封"，"丹阳朱然再拜，问起居，故鄣，字义封"等三种。谒长 24.8 厘米，宽 9.5 厘米，厚 4.3 厘米，正面顶端书写"谒"字，下书"□节右军师左大司马当阳侯丹杨朱然再拜"[2]。

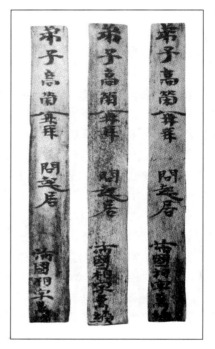

图 7-17　江西南昌孙吴高荣墓
出土名刺木简

7）1985 年，甘肃省文物考古研究所在甘肃武威松树乡的旱滩坡进行晋代墓葬发掘，清理的 19 号墓中出土了木牍 5 枚。这是一座夫妇合葬墓，1～4 号木牍出土于男棺内头部左侧，其中 1 号长 28.6 厘米，宽 10.2 厘米，厚 1 厘米；2 号长 27.8 厘米，宽 5.6 厘米，厚 1 厘米；3 号长 28 厘米，宽 5.2 厘米，厚 1 厘米；4 号长 27 厘米，宽 11.5 厘米，厚 1 厘米。5 号木牍出土于女棺内胸前，长 27 厘米，宽 7 厘米，厚 1 厘米。木牍上记录的内容是墓主人的身份、职位、有关记事与随葬的衣物疏等。根据木牍中的"升平十三年"纪年，可以判定它为东晋时期北方前凉政权时期的墓葬[3]。

8）1986 年，甘肃省文物考古研究所在甘肃张掖地区的高台县罗城乡常封村调查时搜集到 1 枚木牍，原出于村西墓地中。当时木牍已经断成三段，缀合后长 23.9 厘米，宽 4.5 厘米，文字磨灭不清，似写有若干姓名，有人怀疑是当时的书信。根据书体与同出文物推测，可能是晋代墓葬[4]。

9）1993 年，湖北鄂州博物馆在该市滨湖西路发掘了 2 座孙吴时期的砖室墓。据报告，墓室中发现有"记录墓主人身份和随葬品的名刺和遣册"[5]。

〔1〕 鄂城县博物馆：《湖北鄂城四座吴墓发掘报告》，《考古》1982 年第 3 期。
〔2〕 安徽省文物考古研究所、马鞍山市文化局：《安徽马鞍山东吴朱然墓发掘简报》，《文物》1986 年第 3 期。
〔3〕 李均明、何双全：《散见简牍合辑》，文物出版社，1990 年。
〔4〕 李均明、何双全：《散见简牍合辑》，文物出版社，1990 年。
〔5〕 冯务建：《鄂州市滨湖西路吴墓》，《中国考古学年鉴 1994 年》，文物出版社，1997 年。

10）1997 年江西南昌火车站发掘的东晋永和八年雷陔墓是一座券顶前后室砖墓，存有两具漆棺，为男女合葬，其中男棺内发现有 2 枚木牍，长 24.6 厘米，宽 3 厘米，厚 0.8 厘米。上面写有"弟子雷陔再拜，问起居，鄱阳，字仲之"，应该是随葬的名刺[1]。

11）1996 年 7 月至 11 月，湖南长沙文物工作队在湖南长沙平和商业大厦建筑工地作抢救性发掘，共清理战国至明清时期的古井 61 口，出土铜器、铁器、陶瓷器、木器等文物 3000 余件。特别是在编号为 J22 的古井中发现了大批三国时期吴国的纪年简牍（图 7-18；图版 19），成为 20 世纪中最后一个重大古代简牍发现。出土简牍的 J22 井，为一口不规则的圆形竖井，由于发现时井口已经被破坏，该井现存深度为 5.6 米，简牍在井中的堆积厚度达 0.2～0.5 米。简牍层下面有淤积土层，并杂有竹木屑、树叶、碎砖瓦、青釉瓷片与青瓷碗罐等。在井深 5.12 米处中心套有一个由木构井圈形成的小井。井圈长 0.93 米，宽 0.9 米，高 0.58 米。发掘者认为这些现象说明这口古井原来应该是储存实物的地下窖穴，中间的小井似乎是用于收集窖内渗出的地下水；简牍层下面的淤积土层表明该窖穴在投放简牍以前就早已废弃。这些现象证实当时习惯利用废弃的井窖作为处理过期官方简牍档案的场所。当时据清理者估计，这批简牍数量要超过 10 万件，总字数可能达 150 万字。现在经过全部清理后，统计结果为：

出土封检 8 枚，长 5.1～17.5 厘米，宽 4.3～7.5 厘米，厚 1.7～2.6 厘米。多为长方形，下端有缚绳的绳槽和填泥的方孔。

出土签牌 68 枚，长 5.5～13.7 厘米，宽 3.1～5.2 厘米，厚 0.2～0.8 厘米。多为长方形，顶端修去边角，中央有三角形缺口。

出土木牍 165 枚，长 23.1～26.6 厘米，宽 1.5～8.4 厘米，厚 0.3～1 厘米。其内容主要与刑法有关。

出土小木简 60 枚，长 23.5～28.6 厘米，宽 1.2～2.2 厘米，厚 0.1～1.2 厘米。其中有部分属于名刺。

出土大木简 2548 枚，长 49.8～56 厘米，宽 2.6～5.5 厘米，厚 0.3～2.7 厘米。内容为吴国嘉禾五年、六年的吏民田家莂。

竹简总计 136729 枚，其中完整的竹简有 25000 枚，残断的约有 35000 枚，碎片大约 77000 枚。大致分为宽、窄两种，宽的为 25～29 厘米长，1.2～1.5 厘米宽，0.15～0.18 厘米厚；窄的为 22.2～23.5 厘米长，0.5～1.2 厘米宽，0.05～0.1 厘米厚[2]。

经初步整理，可以从内容上分为以下几类：

1）券书类：包括佃田租税券书与官府之间各机关的钱、米、器物等调拨交接券书。佃田租税券书是一种形制特别的大木简，长 49.8～54.3 厘米，宽 2.6～4.3 厘米，厚 0.4～1 厘米，分栏书写。它应该是一式两份或者一式三份的券书，作为凭证使用，书写完毕后从中央锯开，分发给有关各方执有。这种券书应该就是《释名·释书契》中所说的"莂"。

---

〔1〕 江西省文物考古研究所、南昌市博物馆：《南昌火车站东晋墓葬群发掘简报》，《文物》2001 年第 2 期。

〔2〕 汪力公：《略谈长沙三国吴简的清理与保护》，《中国文物报》2002 年 12 月 13 日第 8 版。

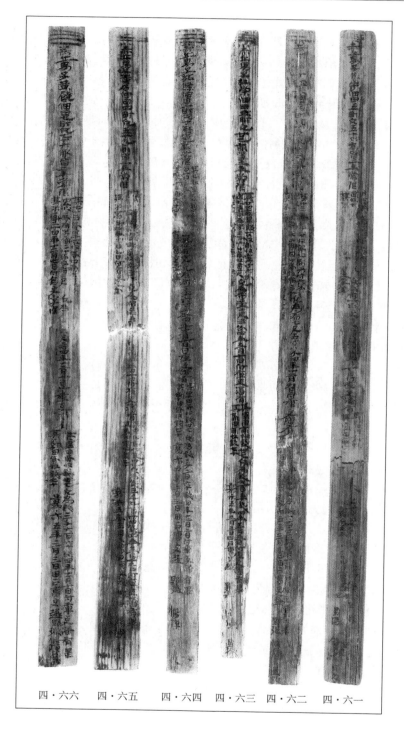

四·六六　四·六五　四·六四　四·六三　四·六二　四·六一

图 7-18　湖南长沙古井 J22 出土三国时期吴国纪年木简

2）官府文书与司法文书类：大多为木牍，一般长 23.4～25 厘米，宽 6～6.9 厘米，厚 0.6～0.9 厘米。它们是当时官府日常行政的文书档案。

3）户籍类：大多为竹简，一般长 23.2～23.5 厘米，宽 1～1.2 厘米，厚 0.2 厘米。上面主要记载户主的姓名、年龄、身体状况及有关事项。

4）名刺类：全部为木牍，形制大小变化多样。上面除写有物主的姓名、身份外，一般还附有问安、赠物之类的词语，有些还作为礼单使用，写有送礼的对象与众多送礼者的姓名，记录赠送礼品的名称与数量等。

5）账簿类：内容非常丰富，记录各种经济账目，包括有田租、市租、关税、官吏俸禄、借贷记录、钱月旦簿、长沙郡诸属曹岁尽簿等。其中有些用木牍，也有些用竹简[1]。

这批吴国简牍是研究当时经济、法律、政治史的宝贵资料，由于它们大都是官府经济方面的文书档案，可以真实地反映当时社会的经济活动。如从租佃田地、交纳租税的文书中，我们就可以看到吴国长沙郡某地农民佃田的块数与合计的亩数；了解农民根据所佃田亩数额交纳租布、租米和税钱等的情况，如可以由于天旱而部分免交或少交租米、税钱等。通过具体数字，既可以了解到当时沉重的高额租税，如一亩田的租米要高达一斛二斗，又可以看到当时的物价状况。再就是通过这批简牍可以深入研究当时的官府组织机构与各机构之间的关系，特别是它对当时的户籍制度有大量的记载，为研究吴国行政管理体制与管理方法提供了丰富而完备的材料。其他如通过简牍了解当时的地理设置情况、研究古代简牍文书制度等，都是具有重要学术意义的研究课题，其成果将极大地充实对三国时期吴国历史的认识。现在已经陆续出版了《长沙走马楼三国吴简》的多部图录释文[2]。

（三）新疆地区发现的各个民族文字简牍

另外，在新疆地区，原来居住在这里的各个民族也可能长期使用着木质简牍材料。1949 年以后，新疆的文物工作者在楼兰、尼雅以及其他地点不断发现各种民族文字的简牍材料，其时间跨度较大，自魏晋时期一直延续到唐代以后。现参照伊斯拉菲尔·玉素甫《新疆新发现的古文献及其研究》一文[3]，将主要的发现介绍如下。

1957～1958 年，黄文弼等人在新疆进行的考古调查中，于库车的苏巴什古城出土了 5 件木板文书，是用龟兹文书写的；在焉耆明屋沟北遗址出土了 2 枚木牍，原报告称古维文书写，实际上是粟特文[4]。

1959 年，新疆博物馆考古队在巴楚县脱库孜沙来古城附近发现了有文字的古代木简

〔1〕 长沙市文物工作队、长沙市文物考古研究所：《长沙走马楼 J22 发掘简报》，《文物》1999 年第 5 期。

〔2〕 长沙市文物考古研究所、中国文物研究所、北京大学历史学系：《长沙走马楼三国吴简·嘉禾吏民田家莂》，文物出版社，1999 年；《长沙走马楼三国吴简·竹简一》，文物出版社，2003 年。

〔3〕 伊斯拉菲尔·玉素甫：《新疆新发现的古文献及其研究》，《新疆文物》1999 年第 3、4 期。

〔4〕 黄文弼：《新疆考古发掘报告（1957—1958）》，文物出版社，1983 年。

20 枚，其中有婆罗米文字的木牍、木札共 18 枚[1]。

1959 年，吐鲁番胜金口发现了回鹘文题字的木板[2]。

1965 年，吐鲁番英沙古城附近的一座佛塔遗址中发现了回鹘文书写的木简 25 枚、木桩 1 个[3]。

"文化大革命"期间，新疆博物馆考古工作者于吐鲁番阿斯塔那地区进行考古发掘时，曾发现 1 枚西晋泰始九年木简[4]。

1973 年，新疆博物馆考古队王炳华在和田获得 1 枚于阗文书写的木牍，上面是一份完整的契约文书，涉及人口买卖[5]。

1978 年，策勒县老达玛沟东北的铁提克日木遗址发现了 1 件完整的于阗文木函文书，同样是 1 份人口的买卖契约[6]。

1979 年 11 月至 1980 年 4 月之间，新疆考古所侯灿率领的楼兰考察队对楼兰的 LA 古城遗址作了调查，发现了汉文文书 65 件，其中有 63 件木简，还有佉卢文木牍一件，内容包括官府文书、簿籍、买卖契约以及其他杂类书信等[7]。同年，新疆博物馆与和田地区文管所共同组队对尼雅遗址进行发掘时也获得了佉卢文简牍[8]。伊斯拉菲尔·玉素甫《新疆新发现的古文献及其研究》一文中提到，这批文书保存在和田地区文管所，其中木简、木牍共 35 件。1981 年，民间还采集到一些佉卢文简牍[9]。

1988 年至 1997 年，中日共同组织的尼雅遗址学术调查队九次进行科学考察，共发现佉卢文简牍 50 多件，他们第八次到遗址调查时，还在 N5 遗址发现了 9 枚汉文木简[10]。

1990 年，克里雅河下游的喀拉墩遗址中发现一件于阗文木板文书[11]。

1991 年，策勒县老达玛沟七大队东 10 公里的谢依德阿格孜一处枯红柳丛下发现 4 枚

〔1〕　新疆博物馆：《新疆巴楚县脱库孜沙来古城发现古代木简、带文字纸片等文物》，《文物》1959 年第 7 期。

〔2〕　沙比提·阿合买提：《吐鲁番胜金口附近佛庙遗址出土的文物》，《文物》1960 年第 5 期。

〔3〕　张平：《若羌瓦石峡遗址调查与研究》，《西域考察与研究》，新疆人民出版社，1994 年。

〔4〕　新学：《新疆吐鲁番晋唐墓葬中发现的重要文物》，《文化大革命期间出土文物》，人民出版社，1972 年。

〔5〕　伊斯拉菲尔·玉素甫：《新疆新发现的古文献及其研究》，《新疆文物》1999 年第 3、4 期。

〔6〕　殷晴：《一件新发现的于阗语文书》，《新疆社会科学研究》1986 年第 12 期。

〔7〕　侯灿：《高昌楼兰研究论集》，新疆人民出版社，1990 年；《楼兰新发现木简纸文书考释》，《文物》1988 年第 2 期。

〔8〕　沙比提·阿合买提、阿合买提·热西提：《被流沙掩埋的古城——尼雅遗址》，《新疆大学学报（维文版）》1985 年第 2 期。

〔9〕　伊斯拉菲尔·玉素甫：《新疆新发现的古文献及其研究》，《新疆文物》1999 年第 3、4 期。

〔10〕　A. 伊斯拉菲尔·玉素甫：《新疆新发现的古文献及其研究》，《新疆文物》1999 年第 3、4 期。
　　　　B. 这些简牍现由新疆文物考古研究所保存。

〔11〕　黄小江、吴州：《克里雅河下游喀拉墩遗址调查》，《克里雅河及塔克拉玛干科学探险考察报告》，中国科学技术出版社，1991 年。

用汉文与于阗文两种语言书写的木简[1]。

以上这些简牍材料，特别是各民族语言文字的简牍材料，已经进行了文字的释读、翻译与汇集、考证等方面的研究工作，有助于新疆地方历史与民族文化的研究。

（四）敦煌莫高窟藏经洞和吐鲁番发现的两晋南北朝时期文书写本

敦煌莫高窟藏经洞在 1900 年被发现，这是近代中国考古学与历史、宗教等多方面社会科学研究的重大事件。洞中藏有历代写经、文物及各类文书写本 40000 余件。有关发现及文书流散的情况，本节从简。

根据莫高窟存武周圣历元年（公元 698 年）《李君修佛龛碑》中的记载，莫高窟是在前秦建元二年（公元 366 年）开始刊建的，经过北凉、北魏至元代的持续开凿，发展成为西北的一个重要佛教中心。藏经洞中的文书卷子就是莫高窟佛寺中历代积存下来的，其中包括一部分前秦至北周时期的珍贵写本。这些写本的内容以佛教经典为主，也有部分其他古籍及文书残卷。

判断这些写本的时代，主要依据文书上面题写的纪年、书体特征、典型的异体字及经文译本等方面来决定。如题有具体纪年的后秦乙卯年（弘始十七年，公元 415 年）《妙法莲华经》、北魏景明三年（公元 502 年）《大般涅槃经》、西魏大统十四年（公元 548 年）写经等。而近代研究者还根据书体等特征将一些没有纪年的写本较笼统地定为晋代或六朝的写本。如《鸣沙石室古籍丛残》中介绍的《六朝写本毛诗传笺》《六朝写本春秋经传集解》，日人三井源右卫藏的《晋人写经》等。许国霖《敦煌石室写经年代表》从北京图书馆藏品及部分发表的斯坦因等人劫掠的敦煌文书中选出了 208 件有纪年的写经，其中有西晋 3 卷、后凉 1 卷、西凉 2 卷、北凉 1 卷、北魏 32 卷、梁 3 卷、西魏 12 卷、北齐 9 卷、北周 3 卷[2]，这还不是完全的统计。

由于敦煌藏经洞中所发现的两晋南北朝时期的文书写本主要属于佛教及儒学经典，所以有关的研究集中在经籍版本的校勘、考证及版本源流等古文献学研究范围内。刘师培、罗振玉、王国维、陈寅恪、陈垣、王仁俊等人的研究，均涉及到这方面的内容。尤其是陈寅恪为许国霖作《敦煌石室写经题记汇编》一书撰序时，指出"此卷所收诸卷题记之著有年月地名者，与南北朝隋唐之史事一参究之，其关系当时政治之变迁及佛教之情况者，约有二事"，一是证明隋唐佛教之盛，二是其中有 6 卷写有南方地名与南朝年号的佛经，除 1 卷是南齐永明元年（公元 483 年）书写外，其余 5 卷均为梁武帝时写本。陈寅恪根据史载，推测这些写经是由西魏大将杨忠（即隋太祖）攻打梁朝时所得，带回北方后流传辗转至敦煌。这一看法，为探讨敦煌在南北朝时期佛教中的重要地位及当时佛教交流等情况开拓了新的视野，形成了敦煌文书研究中注重政治、经济、文化史料研究的新趋势。

新疆吐鲁番一带，曾经是古代中原文化向西北传播的一个中心。这里在汉代称车师前

---

[1] 艾再孜·阿布杜热西提：《和田地区发现汉文、于阗文双语木简》，《新疆文物》1998 年第 3 期。

[2] 许国霖：《敦煌石室写经年代表》，《敦煌石室写经题记与敦煌杂录》上册、下册，商务印书馆，1937 年。

王庭（前部），汉元帝时，在这里设置戊己校尉屯田戍边，前凉时设置高昌郡，北凉承平十八年（公元 460 年），阚伯周被控制了西域北部的柔然人立为高昌王，以后高昌国相继由张氏、马氏、麴氏统治。唐贞观十四年（公元 640 年），高昌国被唐朝军队占领，改为西州。

高昌郡及高昌国时期，这一地区与内地的文化交往仍很密切，使用着与内地相似的政治、经济制度，从而遗存下来大量的文书写本，学术界称之为吐鲁番文书。

吐鲁番文书早在 20 世纪初叶已经被西方国家的一些中亚考察队发现，俄国的克列门兹（Д. клемонз）、柯兹洛夫（п·к·козлов），英国的斯坦因（M. A. Stein），德国的格伦威德尔（A. Crünwedel）、勒柯克（A. Von. Lecoq）以及日本的橘瑞超等人都曾在这一地区发掘古墓，搜集古代文书，如斯坦因的《西域考古图记》中就记载：“这（指墓志）同在有些坟墓中所找出的汉文文书上面所写的年代也相符合。那些文书的内容都是一些日常例行的琐细公事，……大约视为废纸，所以放入坟内。有几具棺材，……其中一具就放有一大包各种各样的纸，显然是用来填塞棺材的。”这些流出国外的吐鲁番文书散见于这些考察队的有关报告中，尚未得到系统的汇集整理。

1930 年，中国学者黄文弼等人也曾到吐鲁番地区考察，收集了墓志、文书等文物。

自 1959 年至 1975 年，新疆维吾尔自治区博物馆文物考古队对吐鲁番县内高昌古城以北的阿斯塔那及哈拉和卓等地古墓群进行了 13 次考古发掘，对交河故城、乌尔塘等地也做了几次发掘。此外，吐鲁番地区文物管理所也对一些墓葬进行了考古发掘，先后共清理晋代至唐代的墓葬共 450 余座，出土了大量文书、丝织品、陶器等文物[1]。

大量的废弃文书是这些考古发掘中最主要的收获。这些纸文书一部分是以完整的文书形式随葬，其内容包括衣物疏、功德疏、地券、告身、契约等；更多的则是作为废纸制作纸棺、死者的衣、帽、靴鞋、枕头、衾被以及随葬俑的构件等。这些文书大多已残损，经过整理，发现其中包括以下几方面的材料：

1）帝王的诏令。如有高昌王的敕令、唐中宗的敕书等。

2）官府的各种文书档案。如符牒，奏表，法律诉讼中的辩辞、记录，授官授勋的告身，过所公文，收发文簿等。

3）公私各种簿籍账目。如户籍、手实、受田、差科、粮食、牲畜、财物等。

4）经济契约。如租佃田园、买卖商品、借贷金钱财物、雇佣劳力等。

5）私人书信。

6）经典书籍的抄本。如《论语注》《晋阳秋》《急就章注》《尚书》《毛诗》《唐律疏

---

[1] A. 新疆维吾尔自治区博物馆：《吐鲁番县阿斯塔那——哈拉和卓古墓群清理简报》，《文物》1972 年第 1 期；《吐鲁番县阿斯塔那——哈拉和卓墓群发掘简报》，《文物》1973 年第 10 期。

B. 新疆维吾尔自治区博物馆、西北大学历史系考古专业：《1973 年吐鲁番县阿斯塔那古墓群发掘简报》，《文物》1975 年第 7 期。

C. 新疆吐鲁番地区文管所：《吐鲁番出土十六国时期的文书——吐鲁番阿斯塔那 382 号墓清理简报》，《文物》1983 年第 1 期。

议》，佛经等[1]。

此外，还有突厥文、吐蕃文、回鹘文、吐火罗文、佉卢文、梵文、粟特文等多种古代少数民族及外国文字书写的文书。这些文书的内容广泛，涉及古代政治、经济、军事、宗教、文化、科技、民族、中西交通等研究领域，是研究高昌国史的重要资料，也是研究中原文化对西域的影响、了解中西交通状况的重要史料。

现知吐鲁番文书中年代最早的是西晋元康六年（公元 296 年）三月十八日抄成的《诸佛要集经》。前凉、后凉、南凉、北凉及高昌国时期的各种文书写本也占了相当大的比例。

根据对现在所能见到的新疆地区出土简牍文书的分析，新疆地区，用纸张代替木简来书写发生在西晋末年至前凉初期，变化的过程十分明显，似乎在很短期间内就普及改用纸张。这可能说明当时内地造纸业和纸的使用已经十分普及，并通过通畅的商路传播到西域。也可能表明造纸术传入了西域。

在出土文书中，随葬衣物疏是保存最完整的，其他的纸文书则大多被用来糊成纸棺、纸衣、靴鞋等，或作为填充物。随葬衣物疏大多有明确的纪年，与墓葬关系明确，所以对墓葬年代的判定和出土文书断代具有重要意义。此外，还可以根据文书书写的书体笔势特点、常用的异体字、内容特色等来判断文书的年代。如前凉、后凉、南凉、北凉时期文书的书体工整秀丽，带有草隶特色，而高昌国时期的文书则书体粗劣，近似楷书。有学者认为，这是由于前凉、后凉、南凉、北凉时期凉州地区的军队、官员等汉人不断来到高昌地区，把作为晋代文化中心之一的凉州文化带到高昌。秀美的书体表明了他们较高的文化教育。而高昌建国以后，西域昭武九姓胡人大量迁入高昌，他们的汉文化水平自然要大大低于内地汉人，造成了文书上明显的时代区别。又如前凉、后凉、夏、南凉、北凉时期的文书中不使用干支记日，在现在可见到的这一时期文书中，唯一写有干支的是夏真兴六年（公元 424 年）出受麦帐。在纪年中使用干支的现象是在北凉且渠安周称王以后，这对于文书断代是一个重要的依据。

除去在考古学上的价值以外，吐鲁番出土文书还对研究当时的历史、社会风俗、宗教文化等颇有帮助。如马雍曾分析出土随葬衣物疏的墓葬情况，指出在官职较高的贵族墓中未见随葬衣物疏，在随葬物很少的小型平民墓中也未见随葬衣物疏，所以它可能是一般中等阶层家庭习用之物。它的内容沿袭前代的遣策，形式上模仿过所，并加入了东汉买地券中的一些套语。这些都表现了中原文化的影响。特别是在十六国时期的随葬衣物疏中没有任何佛教术语，说明当时佛教尚未深入一般民众中去，而后来高昌国麴氏时期的随葬衣物疏上则出现了"大德比丘"之类的佛教术语。这对于重新认识西域佛教史是很有帮助的[2]。

高昌国时期的文书，则对了解高昌国的行政体系、经济活动、与内地的交通往来等专题有极大价值，是撰写高昌历史的重要史料。近年来，将这些文书中的官职、人物、契约、事件等加以综合分析，进而深入探讨高昌国的各项制度，是有关研究中经常参用的方

[1] 国家文物局古文献研究室、新疆维吾尔自治区博物馆、武汉大学历史系：《吐鲁番出土文书》第一册至第十册，文物出版社，1980～1991 年。

[2] 马雍：《吐鲁番出土高昌郡时期文书概述》，《文物》1986 年第 4 期。

法。研究内容主要集中在官制、行政制度、经济商贸、寺院经济、民族宗教等方面，已经基本勾勒出了高昌国的行政官吏制度。如中央的出纳审查机构有门下和中兵两部分，设置官员有门下校郎、通事舍人、通事令使、省事、侍郎、门下行事，中兵校郎、中兵参军、中郎、行中兵校郎事等。而中央的行政执事机构有缩曹和吏、兵、民、祀、库、仓、主客、都官、屯田九部，设置有令尹、缩曹郎中、郎中、长史、司马、参军、主簿等官职。这种特殊的行政体制，是由其地位与国力所决定的，即由其从属于内地强大政权的藩国地位和有限的财力、人力所决定。出土文书中还反映了当时高昌国的土地制度、赋税徭役制度等。经整理研究，已可以了解高昌国内存在着货币（银钱）田租、实物田租、调、丁输（政府征发丁壮承担运输徭役）、力役、杂役、各项税收（如远行马价钱、称价钱、丁正钱等）。由于高昌国内寺院占有大量土地和雇农，租役还分为俗、道（或僧）两大类，这与文书中反映出的"计田（即根据土质、水源好坏来决定土地等级，确定租役多少）"制度都是高昌经济制度中的特有现象[1]。涉及吐鲁番文书的有关历史、经济、宗教、文化等方面研究成果数以千计，因大多不涉及考古学专题研究，就不在此具体介绍了。

〔1〕　A. 罗振玉：《高昌麴氏年表附录》，《辽居杂著乙编》，罗振玉自刻本，1933 年。

B. 黄文弼：《高昌国官制表》，《高昌砖集》，科学出版社，1955 年。

C. 马雍：《略谈有关高昌史的几件新出土文书》，《考古》1972 年第 4 期。

D. 陈仲安：《麴氏高昌时期门下诸部考源》，《敦煌吐鲁番文书初探》，武汉大学出版社，1983 年。

E. 唐长孺主编：《敦煌吐鲁番文书初探二编》，武汉大学出版社，1990 年。

F. 侯灿：《麴氏高昌王国官制研究》，《文史》第 22 辑，中华书局，1989 年。

G. 柳洪亮：《高昌郡官府所见十六国时期郡府官僚机构的运行机制》，《文史》第 43 辑，中华书局，1997 年。

H. 王素：《高昌史稿 统治编》，文物出版社，1998 年。

I. 柳洪亮：《略谈十六国时期高昌郡的水利制度》，《新疆大学学报》1986 年第 2 期。

J. 杨际平：《麴氏高昌土地制度试探》（上、下），《新疆社会科学》1987 年第 3、4 期。

K. 卢开万：《试论麴氏高昌时期的赋役制度》，《敦煌吐鲁番文书初探》，武汉大学出版社，1983 年。

L. 杨际平：《麴氏高昌赋役制度管见》，《中国社会经济史研究》1989 年第 2 期；《麴氏高昌与唐代西州、沙州租佃制研究》，《敦煌吐鲁番出土经济文书研究》，厦门大学出版社，1986 年。

M. 陈国灿：《对高昌某寺全年月用帐的计量分析——兼析高昌国的租税制度》，《魏晋南北朝隋唐史资料》第 9、10 辑，武汉大学出版社，1982 年。

N. 程喜霖：《吐鲁番文书所见的麴氏高昌的计田输租与计田承役》，《出土文献研究》，文物出版社，1985 年。

O. 姜伯勤：《高昌世族制度的衰落与社会变迁——吐鲁番出土高昌麴氏王朝考古资料的综合研究》，《中国社会历史评论》第四辑，商务印书馆，2002 年；《敦煌吐鲁番出土文书与丝绸之路》，文物出版社，1994 年。

第八章　三国两晋南北朝佛教考古

任何一种宗教的存在，都有它独特的方式。诸如经典、教团、信众、场所（寺院、道观等）以及崇拜的偶像都是它存在和发展的前提。对于佛教考古学来说，是通过佛教遗迹和遗物的研究来揭示佛教发展变化的规律。佛教的遗迹、遗物很多，譬如石窟寺、造像、寺院遗址、供具、出土经书等都是佛教考古研究的对象。佛教从两汉之际传入中原地区以来，大体经历了从早期依附于道家、方术和神仙，到逐步走上独立发展的道路。进入两晋南北朝时期，在统治者的积极推动下，佛教发展到了鼎盛时期，成为当时人们精神生活的一个重要组成部分。这一发展变化的轨迹，已为佛教考古资料所证实。

从目前发表的佛教考古资料来看，佛教遗迹以石窟寺为主，分布范围广，数量庞大，而寺院遗址的发现与发掘相对较少。佛教遗物主要是与佛教信仰有关的器物和佛教造像。前者在早期墓葬中发现；后者出土地点大都与佛寺有关，但很少对造像密切相关的佛寺遗址做考古发掘。因此，从考古资料的丰富程度看，石窟寺是佛教考古的主要组成部分，在佛教考古中占有十分重要的地位。

第一节　三国两晋墓葬所见与佛教信仰有关的遗物

佛教传入初始，作为佛教徒顶礼膜拜的偶像——佛像还没有出现。大约到东汉中晚期，在墓葬中开始出现与佛教艺术造型有关的遗物，如东汉摇钱树上的佛像[1]和墓室中画像石等[2]。至三国两晋时期，这一类的遗物比较多地出现在墓葬中，从出土的六朝铜镜和谷仓罐（魂瓶）上常常可以看到佛像、飞天等图案。这些与佛教艺术造型有关的遗物大多发现在南方地区，主要出土地点集中在湖北、江苏、浙江等地。早期佛教由于没有作

---

[1]　摇钱树在四川地区已发现不少实例，主要出土在东汉时期的墓葬中，蜀汉时期墓葬中也有出土，但数量相对较少。如绵阳何家山1号东汉崖墓、忠县涂井蜀汉墓所出随葬品中就有，见绵阳博物馆何志国的《四川绵阳何家山1号东汉崖墓清理简报》（《文物》1991年第3期）、四川省文物管理委员会的《四川忠县涂井蜀汉崖墓》（《文物》1985年第7期）。15座蜀汉崖墓中（其中3座被盗）有3座（M5、M7、M14）出土摇钱树，共有4件，见赵殿增、袁曙光的《四川忠县三国铜佛像及研究》（《东南文化》1991年第5期）。关于摇钱树的讨论，可见宿白的《四川钱树和长江中下游部分器物上的佛像——中国南方发现的早期佛像札记》（《文物》2004年第10期）。

[2]　如山东沂南画像石墓中有表现与佛教造型艺术有关的图像。可见曾昭燏、蒋宝庚、黎忠义的《沂南古画像石墓发掘报告》（文化部文物管理局，1956年）图版67、68，墓葬中室八角柱身雕刻有带头

为一种独立宗教而存在，在东汉至三国两晋时期，仅作为外来神仙的一种而受到民间的信仰，这样表现在墓葬中，亦仅仅是作为神祇的一种出现的，或者仅仅是作为装饰性图案出现的，而不是后来佛教信徒所供奉礼拜的佛教偶像。根据出土物，可以将这一类遗物分为陶瓷和铜镜两大类。

陶瓷类

谷仓罐是与佛教艺术有关的最重要的遗物之一。早在20世纪50年代，南京地区的孙吴墓中曾出土不少，如1955年南京赵士岗孙吴凤凰二年（公元273年）墓中所出谷仓罐（图8-1-1）上发现罐腹部贴塑小佛像。小佛像与仙人、神兽间杂堆塑。同时还出土了3件模印的小型佛像〔3〕。这种小型佛像原应是贴塑在谷仓罐上的。贴塑小佛像的谷仓罐流行的区域主要是江浙两省。1987年浙江鄞县栎斜村东山出土一件谷仓罐，在罐上部后侧立塑六尊小佛像〔4〕。这一时期比较流行的谷仓罐是罐上部堆塑成楼阁式，阁内当中塑小佛像，如南京甘家巷东的高场1号墓随葬的黑釉谷仓罐（图8-1-2）即是这种形制的典

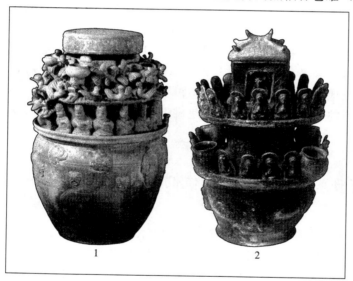

图8-1　江苏南京孙吴墓葬出土贴塑佛像瓷谷仓罐
1. 赵士岗凤凰二年墓　2. 甘家巷高场1号墓

图8-2　湖北武昌莲溪寺孙吴
永安五年墓出土佛像铜饰

光的立像和双肩有火焰的坐像；图版37，有似飞天的羽人。又如四川乐山麻浩1号墓前室门楣上刻一尊佛坐像，该像有头光，佛有肉髻，身着通肩袈裟，手握袈裟衣角，与犍陀罗佛像十分相似。乐山柿子湾1号墓墓室门楣上也有2尊类似的佛像，参见南京博物院等编《佛教初传南方之路文物图录》图版1、2，文物出版社，1993年。二处崖墓的年代约在东汉晚期至蜀汉。

〔3〕　江苏省文物管理委员会：《南京近郊六朝墓的清理》，《考古学报》1957年第1期。

〔4〕　南京博物院、南京艺术学院、北京大学、龙谷大学：《佛教初传南方之路文物图录》图版70，文物出版社，1993年。

型器物[1]。西晋时期堆塑小佛像的谷仓罐仍十分流行。东晋时期则接近尾声。目前所知出土的最晚的谷仓罐是浙江萧山发现的东晋元帝永昌元年（公元 322 年）墓[2]。湖北地区墓中主要随葬以小佛像为装饰的青瓷器、铜镜，还有鎏金铜饰件。如武昌莲溪寺孙吴永安五年（公元 262 年）墓出土的刻有菩萨装佛教造像的鎏金铜饰片（图 8-2）[3]，是马具上的饰片。同墓中还随葬四件青釉坐俑，其眉心间有"白毫相"。1992 年湖北鄂州孙吴墓 M4 中出土一件陶佛像，佛像两侧还有二身胁侍陶俑[4]。佛像头有肉髻，面相浑圆，身着通肩袈裟，"U"字形衣纹，双手施禅定印（图 8-3）。此墓无纪年，但同地 M2

图 8-3 湖北鄂州孙吴墓 M4 出土陶佛像

墓中使用孙吴永安四年（公元 261 年）纪年铭文砖，而 M4 与 M2 年代大致相当，或早于 M2，故 M4 所出佛像应是目前发现中国最早的单体佛像。除此之外，在其他一些出土器物上，如酒樽、唾壶、香熏等都有佛像饰件。尤其是香熏，其器足正面贴塑佛像。如果说谷仓罐上的佛像与神仙崇拜有关，那么，其他器物上的佛像只能理解为装饰器件了。值得关注的是：2008 年，在湖北襄樊樊城区发掘的三国早期墓葬中出土了一件黄褐釉陶楼（图 8-4），楼由门楼、院墙和两层楼阁组成。上层楼阁为四角攒尖顶，顶上树立有五重相轮的宝刹[5]。这似乎表明该楼阁具有佛塔的特征，或是受到佛寺塔刹形制的影响。

铜镜类

与佛教造型有关的只有夔纹镜一种，这种铜镜或称之为佛像夔纹镜。在三国西晋时期的铜镜中有较多的实例，出土地点有浙江、江苏、江西、湖南和湖北等省。典型的样式是在铜镜柿蒂纹形纽座的四瓣内饰以佛像。如 1975 年湖北鄂州五里墩孙吴墓出土的铜镜，

〔1〕 金琦：《南京甘家巷和童家山六朝墓》，《考古》1963 年第 6 期。

〔2〕 南京博物院、南京艺术学院、北京大学、龙谷大学：《佛教初传南方之路文物图录》图版 106，文物出版社，1993 年。

〔3〕 湖北省文物管理委员会：《武昌莲溪寺东吴墓清理简报》，《考古》1959 年第 4 期。

〔4〕 A. 湖北省文物考古研究所、鄂州市博物馆：《湖北鄂州市塘角头六朝墓》，《考古》1996 年第 11 期，图版壹，1。

　　B. 杨泓：《跋鄂州孙吴墓出土陶佛像》，《考古》1996 年第 11 期。

〔5〕 A. 襄樊市文物考古研究所：《湖北襄樊樊城菜越三国墓发掘简报》图一二，《文物》2010 年第 9 期。

　　B. 襄樊市文物考古研究所：《湖北襄樊樊城菜越三国墓发掘报告》图九，图版陆，《考古学报》2013 年第 3 期。

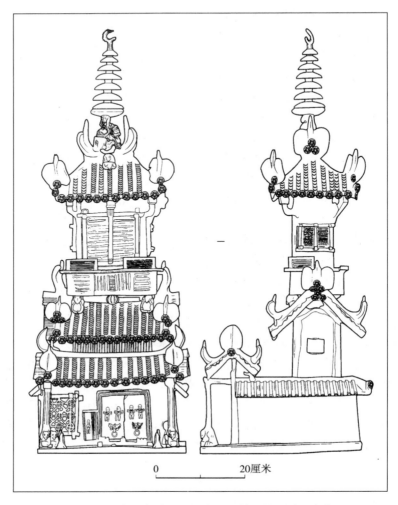

0　　　　　　　20厘米

图 8-4　湖北襄樊三国墓出土顶树相轮宝刹釉陶楼

其中三瓣内各有佛龛，龛顶饰华盖，龛内各一佛像坐于莲台上，有头光，莲台两侧附龙首；另一瓣内有三尊像，主尊为半跏思惟状佛像，坐于莲花座上，左右像一立一跪，立像为侍者，手举曲柄伞，跪像为供养人（图 8-5；图版 22-1）。镜缘内侧有"四神"[1]。1960 年湖南长沙左家塘出土的铜镜与此相似，但四瓣内均为三尊式。其中相对二瓣为坐佛，佛两侧有肩披羽毛的仙人；另外相对的二瓣为半跏思惟佛像，佛身后有持伞侍者。佛前跪拜的供养人有头光[2]。镜缘内侧十六个连弧纹带内分别为四神及代表黄道十二宫中

---

〔1〕　湖北省博物馆、鄂州市博物馆：《鄂城汉三国六朝铜镜》图版 81，文物出版社，1986 年。
〔2〕　A. 刘廉银：《湖南省长沙左家塘西晋墓》，《考古》1963 年第 2 期，图版捌，8。
　　　 B. 关于铜镜的研究可见王仲殊的《论吴晋时期的佛像夔凤镜》（《中国考古学研究——夏鼐先生考古五十年纪念论文集》，文物出版社，1986 年）。

的"巨蟹"。1973 年浙江武义县桐琴果园三国吴墓中出土一件，则为四瓣，有一瓣残，其中相对二瓣内各有一飞天，另一瓣为三尊式，中坐佛，两侧各一带有头光的胁侍像，镜缘内侧十六个连弧纹带内分别有飞天、日、月、四神及代表黄道十二宫中的"巨蟹"[1]。1957 年南京西善桥孙吴至西晋墓中所出铜镜表现形式同前者[2]。1974 年浙江金华东晋墓中出土的一面铜镜较为特殊，四瓣内各一立像，下有莲花瓣，与前述铜镜内佛像的莲座类似。每像均有文字，分别为"圣子""弟子仲由""弟子颜渊""弟子子贡"。这应是受佛像夔纹镜的影响而出现的一种变例[3]。同时亦表明到东晋时期佛像夔纹镜已经走向衰落。

图 8-5　湖北鄂州五里墩孙吴墓出土
佛像夔纹铜镜（拓本）

　　上述墓葬中所出土的与佛教造型艺术有关的随葬品，从时间上看主要集中在三国至西晋时期。从地域上看主要集中在长江中下游地区。这一地区正是三国孙吴境内经济文化发达地区。与同时期的北方地区相比，北方迄今尚未发现这一类随葬品。因此这种器物应是吴地手工业制作工艺的一个特点。这一时期正是佛教传入后不久佛教发展的初期阶段。《高僧传·康僧会传》记载：三国"时孙权已制江左，而佛教未行"[4]。吴地初有佛法，则是月支人支谦入吴，从黄武元年（公元 222 年）至建兴中期（公元252～253 年）在吴地译经之后。这时"吴地初染大法，风化未全"。甚至连沙门的形象都没有见过。因此，康僧会"欲使道振江左，兴立图寺，乃杖锡东游，以赤乌十年（公元 247 年），初达建业"。康僧会以舍利的神异说服孙权后，孙权始在建业（今江苏南京市）创建吴地的第一所寺院——建初寺。虽然在康僧会等僧人的推动下，佛教逐渐开始流行开来，但影响极为有限，依附于道家、方术和神仙的状况并没有多大改变，佛教的教义及各种仪规制度也没有普遍被人们所理解。在一般民众的心目中，外来的佛像与中国传统的"东王公""西王母"一类神仙是一样的，并没有多少差别。因而，这一时期出现将佛像用作器物的装饰图案也就可以理解了。到东晋南北朝时期，佛教得到了统治者的大力提倡和扶持，走上了独立发展的道路。寺院的发展，僧俗信徒亦日益增多。作为佛教徒顶礼膜拜的偶像——佛像当然不能像以前那样作为装饰图案随意使用在器物

〔1〕　武义县文物管理委员会：《从浙江省武义县墓葬出土物谈婺州窑早期青瓷》图一，《文物》1981 年第 2 期。
〔2〕　李蔚然：《南京西善桥六朝墓的清理》图二，《考古通讯》1958 年第 4 期。
〔3〕　金华地区文管会：《浙江金华古方六朝墓》图 9，《考古》1984 年第 9 期，图版陆，2。
〔4〕　梁·慧皎：《高僧传》，中华书局，1992 年。

上。因此，东晋以后这一类器物的消失与佛教的发展有着密切关系。

第二节　新疆地区早期佛教石窟寺

　　佛教东渐，经中亚、越葱岭，首及中国新疆地区（古称西域），以后沿丝绸之路向中原地区传播。因而新疆地区在佛教东渐过程中起到了重要的桥梁作用。西域诸国大都信奉佛教，如于阗、龟兹诸国都是当时佛教最盛的国家。以库车为中心的古龟兹国是西域诸国中的一个大国，其地东邻焉耆，西接疏勒，控制着丝绸之路北道中段。最迟在公元 2 世纪龟兹地区即有僧人东来中原进行传教活动，大约到公元 3、4 世纪龟兹已成为葱岭以东的一个佛教中心，僧人众多，塔寺林立。石窟寺的开凿亦大约开始于这一时期。以库车、拜城为中心的古龟兹地区是新疆地区石窟寺最为集中的一个区域。不仅开凿年代早、延续时间长，而且具有浓郁的地方特色。现存主要石窟地点有拜城克孜尔石窟、库车库木吐喇石窟、森木塞姆千佛洞和克孜尔尕哈石窟。另外新疆地区以吐鲁番为中心的古代高昌地区也是比较重要的区域。主要石窟地点有吐峪沟石窟、柏孜克里克石窟等，但这一区域的石窟开凿年代相对较晚。

一　龟兹石窟

（一）克孜尔石窟

　　古龟兹地区诸石窟寺中，以克孜尔石窟规模最大，现有编号洞窟 236 个，可分为谷西、谷内、谷东和后山 4 个区（图版 26 - 1）。其次为库木吐喇石窟，有编号洞窟 114 个，可分谷口区和窟群区。在谷口区南还有两处较大的寺院遗址，即乌什吐尔和夏哈吐尔佛寺遗址 [1]。森木塞姆千佛洞是古代龟兹王国东境最大的一处石窟寺，有编号洞窟 57 个 [2]。克孜尔尕哈石窟有编号洞窟 46 个 [3]。

---

[1]　A. 新疆龟兹石窟研究所：《库木吐喇石窟内容总录》第 14 页，文物出版社，2008 年。

　　B. 1984 年库车县文物管理所曾对所有洞窟进行过编号，共计 112 个。新增 2 个编号可见《总录》。

　　C. 晁华山《库木吐喇石窟初探》（《中国石窟·库木吐喇石窟》，文物出版社，1992 年）一文对该石窟的洞窟分布、石窟考察史、洞窟种类、石窟寺院及年代等作了较为详细的论述。该石窟在龟兹石窟中比较特殊，即石窟中有一大批汉风壁画洞窟。据统计这一类洞窟占洞窟总数的五分之二，较龟兹风洞窟五分之一多了一倍。这些洞窟的开凿年代约在唐及 9 世纪回鹘西迁，控制龟兹地区时期，见马世长的《库木吐喇的汉风洞窟》（《中国石窟·库木吐喇石窟》，文物出版社，1992 年）。

[2]　森木塞姆石窟位于库车县东北 40 公里雀尔达格山口，原有编号 52 个，见丁明夷《记两处典型的龟兹石窟——森木塞姆与克孜尔尕哈石窟》（《龟兹佛教文化论集》，新疆美术摄影出版社，1993 年）一文。2000 年，新疆龟兹石窟研究所核查后，增补为 57 个，见新疆龟兹石窟研究所的《森木塞姆石窟内容总录》（文物出版社，2008 年）。同书附有贾应逸的《森木塞姆石窟概述》，可参考。

[3]　克孜尔尕哈石窟位于库车县西北 12 公里，原有编号洞窟 46 个，保存较好的有 39 个洞窟。见丁明夷《记两处典型的龟兹石窟——森木塞姆与克孜尔尕哈石窟》（《龟兹佛教文化论集》，新疆美术摄影出版社，1993 年）一文。2001 年，新疆龟兹石窟研究所进行了核查，洞窟编号为 66 个，见新疆龟兹石窟研究所的《克孜尔尕哈石窟内容总录》（文物出版社，2009 年）第 8 页。

因新疆地区的地质条件所限，山体石质不适宜雕刻，所以各石窟寺都采用了塑像和壁画相结合的表现手法。塑像占据洞窟中显要位置，是佛教信徒礼拜的主要偶像；壁画作为辅助题材，则绘于窟内诸壁及窟顶。由于塑像泥胎含沙量大，胎中又缺少具有黏合作用的植物纤维，加上自然环境、气候和人为破坏等因素，窟内塑像一般都很难保存下来。克孜尔石窟的情况就是如此，塑像基本上已不存。因此，对洞窟塑像的内容、组合关系、塑像的样式以及塑像与壁画的关系等问题的综合研究显得十分困难。现存的壁画已成为研究龟兹石窟的重要内容，但保存状况也不乐观，特别是公元 19 世纪末到 20 世纪初，外国列强肆意盗窃，石窟内的壁画遭受了很大的破坏。

龟兹地区各石窟寺的开凿年代一般较早，延续时间亦较长，有的甚至晚到公元 11、12世纪仍有开凿活动。其中克孜尔石窟是龟兹石窟中开凿年代最早、最具代表性的石窟，发展脉络比较清晰。因此，龟兹地区石窟寺的演变，可以克孜尔石窟为例，大致分为三个阶段[1]。

第一阶段约 4 世纪初到 4 世纪中，第二阶段约 4 世纪末到 6 世纪前期，第三阶段约 6世纪中期到 7 世纪后期。前两个阶段属于早期石窟，而第三阶段已属于克孜石窟的衰落阶段，在新疆地区也是属于后期石窟。第三阶段后半段实际上已超出南北朝的时间范畴，故不在本卷讨论范围。

第一阶段

洞窟形制与组合

这一阶段的洞窟主要分布在谷西区，有中心柱窟、大像窟和僧房窟。其中僧房窟数量最多，但后代改凿的情况也较多。各类洞窟间组合关系不明显。

中心柱窟

一般分为主室、中心柱和后室三部分。个别洞窟有前室，但大都已崩毁。典型洞窟有第 13 窟（图 8 - 6）、38窟。主室与后室同宽，或窄于后室。纵券顶，前壁和左右壁与顶部相接处有简单的叠涩出檐。中心柱为方形，前壁开一大龛。龛内原塑一坐佛像。后室低窄，券顶，左右通道口无装饰。主室及左右甬道不开龛。

大像窟

数量较少，一般无前室，仅有主室、中心柱和后室三部分。洞窟构造与中心柱窟相同，只是将主室加高，以便在中心柱正壁塑造大型立佛。因此，这类洞窟是由中心柱窟衍生出来。典型洞窟有第 47 窟（图 8 - 7），主室窄于后室，券顶。左右壁前砌列像台，台上各塑佛像七身。中心

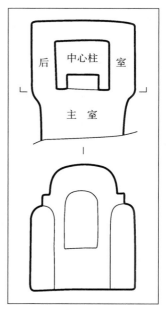

图 8 - 6　新疆拜城克孜尔石窟
第 13 窟平面、剖视图

---

[1] 宿白：《新疆拜城克孜尔石窟部分洞窟的类型与年代》，《中国石窟·克孜尔石窟一》，文物出版社，1990 年。

柱平面方形，左右后三壁开龛。前壁依壁原塑高达10米左右的大型释迦佛立像，现壁前还残存半圆形的大像台。后室券顶，左右通道口无装饰，后壁有涅槃台。台上原塑有涅槃像。后壁龛内原塑有坐佛像，龛上原塑涅槃像。

僧房窟

一般分主室和门道两部分。门道为长条形平顶或券顶，一般在门道后壁设一小室，左壁或右壁设与主室相通的短甬道。主室方形，券顶，壁顶相接处也有简单的叠涩出檐，前壁中部开窗。

塑画题材与布局

中心柱窟主室前壁窟口上方绘交脚弥勒兜率天说法图，弥勒菩萨居中，周围为诸听法菩萨及天人。左右壁不分栏或分上下栏，各栏绘二铺或三铺因缘佛传类故事，近顶处绘天宫伎乐。窟顶壁画分为三部分，券顶正中，即中间纵向的中脊绘天空，有日神、风神、立佛、金翅鸟、月神等。左右弧形券面绘以菱格山峦为背景的本生故事，或绘本生、因缘、佛传相间布置的故事。每个菱格绘一个情节。中心柱正壁龛外绘听法菩萨及供养飞天。后室前后壁分别绘释迦佛涅槃和焚棺或舍利塔，左右壁绘舍利塔。

大像窟以第47窟为例，主室左右壁分上下五栏绘有佛像，最上栏绘供养天人。

僧房窟则无塑像和壁画。

绘画手法采用西域流行的晕染法，具有明显的凹凸效果。这种绘画特点延续时间很长，在克孜尔石窟从早到晚均是如此。

从壁画绘有表现释迦牟尼前身和今世修行、教化、说法的本生、因缘和佛传故事，以及大像窟原塑有释迦立像的情况看，壁画和塑像表现的主题是释迦佛和弥勒菩萨。这种题材与龟兹地区盛行小乘佛教有密切关系。

第二阶段

洞窟形制与组合

这一阶段洞窟数量较多，在克孜尔石窟各个区域都有分布。洞窟类型有中心柱窟、大像窟、僧房窟。新增加了方形窟，而且数量很多。各种类型洞窟之间有明显的组合关系。

中心柱窟

平面形制与前段相似，分主室、中心柱和后室三部分。因窟前崩塌严重，前室情况不清。典型洞窟有第17、104、171窟。除有前段主室与后室等宽或窄于后室的形制外，主室宽于后室的形制比较流行。顶部券顶式，壁面与窟顶连接处的出檐线，较普遍地在叠涩

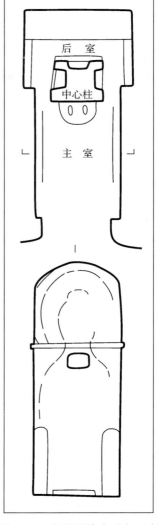

图8-7　新疆拜城克孜尔石窟
第47窟平面、剖视图

之外使用枭混线。中心柱平面为扁方形，均前壁开一大龛。后室亦为券顶，左右通道口有的开始作出装饰线。第104窟后壁有涅槃台。台前两侧各置立像台。此外，第17窟后室两端各凿一小龛。

大像窟

数量仍较少，一般无前室，仅有主室、中心柱和后室三部分。典型洞窟有第77、139窟，主室略窄于后室，券顶。主室前部崩毁。第77窟中心柱平面略呈方形，四壁无龛，前壁依壁原塑大型立佛像，壁前残存半圆形大像台。后室作梯形顶，后壁前有涅槃台，台上原塑大涅槃像。第139窟后室则无涅槃台。

僧房窟

形制略同前期，一般分主室、门道二部分，但较多的洞窟增加了前室。门道后壁无小室的洞窟增多，出现了大型僧房窟。门道为长条形平顶或券顶，左壁或右壁设短甬道与主室相通。主室方形，券顶，壁顶相接处也有叠涩出檐的枭混线。

方形窟

方形窟一边有前室，但多已崩毁，主室平面方形和横长方形。前壁正中开门，或一侧开门一侧开窗。券顶，壁顶相接处也有叠涩出檐的枭混线。但有的更繁缛复杂。主室正中有的砌佛坛，其上塑像。

各类洞窟的组合形式比较多，有中心柱窟与僧房窟（第171、172窟）；中心柱窟、方形窟与僧房窟（第2～4、103～105窟等）；方形窟与僧房窟（第222、223窟）；双中心柱窟与方形窟（第96～98窟）；多个中心柱窟与方形窟（第96～101窟）；多个中心柱窟、方形窟与僧房窟（第96～105窟）等多种组合形式[1]。

塑画题材与布局

中心柱窟主室前壁窟口上方绘弥勒菩萨兜率天说法图，左右壁分上下二栏，各栏绘二或三铺因缘佛传类故事。窟顶绘画与第一阶段略同，中脊绘天空，有日神、风神、立佛、金翅鸟、月神等。不过本期的日神一般作人形，头戴珠冠，身着甲胄，乘坐在双轮马车上。左右弧形券面绘以菱格山峦为背景的本生、因缘、佛传故事。中心柱正壁龛外也绘听法菩萨及供养飞天。后室后壁或绘或塑涅槃像，前壁绘舍利塔，左右壁绘舍利塔或立佛。第17窟后室的左右壁龛内原塑坐佛一身，左壁绘卢舍那立佛。

大像窟主室左右壁上下分栏绘立像、坐像，上栏或绘或塑供养天人。窟顶正中部分分格绘伎乐，左右格内影塑伎乐。后室后壁塑涅槃像（第77窟），或绘涅槃像（第139窟）。

方形窟前壁绘弥勒兜率天说法图，左右壁多分栏绘分格连环画式的佛传故事画，如第76窟；或绘因缘佛传，如第14窟。方形窟内不设坛的洞窟，后壁一般都绘菩萨像或高僧为

---

[1]　A. 晁华山的《克孜尔石窟的洞窟分类与石窟寺院的组成》（《北京大学考古专业三十周年纪念论文集》，文物出版社，1990年）一文将多个中心柱窟，如第96窟等五个一组，称之为五佛堂寺院。

　　B. 关于洞窟组合的最新研究，可见魏正中的《克孜尔谷西的石窟寺院》（《燕京学报》新十六期，北京大学出版社，2004年）。

　　C. 魏正中：《区段与组合——龟兹石窟寺院遗址的考古学探索》，上海古籍出版社，2013年。

中心的大幅壁画。绘画特点承袭前一阶段。

本阶段的壁画和塑像题材，除了承袭第一阶段所表现的释迦佛和弥勒菩萨外，出现了大乘佛教的题材。

（二）其他石窟

龟兹石窟群的其他石窟，如森木塞姆、库木吐喇和克孜尔尕哈石窟的早期洞窟都是在中心区克孜尔石窟的影响下产生的，开凿年代略晚于克孜尔石窟第一阶段，而相当于第二阶段。个别地点的洞窟，如森木塞姆石窟早期第1、11等窟，其特点接近于克孜尔第一阶段后期，其年代或早些。以上石窟寺在洞窟形制、壁画题材布局都显示了一致性。

洞窟形制与组合

森木塞姆、库木吐喇和克孜尔尕哈石窟都有中心柱窟、大像窟和方形窟。

中心柱窟

森木塞姆、库木吐喇、克孜尔尕哈石窟均以中心柱窟为主要礼拜窟。洞窟一般有前室、主室、中心柱及后室。年代稍早的洞窟主室多为纵券顶，中心柱流行克孜尔第一阶段的正壁一龛制。略晚的洞窟，个别窟顶出现穹隆顶样式，如森木塞姆第40窟。同时出现中心柱四壁各开一龛的新形制。如克孜尔尕哈第21窟、森木塞姆第26窟。库木吐喇石窟谷口区第17窟略较特殊，主室平面方形，左右壁各开一龛，后壁（即中心柱前壁）开一龛，窟顶平顶，中部隆起成穹隆顶式。中心柱窟因时代早晚也有所变化。年代稍早的洞窟，主室宽于后甬道，仅正壁开一龛，窟顶与主室侧壁连接处雕出枭混线装饰。略晚的洞窟，中心柱四面开龛，龛楣装饰富丽，柱体下部为叠涩束腰基座。

大像窟

在森木塞姆（典型洞窟有第5、11、43窟）、库木吐喇（典型洞窟有窟群区第63、65窟）和克孜尔尕哈（典型洞窟有第12、16、23窟）中均有。洞窟形制与克孜尔石窟一致，为纵券顶，主室正壁，即中心柱前壁塑大立佛。像高一般都在10米以上。如森木塞姆第11窟中心柱前壁原塑立佛高达15米，主室左右壁塑有上下四排立像。克孜尔尕哈第23窟原塑立佛高达10余米。中心柱左右后三面设有甬道，可供人绕塔礼拜。后室左右壁和后壁凿有涅槃台或像台。

大像窟的规模一般都比较大，数量虽然不多，但在各石窟中均具有重要地位。如森木塞姆石窟，从洞窟群的布局看，是各以两个大像窟（如北崖的第11、43窟）为中心，陆续开凿的。这种大立佛的塑造，与梁·僧祐《出三藏记集》卷一一《比丘尼戒本所出本末序》[1]记载的龟兹国"寺甚多，修饰至丽。王宫雕镂立佛形象，与寺无异"情况一致。表明龟兹地区佛教寺院乃至于王宫都以雕镂大立佛为主，作为石窟寺院当然亦不能例外。因此，塑造大立佛是龟兹地区石窟寺的一个重要特征。这对公元5世纪中期云冈昙曜五窟大像的开凿是有一定影响的。

---

〔1〕　梁·僧祐著，苏晋仁、苏錬之点校：《出三藏记集》第410页，中华书局，1995年。

方形窟

森木塞姆、库木吐喇和克孜尔尕哈石窟的方形窟，一般有前室和主室。与克孜尔石窟相比窟顶形式多样化，有斗四套斗顶、平棊顶和穹隆顶。尤其是穹隆顶内绘有莲花及条幅状的立佛和菩萨七身至十一身，如库木吐喇谷口区第 20、21 窟[1]。库木吐喇流行一种主室正中设像台，台上原塑佛像的做法，以谷口区第 20 窟为例，前室不存，有长通道与主室相连，通道两侧各开一小龛，右龛内现存新疆早期石窟中唯一完整的坐佛塑像[2]。主室正中设有像台，台上原塑佛坐像及护法狮子。窟顶为穹隆顶。

洞窟组合

森木塞姆洞窟的分布在龟兹石窟中别具特色，在直径约 800 米的范围内分成东南西北中五区。中区土丘上有长近 80 米，两端有高大建筑遗迹的地面寺院遗址。很显然这是一处以地面寺院为中心，围绕着寺院开凿洞窟的特殊布局，这在龟兹地区石窟寺中是比较罕见的实例。在森木塞姆石窟可以判别窟形的 39 个洞窟中，中心柱窟 18 个，大像窟 4 个，方形窟 15 个，僧房窟 2 个（包括大型禅堂 1 个）[3]。可以看出这些洞窟以礼拜窟为主，与克孜尔石窟最大的区别是僧房窟较少，这种情况与森木塞姆石窟的布局特点有密切关系，即地面寺院和洞窟是一个完整的组合，中区大寺院则是修禅和起居的主要场所。因而，窟群区多凿礼拜窟，而少僧房窟。库木吐喇石窟与克孜尔石窟比较相似，有多座中心柱窟和其他类型的洞窟组成的寺院，有的研究者根据佛经律藏记载，称这种组合的洞窟为五佛堂[4]。克孜尔尕哈石窟开凿于一小山沟的东西两崖上，在保存较好的 39 个洞窟中，中心柱窟 16 个、僧房窟 20 个（包括禅堂 1 个）、方形窟 3 个[5]。这些洞窟明显可以分为五组，每组包括中心柱窟、僧房窟（或禅堂）和方形窟，都具有礼拜、讲经、坐禅和居住的功能，可见克孜尔尕哈石窟的洞窟组合关系也是比较明显的。

---

[1] 梁志祥、丁明夷：《记新发现的几处洞窟》，《中国石窟·库木吐喇石窟》图版 187、191，文物出版社，1992 年。

[2] 《中国石窟·库木吐喇石窟》（文物出版社，1992 年）图版 188，该像服饰与河西地区早期石窟塑像和北凉石塔佛像是一致的。如袈裟衣边有折带纹，右肩袈裟衣边绕右肘臂后再上绕左肩的做法在河西石窟中颇为流行。可以看出新疆地区塑像样式对河西地区石窟的影响。

[3] A. 丁明夷：《记两处典型的龟兹石窟——森木塞姆与克孜尔尕哈石窟》，《龟兹佛教文化论集》，新疆美术摄影出版社，1993 年。

B. 据新疆龟兹石窟研究所编的《森木塞姆石窟内容总录》（文物出版社，2008 年）附录一：森木塞姆石窟洞窟形制一览表，中心柱窟 21 个，方形窟 26 个，大像窟 3 个。但从《总录》所附洞窟平剖面图看，被列为中心柱窟的第 44 窟应为大像窟。这样大像窟应为 4 个。

[4] 晁华山《库木吐喇石窟初探》一文有"石窟寺院"一节（《中国石窟·库木吐喇石窟》，文物出版社，1992 年）。

[5] A. 丁明夷：《记两处典型的龟兹石窟——森木塞姆与克孜尔尕哈石窟》，《龟兹佛教文化论集》，新疆美术摄影出版社，1993 年。

B. 据新疆龟兹石窟研究所编的《克孜尔尕哈石窟内容总录》（文物出版社，2009 年）附录一：克孜尔尕哈石窟洞窟形制一览表，中心柱窟 11 个，大像窟 3 个，方形窟 13 个，僧房窟 17 个。

塑画题材与布局

森木塞姆、库木吐喇和克孜尔尕哈石窟的中心柱窟、大像窟和方形窟大多保存有壁画，除了库木吐喇谷口区第20窟保存一尊佛像外，其他洞窟塑像已不存。有迹象表明，当时塑像和壁画是有机的统一体，以库木吐喇谷口区第17窟为例，中心柱正面开一龛，龛内原有塑释迦像。龛外壁面绘有供养主尊塑像的四尊菩萨像。可知正壁采用塑像与壁画相结合的手法。

中心柱窟的壁画主要分布在主室、中心柱和后室壁面及窟顶。一般主室窟口前壁绘弥勒兜率天宫说法图，窟顶中脊绘天宫，有日神、月神、立佛等。左右壁绘以菱格山峦为背景本生、因缘和佛传故事。本生故事主要有舍身饲虎、须达拏本生、月光王施头等；因缘故事有梵志燃灯供养、沙弥守戒自杀等；佛传故事有初转法轮、佛涅槃图等。后室后壁或绘或塑涅槃像，前壁绘舍利塔，左右壁绘舍利塔或立佛。

大像窟主室左右壁上下分栏绘立像、坐像，上栏绘或塑供养天人。窟顶中脊部分有一道或三道凹槽，分格绘伎乐，弧形券面绘菱格本生、因缘和佛传故事。后室后壁或塑或绘涅槃像。森木塞姆第11窟的左右甬道券顶中脊绘有天宫，有日神、风神、立佛、金翅鸟、月神。方形窟前壁绘弥勒兜率天说法图，左右壁多分栏绘分格连环画似的佛传故事画或绘因缘佛传。

总的来说，森木塞姆、库木吐喇和克孜尔尕哈石窟的塑画题材和布局与克孜尔石窟基本一致，主要表现释迦、弥勒以及本生、因缘和佛传故事，这与龟兹地区盛行小乘佛教有密切关系。大约到公元6世纪以后出现中原地区流行的大乘佛教的千佛等题材，表现了中原佛教文化对西域的影响。

二　高昌石窟

古代高昌地区也分布着不少石窟寺，除吐峪沟石窟外，大多数年代偏晚，如柏孜克里克石窟、雅尔湖石窟等属于唐西州至高昌回鹘时期开凿。

吐峪沟石窟位于吐鲁番鄯善县吐峪沟麻扎村，是古代高昌地区开凿年代最早、规模最大的石窟群。洞窟主要开凿在吐峪沟南段东西两侧的断崖上，分为沟东、沟西两区，约有百余座。其中保存有壁画的洞窟有9座，其他主要属于僧房、禅窟等生活用窟。沟两侧的山坡上还有许多地面佛寺遗址。2010～2011年，中国社会科学院考古研究所等单位对沟东、沟西两区的北部洞窟及窟前遗址进行了发掘清理，新发现了2座有壁画的大型礼拜窟（大像窟和中心柱窟），以及僧房、禅窟等生活用窟[1]。根据发掘成果：石窟的始凿年代上推至公元5世纪，一直延续到唐西州时期（公元7～8世纪）。早期洞窟（公元5～6世

---

[1]　A. 中国社会科学院考古研究所边疆民族考古研究室、吐鲁番学研究院、龟兹研究院：《新疆鄯善县吐峪沟石窟寺遗址》，《考古》2011年第7期；《新疆鄯善县吐峪沟东区北侧石窟发掘简报》，《考古》2012年第1期；《新疆鄯善吐峪沟西区北侧石窟群发掘简报》，《考古》2012年第1期。

B. 吐鲁番文物局曾在斯坦因的基础上，共编号45窟，其中沟西区为第1～25窟，沟东区为第26～45窟（以下简称吐编号）。这套编号只在内部使用，并未对外正式公布。但吐编号和洞窟的实际情况有较大出入，有的洞窟漏编号，有的则误将一窟编为多个窟号。故发掘过程中，对沟东区北部窟群进行了重新编号，共有56个。

纪）集中在沟东、沟西北部。

洞窟形制与组合

洞窟以僧房窟、禅窟等生活用窟为主，礼拜窟较少。后者有大像窟、中心柱窟、方形窟。各类洞窟之间有明显的组合关系。

大像窟

仅新发现的 K18 窟一例（图 8-8），位居沟东区北部窟群最显要位置，是沟东区规模最大的洞窟。其建造方式较为奇特。它是在山的斜坡上垂直向下凿出洞窟地面及中心柱。中心柱以土坯包砌，四面则依山体用土坯垒砌成墙。洞窟平面呈纵长方形，西面开门。窟内围绕着中心柱的左右后三面均为券顶式甬道。中心柱正面原塑一尊大型立像，现残存背光及莲座。中心柱的上面原来还竖立着一座覆钵塔。塔有二层方形基座，基座上的覆钵丘呈球形状，表现了较早的佛塔形制。特别是立像背光上部直接塑在第一层方形基座正面，说明佛塔与中心柱立像，包括背光是统一设计、同时塑造的。这种独特的形制十分罕见。

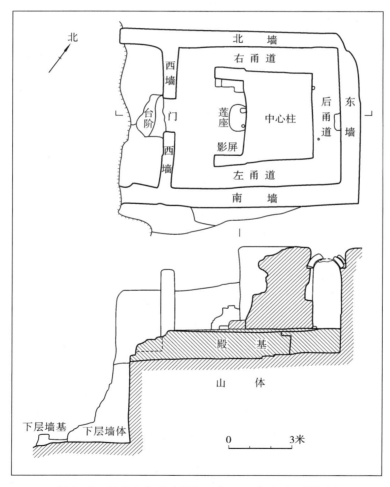

图 8-8　新疆吐鲁番吐峪沟石窟 K18 窟平面、剖视图

中心柱窟

有新发现的沟西区中心柱窟（NK2窟）以及沟东区K27窟（吐编38窟）二例。沟西区中心柱窟是吐峪沟石窟规模最大的洞窟，其建造方式与K18窟相似，只是后甬道直接开凿在山体里面。洞窟前部已毁，中心柱左右后三面为券顶式甬道。左、右甬道中部两侧壁各有一小像龛，后甬道后壁中部及两端各开一像龛。K27窟平面长方形，围绕中心柱四面均为券顶式甬道。正壁微内凹，原有塑像。

方形窟

有K30（吐编40）、K31窟（吐编41）、K50（吐编44窟）。窟顶有穹隆顶（K30、50窟）和覆斗顶（K31窟）。窟内四壁不设龛。K50窟内中心设坛。

僧房窟

一般分主室和门道两部分。门道为方形、券顶，门道后壁有的设一小龛，左壁或右壁设与主室相通的短甬道。主室方形或长方形，券顶，前壁中部开窗。

禅窟

比较典型的有沟东区K32窟（吐编42窟）和K54窟（图8-9）。洞窟平面纵长方形，券顶。窟内后壁开一小禅室，左右壁各两个。K32窟内绘有与净土观有关的壁画题材[1]，疑非原画。

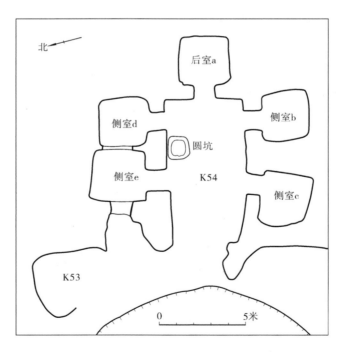

图8-9　新疆吐鲁番吐峪沟石窟K54窟平面图

---

[1]　关于壁画题材及年代的判定，可见〔日〕宫治昭著、贺小萍译的《吐峪沟石窟壁画与禅观》（上海古籍出版社，2009年）。

洞窟组合

沟东和沟西区洞窟均是多层式的组群布局：以礼拜窟为中心，左右上下开凿僧房窟、禅窟及其他生活用窟，功能完备。如沟东区分别以 K18、K27（吐编 38 窟）、K31（吐编 40 窟）、K50（吐编 44 窟）四处礼拜窟为中心的四个组群。礼拜窟居显要位置，通常在地面铺砖或抹白灰，做工讲究。这些现象说明一个组群很可能意味着是一座寺院。

塑画题材与布局

礼拜窟塑画题材各不相同。如 K18 窟中心柱正壁塑大型立佛像，是洞窟内礼拜的中心。左右甬道两壁均为大型的一佛二菩萨立像，其外侧壁虽绘有几尊千佛，但处于边缘位置。甬道后壁一排八身仰首凝望的菩萨像，似可推定与释迦牟尼涅槃图像有关。沟西中心柱窟（NK2 窟）各龛内塑立像，通壁绘成排的大型立佛。K27 窟内三壁中心绘一佛二菩萨说法图，其他满壁绘千佛。窟顶绘成排立佛。K50 窟壁面分上下三段，上段占据壁面大部分面积，左右后三壁中心绘一佛二菩萨说法图，周围绘满千佛。前壁窟门上方绘一交脚弥勒菩萨二菩萨说法图；中段绘本生故事画，每壁有七幅，现存三壁共有 21 幅，可辨认的有毗楞竭梨王本生、忍辱仙人本生、昙摩钳太子本生、慈力王本生、尸毗王本生等；下段为装饰纹带。穹隆顶中心绘莲花、立佛和坐佛。窟顶四角各绘一天王。绘画手法采用龟兹流行的晕染法，使肌体产生凹凸效果的立体感。

吐峪沟早期洞窟，在洞窟形制、塑画题材、绘画手法上，既与龟兹石窟有密切关系，也与于阗地区与甘肃早期石窟关系密切，同时还具有浓郁的地域特色。在洞窟形制方面，如大像窟是龟兹石窟的传统，在克孜尔石窟，公元 4～5 世纪就已流行。吐峪沟 K18 大像窟的发现，虽然在洞窟形制上与龟兹石窟不尽相同，但还是可以清晰地看到，塑造大像的传统是龟兹经高昌、河西走廊传播到大同云冈石窟的。吐峪沟方形窟中的穹隆顶也是龟兹石窟的特色。吐峪沟方形窟还有一种覆斗形窟顶，则与河西早期石窟有关。禅窟的形制也见于敦煌莫高窟（第 268 窟）、酒泉文殊山石窟。在塑画题材方面，成排的大型立佛、一佛二菩萨组合和千佛题材，表现了公元 5 世纪大乘佛教在高昌地区的流行，这与龟兹盛行小乘佛教题材明显不同，而与于阗地区佛寺遗址和河西早期石窟一致。特别是附有汉文榜题的图像更是汉地传统做法，表明吐峪沟石窟受到强烈的汉文化影响。大乘佛教题材的流行或渊源于阗，如一佛二菩萨的组合，《法显传》记载：于阗国"僧众乃数万人，多大乘学。"王室和寺院还组织行像活动，"作四轮像车，高三丈余，状如行殿，七宝庄严，悬缯幡盖，像立车中，二菩萨（胁）侍。[1]"可知用于行像者为一佛二菩萨像。NK2 窟甬道内成排的大型立佛，不见于河西走廊及以东地区，而与和田洛浦县热瓦克佛寺回廊内外壁所塑成排大型立佛像一致；K18 窟南壁佛与左侧菩萨间绘有一身形体很小的佛像，也见于热瓦克佛寺回廊塑像中[2]，可以明显看到来自于阗的影响。这些因素的出现，与高昌特殊的地理位置和历史背景有关。自前凉建兴十五年（公元 327 年）张骏设高昌郡以来，河西民众大量迁入高昌地区，使之成

---

〔1〕 东晋·法显撰，章巽校注：《法显传校注》，上海古籍出版社，1985 年。

〔2〕 ［英］斯坦因撰，巫新华等译：《古代和阗——中国新疆考古发掘的详细报告》第 545 页，图 68，东南墙外侧，大佛之间有小佛像，山东人民出版社，2009 年。

为汉文化向西传播的前哨,同时也是西域文化和中原文化的交汇碰撞之地。吐峪沟石窟曾经出土过西晋元康六年(公元 296 年)《诸佛要集经》等早期佛经,特别是北凉残余政权沮渠安周供养经的出土,可以表明吐峪沟石窟与北凉政权有着密切的关系。吐峪沟出土文书中有鸠摩罗什所译的《法华经》《思益梵天所问经》,文字古拙,说明公元 5 世纪初,鸠摩罗什在长安译出诸经不久,就传到了高昌,这充分反映了高昌与中原佛教的密切关系。所以,吐峪沟石窟既有自身的特点,又表现出河西、龟兹石窟和于阗佛寺的因素。

第三节　中原北方地区佛教石窟寺

中原北方地区是中国石窟寺分布的主要区域,以皇室为主开凿的大型石窟寺成为这一区域石窟寺发展、演变的主流。中原北方地区石窟寺大致可以分为三大期,即十六国北朝前期、北朝中期和北朝晚期。

一　十六国北朝前期

十六国北朝前期大致是指东晋到北魏孝文帝迁都洛阳前(公元 317~494 年)这一段时间。

公元 317 年,西晋灭亡,晋室南渡,北方各少数民族相继崛起,逐鹿于中原北方地区,先后建立了政权。使这一地区长期陷于残酷的战争深渊中。史称"五胡十六国"时期。这一时期除夏赫连勃勃曾有灭佛之举外,其他各少数民族政权都提倡与扶持佛教。如后赵石勒、石虎父子、前秦苻坚、后秦姚兴都重用高僧翻译经典,弘扬佛法。因而,在这个分裂时期佛教仍然得到了长足的发展。据史籍记载:十六国时期河西地区即开始了石窟寺的开凿。如敦煌莫高窟就有前秦建元二年(公元 366 年)沙门乐僔创凿洞窟的记载[1]。虽然这些早期遗迹现已难觅踪迹(图版 26-2)[2],但反映了河西地区石窟寺的开凿有了新的开端。据文献和石窟题记记载:现存十六国时期的石窟寺有甘肃武威天梯山北凉沮渠

---

[1]　参见宿白的《〈李君莫高窟佛龛碑〉三种拓本与两种录文合抄》(《中国石窟研究》,文物出版社,1996 年)第 355~356 页。

[2]　A. 敦煌莫高窟坐落在敦煌市东南 25 公里鸣沙山之东麓。洞窟分为南北两区。由于北区主要是僧人和工匠居住之地,保存塑像和壁画的洞窟很少,所以现有编号 492 个洞窟大多集中在南区,是莫高窟的精华所在。1988~1995 年,敦煌研究院对北区洞窟进行全面发掘,共清理了 243 个洞窟,这样莫高窟实有洞窟 735 个,保存壁画 4.5 万多平方米,彩塑 2400 余尊,唐宋木构窟檐 5 座。

B. 目前学术界公认的莫高窟最早的一组洞窟为第 268、272、275 窟,宿白的《莫高窟现存早期洞窟的年代问题》(《中国石窟寺研究》,文物出版社,1996 年)认为这组洞窟开凿于北魏。敦煌研究所樊锦诗、马世长、关友惠的《敦煌莫高窟北朝洞窟的分期》(《中国石窟·敦煌莫高窟一》,文物出版社,1982 年)一文则认定为北凉时期开凿。贺世哲的《敦煌图像研究——十六国北朝卷》(第 10 页,甘肃教育出版社,2006 年)同意北凉说,并进一步认为:第 268 窟四个小禅室的北凉壁画里面还有一层厚泥皮,上抹白灰,无画,推测为乐僔当年用过的禅窟。

C. 莫高窟比较详细的考察报告,可见伯希和的《敦煌石窟图录》(巴黎格特纳书店,1920~1926 年)、《伯希和敦煌石室笔记》(巴黎格特纳书店,1981~1986 年)以及石璋如的《莫高窟形》("中央研究院历史语言研究所"田野工作报告之三,1996 年)。

蒙逊所凿的凉州石窟〔1〕；永靖炳灵寺西秦时期开凿的石窟〔2〕。

公元 398 年，北魏迁都平城（今山西大同市）。公元 439 年，北魏灭北凉，统一了中原北方地区。在统一战争过程中，各地区大量的人口、财富被聚集到了平城，使其成为中原地区政治、经济、文化和佛教的中心。特别是有开凿石窟寺传统的凉州佛教的输入，使魏都平城的佛教发展到了一个新的阶段。这样为平城石窟寺的开凿奠定了基础。北魏和平初（公元 460 年），文成帝恢复佛法后，在平城之西武州山，由皇室、高僧经营开凿了著名的云冈石窟，开创了中原地区凿窟造像的先河。云冈大型洞窟的开凿一直持续到北魏迁都洛阳。云冈石窟对中原北方地区石窟寺的开凿，无论是洞窟形制，还是造像样式和造像题材都具有很大的影响，因而被学术界称之为"云冈模式"〔3〕。从西面的甘肃敦煌一直到东部的辽宁义县万佛堂都可以追寻到"云冈模式"的踪迹。

属于这一时期的石窟寺集中在河西和平城地区。河西地区有敦煌、天梯山、炳灵寺石窟，还有肃南金塔寺石窟、张掖马蹄寺千佛洞石窟、酒泉文殊山石窟、玉门昌马石窟〔4〕。另外

---

〔1〕 天梯山石窟，也称凉州石窟，开凿于武威城南 50 公里的黄羊川东侧山崖上。属于北凉时期的洞窟有第 1、4、16、17、18 窟。根据唐·道宣《集神州三宝感通录》卷中记载："凉州石崖塑瑞像者。昔沮渠蒙逊以晋安帝隆安元年（公元 397 年）据有凉土三十余载，陇西五凉，斯最久盛。专崇福业，以国城寺塔，修非永固，古来帝宫，终逢煨烬，若依立之，效犹斯及。又用金宝，终被毁盗，乃顾眄山宇，可以终天，于州南百里，连崖绵亘，就而斫窟，安设尊仪，或石或塑，千变万化。"（高楠顺次郎等编修：《大正藏》卷五二，第 417～418 页，日本大正一切经刊行会，1934 年）。可以推测洞窟开窟年代约在北凉迁都姑藏后的沮渠蒙逊时期（公元 412～433 年）。1958 年，因在天梯山西侧修建黄羊河水库，故由敦煌文物研究所和甘肃省博物馆对石窟内塑像和壁画进行了搬迁工作和清理工作，发现了第 1、4 窟北凉时期菩萨、莲花化生、忍冬纹带等壁画，见敦煌研究院、甘肃省博物馆所著《武威天梯山石窟》（文物出版社，2000 年）。

〔2〕 炳灵寺属于西秦时期开凿的有第 1 龛和第 169 窟。第 169 窟为天然洞穴，现有编号 24 龛（包括塑像和壁画），其中第 6 龛有西秦建弘元年（公元 420 年）发愿文。该龛有无量寿佛、观世音菩萨、大势至菩萨三尊塑像。龛左则绘有弥勒菩萨立像、十方佛和释迦牟尼立佛等壁画，发愿文在立佛左侧。见董玉祥主编的《炳灵寺一六九窟》（海天出版社，1994 年）图八，169 窟 6 龛立面及其展开图。有学者认为"建弘元年"为"建弘五年"之误，见于如福山敏男的《炳灵寺石窟的西秦造像铭について》（《美术研究》第 276 号，1971 年）、王惠民的《炳灵寺建弘纪年应为建弘五年》（《敦煌研究》1998 年第 3 期）。但不管怎样，该题记无疑是唯一的十六国时期的造像铭文，具有重要的学术意义。第 169 窟西秦塑像和壁画是研究甘肃早期石窟寺的一个重要标尺。

〔3〕 宿白：《平城实力的集聚和"云冈模式"的形成与发展》，《中国石窟·云冈石窟一》，文物出版社，1991 年。

〔4〕 A. 甘肃省文物工作队：《马蹄寺、文殊山、昌马诸石窟调查简报》，《文物》1965 年第 3 期。

　　 B. 史岩：《甘肃酒泉文殊山的石窟寺院遗迹》，《文物参考资料》1956 年第 7 期。

　　 C. 甘肃省文物考古研究所：《河西石窟》，文物出版社，1987 年。

　　 D. 马蹄寺石窟和金塔寺石窟现统称为马蹄寺石窟群。马蹄寺位于甘肃肃南裕固族自治县大都麻乡的马蹄河西岸。同时窟群还包括千佛洞、北寺、南寺和上中下观音洞七个地点。金塔寺石窟位于张掖之南约 60 公里的肃南裕固族自治县境内临松山，只有 2 个中心柱洞窟，称为东窟和西窟。文殊山石窟位于酒泉城西南 26 公里的肃南县祁公乡政府附近，分前山区和后山区两个部分，共有 8 个中心柱窟以及禅窟等早期洞窟。昌马石窟位于玉门东南 90 公里祁连山境内，其中

还有甘肃天水麦积山石窟[5]。平城地区主要有大同云冈石窟[6]、鹿野苑石窟[7]和张家口下花园石窟[8]。这些早期石窟的主要特征可见表8-1。

根据表8-1所示各石窟的基本特征，以有明确开凿年代可考的洞窟为标尺，可以将上述十六国北朝前期石窟寺分为三个阶段。

第一阶段：5世纪前期

主要地点有武威天梯山，即北凉沮渠蒙逊所凿的凉州石窟（公元412～433年）。永靖炳灵寺第169窟为西秦建弘元年（公元420年）始建[9]。

从表8-1中可以看到：天梯山洞窟形制主要以中心柱窟为主。中心柱为二层或三层，四面开龛，如第1、4、18窟。其中第18窟年代最早，规模最大，很可能就是北凉沮渠蒙逊所凿之窟（图8-10）。第18窟具前后室。前室较后室宽，平面横长方形，前壁辟三个窟门，顶部作人字披。后室平面方形，覆斗顶，中心柱三层塔式，每层均上大下小，四面开列龛。其次为大像窟，如第15、16窟，由于该石窟破坏严重，形制不清。以第15窟为例，正壁有一石胎泥塑残高3.4米的大型立佛像[10]。这种形制的大像窟与新疆地区石窟寺的大像窟是不同的。天梯山石窟的塑像保存不好，从第18窟中心柱列龛内剥落出来的

下窟有窟龛11个。保存较好的有第2、4窟2个中心柱窟。

[5]　A. 麦积山石窟位于天水北道区东南30公里处，洞窟开凿于朝阳的弧形崖面峭壁上。因崖面中部岩体崩塌，故现存洞窟分布于崖面的东、西两面上，共计编号窟龛194个。

　　B. 早期洞窟集中在西崖，主要有第74、78、90、51、165、76、169、69、100、128、148等窟。其中第74、78窟是学术界公认的最早一组洞窟。关于早期洞窟的开凿年代，学术界尚有分歧。1953年，中央文化部麦积山勘察团所作《麦积山石窟内容总录》（《文物参考资料》1954年第2～6期）定为北魏。天水麦积山石窟艺术研究所编撰的《麦积山石窟内容总录》是在前者的基础上整理而成，仍然沿袭北魏说（《中国石窟·天水麦积山》，文物出版社，1998年）。但也有主张为十六国时期姚秦至西秦，如金维诺的《麦积山石窟的兴建及其艺术成就》（《中国石窟·天水麦积山》，文物出版社，1998年）、董玉祥的《麦积山石窟的分期》（《文物》1983年第6期）、张学荣的《麦积山石窟的创建年代》（《文物》1983年第6期）。

[6]　云冈石窟详细考古报告，可见水野清一、长广敏雄的《云冈石窟——西历五世纪における中国北部分窟院の考古学的调查报告》（日本写真印刷株式会社，1951～1956年）16卷本。

[7]　鹿野苑石窟位于大同西北10公里小石寺村大沙沟北，由1个礼佛窟和10个小禅窟构成。1987年，云冈石窟保管所进行了调查和清理。见李治国、刘建军的《北魏平城鹿野苑石窟调查记》（《中国石窟·云冈石窟一》，文物出版社，1991年）。刘建军的《鹿野苑石窟调查报告——关于新发现禅窟的问题》（《石窟寺研究》第一辑，文物出版社，2010年）。

[8]　下花园石窟位于河北张家口东南50公里下花园，仅有1个洞窟，见刘建华的《河北张家口下花园石窟》（《文物》1998年第7期）。

[9]　常青《炳灵寺169窟塑像与壁画年代》（《考古学研究》一，文物出版社，1992年）从第169窟壁画打破关系等因素分析，部分塑像和壁画略早于建弘元年（公元420年）。

[10]　A. 敦煌研究院、甘肃省博物馆：《武威天梯山石窟》图四八，第15窟平面及立面图，文物出版社，2000年。

　　B. 位于第18窟上方的第17窟规模宏大，也怀疑为大像窟，但1927年毁于地震，正壁塑像情况不清。

表 8 - 1　　　　　　　　　　　十六国北朝前期主要石窟特征

名称	洞窟形制	造像题材	造像特点	窟龛编号
天梯山石窟	以中心柱窟为主,大型洞窟如第 18 窟,具前后室,前室平面横长方形,有三个窟门,顶作人字披。后室平面方形,覆斗顶,中心柱作多层塔式,四面开龛。每层均为上大下小,成倒梯形。小窟则无前室,大像残破严重,形制不清。后壁雕立佛像,如第 15 窟	释迦立佛。中心柱四壁四佛	石胎泥塑,立佛风化严重,形象不清,第 18 窟中心柱佛内坐佛头毁,双肩较宽,着通肩袈裟。第 4 窟剥离出的壁画菩萨,头束髻,面相浑圆,眼大,唇厚,身躯粗壮,姿态优美	第 18、1、4、15 窟
炳灵寺石窟	第 169 窟系天然洞穴。第 1 窟为敞口大龛	无量寿、观世音、大势至。释迦多宝、三佛、释迦、立佛较多	佛像着通肩或袒右式袈裟。右肩有偏衫。菩萨头束高发髻,发髻垂肩,上身斜披络腋,下身着裙。塑像和壁画均面相浑圆,双肩宽厚,身体健壮	第 1、169 窟
金塔寺石窟	仅东窟、西窟两个,均为中心柱窟。平面方形,覆斗顶,中心柱作方柱式,上下三层四面开龛。东窟下层每面一龛,中层各三龛,上层无龛。各窟前部分毁。东窟开普睿造年早于西窟	中心柱窟四佛,如东西窟下层龛。中层作交脚佛、思惟菩萨及释迦造像	塑像保存较好,佛像着袒右或通肩袈裟,左肩外均有袈裟衣边。菩萨头束宽发髻或戴冠,上身袒露或披络腋,下着裙。塑像均面相浑圆,双肩宽厚,身体粗壮	
马蹄寺石窟	马蹄寺第 2 窟与金塔寺相同。第 1 窟有前室作人字披顶。后室中心柱正面开大像龛。左右后三壁作券顶式甬顶。中心柱不分层	释迦立佛,中心柱四壁四佛	佛像着袒右或通肩袈裟,左肩外均有袈裟衣边。面相浑圆,身躯粗壮	第 1、2 窟
文殊山石窟	以中心柱窟为主,平面均为方形,窟顶及甬道顶均作券顶式。中心柱分上下二层,四面各开一圆拱龛。有的窟顶绘作斗式平棊。禅窟有一例,平面纵长方形,券顶,窟有一个方形小禅室	中心柱四壁四坐佛,前山千佛洞前壁上绘壁画,分段布局,前山千佛洞前壁上绘凹凸平台、中千佛、下立佛及装饰纹带。右壁(一铺一佛二菩萨)说法图。后山古佛洞中心柱上部有天宫伎乐	塑像头部均毁,佛像身着通肩袈裟,左肩外有袈裟衣边,衣纹双阴线刻,作田相格,身体略为粗壮。菩萨发髻垂肩,上身着组,裙腰显翻。壁画和菩萨均显粗壮	前山千佛洞,后山古佛洞等

名称	洞窟形制	造像题材	造像特点	龛窟编号
昌马石窟	有中心柱窟 2 个，均平面方形，券顶。中心柱分上下二层四面开龛	中心柱四壁四佛	佛像面相浑圆，身着通肩袈裟，左肩外有袈裟衣边，衣纹阴线刻。身体略显粗壮。菩萨发辫垂肩，上身着袒，下身着裙，裙腰外翻。佛、菩萨特点与炳灵山塑像一致	
麦积山石窟	均为方平顶窟。最早洞窟如第 74、78 窟，窟内三壁前设高坛基，其上塑像。后壁上部两侧各开一小龛，稍晚出现正壁设坛，左右壁各一龛的三壁二龛窟，如第 100 窟	以三佛题材为主。其次为交脚弥勒菩萨。第 74、78 窟后壁二小龛内分别塑交脚菩萨和半跏菩萨。稍晚的洞窟出现释迦多宝	佛像水波纹发髻，面相浑圆，眼大鼻直，双肩宽厚，身体健壮。身着袒右式袈裟，左肩有袈裟衣边，衣边均有折带纹。菩萨像头戴冠，发辫垂肩，宽肩，上身斜披络腋，下身着裙	第 74、78 窟等
敦煌莫高窟	一期洞窟形制各不相同，第 268 窟禅窟（以第 268 窟为主室，第 267、269～271 窟为小禅房，分列于主室左右壁。第 275 窟为纵长方形，纵向人字披顶。第 272 窟为穹窿顶。各窟均使用泥塑仿木建筑形式。二期洞窟（第 259、254、257 窟）均为平面纵长方形，前室人字坡，后室平顶，窟内均塑出仿木建筑形式。中心柱四壁有敦煌特有的阙形和双树形龛	第 268 窟交脚佛、第 272 窟倚坐佛。第 275 窟交脚勒菩萨。壁画二段布局，如第 272 窟上天宫伎乐，中平及说法图，下装饰纹样。第 275 窟上列天宫，中段为本生故事，下供养人。二期有交脚佛和菩萨、倚坐佛，窟内壁画基本相同。中段有佛传、因缘、本生故事	佛像着袒右或通肩袈裟，左肩外均有袈裟衣边，面相浑圆，身体粗壮。菩萨头戴冠，发辫垂肩，宽肩，上身斜披络腋，下身着裙。壁画中佛、菩萨形象基本上同塑像，人物的面部和身体裸露部分采用西域流行的晕染法	敦煌第一、二期洞窟[1]

[1] 樊锦诗、马世长、关友惠所撰《敦煌莫高窟北朝洞窟的分期》（《中国石窟·敦煌莫高窟一》，文物出版社，1982 年）将北朝洞窟分为四期。第一期洞窟年代定为北凉统治敦煌时期（公元 421～439 年），第二期洞窟有第 259、254、257、251、263、260 窟 6 个窟，第 487、265 窟也属本期，但经后代重修、改绘。年代定为北魏中期（公元 460～500 年）。但从壁画所反映的时代特点看，个别洞窟的年代可能定得偏早，如第 251 前室壁画说法图中，菩萨像出现披巾交叉穿璧的新样式（《中国石窟·敦煌莫高窟一》图版 48；第 263 窟前室壁画说法图中，菩萨双肩敷搭的披巾垂于腹部打结的做法（《中国石窟·敦煌莫高窟一》图版 54）。这些新样式的传入与中原有关，考虑到敦煌距离都城遥远，新样式都城统治的传入往往需要一定的时间。因此，第 251、263、260 窟似可归入到该窟第三期（东阳王元荣一家统治敦煌时期北魏孝昌元年以后至西魏大统十一年（公元 525～545 年）间，或许更合理些。

名称	洞窟形制	造像题材	造像特点	龛窟编号
云冈石窟	一期显曜五窟均平面马蹄形、穹隆顶。主像占据大部分空间。二期多成组双窟。主像组成组双窟有前后室，窟口常有明窗。二期分双窟一般具有前后室，有的两窟间有丰碑，窟外崖面有仿木式窟檐。有的前室雕立柱，并雕多宝石塔。窟内大都为长方形，壁面分层布龛。大像窟、大像窟均为穹隆顶、窟后常有隧道式礼拜道，中心柱窟一般为二或三层楼阁式塔	一期三佛。其中第17窟以交脚弥勒为主尊，余以释迦为主。二期三佛题材继续流行，释迦多宝、二期三佛题材较多。释迦多宝、但变化形式多。释迦多宝、交脚佛、倚坐佛、交脚佛、因缘，维摩文殊、倚坐佛、交脚流行。另外佛传、因缘、萨比较流行。另外佛传、因缘、本生故事亦大量出现	一期佛像面相浑圆、短颈、双肩宽窄、身体雄健。身着粗右或通肩袈裟、衣纹厚重、有分叉式的衣纹。二期面相服饰与一期大体相同。流行阶梯式衣纹。新出现褒衣博带式袈裟。菩萨像均头戴宝冠，颈下饰双蛇装饰，上身斜披络披服。下身着裙，身体粗壮	第 1 ～ 3 窟，第 5 ～ 20 窟
鹿野苑石窟	主窟（第6窟）与显曜五窟相同，平面马蹄形、穹隆顶。主像占据大部分空间。主窟两侧有平面方形的小型禅窟	释迦坐佛，一佛二菩萨	形象同云冈第一期	第 1 ～ 11 窟
下花园石窟	仅1个洞窟，平面横长方形，窟顶略起，正壁开一大龛，龛上方为天宫伎乐，伎乐左右各一小龛，内雕交脚和思惟菩萨像	一佛二菩萨，窟门上方小龛内为释迦多宝	水波纹发髻，身体粗壮，服饰风化不清。菩萨已毁	

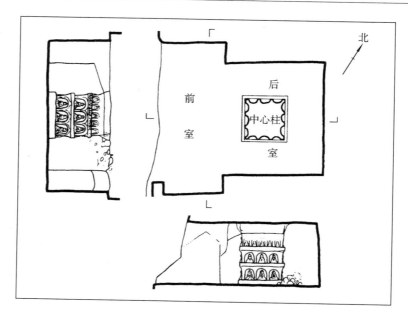

图 8-10　甘肃武威天梯山石窟第 18 窟平面、剖视图

北凉塑像看，佛像身着通肩袈裟，身体略显粗壮[1]。第 4 窟的壁画菩萨像比较特殊，头束髻，发辫长垂于肩，面相浑圆，眼睛大，上身袒露，下身着裙，身体有明显的动态[2]。这种样式与同时期的炳灵寺第 169 窟佛、菩萨不同。炳灵寺第 169 窟为天然洞穴，造像为泥塑或石胎泥塑，佛像样式以第 6 龛（即建弘元年龛）为例，佛面相浑圆，长耳垂肩，眼大，双肩宽厚，身体尤显雄壮，身着袒右式袈裟，右肩有偏衫衣角（图 8-11）。菩萨像造像题材主要有无量寿、观世音、大势至菩萨的西方三圣。表现《法华经》题材的释迦、释迦多宝，此外还有维摩诘、三佛、五佛、七佛、十方佛等。另外壁画中还有"阿育王施土因缘"[3]。这种造像样式和题材与凉州石窟是有差别的。北凉佛教重视禅观，而末法思想在凉州也极为流行[4]。

---

[1]　第 18 窟中心柱诸龛塑像曾经明代重粧，1959 年搬迁天梯山塑像和壁画时，第 18 窟塑像并没有随之搬迁。经过数十年的风吹雨淋，龛内北凉原塑佛像已经暴露出来。

[2]　敦煌研究院、甘肃省博物馆：《武威天梯山石窟》彩版五一，文物出版社，2000 年。

[3]　甘肃省文物工作队、炳灵寺文物保管所：《中国石窟·炳灵寺石窟》，文物出版社，1989 年。

[4]　凉州末法思想的流行与大乘佛教经典《大般涅槃经》在凉州传译以及社会动荡不安的历史背景密切相关。《高僧传·昙无谶传》（中华书局，1992 年）记昙无谶译《涅槃经》始末："河西王沮渠蒙逊僭据凉土，自称为王，闻谶名，呼与相见，接待甚厚。蒙逊素奉大法，志在弘通，欲请出经本。……以伪玄始三年（公元 414 年）初就翻译，至玄始十年（公元 421 年）十月二十三日方竟。"该经除宣扬大乘佛性学说外，另一重要内容即是末法思想。《出三藏记集》（苏晋仁、苏錬之校点本，中华书局，1995 年）卷八著录参与译经的凉州沙门道朗所撰《大涅槃经序》云："佛涅槃后初四十年，此经于阎浮提宣通流布，大明于世。四十年后隐没于地，至正法欲灭，余八十年，乃得行世。……至于千载像教之末，虽有此经，人情薄淡，无心敬信。遂使群邪竞辩，旷塞玄路，当知遗法将灭之相。"王毅《北凉石塔》（《文物资料丛刊》1，文物出版社，1977 年）所载北凉石塔的发愿

故凉州造像题材主要是表现佛法传承的七佛、释迦佛[5]。因此，炳灵寺石窟可能有来自长安造像因素[6]，特别是炳灵寺最流行的无量寿净土题材与长安有着密切的关系[7]。从壁画的技法看：有西域流行的晕染法和中原式不晕染两种。这表明炳灵寺石窟在受中原影响的同时，也受到西域佛教文化和绘画的影响。

上述十六国时期的洞窟形制、造像样式及塑画题材，都对北魏云冈时期的石窟寺有较大影响。

第二阶段：5 世纪中期

属于本期的主要有云冈第一期洞窟，即第 16～20 窟（图 8 - 12）。开凿年代在北魏和平初至和平五年（公元 460～464 年）[8]。北魏太武帝灭北凉后，河西石窟寺的开凿处于沉寂阶段。北魏文成帝复法后，凉州禅僧昙曜奉

图 8 - 11　甘肃永靖炳灵寺石窟
第 169 窟第 6 龛坐佛立面图

文中也有述及末法思想的内容，如程段儿塔云："程段儿自惟薄福，生值末世"。正是出于对这种末法危机的担忧和恐惧，沮渠蒙逊"以国城寺塔，修非永固，古来帝宫，终逢煨烬，若依立之，效犹斯及"。（唐·道宣撰《集神州三宝感通录》卷中《大正藏》卷五二第 417～418 页，日本大正一切经刊行会，1934 年）而在州南百里开凿了凉州石窟。

[5] 北凉石塔现存有 14 座，造像题材为七佛（过去六佛、现在释迦佛）和弥勒菩萨，表现了过去现在未来三世。见王毅的《北凉石塔》（《文物资料丛刊》1，文物出版社，1977 年）、殷光明的《北凉石塔研究》（台湾觉风佛教艺术文化基金会，2000 年）。

[6] 常青：《炳灵寺 169 窟塑像与壁画的年代》，《考古学研究》一，文物出版社，1992 年。

[7] 十六国姚秦时期（公元 384～417 年）长安是中原北方地区佛教中心之一。鸠摩罗什及其弟子在长安译经弘法。梁·慧皎《高僧传·鸠摩罗什传》（中华书局，1992 年）记载，罗什于姚秦弘始三年（公元 401 年）十二月二十日到达长安，姚兴待于国师之礼，主持译经事宜。弘始四年（公元 402 年）二月八日出《无量寿经》一卷，同年出《弥勒成佛经》一卷（隋·费长房《历代三宝记》卷八，《大正藏》卷四九，第 78 页，日本大正一切经刊行会，1934 年）。罗什弟子信仰西方净土者甚多，如《高僧传·释昙鉴传》记载："（鉴）常愿生安养，瞻觐弥陀。"《高僧传·僧睿传》记载："（僧叡）弘赞经法，常回此诸业，愿生安养。"这些都反映了长安地区净土信仰的流行。当然，江南无量寿佛的信仰也十分流行，造无量寿佛像的记载很多。而南朝与西秦之交往，可以通过河南道，即经益州到达西秦。如《高僧传·昙无竭传》记载：宋永初元年（公元 420 年）昙无竭、智猛等西行求法时，路由河南国（即西秦）。但西秦净土信仰是否与南朝有关，还缺少足够的证据。

[8] 关于云冈石窟的分期，可见宿白的《云冈石窟分期试论》（《考古学报》1978 年第 1 期）。文中将第一期年代定为北魏和平元年至五年，即公元 460～465 年；第二期定为文成帝以后至孝文帝迁都洛阳前，即公元 465～494 年；第三期为孝文帝迁洛后至正光五年，即公元 494～524 年。

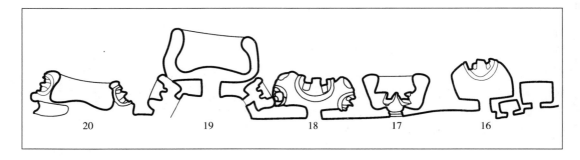

图 8-12　山西大同云冈石窟第 16～20 窟平面图

敕于平城之西武州山开凿"昙曜五窟"（第 16～20 窟）。它的开凿次第大概为第 19、20、18、17 和 16 窟，窟内主像是"令如帝身"的模拟像[1]。由于这种特殊的政治原因，洞窟形制和造像样式都别具特色。洞窟均为大像窟，平面马蹄形，穹隆顶。窟内正壁主像形体高大雄伟，身体健壮，占据大部分空间。造像题材均为三世佛。其中第 17 窟以交脚弥勒菩萨为主尊（图 8-13），余均以释迦为主尊。造像样式佛身着通肩袈裟和袒右式袈裟，右肩覆偏衫衣角。以造像服饰论，云冈既有中亚犍陀罗造像的风格的影响，如第 20 窟主尊衣纹分叉和厚重的服饰；也有印度笈多时期秣陀罗造像样式的因素，如第 18 窟主尊衣纹单薄贴体的服饰（图版 25-1）。这种造像样式与第一阶段甘肃早期石窟中造像亦大体相同。尤其是炳灵寺第 169 窟的塑像，与云冈第一期造像更为相似，因此，云冈一期造像有可能有西部长安造像样式的因素。云冈开凿大像窟的观念也可能与新疆古龟兹地区、高昌以及河西凉州石窟的大像窟有一定的关联，但穹隆式的洞窟形制与龟兹、高昌和河西走廊大像窟完全不同。由于"昙曜五窟"是为北魏皇帝雕造的，正壁主尊造像象征着北魏皇帝，由此看来，大像窟更像古代游牧民族常用的穹庐形式，以表示拓跋鲜卑民族的特性。

属于同时期的还有鹿野苑石窟，该石

图 8-13　山西大同云冈石窟第 17 窟
交脚弥勒像立面图

---

[1]　许多学者根据《魏书·释老志》文成帝"诏有司为石像，令如帝身"的记载，推测昙曜五窟佛像有可能仿效北魏皇帝的形象。如宿白《平城实力的集聚和"云冈模式"的形成与发展》（《中国石窟·云冈石窟一》，文物出版社，1991 年）认为：云冈早期佛像"沿着西方旧有佛像服饰的外观，摹拟当今天子之容颜风貌，正是一种新型的佛像融合"。

窟仅 1 大像窟，洞窟形制沿袭"昙曜五窟"。平面马蹄形，穹隆顶。窟内主尊占据大部分空间。造像组合为一佛二菩萨，窟门外两侧各雕一力士像。在主窟左右侧各开凿有成组（左右各 5 个）的方形穹隆顶小禅窟，构成礼拜窟与禅窟相结合的新的组合形式。这种洞窟组合不见于云冈石窟，它的出现与北魏献文帝在鹿野苑坐禅行道有密切关系。据文献记载：北魏皇兴四年（公元 470 年）或稍早，石窟即已开凿[1]。鹿野苑石窟主窟佛像袒右式袈裟的衣纹厚重，呈突起分叉式，这是云冈第 20 窟佛像衣纹的延续。

第三阶段：5 世纪后期

主要有云冈第二期洞窟、麦积山[2]、敦煌莫高窟、金塔寺等早期洞窟。第三阶段石窟以云冈石窟开凿规模最大，对中原北方地区其他石窟的影响亦最大。云冈第二期洞窟与第一期相比已有明显的变化。如果说第一期尚保留较多的西方造像样式的话，第二期石窟则进一步汉化了。

洞窟形制和组合

这一时期的洞窟形制呈多样化。主要有中心柱窟、马蹄形窟、方形和横长方形窟、三壁二龛窟以及禅窟。成组的双窟和模拟地面寺院建筑样式洞窟是云冈第二期洞窟最显著的标志，如第 7、8 窟，第 9、10 窟，第 5、6 窟，第 1、2 窟，都属双窟之制（图 8-14）。洞窟雕刻日趋富丽，壁面流行分层分段附有榜题的汉式做法。壁面上部一般雕天宫伎乐。双窟制的出现是与北魏冯太后曾两度临朝称制，朝野权贵多并称冯太后和孝文帝为"二圣"的历史背景有关[3]。双窟的表现形式多样，第 7～10 窟之间分别凿有圆拱形通道，构通两窟。第 5、6 窟，第 7、8 窟均有双塔和丰碑，第 9、10 窟仅有双塔，但这组双窟和第 12 窟均在窟外凿成仿木建筑样式，窟内顶部大都雕成平棊式。双塔、仿木建筑及窟顶形制应是模拟地面寺院建置和建筑而产生的[4]。麦积山诸窟，如第 74、78 窟两窟东西相邻，规模、形制和题材完全一致，应属于一组双窟。略晚于第 74、78 窟的第 169、69 龛

---

[1] A. 李治国、刘建军：《北魏平城鹿野苑石窟调查记》图 1、2，《中国石窟·云冈石窟一》第 212～215 页，文物出版社，1991 年。

    B. 刘建军：《鹿野苑石窟调查报告——关于新发现禅窟的问题》，《石窟寺研究》第一辑，文物出版社，2010 年。

    C. 此石窟为北魏献文帝习禅之所。据《魏书·显祖纪》记载："（皇兴）四年（公元 470 年）十有二月甲辰，幸鹿野苑石窟寺。"可知，鹿野苑石窟为献文帝时期所开凿，皇兴四年（公元 470 年）大概是最后完工的年代。

[2] 在第三阶段中，麦积山第 74、78、155 等窟的年代或略早些。如第 78 窟佛坛供养人题记有"仇池镇……供养十方佛时"。按仇池设镇始于北魏太平真君七年（公元 446 年），加之太武帝灭法，故其开凿年代不会早于文成帝下诏恢复佛法之年（公元 452 年）。其三佛二菩萨题材与云冈昙曜五窟相同，似受到云冈的影响。这样在年代序列上应接近于云冈第一期，相当于云冈第二期稍早阶段。

[3] 如《魏书·高闾传》记载，深受文明太后器重的高闾曾上表称："二圣钦明文思，道冠百代。"《魏书·李彪传》记载，李彪上表曰："今二圣躬行俭素，诏令殷勤。"

[4] 双塔之制或受南朝影响，《高僧传·慧达传》（中华书局，1992 年）记载：东晋京师长干寺建有双塔。《南齐书·虞愿传》记载：宋孝武帝在湘宫寺建双塔，各五层。

图 8-14　山西大同云冈石窟第 1～3、5～10 双窟平面图

亦东西相邻，两龛毗邻的龛梁尾端龙首交缠在一起，则更加显著地表现出双龛的特点[1]。很显然，麦积山的双窟（龛）之制应受到了来自云冈石窟的影响。

中心柱窟

为第三阶段各石窟中的主要窟形。云冈第二期有第 11、6、1、2 窟。中心柱作方形，二层或三层楼阁塔式（图 8-15）。其形制明显承袭了第一阶段凉州石窟的中心柱窟。壁面布局流行分层分段附有榜题的汉式做法。河西地区的中心柱窟延续时间较长，一直是各石窟寺的主要窟形，如金塔寺、马蹄寺、文殊山和昌马诸窟均属此类[2]。金塔寺和马蹄寺在洞窟形制上基本上承袭了凉州石窟。洞窟平面方形，覆斗顶，中心柱亦是三层，与天梯山石窟一致。金塔寺两窟的前室均已毁，形制不清。马蹄寺第 1 窟残留部分前室，顶作人字披形，与天梯山第 18 窟一致。敦煌莫高窟的中心柱窟出现于第二期，如第 259、257、254 窟前室都有人字披，人字披浮塑仿木结构的梁椽。中心柱一般正壁开一龛，其他三面均开二层龛。这种人字披顶的前室，也应是天梯山第 18 窟形制的延续，并且在敦煌石窟

---

〔1〕　A. 天水麦积山石窟艺术研究所：《中国石窟·天水麦积山》第 248 页，第 169、69 龛实测图，文物出版社，1998 年。

　　　B. 另外位于第 74 窟西侧的第 70、71 窟也为一组小型双龛。形制大小相同，均平面横长方形、平顶。龛内均塑一佛二菩萨像。

〔2〕　张宝玺：《河西北朝中心柱窟》，《1987 年敦煌石窟研究国际讨论会文集·石窟考古》，辽宁美术出版社，1990 年。

图 8-15　山西大同云冈石窟第 6 窟中心塔柱东侧立面图

中北朝洞窟中广泛使用，因此，可以说莫高窟中心柱窟是从凉州石窟模式一脉相承发展下来的[1]。文殊山和昌马诸窟中心柱形制虽有较多凉州石窟的因素，如中心柱体每层均上大下小，呈梯形的做法与天梯山诸窟相同。但中心柱左右后三壁甬道都作券顶式，则不见于凉州其他石窟和东部地区石窟寺，而与新疆古龟兹地区的石窟，如克孜尔同类洞窟类似。尤其是马蹄寺第1窟中心柱仅正壁开一龛，内雕大立佛，左右后三壁甬道低于前室的做法与克孜尔大像窟十分相似，也与吐鲁番吐峪沟沟东区K18大像窟相似[2]；正壁一龛制则与克孜尔中心柱窟相似。文殊山后山古佛洞券形窟顶绘出斗四平棊，其做法与新疆克孜尔、森木塞姆等石窟窟顶样式相似。因此，可以看出古龟兹地区石窟对河西走廊石窟的影响。麦积山石窟较为特殊，并无中心柱窟。

　　马蹄形窟

　　仅见于云冈石窟第13、5窟，均为穹隆顶。窟内正壁雕造大佛像。这种窟形是云冈一期昙曜五窟形制的延续。第5窟大像背后开凿有隧道式的礼拜道，这种礼拜道与新疆地区的大像窟是有一定的渊源关系。其他石窟寺则不见此类窟形。

　　方形和横长方形窟

　　在云冈比较多见，如第7、8、9、10、12等窟。均为大型洞窟，具前后室，第7、8窟前室顶毁。后室平面横长方形，平棊顶。正壁凿上下二层龛，左右壁和前壁则为多层小龛。第9、10、12窟外观均为仿木式窟檐建筑。窟前雕八角立柱，上承斗栱、额枋及庑殿顶（图8-16）。前室平面横长方形，平棊顶。后壁开窟门与明窗。后室平面横长方形或近方形。第9、10窟后室顶部略隆起，室内正壁雕大像。大像背后凿有隧道式礼拜道，与云冈第5窟一致。左右壁雕胁侍菩萨像，前壁分层开龛。麦积山诸窟均属方形洞窟，如第74、78窟是麦积山现存最早的一组双窟。均敞口（或称为龛），平面圆角方形，平顶。窟内三壁前设高坛基，正壁上方左右各开一小龛，窟内三壁所塑三尊佛像形体较大，占据大部分空间，与"昙曜五窟"较为接近，尤其是正壁两侧各雕一胁侍菩萨像的做法与云冈第18窟相同。开凿年代约与云冈第二期前段（即第7、8窟）相当的下花园石窟为正壁一龛制，正壁上部与麦积山诸窟相同，开二小龛，另有一列天宫伎乐小龛。开凿年代约相当于云冈第二期之初的敦煌最早一组洞窟第275、272、268窟[3]，洞窟形制各不相同，其中第275窟为纵长方形，纵向人字披顶。这种窟形在敦煌仅此一例。第272窟为穹隆顶。各窟均使用泥塑仿木建筑形式。

---

〔1〕　关于凉州模式的论述，可见宿白的《凉州石窟遗迹和"凉州模式"》（《考古学报》1986年第4期）。

〔2〕　如K18大像窟中心柱正壁微微内凹，通壁塑出背光，前为立佛。中心柱左右后三壁不开龛的做法，二者是一致的。由此可以清晰地看出：大像窟形制从龟兹经高昌到河西走廊这一传播路线。见中国社会科学院考古研究所边疆民族考古研究室、吐鲁番学研究院、龟兹研究院所撰《新疆吐鲁番鄯善县吐峪沟石窟寺遗址》（《考古》2011年第7期）、《新疆鄯善县吐峪沟东区北侧石窟发掘简报》（《考古》2012年第1期）。

〔3〕　宿白的《敦煌莫高窟早期洞窟杂考》（《中国石窟寺研究》，文物出版社，1996年）与敦煌研究所的观点不同，认为：这组洞窟包括第251、259窟"不会早于云冈第一期，而是接近第二期之初"。

图 8-16　山西大同云冈石窟第 9 窟前壁立面图

三壁二龛窟

　　仅见于麦积山第 100、128、148 窟等[1]。平面方形、平顶。正壁设坛，坛上塑主尊佛像，左右壁各开一龛。

禅窟

　　主室附有小禅房的洞窟共有三例。如敦煌第 268 窟，以第 268 窟为主室，主室左右壁

　　　　　　　　　　　　　　　　　　　　　　　　　　　　　　　　　　　

[1]　天水麦积山石窟艺术研究所：《中国石窟·天水麦积山》第 247 页，第 128 窟实测图，文物出版社，1998 年。

各凿 2 个小禅室，即第 267 窟，第 269～271 窟。主室纵长方形，平顶。窟顶绘套斗式平棊，后壁设佛坛。酒泉文殊山后山区也有一例，未编号，洞窟平面纵长方形，券顶，左右壁各四个小禅室，后壁二个小禅室。禅窟结构与敦煌第 268 窟相似。此外敦煌第二期的第 487 窟亦可能属于同时期的洞窟。该窟为平面方形，前部人字披，浮塑椽枋。后部平顶，左右壁各有四个小禅室。这是第二阶段唯一的禅窟。这种形制的禅窟不见于中原其他地区，其来源可以追溯到印度的僧房窟。

造像题材

本阶段三世佛和交脚弥勒题材较为常见，如云冈第 9、10、5 窟、麦积山第 74、78、100、128 诸窟主尊均为三世佛，其中第 74、78 窟正壁两侧为二胁侍菩萨像。云冈第 13 窟、麦积山第 69 龛主尊为交脚弥勒菩萨。敦煌最早一组洞窟第 275 窟为交脚弥勒菩萨，第 268 窟为交脚佛，第 272 窟为倚坐佛，可能为三弥勒组合。表明敦煌早期弥勒信仰很流行。云冈双窟主尊组合为释迦与交脚弥勒、或释迦多宝与交脚弥勒成组合关系，如第 9、10 窟、第 7、8 窟、第 1、2 窟。麦积山第 169、69 窟一组双龛也为释迦与交脚弥勒的组合。表现《法华经》题材的释迦多宝和《维摩诘经》的维摩、文殊题材较为流行。前者在云冈第二期洞窟中十分常见，敦煌第二期第 259 窟主尊为释迦多宝。后者刻在窟门内上方比较显要的位置，如云冈第 6 窟。除主尊造像外，云冈第二期洞窟壁面还雕刻有大量连环画式的佛传、本生和因缘故事等浮雕。其中第 6 窟的佛传故事最为典型，故事情节从中心柱大龛开始，转到窟内四壁龛及龛下浮雕。这种大龛与浮雕相结合的手法为其他石窟所罕见。

造像特点

本阶段造像样式趋于一致，造像体形硕壮，丰满圆润。佛像身着袒右或通肩袈裟。袒右袈裟的衣边都有折带纹，左肩外侧有袈裟衣边。菩萨像则身佩璎珞，上身斜披络腋，下身着羊肠大裙。河西地区塑像似受云冈影响较大。以敦煌为例，第 275 窟交脚弥勒像的下裙呈突起分叉的衣纹，这种衣纹与云冈第 20 窟主尊佛像是一致的。这一时期的后段，以云冈第 6 窟为代表的新的佛像样式率先出现。虽然造像形体上仍然健壮丰满，但服饰则变为汉文化传统的褒衣博带式。云冈第 1、2 窟佛像除了身着褒衣博带式袈裟外，造像形体开始向清秀转变。褒衣博带式的服饰来源于南朝，这与北魏孝文帝太和年间模拟南朝制度，推行汉化政策，进行服制改革等一系列措施有关。孝文帝的汉化政策引起了造像样式和服饰的巨变，即改变了袒右和通肩的样式，而使用褒衣博带式服饰，造像形象也开始变成秀骨清像，这对北朝中期佛教造像的样式产生巨大的影响。

二　北朝中期

北朝中期，系指北魏孝文帝迁都洛阳至北魏灭亡（公元 494～534 年）这一段时间。

这一时期随着政治中心的南移，佛教中心亦由平城转移到了洛阳。在云冈开凿石窟风气的影响下，洛阳龙门石窟大规模开凿活动开始了。《魏书》卷一一四《释老志》记载：宣武帝"景明初（公元 500 年），世宗诏大长秋卿白整准代京灵岩寺石窟，于洛南伊阙山，为高祖、文昭皇太后营石窟二所。……永平中（公元 508～511 年），中尹刘腾奏为世宗复造石窟一，凡为三所。"此即龙门宾阳三洞。到了"神龟、正光之际，府藏盈溢"[1]。以孝明帝、胡太后为首的北魏统治集团竞相在洛阳城郭大造佛寺。龙门石窟的开凿也达到了鼎盛，并以龙门为中心带动了洛阳周围其他石窟寺的开凿，如巩县石窟寺、鸿庆寺石窟等。这一时期中原北方地区石窟的开凿也进入了高潮，石窟地点遍布各地。北都云冈石窟的开凿规模虽无法与前期相比，但第三期中小型洞窟数量也很多。连接新旧二都之间的山西晋东南一带，亦出现了不少石窟地点[2]。西部地区麦积山、敦煌、炳灵寺这一时期的洞窟很多。新出现的重要石窟地点有：甘肃陇东泾川王母宫石窟[3]，庆阳北魏永平年间奚康生开凿的南北石窟寺[4]，宁夏固原须弥山石窟[5]，辽宁义县北魏太和晚期（公元494～499 年）元景开凿的万佛堂石窟等[6]。

　　这一时期的石窟寺大致可以分为前后二阶段。第一阶段北魏孝文末至宣武时期（公元494～515 年）；第二阶段孝明至北魏末时期（公元515～534 年）。

第一阶段

洞窟形制

　　与前期相比无多的变化。主要有马蹄形窟、中心柱窟、方形窟或长方形窟。

　馬蹄形窟

　　主要见于洛阳地区。典型洞窟有龙门宾阳三洞、古阳洞、莲花洞。其中宾阳南洞和北洞因统治集团内部的政治斗争而中止，到初唐才续凿完成。以龙门宾阳中洞为例，平面马蹄形，穹隆顶。顶部雕一大莲花，窟内后部有低坛，其上雕主尊造像（图 8 - 17；图版 25 - 2）。按《魏书·释老志》记载，宾阳三洞是"准代京灵岩寺石窟"，即仿自云冈石窟模式而开凿的。所以这种洞窟形制与云冈昙曜五窟和第 5 窟有相似之处。不同的是窟内主尊造像形体较小，亦不见大像背后隧道式的礼拜道。古阳洞是龙门石窟中开凿年代最早的洞窟，约始凿于北魏孝文帝迁洛前后。系利用天然洞穴逐步开凿而成。正壁雕主尊佛像，左右壁开列龛。

　中心柱窟

　　仍是这一时期的主要洞窟形制。如云冈第三期洞窟中的第 39 窟、5 - 28 窟、泾川王母

〔1〕《魏书·食货志》。

〔2〕李裕群：《山西北朝时期小型石窟的考察与研究》，《汉唐之间的宗教艺术与考古》，文物出版社，2000 年。

〔3〕甘肃省博物馆：《甘肃泾川王母宫石窟调查报告》，《考古》1984 年第 7 期。

〔4〕A. 甘肃省文物工作队、庆阳北石窟文物保管所：《陇东石窟》，文物出版社，1987 年；《庆阳北石窟寺》，文物出版社，1985 年。

　　B. 甘肃省博物馆：《甘肃泾川南石窟寺调查报告》，《考古》1983 年第 10 期。

〔5〕须弥山石窟坐落在宁夏固原县城西北 55 公里处，洞窟分大佛楼、子孙宫、圆光寺、相国寺、桃花洞、松树洼、三个窑和黑石沟 8 个区域。共计 151 个洞窟，北魏洞窟集中在子孙宫区。见宁夏回族自治区文物管理委员会、中央美术学院美术史系的《须弥山石窟》（文物出版社，1988 年）。

〔6〕A. 阎文儒：《辽西义县万佛堂石窟调查及其研究》，《文物参考资料》1951 年第 9 期。

　　B. 刘建华：《辽宁义县万佛堂北魏石窟分期研究》，《考古学报》2001 年第 2 期；《义县万佛堂石窟》，科学出版社，2001 年。

图 8-17　河南洛阳龙门石窟宾阳中洞正壁立面图

宫中心柱窟、义县万佛堂西区第 1 窟、敦煌第二期部分洞窟，如第 251、263、260 窟。云冈诸窟中心柱多作多层楼阁式塔，每层均雕有立柱、斗栱（包括人字形叉手）、屋檐等仿木建筑样式。立柱间开龛。王母宫中心柱窟基本上沿袭了云冈第 6 窟的做法，中心柱上下二层，下层方形四面开龛，上层四角各雕一佛塔，中心柱体作八角形，每面各开一龛。窟内后壁为大型楣拱龛，造像特点亦显示了典型的云冈样式，其开凿年代约相当于云冈第二期后段至北魏迁洛初期。这处石窟应是云冈中心柱形制向西影响的典型实例。另外庆阳北石窟第 1 窟的中心柱形制与王母宫相同，中心柱上层亦八角形，看来这种形制是陇东中心柱窟的一种变例。义县万佛堂中心柱窟具前后室，平面方形，覆斗顶。中心柱体分上下二层四面开龛，下层每面各一大龛，上层每面各一浅龛。中心柱四角各雕一须弥山，有盘龙缠山腰，山上各一单层覆钵式塔，与中心柱共同构成一金刚宝座塔。窟内左右后三壁开列龛。这种上层四角设塔的做法可以明显看到云冈第 6 窟的踪影。因此，义县万佛堂亦是受到来自云冈石窟的影响。另外中心柱柱体形制与云冈略有不同，为方柱体，无塔檐式。这是新出现的形制，对北魏晚期洛阳地区的形制有较大影响。敦煌诸窟与前期中心柱窟无变化，平面仍为纵长方形，前部人字披顶，浮塑脊椽等仿木结构，后部平顶。中心柱作方柱体，上下二层龛。

长方形窟

有横长形和纵长方形两种。前者主要见于云冈第三期小型洞窟中，窟内三壁各开一龛，成为三壁三龛式。或壁面上下多层开龛。中原地区云冈以外的其他石窟很少见到多层开龛的窟形，而西部地区的甘肃庆阳北魏永平二、三年（公元 509～510 年）奚康生所开凿的北石窟寺第 165 窟、南石窟寺第 1 窟则属于这种类型的大型洞窟。窟内设低坛，坛上雕大像。后者则见于龙门石窟，如古阳洞、莲花洞。窟内正壁雕像，侧壁开龛。

方形窟

是这一时期最流行的洞窟形制之一。云冈三期洞窟较为多见，有三壁三龛窟。山西祁县子洪镇第 1 窟与云冈相同，为方形、三壁三龛窟[1]。义县万佛堂石窟亦以方形窟为主，麦积山年代稍早的有三壁二龛窟，如第 114 窟，以后则演化为三壁三龛窟，窟顶均为平顶。景明三年（公元 502 年）开凿的麦积山第 115 窟则延续了早期第 74、78 窟的形制，为方形、平顶无龛式。炳灵寺一组有北魏延昌二年（公元 513 年）纪年的第 232、234、236 窟均为无龛式、覆斗顶窟。

造像题材与样式

造像题材

三世佛和表现《法华经》题材的释迦多宝和《维摩诘经》的维摩、文殊题材仍然大量流行。如云冈第 24－1、31、32－9、33、33－3、33－6、34 等窟、炳灵寺第 232、234、236 窟都是以释迦多宝为主尊、左壁为交脚弥勒菩萨的三世佛组合。云冈第 21、38 窟以释迦多宝为主尊。尤其是维摩、文殊一般在龛外两侧上方比较显要的位置均刻有这样的题材，如龙门古阳洞诸龛。其次流行释迦、交脚弥勒和七佛，并有较多的洞窟是以此为主尊，如义县万佛堂第 6 窟正壁主尊为大型交脚弥勒佛；北石窟寺第 165 窟、南石窟寺第 1 窟均以大型七佛立像为主尊。除主尊造像外，壁面还雕刻大量连环画式的佛传、本生和因缘故事等浮雕。龙门宾阳洞窟内壁脚新出现成组的神王题材[2]。

---

[1] 子洪镇石窟位于山西祁县子洪镇，有北魏 8 个洞窟，均为方形平顶窟，其中三壁三龛窟 6 个，保存最好的为第 1 窟，见李裕群的《山西北朝时期小型石窟的考察与研究》（《汉唐之间的宗教艺术与考古》，文物出版社，2000 年）图 2－2。

[2] 中原地区石窟寺中的神王像最早见于龙门宾阳中洞，其窟内前壁壁角雕刻十神王像。同时期开凿但未能完工的宾阳北洞和南洞也保留了北魏十神王雕刻。此后，在北魏晚期至北齐的石窟和单体造像中流行，如巩县石窟、响堂山石窟均有大量神王像出现，见常青的《北朝石窟神王雕刻述略》（《考古》1994 年第 12 期）。以往对龙门神王像的来源并不清楚。近来，披露了一件造像佛座附有神王题名的拓片。该佛座有三尊神王，题名为"山神之像、摩尼神、树神之像"，神王像均有明确标志物作为身份的象征。据对该佛座发愿文的研究，为北魏文成帝兴安二年（公元 453 年）雕造，这是目前所见最早的有明确身份的神王像。该佛座大概出自陕西西部或甘肃东部一带。因此，龙门北魏

造像样式

这一时期中原北方地区造像样式基本上可以分为新旧两种，旧样式即北魏云冈第二期体形丰壮，身着通肩或袒右式袈裟；新样式即是秀骨清像，身着褒衣博带式袈裟的佛像。在云冈新样式的出现始于第二期后段，至第三期旧样式已经消失，而完全成为新样式。佛像头作馒头状高肉髻，面相长圆清瘦，身着褒衣博带式袈裟，身体修长。菩萨像均双肩敷搭宽博披巾，披巾于腹部交叉。在龙门新旧样式仍兼而使用，但旧样式主要见于孝文帝末至宣武帝景明初石窟造像中，如古阳洞及附近小龛。景明以后旧样式消失。龙门新样式的出现以皇室开凿的宾阳中洞为代表（图版25-2）。义县万佛堂、麦积山亦同样如此。因此，新样式虽然出现于北魏太和后期，但在中原北方地区广为流行则在宣武帝及其以后时期，可以说明宣武帝时期是造像样式变化的一个重要转折点。敦煌的情况略较特殊，旧样式流行时间很长，一直到本期的第二阶段。而新样式的出现则已是西魏时期了。

第二阶段

洞窟形制

洞窟形制主要有中心柱窟、马蹄形窟、长方形窟和方形窟。

中心柱窟

在东部地区主要集中在洛阳及其附近，有巩县石窟第1~4窟，鸿庆寺第1窟[3]，洛阳吉利区万佛山第5窟[4]。洞窟平面均方形，窟内三壁有列龛，前壁有大型礼佛图。中心柱体承袭第一阶段的义县万佛堂西区第1窟形制，多为方柱体式，柱体上下二层四面开龛。但亦出现单层四面开龛的新形制，如巩县第1窟。西部地区主要有须弥山第14、22、24、28窟。须弥山诸窟仍沿用云冈旧制，中心柱多作多层塔柱式，这样就可以明显看出从云冈经陕北、陇东而影响到宁夏这一传播路线。敦煌第三期部分洞窟，如第437、435、431、248窟，与须弥山洞窟形制不同，基本上承袭了敦煌第二期洞窟的形制，前室人字披，后室平顶。中心柱有明显简化的趋势，柱体一般上下二层开龛，前一时期流行的阙形龛已较少见。新出现四壁各开一龛的形制。这种中心柱形制与巩县石窟相似，表明这一时期敦煌主要受到来自洛阳地区石窟的影响。

马蹄形窟

主要流行于洛阳地区，如龙门魏字洞、普泰洞、皇普公窟均平面马蹄形、穹隆顶，正

神王像极有可能来源于长安地区，见李裕群的《神王浮雕石佛座拓本考释》（《文物》2010年第7期）。

[3]　鸿庆寺石窟位于河南义马市东8公里白鹿山南麓。现存6个洞窟，第1窟为中心塔柱窟，其余洞窟为方形或方形三壁三龛式。见李文生的《渑池鸿庆寺石窟》（《中国石窟·龙门石窟一》，文物出版社，1991年）。

[4]　万佛山石窟位于洛阳市吉利区西北7.5公里万佛山南麓。现存5个洞窟、1处摩崖大佛。见陈平的《河南中小型石窟调查的主要收获》（《汉唐之间的宗教艺术与考古》，文物出版社，2000年）。1969年修焦枝铁路时，第5窟四壁和窟顶被毁，仅残存大半个中心柱。中心柱仅正壁开一龛。

壁设坛，左右壁各开一龛，构成一坛二龛形制。龙门另外一种马蹄形、穹隆顶窟，正壁或三壁前设坛，如弥勒北一洞、弥勒北二洞、驼骧将军洞、地花洞、六狮洞等。万佛山石窟第1～3窟、第6窟也属此类型。

长方形窟

洛阳地区仍有纵长方形窟，如龙门火烧洞、偃师水泉石窟[1]。横长方形窟则流行于山西晋东南一带，如高平羊头山石窟、石堂会石窟[2]。窟顶作四角攒尖顶或覆斗顶。窟内三壁三龛，壁前设低坛。这种窟形与云冈有密切关系，而在洛阳地区没有相同的实例。

方形窟

有三壁设坛和三壁三龛两种类型。这是北魏时期最流行的洞窟形制之一，在中原北方地区石窟寺中都可以见到。如巩县第5窟、麦积山石窟均为典型的方形、平顶、三壁三龛窟。

造像题材与样式

造像题材

承袭第一阶段，以三佛为主，有二坐佛与交脚弥勒菩萨组成的三世佛，也有三坐佛组合。造像组合流行一佛二菩萨像、一佛二弟子二菩萨像。在造像组合中新出现了头顶有尖状螺髻的弟子像，巩县石窟承袭了龙门宾阳洞而流行大型礼佛图和神王题材。

造像样式

趋于一致，流行秀骨清像样式。佛像一般头作馒头状高肉髻，面相长圆清瘦，身着褒衣博带式袈裟，身体修长。菩萨像一般头戴冠，双肩敷搭宽博披巾和璎珞，披巾和璎珞于腹部交叉。麦积山石窟还出现许多世俗装束的菩萨像，菩萨大多头束扇面发髻，上身着交领衫，下着长裙，如第101窟等。这种具有世俗装束特点的菩萨像，不见于龙门北魏洞窟[3]，但在洛阳永宁寺出土的菩萨塑像中极为常见，可以看到洛阳对西部地区石窟的影响[4]。

---

[1] 刘景龙、赵会军：《偃师水泉石窟》，文物出版社，2006年。

[2] 羊头山石窟共有北魏洞窟8个、石堂会石窟有3个，见张庆捷、李裕群、郭一峰所撰《山西高平羊头山石窟调查报告》（《考古学报》2000年第1期），李裕群、衣丽都所撰《山西高平石堂会石窟》（《文物》2009年第5期）。

[3] 洛阳吉利区万佛山石窟北魏晚期开凿的第3窟正壁主尊佛像两侧浮雕扇面发髻的菩萨像，见李裕群的《麦积山北魏晚期洞窟分期研究——兼论与洛阳石窟造像的关系》（《麦积山石窟研究》，文物出版社，2010年），图36。

[4] 永宁寺出土的小型菩萨头像一般都为扇面发髻。中型塑像残块中也有许多扇面发髻，同出土的中型塑像发髻已失，但塑像头顶中心保留了一个圆形断茬，参考同类保存完整的影塑像，可以推知这种塑像应为扇面发髻，见中国社会科学院考古研究所著《北魏洛阳永宁寺》（中国大百科全书出版社，1996年）彩版五，2，中型菩萨头像；彩版十二，影塑菩萨像头像。该书编者出于谨慎考虑，并没有定名为菩萨像。钱国祥《北魏洛阳永宁寺塑像的初步研究》（《中原文物》2005年第1期）已将这类塑像定为菩萨像。

三　北朝晚期

北朝晚期，系指上自东西魏，下迄北齐北周（公元 534～581 年）这一段时间。

公元 534 年，洛阳北魏政权灭亡之后，北朝的统治中心分别转移到了邺城和长安。这种东西对峙、南北分裂的状态，并没有将经济和文化完全割裂开来。这一时期南北文化始终在不断地互相吸收和融合，这是历史发展的总趋势。尤其是佛教文化，由于各朝统治者倡导佛教，使这一时期佛教得以空前的发展。佛教文化的交融，在一定程度上改变了南方偏重义理，北方重视禅观的传统格局。这一时期，在南朝萧梁张僧繇绘画风格的影响下，北朝的造型艺术产生了巨变。随着佛教文化和造型艺术的变化，对北朝石窟及其造像题材产生了重大影响，出现了许多前所未有的新样式和新内容，构成了这一时期石窟造像独特的风貌。

北朝晚期石窟寺区域特点显著。北魏灭亡后，随着中原局势的动荡，故都洛阳大规模的石窟开凿工程被迫中断，洛阳大量的人力、物力转而流入邺城，使得石窟寺的开凿又选择了新的区域。从此形成了以邺城为中心的太行山东麓一线的石窟群和陪都太原为中心的石窟群。西部地区与前者相反，各石窟寺并没有受到政治动荡的影响。因而，石窟寺的开凿主要是原有石窟寺地点继续进行，如天水麦积山、敦煌莫高窟、固原须弥山等。尽管各地区石窟寺在同一时代有许多共同的因素。由于地域上的不同，物质文化上的差异，地质条件的局限等因素，东西部地区石窟寺亦具有自身的特点、相对的独立性以及发展演变规律。由于这种特殊性，可以将东部地区和西部地区的石窟寺分别予以论述。

（一）东部地区

东部地区的石窟寺主要集中在东魏、北齐国都邺城和陪都太原附近。以邺城（今河北临漳县）为中心的石窟寺主要包括：河北邯郸市北响堂、南响堂、水浴寺石窟（俗称小响堂石窟）[1]；涉

---

〔1〕　北响堂石窟位于鼓山西坡半山腰间，主要洞窟有北洞、中洞、南洞三个大窟以及分布于北洞、中洞下方山腰间的十五个小禅窟。南响堂石窟位于鼓山南麓，与北响堂相距 15 公里，主要编号洞窟 7 个，分上下二层，下层第 1、2 为一组双窟，上层第 3 至 7 窟。另外窟区西北有零散的小禅窟 9 个。响堂山石窟惨遭盗割，造像流失于海外。破坏前的图片，可见日本人常盘大定、关野贞的《支那佛教史迹》（佛教史迹研究会，1926 年）三，图版 75～107；评解三，第 90～118 页以及常盘大定的《支那佛教史迹踏查记》（龙吟社，1938 年）第 486～507 页。日本人水野清一、长广敏雄所撰《响堂山石窟》（东方文化学院京都研究所，1937 年）是迄今为止调查和研究响堂山石窟的唯一专著，影响较大。书中还收录了可能出于响堂山石窟的零散造像，亦可参考。1986 年，在拆除南响堂石窟第 1、2 窟窟前券洞后，新发现了隋初《滏山石窟之碑》，碑文记载："……有灵化寺比丘慧义，仰惟七德，俯念巅危，于齐国天统元年乙酉之岁，斩此石山，兴建图庙。时有国大丞相淮阴王高阿那肱，翼帝出京，憩驾于此，因观草创，遂发大心，广舍珍爱之财，开此□□之窟。至若灵像千躯，俨然照□，……功成未几，武帝东并，扫荡塔寺，寻纵破毁。"可知南响堂石窟原称滏山石窟，由北齐天统元年（公元 565 年）灵化寺僧慧义兴凿，丞相高阿那肱资助修成，见邯郸市峰峰矿区文管所、北京大学考古实习队所撰《南响堂石窟新发现窟檐遗迹及龛像》（《文物》1992 年第 5 期）。水浴寺石窟在鼓山东麓，与北响堂隔山相峙，主要有西窟和水浴寺东、西山坡上 2 个瘗窟，见邯郸市文物保管所的《邯郸鼓山水浴寺石窟调查报告》（《文物》1987 年第 4 期）。

县娲皇宫石窟[1]；河南安阳县小南海石窟；宝山灵泉寺石窟[2]；和卫辉市霖落山香泉寺石窟[3]。以上各处雕有佛像的洞窟共计19个，无像窟达26个。以太原为中心的诸石窟分布于北齐陪都晋阳（今太原市南郊区罗城、古城营一带）以西吕梁山脉南缘的天龙山、悬瓮山、龙山一线。主要包括天龙山的天龙山石窟[4]；悬瓮山的瓦窑村石窟和龙山的姑姑洞石窟[5]。以上三处石窟共计12个洞窟。除上述三处石窟外，龙山童子寺有北齐洞窟5个，造像均风化不清。

根据东部地区北朝晚期石窟寺的洞窟形制、造像题材、造像特点变化，可以分为两个阶段：即东魏时期和北齐时期。

第一阶段：东魏时期（公元 534～550 年）。

洞窟较少，有天龙山第 2、3 窟和北响堂北洞。

洞窟形制

天龙山第 2、3 窟是一组双窟（图 8-18）。两窟毗邻，大小相当，布局相同，窟间崖面镌刻碑铭，无前室。窟门圆拱龛形，门梁尾雕凤鸟，覆斗式窟顶，顶较高，四披转角线分明。平面均方形，主室正、左、右三壁正中各开一龛，周壁设低坛。北响堂北洞为平面方形，中心柱窟式的大型洞窟（图 8-19）。窟平顶。窟内中心柱后部上方与后壁相连，构成隧道式礼拜道。中心柱三壁各开一龛。左右后三壁开列龛。窟门崩毁，崖面剥落严重，现明窗之上残留突出崖面的窟檐和覆钵式窟顶遗迹。可知原窟前仿木窟檐与中洞大体类

---

[1] 娲皇宫石窟位于涉县城西北 14.5 公里唐王峧的凤凰山西坡山腰间，有南、北毗邻的一组双窟。见马忠理、张沅、程跃峰、江汉卿的《涉县中皇山北齐佛教摩崖刻经调查》（《文物》1995 年第 5 期）。

[2] 小南海石窟位于安阳西南约 35 公里善应村龟盖山南麓，有西窟、中窟、东窟 3 个洞窟。见河南省古代建筑保护研究所的《河南安阳灵泉寺石窟及小南海石窟》（《文物》1988 年第 4 期）、河南省古代建筑保护研究所的《宝山灵泉寺》（河南人民出版社，1991 年）。

[3] 香泉寺石窟位于卫辉城西北约 20 公里霖落山中，仅一个洞窟（简称"香窟"），见李裕群的《北朝晚期石窟寺研究》（文物出版社，2003 年）第 213 页。

[4] 天龙山石窟位于太原市西南 40 公里的天龙山，共计 25 个洞窟，分布于东西两峰南坡峻峭的山腰间。属于隋以前的洞窟有东峰第 1、2、3 窟；西峰第 10、16 窟。大约从 1924 年开始，窟内造像惨遭盗割，几乎所有头像被盗运到国外。石窟破坏前的图片，可参考日本人小野玄妙、田中俊逸的《天龙山石窟》（金尾文渊堂，1922 年）图版共达 80 幅，摄影者为外村太治郎。其次为摄影者不明的北京平田写真馆《天龙山石窟写真集》，亦有 61 幅，摄影时间约在 1922 年。再有日本人常盘大定、关野贞的《支那佛教史迹》（佛教史迹研究，1926 年）三，图版 25～61；评解三，第 53～79 页。瑞典人喜龙仁的《五至十四世纪的中国雕刻》（Siren, Osvald (1925), *Chinese sculpture from the fifth to the fourteenth century*. London: E. Benn Limited. pp. 54－61; pls. 201－29, 293－9, 485－501.）。详细的考古报告，可见李裕群、李钢所撰《天龙山石窟》（科学出版社，2003 年）。

[5] 瓦窑村石窟位于太原市晋祠镇西北约 5 公里明仙沟内的瓦窑村西北山坡崖面上，自东而西排列东、中、西三个小窟（简称瓦东、瓦中、瓦西窟）；姑姑洞石窟位于明仙沟内一家村对面山腰间，距瓦窑村石窟约 2 公里，石窟开凿于突出于山崖的岩石上，上下 3 个窟（简称姑下窟、姑中窟、姑上窟），见李裕群的《太原姑姑洞与瓦窑村石窟调查报告》（《文物季刊》1995 年第 3 期）。

同。即窟前贴崖面雕四根立柱，
柱间上方设明窗，上有仿木窟
檐及浮雕覆钵式窟顶。北洞最
富特色的是四壁塔形列龛和中
心柱的帐形龛。塔龛上部浅浮
雕覆钵，中部圆拱圆楣、下束
帐幔，下部束腰须弥式龛座，
座两侧各一头长角、身长翼、
抚膝蹲跪的翼形兽，承托仰莲
柱础。帐形龛楣面上部雕饰火
焰宝珠及花卉装饰，横枋下直
接垂挂帐幔。柱础仰莲式，下
有翼形兽承托。

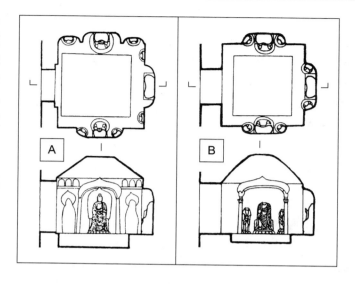

图8-18　山西太原天龙山石窟第2、3窟平面、剖视图
A. 第2窟　B. 第3窟

造像题材与特点

造像题材

窟内题材布局均为三壁三
佛，每铺造像均为一佛二菩萨。天龙山二窟正壁结跏坐佛，侧壁倚坐佛。周壁及窟顶均刻
浅浮雕。壁面题材分上下三段：上段千佛；中段有思惟菩萨、维摩文殊、供养人及迦叶、
阿难；下段为世俗供养人行列。窟顶藻井有一朵大莲花，四披雕供养飞天。北洞中心柱正
壁一结跏坐佛，左右壁分别为倚坐佛和半跏坐佛。这样的题材有可能是一释迦二弥勒佛的
组合。中心柱下部坛基上刻神王。四壁列龛内原按《法华经》雕刻十六王子像。前壁刻大
型礼佛图[1]。

造像特点

造像样式明显分为两种。天龙山第2、3窟属于典型的北魏晚期流行的"秀骨清像"。
佛像着褒衣博带式袈裟。馒头状高肉髻，面相长圆清瘦。左肩衣领下垂，右肩衣领下垂腹
部，再上搭于左小臂上。内着僧祇支，衣内引出下垂双带。袈裟宽博，右肩处又披一偏衫
衣角，裙摆覆座前，双肩下削，身体修长。菩萨像面相长圆清瘦，披巾宽博，于腹部交叉
穿环，或相交于膝部，下身着百褶长裙，裙摆呈锐角斜向展开。双肩下削，身体修长。北
洞则属于北齐流行的丰壮样式。佛像肉髻低平，螺发，面相丰圆，身体丰满圆润。服饰亦
改变为通肩式、双领下垂式和袒右式袈裟。通肩式袈裟衣纹密集，作波浪式，腿部衣纹刻
成双线。裙摆短，平铺于座上。双领下垂式有偏衫衣角，衣纹较密，作双刻线。菩萨像的
变化亦是如此。身体丰满圆润，上身袒露，下身着裙，裙摆紧裹身体。表明已经摆脱了北

〔1〕 礼佛图仅北洞窟内前壁一例，属大型礼佛场面。因窟门崩毁，故礼佛图中近窟门一侧的关键人物已
　　残缺。现存窟门南侧为男供养人行列，人物分上下三层，上、下层各三身，中存四身，均面朝窟
　　门，头戴笼冠，身着宽博大衣。北侧为女供养人行列，亦上下三层，上层存三身，中、下层存二
　　身，面朝窟门，头戴小冠，有的持圆伞。

魏晚期流行的秀骨清像样式。

第一阶段洞窟是沿着中国石窟寺的主流——云冈、龙门而发展下来的。因而较多沿袭了北魏晚期云冈、龙门石窟的诸多特点。如洞窟形制，方形，覆斗顶，三壁三龛是云冈第三期（公元494～524年）小型窟中常见的形制[1]。龙门石窟中，此类窟形出现于龙门第二期（公元516～528年），即孝明帝正光年间（公元520～524年）开凿的魏字洞、普泰洞[2]，孝昌三年（公元527年）开凿的皇甫公窟（石窟寺）[3]，孝明帝晚期开凿的巩县第5窟[4]、鸿庆寺第2、4窟[5]，三壁正中各一龛，形式与一期相同。以上诸窟周壁前均无低坛。近年来在山西晋东南和晋中发现的石窟寺，如高平羊头山石窟、石堂会石窟、左权石佛寺石窟[6]等北魏洞窟均与天龙山第2、3窟相同。又如造像题材，三佛和维摩文殊均是云冈、龙门所习见的题材。再如造像样式，佛像面相清瘦，双肩下削，身体修长，褒衣博带式的袈裟是较典型的"秀骨清像"形象，也是沿着云冈、龙门、巩县这一主线发展而来。尤其是呈八字形展开的裙摆，与云冈三期、巩县第2、3窟、龙门魏字洞、普泰洞、皇甫公窟的结跏坐佛以及曲阳修德寺出土的正光六年（公元525年）倚坐佛相似。天龙山菩萨面相清瘦，

图8-19 河北邯郸北响堂山石窟北洞平面、外立面图

披巾交叉穿环，裙摆呈锐角硬直展开，与云冈、龙门、巩县等地北魏晚期至东魏时期的菩萨像十分相似。如龙门魏字洞、普泰洞道慧法盛造像龛、皇甫公窟菩萨[7]，河北定州出

〔1〕 宿白：《云冈石窟分期试论》，《考古学报》1978年第1期；《平城实力的聚集和"云冈模式"的形成和发展》，《中国石窟·云冈石窟一》，文物出版社，1991年。

〔2〕 龙门文物保管所、北京大学考古系编：《中国石窟·龙门石窟一》，魏字洞、普泰洞平面实测图，文物出版社，1991年。

〔3〕 马世长：《龙门皇甫公窟》图2、3，《中国石窟·龙门石窟一》，文物出版社，1991年。

〔4〕 河南省文物研究所：《中国石窟·巩县石窟寺》实测图5，文物出版社，1991年。

〔5〕 李文生：《渑池鸿庆寺石窟》图11、12、22、23，《中国石窟·龙门石窟一》，文物出版社，1991年。

〔6〕 石佛寺石窟位于山西左权县城西3.5公里井沟村西南，有2个洞窟，其中第1窟为北魏开凿，参见李裕群《山西左权石佛寺石窟与"高欢云洞"石窟》，《文物》1995年第9期。近来，在该窟窟顶北披二飞天之间新发现了北魏孝昌二年（公元526年）造窟题记，这为确定山西北魏晚期洞窟的开凿年代提供了标尺。

〔7〕 A. 温玉成：《龙门北朝纪年小龛的类型、分期与洞窟排年》图118、126、62，《中国石窟·龙门石窟一》，文物出版社，1991年。
　　 B. 马世长：《龙门皇甫公窟》图3，《中国石窟·龙门石窟一》，文物出版社，1991年。

土的东魏武定二年（公元544年）菩萨像[1]。而天龙山菩萨像上身斜披僧祇支至胯部的样式，则来自于上述晋东南和晋中北魏菩萨相似。因此无论是洞窟形制还是造像样式都可以明显看到从洛阳影响到太原这一轨迹。

关于北响堂北洞的开凿年代目前没有定论，有东魏和北齐初两种说法。北洞有许多因素直接来自于龙门、巩县北魏晚期洞窟。如大型礼佛图，龛柱下的翼形兽，中心柱基座上的神王像、倚坐佛袈裟外的偏衫衣角，菩萨发辫垂于肩外侧，都是龙门、巩县北魏晚期洞窟中常见的样式[2]。尤其是一佛二弥勒的造像组合，在洛阳地区石窟寺中可以找到渊源。如洛阳吉利区万佛山石窟的神游洞正壁释迦坐佛，左右壁分别为倚坐弥勒佛和倚坐弥勒菩萨[3]。可见北洞与龙门、巩县是一脉相承发展下来的。衣纹密集，作波浪式也是北魏和东魏时期河北和山东地区流行的样式。不过北洞出现的许多新样式为龙门、巩县所不见或少见，如北洞塔形窟和隧道式礼拜道是邺城地区独特的窟形[4]，与巩县中心柱窟不同。现存唯一完整的佛像，肉髻低平，面相丰圆，双肩宽厚，身体丰满圆润。菩萨像的变化亦是如此。表明北洞造像已经吸收和融合了南朝萧梁"张家样"的造像样式，摆脱了北魏晚期流行的秀骨清像旧样式。这种变化实际上在北魏末到东魏时期已有较多的实例[5]。考虑到新样式的产生往往肇始于经济文化发达的中心地区，而且东魏与南朝进入了关系十分密切时期[6]，因此，北洞年代上推到东魏时期是可能的。按《续高僧传·僧稠传》记载：天保三年（公元552年）僧稠兼为石窟大寺（北响堂石窟）主[7]。可以肯定，北齐天保三年（公元552年）之前，北响堂开凿了洞窟。既然称之为"石窟大寺"，很明显，这是一座以石窟为主体的规模宏大的寺院。石窟开凿规模亦应不小。考虑到北洞规模宏大，面阔11.50米，进深12米，高11.50米。工程规模浩大，决不是短时期内所能完成的。又道宣在著《续高僧传》前，曾游历鼓山石窟寺，遍访灵异胜迹。其记述附于《续高僧传·圆通传》中。他认为："自神武（高欢）迁邺之后，因山上下并建伽蓝，或樵采陵夷，或工匠穷凿。"可知迁邺之后，神武高欢在鼓山大兴土木，修营寺院。"因山上下并建伽蓝"

---

[1]　刘福珍、赵振尧：《武定二年张利德造彩绘玉像》，《文物春秋》1991年第1期。

[2]　如龙门宾阳洞、巩县第1、3、4窟前壁均有大型帝后礼佛图。巩县第1窟的壁角也有十分相似的翼形兽。偏衫衣角，菩萨发辫垂于肩部两侧更是龙门、巩县造像中习见的样式。见《中国石窟·龙门石窟一》（文物出版社，1991年）图版7、11；《中国石窟·巩县石窟寺》（文物出版社，1991年）图版38、50、69、76。

[3]　宫大中：《龙门石窟的"卫星窟"——万佛山石窟》，《中原文物》1993年第4期。

[4]　这种礼拜道或受云冈第5、9、10窟的影响。

[5]　如永熙三年（公元534年）石造像，佛面相丰圆，衣纹稀疏贴体。见松原三郎的《中国雕刻史研究》（吉川弘文馆，1960年）插图78。武定元年（公元543年）石造像，佛宽肉髻，面相丰圆，短颈，双阴线衣纹，同上书插图87。武定三年（公元545年）立佛像，肉髻低平，面相丰圆，同上书图版122。元象元年（公元538年）高永乐造像，佛和菩萨身体健壮，衣纹稀疏。见张新斌、冯广宾的《河南新乡县所见两尊造像》（《文博》1988年第6期）图1。武定五年张显珍造像，佛肉髻低平，面相丰圆。见常叙政、刘少伯的《山东阳信县征集一件东魏佛像》（《考古》1985年第11期）。

[6]　《北史·魏本纪》记载：东魏天平四年至武定六年间，东魏聘梁使共达15次，梁回聘达14次。

[7]　唐·道宣：《续高僧传·僧稠传》，中华书局，2014年。

一语大概指的是鼓山山麓之地面木构建筑和山腰石窟所在的建筑。北洞本身外观构成了一座仿木构的塔式建筑，因此，所谓"山上之伽蓝"或即北洞。如果北洞的开凿或与高欢有密切关系的话[1]，那么北洞就有可能是东魏时期开凿的。

第二阶段：北齐时期（公元550～577年）

洞窟数量较多，除上述第一阶段洞窟外，各石窟寺的北朝洞窟均属于本阶段。

洞窟形制

按洞窟平面形制，分中心柱窟、三壁三龛窟、方形佛坛窟、方形无坛窟、方形无像小禅窟五种。

中心柱窟

共有北响堂中洞、南响堂第1、2窟、水浴寺西窟、姑姑洞下窟。邺城诸窟沿袭北洞形制，平面方形，窟前贴崖面雕四根八角束莲柱（南响堂第1、2窟明间二柱作圆形盘龙柱），柱间上方设明窗，上有仿木窟檐及浮雕覆钵式窟顶，使外观构成一塔式建筑。柱间下方明间开窟门，次间各开一力士像龛。窟内中心柱后部上方与后壁相连，构成隧道式礼拜道。中心柱或三壁各开一龛（南响堂第1窟、水浴寺西窟）或正壁开一龛（中洞、南响堂第2窟）。窟内周壁以开列龛为主。太原姑姑洞下窟平面方形，覆斗顶，中心方柱四壁各开一帐形龛，柱顶外斜，作倒山形，与须弥山相类似。窟前崖面无雕刻，素面圆拱形窟门，主室后壁开三龛，左右壁各二龛。

三壁三龛窟

这是本期流行主要窟形之一。太原诸窟、北响堂南洞、南响堂第3、5、7窟即属此类。窟前立面一般作三间仿木建筑样式，有立柱，上承阑额、斗栱或人字形叉手。平面方形。有的立柱与窟前壁面分开，构成前廊。邺城诸窟有其特色，即在屋脊之上雕覆钵，使外观构成一仿木塔式建筑。窟内左、右、后三壁通壁开一深龛（图8-20）。太原诸窟则于壁面正中开一龛。三壁前设低坛。前廊侧壁镌刻碑铭。窟门两侧雕力士或天王。门作圆拱龛形，门内又设长方形重门（第1、10、16窟）。其中瓦东窟窟顶四披有斜枋残迹。

方形佛坛窟

窟内正、左、右三壁前设坛，坛上雕像。如中窟、西窟、东窟三例。覆斗式藻井，一般雕有莲花和帷帐。重层窟门，外作圆拱形，门梁束莲，梁尾雕凤鸟，上雕盘龙，内作长方形。大留圣窟[2]、

---

[1] 又北洞有高欢墓洞的传说。参见《资治通鉴》卷一六一。今北洞中心柱南壁顶西起第3龛内凿有墓穴，略呈长方形，穴内进深2.81米，前宽1.28米，高1.71米；后宽1.18米，高1.63米。内无任何雕饰。穴口现存有雕刻佛像背光样式的封堵石六块。穴口还有安置佛像的长方形凹槽。佛像背光与左右佛龛背光一致，可知，墓穴为同时期开凿的，为了掩人耳目，墓口封堵后，安置佛像。参见李崇峰：《关于鼓山石窟中的高欢枢穴》（《佛教考古——从印度到中国》第357～364页，上海古籍出版社，2014年）。

[2] 大留圣窟情况比较复杂，洞窟开凿在先，即东魏武定四年（公元546年）开凿，窟内三坛及坛上佛像系北齐所刻，并移入窟内的，见刘东光的《有关安阳两处石窟的几个问题及补充》《文物》1991年第8期）。李裕群《灵泉寺北齐娄睿〈华严经碑〉研究》（《考古学报》2012年第1期）认为：洞窟的改造和北齐造像的雕造，与宝山寺大施主北齐东安王娄睿有关。

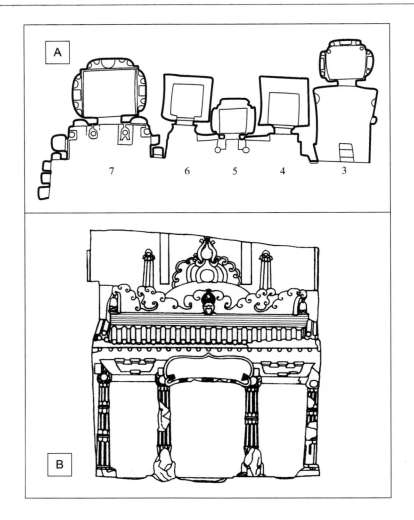

图 8 - 20　河北邯郸南响堂山石窟
A. 第 3～7 窟平面图　B. 第 7 窟外立面图

南响堂第 4、6 窟、香泉寺窟为平顶，南响堂第 6 窟则为覆斗顶，无雕饰。窟门圆拱形或长方形圆角，无门楣雕饰。

　　方形无坛窟

　　有娲皇宫南、北窟二例。窟前崖面雕八角束莲柱及二力士龛，敞口无窟门，纵券顶。

　　方形无像小禅窟

　　北响堂半山腰、南响堂窟区西北小禅窟共 24 例。洞窟较小，约 1 平方米。平顶，敞口，有的设置窟门。这些禅窟位置距离礼拜窟稍远。不易判断二者之关系。

　　造像题材与特点

　　造像题材

　　窟内壁面题材布局明显趋于简化。大型礼佛图消失。但出现了新的题材内容。以邺城诸窟为例，南响堂第 1、2 窟内前壁有大型西方净土变[1]。南响堂第 5 窟有涅槃变。小南海中窟有观无量寿经变中的十六观，为目前发现最早的十六观题材[2]。另外，中窟有维摩变、舍身闻偈和弗沙佛度释迦菩萨的故事画。尤其引人注目的是窟内石刻佛经，这是前所未有的。还有第二阶段的题材内容变化不大，造像组合仍以三壁三佛为主，但组合形式较多。除传统的三世佛（二结跏坐佛一交脚菩萨或一倚坐佛）之外，小南海三窟出现释迦、弥勒和无量寿三佛（一坐佛二立佛），大留圣窟出现卢舍那、弥勒、阿弥陀佛（三结跏坐佛）新组合。另外天龙山第 1 窟出现以倚坐弥勒佛为主尊的三世佛组合。姑姑洞下窟出现三壁七佛组合。每铺或一佛二菩萨，或一佛二弟子二菩萨。南响堂第 7 窟、北响堂南洞新出现一佛二弟子四菩萨组合。

造像特点

第二阶段的造像样式出现了明显的变化。造像基本上改变了前期"秀骨清像"样式，而流行体形丰壮的形象。佛像肉髻低平，面相丰圆，双肩宽平，身体健壮。螺发成为佛发样式的主流。造像服饰方面，天龙山第 1 窟虽沿用第一阶段褒衣博带，但衣纹紧贴身体。裙裾单层，仅覆于座上。其他诸窟佛像则身着通肩式、双领下垂式或袒右式袈裟。裙摆较短，覆于座上沿。流行双阴线衣纹。有的佛像衣纹作阶梯形或衣纹很少，简洁疏朗。中洞中心柱正壁佛像通肩式袈裟沿袭了北洞的手法，衣纹密集，作波浪式。菩萨有立式、结跏跌坐式和交脚式。面相丰圆，双肩略宽，身体比较丰满圆润健壮。披巾一般沿身侧下垂于地，不交叉。下身外着齐膝短裙，内着贴体长裙，衣裙贴体，不外展，衣纹少或无。也有的披巾宽博，于腹部交叉穿环，交接于腹部莲花装饰上。

第二阶段洞窟大都有开凿年代，邺城地区小南海石窟中窟窟外崖面北齐镌刻的《板经题记》记载：中窟为北齐天保元年（公元 550 年），灵山寺僧方法师，故云阳公子林等始创修凿。天保六年（公元 555 年），僧稠禅师重莹而成。东窟与西窟年代略晚于中窟。北响堂南洞，据北齐《晋昌郡公唐邕刻经记》记载[3]：南洞刻经始于北齐后主天统四年（公元 568 年），完工于武平三年（公元 572 年）。南洞的开凿在天统四年（公元 568 年）之前。即北齐武成帝在位时期。中洞则早于南洞，其开凿与北齐文宣帝有关。南响堂第 2 窟门外两侧龛内隋代镌刻《滏山石窟之碑》。据碑记载：南响堂石窟由北齐天统元年（公元 565 年）灵化寺僧慧义兴凿，丞相高阿那肱资助修成。南响堂第 1～7 窟是天统元年（公元 565 年）及以后陆续开凿的，完工年代不晚于北周武帝东并齐土之年（公元 577 年）[4]。水浴寺西窟窟内后壁有[5]："武平五年（公元 574 年）甲午岁十月戊子朔明威将

---

[1] 第 2 窟前壁和中心柱正壁经变画早被盗凿，现存美国弗利尔美术馆。见 Siren, Osvald (1925), *Chinese sculpture from the fifth to the fourteenth century*. London：E. Benn Limited. pls. 192—4.

[2] 李裕群：《关于安阳小南海石窟的几个问题》，《燕京学报》新六期，1999 年。

[3] 唐邕刻经记录文，可见日本人水野清一、长广敏雄的《响堂山石窟》（东方文化学院京都研究所，1937 年）第 143～144 页。

[4] 邯郸市峰峰矿区文管所，北京大学考古实习队：《南响堂石窟新发现窟檐遗迹及龛像》，《文物》1992 年第 5 期。

[5] 邯郸市文物保管所：《邯郸鼓山水浴寺石窟调查报告》，《文物》1987 年第 4 期。

军陆景□（疑是'妻'字）张元妃敬造定光佛并三童子"题记。该题记所属龛像系后来续刻，故西窟开凿年代应早于该年。太原天龙山诸窟，据《永乐大典》[1]卷5203引明洪武年间所修《太原志·太原县》寺观条记载："天龙寺，在本县西南三十里，北齐置，有皇建中并州定国（寺）僧造石窟铭。"此石窟铭或属于第16窟。

第二阶段与前期相比有了明显的变化。洞窟形制流行仿木建筑样式，造像题材出现《华严经》所奉的卢舍那，大量反映西方净土的西方三圣、十六观和大幅净土变以及石刻佛经。造像样式在吸收和融合南朝萧梁"张家样"的基础上创造了北齐造像样式。

窟内石刻佛经

邺城地区石窟中最引人注目的是北齐洞窟内石刻佛经，佛经作为一种特殊题材进入石窟，这是前所未有的。与刻经相关的石窟寺主要有河北邯郸峰峰矿区北响堂和南响堂石窟；涉县娲皇宫石窟；河南安阳小南海石窟；宝山灵泉寺石窟和卫辉霖落山香泉寺石窟。包含了该地区最主要的石窟地点。可以说明刻经作为附属石窟寺的一种特殊题材，在邺城地区比较流行。刻经洞窟有北响堂南洞、南响堂第1、2、4、6窟、小南海中窟、香泉寺石窟、娲皇宫南北窟。可分为两种类型[2]。

第一种：节选之经文窟

佛经一般为一部经中片段或一品及数品不等。如北响堂南洞（窟内前壁刻经）、南响堂第1、2、4、6窟、小南海中窟、香泉寺石窟。主要刻经有《大般涅槃经》（小南海中窟、南响堂6窟）、《大方广佛华严经》（南响堂第1窟、香泉寺石窟）、《文殊师利所说摩诃般若波罗蜜经》（南响堂第2窟）、《摩诃般若波罗蜜经》（南响堂第2窟）《妙法莲华经》（南响堂第2、4窟）等节选经文。有的洞窟开凿与刻经同时考虑，因而在壁面开龛造像时，注意龛像的布局，并留有一定的空间供刻经之用。典型例子是南响堂第1窟，刻经分布于窟内右壁和前壁。刻经的顺序是从右壁后部《华严经》卷五《四谛品》末开始，向前部刻，再转向前壁。右壁上部为五大龛，经文则刻于龛下。按一般洞窟左右壁龛位置均偏低，南响堂1窟将龛的位置提高，显然是为了经文刊于下部，便于僧俗诵读，而精心安排的。刻经与窟内造像题材关系密切。如小南海中窟正壁刻"舍身闻偈"故事，所据经典窟外所刻正是《大般涅经·圣行品》。又如南响堂1、2窟的主要造像题材是按照《华严经》的思想而雕刻的。《华严经》以塔寺为菩萨修持之处。因而，将《华严经》强调"敬心观塔，顶礼佛塔"的《净行品》刻于第1窟前壁显要位置。这样第1、2窟凿成中心柱窟形，供僧俗谛观如来，绕塔供养，与窟内所刻经文完全吻合。由此可见刻经的目的主要是配合造像题材，结合僧俗禅诵需要而刊刻的。不仅造像上可以反映出洞窟的思想主题，而且还可以从刻经中了解佛教的教义。这一类刻经的出现与当时邺城地区佛教已形成禅理兼弘的局面有关。高僧们所倡导的教义，尤其是《华严》《法华》《般若》《涅槃》等大乘经典的刻经进入石窟之后，实际上除了传统的习禅、礼拜之外，又赋予了石窟寺新的功能，即石窟也成了宣扬佛教义学的场所。洞窟刻经主要考虑了与造像题材的关系，以适合僧俗念

[1]《永乐大典》卷五二〇三。
[2] 关于石窟刻经的研究，见李裕群《邺城地区石窟与刻经》（《考古学报》1997年第4期）。

诵、禅观和理解佛教哲理，这与邺城佛教提倡念慧双举是相适应的。

第二种：完整经文窟

佛经一般整部刻于窟内。洞窟主要表现的是刻经，如北响堂南洞前廊、娲皇宫南窟、北窟。娲皇宫南、北窟是一组南北毗邻的双窟，平面方形，无坛，纵券顶，敞口，刻经分布于窟内左、右、后三壁及窟外崖面，使窟内外刻经浑然一体。这种窟形不见邺城地区诸石窟，也不见于其他地区的石窟。况且，窟内造像（北齐雕造）是在洞窟开凿之后移入窟内，与刻经没有任何联系。因此，娲皇宫二窟是刻经所需特意开凿的，是纯粹的刻经窟。根据南洞外北齐《晋昌郡公唐邕刻经记》记载：北齐天统四年（公元 568 年）至武平三年（公元 572 年）唐邕共刻《维摩诘经》《胜鬘经》《孛经》《弥勒成佛经》各一部。娲皇宫南窟、北窟及刻经无开凿纪年题记[1]。但娲皇宫刻经为北齐唐邕之所镌刻[2]，刻经年代当与南洞刻经大体相当。刻经主要有《十地经论》《深密解脱经》《佛说思益梵天所问经》《佛说盂兰盆经》《教戒经》和《法华经·观世音菩萨普门品》。唐邕刻经的目的有可能受北朝晚期流行的末法思想的影响。北朝晚期末法思想极为流行。佛教徒认为释迦佛正法住五百年，像法住一千年，末法一万年[3]。北朝晚期约当像法之末。故末法将临之际，佛教徒当以持戒、护法为本。而经像之保存即为护法内容之一。故唐邕认为："缣缃有坏，简策非久，金牒难求，皮纸易灭，……杀青有缺，韦编有绝，一讬贞坚，永垂昭晰"（《唐邕刻经记》）。从而选择石窟作为刻经场所，不失为保持经像，使之永传万世的最佳途径。唐邕刻经显然是在末法思想影响下，为了护持佛法，保存经像，以备法灭而刊刻的。

（二）西部地区

西部地区北朝晚期石窟主要集中在秦州（今甘肃天水市）、原州（今宁夏固原县）、瓜州（甘肃敦煌市）等重要地方城市附近。主要石窟有天水麦积山石窟[4]、固原须弥山石窟[5]和敦煌莫高窟[6]。这些石窟地点大多开凿于北魏时期，到北朝晚期规模有所扩大，是石窟开凿的一个兴盛期。这一时期麦积山主要洞窟约有 30 余个（不包括同时期开凿的

---

[1] 马忠理、张沅、程跃峰、江汉卿《涉县中皇山北齐佛教摩崖刻经调查》（《文物》1995 年第 5 期）刊布了详细调查报告，可参阅。

[2] 范寿铭、顾燮光的《河朔访古新录》（上海天华印务馆，1930 年）所附《河朔金石目》卷四认为：娲皇宫刻经为唐邕所镌刻。

[3] 梁·昭明太子《文选·头陀寺碑》（中华书局，1981 年）李善注引昙无谶语。

[4] 天水麦积山属于北朝晚期开凿的洞窟，主要分布于东崖和西崖西侧。

[5] 须弥山石窟坐落在宁夏固原县城西北 55 公里处，自南至北分别为大佛楼、子孙宫、圆光寺、相国寺、桃花洞、松树洼、三个窑和黑石沟，共计 151 个洞窟。北朝晚期洞窟主要有子孙宫区（第 16~20 窟、23、32~39 窟）、圆光寺区（第 40~49 窟）、相国寺区（第 51 窟）、松树洼区（第 110、111、113、115 窟）和三个窑区（第 119~121 窟）。上述五区共计 33 个洞窟，见宁夏回族自治区文物管理委员会、北京大学考古系编著的《须弥山石窟内容总录》（文物出版社，1997 年）及宁夏回族自治区文物管理委员会、中央美术学院美术史系编著的《须弥山石窟》（文物出版社，1988 年）。

[6] 北朝晚期洞窟约 22 个，见樊锦诗、马世长、关友惠的《敦煌莫高窟北朝洞窟的分期》（《中国石窟·敦煌莫高窟一》（文物出版社，1981 年）第 186 页。

龛及摩崖），须弥山约有 33 个；敦煌有 22 个。

西部地区根据洞窟形制、造像题材、造像特点的变化，约可以分为西魏和北周两个阶段。

第一阶段：西魏时期（公元 535～557 年）

主要洞窟有麦积山第 135、127、87、83、81、123、113、103、44、20、102、43、49、28、30 窟；须弥山第 17～20、23、32、33 窟；敦煌第 246～249、285、286、288、432 窟。

洞窟形制

根据洞窟平面和外立面形制，可分中心柱窟、方形窟、长方形窟、崖阁式窟和禅窟五种。

中心柱窟

主要集中在须弥山和敦煌（图版 26-2），均属各区中的大型洞窟且各具特色。须弥山以第 32、33 窟为例。32 窟平面方形，无仿木结构，穹隆顶，中心柱多层塔式。第 33 窟形制特殊，平面方形，覆斗顶。具有双层礼拜道，即中心柱与四壁之间有屏墙相隔，屏墙下凿三个通道，沟通内外礼拜道。这在中原北方地区石窟寺中不见有同类窟形。敦煌以第 288 窟为例。平面纵长方形，前部人字披顶，后部平顶。人字披浮雕脊椽，平顶绘平棊。中心柱上小下大，正壁开一龛，余三壁上下各一龛，壁面影塑千佛或供养菩萨。窟内四壁一般开龛，中部凿出中心柱，柱身四面二层开龛。敦煌有的单层开龛。敦煌另有特色的是表现弥勒兜率天宫的阙形龛以及表现释迦树下苦修的双树形龛。前者如第 246 窟，龛内有交脚菩萨。后者如第 248、288 窟，龛内有释迦苦修像。

方形窟

变化形式较多。有三壁三龛窟、三壁一龛窟和方形无像窟。三壁三龛窟是方形窟中最常见的，麦积山、须弥山都有实例。但窟顶形式不同。敦煌则无。麦积山，窟顶中心内凹，重层井心，或作四角攒尖顶，个别有仿木结构。须弥山以第 18、19 窟为例，窟顶为穹隆顶。三壁一龛窟见于麦积山、敦煌，麦积山窟形同三壁三龛窟。敦煌以第 247 窟为例，窟顶作人字披式。方形无像窟主要见于须弥山，窟顶为穹隆顶。有石床和烟道痕迹。是作为僧房或禅窟使用的。

长方形窟

仅见于麦积山石窟，如第 127、135 窟。以第 127 窟为例，覆斗顶，仿木式佛帐结构。三壁各开一龛。

崖阁式窟

仅见于麦积山石窟第 43、49、28、30 窟[1]，洞窟规模较大。以第 43 窟为例，有面

---

[1] 第 28、30 窟亦为大型崖阁式窟，有面宽三间四柱的前廊。以往被认为是北魏殿堂建筑，见傅熹年《麦积山石窟中所反映出的北朝建筑》（《中国石窟·天水麦积山》，文物出版社，1998 年）。第 28、30 窟前廊后壁窟门门柱柱头为火焰宝珠，具有北周、隋代特征，因此，这两座洞窟年代可能还要晚些。

宽三间四柱的前廊，上承窟檐和庑殿顶，使整个外观似一座仿木殿堂建筑。主室平面椭圆形，窟内后部凿墓穴，因而具有瘗窟性质。

禅窟

仅敦煌第285窟一例。方形，覆斗顶，左右壁各开四个小禅室。

另外须弥山石窟有其特殊之处，即洞窟之间存在着组合关系，如礼拜窟（第17、19窟）与僧房窟（第18、20窟）和禅窟（第20附1窟）组合；双礼拜窟（第32、33窟）组合。这种洞窟组合关系为其他石窟所不见。

题材内容

以敦煌、麦积山题材内容最为丰富。如敦煌第285窟顶部斗四藻井，四披绘大幅人物或故事画。有"沙弥守戒自杀缘品""法华变见宝塔品""舍身闻偈"等。又如麦积山第127、135窟有"西方净土变""涅槃变""维摩变"，第127窟还有"舍身饲虎""十善十恶"等。三佛仍是主要题材。敦煌窟内左右壁上下分三栏，上栏天宫伎乐、凹凸凭台；中栏千佛及一铺说法图；下栏忍冬纹装饰带、药叉或供养人。因此敦煌采用正壁塑像与左右壁所绘一铺说法图结合构成三佛题材；有的后壁绘白衣佛，左右壁各一铺说法图，如第288窟。

造像特点

须弥山石窟为石刻，风化严重。麦积山和敦煌则为泥塑或石胎泥塑，保存较好。这一时期仍然流行北魏晚期秀骨清像的样式。麦积山佛像着褒衣博带式袈裟。馒头状高肉髻，面相长圆清瘦。双肩下削，身体修长。内着僧祇支，衣内引出下垂双带。袈裟宽博，裙摆成八字展开，于覆座前。敦煌造像的发展和演变较邻近长安的麦积山、须弥山要晚一个阶段。除部分洞窟出现褒衣博带式袈裟外（如第249窟），仍有不少洞窟佛像沿用袒右式偏衫和通肩式袈裟的旧样式（如第246窟）。且新旧样式袈裟在左肩均有袈裟衣边。麦积山菩萨像面相长圆清瘦，双肩下削，身体修长。披巾宽博，于腹部交叉穿环，或相交于膝部，上身着交领衫或僧祇支，下身着长裙。敦煌菩萨像则新旧样式同时存在。如第432窟、285窟菩萨有身着通肩、袒右式袈裟或斜披络腋的旧样式。第249、285窟有宽博披巾，于腹部交叉穿环的新样式。

本阶段与北魏时期相比，既有旧的传统延续下来，也有新的形式和内容出现。

在窟龛形制方面，须弥山中心柱柱体细高，作多层塔式，是当地北魏洞窟所流行的，向前可以追溯到云冈第1、2、39窟，这种形制在陕北也有发现[1]。衣纹细密的造像服饰也可以追溯到陕北、陇东地区北魏石窟造像[2]，由须弥山石窟可以看到：从云冈→

---

[1] 如安塞云山品寺第3窟，洞窟长方形穹隆顶，中央有三层方形楼阁式中心柱。造像均褒衣博带，见靳之林的《陕北发现一批北朝石窟和摩崖造像》（《文物》1989年第4期）图一，1。

[2] 如陕北宜君秦家河摩崖造像龛、福地水库石窟西魏大统元年（公元535年）佛道合窟中造像，见靳之林的《陕北发现一批北朝石窟和摩崖造像》（《文物》1989年第4期）图10、12。陇东合水县保全寺造像龛、平凉县禅佛寺造像塔、延昌三年（公元514年）龛、神龟元年（公元518年）龛，见甘肃省文物工作队、庆阳北石窟文物保管所的《陇东石窟》（文物出版社，1987年）图版165、119、120、124。另外，与陇东相接的陕西长武出土的北魏造像碑佛和菩萨衣纹亦同此，见张燕、赵景普的《陕西省长武县出土一批佛教造像碑》（《文物》1987年第3期）图2-10、13。

陕北→陇东石窟向须弥山这一传播路线。须弥山还流行穹隆顶样式，其特点是先将窟顶凿平，再于窟顶中心向上凿成穹隆样式。这种窟顶与中原云冈、龙门等北魏洞窟中的穹隆顶窟完全不同，而与新疆地区如克孜尔、库木吐喇等石窟的穹隆顶一致，而且不同用途的洞窟具有组合形式，也不见于中原地区，也与新疆地区石窟类似，看来须弥山石窟受到来自龟兹石窟的影响。崖阁式窟和横长方形窟是麦积山典型的窟形。据麦积山现存的宋代《秦州雄武军陇城县第六保瑞应寺再葬佛舍利记》残碑记载："昔西魏大统元年，再修崖阁，重兴寺宇，至我宋乾德二年，计四百年"[1]。知西魏大统元年（公元535年）麦积山石窟有规模较大的开凿洞窟活动，其重点是"再修崖阁"和地面寺院的建设。第49、28、30窟崖阁式窟大约属于这一时期开凿的。《北史·后妃传上》记载：麦积山有西魏大统六年（公元540年）"凿麦积崖为龛而葬"，乙弗后寂陵。据研究，该陵即麦积山第43窟[2]。看来麦积山新出现并流行崖阁式窟不是偶然的。崖阁式窟实质上是仿木式窟檐建筑，与云冈第二期洞窟有渊源关系。值得注意的是仿木佛帐式的洞窟（第127窟）和四角攒尖顶窟（第84窟）等模仿寺院建筑的样式也开始出现于本阶段，与崖阁式窟的做法有类同之处。这与云冈、巩县洞窟内模拟佛殿顶部样式是一致的。敦煌仍流行北魏以来具有明显地方色彩的人字披中心柱窟、另有阙形龛和双树形龛。

在题材内容方面，麦积山多经变类和本生类，敦煌则有因缘类。在造像特点方面，麦积山主要沿袭了本地北魏洞窟的褒衣博带式袈裟旧样式，敦煌则褒衣博带式、袒右式、通肩式新旧样式杂陈并举。如有西魏大统四年和五年（公元538~539年）墨书题记的第285窟[3]，以及第249窟就是典型的例子。

在壁画方面，敦煌则流行北魏时期被称为西域凹凸晕染法。但也出现中原汉式晕染法。敦煌地处西陲，与西域诸国相接，而远离政治、经济、文化中心长安。由于路途遥远，交通不便，中原文化和造像新样式、新内容的传入，需要有一定的时间过程。因此，每当中原出现和流行新样式时，敦煌仍然使用旧样式，因而出现了与中原石窟寺发展不平衡的客观现象。

第二阶段：北周时期（公元557~581年）

洞窟数量较第一阶段明显增多。麦积山约有20个，须弥山有25个，敦煌有14个。

洞窟形制

根据洞窟平面和外立面形制，可分中心柱窟、方形窟、崖阁式窟和禅窟四种。

中心柱窟

仍主要集中在须弥山和敦煌。与前期相比，须弥山诸窟规模明显扩大。典型洞窟有第

---

[1] 碑铭录文见杨爱玲的《关于麦积山石窟文献和刻石的注释》（《麦积山石窟》，甘肃人民出版社，1984年）第152~153页。

[2] 傅熹年：《麦积山石窟中所反映出的北朝建筑》，《中国石窟·天水麦积山》第203~204页，文物出版社，1998年。

[3] A. 敦煌研究院：《敦煌莫高窟供养人题记》第114~117页，文物出版社，1986年。

　　B. 根据壁画样式，大统纪年为后期工程所绘制，285窟的开凿应更早些，见宿白的《参观敦煌第285号窟札记》（《文物参考资料》1956年第2期）。

45、46、51窟。窟内壁顶横枋，四披转角有角梁，构成仿木式佛帐结构。中心柱四面单层开龛。第51窟规模最大，前后两次修凿完成，第一次完成中心柱、窟内后壁及南壁后龛造像，第二次改变原有设计，在其他壁面雕凿小龛。敦煌诸窟形制同前期，但中心柱四面单层开龛。

方形窟

除前期三壁三龛窟、三壁一龛窟外，麦积山新出现三壁七龛窟（第27、141窟）。须弥山出现方形后壁设坛窟。后者或为僧禅兼用窟（第40、41窟）或为高僧影窟（第110、113等窟）。麦积山和须弥山方形窟一般为四角攒尖顶窟，或覆斗顶，有仿木结构。敦煌方形窟沿袭前期。

崖阁式窟

仅见于麦积山石窟，洞窟规模较大。以上七佛阁（第4窟）为例，面宽七间，有前廊，顶有平棊。上有庑殿顶屋脊。主室为七个并列的方形窟。亦都作仿木佛帐结构。

禅窟

麦积山主峰之西有禅窟群。面积1～2平方米。方形覆斗顶，有的作仿木佛帐结构。

须弥山石窟洞窟组合关系明显，如礼拜窟（第34～37窟）与僧、禅兼用窟（第38、39窟）；礼拜窟（第45～48窟）与僧房窟（第43、49窟）和生活设施水井。

题材内容

敦煌壁画内容基本上承袭前期。本生类故事增多。第427窟右壁新出现卢舍那八菩萨说法图。三壁三佛仍是主要题材。但麦积山、须弥山十分流行七佛题材。以须弥山第51窟为例，该窟属未完工的大型洞窟。据后壁三尊、南壁后龛一尊巨佛坐像的布局分析，原窟是大型七佛窟。麦积山第4窟是最大洞窟，题材也是七佛。另外麦积山新出现的三壁一龛窟是特意为塑造七佛而开凿的。可见七佛是流行的主要题材。

造像特点

与前期相比造像样式发生明显变化，麦积山和须弥山造像均改变为形体丰壮样式，同时服饰亦改变了褒衣博带旧样式，而流行通肩、袒右和双领下垂袈裟。佛像肉髻低平，面相方圆，双肩宽平，身体健壮。袈裟衣纹单薄贴体，裙摆下垂，覆于座前。这种样式当来自长安地区。这一阶段敦煌部分洞窟塑像尚保留前期秀骨清像旧样式，表明敦煌造像的发展和变化仍较缓慢。麦积山和敦煌袈裟在左肩臂外侧一般有衣边。菩萨样式亦同样如此，无论立像、倚坐和交脚菩萨均属丰壮样式。披巾一般横于腹膝二道或披巾于腹部交叉穿环。斜披一道璎珞或双肩披巾璎珞均交接于腹部方形饰物上。

第二阶段与第一阶段比较，变化明显。以七佛为主尊的洞窟大量流行，如麦积山有北周"大都督李允信者……奉为亡父造七佛龛"。即麦积山规模最大的第4窟[1]。三壁一龛或三壁七龛窟都是七佛窟。又如须弥山第51窟也是巨型七佛窟[2]。可见七佛是当时最流

---

〔1〕　庾信：《秦州天水郡麦积崖佛龛铭并序》，《文苑英华》第4149～4150页，中华书局，1987年。
〔2〕　须弥山规模最大的洞窟第51窟原计划雕造七佛巨像。因第51窟规模太大，而未能如期完工。其工程突然中止，当与周武帝灭法有关。

行的题材。七佛窟的出现渊源于陇东庆阳北魏永平二、三年（公元 509～510 年）奚康生所开凿的南北石窟寺。须弥山、麦积山均流行地方色彩浓厚的仿木式佛帐结构和帐形龛；须弥山和敦煌中心柱窟均作单层方柱式。尤其是须弥山中心柱基座上出现神王题材，可以看出受东部地区石窟寺的影响。在造像特点方面，佛和菩萨普遍流行面相方圆，身体健壮的造像样式，这应是受南朝萧梁张僧繇画风的影响。须弥山和麦积山佛像褒衣博带式袈裟不再流行，取而代之的是通肩式或双领下垂式袈裟，裙摆宽博。麦积山个别佛像出现裙摆很短，双阴线衣纹样式，似乎与北齐造像有密切关系。不过麦积山佛像最流行的是左肩外侧有袈裟衣边，这种情况与敦煌相同。袈裟衣边即是北魏云冈时期造像特点。到龙门时期主要流行褒衣博带式袈裟，此时再次出现，可以视为复古样式。这种融合了旧服式而产生的新样式与东部地区北齐造像样式不同，表现了一定的保守性[1]。这与造像题材流行符合禅观需要的七佛、三佛相呼应，是西部地区禅法盛行的一个具体表现。敦煌佛像的变化仍显得很缓慢，虽然属于丰壮样式，但服饰依然流行北魏晚期的褒衣博带式袈裟的旧制。

第四节　南方地区佛教龛像遗迹

南北朝时期，南北佛教存在着明显的差异，与北朝佛教提倡德业，重视禅观不同，南朝佛教偏重于义理，而且与魏晋玄学融为一体。崇尚清谈，讲经论学成为时尚。因而江南佛寺以兴建规模宏伟的寺塔为主。据文献记载，南朝都城建康（今江苏南京市）就有很多南朝帝王所建的大寺院。《南史·郭祖深传》记载：都下"佛寺五百余所，穷极宏丽。"至于开窟造像方面，与北朝大规模开凿石窟完全异趣，据目前所见的石窟龛像仅见于江南地区的建康摄山（南京栖霞山石窟）和剡溪石城山（浙江新昌宝相寺摩崖龛像）两处[2]。另外，四川地区石窟寺的开凿主要是在西魏占领荆、益后，受北朝石窟影响才开始出现的，到唐代达到盛期。

一　江南地区

（1）南京栖霞山石窟

栖霞山石窟在南京城东北约 22 公里。今栖霞山中峰西麓有六朝名寺栖霞寺，寺东南角有隋代舍利塔。千佛岩即以舍利塔迄东为起点，经无量殿向东一直到千佛岭。大小龛像

---

〔1〕　这种既不同于萧梁，又不同于东魏北齐的佛像服饰的出现，大概与宇文泰占据关中后，大搞关陇本位主义，仿周礼建立六官制度等复古思潮有一定的关系。

〔2〕　关于摄山、石城山龛像，前人已作过不少调查和研究工作。如 20 世纪 20 年代向达先生对栖霞山石窟的调查。20 世纪 70 年代以后，日本人小野胜年曾撰有《浙江剡县の石城寺とその弥勒像》（《江上波夫教授古稀纪念论集·历史编》，山川出版社，1977 年）和《新昌石城寺とその弥勒像》（《佛教艺术》第 163 号，1985 年）。北京大学考古学系宿白的《南朝龛像遗迹初探》（《考古学报》1989年第 4 期）一文则对两处龛像遗迹作了详细的论述，并对其开凿的历史背景、南方无量寿和弥勒净土的信仰以及南北佛教龛像之关系作了全面的研讨，是目前论述该两处龛像最全面的一篇文章。

即开凿于这一带崖面上。据 20 世纪 20 年代向达调查统计，千佛岩共计大小窟龛 294 个，造像 515 尊[1]。根据龛像分布，可以分为千佛岩区、纱帽峰区和千佛岭区。南朝龛像集中在千佛岩区，共有编号洞窟 28 个[2]。属于南朝齐、梁时期开凿的洞窟有第 5、9～24、26、28 窟，共计 16 个。南朝龛像屡经后世粧銮修补，特别是民国年间将造像覆以水泥，使得南朝造像面目全非。近年来，部分洞窟造像剥离了重粧的水泥，南朝造像大致面貌得以展现。

南朝龛像以无量殿所在的无量寿佛大像龛（第 19 窟）为中心，左右均有分布。根据洞窟形制、造像题材和造像样式的变化，结合碑刻、文献记载，可以将南朝龛像分为二期[3]。

第一期，有第 18～20、22～24、26、27 窟。洞窟形制主要为平面横椭圆形，穹隆顶，正壁设高坛式。方形、穹隆顶、三壁三龛仅第 24 窟一例。前者以规模最大的第 19 窟为例，平面略作横椭圆形，敞口式。窟顶前部崩毁，壁面上端留有梁孔遗迹，可知窟前曾有连接岩面的木构建筑。窟内正壁设坛，坛上正中雕高达 9.68 米的无量寿佛坐像。观世音和大势至菩萨立于两侧壁覆莲座上。方形三壁三龛窟（24 窟）通壁开一大龛，龛内雕主尊佛像和胁侍菩萨。

造像组合主要为一铺三身式（一佛二菩萨）。造像题材有西方三圣（无量寿佛、观世音、大势至菩萨像，第 19 窟）、弥勒佛（第 23 窟）、三佛（第 24 窟）、二佛并坐（第 18 窟）[4]。佛和菩萨造型有的略显清瘦（如第 20 窟），有的稍显丰满（如第 19 窟）。佛像一般着长圆垂领式的袈裟，与通肩袈裟有些相似，只是衣领开口较低，露出里面的僧祇支[5]。有的佛像右肩上有一弧形线，应为偏衫衣边（如第 24、18 窟佛像），袈裟的裙摆宽博，长覆于座。菩萨身披"X"形璎珞和披巾，披巾下端转折已呈圆弧形。双肩上又垂下长长的饰带。上身斜披僧祇支，下身着长裙，裙摆外撇（第 24 窟）。这些特点与北朝龙门石窟宾阳中洞十分相似，这为龙门石窟新型佛像样式的来源提供了实物资料。

第一期的开凿年代，由于江南地区缺少可资比较的南朝造像资料，因此，只能根据文献、碑刻资料来推定。据陈江总《金陵摄山栖霞寺碑》记载：宋泰始中（公元 465～472

[1] 向达曾三次调查栖霞山石窟，撰有《摄山佛教石刻小纪》《摄山佛教石刻补纪》（《唐代长安与西域文明》，生活·读书·新知三联书店，1957 年）。

[2] 20 世纪 90 年代南京市博物馆对栖霞山曾作过调查和编号，原无量殿大佛龛编号为第 14 窟，右侧二佛并坐龛编为第 13 窟，见林蔚的《栖霞山千佛崖第 13 窟的新发现》（《文物》1996 年第 4 期）。2002 年以来，为了配合千佛崖区考古报告的编撰，对早期的千佛岩区进行了测绘和重新编号，并在无量殿前进行了考古发掘。新编洞窟号及南朝龛像的分期，可见林蔚《栖霞山千佛岩区南朝石窟的分期研究》（《燕京学报》新十九期，2005 年）中的龛像分布图。

[3] 林蔚：《栖霞山千佛岩区南朝石窟的分期研究》，《燕京学报》新十九期，2005 年。

[4] 以往将第 18 窟二佛并坐像定为释迦多宝，见宿白的《南朝龛像遗迹初探》（《考古学报》1989 年第 4 期）。根据新发现的陈江总《摄山栖霞寺碑文并铭》残碑背面镌刻"维卫、迦叶二像坐身并高五尺四寸"的记载，可知二佛并坐像应为维卫、迦叶佛。

[5] 南齐佛像不见云冈第 6 窟和龙门、巩县石窟佛像所着的褒衣博带式袈裟。

年）齐居士明僧绍曾隐居摄山，后与法师僧辩因岩构宇，别起梵居，创建栖霞寺。时有法度于山舍讲《无量寿经》，夜有金光照寺，于是发愿造无量寿佛龛像，齐永明二年（公元484年）僧绍去世，明僧绍之子仲璋"克荷先业，庄严龛像，首于西峰石壁与度禅师镌造无量寿佛，坐高三丈一尺五寸，通座四丈，并二菩萨倚高三丈三。"可知，明仲璋与法度禅师共同镌造无量寿佛。此无量寿佛龛即千佛岩第19窟。该碑又记载，在开凿大像的过程中曾得到齐皇室，如文惠太子、豫章王、竟陵王等人的支持。同时记载，"宋太宰江夏王霍姬蕃闺内德、齐雍州刺史田奂方牧贵臣，深晓正见，妙识来果，并于此岩阿，广抽财施，琢磨巨石，影拟法身。"据此，推测第19窟开凿年代在齐永明二年（公元484年）至建武四年（公元497年）永元二年（公元500年）间[1]。

第二期，有第5、10、12、13、15、21、25、28窟。洞窟形制流行平面椭圆形、圆顶窟。窟内三壁设坛。造像题材有坐佛、倚坐佛和三佛。造像组合多一佛二弟子二菩萨二力士。造像形体丰壮，佛像身着双领下垂式袈裟，有的着袒右式袈裟。菩萨服饰不清。

本期的开凿年代，可据第28窟窟外崖面有"梁中大通二年（公元530年）造"的题记，大致推定为梁代。

（2）浙江新昌摩崖龛像

宝相寺摩崖龛像，即剡溪石城山遗迹。宝相寺，初名隐岳寺，后改石城寺。位于新昌县西南南明山。寺院依山而建，内有五层木构高阁，连接山崖龛像。据文献记载，梁时大佛建成后，即修三层佛阁，庇护石佛。后世屡有重葺，现存五层高阁为1917年建造。阁内崖面开一敞口大龛，形制与南京栖霞山无量寿佛大龛类似。平面略作横椭圆形，前壁敞开，露顶。龛内正面凿佛座，座上雕大型佛像一躯。佛像经后世妆銮，全身贴泥饰金，原状已掩盖。现存佛像长颜广颐，短颈宽肩，身着双领下垂式袈裟，施禅定印，结跏趺坐式。据实测，佛座高2.4米，坐像身高13.23米。大佛竣工后，梁刘勰特撰《梁建安王造剡山石城寺石像碑》，详细记述了寺院的草创和大像雕造的缘起。按碑文记载：齐永明四年（公元486年）僧护游观石城隐岳寺，见寺北青壁高达数十丈，显现如佛光之形，于是发愿造弥勒像，"敬拟千尺，故坐形十丈"。齐建武中（公元494～497年）开始兴工雕造，不久僧护病故。梁天监七年（公元508年）僧祐律师受敕重新经营。天监十二年（公元513年）续凿工程开始，十五年（公元516年）竣工。据碑文记载：僧祐鉴于"护公所镌，失在浮浅，乃铲入五丈，改造顶髻，事虽仍旧，功实创新。"可知大佛从设计到雕凿营造实出自僧祐之手。原像的形制，可以根据刘勰碑所记作出推断：大佛原为倚坐弥勒，发作螺髻，右手施无畏印，是弥勒龙华树下成佛，广度众生，共成佛道的形象。这与现存重妆之像差别很大。按北宋咸平五年（公元1002年）僧辩端所撰《新昌石城山大佛身量记》记载，大佛已为结跏趺坐式，则改变坐式及原状应在北宋咸平以前，可能是后梁开平中

---

[1] A. 宿白：《南朝龛像遗迹初探》，《考古学报》1989年第4期。

B. 2002年在无量殿前的考古发掘中，新发现了陈江总《摄山栖霞寺碑文并铭》残碑，特别重要的是碑阴所刻南朝齐造龛像之功德主及造像的尺寸。这是前所未见的新资料，对于考证栖霞山各洞窟的功德主提供了依据。

（公元 907～911 年）吴越王钱镠营造佛阁时重修。

弥勒大佛龛的西北还有两个左右毗连的大小岩洞，洞内满雕千佛，现称为千佛院。大洞沿后壁正中雕释迦坐像，该像右侧列千佛六区，左侧列千佛四区，每区纵排十小龛，横排十一小龛。每区正中约占九个小龛的位置雕一大龛，龛内一坐佛二菩萨，佛像均着通肩袈裟。左右千佛外侧各雕一护法像，为菩萨装束。头均残，发辫垂于肩上，颈饰桃尖形项圈，双肩上有一圆饼装饰，披巾宽博，下垂于腹部交叉后再上绕双肘，沿身侧下垂。下身着裙，裙摆外撇。左侧护法像右手拄金刚杵，右侧护法像右手持拂尘[1]。这种菩萨形象与北魏迁洛前后的北朝造像类似。因此不难推断，千佛院的雕造年代应在僧护开始经营大佛前，是石城山目前发现最早的雕刻。

上述两处龛像虽都始凿于萧齐，但均由萧梁僧祐完成[2]。二者都有共同之处，摄山、石城山像龛形制皆平面椭圆形，敞口式。龛壁前曾有连接岩面的木构建筑。石城山大佛头部原为螺发。这种发式是中印度秣陀罗佛像的特征，经南海诸国首先传入中国南方地区，萧梁时期螺发样式是得到统治者推崇和提倡的，并成为佛像的基本发式。因而较普遍地采用螺发样式[3]。成都地区出土的梁代佛像和山东地区出土的北朝佛像出现螺发样式，应是受南朝建康的影响。两处龛像的主尊造像分别为无量寿和弥勒佛，这与东晋南朝时期阿弥陀和弥勒净土信仰极盛于江南，南朝无量寿与弥勒并重的历史背景有关。而在寺院中造无量寿和弥勒佛大像亦是南方寺院的传统。这在僧史中记载颇多，如梁·僧祐《出三藏记集》卷一二《法苑杂缘原始集目录》卷上著录刘宋《荆州沙门释僧亮造无量寿金像记》。梁慧皎《高僧传·法悦传》记梁天监八年（公元 509 年）所铸光宅寺丈九金像，被誉为"自葱河以左，金像之最"。这两处南朝大像龛的开凿又影响到了北齐大像的开凿，如太原西山大佛（释迦坐佛）和童子寺大佛（西方三圣）[4]。

二　四川地区

属于南北朝时期的石窟寺主要在四川北部的广元一带。石窟地点有皇泽寺石窟和千佛崖石窟二处。千佛崖石窟位于广元市城北 5 公里。现存洞窟 54 个，龛 819 个，造像 7000 余躯[5]。皇泽寺石窟位于广元市西 1 公里。现存窟龛 50 个，大窟 6 个，造像

---

[1] 这两尊护法像可能是帝释天（手持金刚杵）与大梵天（手持拂尘），图像可见中国石窟雕塑编辑委员会的《中国石窟雕塑全集 10·南方八省》（重庆出版社，2000 年）图版 146、147。

[2] 梁·慧皎：《高僧传·僧祐传》，中华书局，1992 年。

[3] 梁简文帝所撰《梁安寺释迦文佛像铭》（《艺文类聚》第 1317 页，上海古籍出版社，1982 年新一版）曰："帝为知仰，皆规面象，敬模螺发，式图轮掌，信根有五，觉枝云七，仰福灵祇，上生兜率。"

[4] 见宿白《南朝龛像遗迹初探》（《考古学报》1989 年第 4 期）一文中南朝龛像与北齐龛像一节。

[5] 广元市文物管理所、中国社会科学院宗教所佛教室：《广元千佛崖石窟调查记》，《文物》1990 年第 6 期。

1203 躯[1]。这两处石窟属于北朝时期的洞窟各有 2 个。

洞窟形制

可以分为三种。即马蹄形窟、中心柱窟和三壁三龛窟。

马蹄形窟

千佛崖大佛洞（现编号第 7 窟）一例，是四川地区开凿年代最早的洞窟。该窟位于千佛崖窟群南端下层，窟平面马蹄形，穹隆顶，前壁窟门下部崩塌，窟内造像为一铺三身，正壁一立佛，左右壁各一菩萨。佛头已残，现高 4.11 米。身着褒衣博带式袈裟，衣纹作阶梯式，身体略显粗壮。菩萨像高 4.4 米。头束双鬟髻，面相丰圆，颈饰桃尖形项圈，双肩敷搭宽博披巾，于腹部交叉，上身着僧祇支，下身着裙，腹部系带。这种体形健壮的造像样式与四川成都地区出土的南朝造像有一定的差异，而与北朝造像有类同之处。从洞窟形制看，与云冈、龙门的同类洞窟相同，故大佛洞应来源于北朝石窟造像。考虑到广元地区在梁天监中（公元 505 年）至大同二年（公元 536 年）曾一度归入北魏版图，以后又归入西魏、北周[2]，则大佛窟的开凿年代应在北魏后期[3]。

中心柱窟

仅皇泽寺石窟一例，现编号第 45 窟，平面方形，平顶，前凿窟门，窟内三壁各开一大龛，大龛两侧各一小龛，龛内雕像，窟中央凿中心塔柱，柱体较小，塔身分上下二层，四面均开一帐形龛，龛前雕有栏杆、踏道，象征着塔内的回廊。龛内均雕一佛二菩萨。佛像身着双领下垂式袈裟，裙摆作三式。菩萨头束髻，身着裙，披巾下垂并外扬。下层下为方形基座，上层龛之上柱体四角雕四佛塔，是金刚宝座塔形制，这种形制与中原北方地区的义县万佛堂中心柱是一致的[4]。洞窟并未一次完工，窟内三龛均作圆拱形，龛楣雕二龙交缠，龛尾龙首反顾。龛内造像似为隋初唐时期改雕。佛像螺发，肉髻低平，面相近方圆，颈短，有肉纹线，双肩宽厚，身着双领下垂或通肩袈裟，右肩均有偏衫衣角。裙摆覆座，不露足。衣纹单薄。其样式仍保留北周造像特点。菩萨像明显与初唐造像一致。

三壁三龛窟

有千佛崖的三圣堂窟（编号第 21 窟）和皇泽寺石窟第 38 窟。三圣堂窟位于千佛崖中段下部，窟平面方形，敞口，平顶。正左右三壁各开一龛，是北朝石窟寺中最主要的洞窟形制之一。龛为圆拱形，龛楣饰双龙交缠，龛尾处龙首反顾。龛内各雕一佛二菩萨。佛像

---

〔1〕 广元市文物管理所、中国社会科学院宗教所佛教室：《广元皇泽寺石窟调查记》，《文物》1990 年第 6 期。

〔2〕 《元和郡县图志》（中华书局，1983 年）卷二三《山南道三》利州条记载：梁天监中（公元 505 年）以竺胤为太守，随夏侯道迁入后魏，改立西益州。梁大通六年（应为大同二年，公元 536 年）又克之，始通剑路，改西益州为黎州。武陵王萧纪僭号于蜀，以席嶷为黎州刺史。嶷反，州属魏，复改黎州为西益州。

〔3〕 1983 年，广元市城关出土了北魏延昌三年（公元 514 年）石造像，其特点颇与长安地区造像类似，但亦有成都地区出土的造像的影响。可以表明这一地区出现北朝特点石窟造像并不是偶然的。见广元市文物管理所的《广元新发现的佛教造像》（《文物》1990 年第 6 期）。

〔4〕 刘建华：《义县万佛堂石窟》图九、一五、一八、二〇、二二，科学出版社，2001 年。

身着双领下垂式袈裟，结跏趺坐于长方形座上，佛身后有背光，其上浮雕七佛、六飞天。菩萨头束双髻，上身袒露，披巾于腹部作"X"形交叉，下身着长裙，腹部系带。飞天束发直立，上身着短衫，下身着裙，腹系带，裙摆裹足，身体修长。三圣堂造像特点与麦积山北周洞窟塑像十分相似，其年代亦应相当。第 38 窟窟门大多已崩毁，现门楣上方残留双龙。窟平面方形、平顶，三壁各开一圆拱大龛，龛内雕一佛二菩萨。佛像螺发，面相长圆，身着双领下垂式或袒右式袈裟，右肩有偏衫衣角，衣纹阴线刻，宽肩细腰，结跏趺坐式。菩萨像头戴冠，上身斜披络腋，身披璎珞于腹部作 X 形交叉，披巾横于腹膝二道。

　　四川地区石窟的开凿年代比较晚，从目前所见上述石窟资料看，年代最早的是千佛崖的大佛洞，约在北魏晚期。略晚于大佛洞的有三圣堂、皇泽寺的第 38、45 窟。年代约在北周时期。

　　从洞窟形制和造像特点看，上述三种窟形均是北朝流行的。

　　造像特点

　　造像明显比较丰满，佛像身着双领下垂的袈裟，右肩有偏衫衣角，衣纹比较单薄，这种样式与麦积山北周塑像是一致的。由此可以看出，四川地区的早期石窟造像基本上是来源于长安及附近地区石窟造像样式。因此可以说是属于北朝石窟造像系统。而上述二处石窟地处川北，是由长安入蜀的交通要道，梁初以后又长时期归入北朝版图。因此，北朝石窟造像的传入是有特殊背景的。

第五节　南北朝佛寺遗址与出土佛教造像

一　北朝佛寺遗址与造像

　　北朝时期举国上下崇佛热烈，佛教寺院遍及各地。据文献记载，北魏晚期仅洛阳寺院就有一千余所[1]。然而关于寺院遗址的考古调查和发掘工作至今仍做得不多。目前所知，重要的遗址有山西大同方山永固陵"思远佛寺"、辽宁朝阳北塔（北魏"思燕佛图"）、山西大同云冈石窟窟顶北魏佛寺遗址、河南洛阳永宁寺、河北临漳赵彭城魏北齐佛寺遗址、太原童子寺遗址。其他在河北定州有北魏太和五年（公元 481 年）塔基遗址[2]，内蒙古固阳北魏怀朔镇古城遗址西北隅有佛塔建筑遗址。北朝提倡德业，重视禅观，追求自身解脱。因而除开凿大量石窟做功德之外，还在一些寺院中雕造大量石刻造像。中华人民共和国成立以来出土的石刻造像往往与寺院遗址有密切关系，说明单体造像已是寺院中重要的组成部分。

---

〔1〕《魏书·释老志》记载："神龟元年冬，司空公、尚书令、任城王澄奏曰：'……都城之中，及郭邑之内检括寺舍，数乘五百，空地表刹，未立塔宇，不在其数。'"知北魏神龟元年（公元 518 年），洛阳城中及郭邑之内佛寺数量已逾五百。到魏末，按魏·杨衒之《洛阳伽蓝记·序》（《洛阳伽蓝记校注》，上海古籍出版社，1978 年新一版）所记："京城表里，凡有一千余寺。"

〔2〕据河北省文化局文物工作队《河北定县出土北魏石函》（《考古》1966 年第 5 期）可知，塔基夯土中瘗埋舍利石函，塔的形制与寺院的布局并不清楚。根据铭文，知该塔为北魏太和五年（公元 481 年）冯太后、孝文帝发愿所建。

1. 佛寺遗址

（1）山西大同思远佛寺遗址

思远佛寺遗址位于山西大同市城北 25 公里的方山南麓，北面偏东与山顶北魏冯太后永固陵遥遥相望。据《魏书·高祖纪上》记：北魏太和三年"幸方山，起思远佛寺。"[1]知该寺建于北魏太和三年（公元 479 年）。

现存寺院遗址坐北朝南，为一方形台地，平面长方形，东西宽 57.4 米，南北长 87.8米，有围墙遗迹。院内中轴线依次由山门、佛塔、殿堂等建筑组成（图 8-21）。中部回廊式的木塔塔基现存实心中心塔柱、柱础、回廊铺地砖。中心塔柱呈正方形，东西残存边长12.2 米，南北 12.05 米。实心体东面残存回廊覆盆柱础 4 个。根据柱础的布列，回廊为正方形，面宽 5 间，边长 18.2 米。佛塔之北为殿堂。殿堂面宽 7 间，进深 2 间。东西宽约21 米，南北深约 6 米。殿堂外西北角发现土坯砌成的炕洞，疑是僧房。可知这是一处前塔后殿配置的寺院[2]。值得注意的是：思远佛寺佛塔设有回廊的形制，并出土少量影塑佛像和菩萨像残块，表明回廊内壁（即中心塔柱外壁）应塑造有佛像，这样佛教信徒可以绕中心塔柱瞻礼佛像了。

思远佛寺废弃以后，后世并没有改建或再利用，因而该寺保留了北魏平城时期寺院布局的原貌，即前塔后殿的布局。思远佛寺属于永固陵范围之内，这种寺院与皇陵相结合的特殊布局是前所未有的[3]。

（2）辽宁朝阳思燕佛图遗址

思燕佛图为北魏冯太后所建[4]。遗址位于辽宁朝阳市内北大街西侧。1989 年，辽宁

---

[1]《魏书·高祖纪上》。又《北史·后妃传》记载："承明元年（公元 476 年），尊曰太皇太后，复临朝听政。……太后与孝文游于方山，顾瞻川阜有终焉之志。因谓群臣曰：'舜葬苍梧，二妃不从，岂必远祔山陵，然后为贵哉？吾百岁后，神其安此。'孝文乃诏有司营建寿陵于方山，又起永固石室，将终为清庙焉。太和五年（公元 481 年），起作，八年（公元 484 年）而成，刊石立碑，颂太后功德。"可知，选择方山作陵寝是冯太后本人的意愿。先修佛寺，再建陵寝，应是总体的规划。

[2] 1976 年，北京大学历史系考古实习队曾进行过调查，由于没有进行发掘，当时并没有发现木塔后面的佛殿建筑，见宿白的《东汉魏晋南北朝佛寺布局初探》（《庆祝邓广铭教授九十华诞论文集》，河北教育出版社，1997 年）图一。1981 年，大同市博物馆对寺院作了全面的发掘清理，揭露了完整的寺院布局，见大同市博物馆的《大同北魏方山思远佛寺遗址发掘报告》（《文物》2007 年第 4期）图五，佛寺平面图。

[3]《北史·后妃传》记载：大统六年（公元 540 年），西魏文帝乙弗后被赐死于秦州，"凿麦积崖为龛而葬，号为寂陵"。该陵即今麦积山第 43 窟。窟外是一仿木庑殿顶式的佛殿建筑。窟内正壁开一椭圆形大龛，龛后凿有墓穴。布局与永固陵类似，麦积山第 43 窟有可能受永固陵启示而产生的。

[4] 思燕佛图并没有确切的修建年代，《北史·后妃传》仅记载：冯太后"又立思燕佛图于龙城，皆刊石立碑。"按《后妃传》此事系于冯太后太和八年（公元 484 年）建成永固石室之后，而冯太后卒于北魏太和十四年（公元 490 年），故此寺修建年代应该在太和八年至十四年（公元 484～490 年）。又《魏书·高祖纪》记载：太和"十年（公元 486 年）春正月癸亥朔，帝始服衮冕。……四月辛酉朔，始制五等公服。"太和改革的积极推动者即是冯太后，故在云冈石窟二期后段，如第 5、6 窟佛像率先出现褒衣博带式袈裟的新样式均与此服制改革相关，而思燕佛图出土的佛像均为袒右式，或

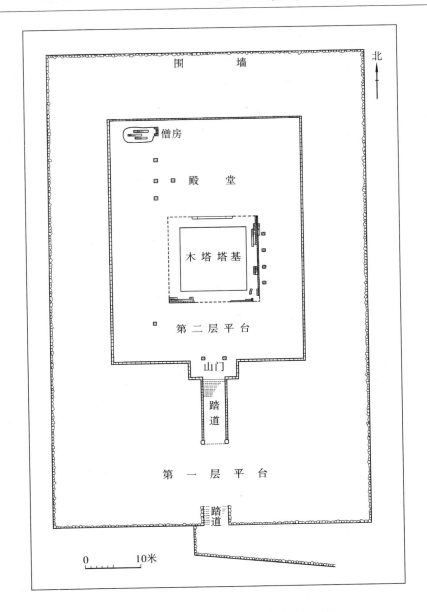

图 8-21　山西大同北魏思远佛寺遗址平面图

省文物考古研究所等在清理唐建辽修的北塔时发现该遗址[5]。佛寺遗址叠压在北塔之下，

通肩式的旧样式，其样式与云冈二期第 9、10 窟一致。因此，思燕佛图的修建年代大致可推定在太
　　和八年至十年（公元 484~486 年）。
[5]　20 世纪 90 年代初，对朝阳北塔曾有初步的报道和研究，见董高的《朝阳北塔"思燕佛图"基址
　　考》（《辽海文物学刊》1991 年第 2 期），张剑波、王晶辰、董高的《朝阳北塔的结构勘察与修建历

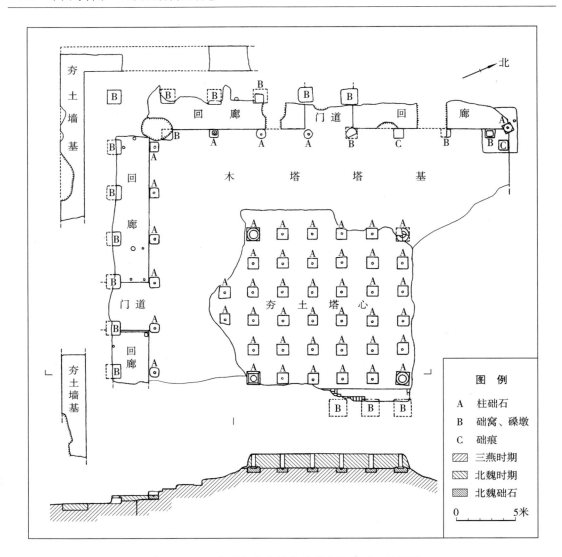

图 8-22　辽宁朝阳北魏思燕佛图遗址平面、剖视图

为方形夯土台基，边长约 90 米。从夯土中发掘出土的三燕时期的柱础看，佛寺直接建造在三燕时期和龙宫宫殿建筑基址上，并且利用了原有大部分柱础窝和柱网。据发表的平面图可知：寺院平面方形，边长 48.6 米。寺院中心为木塔塔基（图 8-22），柱础分四圈布局，外圈（第四圈）原有柱础 28 个，现仅存南面正中二柱础 2 个柱础，东面北侧 3 个柱

史》（《文物》1992 年第 7 期）图二。2007 年，出版了详细的考古报告，见辽宁省文物考古研究所、朝阳市北塔博物馆所编《朝阳北塔——考古发掘与维修工程报告》（文物出版社，2007 年）。该书图五为北魏思燕佛图建筑遗迹平、剖面图。编者认为，思燕佛图建于太和九年（公元 485 年）至十四年（公元 490 年）。

窝。第三圈有 20 个柱础，其中四角为明础。据柱网间距，外圈边长为 18.9 米。塔基遗址中出土塑像 167 件，有佛、菩萨、弟子和飞天。这批塑像与云冈二期造像十分相似，如佛像身着通肩或袒右袈裟，面相丰圆，飞天体态笨拙等，均是云冈北魏造像样式。据此，可以推测塔中原设有龛像。参考"思远佛寺"和洛阳永宁寺塔设有回廊的形制，第四圈外还应有第五圈柱础，第四、五圈之间可能为回廊，回廊内壁设龛像。按柱网布局，推测该塔为面宽 7 间的木构楼阁式佛塔。寺院周围为一圈回廊，进深 2 间，每边 11 间[1]。回廊的外侧面为夯土墙体，其中西墙和南墙的基础大部分还保留着，系利用三燕时期的墙基。西面和南面中间均辟一门道，东面和北面已毁，有可能与洛阳永宁寺一样，四面各开一门。

"思燕佛图"与"思远佛寺"的平面布局并不相同，"思燕佛图"是以塔为中心，四周环以回廊（或僧房）的早期佛寺配置，围绕寺院一周的回廊又起到了院墙的作用。朝阳北塔十分重要，是研究北魏平城时期寺院布局的重要实物资料。特别是围绕寺院周围的是为深二间的建筑遗址，这为推定洛阳永宁寺"僧房楼观一千余间"的位置，提供了很好的例证。

（3）山西大同云冈石窟窟顶北魏佛寺遗址

2010 年，为了配合云冈石窟窟顶防渗水工程，山西省考古研究所、云冈研究院、大同市考古所组成联合考古队，对窟顶佛寺遗址进行考古发掘。在云冈西部窟群上方第 1 区发掘出一座比较完整的北魏平城时期的佛教寺院（图 8-23）[2]。该寺院坐北朝南，院内南部为一边长 14 米的方形佛塔基址，塔基南面有登塔的踏道。东西北三面为成排的僧房，其中北面僧房保存较好，长 61.5 米，共有 15 间（北魏 13 间，辽金改建的 2 间），僧房前有成排的柱础，构成前廊。西面僧房从北面僧房的 F6、F7 之间开始向南修建，但破坏严重，仅存 2 间。僧房前也有前廊和柱础。东面僧房与西面僧房对称布局，现残存 3 间。南面没有发掘，据钻探，未发现遗迹。从整体布局看，这是以佛塔为中心，东西僧房与北面僧房围合而成一个完整的院落。但北面僧房中，西侧的 4 间已在西面僧房之西了，这样寺院布局有可能为东西并列的两个院落组成（其中东为主院，西为旁院）。北面僧房的前廊可以作为连接东西院落的通道。

2011 年，联合考古队在中部窟群（第 5、6 窟）上方又发掘出一座辽金时期的大型八角形塔基及铸铁遗址，塔基内包裹着为北魏时期的方形塔基，边长 14 米。可知这一区域也是北魏时期的寺院遗址，辽金时期在北魏佛塔的基础上又重新建造了佛塔。但除了佛塔之外，北魏的地面及其他附属建筑（僧房或回廊等）均已不存。

两处遗址中还出土了大量北魏时期的建筑构件，其中北魏"传祚无穷""富贵万岁"瓦当具有北魏皇室建筑构件特色。云冈石窟开凿于北魏和平元年（公元 460 年），一直是

---

[1] 《朝阳北塔——考古发掘与维修工程报告》（文物出版社，2007 年）的编者认为：围绕寺院周围进深二间的建筑遗址是殿堂，寺院"当是以佛塔为中心，后建佛殿，前筑山门，四周围有院墙。但具体情况还有待于进一步作全面深入的考察"。这里称为"殿堂"可能不太确切，应该为"回廊址"，极有可能作为僧房使用。前有佛塔，后建佛殿的说法也缺少根据，因为回廊址的西北角可以看到拐角的柱础，这样佛塔之后已经没有容纳佛殿建筑的空间。

[2] 张庆捷、李白军、江伟伟：《山西云冈石窟窟顶北魏寺庙遗址》，《2010 中国重要考古发现》，文物出版社，2011 年。

图 8-23　山西大同云冈石窟窟顶北魏佛寺遗址

北魏皇室开凿洞窟和礼拜、供养的中心。北魏太和十八年（公元 494 年），孝文帝迁都洛阳，云冈的大型石窟工程，如第 3 窟（堪称为云冈规模最大的洞窟）就此中止。因此，这两处寺院遗址应该是迁都洛阳前修建的。

上述寺院遗址的发现十分重要，它不仅提供了北魏时期云冈石窟的外貌，而且表明了云冈石窟的内涵还包括了窟顶上方的地面佛寺遗址，是世界文化遗产云冈石窟一个重要组成部分。同时表明文献所记北魏云冈石窟恒供 3000 余僧人大概是在窟顶寺院区[1]，还印证了郦道元《水经注》所记载的武周山石窟寺（即云冈石窟）"山堂水殿，烟寺相望"的壮观景象。

（4）内蒙古怀朔镇佛塔遗址

怀朔镇佛塔亦为方形，边长 16 米，其中心有 8 米见方的方形夯土台基。柱础布局与"思燕浮图"大致类同。塔基之后尚有大片遗址，疑是前塔后殿的布局，遗址中也出土少量佛教泥塑，与北魏平城时期开凿的云冈石窟造像十分相似，其建筑年代应是北魏迁都洛

---

〔1〕　唐·道宣《续高僧传·昙曜传》（中华书局，2014 年）记载：昙曜"住恒安石窟通乐寺，即魏帝之所造也。去恒安西北三十里，武周山谷北面石崖，就而镌之，建立佛寺，名曰：灵岩。龛之大者，举高二十余丈，可受三千许人……东头僧寺恒共千人……故于北台石窟，集诸德僧，对天竺沙门，译《付法藏传》并《净土经》。流通后贤，意存无绝"。云冈石窟洞窟前即为北魏时期武周水之故道，第 4 窟前还发现车辙，故可推测洞窟前原为道路，没有建筑地面佛寺的空间。因此，窟顶佛寺大概是昙曜译经和僧人起居之所。

阳前（公元 494 年）[1]。

（5）河南洛阳永宁寺

洛阳永宁寺是北魏洛阳著名的寺院，为北魏熙平元年（公元 516 年）胡太后所建，永熙三年（公元 534 年）毁于大火[2]。1979 年，中国社会科学院考古研究所对永宁寺塔基进行了发掘，基本弄清了寺院的布局和塔基的形制[3]。

根据考古发掘资料可知：永宁寺位于北魏洛阳内城西南部，北距宫城南墙约 500 米，东距铜驼街约 200 米。寺院坐北朝南，平面呈长方形，南北约 305 米，东西 215 米，周长 1066 米（见图 1-8）。南东西每面各一门址，北面破坏较甚，未见门道遗迹。寺院中心略靠南处为塔基遗址，平面呈正方形，分上下二层。下层为基座，南北宽约 98 米，东西广约 101 米。四面正中各一踏道，可登基座。基座中心部分有高 2.2 米、边长 38.2 米的方形夯土台基，青石包边。台基之上有分五圈排列的 124 个方形柱础。第五圈面宽九间，柱间设前檐墙、门和窗。第五、四圈之间为回廊，第四圈内的台基中心部分筑有一座土坯垒砌的实心方柱体，边长 20 米，残高约 3.6 米。柱体东西南三面壁上各保存了 5 个佛龛。清理塔基中出土的佛像、菩萨、弟子和世俗供养人等泥塑应安置于此。北壁无龛，但有木柱残迹，或似登塔之梯道。第三圈内可能是木塔内匝礼拜回廊。第二圈内有土坯所砌的方形实体。有可能是木塔内的中心柱的遗迹。第一圈内为柱内的中心部分，有一 1.7 米见方四壁整齐的深坑。或以为是竖立刹座的部分[4]，也可能是瘗埋舍利函之处[5]。塔基之北

---

[1] A. 刘幻真：《固阳县圐圙北魏古城调查》，《包头文物资料》第 1 辑，文物出版社，1984 年。

B. 内蒙古文物工作队：《内蒙古白灵淖城圐圙北魏古城遗址调查与试掘》，《考古》1984 年第 2 期。

[2] 该寺的详细记载见于魏·杨衒之《洛阳伽蓝记》（范祥雍校注本，上海古籍出版社，1978 年新一版，第 2～4 页）卷一"永宁寺"条："永宁寺，熙平元年（公元 516 年）灵太后胡氏所立也……中有九层浮图一所，架木为之，举高九十丈，有刹复高十丈，合去地一千尺，去京师百里已遥见之……刹上有金宝瓶，容二十五石。宝瓶下有承露金盘三十重，周匝皆垂金铎。复有铁锁四道，引刹向浮图……浮图有四面。面有三户六窗，户皆朱漆，扉上有五行金钉，（其十二门二十四扇）合有五千四百枚，复有金镮铺首。殚土木之功，穷造形之巧……浮图北有佛殿一所，形如太极殿。中有丈八金像一躯、中长金像十躯、绣珠像三躯、（金）织成（像）五躯，（玉像二躯），作功奇巧，冠于当世。僧房楼观一千余间……寺院墙皆施短椽，以瓦覆之，若今宫墙也。四面各开一门。南门楼三重，通三道，去地二十丈。形制似今端门……拱门有四力士四狮子……东西两门亦皆如之。所可异者，唯楼二重。北门一道不施屋，似乌头门。四门外，树以青槐，亘于绿水，京邑行人，多庇其下。"《魏书·释老志》记载："肃宗熙平中，于城内太社西，起永宁寺。灵太后亲率百僚，表基立刹。佛图九层，高四十余丈。"关于塔的高度，《释老志》所记可能更客观些。

[3] 1994 年，又对永宁寺进行了全面发掘，揭露了西门遗址。见中国社会科学院考古研究所洛阳汉魏城队的《北魏洛阳永宁寺西门遗址发掘纪要》（《考古》1995 年第 8 期）、中国社会科学院考古研究所的《北魏洛阳永宁寺——1979～1994 年考古发掘报告》（中国大百科全书出版社，1996 年）。

[4] 宿白：《洛阳地区北朝石窟的初步考察》，《中国石窟·龙门石窟一》，文物出版社，1991 年。

[5] 徐苹芳《中国舍利塔基考述》（《传统文化与现代化》1994 年第 4 期）认为该坑"显系瘗埋舍利函的"。塔下瘗埋舍利函之制约可早到东晋时期，《高僧传·慧达传》（中华书局，1992 年）记载：东晋简文帝于长干寺造三层塔，达"夜见刹下时有光出，乃告人共掘。掘入丈许得三石碑，中央碑覆中，有一铁函，函中又有银函，银函裹金函，金函裹有三舍利，又一爪甲及一发。"北朝此制或与南朝有关。

有一座大型夯筑的殿堂遗址，应是形如太极殿的佛殿建筑，但遗址未进行发掘，形制尚不清楚。

永宁寺的总体布局是前塔后殿，以塔为主的规制。文献中所记载的永宁寺有"僧房楼观一千余间"，从发掘情况看，尚不明了，如果参照"思燕佛图"的平面布局，极有可能是围绕寺院而布置的。

（6）河北临漳邺城东魏北齐佛寺遗址

该遗址位于河北临漳县赵彭城村西南的邺南城朱明门（正南门）外大路东侧。2002年，中国社会科学院考古研究所、河北省文物研究所组成的邺城考古队对寺院中心木塔基进行了发掘。为了了解寺院的布局，2003年至2004年又进行了钻探和试掘。2012年又对东南院及中院北部殿堂等相关遗迹进行了发掘[1]。据此，寺院的范围已经大体明了：寺院坐北朝南，平面呈正方形，边长430米，面积占一坊之地，其规模超过了洛阳永宁寺，寺院周围还有宽5～6米的壕沟环绕（见图1-20）。从地理位置和规模看，应属于北齐皇家寺院。寺院遗址中心为木塔塔基遗址，塔基有边长约45米的方形地下基槽。基槽之上建筑佛塔地上部分，现存边长约30米夯土塔心实体，残存有柱础石、承础石、础石坑等遗物、遗痕，基本上可以复原塔心实体的柱网结构。塔心实体夯土中心部位还发现有刹柱础石、塔基砖函等，首次明确了北朝晚期佛塔立中心刹柱的做法。佛塔南侧有斜坡踏道、砖铺散水等[2]。目前在寺院东南和西南部已经各发现一处边长110米的方形回廊基址，可知这是两处大型院落。其中西南院落内中心靠北的位置发现有大型殿堂基址。从目前所知佛殿情况看，该寺院属于以塔为中心的多院式的平面布局，寺院周围不见有院墙，实际上每个院落的回廊起到了院墙作用。

（7）山西太原童子寺遗址

龙山童子寺创建于北齐天保七年（公元556年）[3]，是北朝至隋唐时期太原地区著名的佛教寺院。该遗址位于山西太原市西南约25公里龙山之北峰。2002年至2006年，中国社会科学院考古研究所、山西省考古研究所和太原市文物考古研究所组成联合考古队对该遗址进行了发掘，弄清了寺院的布局、重修和废弃年代，同时出土了大量的建筑构件和精美的石刻造像[4]。

童子寺大体坐西朝东。寺院分为南北两个部分，相距65米。北部为大佛阁遗址，佛

---

〔1〕 中国社会科学院考古研究所、河北省文物研究所邺城考古队：《河北临漳县邺城遗址赵彭城北朝佛寺遗迹2011—2012年的发掘》，《考古》2013年第12期。

〔2〕 A. 中国社会科学院考古研究所、河北省文物研究所邺城工作队：《河北临漳县邺城遗址东魏北齐佛寺塔基的发现与发掘》，图一，《考古》2003年第10期。

B. 中国社会科学院考古研究所、河北省文物研究所邺城考古队：《河北临漳县邺城遗址赵彭城北朝佛寺遗址的勘探与发掘》，《考古》2010年第7期。

〔3〕《永乐大典》卷五二〇三引《太原县志》。

〔4〕 A. 中国社会科学院考古研究所边疆考古研究中心、山西省考古研究所、太原市文物考古研究所：《太原市龙山童子寺遗址发掘简报》，《考古》2010年第7期。

B. 李裕群、阎跃进：《太原龙山童子寺佛阁遗址考古发掘》《2013年中国重要考古发现》，文物出版社，2014年。

阁后接摩崖敞口式大龛，龛内为北齐雕造的无量寿佛、观世音、大势至菩萨三身像，风化十分严重，只能看出造像的轮廓。佛阁前有一座高达 5.03 米的北齐燃灯石塔。南部属寺院区，寺院之西侧和北侧约 15 米为自然山体，崖壁上有北齐开凿的洞窟 5 个，造像也均风化不清[1]。

佛阁依山而建，东南北三面砌墙，按叠压关系，可分早晚二期。早期为北齐创建佛阁时所砌筑的墙体，条石垂直垒砌，墙体厚 2.5 米，南北面阔 34 米，东西进深约 5～8 米，现存高度 7.5～8 米。东墙内壁条石均雕刻千佛龛像，龛内佛像具有典型的北齐造像特征。

佛阁中间开门，门宽 5 米，有门槛。门外两侧有平柱础。佛阁内部面宽 3 间。进深 1 间，宽 18.8，深 5.64 米。后（西）壁为石砌佛座，高 4 米，上沿出三层叠涩。佛座前置一排 4 个大型柱础，柱础直径 1.4 米。阁内南壁分上下层，下层高与佛座齐平，石条砌筑并列的两个佛龛，龛内各置北齐圆雕一佛二菩萨像。上层台依壁置北齐圆雕三佛二菩萨像。阁内北壁可能与南壁对称，但为唐代护墙所遮[2]。晚期为唐代加固的护墙，除了阁内南壁外，内外壁用石条加固，现存有面宽 5 间的前廊。佛阁顶部还清理出北齐阁墙和后门址，与下部北齐阁墙为一整体佛阁建筑。

现存遗址表明：该寺院是一处石窟和地面寺院相结合的特殊类型。特别是佛阁的出现，与大佛雕造密切相关，是现存最早的佛阁实例。燃灯石塔与阁门、大佛在一条直线上，石塔有灯室和葫芦形的抽烟孔，燃烧痕迹明显，表明燃灯供佛是当时重要的宗教活动，这是北朝寺院中所仅见的。

上述北朝佛寺遗址，除了内蒙古怀朔镇佛塔建筑外，均为北朝皇家寺院。建造年代从北魏平城、洛阳一直到东魏北齐邺城时期，大致涵盖了整个北朝。因此，上述佛寺可以大体反映北朝寺院布局的特点及其演变过程。

1）木塔构造，上述北朝佛寺均以大型木塔为主要配置，是寺院中主要礼拜供养对象。"思远佛寺"的木塔内设有回廊，回廊内壁塑造龛像，可供信徒绕塔礼拜[3]。洛阳永宁寺塔的回廊设置显然继承了平城"思远佛图"和朝阳"思燕佛图"。邺南城佛寺木塔破坏较为严重，但也有可能有回廊的设置。

2）平面布局，北朝时期，佛寺的布局有三种类型。

其一是朝阳"思燕佛图"，属于公元 4 世纪以前流行的早期单塔配置的寺院，即是以

---

[1] 李裕群：《晋阳西山大佛和童子寺大佛的初步考察》，《文物季刊》1998 年第 1 期。

[2] 2013 年在阁内北壁下层唐代护墙上发现 2 个大型佛龛壁画，其中东龛保存基本完整，西龛已毁，东龛有尖拱形龛楣和龛柱，龛内绘一尊坐佛，佛像面相丰圆，身着袒右袈裟，龛形和佛像样式与天龙山唐代洞窟一致。此 2 龛正好与南壁北齐龛相对应，因此，唐代护墙内原来应有北齐龛。参见李裕群、阎跃进的《太原龙山童子寺佛阁遗址考古发掘》（《2013 中国重要考古发现》，文物出版社，2014 年）。

[3] 围绕中心塔柱塑像，其渊源可以追溯到东汉明帝（公元 58～75 年）在洛阳所建的白马寺。东汉末《牟子理惑论》记：明帝"于洛阳城西雍门外起佛寺。于其壁画千乘万骑，绕塔三匝。"其壁画大概绘于塔身外壁。所谓"千乘万骑"乃天子大驾，故壁画内容被怀疑是八王分舍利，但参考龙门北魏宾阳中洞、巩县石窟中的帝后礼佛图，也不能排除是汉明帝及其扈从礼拜佛塔的场面。

塔为中心的、周有阁道围绕的中国传统院落式形制[1]。云冈窟顶佛寺也是单塔配置的寺院，但有可能还有旁院。参考云冈窟顶佛寺僧房附有前廊的作法，"思燕佛图"的回廊应属僧房建筑。

其二是"思远佛寺"，为塔殿配置的平面布局，但与"思燕佛图"不同的是寺院周围没有回廊址。塔殿配置的寺院布局约在公元4世纪以后出现，并成为北朝时期流行的佛寺模式[2]。"思燕佛图"与"思远佛寺"营造均与北魏冯太后有关，但寺院平面布局并不相同，这说明公元5世纪在塔殿配置的寺院布局流行之时，旧的单塔配置的寺院布局仍然没有消失。洛阳时期的永宁寺平面布局承袭了平城"思远佛寺"，为前塔后殿的配置。而一千余间的僧房楼观极有可能继承了"思燕佛图"寺周一圈回廊的布局。到东魏北齐时期，邺南城佛寺遗址又表现出大型寺院布局新的变化，即多院式的佛寺。该遗址中心为木塔遗址，木塔之后是否有佛殿配置，现在还不清楚，但该寺无疑是塔为中心的。除了中心佛塔外（应称为中院），新出现的旁院的配置，其来源可能与南朝佛寺有关，虽然南朝佛寺遗址尚未进行过发掘，没有实例可证。但按文献记载，梁武帝所建爱敬寺即为多院式的佛寺布局，该寺除了中院之外，还旁置三十六院。这些旁院是"周宇环绕"而成，这与邺南城佛寺十分相似[3]。上述北朝佛寺还反映出一个显著的特点，即缺少江南佛寺所流行的讲堂配置，这大概与北朝重修行，不重佛教义理有一定关系。

其三是童子寺遗址，属于山地寺院类型。与平地起建的寺院不同，山地寺院往往因地制宜，就地取材。佛阁、寺院皆因山势而建，使整个寺院自然分成了南北两个部分。北部为摩崖大佛，前接佛阁，阁前为燃灯石塔，是礼拜供养的主要场所。南部寺院区则是前建寺院，后凿石窟。窟内佛教造像大多是配合禅观的需要而雕造的[4]。因此，寺院区的功能似与佛阁区有一定的差别，后者主要是供僧人坐禅观像和生活起居。这两种不同功能的区域又组成有机的统一体，体现了山地寺院与石窟相结合的特殊性。寺院中出现佛阁的配置始见于南朝梁武帝所建同泰寺，该寺建有七层大佛阁[5]。江南佛阁的出现与大佛的塑

---

[1] 早期的佛寺大概模仿了汉式楼阁式建筑，最典型的实例是，甘肃武威雷台墓出土的陶楼院明器。该楼院中心为五层楼阁，四周环以院墙，前开二层院门楼，四角立二层角楼，角楼间以栈道相连。见甘肃省文物局编《甘肃文物菁华》（文物出版社，2006年），第37页，图35。

[2] 塔、殿或塔、殿、讲堂配置的寺院约出现于4世纪的中原地区，这与后赵佛教的兴起以及佛图澄、道安一系关系最为密切，并由此影响到江南佛寺。可见李裕群的《隋唐以前中国佛教寺院的空间布局及其演变》（《边疆民族考古与民族考古学集刊·第一集》，文物出版社，2009年）。

[3] 《续高僧传·宝昌传》（中华书局，2014年）记载：梁武帝"为太祖文皇，于钟山北涧，建大爱敬寺……创塔包岩壑之奇，宴坐尽林泉之邃。结构伽蓝，同尊园寝。经营雕丽，奄若天宫。中院之去大门，延袤七里，廊庑相架，檐霤临属。旁置三十六院，皆设池台，周宇环绕。千有余僧，四事供给。中院正殿有栴檀像，举高丈八……帝又于寺中龙渊别殿，造金铜像，举高丈八。"可知，爱敬寺有佛塔，中院内有正殿。虽然文献没有说明佛塔的位置是否在中院内。但按照南北朝佛寺的平面布局，中院极有可能是塔殿配置的。

[4] 刘慧达：《北魏石窟与禅》，《中国石窟寺研究》，文物出版社，1996年。

[5] 李裕群：《隋唐以前中国佛教寺院的空间布局及其演变》，《边疆民族考古与民族考古学集刊》第一集，文物出版社，2009年。

造有关，而北齐摩崖大佛龛的雕造曾受到江南（摄山大佛、石城大佛龛）的影响[1]，因此，童子寺佛阁的出现也应源于江南。

2. 佛教造像

（1）邺城地区出土佛教造像

20 世纪 50 年代以来，邺城地区陆续出土了一批佛教石造像[2]，其中 1997 年河北成安县城关镇南街寺庙遗址中出土的一批北朝造像，数量在数百件以上[3]；2012 年，在临漳县习文乡北吴庄发现一处佛教造像埋藏坑，出土各类造像 2895 件（块），种类有单体造像、背屏式造像、造像塔等。许多造像表面存留贴金彩绘，色彩艳丽。其中有造像纪年铭刻者多达的 230 件左右[4]。成安县属邺城京畿地区，北吴庄则位于邺南城东面，郭城之内。因此，上述诸批出土造像极大地丰富了邺城佛教造像的内涵，为研究北朝时期邺城地区佛教造像的类型、题材和样式的演变，以及所反映的邺城佛教信仰提供了重要资料。根据纪年造像的排比，邺城地区造像的演变大致分为四个阶段[5]。

第一阶段北魏太和时期。造像数量很少，均为青石质，背屏式造像，方形底座。最早的纪年造像为成安出土的北魏太和六年（公元 482 年）鞠抚造释迦像，背面浮雕无量寿佛，佛座上镌刻发愿文："太和六年十月三日佛弟子鞠抚夫妻三人为祖父母造释迦像一躯，愿祖父母夫妻眷属等，正见弥勒下生，三会说法，愿如此福。"另有北吴庄出土的太和十九年（公元 495 年）刘伯阳造释迦像。造像题材为一佛二菩萨组合。造像样式大体上保留了北魏孝文帝太和改制前的特点，如佛像身穿袒右式袈裟，或通肩袈裟，身体健壮，有的残件佛像袈裟带有勾形的厚重衣纹，时代较早；菩萨束高发髻；佛座上供养人身着胡服，都表现出云冈造像的特点。但造像题材，如无量寿佛和弥勒下生、龙华三会的祈愿则不见于云冈，应是邺城地区固有的净土信仰[6]。

第二阶段北魏后期至东魏前期。造像数量逐渐增多，以青石质为主，东魏开始出现白石像，多背屏式造像。重要的纪年造像有北吴庄出土的北魏正（始）二年（公元 505 年）三種法荣造像、北魏永平三年（公元 510 年）张口造观世音像、东魏兴和二年（公元 540 年）张达磨造释迦像等。造像组合仍以一佛二菩萨为主，主尊有释迦、观世音菩萨，还有弥勒、药师和太子思惟像等。背屏背面一般浮雕或墨绘太子树下思惟像。与第一阶段相比，造像样式变化显著，流行"秀骨清像"样式，佛像身着褒衣博带式袈裟，阶梯状厚重的衣纹，使佛像身体显得更加清瘦。

---

[1]　宿白：《南朝龛像遗迹初探》，《中国石窟寺研究》，文物出版社，1996 年。

[2]　河北临漳县文物保管所：《河北邺南城附近出土北朝石造像》，《文物》1980 年第 9 期。

[3]　这批造像雕造于北魏至唐代，绝大多数为北朝造像，现存于邯郸市文物研究所。该发掘报告尚未整理发表，部分造像资料已有图版刊布，参见邯郸市文物研究所的《邯郸古代雕塑精粹》（文物出版社，2007 年）。

[4]　中国社会科学院考古研究所、河北省文物研究所邺城考古队：《河北邺城遗址赵彭城北朝佛寺与北吴庄佛教造像埋藏坑》，《考古》2010 年第 7 期。

[5]　何利群：《从北吴庄佛像埋藏坑论邺城造像的发展阶段与"邺城模式"》，《考古》2014 年第 5 期。

[6]　衣丽都：《邯郸成安县出土的北魏太和六年释迦三尊像》《敦煌研究》2012 年第 3 期。

第三阶段东魏后期至北齐天保年间。造像数量大增，以汉白玉为主。典型的纪年造像有北吴庄出土的东魏武定二年（公元544年）和姚沙李迴香造太子思惟像（图8-24-1）、东魏武定四年（公元546年）孙景蒨造弥勒像、东魏武定五年（公元547年）僧略造释迦像、北齐天保元年（公元550年）长孙氏造阿弥陀像、北齐天保十年（公元559年）□枝本造观音像（图8-24-2）等。背屏尖端高浮雕飞天、塔或坐佛形象，有的还雕出菩提树冠及龙的图案。背面常见浅雕、阴刻或墨绘太子树下思惟场景。造像组合以一佛二菩萨或一菩萨二弟子三身像为主，题材有释迦、交脚弥勒、阿弥陀等，观音和思惟太子像常见。方座上新出现成组的神王像。造像样式明显改变，前期"秀骨清像"的样式消失，佛、菩萨等面相较圆，身体已偏丰满。部分造像已出现以菩提树为背屏、局部透雕的作法。值得注意的是：北齐背屏式佛座两侧出现双龙题材，如长孙氏造阿弥陀像造像等是邺城地区首次见到的，反映了与山东地区的密切关系。

第四阶段北齐中后期。造像数量最多，均为汉白玉造像。典型的造像有北吴庄出土的北齐河清二年（公元562年）僧觉（？）昙华造像、临漳县习文乡上柳村东太平渠出土的坐佛七尊像、交脚弥勒七尊像[1]、坐佛五尊像[2]以及张彭城村西出土的造像背屏残件[3]。

背屏式造像大多由菩提双树相互缠绕构成，镂孔透雕，一些较大的造像常有两至三层透雕，雕工细腻，造型精美。背屏尖端雕舍利塔或坐佛，有的雕刻龙的形象，两侧为手捧华绳的飞天。有的佛座两侧雕有双龙。方形底座正面雕香炉、双狮和二力士像，其余三面一般雕出成组的神王像小龛。造像组合以五身和七身组合为主，大螺髻像常见于一铺七身组合中。以菩萨为主尊的中小型像则多为三身或五身组合。造像题材有释迦、阿弥陀、交脚弥勒菩萨、药师、释迦多宝、卢舍那、观世音和思惟太子等，双观音和双思惟像较为流行。佛、菩萨和弟子的造型均为面相圆润，肌体丰满的样式，如佛像身着轻薄贴体的袒右式袈裟，显露丰满。菩萨上身袒露，小腹鼓起。另外还有形体较大的单体圆雕造像和造像塔。其中一尊佛像为螺发，面相清秀，身着无衣纹雕刻的袈裟，属于典型的山东青州北齐造像样式。

上述四个阶段明显地反映出邺城地区佛教造像发展演变的过程。第一段主要来自于北魏平城的影响，但造像题材则有地方传统；第二阶段主要来自北魏洛阳的影响；第三和第四阶段是邺城地区佛教造像样式确立和成熟时期，尤其是镂孔透雕的背屏式造像富有特色。第四阶段还明显看到西方文化的影响，如张彭城村西出土的造像背屏残件中的飞天，卷曲的头发，身体朝上的优美姿态，是前所未见的，应受到西方雕刻的影响。另外青州造像样式的佛像以及佛座两侧双龙的出现，表明邺城与青州造像也有着密切的关系。

第三和第四阶段的造像绝大多数是汉白玉造像。由于定州曲阳为汉白玉产地，过去汉

---

〔1〕 东京国立博物馆、朝日新闻社编集：《中国国宝展》图版141，如来七尊像；图版142，弥勒七尊像，平凡社地图出版，2000年。

〔2〕 邯郸市文物研究所：《邯郸古代雕塑精粹》图版49，文物出版社，2007年。

〔3〕 河北临漳县文物保管所：《河北邺南城附近出土北朝石造像》图一一，《文物》1980年第9期。

图 8-24　河北邺城北吴庄埋藏坑出土佛教造像

1. 东魏武定二年（公元544年）和妣沙李迴香造太子思惟像

2. 北齐天保十年（公元559年）□枝本造观音像

白玉造像出土地主要是以定州为中心的区域，其中以20世纪50年代曲阳修德寺大量造像的出土最为著名。定州汉白玉造像雕造始于北魏晚期，一直延续到唐代，地方特色较为显著，故学术界将出土的汉白玉造像笼统地称为"定州样式"。邺城汉白玉造像始于东魏，盛于北齐，但表现出与定州造像明显的差异，邺城造像不仅雕刻水平高，如镂空透雕不见于曲阳造像，而且造像题材也与定州不太相同，如佛座上的神王题材和双龙雕刻，都不见于定州。因此，可以确定，邺城汉白玉造像应反映了邺城高超的雕刻工艺和佛教信仰，属于邺城造像样式。

（2）河北曲阳修德寺出土石刻造像

河北曲阳修德寺石刻造像是 1954 年中央文化部文物局和河北省文物局共同发掘出土的。据发掘者介绍，这批造像出自五代佛殿遗址下的 2 个窖藏坑中，共有 2200 余件 [1]，以质地细腻的汉白玉石像为主，其中有造像题记者 247 件，包括北魏 17 件；东魏 40 件；北齐 101 件 [2]。按纪年造像可分为三个阶段。

第一阶段北魏时期

最早纪年造像为北魏神龟三年（公元 520 年）上曲阳邑义廿六人造弥勒像，最晚为永熙三年（公元 534 年）张开造观世音像。这一时期造像题材流行弥勒佛（有 7 身），佛坐式，如正光二年（公元 521 年）张开造像，或倚坐式，如正光四年（公元 523 年）邸拔延造像。其次为释迦佛（2 身）和观世音菩萨（4 身）。造像特点流行具有典型的"秀骨清像"样式。佛像身着褒衣博带式袈裟，裙摆宽博，覆于座前。衣纹多波浪式，与山东地区造像有些类似，具有一定的地方特色。菩萨像头戴冠，面相清瘦，披巾宽博，下垂于膝部交叉。总体上讲，造像样式仍是北魏龙门样式的沿袭。

第二阶段东魏时期

造像数量明显增多，造像题材主要流行观世音菩萨（13 身），弥勒佛明显减少（1 身），新出现释迦多宝（4 身）、半跏思惟像（9 身）（图版 27－2）以及无尊名的双佛坐像。造像特点仍沿袭前期"秀骨清像"样式。佛像波浪式的衣纹已较少见，而新出现双阴线衣纹。且较前期单薄，已有向北齐造像过渡的趋势。菩萨像的变化亦同样如此，有的面相出现丰圆的样式，披巾出现腹部打结的做法。这为北齐造像所延续。

第三阶段北齐时期

曲阳造像达到极盛期。造像题材主要流行双身像，除释迦多宝外，有双释迦像（2 身）、双佛坐像（3 身）、双半跏思惟像（8 身）、双观世音像（8 身）、双菩萨像（19 身）。虽然，这种双身像的出现和流行目前尚不能作出合理的解释，但无疑它是具有鲜明的地方特色。观世音菩萨（单体有 11 身）仍十分流行。新出现无量寿和阿弥陀佛题材（各 1 身）。说明西方净土信仰在定州开始出现。另外造像座双龙柱龛雕成镂空样式，极富地方特色。这一时期造像背光上出现双龙奉塔的形象，则与山东地区佛教造像有一定的关系。

---

〔1〕　A. 罗福颐：《河北曲阳县出土石像清理工作简报》，《考古通讯》1955 年第 3 期。

　　　B. 李锡经：《河北省曲阳县修德寺遗址发掘记》，《考古通讯》1955 年第 3 期。

　　　C. 冯贺军《曲阳白石造像研究》（紫禁城出版社，2005 年）一书提到：近年，修德寺地宫出土隋仁寿元年（公元 601 年）舍利塔下铭，据铭文可知，修德寺前身为定州恒阳县恒岳寺，为隋文帝开皇元年（公元 581 年）所立。

〔2〕　见杨伯达的《曲阳修德寺址出土纪年造像的艺术风格与特征》（《故宫博物院院刊》1960 年总第 2 期）、《埋もれた中国石佛の研究》（东京美术，1985 年）第三章《纪年铭像による时代区分》。另外隋代纪年造像有 81 件；唐代纪年造像 8 件。据故宫博物院冯贺军最新统计，有明确纪年者 271 件，包括北魏晚期 14 件，东魏 46 件，北齐 116 件，隋代 65 件，唐代 10 件，见冯贺军的《曲阳白石造像研究》（紫禁城出版社，2005 年）附录三《发愿文总录》凡例。遗憾的是这批造像的发掘报告至今未能整理出版。

造像特点在第二阶段的基础上有了很大的发展。佛像褒衣博带式袈裟已经消失，取而代之的是衣纹极少的双领下垂式和袒右式袈裟，裙摆明显变短，身体变得丰壮，肉髻低平，面相浑圆。菩萨像披巾流行于腹部打结或从双肩外侧内绕臂，沿身侧下垂，这种披法似来自于邺城地区造像样式。从已发表的资料看，邺城和太原北齐流行的螺发样式不见于曲阳造像中。到隋代才出现这种发式，这表明曲阳造像有其保守的一面[1]。

　　上述三个阶段的定州造像样式，虽有一定的地方特点，但主要还是来自于佛教文化发达的中心区域，即洛阳和邺城造像样式的影响。另外值得注意的是造像题材第一期弥勒信仰十分流行。弥勒均为佛装，即弥勒于龙华树下三会众生之形象。而不见北魏云冈和龙门所流行的交脚弥勒菩萨，即决疑之弥勒。说明弥勒出世的信仰在定州地区民间广泛流行。这与北魏"正光已后，天下多虞，王役尤甚，于是所在编户相与入道，假慕沙门，实避调役。"[2]的情况有一定的关系。河北地区农民和僧侣往往打着弥勒出世的旗号，揭竿而起。可见弥勒信仰在当地是有其社会基础的。此外观世音信仰的流行也反映了北魏晚期社会急剧动荡，民众乞求观世音菩萨的保佑，以免除灾难。山东地区也有相类似的情况这一时期同样是以佛装弥勒为主，其意义或与河北相同。北齐时期邺城和山东地区华严信仰十分流行，卢舍那佛题材大量出现。而定州这一题材则十分罕见。可以反映该地区民间信仰具有明显的保守性。

　　（3）山东青州与诸城等地出土石刻造像

　　山东地区以青州为中心相继出土了大量的北朝时期的石刻造像，如青州、诸城、博兴、临朐、广饶、无棣、高青、鄄城等县市。这些石刻造像大都与北朝寺院遗址有关。有些寺院大殿遗址上尚保留了不少"丈八大像"。如博兴兴国寺丈八石佛[3]、临淄西天寺遗址（现为临淄石刻馆）二尊5米余的丈八石像[4]。现藏青岛市博物馆的双丈八石佛像，原存淄川龙泉寺遗址[5]。20世纪70年代以来，博兴[6]、诸城[7]等地寺院遗址陆续出

---

[1]　关于定州造像的滞后性，可参见杨泓的《论定州北朝石造像》第182～185页，《保利藏珍》，岭南美术出版社，2000年。

[2]　《魏书·释老志》。

[3]　博兴兴国寺丈八石佛，刘凤君的《山东地区北朝佛教造像艺术》（《考古学报》1993年第3期）根据明景泰元年（公元1450年）《重修兴国寺记》碑记载，认为：兴国寺始建于东魏天平元年（公元534年），而定为同时作品。此说有一定道理。造这样大型的石佛应在寺院创建后进行。故兴国寺丈八石佛似不应早于天平元年（公元534年）。

[4]　中国美术全集编辑委员会：《中国美术全集·雕塑编3·魏晋南北朝雕塑》图版147，解说第57页，人民美术出版社，1988年。

[5]　时桂山：《青岛的四尊北魏造像》图二、三，《文物》1963年第1期。

[6]　A. 常叙政、李少南：《山东省博兴县出土一批北朝造像》，《文物》1983年第7期。

　　B. 山东省博兴县文物管理所：《山东博兴龙华寺遗址调查简报》，《考古》1986年第9期。

　　C. 博兴还出土大批铜造像，见李少南的《山东博兴出土百余件北魏至隋代铜造像》（《文物》1984年第5期）。

[7]　A. 见诸城市博物馆的《山东诸城发现北朝造像》（《考古》1990年8期）。据杜在忠、韩岗的《山

土了一批石刻 造像[2]。单体造像以诸城出土数量最多，残造像多达 300 余件。博兴龙兴寺等遗址也先后出土数十件。1996 年 10 月青州龙兴寺遗址出土精美的石刻造像 400 余件[3]。1995 年，在灵岩寺般舟殿遗址发掘中，出土了两件雕刻非常精美的佛头像和菩萨像，造像的雕造年代曾定为唐宋时期[4]。但从造像的特征看，实际上均属于青州样式的北齐造像[5]。山东地区造像一般以质地细腻的青石雕刻而成，因而造像极为精细。这批造像纪年铭文不少，但有相当部分铭记刻在佛座上，而许多佛座又与造像分离，无法对应复原。因此，无造像的铭文只能推测其造像题材。下面根据出土有纪年铭文造像的特点和造像题材可以将山东地区造像的发展分为两个阶段。

第一阶段：北魏孝明帝至东魏时期（约公元 516～550 年）[6]。

东诸城佛教石造像》（《考古学报》1994 年第 2 期）报道：这批造像毁坏后埋藏于窖穴，头与身体能对接者很少。文中将这批造像分为四期。一期北魏正光以后至北魏末（公元 520～533 年）；二期东魏时期（公元 534～550 年）；三期北齐前期；四期北齐后期。第一期年代可能偏早。

　　B. 除石造像之外，诸城还出土大批铜造像，见韩岗的《山东诸城出土北朝铜造像》（《文物》1986 年第 11 期）。

　　C. 山东其他地区也有不少造像出土，见刘凤君的《青州地区北朝晚期石佛像与"青州风格"》（《考古学报》2002 年第 1 期）、杨泓的《关于南北朝时青州考古的思考》（《文物》1998 年第 2 期）。

〔2〕A. 惠民地区文物管理组：《山东无棣出土北齐造像》，《文物》1983 年第 7 期。

　　B. 常叙政、于丰华：《山东高青县出土佛教造像》，《文物》1987 年第 4 期。

　　C. 鄄城县文化馆　路明：《山东鄄城发现一批北朝石造像残碑》，《文物资料丛刊》10，文物出版社，1987 年。

　　D. 房道国：《济南市出土北朝石造像》，《考古》1994 年第 6 期。

　　E. 宫德杰：《临朐县博物馆收藏的一批北朝造像》，《文物》2002 年第 9 期。

　　F. 临朐县博物馆：《山东临朐明道寺舍利塔地宫佛教造像清理简报》，《文物》2002 年第 9 期。

　　G. 李静杰：《青州风格佛教造像的形成与发展》，《敦煌研究》2007 年第 2 期。

〔3〕A. 见青州市博物馆的《青州龙兴寺佛教造像窖藏清理简报》（《文物》1998 年第 2 期）、《青州龙兴寺佛教造像艺术》（山东美术出版社，1999 年），以及夏名采的《青州龙兴寺佛教造像的发现与清理》（《山东青州龙兴寺出土佛教石刻造像精品》，1999 年）。龙兴寺是北朝青州地区著名的寺院。据北齐《临淮王碑》记载：临淮王娄定远在青州龙兴寺"爱营佛事，制无量寿像一区，高三丈九尺，并观世音、大势至二大士侠侍焉。"造像十分雄伟。据勘察现存寺院遗址分前后三进院落，其中大殿遗址前有月台。遗憾的是，寺院遗址至今未能进行考古发掘。

　　B. 除了龙兴寺外，青州还出土有北朝造像，见夏名采、庄明军的《山东青州兴国寺故址出土石造像》（《文物》1996 年第 5 期）、青州市博物馆的《山东青州发现北齐彩绘造像》（《文物》1996 年第 5 期）、夏名采的《山东青州出土二件北朝彩绘石造像》（《文物》1997 年第 2 期）、青州博物馆的《山东青州出土北朝石刻造像》（《文物》2005 年第 4 期）。

〔4〕灵岩寺编辑委员会：《灵岩寺》第 27 页图版，文物出版社，1999 年。

〔5〕见李裕群的《灵岩寺石刻造像考》（《文物》2005 年第 8 期）。灵岩寺出土北齐造像虽然只有两件，但可以看出青州造像系统向西影响到了齐州。

〔6〕关于青州龙兴寺出土造像的分期，可见夏名采、王瑞霞的《青州龙兴寺出土背屏式佛教石造像分期初探》（《文物》2000 年第 5 期）。该文将背屏式造像分为四期：一期北魏景明至永安前后（公元 500

造像题材

以弥勒佛为主，次为释迦。弥勒一般为佛装样式。造像组合为一佛二菩萨。另外值得注意的是带尖拱背光的造像往往在背光上雕有龙的图像。这是山东地区极富地方色彩的题材。从北魏晚期开始一直到北齐都是极为流行的[2]。但前后略有变化。早期主要流行单龙样式，双龙形象则少见。如山东省博物馆藏（原存青州）北魏正光四年（公元 523 年）张宝珠造像[6]，佛身后背光雕一单龙。潍坊市博物馆藏北魏孝昌二年（公元 526 年）造像，青州市博物馆藏北魏孝昌三年（公元 527 年）造像，现已流入国外的北魏永熙三年（公元 534 年）造像[7]、广饶县文管所藏南赵庄造像、杨造村比丘道休造像、阜城造像[8]以及日本藤井有邻馆藏东魏天平二年（公元 535 年）张白奴造像，背光也皆雕单龙[9]。雕双龙者最早见于博兴北魏正光六年（公元 525 年）王世和造像，其形象是双龙相对，无奉持物[10]，其次为日本东京大学文学部藏（原出山东曲阜）东魏天平四年（公元 537 年）

～530 年）；二期北魏永安至东魏天平前后（公元 528 年～534 年）；三期东魏初至东魏末（公元 534～550 年）；四期北齐（公元 550～577 年）。其所定一期起始年代可能偏早，在造像纪年铭文中还没有北魏宣武帝时期的造像。山东地区比较特殊，北魏孝明帝以前的造像极罕见，而流行金铜小佛像。石刻造像大量出现大约在孝明帝正光年间（公元 520～525 年）。东魏、北齐达到盛期。这种情况与定州曲阳造像大量出现于同一时期相一致。看来北魏孝明帝时期是石刻造像发展的一个重要时期。

[2]　这一时期，河北、山西也有雕龙实例，但不如山东地区盛行。河北石家庄市东良厢村内现存立佛舟形背光上雕双龙，佛衣纹作波浪形与山东东魏佛像一致。北响堂山北洞中心柱正壁佛龛背光及邺城出土单体造像有雕龙者。山西太原市花塔村出土北齐造像背光雕双龙奉塔。见郭勇的《山西太原西郊发现石刻造像简报》（《文物参考资料》1955 年第 3 期）图十。这种奉塔形象与邺城地区有密切关系。美国大都会博物馆藏武定二年（公元 544 年）思惟菩萨背光，旧金山亚洲艺术馆藏天保二年（公元 551 年）思惟菩萨背光，现为日本收藏天保十年（公元 560 年）解留安造太子思维像背光均有双龙护塔形象，该三像具有典型的河北风格，见金申的《中国历代纪年佛像图典》（文物出版社，1994 年）图版 170、186、202。邺城出土临张佛 3 号也为透雕双龙护塔形象，见河北临漳县文物保管所的《河北邺城附近出土北朝石造像》（《文物》1980 年 9 期）图 11。现为台湾良盛堂收藏的北齐武平四年（公元 573 年）半跏坐菩萨像属于河北定州样式，其背光有二龙奉塔形象，见"国立故宫博物院"编《雕塑别藏——宗教编特别展图录》（"国立故宫博物院"，1997 年）图版 37。从出土造像年代分析，河北、山西这类造像应是受山东影响的。

[6]　Siren, Osvald (1925), *Chinese sculpture from the fifth to the fourteenth century*. London：E. Benn Limited. pl. 164.

[7]　A. Siren, Osvald (1925), *Chinese sculpture from the fifth to the fourteenth century*. London：E. Benn Limited. pls. 143－4.

　　B. 金申：《中国历代纪年佛像图典》图版 143，文物出版社，1994 年。

　　C. 此像原为清端方收藏。

[8]　见王思礼的《山东省广饶、博兴二县的北朝石造像》（《文物参考资料》1958 年第 4 期）图 1～3。从造像样式看，其年代约在东魏初。

[9]　A. 松原三郎：《中国佛教雕刻史研究》图版 87，吉川弘文馆，1965 年。

　　B. 陆增祥的《八琼室金石补正》（文物出版社，1985 年）卷 17 著录此造像，并有发愿文录文。

[10]　王思礼：《山东省广饶、博兴二县的北朝石造像》图 4，《文物参考资料》1958 年第 4 期。

造像，双龙形象与前者相类似[1]。到北齐时期，单龙罕见，而流行双龙护塔形象，如无棣出土的北齐天保五年（公元 554 年）张洪庆、九年（公元 558 年）阳显姜造像[2]。这种龙的崇拜似应与南朝萧梁有关。据《续高僧传·宝唱传》记载：梁武"帝以时会云雷，远近清晏，风雨调畅，百谷年登，岂非上资三宝，中赖四天，下藉神龙。……或建福禳灾，或礼忏除障，或飨接神鬼，或祭祀龙王。"可见梁武帝十分重视龙王、鬼神，山东地区龙崇拜的出现或是受南朝影响之结果[3]。

造像特点

佛面相长圆，细颈，溜肩，身体清瘦，具有典型的"秀骨清像"样式。身着褒衣博带式袈裟或通肩袈裟，裙摆宽博，覆于座前。这一时期的造像基本上承袭了洛阳龙门石窟的造像样式。有的刻极细的双阴线，身体施彩绘。如诸城 41 号造像、诸城 46、112、27、111 号造像，博兴瞳子造像。有的大型单体造像衣纹作波浪式，如前述之博兴兴国寺丈八石佛、临淄西天寺遗址（现为临淄石刻馆）二尊 5 米余的丈八石像。则为洛阳地区所不见，而与河北定州造像也有一定的关系[4]。约北魏孝明帝以后开始出现螺发，如 1994 年青州出土一件彩绘石造像，佛像即为螺发。该造像无纪年，但具有典型的"秀骨清像"样式，雕造年代当在北魏晚期至东魏初[5]。不过山东地区早期的螺发样式仅仅是在素面发髻上刻划出螺发样式，这与北齐雕成右旋螺髻的手法不太相同。近年来山东诸城所出北齐造像亦大都作这种螺发样式[6]。螺发的出现是与南朝有密切关系的。尤其是南朝萧梁武帝提倡螺发，从而使其成为佛像的主要样式。这种样式对北朝晚期造像影响很大。结合北朝皆模拟和效法南朝制度，则山东地区佛像螺发样式应是在南朝影响下产生的。

第二阶段：北齐时期（公元 550～577 年）。

造像题材

与前期有明显的变化，新出现并流行《华严经》所尊奉的教主卢舍那佛。卢舍那佛都以立佛形象出现，身着通肩袈裟，衣纹极少，身上绘出天上、人间、地狱，表示六道轮回

[1] 松原三郎：《中国佛教雕刻史研究》图版 89a，吉川弘文馆，1965 年。

[2] 惠民地区文物管理组：《山东无棣出土北齐造像》，《文物》1983 年第 7 期，图版柒，1、5。

[3] 南朝建康地区，南朝造像罕见，尚无实物例证。1999 年，在湖北襄樊谷城县肖家营发掘出土的一座南朝墓葬（M40）中，有许多花纹砖，具有浓郁的佛教特色。花纹砖有手持净瓶的侍女、莲花净瓶、莲花瓦当、忍冬纹、双龙奉莲花。最重要的是带有背光的青龙和朱雀花纹方砖。从发表的图片看，青龙砖镶嵌在西壁，显然不是表示方位的。青龙砖为舟形火焰背光样式，背光中心部分雕刻盘龙图案，与山东佛像背光及单龙基本一致，而襄阳又是南朝佛教兴盛之地，因此，这个发现大概可以作为南朝萧梁时期崇拜龙的例证。见襄樊市考古队、谷城县博物馆的《湖北谷城县肖家营墓地》（《考古》2006 年 11 期）图一三，3；图版壹，2。

[4] 杨伯达的《埋もれた中国石佛の研究》（东京美术，1985 年）图版 2 "北魏正光二年（公元 521 年）弥勒佛坐像"、图版 4 "北魏孝昌二年（公元 526 年）释迦坐像"，均为波浪形衣纹。可知两地造像有密切关系。图版 8，北魏正光元年（公元 520 年）释迦倚坐像。

[5] 夏名采、庄明军：《山东青州兴国寺故址出土石造像》，《文物》1996 年第 5 期，封面图版。

[6] 杜在忠、韩岗：《山东诸城佛教石造像》，《考古学报》1994 年第 2 期。

的人物图案，如青州出土的，现已流入台湾的北齐造像即是比较好的实例[1]。诸城和青州所出数量较多造像样式相同的佛像，虽然彩绘已经剥落，但有相当一部分造像大致可以确定为卢舍那佛。这种题材的大量出现，与邺城地区地论宗的兴起有密切关系。地论宗所宗《十地经论》相当于《华严经》中的《十地品》，故地论师多习《华严经》。该经奉卢舍那佛为教主，因而在石窟中出现以卢舍那佛为主尊造像。看来这一时期山东地区的造像题材受邺城影响很大。释迦佛、弥勒佛数量明显减少，早期弥勒题材虽仍有一些实例，但明显地开始居次要位置。菩萨像种类有：太子思惟像，观世音菩萨，大势至菩萨。

造像特点

螺发作为佛像的主要发式开始流行，年代最早的是北齐天保三年（公元 552 年）僧济本造像，螺发，肉髻低平，面相丰圆，身体丰壮。山东无棣出土的北齐天保五年（554 年）张洪庆、天保九年（公元 558 年）阳显姜造像形象大体类似。比较典型的北齐样式约在天保以后的北齐后期，造像雕造工艺日益精细，菩萨像的装饰益趋复杂。佛像以着通肩袈裟为主，个别作袒右袈裟，有的衣领开口较低，胸间系多道衣带，衣纹疏朗或不施衣纹（图版 27-3），施以彩绘人物等图案。青州、博兴、诸城造像组合均为一佛二菩萨组合。面相丰圆，身体丰壮，服饰趋于单薄，裙摆不外撇。诸城所出造像中部分佛和菩萨身体呈圆筒状，已具有隋代造像特点。但长圆的脸形与北齐武平元年（公元 570 年）娄睿墓壁画和陶俑面相一致[2]。考虑到这些遗址中出土的造像均残毁严重，系人为砸毁后埋入坑中的，故造像完整者极罕见。这种大规模破坏的现象可以与北齐灭亡，北周武帝在齐境推行灭法政策联系起来。故这一类造像的年代下限应在北齐灭亡之年（公元 577 年）。

以上二个时期造像样式和题材变化十分明显，早期流行清秀样式，晚期流行丰壮样式。造像题材早期以弥勒为盛，晚期则都见卢舍那佛。同时还可以看到山东地区与南方和邺城的密切关系。

（4）山西沁县南涅水出土石刻造像

南涅水石刻造像是 1954 年山西省文物管理委员会清理和发掘出土的。出土地点在沁县西北南涅水村，是一处大型窖藏遗址，出土的造像共有 1000 多件。窖藏附近有早期寺院遗址[3]。显然这批造像应是寺院供奉的偶像。这批造像现藏于县城南二郎山石刻馆。石刻造像以造像塔为主。塔作方柱体，大小不同，层层垒起，构成多层塔式。单体圆雕造像较少。从造像样式分析，最早可以到北魏宣武帝时期（公元 500～515 年），一直延续到北齐时期。由于这批造像绝大部分的资料尚未公诸于世，无法作进一步的研究。据初步的研究，大致分为二个阶段。

第一阶段：北魏晚期至东魏时期，约公元 500～534 年。

塔一般四面开一圆拱龛，稍晚的造像塔出现仿木建筑式的屋形龛，有立柱、阑额、一

---

〔1〕　该像为台湾财团法人震旦文教基金会所藏，见台湾"国立故宫博物院"编的《雕塑别藏——宗教编特展图录》（"国立故宫博物院"，1997 年）图版 29、29-1～29-8。

〔2〕　山西省考古研究所、太原市文物考古研究所：《北齐东安王娄睿墓》，文物出版社，2006 年。

〔3〕　山西考古研究所：《山西考古四十年》，山西人民出版社，1994 年。

斗三升斗栱及直臂式人字形叉手。造像题材有释迦多宝、弥勒、维摩文殊以及太子思惟像和定光佛之儒童本生。尤其是后两种题材十分流行。本阶段稍早的佛像面相浑圆，身体略显丰壮，身着通肩袈裟，具有北魏云冈第二期偏晚的特点。看来第一阶段早期仍延续了旧的造像样式。稍晚的佛像则具有典型的"秀骨清像"样式。佛身着褒衣博带式袈裟，衣纹作阶梯式，裙摆长而覆座。这时期的造像受龙门石窟的影响较大。

第二阶段：北齐时期，公元550～577年。

造像塔数量仍较多，但单体大型造像（立佛和立菩萨）明显增多。塔上屋形龛仍十分流行，不过人字形叉手一般作弧臂式，与北齐天龙山第1、16窟相同。佛像肉髻低平，面相丰圆，身着双领下垂袈裟，衣纹单薄贴体。菩萨像的变化亦相同，为丰壮形象。头戴冠，面相浑圆，双肩垂联珠纹璎珞，身体呈直筒式。与北齐响堂山和天龙山造像类似。

与河北、山东地区出土造像相比，南涅水石刻造像是与造像塔为主，而且数量很多，这与河北、山东完全不同，是南涅水石刻造像最具地方特色的一种造像类型。从造像题材看，定光佛题材很多，这也为上述地区所罕见。

二　南朝佛教造像

南朝时期佛教文化发达，寺院林立。据记载首都建康（今南京市）就有"佛寺五百余所，穷极宏丽"[1]。但南朝佛寺遗址至今未能进行考古调查和发掘。与佛寺有关的石刻造像亦较少见。从目前发表的资料看，主要出土地点集中在四川成都地区。

最重要的是成都市西门外万佛寺遗址，清光绪八年（公元1882年）曾出土百余件石佛像，1937年、1953年和1954年又在该遗址中出土200余件。1958年刊布了其中6件南朝纪年造像、2件北周纪年造像和部分残石造像[2]。另外还刊布了早年出土的宋元嘉二年（公元425年）造像碑背面浅浮雕故事题材拓片，被认为是万佛寺最早的纪年造像[3]。根据所出梁中大通元年（公元529年）鄱阳王世子于"安浦寺"所造释迦像，推测万佛寺可能是萧梁时期的安浦寺。故这批造像当为寺院所供养。

---

〔1〕《南史·郭祖深传》。

〔2〕刘志远、刘廷璧编著的《成都万佛寺石刻艺术》（中国古典艺术出版社，1958年）称这批造像共200余件收藏于四川省博物馆。该书共刊布了25幅南朝至北周造像的图版。其中图16，被定为隋代的释迦坐像是有纪年的，为梁普通六年（公元525年）□公姥造像。这批造像收藏于四川省博物馆。据最近的统计，四川省博物馆共收藏万佛寺造像63件，大多为南朝造像，其中7件有南朝纪年，较《成都万佛寺石刻艺术》一书多了1件梁中大通四年（公元532年）造像。见袁曙光《四川省博物馆藏万佛寺石刻造像整理简报》（《文物》2001年第10期）。

〔3〕《成都万佛寺石刻艺术》一书图版31所示为宋元嘉二年（公元425年）造像碑背面浅浮雕故事题材拓片。但从拓片所反映的形制和浅浮雕题材的表现手法看，与梁代双观音像造像碑两侧和背面浮雕故事十分相似，故李静杰的《四川南朝浮雕佛传图像考察》（《石窟寺研究》第一辑，文物出版社，2010年）"推测应该属于南梁作品"。

1995 年在成都市西安路一处窖藏中出土 9 件南朝石刻造像，其中 5 件有纪年[1]。

1990 年在成都市商业街一处旧寺院遗址中出土 9 件南朝造像，其中 2 件有纪年[2]。

1994 年，彭州市龙兴寺塔出土造像中有一件南朝梁中大通年间（公元 529～534 年）造释迦双身像[3]。

此外，四川大学博物馆收藏 2 件南朝纪年造像[4]，重庆三峡博物馆收藏 1 件南朝纪年造像，也应出自成都寺院遗址中。

20 世纪 20 年代在成都市西北茂汶县曾出土一件南齐永明元年（公元 483 年）西凉曹比丘玄嵩造像碑[5]。

1989 年，在汶川县一寺院遗址中还出土了数件南朝石造像，汶川县文管所收藏了其中 4 件，但无纪年铭文[6]。

上述南朝造像虽然数量不多[7]，但对于研究南朝造像样式、造像题材以及南北造像之关系具有十分重要的价值。根据已公布的 21 件纪年造像铭看，这批造像的年代从南朝齐、梁一直到北周[8]。其中萧齐造像 3 件、萧梁造像 16 件，北周 2 件（见表 8-2）。造像的种类可分为单体圆雕、背屏式造像和造像碑三类（图版 28）。另外有一批造像可以确定为齐、梁时代的作品[9]。

从表 8-2 所列成都地区纪年造像的特点，可以看出齐、梁造像题材和造像样式的发展变化大约有三个阶段[10]。第一阶段：齐永明元年（公元 483 年）至齐末（公元 502年）。第二阶段：梁天监元年（公元 502 年）至梁大通末（公元 529 年）。第三阶段：梁中大通元年（公元 529 年）至北周时期（公元 557～581 年）。其他无纪年造像根据造像样式、题材，可分别归入各个阶段中。

---

[1] 成都市文物考古工作队、成都市文物考古研究所：《成都市西安路南朝石刻造像清理简报》，《文物》1998 年第 11 期，

[2] 张肖马、雷玉华：《成都商业街南朝石刻造像》，《文物》2001 年第 10 期。

[3] 雷玉华：《四川南朝造像》，《中国考古学会第十次年会论文集 1999》，文物出版社，2008 年。

[4] 霍巍：《四川大学博物馆收藏的两尊南朝石刻造像》，《文物》2001 年第 10 期。

[5] 刘志远、刘廷壁：《成都万佛寺石刻艺术》附图 1、2，中国古典艺术出版社，1958 年。

[6] 雷玉华、李裕群、罗进勇：《四川汶川出土的南朝佛教石造像》，《文物》2007 年第 6 期。

[7] 四川南朝造像的全部资料已经汇集出版，参见四川博物院、成都文物考古研究所、四川大学博物馆编著《四川出土南朝佛教造像》（中华书局，2013 年）。

[8] 刘志远、刘廷壁编著的《成都万佛寺石刻艺术》（中国古典艺术出版社，1958 年）图 31，还刊布了早年万佛寺出土的宋元嘉二年（公元 425 年）造像碑背面和一侧面的浅浮雕故事题材拓片，被认为是万佛寺最早的纪年造像。学者皆以刘宋造像予以论述，如吉村怜著、贺小萍译《南朝的〈法华经〉普门品变相——刘宋元嘉二年石刻画像内容》（《敦煌研究》1996 第 4 期）。该造像碑已下落不明，拓本本身并无纪年题刻，但其所反映的形制和内容看，与万佛寺同出的梁代造像碑（如双观音造像碑）基本一致，因此，该拓本应属梁代作品，而非刘宋。

[9] 刘志远、刘廷壁：《成都万佛寺石刻艺术》图版 7、11～14、16、26～28、33～35、40～43，中国古典艺术出版社，1958 年。

[10] 李裕群：《试论成都地区出土的南朝佛教石造像》，《文物》2000 年第 2 期。

表 8-2　　　　　　　　　　　　　　四川地区出土南朝纪年造像

编号	造像名称	镌刻年代	发愿造像	造像内容	出土地点
1	比丘玄嵩造像碑	齐永明元年（公元 483 年）	无量寿佛弥勒佛	正面、背面各一佛	茂汶
2	比丘法海造像	齐永明八年（公元 490 年）	弥勒佛	一佛二菩萨，背面交脚弥勒菩萨	成都西安路
3	道人法明造像（图版 28-1）	齐建武二年（公元 495 年）	观世音成佛像	一佛二菩萨，背面交脚弥勒菩萨	成都商业街
4	比丘法海造像	梁天监三年（公元 504 年）	无量寿佛	一佛二菩萨，背面四供养人	成都西安路
5	王叔子造像	梁天监十年（公元 511 年）	释迦	一佛四菩萨，背面礼佛图	成都商业街
6	康胜造像	梁普通四年（公元 523 年）	释迦	一佛二菩萨二弟子二菩萨二力士，背面佛传和礼佛图	成都万佛寺
7	□公姥造像	梁普通六年（公元 525 年）	释迦	一佛二弟子？四菩萨二力士	成都万佛寺
8	鄱阳王世子造像	梁中大通元年（公元 529 年）	释迦	圆雕立佛	成都万佛寺
9	比丘晃藏造像	梁中大通二年（公元 530 年）	释迦	一佛四菩萨二力士四弟子，背面礼佛图	成都万佛寺
10	梁中大通四年造像	梁中大通四年（公元 532 年）	释迦？	一佛二弟子四菩萨二天王二力士，背面供养人、比丘	成都万佛寺
11	比丘僧显	梁中大通四年（公元 532 年）	释迦	一佛四弟子六菩萨二力士，背面供养人	成都川大博物馆藏
12	上官法光造像	梁中大通五年（公元 533 年）	释迦	一佛四弟子六菩萨二力士背面礼佛图	成都万佛寺
13	尹文宣造像	梁中大通年间（公元 529～534 年）	释迦双身像	二立佛三菩萨二弟子二力士，背面释迦涅槃图	彭州龙兴寺
14	侯朗造像	梁大同三年（公元 537 年）		圆雕立佛	成都万佛寺
15	梁大同三年造像	梁大同三年（公元 537 年）		二立佛五弟子四菩萨二力士	重庆三峡博物馆藏

编号	造像名称	镌刻年代	发愿造像	造像内容	出土地点
16	张元造像	梁大同十一年（公元 545 年）	释迦多宝	二佛五菩萨二弟子二力士，背面礼佛图	成都西安路
17	比丘法爱造像	梁中大同三年（公元 548 年）	观世音菩萨	一观世音四菩萨二力士浮雕四弟子，背面礼佛图	成都万佛寺
18	丁文乱造像	梁太清三年（公元 549 年）	释迦双身像	二坐佛一螺髻弟子四弟子二菩萨二力士	成都川大博物馆藏
19	柱僧逸造像	梁太清五年（公元 551 年）	（阿）育王像	圆雕立佛	成都西安路
20	益州总管宇文招造像	北周保定二年至五年（公元 562～565 年）	阿育王像	圆雕立佛	成都万佛寺
21	北周天和二年造像	北周天和二年（公元 567 年）		圆雕倚坐弥勒菩萨	成都万佛寺

　　第一阶段：齐永明元年（公元 483 年）至齐末（公元 502 年）。

　　造像数量很少，仅 3 件。除了齐永明元年为大型造像碑外，其余均属于小型背屏式造像。无纪年的成都商业街 3 号一佛二菩萨造像、汶川馆藏 1200 号一佛二菩萨造像也属于萧齐作品。齐永明年间造像属于典型的"秀骨清像"样式，佛像以坐姿为主，素面肉髻，身着褒衣博带式袈裟，裙摆宽博，内外三层，呈三瓣式。但永明元年造像已显露出向丰壮造像样式变化的趋势，可以表明流行于萧梁的张僧繇"张家样式"在萧齐时期已初露端倪[1]。齐菩萨像头戴三叶宝冠或头束高髻，无宝缯，面相清瘦，披巾交叉于腹部，下端呈锐角状转折，裙摆外撇。这种样式表现了稍早的特点。交脚弥勒菩萨则头扎宝缯，宝缯先上翘，打折后下垂[2]。

　　齐永明造像组合为一佛二菩萨，题材主要为无量寿和弥勒佛，此外还有齐建武二年

〔1〕　浙江绍兴博物馆所藏齐永明六年（公元 488 年）之维卫佛已初具"张家样式"的特点。螺发，面相浑圆，身体亦健壮。造像铭形容其面相"灼灼金容，巍巍满月"。见蒋明明的《齐永明六年纪年石佛造像》（《东南文化》1992 年第 3、4 期合刊）。

〔2〕　这种宝缯扎束样式在北朝石窟造像中首先出现在北魏龙门石窟造像，北魏晚期至东西魏成为流行的样式。

（公元 495 年）观世音成佛像[1]。这种样式和题材的来源应与南朝政治经济文化中心建康（今南京）的佛像造像样式有关。如南京栖霞山石窟第 19 窟，即无量寿佛大龛，内雕西方三圣大像。萧齐时期开凿的其他诸窟造像样式为秀骨清像式[2]。浙江新昌石城山大佛则为倚坐弥勒像。栖霞、石城两大像均由萧梁僧祐规仪完成[3]。结合南朝无量寿与弥勒并重的历史背景，则成都萧齐的造像题材无疑是受南京的影响而产生的。不过成都地区的造像样式又出现相对滞后的现象，如菩萨像头束发髻，披巾交叉于腹部，下端呈锐角状转折，这种样式表现了稍早的特点。南京栖霞山第 18 窟菩萨似戴高冠，披巾下摆已呈圆角，且出现交叉于腹部的连珠纹璎珞的新样式。这种样式到萧梁中期才在成都地区流行开来。成都地区造像亦有自己的特点，如佛像的裙摆处理方式别具特色，其下摆内外三层，外层分为三瓣，呈倒“山”字形。这种样式与南京栖霞山以及北朝东部地区如洛阳龙门佛像裙摆呈波浪形斜向展开的处理方式不同。但与北朝西部长安及其以西地区的石窟造像有类同之处。如陕西博物馆所藏北魏普泰年雕造的造像碑[4]、天水麦积山第 133 窟北魏晚期佛像即有三瓣式的裙摆，同时亦出现四瓣式的裙摆[5]。长安以东目前仅在山西隰县千佛洞石窟北魏洞窟中有实例[6]。从年代上看北朝这种样式的出现明显晚于成都萧齐造像。因此可以看出这种样式的传播路线是由成都向北到长安的。再由长安影响到其他地区。1983年四川北部广元城关出土的北魏石造像为这种样式的传播路线提供了新的证据，如所出土北魏延昌三年（公元 514 年）和另一件无纪年造像的裙摆均作三瓣式，造像样式也与麦积山石窟北魏塑像一致[7]。可知这种样式是经广元（北魏侨置西益州）到长安的。成都地区与长安及其以西地区石窟造像的密切关系亦反映在造像题材上，如齐永明八年造像背面所刻之交脚弥勒菩萨，坐于屋形龛中，表现的是弥勒菩萨在兜率天宫敷演众释的形象，与

---

[1] 此背屏式造像较特殊，正面为结跏趺佛，背面上为交脚弥勒菩萨坐于屋形龛内，下为发愿文：“齐建武二年岁次乙亥，荆州道人释法明奉为七世父母师徒善友敬造观世音成佛像一躯……愿生生之处，永离三途八难之苦，面睹诸佛、弥勒三会……”以佛陀形象出现的观音像仅此一例。正面坐佛、背面交脚弥勒与齐永明八年（公元 490 年）法海造像一致，发愿文也相似：“……比丘释法海与母为亡父造弥勒成佛石像一躯，愿现在眷属、七世父母，龙华三会……”造像题材是表现弥勒上下生的形象。因此，似可怀疑在佛教造像商品化的过程中，原来表现为弥勒上下生的造像，应买方的需求，将弥勒改刻成观世音。但也反映了观世音信仰在蜀地的开始流行。

[2] 原无量殿大佛龛编号为第 14 窟，见林蔚《栖霞山千佛崖第 13 窟的新发现》（《文物》1996 年第 4 期）；新编洞窟号及南朝龛像的分期，见林蔚《栖霞山千佛岩区南朝石窟的分期研究》（《燕京学报》新十九期，2005 年），龛像分布图。

[3] A. 梁·慧皎：《高僧传·僧祐传》，中华书局，1992 年。
   B. 关于摄山、石城山龛像，前人已作过不少研究工作，可参阅宿白的《南朝龛像遗迹初探》（《考古学报》1989 年第 4 期）。

[4] 中国美术全集编辑委员会：《中国美术全集·雕塑编 3·魏晋南北朝雕塑》图版 70，人民美术出版社，1988 年。

[5] 天水麦积山石窟艺术研究所：《中国石窟·天水麦积山》图版 88，文物出版社，1998 年。

[6] 郑庆春、王进：《山西隰县七里脚千佛洞石窟调查》，《文物》1998 年第 8 期。

[7] 广元市文物管理所：《广元新发现的佛教造像》，《文物》1990 年第 6 期。

正面主尊组成弥勒上下生题材。弥勒菩萨在西部地区出现较早，如北凉石塔中七佛一弥勒组合中都有弥勒菩萨，且大都作交脚样式（也有半跏坐姿）。这种题材与南朝主尊造像作下生成佛的佛装弥勒是有区别的。因此弥勒菩萨图像有可能由西部地区传入成都的。

第二阶段：梁天监元年（公元502年）至梁大通末（公元529年）。

第二阶段梁天监三年（公元504年）法海造无量寿像、梁普通四年（公元523年）康胜造释迦像仍沿袭第一阶段秀骨清像样式，素面发髻，着褒衣博带袈裟（图版28-3）。值得注意的是梁天监三年造像与齐永明八年造像同为一人所造，但后者菩萨像则出现明显的变化，头戴高花蔓冠，宝缯下垂及肩，面相浑圆，双肩圆饼饰上垂下长长的饰带，披巾于腹部交接于圆饰物上，或披巾交叉于腹部。裙摆紧裹身体。完全改变了前者秀骨清像的样式而表现出丰满的体态。梁天监十年（公元511年）王叔子造像为一佛四菩萨，主尊佛像新出现螺发样式。

造像组合为一佛四菩萨、一佛二菩萨二弟子二菩萨二力士。这种样式和组合一直延续到梁末。可见成都地区梁代前期是新旧样式交替并存时期。

第三阶段：梁中大通元年（公元529年）至北周时期（公元557～581年）。

第三阶段是成都地区梁代"张家样式"造像确立和流行时期。梁中大通元年鄱阳王世子佛像始出现螺发、通肩袈裟和身体丰壮的较为典型的梁代造像样式。这种样式具有秣陀罗造像的特征。成都万佛寺所出的无纪年造像[1]样式与鄱阳王世子造像完全相同。成都万佛寺还有不少螺发佛头也属于这一阶段的作品[2]。有无纪年坐佛造像[3]与梁大同三年侯朗造像相同，应是同时期作品，该造像颈部有三道蚕纹线，褒衣博带式袈裟外有偏衫衣角，裙摆作波浪状斜向展开，垂覆于佛座上。座之束腰处菩萨装的供养天人像[4]，面相浑圆，肩宽体壮，上身袒露，下身着裙，披巾沿身侧下垂。另一件无纪年造像[5]亦有偏衫衣角，裙摆呈圆弧状。梁普通四年、中大通五年菩萨造像出现连珠纹璎珞，身体有明显的动态。汶川出土的双观音像身体呈"S"形扭动，与秣陀罗菩萨造型极为相似。

成都地区螺发的出现与江南有渊源关系。螺发是秣陀罗造像的特征，它是经海南诸国首先传入中国江南地区，现存最早的实例是浙江绍兴博物馆所藏齐永明六年（公元488年）之维卫佛[6]。萧梁时期较普遍地采用螺发样式，如浙江新昌石城山弥勒大佛，梁僧祐续凿大佛时，将发式改为螺髻[7]。上海博物馆所藏梁中大同元年（公元546年）慧影造像亦作螺发[8]。成都地区这种样式当来自江南地区。萧梁之敬模螺发，与其同南海诸国的频繁交往有密切关系。《梁书·海南诸国传》记扶南国"天监二年（公元503年）……

〔1〕刘志远、刘廷壁：《成都万佛寺石刻艺术》图版11、12，中国古典艺术出版社，1958年。

〔2〕刘志远、刘廷壁：《成都万佛寺石刻艺术》图版40～42，中国古典艺术出版社，1958年。

〔3〕刘志远、刘廷壁：《成都万佛寺石刻艺术》图版13，中国古典艺术出版社，1958年。

〔4〕刘志远、刘廷壁：《成都万佛寺石刻艺术》图版14，中国古典艺术出版社，1958年。

〔5〕刘志远、刘廷壁：《成都万佛寺石刻艺术》图版7，中国古典艺术出版社，1958年。

〔6〕蒋明明：《齐永明六年石佛造像》，《东南文化》1992年第3、4期合刊。

〔7〕宿白：《南朝龛像遗迹初探》，《考古学报》1989年第4期。

〔8〕丁文光：《梁中大同元年释迦石像》，《文物》1961年第12期。

遣使送珊瑚佛像"。"十八年（公元519年）复遣使送天竺旃檀瑞像"。"大同五年（公元539年）……诏遣沙门释宝云随（扶南）使往迎之（佛发）。先是，三年八月高祖改造阿育王寺塔，出旧塔下舍利及佛爪发。发青绀色，众僧以手伸之，随手长短，放之则旋屈为蠡形"。此佛发即是螺发。于是秣陀罗佛像螺发样式便成为雕塑家竞相效摹的对象。梁简文帝所撰《梁安寺释迦文佛像铭》曰："帝为知仰，皆规面象，敬模螺发，式图轮掌，信根有五，觉枝云七，仰福灵祇，上生兜率"[1]。可知螺发样式是得到统治者推崇和提倡的，并成为佛像的基本发式。此外鄱阳王世子造像身体宽厚，着通肩袈裟，衣裙紧裹身体，这与前期造像明显不同。相同的无纪年造像在成都万佛寺还出土两件[2]。这种样式也是比较典型的中印度秣陀罗佛像的特征。虽然在江南地区尚不见实例，但成都地区出现这种样式亦应来自江南地区。

第三阶段造像题材较为丰富，除了释迦佛外，还流行双身像、三佛、阿育王像和观世音菩萨。双身像既有释迦多宝二佛并坐像，也有释迦双身像（二佛并坐或并立），这与北朝石窟造像中二佛并坐像都为释迦多宝明显不同。双观音像也是流行的主要题材。

成都西安路出土的三坐佛造像（H1:6）为典型的梁代样式，正面三坐佛，背面浅浮雕维摩、文殊对坐像。推测汶川的三佛造像可能是一释迦二弥勒佛的组合形式[3]。

阿育王像，成都万佛寺曾出土一尊身体背后镌刻有题记的，铭文为"益州总管柱国宇文招敬造阿育王像一躯"[4]，由于《成都万佛寺石刻艺术》图版9所刊登的该造像螺发头像是随意安上去的，因此，对于阿育王像的整体形象并不清楚。1995年，成都西安路出土了梁太清五年（公元551年）杜僧逸造阿育王像，"太清五年（公元551年）九月卅日杜僧逸为亡儿李佛施敬造育王像供养……"形体稍小，但保存完好（图版28-2）。据此，成都万佛寺造像中的阿育王像得以全部确认，按袁曙光统计：万佛寺有5尊形制基本相同的阿育王像身体和2个头像，但头与身体无法相配，这样应该有7件之多，均属于等身大小的单体造像。一处寺院遗址中出土如此多的大型阿育王像，表明成都地区供奉阿育王像十分盛行。

阿育王像，也称育王像，相传为阿育王第四女所造释迦像。阿育王像均为立像，具有独特的样式：头上为蘑菇状的宽大肉髻，而且为卷发，发髻作微微突起似螺发样式。特别是鼻孔下出八字胡须，一直撇到脸颊上。身着通肩袈裟，袈裟从右肩搭到左后背，有的左肩外侧留下袈裟衣边。衣纹疏朗，呈"U"字形下垂，衣褶突起，但略显单薄贴体，透出肌体的丰满，一般表现出膝盖来，下摆有内外两层。与常见的佛像通肩袈裟不尽相同，最大的区别在于袈裟的衣领在颈下有明显的转折，左臂下长垂的袈裟衣边呈多条竖向褶皱。

阿育王是印度佛教史上对佛教的发展起过重要作用的人物。西晋时期安法钦即译有七

---

〔1〕　唐·欧阳询：《艺文类聚》第1317页，上海古籍出版社，1982年新一版。

〔2〕　唐·欧阳询：《艺文类聚》图版11、12，上海古籍出版社，1982年新一版。

〔3〕　在北朝石窟中，一结跏趺坐佛二倚坐佛的组合形式最早见于云冈石窟昙曜五窟中的第19窟。开凿于东魏时期的太原天龙山石窟第2、3窟，正壁龛内为释迦坐佛，左右壁龛内均为倚坐佛。汶川的三佛组合形式是否与北朝有关，值得关注。

〔4〕　袁曙光：《四川省博物馆藏万佛寺石刻造像整理简报》图二，阿育王铭文拓片，《文物》2001年第10期。

卷《阿育王传》。梁代扶南国僧伽婆罗重译《阿育王经》,《历代三宝记》卷一一记载:"阿育经十卷,天监十一年(公元 512 年)六月二十六于扬都寿光殿译,初翻日,帝躬自笔受。"此时再译当与梁武帝仰慕阿育王兴隆佛法,广修阿育王寺有关[1]。阿育王像的最初流行也在长江中下游地区。如扬都长干寺、荆州长沙寺均有之。

南朝时期佛教义学十分发达,但成都地区(即益州)佛教与江南相比,义学之发展远不如前者,而禅法却为盛行。益州禅法之流行其渊源又与河西、长安及北朝高僧至蜀弘法有密切关系,尤其是玄高一系的禅法。如玄高弟子玄畅[2]、僧隐[3]都曾在成都弘传禅法。在成都从玄畅受业的弟子法期[4],僧隐的弟子法琳都在蜀中影响很大[5]。除玄高一系禅僧外,由河西至成都的禅僧还有很多。如酒泉慧览禅师、凉州法成禅师、敦煌道法禅师等[6]。曾在敦煌、凉州传法,"学徒济济,禅业甚盛"的罽宾禅师昙摩密多也曾至蜀[7]。北朝达摩禅师的弟子僧副于齐建武年间(公元 494～497 年)南游扬都,梁天监二年(公元 503 年)随益州刺史西昌侯萧渊藻至蜀[8],于是"使庸蜀禅法自此大行"[9]。看来成都地区出现众多的石刻造像,尤其是流行于北朝的交脚弥勒题材并不是偶然的。而是与该地区北方禅法的流行有密切关系。

---

[1] A. 宿白:《青州龙兴寺窖藏所出佛像的几个问题——青州城与龙兴寺之三》,《文物》1999 年第 10 期。
　　B. 在大旱之年,供奉阿育王能求得丰沛雨水。《续高僧传·僧明传》(中华书局,2014 年)记载:"扬都长干寺育王瑞像者……五代侯王所共尊敬,具如前传。每有亢阳之岁,请像入宫……初虽炎赫洞天,像出中途,无不雨流滂注。家国所幸,有年斯赖。"

[2] 《高僧传·玄畅传》(中华书局,1992)记载:玄畅为河西金城人,在凉州出家。"后遇玄高事为弟子",北魏灭凉后,随玄高入平城,太武帝灭法时亡奔入宋。畅"洞晓经律,深入禅要……宋之季年,乃飞舟远举,西适成都,初止大石寺,乃手画作金刚密迹等十六神像。至升明三年(公元 477 年)又游西界,观瞩岷岭……时傅琰西镇成都,钦імо风轨,待以师礼"。玄畅入成都前,曾在荆州请北凉王族沮渠安阳侯译《念佛三昧经》六卷(《出三藏记集》卷一四《沮渠安阳侯传》,中华书局,1995 年)。

[3] 《高僧传·僧隐传》(中华书局,1992 年)记其为"秦州陇西人,家世正信……诵法华、维摩,闻西凉州有玄高法师禅慧兼举,乃负笈从之。于是学尽禅门,深解律要。高公化后,复西游巴蜀,专任弘通"。

[4] 《高僧传·法期传》(中华书局,1992 年)记其为"成都郫人……十四出家,从智猛谘受禅业……后遇玄畅,复从进业,及畅下江陵,期亦随从"。

[5] 《高僧传·法琳传》(中华书局,1992 年)记其"少出家,止蜀郡裴寺,专好戒品,研心十诵,常恨蜀中无好宗师。俄而隐公至蜀,琳乃克己握锥,以日兼夜。及隐还陕西,复随从数载……后还蜀止灵建寺,益部僧尼无不宗奉。常祈心安养,每诵无量寿及观经……至齐建武二年(公元 495 年)寝疾不愈,注念西方,礼忏不息……"玄高弟子及再传弟子的传法活动当对益州禅法的流行产生重大影响。

[6] 梁·慧皎:《高僧传·慧览传》《高僧传·法成传》《高僧传·道法传》,中华书局,1992 年。

[7] 梁·慧皎:《高僧传·昙摩密多传》,中华书局,1992 年。

[8] 萧藻即萧渊藻,为梁武帝兄懿之子,《南史·梁宗室传》中有传,"天监元年,封西昌县侯,为益州刺史,"萧藻曾在成都雕造石像,1949 年以前,华西大学在成都西南新津访得该造像,其铭曰:"天监五年太岁在丙戌二月朔丙申益州刺史萧渊藻为削平乱贼……敬造石佛神□区,普同供奉"。

[9] 唐·道宣:《续高僧传·僧副传》,中华书局,2014 年。

第九章　边疆地区考古遗迹

第一节　高句丽城址与墓葬

作为历史上的一个称谓，高句丽既是一个民族的名称，又是一个政权的名称，其间还曾被作为中原政权所设置的地方机构县的名称。它们的沿袭关系是族名—县名—政权名。

高句丽民族是中国东北地区的古老少数民族之一，高句丽民族名称的出现，最早见于《汉书·地理志》。汉武帝灭卫氏朝鲜，在鸭绿江中上游地区、图们江流域和朝鲜半岛北半部之广大地区置乐浪、玄菟、临屯、真番四郡，其中玄菟、乐浪所属居民，《汉书·地理志》记"皆朝鲜、濊貉、句骊蛮夷"。玄菟郡设有高句丽县，东汉末年应劭为其作注曰："故句骊胡。"这里所说的"句骊"，就是指高句丽民族。高句丽县的地点在哪里，《三国志·东沃沮传》记为"句丽西北"，《后汉书·东沃沮传》记为"高句骊西北"，这里所说的"句丽""高句骊"，同样是指高句丽民族而言。据近年考古发现，高句丽县被确定在今辽宁新宾境内。当时这里同样有高句丽民族居住，但是高句丽民族的活动中心并非在此，而是在其东南，即今浑江流域和鸭绿江中游的辽宁桓仁和吉林集安地区。

高句丽政权建立于公元前 37 年，据《好太王碑》[1]和《魏书》《三国史记》[2]等碑刻、文献中记载的高句丽创始传说，高句丽政权的创始人朱蒙本是高句丽北边、以今吉林市为中心的中国另一个少数民族夫余族的王子。高句丽政权建立的时间也是来自《三国史记》。

高句丽政权建立之初，其势力只限于浑江流域。东汉时期高句丽发展较快，《后汉书·高句骊传》记："高句骊，在辽东之东千里，南与朝鲜、濊貊，东与沃沮，北与夫馀接。地方二千里，多大山深谷，人随而为居。"则是以桓仁、集安、通化地区为中心，西边占据了新宾一带，北到辉发河流域和第二松花江上游，与夫余相接，东至延边，南至清川江，与乐浪为邻。汉末三国时期，由于公孙氏和魏将毌丘俭先后征伐，高句丽西进受挫。公元 4 世纪初，高句丽占领乐浪、带方，其势力向南发展到了大同江、载宁江流域，开始与朝鲜半岛南部的百济、新罗争雄。公元 4 世纪中叶，慕容皝又一次远征高句丽，

---

〔1〕 方起东：《好太王碑碑文》，《好太王碑——中国著名碑帖选集 27》，吉林文史出版社，1999 年。
〔2〕 金富轼著，孙文范等校勘：《三国史记·高句丽本纪》，吉林文史出版社，2003 年。

"焚其宫室，毁丸都而归"〔1〕。但是中原战乱不止，高句丽西邻的慕容鲜卑势力日趋衰弱，于是到公元5世纪初，辽东之地终被高句丽占有。与此同时，高句丽向北发展，其势力到达吉林市之夫余故地，后来便和从松花江下游南下的勿吉族相衔接。公元427年迁都平壤后，高句丽又把南边作为主要发展方向，公元475年长寿王率兵攻破百济都城汉城，迫使百济迁都熊津（今韩国公州），高句丽的势力到达汉江流域。至此，高句丽政权的统治范围达到了极限。公元6世纪末，隋王朝统一南方，国力大增。而在这时，高句丽王却率骑兵"寇辽西"〔2〕，于是又引发了隋唐两代与高句丽之间长期的战争。公元645年，唐兵渡过辽水，收回了被高句丽占据了240年的辽东。又过了20多年，至公元668年，唐兵攻克平壤，在历史上持续了700余年的高句丽政权灭亡了。

在这期间，自公元5世纪开始，高句丽改称高丽；另，高句丽、高丽之名称，在不少文献中又往往记为高句骊、高骊，而且有的是同一种文献，高句丽和高句骊，或者高丽和高骊前后并用，可见"丽"和"骊"二字是通用的。

在上述700余年之中，尽管高句丽政权与中原政权发生了多次战争，但是在政治、经济、文化、宗教等方面，两者之间仍始终保持着密切的联系。

在高句丽政权建立之后相当长的一段时间内，仍然和原来的高句丽族一样，继续归汉玄菟郡或辽东郡管辖，这种关系一直延续到公元2世纪后半叶。对此，《三国志·魏书·高句丽传》中有一段具体的记述，其曰："汉时赐鼓吹伎人，常从玄菟郡受朝服衣帻，高句丽令主其名籍。后稍骄恣，不复诣郡，于东界筑小城，置朝服衣帻其中，岁时来取之，今胡犹名此城为帻沟溇。沟溇者，句丽名城也。"之后，随着四郡的削弱，中原政权便开始对高句丽政权进行直接册封。集安曾出铜印"晋高句骊率善仟长""晋高句骊率善佰长""晋高句骊率善邑长"〔3〕。既然高句丽政权的地方机构当时都可以接受晋王朝的册封，那么高句丽王更应该首先接受晋王朝的册封。文献记载中出现中原政权直接对高句丽政权的册封，最早见于公元355年前燕慕容儁对故国原王钊的册封，之后，这种册封关系一直延续到高句丽政权灭亡之前〔4〕。

公元372年，高句丽"立太学，教育子弟"〔5〕，由此开始，其"读书习射"的传统一直延续不断，所读之书，则是五经、《史记》《汉书》《后汉书》《三国志》等中国文献。同样是在公元372年，佛教也从中原传入高句丽，之后便迅速流行开来。唐初，道教又从唐王朝传入高句丽，形成了儒、释、道三教鼎立的局面。

---

〔1〕《晋书·慕容皝载记》。

〔2〕《隋书·高丽传》。

〔3〕清·瞿中溶《集古官印考证》卷一二录"晋高句骊率善仟长""晋高句骊率善佰长""晋高句骊率善邑长"三方晋高句丽官印，其中最后一方收入1982年罗福颐主编的《故宫博物院藏古玺印选》（文物出版社，1982年），现藏故宫博物院。《东北史地》2004年第1期封二刊登了"晋高句骊率善仟长""晋高句骊率善佰长""晋高句骊率善邑长"七枚印模。

〔4〕魏存成：《中原、南方政权对高句丽的管辖册封及高句丽改称高丽时间考》，《史学集刊》2004年第1期。

〔5〕《三国史记·高句丽本纪》。

　　高句丽政权在历史上存在长达 705 年之久，迄今在上述广大区域内仍保留着丰富的遗迹。高句丽遗迹的发现，以好太王碑为最早，时间在清朝末年。之后，由于日本人先后侵占朝鲜半岛和中国东北，于是他们便对两地高句丽遗迹作了比较多的非法调查发掘，出版了一批报告。中国境内高句丽遗迹之全方位、有计划的保护、调查发掘和研究等工作，还是中华人民共和国成立以后由中国的文物考古工作者逐步展开的，尤其是 21 世纪初为申报世界文化遗产，在桓仁、集安进行了大规模的调查发掘，由文物出版社集中出版了《五女山城》《丸都山城》《国内城》和《集安高句丽王陵》四本大型报告〔1〕，中国申报的"高句丽王城、王陵及贵族墓葬"项目也在 2004 年第 28 届世界遗产大会上顺利通过。

　　高句丽的遗迹主要是都城、山城和墓葬三大类，而在这些遗迹的调查发掘中还发现了多种遗物，其中包括有名的碑刻等。

一　都城

　　高句丽都城从大的地区来看，可以说是三治两迁，即初都桓仁，公元 3 年一迁集安，427 年再迁平壤。文献记高句丽 5 世纪以后的都城是山城与平原城相结合〔2〕，高句丽王战时上山，平时则居于山下平原城。而据考古发现，这种山城与平原城相结合的布局在以集安为都的时期已经具备，而且在以桓仁为都的时候也可能就开始了。

（一）初期都城

1. 文献记载中的初期都城

　　关于高句丽初期都城的创立情况，在《好太王碑》《魏书》和《三国史记》《三国遗事》等碑刻、文献中都有详略不等的记载〔3〕。

　　在这些记载中，关于高句丽的建都之地，出现了沸流谷、沸流水、忽本、卒本川、纥

---

〔1〕　A. 辽宁省文物考古研究所：《五女山城：1996～1999、2003 年桓仁五女山城调查发掘报告》，文物出版社，2004 年。

　　　B. 吉林省文物考古研究所、集安市博物馆：《丸都山城——2001～2003 年集安丸都山城调查试掘报告》，文物出版社，2004 年。

　　　C. 吉林省文物考古研究所、集安市博物馆：《国内城——2000～2003 年集安国内城与民主遗址试掘报告》，文物出版社，2004 年。

　　　D. 吉林省文物考古研究所、集安市博物馆：《集安高句丽王陵——1990～2003 年集安高句丽王陵调查报告》，文物出版社，2004 年。

〔2〕　《周书·异域传》：（高句丽）"治平壤城。其城，东西六里，南临浿水。城内唯积仓储器备，寇贼至日，方入固守，王则别为宅于其侧，不常居之。"

〔3〕　A.《好太王碑》："惟昔始祖邹牟王之创基也出自北夫余天帝之子母河伯女郎剖卵降世而有圣德□□□□□命驾巡车南下路由夫余奄利大水王临津言曰我是皇天之子母河伯女郎邹牟王为我连葭浮龟应声即为连葭浮龟然后造渡于沸流谷忽本西城山上而建都焉。"见方起东释读《好太王碑碑文》（《好太王碑——中国著名碑帖选集 27》，吉林文史出版社，1999 年）。

　　　B.《魏书·高句丽传》："高句丽者，出自夫余，自言先祖朱蒙。……朱蒙遂至普述水，遇见三人……与朱蒙至纥升骨城，遂居焉，号曰高句丽，因以为号焉。"

升骨城等不同名称，其实应该在一处，只是其指示物和表述有所不同。现在学术界比较一致的看法，沸流水，即富尔江、浑江；卒本则在桓仁县城附近。那么，高句丽初期的都城具体是指何而言呢？据《好太王碑》所记"城山上而建都焉"，应是一座山城，据《魏书》所记朱蒙"至纥升骨城，遂居焉"，好像此地原有一城，但是该城的具体地势没谈。而《三国史记·高句丽本纪》《三国遗事》记朱蒙至卒本川"未遑作宫室，但结庐于沸流水上居之"，三年之后（公元前 34 年），才"营作城郭宫室"。有意思的是，《三国史记·高句丽本纪》在卒本川下又注为"《魏书》云纥升骨城"；《三国史记·地理志》还记："朱蒙立都纥升骨城，历四十年，孺留王二十二年移都国内城。"孺留王二十二年，即公元 3 年，由此向前推 40 年，是公元前 37 年，说明此时纥升骨城已存在。既然如此，那么朱蒙为何不住进纥升骨城，而要"结庐于沸流水上居之"呢？三年之后营作的城郭宫室又是指何而言呢？显然《三国史记》的记载是有矛盾的。

综合上述不同记载，可以得出两种解释。一是朱蒙刚到卒本川时没来得及马上建城，只是在沸流水上搭了个草棚泥舍，三年之后，即公元前 34 年，才正式营作城郭宫室，该城如《好太王碑》所记，是一座山城。二是朱蒙来卒本川之前，该地原有一城，如《魏书》所记之纥升骨城，朱蒙遂居此称王，而没有在沸流水上结庐，之后建立了山城。关于这座山城，学术界普遍认为是桓仁五女山城，而另一座城址，不少学者注意到了桓仁下古城子古城。

2. 恒仁发现的初期都城

（1）五女山城

位于桓仁县城东北 8.5 公里、浑江对岸的五女山上（图版 9 - 1A）。五女山海拔806.32 米，居周围群山之首，山的主峰自半山腰突兀直上，形成十分险要的悬崖陡壁。五女山城平面呈不规则长方形，南北长约 1540 米、东西宽 350～550 米，面积约 60 万平方米（图 9 - 1A）。山城分山上、山下两部分。山上部分位于山城西南部的主峰上，南北长 600 米，东西宽 110～200 米，地势高亢平坦，大部分遗迹发现于此。山下部分多为平缓的坡地，但遗迹较少。

C.《三国史记·高句丽本纪》："始祖东明圣王，姓高氏，讳朱蒙（一云邹牟，一云众解）。……朱蒙行至毛屯谷（《魏书》云普述水）遇三人，……与之俱至卒本川（《魏书》云至纥升骨城），观其土壤肥美，山河险固，遂欲都焉，而未遑作宫室，但结庐于沸流水上居之，国号高句丽，因以高为氏（一云朱蒙至卒本扶余，王无子，见朱蒙知非常人，以其女妻之，王薨，朱蒙继位）。时朱蒙年二十二岁，是汉孝元帝建昭二年，新罗始祖赫居世二十一年甲申岁（公元前 37 年）也。""四年（公元前 34 年）……秋七月，营作城郭宫室。"

D. 一然著，孙文花等校勘《三国遗事·北扶余》（吉林文史出版社，2003 年）："东明帝继北扶余而兴，立都于卒本川，为卒本扶余，即高句丽之始祖。"

E. 一然著，孙文花等校勘《三国遗事·高句丽》（吉林文史出版社，2003 年）："高句丽，即卒本扶余也。……国史高丽本纪云，始祖东明圣帝姓高氏，讳朱蒙，……至卒本川（玄菟郡之界）遂都焉。未遑作宫室，但结庐于沸流水上居之，国曰高句丽，因以高为氏（本姓解也。今言天帝子，承日光而生，故自以高为氏）。时年二十二岁，汉孝元帝建昭二年甲申岁，即位称王。"

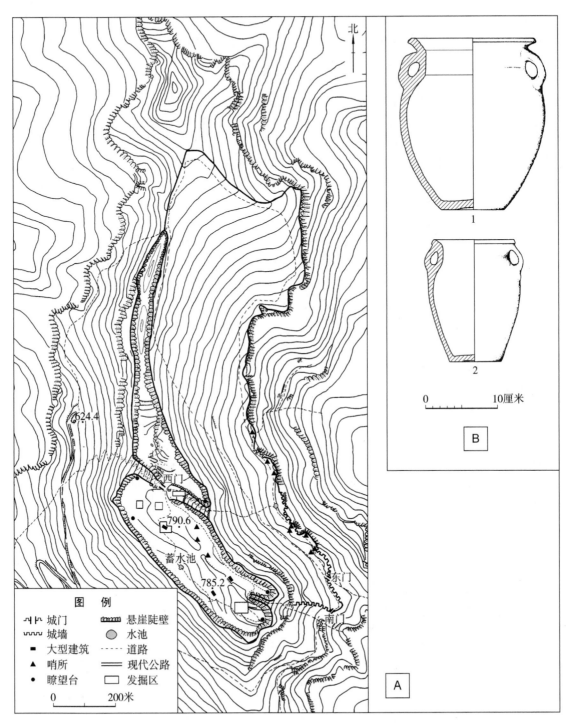

图 9-1　辽宁桓仁五女山城及出土竖耳陶罐

A. 山城平面图　B. 竖耳陶罐　1. F47：1　2. F57：1

　　五女山城周长 4754 米，其中只是在山下南面、东面山势稍缓的地方和山上重要豁口处石筑城墙，全长 565 米，其余 4189 米则皆是利用陡峭的悬崖和山脊为墙。石筑城墙的外壁一般用大石条起基，上面用楔形石错缝垒筑，并略有收分。墙内以梭形条石逐层叠压，并和外壁的楔形石犬牙交错，相互咬合，缝隙间填充碎石找平加固。内壁面砌筑用的是不规则的石条或石板。石墙内侧和顶部，有的地方还培土封护。

　　保存最好的一段城墙是在东门南侧，底宽 4～6 米，顶宽 3～4 米，外壁高 3～6 米，内壁高 2～4 米。墙顶外侧筑有女墙，宽 1.2～1.5 米，存高 0.2～0.5 米。靠近女墙内壁的根基处发现 7 个石洞，间距 1.8～2 米，洞口呈方形或长方形，长、宽一般在 0.3 米左右，洞壁平齐向下，深 0.3～0.5 米。这种石洞在东门北侧的两段石墙上也有发现。

　　在山城东侧内的最低洼处，内依山坡，修筑着一段 120 米长的外弧形石墙，同时又起着泄水水坝的作用。石墙的上方，有一泉源。

　　城门共发现三处，即外城南门、东门和内城西门。其中东门利用的是由于该处南北两侧城墙错位而形成的缺口，这种结构是高句丽山城中最原始的瓮城形式。

　　西门位于山上主峰西部的一条山谷的上口。门道内高外低，宽 3 米。门道两侧筑石墙与石崖相接。南侧石墙较短，北侧石墙稍长，并呈曲尺状向外展开，而使门址略向内收形成内瓮。在门道两侧，发现对置的门枢石和内凹的石砌门卫室。西门外边，铺筑 5 层石阶，下接多曲“之”字形的“十八盘”古道，而通往山下。

　　山顶四周有几处作为瞭望用的天然平台，其中东南角的一处山势最高，海拔 806.3 米，俗称“点将台”，这里视野宽阔，是监视浑江水路及其两岸陆路的最佳据点。

　　山顶之上，接近西侧悬崖的中部有一蓄水池，俗称“天池”。池底东高西低，东、北、南三面是自然岩壁，只有西面为人工砌筑。池口宽 3.3～5 米，长 11.5 米，深 1.5 米。水池东侧有一石砌的小滤水井，井水与池水潜通。

　　五女山城内的正式发掘，是自 1996 年开始的，共发现五个时期的文化遗存，第一期为新石器时代晚期，第二期为青铜时代晚期，第三期为高句丽文化早期，相当于两汉之际，第四期为高句丽中期，相当于 4 世纪末至 5 世纪初，第五期为金代。

　　第三期发现大型建筑址一处，半地穴建筑址四处，灰坑三处。大型建筑址出土西汉五铢和大泉五十铜钱各 1 枚。半地穴建筑址多呈不规则圆形，室内多发现灶址，未见门道。

　　第三期出土的遗物多为陶器。陶器手制，火候较低，陶质以夹砂为主，泥质陶少见。陶色以灰褐色居多，少量为红褐色，器表抹光。主要器类有罐、盆、杯等，器耳中竖耳最为常见，也见横耳和鋬耳，最具特色的陶器是竖耳罐（图 9-1B）。铁器有镢和锸。

　　第四期遗迹丰富，发现最多的是用于驻兵、哨所和居住的建筑址，多为半地穴，平面呈圆角长方形，室内皆设有类似“火炕”的取暖设备，多为曲尺形，由三烟道组成。其他还有大型建筑址、灰坑和窖藏等。

　　本期遗物主要为陶器和铁器，同时有少量的石器、铜器。

　　陶器基本为轮制，个别为手制。陶质仍是夹砂占绝对多数。陶色主要为黄褐，其次为灰褐，再次为红褐，并有少量的黑灰色和灰白色。器形主要有瓮、罐、盆、壶、甑、瓶、盘、碟、器盖等，瓮、罐数量最多。器耳中横桥状耳流行。器表多为素面，个别器物饰有水波纹、弦纹。

铁器种类较多。生活用具有釜、罐、削等；生产工具有镢、镰、斧、锤、铲、凿、锯、锉、钻、耙子等；车马具有锏、辖、镫、衔镳、带扣等；而发现较多的是铁镞和矛、镦等其他兵器和甲片等。在一处窖藏中还出土了一套脚镣。

（2）下古城子古城

位于桓仁县城西 3 公里的浑江对岸，由此溯江向上 10 公里可达五女山城，而且同位于江的一侧。古城呈长方形，土筑城墙。东墙已被浑江冲毁；北墙与西墙北段保存较好，留有 1～2 米高的土垅，沿西墙北段外侧有一养鱼池，应是原城濠，北墙外地势也较低；南墙不显，几与城内地势相平。西墙存长 170 米、北墙存长 240 米、南墙残长 205 米，东墙推测为 200 米左右[1]。在北墙东段和西北角开始调查时依稀可辨出夯土层，1998 年经解剖，得以证实。夯筑城墙剖面呈梯形，下宽 15.2 米，上宽 8.4 米，残高 1.4 米，夯打轻重不一，夯层的厚薄也不均匀。

城内大部被民房所覆盖，以往调查曾发现的石器有纺轮、矛、刀、锛、镞，铁器有镞、镦，陶器有罐、盆、器盖、甑、纺轮和不少竖耳、横耳残片，有的罐对置双竖耳或双瘤状纽，盆的腹部则安双桥状横耳，陶质多为夹砂；这次解剖，在夯土墙体叠压的一个灰坑里，出土了带竖耳或柱状纽的陶片，而不见其他器物[2]。

由此看来，下古城子古城有可能在高句丽初期就已存在，中期继续使用。至于它是高句丽之初由高句丽修建的，还是修建于高句丽之前，属于原来的汉城，还有待于以后的继续工作。

（二）中期都城

1. 文献记载中的中期都城

《三国史记·地理志》记："自朱蒙立都纥升骨城，历四十年，孺留王二十二年（公元 3 年），移都国内城……都国内历四百二十五年，长寿王十五年（公元 427 年）移都平壤。"而具体记载这一时期高句丽都城迁徙和修建过程的，则是《三国史记·高句丽本纪》及有关中国文献。如《三国史记·高句丽本纪》记：琉璃明王"二十二年（公元 3 年）冬十月，王迁都于国内，筑尉那岩城"；山上王"二年（公元 198 年）春二月，筑丸都城"，"十三年（公元 209 年）冬十月，王移都于丸都"；东川王"二十一年（公元 247 年）春二月，王以丸都城经乱不可复都，筑平壤城，移民及庙社"；故国原王十二年（公元 342 年）"春二月，修葺丸都城，又筑国内城"，"秋八月，移居丸都城"等。这里，高句丽中期的都城及与都城有关的城址、地区，出现了尉那岩城、丸都城、国内城、平壤城、国内等不

---

[1] 辽宁省文物考古研究所：《五女山城：1996～1999、2003 年桓仁五女山城调查发掘报告》，文物出版社，2004 年。

[2] A. 梁志龙：《桓仁地区高句丽城址概述》，《博物馆研究》1992 年第 1 期。
　　B. 辽宁省文物考古研究所：《五女山城：1996～1999、2003 年桓仁五女山城调查发掘报告》，文物出版社，2004 年。

同名称。

经考证，尉那岩城和丸都城是一座城址的先后不同称谓，后者是前者的音变，该城址是一座山城，即集安山城子山城，城址在高句丽时期先后至少修筑了三次；国内城是一座平原城，即集安市区平原城，而当时的平壤城也是指国内城而言，因此该城址高句丽时期也经过再修；国内是包括国内城和丸都城在内的集安市区及其周围地区。当时，高句丽王在山城与平原城之间几次上下迁移，多与各个时期的战事有关，但是自公元3年开始到427年移都平壤之前为止，以今集安为都是没有改变的。

2. 集安发现的中期都城

（1）山城子山城

位于集安市区西北2.5公里处。山城地势南面低，其他三面高，高差约440米，最高处海拔652米。山城城墙即修筑在这簸箕状的环形山峰之上，周长6947米（图9-2）。通

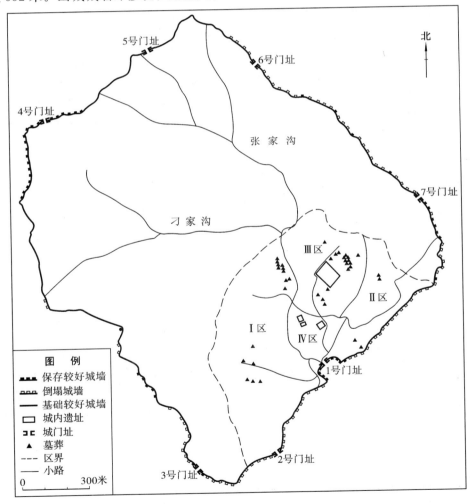

图 9-2　吉林集安山城子山城平面图

沟河从山城南侧流过，冲积出狭长的河谷盆地。城墙顶部外侧修有女墙，女墙内侧同样发现数个小石洞。

全城共发现门址七处，正门位于南墙低凹谷口，谷口两侧城墙至此内向曲折，形成内瓮城门，门道已被破坏，两侧保留排水涵洞。新发现的南墙西门也进行了发掘，单门道，外有瓮城。除北墙西门外，其他门址地表均散布有红色残瓦件，说明原皆有门楼建筑。

山城内遗存有瞭望台及戍卒建筑址、蓄水池、宫殿址、墓葬等，其中瞭望台、蓄水池、宫殿址，近年进行了发掘清理。

瞭望台俗称"点将台"，位于南墙正门内100米处的一个小土丘上，是一圆角长方形石筑高台，残高4.5米，北壁修有登台的左右石台阶，登台南望，通沟河谷及两岸山川尽收眼底。戍卒建筑址位于瞭望台北侧的台地上，地表现存础石18个。蓄水池俗称"饮马湾"和"莲花池"，位于瞭望台东南30米的一片洼地中。

宫殿址位于山城南部的平缓山坡上，距南墙正门460米，西南距瞭望台320米。宫殿址坐东朝西，方向234度。宫殿四周石筑宫墙，东墙长91米，西墙长96米，南墙长70米，北墙长75米，周长332米，呈不规则四边形。宫墙内依东高西低之地势，自西向东筑四层台基。每层台基的宽、深、落差和建筑址的分布，见表9-1。

西宫墙设宫门两处，1号为正门，正门与后边台基的踏步前后相连，构成了整座宫殿的中轴线。

表9-1　　　　　　　　　　　　山城子山城宫殿布局一览表

台基与广场	南北宽（米）	东西深（米）	落差（米）	建筑址（北至南）（面阔间数×进深间数）
一号	89	9.5		6号（8×2） 7号（17×2）
中心广场	88	北部15.5 南部9		1号（2×2）
二号	北部50 南部37.5	北部12.5 南部17.5	3.3（相对于中心广场）	4号（2×2） 8号（10×3）
	北部49.7 南部38	北部12 南部18		2号（八角形） 3号（八角形）
三号	82（84.5）	7	2	9号（?）
四号	85.5	11.8	2	5号（2×2） 10号（4×2）
	85	11.6		11号（15×2）

说明：二号至四号台基南北与东西的两组数字，引自《丸都山城——2001～2003年集安丸都山城调查试掘报告》（文物出版社，2004年）第70、74页。

经发掘得知，宫殿址是毁于大火。从地层叠压和堆积来看，宫殿址内建筑的基本格局形成于同一时期。宫殿址面积大，内部布局不统一，略显杂乱，不同建筑址应有不同的功能与性质。在整个发掘过程中，未发现任何取暖设施，说明平时无战争之冬季，高句丽王是不会常住于此的。

在上述遗址发掘中，出土了大量瓦件。瓦件绝大部分为红色，少许为灰红色。板瓦的纹饰有方格纹、席纹、菱形纹等。筒瓦素面，个别刻划文字或鸟首等不同符号。宫殿遗址出土的文字瓦中，有 15 件发现"小兄"字样，说明"小兄"的职责与建筑有关。瓦当的纹饰为莲花纹、兽面纹和忍冬纹，莲花纹的有六瓣、八瓣、九瓣不等（图 9-3）。

出土的铁器有钉、镞、凿、矛、链索、车辖、马掌、带具、钉履等。其他还有少量的罐、盘、盆等陶器和鎏金铜构件等。

山城内发现高句丽墓葬 38 座，其中积石墓 36 座，封土墓 2 座。这 2 座封土墓分别位于宫殿址的西南侧和西北侧，距离宫殿址较近，其年代应在宫殿废弃之后。

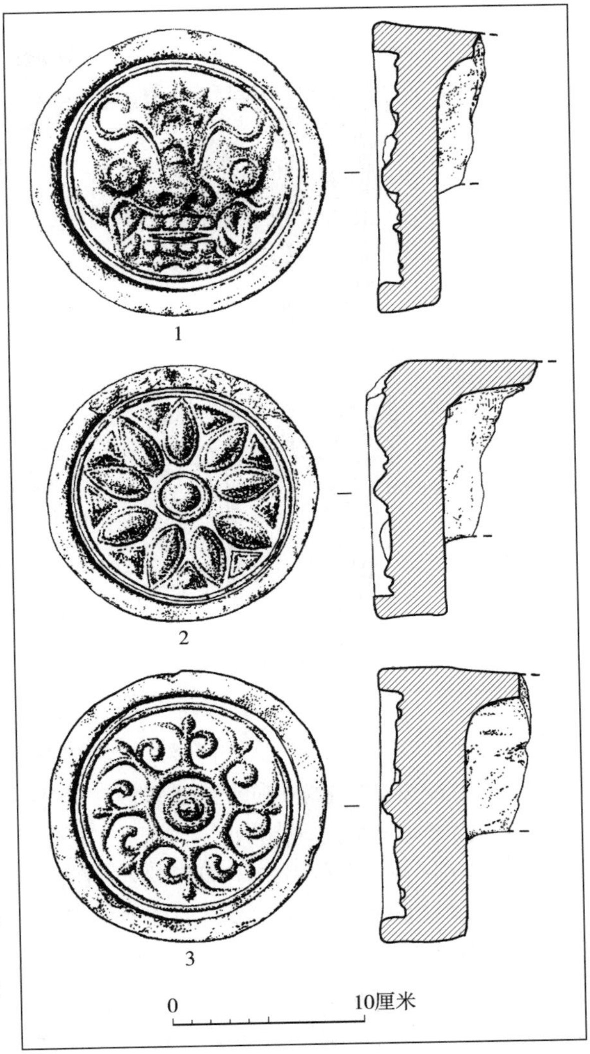

（2）平原城

集安位于鸭绿江中游右岸、通沟盆地的西部，北面依山，江的对岸即朝鲜。

图 9-3　吉林集安山城子山城出土瓦当
1. 2001JWGT508③：35　2. 2001JWGT1007③：13
3. 2001JWGT607③：25

这里空气清新，山川秀丽，气候温和，水土适宜，有吉林的"小江南"之称。

对于市区平原城城址，近百年来先后测绘过几次。城址平面略呈方形，1984 年测的是方向 155°，东墙 554.7 米，西墙 664.6 米，南墙 751.5 米，北墙 715.2 米，周长 2686 米；2003 年测的是北墙长 730 米，西墙长 702 米（图 9-4）。城墙皆是以石砌筑。其中东墙、北墙、西墙南段属于高句丽时期，而以北墙保存较好。基深一般 1.3～1.5 米，宽 9.2～11.8 米，皆用巨大花岗岩石条略加修琢铺砌，颇为牢固。墙基以上，外壁均用花岗岩石材垒筑，石材大头小尾，垒筑时，小头向里，大头向外，由下而上逐层收分，每层内缩 10～15 厘米，使墙面呈阶梯状。现存最低四层，高约 1 米；最高十一层，高约 2.4 米。阶

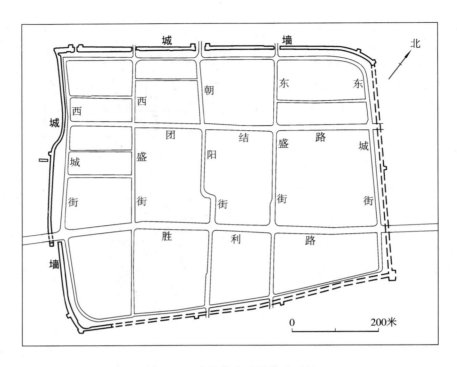

图 9-4　吉林集安平原城平面图

梯城墙之上，则是直砌的石墙。城墙内壁用不规整的石材内收斜砌。内外壁之间，外半铺砌石块，内半填土或土石混填。20世纪70年代，曾在几处石城墙的底下发现一道剖面呈弓形的坚硬土垄，土垄中出土的器物有石斧、石刀、石器柄、环状石器和14件夹砂灰陶陶片。所以不少学者推测石城之前应有土城存在，其时代早于高句丽，公元3年，高句丽迁都集安便借用了原有土城，为了加强防卫，在城北不远的山上又修筑了尉那岩城。之后，山上王继位之初，公孙氏出兵，"破其国，焚烧邑落"，被毁的即是此土城，于是山上王只好更作新国丸都城，并移都丸都城。公元3世纪中叶，魏将毌丘俭攻陷丸都城，东川王"以丸都城经乱，不可复都，筑平壤城，移民及庙社"。当时高句丽并未攻占乐浪郡，此"平壤"仍是山下平原城。这就是说，高句丽对山下平原城石城的修筑，此乃第一次。

城墙四角，西南角和东南角修有外凸平台，上边应有角楼建筑；东北角城弧形转角，转角两端各有一个马面；西北角，因北墙西端破损较重，西墙北段可能有过变动，所以城角已无存。

城墙马面，先后调查的数字不等，经先后清理可确认的有10余个。马面两侧与城墙交接处，有的尚留石砌阶梯，与城墙阶梯相互咬合逐层内收，说明二者是同时修筑的。有的马面修筑在城门两侧，等同城门的两阙。

城门原调查为六座，南、北各一，东、西各二。近年在北墙接近西端处又发现了一座，并进行了发掘，单门道。门道内口是两道城墙，其中靠近城内的一道，是高句丽时期后修的一道。门道外口东西两侧3米、6米和4米、1米处，各有一个马面。另经发掘的是西墙南门，该门也是利用该处南北两侧城墙错位而形成的缺口修筑的，所以城门的方向不是朝西，而是朝南。在西墙北段一现存马面的西南侧发现了排水涵洞，在马面南侧发现了东接城墙的墙基，推测这里是西墙北门及其瓮城所在。

城外，西临通沟河，南侧有一条由东往西流入通沟河的天然水溪，城东、城北原有宽约 10 米的护城濠，后来被填平。

城内已广建房屋，1963 年城内施工曾出土一枚灰色卷云纹瓦当，其铭文曰："太宁四年太岁□□闰月六日己巳造吉保子宜孙。"据考证，此"太宁四年"为"太宁三年"之误，为公元 325 年[1]。后来在城内中部偏北处连续发现高句丽时期的古代墙基、大型八角形或覆盆形础石和大量的高句丽红瓦片，说明这里有宫室一类的重要建筑。世纪初，又连续对城内近 20 处地点进行了清理，其中心地区还是城内中部，这里有体育场、幼儿园、实验小学、门球场四个地点。而典型地点是体育场地点，在此清理出 4 座地面式建筑址，但保存不好，留有用河卵石垒砌成的墙基和曲尺形的取暖遗迹。在这些地点，出土的砖瓦有板瓦、筒瓦和云纹、莲花纹、忍冬纹、兽面纹瓦当，以及菱形花纹砖等，其中体育场、审计局职工宿舍两地点还出土了龙纹砖，说明其等级非同一般；出土的日常生活器皿有碗、罐、杯、壶等陶器和少量的釉陶器、瓷器，其中在市中医院、人大职工宿舍和东市场地点发现了高句丽早期的竖耳陶器残片。另外，在东市场和门球场地点出土了渤海莲花瓦当。

平原城外，北面山脚下和东面的平地上都发现与城址同期的建筑，其中东面 0.5 公里处的东台子遗址进行过发掘，清理出四座由廊道相互连接的房址。房址内设曲尺形"火炕"。其中一房址中央置长方形石座，长 0.8 米，宽 0.6 米，伸入地面 0.4 米，高出地面 0.6 米（图 9-5）。因此，有学者认为该遗址是当时高句丽的社稷遗址。

城东约 1.5 公里，还有一处大面积的遗址，遗址的东侧矗立着两根东西并排的石柱。遗址被破坏严重，出土遗物不多，发现一枚唐初铸造的"开元通宝"铜钱。该遗址北隔约 0.5 公里与大型壁画墓五盔坟墓群相对，向南 0.6 公里则至鸭绿江边，或许与墓葬有关。

3. 与中期都城有关的遗迹

高句丽以国内为都时期，通往辽河流域有南北两条道路，"其北道平阔，南道险狭"[2]。

南道，从集安市区出发，经麻线沟进小板岔河，由西北天沟（木人沟）登板岔岭。在板岔岭上曾发现毌丘俭纪功碑，说明当年毌丘俭走的是这条路线。在板岔岭上南道与今公路交叉，经板岔村沿新开河谷地顺流下行至浑江渡口，全长 80 多公里。山路险峻，崎岖难行。南道沿线设两道关卡、城堡，即望波岭关隘和霸王朝山城。

北道，由集安市区出发，翻老岭，顺韦沙河谷逶迤而进，抵浑江，全长 90 多公里，北道发现两道关卡，即关马山城和大川哨卡。

毌丘俭纪功碑是公元 3 世纪中叶魏将毌丘俭征伐高句丽时所立。该碑的发现时间和地

〔1〕　李殿福：《集安高句丽墓研究》，《考古学报》1980 年第 2 期。

〔2〕　《资治通鉴·晋纪十九》。

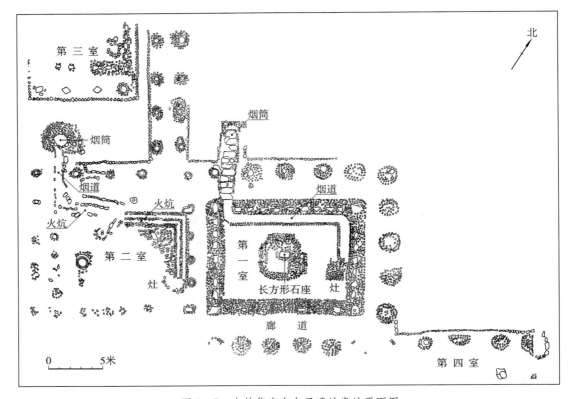

图9-5　吉林集安东台子遗址房址平面图

点，说法不一，现趋向于1906年在集安市区西17公里的板岔岭（旧名板石岔岭）西北天沟山坡上修路时发现的[1]。

　　毌丘俭纪功碑现存辽宁省博物馆。碑系赭红色含石英粒岩石凿刻而成，只余左上角，残长39厘米，宽30厘米，厚8～8.5厘米，阴刻汉字，字体为隶字。残存碑文如下：

　　第一行　正始三年高句骊反

　　第二行　督七牙门讨句骊五

　　第三行　复遣寇六年五月旋

　　第四行　讨寇将军魏乌丸单于

　　第五行　威寇将军都亭侯

　　第六行　行裨将军领玄

　　第七行　□裨将军

　　毌丘俭，《三国志·魏书》有传。毌丘俭纪功碑发现后，不少学者对毌丘俭征伐高句

〔1〕　A. 吉林省文物志编委会：《集安县文物志》，吉林省文化厅机关印刷厂，1984年。

　　　　B. 集安县地方志编纂委员会：《集安县志》，中国标准出版社秦皇岛印刷厂，1987年。

　　　　C. 高占一、杜宇：《毌丘俭纪功碑发现始末》，《博物馆研究》1985年第3期。

丽进行了考证，其中王国维的考证受到大家推崇，其曰："今据此残刻，则第一行云正始三年高句骊反，以下当阙毌丘俭衔名。第二行督七牙门讨句骊五，五下所阙，当是年字。第三行复遗寇，六年五月旋，复上所阙，当是无字（此字在上行末），旋下所阙，当是师字。据此则俭伐句骊，实以四年会师，五年出兵，六年旋师。……第四行以下，皆诸将题名……"[1]

二　山城

山城是高句丽城址的突出特点，其分布广，数量多，是其他任何时代和任何地区都无法比拟的。之所以如此，这与高句丽"多大山深谷"的地理环境和高句丽政权自始至终攻防战争连年不断是分不开的。文献记，"高丽城雉依山"，一遇战事，"耕夫释耒，并皆入堡"[2]，就是指山城而言。

（一）山城的分布

中国境内的高句丽山城，有不少学者进行过调查和统计，其总数达百座以上，大致可分为以下几个地区（图9-6）。

一是以桓仁、集安为中心的浑江流域、鸭绿江中游及太子河、浑河上游，辉发河流域和第二松花江、鸭绿江的上游地区，这是高句丽初、中期的腹地及其外围。

二是自辽东半岛南端开始，向北经海城、辽阳、沈阳、抚顺等地一直到西丰、辽源一线，这是高句丽后期的西部重要防线。作为高句丽后期的防线，辽东半岛东部沿海庄河、岫岩的一些山城，也发挥着重要的作用。

三是自辽东到平壤沿线，这是高句丽迁都平壤后通往内地中原的重要道路。沿途经过凤城、丹东进入朝鲜半岛。

四是高句丽北方之今吉林市和东北方图们江流域一带。

（二）山城的规模与类型

1. 山城的规模

高句丽山城的规模，大小不一，大的周长超过万米，小的才几百米。这和山城的地位、作用及其所在地点、修筑年代等因素是有关系的。

周长在3000（含）米以上的大型山城，约为四分之一，绝大部分位于高句丽的西部防线，辽东至平壤的交通沿线，修筑的时间大都在四五世纪之后。

周长在1000（含）～3000米的中型山城，将近一半，它们或穿插于上述大型山城之间，或作为地区性的中心城址，从高句丽初、中期的腹地到中、后期的发展地区皆有发现，其作用仍很重要。

周长1000米以内的小型山城，大都是大中型重要山城的卫城或交通沿线的关隘哨卡。

---

[1]　王国维：《观堂集林》卷二十·史林十二，中华书局，1991年。

[2]　《册府元龟》第11571页，中华书局，1960年。

目前发现稍多于四分之一，其实它应是各类山城中数量最多的。

大、中、小不同规模的山城互相照应，构成了高句丽严密的防御体系。

2. 山城的类型

高句丽山城大都修筑在依山傍水之处，在山势、地形的选择，以及平面的布局诸方面形成了几种各自大致相同的类型，即簸箕型、山顶型、"筑断为城"型和左右城、内外城四种。

簸箕型山城多修在环形山脊之上，山脊往往是三面高一面低，山势陡峭之处，多以悬崖为壁，不筑城墙，而山势平缓低凹之处则必修城墙，城内有纵深的山谷和开阔的坡地。这类山坡最便于兵民驻防和储藏器备，不仅高句丽中、后期都城中的集安山城子山城和平壤大城山山城采取了此种类型，在其他山城中它的数量也是最多的，而且多为大中型。

山顶型山城皆修在山顶之上，山城内地势高亢，而且多较平整，四周多为悬崖陡壁，或一面稍微缓和，缓和之处修筑城墙，其他地方或以悬崖为壁，或再筑城墙。此类山城数量很少，除初期都城桓仁五女山城之外，多为周长不足 1000 米的小型小城，个别的才一二百米，所以山顶型山城绝大部分是用于关隘哨卡和大中型山城的卫城。

"筑断为城"的名称，来源于文献对乌骨城、即凤城凤凰山山城的记载[1]。凤凰山山城周长 15995 米，其中人工石砌城墙 7525 米。人工墙首先是封堵南、北峡口，其他则是修在东西两侧的山脊上（图 9-7）。凤凰山山城修得如此之大，是因为它正好处于辽东至平壤的交通要道上，对于高句丽迁都平壤之后的政权安全，起着举足轻重的作用。其他再如集安高句丽北道上的关马山城，它是在"丁"字形山谷的三个谷口分别筑墙，和河谷两旁的山峰共同围成的山城。"筑断为城"的地形便于驻兵民、藏器备，而从作用来看，有的仍属于关隘哨卡。

左右城、内外城，是指在平面布局上有相互联系的两城，而其中的某一城又可以是上述的簸箕型或山顶型。

左右城山城迄今发现两座，即抚顺高尔山城和柳河罗通山城，皆是大型山城，而且外形相似，左右相连，犹如肺叶（图 9-8）。两城一主一次，重要遗迹集中于主城内。

内外城山城发现稍多，布局又略有区别。一种是从外形上看是一座山城，中间再筑一道城墙将该城分为两城，一内一外。另一种是内城单为一城，在内城地势低平的一侧另筑外城，与内城相连或半包。还有一种是吉林东团山山城，内、中、外三城相套。

（三）山城的城墙、设施与建筑

山城的城墙以石筑为主，土石混筑、土筑的很少。石筑的山城贯穿、分布于高句丽的

---

〔1〕《翰苑》注引《高丽记》（转引自《辽海丛书》第四册第 2519 页，辽沈书社，1985 年）"焉（乌）骨山在国西北，夷言屋山，在平壤西北七百里，东西二岭，壁立千仞，自足至巅，皆是苍石，远望巉岩，状类荆门三峡。其上无草木，唯生青松，擢干云表。高丽于南北峡口筑断为城，此即夷藩枢要之所也。"

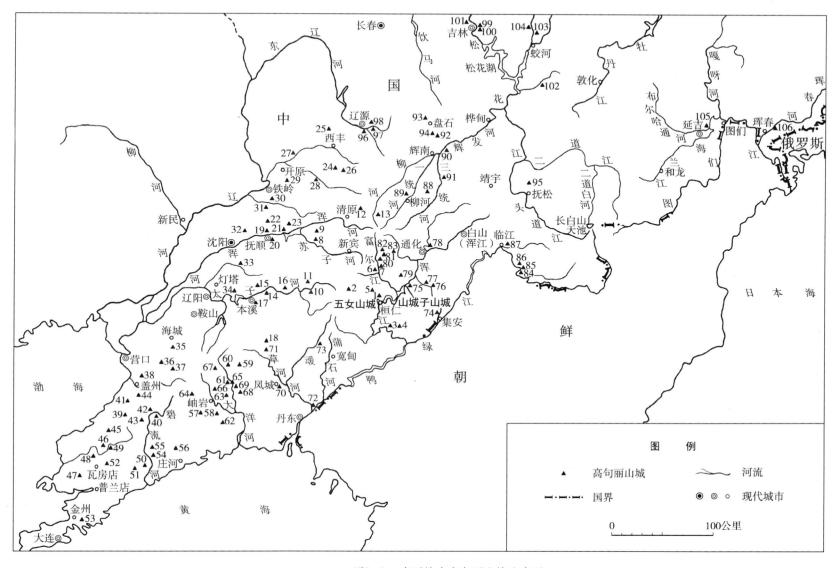

图9-6　中国境内高句丽山城分布图

1.桓仁五女山城　2.桓仁高俭地山城　3.桓仁城墙砬子山城　4.桓仁瓦房沟山城　5.桓仁马鞍山山城　6.新宾黑沟山城　7.新宾转水湖山城　8.新宾五龙山城　9.新宾得胜堡山城　10.新宾太子城山城　11.新宾杉松山城　12.清原英额门山城　13.清原南山子山城　14.本溪窟窿山城　15.本溪边牛山城　16.本溪下堡山城　17.本溪平顶山山城　18.本溪李家堡山城　19.抚顺高尔山城　20.抚顺马和寺山城　21.抚顺南章党山城　22.抚顺城子沟山城　23.抚顺西山城　24.西丰城子山山城　25.西丰天德城子山山城　26.西丰张家堡山城　27.开原龙潭寺山城　28.开原古城子山城　29.开原马家寨山城　30.铁岭催阵堡山城　31.铁岭青龙山山城　32.沈阳石台子山城　33.沈阳塔山山城　34.灯塔石城山山城　35.海城英城子山城　36.营口马圈子山城　37.大石桥海龙川山城　38.盖州青石岭山城　39.盖州奋东山城　40.盖州赤山城　41.盖州城子沟山城　42.盖州孙家窝堡山城　43.盖州田屯高力城山城　44.盖州烟筒山山城　45.瓦房店山城　46.瓦房店龙潭山城　47.瓦房店岗崮山城　48.瓦房店高力城山城　49.瓦房店马圈子山城　50.普兰店高力城山城　51.普兰店吴姑山城　52.普兰店老白山山城　53.金州大黑山山城　54.庄河城山山城前城　55.庄河城山山城后城　56.庄河旋城山山城　57.岫岩马圈子山城　58.岫岩娘娘山山城　59.岫岩清凉山城　60.岫岩老城沟山城　61.岫岩松树沟山城　62.岫岩老城山山城　63.岫岩二道岭山城　64.岫岩南碾子山城　65.岫岩闹沟门山城　66.岫岩南沟山城　67.岫岩古城山山城　68.岫岩刘家堡山城　69.岫岩小茨山城　70.凤城凤凰山山城　71.凤城山城沟山城　72.宽甸虎山山城　73.宽甸高力城山城　74.集安山城子山城　75.集安霸王朝山城　76.集安关马山城　77.集安大川哨卡　78.通化自安山城　79.通化建设山城　80.通化南台山城　81.通化太平沟门山城　82.通化依木树古城　83.通化英戈布山城　84.浑江东马城址　85.浑江夹皮沟城址　86.浑江桦皮甸子城址　87.临江山城　88.柳河罗通山城　89.柳河钓鱼台古城　90.辉南辉发城　91.辉南钓鱼台古城　92.盘石纸房沟坝城　93.盘石大马宗岭山城　94.盘石城子沟山城　95.抚松大方顶子城址　96.辽源龙首山城　97.辽源工农山城　98.辽源城子山城　99.龙潭山城　100.东团山城　101.三道岭子山城　102.蛟河横道子南山山城　103.蛟河拉法小砬子山城　104.蛟河六家子东山山城　105.图们城子山山城　106.珲春萨其

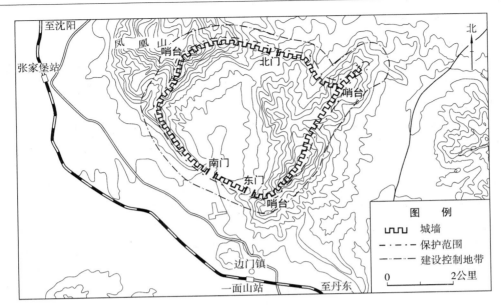

图 9-7　辽宁凤城凤凰山山城平面图
（引自《中国文物地图集辽宁分册》上第 255 页，略有改动）

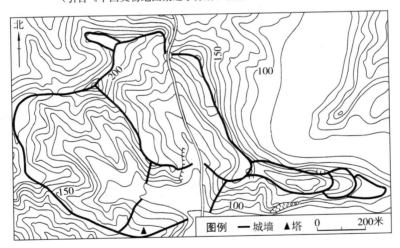

图 9-8　辽宁抚顺高尔山城平面图
（引自《中国文物地图集辽宁分册》上第 258 页，略有改动）

整个时期及整个地区，而土石混筑、土筑的山城多位于中、后期的西部防线。

石筑城墙内外壁的石材一般都要经过加工，呈方形或长方形，也有的是一头大一头小的楔形石。墙的内部用扁条石层层交错叠压拉接，缝隙间用碎石填塞。

为了加强防御，在山城城墙的拐角处和制高点上多筑有高台，以便于瞭望，有的高台上原来还可能有角楼之类的建筑。

女墙是石筑城墙常备的，在不少山城女墙的内侧也发现成排的小型石洞。石洞的作用，有的认为是竖立滚木礌石立柱用的，有的认为是放置弩机的，还有的认为是在石城墙上增置木墙雉堞时竖立木桩用的[1]。中后期山城的城墙，又往往修有马面。

　　一座山城可以开几个城门，只有个别小型山城才开一个城门。主要城门位于山势比较平坦、便于出入的一面，而城内有水溪的话，则从此流出，所以在城门旁往往修筑涵洞。为了加强防御，重要城门又多修有瓮城。为了保护水源，很多山城内修了蓄水池、水井、水坝等设施。

　　为了便于防守，部分山城内又有利用原来高台或经人工修筑而形成的瞭望高台，俗称"点将台"。有的山城，在其城墙内侧和高台附近，分布着大小不等的圆形土坑，估计是戍守兵士的居住址。

　　有的山城内还发现了仓库建筑遗址和烧瓦窑、冶铁遗迹。

　　这些年来，在对上述遗迹调查的同时，对抚顺高尔山城、沈阳石台子山城等少数山城内的建筑遗址进行了发掘。高尔山城出土了大量镞、矛、刀、甲片等铁兵器和一些铁制生产工具、车马器、生活用具，同时还有瓮、罐、盘等陶器和"开元通宝"铜币。

　　在个别大中型山城附近的平地上发现汉代土城，高句丽时期继续沿用。

（四）高句丽晚期长城

　　据文献记载，为了加强西线防御，高句丽晚期还修筑了长城[2]。经调查，该长城南起营口老边区，进入海城经西四方台、牛庄等地即与后世的明长城相接，连续 500 余里至开原镇北堡离开明长城直北而去，由昌图进入吉林，经梨树、怀德、农安，抵德惠松花江乡的老边岗屯，全长 1000 余里[3]。其起止地点皆称老边，沿途又有小边、边岗、土龙、某某岗子、某某墙头等地名，故后世称其为边岗。吉林省内调查，边岗系夯筑而成，保存较好处，基宽约 6 米，顶宽约 3 米，高约 1 米。据老乡讲，民国年间边岗上面走大车，从农安直到营口，为当时运输盐货的主要通道。

三　墓葬

　　墓葬是最常见的高句丽遗存，其数量多，分布广，在中心地区尤其集中。比如集安，曾调查发现古墓群 71 处，墓葬 12358 座，其中绝大多数是高句丽墓葬[4]。高句丽墓葬的

---

〔1〕　A. 抚顺市博物馆、新宾县文化局：《辽宁省新宾县黑沟高句丽早期山城》，《文物》1985 年第 2 期。
　　　　B. 迟勇：《高句丽都城的战略防御系统》，《高句丽研究文选》，延边大学出版社，1993 年。
　　　　C. 辽宁省文物考古研究所：《五女山城：1996—1999、2003 年桓仁五女山城调查发掘报告》第 292
　　　　　　页，文物出版社，2004 年。
〔2〕　《旧唐书·高丽传》记："（贞观）五年（公元 631 年），诏遗广州都督府司马长孙师收瘗隋时战亡骸
　　　　骨，毁高丽所立京观。建武惧伐其国，乃筑长城，东北自扶馀城，西南至海，千有余里。"
〔3〕　A. 李健才：《东北地区中部的边岗和延边长城》，《辽海文物学刊》1987 年第 1 期。
　　　　B. 冯永谦：《高句丽千里长城"西南至海"段考古调查报告》，《东北历史地理论丛——纪念李健才
　　　　　　先生从事东北历史地理研究 50 周年专集》，哈尔滨出版社，2002 年。
〔4〕　吉林省考古研究室、集安县博物馆：《集安高句丽考古的新收获》，《文物》1984 年第 1 期。

类型，从外观上可分为"积石为封"[1]的积石墓和以土为封的封土墓两大类。具体分析，同是积石墓和封土墓，又各有不同。其中，积石墓中很早即引起重视的是那些规模巨大的王陵和与其有关的好太王碑，封土墓中则是那些绘有精美壁画的大中型壁画墓。从总体上看，积石墓早，封土墓晚，由积石墓向封土墓的演变过程中，墓葬的外部结构和内部结构都在变化，由此可以看出高句丽文化的原有特点及其与周邻地区、民族之间的关系。

（一）积石墓

积石墓是高句丽墓葬的两大类型之一，约占墓葬总数的一半。这些墓葬历代被破坏、扰乱，特别是一些小型墓就更为严重。对积石墓进行正式的科学发掘，中国境内迄今公开报道的发掘墓葬有几百座。

关于积石墓的类型，几十年来，中外学者对此作了大量探讨，由于各自观察的角度和研究的基点有所不同，所以对墓葬类型的命名和划分则有区别，但是从总的趋势看，大家的认识逐步接近，而且都同时注意到了墓葬内外两方面的结构。

积石墓的外部结构可分为无坛、方坛和方坛阶梯三种。所用石料有河卵石、自然石块和加工过的石材，有碎有整，有粗有精，并不一致。

无坛，则是先用大的河卵石或石块在地表之上堆出略呈方形或长方形的边框（或称墓基），再用碎石（小的河卵石或石块）把整个墓葬包封起来，成为不甚规则的封石堆。

方坛，则是在墓葬四周用大型石块和石条砌筑出一层规整的台阶，台阶之上再以碎石封顶，该结构又被称为有坛、基坛等名称。

方坛阶梯，其筑造方法和过程，因地势不同而有所区别。地势平坦之处，先用大型石块或石条砌筑底部第一级方坛，高度随墓葬规模大小而变化。方坛内填以河卵石或石块，形成一个平面。在此平面之上，四周各内缩一定距离，筑第二级方坛。接着再以同样方式筑第三级或三级以上方坛，逐级内收，成阶梯状，上边以碎石封顶，故称之为方坛阶梯，也有的学者称之为阶坛、阶台。这种方法可称为分级平筑法，也有的学者称为叠压构筑法。

另一种多是在地势坡度较大之处，为了防止积石下滑，在低处筑起几道石墙，上高下低，依次倚护。而在高处可以少筑、甚至不筑石墙。近年不少学者和论著把这种构筑方法称为阶墙构筑法，把运用这种方法修建的积石墓称为阶墙积石墓，而把运用上述分级平筑法修建的积石墓，称为阶坛积石墓或叠压式阶坛积石墓。从2003年对集安大型积石墓王陵的发掘得知，早期的几座大型积石墓王陵采用的是阶墙构筑法，说明阶墙构筑法要原始一些。

但是从外观上看，这两种构筑方法的效果是相同的，而且有时一座墓可以同时使用两种方法进行构筑，所以我们还是统称之为方坛阶梯。

积石墓的内部构造可分为石圹和石室两种。石圹指只是石砌四壁、上无盖顶石，一般

---

[1]《三国志·乌丸鲜卑东夷·高句丽传》："（高句丽）男女已嫁娶，便稍作送终之衣。厚葬，金银财币，尽于送死，积石为封，列种松柏。"

无门无墓道。石室则是上有盖顶石，并且有门有墓道。

将积石墓外部结构和内部结构相结合，可以组成以下几种类型，而且这几种类型迄今数量不等都有发现，见表9-2。

表9-2　　　　　　　　　　　　　积石墓类型

内部＼外部	无坛	方坛	方坛阶梯	
石圹	无坛石圹墓	方坛石圹墓	方坛阶梯石圹墓	积石石圹墓
石室	无坛石室墓	方坛石室墓	方坛阶梯石室墓	积石石室墓
	无坛积石墓	方坛积石墓	方坛阶梯积石墓	

表9-2中所列积石墓的类型实为六种，即无坛石圹墓、方坛石圹墓、方坛阶梯石圹墓、无坛石室墓、方坛石室墓、方坛阶梯石室墓。

无坛石圹墓的规模不大，石圹底或与地表同，或略高于地表，多为单圹，也见双圹、多圹，石圹上面封以碎石。以往各家划分的积石墓、积石石圹墓、圆丘式积石墓，则是指此类型。

方坛石圹墓的规模比无坛石圹墓增大，二者内部结构基本相同；不同的是在墓葬四周砌出一层规则的方坛，方坛之内用卵石或石块填平，石圹修筑在此填平的石面上，石圹上面封以碎石。以往各家划分的方坛积石墓、有坛积石石圹墓和基坛积石墓，则是指此类型。

方坛阶梯石圹墓的内部结构与方坛石圹墓相同，不同的是在外部以上以分级平筑法或阶墙构筑法构筑出方坛阶梯，石圹一般修在第一、第二级阶梯上。以往各家划分的方坛阶梯积石墓、阶坛积石石圹墓、阶台式积石墓和部分圆丘式积石墓、部分阶坛积石墓，则是指此种类型。

无坛石室墓发表的材料很少，在朝鲜慈江道楚山郡云坪里曾发现例墓，墓道偏向一侧，使整个墓室、墓道平面呈现为刀形。从原位保留的部分盖顶石，知道原石室为平盖顶。

方坛石室墓四周为方坛结构，内部为石室。石室位于方坛中部地表，四壁或用规则的石块、石条砌成，或用大块石板竖立而成，石室上面以巨石覆盖，多作平顶，也有抹角叠涩。墓道多偏向一侧。同一墓葬，有单室、双室、三室之分。双室、三室者，并行排列，各设墓道，多不相通。最后用碎石将各墓室一起封包起来。

方坛阶梯石室墓内部结构与方坛石墓基本相同，只是外部为方坛阶梯结构。

综合上述六种类型，外部结构是无坛的可统称为无坛积石墓，是方坛的可统称为方坛积石墓，是方坛阶梯的可统称方坛阶梯积石墓；内部结构是石圹的可统称为积石石圹墓，是石室的可统称为积石石室墓。

由于年代久远，高句丽墓葬被破坏严重，随葬品更是所剩无几。笔者曾对其形制结构、葬俗、随葬品等分别列表进行过详细统计，结果仍能发现一些规律性的变化。从修筑技术方面考虑，积石墓的外部结构无坛、方坛和方坛阶梯中，无坛的出现应更早一些，但在高句丽政权建立后，这三种结构则长期并行发展，它们的下限都到5世纪，所以，积石墓外部结构之无坛、方坛和方坛阶梯，现在看到的主要的不是时代早晚的不同，而是等级高低的差别。与此同时，外部同样是无坛、方坛和方坛阶梯结构的墓葬，它们的内部又各自具有石圹和石室，可见石圹、石室与外部不同结构不存在对应关系。积石墓内部结构石圹到石室的变化，不是墓葬等级的不同，而是墓葬时代先后的差别。

高句丽积石墓中还有一种石棺墓，规模较小，砌造简单。其流行时间与积石石室墓相当，而且与以后的封土石棺墓有传承关系，只是这种墓数量很少，所以暂不单做一种类型列入。

（二）集安大型积石墓王陵与好太王碑

1. 集安大型积石墓王陵

高句丽王共传28位，多是以父子或兄弟相传，也有的以叔侄或祖孙相传。在这28位王之中，有十几位在文献中都记载了他们埋葬的地点，而且还往往以此作为他们的谥号，见表9－3。

表9－3　　　　　　　　　　　　高句丽王陵

位序	王号	王名	在位时间	都城所在地	陵名或葬地	
					原名	现今地点
1	东明圣王、邹牟王（好太王碑文）	朱蒙、邹牟、众解	公元前37年至前19年	桓仁	龙山	桓仁
2	瑠（琉）璃明王、孺留王、儒留王（好太王碑文）	娄利、孺留、累利（《三国遗事》）	公元前19年至公元18年	公元3年从桓仁迁都集安	豆谷东原	集安
3	大武神王、大解朱留王　大朱留王（好太王碑文）	无恤、味留（《三国遗事》）	公元18～44年	集安	大兽林原	集安
4	闵中王	解色朱、邑朱（《三国遗事》）	公元44～48年	集安	闵中原石窟	集安
5	慕本王	解忧、解爱娄	公元48～53年	集安	慕本原	集安
6	太祖大王、国祖王	宫、於漱	公元53～121年	集安		集安
7	次大王	遂成	公元121～165年	集安		集安
8	新大王	伯固、伯句	公元165～179年	集安	故国谷	集安
9	故国川王、国襄（壤）王	男武	公元179～197年	集安	故国川原	集安
10	山上王	延优、伊夷模	公元197～227年	集安	山上陵	集安
11	东川王、东襄（壤）王	优位居、郊彘、位宫	公元227～248年	集安	柴原	集安
12	中川王、中壤王	然弗	公元248～270年	集安	中川之原	集安

续表 9 - 3

位序	王号	王名	在位时间	都城所在地	陵名或葬地	
					原名	现今地点
13	西川王、西壤王	药卢、若友	公元 270～292 年	集安	西川之原、故国原	集安
14	烽上王、雉葛王	相夫、歃夫娄	公元 292～300 年	集安	烽山之原	集安
15	美川王、好壤王	乙弗、优弗	公元 300～331 年	集安	美川之原	集安
16	故国原王、国冈上王	斯由、钊	公元 331～371 年	集安	故国之原	集安
17	小兽林王、小解朱留王	丘夫	公元 371～384 年	集安	小兽林	集安
18	故国壤王	伊连、於只支	公元 384～391 年	集安	故国壤	集安
19	广开土王、国冈上广开土境平安好太王（好太王碑文）、国冈上广开土地好太王（壶杅刻铭）、永乐大王（好太王碑文）	谈德、安（《梁书》）	公元 391～412 年	集安	山陵	集安
20	长寿王、康王（《魏书》）	巨连、琏	公元 413～491 年	公元 427 年从集安迁都平壤		集安平壤
21	文咨明王、明治好王	罗云、云（《魏书》）	公元 492～519 年	平壤		平壤？
22	安藏王	兴安、安（《梁书》）	公元 519～531 年	平壤		平壤？
23	安原王	宝延、延（《梁书》）	公元 531～545 年	平壤		平壤？
24	阳原王阳岗上好王	平成	公元 545～559 年	平壤		平壤？
25	平原王平岗上好王	阳成、阳（《隋书》）、汤	公元 559～590 年	平壤		平壤？
26	婴阳王平阳王	元、大元	公元 590～618 年	平壤		平壤？
27	荣留王	建武、成	公元 618～642 年	平壤		平壤？
28	□□王	藏、宝藏	公元 642～668 年	平壤	唐京师颉利墓左	西安

说明：本表依据《三国史记》并参考其他有关文献和考证作成。

从表 9 - 3 可以看出，记载有埋葬地点的高句丽王，都在长寿王之前，而高句丽迁都平壤正好发生在长寿王时，说明这种情况与迁都好像是有关系的。按照传统习惯，王陵一般都位于王都附近。如果第二十位王长寿王暂且不算，那么葬于桓仁、集安的高句丽王陵应是 19 座，其中始祖东明圣王朱蒙的陵墓在桓仁。因为据《三国史记》之高句丽本纪和地理志记载，朱蒙在位 19 年，死后葬龙山，"大武神王三年（公元 20 年）春三月，立东明王庙"，其后新大王、故国川王、东川王、中川王、故国原王、安藏王、平原王、荣留王数次去卒本祀始祖庙，说明东明王庙和王陵始终都在卒本、即今桓仁之地，而不在集安，也不在平壤。减去东明圣王的王陵，在集安的王陵则是 18 座。迁都平壤之后的王陵，除第 28 位王因政权被灭、死后葬于西安附近外，其余的几座，学术界多认为在平壤附近，但是也有人认为归葬集安，所以上表在该项"平壤"之后加问号。

关于迁都平壤之前王陵的类型结构，由于 4～5 世纪正是高句丽积石墓和封土墓的交替演变阶段，尽管封土石室墓开始流行，而且也出现了壁画墓，但是此时期的壁画墓规模较小，与同时期的大型积石墓无法相比，所以迁都平壤之前的王陵除闵中王是葬于闵中原石窟中外[1]，其余都应是大型积石墓。而根据积石墓的内外变化，还可以推断出这些王陵的内部结构，开始是石圹，以后变为石室，石室由狭小低矮向宽敞高大发展；其外部结构，绝大部分应是方坛阶梯，最初的几座可能不像后来的那样完备、规整，或者还只是方坛，但是只要方坛阶梯出现，它就应首先在王陵中使用。

从上表还可以看出，第 8、第 9、第 13、第 16、第 18 五位王的埋葬地点中，都有"故国"二字，此"故国"所指，就是当时高句丽的都城所在地集安。同时，在有的埋葬地点中还提到的西川、中川、东川之三川，也是在集安，西川即集安市区西边的麻线河谷，中川即集安市区北边的通沟河河谷，东川在集安市区东边，具体是哪个河谷，还未确定。

位于集安的大型积石墓高句丽王陵，其规模巨大、砌造考究，早已被国内外学者所关注，其中最为著名的是将军坟、太王陵、千秋墓、西大墓和临江墓。2003 年的大规模调查和发掘清理，连同这 5 座墓葬在内，又确认了 8 座，它们是麻线 2378 号、山城下砖厂 36 号、麻线 626 号、七星山 871 号、禹山 2110 号、七星山 211 号、禹山 992 号、麻线 2100 号（图 9 - 9）。大型积石墓王陵的基本特征如下。

第一，墓葬规模巨大、砌造考究。

第二，墓葬所在地势，开始从山崖高坡逐渐下移到山下平岗高地。

第三，墓葬外部结构由阶墙变为阶坛；墓葬内部结构保存普遍不好，但由石圹向石室的转变，还是很明确的，石室墓中有的使用了石椁。

第四，墓葬周围发现散水、墓域、排水系统、陵园墙垣、陵寝建筑、祭台和陪葬墓等遗迹。

第五，墓葬上边出土板瓦、筒瓦、脊瓦和瓦当等瓦件。瓦件的颜色多为深浅不等的灰色，

---

[1]《三国史记·高句丽本纪》第二："（闵中王）四年秋七月，又田，见石窟，顾谓左右曰：'吾死必葬于此，不须更作陵墓。'""五年，王薨。王后及群臣重违遗命，乃葬于石窟，号为闵中王。"

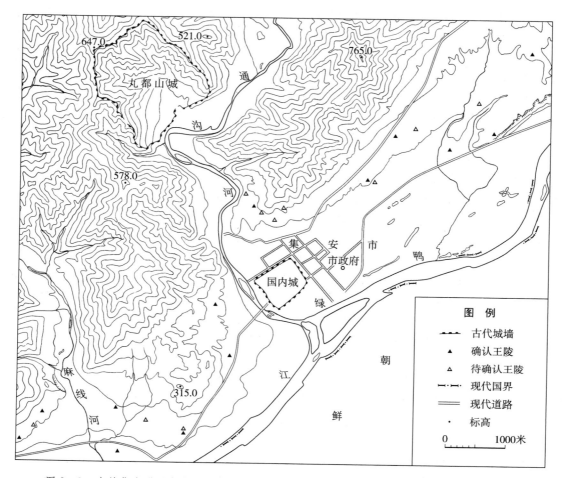

图9-9　吉林集安附近高句丽王陵分布示意图（参照《集安高句丽王陵》插图绘制，略有改动）

也有深浅不等的褐色。瓦当出现较晚，其花纹开始流行的是云纹，后来则是莲花纹。从有的墓上保存下来的迹象推测，这些瓦件原来是直接覆盖在石圹或石室所在的墓葬顶部上的。

第六，与其他中小型积石石圹墓一样，早期的几座王陵墓上也发现熔石，有的熔石与瓦件烧结在一起。

第七，由于墓葬皆被盗掘，所以出土的器物并不算多，但种类还是比较齐全的，有陶瓷器、铁器、铜器、鎏金器和金器等。

这些大型积石墓，由于确切文字资料发现太少，所以要想进一步确定某一座墓属于某一王，仍是相当困难的。以往发现的与此有关的文字资料，一是积石墓上的铭砖：太王陵上发现的铭砖，其铭文曰"愿太王陵安如山固如岳"，故名该墓为太王陵；千秋墓上发现的铭砖，其铭文曰"千秋万岁永固"和"保固乾坤相毕"，故名该墓为千秋墓。文字资料之二是好太王碑，该碑是公元414年高句丽第二十位王长寿王为其父、第十九位王好太王立的碑。集安高句丽遗迹被发现以来，对高句丽王陵的推断，主要是围绕好太王碑、太王陵和将军坟来进行的，有时也涉及千秋墓。经多年发现和研究，现学术界基本认定太王陵就是好太王的陵墓，并推测将军坟是长寿王的陵墓。

太王陵规模巨大，积石边长 62.5～68 米，高 14 米（图版 29-2），可见八层阶梯，石室位于顶部，内置石椁（图 9-10），墓葬周围发现墙垣、排水沟、祭台、陪葬墓诸多遗迹，出土制作精美的鎏金马具马镫、节约、杏叶和鎏金帐钩、幔架、案足、案饰，以及包括各种步摇构件在内的大量鎏金、金质饰件，真实地展现出墓主人非同一般的高贵地位和豪华奢侈的生活。"愿太王陵安如山固如岳"铭砖陆续发现多件，好太王生时"号为永乐太王"，死后谥为"国冈上广开土境平安好太王"，而其他各王之名称还没发现有"太王"的字样，所以此铭砖所指，只能是好太王一人。2003 年在太王陵南侧 2.9 米处又出土了一件铜铃，上边刻着"辛卯年好太王□造铃九十六"铭文，再次证明太王陵是好太王的陵墓无疑。好太王在位期间的辛卯年是公元 391 年，该年好太王刚继位，出土铜铃是当年铸造的。

将军坟保存较好，规模小于太王陵，边长 31.7～33.1 米，高 13.07 米，七层阶梯

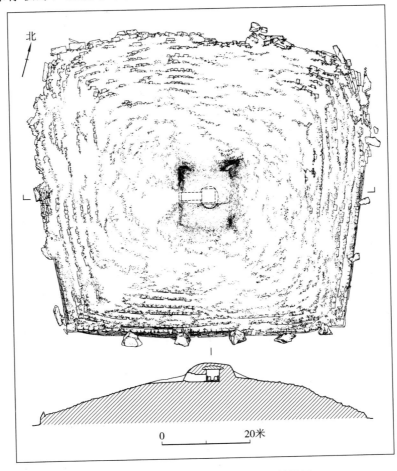

图 9-10　吉林集安太王陵平面、剖视图

（图9-11），石材加工和阶梯的修筑技术比太王陵愈加精细提高，顶部石室边长5.43～5.5米，高5.1米，也比太王陵明显增大，说明其时代晚于太王陵，而晚于太王陵的大型积石墓王陵只能是长寿王的陵墓，因为长寿王之后，积石墓已不再流行，王陵当然也不例外。长寿王自公元412年继位，15年后迁都平壤，一直到公元491年去世，为王近80年，大部分时间是在平壤度过的。那么他为什么要在集安修筑自己的陵墓呢？这与高句丽的葬俗有直接关系。《三国志·魏书·乌丸鲜卑东夷·高句丽传》曾记该族"男女已嫁娶，便稍作送终之衣。厚葬，金银财币，尽于送死，积石为封，列种松柏"，所以高句丽王尽早开始自己大型陵墓的修筑，则是更必要的。长寿王在集安修筑自己的陵墓，一种可能是他死后又归葬"故国"，只是无文献记载。另一种可能是他死后葬于平壤，将军坟最后并没真正使用。此情况在历史上并非孤例。北魏孝文帝以平城为都时，曾在大同之北方山上的其祖母文明太后冯氏的"永固陵"北面，为自己修筑了陵墓"寿宫"，他迁都洛阳、死后

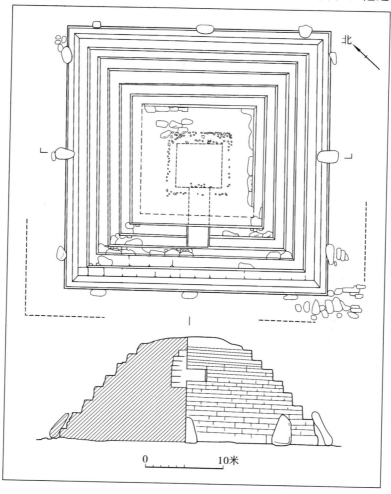

图9-11　吉林集安将军坟平面、剖视图

葬于洛阳北邙之"长陵"，而方山"寿宫"变成了"虚宫"[1]。如果是这样的话，将军坟则是长寿王的"虚宫"。而葬于平壤的长寿王陵，应是大型封土石室壁画墓，不能再是积石墓了。有日本学者推断平壤之"东明王陵"（封土石室壁画墓，原编号真坡里 10 号）为长寿王陵，思路是对的，墓葬的时代和规模也是相符的，但最后确定，仍需作进一步的发现和研究[2]。

太王陵、将军坟的墓主人确定之后，为其他墓葬的墓主人的推断也提供了线索。

在讨论高句丽王陵时，禹山 3319 号受到关注。该墓于 1997 年进行了发掘[3]。墓葬位于禹山南面西端半山腰的一个平台上。墓葬地表东南角、距墓葬约 9 米处，有一大石块，石面上阴刻一正面半裸人像。墓葬结构特殊，外部为方坛阶梯石结构，边长 20 米余，内部为边长 4.95 米的方形砖室，砖室外设左右耳室，砖壁采取三顺一丁的砌法，与南方六朝砖墓相同。墓室砖壁上的白灰大部剥落，白灰面上尚见有朱红、绿、墨色彩，说明原有壁画。发掘中出土青瓷、釉陶、鎏金器、铁器等各类器物几十件，其中青瓷盘口壶是东晋产品，几件釉陶器物的造型也与南方同类青瓷器物相同。值得注意的是，这次发掘发现带有"乙卯年癸酉"铭文的灰色卷云纹瓦当一件；在此之前，同类瓦当还先后发现几件，而对于其中的三件，有学者考证可合为一完整铭文，即："太岁在丁巳五月廿日为中郎及夫人造盖墓瓦又作民四千餟盒权用盈时兴诣得享万世"[4]。参照青瓷年代，推测乙卯年为公元 355 年，丁巳年为公元 357 年，这也是目前学术界对该墓葬年代的推测。由于该墓墓室结构特殊，其主人不像是高句丽本民族的，当然也就不属于王陵了。

2. 好太王碑

好太王碑位于集安市区东 4 公里的太王乡大碑街，背靠禹山，面对鸭绿江，西南 200 米处是好太王陵。碑用一整块巨形角砾凝灰岩制成，呈不规则的方柱，南偏东 45°，碑高 6.39 米，面宽 1.34～2 米。碑文自东南侧开始，四面环刻，第一面 11 行，第二面 10 行，第三面 14 行，第四面 9 行，一般每行 41 字，计 44 行 1775 字，基本为隶书。这是研究高句丽历史的非常珍贵的文字资料，

好太王碑发现于清朝末年，当即开始捶拓，根据拓本，中国的一些官吏和金石学者对碑文先后进行了考证。之后不久，日本等外国学者在当时特殊的背景下，纷纷来此非法考察。1949 年以后，中国学者连续进行了详细考察和研究，出版了《好太王碑研究》等著

〔1〕 A.《水经注·漯水》（江苏古籍出版社，1999 年）："（方山）岭上有文明太皇太后陵，陵之东北有高祖陵。"《魏书·文成文明皇后冯氏传》："初，高祖孝于太后，乃于永固陵东北里余，豫营寿宫，有终焉瞻望之志。及迁洛阳，乃自表瀍西以为山园之所，而方山虚宫至今犹在，号曰'万年堂'云。"

B. 大同博物馆、山西省文物工作委员会：《大同方山北魏永固陵》，《文物》1978 年第 7 期。

〔2〕 [日]永岛晖臣慎著，刘力译：《高句丽的壁画古墓——关于真城里古墓群》，《东北亚历史与考古信息》总第 7 期，1985 年。

〔3〕 吉林省文物考古研究所、集安市博物馆：《洞沟古墓群禹山墓区 JYM3319 号墓发掘报告》，《东北史地》2005 年第 6 期。

〔4〕 张福有：《集安禹山 3319 号墓卷云纹瓦当铭文识读》，《东北史地》2004 年第 1 期。

作，碑文拓本也不断有新的发现[1]碑文内容大体分为三部分：第一部分首先记述了高句丽政权的创始传说和前三世王邹牟王、儒留王和大朱留王的承袭关系，然后简述了好太王本人的行状和立碑过程。立碑时间为"甲寅年"，即公元 414 年。第二部分记述了好太王一生的攻伐业绩，包括征碑丽、伐百济、救新罗、败倭寇、征东夫余等。这是碑文的主要部分，占了整个碑文的一半。第三部分详细记述了好太王陵守墓人烟户的来源、数目和有关规定。

之后，2012 年在集安市区西南 3.5 公里、麻线河右岸的河滩边上，又发现了一通新的高句丽石碑。该碑残高 173 厘米，宽 60.6～66.5 厘米，厚 12.5～21 厘米。碑文隶书汉字，磨损较重，现几家识读出 140～190 字不等，其内容主要是对高句丽王陵守墓烟户制度的记述。该碑刻立的时间，现主要有好太王时期和长寿王时期两种意见，参见集安市博物馆编著的《集安高句丽碑》（吉林大学出版社，2013 年）；《东北史地》2013 年第 3 期集中刊登了林沄、徐建新、魏存成、张福有、孙仁杰和耿铁华的成组文章；张福有编著的《集安麻线高句丽碑》（文物出版社，2004 年）收录了之前发表和未发表的 30 余篇文章。

（三）集安、桓仁壁画墓

中国境内的高句丽壁画墓，绝大部分坐落于集安市区附近。从 20 世纪初开始，就有不少外国人先后来到集安进行调查，并发表了一些报告。中国对集安高句丽壁画墓的专门研究，首见于《文物参考资料》1958 年第 4 期发表的杨泓的论文《高句丽壁画石室墓》。之后，又有不少学者进行作过不同程度的研究，而系统细致的研究，还是北京大学宿白于1974 年编印的《三国—宋元考古》（上）内部讲义中的专门章节，其中对当时发表的壁画墓内容列了详细的表格。

集安高句丽壁画墓，迄今共发现 30 座，除 5 座为积石石室、1 座为积石砖室外，其余皆为封土墓；桓仁和抚顺近年先后各发现封土壁画墓 1 座。根据墓葬的形制结构和壁画内容、布局等不同情况，吸收以往研究成果，现将比较清楚的 19 座列为表 9-4[2]。

从表 9-4 可以看出，壁画墓分布于山坡、河谷谷地和平地不等。墓室平面，皆为方形主室；部分还有前室、横前室，或者在墓道、甬道两侧开侧室；个别的有两室同向并列，异穴同封。室顶结构，分别为穹隆叠涩、平行叠涩、抹角叠涩和覆斗形几种。墓门方

---

[1] A. 王健群：《好太王碑研究》，吉林人民出版社，1984 年。

　　B. 耿铁华：《好太王碑新考》，吉林人民出版社，1994 年。

　　C. 王仲殊：《关于好太王碑文辛卯年条的释读》，《考古》1990 年第 11 期；《再论好太王碑文辛卯年条的释读》，《考古》1991 年第 12 期。

　　D. 王培真、徐建新：《好太王碑原石拓本的新发现及其研究》，《世界历史》1993 年第 2 期。

　　E. 徐建新：《关于北京大学图书馆所藏好太王碑原石拓本》，《世界历史》1995 年第 2 期；《好太王碑——中国著名碑砧选集 27》（吉林文史出版社，1999 年）所用的北大"馆藏 C 本"，是徐建新文章中介绍的"北大 A 本"（登录编号 3021326－3）；《高句丽好太王碑早期墨本的新发现——对 1884 年潘祖荫藏本的初步调查》，《中国史研究》2005 年第 1 期。

[2] A. 未列入的 13 座，其中封土石室壁画墓有 7 座：有美人墓，万宝汀 645 号、1368 号，山城下1305

向，多偏于西向和南向。

壁画内容，大体上分为反映墓主人家内生活、出行、狩猎、战争场面和莲花、"王"字云纹、环纹图案，以及日月星云、四神、奇禽异兽几大类。家内生活中的墓主人夫妇宴饮图固定于主室后壁。其他，进食、角觝、舞蹈活动和仓廪设施多绘于主室左壁或左侧室，但在主室右壁或右侧室也见；而出行、狩猎、鞍马、马厩、甲骑、战斗、攻城、斩俘等室外活动，绘在主室右壁或右耳室的只是略多于主室左壁或左耳室。莲花属于佛教题材，与佛教相关的还有飞天、拜佛等图像。而有的墓室四壁通绘排列有序的莲花、"王"字云纹、环纹图案，很明显这是模拟织锦壁衣的装饰。值得注意的是，在不少墓中尽管有壁画，而在墓室壁上仍留有弓形挂钩或位置有序的钉孔，此弓形挂钩上原来很可能挂有帷帐实物[3]。四神图像一般是由室内面朝墓门为准，按方位分别绘于主室的顶部、四壁上部或四壁。主室四隅和梁枋，分别绘以影作木结构和怪兽、缠龙形象，影作木结构的绘制有繁有简，有的还饰以不同花纹。象征天空的室顶，绘以日月星云，有的还绘以莲花、盘龙和各种奇禽异兽、伎乐仙人、传说故事等。墓道、甬道和前后室甬道的两侧，墓门正、背面，以及墓室的前壁，多绘以与守卫有关的伏犬、蹲狮或卫士，有的还绘以与家内生活有关的侍女。主室内石棺床皆顺置，有的上涂白灰，甚至还描绘花纹图案。木棺只发现残片，多涂漆，有的也绘以精美花纹。

根据墓葬形制结构和壁画的变化，集安、桓仁壁画墓先后分为四期。

第一期包括集安角觝墓和舞蹈墓。两墓位于禹山南坡，上下相距仅几米。形制为方形后室，穹窿叠涩顶；横长方形前堂，覆斗形顶（图9-12-A）。壁画内容以墓主人家内生活、出行、狩猎为主（图9-13）。社会上层人士乘牛车出行，在中原流行于魏晋以后[4]，这时也出现在高句丽墓的壁画中。舞蹈墓狩猎图中，在一奔驰于山峦之间的骑手的足下，清楚地绘出了椭圆形的环状马镫，说明此时成副的双马镫已在高句丽流行。4世纪中叶的安阳孝民屯晋墓出土的仍是单马镫[5]，因此舞蹈墓的时代应在此之后。两墓墓道绘伏犬守卫，这种安排在辽阳汉壁画墓中已有先例。综上所述，角觝、舞蹈两墓的时代，推测为4世纪中叶至5世纪初。

号、1407号，东大坡365号和抚顺施家1座；积石石室墓有5座：山城下墓区"折天井墓"、禹山下41号和新发表的山城下墓区798号、1408号、1405号；方坛阶梯砖室壁画墓1座，即禹山3319号。关于这些墓葬的墓室与壁画情况，以往程度不同地都有所介绍。

B. 另据耿铁华《高句丽古墓壁画研究》（吉林大学出版社，2008年）可知，集安还发现6座壁画墓，其中封土石室墓4座：万宝汀墓区709号、1022号，山城下墓区491号、1020号；"有坛封土石室墓"1座：禹山墓区2174号；墓道带耳室的"阶坛积石石室墓"1座。书中对6座的墓室形制结构和大小未作介绍，至于壁画，只有山城下墓区1020号介绍是大部分已剥落，其他5座墓介绍是已剥落。

[3] 相同迹象在1991年发掘的湖南安乡县西晋刘弘墓（公元306年）中已有发现（《湖南安乡西晋刘弘墓》，《文物》1993年第11期）。

[4] 《晋书·舆服志》："古之贵者不乘牛车，汉武帝推恩之末，诸侯寡弱，贫者至乘牛车，其后稍见贵之。自灵献以来，天子至士遂以为常乘，至尊朝堂举哀乘之。"

[5] 中国社会科学院考古研究所安阳工作队：《安阳孝民屯晋墓发掘报告》，《考古》1983年第6期。

表 9 - 4 　　　　　　　集安、桓仁高句丽壁画墓一览表

名称	封土形状及大小	室顶结构			墓门	墓道甬道	侧室、前室
		侧室、前室		主室			
角觝墓	覆斗形，直径15米，高4米	两侧室顶部相连为一体，顶呈覆斗形		穹隆叠涩	右：犬		两侧室均绘影作木结构、树木、火焰、蔓草
舞踊墓	覆斗形边长17米，高4米	两侧室顶部相连为一体，顶呈覆斗形		穹隆叠涩	左：犬		两侧室均绘影作木结构、一斗三升；左侧室绘房屋、树木、蔓草；右侧室绘鞍马人物
麻线沟1号墓	周长约50米，高5米	左侧室覆斗形，右侧室覆斗加小抹角		覆斗形，中心顶石柱		顶绘莲花	左侧室绘影作木结构、仓廪、牛舍，顶绘莲花；右侧室绘影作木结构、狩猎、庖厨（?），顶绘莲花
通沟12号墓	覆斗形，周长约90米，高4.6米	南室	平顶	平行叠涩		两侧绘狩猎图	左侧室绘庖厨；右侧室绘马厩
		北室	平顶	覆斗形			右侧室绘庖厨
山城下332号墓	覆斗形直径10米，高4米	平顶		平行叠涩	左：狩猎右：狩猎、侍女		

甬道	壁画内容						备注
	主室						
	后壁	左壁	右壁	前壁	四隅、梁枋	顶	
	墓主人夫妇宴饮	家居、进食、大树、角觚	大树、车马出行	左右各一大树	影作木结构，一斗三升	日月星云、蔓草、火焰	《通沟》
	墓主人夫妇宴饮	家居、进食、舞踊	大树、牛车出行、狩猎	左右各一大树	影作木结构，一斗三升	日月星云、火焰、莲花、青龙、白虎、朱雀、奇禽异兽、伎乐仙人、人物	《通沟》
	墓主人夫妇宴饮	舞踊	甲马骑士		影作木结构简化，上绘菱形卷云纹	莲花，中心柱上绘莲花	《考古》1964年第10期
	墓主人夫妇对坐	挽车出行	挽车出行	舞乐、犬	影作木结构简化，上绘菱形卷云纹	莲花	《考古》1964年第2期
	墓主人夫妇对坐	战斗	狩猎	犬	影作木结构简化，上绘菱形卷云纹	荷叶莲花	
	"王"字云纹	"王"字云纹	"王"字云纹	"王"字云纹	影作木结构简化	莲花	《考古》1983年第4期

| 名称 | 封土形状及大小 | 室顶结构 | | 墓门 | 墓道甬道 | 侧室、前室 |
		侧室、前室	主室			
长川2号墓	覆斗形，周长143米，高6米	平顶	平行叠涩	正面绘门卒，背面绘侍女	两侧、顶均绘莲花	两侧室均绘"王"字云纹
桓仁米仓沟"将军坟"	覆斗形周长150米，高8米	平顶	平行叠涩	周边绘黑框		两侧室壁满绘"王"字云纹，地面也有彩绘
山城下983号墓	覆斗形，边长10米，高4米	平顶	平行叠涩，中心两层抹角			
龟甲莲花墓			平行叠涩，中心两层抹角			
散莲花墓	覆斗形（？）边长6米，高3米	覆斗形	覆斗形，中心两层抹角			

续表 9 - 4

甬道	壁画内容						备注
	主室						
	后壁	左壁	右壁	前壁	四隅、梁枋	顶	
	莲花	莲花	莲花	莲花	梁枋绘缠枝忍冬	莲花、缠枝忍冬	《考古与文物》1983 年第 1 期
	侧视莲花	侧视莲花	侧视莲花	侧视莲花、"王"字云纹	梁枋变形龙纹	侧视莲花、变形莲花、正视莲花、"王"字云纹	辛占山《桓仁米仓沟高句丽"将军坟"》,《东北亚考古学研究》,文物出版社,1997 年
					影作木结构简化	莲花、云纹、朱雀	《考古》1983 年第 4 期
	龟甲莲花	龟甲莲花	龟甲莲花	龟甲莲花	影作木结构,一斗三升		《朝鲜的建筑和艺术》
	莲花	莲花	莲花	莲花	影作木结构简化	莲花	《朝鲜的建筑和艺术》

| 名称 | 封土形状及大小 | 室顶结构 | | 墓门 | 墓道甬道 | 侧室、前室 |
		侧室、前室	主室			
长川1号墓	覆斗形周长88.8米，高6米	平行叠涩加小抹角	平行叠涩			前室之后壁：左右各一门吏，上方莲花、化生、火焰；左壁：舞踊、进食；右壁：百戏伎乐、山林逐猎；前壁：左右各一卫士。四隅、梁枋：影作木结构简化；顶：四神、拜佛、菩萨、莲花、化生、宝珠、飞天、伎乐、力士、奇禽异兽
长川4号墓	周长60米，高3米		南室	不规则的平行叠涩和抹角叠涩		
			北室			
下解放31号墓	覆斗形周长50多米，高6米	先以四坡内收，再于相对两长边中间置横向石枋，石枋上面两侧分置盖顶石	三层平行叠涩加两层抹角			
冉牟墓	覆斗形周长70米，高4米	覆斗形	抹角叠涩			前室后壁有题铭

墓室甬道	壁画内容						备注
	主室						
	后壁	左壁	右壁	前壁	四隅、梁枋	顶	
甬道墓门正面绘莲花。甬道两侧各一侍女	莲花	莲花	莲花	莲花	莲花	莲花，盖顶石下绘日月星象，并书"北斗七青"四字	《东北考古与历史》第一辑
		莲花					《博物馆研究》1988年第1期
		人物（残）					
		宝珠火焰				莲花、日月星象	《集安县文物志》；《北方文物》2002年第3期
							《通沟》；《北京大学讲义》

名称	封土形状及大小	室顶结构		墓门	墓道甬道	侧室、前室（堂）
		侧室、前室（堂）	主室			
环纹墓	覆斗形周长80米，高3米		覆斗形		两侧各绘一狮	
三室墓	周长 120米，高5米		一室六层平行叠涩，中心两层抹角 二室四层平行叠涩，中心两层抹角 三室四层平行叠涩，中心两层抹角		顶绘日月星辰	
四神墓	覆斗形		抹角叠涩		两侧各绘一卫士	
五盔4号墓	覆斗形周长160米，高8米		抹角叠涩		两侧各绘一卫士	
五盔5号墓	原同于4号墓		抹角叠涩		两侧各绘一卫士	

续表 9 - 4

通道	壁画内容						备注
	主室						
	后壁	左壁	右壁	前壁	四隅、梁枋	顶	
	环纹	环纹、人物	环纹	环纹	影作木结构简化，上绘云纹	青龙、白虎	《通沟》
	墓主人家居	出行、狩猎	攻城	卫士	影作木结构简化	卷云、朱雀、玄武	《通沟》；《考古与文物》1981年第3期；《洞沟古墓群1997年调查测绘报告》
两侧各一力士	北壁：托梁力士	东壁：托梁力士	西壁：卫士	南壁：托梁力士	影作木结构简化	四神、奇禽异兽、伎乐仙人、莲花、日月星云	
两侧各一卫士	西壁：托梁力士	北壁：托梁力士	南壁：卫士	东壁：力士	影作木结构简化	四神、奇禽异兽、莲花、日月星云	
	按方位绘四神，衬以云纹图案				四隅绘怪兽托梁，梁枋绘缠枝忍冬	日月星云、莲花、伎乐仙人、奇禽异兽，顶心绘盘龙	《通沟》
	按方位绘四神，衬以莲花忍冬网纹图案，网纹内还绘有各种人物形象				四隅绘怪兽托龙顶梁，梁枋绘缠龙	日月星云、日月神、牛首人等仙人、伎乐，抹角石底和顶心绘盘龙	《考古》1964年第2期；《考古学报》1984年第1期
	按方位绘四神，衬以莲花忍冬网纹图案，网纹内不见4号墓的人物形象				四隅绘怪兽托龙顶梁，梁枋绘缠龙	多同于4号墓，抹角石底绘莲花，顶心绘龙虎	《考古》1964年第2期

第二期包括集安麻线沟 1 号、通沟 12 号、山城下 332 号、长川 2 号及桓仁米仓沟"将军坟"（图 9-12-B）和集安山城下 983 号等墓。这几座墓位于山坡或河谷平地，墓室平面呈方形，室顶为平行叠涩或覆斗形，个别在顶部中心出现小抹角。室外有左、右侧室，侧室由大变小，逐渐退化。壁画内容除第一期的常见题材继续流行外，莲花和"王"字云纹图案明显增多。佛教传入高句丽，并在高句丽王提倡下广泛流行，是从 4 世纪后半叶开始的。墓葬壁画中佛教题材的大量出现，当然不能早于此时，所以第二期墓葬的年代应在 5 世纪。"王"字云纹同时见于集安山城下 332 号、长川 2 号和桓仁米仓沟"将军坟"，而且这三座墓的形制结构又相同，表现了墓葬整体变化的一致性。由于高句丽战事连年不断，所以甲马骑士、攻城战斗和斩俘的图画也出现在该期的壁画之中。

第三期包括集安龟甲莲花墓、散莲花墓、长川 1 号（图 9-12-C）与 4 号、下解放 31 号、冉牟墓、环纹墓、三室墓等，仍是多分布于山坡，个别下降到平地。墓葬形制结构基本为方形单室或前堂双室，墓室外的侧室不再存在，墓顶仍以平行叠涩和覆斗形为主，而抹角叠涩的成分在逐渐增加。三室墓以三个方形墓室成曲尺形相通，比较特殊。壁画内容和第二期大体一致，莲花、飞天等佛教题材仍占主导地位，长川 1 号还绘出了拜佛场面和菩萨形象（图 9-14）。环纹墓甬道两侧，绘蹲狮来守卫，其形象及所在位置与南朝齐画像砖陵墓相同，证明环纹墓的年代不会早于 5 世纪末。家内生活与出行、狩猎场面在该期壁画中仍有表现，长川 1 号墓前堂右壁上下多种图像的百戏伎乐图和山林逐猎图，可以说是该题材的集中代表。四神形象变得比以前突出。墓室四隅和四壁上沿的影作木结构日趋简化，有的仍绘以云纹图案。第三期墓葬的时间跨度应在 5 世纪末到 6 世纪中叶这个时期。

第四期包括集安四神墓、五盔 4 号（图 9-12-D）与 5 号墓，皆位于禹山山脚平地。方形单室，与中原北朝后期的墓制相同，室顶为大抹角叠涩。壁画内容，墓室四壁以四神为主体，四隅、梁枋和室顶充满了怪兽、盘龙等恐怖图像和日月神、牛首人等各种古代传说，以及乘龙驾凤的众多伎乐仙人（图 9-15）。四神墓梁枋侧面的缠枝忍冬，线条流畅，彩色绚丽，是高句丽壁画中难得的发现。五盔 4 号墓的网纹图案中，还绘以各种人物，有的头戴乌纱笼冠，身穿合衽袍，足登墨履，手持团扇，也有的跪坐或趺坐，披发羽衣，或绘八卦，或攻读，这种秀骨清相、潇洒闲逸的姿态和褒衣博带、笼冠高履的装扮，与南朝士大夫无有两样，由此也透视出高句丽晚期在最高统治者提倡之下佛、儒、道三教合流同归。在绘画工艺上，本期不像前三期那样先在石壁上涂白灰然后作画，而是不涂白灰，把画直接绘在平整的石壁之上。第四期墓葬的时间约在 6 世纪中叶至 7 世纪初。

（四）葬俗与重要随葬品

高句丽墓葬的类型分为积石墓和封土墓两大类型。积石墓据其内、外结构的不同，又可分出几种不同的类型，而从时间先后之发展序列来看，则是积石石圹墓早于积石石室墓。积石石圹墓流行于高句丽政权建立之前到公元 5 世纪，积石石室墓流行于公元 3 世纪末 4 世纪初至 5 世纪。封土墓内部为石室，包括中小型无壁画封土石室墓和大中型有壁画

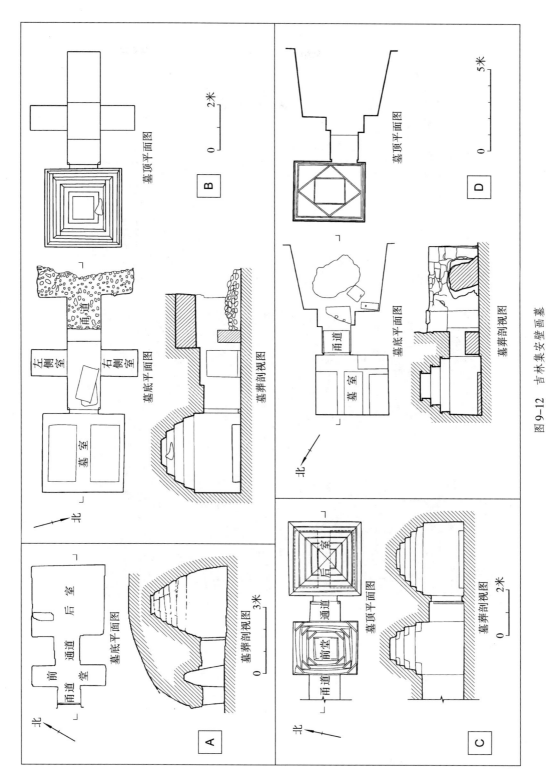

图 9-12 吉林集安壁画墓

A.角觝墓　B.桓仁米仓沟将军坟　C.长川1号墓　D.五盔4号墓

图 9-13 吉林集安舞踊墓墓室壁画
1. 左壁歌舞图 2. 右壁狩猎图

封土石室墓。中小型无壁画封土石室墓的上限，与积石石室墓出现的时间相当，其下限可到高句丽政权灭亡之后。大中型有壁画封土石室墓的时代在公元4世纪中叶至7世纪初。积石石圹是高句丽本民族的墓葬类型。公元4世纪初，高句丽接受中原文化影响，墓葬内外结构发生改变，石圹变石室、积石变封土，几乎是同时进行的，一共持续了4、5两个世纪，积石石室墓则是这期间出现的过渡形式墓葬，其数量不多，至公元5世纪末，便和

图 9-14 吉林集安长川 1 号墓前堂东壁及堂顶壁画

图 9-15　吉林集安五盔 4 号墓墓室东壁壁画

积石石圹墓一起被日趋发展起来的封土石室墓取而代之了。在此发展演变过程中，墓葬的葬俗和随葬品也在发生着程度不同的变化。

1. 葬俗

（1）墓葬的分布排列

高句丽墓葬大都分布在山坡、山脚或河谷两旁。相比之下，积石墓多在地势较高之处，封土墓多在地势较低之处。其中，积石墓往往依地势高低自上而下成纵行排列，每行长达几十米乃至百米以上，上边的早，下边的晚，下边的墓依上边的墓修筑。据和近代世界其他地区民俗学的调查材料对比，知道高句丽积石墓中的这种排列现象，应属原始氏族族葬的遗俗。公元 5 世纪以后，随着积石墓的消失，该现象也走向消亡。

（2）火葬习俗

在积石石圹墓中还发现了不少火烧的迹象，圹坑中的石块都被烧结，随葬的陶器、铁器、铜器被烧变形，与烧结的石块粘连在一起，可见其温度是相当高的。这种火烧迹象迄今只发现于积石石圹墓中，而积石石室和封土石室墓中都没有发现，说明它是与积石石圹墓并存的一种古老葬俗。

（3）葬具

关于高句丽墓葬的葬具，只见《梁书·高句骊传》所记"有椁无棺"几字。从近年考古发现来看，在封土石室墓中，包括无壁画的中小型和有壁画的大中型，出土多例棺钉、棺环和棺板残片，说明这时已普遍使用的是木棺。而在积石墓中，包括积石石圹墓和部分积石石室墓，不见上述木棺构件，出土的却是两端作同向弯曲的铁扒锔，推测这些墓葬中使用的应是木椁，木椁用材粗大，以铁扒锔连接固定。由此看来，"有椁无棺"并非无据。出土铁扒锔的积石墓，规模都较大，有的还同时出土其他贵重的金属器，包括鎏金器，说明该型墓的等级较高。

2. 重要随葬品

高句丽好厚葬，从以往发现来看，尽管未被扰乱或盗掘的墓葬所剩无几，但发掘中仍出土多种随葬品，有陶器、釉陶器和各种金属器等，其中出土于4、5世纪中型积石墓内的比较多。金属器中引人注目的是马具，还有箭头等兵器，而且不少经过鎏金。

（1）陶器

高句丽墓葬中出土的陶器，以集安为最多。《文物》1984年第1期所载《集安高句丽陶器的初步研究》，首先对集安以墓葬出土为主的陶器进行了综合研究，而且按前后三期排出了《高句丽陶器演变示意图》。现对该图稍作变动和充实如下（图9-16）。

前期器物出土于积石石圹墓，年代下限可到3世纪末4世纪初。其特征为夹砂，胎质较粗，颜色有红褐、黄褐、灰褐不等，基本为手制。

中期陶器出土于时间较晚的积石石圹墓、绝大部分积石石室墓和时代较早的封土石室墓，其中包括有壁画的积石石室墓，其时间在4、5两个世纪及其前后。陶器器类增加，器形多样，工艺提高。制法基本为轮制，少部分继续保持手制。火候逐渐提高，质地坚硬。陶质多数为泥质陶，也有少量夹砂陶。陶色均匀，大多呈灰色、黑灰色或土黄色。这一时期还有低温釉陶出现，胎质红褐，火候较低，釉呈黄绿色或黄褐色。纹饰方面，在器物的肩部往往饰以垂幔纹，其他还有弦纹、交叉篦点纹。

后期器物出土于封土石室墓，年代约当6世纪之后，陶质多为泥质陶，颜色纯正，多呈灰、黑、黄色。火候高，质地坚硬。基本为轮制，也有少数手制。垂幔纹趋于消失，而个别器物磨印暗纹，图案呈方格状不等。

贯穿三期的典型器物是四耳展沿壶、鼓腹罐、大口罐，中期开始又增加了盆、钵、盒、灶、釜、甑等；而其中变化特征明显的是四耳展沿壶，腹身从早到晚由矮圆向瘦高发展。

（2）金属器

在谈到高句丽出土的金属器时，人们都比较注意1978年5月从集安五道岭沟门出土的一批青铜器，有叶脉纹双纽铜镜和青铜短剑、剑镖、矛、斧、钺形斧，另外还有铲形铁箭头[1]。根据对青铜短剑的分期研究，该青铜短剑不早于战国晚期。而对于遗物出土的遗迹单位，学术界认识不同。后来原作者再次发表文章，认为是在淌石流基础上形成的高句丽积石墓[2]。因为出土的铲形铁箭头，与以后确切的高句丽遗迹中出土的相似，说明该墓葬的年代可晚到汉代。

高句丽的金属器有铁器、铜器、鎏金器等，其中有的是中原输入品，而大部分是高句丽制造的。根据用途，高句丽的金属器可分为生产工具、生活用具和装饰品、狩猎工具和

〔1〕　集安县文物保管所：《集安发现青铜短剑墓》，《考古》1981年第5期。
〔2〕　张雪岩：《集安青铜短剑墓及相关问题》，《高句丽研究文集》，延边大学出版社，1993年。

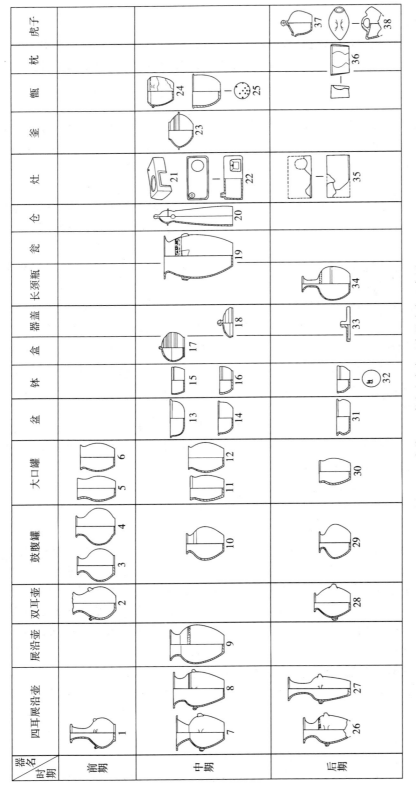

图9-16 吉林、辽宁出土高句丽陶器演变示意图

1.吉林集安山城下墓区196号墓 2.吉林集安山城下墓区195号墓 3.辽宁桓仁高力墓子村19号墓 4.吉林集安山城下墓区196号墓 5.吉林集安山城下墓区152号墓 6.吉林集安山城下墓区一积石墓 7.吉林集安二室墓 8.吉林集安七星山墓区1196号墓 9.辽宁凤城胡家堡2号墓 10.吉林集安麻线墓区940号墓 11.吉林集安七星山墓区1196号墓 12.辽宁凤城胡家堡2号墓 13.吉林集安麻线墓区1897号墓 14.吉林集安山城下墓区1897号墓 15.吉林集安麻线墓区321号墓 16.吉林集安山城下墓区321号墓 17.吉林集安三室墓 18.吉林集安山城下墓区1897号墓 19.吉林集安禹山墓区2325号墓 20.吉林集安禹山墓区2325号墓 21.吉林集安麻线墓区1号墓 22.吉林集安三室墓 23.吉林集安麻线墓区1号墓 24.吉林集安山城下墓区377号墓 25.吉林集安禹山墓区3317号墓 26.吉林集安麻线墓区117号墓 27.吉林集安通沟河口遗址 28.吉林集安麻线墓区118号墓 29.吉林集安万宝汀墓区172号墓 30.吉林集安上和龙2号墓 31.吉林集安禹山墓区2321号墓 32.吉林集安民主六队遗址 33.吉林集安山城下墓区377号墓 34.吉林集安气象站遗址 35.吉林集安麻线墓区117号墓 36.吉林集安山城下墓区365号墓 37.吉林集安山城下墓区217号墓 38.吉林集安禹山墓区2321号墓

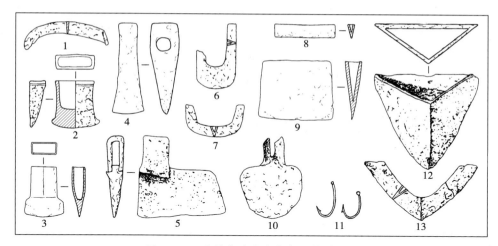

图 9-17　吉林集安出土高句丽铁质工具

1. 镰　2. 锛　3. 镬　4、5. 斧　6～9. 锸　10. 铲　11. 鱼钩　12、13. 铧

兵器、马具等几类，其中装饰品、兵器和马具发现得较多，这与高句丽的生活习俗和历史背景是相关的。

生产工具有铁镰、锛、镬、斧、锸、铲、铧等，在墓葬和遗址中都有发现。这些大都与农业有关；而与渔业有关，在有的墓葬中还发现了铁鱼钩（图 9-17）。

高句丽墓葬中发现的金属生活用品（图 9-18）并不多，有中原输入的铁甑、釜、鼎、镳斗、洗、盒和铁镜，有北方草原民族使用的铜鍑，也有造型与内地产品有别、应是高句丽制造的铁釜和铜釜。

高句丽民族、尤其是上层人士，对着衣装饰很讲究，《三国志·高句丽传》记"其公会，衣服皆锦绣金银以自饰"，当然有的装饰品也具有实用价值。现在发现比较多的服饰品是带扣、带铸和铊尾，质地有铜质、铜质鎏金的，也有铁质的，其中满饰精细镂空花纹的则是中原输入的，类似带具、带饰在我国中原、南方、辽西和日本等地有多例发现。其他还有冠饰、发饰、耳饰等，冠饰、耳饰上往往用金属细丝悬挂着小小的步摇活叶片。

高句丽"多大山深谷，无原泽"，为狩猎经济创造了优越环境，所以在墓葬壁画中，狩猎场面层出不穷。同时高句丽又有习武善战的风尚，《后汉书·高句丽传》记"其人性凶急，有气力，习战斗，好寇钞"，延续 700 年之久的高句丽政权，外攻内守，战事不断。狩猎和战争是两种性质不同的活动，但是在技艺训练上有相同之处，狩猎工具和兵器有的也不易区分。狩猎工具与兵器中最常见的是铁箭头，其造型有三翼形、菱形、柳叶形、铲形、双叉形等多种（图 9-19），用途各有所别。铁箭头之外，集安还发现少量的铁铤铜箭头和铤尾鎏金的铜箭头，后者恐非实用品。其他进攻性工具和兵器还有矛、刀、削、三爪器等。防御性装备发现铁甲片、铁头盔。大概是为了冬季防滑，包括墓葬出土的在内，集安已发现了几例铜鎏金钉鞋底，脚登钉鞋底的武士图像在墓葬壁画中也有发现。

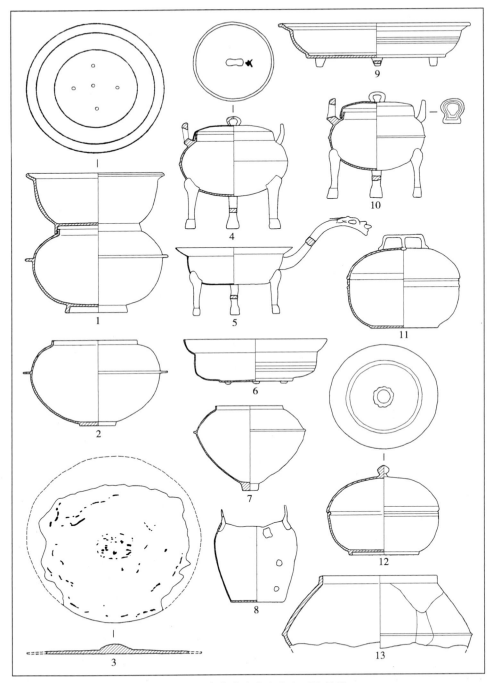

图 9-18　吉林集安出土高句丽金属器

1. 铜甑、铜釜（禹山 2968 号墓）　2. 铜釜（果树场积石墓）　3. 铁镜（麻线沟 1487 号墓）
4. 铜鼎（禹山 2968 号墓）　5. 铜鐎斗（七星山 1196 号墓）　6. 铜洗（麻线沟 2351 号墓）　7. 铜釜（榆树乡）
8. 铜鍑（下解放村墓）　9. 铜洗（禹山 2968 号墓）　10. 铜鼎（七星山 1196 号墓）
11. 铜盒（七星山 1196 号墓）　12. 铜盒（集安县一中）　13. 铁釜（山城下 191 号墓）

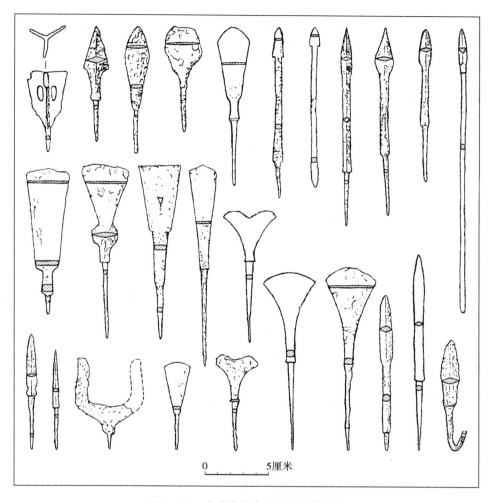

0　　　　5厘米

图 9 - 19　吉林集安出土高句丽铁箭头

　　高句丽民族一向便鞍马，善骑射，因此马具便成为其墓葬中常见的器物，而今天看到的大都是经多年腐蚀、扰乱而遗留下来的铁质、铜质和鎏金的金属构件，主要有衔镳、鞍桥包片、马镫、杏叶、銮铃和步摇活叶等（图 9 - 20）。镳常见"S"形和圆板形，与圆板形镳共出的杏叶，其造型和纹饰具有同样风格。高句丽的鞍桥包片比西邻鲜卑出土的几例都要窄一些，说明常奔走攀登于山地间的高句丽马比较矮小。高句丽马镫的镫柄较长，属于马镫发展的早期样式。步摇活叶有简有繁，多用于鞯带，也有的用于胸带。高句丽出土的马具部件，大都在比其稍早的中原、辽西地区首先发现，它是由鲜卑族直接影响给高句丽，然后再由高句丽传到朝鲜半岛南部和日本，与此同时，马具也就变得愈加复杂和多样化。

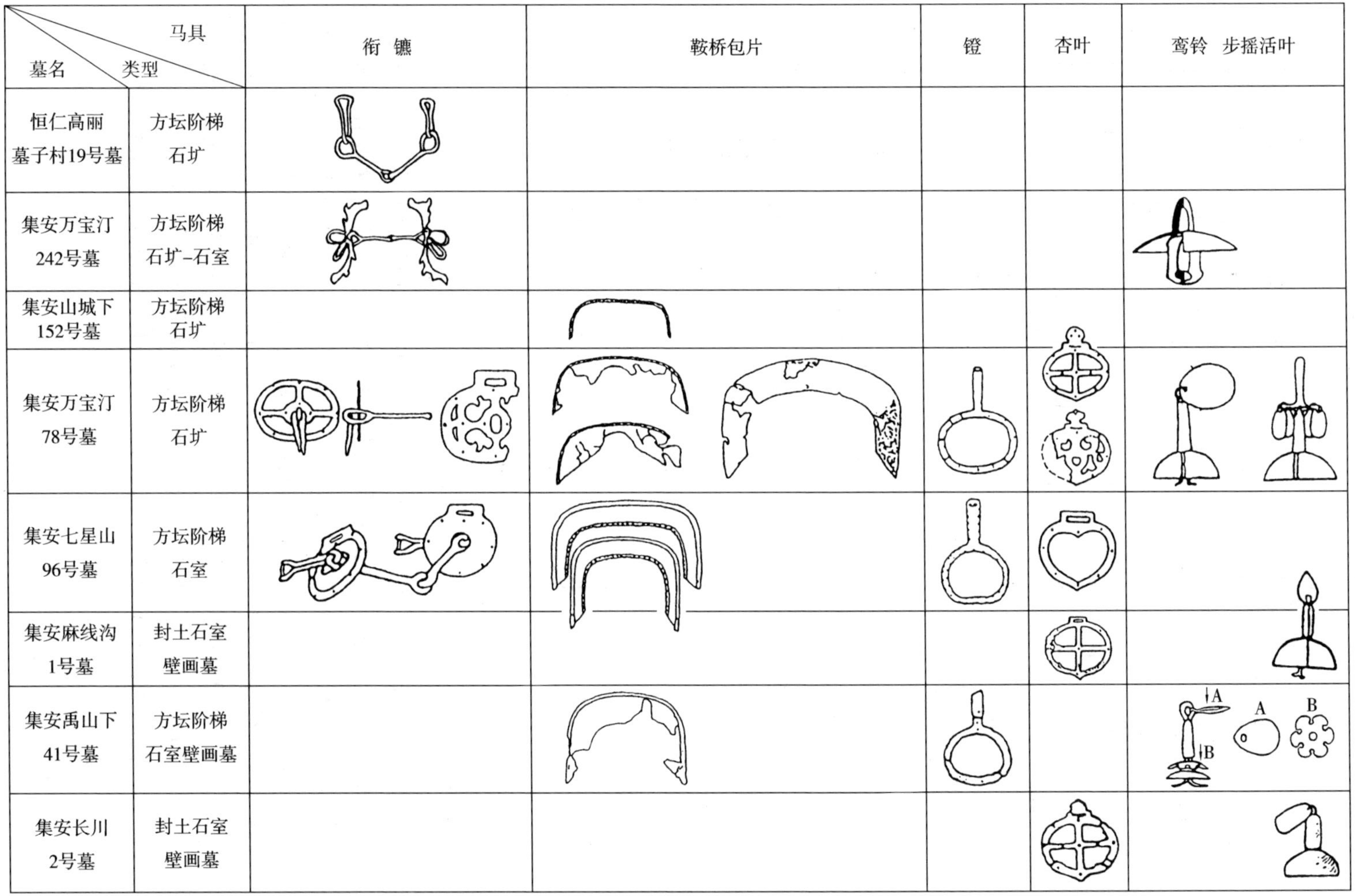

墓名	类型	衔 镳	鞍桥包片	镫	杏叶	鸾铃 步摇活叶
桓仁高丽墓子村19号墓	方坛阶梯石圹					
集安万宝汀242号墓	方坛阶梯石圹—石室					
集安山城下152号墓	方坛阶梯石圹					
集安万宝汀78号墓	方坛阶梯石圹					
集安七星山96号墓	方坛阶梯石室					
集安麻线沟1号墓	封土石室壁画墓					
集安禹山下41号墓	方坛阶梯石室壁画墓					
集安长川2号墓	封土石室壁画墓					

图9-20　吉林集安出土高句丽马具

第二节　新疆地区遗址与墓葬

一　交河城

（一）地理位置和自然环境

交河城位于新疆吐鲁番市西约10公里，雅尔乡将格勒买斯村的北侧，地处河谷环抱的河心洲上，平面略呈柳叶形，为西北—东南走向（图版30-1）。总体地势东南低，西北高，周围有深20~30米的河谷环绕，崖岸壁立，形成天然屏障。河心洲长约1750米，最宽处约300米，总面积约38万平方米。大部分建筑，包括宽大的街道，都是从原生土中挖掘出来的，在中国乃至世界建筑史上占有独特的地位（图9-21）。

交河城正当火焰山与盐山交接之处，控扼着两山之间的天然豁口，周围现存四座烽燧遗迹，是其战略地位的重要标志。在交河城的周围，由于河流长期下切侵蚀，形成4块台地，上面均发现有墓葬，其中既有公元前后至5世纪的车师人墓葬，也有晋唐时期当地汉族的家族墓地。这些墓葬的发掘为更加深入地了解交河故城的历史沿革，不同时期的民族成分及文化面貌，提供了非常重要的资料。

（二）历史沿革

近一个世纪的考古研究证明，早在旧石器时代晚期，这一带就存在着以石叶—端刮器为代表的文化遗存和细石器文化遗存，前者的时代约在旧石器时代的晚期，后者与前者是属于同一时代还是较晚，尚待更加深入的研究[1]。

从公元前1000年中期开始，在吐鲁番盆地居住着后来以"姑师（车师）"命名的古代民族，已进入铁器时代，在生产、生活中使用了铁器工具，过着农牧结合的生活。毛纺织品、皮革、木器加工均已达到相当高的水平。日常器用中，陶器是主要器皿，彩陶器占相当比重。从墓葬出土的随葬品来看，可以明显观察到社会财富的分化。《史记·大宛列传》："楼兰、姑师邑有城郭，临盐泽"，但并未指明这时的都城就在交河。直到姑师在汉朝军事力量的打击下一分为五，名称也变为车师后，在《汉书·西域传》中才出现"车师前国，王治交河城"的记载。

随着西汉王朝军事力量逐渐进入车师前王国境内，在将匈奴势力逐出吐鲁番盆地以后，实现了设置西域都护这一历史性的举措。汉元帝初元元年（公元前48年），在吐鲁番地区设置戊己校尉，置丞、司马、候等官属，对属下屯田吏卒、当地居民实施管理。标志着当时的交河、高昌都已在西汉王朝的直接管属之下。

从西汉末年，经过新莽时期，直到东汉初年，中央政府失去了对车师的控制。和帝永

---

〔1〕　伊弟利斯·阿不都热苏勒、张川、邢开鼎：《吐鲁番盆地交河故城沟西台地旧石器地点》，《新疆文物考古新收获（续）》，新疆美术摄影出版社，1997年。

元三年（公元 91 年），东汉王朝重置西域都护、戊己校尉、西域长史。车师前部归戊己校尉统领。在东汉王朝与匈奴反复展开对西域控制权的争夺中，车师、交河始终是彼此关注的重点之一。交河城是当年彼此军事角逐的重点地区。

三国魏文帝黄初三年（公元 222 年），重置戊己校尉。

西晋武帝太康元年（公元 280 年），车师前部王遣子入侍于晋。

公元 4 世纪初，晋王朝崩颓，中原大地战乱频繁，士民避难河西、西域，日月相继，高昌地区成为内地移民的一处重要聚居区。

公元 335 年，车师前部入贡于前凉张骏。西域入于前凉版图。次年前凉置高昌郡，管领吐鲁番盆地。

公元 382 年，车师前部王朝于前秦。383 年，前秦册封车师前部国王弥寘为使持节、平西将军、西域都护。

东晋隆安四年（公元 400 年），李暠在敦煌建立西凉政权，次年被后秦封为高昌侯。取代后凉对西域地区的影响达十余年。魏天赐三年（公元 406 年），车师前王和鄯善王遣使至酒泉，向西凉王朝贡。

东晋隆安五年（公元 401 年），匈奴人沮渠蒙逊在河西建立北凉政权，经营西域五十余年，公元 421 年，北凉攻灭西凉，以隗仁为高昌太守，车师前王臣服于北凉。

北魏太平真君十一年（公元 450 年），魏军西征，车师前部王车伊洛随魏军西征，子歇留守交河，为沮渠安周与柔然联军所败，弃交河奔焉耆，车师前部国亡。

魏文成帝和平元年（公元 460 年），柔然攻灭高昌，杀沮渠安周，以阚伯周为高昌王，统领交河。自高昌立日，交河皆为其属下之交河郡郡城所在。

唐贞观十四年（公元 640 年），李世民命侯君集伐高昌。改置高昌为西州，置安西都护府于交河城。唐永徽三年（公元 652 年），改置安西都护府于高昌，公元 658 年，移安西都护府于龟兹，于高昌置西州都督府。西州下属交河县，县治交河城。

唐贞元八年（公元 792 年），西州陷于吐蕃，唐咸通七年（公元 866 年），回鹘首领仆固俊自北庭取西州，立国于高昌城，史称高昌（西州）回鹘，交河城是高昌回鹘下属交河州的治所。

公元 1132～1133 年，高昌回鹘王毕勒哥归附于建立西辽的耶律大石。蒙古兴起后，高昌回鹘摆脱了西辽的统治，于公元 1209 年臣附成吉思汗。公元 1283 年，元朝强迫高昌回鹘王室东迁甘肃永昌。公元 1324 年高昌回鹘王国地入察合台汗国笃来帖木儿。公元 1370 年察合台汗国亡，原高昌回鹘地域内又分裂为吐鲁番王国以及火州、柳城等地面。公元 1383 年，察合台后裔黑的儿火者即位别失八里汗位，伺后，他攻占火州城和吐鲁番城，交河故城毁于战火，伴随着这一地区宗教文化的交替，交河故城被彻底废弃了。

从这些梗概的历史记录可以看出：从公元前 2 世纪以前，交河城已作为车师王国的中心，出现在雅尔乃孜沟，直到公元 14 世纪在战火中沉落，在新疆东部作为一个重要的政治、军事中心，至少活跃达 1500 多年。在这 1500 多年中，从最早的车师王都，到汉代交河壁，至高昌王国的交河郡，唐安西都护府及西州属下的交河县，以至高昌回鹘王国时期的军政重镇，政治地位虽或有差异，但任何时候都是吐鲁番盆地中的一座重要城市。

交河城最早是车师前部王治，其后历代均为仅次于高昌城的重镇，同时也是一座巨大的佛教中心。古城建筑遗迹集中于交河地块的中部和南部，城内各种建筑除顶部缺损外，墙壁、门洞大都保存下来。现在可以辨明建筑类型的有东、南、西3座城门；两条南北向、一条东西向的大道，环绕交河地块的护墙（女墙）等；除此之外还存留有墓葬（车师时期的竖穴墓、唐西州时期的斜坡墓道墓）。城外还有古道、烽燧，雅尔湖石窟，沟西、沟北车师墓，沟西晋唐家族墓和位于沟中崖壁上的回鹘崖墓等遗迹。

其建筑遗存，大小殊异，风格不同。建筑工艺或地穴、或夯筑、或土坯、或泥筑，方法有别。这类差异，有因建筑遗存性质不同，也有因为文化及时代早晚，其规模布局自然不会一致。而建筑工艺的差异，则更多地反映出遗存时代的早晚。说明交河故城现存遗迹，应是历史发展的产物，其中保留着不同历史阶段、不同性质的建筑遗存。

（三）考察及研究史

19世纪末20世纪初，以新疆为中心的中亚探险，规模空前。1897年，以克列门兹为首，由沙皇俄国彼得堡皇家科学院派出的探险队，首次考察了吐鲁番的一些古遗址，涉及交河故城。此后，德、英、俄、日、法、瑞典等国均以科学考察为名，先后对交河故城进行考察发掘。

1928~1930年，作为中国瑞典西北科学考察团成员的黄文弼详细考察了交河故城，为中国学者首次在吐鲁番地区进行的考古工作。通过发掘，判明沟北区与沟西区包含了三个不同历史时期的文化：车师、高昌、唐，出版了《高昌》《高昌砖集》《高昌陶集》《吐鲁番盆地考古记》等著作，公布了中瑞西北科学考察团的主要工作成果，奠定了中国吐鲁番学研究的基础。

从20世纪50年代到90年代，中国的考古工作者对交河故城进行过多次调查和发掘，在出土大量珍贵文物的同时，还对故城的时代、形制布局有了更加全面深入的认识。1961年3月，交河故城被列入国务院第一批全国重点文物保护单位。

（四）城建规划与布局特点

1. 城门与城内道路

交河城坐落于被河流下切侵蚀形成的柳叶形地块上，四周壁立，陡峭的断崖就是交河城天然的城墙。在交河城四周的崖壁上还残留有多处护墙的遗迹，高矮不等，为城市防御的辅助设施。建筑技法上可分为压地起凸、垛泥、夯筑和土坯砌筑等数种，不同建筑材料可能代表着不同的建筑时代。现存3座城门遗迹，均开凿在崖壁上。

南门位于故城南端的西侧崖壁上，为交河城的正门，残存有阙口和门道（现在的南门是在原门址北侧后开的出入口）。进入南门后迎面是高约6米的挡壁，为南门防御设施的一部分。道路从这里分为两条：一条朝东，通向城区东南部的各个院落；另一条朝北，是南门内的主要大道，和中央大道相接。

东门位于故城东崖中部的崖壁上，由瓮城和城门道组成，保存较好。瓮城有别于其他古代城市，建在城墙外侧，而是在交河东崖半中腰挖出一个近似圆形的凹地，是建在城内的瓮城。在瓮城西端有第二道城门，门外是中心岛，由此可通往城内各处。

西门位于西北小寺西侧的崖壁上，其外侧通向崖底的斜坡道已经消失，所以从交河西崖下向上看，西门为挂在半壁上的豁口。由于西门很小，而且上下不便，所以在城市交通中不占主要地位，可能是非常时期或具有特殊用途的便门。

南门和东门构成了交河城内交通网络的端口。南门是纵贯全城两条大道（中央大道和次干道）的起点，由这两条大道派生出的小巷遍布全城，四通八达，构成了完善的城市交通网络。西门为交河的便门，使用时间不长，也未纳入交河城的总体建筑规划中。

交河城被这些大街小巷分割成一个个建筑区划，而这些区划从建筑形制到建筑技法都有所不同，说明城内的道路网在沟通城区各地的同时，还具有区分城内不同功能区划的作用。

两条南北向大道为中央大道和次干道。

中央大道可分为两段：南段为南门大道，起点在南门，是一条弓背形的道路，终点在E—1号佛塔北门前与中央大道相接；北段即中央大道，起于E—1号佛塔北门前，终点位于中央大塔门前，后又略向西偏，经中央大塔西侧继续向北延伸，止于大寺院门前广场。从中央大道派生出的街巷主要起到了沟通城区南部各个院落和寺院的作用。

次干道南起南门大道北端弓背的顶点处，然后蜿蜒向北穿过官署区、仓储区的东侧、街坊区、寺院区，最后抵东北寺院的门前，为纵贯全城的第二条大道。这条道路的北端很直，东北寺院和这段道路处在同一中轴线上，可能是早期规划留下的遗迹。南段则呈现出蜿蜒之势，且道路宽窄不同，有可能是后期城区改建的结果。属于次干道的巷道很多，另有东门中心岛起着分流交通的作用。

东西大道东起次干道，西抵中央大道，是中央大道中段唯一向城东延伸的道路。

2. 城内功能分区

交河城是具有严格功能分区的古代城市，城内的建筑呈区域性分布。不同功能的建筑都相对集中于城内的某一处，建筑形制也截然不同，各建筑区划之间既有高墙、深沟相互隔离，又有大道或街巷相互贯通。与此同时，不同区划的建筑技法也各不相同，这既反映了时代上的差异，也说明在营建交河城时对于不同性质的区划，有针对性地采用不同的建筑技法，因此建筑技法也呈区域性分布。从现存遗迹看，大致可以分为以下六区。

（1）大型院落区（A区）

该区南起故城最南端，东北达东门南侧，北部以位于中央大道南端E—1号佛塔为界，由一个个独立的大院落组成。大型院落区，顾名思义，该区是由一些独立的大型院落构成。这些大型院落首先用压地起凸法建成院墙和房间的隔墙，但在院落的某一侧仍然保留着因建造院落形成的生土台，从生土台侧壁上残留的椽孔、烟道等遗迹看，它常被用作房间的山墙得到证明。绝大部分生土台朝着院落的侧壁上开凿有窑洞或壁龛，当为住人（利用其冬暖夏凉的特性）、仓储或放置佛像之用。生土台顶部也被充分利用起来，一般是沿顶部四周砌一圈女儿墙，并在其侧壁上开凿出供上下用的台阶。有些顶部经过平整后在上面盖一些小房间，或仅仅整理出一个平台，作为夏夜纳凉的场所。所以，大型院落区的建筑物往往有三层之多，即屋顶、室内和地下窑洞。

由于该区处在故城最南端，开发最早，重复建筑的情况很多，破坏最为严重。除生土台尚较完整外，那些用压地起凸法建造的墙壁、房间也由于不断地改造而所剩无几，或损毁为难以辨认的残基。由于大规模地使用压地起凸法，这里，即整个交河城南端的地面被挖下去约 5 米，这些生土台的顶部，才是交河城的旧有地面。

近、现代时期，附近的农民取交河城内的熟土积肥，这一带靠近南门，运输方便，故地面上的熟土被挖掘一空，仅存生土台和掏在生土台侧壁上的窑洞，给人以城市早期居民利用这些孤立生土台的侧壁凿穴而居的错觉。

（2）官署区（B 区）

官署区坐落于交河城城区的中部，位于中央大道、东西大道和次干道之间，是一个相对封闭的区域。其范围东达交河东崖，西抵中央大道，北以东西大道和东门为界，南邻大型院落区，基本符合中国古代城市"择中立衙"的范畴。在官署区内部，由于存在着不同功能的建筑群，故又可分为四个部分，中间是主体建筑，东西两侧是附属建筑。

官署区的主体建筑现存台地中部，有一处用夯土围墙筑成的长方形院落，院内西南隅有一座方形的地坑式窑洞建筑，其东部开凿有供上下用的踏道，踏道的两侧各开一孔窑洞。地坑的南壁上开凿有侧室和水井，北壁上开凿有一条隧道，隧道北行西折至台地西侧断崖处，经一窑洞出地面，与官署西侧附属建筑群相通。从地坑墙壁上采集到的碳十四标本看，时代在公元 8～10 世纪。

官署东侧附属建筑包括一所佛寺和一处院落。佛寺位于官署区的东北角，残存有佛殿、殿前广场、水井等遗迹。从所处位置看，这所寺院可能具有"官庙"的性质。寺院北墙外是一大块窄地，虽没有什么建筑，但却是属于官署区的控制范围，也是东门瓮城防御系统的一部分。寺院南侧的院落里保存遗迹较多，有房屋和庭院、水井等，其中的地坑式窑洞与官署的大同小异，可能是官吏的居住区。

西侧附属建筑区，位于官署台地西北部的断崖下，西邻中央大道，北依东西大道，区内有小巷与东西大道相通，总平面略呈楔形。区内大致残存有五处小庭院及房屋残迹，西北隅的生土台上有一佛塔遗迹。西侧附属建筑区地处交河城腹地，地势较低，建筑规模小，似为官署低级官吏的生活区。

官署区位于大型院落区（A 区）的北侧，两者位置相邻，建筑形制相近，有着密切的内在关系，可能 A 区本身就是高级官吏的住居区。

（3）仓储区（C 区）

仓储区位于交河城区的中部，它所在的台地南隔东西大道与官署台地相望，东隔次干道与东门环岛相望，北部和西部有街巷将该区与街坊区分开。台地的主体平面呈"刀"形，西南角有一如同刀柄的长方形凸起部分。台地表面没有什么建筑，其遗迹主要集中在台地东侧和北侧崖壁上，基本上是些窑洞建筑。这些窑洞很早就为来这里调查的人们所注意，并认为这些窑洞不是石窟寺，而是储存粮食草料之类物资用的仓库。

在甘肃疏勒河流域出土的汉简中有"交河壁""交河曲仓"的记载，说明汉朝政府控制交河后，就开始在交河城内营建仓储设施。唐代的吐鲁番文节中也有"交河仓"的记载，是供给驻军的专用仓库。根据简牍文书及对窑洞形制和所处位置的研究，这些位于台地周围的大型窑洞有可能就是唐代文献中所记载的"交河仓"遗址,约开凿于晋唐时期并一直沿用到城市废弃。其范围最大时甚至越过了东西大道,延伸到官署台地的东北角,并在那里的断崖上留下了一些和仓储区窑洞形制基本相同的洞窟。

台地西南部没有大型窑洞,而是和街坊区形制相同的院落,隔着街巷和院落区相邻,可能是在建设街坊区时将原有的窑洞改建的结果。

(4)街坊区(D区)

街坊区东抵交河台地东崖。南以东门及仓储区北侧街巷为界,西抵中央大道,北以街巷与寺院区为界。该区是由12座大小不等的院落组成的街坊,院落由院墙、街巷和院门构成相对封闭的生活空间,院里的人聚族而居,内有佛坛、庭院、水井等设施,是交河城中独具特色的一个住居区。

从现存遗迹看,各院落之间除靠崖体边缘的外,都以街巷为界相隔。院落的大小、形状没有定式,大的院落长宽可达90米×80米,这种状况可能与街坊区形成之前的建筑布局有关。因为街坊区采用压地起凸法建造院落和房屋,必定受到业已存在的早期建筑的局限,在改建时不能任意重新布局,而只能对现存的街区稍加改造,这种改造从总体上看就是继续向下深挖而不是横向扩展,于是便形成了今天这种看似凌乱的院落形制。

从建筑技法上讲,这些院落布局虽各不相同,但它们是具有同一区划功能的建筑群落。首先,街坊区的建筑都是以压地起凸法为主要建筑形式。以窑洞式建筑和地下室、半地下室建筑为补充。除了居住和储物用的房屋、窑洞外,还有佛坛等特殊用途的建筑。特别是街坊区里的佛坛,在该区中还起到标识性的作用,即一段街巷的两端往往各建有一座竖立在生土台基之上的佛坛。其次,当街不开门。街坊区院落的院墙上都开设有不止一处院门,但在挨着中央大道、东两大道这类干道大街的院墙上绝不开设院门,院门都开在街巷区内的小巷之内。第三,不论院落大小,外部都环绕有生土围墙。第四,无论院内房间如何布局,总有一个庭院位居其间,除作为周围房间的室外活动场所外,还具有沟通院落内其他建筑单元的作用。第五,在院落内某一隅,或为压地起凸法留下的一个生土台基,或为某段生土围墙墙体变宽处,上边往往都有一座佛坛之类的建筑,其性质相当于家庙。第六,院内都配套有数目不等的水井,作为汲水设施。

(5)寺院区(E区)

佛教寺院在城市总体建筑中占有重要地位,它占据了交河城所在地块面积的2/3以上,除了上述四区外的所有空间。该区由大小不等、时代不一的各式寺院、佛塔组成,是交河城中面积最大、保存最好的一个建筑区划。

它的南端起自中央大道南端的E—1号佛塔;向北一直延伸到台地的北端,与墓葬区重叠;西抵交河西崖;东侧以中央大道—街坊区北墙外街巷为界,这条线以西以北均属寺院区的范围。寺院区内现有各类佛教遗迹80余处,以寺院为主,从类型上看有佛寺、佛殿(堂)、佛塔、佛坛四类。从建筑技法上看,以垛泥法为主,间或有压地起凸法、夯筑法等其他类型,但这些建筑技法并不是截然分开的,在一个寺院里往往数种并存。区内较具代表性的寺院有位于中央大道北端的大寺院、其东北方向的东北寺院、西北方向的西北寺院。这些寺院外围均有方形或长方形的院墙，内有主殿。主殿内一般都有一座方形或长方形的中心塔柱。在主殿和寺门之间往往有前殿、月台、殿庭等建筑，两侧有配殿、僧房、水井等附属建筑。

位于区内的佛塔以东北寺院背后的塔林、中央大道两端的佛塔为代表。

塔林外围有方形的土墙围绕，内由101座佛塔组成。正中为主塔，周围有4组小塔，每组有塔25座。主塔为金刚宝座式，残高近12米，是我国同类佛塔中现存最早的实物遗存，碳14年代为距今1640±70年，即公元4世纪左右[1]。4组小塔的塔身均已倒塌，仅存方形的塔基（图版30-2）。

位于中央大道北端的大塔，由于大致位于交河城的中部，所以俗称"中央大塔"。该塔呈方形，顶部有塔室，残高约8.5米。另一座佛塔位于中央大道的南端，外观为一座方形的生土台，高7米，顶部被修饰成盝顶式样，残高约7米。该塔曾被误认为瞭望台，后经调查研究确认为佛塔。

佛殿、堂、坛、塔等宗教建筑在城市布局中所占比重极大，一方面说明佛教在当地具有巨大的影响力，另一方面说明交河城在毁灭前主要是一处宗教胜地，其军事城堡的性质已大大减弱。

（6）墓葬区（F区）

墓葬区位于交河城的北端，以塔林北侧横断交河地块的墓壕沟为界，壕沟以北为墓葬区。从墓葬区内的墓葬形制看，该区仅存在于唐西州时期。

墓葬区最显著的标志就是位于塔林北侧的墓壕沟。壕沟平均宽4米，深1～2米，截面为梯形，在中部有两个凸起处，可能代表城门。墓壕沟是同时期墓葬不可逾越的界线，故排除了墓葬对交河城区的干扰，使生者和逝者各不相扰，保证了城中各建筑区划的完整性。壕沟东端有车师文化的竖穴偏室墓被打破，说明墓壕沟的时代要晚于车师墓。墓葬区内的墓葬有着长而宽的斜坡墓道，具有典型的唐代西州时期的风格。埋葬于此的人可能是些死在任上的外地官吏，而不是吐鲁番本地氏族，不能葬入沟西晋唐家族墓地，只好葬在城北这个特殊的墓葬区。现有斜坡墓道墓约20座，基本上都被盗扰。

（五）时代分期

因交河故城从未进行过全面系统的考古发掘，限于资料的片面和匮乏，故无法严格按照考古学的方法来精确断代和定性。目前只能以现有的考古资料，结合历史文献，对故城的时代分期略作探讨。

1. 两汉时期——初创期

从目前掌握的材料看，交河城所在地块及沟北、沟西台地最初是被姑师（车师）人当作墓地使用的。车师墓葬反映出的是以畜牧为主的经济方式和以骑射为主的作战方式。因此，车师人的活动中心虽是在交河城一带，但他们并不倚重交河地块的险要地形来固守死

---

[1] 贾应逸：《交河故城佛教遗址调查报告》，《交河故城保护与研究》第245页，新疆人民出版社，1999年。

拼。另外，在汉朝势力进入西域之前，当地尚未掌握凿井取水这门技术，死守交河地块无异于自取灭亡。

当汉朝势力进入吐鲁番盆地后，情况则发生了根本性的变化，以步战和农耕为特点的汉朝军队立刻为交河地块所吸引，它两侧的洋洋河水可确保河谷中良田的丰收，而交河地块在开凿水井之后，则成为抵御匈奴铁骑的天然城池。

汉朝势力的进入带来了内地的夯筑和凿井术。现在残留在交河地块原始地面上的一些夯土墙，夯土内仅有车师文化的红陶片、彩陶片，不见晚期遗物，说明这些夯土墙的确是汉代的遗存，而且也是交河城中最早的城市建筑。特别是官署台地上的大型夯土基址，可能就是汉代的官署遗迹，而位于其南侧的晋唐官署建筑则不过是顺理成章地将新官署建在老官署的区域范围内。基于同样理由，有些井口开在交河城原始地面上的水井则也应和上述夯土遗迹属于同一时代。在城市中部的一处生土台遗留有车师竖穴偏室墓和古井的老井口同处交河原始地表的现象，这既说明当时车师墓的范围已达交河中部，也说明古井的始建年代同墓葬相去不远这一事实。

因此，交河城的始建时期当在西汉，第一期的时代包括了两汉时期。在这一期里，城市的主人虽然多次更换，从汉人换成匈奴人，又换成车师人，但交河地块作为城市的性质非但没有削弱，反而有所增强，于是在《汉书》中出现了"车师前国，王治交河城"的记载。这一时期交河城的布局是以官署为中心展开的，城市总体布局为非对称性，而且较为集中于地块中部和南部。

2. 唐西州时期——发展期

到了高昌郡—唐西州时期，西域内部的交流也随着佛教的传播、商业往来、联姻、战争等因素变得日益密切，西域城市的布局形式也从西部传到东部，交河城正是在这种情况下迎来了第二次大规模建设时期。这一期的形制布局与建筑技法与前一期大相径庭。如果说第一期是照搬内地模式，第二期则具有强烈的回归西域的色彩。首先，在这一期的规划中，深深地打上了中亚城市布局的印记：城市的中心已不是官署、王宫而是寺院，城市的布局以和寺院处在同一中轴线上的干道向两侧展开，城市的范围也开始向北侧扩展，官署或王宫在新的城市布局中已偏居一隅。人们放弃了简便快速的夯筑技术，而采用坚固、美观的压地起凸法建筑来建设新的城区。这种技术虽然费工费时，但由于吐鲁番盆地发展到这一阶段，特别是麹氏高昌—唐西州时期，已是人烟稠密、阡陌纵横的丰饶之地，随着内地人民的大量涌入，新的生产技术得到推广运用，再加上相对安定的外部环境——这一时期战争的规模较小，次数也较少，使得社会有时间和人力、财力来专心营建这座城市。这一时期的建筑打破了许多早期的夯土建筑、竖穴墓和水井，承重那些位于生土台顶部的夯土墙残段、井壁挂在压地起凸法墙壁上，有上下两个井口的水井都揭示着这种早晚期的打破关系。

第二期城市的早期布局是以塔林—东北寺院—次干道为中轴线展开的，一个个聚族而居的院落分布在次干道的两侧，这些院落演变为后来的街坊区。从建筑技法上看，个别建筑（如东北寺院、塔林）虽已采用压地起凸法技术，但只是用于基础部分，其上部还是采用了夯土技术，使第一期和第二期不同的建筑技法在这些遗迹中有着明显的过渡痕迹。另外，从塔林采集到的碳十四年代（树轮校正年代）为距今 1640±70 年，不晚于北朝。东北寺院采集到的碳十四年代（树轮校正年代）为公元 594～656 年，为隋唐之际。标本证明这两座建筑是城中最古老的建筑遗迹之一，而且这两座建筑的样式和城中别的寺院有所不同，具有早期佛教建筑的特征。

大约与此同时，交河城东门开通，次干道一直向南延伸，在东门内侧的中心岛处和东门连通。

城市第二期的晚期布局是以中央大道—中央大塔—E—1 号佛塔为中轴线展开，这三处遗迹均用压地起凸法建成，其中中央大塔的上部还用夯筑加高。此时的城市中心已从偏东侧的，沿次干道展开变成沿中央大道两侧展开。城市干道也从一条次干道变成中央大道和东西大道交叉的"T"字形布局。

3. 高昌回鹘时期——衰退期

8 世纪末，唐朝势力在吐蕃的压力下退出河西，吐蕃人直接或间接控制高昌地区约 54 年，这是吐鲁番盆地民族、文化成分发生重大转变的一个时期。根据吐蕃人统治河西地区的情况，他们实施的是强制性的同化政策，汉族必须放弃自己的社会结构、语言和服装向吐蕃人看齐，"高昌"一词虽仍在使用，但当地居民在文化上开始脱离汉文化母体。到了唐咸通七年（公元 866 年），回鹘人挣脱吐蕃人的束缚，在高昌正式立国，当地居民又开始了回鹘化的进程。由于回鹘人从漠北带来的是摩尼教，虽未同原住民固有的佛教信仰发生明显冲突，但国家上层也绝不会耗费大量人力、物力和财力去营建佛教寺院。没有国家的支持，任何宗教都无法大规模地发展，所以，到北宋王延德出使高昌时，所见到的仅为唐代的旧寺。随着回鹘上层开始转信佛教，高昌地区的佛教开始复苏并迎来了寺院建设的又一个高潮，这就是交河城的第二次大规模改建。这次改建形成了交河城第三期，也就是最后的形制布局。

这一期在总体布局上和前期没有太大的差别，主要是对前一期的改建，且较集中于道路、街坊区和寺院区。对于城内道路和街坊区的改建，主要是在原有形制的基础上深挖而不是拆毁重建，这可以从道路两侧、院墙壁上及房间墙壁上的遗迹得到证明。本期改动最大的是寺院区（E 区），这区的大部分寺院是这一期建造的，甚至西北小寺、东北寺院、大佛寺的院墙也是这一时期重建的。

该期在建筑技法上和前两期相比有很大突破，就是采用了在中亚或塔里木盆地中较为常用的技术——垛泥法建筑，这种建筑技法至今仍流行于塔里木盆地周缘地区。垛泥技法用于寺院建筑的优点是：首先，从视觉效果上看要比压地起凸好。因为寺院建在交河地块的原始地面之上，而道路、庭院等又被下挖，可以凸显寺院的宏伟壮丽；其次，使用垛泥法建筑可不受原有建筑布局的影响，设计上随意性较大；再次，建筑材料很容易获得，因为交河城发展到这一时期，许多压地起凸法建筑都已破败倒塌，利用这些倾覆建筑的废土，再从井中汲水搅拌便可成为垛泥墙体的建筑材料。因此这种新的技法被普遍运用于寺院区的建筑。

寺院建筑的风格到这一时期开始走向本土化。也正是在回鹘时期，当地的建筑师在继承高昌地区原有汉式建筑风格的基础上，吸收了藏地佛教建筑和龟兹、焉耆地区佛教建筑形式的精华，形成了吐鲁番地区独具特色的寺院形式。

在第三期的后半段，可能因为伊斯兰教在新疆地区逐步占有优势，吐鲁番地区的宗教构成开始发生变化。以佛教为国教的高昌回鹘王国，其国力开始走向衰落，已拿不出太多的财力来支持寺院，当交河城中这些寺院经历了很长时间后开始破败时，僧侣或信徒只好采用一些简单、省钱的方法进行维修。这可从城中寺院原有的平顶毁坏后，大量使用土坯发券的拱顶来得到证实。当然，使用土坯拱顶也可能是一种新的时尚，但就普遍意义上讲，拱顶建筑有其固有的不足之处：如跨度小、房间高度低、采光差等。即使在今天的吐鲁番农村，也只是些财力有限的农民才盖这种用土坯发券的拱顶房屋。

到了这个阶段，交河城的历史已接近尾声。随着元代这一地区频繁的战乱和宗教更替，交河城便废弃了。但废弃之后并不是完全没有人住，明代陈诚经过此地时，记载城中仍有人居住。现在城中普遍存在的一些和周围房间很不协调的半地穴式建筑很有可能就是那时的遗迹，而且城中具有明显伊斯兰教葬法的婴儿墓地也应是城市废弃后的遗迹。

（六）在城建史上的地位

交河城是一座具有严格区划功能的城市，但各个区划内的建筑类型并不是单一的，而是相互渗透的，如街坊区内就有许多佛寺等遗迹，墓葬区内也有许多寺院和佛塔，官署区内东侧建有寺院等，就具体反映出这一特性。交河城的最终形态为典型的中亚城市的布局形式，即城市的中心是寺院而不像中原地区的都城那样是宫殿区。中央大道的顶端是大寺院，次干道的顶端是东北寺院，其他建筑则沿着道路两侧展开，充满着鲜明的中亚城市特色。这个时期营建规划的指导思想就是以佛为中心，城市的营建规划一是要符合中亚传统城市的布局特征，二是要符合佛教仪典的规范，整个城市建筑笼罩在浓郁的宗教氛围之中。

二　楼兰城

楼兰城，位于今新疆若羌罗布泊附近，东距罗布泊湖岸约28公里，北距孔雀河故道约16公里，地理坐标：东经89°55′22″，北纬40°29′55″。由于河水断流，湖水干涸，楼兰城及其周围现已演变为雅丹地貌，其间分布有四条干河床，可见该城当时坐落于孔雀河尾闾的水网地带。为方便城中用水，还有一条大水渠略呈西北东南向穿城而过，水渠的两端分别接着古城南北两侧的河床（图9-22）。

（一）城内遗迹

楼兰城略呈方形，城墙多处残毁，如按复原线计算，东城垣长约333.5米，南城垣长约329米，西、北城垣长约327米，平面呈不太规整的正方形，总面积近11万平方米。城垣宽2.5~8.5米，最大残高约4米，系用黏土与红柳枝间筑而成。红柳枝层厚约0.2~0.3米，黏土层则厚薄不一，厚度在0.15~0.12米。南城垣中部有宽约12米的豁口，可能是城门遗迹；北城垣中部也有一宽约22米的豁口，与南城垣中部的豁口遥遥相对，可

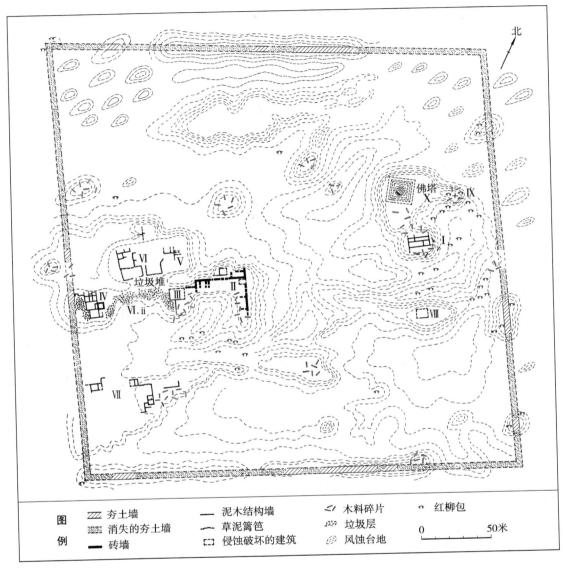

图 9-22　新疆楼兰遗址 L. A. 平面图

能也是城门遗迹。东、西城垣受到东北风和西南风的强烈吹蚀，保存极差。西城垣外侧中部偏北，有两座残土墩，可能是瓮城的遗迹。

城内的建筑遗迹，以斜穿城内的水渠为界，可大致分为东北、西南两区。前者残存遗迹较少，主要有佛塔及其附近建筑；后者保存遗迹相对较多，除三间房遗址区外，西部和南部还有大小院落。

东北区内现有四处建筑遗存。

（1）佛塔 L. A. Ⅹ

图 9-23　新疆楼兰遗址佛塔 L. A. X

位于该区中部偏北，建造于一风蚀小台地上，佛塔残高约 10.4 米，塔基呈方形，有三层，夯筑而成，内夹杂有陶片，外缘似用土坯包边。塔身呈八角形，高约 2.1 米。塔顶圆形，直径约 6.3 米，残高约 2.1 米（图 9-23）。塔身、塔顶为土坯砌筑，每层土坯之间夹有 0.1～0.2 米厚的红柳枝。塔身有柜木，个别部位外缘残留有雕刻木饰。在佛塔南侧的塔基与塔身之间，有供攀登用的土坯阶梯，宽约 0.3 米。佛塔破损严重，唯有西南部保存略好。佛塔外表呈红色，顶部有废弃后升篝火的痕迹，似毁于火灾。佛塔附近曾发现有木雕坐佛像，饰有莲花的铜长柄香炉等遗物。

（2）大房址 I

位于佛塔东南约 60 米的台地上，这一带散布有许多木建筑构件和三间房屋遗址（图 9-24）。斯坦因将该遗迹编号为 L. A. I，并进行过盗掘；在这之前，斯文赫定也曾在此发掘，出土有汉文、佉卢文的简牍和纸质文书，丝织品、羊毛毡、漆器和木制品；1980 年新疆考古研究所楼兰考古队在这里除采集到丝、毛织品外，还获得五铢钱、琉璃珠、石髓珠、珊瑚、海贝等。

（3）房址 VIII

位于佛塔南面土台约 80 米的台地上，有塌毁的房屋痕迹（图 9-22）。房屋墙壁用芦

图 9-24　新疆楼兰遗址大房址 L.A.Ⅰ居住遗迹及佛塔

图 9-25　新疆楼兰遗址房址 L.A.Ⅸ居住遗迹及佛塔

苇束串扎而成。斯坦因将该遗迹编号为 L. A. Ⅷ，并在此搜集到木梳、木碗、铜铁箭镞、印章和各色丝、毛织品等。房址之北发现五铢钱、小型金属器、石器和残玻璃器等。新疆考古研究所楼兰考古队在这里除采集到丝、毛织品外，还获得石髓珠和铁镞等。

（4）房址Ⅸ

位于佛塔东面约30米的小台地上，斯坦因将该遗迹编号为 L. A. Ⅸ。地表散布有建筑物的木框架构件，以及用红柳枝等植物枝条编织后涂泥制成的编笆墙残段（图9-25）。表层堆积之下，残存四间小室，斯坦因在此发现一枚佉卢文木简，新疆考古研究所楼兰考古队在这里发掘到外观仍保持原状的粮食，鉴定后确认为糜和裸大麦。有学者认为该组建筑为僧房的遗迹。

西南区建筑遗迹较为密集。其中以地处城中部略偏南，东邻渠道的遗迹 L. A. Ⅱ 和Ⅲ规模最大（图9-26-1、3、4）。这一带地表受风力的严重吹蚀，有的地段达3米以上。遗迹Ⅱ、Ⅲ同处一座大院之内，残存的形制大致呈不规则的长方形，坐北朝南，东西宽约57米，南北残宽30余米。院落内沿东墙有一排房址，已残毁。遗迹Ⅱ沿北墙分布，为院内的主体建筑，残存有六间房屋。其中以位于院落北墙西端的 ii、iii、iv 号三间土坯房址保存较好，用两种不同规格的土坯垒砌而成，东西长12.5米，南北宽8.5米，总面积约

图 9-26　新疆楼兰遗址 L. A

1. L. A. Ⅲ废墟出土的木雕残片　2. L. A. Ⅵ. ii垃圾堆（发掘中）　3. L. A. Ⅱ遗迹之西南部
4. L. A. Ⅲ遗迹

106 平方米。院落北墙之北，在北墙西端与另一院落东墙相交处是房址Ⅴ，其西侧是房址 vii，墙壁为红柳枝的编笆墙，有火烧痕迹。遗迹Ⅲ位于院内西侧，以Ⅲ. iii 号房屋面积最大，残存有红柳枝的编笆墙。房屋的立柱下有木雕圆形柱础，有的立柱尚与房梁相接，高约 3.9 米。遗迹Ⅱ、Ⅲ的遗物主要是大量的汉文木简、少量的佉卢文木简，以及纸质文书、丝毛织品、漆器、陶器、金属制品和一些日常用品。

遗迹Ⅳ在遗迹Ⅲ之西，西临西城垣，是由许多间房屋组成的一组建筑（图 9－22），建筑方式与遗迹Ⅰ基本相同。主要出土遗物有汉文和佉卢文简牍，以及羊毛织物，棉织品和一些日用品等。对这里的建筑木构件进行了碳十四测定，树轮校正年代为距今 1865±80 年，相当于东汉时期。遗迹Ⅴ在遗迹Ⅲ之北约 18 米处，略见几间残室痕迹和木构件，遗物有汉文和少量佉卢文简牍，木印和钻木取火器等。在遗迹Ⅴ和Ⅵ之南，有一座编号为Ⅵ·ii 的大垃圾堆（图 9－26－2），东西分别与遗迹Ⅲ和Ⅳ相邻。斯坦因在 20 世纪初两次从垃圾堆中清理出 220 多枚汉文、佉卢文、早期粟特文的简牍和文书。新疆考古研究所楼兰考古队在这里也清理出 60 余枚木简和纸文书。遗迹Ⅶ在遗迹Ⅳ之南，是一座较大的宅院（图 9－22），建筑方法同大房址Ⅰ。在遗迹Ⅶ之南，还有些小宅院。

此外，佛塔Ⅹ之北和西南有土坯建筑残迹。遗迹Ⅱ和Ⅲ之南似有堡垒残迹，城内其他地段还广泛散布有木建筑构件。可见在古城废弃之前，城内分布有密集的建筑群落。

（二）城郊遗迹

主要有城东北郊的小佛塔、西北郊的烽燧、北郊的建筑遗迹、XB 佛寺和东北郊的墓地。

（1）东北郊小佛塔

位于城东北 4 公里处，塔体残高约 6.28 米，由上下两部分组成。下部是塔基，似为方形，边长约 7.1 米，高 4.6 米。塔基之上是用土坯砌成的圆形塔柱，内有中心木柱。20 世纪 80 年代初，考古工作者在这里清理出佛像残块和佛教壁画，风格与米兰佛寺壁画近似。在佛塔西北约百米处，有一处建筑遗迹，表面残留有建筑木构件，出土有两汉五铢、王莽时期的钱币、铜镜残片、铜镞、铁钉、铅纺轮、陶片、玻璃片等。

（2）西北郊烽燧

位于城西北 5.6 公里处，1906 年斯坦因考察时曾认为是一座废弃的佛塔。烽燧台基宽 18.7 米，残高 10.2 米。从纵剖面观察，内外结构不一。内部系夯土筑成，略呈圆形，外围用土坯垒砌，其间夹杂有柽木。土坯的尺寸与城中官署建筑（三间房）所用的大土坯形制相同。调查者由此认定这些土坯系烽燧扩建或加固时所用，应与官署的建造时代相当，而内部的夯土建筑要早于外部。

（3）北郊建筑遗迹

位于城北偏西 5.2 公里处的一座高约 6 米的小台地上，考察队编号为 L.B。这里地表上散布有许多建筑木构件，采集到五铢钱、铜镞、残铜釜、琉璃珠、陶片等。

（4）西北郊佛寺

位于城西北方向约 14.5 公里处，斯坦因的编号为 L.B。斯文赫定、斯坦因均在此进行过发掘，除了清理出佛殿遗迹、泥塑佛像的残块外，还搜寻到犍陀罗式的透雕饰板和浮雕艺术品，以及佉卢文木函、木印章盒等。后人采集到陶杯、陶罐、五铢钱等。

（5）东北郊墓地

在古城东北郊有两处墓地，一处为"平台"墓地，在古城东北约 4.8 公里处，编号为MA；在其东北方向约 2 公里处有斯坦因发掘过的 L.C 墓地，现称"孤台"墓地，编号为MB。两处墓地的时代约在西汉晚期至东汉早期，随葬品中除了具有地方特色的各种毛、棉制品外，还有大量产自内地的丝织品、铜镜、漆器、五铢钱等，反映出楼兰地区在早期"丝绸之路"上的重要位置。通过对墓葬中人骨标本的体质人类学研究，认为楼兰地区居民的人种特征与欧洲人种地中海东支的印度—阿富汗类型接近，但也有少部分属蒙古人种的南西伯利亚类型，说明楼兰居民的人类学成分不是单纯的欧洲人种民族。

（三）性质及时代

通过对古城内遗迹、遗物的分析，认定楼兰城的现存形制形成于曹魏、西晋时期，并与当时设立于此的西域长史府治所有着直接的关系。遗迹Ⅱ（三间房）是城中唯一的土坯建筑，具有内地建筑的特点。遗迹Ⅲ是当地土著建筑形式，两者同处一座院内，出土有大量汉文简牍（佉卢文简牍仅有几件），一般认为这里是西域长史衙署遗迹。遗迹Ⅳ在衙署遗迹西侧，为典型的楼兰土著居民的建筑形式，规模较大。这里所出的汉文简牍集中在晋泰始年间，绝大部分内容与"仓曹"有关，故它应是长史衙署的组成部分之一。此外，遗迹Ⅳ又是古城内出土佉卢文简牍最集中、数量最多的地方。佉卢文简牍的年代集中在安归迦王后期，内容主要有审讯案件、土地买卖和更换等。所以遗迹Ⅳ又可能是鄯善王国安归迦王十七年以后（晋泰始年间，约在公元 273 年左右）统治楼兰城时的衙署所在地。遗迹Ⅵ.ⅱ是大垃圾堆，周围分布有汉式及当地土著风格的建筑，所出土简牍中既有大量汉文简牍，也有部分佉卢文简牍；其他遗物中既有当地土著风格的，也有五铢钱、漆器、木梳等内地产品。因此，这一带可能是汉族官吏及当地显贵的居住区。在遗迹Ⅱ、Ⅲ、Ⅶ之南的堡垒痕迹，似为城中的军事驻地。

位于楼兰古城渠道之东的遗迹Ⅰ是一组规模宏伟的土著风格建筑。从出土遗物来看，既有楼兰土著的物品，也有相当多的丝织品，以及筷子、漆器、铜镜、五铢钱等中原产品。所出简牍大都属前凉时期，而且规格普遍较高。因此，这里有可能是西域长史官邸。

总之，楼兰古城内渠道以西的遗迹Ⅱ、Ⅲ、Ⅳ、Ⅴ、Ⅵ.ⅰ可能是衙署区。其南侧似为军事驻地，以及汉族和土著显贵的杂居区。渠道以东，以佛塔Ⅹ和高级官吏宅邸、客馆Ⅰ等遗迹为中心，其大片空地原似为一般土著的居住区。上述情况表明，在魏晋前凉时期，城中规格最高、规模最大的建筑为具有中原风格的西域长史衙署，它在楼兰城中占据中心地位。其重要建筑也大都与长史机构有关。出土的简牍表明这套行政机构控制着楼兰城及楼兰地区社会生活的各方面。在公元 271~310 年西域长史机构撤离期间，这里成为鄯善王国境内的一个治所。

公元 376 年，前凉亡于前秦。凉州的七千余户豪右被迁于关中，使河西地区的社会经济受到严重破坏。这似乎意味着当时的前秦无意再向西发展，因而楼兰城中的西域都护亦无存在的理由。所以，楼兰城府废弃约在前凉末期，即公元 376 年以后的岁月里。

楼兰城的兴废，是当时政治、交通和水源等社会及自然因素综合作用的结果，而其中的政治因素和水源因素，在楼兰城的历史中始终起着决定性的作用。首先，因为靠着河流，再加之适当的地理位置，交通、政治及经济的因素促使这里迅速发展成一座城市，成为西域东端的一个政治、经济中心和交通枢纽。而前凉末期出于政治原因放弃楼兰城之时，鄯善王国也处于衰落时期，所以也无力振兴楼兰城，导致该城在地缘政治上彻底失去了作用。随着这些作用的消失，丝绸贸易也改道而行，城市的商业陷于停顿，楼兰城失去了赖以繁荣的基础。政治上的放弃又导致大批从事屯田的劳动力化为乌有，河渠淤塞、农田沙化，生态平衡遭到严重破坏。年复一年的恶性循环，使楼兰一带最终丧失了人类生活的自然环境。因此，成书于公元 5 世纪末 6 世纪初的《水经注》已将楼兰城称为故城。但是，所谓废弃并不等于完全无人在此活动，经过楼兰一带的交通路线，直到隋末关闭碛路之前仍可利用。但是入唐以后，文献中再未提到当时有道路穿过楼兰地区。

三　尼雅遗址

（一）地理位置和自然环境

尼雅遗址位于新疆和田地区民丰县境内。遗址地处塔克拉玛干沙漠南缘中部，民丰县城向北直线距离约 100 公里处。遗址以北纬 37°58′32.9″，东经 82°43′14.4″ 的佛塔为中心，沿尼雅河尾闾呈南北向带状分布。在南北长约 25 公里，东西宽约 7 公里的范围内分布着城堡、住居遗址、佛塔、寺院、冶铸遗址、陶窑、果木园圃、水渠、蓄水池、林荫道、墓地等各种遗迹。为古代西域地区一个典型的绿洲城邦小国。

新疆塔里木盆地位于天山以南，昆仑山以北，为高大山原环抱的内陆盆地。东西长约 1400 公里，南北最宽处 500 公里，盆地面积 50 多万平方公里，中部的塔克拉玛干沙漠面积为 33 万多公里。盆地外貌呈不规则菱形，四周高山环绕，东部虽有疏勒河谷通向河西走廊，但因海拔高程较低，水系不能外流，故此盆地可以说是全封闭型内陆盆地。盆地地势西高东低微向北倾，盆地内各水系最终点均流向罗布泊洼地。盆地边缘连接山地为砾石戈壁，中心为辽阔的塔克拉玛干大沙漠，边缘与沙漠间为冲积扇和冲积平原并有绿洲分布。沙漠中心年降水量为 10 毫米，边缘 20～40 毫米，盆地主要风向为东北风与西北风，故沙丘向南移动。沙丘高大，一般高 100～200 米，有金字塔形、穹状、鱼鳞状、复合型沙丘链和沙垄等。盆地光热资源丰富，年平均气温 10℃ 左右，无霜期 200 多天。从周围山区流到盆地的年径流量 370 亿立方米，但分布很不均匀，西多东少。

源于昆仑山脉海拔 6000 米吕什塔格冰川的尼雅河，是民丰县城境内最大的一条季节性内陆河。河床平均宽达 1 公里，年平均流量达 1.8 亿立方米，溢出泉水达 0.36 亿立方米。由于水源主要是冰川融水及地下泉水，降雨补给不多，故流量比较均衡。每年 5 月至 9 月，洪水流量占全年总流量的 79%。其他时间，中游以下基本断流，主要靠泉水补给。尼雅河出山后向北奔流 200 多公里，最终没入塔克拉玛干沙漠。河流在民丰县城西侧折向东行，在县城东侧又折向北行进入沙漠，途经河流尾闾的卡巴克阿斯坎村，直至距县城北约 75 公里的大麻扎后，便完全断流，消失于沙漠之中。从卫星照片上看，由大麻扎向北，便可以看见尼雅河宽阔的古河床遗迹，古河床两侧是连绵不断的沙丘。从大麻扎沿尼雅河故道前行约 13 公里，便可抵达尼雅遗址的南端，再前行约 27 公里，即是位于遗址区中心的佛塔。遗址内的海拔高度在 1200 米左右。无论是距今一千六七百年前的精绝国，还是今天的民丰绿洲，它们都处于尼雅河的岸边，享受着尼雅河赐予的恩泽。

遗址营建在尼雅河长期冲刷淤积的黏土台地上，建筑位于较高的台地顶部，农田、园圃则位于可以控制水位的低洼地带。

（二）历史沿革

尼雅遗址是新疆现存最重要的古代遗址之一。其巨大的规模、良好的保存状况、丰富的文化遗存具有极高的学术价值。该遗址先后为两汉时期精绝国都和魏晋时期鄯善国凯度多州（cad′ota，cad′oda）州治及其辖境。

精绝系汉代西域三十六国之一，始见于《汉书·西域传》。书中记载曰："精绝国，王治精绝城，去长安八千八百二十里。户四百八十，口三千三百六十，胜兵五百人。精绝都尉、左右将、译长各一人。北至都护治所二千七百二十三里，南至戎卢国四日行，地陿隘，西通扜弥四百六十里。"据《后汉书·西域传》，精绝乃丝绸之路南道一个重要的城邦国家，地处东西交通孔道。文中说："自鄯善逾葱岭出西诸国，有两道。傍南山北，陂河西行至莎车，为南道。南道西逾葱岭，则出大月氏、安息之国也。"又说："出玉门，经鄯善、且末、精绝三千余里至拘弥。"东汉末年，鄯善人征服丝绸之路南道楼兰、且末、小宛、精绝和戎卢等国，建立了西起尼雅河，东至敦煌的鄯善王国。此后，精绝成为鄯善统治下的一个州，最后随鄯善国的灭亡于公元 5 世纪销声匿迹。

尼雅遗址，从出土文物分析，主要活动在汉—晋时期。从出土的，写有"汉精绝王"的汉文木简看，尼雅遗址的上限至少在公元前 1 世纪，而且汉代精绝国的首都就叠压在尼雅遗址下层文化堆积之中。另外，通过近百年的调查发掘，获取了大量珍贵文物：如汉文、佉卢文简牍，汉镜、汉锦、漆器、陶器等。说明尼雅遗址所在的尼雅河尾闾地区，无论是作为精绝国，或鄯善国的凯度多州，还是"丝绸之路"南道上的中继站，这里都是一处人口密集，水草丰茂的交通枢纽。

作为一个绿洲城邦，农业及水利工程、畜牧业、林业、皮革及毛纺织、金属冶炼、木器加工、制陶等，均是满足本国民众社会生活的重要生产部门。同时，作为丝绸之路南道上的一站，西亚的玻璃器、犍陀罗风格的佛教艺术品、印度的棉织物、黄河流域的丝绸漆器、铜镜纸张，也沉淀在此，显示了尼雅遗址作为国际文化交流站点上一个绿洲城邦特有的风貌。为后人多角度地研究丝绸之路上的经济文化交流、精绝王国的古代文明，提供了充足的实物资料。

（三）考察及研究史

尼雅遗址，或称"尼雅古城"，是英国考古学家斯坦因于 1901 年 1 月首先发现的，因为这座古代废墟坐落于新疆民丰县北境古代尼雅河尾闾地带，故被发现者命名为"尼雅遗址"。此后，尼雅遗址成了斯坦因每次中亚考察的必经之地。他一生共 4 次来此盗掘（1901

年、1906 年、1913 年、1931 年），初步揭开了尼雅遗址的神秘面纱。斯坦因采用盗宝式盗掘，在尼雅掘获 700 多件佉卢文木简，58 件汉文简牍及有关木雕艺术品、日用生活品等两汉至魏晋时期的文物。自此，尼雅成了研究中亚历史文化的学者们十分关心的所在。

1905 年，美国人亨廷顿在美国地理学会的资助下进入新疆。他从印度越过喀喇昆仑山口到和田，循塔里木盆地南缘东行。这一过程中，他可能曾进入过尼雅遗址，在其报道中，收有出土于尼雅的佉卢文木牍。

以前学术界曾认为日本的大谷探险队成员橘瑞超于 1908 年到过尼雅遗址，但从现在掌握的资料看，他曾经前往大麻扎调查，但因天气过于炎热，只得放弃了继续深入沙漠的念头。

中华人民共和国成立不久，中国历史博物馆学者史树青一行，借到和田地区进行少数民族历史文物调查之便，于 1959 年 2 月深入尼雅，对遗址进行了考察。其间，调查了位于遗址中部的佛塔遗迹，对部分遗存进行了简单清理，发现一处冶炼遗址，采集了相当数量的文物，其中最重要的当数一枚汉代在西域屯田的管理机构"司禾府"的官印"司禾府印"。

1959 年 10 月，新疆博物馆组成了以李遇春为首的考察队，对尼雅遗址进行了中华人民共和国成立以来的首次考古发掘。在为期九天的调查中，共清理了十处房址，一座墓葬。获陶器、毛、棉、丝织物、竹、木器、五铢钱、铁镰、海贝、角质带扣、角杯、磨石及象牙、玛瑙、珊瑚、玉石、玻璃等各种质料的珠饰。在出土的东汉夫妇合葬墓中，男女主人尸体保存完好，穿着大量丝绢锦绣，棺上覆盖着印花棉布。随葬藤奁、木栉、木桶、碗、盘、杯及弓箭、箭箙、铜镞、君宜高官铜镜、铜戒指、铁刀、金箔、一小块纸片及珠饰等物。为深入分析、认识汉代精绝王国社会上层人物当年的物质文化生活、人种特征、精绝在"丝绸之路"南道上的地位及中西文化交流等方面提供了第一批相对完整的考古资料。

20 世纪 60～70 年代，由于众所周知的原因，对尼雅遗址的考察研究陷于停滞状态。这种局面一直持续到 80 年代。在改革开放的大形势下，才有了根本性的改观。

在 80 年代初期，一些单位和个人对尼雅遗址进行了简单的调查和清理发掘，使尼雅遗址又逐渐受到考古界及国内外学术界的关注。在新的"丝绸之路"研究热潮中，人们对迷失在沙漠之中的古代废墟（尼雅是其中主要遗址之一）有着强烈的探查研究愿望，希望能更深层次地了解尼雅遗址的兴废原因。

真正使对尼雅遗址的研究逐渐步入现代考古学领域的，还是从 20 世纪 80 年代末期开始，至 2000 年为止的中日合作尼雅考古研究课题。自 1988 年开始，经中国政府批准，由新疆文博机构和日本友好人士，净土宗僧侣小岛康誉共同组成"中日共同尼雅遗址学术考察队"，对遗址进行了深入系统的考察研究。经过多年来持续不断的工作，以考古学为中心，佉卢文研究、中亚史研究、佛教史研究、地理环境研究、地形测量学等综合研究的构架逐渐完成，一大批举世瞩目的珍贵遗宝也相继出土，使尼雅遗址成为埋没在塔克拉玛干沙漠中，古代绿洲城邦的代表。

（四）形制布局

尼雅遗址，傍尼雅河谷呈南北向布展。东西两侧各有一条南北向的巨大沙梁。遗址并不集中，在约 180 平方公里的遗址区内，散布着大小上百处遗址点，各遗址之间为沙丘阻隔，以佛塔为中心，可粗略地划分为 16 个遗址群。建筑遗存可以明显看出大、中、小不同规模。

大型建筑如 N3，为尼雅遗址最大的一组建筑群，梁柱巨大，布局组合有大客厅、多间居室、过道、储藏间、厨房等，旁依林带、园圃。墙壁虽也是木骨泥墙，但泥墙外壁上绘有三角形图案，揭示出房屋主人非同一般的身份。中型居址一般有三四间，小型居址只有一两间，房屋或紧邻畜厩。

另外，从建筑物所在的区划、规模和组合上，可以看出房屋主人社会身份有明显的高低差异。如位于佛塔东北方向约 1 公里的 N2，是尼雅遗址目前可以确认的，唯一有密集建筑群的地区，而且距离尼雅遗址中心的佛塔最近。因此，N2 对于了解尼雅遗址社会生活的各个方面都具有非常重要的意义。N2 地区位于被若干座小山丘包围着的小盆地内，大约有 20 栋建筑物围绕在类似于广场的空地周围。在其北部发现有用栅栏围着的，被认为是蓄水池的洼地（图 9-27）。

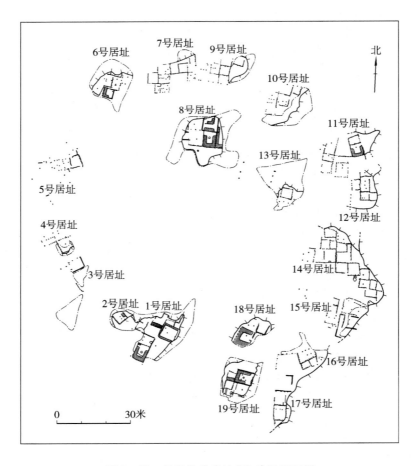

图 9-27　新疆尼雅遗址 N2 地区平面图

佛塔，位于南北遗址群的中间位置，显示出它是尼雅绿洲的中心标识，也反映了佛教传入后所具有的重要地位。佛塔用土坯和放入麻刀的黏土交替砌筑而成，由平面呈正方形的二级基坛和树立其上的圆柱形塔柱组成，总高度为 5.85 米。佛塔由于西侧的盗洞而受到很大威胁，从已经崩塌的南墙面可以看出佛塔内部有构成核心的坛。内部坛也用土坯砌成，呈金字塔状，共有三层。从下层塔基上发现的含有红柳细枝和芦苇的黏土痕迹来看，塔表曾涂抹有墙皮[1]。

此塔的形制与周边地区如楼兰、米兰、安迪尔、喀什市郊的莫尔佛塔，库车县的苏巴什佛塔较为接近。

佛寺遗址群 N5，位于佛塔北约 2.9 公里，处于一东西向狭长的孤岛状台地之上。斯坦因曾于此盗掘过大量文物，其中有（西晋）"泰始五年"（公元 269 年）的汉文木简。近年在台地东南角发掘出一佛教寺院遗址，属于木框架式结构。寺院使用了当地普遍采用的地梁（地栿）框架和木骨泥墙的建筑技术，平面呈"回"字形。由于风沙侵蚀，寺院保存状况很差，只剩高 0.1～0.9 米的立柱、地梁及墙体。外墙为"回"字形的外口，长约 5.3 米，宽约 5.2 米，地梁之上建有木骨泥墙，墙体表面刷白灰，在白灰上绘壁画。

在寺院正中有一用木板围成的正方形基坛，为"回"字形的内口。内部填土，边长约 2.4 米，原高度应与佛寺顶部相当。基坛四角有带斗形木础的木柱，用于增加基坛的稳定性。基坛与外围墙之间是寺院的回廊，供人们诵经时环绕基坛之用。由残存的木柱推测寺院的高度应在 3.5 米以上。

寺中所出壁画多已破碎，仅在回廊东北角地面上有一保存基本完整的佛像上半身图案。佛像为正面像，头顶部稍残，周围有三道宽窄不等的红、黄褐色和白色线条组成的圆形头光。佛像体形健壮，面部呈椭圆形，用黑色线条勾勒出头部轮廓及面部的五官。头发为黑色，额际线呈倒"U"字形，双耳狭长，弯月形长眉。眼睛细长，微眄向下俯视。鼻梁挺直，鼻翼宽大。嘴唇紧闭，涂有红色，唇上有两撇"八"字形胡须。佛像的双肩宽厚，身着底色为黑色，上有白色横、竖宽条间隔成方格状的通肩袈裟，右半幅搭在左肩上，整个画面给人以端详、庄重的感觉（图 9-28）。

古城堡，1996 年调查时发现，位于遗址南部，距佛塔直线距离约 13 公里。其大部分被红柳包覆盖，城垣形状大致呈椭圆形，东西长 185 米，南北宽 150 米，用河床的淤泥垒砌而成，底部宽约 3 米，残高 0.5～2.5 米，顶部残宽约 1 米。城内不

图 9-28　新疆尼雅遗址佛寺遗址群
N5 寺院壁画复原图（局部）

〔1〕 中日共同尼雅遗址学术调查队：《中日/日中共同尼雅遗址学术调查报告书·第二卷文本编》第 137页，中村印刷株式会社，1999 年。

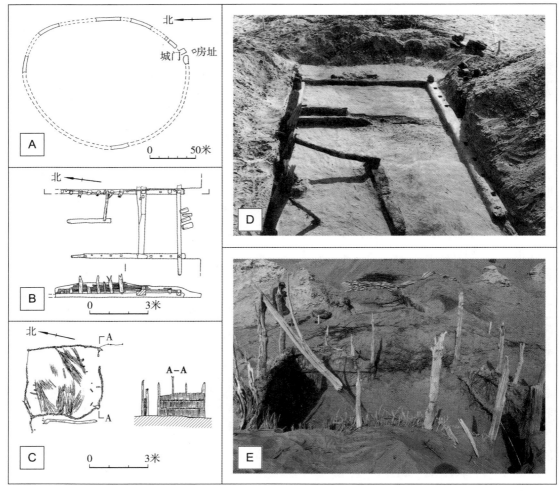

图 9-29　新疆尼雅遗址南部古城堡
A. 总平面图　B. 城门平面图　C. 房址平面图　D. 城门址　E. 房址

见任何遗迹、遗物。南城垣中部有一城门遗迹，已被烧毁，经过发掘认定为过梁式木构一重门，门有门楼。通过对比分析，其形制与尼雅遗址西侧克里雅河流域的喀拉墩城堡的城门、东侧安迪尔古城的城门基本一致，反映出文化上的共性。在城门前 6 米处有一面积约 15 平方米的房屋遗迹（96A7），出土两枚佉卢文木简，其中一枚经试读，为鄯善国马希利王（公元 293～323 年）6 年的纪年木简，时间为公元 298 年左右（图 9-29）。

　　从史料记载和出土的佉卢文简牍来看，这里不仅有城，而其还不止一座，城内有官府和居民，城有防御功能和收税清查等方面的行政职能，有的城规模似较大。然而现在除尼雅遗址南端发现的这座小城堡外，尚未发现其他城址，这个未解之谜有待于将来工作的深入展开。

　　尼雅建筑工艺的源流，既有当地的住民根据自身的生存环境，发挥主观能动性的因素，同时也受到中原及周边地区的影响。这里的建筑分散坐落在河谷台地上，较大型建筑

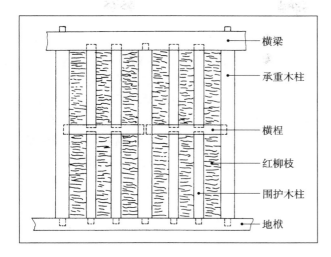

图 9-30 新疆尼雅遗址发现的木骨泥墙示意图

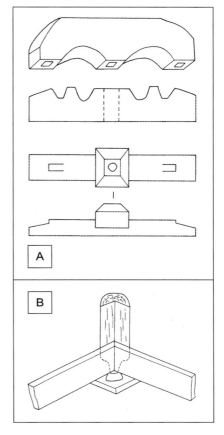

图 9-31 新疆尼雅遗址发现的木构件示意图
A. 木斗栱 B. 斗形木桩础

一般取当地材质较好的粗大木材加工成截面为长方形的木枋，作为地梁（即地栿），按设计布局敷设于地表，向上的一面按一定间隔凿榫口，插小木柱构成墙壁的骨骼，在地栿的结合部立有承重木柱。这两类木柱的顶端一般均保留有树木的自然枝杈，用于横架房梁，使整个建筑浑然一体，增强了建筑物的整体稳定性和抗损强度，有利于抵抗来自地下的潮气和地上的风沙。墙壁以芦苇或红柳枝编成内芯，其上敷泥，这即是所谓的木骨泥墙（图 9-30）。泥墙外或涂刷成白色，部分建筑物白墙上绘有三角形纹饰。房顶均已坍塌，形制不明。建筑物周围往往筑有防沙篱笆、林带，少数建有果树园圃。

在古代的塔克拉玛干沙漠南缘地区，普遍使用这种木骨泥墙建筑技术。除尼雅遗址外，在其临近的楼兰遗址、安迪尔遗址以及位于克里雅河流域的喀拉墩遗址均可见到这类建筑遗迹。直至今天，在尼雅遗址附近的大麻扎、卡巴阿斯坎村以及克里雅河流域、塔里木河下游地区都还保留着这一建筑特色，没有太大变化。

自汉代以来，西域和中原的交往日益密切，内地先进的建筑技术也随之传入这里，如斗栱是中国古代建筑中特有的木构件，在尼雅遗址就发现了大约建造于魏晋时期的斗栱和斗形木柱础，说明中原文化对这里的影响之深（图 9-31）。

（五）发现的墓地

通过多次调查发掘，现已确认尼雅遗址的 5 处墓地，为全面深入地了解当时尼雅人的丧葬习俗、生态环境提供了大量的出土资料。

（1）93MN1 号墓地

位于佛塔西北约 2.9 公里处的 93MN1 号墓地，即"西北墓地"，属最早发现的墓地，分布面积较大。墓地地处尼雅河谷西岸，在三级阶地内均见已暴露于地表的古代棺木、人骨及随葬品等。新疆的考古工作者曾在此清理过 5 座墓葬，大都为截齐两端、挖空树干而制成的胡杨树棺。随葬有木制容器、陶器、铜镜、料珠、漆器残片等遗物。死者多呈干尸状，头枕三角形鸡鸣枕，身着毛布丝绢的服装，足穿皮鞋。斯坦因也曾于此进行过盗掘，带走众多文物。据有关人士回忆，1959 年新疆博物馆在尼雅遗址发掘的东汉夫妇合葬墓也出土于此，随葬遗物除大量丝绢锦绣外，还有制作精良的"君宜高官"铜镜，铜戒指、铁刀、金箔、陶器、料珠及弓、箭和箭箙等。

（2）92B6 号墓地

位于 92B4（N2）之南，佛塔以东约 300 米的红柳丛中。墓葬建在红柳包的斜坡上，随地势高低错落，部分人骨已暴露于地表。曾清理过 6 座墓葬，均为长方形竖穴沙室，无葬具，仅在沙室的四角插以小木桩，再绕以用细红柳枝编成的粗索，使沙穴成坑，随葬品贫乏，时代不明。

（3）N3S 号墓地

位于 92B9（N3）之南约 300 米处。墓地被洪水带来的淤泥沉积覆盖。淤泥层厚约 0.2 米，由十六次洪水淤积而成。所葬个体一般平放在沙土之上，为仰身直肢葬，其上覆以红柳编织物或胡杨木板。墓地中的人骨架大多被扰乱，部分暴露出地表的陶器也遭人为破坏。

（4）95MN1 号墓地

位于尼雅遗址区北部，南距佛塔 5.2 公里，东距 92A11（N8）聚落 1.2 公里。墓地建于尼雅河西岸一较高沙丘之上，面积较大。墓地地势南高北低，周围零星散布着枯死的红柳、胡杨。因风吹沙移，部分墓葬的胡杨木棺已局部暴露于地表。1995 年进行了小规模的抢救性发掘，在 100 平方米的范围内共发现墓葬 8 座，可分为两种类型。一种为矩形箱式木棺，棺板相互榫铆，以木钉加固，有四足支撑。内葬二三人，头向朝北，随葬品丰富，墓主人级别高；另一种是围绕箱式木棺的，用整段胡杨木剜挖而成的"船"形棺。多为单人仰身直肢葬，头向朝西。墓地时代约在东汉末至魏晋时期。

该墓地在尼雅遗址的调查史上占有划时代的重要意义。它的发掘，为探明尼雅遗址乃至这一时期整个塔里木盆地城郭诸国的墓葬制度，提供了不可或缺的珍贵资料。出土的葬具、干尸及随葬品也是认识当时尼雅的社会生活、生态环境、人种构成、中原与西域的关系等诸多领域的重要线索。

M3 为带木樟的箱式木棺葬。木棺为条箱形，长 2.28 米，宽、高各 0.9 米，四角有边长 0.1～0.14 米的方形木柱支撑。木柱体上凿出榫口，嵌入厢板（4 块）、挡板（2 块）、底板（4 块），板厚 0.04～0.05 米，板块之间用木钉连接。木棺上口及底部各加二根横撑，板块合缝处涂抹有用于密封的黏土。全棺不见使用金属钉，板材为胡杨木，用横刃斧削平，不见锯刨痕迹。盖板上铺有多层毛毯（图 9-32）。

棺内基本无沙，内葬男女二人，已成干尸状，虽全身覆盖于"王侯合昏千秋万岁宜子

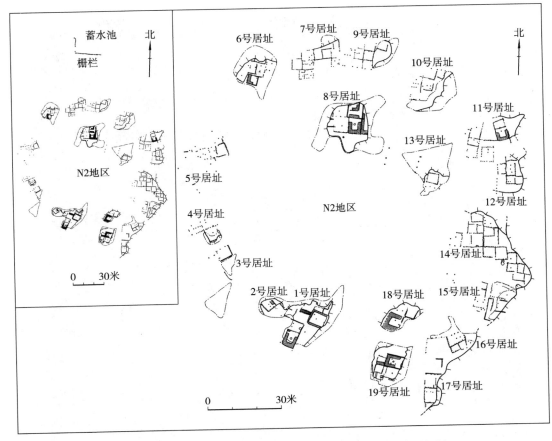

图 9-32　新疆尼雅遗址 95MN1 号墓地 M3 木棺平面、剖视图

"孙"的锦被之下，但齐头并卧的姿势清楚可辨。锦被以两幅织锦并合，色彩依然鲜艳。男女干尸脚下及两尸之间，为陶罐、木盆，内置干果等食品；木棺尾档的两角，即男女两尸脚下亦置木盆，内盛羊腿。男尸一侧，随葬有一张弓，两箙箭和一根木杈，上挂有男主人生前穿过的织锦上衣及配带、刀鞘、弓衣、毡帽等；女尸头侧为内盛铜镜和梳妆用品的漆奁盒，身侧木杈上挂附长裙一条。二人的随身衣袍，饰物均保存完好，时代约在公元 1 世纪 70 年代后至公元 2 世纪 70 年代以前（图 9-33）。

出土遗物

死者入殓时的衣衾鞋帽保持完好，随葬物品几乎都是死者生前享用过的食物和使用过的物品，如衣物、弓箭、佩刀及化妆、女红用品。这些遗物虽不算丰富，总数不足百件，但因墓主人逝后生活的安排，真实地再现出精绝王国上层人物的实际生活状态，故具有极高的社会历史价值。按其使用功能，可分为饮食器具、兵器、装饰用品、服装及毛毯等类别。

供墓主人死后在冥界享用的食品有糜面饼、糜子粥、羔羊腿、羊腿、梨、苹果、葡萄、沙枣等。这些都是本地的传统物产，虽贵为社会上层人物，生活也只能如此简朴。作

图 9-33　新疆尼雅遗址 95MN1 号墓地 M3
1. 木棺出土状况　2. 木棺内状况

为深处沙漠腹地的小小绿洲，受限于苛刻的自然条件，只能种植些耐旱的麦子、穈谷类作物、饲养羊、牛、骆驼。羊是主要的肉食来源，羔羊肉则是食物中的上品。葡萄、苹果、梨既是当地的传统水果，又是食物的补充来源。对于基本上不食用蔬菜的绿洲居民来说，这些水果还是摄取维生素的主要途径。沙枣树由于耐干旱盐碱，被当地广泛用于防御风沙、美化环境，果实又可食用，是当年尼雅人重点栽培的树种之一。

　　木器加工、制作，是本地重要的手工业部门。横刃小铁斧是当时主要的木工工具，木盆、碗（形状似碗，但有把手）、小杯、器座乃至木棺加工，均可看见这种工具的痕迹。木盆、碗、桶之类是日常饮食器具的基本组合。放置木盆的木器座，是当时人们以土炕为桌，席地而食的常用器物。陶器的制作相对来说较为原始，时至汉代，还未使用轮制陶器，表明尼雅绿洲相对封闭。皮革加工与毛纺织业也是当地经济的重要组成部分。M3 墓主人的腰带、皮鞋、弓衣、箭箙、刀剑鞘等主要用牛皮加工而成。所穿的衣物虽以丝织品为主，但也有平纹、斜纹毛布用为衣里、衬布。毛纺织品应为普通居民最主要的衣料，其原料来源于羊毛、羊绒和驼毛。

农牧业和手工业中的纺织、木器及皮革加工、陶作、金属加工等行当可以基本满足尼雅这类绿洲城邦社会生活的基本需要。但某些原料如石料、染料、铜、铁等金属。某些奢侈品如棉布、玛瑙珠或料珠还需从外界获得。故绿洲经济并不能完全自给自足，它虽有封闭性的一面，但自身固有的局限性迫使它必须同外界进行交往，获取自己无法生产的物品。如果这个绿洲城邦正好处在丝路交通线上的某一环节，那么，不论其愿意与否，都必须敞开国门，参与到各大文明之间的交流当中，而尼雅绿洲正巧处在这样的位置上。随葬的部分物品揭示出汉代丝路南道上各个文明之间的经济文化交流。

地处沙漠深处的尼雅绿洲，在古代丝路南道上却是一个不能逾越的所在。它西去克里雅绿洲，东至安迪尔绿洲，距离都在百公里左右，过往旅人必须在这期间补充粮食和水草。凭借这一特殊地理位置，尼雅绿洲虽为弹丸之地，却是举足轻重。汉—晋王朝对这里曾给予足够的重视。墓主人所穿的衣物几乎都用产自内地的锦、绢、绮、丝绵制成；日常梳妆用的铜镜、栉袋、梳篦、香囊，女红用品和放置它们的漆奁盒等也来自内地。这些代表当时华夏地区最高生产成就的物质文明，已成为当地王公贵族日常生活中的必需之物，也是他们位居社会上层的象征。

所出的蜻蜓眼料珠、象牙柄小刀当来自西邻；男主人配带的造型特殊的刀鞘，明显带有贵霜文化的信息。女主人配饰的金属耳环、珍珠等物，自然也是通过丝绸之路得之于周邻地区的奢侈品。

尼雅墓地所见的大量丝织物，是东汉王朝统治精绝，实施"安辑"政策的具体反映。如果说一般的丝绸、普通图案的锦还有可能是通过贸易途径获取的话，那么一些特定吉祥用语的织锦，如"王侯合昏千秋万岁宜子孙"锦，同一墓地 M8 中所出的"五星出东方利中国"锦等，则从设计、生产开始，就是为汉王朝推行"安辑""怀诱""和亲"政策服务的专用品，一般的社会成员是无权享用的。大量品种繁多的丝织品，凝聚着当年汉王朝与精绝国的政治统属关系。

（5）97A3、4 号墓地

位于北部遗址 93A9（N14）西北约 600 米处。从已被风沙吹开的 6 处墓葬较为分散的情况来看，墓地范围较大。1997 年清理了一座矩形箱式木棺，内葬 6 人，身着丝毛织物，随葬品较少。

由于尼雅遗址已陷于沙海之中，其墓葬一般是深埋地下，当时地表纵有标识，时隔近两千年，早已随风而逝，荡然无存。但由于沙丘在风力的作用下具有流动性，墓葬往往又择高地而置，使一部分墓葬暴露于地表，因此它们的发现又极具偶然性：今年露出地面的墓葬，明年也许又被风沙覆没。目前已经确认的墓地，从所处位置上看是分散的，但在每座墓地不远处均有遗址群存在，说明墓地和其附近的遗址群有着内在的联系，很有可能是这些遗址群（村落）的公共墓地，而墓地内部则是聚族而葬，这一丧葬形式也与塔里木盆地周缘其他绿洲城邦相同。

在尼雅遗址共采集到 24 例干尸和颅骨，其中一例颅骨为斯坦因采集。通过对这些材料进行类型分析，总的印象是普遍具有较明显的高加索人种（欧洲人种）的特征，特别是与印度—地中海人种支系中的印度—阿富汗类型接近，而偏低的眶型和浅的发色呈现出古欧洲人种和北欧人种的因素，可能为具有不同欧洲人种类型混合性质的人种类型。首先，在所测材料中未发现有明显属于蒙古人种的个体。其次，在与新疆地区已发表的古人类学材料比较，尼雅遗址古代居民的体质特征与相邻的和田地区山普拉墓地的最接近，与楼兰地区和吐鲁番盆地西缘阿拉沟墓地的阿拉沟Ⅰ组有不同程度的接近。第三，尼雅古居民中存在有牙周炎、根尖脓疡、龋齿等口腔疾病，而且牙齿的磨耗程度普遍较重，可能与经常咀嚼较硬和较粗糙的食物有关。在个别个体上还见有骨关节病。

在尼雅遗址，目前尚未发现唐玄奘在《大唐西域记》中所记载的有着周长三四里城墙的尼壤城，所以，很难将唐玄奘所见的尼壤城比定为今天的尼雅遗址。

（六）佉卢文简牍

佉卢文是我国新疆地区最早使用的民族古文字之一。这种文字约在公元前5世纪创建于印度河流域的犍陀罗地区（今巴基斯坦白沙瓦一带），后流行于中亚广大地区。佉卢文表达的语言是中古印度雅利安语的西北方言，现已定名为犍陀罗语。

楼兰和尼雅出土的佉卢文书表明，鄯善王国的土著居民楼兰人、精绝人和且末人的本族语言是吐火罗语。佉卢文书记录的语言——犍陀罗语对尼雅人来说是外来语，正像现代印度使用英语作为官方语言一样。

就目前所知，佉卢文流行于古代鄯善、于阗和龟兹等地，使用年代大致在公元2世纪末至公元4世纪初。作为鄯善国官方语言的佉卢文，随着鄯善国的灭亡而销声匿迹，《南齐书·芮芮虏传》曰："先是，益州刺史刘悛（约公元491～493年在任）遣使江景玄使丁零，宣国威德。道经鄯善、于阗。鄯善为丁零所破，人民散尽……丁零僭称天子，劳接景玄使，使反命"。目前学术界将鄯善国灭亡的时间定在公元5世纪，就是根据这条史料。自1901年英国考古学家斯坦因首次闯入尼雅遗址以来，这里不断有大批佉卢文书被发现，总数已近千件，经编号、解读并刊出者已达728件，其中包括国王敕谕、官府文书、契约、公私往来书信和佛教文学作品等。尼雅遗址所出的佉卢文，反映出鄯善国及下属各"州"社会面貌的各个方面，如鄯善国王的世系、时代、同周边各国的关系等，特别是揭示出汉文史料未记载的，鄯善王国一百多年鲜为人知的历史，是研究尼雅遗址和鄯善国史的重要资料来源之一。

如果将目前所见佉卢文中记录的七位鄯善王在位的最大年数相加，长达131年。据《晋书·张骏传》，第六位鄯善王元孟曾于公元335年向前凉张骏献楼兰女。那么佉卢文时代第一位鄯善王童格罗伽的年代就可追溯到公元210年（汉献帝建安十五年）。所以，佉卢文犍陀罗语传入鄯善的时间和龟兹、于阗等塔里木盆地诸国基本同步，必在东汉末年无疑。佉卢文简牍大致有两种形制：一种为矩形，一种为楔形。前者全称为"矩形泥封木牍"。这种文书是由两件矩形木牍重合而成，其中带封泥槽的可称为"封牍"，另外一件可相应称为"底牍"。使用时封牍嵌在底牍上，颇似汉魏时期的"封检"。一般在封检正面的上半部扼要地写出文书的大致内容、由谁保管，下半部写出封泥上印着谁的印章。文书正文自底牍正面右上角写起，从右至左横写。若底牍正面写不下，则续写在封牍背面。再写不下，则续写在底牍背面。书写完毕后，将封牍背面嵌入底牍正面事先挖好的槽中，便将文书的主要内容封在其中，外表用三道绳索捆扎。封泥由绳索固定在封牍正面的封泥槽内。封泥上常印有雅典娜或其他希腊神像，有些还加印汉文篆字，内容为"鄯善都尉"（或释鄯善郡尉），后者除外形像匕首外，其他方面与前者相同。

（七）废弃的原因和时代

尼雅遗址在精绝人生活期间，河水可以直接流泻到此，而且水量颇丰，沼泽、水泊连续不断。而在精绝废弃，民众客走异乡后，河水一度还可以继续流淌至此。

河水带来的淤土覆盖了原来的农田、墓葬的现象便是最充分的证明。河水虽是沙漠绿洲的生命之源，但尼雅遗址的废弃原因，似乎并不是河水的断流或变迁。

从塔里木盆地总的环境变迁情况来看，干旱的趋势是非常明显的。在盆地南缘流向塔克拉玛干沙漠的所有河流，其流程随着时间的推移越来越短。最早时期，这些河流中的若干条在丰水期可以流至沙漠中部，甚至与盆地北缘的塔里木河汇流。在腹地发现的遗迹、遗物就比靠近边缘地区的要早，如1993年中日联合考察队在尼雅遗址以北直线距离40余公里的地区发现了时代更早的人类活动遗物，有石磨谷器、石球、陶器、骨器、料器等。随着时间的流逝，人类的活动范围也随着河水向沙漠边缘退缩。以尼雅河为例，今天的终点——大麻扎已距遗址的最南端13公里，也就是说，河水在城市被最终废弃后的1600余年里，至少退缩了13公里。

尼雅遗址是新疆现存最重要的古代遗址之一，这个遗址规模之大，保存状况之好，学术价值之高，在新疆是少见的。该遗址先后为精绝国都和鄯善国凯度多州（cad′ota, cad′oda）州治及其辖境故地，延续使用时间长、性质重要。遗址位于古代西域南道中间偏东，东通鄯善国都和魏晋前凉时期的西域长史治所楼兰城，进而可达内地；西通于阗，并可转至犍陀罗地区；北通龟兹与古代西域北道连接；南经山道可通吐蕃。地处古代交通要冲和经济、文化艺术、宗教交流与传播的十字路口，位置十分重要。遗址出土的大量珍贵文物，包括许多公元3~4世纪的佉卢文简牍，对深入探讨研究尼雅遗址有着重要作用。这个条件在新疆同期遗址中，具有一定的代表性和典型性。

四　米兰佛寺遗址

（一）地理位置

新疆巴音郭楞若羌，位于塔克拉玛干沙漠的东南缘，总面积约20.23万平方公里。东与甘肃、青海两省相邻，南依昆仑山脉与西藏接壤，西与且末县，北与尉犁县及吐鲁番、哈密地区交界。

若羌县地势南高北低，呈不规则形展开延伸。南起昆仑山褶皱带，北入塔里木盆地和库木塔格沙漠，由西南向东北倾斜，大致可分为四个地貌单元：南部山区，包括昆仑山及其支脉阿尔金山；中部山前洪积扇平原；罗布泊风蚀湖积平原；北部冲积沙漠平原。境内河流共分两大水系：南部山区水系和罗布泊水系。前者发源于南部昆仑山—阿尔金山，流程较短，出山后不久即消失在戈壁沙漠中，季节性强。若羌地区的主要绿洲河流若羌河、米兰河、瓦石峡河等属于该水系。属于后者的河流主要是客水：塔里木河、孔雀河、车尔臣河，此外还有若干小河流。罗布泊地区目前已沦为荒漠。但这里在历史时期曾是一处绿洲，生态环境优越，是楼兰文明的发祥地。

米兰位于若羌县城东偏北45公里，为米兰河冲积绿洲。目前是新疆生产建设兵团第36团屯垦农场驻地。米兰绿洲最早的屯垦时代，按目前学术界主要观点，始于西汉鄯善国之伊循城。这里共有六处古代遗迹，均分布在老米兰河西岸，即今天米兰36团团部以东的戈壁滩上，计有米兰遗址、老米兰河畔古遗址、水利灌溉系统遗址、佛教寺院遗址、唐代吐蕃戍堡遗址、吐蕃墓葬群等，均分布在今米兰农场以东地域，非常集中，并有叠压现象。由汉至唐，时代上延续一千年多年，说明古代这里是一处非常适于屯田的绿洲。

（二）考察及研究史

对米兰地区古代遗迹的考古调查始于20世纪初，其中对佛教寺院遗址所做的工作最为详细。

1906年12月至1907年1月，英国考古学家斯坦因对这里的吐蕃戍堡及佛寺遗址进行了盗掘。

1958年，中国科学院考古研究所黄文弼对米兰古城（即吐蕃戍堡）及塔庙遗址（即寺院遗址）进行了考古调查。

1978～1979年，新疆维吾尔自治区博物馆文物队黄小江、张平在米兰地区进行过考古调查。

1989年，塔克拉玛干沙漠综考队考古组对米兰地区调查，在一座佛寺内新发现两幅"有翼天使"壁画，为斯坦因之后对米兰佛寺考古调查的又一重大发现。

（三）遗址概况

佛教寺院遗址由八座佛塔和三座寺院组成。佛塔均残，一般高3～6米，基底宽4～10米，有夯筑和土坯砌筑两种建筑形式。所有佛塔的顶部均已残毁，底部都有盗洞，从前人调查的资料看，有些佛塔上部是中空的圆形。

三座佛寺遗址均破坏严重。有两座位于吐蕃戍堡西南的佛塔群中，相距约40米，其中Ⅲ号寺院有边长9米的方形围墙，中心为土坯砌筑的圆形矮佛塔，直径2.7米。塔被宽约1.2米的残断回廊围绕。回廊原有屋顶，覆盖着中心的矮塔，现已坍塌。1907年斯坦因在此盗掘，从回廊内壁上揭走了著名的"有翼天使"像壁画七幅，"有翼天使"的形象带有浓厚的犍陀罗佛教艺术特色，而犍陀罗艺术又源于古希腊文化的影响。壁画上题有佉卢文题记，经语言学家解读，认为是壁画的作者签名和所得报酬数目。

米兰Ⅲ号寺院是一处美的画廊。现藏印度新德里国家博物馆、曾使举世惊羡的壁画《占梦》《有翼天使》《佛和六弟子》，就出自这里。这几幅画都在环绕寺址中央窣堵波的回廊内壁上。《占梦》描绘佛传故事：太子悉达多之母摩耶夫人夜间感梦，父净饭王招来相

图9-34 新疆米兰佛寺遗址Ⅲ号寺院《占梦》壁画（局部）

师为她占梦。净饭王坐的台座上，布满蔷薇花图案（图9-34）。在回廊中腰护墙板上，画着七位有翼天使。他们都是鬈发少年，肩生双翼，身着无领圆口衫，圆圆的脸庞稍稍扬起，一双深邃的大眼睛，正好注视着绕塔巡礼者。斯坦因称之为天神乾闼婆，但从艺术形象上看，他们更像是希腊罗马古典艺术中的天使，或基督教艺术中的天神（图9-35）。Ⅲ号寺院另一幅壁画残片上，绘着释迦牟尼和他的六位弟子：释迦牟尼在画幅的右边，身着棕红色袈裟，头后有圆光，右手施无畏印；六位弟子分为两排站在佛的左后侧，均有光头，着袈裟，后一排弟子右袒执扇，背景是一处园林。佛为卷发，短髭，佛和弟子以及青年人像都是大眼睛，双眼皮，带有"西国"人的形象特征。

Ⅴ号寺院位于前者的南侧，形制相同。佛塔直径约4米，方形的围墙边长12米，回廊宽约 2.1 米，所不同的是围墙内有数间僧房。在这座佛寺的回廊墙壁上，绘有水平很高的须大拏太子本生故事，在其下方有一组青年男女群像壁画。Ⅴ号寺址的回廊左侧护壁上，有一段 5.5 米长的画幅，用连环画的形式描绘须大拏太子本生故事，中部残毁，前面的情节是：一辆四轮马车上坐着太子的妻儿，太子骑马在车后跟行，描绘了太子被父王所逐离宫出走的情景；太子在树林中，四婆罗门请其布施，太子送其白象。后部情节是：太子夫妇在林中隐居；太子夫妇重返宫中。在须大拏故事下面的护墙板上，画着一条波浪形彩环饰带，每个"波峰"和"波谷"中，各有一位少男或少女头像。少女们头饰珠宝鲜花，或托花瓶，或弹琵琶；少男们浓髯厚发，衣饰华丽，或高举右手，或手擎酒杯在胸前，青春欢乐的气氛弥漫着整个画面。这些少男少女的形象颇似西亚波斯人。这些壁画大约绘于公元 3 世纪，内地正值魏晋时期。斯坦因认为Ⅴ号寺院回廊上的两幅画是同一个人所绘。在须大拏本生画的白象膊窝处，写有佉卢文的作者题记，署名题塔（Tita）。

Ⅱ号寺院位于吐蕃戍堡东北约 2 公里处，即被称为"米兰大寺"的大型寺院遗址，由一座双层土坯砌筑的主建筑佛塔及其东部的一座塔洞（支提窟），以及周围一组僧房遗址组成（图 9－36）。佛塔高约 9 米，上层呈圆拱形，土坯间残留有木柱；下层为方形基座，四面有壁龛。壁龛间是一排等距的泥塑犍陀

图 9－35　新疆米兰佛寺遗址Ⅲ号寺院
"有翼天使"壁画（局部）

罗风格的柱头。南墙现存的六个龛中，还残留有彩色的泥塑半浮雕立像。塔洞严重残毁，只能看出大致形制，与戍堡以西的上述两座塔洞遗址大致相似。周围僧房遗址也所剩无几。在附近地面散布着大量的陶片、残石磨盘、小饰件、铁器残件等。在Ⅱ号佛殿遗址的绕殿回廊中，一面并排着六尊跌坐佛像，头部已毁，各被壶形柱础的大柱间隔。残像膝部以上高 1.8 米，跌落的佛头高约 0.9 米，可见佛像的身量远远大于真人，造型和田热瓦克佛寺外墙排列的大量巨型塑像相仿。在一尊坐佛底部发现的一片用婆罗迷字体书写的梵文贝叶文书，表明Ⅱ号寺院的佛像年代与Ⅲ号、Ⅴ号寺院的壁画大致同时，不会超过公元 4 世纪。但Ⅱ号寺院的塑佛形象不同于Ⅲ号、Ⅴ号寺院的壁画佛像，被认为具有天竺笈多佛教艺术的初期风格。

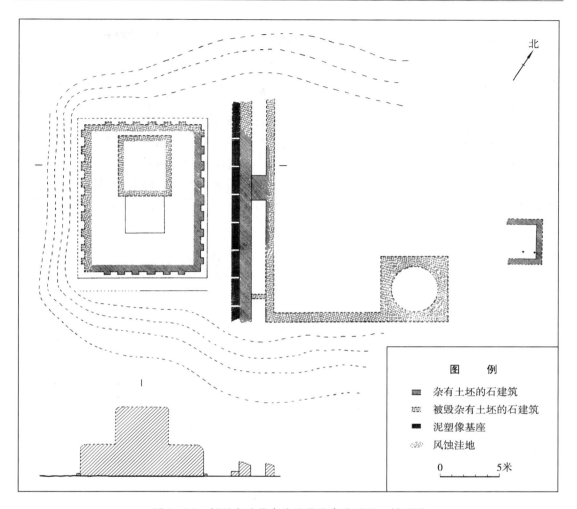

图9-36　新疆米兰佛寺遗址Ⅱ号寺院平面、剖面图

　　1989年，塔克拉玛干沙漠综考队考古组在Ⅱ号寺院新发现两幅并列的"有翼天使"壁画。这两幅壁画与斯坦因发现的那八幅"有翼天使"的画风相似，当属同时代的作品。壁画位于寺院回廊内壁近底部，上面有一条黑色分栏线，在此线左上端，有一赭红色的莲花座，宽0.32米，高0.15米。莲花座左侧残存有不甚清晰的双腿下半部分，用黑色线条勾出，残高0.16米。天使像为白地，以黑线条勾勒出轮廓，身体涂成红色。左侧天使通高0.27米，残宽0.52米；右侧天使通高0.28米，残宽0.48米，左侧天使两翼翅端涂成黑色，与斯氏掠走的那八幅不同。在天使像下方有一道底线，距上方的分栏线0.31米[1]。

　　古鄯善地区几处寺院发现的壁画，创作于公元300年前后，是我国现存最早的寺院壁画之一。它们经历了1700年沧桑而魅力犹存，堪称中华艺术之瑰宝。

―――――――――

〔1〕　塔克拉玛干沙漠综考队考古组：《若羌县古代文化遗存考察》，《新疆文物》1990年第4期。

（四）其他

米兰在西晋时期，临近西域长史府的治所海头城，即斯坦因标定的 L. A 古城。在海头东北和西北的塔寺遗址中，也曾发现有浮雕倚坐佛像的木板、浮雕坐佛列龛的横木、浮雕立佛龛的木柱[1]。这一带地方大批精美壁画和造像的出土，证明两晋之际的鄯善—海头地区，曾是塔里木盆地南缘东端一处辉煌的寺院壁画和佛教造像中心。

同和阗相邻的尼雅（精绝）地方，早年的Ⅰ号寺院曾发现立佛塑像和身光饰小化佛的壁画佛像。新疆文物考古研究所近年在尼雅一处寺院遗址的回廊内壁上，发现残存的佛教壁画，上面的佛像蓄八字须，有浓发，形象和画风均与米兰Ⅲ号寺院的"佛和六弟子"壁画相同，大致也是公元300年前后的作品，这些可以说是古鄯善地区最西端的佛寺绘塑景观了[2]。

---

〔1〕 A. 熊谷宣夫：《西域之美术》，《西域文化研究》第五，法藏馆，1962年。

B. 任继愈主编：《中国佛教史》第三卷第六章第一节之"鄯善佛教遗迹"，中国社会科学出版社，1998年。

〔2〕 张弓：《汉唐佛寺文化史》第486~488页，中国社会科学出版社，1997年。

第十章　三国两晋南北朝时期中外交通和文化交流

第一节　中外交通路线和输入中国境内的域外制品

　　三国两晋南北朝时期是中国与域外文化交流频繁的时代。一方面是域外因素对中国文化发展产生了多方面的影响。例如，佛教自东汉传入以后，在魏晋时期有了巨大的发展，对社会生活诸多层面产生重大影响。中亚人侨居中国必然也带来他们的文化和信仰[1]。陕西、山西近年来出土的中亚昭武九姓墓葬，表明工匠对于祆教的宗教图像题材比较熟悉。这应该是民族长期接触、融合的结果。云冈、麦积山、天龙山、响堂山等处佛教石窟的一些檐柱，则体现出希腊、波斯柱式的影响[2]。另一方面则是汉文化影响及于其他地域。如百济武宁王陵的选址、排葬、结构等方面深受东晋、南朝影响[3]。西晋太康六年（公元285年），王仁经由朝鲜半岛到日本，教皇子稚郎子以《论语》《千字文》，为汉字始传入日本[4]。汉字传入朝鲜半岛和日本，产生深远影响，"东亚文化圈"从这时期开始逐步形成。

　　本节只述及中外交通路线和输入中国境内的域外制品，域外文化的其他影响则不论列。

　　有一点应当说明的是，三国两晋南北朝时期不同民族、不同政权的疆域变化极为繁复。而本节所述则以现在中华人民共和国领土范围为限，凡在此范围之内的则为域内，在

---

〔1〕　魏晋时代侨居胡人数量巨大。以"五胡"之一的羯为例，《晋书·石季龙载记下》：冉闵"宣令内外六夷敢称兵杖者斩之。胡人或斩关，或逾城而出者，不可胜数……敕城门不复相禁。于是赵人百里内悉入城，胡羯去者填门。闵知胡之不为己用也，班令内外赵人，斩一胡首送凤阳门者，文官进位三等，武职悉拜牙门。一日之中，斩首数万。闵躬率赵人诛诸胡羯，无贵贱男女少长皆斩之，死者二十余万，尸诸城外，悉为野犬豺狼所食。屯据四方者，所在承闵书诛之，于时高鼻多须至有滥死者半"。单就冉闵所杀胡羯有二十余万众，入华胡人数量之巨即可概见。按：羯即主要为中亚昭武九姓之一石国胡人。见陈寅恪的《五胡问题及其他》（《陈寅恪集·讲义及杂稿》第453页，三联书店，2002年）、唐长孺的《魏晋杂胡考》（《魏晋南北朝史论丛》，三联书店，1955年）。

〔2〕　梁思成、林徽因、刘敦桢：《云冈石窟中所表现的北魏建筑》，《梁思成全集》第二卷第196页，中国建筑工业出版社，2001年。

〔3〕　A. 贾梅仙：《朝鲜南部武宁王陵简介》，《考古学参考资料》（6），文物出版社，1983年。

　　　B. 王志高：《百济武宁王陵形制结构的考察》，《东亚考古论坛》（创刊号），2005年。

〔4〕　日本文学研究资料刊行会编 1970『古事記·日本書紀』応神天皇十五年八月 十六年二月 有精堂出版株式会社

此范围之外的则为域外。

一 中外交通路线

（一）陆路

魏晋南北朝时期，陆路中外交通的路线较秦汉时代有了较大发展。丝绸之路除传统的南北两道外，还新开辟一条"五船新道"。东汉就有过开五船道的想法，《汉书·西域传下》："元始中（公元1～5年），车师后王国有新道，出五船北，通玉门关，往来差近，戊己校尉徐普欲开以省道里半，避白龙堆之厄。"因车师后王姑句的阻挠而未获成功。《三国志·魏书·乌丸鲜卑东夷传》注引《魏略·西戎传》：从敦煌玉门关入西域，前有二道，今有三道。从玉门关西出，经婼羌转西，越葱领，经县度，入大月氏，为南道。从玉门关西出，发都护井，回三陇沙北头，经居卢仓，从沙西井转西北，过龙堆，到故楼兰，转西诣龟兹，至葱领，为中道。从玉门关西北出，经横坑，辟三陇沙及龙堆，出五船北，到车师界戊己校尉所治高昌，转西与中道合龟兹，为新道。

魏晋时期新开辟的五船道，发展至隋，成为经由伊吾（哈密）西去，傍天山北麓，渡北流河水（碎叶川），至拂菻国（东罗马拜占庭帝国），达于西海（地中海）的北道[1]。

巴基斯坦北部地区现存大量岩画、石刻。喀喇昆仑公路沿线尚存几处汉文题记[2]。其中，洪扎河畔一处题记十二字"大魏使谷巍龙今向迷密使去"。乃是公元5世纪中叶北魏使者前往中亚米国（今塔吉克斯坦片治肯特）途中所记。其经行路线当是汉代通往罽宾、乌弋山离的旧道，即从新疆皮山向西南，溯塔斯洪河而上，经吐孜拉克达阪，转向西至阿喀孜达阪，沿今公路线，溯哈拉斯坦河，直至麻扎。由麻扎顺叶尔羌河向西北经阿拉萨勒，转向西南，越中巴边境，至星峡尔，再沿星峡尔河往西至洪扎河畔[3]。

由于南北政权的对立，东晋南朝与西域的交往还通过从益州（今四川）至鄯善（今新疆若羌）的"河南道"进行。

南朝刘宋昙无竭于永初元年（公元420年）远适西方，"初至河南国，仍出海西郡，进入流沙，到高昌郡"[4]。所走的应该也是"河南道"。北魏孝明帝神龟元年（公元518年）宋云、惠生西使亦经由此道[5]。

魏晋南北朝时代，随着中外交流的扩大，大批的外国人流寓入华。杨衒之《洛阳伽蓝记》卷三龙华寺条下：永桥以南，圜丘以北，伊、洛之间，夹御道，东有四馆。一曰金陵，二曰燕然，三曰扶桑，四曰崦嵫。道西有四夷里：一曰归正，二曰归德，三曰慕化，四曰慕义。吴人投国者，处金陵馆。三年已后，赐宅归正里……北夷来附者处燕然馆，三

[1] 《隋书·裴矩传》。

[2] 关于该地区的调查资料，见 Jettmar, Karl et al (1989—［2004］), *Antiquities of Northern Pakistan: Reports and Studies*. Mainz: Verlag Philipp von Zabern. Vols. 1—4.

[3] 马雍：《巴基斯坦北部所见"大魏"使者的岩刻题记》，《西域史地文物丛考》，文物出版社，1990年。

[4] 梁·慧皎撰，汤用彤校注：《高僧传·昙无竭传》第93页，中华书局，1992年。

[5] 魏·杨衒之撰，周祖谟校释：《洛阳伽蓝记校释》，第183～185页，中华书局，1963年。

年已后，赐宅归德里。正光元年，蠕蠕主郁久闾阿那肱来朝，执事者莫知所处。中书舍人常景议云："咸宁中，单于来朝，晋世处之王公特进之下，可班那肱蕃王仪同之间。"朝廷从其议，又处之燕然馆，赐宅归德里。北夷酋长遣子入侍者，常秋来春去，避中国之热，时人谓之雁臣。东夷来附者处扶桑馆，赐宅慕化里。西夷来附者处崦嵫馆，赐宅慕义里。自葱岭已西，至於大秦，百国千城，莫不款附，商胡贩客，日奔塞下，所谓尽天地之区已。乐中国土风，因而宅者，不可胜数。是以附化之民，万有余家。门巷修整，阊阖填列，青槐荫陌，绿柳垂庭，天下难得之货，咸悉在焉。

又同书卷四永明寺条下：永明寺，宣武皇帝所立也，在大觉寺东。时佛法经像，盛于洛阳，异国沙门，咸来辐辏，负锡持经，适兹乐土，世宗故立此寺以憩之。房庑连亘，一千余间。庭列脩竹，檐拂高松，奇花异草，骈阗堦砌。百国沙门三千余人，西域远者，乃至大秦国，尽天地之西垂，耕耘绩纺，百姓野居，邑屋相望，衣服车马，拟仪中国。

近年在宁夏、陕西、山西等地发现的粟特人墓葬，佐证了史籍所载非虚。而人物的流动，必然相应引致物质、技术乃至文化、艺术的流通。

（二）海路

由于南北阻隔，南方的王朝与西方的交往主要通过海路。

三国两晋南北朝时期，海上交通在秦汉的基础上有较快发展。

孙权时，遣宣化从事朱应、中郎康泰通使南海[1]，"暨徼外扶南、林邑、堂明诸王，各遣使奉贡"[2]。朱应撰《扶南异物志》，康泰撰《扶南记》[3]，记录"其所经及传闻，则有百数十国"[4]。

《太清金液神丹经》[5]卷下：行迈靡靡，泛舟洪川。发自象林，迎箕背辰。乘风因流，电迈星奔。宵明莫停，积日倍旬。乃及扶南，有王有君。厥国悠悠，万里为垠。北钦林邑，南函典逊（今马来半岛北部）。左牵杜薄（在今印尼爪哇岛，或作"社薄"，即 java 的音译），右接无伦（在今缅甸）。民物无数，其会如云。忽尔尚罔，界此无前。谓已天际，丹穴之间。逮于仲夏，月幻之宾。凯风北迈，南旅来臻。怪问无由，各有乡邻。我谓南极，攸号朔边。乃说邦国，厥数无原。句稚（在今马来半岛）、歌营（今印尼苏门答腊群岛西北）、林杨（今泰国西部或缅甸东南部）、加陈（今地不详）、师汉（在今斯里兰卡）、扈犁（在今印度西孟加拉邦）、斯调（今印尼爪哇岛附近，或以为在斯里兰卡）、大秦、古奴（今缅甸西南海岸）、

---

〔1〕　吕岱黄武五年（公元 226 年）平交州，黄龙三年（公元 231 年）召还。朱应、康泰出使当在这个期间。

〔2〕　《三国志·吴书·吕岱传》。

〔3〕　A. 朱应所撰《扶南异物志》一卷，见《隋书·经籍志二》《旧唐书·经籍志上》《新唐书·艺文志二》。

　　　　B. 康泰所撰，据《水经注》《艺文类聚》《通典》《太平御览》《册府元龟》，有《康泰扶南记》《扶南记》《扶南传》《吴时外国志》《吴时外国传》《扶南土俗》诸名，见姚振宗《补三国艺文志》（《二十五史补编》第三册第 3245～3246 页，中华书局，1986 年）。

〔4〕　《梁书·诸夷·海南传》。

〔5〕　《正统道藏》洞神部 369 部，见饶宗颐《〈太清金液神丹经〉（卷下）与南海地理》（《选堂集林·史林》，中册，中华书局香港分局，1982 年）。

蔡牢（今地不详）、叶玻（今巴基斯坦白沙瓦一带）、罽宾、天竺、月支、安息、优钱（今印度东海岸）。大方累万，小规数千。过此以往，莫识其根。

其中提及的地名反映了三国时代对于南海的地理知识较秦汉时期更为丰富。

罗马与中国的陆路交通受安息阻挠，因而积极谋求海上的通道。"大秦道既从海北陆通，又循海而南，与交趾七郡外夷比，又有水道通益州、永昌，故永昌出异物"[1]。黄武五年（公元 226 年）从交趾到华的大秦贾人秦论应该就是循海路而来[2]。

《三国志·魏书·乌丸鲜卑东夷传》还首次记载了通日本的海路：倭人在带方东南大海之中，依山岛为国邑。旧百余国，汉时有朝见者，今使译所通三十国。从郡至倭，循海岸水行，历韩国，乍南乍东，到其北岸狗邪韩国，七千余里，始度一海，千余里至对马国……又渡一海，千余里至末卢国……东南陆行五百里，到伊都国，官曰尔支，副曰泄谟觚、柄渠觚。有千余户，世有王，皆统属女王国，郡使往来常所驻。东南至奴国百里……东行至不弥国百里，官曰多模，副曰卑奴母离，有千余家。南至投马国，水行二十日，官曰弥弥，副曰弥弥那利，可五万余户。南至邪马壹国，女王之所都，水行十日，陆行一月。

其中，所记的地名大抵可考。狗邪韩国即今朝鲜半岛南部庆尚道等地，对马国即今日本对马岛，末卢国为日本佐贺县松浦或唐津一带[3]。

元嘉二十三年（公元 446 年），宋文帝平林邑，保障了南朝与东南亚国家的往来。婆皇（今马来西亚彭亨一带）、盘盘（今马来半岛北部）、诃罗单（今苏门答腊岛或爪哇岛）、阇婆婆达（今苏门答腊岛或爪哇岛）、乾陀利（今苏门答腊岛）、苏摩黎（今苏门答腊岛北岸）、婆利（今巴厘岛）、师子国（今斯里兰卡）、迦毗黎（今恒河支流哥格拉河与干达克河上游之间）等都曾与南朝有交往[4]。

魏晋南北朝时期，南海航线主要有两条。一条经马六甲海峡，往来于南中国海与印度洋之间。另一条则经过马来半岛的克拉（Kra）地峡[5]。克拉地峡东岸港口为顿逊，是东西各国商舶会市的集散地[6]。

从南海航线输入中国的主要是珍宝和香药，而中国输出的则主要是丝织品[7]。史称交

〔1〕《三国志·魏书·乌丸鲜卑东夷传》注引《魏略·西戎传》。
〔2〕《梁书·诸夷·中天竺传》。
〔3〕〔日〕木宫泰彦著，胡锡年译：《日中文化交流史》，第 16～17 页，商务印书馆，1980 年。
〔4〕上述南海诸国地望见陈佳荣、谢方、陆峻岭《古代南海地名汇释》（中华书局，1986 年）。
〔5〕陈高华、陈尚胜：《中国海外交通史》第 31 页，文津出版社，1997 年。
〔6〕《梁书·诸夷·扶南传》称："顿逊之东界通交州，其西界接天竺、安息徼外诸国，往还交市。所以然者，顿逊回入海中千余里，涨海无崖岸，船舶未曾得径过也。其市，东西交会，日有万余人。珍物宝货，无所不有。"
〔7〕A.《释氏稽古略》卷二引《正宗记》称："达磨化之归正，既而念震旦缘熟行化时至，辞于侄王。王为具大舟，实以珍宝，泛重溟，三周寒暑，达于南海"。
　　B.《南齐书·荀伯玉传》载萧赜为太子时"又度丝锦与昆仑舶营货，辄使传令防送过南州津"。

州"外接南夷，宝货所出，山珍海怪，莫与为比"[1]。"县官羁縻，示令威服，田户之租赋，裁取供办，贵致远珍名珠、香药、象牙、犀角、玳瑁、珊瑚、琉璃、鹦鹉、翡翠、孔雀、奇物、充备宝玩，不必仰其赋入，以益中国也"[2]。交阯太守士燮"每遣使诣权，致杂香细葛，辄以千数，明珠、大贝、流离、翡翠、玳瑁、犀、象之珍，奇物异果，蕉、邪、龙眼之属，无岁不至"[3]。这些记载，可以概见当时经由海上丝绸之路商贸交易情况之一斑。

除商贸往来之外，佛教僧侣亦多搭乘商舶来华。仅《高僧传》记载三国两晋南北朝时期从海道来华的外国僧侣即有十三人之多[4]。

二　中国境内所见域外制品

（一）金银器

1. 容器

1983 年，宁夏固原北周天和四年（公元 569 年）李贤夫妇合葬墓出土萨珊鎏金银壶 1 件（图 10-1；图版 32-1）。通高 37.5 厘米，最大腹径 12.8 厘米，重 1.5 千克。长颈有流，腹部上细下圆，高圈足，颈腹间和圈足上下均饰有联珠纹。壶腹下部线雕一匝水波纹，水波中有两只怪兽相向追逐一条鱼。把手两端以兽头铸接壶腹，把上端铸一高鼻深目的戴盔帽胡人头像。腹部捶揲三组六个男女相对的形象[5]，表现内容为古希腊英雄故事帕里斯（Paris）审判、诱拐海伦（Hellen）及海伦重回斯巴达的场面[6]。对于这件银壶的来源，学界有不同意见，或认为出自萨珊波斯[7]，或认为是嚈哒占领时期波斯工匠或流寓的罗马工匠所造[8]。或认为是纯粹的嚈哒制品[9]。

山西大同南郊张女坟 107 号北魏贵族墓出土 1 件鎏金刻花银碗。高 4.6 厘米，口径 10.2 厘米。敞口，口沿以下微内收，圆腹，圜底。口沿下及上腹饰小联珠纹，腹部以阿堪突斯（Acanthus）叶纹分四等份，当中一圆环，每一环内各有一男子侧身头像，高鼻深目，长发披肩[10]。

---

[1]　《南齐书·州郡志》。

[2]　《三国志·吴书·薛综传》。

[3]　《三国志·吴书·士燮传》。

[4]　刘淑芬：《六朝南海贸易的开展》，《食货》（复刊）第十五卷第九至一〇期。

[5]　A. 宁夏回族自治区博物馆、宁夏固原博物馆：《宁夏固原北周李贤夫妇墓发掘简报》，《文物》1985年第 11 期。

　　B. 宿白：《宁夏固原北周李贤墓札记》，《宁夏文物》1989 年第 3 期。

　　C. 宁夏固原博物馆：《固原历史文物》第 122～126 页，科学出版社，2004 年。

[6]　B. I. マルミヤリ 穴沢咊光（1989 年）「北周李賢夫妻墓とその銀製水瓶について」，『古代文化』41卷 4 号。

[7]　齐东方：《中国古代的金银器皿与波斯萨珊王朝》，《伊朗学在中国论文集》，北京大学出版社，1993 年。

[8]　吴焯：《北周李贤墓出土鎏金银壶考》，《文物》1987 年第 5 期。

[9]　孙机：《固原北魏漆棺画》，《中国圣火——中国古文物与东西文化交流中的若干问题》，辽宁教育出版社，1996 年。

[10]　山西省考古研究所、大同市博物馆：《大同南郊北魏墓群发掘简报》，《文物》1992 年第 8 期。

0　　　　　　　　　10厘米

图 10-1　宁夏固原北周李贤墓出土鎏金银壶及纹饰展开图

　　1988 年，甘肃靖远县北滩乡北山东街修建一处房舍时出土 1 件鎏金银盘（图 10-2；图版 32-2）[1]，高 4.4 厘米，直径 31 厘米，重 3180 克。盘面布满黑色银锈，底面如新。盘口经卷折锤打和旋磨做成厚扁的唇边。盘内壁满饰浮雕花纹并鎏金，金色大部分已脱落。盘外壁素

[1]　甘肃省博物馆　初仕宾：《甘肃靖远新出东罗马鎏金银盘略考》，《文物》1990 年第 5 期。

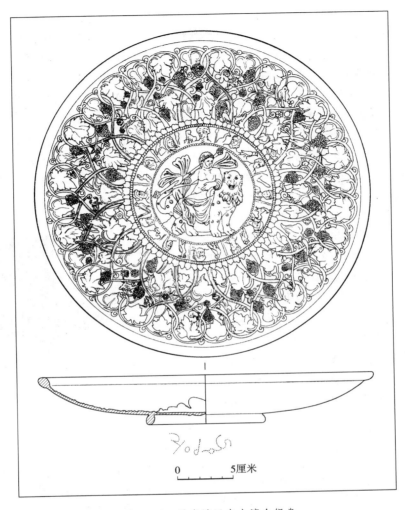

图 10-2　甘肃靖远出土鎏金银盘

面抛光有加工遗留的旋纹。盘底焊接圈足，高 0.9 厘米，直径 11 厘米。足内盘底有一周凸起细弦纹，中心穿透一小孔。圈足、弦纹间錾出虚点状铭刻一行大夏文，意为"价值490 斯塔特"（价值 490 金币）[1]。盘内纹样呈同心圆状布局，自外向内分三层。外层宽8.6 厘米，饰勾联卷草葡萄纹。分十六单元，每单元包含两条 S 形葡萄蔓，交叉缠卷，使外侧边成心形。内侧边类似莲花瓣。蔓呈棱条突起，可见二三条阴刻线。葡萄蔓空隙处填以叶、须、花蕾、葡萄果实。花下叶底隐蔽飞禽、走兽、昆虫，共计 29 个。中层宽 2 厘米，外缘饰花叶纹、联珠纹，内缘饰细密联珠纹，中间条带由柱形饰分隔成十二等份，每等份左侧各一动物，右侧一神像。内层直径 9.5 厘米，为凸起圆形银片，周边压嵌（或焊

---

〔1〕　林梅村：《中国境内出土带铭文的波斯和中亚银器》，《汉唐西域与中国文明》第 170 页，文物出版
　　　社，1998 年。

接于盘底），中空，与圈足底小孔相通。银片上锤揲出高浮雕图案，为一男子倚坐狮背。男子卷发，无须，上身全裸，小腹以下裹巾，肩扛一根两头带松果形饰的图尔索斯权杖。

　　盘中的十二神像为希腊奥林匹斯山十二神，即太阳神阿波罗、月神阿耳忒弥斯、天帝宙斯、智慧女神雅典娜、海神波塞冬、天后赫拉、火神赫准斯托斯、谷神得墨忒耳、战神阿瑞斯、美神阿芙洛狄特、风神赫尔墨斯、丰产女神帕尔塞芙涅。正中的男子则为罗马神祇巴科斯（Bacchus）[1]，相当于希腊酒神狄俄尼索斯（Dionysus）。

　　关于银盘的年代和产地，或认为是公元4～6世纪意大利、希腊或土耳其的产品[2]；或认为是公元3～4世纪产于意大利或希腊的东罗马产品[3]；或认为是公元6世纪后带罗马风格的萨珊银器[4]；或认为属于大夏银器[5]。或笼统认为是公元8世纪以后埋藏[6]。结合铭文，我们倾向于认为，此件银盘可能是公元4～6世纪中亚的产品。

　　1976年，河北赞皇东魏李希宗墓出土1件波纹银碗（图10-3）。浅腹，圈足，口沿内一圈联珠纹，碗底高雕六瓣仰莲纹，莲纹外环两周联珠纹，碗壁为水波纹[7]。可能为萨珊银器[8]。

　　1981年，山西大同北魏封和突墓出土1件鎏金银盘（图10-4），高4.1厘米，圈足高1.4厘米，盘径18厘米，圈足径4.5厘米[9]。夏鼐认为，此件为公元5世纪萨珊皇家银盘[10]。马雍认为，此盘为萨珊巴赫拉姆一世（Bahram I，公元273～276年在位）时所造，图像上的人物即为巴赫拉姆一世。

图10-3　河北赞皇东魏李希宗墓
出土波纹银碗

---

〔1〕　A. 石渡美江　1992「甘肃靖遠出土鎏金銀盤の図像と年代」『古代東方博物館』第13卷
　　　B. 毕梅雪（Michèle Pirazzoli-t'Serstevens）：《外部世界文化对中国的贡献——交流与融合》，北京大学赛克勒考古艺术博物馆"迎接二十一世纪的中国考古学"国际学术讨论会论文，1993年。
〔2〕　初仕宾：《甘肃靖远新出东罗马鎏金银盘略考》，《文物》1990年第5期。
〔3〕　毕梅雪（Michèle Pirazzoli-t'Serstevens）：《外部世界文化对中国的贡献——交流与融合》，北京大学赛克勒考古艺术博物馆"迎接二十一世纪的中国考古学"国际学术讨论会论文，1993年。
〔4〕　见齐东方《中国古代的金银器皿与波斯萨珊王朝》（《伊朗学在中国论文集》第51～55页，北京大学出版社，1993年）。齐东方后来改变看法，赞同石渡美江该器物为罗马制品之说（《唐代以前外国输入的金银器》，《唐代金银器研究》第254页，中国社会科学出版社，1999年）。
〔5〕　林梅村：《中国境内出土带铭文的波斯和中亚银器》，《汉唐西域与中国文明》第171页，文物出版社，1998年。
〔6〕　徐苹芳：《考古学上所见中国境内的丝绸之路》，《十世纪前的丝绸之路和东西文化交流》第248页，新世界出版社，1996年。
〔7〕　石家庄地区革委会文化局文物发掘组：《河北赞皇东魏李希宗墓》，《考古》1977年第6期。
〔8〕　齐东方：《中国古代的金银器皿与波斯萨珊王朝》，《伊朗学在中国论文集》第53～54页，北京大学出版社，1993年。
〔9〕　大同市博物馆：《大同市小站村花圪垯台北魏墓清理简报》，《文物》1983年第8期。
〔10〕　夏鼐：《北魏封和突墓出土萨珊银盘考》，《文物》1983年第8期。

后辗转经过龟兹或焉耆而流入北魏[1]。

1970 年，山西大同南郊北魏遗址发现 5 件铜器和银器[2]。鎏金浮雕高足铜杯 1 件，高 10.3 厘米，口径 9.4 厘米，足径 4.9 厘米。口沿下一周八个浮雕动物图像，杯腹饰花叶纹，并有浮雕人物、人头像各四。鎏金宝石高足铜杯 1 件（图 10 - 5 - 1），高 9.8 厘米，口径 11.2 厘米，足径 6.8 厘米。口沿下两周联珠纹，联珠纹之间有卷曲叶纹，镶嵌宝石。腹部四组卷叶纹，有浮雕人物，嵌宝石一周。鎏金高足铜杯 1 件（图 10 - 5 - 2），高 11.5 厘米，口径 9.6 厘米，足径 5.4 厘米。侈口，筒形腹，腹壁饰卷枝葡萄纹，中有童子五人。八曲银杯 1 件（图 10 - 5 - 3），高 4.5 厘米，口长径 23.8 厘米，短径 14.5 厘米。杯中心处锤揲两只海兽。圈足长径 7 厘米，短径 4.5 厘米，铜质，系后配。鎏金刻花银碗 1 件，高 5 厘米，口径 8.5 厘米。敞口，圆腹，圜底。口沿下两周联珠纹，腹壁锤揲四束叶纹，中有四个圆环，圆环内为戴帽男子头像。

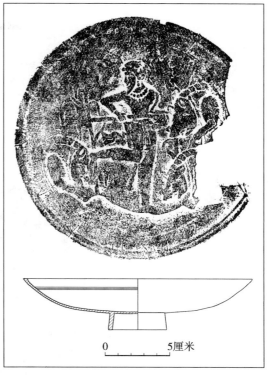

图 10 - 4 山西大同北魏封和突墓出土鎏金银盘及盘内图像（拓本）

或认为 3 件鎏金高足铜杯和鎏金刻花银碗为伊朗东部呼罗珊地区的产品，年代不早于公元 4 世纪；八曲银杯为公元 5 世纪中叶至末叶伊朗北部陀拔斯单（Tabarestan）的产品[3]。或认为这批器物当来自西亚、中亚，埋葬年代在公元 5 世纪末 6 世纪初[4]。亦有学者认为这批器物并非萨珊制品[5]。日本学者则认为系公元 386～500 年东罗马的艺术品[6]。或据八曲银杯口沿下一行大夏文推测其为大夏制品[7]。

1959 年，内蒙古土默特左旗毕克齐镇东北水磨沟口一处古墓出土 2 件高圈足银杯，1

〔1〕 马雍：《北魏封和突墓及其出土的波斯银盘》，《文物》1983 年第 8 期。
〔2〕 出土文物展览工作组：《文化大革命期间出土文物》第一辑第 149～152 页，文物出版社，1973 年。
〔3〕 孙培良：《略谈大同市南郊出土的几件银器和铜器》，《文物》1977 年第 9 期。
〔4〕 宿白：《中国境内发现的中亚与西亚遗物》，《中国大百科全书·考古学》第 679 页，中国大百科全书出版社，1986 年。
〔5〕 夏鼐：《近年中国出土的萨珊朝文物》，《考古》1978 年第 2 期。
〔6〕 奈良国立博物馆館 1988 『シルクロード大文明展·シルクロード仏教美術伝来の道』
〔7〕 林梅村：《中国境内出土带铭文的波斯和中亚银器》，《汉唐西域与中国文明》第 165 页，文物出版社，1998 年。

图 10-5　山西大同出土铜杯、银杯
1. 鎏金宝石高足铜杯　2. 鎏金高足铜杯　3. 八曲银杯

件高 9.2 厘米，口径 9.4 厘米；1 件高 8 厘米，口径 7.9 厘米。杯腹均带一周凸弦纹[1]。形制与大同南郊北魏遗址鎏金浮雕高足铜杯相似[2]。

　　1990 年，新疆焉耆七个星老城村出土 6 件银器。其中 1 件七鸵纹银盘（图 10-6），高 4.5 厘米，口径 21 厘米，圜底。盘内单线錾刻 7 只鸵鸟纹，线内涂金。1 件狮纹银盘，高 3.8 厘米，口径 21 厘米，圜底。盘中两道弦纹，中间单线錾刻草木及狮纹。外壁为直棱纹。此类狮纹及直棱纹，较多见于波斯制品。七个星老城村出土的银器中有两件带铭文。其中 1 件银碗，高 7.4 厘米，圈足高 2 厘米，口径 20.5 厘米，重约 830 克。内壁素面，外壁直棱纹。圈足上铭刻中古波斯文 "152 德拉克麦"。另 1 件银碗口沿下粟特铭

---

〔1〕　内蒙古文物工作队、内蒙古博物馆：《呼和浩特市附近出土的外国金银币》，《考古》1975 年第 3
　　　 期。

〔2〕　宿白：《中国境内发现的中亚与西亚遗物》，《中国大百科全书·考古学》第 679 页，中国大百科全
　　　 书出版社，1986 年。

文"这件器物展于得悉神……达尔斯玛特神，银重30斯塔特"[1]。这批银器的年代不晚于公元6世纪[2]，可能来自中亚、西亚地区[3]。

1984年，广东遂溪边湾村窖藏出土银碗1件（图10-7）。高8厘米，口径18厘米，圈足径7厘米。十二瓣状，口沿略侈，圈足外斜，碗底上凸。口沿外刻阿拉美文（Aramaic characters）[4]。阿拉美文在萨珊王朝时期流行于东伊朗地区粟特、花剌子模等地。或认为这件银碗是粟特人从海上丝绸之路输入的[5]。

2. 其他

1964年，湖南长沙黄泥塘3号晋墓出土1件多面金珠，直径1厘米。同出还有多件采用焊珠工艺和掐丝工艺制作的金饰[6]。

1965年，湖北公安东晋墓出土多面金球1件，有十二个圆形穿孔。直径1.4厘米，重14.95克。方形金饰1件，圆孔直径0.8厘米，厚0.4厘米，重7.05克。对山形金饰1件，中间空管，长1.7厘米，重4克[7]。

1959年，内蒙古土默特左旗毕克齐镇东北水磨沟口一处古墓出土1件金饰（图10-8）。长21厘米，宽4厘米，重12.2克。呈弯月形，中部锤揲出兽面，左右两侧各有一鳄鱼[8]。这件金饰以往多认为是冠

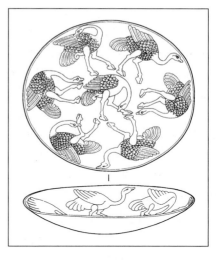

图10-6　新疆焉耆出土七鸵纹银盘

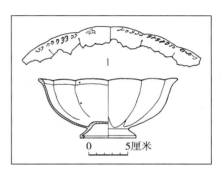

图10-7　广东遂溪出土银碗

[1] 林梅村：《中国境内出土带铭文的波斯和中亚银器》，《汉唐西域与中国文明》，第160～163页，文物出版社，1998年。

[2] A. 孙机：《七鸵纹银盘与飞廉纹银盘》，《中国圣火——中国古文物与东西文化交流中的若干问题》第163页，辽宁教育出版社，1996年。

　　B. 齐东方：《唐代以前外国输入的金银器》，《唐代金银器研究》第248～260页，中国社会科学出版社，1999年。

[3] 按：上引孙机文认为七鸵纹银盘为粟特制品。从铭文和器形来看，这批银器的来源可能较为复杂，可能分别来自波斯、粟特等不同地区。

[4] 遂溪县博物馆：《广东遂溪县发现南朝窖藏金银器》，《考古》1986年第3期。

[5] 姜伯勤：《广州与海上丝绸之路上的伊兰人：论遂溪的考古新发现》，《广州与海上丝绸之路》，广东省社会科学院，1991年。

[6] 湖南省博物馆：《长沙南郊的两晋南朝隋代墓》，《考古》1965年第5期。

[7] 荆州专区博物馆：《公安县发现一座晋墓》，《文物》1966年第3期。

[8] 内蒙古文物工作队、内蒙古博物馆：《呼和浩特市附近出土的外国金银币》，《考古》1975年第3期。

饰[1]，可能有误。我们认为应该是件项饰。这类形式的项饰，较早见于新疆阿尔泰切木尔切克石人，陕西淳化黑可嘴村晚商墓葬[2]、蒙古国杭爱省特布希文化（Tvvsh Culture，约公元前1400～1100年）墓葬中均有发现。近年甘肃张家川马家塬战国墓葬中亦出土有近似的金饰[3]。这表明，此类项饰在北方游牧民族地区流行甚久。

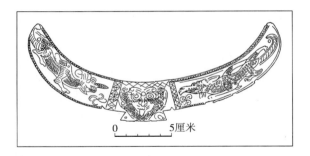

图 10-8　内蒙古土默特左旗出土金饰

水磨沟口这件金项饰纹饰工艺受波斯影响，可能是从北方游牧民族地区辗转传入的。水磨沟口墓葬的年代或认为是唐代，但出土的金币最晚为库思劳二世。结合其他出土遗物的情况，我们认为更可能属于北朝晚期。

　　1991年，宁夏固原三营镇化平村北魏墓出土1对镶松石金耳环，嵌松石处焊一圈金珠[4]。

（二）玻璃器

　　《洛阳伽蓝记》卷四法云寺条下载元琛[5]称：河间王琛最为豪首……琛在秦州，多无政绩，遣使向西域求名马，远至波斯国，得千里马，号曰"追风赤骥"。次有七百里者十余匹，皆有名字。以银为槽，金为环锁，诸王服其豪富。琛常语人云："晋室石崇乃是庶姓，犹能雉头狐掖，画卵雕薪；况我大魏天王，不为华侈？"造迎风馆于后园，窗户之上，列钱青琐，玉凤衔铃，金龙吐佩，素柰朱李，枝条入檐，伎女楼上，坐而摘食。琛常会宗室，陈诸宝器，金瓶银瓮百余口，瓯檠盘盒称是。自余酒器，有水晶钵、玛瑙杯、琉璃碗、赤玉卮数十枚，作工奇妙，中土所无，皆从西域而来。

　　还有其他大量的记载也表明，西方玻璃制品是三国两晋南北朝时期贵族们竞相追求的奢

---

[1]　A. 内蒙古文物工作队、内蒙古博物馆：《呼和浩特市附近出土的外国金银币》，《考古》1975年第3期。

　　B. 徐苹芳：《考古学上所见中国境内的丝绸之路》，《十世纪前的丝绸之路和东西文化交流》第262页，新世界出版社，1996年。

[2]　姚生民：《陕西淳化县出土的商周青铜器》图3，《考古与文物》1986年第5期。

[3]　早期秦文化联合考古队、张家川回族自治县博物馆：《张家川马家塬战国墓地2008～2009年发掘简报》图五二，《文物》2010年第10期，第21页。

[4]　《丝绸之路——大西北遗珍》编辑委员会：《丝绸之路——大西北遗珍》图版73，文物出版社，2010年。

[5]　魏·杨衒之撰、周祖谟校释《洛阳伽蓝记校释》第163～164页，原作"水晶钵、玛瑙琉璃碗、赤玉卮"，校释称"《津逮本》'玛瑙'下有'杯'字，《广记》及《河南志》并无"。范祥雍《洛阳伽蓝记校注》（上海古籍出版社，1999年）第206页据绿君亭本（《津逮秘书》本用此版并印，实即一本）补入"杯"字。按：当有"杯"字为是，故改。

侈品。这种风习促使西域商胡贩运西方玻璃制品入华。潘尼《瑠璃椀赋》：济流沙之绝险，越葱岭之峻危，于是游西极，望大蒙，历钟山，阚烛龙，觐王母，访仙童。取瑠璃之攸华，诏旷世之良工。纂玄仪以取象，准三辰以定容。光映日曜，圆盛月盈，纤瑕罔丽，飞尘靡停。灼爥旁烛，表里相形。凝霜不足方其洁，澄水不能喻其清。刚过金石，劲励琼玉。磨之不磷，涅之不浊[1]。

图 10-9　江苏南京象山 7 号东晋墓出土玻璃杯

可以窥见这种社会风习之一斑。

中国境内出土的三国两晋南北朝时期的罗马玻璃制品，多为罗马晚期偏东部行省的产品[2]。

南京象山 7 号墓男棺出土 1 件完整的磨花筒形玻璃杯（图 10-9），高 10.4 厘米，口径 9.4 厘米，壁厚 0.5～0.7 厘米。杯呈直筒形，圜底，外壁附着白色风化层，玻璃无色透明，略泛黄绿色，气泡较少。口沿下及下部磨有椭圆形花瓣纹，腹部为 7 个大椭圆形纹。同墓女棺亦出土 1 件玻璃杯，已碎，质料和器形与男棺所出相似，但颜色稍深，为浅黄褐色。该墓主推测为东晋王廙[3]。

类似质料的磨花玻璃在南京石门坎六朝墓、南京大学北园东晋墓、南京北郊东晋墓均有发现。南京石门坎六朝墓早年被盗，出土的玻璃残片可能属杯盏一类器物[4]。南京大学北园东晋早期墓出土玻璃杯 1 件，已残，原器为敞口折唇筒形杯，口径约 10 厘米，无色透明，较多气泡。杯沿下、杯腹各有两道弦纹，弦纹上下均有直瓣形对称磨花纹[5]。南京北郊北崮山东晋一座贵族墓出土有浅黄、深蓝两种玻璃残片。浅黄色共 25 片，最大长 5.5 厘米，宽 3 厘米，片厚 0.2～0.5 厘米。片上有圆点、椭圆、弦纹等磨花纹饰，黏合后似属两件筒形器。蓝色较碎，片厚 0.1～0.3 厘米[6]。后两处所出玻璃残片经分析，成分相似，均主要为硅、钠、钙，钾、镁含量较低。铁的含量低，说明原材料经过仔细挑选。含有微量锰说明采用了二氧化锰作为脱色剂和澄清剂。反映出制造工艺水平较高。筒形磨花玻璃是罗马常见的器形，这批玻璃的成分又与德国科隆公元 4 世纪墓葬发现的残片几乎完全相同[7]，因此有理由推断南京发现的这些东晋六朝筒形磨花玻璃器来自罗马。

〔1〕　唐·欧阳询撰，汪绍楹校：《艺文类聚·宝玉部下·瑠璃》下册第 1441～1442 页，上海古籍出版社，1982 年。

〔2〕　安家瑶：《玻璃器史话》第 78 页，社会科学文献出版社，2011 年。

〔3〕　A. 南京市博物馆：《南京象山 5 号、6 号、7 号墓清理简报》，《文物》1972 年第 11 期。
　　　 B. 夏鼐：《无产阶级文化大革命中的考古新发现》，《考古》1972 年第 1 期。

〔4〕　李鉴昭、屠思华：《南京石门坎乡六朝墓清理记》，《考古通讯》1958 年第 9 期。

〔5〕　南京大学历史系考古组：《南京大学北园东晋墓》，《文物》1973 年第 4 期。

〔6〕　南京市博物馆：《南京北郊东晋墓发掘简报》，《考古》1983 年第 4 期。

〔7〕　安家瑶：《中国的早期玻璃器皿》，《考古学报》1984 年第 4 期，第 415～416 页；《玻璃器史话》第 73 页，社会科学文献出版社，2011 年。

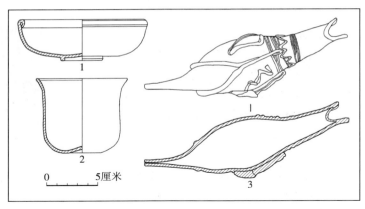

图 10-10 辽宁北票北燕冯素弗墓出土玻璃器
1. 碗 2. 杯 3. 鸭形器

辽宁北票北燕冯素弗墓[1]共出土鸭形器、碗、杯、钵和残器底座各1件，共5件玻璃器（图10-10）。鸭形器残长20.5厘米，腹径5.2厘米，横长身，嘴扁如鸭，长颈鼓腹，细长尾，尾尖微残。颈、腹部用玻璃条盘卷出纹饰。颈部为三角纹，背上有双翅，腹部下方粘出折线双足，腹底部粘玻璃饼（图版31-1）。碗高4.3厘米，口径13厘米，胎厚0.2厘米，质地光洁，呈淡绿色，有虹彩现象。口微收，向内卷沿，玻璃条缠圈足，底部有顶底铁棒加工过程留下的疤痕。杯高8.7厘米，口径9.2厘米，深翠色，透明，质地纯净，色泽鲜丽，侈口，圆唇，凹底，底部有加工过程留下的疤痕。钵高8.8厘米，口径9.5厘米，淡绿色，透明，有虹彩现象。口部向内卷沿，圜底。残器底座底径7.4厘米，质料、颜色与钵相似，可能属于同一件产品。

鸭形器是无模吹制而成，造型与公元1~2世纪流行于地中海地区的鸟形玻璃器相似。鸭形器的装饰系在玻璃熔炉前完成，为罗马玻璃工艺中常见手法。阿富汗贝格拉姆遗址公元2~3世纪的罗马玻璃制品、罗马时期莱茵河流域玻璃制品均有类似的产品。其余4件玻璃器亦属无模吹制成品，均采用顶底铁棒技术，都是罗马时期常用的玻璃工艺。经分析，钵的成分为钠钙玻璃，但钾镁含量略高[2]。

河北景县封氏墓群出土4件玻璃碗，现存2件，1件出土于封魔奴墓，1件出土于祖氏墓[3]。祖氏墓出土淡绿色波纹碗（图10-11-1），壁厚约0.2厘米，内外壁附着白色风化层，腹部缠贴3条波浪纹，每条波浪纹有10个波峰，相互交织成网目状。口沿内翻，底部用玻璃条缠成矮圈足，底部有疤痕。类似的器物还见于黑海北岸公元5世纪罗马遗址、朝鲜半岛庆州瑞凤冢和皇南洞98号古坟（公元5~6世纪）。经检测，该碗成分为钠钙玻璃，与罗马玻璃成分相似，很可能来自罗马时期的黑海北岸[4]。

[1] 黎瑶渤：《辽宁北票县西官营子北燕冯素弗墓》，《文物》1973年第3期。
[2] 安家瑶：《中国的早期玻璃器皿》，《考古学报》1984年第4期，第417页。
[3] 张季：《河北封氏墓群调查记》，《考古通讯》1957年第3期。
[4] 安家瑶：《中国的早期玻璃器皿》，《考古学报》1984年第4期，第417页。

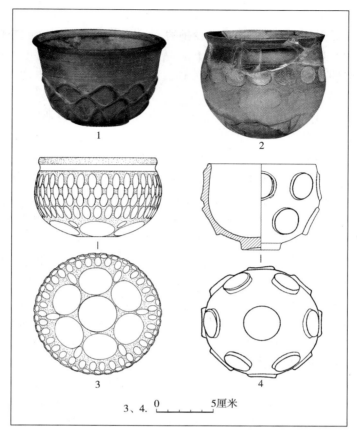

图 10-11 西晋南北朝墓葬出土玻璃碗
1. 河北景县祖氏墓 2. 湖北鄂州西晋墓 M4021 3. 山西大同南郊
张女坟 107 号北魏墓 4. 宁夏固原北周李贤墓

封魔奴墓出土玻璃碗绿色透明，风化严重。风化层呈金黄色，剥落处表面凹凸不平，有虹彩现象，气泡较多。直口圆唇，腹部一道弦纹，矮圈足，底部有疤痕。该碗系无模吹制产品，圈足、弦纹为玻璃条缠成，与冯素弗墓出土淡绿色玻璃碗制作工艺相似。检测表明其成分与祖氏墓出土波纹碗相似，但含锡较高。类似制品亦见诸朝鲜半岛庆州瑞凤冢，不同的是瑞凤冢所出为蓝色。表明该碗可能是罗马玻璃制品。

公元 3~7 世纪是伊朗高原玻璃业最发达的时期。这时期伊朗高原的玻璃制品泛称萨珊玻璃。萨珊玻璃继承了罗马玻璃工艺特点，进一步发展了冷加工磨琢工业，是罗马玻璃衰落后，伊斯兰玻璃兴起前玻璃制造史上的重要阶段。萨珊多流行在玻璃制品上磨琢类似联珠纹的凹球面装饰，这类制品在中国境内的北京、湖北、江苏、山西、新疆、宁夏均有发现。

1965 年，北京西晋华芳墓出土 1 件玻璃残件，口径约 10.4 厘米，器壁极薄，断面呈绿色[1]。经复原该件为无模吹制的圜底碗，侈口，球腹，颈部微收。高 7.2 厘米，口径

〔1〕 北京市文物工作队：《北京西郊西晋王浚妻华芳墓清理简报》，《文物》1965 年第 12 期。

10.7厘米。腹部有一排10个椭圆形乳钉饰，高约5毫米，长径10～15毫米，短径5～11毫米，其中8个长径平行于口沿，2个长径垂直于口沿。底部7对突起小刺排列成椭圆形构成圈足，刺高约2毫米。玻璃碗呈淡绿色，透明，气泡较多。内外壁风化不明显，有轻度虹彩现象。类似的产品在伊朗高原亦有发现。经检测，华芳墓所出玻璃碗与伊朗高原产品的成分相似[1]。

湖北鄂州西晋墓出土1件磨花玻璃碗（M4021：3）[2]，无色透明，略泛黄绿色，透明度好，有小气泡。存12块残片，复原后高9.4厘米，口径10.2厘米，腹径11厘米（图10-11-2）。侈口，平唇，球腹，圜底。腹部4排磨花内凹椭圆形装饰，近底部一排8个磨花内凹椭圆形，底部1个磨花内凹椭圆形。口沿下两道细弦纹，第1、2排磨花内凹椭圆形之间也有一道细弦纹。类似器形和成分的玻璃制品在伊朗高原吉兰州公元3～7世纪墓葬中有大量发现，日本橿原千冢126号墓（公元4世纪末）也发现过1件。鄂州西晋墓M4021年代不晚于公元4世纪初，所出这件玻璃碗是最早输入中国境内的萨珊玻璃制品之一。

江苏句容春城南朝刘宋元嘉十六年（公元439年）墓出土1件极其精美的磨花玻璃碗，无色透明，气泡少。侈口，颈微收，球腹，圜底。高6.3厘米，口径8.5厘米，腹径9.1厘米。碗腹6排小凹球面有规律地相互错叠呈近似六边形的龟甲纹饰。底部也有一个五边形凹球面纹饰。材质情况表明，该碗使用的原料经过精选，熔制温度高，可能采用有模吹制成形。碗腹和碗底的纹饰系冷加工工艺磨琢抛光而成。此类纹饰亦见于日本奈良正仓院藏白琉璃碗，应属萨珊玻璃制品[3]。

山西大同南郊张女坟107号北魏贵族墓曾出土1件玻璃碗（图10-11-3），淡绿色，半透明，气泡少。高7.5厘米，口径10.3厘米，腹径11.4厘米。侈口，颈微收，圜底球腹。腹部4排球面磨饰，上面3排为纵椭圆形凹球面，下面1排为圆形凹球面[4]。

1988年，陕西咸阳出土1件北周时期玻璃盘，高3厘米，口径10.8厘米。透明，呈淡绿色，有气泡。圆唇，口沿下有一道弦纹，盘腹有两圈凹椭圆形纹[5]。

斯坦因曾于新疆尉犁营盘遗址一座墓葬中发现1件玻璃碗，高5.7厘米，口径6.8厘米，底径2.2厘米。浅绿色，平底，饰圆形凹球面纹。斯坦因推测该墓年代不晚于唐[6]。我们认为该墓的年代可能是晋至南北朝时期。1995年，新疆考古所在营盘墓地M9还发现1件类

〔1〕 安家瑶：《北周李贤墓出土的玻璃碗——萨珊玻璃器的发现与研究》，《考古》1986年第2期，第174页。

〔2〕 南京大学历史系考古专业、湖北省文物考古研究所、鄂州市博物馆：《鄂城六朝墓》第303页，科学出版社，2007年。

〔3〕 安家瑶：《北周李贤墓出土的玻璃碗——萨珊玻璃器的发现与研究》，《考古》1986年第2期，第180页；《玻璃器史话》第83～84页，社会科学文献出版社，2011年。

〔4〕 山西省考古研究所、大同市博物馆：《大同南郊北魏墓群发掘简报》，《文物》1992年第8期。

〔5〕 《丝绸之路——大西北遗珍》编辑委员会：《丝绸之路——大西北遗珍》图版75，文物出版社，2010年。

〔6〕 Stein, Sir Aurel (1928), *Innermost Asia*. Oxford: Clarendon Press. Vol. 2. pp. 756-7, 760-1; Vol. 3. pl. CX.

似的玻璃杯。透明，略呈浅黄色。喇叭口，平唇，杯壁斜收，平底。口径 10.8 厘米，底径
3.2 厘米，高 8.8 厘米，腹部上周饰 12 个凹椭圆形纹，下周 7 个凹圆形纹。这批墓葬据推测
属汉晋时代[1]。

　　1983 年，宁夏固原县北周李贤墓出土 1 件完整的玻璃碗（图 10 - 11 - 4），淡黄色，内含
气泡较小，分布均匀。内壁光滑，外壁有风化层，主要分布于下腹部、底部。风化层呈金黄
色。口沿有水平磨痕。壁厚约 4 毫米。高 8 厘米，腹深 6.8 厘米，口径 9.8 厘米，最大腹径
9.8 厘米。外壁饰两圈突起圆饼饰，上圈 8 个，下圈 6 个，上下错位，从一处可透视对面三
个以上突起圆饼，表明当时已经较好运用了凹面镜透光原理。圆饼饰形状不规整，有的为长
椭圆，有的为扁椭圆，呈凹球面状，貌似吸盘，一般长径 27～29 毫米，短径 25～26 毫米。
底部圈足亦由一个直径 31 毫米的凹球面圆饼做成（图版 31 - 3）。玻璃碗重 245.6 克，为钙
钠玻璃。整只碗系一次吹制成形，外壁再加工成圆饼饰。该碗原料纯净，熔制水平高，为玻
璃器中罕见的精品[2]。

　　新疆维吾尔自治区博物馆藏 1 件阿克苏出土高足玻璃杯（图 10 - 12），高 9.7 厘米，口
径 12.1 厘米。呈淡绿色，半透明，内外壁风化严重。圆唇，口沿略残。外壁上下交错有两
圈圆饼饰，圆饼呈内凹球面状[3]。

　　新疆博物馆曾于巴楚脱古孜萨来公元 4～5 世纪佛
寺遗址中采集到两块突纹玻璃残片。淡黄略泛绿，气
泡较少，透明度好。外壁基本光洁，曲率不一致。显
微镜下可见清晰磨痕，表明外壁经过打磨抛光。较大
一块残长约 6 厘米，宽约 4 厘米，厚约 4～5 毫米，为
玻璃容器腹部残片。上面有两个突起圆形装饰，其中
一个凹球面形，直径约 3.5 厘米，另一个突起较小，
直径约 0.7 厘米，不内凹，圆饰面高出器壁约 3 毫米。
较小一块残片长约 4 厘米，宽约 3 厘米，属同一容器
腹部残片。其上也有两个突起圆形装饰，直径均为 6～
7 毫米。这两件残片颜色、质地、工艺与李贤墓所出玻
璃碗基本相同[4]。

图 10 - 12　新疆阿克苏出土玻璃杯

〔1〕　A. 艾克拜尔：《1995 年尉犁县因半墓葬发掘收获》，《新疆文物》1996 年第 3 期，第 26 页。
　　　B. 新疆文物考古研究所：《新疆尉犁营盘墓地 1995 年发掘简报》，《文物》2002 年第 6 期，第 41 页。
〔2〕　A. 宁夏回族自治区博物馆、宁夏固原博物馆：《宁夏固原北周李贤夫妇墓发掘简报》，《文物》1985
　　　年第 11 期。
　　　B. 安家瑶：《北周李贤墓出土的玻璃碗——萨珊玻璃器的发现与研究》，《考古》1986 年第 2 期，第
　　　173 页。
〔3〕　《丝绸之路——大西北遗珍》编辑委员会：《丝绸之路——大西北遗珍》图版 76，文物出版社，2010
　　　年。
〔4〕　安家瑶：《北周李贤墓出土的玻璃碗——萨珊玻璃器的发现与研究》，《考古》1986 年第 2 期，第 175
　　　页。

表 10-1　　　　　　　　中国境内出土的三国两晋南北朝时期域外玻璃制品

发现地区　玻璃种类	新疆			宁夏	陕西	山西	河北	北京	辽宁	江苏		湖北
	巴楚	阿克苏	尉犁	固原	咸阳	大同	景县		北票	南京	句容	鄂城
罗马玻璃							√		√	√		
萨珊玻璃	√	√	√	√	√	√		√	√	√	√	√

随着玻璃制品的输入（表 10-1）和西域人流寓入华，西方的玻璃制造工艺也随之传入中国。文献和出土实物证据表明，至迟公元 5 世纪时，西方的玻璃吹制技术已经传播到中国境内。《北史·西域·大月氏传》载：太武时，其国人商贩京师，自云能铸石为五色琉璃。于是采矿山中，于京师铸之，既成，光泽乃美于西方来者。乃诏为行殿，容百余人，光色映彻，观者见之，莫不惊骇，以为神明所作。自此，国中琉璃遂贱，人不复珍之。

这条记载清楚说明了西方玻璃制造工艺的输入及产生的影响。河北定县北魏塔基（公元 481 年）出土的玻璃器是仿罗马技术的国产吹制玻璃[1]，正是这一背景下的产物。近年山西大同迎宾大道北魏墓群 M16（公元 5 世纪中叶）出土 1 件淡蓝色半透明玻璃壶，器形与同墓所出陶壶完全一致[2]，反映了当时国产吹制玻璃的进步。

（三）货币

1. 东罗马金币

1959 年，内蒙古土默特左旗毕克齐镇东北水磨沟口一处古墓出土东罗马列奥一世（Leo Ⅰ，公元 457~474 年在位）金币 1 枚，直径 1.4 厘米，重 2 克，剪边[3]。

1914 年，和田发现 1 枚东罗马查士丁一世（Justin Ⅰ，公元 518~527 年在位）时期所铸金币[4]。

1978 年，河北磁县东魏茹茹公主闾氏墓（武定八年，公元 550 年）出土 2 枚东罗马金币。1 枚为阿那斯塔修斯一世（Anastasius Ⅰ，公元 491~518 年在位）所铸，已剪边，直

---

[1] A. 河北省文化局文物工作队：《河北定县出土北魏石函》，《考古》1966 年第 5 期。
　　B. 安家瑶：《中国的早期玻璃器皿》，《考古学报》1984 年第 4 期，第 423 页。
[2] 大同市考古研究所：《山西大同迎宾大道北魏墓群》图二六，《文物》2006 年第 10 期，第 65 页。
[3] 内蒙古文物工作队、内蒙古博物馆：《呼和浩特市附近出土的外国金银币》，《考古》1975 年第 3 期。
[4] 宿白：《中国境内发现的东罗马遗物》，《中国大百科全书·考古学》，中国大百科全书出版社，1986 年。

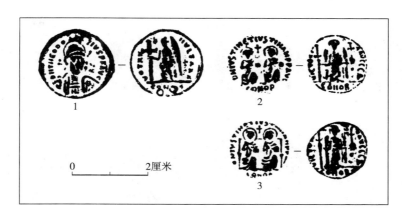

图 10 - 13　河北赞皇李希宗墓出土东罗马金币（拓本）
1. 狄奥多西斯二世金币　2、3. 查士丁一世和查士丁尼一世共治时期金币

径 1.6 厘米，重 2.7 克。1 枚为查士丁一世时期所铸，直径 1.8 厘米，重 3.2 克[1]。

1976 年，河北赞皇东魏李希宗墓出土 3 枚东罗马金币。1 枚为狄奥多西斯二世（Theodosius Ⅱ，公元 408~450 年在位）所铸，直径 2.1 厘米，重 3.6 克（图 10 - 13 - 1）。2 枚为查士丁一世舅甥共治时期（公元 527 年）所铸，均剪边（图 10 - 13 - 2、3），其中 1 枚直径 1.68 厘米，重 2.49 克，1 枚直径 1.7 厘米，重 2.6 克[2]。

青海都兰香日德镇以东吐谷浑墓出土 1 枚狄奥多西斯二世金币[3]。青海海西州大南湾出土查士丁一世金币，直径 1 厘米[4]。

宁夏北周田弘墓（公元 575 年入葬）出土罗马金币 5 枚。列奥一世时期所铸 1 枚，查士丁一世时期所铸 1 枚，查士丁一世舅甥共治时期所铸 2 枚，查士丁尼一世（Justinus，公元 527~565 年在位）时期所铸 1 枚[5]。

中国北方地区发现的罗马金币（图 10 - 13）及仿制品可能是从陆路经由西亚、中亚输入的[6]。有一些还行用于河西、新疆地区。《隋书·食货志》载：后周之初，尚用魏钱。及武帝保定元年七月，及更铸布泉之钱，以一当五，与五铢并行。时梁、益之境，又杂用古钱交易。河西诸郡，或用西域金银之钱，而官不禁。官不禁河西行用西域钱币，反映出了当时中外贸易的繁盛（表 10 - 2）。

〔1〕　磁县文化馆：《河北磁县东魏茹茹公主墓发掘简报》，《文物》1984 年第 4 期。
〔2〕　A. 石家庄地区革委会文化局文物发掘组：《河北赞皇东魏李希宗墓》，《考古》1977 年第 6 期。
　　　 B. 夏鼐：《赞皇李希宗墓出土的拜占庭金币》，《考古》1977 年第 6 期。
〔3〕　《青海都兰出土拜占庭金币》，《中国文物报》2002 年 7 月 24 日第 1 版。
〔4〕　《丝绸之路——大西北遗珍》编辑委员会：《丝绸之路——大西北遗珍》图版 63，文物出版社，2010 年。
〔5〕　原州联合考古队：《北周田弘墓》第 46 页，文物出版社，2009 年。
〔6〕　罗丰：《中国境内发现的东罗马金币》，《中外关系史：新史料与新问题》第 71 页，科学出版社，2004 年。

图 10-14　河北定县北魏塔基出土波斯萨珊银币
1～3. 耶斯提泽德二世银币　4～6. 卑路斯银币

2. 波斯萨珊银币

1950 年，在老乡家发现从前高昌故城出土的 20 枚萨珊银币。其中 10 枚属沙卜尔二世（Shapur Ⅱ，公元 310～379 年在位），7 枚属阿尔达希尔二世（Ardashir Ⅱ，公元 379～383 年在位），3 枚属沙卜尔三世（Shapur Ⅲ，公元 383～388 年在位）[1]。

1953 年，高昌故城中还发现 2 枚属阿尔达希尔二世的银币[2]。

1955 年，新疆吐鲁番高昌故城发现 10 枚萨珊银币，4 枚属沙卜尔二世，5 枚属阿尔达希尔二世，1 枚属沙卜尔三世[3]。情况与上一批大致相似。

1973 年，宁夏固原北魏墓出土 1 枚波斯萨珊卑路斯（Peroz，公元 459～484 年在位）B 式银币[4]，与西安沣西张家坡北朝隋墓所出银币为同一样式。

1956 年，青海西宁隍庙街亦曾出土过 76 枚波斯萨珊卑路斯银币，其中 A 式 15 枚，B

〔1〕　夏鼐：《新疆吐鲁番最近出土的波斯萨珊朝银币》，《考古》1966 年第 4 期。

〔2〕　夏鼐：《中国最近发现的波斯萨珊朝银币·补记》，《考古学论文集》第 127 页，科学出版社，1961 年。

〔3〕　A. 李遇春：《新疆吐鲁番发现古代银币》，《考古通讯》1957 年第 3 期。

　　　B. 夏鼐：《中国最近发现的波斯萨珊朝银币》，《考古学报》1957 年第 2 期。

〔4〕　固原县文物工作站：《宁夏固原北魏墓清理简报》，《文物》1984 年第 6 期。

表 10 - 2　　　　　　　中国境内出土的三国两晋南北朝时期域外钱币

钱币种类 ＼ 发现地区		新疆	宁夏	青海	陕西	河北	内蒙古	广东
罗马金币	狄奥多西斯二世			1		1		
	列奥一世		1				1	
	阿那斯塔修斯一世					1		
	查士丁一世	1	1	1		1		
	查士丁一世舅甥共治时期		2			2		
	查士丁尼一世		1					
波斯银币	沙卜尔二世	14						
	阿尔达希尔二世	14						
	沙卜尔三世	4						3
	耶斯提泽德二世					4		5
	卑路斯	B式：1		A式：15 B式：61	B式：1	37		A式：1 B式：14

式 61 枚[1]。

1957 年，陕西西安沣西张家坡北朝隋墓 M410 出土 1 枚波斯萨珊卑路斯银币，径 2.7 厘米，重 3.4 克。正面为卑路斯王侧面像，背面为拜火祭坛，两边各有一位祭司[2]。

1964 年，河北定县北魏塔基出土 41 枚萨珊银币，该塔为北魏太和五年（公元 481 年）孝文帝敕建。银币一般直径 2.69～3.19 厘米，重 3.59～4.29 克[3]。其中，4 枚属耶斯提泽德二世（Yazdigird Ⅱ，公元 438～457 年在位），37 枚属卑路斯（图 10 - 14）。在 1 枚耶斯提泽德二世银币上压印大夏文，是嚈哒允许波斯钱币在其境内流通的标识[4]。

1960 年，广东英德南齐墓（永元元年，公元 499 年）出土 3 枚银币，2 枚已残。其中完整的 1 枚为卑路斯（公元 459～484 年）B 式银币，已剪边，有小穿孔，直径 2.7 厘米，重

[1]　A.《丝绸之路——大西北遗珍》编辑委员会：《丝绸之路——大西北遗珍》图版 62，文物出版社，2010 年。
　　B. 夏鼐：《青海西宁出土的波斯萨珊朝银币》，《考古学报》1958 年第 1 期。
[2]　夏鼐：《中国最近发现的波斯萨珊朝银币》，《考古学报》1957 年第 2 期；《考古学论文集》，科学出版社，1961 年。
[3]　河北省文化局文物工作队：《河北定县出土北魏石函》，《考古》1966 年第 5 期。
[4]　A. 夏鼐：《河北定县塔基舍利函中波斯萨珊银币》，《考古》1966 年第 5 期。
　　B. 林梅村：《北魏太和五年舍利函所出嚈哒钱币考》，《汉唐西域与中国文明》，文物出版社，1998 年。

2.3 克[1]。

1973 年，广东曲江南华寺 3 号南朝墓出土剪碎的卑路斯银币残片 9 片[2]。

1984 年，广东遂溪边湾村发现一处窖藏，陶罐内装有金银器与银币。银币 20 枚。每枚直径约 2.8 厘米，重约 4 克。其中 3 枚沙卜尔三世时所铸；5 枚耶斯提泽德二世时所铸；卑路斯所铸 A 式 1 枚，B 式 11 枚[3]。

广东所发现的几枚萨珊银币可能是通过海路流入的[4]。

（四）其他

南京象山 7 号东晋墓男棺中部出土 1 枚金刚石指环（图 10-15-1），扁圆形，素面无花纹，上有方形斗状方孔，长、宽均 0.4 厘米，内嵌一粒八面体金刚石，未经琢磨，直径约 1 毫米[5]。金刚石原出天竺，输入中国的或多来自西域[6]。金刚石在汉文典籍中最初见于东汉所译佛经。西晋武帝咸宁三年（公元 277 年），敦煌呈送天竺所产"金钢"（金刚石）[7]。《南史·西南夷传》称诃毗黎国于元嘉三年（公元 426 年）、呵罗单国于元嘉七年（公元 430 年）献金刚指环。

宁夏固原北周天和四年（公元 569 年）李贤夫妇合葬墓出土青金石戒指 1 枚（图 10-15-2）。径 2.4 厘米，镶一直径 0.8 厘米的蓝色青金石戒面。戒面上雕一个人物，左右两手各持一物[8]。这枚青金石当是来自阿富汗地区，戒指上雕人物（或神祇）为西亚、中亚地区常见的做法。

1976 年，河北赞皇东魏李希宗妻崔氏墓出土 1 枚鎏金银戒指，直径 1.7 厘米，重 11.75 克，镶蓝色青金石戒面，阴刻一鹿纹，四周联珠纹[9]。

1959 年，内蒙古土默特左旗毕克齐镇东北水磨沟口一处古墓出土 2 枚戒指。1 枚镶紫色青金石，1 枚镶黑色青金石，上刻一人作挑物状[10]。

山西太原北齐武平二年（公元 571 年）徐显秀墓出土 1 枚镶蓝宝石金戒指（图 10-15-3）。重约 23.4 克，外径长轴 28.9 厘米，外径短轴 25.98 厘米。指环靠近戒托处两端各有

[1]　广东省文物管理委员会、华南师范学院历史系：《广东英德、连阳南齐和隋唐古墓的发掘》，《考古》1961 年第 3 期。

[2]　广东省博物馆：《广东曲江南华寺古墓发掘简报》，《考古》1983 年第 7 期。

[3]　遂溪县博物馆：《广东遂溪县发现南朝窖藏金银器》，《考古》1986 年第 3 期。

[4]　夏鼐：《中国最近发现的波斯萨珊朝银币·补记》，《考古学论文集》第 128 页，科学出版社，1961 年。

[5]　南京市博物馆：《南京象山 5 号、6 号、7 号墓清理简报》，《文物》1972 年第 11 期。

[6]　章鸿钊：《石雅》第 77 页，百花文艺出版社，2010 年。

[7]　《太平御览》第四册第 3614 页下栏，引《晋起居注》，中华书局，1960 年。

[8]　宁夏回族自治区博物馆、宁夏固原博物馆：《宁夏固原北周李贤夫妇墓发掘简报》，《文物》1985 年第 11 期。

[9]　石家庄地区革委会文化局文物发掘组：《河北赞皇东魏李希宗墓》，《考古》1977 年第 6 期。

[10]　内蒙古文物工作队、内蒙古博物馆：《呼和浩特市附近出土的外国金银币》，《考古》1975 年第 3 期。

一兽形纹饰，样式奇特。蓝宝石戒面上阴刻一人物立像，两手各持一物。蓝宝石经检测为碧玺（电气石）。或推测为粟特商人携入中原的物品[1]。

1959年巴楚出土青金石，长径2.5厘米，短径1.5厘米，厚2.2厘米[2]。疑为戒面而不是印章。虽然形象略有差异，但与李贤墓出土青金石戒面所表现的应为同一神祇。

新疆伊犁尼勒克吉林台还发现1枚镶宝石金戒指（图10-15-4）。戒面上阴刻一青年女子坐在高背椅上，头发卷曲，身着薄裳，手执花朵，低头作嗅闻状[3]。从发饰与服饰来看，这枚戒面或来自于罗马，表现的可能是罗马神祇福耳图娜（Fortuna）。福耳图娜是罗马广受崇拜的幸运女神。

山西寿阳库狄迴洛墓出土1件玛瑙狮形雕饰，长径2.7厘米，短径2厘米，厚0.8厘米。紫黑色中间带一圈天然白色弦纹。扁薄椭圆形，宽边，一

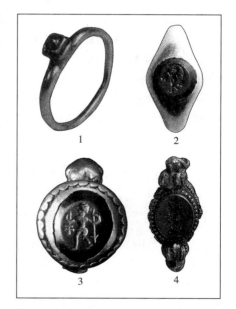

图10-15　三国两晋南北朝遗迹出土戒指
1. 金刚石指环（江苏南京象山7号东晋墓）
2. 青金石戒指（宁夏固原北周李贤墓）
3. 镶蓝宝石金戒指（山西太原北齐徐显秀墓）
4. 镶宝石金戒指（新疆伊犁尼勒克吉林台库）

面中间阴刻一狮[4]。可能是从西亚传入的。

新疆营盘出土1对金耳坠，上嵌宝石。另出1枚金耳坠，中嵌宝石，周围焊金珠[5]。1991年宁夏固原三

图10-16　宁夏固原出土金耳坠

营镇化平村出土1对镶绿松石金耳坠（图10-16），直径4.8厘米，1枚重14.7克，另1枚重3.6克[6]。这几件耳坠可能均是从中亚地区输入的制品。

[1]　A. 山西省考古研究所、太原市文物考古研究所：《北齐徐显秀墓发掘简报》图八八，《文物》2003年第10期，封面。
　　B. 张庆捷、常一民：《北齐徐显秀墓出土的嵌蓝宝石戒指》，《文物》2003年第10期。
[2]　《丝绸之路——大西北遗珍》编辑委员会：《丝绸之路——大西北遗珍》图版78，文物出版社，2010年。
[3]　Mair, Victor H. (2010), *Secrets of the Silk Road*. Santa Ana, Calif.：Bowers Museum. Fig. 79.
[4]　王克林：《北齐库狄迴洛墓》，《考古学报》1979年第3期。
[5]　Mair, Victor H. (2010), *Secrets of the Silk Road*. Santa Ana, Calif.：Bowers Museum. Figs. 81, 92.
[6]　《丝绸之路——大西北遗珍》编辑委员会：《丝绸之路——大西北遗珍》图版73，文物出版社，2010年。

1972 年，新疆喀什疏附县出土 1 件青灰石雕，宽 19.6 厘米，高 10.4 厘米，厚 0.6 厘米。近似圭形。中间上层减地雕刻四个人物，一人坐着，手中托圜底船形酒杯，身后一人持扇，面前两人，一人倒酒，一人俯首跪地。中间一层两侧各有一动物，似为犬，中部凹陷，下接半圆形凹槽，当为蓄墨池。下层为两行线刻纹饰。左右两端呈曲齿状三角形，雕葡萄纹。这件小石雕或为化妆用的黛砚。或认为这是西汉时期的物品[1]。我们认为，这件黛砚雕刻题材和风格深受犍陀罗影响，可能来自犍陀罗或阿富汗地区，当是公元 5～6 世纪的制品。

第二节　三国两晋南北朝与海东诸古国的文化交流

一　百济、新罗、加耶与中国的文化交流

在三国两晋南北朝时期，高句丽建立的政权占有了朝鲜半岛北部（中国古代高句丽族考古研究见第九章第一节），在半岛南部的古代国家有百济和新罗，还有以联盟形式存在的加耶。

百济位于朝鲜半岛西南部，在这一历史时期百济的都城先是在汉城（汉城时期），于公元 475 年由汉城迁往熊津（熊津时期），又于公元 538 年迁往泗沘，直到公元 660 年灭亡（泗沘时期）。新罗位于朝鲜半岛东南部，都城庆州位于今韩国庆尚北道庆州市。加耶（又称伽倻、伽耶、加倻）是以联盟形式存在的政权，又称驾洛国。领有新罗和百济之间的南部沿海地区，包括今韩国釜山市，庆尚北道、庆尚南道、全罗南道和全罗北道部分地区。加耶前期是以金海（今韩国庆尚南道金海市）及其附近地区的金冠加耶（公元 42～532 年）为中心的一个联盟，后期是以高灵（今韩国庆尚北道高灵郡）及其周围地区的大加耶（公元 42～562 年）为中心的一个联盟，随着公元 562 年新罗对大加耶的战争，加耶最终退出了历史的舞台。

三国两晋南北朝时期，朝鲜半岛南部的百济和新罗，与中国南北方各政权都有交往，由于其地理位置所限，百济主要是与南朝交往，史籍中记载较多。与百济相比，新罗与中国交流的记载明显较少，一方面因其地偏处朝鲜半岛东南部与南北朝各政权交往不便相关，另一方面或许与史料记载的遗漏有关[2]。其中百济与中国交往较早，东晋时期已经遣使中国，《晋书·简文帝纪》："（咸安）二年春正月辛丑，百济、林邑王遣使贡方物。……六月，遣使拜百济王余句为镇东将军，领乐浪太守。"此事即百济近肖古王二十七年（公元 372 年）百济首次与东晋正式交往。安帝义熙十二年（公元 416 年），东晋皇帝正式封百济王于映为使持节、都督百济诸军事、镇东将军、百济王。[3]此后南朝宋、齐和梁都曾授百济王以封号和官职，宋时进百济王为镇东大将军，梁时又改封百济王余隆（武宁王）为宁东大将军。百济的使节多次来到南朝都城建康，从中国引进了诗书、史籍和经义，中

---

[1]　祁小山、王博：《丝绸之路·新疆古代文化》，第 181 页图 8，新疆人民出版社，2008 年。

[2]　韩昇：《四至六世纪海东诸国在南朝对外关系秩序中的地位变化》，《海东集》，上海人民出版社，2009 年。

[3]　《宋书·百济传》。

国的工匠、画师也有前往百济的。宋文帝元嘉二十七年（公元 450 年）百济王曾上表求《易林》《式占》、腰弩[1]，梁武帝时百济方面又请《涅盘》等经义及《毛诗》博士并工匠、画师等[2]，说明当时百济与南朝交往密切，不断引进中国文化如诗书经义，乃至工匠及其工艺技术的史实。百济王极其重视中国的封号，武宁王逝世后在其墓志上还写明中国所封的"宁东大将军"官职，足见百济受中国南朝文化影响之深远。

　　这一时期中国与朝鲜半岛交往的线路，依据陆路、海路以及路线的不同，大致可以分为三条[3]：北方陆海相辅，即辽西辽东到朝鲜半岛的陆路和山东半岛出海的海路，南方海路独秀，即长江口出海的海路。百济与中国交往的路线，从朝鲜半岛的地理特征来看陆路和海路的可能性都是存在的，但是朝鲜半岛与中国大陆相连接的半岛北部当时为高句丽所阻隔，因此可以确定百济与中国交往主要取海路。海上航路主要有两条[4]：一条是从韩国中部或西部海岸港口出发到达长江口沿岸港口；另一条是从韩国的唐恩津出发抵达山东半岛附近，沿东海岸南下入长江到达南京。新罗和加耶分别位于朝鲜半岛东南部和南部沿海地区，与南朝交往时则是通过海路绕到朝鲜半岛西南部海岸或是直接从朝鲜半岛南部海岸到达长江口，与北朝交往时则是绕过朝鲜半岛南部海岸到达山东半岛。

（一）百济、新罗、加耶的墓葬和城址

　　朝鲜半岛已发现大量百济、新罗、加耶的城址、墓葬和墓群，其中不少墓葬的形制或壁画内容或与中国相似，或在墓中出土有来自中国的器物，还有受中国影响而产生的器物，为研究这一时期中国和朝鲜半岛诸古国的交流提供了重要资料。因此本节首先简介与中国文化交流关系密切的百济、新罗、加耶的典型墓葬、墓群和城址。

1. 墓葬

（1）石村洞古墓群

　　百济汉城时期（公元前 18 年至公元 475 年）古墓群，位于韩国首尔市松坡区石村洞一带，石村洞附近的可乐洞和芳荑洞一带也有少量分布。1916 年发现，1969 年发掘[5]。确认有石坟 86 座、土坟 23 座。石坟主要有积石墓和积石石室墓等，土坟主要有土坑墓和瓮棺墓等，其中芳荑洞古墓群主要由分布在丘陵地带的横穴式石室墓构成，可乐洞古墓群主要由分布在平地的积石封土墓（1、2 号墓）和丘陵上的横穴式石室墓（3～6 号墓）构成。部分墓葬中发现高句丽陶器，应是公元 475 年以后高句丽占领这一地区时制作的，墓

---

〔1〕《宋书·百济传》。

〔2〕《梁书·百济传》。

〔3〕魏存成：《汉唐时期中国通往朝鲜半岛和日本的文化路线和文化交流》，《吉林大学学报》（社会科学版）2008 年第 1 期。

〔4〕赵胤宰：《略论韩国百济故地出土的中国陶瓷》，《故宫博物馆院刊》2006 年第 2 期。

〔5〕A. 서울대학교박물관，1975，『石村洞積石墳發掘調查報告』.

　　B. 석촌동유적발굴조사단，1983，『石村洞 3 號墳（積石塚）調查發掘報告書』，서울대학교박물관.

　　C. 김원룡·임효재·임영진，1989，『石村洞 1·2 號墳』，서울대학교박물관.

葬中还出现有方形阶坛石室墓（石村洞 M3 和 M4），应受到了高句丽墓葬形制的影响。出土金器、银器、铜器、铁器、陶器、玉石器和瓷器等大量遗物，其中有莲花纹瓦当、中国钱纹釉陶和中国青瓷器等，应与中国文化交流有关。

（2）宋山里古墓群

百济熊津时期（公元 475～538 年）古墓群，位于韩国忠清南道公州市金城洞（日本占领时称宋山里）。包括 29 座墓葬，目前已经复原 7 座墓葬，包括东北侧的 1～4 号墓、西南侧的 5 号、6 号墓，以及武宁王陵。1927 年发现，日本占领时期曾遭日本学者调查发掘[1]。韩国建国后，又进行过多次调查，并发掘了其中的武宁王陵。墓葬形式包括封土石室墓、封土砖室墓和砖石混筑墓等，部分墓葬（M6）中发现四神壁画和"中方""大方"和"梁官瓦为师矣"等铭文砖。根据墓葬形制及出土遗物等判断，宋山里古墓群的墓主人可能是熊津时期百济的国王及王族。

（3）武宁王陵

百济王陵，位于韩国忠清南道公州市金城洞，是百济第 25 代王武宁王及其王妃的合

图 10-17　百济武宁王陵甬道及墓室

〔1〕 A. 野守健·神田惣藏　1935「忠清南道公州宋山里古蹟調査報告」『昭和二年度古蹟調査第二册』
　　　朝鮮總督府
　　　B. 有光教一·藤井和夫　2002『朝鮮古蹟調査研究會遺稿Ⅱ——公州宋山里第 29 號墳、高靈主山
　　　第 39 號墳發掘調査報告』財團法人東洋文庫

葬墓，1971 年发掘〔1〕。墓葬封土为圆形，直径约 20 米，墓葬结构为砖券单室墓（图 10-17），南北向，包括墓道、甬道和墓室。其中斜坡状墓道长 9.3 米，平面为梯形。甬道长 2.9 米，宽 1.04 米，高 1.45 米。墓室南北长 4.2 米，宽 2.72 米，高 2.93 米，墓室中发现五个小龛，其中北壁一个，东西两壁各两个。在墓室与甬道连接处发现长约 18.7 米、宽 0.05 米的排水沟。墓葬用砖极其精美，纹饰多为莲花纹、忍冬纹、菱形纹和钱纹等，砖上发现"中方""大方"和"士壬辰年作"等铭文。

甬道中发现武宁王及王妃墓志各一方，墓志中间位置均有一个小孔，两面均有文字。其中武宁王墓志正面为墓志、背面为干支铭文。正面墓志 6 行直书："宁东大将军百济斯｜麻王年六十二岁癸｜卯年五月丙戌朔七｜日壬辰崩到乙巳年八月｜癸酉朔十二日甲申安厝｜登冠大墓立志如左"。王妃墓志正面为墓志，背面为买地券。正面墓志 4 行直书："丙午年十二月百济国王太妃寿｜终居丧在西地乙酉年二月癸｜未朔十二日甲午改葬还｜大墓立志｜如左"。背面买地券文 6 行直书："钱一万文 右一件｜乙巳年八月十二日宁东大将军｜百济斯麻王以前件钱 询土王｜土伯土父母上下众官二千石｜买申地为墓故立券为明｜不从律令"。王妃墓志上放置铁五铢钱约 90 枚，墓志后面发现石质镇墓兽 1 件。

墓室中有以两层砖砌筑的棺台，上置木棺两具，王棺在东，王妃棺在西，头向北，均为仰身直肢葬。墓葬内发现金、银、铜、铁、玉、石、陶、瓷、玻璃和丝织品等大量随葬品，其中有金冠饰、银钏、银盏、方格规矩纹铜镜、南朝青瓷器和龙纹环首大刀等。武宁王即中国史书记载的百济王余隆，梁普通二年（公元 521 年）十一月，余隆奉使遣表，十二月被梁武帝诏受为：使持节、都督百济诸军事、宁东大将军、百济王。根据墓志记载，武宁王卒于癸卯年（公元 523 年）五月，乙巳年（公元 525 年）八月入葬，王妃卒于丙午年（公元 526 年）十二月，乙酉年（公元 529 年）二月与武宁王合葬。

（4）法泉里古墓群

百济古墓群，位于韩国江原道原州市富论面法泉里故名。1973 年发现，1999～2007 年进行 4 次发掘〔2〕。墓葬形制包括土坑墓、石室墓、石椁墓、石棺墓和瓮棺墓等，出土金器、银器、铜器、铁器、玉石器、陶器和瓷器等 900 余件遗物，其中有金铜饰履、圈足长颈壶、短颈壶、铁马具、兵器、中国青瓷羊形尊（M2）和青铜镰斗（M1）等。墓群大体分为 5 个时期，时代可以从公元 2 世纪延续到 7 世纪。

（5）天马冢

即皇南洞 155 号墓，新罗墓葬，位于韩国庆尚北道庆州市皇南洞大陵苑内，因出土有绘天马纹样的桦树皮制障泥故名。1973 年调查并发掘〔3〕。墓葬为东西向的长方形土坑竖穴木椁墓，土坑东西长 7.6 米，南北宽 5.6 米，深 0.4 米。木椁东西长 6.6 米，南北宽 4.2 米，推测高 2.1 米。木椁四周堆砌大量砾石，砾石东西长 15.5 米，南北宽 13 米。砾

〔1〕 文化財管理局，1973，『武寧王陵 發掘調查報告書』，三和出版社.
〔2〕 국립중앙박물관，2000a，『法泉里Ⅰ』. 국립중앙박물관，2000b，『法泉里Ⅱ』. 국립중앙박물관，2009，『法泉里Ⅲ』.
〔3〕 文化財管理局，1974，『天馬塚 發掘調查報告書』.

石外堆砌封土，封土直径约 47 米，高 12.7 米。墓葬出土金、银、铜、铁、玉石器、漆器和陶器等大量遗物，其中有金冠、铜鎏金扇形寄生和玉石颈饰等，根据墓葬形制及出土器物等推测墓主人为新罗王族，墓葬时代为公元 5 世纪末 6 世纪初。

（6）皇南大冢

即皇南洞 98 号墓，新罗王陵，位于庆尚北道庆州市皇南洞大陵苑内，1973 年发掘[1]。该墓封土巨大，为南北向夫妻合葬的积石木椁墓，实际上是两座连在一起的墓葬，分别称作皇南大冢的北坟和南坟。先在平地修筑南北两个椁室，椁室外堆筑积石，积石外再堆砌封土。其中南坟椁室（王椁）棺椁均有内外两重，外棺与椁室之间及木椁外面均有堆筑砾石，外椁东西长 6.5 米，南北宽 4.1 米，推测高度约 3.7 米。内椁东西长 4.7 米，南北宽 2.3 米，高 1.8 米。北坟有一层木椁和两层木棺。外椁东西长 6.80 米，南北宽 4.60 米，高约 4 米。外棺东西长 3.3 米，南北宽 0.8 米，高约 0.8 米。内棺东西长 2.2 米，南北宽 0.7 米。南坟和北坟的封土均为圆形，各封土直径约 80 米，南坟高 22.24 米，北坟高 22.93 米。墓葬出土金、银、铜、铁、玉石、玻璃、瓷器和陶器等大量遗物，其中有金冠、玻璃凤首瓶、青铜镜、中国褐釉青瓷盘口壶、玉石颈饰、金铜装饰环首大刀和金铜饰履等。根据墓葬形制及出土器物等推测为新罗国王及王妃合葬墓，南坟时代为公元 5～6 世纪，北坟时代为公元 5 世纪初。

（7）壶杆冢

即路西洞 140 号墓，新罗墓葬，位于韩国庆尚北道庆州市路西洞，因出土好太王铜壶杆故名。1946 年发掘[2]，同时一起被发掘的还有银铃冢。墓葬为东西向长方形土坑竖穴积石木椁墓，土坑东西长 7.3 米，南北宽 4.5 米，深 2 米。木椁东西长 4.5 米，南北宽 1.4 米，高 1.2 米。木椁周围堆砌大量砾石，砾石东西长 9 米，南北宽 6.4 米。砾石外堆砌封土，现存封土直径约 16 米，高约 4 米。墓葬出土的青铜壶杆上铸有 4 行 16 字的铭文，铭文上部还有一"♯"形符号，铭文直书："乙卯年国」罡上广开」土地好太王」壶杆十"。可知壶杆铸造于高句丽长寿王三年（公元 415 年），是与好太王相关的器物，后来流入新罗地区。此外还出土龙纹环首大刀、漆木器、青铜虎子、铁器和陶器等遗物。推测墓主人为新罗王族，墓葬时代为公元 6 世纪初。

（8）瑞凤冢

即金冠冢、路西洞 129 号墓，新罗墓葬，位于韩国庆尚北道庆州市路西洞。1921 年因偶然发现金冠，故称金冠冢，1926 年被日本人发掘[3]。实际上是两座连在一起的墓葬，均为南北向封土积石木椁墓，首先筑造的北坟即瑞凤冢，南坟即金冠冢，残存封土南北长 51.6 米，东西宽约 34.5 米，高约 6.9 米。木椁位于一个东西长 4.65 米，南北宽 3.66 米，深 0.60 米的土坑中，土坑中铺有碎石子，木椁东西长 3.75 米，南北宽 1.95 米。墓主人位于木

〔1〕 文化財管理局·文化財研究所，1985，『皇南大塚 北墳 發掘調查報告書』，文化財管理局. 文化財管理局·文化財研究所，1994，『皇南大塚 南墳 發掘調查報告書』，文化財管理局.

〔2〕 金載元，1948，『壺杆塚과 銀鈴塚』，乙酉文化社.

〔3〕 小泉顯夫　1927「慶州瑞凤塚の發掘」『史學雜誌』第 38 卷第 1 號

椁内西侧，东侧主要放置随葬品。墓葬出土金、银、铜、铁、玉石、玻璃、陶器和漆木器等大量遗物，其中有金冠、银合杆（或称银盒）、青铜四耳壶、青铜镰斗、玉石颈饰、金铜装饰环首大刀、金铜饰履和铁质寄生等。青铜四耳壶共发现两件，根据其形制判断应是高句丽地区制造的器物，后来流入新罗地区。银合杆（盒）盖内及外底均有铭文，盖内铭文 2 行直书："延寿元年岁在卯三月中」太王教（或释为'敬'）造合杆用三斤六两"。外底铭文 2 行直书："延寿元年岁在辛三月中」太王教（或释为'敬'）造合杆用三斤六两"。延寿目前还是未知的年号，由干支纪年判断银合杆制造年代可能是公元 391 年、451 年或 511 年。墓葬形制、出土金冠及耳饰等与皇南大冢北坟存在诸多相似之处，推测墓主人可能为新罗王妃或身份与此大体相同的新罗女性，墓葬年代为公元 5 世纪末 6 世纪初。

（9）福泉洞古墓群

加耶古墓群，位于韩国釜山市福泉洞。1969 年发现，历经多次发掘[1]。墓群以釜山东莱地区为中心、在其北侧呈半月状分布，多在较高的丘陵地带，海拔约 62.5 米，大体为东北—西南走向，墓葬群长约 100 米，宽 80～100 米。墓葬形制较为多样，包括木椁墓、木棺墓、瓮棺、横口式石室墓和竖穴式石椁墓等，目前已出土金器、银器、铜器、铁器、青瓷器、玉石器、玻璃器和陶器等遗物 9800 余件，其中有铁质马具、铁兵器、铁甲胄、琉璃珠子、中国青瓷碗、圈足长颈壶和有盖高杯等。墓葬时代从公元 2 世纪初延续到 7 世纪初。

（10）大成洞古墓群

加耶古墓群，位于韩国庆尚南道金海市大成洞。主要分布于以金海市区为中心的丘陵地带，其中丘陵的脊线部分主要分布王墓及王族墓葬。1990 年开始发掘[2]。墓葬形制包括木椁墓、木棺墓、瓮棺墓、横口式石室墓和竖穴式石椁墓等，出土金器、银器、铜器、铁器、青瓷器、玉石器、玻璃器和陶器等大量遗物，其中有铁质马具、铁质武器、铁质甲胄、方格规矩四神镜、青铜鍑、马形带钩、巴形器、琉璃珠子、勾玉、圈足长颈壶和有盖高杯等。墓主人是金冠加耶所在地金海地区的统治阶级，墓葬时代从公元 2 世纪延续到 5 世纪，以金冠加耶全盛期的公元 4 世纪为主。

〔1〕　A. 동아대학교박물관，1970，『東萊福泉洞第 1 號古墳發掘調査報告』.

　　　B. 鄭澄元·申敬澈，1983，『東萊福泉洞古墳群Ⅰ』，釜山大學校博物館.

　　　C. 부산대학교박물관，1990，『東萊福泉洞古墳群Ⅱ』. 부산대학교박물관，1996，『東萊福泉洞古墳群Ⅲ』.

　　　D. 宋桂鉉，1995，「東萊福泉洞古墳群第 5 次調査概報」，『博物館研究論集 3』，부산광역시립박물관.

　　　E. 李賢珠，1997，『福泉洞 93·95 號墳』，부산광역시립박물관. 李賢珠，2001，『東萊福泉洞 52·54 號墳』，부산광역시립박물관.

　　　F. 복천박물관，2008，『東萊福泉洞古墳群』.

〔2〕　A. 申敬澈·金宰佑，2000，『金海大成洞古墳群Ⅰ』，경성대학교박물관.

　　　B. 慶星大學校博物館，2000，『金海大成洞古墳群Ⅱ』. 慶星大學校博物館，2003，『金海大成洞古墳群Ⅲ』.

2. 城址

朝鲜半岛三国时代战争频繁，各国多修筑具有高墙深垒的城市，一些都邑性质城市在其规划和修建等方面，都表现出受中国古代城市影响的特征。值得注意的有百济风纳土城遗址。

风纳土城，百济汉城时代平地型都城遗址，位于韩国首尔市风纳洞。周长3.5千米（现存2.1千米），东壁长1500米，南壁残长200米，北壁残长300米，西壁大部分已被汉江冲毁，现存面积254301平方米。现存城墙最高处11.1米，一般宽30~40米，最宽处70米，墙体版筑。1925年汉江大洪水时曾发现百济陶器、青铜鐎斗和鎏金带饰等遗物。1964年进行了调查，1996年开始发掘。城内发现道路遗迹、"吕"字形的大型建筑址、居住址遗迹、水井遗迹、作坊遗迹和祭祀遗迹等，出土大量百济时期的陶器、砖瓦、金属和石器等遗物，为研究和复原当时的社会生活面貌提供了重要资料。根据出土遗物和文献记载，风纳土城可能是百济初期的平原型都城——河南慰礼城。

（二）从古代遗迹看百济、新罗、加耶与中国的文化交流

随着三国两晋南北朝时期中国与百济、新罗诸国交流的深入，在都城宫殿池苑、墓葬、佛教遗迹等方面，百济、新罗诸国不断吸收中国先进文化，并逐渐融入自己的文化中去，为后来统一新罗时代的繁荣奠定了基础。

1. 都城、宫殿、池苑

百济、新罗等国的都城、宫殿建筑和池苑或由于地理位置所限，或由于政治形势需要，虽然表现出一些自身的特点，但是都能看到中国文化的影响。

（1）都城布局

风纳土城作为百济汉城时期的都城，根据发掘结果，东墙上发现4个城门、西墙南侧与东墙最南端城门对应处也发现城门遗迹，推测西墙可能与东墙一样也存在4个城门，北墙和南墙上没有发现城门，也就是说风纳土城可能存在8个城门。将东西城墙上的城门相连以后，整个城址就被分成5个部分，为了叙述方便，从北到南五个区域分别为北一区，北二区、中区、南一区和南二区。目前发现的青铜鐎斗、鎏金带饰等高级别遗物均出土北一区，祭祀遗迹、"吕"字形大型建筑址、刻有"大夫"铭文的陶器、中国釉陶等均出土于北二区，其余三区出土遗物或发现建筑址与以上两区相比或器物较小、或制造粗糙，或建筑规模和等级明显较低，因此风纳土城的宫殿区和祭祀区（或宗庙区）分别位于北一区和北二区。风纳土城城内设立单独的宫殿区和祭祀区（或宗庙区），宫殿区和祭祀区位于整个城市北部，保持了坐北朝南的基本格局，城市南部分布有官僚居住区，一般居民区和作坊遗址等。这样的整体布局与南北朝时期中国都城的布局比较相似，应受到了中国都城布局的影响。

风纳土城的城墙是利用版筑技术夯筑而成，首先修筑断面为梯形的城墙中心部，再在墙体内外两侧堆土形成一定高度的护坡，根据发现的圆形夯窝，可以知道当时是利用木棍上下夯打。由于风纳土城濒临汉江，地下水极浅，为了保证墙体的坚固耐用，还在修筑墙基时有意铺垫淤泥层或胶泥层。风纳土城城墙采用版筑技法，明显受到中国筑城技术的影响[1]。

---

[1]　신희권，2008，「中韓 古代築城方法 比較研究」，『호서고고학보』18.

（2）池苑

古代帝王在大规模修筑都城和宫殿的同时，为了生活休憩、亲近自然还在都城和宫殿附近修建池苑。池苑往往模仿自然景观、以池沼为中心，附以山石花木，或因地制宜，或大兴土木。池苑的设置不仅能够防止火灾、美化周围环境，改善局部气候，而且常常还与帝王狩猎、甚至是与军事活动密切相连。目前中国发现最早的池苑遗迹是河南偃师商城商代早期的池苑[1]，战国秦汉时期出现了兴建池苑的高潮。三国两晋南北朝时期在邺城、平城、洛阳、建康、龙城等都城所在地均发现了这一时期的池苑遗迹，如曹魏邺北城的铜雀园、北魏平城的灵泉宫池[2]、北魏洛阳的华林园和西游园、孙吴的西苑、刘宋的乐游苑、南齐的芳乐园、后燕龙城的龙腾苑[3]等。伴随中国与朝鲜半岛的频繁交往中国的池苑技术及相关造景材料在这一时期也传入了朝鲜半岛，百济汉城时期辰斯王（公元385～392年）已经在宫殿区内建造池苑[4]，只是目前还没有发现。熊津时期东城王（公元479～501年）曾修建了临流池和临流阁[5]，并且通过考古发掘已经确认了其位置；公山城内百济王宫地区也发现了百济莲池遗迹。泗沘早期修建的池苑遗迹——莲池也已经发现，百济武王35年（公元634年）和义慈王15年（公元655年）还分别修建了宫南池[6]和望海亭[7]等池苑及建筑。目前新罗地区三国时代的池苑遗迹还仅见于文献，沾解尼师今（尼师今即"王"的意思）时期新罗王宫中已经出现了池沼[8]，新罗照知麻里干时期（公元479～500年）曾经修建了规模宏大的书出池。关于这一时期中国及朝鲜半岛百济、新罗的池苑遗迹，学者多有论述[9]。百济、新罗诸国的池苑特征主要表现在

〔1〕　杜金鹏、张良仁：《偃师商城发现商早期帝王池苑》，《中国文物报》1999年6月9日第1版。

〔2〕　殷宪：《北魏灵泉宫池寻访记》，《中国文物报》2007年2月23日第4版。

〔3〕　朱子方：《记后燕龙腾苑遗迹的发现》，《东北地方史研究》创刊号，1984年。

〔4〕　《三国史记·辰斯王本纪》："七年（公元391年），春正月，重修宫室，穿池造山，以养奇禽异卉。"

〔5〕　《三国史记·东城王本纪》："二十二年（公元500年），春，起临流阁于宫东，高五丈，又穿池养奇禽。"

〔6〕　《三国史记·武王本纪》："三十五年（公元634年），……三月，穿池于宫南，引水二十余里，四岸植以杨柳，水中筑岛屿，拟方丈仙山。"

〔7〕　《三国史记·义慈王本纪》："十五年（公元655年），春二月，修太子宫，极侈丽。立望海亭于王宫南。"

〔8〕　《三国史记·沾解尼师今本纪》："七年（公元253年），夏四月，龙见宫东池，金城南卧柳自起。"

〔9〕　A. 罗哲文：《中国古园林》，中国建筑工业出版社，1999年。

　　　B. 劉慶柱　2003「中国古代都城史の考古学的研究－都城・宮城・宮殿そして宮苑問題について－」『東アジアの古代都城』奈良文化財研究所

　　　C. 汪勃：《中日宫城池苑研究——6世纪后期到10世纪初期》，中国社会科学院考古研究所博士后出站报告，2004年。

　　　D. 정재훈，1992，「百濟의 造苑」，『백제미술』3.

　　　E. 이은창，1993，「백제 원림사연구」，『백제논총』3.

　　　F. 박경자，2001，『안압지 조영계획연구』，학연문화사.

　　　G. 渡辺信一郎　2000「宮闕園林──3～6世紀における中国皇帝権力の空間構成」『考古学研究』第47巻第2号

　　　H. 田中淡　2002『中国古代造園資料集成』中央公論美術出版社

　　　I. 亀田修一　2003「朝鮮半島の古代苑池」『苑池関係古代史料：東アジア古代都城の苑池に関する基礎的研究』奈良文化財研究所

以下方面。

在整理布局上，以都城或宫殿建筑为依托，或开挖人工池沼，或利用天然水源，周围均有附属的亭台楼阁等建筑。

在设计理念上，道法自然，尽显山水之美，往往以池沼为中心，修筑假山或堆砌小岛，给人山水相应、妙趣横生的感觉。

在具体营造上，广植花草树木，放养禽鸟鱼兽，个别砌筑石质护岸或护堤，注重造景石的使用，甚至直接从中国引进造景材料。

益山王宫里池苑遗址出土的造景石中有两块文石。在中国古园林中常使用文石，百济及其所在的朝鲜半岛并不产文石，因此益山王宫里池苑遗址出土的文石有可能自中国输入[1]。

2. 墓葬

三国两晋南北朝时期，朝鲜半岛诸国的墓葬形制主要有木椁墓、积石墓、瓮棺墓、封土石室墓和砖室墓等，其中木椁墓、积石墓和瓮棺墓基本上是沿袭三韩时代以来的传统。而百济地区的砖室墓，在墓葬形制等诸多方面，均表现出了中国墓葬的特点。

（1）砖室墓

百济地区的砖室墓，主要集中发现于宋山里古墓群，以武宁王陵（图10-18）和宋山里6号墓为代表，是研究百济墓葬制度及其与南朝交往的重要材料，各国学者已对武宁王陵进行了多方面的研究[2]。对于百济地区的砖室墓，学者们的意见主要有两种：接受南朝墓葬的影响在有南朝工匠参与的情况下修建的；在百济丧葬观念的指导下由南朝工匠建造的。宋山里6号墓早年为日本学者发掘，墓室除顶部采用横砖砌筑外，墓壁采用十顺一丁、八顺一丁、六顺一丁和四顺一丁砌筑。武宁王陵甬道和墓室顶部为三顺一丁，墓壁则是采用四顺一丁的方法砌筑。武宁王陵原报告和韩国部分学者[3]曾据此

[1]   益山王宫里池苑遗址文石与平城地区的文石在颜色和结构等方面有一定的相似之处，也与南京大行宫地区六朝建康都城遗址、江宁赵家山南朝石器作坊遗址出土文石相似（资料由南京师范大学王志高提供），具体来源尚待研究。

[2]   A. 윤무병, 1974,「武寧王陵 및 宋山里 6 號墳의 磚築構造에 대한 考察」,『百濟研究』5.

　　　 B. 강인구, 1979,「中國墓制가 武寧王陵에 미친 影響」,『百濟研究』10.

　　　 C. 岡内三眞, 1980,「百済武寧王陵と南朝墓の比較研究」,『百済研究』11.

　　　 D. 杨泓：《吴、东晋、南朝文化及其对海东的影响》，《考古》1984 年第 6 期。

　　　 E. 王仲殊：《东晋南北朝时代中国与海东诸国的关系》，《考古》1989 年第 11 期。

　　　 F. 이남석, 2002,『백제 묘제의 연구』, 서경문화사.

　　　 G. 王志高：《百济武宁王陵形制结构的考察》，《東亞考古論壇》创刊號，忠清文化财研究院，2005 년。

　　　 H. 赵俊杰：《再论百济武宁王陵形制与结构的若干问题》，《边疆考古研究》第 7 辑，科学出版社，2008 年。

　　　 I. 韩昇：《百济武宁王陵与南朝砖室墓》，《海东集》，上海人民出版社，2009 年。

　　　 J. 韦正：《六朝墓葬的考古学研究》，北京大学出版社，2011 年。

[3]   윤무병, 1974,「武寧王陵 및 宋山里 6 號墳의 磚築構造에 대한 考察」,『百濟研究』5.

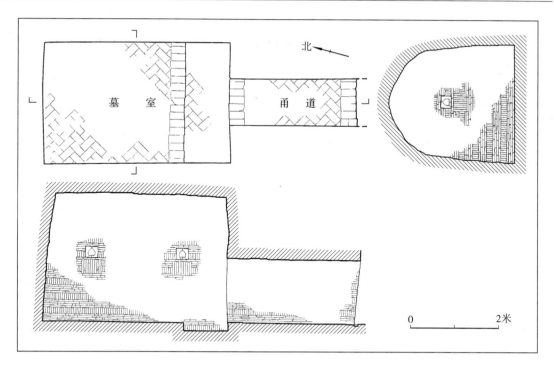

图 10-18　百济武宁王陵平面、剖视图

认为武宁王陵的时代应早于宋山里 6 号墓，但是也有中日学者[1]对此提出了异议，认为武宁王陵的时代应晚于宋山里 6 号墓。纵观这一时期的南朝大墓，如南京西善桥油坊村南朝大墓[2]、丹阳胡桥南朝大墓[3]等墓室多采用三顺一丁的方法砌成，也有墓葬采用四顺一丁或六顺一丁砌筑墓室。武宁王陵墓室中有 5 个砖筑的壁龛和假棂窗，顺砖的纹饰采用菱形纹、六瓣莲花纹，丁砖的纹饰采用两砖组合的八瓣莲花纹或八瓣莲花纹与忍冬纹组合，修筑专用的排水沟，这些做法与南京仙鹤门南朝大墓壁龛和假棂窗的做法以及南京油坊村南朝大墓的形制基本一致。宋山里 6 号墓还在砖筑的四壁上以颜料绘出四神图像，其渊源应是中国南朝贵族大墓中的同类图像，也或与北邻的高句丽壁画墓四神图像有关[4]。

〔1〕　A. 韩昇：《百济武宁王陵与南朝砖室墓》，《海东集》，上海人民出版社，2009 年。

　　　 B. 斎藤忠　1976「百済武寧王陵を中心とする古墳群編年的序列とその被葬者に関する一考察」『朝鮮學報』81

〔2〕　罗宗真：《南京西善桥油坊村南朝大墓的发掘》，《考古》1963 年第 6 期。

〔3〕　南京博物院：《江苏丹阳胡桥南朝大墓及砖刻壁画》，《文物》1974 年第 2 期。

〔4〕　A. 王志高，2008，「公州宋山裏 6 號墳幾個問題的探討」，『百濟文化海外調査報告書Ⅵ』，국립공주박물관.

　　　 B. 金元龍，1980，『韓國壁畫古墳』，一志社.

　　　 C. 韦正：《六朝墓葬的考古学研究》，北京大学出版社，2011 年。

武宁王陵和宋山里6号墓作为百济的王陵或王族墓葬，从当时的文献资料及相关制度来看，一般的民间工匠绝无营造墓葬的可能性。而武宁王陵和宋山里6号墓无论是在墓葬形制、随葬器物，还是在采用墓志、放置镇墓兽、使用铭文砖及墓砖纹样等诸多方面，都明显仿效自南朝墓葬。王仲殊曾指出[1]：东晋、南朝的陵墓的墓室是建筑在地下的；在营建和待葬期间，按理不许一般官民等人进入观看；埋葬以后，封闭严密，更是谁也无从得见。百济使者虽多次到建康访问，但作为外国人，决无被邀请深入到墓室参观的可能性。武宁王陵在形制和构造上与中国南朝的陵墓如此相似，不能不使人推想其建造也许有中国的工匠参加；当然，陵墓规模宏大，其建造过程中自应以众多的百济工匠为主，但中国的工匠起了指导作用。联系到南朝对于百济政府的请求多予满足，曾赐予百济想要的文化典籍，而且按百济的要求派遣去博士、工匠及画师在内的各类人员[2]。因此来自南朝的官方工匠应参与武宁王陵和宋山里6号墓的设计，并参与和指导众多百济官方工匠进行建造。

（2）壁画纹饰

三国两晋南北朝时期中国境内发现了大量的壁画墓葬，随着这一时期与朝鲜半岛的交往，壁画墓葬在朝鲜半岛也开始出现，百济、新罗和加耶地区也都有发现。

四神图和莲花纹作为汉唐时期中国壁画墓的重要装饰纹样，在朝鲜半岛的墓葬中也有出现，四神图在百济公州宋山里6号墓（图10-19）[3]和扶余陵山里1号墓[4]曾有发现，莲花纹在庆尚北道荣州於宿述干墓[5]（新罗墓葬）和高灵古衙洞壁画古墓[6]（加耶墓葬）等墓中也有发现，其中於宿述干墓石门的墓室一面发现有"乙卯年於宿知述干"的刻铭，有学者认为该墓壁画受到了高句丽壁画墓的影响[7]，说明中国壁画常见的装饰图像，可能是通过高句丽传入百济、新罗和加耶地区，并对这些地区的墓葬壁画和器物装饰等产生了深远的影响，其中部分纹样的影响还波及日本列岛。

在中国流行的龟甲纹（六方连续纹样）[8]，东汉晚期之前传入中原地区，十六国南北

〔1〕　王仲殊：《东晋南北朝时代中国与海东诸国的关系》，《考古》1989年第11期。

〔2〕　《梁书·百济传》："中大通六年，大同七年，累遣使献方物，并请《涅盘》等经义、《毛诗》博士，并工匠、画师等，敕并给之。"

〔3〕　野守健·神田惣藏　1935「忠清南道公州宋山里古蹟調查報告」『昭和二年度古蹟調查第二册』朝鮮總督府

〔4〕　谷井濟一　1920「京畿道廣州·高陽·楊州·忠清南道天安·公州·扶餘·青陽·論山·全羅北道益山及全羅南道羅州十郡古蹟調查略報告」『大正六年度古蹟調查報告』朝鮮總督府

〔5〕　이화여자대학교박물관, 1984,『榮州順興壁畫古墳發掘調查報告書』, 이화여자대학교출판부.

〔6〕　金基雄　1980『朝鮮半島の壁画古墳』六興出版

〔7〕　이태호, 2010,「고구려와 신라 미술이 공존하는 영주 순흥의 읍내리벽화고분과 태장리 어숙묘」,『美術資料』79.

〔8〕　A. 江上綏　1983『日本文様の源流——亀甲つなぎ』日本経済新聞社

B. 上原和　1989「藤之木古墳の副葬品について文様意匠から見た朝鮮三國との關係」『佛教藝術』第184號

C. 田立坤：《六方连续纹样考》，《新果集——庆祝林沄先生七十华诞论文集》，科学出版社，2008年。

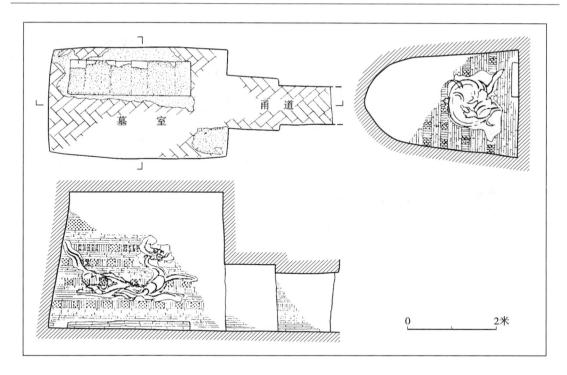

图 10-19　百济宋山里 6 号墓平面、剖视图

朝时期流行于南北各地，通过东北的三燕地区和高句丽地区，以后逐渐传入朝鲜半岛南部的百济、新罗和加耶地区[1]，主要见于武宁王陵、天马冢、瑞凤冢、皇南大冢和全罗北道南原郡月山里 M1－A 号墓[2]等大型墓葬的壁画或出土器物上。

3. 佛教遗存

两晋南北朝时期，佛教在中国逐步发展壮大，并逐渐走向繁荣，出现了一系列的佛教石窟、寺院及佛教造像。百济和新罗先后接受了来自中国的佛教，根据《三国史记》的记载，公元 384 年佛教自东晋传到百济，公元 528 年佛教由南朝梁传到新罗。目前在朝鲜半岛已经发现了一些百济、新罗的佛寺造像和瘗埋舍利的遗迹。

（1）佛寺遗址及佛教造像

百济境内较早的寺院是迁都熊津后创建的大通寺和兴轮寺，其中大通寺建于公元 527年，由于当时百济与南朝的梁政权交往密切，大通寺的名称可能来源于梁武帝的"大通"年号[3]。公元 538 年迁都泗沘后，百济兴建了定林寺、陵寺、王兴寺、帝释寺、弥勒寺和金刚寺等众多佛寺，百济的佛教并由此达到极盛时期。其中定林寺、陵寺和王兴寺分别修建于公元 6 世纪中期、567 年和 577 年，其他佛寺大体在公元 7 世纪初前半叶。百济地

〔1〕　苏哲：《日本藤之木古坟出土马具纹饰初探》，《考古学研究（一）》，文物出版社，1992 年。

〔2〕　전영래, 1983, 『南原月山里古墳群發掘調查報告』, 圓光大學校馬韓百濟文化研究所.

〔3〕　《三国遗事·兴法第三》："又于大通元年（公元 527 年）丁未，为梁帝创寺于熊川州，名大通寺。"

图10-20　百济出土佛教鎏金造像 1. 首尔纛岛出土鎏金铜如来像　2. 扶苏山城出土"郑智远"铭鎏金铜佛像

区的佛寺布局遵循中国南北朝时以佛塔为中心的格局，塔基亦均为方形。同时两晋南北朝时期南北政权纷纷建立国寺，国寺即帝后礼佛的寺院、往往也成为国家的佛教中心，如前燕龙城附近的龙翔寺、北魏平城和洛阳的永宁寺、南朝梁的同泰寺等，由此而形成了国寺制度。随着佛教传入朝鲜半岛国寺制度也影响到了朝鲜半岛〔1〕，如百济的陵寺等。

公元6世纪末之前的百济佛像（图10-20），分别发现于扶余定林寺址、军守里寺址、扶余新里寺址和扶苏山城寺址等。主要有鎏金如来坐像、鎏金菩萨立像、"郑智远"铭鎏金三尊佛，滑石如来坐像、蜡石菩萨像和泥塑佛像等。其中"郑智远"铭鎏金三尊佛是其为亡妻做的一件佛像，铭文为："郑智远为亡妻︱赵思敬造金像︱早离三涂"。百济地区佛教造像在受到南朝影响的同时，还表现出一定的北朝和高句丽因素。陵寺遗址出土的泥塑弟子像、扶余定林寺出土的泥塑笼冠人像（图10-21），明显受到中国南北朝时期佛教造像的影响。

新罗在公元6世纪初才接受佛教，新罗境内这一时期的佛寺主要有刺楸寺、兴轮寺和永兴寺等，其中兴轮寺始建于法兴王十四年（公元527年），至真兴王五年（公元544年）完成。新罗佛寺布局同百济一样，是以方形的佛塔为中心，周围分布有金堂和佛殿等佛教建筑。

（2）瘗埋舍利遗迹

佛教瘗埋舍利的习俗，在南北朝时期也由中国影响到百济和新罗，据文献记载新罗真兴王时期南朝梁曾遣使至新罗送佛舍利〔2〕。

---

〔1〕　溫玉成，2003，「扶餘 陵山里寺址에 관한 諸問題」，『百濟金銅大香爐와 古代東亞細亞』，
　　　부여박물관．。
〔2〕　《三国史记·真兴王》："十年（公元549年），春，梁遣使兴入学僧觉德送佛舍利。王使百官奉迎兴轮寺前路。"

图 10-21　百济出土佛教泥塑

1~3. 笼冠人像（扶余定林寺）　4. 弟子像（扶余陵寺）

图 10-22　百济扶余王兴寺出土金、银、铜三重舍利函

1. 金瓶　2. 银瓶　3. 铜圆函

　　目前发现的瘗埋舍利遗迹，在百济陵寺遗址和王兴寺遗址各出土一件纪年舍利函。陵寺出土的是白色花岗岩龛形舍利函，龛门两侧刻有铭文，右侧为："百济昌王十三年太岁在"，左侧为："丁亥妹兄公主供养时"。惜早年被盗，龛内舍利无存，从铭文内容可知是公元 567 年百济昌王（《三国史记》作威德王）之姊发愿时制作的舍利函。王兴寺塔基地宫内出土的是一套完整的舍利函，共有三重，从外到内依次为铜圆函、银瓶和金瓶（图 10-22）。其中铜函周身刻有铭文："丁酉年二月」十五日百济」王昌为亡王」子立刹本舍」利二枚葬时」神化为三"。可知这件舍利函是公元 577 年百济昌王为亡故的王子发愿时埋藏的。舍利函内及其附近出土勾玉、玉笄、兽面纹玉饰、金耳饰、金丝、金板、琉璃珠和常平五铢等遗物。军守里佛寺遗址和旧衙里佛寺遗址也发现了可能为埋藏

的舍利物或舍利坑的设施[1]。

（三）有关百济、新罗、加耶与中国文化交流的遗物

1. 陶瓷器

朝鲜半岛南部出土釉陶较少，其中来自中国的釉陶目前仅发现于百济地区。百济、新罗和加耶地区均发现中国两晋南北朝时期的瓷器，其中百济地区发现的数量和器形最多。

（1）釉陶

半岛南部出土的釉陶仅见于百济地区，主要遗址有风纳土城、梦村土城和神衿城。首尔市风纳土城出土有褐釉钱纹瓮、四耳瓮等，还有黑釉菱形纹瓮残片[2]。梦村土城出土有褐釉钱纹陶片、黑釉钱纹陶片等[3]。石村洞古墓群（M2）发现褐釉、黑釉和绿釉陶片[4]。忠清南道洪城郡神衿城出土有黑釉钱纹陶片和瓮口沿残片[5]。以上釉陶被认为是西晋时期产品。忠清南道公州市水村里古墓群（M4）出土的黑釉陶壶[6]和全罗南道扶安郡竹幕洞祭祀遗址出土的黑褐釉陶罐，被认为是东晋南朝时产品[7]。釉色有褐釉和黑釉，纹饰有钱文和菱形纹等，器形主要有瓮和罐等。百济地区位于朝鲜半岛的西南部，其特殊的位置使得百济与南朝交往频繁，在交往过程中更多来自中国南方的釉陶和瓷器随之传入百济地区。

（2）瓷器

瓷器在百济、新罗、加耶地区均有出土，主要遗址有韩国原州法泉里[8]、天安花城里[9]、天安龙院里[10]、风纳土城[11]、梦村土城[12]、石村洞古墓群[13]、抱川自作里[14]、益山

[1]　金妍秀　2005「六～七世紀韓國佛塔和舍利聖物——以百済、新羅爲中心」『東亞地区六至七世紀仏寺塔基考古學研究論集』日本東北學院大學

[2]　국립문화재연구소，2001，『風納土城Ⅰ』.

[3]　서울대학교박물관，1989，『夢村土城東南地區發掘調查報告』.

[4]　김원룡·임효재·임영진，1989，『石村洞 1·2 號墳』，서울대학교박물관.

[5]　李康承·朴淳發·成正鏞，1994，『神衿城』，충남대학교박물관.

[6]　충남역사문화연구소，2003，『公州水村里遺蹟』.

[7]　국립전주박물관，1994，『扶安竹幕洞祭祀遺蹟』.

[8]　국립중앙박물관，2000，『法泉里Ⅰ』.

[9]　국립대구박물관，2004，『우리 문화속의 中國陶磁器』.

[10]　A. 임효재·최종택，2001，『龍院里遺蹟 C 地區發掘調查報告書』，서울대학교박물관.
　　　B. 李南奭，2000，『龍院里古墳群』，公州大學校博物館.

[11]　국립문화재연구소，2001，『風納土城Ⅰ』. 국립문화재연구소，2001，
　　　『한성지역 백제토기 분류표준화 방안연구』.

[12]　金元龍·林永珍，1986，『夢村土城 東北地區發掘報告』，서울대학교박물관.

[13]　金元龍·林永珍，1986，『石村洞 3 號墳東側古墳群調查整理報告』，서울대학교박물관.

[14]　경기도박물관，2004，『抱川自作里遺蹟Ⅰ』.

笠店里〔1〕、益山王宫里〔2〕、扶余竹幕里、扶余东南里〔3〕、扶余官北里、扶余陵寺〔4〕、扶余扶苏山城、扶安竹幕洞〔5〕、公州武宁王陵〔6〕、公州水村里〔7〕，庆州皇南大冢〔8〕和釜山福泉洞古墓群〔9〕、全罗北道南原市月山里古墓群〔10〕等。纹饰有水波纹、莲花纹、飞天纹和弦纹等，釉色有青釉、黑釉和褐釉等。器形主要有鸡首壶、羊形尊、盘口壶（四系、六系和八系）、碗、五足砚、虎子和莲花大尊等（图 10 - 23）。百济、新罗等地出土中国陶瓷器的窑口，目前能够判定的主要有越窑、德清窑、瓯窑等南方窑系，应与百济、新罗等国与六朝交往频繁有关。

这些瓷器在墓葬和遗址中都有出土。出土瓷器的墓葬，其形制虽然多种多样，但是仍然具有一些共同特点，如墓葬规模较大、随葬品数量众多、墓葬位置比较开阔或地势高亢等，表明墓主人的身份都是当时的社会上层甚至是王族。出土瓷器的遗址或为王都地区，或是一些重要的山城或聚落遗址，显然其使用者也绝非一般民众。

关于这些陶瓷器传入百济等地的最初时间，目前还没明确的意见。根据百济风纳土城等处出土的西晋时期釉陶等来看，上限也应该在西晋时期，但当时百济与西晋王朝并没有直接的官方交往，因此汉城时期的釉陶器应是通过民间交往的形式获得的〔11〕。或许不排除存在着从半岛北部乐浪或高句丽地区传入的可能性。当百济与东晋南朝国家有官方交往以后，除民间交往外，中国的陶瓷器更多可能是通过赏赐或赠予等方式而获得。

百济、新罗地区一些新的陶器的出现也受到了六朝地区陶瓷器及其烧制技术的影响。百济熊津时期（公元 475～538 年）扶余军守里遗址发现了模仿中国虎子而烧造的灰陶虎子，泗沘时期（公元 538～660 年）还出现了模仿六朝陶瓷烧造的铅釉陶器。庆州月城路甲区 5 号墓〔12〕出土的绿釉壶表明公元 4 世纪初前半新罗地区已经开始烧造釉陶。加耶地区公元 4 世纪的墓葬中，出现了表面呈青灰色或红褐色的硬质陶器，应是接受了中国江南硬陶烧制技术的影响〔13〕。

---

〔1〕　문화재연구소，1989，『익산입접리고분』.

〔2〕　국립부여문화재연구소，1992，『王宫里』.

〔3〕　충남대학교박물관，1993，『東南里遺蹟』.

〔4〕　국립부여박물관，2000，『陵寺 부여 능산리유적 조사발굴 진전 보고서』.

〔5〕　국립전주박물관，1994，『扶安竹幕洞祭祀遺蹟』.

〔6〕　文化財管理局，1973，『武寧王陵 發掘調査報告書』，三和出版社.

〔7〕　충남역사문화연구소，2003，『公州水村里遺蹟』.

〔8〕　文化財管理局・文化財研究所，1985，『皇南大塚 北墳 發掘調査報告書』，文化財管理局.

〔9〕　복천박물관，1996，『부산의 역사와 복천동고분군』.

〔10〕　전북문화재연구원，2011，「백제와 돈독한 관계를 가졌던 대가야 세력자의 무덤」，『2010 한국고고학 저널』，국립문화재연구소.

〔11〕　成正镛、李昌柱、周裕兴：《中国六朝与韩国百济的交流——以陶瓷器为中心》，《东南文化》2005 年第 1 期。

〔12〕　國立慶州博物館，1990，『慶州市月城路古墳群（本文篇）』.

〔13〕　王巍：《从考古发现看四世纪的东亚》，《考古学报》1996 年第 3 期。

图 10-23　百济、新罗、加耶出土陶瓷器

1. 褐釉陶瓮（首尔风纳土城）　2. 青瓷盘口壶（天安花城里遗址）　3. 莲花纹青瓷碗（天安龙院里古墓群）
4. 青瓷羊形尊（原州法泉里古墓群）　5. 青瓷四系罐（公州武宁王陵）　6. 青瓷盘口壶
（公州武宁王陵）　7. 褐釉盘口壶（皇南大冢北坟）　8. 青釉瓷碗（釜山福泉洞古墓群）

2. 砖瓦

(1) 砖瓦遗物

百济和新罗地区均出土了大量砖瓦遗物，其中砖的形制主要有条砖、方砖、楔形砖和不规则形砖等，瓦的形制有瓦当、筒瓦和板瓦，另外还出现了"鬼面瓦"（鬼面板，即兽面砖）和"着固"（着高，即当沟）。加耶地区发现过莲花纹瓦当、板瓦和筒瓦等的残片。随着佛教的传入，与佛教有关的纹样，如莲花纹、忍冬纹等成为这一时期瓦当纹样的主流。由于当时百济、新罗与南朝交往密切，其瓦当纹样尤其是莲花纹瓦当和忍冬纹瓦当，深受南朝影响，存在着风格及文化谱系上的类同[1]。

百济汉城时期已经使用瓦当，同时也开始出现筒瓦、板瓦和砖。这时的瓦当纹饰主要有几何纹、菱形纹、凸弦纹和莲花纹等，仅在风纳土城、梦村土城和石村洞 4 号墓等地有所发现，时代大体在公元 4 世纪末 5 世纪初，莲花纹瓦当的出现应在佛教传入百济地区（公元 384 年）之后。与百济瓦当中几何纹、凸弦纹相似的纹样在前燕和后燕时期的瓦当

---

[1]　贺云翱：《六朝瓦当与六朝都城》，文物出版社，2005 年。

中也有发现，而且前燕时期已经有百济人在其境内活动[1]，因此百济瓦当在产生过程中可能受到了前燕和后燕瓦当的影响。瓦当的制作工艺主要包括一体型结合技法和分离式结合技法两种[2]。观察风纳土城和梦村土城发现的一些砖瓦，其制作技术比较原始：火候不高、颜色不匀、砖瓦中会发现一些较大砂石颗粒。到百济熊津时期（公元 475～538 年）和泗沘时期（公元 538～660 年），瓦当的制作工艺更加复杂，大体可以分为四型[3]，瓦当纹样以莲花纹为主，还有巴纹、忍冬纹和人面纹等，这时莲花纹瓦当的发展演变明显受南朝瓦当的影响。特别是熊津时期，百济瓦当受到南朝梁的影响，莲花纹瓦当呈现盛开莲花的形象[4]。这时百济也出现了"橡木瓦"（橡当）、当沟和鸱尾等，砖有条砖、方砖、扇形砖和楔形砖等，装饰纹样以莲花纹、忍冬纹、菱形纹和钱纹等为主，宋山里古墓群出土的条砖上还模印有铭文。

新罗地区的瓦当纹样以莲花纹为主，早期的瓦当可能接受了高句丽瓦当的影响，莲瓣较瘦长，瓣端呈尖角，时间应是在公元 528 年佛教传入新罗地区之后。到公元 6 世纪末新罗瓦当开始形成自己的风格，特点是莲瓣尖微卷，莲瓣有中分的竖线。这时新罗瓦主要集中发现于王京所在的庆州地区，如月城遗址、皇龙寺遗址等。

加耶地区目前发现的砖瓦数量与百济和新罗相比明显较少，庆尚南道咸安郡的城山山城发现了兽面瓦残片、莲花纹瓦当残片和板瓦残片等[5]。庆尚南道河东郡姑苏山城也发现板瓦残片和筒瓦残片等[6]。这些瓦件明显是受到新罗文化的影响出现的。

（2）砖瓦窑址

百济窑址在忠清南道青阳郡王津里[7]、扶余[8]和保宁[9]等地均有发现，其中扶余郡发现的窑址在 8 处以上，保宁千房遗址瓦窑址的时代从百济末期一直延续到朝鲜时代。王津里确认的 6 座窑址为马蹄窑，马蹄窑在百济地区的出现，正是这一时期南朝马蹄窑直接影响的结果[10]。

新罗地区已经发掘的有勿川里和苏谷里窑址，表明公元 6 世纪初新罗的瓦当、筒瓦和

〔1〕《晋书·慕容皝载记》："皝记室参军封裕谏曰：臣闻圣王之宰国也，薄赋而藏于百姓，分之以三等之田，十一而税之；寒者衣之，饥者食之，使家给人足。……句丽、百济及宇文、段部之人，皆兵势所徙，非如中国慕义而至，咸有思归之心。今户垂十万，狭凑都城，恐方将为国家深害，宜分其兄弟宗属，徙于西境诸城，抚之以恩，检之以法，使不得散在居人，知国之虚实。"

〔2〕 소재윤, 2009,「기와분류 및 제작기법 검토」,『風納土城Ⅺ（本文篇）』, 국립문화재연구소.

〔3〕 소재윤, 2006,「웅진, 사비기 백제 수막새에 대한 연구——금강유역을 중심으로」,『호남고고학보』23.

〔4〕 姜友邦, 2000,「韓國瓦當藝術論序說」,『新羅瓦塼』, 국립경주박물관.

〔5〕 국립창원문화재연구소, 1998,『咸安 城山山城』.

〔6〕 동아대학교박물관, 2000,『河東 姑蘇山城試掘調査報告書』.

〔7〕 鄭良謨, 1971,「왕진리 백제가마터」,『박물관뉴스』13.

〔8〕 최맹식, 1999,『백제 평기와 연구』, 학연문화사.

〔9〕 李南奭·李勳, 1996,『千房遺址』, 공주대학교박물관.

〔10〕 熊海堂：《东亚窑业技术发展与交流史研究》, 南京大学出版社, 1995 年。

板瓦主要这里生产[1]。

（3）砖瓦铭文

三国两晋南北朝时期中国出现了大量铭文和纪年砖瓦，对于研究当时墓葬制度和社会形态等都具有重要的作用。纪年砖瓦因纪年形式的不同又可以分为年号纪年和干支纪年，特别是纪年砖往往出土于墓葬，成为墓葬断代和了解墓主人所在时代社会习俗等的标尺型遗物。中国发现的三国两晋南北朝时期纪年砖主要分布在长江流域及其以南地区，北方发现的数量较少，受中国影响，半岛的铭文砖瓦主要发现于百济地区，公州宋山里古墓群曾发现有"大方""中方""急使""士壬辰年作"和"梁官瓦为师矣"的铭文砖，铭文均见于武宁王陵，其中"大方"和"中方"还见于宋山里其他墓葬中[2]。"大方""中方"等铭文，应与中国陕西安康天监五年（公元506年）南朝墓葬中也发现的"大牛""中牛""利牛""大斧""中斧"和"利斧"等砖铭性质相同，应是指特定部位的专用材料，也或有结构力学方面的含义[3]。"梁官瓦为师矣"（或释读为"梁宣以为师矣"[4]），表明了百济制砖工艺与南朝梁的关系，百济的莲花纹瓦当、菱形纹砖与铭文砖等在装饰纹样和制造技术方面深受南朝的影响。铭文瓦在扶余地区发现较多，瓦当、板瓦和筒瓦上均有发现，其中铭文瓦当仅有一件，莲瓣上模印"大王夫王"四字，筒瓦和板瓦上既有干支铭文，如"丁巳""乙丑"等；也有年号铭文，如"大通"；还有与百济部族用瓦或与瓦所在部位有关的铭文，如"葛耶城丁巳瓦""前部乙瓦""中下之瓦"等，部分铭文瓦可能沿用至泗沘后期。忠清南道扶余郡的井洞里窑址[5]附近出土了"大方""中方"铭文的条砖、饰有莲花纹、菱形纹的条砖及板瓦等，其中铭文砖、莲花纹、菱形纹砖的形制和纹饰与武宁王陵及宋山里6号墓出土的同类产品相同，可以确定井洞里窑址是百济熊津时代铭文砖的产地之一。

3. 马具

两晋南北朝时期，中国古代马具经历了划时代的发展。特别在十六国时期，慕容鲜卑在马具甲胄制作方面，引领了时代潮流，颇具特色。并且对古代东北亚诸国马具甲胄的发展与完善产生了深远的影响。当时的马具主要有镳衔、马镫、马鞍，以及装饰用的杏叶和寄生等。在朝阳和安阳地区的慕容鲜卑墓葬中先后发现木芯包铜片的马镫和铜鎏金的实心马镫，呈椭圆形、圆形或三角形，上有长条形镫柄。

与慕容鲜卑接壤的高句丽地区也出土了与三燕地区大体相当或稍晚的马镫。随着百济、新罗与高句丽的频繁接触，来自高句丽地区的慕容鲜卑系统的马镫开始到达百济、新罗地区，并影响到了半岛南部的加耶地区。马镫镫环同样为椭圆形、圆形或三角形，脚踏处有的变得平直或微微凸起，如天安龙院里M9、原州法泉里M1、皇南大冢南坟、尚州新兴里M37、

[1] 姜友邦，2000，「韓國瓦當藝術論序說」，『新羅瓦磚』，국립경주박물관.

[2] 尹根一，1988，「公州 宋山里古墳 調査發掘概報」，『文化財』21.

[3] 安康市历史博物馆：《陕西安康市张家坎南朝墓葬发掘纪要》，《华夏考古》2008年第3期.

[4] 조윤재，2008，「公州 宋山里 6號墳 銘文磚 판독에 대한 管見」，『호서고고학보』19.

[5] 國立扶餘博物館，1989，『百濟의 瓦磚』.

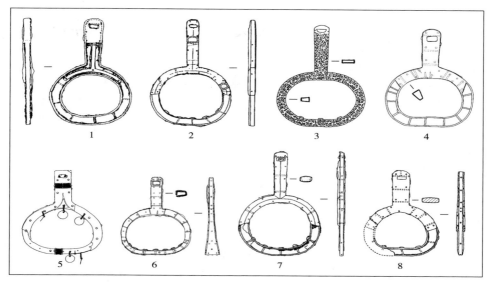

图 10-24　新罗、加耶出土马镫

1. 天安龙院里 9 号墓　2. 原州法泉里 7 号墓　3. 皇南大冢南坟　4. 尚州新兴里 37 号墓
5. 金冠冢　6. 陕川玉田 3 号墓　7. 高灵池山洞 3 号墓　8. 釜山福泉洞 10 号墓

陕川玉田 3 号墓和高灵池山洞 M3 出土马镫，部分圆形镫环内的三角形顶点为弧形，脚踏处也较为平直，如釜山福泉洞 10 号墓出土马镫。新罗、百济地区高等级墓葬往往出土铜鎏金的实心马镫，铜片包木芯的马镫较少，加耶地区则流行铁质马镫，木芯马镫也有发现（图 10-24）。除了以上常见的环式马镫外，百济、新罗和加耶地区还出现了壶镫。

　　慕容鲜卑使用的马鞍为具有前后鞍桥的木鞍[1]，鞍桥上通常饰以金属制的包片，因木鞍易朽，考古发现的多为金属包片，在朝阳十二台营子 88M1 和喇嘛洞Ⅱ区 M101 都有出土。包片多铜质鎏金，附有保护鞍桥立面的翼形片。受其影响，在百济、新罗墓葬都可以找到类似的鞍桥包片（图 10-25），上面装饰用的龙凤、瑞兽和射猎等纹样在三燕地区均可以找到其源头。慕容鲜卑流行以金属摇叶装饰马具[2]，同样影响到新罗，在新罗金铃冢就出土有饰圆形鎏金铜摇叶的鞍桥和马镫。

　　此外，慕容鲜卑习用的板状马镳、马具装饰的杏叶等，也传播到百济、新罗等地区。

　　中国十六国南北朝时期马具中流行的"寄生"[3]，也传播到海东诸国，在新罗、加耶乃至古代日本都有出土[4]。在新罗等地发现的寄生，如金冠冢、天马冢和皇南

〔1〕　田立坤：《高桥鞍的复原及有关问题》，《东北亚考古学论丛》，科学出版社，2010 年。

〔2〕　田立坤：《步摇考》，《4～6 世纪的北中国与欧亚大陆》，科学出版社，2006 年。

〔3〕　杨泓：《中国古兵器论丛》，文物出版社，1980 年。

〔4〕　A. 末永雅雄　1936「蛇形状鐵器」『考古學雜誌』第 26 卷第 9 號

　　　B. 東潮　1997「蛇行状鐵器考」『高句麗考古學研究』吉川弘文館

　　　C. 陈山：《北票新发现的三燕马具研究》，《文物》2003 年第 3 期。

　　　D. 李蘭暎・金斗喆，1999，『韓國의 馬具』，韓國馬事會・馬事博物館.

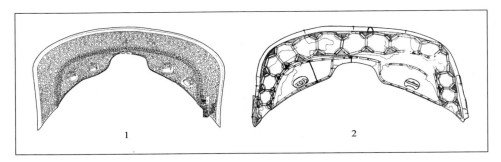

图 10-25　新罗、加耶出土马鞍桥包片
1.皇南大冢南坟　2.陕川玉田 3 号墓

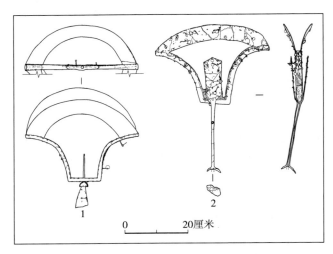

图 10-26　新罗出土马寄生
1.金冠冢　2.天马冢

大冢南坟出土的鎏金铜质的扇形寄生（图 10-26），与三燕地区喇嘛洞墓地发现的鎏金铜质寄生形制近似，表明仍是受到慕容鲜卑马具影响的产物。

4. 兵器

（1）甲胄

战士穿着的铁质甲胄，在百济、新罗、加耶都有发现。保护头部的铁胄（兜鍪）在加耶地区大量出土，尤以金海大成洞古墓群、釜山福泉洞古墓群和陕川玉田古墓群为主，其出土铁胄数量占到加耶地区发现铁胄数量的一半以上，另外咸安道项里古墓群、高灵池山洞古墓群和金海良洞里古墓群也出土了一定数量的铁胄。如此数量之多的铁胄在加耶地区发现，一方面与加耶地区铁资源丰富关系密切，另一方面可能也反映了加耶地区战争频繁的社会现象。新罗地区的甲胄在庆州发现较多，如庆州舍罗里古墓群和林堂古墓群等。百济地区发现的铁胄数量较少，或与当地多用皮胄有关。铁胄依其形制的不同可以分为纵长板胄、弯曲纵长板胄、小札胄、遮

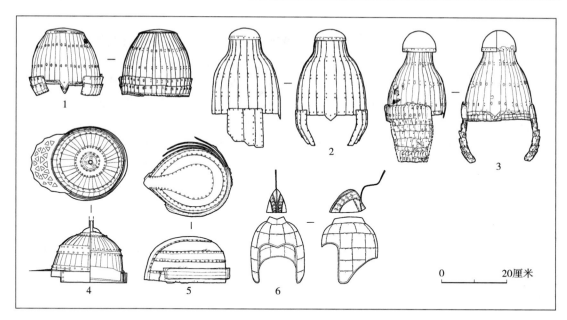

图 10-27　加耶出土铁胄
1. 庆山林堂 G 区 5 号墓　2. 蔚山中山里ⅠA 区 100 号墓　3. 釜山福泉洞 21 号墓
4. 高灵池山洞Ⅰ区 3 号墓　5. 高灵池山洞 32 号墓　6. 陕川玉田 3 号墓

阳胄、冲角附胄和异形胄六大类（图 10-27）[1]。新罗地区出土纵长板胄 1 件、弯曲纵长板胄
25 件、小札胄 1 件、异形胄 2 件，加耶地区出土纵长板胄 20 件、弯曲纵长板胄 55 件、冲角附
胄 4 件、遮阳胄 2 件、小札胄 4 件。纵长板胄和弯曲纵长板胄的顶部往往有半球形的覆钵，有
的为略微外凸的圆形甲片，通过覆钵口部的小孔连缀长条形甲片，从而形成胄的主体部分，如
庆山林堂 G5 号墓[2]和釜山福泉洞第 11 号墓[3]出土铁胄。为了保护脸颊及耳朵的需要，
胄两侧还缀有三角形或梯形的甲片，如蔚山中山里遗迹ⅠA100 号墓[4]和福泉洞 21 号墓出
土铁胄[5]，铁胄正面额头部位往往留有"V"的突出，可能具有保护眉心的作用，也不排除
其装饰功能。覆钵顶上留有小的孔洞或圆柱形铁管，用来安插缨饰，个别还在覆钵内部发现圆
柱形铁管，如咸安道项里 8 号墓出土铁胄[6]。小札胄则是由胄顶的一个不规则圆形甲片及其
周围的锯齿形甲片或全部由较小的甲片连缀而成，如陕川玉田 3 号墓[7]和陕川磻溪堤甲 A 号

〔1〕이현주，2010，「한국 고대갑주연구의 현황과 과제」，『韓國古代의 甲冑』，福泉博物館．
〔2〕영남문화재연구원，2001，『慶山林堂洞遺蹟Ⅱ　G 地區 5·6 號墳』．
〔3〕鄭澄元·申敬澈，1983，『東萊福泉洞古墳群Ⅰ』，釜山大學校博物館．
〔4〕昌原大學校博物館，2006，『蔚山中山里遺蹟Ⅰ』．
〔5〕부산대학교박물관，1990，『東萊福泉洞古墳群Ⅱ』，년．
〔6〕국립창원문화재연구원，2004，『咸安道項里古墳群Ⅴ』．
〔7〕趙榮濟·朴升圭·金貞禮·柳昌煥·李瓊子，1992，『陕川玉田古墳群Ⅲ　M1·M2 號墳』，慶尚大學校
博物館．

墓出土铁胄[1]。遮阳胄往往覆钵较小，胄体部分由两层或多层小的长方形甲片组成，在两侧甲片连接处和头盔下面还有一层长方形的横甲片进行加固，除了具有一定宽度的胄檐，覆钵上也有用来安插缨饰的圆柱形铁管，如高灵池山洞古墓群I～3 号墓出土铁胄[2]。冲角附胄是一个由胄顶而下的水滴形甲片及连缀在其周围的多层"C"形甲片或不规则块状甲片组成，如高灵池山洞 32 号墓出土铁胄[3]。异形胄即形制不同于以上者，如庆州舍罗里 5 号墓出土铁胄[4]。

　　与加耶地区类似的纵长板胄和弯曲纵长板胄，在榆树老河深墓地中均有发现，应是高句丽接受老河深胄的影响后，又将其向南传播的结果[5]。顶部甲片略微外凸的纵长板胄在朝阳十二台砖厂 88M1 中已有发现，应是通过与三燕临近的高句丽地区最终到达朝鲜半岛的。小札胄在中国汉代已经发现，此类胄可能是通过乐浪地区传入朝鲜半岛的。遮阳胄和冲角附胄应是起源于加耶地区，并到达与其相邻的百济地区和日本列岛。

　　保护躯体的铠甲，包括保护颈部的颈甲、保护身体的甲衣、保护手臂的臂甲、保护膝盖的膝甲和保护腿部的胫甲等，其中甲衣发现较多，颈甲和胫甲次之，臂甲和膝甲等较少。甲衣根据其组成甲片的不同可以分为纵长板甲、札甲和带金式板甲三类，其中纵长板甲主要是由几块纵长方形板甲缀合而成，主要流行于公元 4 世纪中叶以后，如庆州舍罗里 55 号墓[6]出土甲衣；札甲是指由许多较小的甲片连缀在一起而组成，主要流行于公元 4 世纪初后半叶以后；带金式板甲主要由横长方形、三角形或梯形的甲片组成，主要流行于公元 4 世纪末，如釜山福泉洞 4 号墓[7]和高灵池山洞 32 号墓[8]出土甲衣。颈甲主要是由长方形的弧形甲片缀合而成，如釜山福泉洞 11 号墓[9]和庆山林堂 G5 号墓[10]出土品，朝鲜半岛发现的颈甲与朝阳十二台砖厂 88M1 出土的颈甲结构和形状十分相似，因此颈甲也应是由三燕地区传入朝鲜半岛的。胫甲通常由呈树叶状的大型甲片及其两侧的长方形甲片组成，两侧的甲片上往往有用于固定的带扣，如福泉洞 11 号墓、皇南大冢南坟和天马冢出土品等。

　　（2）马具装铠

　　公元 4 世纪初开始慕容鲜卑地区出现了完备的马具甲胄系统，在朝阳十二台砖厂 88M1 和北票喇嘛洞墓群 IM117 的发掘中都发现有铁马具装铠实物，并已进行了复原研究。与慕容鲜卑相邻的高句丽最先接受三燕马具甲胄系统的影响，以后又以高句丽为媒

〔1〕 국립진주박물관，1987，『陜川磻溪堤古墳群』．

〔2〕 영남문화재연구원，2004，『高靈池山洞古墳群I』．

〔3〕 金鐘徹，1981，『高靈池山洞古墳群 32～35 號墳·周邊石槨墓』，계명대학교박물관．

〔4〕 영남문화재연구원，2007，『慶州 舍羅里遺蹟III　木槨墓·甕棺墓』．

〔5〕 王巍：《东亚地区古代铁器及冶铁术的传播与交流》，中国社会科学出版社，1999 年。

〔6〕 영남문화재연구원，2007，『慶州 舍羅里遺蹟III　木槨墓·甕棺墓』．

〔7〕 申敬澈·宋桂鉉，1985，「東萊福泉洞 4 號墳과 副葬遺物」，『伽倻通信』11·12．

〔8〕 金鐘徹，1981，『高靈池山洞古墳群 32～35 號墳·周邊石槨墓』，계명대학교박물관．

〔9〕 鄭澄元·申敬澈，1983，『東萊福泉洞古墳群I』，釜山大學校博物館．

〔10〕 영남문화재연구원，2001，『慶山林堂洞遺蹟II　G 地區 5·6 號墳』．

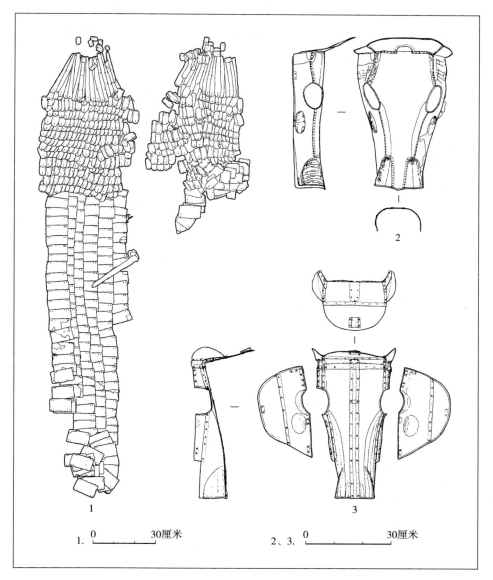

图 10 - 28　加耶出土铁马铠及马面帘
1. 马铠（咸安马甲冢）　2. 马面帘（陕川玉田 3 号墓）　3. 马面帘（釜山福泉洞 10 号墓）

介，将三燕马具甲胄系统传向朝鲜半岛南部新罗和加耶[1]，使得三燕墓葬随葬马具甲胄的习俗也成为当地的一种葬俗，特别是在南部铁资源丰富的加耶地区的墓葬中出土大量马具甲胄。通过加耶地区，马具装铠最终传至日本列岛。因此这一时期东北亚地区的马具和

[1]　강현숙，2008，「고분 출토 갑주와 마구로 본 4，5 세기의 신라，가야와 고구려」，『신라문화』32.

马铠主要源于三燕系统[1]。

新罗、加耶地区墓葬中均出土铁质马铠，在庆尚南道咸安马甲冢[2]曾出土一件较为完整的马铠，是由两组缀合在一起的甲片组成，每组甲片上还有系皮革绳索用的铁质带扣，由于墓葬东北部被扰乱，西侧马铠部分损失，东侧马铠基本完整，主要由长方形和椭圆形的甲片编缀而成（图 10-28-1）。较完好的铁马胄出土较多，如庆州舍罗里 65 号墓[3]、陕川玉田 3 号墓和福泉洞 10 号墓出土品，其形制大致与朝阳十二台砖厂 88M1 出土十六国时期的铁马面帘形制大致相同，仅有一些细部差异，表明是受到三燕马具装铠影响的结果（图 10-28-2、3）。

（3）大刀

百济、新罗、加耶地区出土的兵器大体可以分为短柄兵器、长柄兵器和远射兵器，其中短柄兵器包括大刀、三齿叉、四齿叉和斧等，长柄兵器有矛和矟等，远射兵器主要有弓、弩和镞，另外还发现盛箭的箭箙。

大刀常见的有细茎刀、环首刀和圆头刀，细茎刀因发现时刀柄部残留细茎故名，茎部外面通常套以有机质的刀柄。环首刀根据其圆环内装饰不同又有素环首大刀、三环环首大刀、三叶环首刀、龙纹环首大刀和龙凤纹环首大刀等类型，其中三环环首大刀环部有三个相连的圆环，三叶环首大刀圆环内装饰有三个叶子。圆头大刀其柄部多以金银为饰，末端为圆形。素环首大刀和三叶环首大刀在中国西汉时期已经出现，在乐浪地区也有发现，以后又传播到百济、新罗和加耶地区。此外在新罗加耶地区还有一种装饰性较强的刀具，刀身有一把或两把较大的刀连接在一起，刀身周围还有两把或两把以上较小的刀，此类刀具与圆头大刀以及龙凤纹环首大刀等刀具柄部装饰精美，通常还饰以金银或进行鎏金处理，而且常见于当时的高级别墓葬中，可能只是表明身份和执行礼仪时使用，并非实用兵器。

5. 铜镜

百济、新罗等地发现的铜镜数量不多，其中部分铜镜可以确定来自中国。主要有百济武宁王棺内出土方格规矩纹镜一枚，王妃棺内出土宜子孙兽带镜和和七乳兽带镜各一枚（图 10-29）；高兴雁洞古墓[4]出土连弧纹铜镜一枚；瑞山机池里 21 号墓[5]出土四乳禽鸟纹铜镜一枚；公州公山城出土四乳禽鸟纹镜一枚。皇南大冢南坟发现方格规矩纹铜镜一枚；国立庆州博物馆收藏一枚"位至三公"镜，传出自庆州校洞地区[6]；金海大成洞 23 号墓[7]出土方格规矩四神铜镜一枚，大成洞 14 号墓出土连弧纹镜残片一块，大成洞 2 号

〔1〕 A. 董高：《公元 3 至 6 世纪慕容鲜卑、高句丽、朝鲜、日本马具之比较研究》，《文物》1995 年第 10 期。

B. 王巍：《从出土马具看三到六世纪东亚诸国的交流》，《考古》1997 年第 12 期。

〔2〕 국립창원문화재연구소，2002，『咸安 馬甲塚』.

〔3〕 영남문화재연구원，2007，『慶州 舍羅里遺蹟Ⅲ 木槨墓·甕棺墓』.

〔4〕 호남문화재연구원，2006，『고흥 길두리고분조사시굴개보』.

〔5〕 공주대학교박물관，2006，『서산 해미기지리분구묘』.

〔6〕 國立慶州博物館，2007，『國立慶州博物館藏鏡鑑』.

〔7〕 申敬澈·金宰佑，2000，『金海大成洞古墳群Ⅰ』，경성대학교박물관.

木椁墓出土兽带镜残片两块；金海良洞里 441 号墓^[1]出土仿制规矩镜一枚。

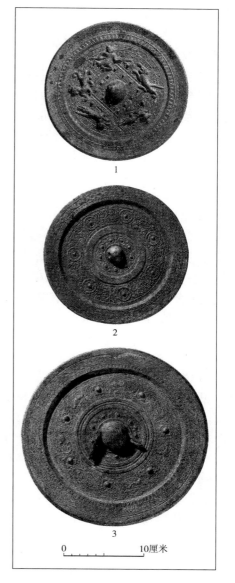

1

2

3

0　　　　　　　10厘米

图 10－29　百济武宁王陵出土铜镜
1. 武宁王棺内出土　2、3. 武宁王妃棺内出土

武宁王棺内出土的方格规矩纹镜，直径 17.8 厘米，半球形镜钮外有三层方格纹；靠近镜钮的两层方格之间有 12 个小乳钉，乳钉外各有凸弦纹，相邻凸弦纹之间有干支铭文；最后一层方格纹外有浮雕的仙人及神兽，其间又有 8 个小乳钉及凸弦纹；仙人和神兽外依次为铭文带、栉齿纹带、锯齿纹带和双层波状纹带，镜缘素面。镜上所铸铭文为：“尚方佳竟真大好」上有仙人不知老」渴饮玉泉饥食枣」寿如金石兮”（图 10－29－1）。王妃棺内出土的宜子孙兽带镜，直径 23.2 厘米，半球形镜钮，周围有 9 个小乳钉及凸弦纹，其间有兽纹和“宜子孙”铭文，周围有栉齿纹带和素纹带各两周；其外有乳钉和凸弦纹 7 个，凸弦纹间有 7 个神兽纹，外侧有铭文；再向外依次为栉齿纹及另外一周无法识别的纹样，镜铭模糊不清，仅能辨明：“渴饮玉泉饥”等字（图 10－29－3）。七乳兽带纹镜，直径 18.1 厘米，半球形镜钮周围有 9 个乳钉，其间饰以花草纹，周围有两重栉齿纹夹一周素纹带；外侧为内凹的 8 个连弧纹和 7 个乳钉纹，其间有瑞兽纹；外侧有栉齿纹带和花草纹带（图 10－29－2）。高兴雁洞古墓出土连弧纹镜，直径 10.5 厘米，背面纹饰与南玉里 2 号墓出土品基本相同，除了四叶座上的“长宜子孙”铭文，在八个连弧之间也有铭文。瑞山机池里 21 号墓出土的四乳禽鸟纹镜，直径 7.8 厘米，镜钮外依次为凸弦纹、乳钉纹和禽鸟纹组合、凸弦纹和锯齿纹组合、栉齿纹。公山城出土四乳禽鸟纹镜，直径 9.8 厘米，镜钮外分别为两周凸弦纹、乳钉纹和禽鸟纹组合、栉齿纹。皇南大冢南坟出土的方格规矩纹镜，直径 15.5 厘米，出土时位于木椁上部北侧壁的西部，已经残损，并且发现镜外有麻织物包裹的痕迹，半球形镜钮外有两重方格纹，内侧方格纹四角有祥云纹，外侧方格纹外有 8 个乳钉、神兽纹和“T”“L”纹样。向外依次为栉齿纹带、铭文带、栉齿纹带和三重三角纹带，镜缘素面，镜上铸有铭文：“王公大贵昌□□宜官□”。传庆州校洞出土的“位至三公”镜，直径 9.0 厘米，

〔1〕　林孝澤・郭東哲，2000，『김해양동리고분문화』，동의대학교박물관.

背面残留有圆形、三角形或长方形云母片和丝织品痕迹。大成洞23号墓出土规矩镜，直径16.5厘米，镜钮外依次为联珠纹、两周凸弦纹和三周方格纹，再次为乳钉纹、神兽纹和栉齿纹。良洞里441号墓出土仿制规矩镜，直径9.3厘米，镜钮外有方格纹和乳钉纹组合，方格纹外还有乳钉纹、栉齿纹、锯齿纹和波纹的组合。

武宁王陵王妃棺内发现的两枚铜镜又称"七子镜"，即在镜的内区分布有七个小的乳钉，其周围还有凸弦纹，南北朝时期七子镜不仅用于人们的日常生活，还见于当时的文学作品[1]。关于武宁王陵铜镜的产地问题，学者们说法较多，但都认为与中国有关[2]。或认为武宁王陵出土七子镜来自中国南朝；或认为武宁王陵出土七乳兽带镜来自中国南朝，宜子孙兽带镜可能是百济铸造[3]；或认为武宁王陵出土铜镜均来自中国南朝[4]；甚至也有学者认为三枚铜镜均应是中国东汉中后期制作的产品，其产地可能是中国南方[5]。皇南大冢南坟出土的规矩纹铜镜原报告认为应是新罗当地铸造，由于铜镜本身铸造欠佳、直径较小，纹饰与中国发现也有一定差距，有可能是新罗当地铸造的产品，也有韩国学者认为可能是通过高句丽地区流入新罗的魏晋时期中国制造的铜镜[6]。传庆州校洞出土的"位至三公"镜，从大小和纹饰来看则是来自中国的铜镜，由于喇嘛洞IIM314曾发现有"位至三公"镜[7]，因此并不排除新罗地区出土的此类铜镜是从三燕地区经高句丽地区流入的可能性。高兴雁洞出土的连弧纹镜、瑞山机池洞21号墓和公州公山城出土的四乳禽鸟纹镜，加耶地区出土的博局四神镜、连弧纹镜和博局镜，其制作时间大体在两汉时期，可能是由乐浪郡故地流入以上地区的。

6. 铜钱、铜器和玉器

与三韩时代出土大量五铢钱、货泉和大泉五十相比，这一时期鲜半岛出土的中国钱币较少，风纳土城庆堂地区中层101号遗迹[8]出土五铢钱一枚，直径2.45～2.55厘米，孔径1.0厘米。武宁王陵出土铁质五铢钱约九十枚、百济王兴寺遗址[9]曾出土北齐时期的常平

[1] A. 南朝·梁简文帝《望月》："流辉入画堂，初照上梅梁。形同七子镜，影类九秋霜。桂花那不落，团扇与谁妆。空闻北窗弹，未举西园殇。"（《艺文类聚》卷一，第8页，上海古籍出版社，2007年）

B. 北周·庾信《望月》："夜光流未曙，金波影尚赊。照人非七子，含风异九华。寞新半壁上，桂满独轮斜。乘舟聊可望，无假逐仙槎。"（《庾子山集注》第一册，第348页，中华书局，1980年）

[2] 杨泓：《吴、东晋、南朝的文化及其对海东的影响》，《考古》1984年第6期。
[3] 王仲殊：《东晋南北朝时代中国与海东诸国的关系》，《考古》1989年第11期。
[4] 韩昇：《百济武宁王陵与南朝砖室墓》，《海东集》，上海人民出版社，2009年。
[5] 周裕兴，2005，「武寧王陵出土文物探析之二——以三枚铜镜为例」，『百濟文化海外調査報告書Ⅴ：中國江蘇省、安徽省、浙江省』，國立公州博物館.
[6] 李陽洙，2007，「新羅의 鏡鑑」，『國立慶州博物館藏鏡鑑』，國立慶州博物館.
[7] 辽宁省文物考古研究所：《三燕文物精粹》，辽宁人民出版社，2002年。
[8] 국립문화재연구소·한신대학교박물관，2005，『風納土城Ⅵ』，국립문화재연구소.
[9] 국립부여문화재연구소，2009，『王興寺址Ⅲ』.

五铢一枚。百济曾经于 567 年和 572 年两次遣使北齐[1]，王兴寺出土的北方常平五铢可能是这两次交往的产物。武宁王陵出土的铁五铢钱，应该铸造于梁普通四年十二月或稍晚[2]，流入百济的时间应在普通四年（公元 523 年）十二月至武宁王陵入葬之前（普通六年八月之前），可能是这段时间内南朝萧梁政权的赏赐或馈赠，属于武宁王的随葬品，即武宁王陵墓志所说的"钱一万文　右一件"[3]。

图 10 - 30　金海大成洞 29 号墓
出土铜镂

这一时期出土的可能来自中国的玉器数量也很少，只有王兴寺遗址曾出土玉笄一件、兽面纹玉饰两件和弧形玉制品八件，陵寺遗址出土玉珩[4]和残玉璜[5]各一件。

此外还出土一些来自中国的铜器，如镤斗、铜镂等在百济、新罗和加耶地区也有发现（图 10 - 30）等，风纳土城曾出土镤斗一件、法泉里 1 号墓也曾出土镤斗一件，金海大成洞 29 号墓、47 号墓出土两耳铜镂各一件、235 号墓还出土带耳的铜镂残片。新罗地区公元 5～6 世纪的高等级墓葬中，也出土有多种铜器，如金冠冢、天马冢和皇南大冢等，部分器形与中国铜器不同，仅见于朝鲜半岛，可见随着对来自中国的铜器认识的加深和自身铸造技术的提高，新罗等国也已经开始按照自己的意图来制作各种铜器。其中有的制品还达到了很高的水准，如陵寺出土的百济金铜大香炉，从其造型和纹样都可以看出一些来自中国的因素，但就产品本身来说应当是百济地区的产物。

（四）经由中国输入新罗等地的西方物品

两晋南北朝时期，一些来自西方的玻璃器和金银器等物品，深受王公贵胄所喜爱，成为当时上层人士生活享用的奢侈品，由于新罗等国多次遣使到南北朝，通过中国也将一些西方物品，主要是玻璃器，传到新罗等地，同样受到当地统治阶层的喜爱。所以在当时的王宫遗址，或王陵级大墓和高级贵族墓葬中，出土有一些玻璃器，说明玻璃器在当时来说是一种非常珍贵的器物，其拥有者还仅限于贵族中的特定阶层。

在新罗、百济、加耶发现的玻璃器数量不多，共 20 余件，其中多数是墓葬出土，城址中也有个别发现，主要器形有杯、碗和凤首壶等（图 10 - 31）。玻璃器主要发现于新罗地区，

〔1〕《北齐书·后主纪》："（天统）三年冬十月，突厥、大莫娄、室韦、百济、靺鞨等国各遣使朝贡。……（武平）三年，是岁新罗、百济、勿吉、突厥并遣使朝贡。"

〔2〕《南史·梁本纪中》："（普通四年）十二月戊午，用给事中王子云议，始铸铁钱。"

〔3〕邵磊，2008，「中國早期鐵錢的流變暨百濟武寧王陵隨葬鉄錢的幾個問題」，『百濟文化海外調查報告書Ⅵ——中國南京地域』，國立公州博物館。

〔4〕국립부여박물관，2000，『陵寺 부여 능산리유적 조사발굴 진전 보고서』。

〔5〕국립부여문화재연구소，2008，『陵寺 扶餘 陵山里寺址 제 10 차 발굴조사보고서』。

图 10-31 新罗出土玻璃器

1. 杯（皇南大冢北坟）　2. 杯（皇南大冢南坟）　3. 杯（皇南大冢北坟）　4. 杯（天马冢）
5. 杯（金铃冢）　6. 杯（瑞凤冢）　7. 凤首壶（皇南大冢南坟）

百济地区发现较少，在加耶地区目前仅发现两件（其中一件为残片）。新罗地区发现的玻璃器，主要有皇南大冢北坟出土蓝色玻璃杯、彩色高足杯、磨花浅绿色玻璃碗各一件、另有两件玻璃杯残损不全，南坟出土浅绿色凤首壶、蓝色玻璃碗、饰有蓝白波纹的浅绿色玻璃杯各一件，浅绿色玻璃杯两件，天马冢出土蓝色玻璃杯和浅绿色高足玻璃杯各一件，瑞凤冢[1]出土蓝色玻璃碗和波纹浅绿色玻璃杯各一件、金冠冢[2]出土波纹浅绿色高足玻璃杯两件，金铃冢[3]出土饰蓝色圆点的浅绿色玻璃杯两件，庆州月城路甲13号墓[4]出土浅绿色玻璃杯一件、形制与皇南大冢出土饰蓝白相间波纹的玻璃杯相似、但是表面没有

[1]　小泉顯夫　1927「慶州瑞鳳塚の發掘」『史學雜誌』第38卷第1號
[2]　朝鮮總督府　1924『慶州金冠塚期遺寶（圖版）』似玉堂
[3]　朝鮮總督府　1931『庆州金鈴塚飾履塚發掘調查報告（本文）』似玉堂
[4]　國立慶州博物館，1990，『慶州市月城路古墳群（本文篇）』．

波纹装饰，庆州市安康邑安溪里 4 号墓[1]出土蓝色玻璃杯一件。百济地区发现玻璃器有三件，武宁王陵王妃棺内出土两件绿色玻璃童子，形制相同，其中完整的一件高 2.8 厘米，另一件腿部残损、高 1.6 厘米。忠清南道扶余郡场岩面下黄里出土一件银柄玻璃球，球上附有银柄[2]。加耶地区出土一件饰蓝色圆点的浅绿色玻璃碗，发现于庆尚南道陕川郡玉田古墓群 1 号墓，另一件玻璃器残片出土庆尚南道金海市大成洞 91 号墓[3]。

　　朝鲜半岛出土玻璃器有的器形或纹饰与中国这一时期发现的一些玻璃器风格比较相似，如瑞凤冢出土的蓝色玻璃碗与大同南郊变电站 6 号北魏墓出土的玻璃碗[4]器形、颜色和纹饰都比较相似：均为直口、弧腹、矮圈足，外壁饰有一道凸弦纹，均为蓝色、内有气泡。瑞凤冢出土的波纹浅绿色玻璃杯与河北景县北朝封氏墓[5]出土波纹白色玻璃杯不但器形相近，波纹所饰位置及风格也比较接近，与封氏墓波纹玻璃环纹饰相近似的还有皇南大冢南坟出土的饰有蓝色及浅绿色波纹的玻璃杯。皇南大冢北坟出土的浅绿色玻璃碗与湖北鄂城六朝墓[6]和大同南郊 107 号北魏墓[7]出土的白色玻璃碗器外侧的磨花工艺相同。黑海北岸公元 5 世纪的罗马遗址曾经出土过许多饰有波纹或网纹的玻璃器残片，皇南大冢和瑞凤冢出土的饰有波纹的玻璃杯与中国发现的饰有波纹的玻璃器一样，可能都是来源于罗马时期的黑海北岸[8]。《魏书·大月氏传》有："世祖时，其国人商贩京师，自云能铸石为五色瑠璃，于是采矿山中，于京师铸之。既成，光泽乃美于西方来者。……自此中国瑠璃遂贱，人不复珍之。"可知北魏平城时期由大月氏工匠能够制造"五色玻璃"，大同南郊变电站 6 号北魏墓出土的蓝色玻璃碗为钙钠玻璃，虽然属于罗马玻璃系统，但是也不排除是大月氏工匠利用罗马玻璃制造技术在平城当地所生产。北魏宣武帝景明三年（公元 502 年）和永平元年（公元 508 年）新罗（斯罗）先后两次遣使到北魏[9]，出土蓝色玻璃碗的瑞凤冢其时代大体在公元 5 世纪末 6 世纪初，因此该冢出土的蓝色玻璃碗也有可能是来自北魏。位于耶路撒冷的以色列国家博物馆和埃及亚历山大里亚市希腊—罗马博物馆（Graeco-Roman Museum）各收藏一件玻璃凤首瓶，形制与皇南大冢南坟出土凤首壶较为相似，其中希腊—罗马博物馆收藏的凤首壶出土于亚历山大里亚市内公元 4～5 世纪的罗马时代的遗址，这件玻璃器被认为是埃及当地产品，皇南大冢南坟出土凤首壶的颜色与巴勒斯坦地区传统玻璃更为接近[10]，因此其产地可能是在中东或北非，属

[1]　池健吉·赵由典，1981，『安溪里古墳群 發掘調查報告書』，文化財研究所.

[2]　百济文化開發研究院，1992，『百濟彫刻·工藝圖錄 百濟遺物圖錄 第 3 輯』.

[3]　趙榮濟·朴升圭·金貞禮·柳昌煥·李瓊子，1992，『陝川玉田古墳群Ⅲ M1·M2 號墳』，慶尚大學校博物館.

[4]　安家瑶、刘俊喜：《大同地区的北魏玻璃器》，《4～6 世纪的北中国与欧亚大陆》，科学出版社，2006 年。

[5]　张季：《河北景县封氏墓群调查记》，《考古通讯》1957 年第 3 期。

[6]　南京大学历史系考古专业、湖北省文物考古研究所、鄂州市博物馆：《鄂城六朝墓》，科学出版社，2007 年。

[7]　山西大同历史文化学院、山西省考古研究所、大同市博物馆：《大同南郊北魏墓》，科学出版社，2006 年。

[8]　安家瑶、刘俊喜：《大同地区的北魏玻璃器》，《4～6 世纪的北中国与欧亚大陆》，科学出版社，2006 年。

[9]　《魏书·世宗纪》。

[10]　이인숙，1997，「금과 유리：4～5 세기 고대 한국과 실크로드의 유보」，『중앙아시아연구』2.

于罗马玻璃系统。德国科隆地区[1]、黑海附近的乌克兰及俄罗斯地区[2]都曾发现饰有蓝色和褐色斑点的玻璃器，如玻璃碗、玻璃杯和长颈玻璃瓶等，其中科隆地区出土的玻璃器时代大体在公元3~4世纪、乌克兰及俄罗斯地区出土的玻璃器时代大体在公元4~5世纪，金铃冢和陕川玉田古墓发现的饰有蓝色斑点的玻璃碗可能来自以上地区。天马冢出土饰有竖线纹和龟甲纹的玻璃杯在德国科隆地区和传叙利亚地区出土品中都能找到类似产品，皇南大冢和陵寺遗址出土的彩色玻璃高足杯和玻璃器口沿与科隆地区发现的部分玻璃的器形、装饰手法和纹样也大体相同，这些玻璃器也属于罗马玻璃系统[3]。出土玻璃器的墓葬和遗址年代大体在公元5~6世纪，当时新罗（斯罗）与中国交往频繁，推测这些来自西方的玻璃器，是经由中国输入新罗的。

曾有韩国研究者[4]认为新罗墓葬出土的部分玻璃器可能是本地产品。但是在韩国境内虽然发现三国时代一些与生产玻璃相关的遗存，但主要是生产玻璃珠子，没有证据表明与生产玻璃器有关。其中扶余官北里遗迹和泗沘时期的王宫里遗址[5]发现生产玻璃的坩埚及炼渣，但是发现的琉璃产品均为管玉、勾玉和珠子等，而且王宫里遗址的时代在百济武王（公元600~641年）及其以后。因此目前在新罗、百济和加耶墓葬中出土的玻璃器中，是否有当地产品仍有待于今后新的考古发现。

除玻璃器外，在新罗皇南大冢北坟出土一件龟甲纹银盏和一件镶嵌宝石及小金粒的手镯，鸡林路14号墓出土一柄镶嵌玛瑙的装饰宝剑（图10-32），上述器物都具有明显的中亚或西亚风格，并非新罗或朝鲜半岛其他国家所制作。与鸡林路14号墓出

图10-32 庆州鸡林路
14号墓出土装饰宝剑

土装饰宝剑相似的图像，在中国新疆克孜尔石窟第69窟壁画有发现[6]。有关实物在哈萨克斯坦[7]曾经有发现。从文献材料和考古发现来看，当时新罗与中亚或西亚国家并无直接交往，因此这些遗物都应是经中国传入新罗的。

〔1〕 권영필, 1997, 『실크로드 미술』, 열화당.
〔2〕 由水常雄 1976「古新羅古墳出土的ローマングラスについて」『朝鮮學報』第80辑
〔3〕 由水常雄 1976「古新羅古墳出土的ローマングラスについて」『朝鮮學報』第80辑
〔4〕 이인숙：《한국의 고대 유리》, 창문출판사, 1993 년.
〔5〕 국립부여문화재연구소：《王宮的工房Ⅱ 琉璃篇》, 2007 년.
〔6〕 中国美术全集编辑委员会：《中国美术全集·绘画编·16·新疆石窟壁画》, 文物出版社, 1989 年.
〔7〕 국립경주박물관, 2001, 『新羅黄金』.

二　三国两晋南北朝时期的中日交流

公元 10 世纪以前 1000 余年的中日交流史可分为萌芽、发展、兴盛等三个时期，主要表现为中国的制度、物质、精神文化等在诸多层面、多个领域向日本输出。中国三国两晋南北朝时期（公元 3 世纪至 6 世纪末期），日本为弥生时代后期、古坟时代，是中日文化交流的发展时期。从古坟时代晚期开始，中日文化交流进入兴盛时期。

（一）三国时期的中日交流

1. 魏与倭的国家交往

曹魏于公元 220 年立国，公元 238 年灭辽东和朝鲜半岛带方郡一带的割据政权。据《后汉书·东夷列传》和《三国志·魏书·乌丸鲜卑东夷传·倭》（以下作《倭人传》），当时的日本总称为"倭"，分成许多小国，有"王""大夫""下户""生口"等不同的阶级和阶层。《后汉书·东夷列传》中记载："桓（公元 146～167 年在位）、灵（公元 168～189 年在位）间，倭国大乱，更相攻伐，历年无主。有一女子名曰卑弥呼，年长不嫁，事鬼神道，能以妖惑众，于是共立为王。"此时的日本，邪马台国是许多小国的共主，卑弥呼在位数十年间竭力与中国大陆修好，对曹魏执臣子之礼[1]。据《倭人传》记载，景初三年[2]（公元 239 年）六月，卑弥呼女王派遣大夫难升米为正使、都市牛利为次使，到了带方郡，太守刘夏派人将其护送到曹魏首都洛阳，"献男生口四人、女生口六人、班布二匹二丈"。魏明帝以卑弥呼"为亲魏倭王，假金印紫绶"，授正使难升米"为率善中郎将、牛利为率善校尉，假银印青绶"，回赐"绛地交龙锦五匹、绛地绉粟罽十张、蒨绛五十匹、绀青五十匹"等物，并且又特赐"绀地句文锦三匹、细班华罽五张、白绢五十匹、金八两、五尺刀二口、铜镜百枚，真珠、铅丹各五十斤，皆装封付难升米、牛利还到录受。悉可以示汝国中人，使知国家哀汝，故郑重赐汝好物也"[3]。此后，邪马台国又多次与魏交往。正始元年（公元 240 年），魏带方太守弓遵派遣建忠校尉梯儁等奉诏书印绶至倭国（邪马台），向其女王颁诏并赐金、帛、锦罽、刀和铜镜等。正始四年（公元 243 年），"倭王复遣使大夫伊声耆[4]、掖邪狗等八人，上献生口、倭锦、绛青缣、緜衣、帛布、丹、狷[5]、短弓矢。掖邪狗等壹拜率善中郎将印绶"[6]。正始六年（公元 245 年），魏又赐赠难升米黄幢等物。正始八年（公元 247 年），女王卑弥呼遣使臣载斯、乌越等人到带方郡，请派兵攻打狗奴

[1] 冯佐哲：《中日文化交流史话》第 23 页，社会科学文献出版社，2011 年。

[2] 《三国志·魏书·乌丸鲜卑东夷传·倭》中为"景初二年"，误，当作"景初三年"。《梁书》《日本书纪》等所引《魏书》文均作三年，《集解》原注也认为当以《御览》所载"景初三年"为是，见汪向荣、夏应元编《中日关系史资料汇编》（中华书局，1984 年）第 19 页注①。

[3] 《三国志·魏书·乌丸鲜卑东夷传·倭》。

[4] 伊声耆，中华本作"伊馨耆"，见汪向荣、夏应元编《中日关系史资料汇编》（中华书局，1984 年）第 20 页注①。

[5] 恐系"狦"之误，见汪向荣、夏应元编《中日关系史资料汇编》（中华书局，1984 年）第 20 页注②。

[6] 《三国志·魏书·乌丸鲜卑东夷传·倭》。

国；王欣遣张政等携带诏书、黄幢到了邪马台国。卑弥呼死，内乱，后立卑弥呼宗女台与[1]为王，国中遂定。台与为王不久，派遣掖邪狗等20人护送张政归魏，并献男女生口三十人，白珠五十孔，青大勾珠二枚，异文杂锦二十匹。从景初三年（公元239年）至正始八年（公元247年）间，邪马台国向魏遣使4次，魏向邪马台国遣使3次。此后，曹魏与邪马台国的交往未见《三国志》记载，但从《晋书》上还可找到。如公元238年，司马懿平定了辽东、朝鲜半岛的公孙渊后，"供聘不绝，及文帝做相，又数至"。可见曹魏和倭有较频繁的交往。

魏明帝赐给卑弥呼的名目繁多的物品中，铜镜和五尺刀已可以从考古学上找到一些证据。魏明帝诏封倭女王卑弥呼为"亲魏倭王"，证明中倭之间已经建立册封朝贡制度和宗藩关系，从而构建了东亚政治新格局[2]。

根据中日文献记载，公元3世纪前后的邪马台国成为日本列岛上的大国，然而就邪马台国的所在地，学术界有"北九州说"和"畿内说"两种意见，长期争论，至今未有定论[3]。因为三角缘神兽镜的出土地点大部分是在畿内地区，或认为其也是倭人首长权力的象征，从三角缘神兽镜同范镜的分布规律中能够寻找出初期大和政权的统治范围[4]。虽然该说法以三角缘神兽镜是魏镜的论点为基础的，受到了诸多批评，但从考古学上的发现来看，三角缘神兽镜及其分布规律还是应与早期大和政权以及地方政治势力之间有着某种内在联系。也有观点认为，九州的弥生文化与大陆文化的关系极为密切，可谓是大陆文化的移植和展开；弥生时代的畿内文化中，同样可见大陆文化的影响，但其中依然可见残存有深厚的绳纹文化传统，畿内文化是日本固有文化和大陆文化融合发展而形成的；邪马台国与大和国的并存说，得到越来越多学者的支持[5]。总之，无论三角缘神兽镜是否为魏镜，是否与卑弥呼有关，是否是倭人首长权力的象征，其发现与研究都是有助于邪马台国历史的研究[6]。

总之曹魏时期，中国文化对日本列岛各小国的影响很大。政治方面，促进了日本各国的形成和发展，直接影响其国家机构的设置，日本三宝（铜镜、大刀、勾玉）的形成或许就与这一时期来自中国的舶来品有关。并且，受中国墓制的影响，邪马台国修建了直径"百余步"的大墓。卑弥呼之前，九州地方古代原无营建坟丘的墓制，只有瓮棺葬或石棺葬，而卑弥呼于魏正始八年（公元247年）殁后"大作冢，径百余步，殉葬者奴婢百余人"[7]，此与日本古坟时代之滥觞吻合。卑弥呼死后倭国陷入一段时期的内乱，公元4世纪的日本列岛上更是"大王"纷

〔1〕 汪向荣、夏应元编《中日关系史资料汇编》（中华书局，1984年）第21页注⑤："壹与，《梁书》《北史》都作'台与'，宋本《太平御览》引《魏书》文作'台举'。原文可能是'台与'，'壹'当系误字。'台与'当是'丰'（卜ヨ）的译音。内藤虎次郎将台与比作崇神天皇之女丰锹入姬命，而以丰为其简称。今井启一则称，'丰'可能是日本古代对女性人名美称。"本书中，除引文外，使用"台与"。

〔2〕 张碧波：《汉、晋与日本关系研究》，《黑龙江民族丛刊》2004年第6期。

〔3〕 A. 直木孝次郎 1980 「邪馬台国への道」『邪馬台国論争史』 朝日新聞社
　　 B. 王仲殊：《弥生时代》，《中国大百科全书·考古学》第326页，中国大百科全书出版社，1986年。

〔4〕 小林行雄：1977『女王国の出現』文英堂。

〔5〕 王金林：《邪馬台国と古代中国》第125～126页，学生社，1992年。

〔6〕 蔡凤书：《中日交流的考古研究》，齐鲁书社，1999年。

〔7〕 《三国志·魏书·乌丸鲜卑东夷传·倭》。

出，竞作大冢，除了所谓的大阪府堺市百舌鸟古坟群、宫崎县西都原古坟群、埼玉县埼玉古坟群这三大古坟群之外，日本列岛的其他地方也留下了数百座的巨大古坟。

当时倭与中国的交通路线，倭人派遣的使节到达中国，一般来说有3条路：第一条是横断对马海峡，经由朝鲜半岛，再由陆路到达中国大陆；第二条是越过对马海峡后，先到达朝鲜半岛西海岸，再越过黄海抵达中国的山东半岛；第三条从九州出发，直接越过日本海到达中国的长江以南地区。这几条通路与汉代之前的稻米的传播之路有着密切的关系，也可以说是在稻米之路的基础上发展起来的[1]。但倭王派使节到曹魏都城洛阳，只能是走经由朝鲜半岛到达中国北方的前两条路。

2. 孙吴与倭人的民间交往

三国时期领有中国江南的孙吴政权，虽然没有与倭在政府层面的正式交往，但是经由海路到达日本的民间交往，在古代文献中还可以找到线索。《三国志·吴书·孙权传》中记载的"会稽东（冶）县人海行，亦有遭风流移至亶洲"和黄龙二年（公元230年）孙权派人"求夷州及亶洲"的路线。表明三国时期可能存在着从中国江南越过日本海到达日本九州的交通线[2]。这条从中国去日本的路线，具体是自当时的会稽郡东冶县（福建福州一带）入海，经夷洲（今台湾）、琉球、抵九州南部的亶洲（种子岛）而达南九州。这从近来在种子岛广田遗址上层发现刻有隶书"山"字的贝片可以得到证实。九州中部熊本县和九州东海岸的日向一带古墓中发现的各种纹饰的铜镜和透雕的金饰件也可能是由这条路线输入的[3]。本节下面要叙述的关于"三角缘神兽镜"是否是孙吴工匠到日本制作的铜镜的学术讨论，也与这条从孙吴越海至日本列岛的交通路线关系密切，因为当时孙吴工匠到日本来，只有经由海路[4]。1984年孙吴朱然墓（死于赤乌十二年，公元249年）的出土物，为中日国际关系史的研究增添了新的资料，有观点认为日本至今仍在广泛使用的饭盒、木屐、漆凭几和名片等"似乎与1700年前中国三国时代的吴国相联结着"[5]。

在受中国文化影响很少的时代，日本的纺织品恐怕只是些用麻、楮、谷等植物纤维的极粗糙的木棉或树皮之类的东西[6]。《倭人传》中有"男子皆露紒以木棉招头。其衣横幅，但结束相连，略无缝。妇人披发屈紒，作衣如单被，穿其中央，贯头衣之"[7]，说的当是很早就较多受到中国文化影响的筑紫倭人。三国时期的吴国或以民间交往的形式与日本往来，吴的大批工匠东渡至邪马台国，并将中国的制陶、铸镜、纺织、种桑养蚕等技术传到了日本，而倭人则西渡到吴的会稽郡进行贸易。《古事记》和《日本书纪》中称东晋和南朝为"吴国"，称东晋、南朝的人员和

〔1〕蔡凤书：《中日交流的考古研究》，齐鲁书社，1999年。
〔2〕杨泓：《吴、东晋、南朝的文化及其对海东的影响》，《考古》1984年第6期。
〔3〕罗宗真：《魏晋南北朝考古》第216页，文物出版社，2001年。
〔4〕王仲殊：《日本三角缘神兽镜综论》，《考古》1984年第5期；《论日本出土的青龙三年铭方格规矩四神镜——兼论三角缘神兽镜为中国吴的工匠在日本所作》，《考古》1994年第8期。
〔5〕A. 罗宗真：《魏晋南北朝考古》第216页，文物出版社，2001年。
　　B. 引文见日本《読売新聞》驻北京特派员松本成太郎语（《海交史研究》1990年第2期）。
〔6〕〔日〕木宫泰彦著，胡锡年译：《日中文化交流史》第37页，商务印书馆，1980年。
〔7〕《三国志·魏书·乌丸鲜卑东夷传·倭》。

物件为"吴织""吴衣缝""吴服""吴床"等，其缘由或与邪马台国与江南吴地的密切交往有关。

3. 倭与中国交流的遗物

存留至今的一些遗址、墓葬及出土遗物等考古资料，较为准确具象地反映出三国时期中日文化交流的诸多面貌。

(1)"铜镜百枚"与三角缘神兽镜

《倭人传》中有魏赐倭"铜镜百枚"的记载，日本学者一开始认为此"铜镜百枚"就是在日本公元 3~6 世纪古坟中出土的"三角缘神兽镜"，中国学者多否定这一说法，引起中日两国学者热议。

"三角缘神兽镜"与弥生时代晚期主要是从中国大陆输入的铜镜形制不同。弥生时代从中国输入的汉镜，有草叶纹镜、日光镜、星云纹镜、连弧纹镜（内行花纹镜）、柿蒂纹镜、规矩纹镜（博局纹镜）等，日本学者称之为"汉式镜"或"舶载镜"。也有少数是来自朝鲜的"多钮细纹铜镜"，还有日本仿中国铜镜而制作的"倭镜"，铜质不好、制作技术低劣的铜镜，被日本学者称为"仿制镜"。据研究，日本制作的铜器所使用的铜料是由大陆输入的[1]。所谓"三角缘神兽镜"，与"汉式铜镜"和"仿制镜"不同，也不是那些缘断面呈三角形、背面以神兽作为装饰主题的铜镜都能称为"三角缘神兽镜"，而是一个特定的概念，是日本古坟时代前期古坟出土的一种铜镜。三角缘神兽镜的特征是缘部隆起甚高，镜缘断面呈正三角形，镜背内区纹饰以东王父、西王母等神像和龙虎等兽类交互配合为母题，以钮为中心将神和兽配置为求心式或同向式的铜镜[2]。也有的将三角缘神兽镜的概念限制在大多数直径在 21~23 厘米、镜缘断面呈三角形、外区由锯齿纹带·复线波纹带·锯齿纹带等 3 个圈带组成、内区的副圈带由铭文带·唐草纹带·兽带·波纹带·锯齿纹带组成、主纹饰区被 4 个或 6 个乳钉等距离分割并在其间把神像和灵兽做成求心式或同向式配置、铭文有 7 字句的数种和 4 字句的 1 种等 6 个条件之内（图 10-33）[3]。

迄今为止，三角缘神兽镜均出土于日本列岛，乍看似与魏镜相近，在中国大陆的考古发掘中迄今未曾出土过。关于其制作地点，主要有 3 种观点。

第一种观点认为三角缘神兽镜镜铭中有魏"景初三年"的年号，因此认为这种铜镜是中国的制品，被作为礼品赠送给倭王之后分布在了日本各地。但是，如奈良县天理市柳本町黑冢古坟出土 34 面铜镜中的 33 面[4]、京都府山城町椿井大冢山古坟出土 36 面的铜镜中的 32 面均为三角缘神兽镜等，迄今为止日本各地古坟中出土该种铜镜的总数已达 550 面以上[5]，远远超出了"百枚"之数。并且，这种铜镜上所见年号除了"景初"之外，还有"正始"和"黄龙"，而"黄龙"是三国时期吴国的年号。就此，或认为"百枚"只是虚指其数量之多，也有一部分是后来倭人在中国加工订做的；进而基于错误的"X 射线

〔1〕　A. 王仲殊：《弥生时代·铜器》，《中国大百科全书·考古学》，中国大百科全书出版社，1986 年。
　　　　B. 樋口隆康 1982 『鏡鑑』 泉屋博古館
〔2〕　A. 近藤喬一 1988 『三角緑神獣鏡』（考古学選書 4） 東京大学出版協会
　　　　B. 王仲殊：《三角缘神兽镜》，《中国大百科全书·考古学》，中国大百科全书出版社，1986 年。
〔3〕　上野武「三角緑神獣鏡は「卑弥呼の鏡」論争をたどる」（『戦後 50 年古代史発掘総まくり』，朝日新聞社，1996 年）引用樋口隆康『三角緑神獣鏡総鑑』（新潮社，1992 年）的说法。
〔4〕　奈良県立橿原考古学研究所 1998 『黒塚古墳』 学生社
〔5〕　安本美典 2013 『大炎上「三角緑神獣鏡＝魏鏡説」』6 頁 勉誠出版

图 10-33　日本的三角缘神兽镜

1. "铜出徐州师出洛阳"铭神兽镜　2. "天王日月"铭神兽镜　3. "用青铜至海东"铭神兽镜
4. "陈氏作镜"铭神兽镜　5. "景初三年"铭神兽镜　6. "（正）始元年"铭神兽镜

分析的解析方法，得出三角缘神兽镜的青铜成分与中国铜镜的成分相似的错误认识"[1]。

第二种观点认为既然在中国大陆尚未在正式考古发掘中出土过一面三角缘神兽镜，故而认为这种铜镜是地道的日本制品，并非曹魏所赐[2]。

第三种观点认为三角缘神兽镜既不是三国时期魏国的产品，也不是日本工匠的创作，而是三国时期吴国的工匠携带着青铜及其他有关原料和制作技术，从中国的江南出发渡海到日本而制作的[3]。三角缘神兽镜在日本出土的总数多达 500 余面，而至今在中国境内的正式考古发掘中却依然一无所见，说明它们是在日本而不是中国所制作。将三角缘神兽镜与中国同时期的铜镜相比，其在形制、图案上有独特之点，不可笼统地与中国所产铜镜混为一谈。尽管如此，由于三角缘神兽镜大体上与中国铜镜多有相似之处，加之铭辞中有"陈氏作竟（镜）""张氏作竟""王氏作竟"等明确之语，可证其为东渡的中国工匠在日本所制作，而日本当地工匠作为助手，不起主要作用。由于三角缘神兽镜的外区形制、纹饰与中国画像镜相似，内区的图案则与中国神兽镜类同，而画像镜、神兽镜盛行在中国江南的吴地，罕见于黄河流域的魏的境域，所以三角缘神兽镜应为吴的工匠在日本所制作。许多三角缘神兽镜都有详细的铭文，其辞句、款式、内容与一般中国铜镜的铭文相似，丝毫没有言及皇帝赐镜等情，足证所谓"特铸说"是不正确的。主张三角缘神兽镜为中国魏朝皇帝所赐之镜的日本学者最为重要的依据在于镜铭中有"景初三年""正始元年"的纪年，但在"景初""正始"纪年镜的铭辞中工匠陈是（氏）自述经历而称"本是京师，绝地亡

---

[1] A. 樋口隆康 1978「卑弥呼の銅鏡百枚」『歴史と人物』 中央公論社；中文译文见蔡凤书《卑弥呼的铜镜百枚》（《华 夏考古》1988 年第 2 期）。

　　B. 王巍主编：《20 世纪中国知名科学家学术成就概览·考古学卷》第一分册第 418～428 页"王仲殊"之第 426 页，科学出版社，2015 年。

　　C. 日本学者新井宏『理系の視点からみた「考古学」の論争点』（大和書房，2007 年）从金属工学的角度，指出泉屋博古馆通过 X 射线分析的解析方法存在严重错误。

[2] A. 森浩一 1962 『日本の古代文化』（古代史講座） 学生社

　　B. 奥野正男 1981 『邪馬台国の鏡——三角緑神獣鏡の謎を解く』 新人物往来社

[3] 相关论述见王仲殊的《中日两国考古学·古代史论文集》（科学出版社，2005 年）。该书收集有王仲殊研究三角缘神兽镜或与之相关的主要研究文章（以发表时间为序）：《关于日本三角缘神兽镜的问题》，《考古》1981 年第 4 期；《关于日本的三角缘佛兽镜——答西田守夫先生》，《考古》1982 年第 6 期；《景初三年镜和正始元年镜的铭文考释》，《考古》1984 年第 12 期；《景初三年镜和正始元年镜铭文补释》，《考古》1985 年第 3 期；《论吴晋时期的佛像夔凤镜——为纪念夏鼐先生考古五十年而作》，《考古》1985 年第 7 期；《"青羊"为吴郡镜工考——再论东汉、三国、西晋时期吴郡所产的铜镜》，《考古》1986 年第 7 期；《吴镜师陈世所作神兽镜论考》，《考古》1986 年第 11 期；《论日本出土的景初四年铭三角缘盘龙镜》，《考古》1987 年第 3 期；《"黄初""黄武""黄龙"纪年镜铭辞综释》，《考古》1987 年第 7 期；《建安纪年铭神兽镜综论》，《考古》1988 年第 4 期；《论日本出土的青龙三年铭文方格规矩四神镜——兼论三角缘神兽镜为中国吴的工匠在日本所作》，《考古》1994 年第 8 期；《黄龙元年镜与嘉兴元年镜铭辞考释——试论嘉兴元年镜的年代及其制作地》，《考古》1995 年第 8 期；《论日本"仿制三角缘神兽镜"的性质及其与所谓"舶载三角缘神兽镜"的关系》，《考古》2000 年第 1 期。

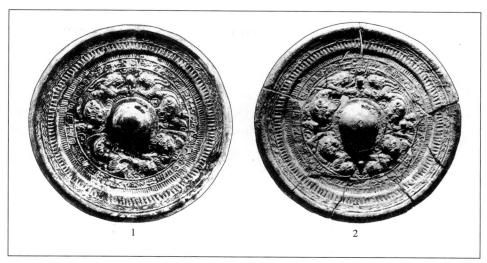

图 10-34　日本发现的"景初四年"铭盘龙镜
1. 京都府福知山市广峰 15 号坟出土　2. 神户市辰马考古资料馆藏品

出""本自州师，杜地命出"，可证陈是（氏）其人本为中国吴地扬州京城（今江苏镇江，吴时称其地为"京"，东晋称"京口"）的镜师，因故亡命于日本，在日本做镜。这种观点还提出，由于景初三年、正始元年是倭使首次访魏之年，值得纪念，其年号为在日本做镜的中国工匠纪入铭辞，无足为奇。

　　"景初四年"铭盘龙镜的发现，为三角缘神兽镜是吴的工匠在日本所作铜镜增添了有力的新证据。1986 年，京都府福知山市广峰 15 号坟中出土了 1 面有"景初四年"铭的龙虎镜（或称之为盘龙镜，图 10-34-1）[1]，镜背铭刻有"景初四年五月丙午之日，陈是作镜，吏人铭之，位至三公，母人铭之，保子宜孙，寿如金石兮"。该镜并非三角缘神兽镜，但其铭文的内容和形式与三角缘神兽镜如出一辙，特别是铭文中有"景初"年号，故而该镜当与三角缘神兽镜有着某种关联。其后不久，神户市辰马考古资料馆的藏品中也发现了 1 面有"景初四年"铭的盘龙镜（图 10-34-2）。经比对，确认上述 2 面铜镜是同范镜。而在中国，"景初"年号只至三年，并不存在"景初四年"，因为魏明帝于景初三年正月病亡，继位的少帝次年改元为"正始元年"。王仲殊指出，"景初四年"铭文镜的发现恰巧证实了三角缘神兽镜是三国时期吴国工匠东渡在日本的制造品，因为陈是（氏）等工匠在日本做镜，消息欠通，不知魏改元之事，故而只是按照旧的传统习惯，以为景初三年之后是景初四年，于是在镜背上铸造出了"景初四年"的年号，后来发觉"景初四年"纪年有误，遂改用"正始元年"。

　　另外，根据三角缘神兽镜中所含铅同位素的分析，指出三角缘神兽镜的铅同位素与中国铜镜完全不同，而与仿制镜、仿制三角缘神兽镜、古坟时代的铜镞、朝鲜半岛的马形带钩和筒形

〔1〕　京都府立山城郷土資料館・京都府立丹後郷土資料館編　1987 『鏡と古墳：景初四年鏡と芝ケ原古墳』

铜器甚为一致，认为该类铜镜不是在中国制作的铜镜，而是在日本国内制作的[1]。

　　三角缘神兽镜若是在中国制造的，无疑说明大陆与日本列岛的外交关系和商业贸易在公元3世纪已渐趋繁荣；即使其是在日本列岛上制作的，也可证明当时居住在日本列岛之人对中国大陆的政局有着较深的了解。这在中国史籍中的反映，就是对公元3～5世纪日本的记载远比前一个时期多，且涉及面较广。若三角缘神兽镜是三国时期吴国的工匠携带各种制镜的原材料和技术渡海到日本并在当地制造的话，证明公元3世纪时仍有大批中国人从江南东渡扶桑并且扎根久住，这对日本列岛经济文化发展的促进作用是不言而喻的。日本出土的三角缘神兽镜具有做工考究、技术精湛、铭辞清晰等特点，与弥生时代的"仿制镜"确实有着天壤之别，表现出一种突进式的变化。这不但说明当时中国大陆地区对日本列岛的影响进而深化，还可以考虑日本认识甚至使用汉字的历史或可提前至公元3世纪[2]。

　　1994年3月，在日本京都府大田南5号坟（公元4世纪后半）出土了1面有"青龙三年"铭的规矩四神镜（图10-35）[3]。该铜镜扁平圆钮，素圆钮座；镜内区由方格区和圆形区组成，方格内有十二支的文字，圆形区内有青龙、白虎、朱雀、玄武的"四神"纹饰；铭文带的铭辞为"青龙三年，颜氏作竟（镜）成文章，左龙右虎辟不详（祥），朱爵玄武顺阴阳，八子九孙治中央，寿如金石宜侯王"。"青龙"为魏明帝的年号，青龙三年即公元235年，中日学者都认为青龙三年镜是中国三国时期魏王朝的皇帝于景初三年（公元239年）、正始元年（公元240年）赐给倭国女王卑弥呼的百枚铜镜中的一枚[4]。

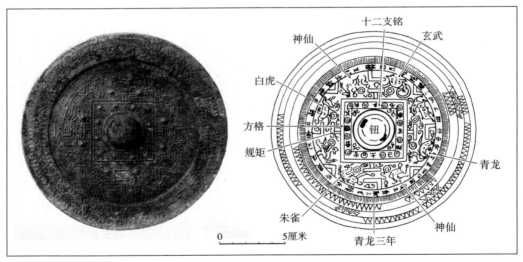

图10-35　日本出土的"青龙三年"铭规矩四神镜（京都府大田南五号坟）

---

〔1〕　新井宏　2007　『理系の視点からみた「考古学」の論争点』72～76頁　大和書房
〔2〕　蔡凤书：《中日交流的考古研究》，齐鲁书社，1999年。
〔3〕　『朝日新聞』（夕刊）　1994年3月18、19日
〔4〕　王仲殊：《论日本出土的青龙三年铭方格规矩四神镜——兼论三角缘神兽镜为中国吴的工匠在日本所制》，《考古》1994年第8期。

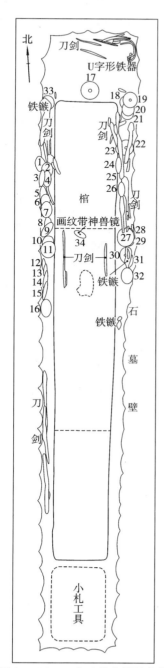

图 10-36　日本天理市黑冢古坟
遗物分布示意图

1~33.铜镜　34.画纹带神兽镜

图 10-37　日本天理市黑冢古坟出土的画纹带神兽镜

　　黑冢古坟中出土的 33 面三角缘神兽镜均在棺外（图 10-36），而唯一的 1 面原产中国的画纹带神兽镜（图 10-37）却随葬于棺内（直径 13.5 厘米，重 336 克，铭文为"吾作明镜自有纪□□公宜子"，东王父和西王母向内，伯牙和第 4 像向外）[3]。从铜镜所置位置来看，画纹带神兽镜具有较三角缘神兽镜更为重要的价值或象征意义，因此，画纹带神兽镜或许与魏明帝下赐之铜镜有着某种关系，而三角缘神兽镜多出土于畿内的古坟中，可能是倭王用中国工匠在倭地制造，并将之赏给地位较高臣下的物品。

　　另外，山梨县乌居原古坟出吴赤乌元年（公元 238 年）铭半圆方形带神兽镜，兵库县安仓古坟出赤乌七年（公元 244 年）铭半圆方形带神兽镜，京都市上貊附近古坟出西晋元康（公元 291~299 年）纪年铭半圆方形带神兽镜，都是比较明确的中国南方的制品[4]。

　　（2）五尺刀

　　《倭人传》中所记魏明帝下赐卑弥呼的物品中，引人注目的还有"五尺刀二口"。汉魏时期的 1 尺，相当于 23.15 厘米，5 尺约合 111 厘米。日本的京都府绠喜郡八幡西车古坟、福岛县系岛一贵山村田铫子山冢古坟出土铁刀的长度为

―――――――――――
〔3〕奈良县立橿原考古学研究所 1998 『黑塚古墳』 学生社
〔4〕罗宗真：《魏晋南北朝考古》，第 215 页，文物出版社，2001 年。

110.9厘米。这种刀可能就是《三国志·魏书》中所谓的"五尺刀"[1]，但这种刀并不止2口，在时代上也有早有晚。"素环首大刀"在日本不断发现，多出自日本畿内或九州地区。

　　魏赐给卑弥呼的"五尺刀二口"，可能为铁制直刀。日本刀的祖形——直刀，公元4世纪前后突然大量出土于大和东南部的前期前方后圆坟中。大量的直刀并非是从九州地区移动到了大和地区，而是携带大量铁剑、直刀的强大的掌权者出现在了大和地区。在弥生时代后期的西日本，存在着北九州铜铎圈和大和铜铎圈这两个大的势力圈。有观点认为"天孙降临"，就是中国三国时期东吴孙氏的一族，在公元280年西晋灭东吴后东渡征服了邪马台国。西晋替代曹魏的翌年（泰始二年，公元266年）倭女王台与还曾遣使到洛阳朝贡，而其后直至东晋安帝义熙九年（公元413年）日本再次向中国江南的建康派遣使节为止，再未见正史中中日官方交流的记载，也从侧面说明了"天孙"可能就是孙氏一族。并且，弥生时代末期西日本的青铜文化突然消亡，大量的铁剑、直刀、短甲在西日本出现，现今日向南部和大隅地方多见地下式横穴古坟等，都可能是从中国舶来的。大量直刀舶来日本的时期、以铜铎为代表的西日本青铜文化的突然消失、三角缘神兽镜是吴的工匠制作的、"空白的四世纪"等，可能都与"吴军渡来说"有关。日本的绳纹人受容了稻作文化的渡来人形成倭人，倭人又与公元3世纪末由铁器武装的来自中国的渡来人融合，构筑了古坟时代[2]。

　　铁器和青铜器几乎是在同一时间到达日本列岛，所以在日本并不存在青铜器早于铁器的问题，铁器在日本的出现甚至比青铜器还要早一些。在日本列岛，绳纹时代末期就已开始使用从大陆输入的铁制品，弥生时代的铁器制作业已经有了长足的发展，一般认为弥生时代前期的铁器是从大陆输入的，中期和后期则主要利用输入的铁料在日本加工制作[3]。日本各地出土的公元3世纪前后的铁制武器，九州占37%（福冈22%、佐贺15%），畿内占30%（奈良10%、京都14%、大阪6%），九州和畿内占比之差并不大[4]。

　　日本奈良县东大寺山古坟中曾出土铭刻有"中平□□（年）五月丙午造作文（支）刀百练清刚上应星宿□□□□（下避不祥）"的铁刀1口[5]。铭文中的"中平"是东汉灵帝的年号之一，相当于公元184～188年，而东大寺山古坟是筑造于古坟时代前期中叶即公元4世纪后半的前方后圆坟。中国东汉末年的铁刀出现在日本的古坟内，可能是东汉末年从中国的江南会稽郡传入日本的[6]。

---

〔1〕　小林行雄 1952 『福岡県系島一貴山村田銚子山塚古墳』 便利堂

〔2〕　竹田昌暉 1985 「刀剣からみた古代史――ヒミコと五尺刀二口・鉄刀多量渡来は何時頃か」『刀剣美術』1985年九月号

〔3〕　A. 王仲殊：《弥生时代·铁器和石器》，《中国大百科全书·考古学卷》，中国大百科全书出版社，1986年。

　　　B. 蔡凤书：《中日交流的考古研究》，齐鲁书社，1999年。

〔4〕　A. 金関恕（監修） 1989 「邪馬台国を解く13のキーマップ」『歴史群像特別編集』 学習研究社

　　　B. 王金林 1992 『邪馬台国と古代中国』135頁 学生社

〔5〕　梅原末治 1962「奈良県櫟本東大寺山古墳出土の漢中平年記の鉄刀」『考古学雑誌』48巻2号

〔6〕　王仲殊：《论日本出土的景初四年铭三角缘盘龙镜》，《考古》1987年第3期。

　　倭从弥生时代后半期至古坟时代前期的铁制兵器，直接或间接受到中国的持续影响，倭的铁制兵器与中国、朝鲜的并非完全相同。倭为了获得、维持并扩大其政治权力，掌握着和中国的外交途径、独占舶载文物，并且在与中国的威信财直接相关的文物中，以刀剑类为中心的铁制武器所起的作用也不小。尚无弥生时代至古坟时代前期倭政权与汉王朝进行直接联系的根据，卫氏朝鲜、乐浪郡、带方郡在汉倭交流中起着重要作用，朝鲜所起的作用也不小[1]。

　　弥生时代遗址中出土的直茎刀数量较少，其年代多在弥生时代末期，即公元3世纪前半。全长在30～45厘米，按其形制可分为两型：Ⅰ型直背直刃，刀身较窄，茎部与刀身宽度相近，可以佐贺县都SP1002号土圹墓出土的全长38厘米、刀身宽3厘米、茎长9厘米、茎宽2厘米的铁刀[2]为代表。Ⅱ型刀身略呈拱背，刃部亦略内凹，刀身较宽，茎部较细，茎宽不足刀身宽度的一半，以福冈县汐井挂BD14号木棺墓所出全长41.4厘米、刀身宽4厘米、茎长8.5厘米、茎宽1.7厘米者[3]为代表。Ⅰ型刀为中国和朝鲜半岛细茎铁刀所常见的形制，应为兵器无疑。

　　中国的汉字和儒学，已经波及日本。《倭人传》中有"倭王因使上表，答谢恩诏"、倭使"诣（带方）郡说相攻击状"、魏使到倭女王国"为檄告谕之"等，可见当时倭王左右有读写汉文之人[4]，倭人中已有懂汉语、识汉字之人，但这些文字还只是外交和贸易上的实用符号，不是表现思想的工具[5]。《日本书纪》卷九《神功皇后摄政前纪》神功摄政四十九年（公元249年）倭与百济袭新罗，百济成了倭的属国。神功摄政五十二年（公元252年），百济"献七支刀一口，七子镜一面及种种重宝"。该刀现保存于奈良县天理市石上神宫，七支刀的刀身上有金镶嵌，正面为"泰□（始）四年□月十六日丙午正阳 造百炼□七支刀 □辟百兵 宜供供侯王□□□□作"，背面为"先世以来未有此刀 百济□世□奇生圣 故为倭王旨造□（传）□（示）□（后）世"。据《日本书纪》记载，应神天皇"十五年（推定为公元285元）秋八月"，朝鲜半岛百济国王派往日本的使者阿歧直向日本贡良马2匹，并谈论儒家经典，推荐了王仁；次年"春二月"百济博士王仁来到日本，携带了《论语》十卷、《千字文》一卷，此乃儒学经典传入日本之始。

　　另外，《倭人传》中记载的亲魏倭王金印迄今尚未发现，《宣和集印古史》所拓印样在日本学者藤贞干的《好古日录》中有收录[6]。可惜，《宣和集印古史》是万历年间伪造的印谱，不足为信[7]。

---

[1]　菊地芳朗：《从铁制武器看汉与倭的交流》，"十至十二世纪东亚都城和帝陵考古与辽文化文化国际学术研讨会"发言稿，2015年5月。

[2]　原田保则 1990 『みやこ遺跡』 武雄市教育委員会

[3]　池辺元明 1979 『汐井掛遺跡』（『九州横貫自動車道関系埋蔵文化財調査報告ⅩⅩⅧ』） 福岡県教育委員会

[4]　上垣外憲一 2000 『日本文化交流小史』 12頁 中央公論新社

[5]　〔日〕木宮泰彦著、胡锡年译的《日中文化交流史》（商务印书馆，1980年）第19页及第36页引和辻哲郎《古代日本文化》。

[6]　〔日〕木宫泰彦著，胡锡年译：《日中文化交流史》第一个图版，第15页，商务印书馆，1980年。

[7]　汪向荣、夏应元编：《中日关系史资料汇编》，第20页注④，中华书局，1984年。

（二）两晋南北朝时期的中日交流

西晋取代曹魏以后，倭使曾于泰始二年（公元 266 年）到洛阳入贡[1]。在此以后，至西晋灭亡，未见有倭使来华的记载。此后直至东晋安帝义熙九年（公元 413 年）才再次有倭使到中国江南的建康[2]。在史籍中有近一个半世纪内不见倭国与中国关系的记载，被认为是倭人与中国大陆王朝外交史上的中断时期，成为日本历史上"空白的世纪"或"谜的世纪"[3]。南朝时期，日本的大和朝廷积极向中国南朝靠拢。公元 421~479 年，大和朝廷的 5 代国王赞、珍、济、兴、武（即日本史籍中之"大和国倭五王时代"，一般认为这五王相当于《日本书纪》中提到的履中、反正、允恭、安康、雄略 5 天皇）先后多次向南朝宋、齐派遣使者。此时中日交往密切，使节往来不断；东渡日本后被称为"新汉人""归化人"的中国移民，对日本社会和文化发展起到了巨大的促进作用[4]。

当时日本是继弥生时代之后的古坟时代，因当时日本统治阶级大量营建"古坟"而得名。古坟的分布基本上遍及除北海道以外的日本全境，年代从公元 4 世纪开始，迄于公元 7 世纪。古坟时代属于日本的原史时代，一般分为前期、中期、后期，分别相当于公元 4、5、6 世纪，7 世纪或归入后期，或另称晚期或终末期。这一时期铁器进一步发展，在生产工具方面完全取代了石器，在兵器方面取代了青铜器；农业生产水平提高，耕地面积扩大，农作物种类增多，家畜饲养业亦随之而发达；手工业有新的发展，与农业的分工进一步明确；出现了全国性的中央政权，即以畿内地区为中心的大和政权；开始出现了文字[5]。

中国国家博物馆藏《职贡图》[6]，真实地记录了南朝梁时来中国的外国使者像，各人身旁有文字题记，其中"倭国使"文字释读为（图 10-38）："倭国在带方东南大海中依山岛居自带方循海水乍南乍下东对」其北岸历三十余国可万余余里倭王所□□在会稽东气暖地温」出真珠青玉无牛马虎豹羊鹊……□面文身以木绵贴首衣」横幅无缝但结……」贡方齐永明中□□□……"。

相关研究指出，据清代张庚（1685~1760 年）摹本《诸番职贡图卷》"倭国使"文字，可在萧绎《职贡图》卷文字第 3 行中间"面文身"前补入"男子皆黥"、第 4 行"横幅无缝"后所残缺处补入"但结束，好沉水捕鱼蛤。妇人只被发，衣如单被，穿其中，贯头衣之。男女徒跣，好以丹涂身。种稻禾、麻苎、蚕桑。出袖布、缣锦。兵用矛、盾、木弓、箭，用骨为镞。其食以手，器用边豆。死有棺无椁。齐建元中，奉表贡献"等等字[7]。

---

[1]《晋书・武帝纪》：武帝泰始二年，"十一月己卯，倭人来献方物"。

[2]《晋书・安帝纪》载：安帝义熙九年，"高句丽、倭国及西南夷铜头大师并献方物"。

[3] 西嶋定生 1987 『空白の四世紀とヤマト王権——邪馬台国以後』 角川書店

[4] 冯佐哲：《中日文化交流史话》，第 29 页，社会科学文献出版社，2011 年。

[5] 王仲殊：《古坟时代》，《中国大百科全书・考古学》，中国大百科全书出版社，1986 年。

[6] 见中国历史博物馆《中国通史陈列》第 105 页 6-5-4 萧绎（公元 508~554 年）《职贡图》卷（朝华出版社，1998 年）宋摹本纵 25 米、横 198 厘米。

[7] 赵灿鹏：《南朝梁元帝〈职贡图〉题记佚文的新发现》，《文史》2011 年第 1 辑，中华书局。

公元 3 世纪后半，鲜卑族兴起，占据了辽西走廊及部分华北地区，切断了汉人朝廷与朝鲜半岛的联系，日本通过朝鲜半岛与中国中原地区交流的通道也被切断了，中日之间交通道路中的第一条路难以直接沟通。《宋书》中记载倭国遣使上表文中有："道径百济，装治船舫，而句骊无道，图欲见吞，掠抄边隶，虔刘不已，每致稽滞，以失良风。虽曰进路，或通或不"[1]。因此，第二条路成为当时中倭之间交流的主要通路。第三条路（即所谓的"南路"）虽也有可能是倭五王遣使江南的通路，但因受风力和海流的影响也并非坦途。公元 469 年前后，刘宋在今山东境内的控制权基本被北魏取代，倭已难以从山东半岛入宋，故而绕道郁州（今江苏连云港一带），再通过内河抵达建康[2]。日本九州等地墓葬中常出土的画纹带神兽镜和画纹带画像镜，主要就是由长江下游经海道转百济到日本，或直接抵日本的，而奈良、大阪等地古墓中发现的西方玻璃器也是这一时期由中国南方传入的[3]。

当时日本通往海外的最主要港口是摄津的难波津，难波津似指现在自淀川河口到大和川河口的沿海一带，从日韩发生关系时起就似乎是通往海外的要港。仁德天皇因其是通往海外而在难波的高津宫奠都。《允恭纪》四十二年条载，新罗调船八十艘泊于难波津；《雄略纪》十四年条载，遣吴（南朝刘宋）使身狭村主青、桧隈民使博德率吴人泊于难波的住吉津。这里自仁德朝起就供奉海路守护神住吉神，也是这个缘故[4]。

1. 中国古代文化对古坟和建筑的影响

（1）墓葬

1）横穴式墓葬

日本的古坟时代又可以横穴古坟的有无分为前期古坟时代和后期古坟时代两个阶段，分界的时间大致是公元 5 世纪末到 6 世纪初。随着横穴式古坟，不仅坟墓的结构发生了变化，而且坟墓内部有了装饰，随葬品也以陶器和土器[5]为主。这可以视为当时的倭人在埋葬习俗上模仿大陆文化的表现，其背后隐藏着当时人们的生死观念、宗教信仰和风俗习惯等文化现象。根据目前资料，日本北九州地区所发现的最早的横穴式古

图 10-38 中国国家博物馆藏
《职贡图》卷（局部）

[1]《宋书·夷蛮·倭国》。

[2] 蔡凤书：《中日交流的考古研究》第 163 页，齐鲁书社，1999 年。

[3] 罗宗真：《魏晋南北朝考古》第 215～216 页，文物出版社，2001 年。

[4]〔日〕木宫泰彦著，胡锡年译：《日中文化交流史》，第 33 页，商务印书馆，1980 年。

[5] 日本考古学术语中的"土器"，是指以黏土为原料、露天烧制、器表无挂釉的器皿。

坟是福冈县老司古坟，时代为公元5世纪前半。

横穴式的墓葬在东亚地区最先出现于中国的东周时代，流行于秦汉魏晋时期。随着汉在朝鲜半岛设立乐浪四郡，又传播到朝鲜半岛。大约到了公元4世纪末叶，横穴式的墓又向南传播到了今天的韩国首尔一带，所谓百济时期（公元前1世纪至公元660年）的后期古坟，大都是横穴古坟。如1971年所发掘的武宁王陵[1]。大概在比武陵王的时代还早一点的公元5世纪初年，横穴墓也传播到了朝鲜半岛南端的伽耶地区以及与伽耶地区关系密切的日本九州地区一带。

2）装饰古坟

日本古坟时代的墓葬中，有用色彩和线条等表现出的雕刻和绘画作为葬具和墓室的主要装饰的，按其出现的先后可分为装饰古坟和壁画古坟。其中，装饰古坟[2]约存在于公元4~7世纪，主要分布在日本九州的熊本县和福冈县，本州的中国地区鸟取县、近畿地区大阪府南河内地区、关东地区茨城县、东北地区福岛县等也是装饰古坟较为集中的地区。日本的装饰古坟，可以分为石棺类、石障类、壁画类、横穴类4种[3]，主要分布于现在九州的福冈县、熊本县，大分县、佐贺县也有少量装饰古坟[4]。

石棺类装饰古坟以大阪府安福寺的半竹筒型石棺、福井县小山谷的小舟形石棺为代表，其时代在公元4~5世纪初，石棺上刻有浮雕状的直弧纹和铜镜纹[5]。公元5世纪中叶，出现了圆圈纹。熊本县长泊古坟和广浦古坟的石棺，还装饰有武器的图案[6]。

石障类装饰古坟，墓葬的形制是横穴式石室，主要集中在熊本县。该类型最早的例子为公元5世纪初的冈山县千足古坟，主要纹饰仍是直弧纹和圆圈纹，加施了红、白、青、绿等色彩，与石棺的装饰有所不同[7]。这类装饰古坟，是石棺类向壁画类过渡的中间环节。

壁画类装饰古坟，是在横穴式石室的壁面上直接绘彩，或者描绘出线刻的纹饰。如公元6世纪初的福冈县日之岗古坟内，绘有同心圆纹、连续三角纹、蕨菜纹，并装饰有盾、刀、马等图案，以红色为主，用蓝色和黄色点缀[8]。又如公元6世纪中期的福冈县王家古坟，出现了几何纹、武器及人骑马的图案[9]。

横穴类装饰古坟，是一种崖墓形制的古坟。通常是在崖面上挖出一个横穴墓室，壁面上有线刻和浮雕纹饰，公元6~7世纪流行于九州、东日本以及近畿地区。其中比较特殊的是熊本县菊池川、球磨川流域的装饰古坟，墓室内有人物和武器的浮雕；宫崎县的墓室

〔1〕〔韩〕姜仁求著 冈内三真訳 1983 『百済古墳研究』 学生社
〔2〕韩钊：《中国魏晋南北朝壁画墓和日本装饰古坟的比较研究》，《考古与文物》2007年第2期。
〔3〕小林行雄 1964 『装飾古墳』 平凡社
〔4〕田中重久 1979 『日本壁画の研究』 総芸社
〔5〕小林行雄 1964 『装飾古墳』 平凡社
〔6〕日本国立民俗博物館編 1993 『装飾古墳の世界』図録 朝日新聞社
〔7〕小林行雄 1964 『装飾古墳』 平凡社
〔8〕日本国立民俗博物館編 1993 『装飾古墳の世界』図録 朝日新聞社
〔9〕桂川町教育委員会編 1994 『王塚古墳』 桂川町文化財調査報告書第13集

中则有建筑的图案[1]。

　　装饰古坟有的在石棺上刻有直弧纹，有的是刻有同心圆或刀、盾、甲胄、船只，有的在墓壁上绘有人物、圆圈、犬、马、舟船、鸟、蟾蜍以及其他抽象的纹饰。福冈县耳纳山北麓珍敷冢古坟[2]的后壁上有宽约 2 米、高约 1.1 米的彩色装饰，画面的左侧上画着表现太阳的同心圆和使用橹划船的人物，船头上立着一只鸟；右侧的画面上有蟾蜍、人物，也有鸟。熊本县弁庆穴古坟[3]，公元 6 世纪末期。石室中的壁画上画着一条船，船头上有一只巨大的鸟，船上运载的东西可能是死者的灵柩（熊本地区在古代叫作"筑后"，该类壁画形式因此被称为"筑后型"[4]）。大分县的嘎兰多亚 1 号坟后室壁画上也画有 3 只船的形象，并且还有骑马人的形象。日本学者考证，这些古坟壁画上的船是运送死者通向黄泉之路的工具，鸟是引导死者通向黄泉之路的向导。嘎兰多亚 1 号坟壁画的画面上，清楚地表明这种船从阳光普照的大地通向月光幽暗的阴冥世界。

　　装饰古坟中鸟的形象，确切地说，当称之为"鹢"。古代中国的船头上喜欢用鸟装饰，往往把这种船头叫作"鹢首"。《淮南子·本经训》中有："龙舟鹢首，浮吹以娱。"鸟所起的作用，就是导航。将死者放在木制的船上运送到墓地去埋葬，是古代人的一种习俗。《隋书·倭国传》载："死者敛以棺椁，亲宾就尸歌舞，妻子兄弟以白布制服。贵人三年殡于外，庶人卜日而瘗。及葬，置尸船上，陆地牵之，或以小轝。"[5]装饰古坟的线刻和壁画反映出了当时人们的思想意识和风俗习惯，由直线和弧线组合成的直弧纹寓意着屏障邪恶、消灾避难，铜镜纹饰、盾、刀等的图案也表现出镇妖避邪的主导思想，人物图案中的武士形象或与古坟时代的埴轮一样起着某种防范作用，墓室中鸟站船头的画面寄寓着引导死者平安到达冥间彼岸的期盼[6]。

　　从中国西汉早期开始的横穴式墓葬形制，逐步波及了整个东亚地区。日本装饰古坟均为横穴式石室墓，应是受到当时整个东亚地区流行横穴式墓葬形制的影响。墓葬形制内涵着当时人们的生死观念、风俗习惯、宗教信仰等文化现象，横穴式墓葬在形制上模仿了人们在现实生活中所需的诸多要素。日本装饰古坟所见之葬俗、葬具、随葬品、墓室壁画等，反映出此时的日本深受源自中国大陆的阴阳两界的思想和"视死如生"的埋葬习俗的影响。

　　日本的装饰古坟，从石棺类装饰经过石障类装饰发展到墓室装饰。石棺类装饰古坟是以直弧纹和圆圈纹为主装饰石棺，这两种纹饰的出现应该是日本弥生时代流行用弧带纹和铜镜避邪作法的一种延伸，即直弧纹的前身是弧带纹、圆圈纹是铜镜的抽象纹饰。

　　石障类装饰古坟是石棺装饰向墓室装饰的过渡阶段，石障类装饰是棺椁内壁的一种装

〔1〕　日本国立民俗博物館編 1993 『装飾古墳の世界』図録 朝日新聞社

〔2〕　小林行雄 1964 『装飾古墳』　平凡社

〔3〕　下中邦彦 1979 『世界考古学事典』　平凡社

〔4〕　熊本県立装飾古墳館 1993 『装飾古墳』

〔5〕　《隋书·东夷·倭国》。

〔6〕　国立歴史民俗博物館編 1999 『装飾古墳の諸問題』　国立歴史民俗博物館編研究報告 80

饰形式，其装饰内容与石棺类装饰古坟同为直弧纹和圆圈纹，但装饰颜料的色彩种类丰富，与之前仅用红色颜料绘制不同，如熊本县熊本市小岛下町千金甲一号古坟中的圆圈纹就有红、黄、青、绿等颜色[1]，这种颜料的导入和使用可能是受到了朝鲜半岛或中国大陆的影响。壁画类装饰古坟主要是在横穴式石室壁面上描绘壁画，个别墓葬在墓道绘有壁画，其内容初为镜子和武器等，后来出现了人物、马、船和鸟，蟾蜍等图案，装饰古坟中描绘的蟾蜍当与汉魏壁画墓和高句丽壁画古坟中相同，是用来表示月亮的图像。横穴类装饰古坟是一种有装饰图案的崖墓，多在墓门、墓壁上雕刻图案，装饰手法有线刻、浮雕、彩绘，内容有人物像、武器图案等。这种具有装饰图案的崖墓，是中国的四川、云南、贵州等地在汉至六朝时期广泛流行的一种墓制[2]。

日本装饰古坟的种类和形制，与三国两晋南北朝时期的壁画墓有着较多的共同之处，均属于东亚壁画墓系统。装饰古坟当源自中国的壁画墓，是随着横穴式墓葬形制而同时传入的。装饰古坟的装饰手法有线刻、雕刻、彩绘等，且可见阴线刻、平面浅浮雕等雕刻技法，这些艺术风格和雕刻技法可能都是受到大陆文化的影响而发展起来的。日本的装饰古坟是在大陆系的壁画墓传入之后，与日本原有文化结合而产生的，其传承关系或许相当复杂。

（2）建筑

日本本州、九州等地的建筑，受到中国木构建筑中特有的"斗子蜀柱"的影响[3]。法隆寺建筑中所用的云形肘木，一般认为是中国北魏的形式通过百济传入日本的，然而由于在中国和朝鲜都没有发现过类似云形肘木的东西，因此它可能是南朝兴起的佛教艺术由海路传到百济，再由百济传到日本的；而且不仅云形肘木，就连法隆寺堂塔的全部样式可能都是南朝流派的产物，经由百济输入日本的[4]。

南北朝时期木构的楼阁式塔成为当时塔的主流，洛阳永宁寺塔为其代表。永宁寺塔高九层，是北魏最宏伟的建筑之一，文献中除了关于塔的高度有相差很大的记载之外，其余都大致相同[5]，该塔于北魏永熙三年（公元534年）被焚毁。但从石窟内的塔心柱，各种浮雕和壁画，以及北魏天安二年（公元467年）制作的小石塔等，可以看出当时的木塔都建于相当高大的台基或须弥座上；塔身自下往上，逐层减窄减低，但各层腰檐上未施平座；刹的高度在塔高1/4至1/3，与现存日本飞鸟时代（公元6世纪末至7世纪前半）木塔的比例大体相近。至于这种塔的结构，根据汉长安礼制建筑遗址、日本飞鸟时代木塔，

〔1〕 A. 三岛格 1984 『千金甲1号（甲号）古墳』『熊本県装飾古墳総合調査報告書』 熊本県文化財調査報告68

B. 第51回埋蔵文化財研究集会 2002 『装飾古墳の展開—彩色系装飾古墳を中心に—』資料集

〔2〕 罗二虎：《四川崖墓的初步研究》，《考古学报》1988年第2期。

〔3〕 王小甫、范恩实、宁永娟：《古代中外文化交流史》第124页，高等教育出版社，2006年。

〔4〕 〔日〕木宫泰彦著、胡锡年译的《日中文化交流史》（商务印书馆，1980年）第36～37页引关野贞《法隆寺的伽蓝》（《太阳世界之惊异》号）。

〔5〕 北魏·杨衒之著、范祥雍校《洛阳伽蓝记》（上海古籍出版社，1978年）载：永宁寺，"中有九层浮屠一所，架木为之，举高九十丈，有刹复高十丈，合去地一千尺，去京师百里，已遥见之"。《释教录》作九十丈，《水经注》《魏书·释老志》均作四十余丈。

和文献中所载唐洛阳明堂等[1]，塔内可能有贯通上下的中心柱，但如塔身过高，柱材供应困难，也可能采取其他结构方式[2]。

2. 古坟时代与中国文化交流的遗物

（1）铜镜

古坟时代，铜镜仍然被视为珍贵而神奇的器物，一方面继续从中国输入，另一方面在日本本地制造。古坟中随葬的铜镜，有许多是前代留传下来的，其中包括各种中国镜和大量的三角缘神兽镜。本地制造的"倭镜"种类很多，大体上系模仿中国镜而作，但有的铜镜如大阪府紫金山古坟出土的"勾玉纹镜"、奈良县新山古坟出土的"直弧纹镜"（该古坟还出土有与中国晋代带饰类似的鎏金鎏铜带具[3]）、群马县八幡原出土的"狩猎纹镜"、奈良县佐味田宝冢古坟出土的"家屋纹镜"等，花纹具有浓厚的民族风格。后期流行的"铃镜"，花纹虽仿中国镜，但附有响铃，是日本特有的[4]。

三角缘神兽镜的纹样都属浮雕式，神兽和兽形的数目各有不同，排列方式可分"求心式"和"同向式"两种，而以前者居多。镜上的铭文有两种，一种较简单，是在若干方格内重复地置"天王日月"四字；另一种文字较长，如"尚方作竟佳且好，明而日月世少有……""陈氏作竟用青铜，上有仙人不知老……""吾作明镜，幽炼三刚，铜出徐州，师出洛阳……"等。目前，三角缘神兽镜不仅为日本考古学界所重视，在日本古代史研究方面也成为一个重要课题[5]。

奈良县天理市柳本町的前方后圆古坟、大和天神山古坟[6]出土方格规矩镜6面、内行花纹镜4面、画纹带神兽镜4面、画像镜2面、三角缘神兽镜2面、兽形镜3面、兽带镜1面、人物鸟兽纹镜1面等8类铜镜合计23面，三角缘神兽镜2面、兽形镜2面、人物鸟兽纹镜为仿制镜，其他18面为舶载镜。从中国陪葬方格规矩镜墓葬的时代大致是在公元3世纪后半叶至4世纪初的情况来看，这些舶载镜并非传世品，可能是被舶载而来的。该古坟出土包含方格规矩镜在内的铜镜组合，与只随葬舶载镜的椿井大冢山古坟（方格规矩镜、内行花纹镜、三角缘神兽镜）、备前车冢古坟（内行花纹镜、画纹带神兽镜、三角缘神兽镜）的铜镜组合近似，同时也包含有成为冲之岛、备前丸山古坟、佐味田宝冢古坟等古坟出土仿制镜的仿制对象的铜镜样式。另外，人物鸟兽纹镜据兽形镜设计成范，使用有与中国铜镜半浮雕兽带镜较为近似的表现手法，也有与传出土于群马县的狩猎纹镜、铜铎之上的绘画相通的成分[7]。

---

[1]　A. 太田博太郎　田辺泰　服部勝吉　1954　『日本の建築』　彰国社

　　　B.《旧唐书·礼仪志二》。

[2]　刘敦桢主编：《中国古代建筑史》（第二版），第90页，中国建筑工业出版社，1984年。

[3]　橿原考古学研究所編　1988　『大和の考古学50年　橿原考古学研究所の歩み』104頁　学生社

[4]　王仲殊：《古坟时代·铜镜》，《中国大百科全书·考古学》，中国大百科全书出版社，1986年。

[5]　王仲殊：《三角缘神兽镜》，《中国大百科全书·考古学》，中国大百科全书出版社，1986年。

[6]　该古坟为"陪冢"，不埋葬人体，而是埋纳遗物。从其与周边古坟的关系、日本制青铜镜的型式等来看，推测其营造时期是在3世纪末至4世纪前半叶甚至4世纪后半叶。

[7]　橿原考古学研究所編　1988　『大和の考古学50年　橿原考古学研究所の歩み』95—96頁　学生社

　　和歌山县隅田八幡神社所藏人物画像镜镜背外区，有铭文"癸未年八月日十 大王年男弟王 在意柴沙加宫时 斯麻 念长寿 遣开中费直 穢人今州利二人等 取白上同二百旱 作此竟"[1]。就"癸未年"具体所指何年，虽有公元 323 年、383 年、443 年、503 年之说，但多数学者认为福山敏男的意见，即男弟王就是继体天皇、时在公元 503 年之说比较正确，若如此，则该画像镜的时代就当在公元 6 世纪初年了。

　　富冈谦藏关于古镜的研究认为，在日本出土的中国古镜之中数量最多的是六朝盛期的绘文样式神兽镜，该样式的古镜可见在中国有着特殊分布区域的苗族遗物的铜镜以及象、狮等南方热带动物的图案，颇富南方色彩，在铭文中也可以找到旁证，故可认为这些物品是日本在同中国南朝通好时由日本使者带到日本的，从而推测彼此交通如何频繁；并由于其出土范围西起日向的南部，东达关东各地，可以推测当时大和朝廷势力发展的趋势[2]。

　　（2）铁器和冶铁业技术

　　1）兵器

　　古坟时代铁制的刀、剑、矛、铍、戟等兵器，在种类、形制方面主要继承了弥生时代兵器的传统，但也出现了许多不见于弥生时代兵器的新的因素。如长度超过 60 厘米的长刀和长剑显著增加，各类装饰性环首刀出现并流行，多种形制铁甲胄的流行和马具装的出现，铆接、锻接、镶嵌等技术的传入及其在兵器制作方面的应用等。这些新因素几乎均可见于朝鲜半岛的遗存中。日本古坟时代的兵器中，与朝鲜半岛南部兵器形制几乎完全相同的，很有可能有相当一部分是来自朝鲜半岛南部的"舶来品"；有些也可能是由来自朝鲜半岛南部的工匠在日本制造的。

　　古坟时代的铁刀，可分为刀柄端无环首的直茎刀和柄端带环首的环首刀两大类，环首刀又依环首部分有无装饰而分为素面环首刀和装饰环首刀两类，每种刀又可据其长度分为大于 60 厘米的长刀和 60 厘米以下的短刀。据刀柄端的形制，可分为环首装饰和无环首装饰刀。直茎刀始见于弥生时代末至古坟时代初期的墓葬中，京都府福之山市广峰一号墓出土的直茎刀全长 97.3 厘米[3]，为此期最长者。公元 4 世纪的刀数量仍不很多，公元 5 世纪以后直茎刀的数量显著增加，各地小型古坟中常随葬有这类直茎刀。大阪府野中古坟出土的 753 件铁刀均为直茎刀[4]，阿里（アリ）山古坟出土的 77 件铁刀均为直茎刀，刀长几乎均在 1 米左右，最长者达 112.5 厘米[5]，表明古坟时代中期以后直茎刀成为主要的短柄兵器。

　　弥生时代的环首刀长度多在 50～60 厘米，而古坟时代的素面环首刀长度 60 厘米以上的长刀较为多见，福岛县会津大冢山古坟出土环首刀全长达 120 厘米[6]。弥生时代环首刀以九州

---

[1]　森冈隆 2007 『隅田八幡神社人物画像镜』『日本·中国·朝鲜 书道史年表事典』 萱原书房

[2]　〔日〕木宫泰彦著、胡锡年译的《日中文化交流史》第 36 页引富冈谦藏《再论日本出土的中国古镜》和《中国古镜图说补遗》（《古镜的研究》）。

[3]　奥野正男 1994 『鉄の古代史』 白水社

[4]　北野耕平 1976 「河内野中古坟の研究」『大阪大学文学部国史研究室研究报告』第 2 册

[5]　北野耕平 1964 「野中アリ山古坟」『大阪大学文学部国史研究室研究报告』第 1 册

[6]　伊东信雄 1964 『会津大塚山古坟』『会津若松史』别卷1

北部发现最多，其次是西日本海沿岸，进入古坟时代之后，各地古坟时代初期的坟丘墓中往往出土有素面环首长刀，及至古坟时代前期各地的大型前方后圆坟中几乎都有环首刀随葬。

京都府椿井大冢古坟中与三角缘神兽镜同出的还有 1 口长 93 厘米的大铁刀[1]，大阪市黄金坝发现的外裹 9 层绢布并锈粘 1 枚所谓东晋"沈浪五铢"钱的铁刀是比较明确的中国南方的制品[2]。这种古坟时代较常见的长达 1 米左右的铁刀，可能是中国南朝工匠在日本制作的[3]。

熊本县江田船山古坟出土错银铁刀的刀身上，有银镶嵌的铭文。该古坟是一座前方后圆坟，全长 62 米，屋形石棺中出土的随葬品十分丰富，除了错银铁刀之外，还有鎏金的铜冠帽、冠饰、铜履、铜坠饰和鎏金带饰，神人画像镜、画纹带神兽镜、兽带镜等 6 面铜镜，铁刀 14 件、铁剑 7 件、铁矛 4 件、铁镞一捆，以及玉管、玉珠、勾玉等。错银铁刀的刀身上错银铭文为"治天下获□□□卤大王世，奉事典曹人名无□弖，八月中，用大铸釜并四尺廷刀，八十炼、□十振、三寸上好□刀，服此刀者，长寿，子孙洋洋，得□恩也，不失其所统，作刀者名伊太□，书者张安也"[4]。就此刀的年代，或认为是公元 5 世纪前半叶反正天皇时代的产物[5]，反正天皇可能就是《宋书》中"倭之五王"的第二人"珍"；或认为"获□□□卤大王"是"获加多支卤大王"，即雄略天皇，亦即《宋书》中"倭之五王"的第五人"武"，时代为 5 世纪 70 年代[6]。

岛根县松江市大草町冈田山 1 号坟出土的铁刀，在保存修理中发现银镶嵌铭文，仅残存末尾的 12 字，且因锈蚀严重能够释读的文字甚少，其中有"各田了臣"4 字，可释读为"额田部臣"。从其出土位置来看，额田部臣当是与出云臣同族，是其地域部民的管理者。该古坟被推测属于公元 6 世纪后半叶。

兵库县养父市八鹿町小山箕谷 2 号坟出土的铁刀，残长 68 厘米的铁刀上有铜镶嵌"戊辰年五月□"铭文。推测此"戊辰年"是 608 年，已是公元 7 世纪初年。

古坟时代前期的短柄兵器以剑为主，铁剑的形制与弥生时代末期相似。公元 5 世纪以后，虽然铁刀逐渐增多并成为主要的短柄兵器，但剑依然作为短柄兵器被继续使用，九州南部宫崎市下北方公元 5 世纪后半洞室墓中出土的全长超过 110 厘米的铁剑[7]就是其一例。公元 6 世纪后半，铁剑已较为罕见，富于装饰性的各类环首长刀取而代之，藤之木古坟中出土有 1 件铁剑和 5 件装饰铁刀[8]。

---

〔1〕『京都大学文学部考古学博物館案内』1988 年
〔2〕罗宗真：《魏晋南北朝考古》，第 215 页，文物出版社，2001 年。
〔3〕今尾昭文「素環頭刀考」 1982 『橿原考古学研究所紀要』第 8 册
〔4〕江田船山国宝展实行委员会 2001 『江田船山国宝展』
〔5〕斎藤忠 1982 『日本考古学概説』第四章 吉川弘文館
〔6〕王仲殊：《从中国看古代日本的"东国"——论埼玉稻荷山古坟铁剑的铭文》，《考古》2009 年第 12 期。
〔7〕宫崎市教育委员会 1977 『下北方地下式横穴第 5 号：緊急発掘調
　　査報告書』（『宫崎市文化財調査報告書』第 3 集）
〔8〕奈良県立橿原考古学研究所 1995 『斑鳩藤の木古墳第二、三次調
　　査報告書』 斑鳩町教育委员会

埼玉县稻荷山古坟出土铁剑上有错金铭文（图 10-39）。该古坟是一座前方后圆坟，坟丘全长约 120 米，后圆部直径 58 米，坟丘周围有两重围濠环绕。该古坟已经发现了两座墓葬，其中黏土椁木棺墓中出土了铁剑、铁刀、铁镞、铁甲、马具等，其他大量随葬品出于外面用河卵石累积成椁的船型木棺内外[1]。出土铁剑上有错金铭文，正面为"辛亥年七月中记，乎获居臣上祖名意富比垝，其儿［名］多加利足尼，其儿名弖已加利获居，其儿名多加披次获居，其儿名多沙鬼获居，其儿名半弖比"，背面为"其儿名加差披余，其儿名乎获居臣，世世为杖刀人首，奉事来至今。获加多支卤大王寺在斯鬼宫时，吾左（佐）治天下，令作此百练（炼）利刀，记吾奉事根原（源）也"[2]。铭文中的"辛亥年"当指公元 471 年，从铁剑的制作到埋葬应当有一个时间段，故推测该古坟的年代当在公元 5 世纪末叶[3]。

千叶县市原市稻荷台 1 号古坟出土的"王赐"铭铁剑，12 字的铭文中可辨识的有 5 字。稻荷台 1 号坟是千叶县市原市养老川下流域北岸台地上稻荷台古坟群 12 座中的 1 座，直径约 28 米的圆坟，该古坟中埋有 2 木棺，铁剑出土于中央木棺，铁剑上有银镶嵌，表面为"王赐□□敬□（安）"、背面为"此廷□□□□"[4]。铁剑上虽无纪年，但从木棺中随葬的鋲留短甲和铁镞的形式来看，当属于公元 5 世纪中叶。

弥生时代尚未出土过铁戟，但在山口县宫久保遗址曾出土过木戟[5]。铁戟在茨城县三昧冢古坟曾有发现，埼玉县大里郡权现坂埴轮作坊遗址（公元 6 世纪前半）出土 1 件持盾士兵状埴轮，所持盾牌表面上有用黏土堆贴出的尖部残、刺向上直立、刺旁有与刺相垂直的援、援尖端向下弯呈钩状的 1 件兵器[6]；千叶县流山市东深井 9 号墓（公元 6 世纪后半）附近出土的 1 件持盾士兵埴轮，盾牌上由刺和援组成的兵器贴塑与权现坂遗址盾牌表面兵器十分相似[7]；埼玉县儿玉郡十条遗址出土的 1 件同类埴轮上也发现有刺援相结合的兵

图 10-39　日本埼玉县稻荷山古坟出土铁剑

〔1〕　埼玉県教育委員会 1980 『埼玉稲荷山古墳』
〔2〕　埼玉県教育委員会 埼玉県文化財保護協会 1982 『埼玉県稲荷山古墳辛亥銘文鉄剣修理報告書』
〔3〕　王巍：《从中国看日本埼玉稻荷山古坟和埼玉古坟群》，《考古》，2009 年第 12 期。
〔4〕　東野治之 2010 『書の古代史』12—13 頁 岩波書店
〔5〕　中村徹也 1977 「宮が久保遺跡出土の木製武器形祭器」『考古学雑誌』63—2
〔6〕　塚田良道 新井端 1992 「人物埴輪と大陸文化」『考古学ジャーナル』349
〔7〕　流山市立博物館 1985 『埴輪——流山の古墳文化』

器，但援部为直援[1]。就这几件兵器所表现的兵器的类属，或认为是矛的特殊型式[2]，或认为是戈[3]，或认为是矛与曲刃镰相结合、具有类似戟的功用[4]。

权现坂和东深井发现的援前部呈钩状的兵器，与百济、伽耶和日本古坟时代的一种"铁镰"形制相似；十条的则为直刺直援，形制与中国两汉时期的戟十分相似。

弥生时代各地使用了特有的兵器，而古坟时代确立了以中国制环首大刀为最高等级的兵器的阶层性；古坟时代前期的古坟随葬的文物中，常含有除了铜镜之外的来自中国的舶载品，与三国、西晋的关系是前期倭政权重要的权力基础；古坟时代前期后叶倭的出土文物中，中国的色彩急速减弱，而朝鲜系的文物则引人注目，其原因是由于倭的政权交替和与朝鲜关系的强化，以及五胡十六国的兴亡带来的中国影响力的下降[5]。

据《宋书·蛮夷传》记载，宋顺帝升明二年（公元478年），倭王武遣使中国，使臣带来的表文纯属汉文。从和歌山隅田八幡神社所藏人物画像镜、熊本县船山古坟所出铁刀和埼玉县稻荷山古坟所出铁剑等的铭文来看，公元5世纪末或6世纪初的日本已经真正开始使用汉字，并且已经有了自己的文字。这种文字虽全为汉字，但其中有些汉字被作为音标，与后来的日文字母（假名）有类似的作用[6]。

2）甲胄和马具[7]

在探讨朝鲜半岛南部诸国和日本古坟时代甲胄的异同及其来源时，还应注意到中国南北朝时期甲胄的动向及其对周边地区产生影响的可能性。

河北吴桥3号北朝墓中出土武士俑头上的胄[8]的前部伸出一尖角，东魏茹茹公主墓中出土的武士俑头上的胄[9]亦属此类，与日本古坟时代最为常见的"冲角付胄"[10]应属同类。吴桥1号墓中武士俑头上的胄，是由数块略呈等腰三角形的甲片并拢向上方合聚而

[1]　埼玉県立博物館 1977『埼玉県立博物館展示解説』　歴史1

[2]　亀井正道 1977「踊る埴輪出土の古墳とその遺物」『MUSEUM』310号

[3]　柳田敏司「戈と戟」『埼玉新聞』1992年8月12日

[4]　A. 塚田良道 新井端 1992「人物埴輪と大陸文化」『考古学ジャーナル』349

　　B. 太田博之 1995「句兵を表現する埴輪」『古代』第100号

[5]　菊地芳朗：《从铁制武器看汉与倭的交流》，"十至十二世纪东亚都城和帝陵考古与辽文化国际学术研讨会"发言稿，2013年8月。

[6]　A. 王仲殊：《古坟时代》，《中国大百科全书·考古学》，中国大百科全书出版社，1986年。

　　B. 小林行雄 1959『世界考古学大系』第三卷（日本古墳時代）　平凡社　東京

　　C. 小野山节 1975『古墳と国家の成たち』（『古代史発掘』第六卷）　講談社　東京

[7]　王巍：《东亚地区古代铁器及冶铁术的传播与交流》第161～165页，中国社会科学出版社，1999年。

[8]　河北省沧州地区文化馆：《河北省吴桥四座北朝墓葬》，《文物》1984年第9期。

[9]　磁县文化馆：《河北磁县茹茹公主墓发掘简报》，《文物》1984年第4期。

[10]　胄的前端略向前凸出，似"冲角"，日本学者称之为"冲角付胄"。如大阪丰中古坟"三角板革缀冲角付胄"、京都二ゴレ古坟"小札革缀冲角付胄"、宫崎岛内1号墓"小札铆接冲角付胄"、德岛惠解山1号坟"竖矧板铆接冲角付胄"等。

成的帽盔形，与日本绵贯观音山古坟出土的"竖矧板异形胄"[1]的胄体形制有相似之处。

河南孟津北陈村北魏马的具装是由横条宽板制成，河南偃师北魏墓出土类似武士俑的铠甲也是用横条宽带板来表示，或表明北朝时期中国中原地区也曾流行过这种横条宽带板连接而成的铠甲。这种甲片的连接方法在日本古坟时代甲胄中是最为流行的形制[2]，被称为"横矧板"甲胄，而用这种技法制成的铠甲极少见于朝鲜半岛。

中国辽宁朝阳十二台乡砖厂88M1中出土的1套甲骑具装，其中铁胄是用34片长甲片铆接而成[3]，表明至迟在公元4世纪前半，慕容鲜卑已经将铆接技术用于铁胄的制作。山东济南东八里洼北齐墓中出土武士俑，头戴前部带有冲角的"冲角付胄"，铠和铠甲的边缘刻画着一排整齐均匀分布的和可能是铆钉的圆形小圈[4]。铆接技术用于制作铁甲，在朝鲜半岛的伽耶地区公元4世纪也已出现。用铆接技术制作甲胄，常见于日本古坟时代。

两晋南北朝时期，中国马具对日本的影响，基本是经由朝鲜半岛而传播的，但也不能排除日本的马具中有来自中国南朝及其他地区马具的影响。不论此时日本出土的马具是来自朝鲜半岛南部的"舶来品"，还是当时日本自制的镫、镳、杏叶等多种马具，其工艺技术以及装饰其上的珍禽、瑞兽等多种图案，无疑是深受同期或稍前的中国文化的影响而出现的。

3）冶铁业及制造技术[5]

古坟时代中期，特别是公元5世纪后半叶，出现日本接受大陆先进文化因素的新高潮，铁器及其生产技术是当时的日本引进的重要技术门类，成套的锻造工具开始被随葬于各地的古坟中[6]，马具、新型甲胄、兵器、农具和工具的出现是其明证[7]。虽然古坟时代日本的铁资源和铁器制作工艺技术与朝鲜半岛南部诸国的交流和"渡来人"的迁徙密切相关，但是追根溯源，这些工艺技术的源头还是源自中国大陆。

在古坟时代的兵器中，还常见经过淬火、正火等热处理工艺的制品。淬火技术在中国战国时期已出现，汉代广为流行。此工艺技术可能在乐浪郡时代传入朝鲜半岛，虽然何时传入日本尚有待探究，但在古坟时代中后期已是相当普及。

公元6、7世纪是日本早期冶铁业的发展期，不晚于6世纪后半的广岛县贺茂郡见土路遗址发现的大型炼铁炉址、冈山县久来郡大藏池南遗址的炉址[8]等，表明当时日本的冶铁业已经具有相当规模。此时日本各地的小型古坟群中，常见铁制兵器、马具等铁器随葬，反映出当时日本的铁器制作进入了一个新的发展时期。

----

[1]　以较宽或较窄的弯成弧形的长条铁片竖立排列上部向中心聚拢，制成的铁胄被称为"竖矧板胄"，参见『綿貫観音山古墳Ⅱ　石室　遺物編』（群馬県埋蔵文化財調査事業団 1999）。

[2]　如兵库龟山古坟"横矧板铆接眉庇付胄"、滋贺新开1号坟"横矧板革缀短甲"、大阪野中古坟"横矧板铆接短甲"等。

[3]　辽宁省博物馆：《朝阳十二台乡砖厂88M1发掘简报》，《文物》1997年第11期。

[4]　山东省文物考古研究所：《济南市东八里洼北朝壁画墓》，《文物》1989年第4期。

[5]　王巍：《东亚地区古代铁器及冶铁术的传播与交流》第161～165页，中国社会科学出版社，1999年。

[6]　松井和幸 1991 「古代の鍛冶具」『古文化論叢』　児島隆人先生喜寿記念事業会

[7]　王巍 1996 「倭の五王」『季刊考古学』第54号

[8]　松井和幸 1991 「鉄と鉄生産 1鉄生産」『古墳時代の研究 5　生産と流通Ⅱ』　雄山閣

从古坟时代中后期刀剑断裂面的金相分析表明，有的刀剑含碳量并不高，为了增加硬度而进行了淬火；有的刀剑还可见经正火的金相组织；多数刀剑断面呈现碳或其他微量元素含有量不同的几个薄层重叠的现象，有的则是高含碳层包在低含碳层之外[1]。这些情况说明，当时锻造这些刀剑时，曾采用了将含碳量不同的坯料重叠锻打的工艺方法。这种技术在中国汉代已经流行，汉代刀剑上常见的"三十涑"铭文即指此工艺而言。朝鲜半岛南部的东莱福泉洞公元5世纪伽耶古坟出土的铁器中也可见到这种工艺，表明公元5世纪时这种技术已经传到朝鲜半岛。至迟在公元5世纪后半叶或末叶，这种技术又通过伽耶传到了日本[2]。古坟时代后期的日本，在铁器制造业上取得了较大的发展，锻造和热处理等工艺技术有所普及和提高，锻造、锻接、淬火、表面渗碳等工艺技术已为日本各地工匠所掌握。

（3）埴轮和陶瓷器

所谓"埴轮"，就是排列在古坟外围的素烧陶器的总称，其名称源自《日本书纪》（卷六，垂仁天皇三十二年条）。"埴"是用黏土搓成的细条，埴轮最初就是用这种黏土条做成的圆筒状器物。日本各类古坟的坟丘上及周围排列着的许多埴轮，是日本古坟时代一种特殊的陶制丧葬用品，排列在古坟坟丘上部及其周围。流行于公元4～6世纪，主要为"土师部"的人所制作。埴轮分圆筒埴轮和形象埴轮两大类。圆筒埴轮又可分为通体呈圆筒状的和上部敞开呈牵牛花状的两种，前者系模拟器座形陶器，后者系模拟敞口的壶形陶器。形象埴轮可分房屋埴轮、器物埴轮、动物埴轮、人物埴轮4种，分别模拟房屋（住房、仓库）、器物（华盖、盾、箭袋、护腕、甲胄、扇、凳、盒、高脚杯、船）、动物（马、牛、鹿、猪、猿、犬、鸡、鸟、鱼）和男女人物（武士、农夫、巫女、乐师）。圆筒埴轮开始出现于公元4世纪，公元5世纪大量流行。除房屋埴轮和一部分器物埴轮开始出现于公元4世纪后期外，其余各种形象埴轮均出现于公元5世纪。关于埴轮起源和功用的说法甚多，至今尚无定论[3]。一般来说，器物埴轮以近畿地区最为流行，动物埴轮和人物埴轮以关东地区为最流行。日本的西部，包括畿内地区在内，埴轮在公元6世纪中叶开始衰落。但在日本东部，主要是关东和东北地区的南部，公元6世纪时埴轮仍大量流行。各种埴轮开始出现的年代不同，其渊源亦各异。人物埴轮、动物埴轮的起源，或与中国古代墓前所立的石人、石兽等有关。在埴轮中发现有与南朝陶俑同样的男戴盔帽着袴褶、女梳横髻服长裙的服饰[4]。日本的埴轮和中国的陶俑都是供给死者在阴间使用的，虽不能等同而视，但二者之间不能说丝毫没有关系。

《日本书纪》雄略纪七年（公元484年）条中提到了来到日本的有陶部高贵，这是《日本书纪》中首次提到陶部的名称，在日本制陶技术的发展上很值得注意。日本古坟出土的陶器总体上可分为质地较软呈红褐色的和质地较硬呈灰色的两类陶器，灰色陶器可能就是陶部

移居到日本后制造的[1]。日本发现古坟时代的须惠器虽是从百济传入的，但其渊源在中国；须惠器上的"子持壶"，与吴墓出土的陶五连罐也十分相似[2]。近年在本州中部各地的古坟中发现了具有中国南方风格的钟形器、五联罐、盘口壶和类似虎子的陶器[3]，日本墓葬中发现的作为随葬品的青瓷的胎釉、质地、造型都受到六朝瓷器的影响[4]。

（4）玻璃器

在两晋南北朝时期，中国境内发现许多从西方输入的玻璃器[5]。经由中国，西方的玻璃器也传播到东北亚诸古国，在日本的古坟和遗址中也发现有玻璃器。

日本奈良县橿原新泽千冢126号墓（推定为公元5世纪后半），出土有金步摇、指环、蓝色玻璃盘、带圆形磨饰的萨珊玻璃碗和黄色、绿色玻璃珠等[6]。其中侈口球腹圜底玻璃碗，无模吹制成型，淡绿色，颈微收，腹部和底部分别有5排、3排圆形磨饰，腹部的1、3、5排未经抛光，气泡较多，透明度不好，冷却后用砂轮打出圆形纹饰。玻璃珠中有1颗为夹金箔层的玻璃珠，圆柱形，最大直径1.18厘米、高0.82～0.94厘米、孔径0.25厘米，内珠的最大直径0.8厘米。珠子的上、下两端有明显的切割痕迹，两层玻璃均无色透明。千冢126号墓的磨花玻璃碗，在器形、工艺、装饰手法等方面与中国鄂城西晋墓玻璃碗完全一样，不同的是鄂城西晋墓的碗口沿被磨平，而千冢126号墓的碗口经火烧成圆唇。这种器形的玻璃碗，在伊朗高原吉兰州的公元3～7世纪的墓葬中大批出土。这种玻璃碗按壁的厚薄分为两型，鄂城西晋墓碗和千冢126号墓碗都属于薄壁型，无模自由吹制成型的，且成分几乎完全一致。

福冈县冲之岛祭祀遗址（推定为5～6世纪）出土有突纹玻璃残片2块[7]，同属于一件玻璃容器的腹片，模吹成型，淡绿色透明，外壁上有一个突起的圆形纹饰，圆形纹饰面呈凹球面。其纹饰特征、制作工艺与北周李贤墓相同，年代也接近。奈良鸭山古坟（公元6世纪下半叶）为组合式石棺墓，石棺内出土了金、银、铜质的刀具和耳环，此外还有夹金箔层玻璃珠、银质空心珠和琥珀珠[8]。出土夹金箔层的玻璃珠共计14颗，珠子的两层玻璃均呈透明的淡黄色。岩山长沼3号墓（公元6世纪末）与夹金箔层的玻璃珠共出的有水晶珠、玛瑙

[1] 〔日〕木宫泰彦著，胡锡年译：《日中文化交流史》第45～46页，商务印书馆，1980年。
[2] 罗宗真：《魏晋南北朝考古》，第218页，文物出版社，2001年。
[3] 王小甫、范恩实、宁永娟：《古代中外文化交流史》第124页，高等教育出版社，2006年。
[4] 曹文柱：《中国文化通史·魏晋南北朝卷》，中州古籍出版社，2002年。
[5] A. 安家瑶：《北周李贤墓出土的玻璃碗》，《考古》1986年第2期；《中国的早期玻璃器皿》，《考古学报》1984年第4期；《北魏玻璃》，《汉代考古与汉文化国际学术讨论会论文集》，齐鲁书社，2006年；《玻璃考古三则》，《文物》2000年第1期；《夹金箔层的玻璃珠》，《宿白先生八秩华诞纪年文集》，文物出版社，2002年。
B. 见本书第十章第一节。
[6] 奈良县立橿原考古学研究所 1977 『新沢千塚126号墳』46－48、62頁 図44、45 図版40：2 奈良县教育委员会
[7] 岡崎敬 1978 「沖ノ島8号祭祀遺跡出土の玻璃碗」『宗像沖ノ島』 宗像大社復興期成会
[8] 末永雅雄 1934 『北葛城郡馬見村鴨山古墳調査報告』（『奈良県跡名勝天然記念物調査報告』第12册）1－7頁 図版2－4

勾玉、玉髓石勾玉、绿色玉管和 178 颗玻璃珠，它们很可能是一串项链[1]。夹金箔层的玻璃珠珠子大体上呈圆柱形，高 1.85 厘米，最大外径 1.7 厘米；内层玻璃呈透明的淡黄色，直径 1.1 厘米，高 1.85 厘米；外层玻璃的质料与内层不同，也呈透明的淡黄色，层厚约 0.2 厘米。冈山冢段 1 号墓（公元 6 世纪末）为横穴式石室墓，出土有 100 余颗玻璃珠，夹金箔层玻璃珠有 4 颗，其中 2 颗为单珠、2 颗为二连珠[2]。上述古坟出土的珠子多含小气泡，表面都有与穿孔平行的纵向条纹。

相传安闲陵（公元 6 世纪）出土 1 件敛口球腹圜底玻璃碗[3]，模吹成型，稍泛褐色透明，腹部有 5 排圆形纹饰，底部磨有 1 个直径较大的圆形凹球面。正仓院藏敛口圜底球腹玻璃碗 1 件[4]，模吹成型，淡褐色透明，腹部的凹球面相叠使得圆饰从正面看呈六角形而非圆形，腹部和底部的装饰与安闲陵玻璃碗近似，年代为公元 4～7 世纪。京都府上贺茂采集玻璃残片 1 块[5]，可能是圜底碗的腹部残片，模吹成型，白色不透明，腹部的同心圆纹饰是用砂轮打磨抛光形成的。

日本和朝鲜半岛的夹金箔层的玻璃珠都出土于公元 5～6 世纪的墓葬。特别注意的是，有的墓葬还出土了与东西方贸易有关的其他物品，如奈良县新泽千冢 126 号墓出土的罗马玻璃盘和萨珊玻璃碗；公州武宁王陵出土的大量彩色玻璃珠，经研究它们产于印度[6]。学术界一般认为日本和朝鲜半岛出土的夹金箔层的玻璃珠来自于罗马帝国的地中海沿岸[7]。

日本的几件钠钙玻璃碗的器形、纹饰中很难找出当时日本器物的特征，与日本绳纹时代当地制造的铅玻璃勾玉大相径庭。

日本和朝鲜半岛出土的玻璃碗和残片都有成排的圆形纹饰，纹饰的加工方法与李贤墓出土的玻璃碗均经磨琢抛光而成。中国、日本、朝鲜半岛出土的带圆形纹饰玻璃器，成型工艺相近，在外观和年代等方面近似，组成成分也十分相似；且均可在伊朗高原找到相似器物，并可列入伊朗高原玻璃器的分型分式。因此，中国、日本、朝鲜半岛及伊朗出土的这种圆形玻璃碗，很可能源自相同的产地[8]。

3. 天文历法和佛教传入日本

中国的天文历法在日本的飞鸟时代传入日本，南朝宋的《元嘉历》传到了日本，并在日

[1]　福島雅儀 1985「ゴールドサンドウィッチガラスの玉・一例」『考古学と移住・移動』79－82 頁 図 1、2　同志社大学

[2]　岡山市教育委員会 1987『上道北方坂口古墳——塚段 1 号墳、塚段 2 号墳発掘調査説明会資料』岡山市教育委員会

[3]　由水常雄 1977『東洋のガラス』三彩社

[4]　由水常雄 1977『東洋のガラス』三彩社

[5]　坂東善平　森浩一「京都上賀茂の白琉璃碗の破片」『古代学研究』第 44 号

[6]　Lee, In—sook (1993), "Chemical Analyses of Some Ancient Glasses from Korea." In *Annales du 12e Congres de l'Association Internationale pour l'Histoire du Verre.* Amsterdam: Association Internationale pour l'Histoire du Verre. pp. 163－176.

[7]　Dubin, Lois Sherr (1987), *The History of Beads: from 30, 000 B. C. to the Present.* New York: Harry N. Abrams. p. 167.

[8]　安家瑶:《北周李贤墓出土的玻璃碗》,《考古》1986 年第 2 期。

本沿用。日本从公元604年开始使用的历法，是从百济传入的"元嘉历"。后来引入唐"麟德历"（又称"仪凤历"），公元763年停止使用"麟德历"而改用僧一行的"大衍历"。关于风水思想传到、扎根日本的时间，牧尾良海阐述为出现于日本，其后传入朝鲜半岛并盛行，包含天文历法阴阳五行说等也进入日本，以多种形式影响了飞鸟、奈良、平安时代的日本文化。天文历法阴阳五行说何时传入日本虽无法确定，大体上可以认为是在公元6世纪，因此风水思想也应是在这一时期传入日本的[1]。

另外，根据《日本书纪》记载，钦明天皇十三年（公元552年）朝鲜半岛百济圣明王向日本敬献佛像及佛教经典，并劝说钦明天皇皈依佛门；日本《元兴寺伽蓝缘起并流记资产账》和《上宫圣德法王帝记》则记载在钦明天皇戊午年（公元538年）日本有了佛教。从文献记载来看，佛教在公元6世纪中叶或稍前已传入日本。

中国佛教何时传入日本，"一般认为，钦明天皇十三年（公元552年）即佛教传入中国554年后，通过朝鲜半岛又传入日本"。近年来又有新的进展，"关于佛教传入日本的年代，早在百济的圣明王十六年（公元538年）就传入日本的说法已成为近年来的定论"[2]。日本初期佛教造像与中国北朝的佛教造像有着共同之处，如头大身量低矮等特征，就与中国东魏、北齐、北周时期的佛像近似[3]。

公元4世纪或5世纪的日本古坟中出土有三角缘神兽镜和画纹带神兽镜，其中就有佛像，如奈良市新山古坟出土的"三角缘佛兽镜"（公元3～4世纪制作）。故可以认为，与佛教有关的器物在古坟时代前期已传入日本，佛教艺术及思想经由朝鲜半岛，甚或直接从中国大陆传入了日本，而公元6世纪是佛教被公开提倡的时代。

中日古代建筑中都使用有较多的莲花纹瓦当，莲花纹饰确实与佛教文化有着密切的关系，但并不等于用莲花装饰的文物都与佛教有关。中国东汉以后莲花纹瓦当的使用和盛行，是否与佛教的传入和流行有着某种深层次的关系，尚待深入研究。不过，莲花纹瓦当在日本早期寺院中的使用，应是与佛教的传播同步的。

公元6世纪末7世纪初的飞鸟寺遗址的发掘，该寺中门基址保存良好，面阔、进深均为3间，与公元7世纪初年建成的法隆寺同样也有重门，重门两侧有回廊。在飞鸟寺遗址塔基内发现有舍利及多种金银器和玉制品等，说明当时佛教信仰已经很盛。

三国两晋南北朝时期中日交流较为频繁，与两国邦交进一步发展的同时，民间交往也有了长足进展，中国先进的生产技术和文化被带到了日本，为隋唐时期中日两国频繁的使节往来和大规模的文化交流的兴盛奠定了基础。隋统一中国，结束了自东汉末年以来近4个世纪的地方割据、南北分裂的局面，中国封建社会进入了一个经济、文化高度发展的新时期。而

〔1〕 井上満郎 2000 「風水思想と日本古代宮都——首里グスクとの関係をめぐって——」『アジアの中の沖縄』87頁 "風水思想の日本伝来" 文進印刷株式会社

〔2〕 〔日〕道端良秀著，徐明、何燕生译，王一凡校：《日中佛教友好二千年史》第21页，商务印书馆，1992年。

〔3〕 孙修身（张建林 茂木雅博訳） 1995 「日本仏教と中国仏教の関係—文殊菩薩と五台山信仰を中心として—」『博古研究』第9号

日本也于不久后进入了飞鸟时代（始于推古天皇，公元 593～628 年在位），为了加速大和国家的封建化进程，圣德太子认为首先应加速学习和移植中国文化，为了向中国求取经典、学习佛法而加强与中国联系，从而开启了中日文化交流的新时代。

徵引古籍目录

汉·司马迁撰、〔南朝〕宋·裴骃"集解"、唐·司马贞"索隐"、唐·张守节"正义"：《史记》，中华书局校点本，1959 年。

汉·班固撰、唐·颜师古注：《汉书》，中华书局校点本，1962 年。

〔南朝〕宋·范晔撰、唐·李贤等注：《后汉书》，中华书局校点本，1965 年。

晋·陈寿撰、〔南朝〕宋·裴松之注：《三国志》，中华书局校点本，1959 年。

唐·房玄龄等撰：《晋书》，中华书局校点本，1974 年。

梁·沈约撰：《宋书》，中华书局校点本，1974 年。

梁·萧子显撰：《南齐书》，中华书局校点本，1972 年。

唐·姚思廉撰：《梁书》，中华书局校点本，1973 年。

北齐·魏收撰：《魏书》，中华书局校点本，1974 年。

唐·李百药撰：《北齐书》，中华书局校点本，1972 年。

唐·令狐德棻等撰：《周书》，中华书局校点本，1971 年。

唐·李延寿撰：《南史》，中华书局校点本，1975 年。

唐·李延寿撰：《北史》，中华书局校点本，1974 年。

唐·魏徵等撰：《隋书》，中华书局校点本，1973 年。

后晋·刘昫等撰：《旧唐书》，中华书局校点本，1975 年。

宋·司马光撰、元·胡三省音注：《资治通鉴》，中华书局，1956 年。

唐·杜佑撰：《通典》，中华书局影印万有文库十通本，1984 年。

梁·萧统编、唐·李善注：《文选》，中华书局影印胡刻本，1977 年。

北魏·郦道元撰：《水经注》，中华书局，2007 年。

东魏·杨衒之撰、周祖谟校释：《洛阳伽蓝记校释》，中华书局，1963 年。

唐·许嵩撰：《建康实录》，上海古籍出版社，1987 年。

明·崔铣撰：《嘉靖彰德府志·邺都宫殿志》，《天一阁藏明代方志选刊》第 45 册，上海古籍出版社，1964 年。

梁·释慧皎撰、汤用彤校注：《高僧传》，中华书局，1992 年。

唐·道宣撰、郭绍林点校：《续高僧传》，中华书局，2014 年。

唐·张彦远撰、俞剑华注释：《历代名画记》，江苏美术出版社，2007 年。

宋·李昉等编：《太平御览》，中华书局重印涵芬楼影宋本，1960 年。

后　　记

中国社会科学院考古研究所编著《中国考古学》（九卷本），正式启动于1995年。1996年，这项研究课题得到国家社会科学基金评审委员会的重视，被批准为国家社会科学基金资助重点项目。同年还被批准为中国社会科学院重点研究课题。

《三国两晋南北朝卷》是《中国考古学》的第七卷。本书的主要内容，是对20世纪至21世纪初中国考古学三国两晋南北朝时期考古发现和研究成果的综述。

本卷的撰写工作，开始于1996年中国社会科学院考古研究所拟定《中国考古学》全书框架和体例以后，当时参加写作的都是中国社会科学院考古研究所汉唐研究室的中青年研究人员。在研究室主任孟凡人主持下，报名参加本卷编写的有段鹏琦、赵永洪、赵超、李裕群、李肖、陈良伟等，由杨泓任主编，赵永洪做了大量的组织和编务等工作。到2005年，因杨泓遵照考古研究所的工作安排，承担中国社会科学院研究生重点教材《中国美术考古学概论》的撰写，故本卷的撰写工作暂时停顿。2008年《中国美术考古学概论》出版后，本卷的撰写工作得以继续进行。由于工作的需要，对本卷的作者队伍进行了调整，朱岩石参加主编工作，并请北京大学、吉林大学、中央美术学院、中国人民大学、中国国家博物馆的学者，共同参加撰写。因此，《中国考古学·三国两晋南北朝卷》是一项集体写作成果。

《中国考古学·三国两晋南北朝卷》由杨泓、朱岩石主编。各章的撰写者（未注明工作单位的均为中国社会科学院考古研究所研究人员）分别是：绪论，杨泓；第一章第一节，段鹏琦；第一章第二节、第三节、第五节，朱岩石；第一章第四节，刘振东；第二章，杨泓；第三章，韦正（北京大学）；第四章第一节、第二节、第三节、第五节，赵永洪、沈丽华；第四章第四节，齐东方（北京大学）；第五章，郑岩（中央美术学院）；第六章第一节，韦正（北京大学）；第六章第二节，孔祥星（中国国家博物馆）；第六章第三节、第四节，杨泓；第七章，赵超；第八章，李裕群；第九章第一节，魏存成（吉林大学）；第九章第二节，李肖（中国人民大学）；第十章第一节，陈凌（北京大学）；第十章第二节之一，王飞峰；第十章第二节之二，汪勃。

在编著和校对过程中，考古研究所汉唐研究室的年青研究人员沈丽华和学生莫阳、王子奇、唐丽薇、唐文萍等，进行了大量资料核校、图片复制等工作，付出了辛勤的劳动。

全卷插图的审、校正和制图工作由李淼负责，图版的制作由纪连琪负责，他们的辛勤工作为本卷增色不少。

全书发排后，请卢兆荫审阅全稿，他以88岁的高龄，一丝不苟地审读全部文稿，提出了许多重要的修改意见，在此我们深表敬意。

　　在编辑过程中，张静和郭鹏（中国社会科学出版社）对全书的体例、文字润色，付出了大量的、烦琐的、辛勤的劳动，才使本卷得以与读者见面。

　　本卷的编著，一直得到了历届考古研究所领导和全书编委会的指导和支持。当前，王巍所长的关心，特别是本书编辑工作组组长白云翔和副组长巩文的具体指导和协助，解决了在编写过程中的许多困难，使本卷得以顺利成书。老一辈的学者，特别是王仲殊，一直对本卷的编著极为关怀，对本卷作者的选择多次给予指导性的意见。我们还不应忘记王立邦为编写此书的倡议，并为此深表谢意。

　　本卷各章由于撰写者各异而各具特色，主编无力也无须在风格上强求一致，以显示各自在学术研究领域的特色。至于文中疏漏谬误之处，概由主编负责，诚祈各方批评指正。

杨　泓　朱岩石

2015 年 8 月 14 日